荥县旧志通编

文言卷

荥县地方志办公室　修
刘平中　纂

四川大学出版社

项目策划：舒　星
责任编辑：舒　星　刘慧敏
责任校对：刘一畅
封面设计：墨创文化
责任印制：王　炜

图书在版编目（CIP）数据

荣县旧志通编．文言卷 / 荣县地方志办公室修 ; 刘平中纂．— 成都 : 四川大学出版社，2020.9
ISBN 978-7-5690-3678-7

Ⅰ．①荣… Ⅱ．①荣… ②刘… Ⅲ．①荣县—地方志 Ⅳ．①K297.14

中国版本图书馆 CIP 数据核字（2020）第 011948 号

书名　荣县旧志通编（文言卷）
RONGXIAN JIUZHI TONGBIAN (WENYANJUAN)

编　　修	荣县地方志办公室
纂　　者	刘平中
出　　版	四川大学出版社
地　　址	成都市一环路南一段 24 号（610065）
发　　行	四川大学出版社
书　　号	ISBN 978-7-5690-3678-7
印前制作	四川胜翔数码印务设计有限公司
印　　刷	成都市金雅迪彩色印刷有限公司
成品尺寸	210mm×290mm
插　　页	10
印　　张	46.25
字　　数	1210 千字
版　　次	2020 年 11 月第 1 版
印　　次	2020 年 11 月第 1 次印刷
定　　价	600.00 元

◆ 读者邮购本书，请与本社发行科联系。
电话：(028)85408408/(028)85401670/
(028)86408023　邮政编码：610065
◆ 本社图书如有印装质量问题，请寄回出版社调换。
◆ 网址：http://press.scu.edu.cn

四川大学出版社
微信公众号

荣县旧志遗珍

文言卷

乾隆荣县总图

總圖

嘉庆荣县总图

總圖

民国荣县全境图（1928年）

境圖
井研縣界
犍為縣界
縣界
董家鄉
金花殿
雷音寺

民国荣县城治图（1928年）

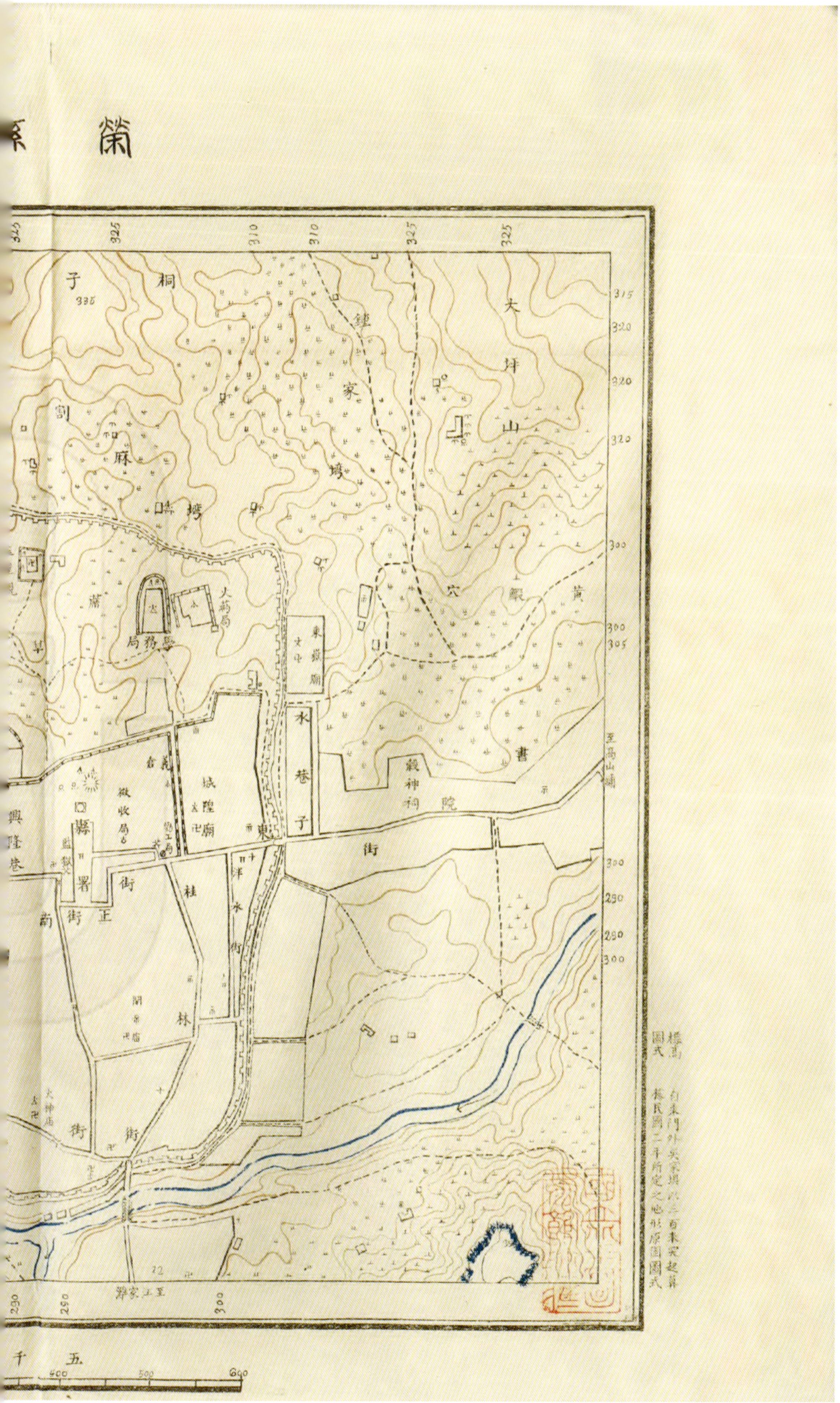

治圖
圖式
城治面積三方里
文廟
武侯祠
教堂
北
西
高小學校
龍王廟
飛仙舖
萬壽宮
中學校
湖廣廟
鳳鳴巷
天后宮
南華宮
西街
柴子巷
上和義街
下和
文廟街
廟巷
山
至鐵場舖
至文昌宮
四川陸軍測量局地形課測量員翁絹光繪
尺之

民国荣县乡市图（1928年）

鄉市圖
井研縣界
犍為縣界
古鎮
山鎮
長
董家鄉
榮鎮
縣

三荣十二景（乾隆《志》）

鸣凤朝阳

清富登临

啸台游赏

望景岑楼

龙头点额

石笋排空

龙湫夜月

双溪书阁

翠壁凌霄

双矶垂钓

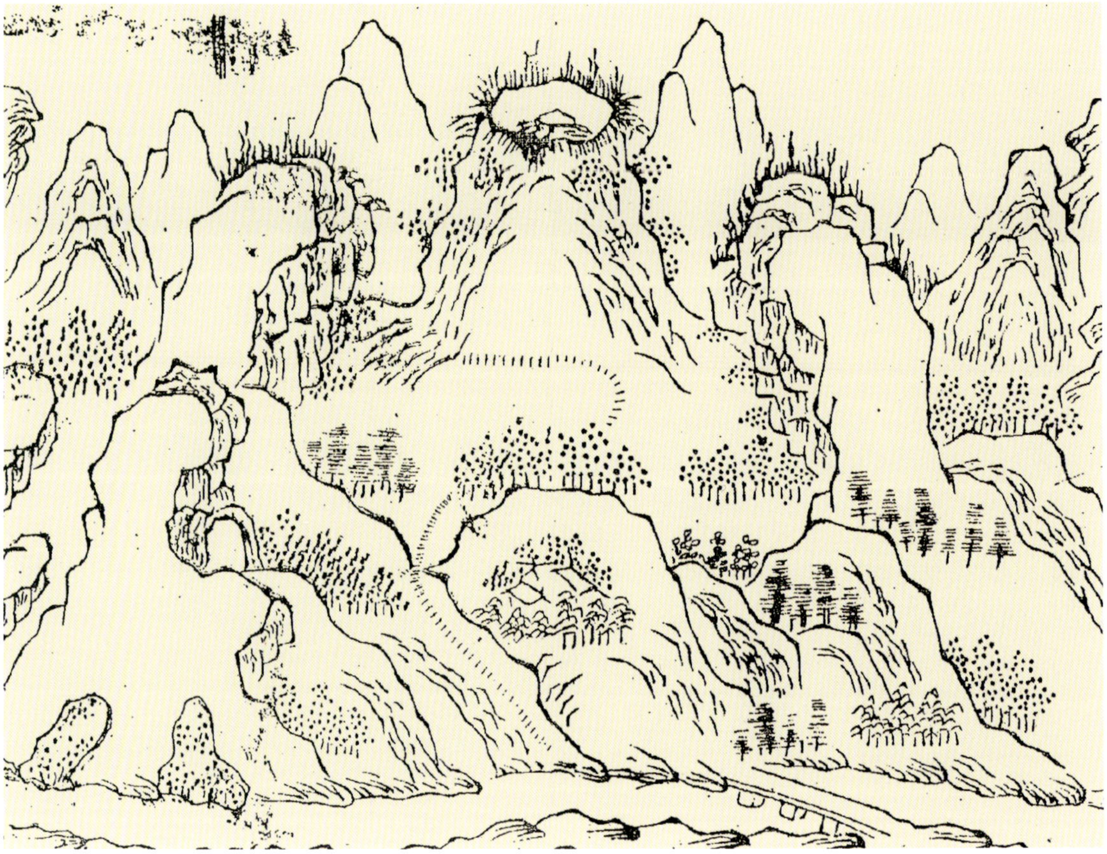

荣德晴岚

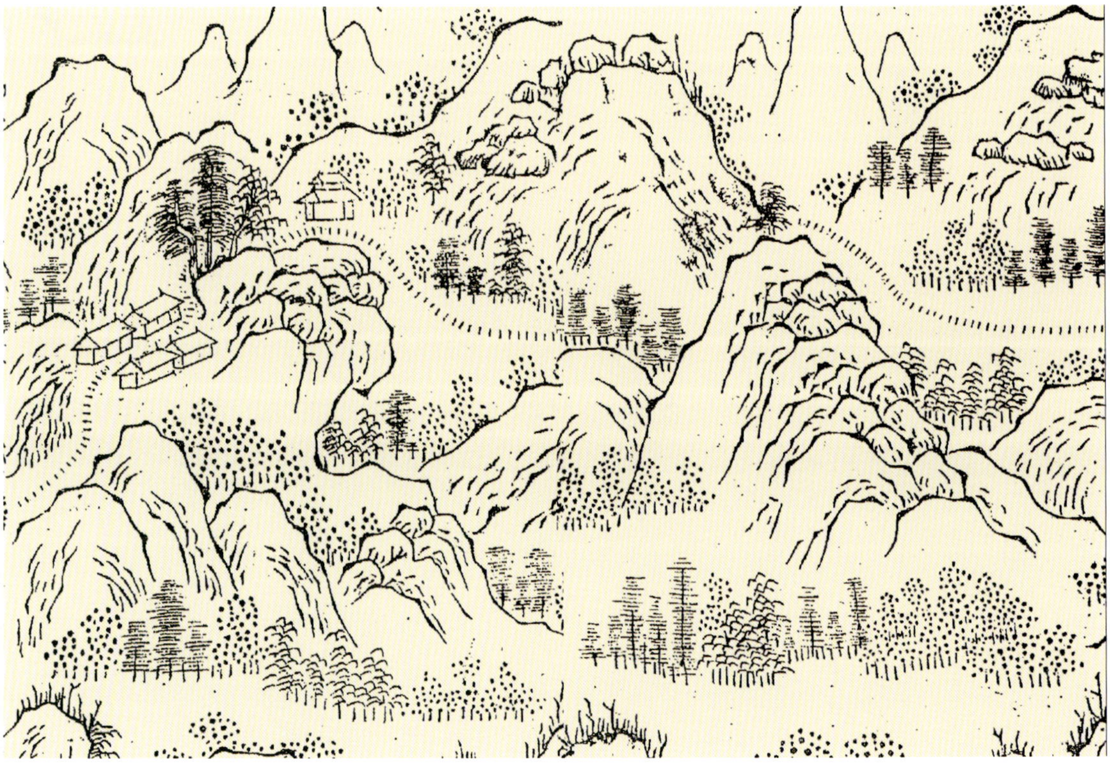

�山夕照

《荣县旧志通编》编审委员会

组　长　李文泽

委　员　李后卿　黄伯军

《荣县旧志通编》编纂委员会

名誉主任　谭继和

顾　问　韩明祝　宋成文　邹崇霞

主　任　郑小清

副主任　胡伟峰　刘纯忠

委　员　刘平中　晏秀英　罗晓鹏　李国权　余　洋　但汉军　曾　德　陈玲萍

《荣县旧志通编》编辑部

总　纂　刘平中

分　纂　李国权　张尚英　曹鹏程　郑　伟

编　辑　彭东焕　任利荣　刘　用　刘世昌　王　莉　刘紫月　苟　宁　余仕清　钟学惠
周　宇　曾　德　陈　静　罗秀能　黄　静　李锦梅　曹　洪　钟　琴

封面题字　龚仕清

凡例

一、荣县乃千年古县，修志存史，光耀乡邦者代不乏人。自清至民国，计有旧志六种。今在集中整合相关史志记载内容的基础上，运用辩证唯物主义和历史唯物主义的立场、观点和方法，以习近平新时代中国特色社会主义思想为指导，编纂一部体例规范、内容全面、脉络清晰、图文并茂，集资政功能、知识性、科学性和创新性于一体的《荣县旧志通编》。

二、全书采用规范简体中文，加以新式标点，以便阅读；对选取的文献材料进行校勘考异，辨疑去伪，以存其真；对原文中的人名、地名、典章制度进行必要的注释，以达其意。

三、本卷参照传统志书体例，立足现实需要，进行编纂与整理。全书分为疆域山川、沿革建置、食货赋役、分封职官、学校教育、名人乡贤、宗教礼俗、艺文著述等八大门类，前列旧志原序，后附历代大事记。

四、各门类前设提要，以考镜源流，彰显脉络。

五、本卷时间断限，起于上古，止于民国十八年（一九二九）。

六、本卷记述的区域范围，以各历史时期荣地实际管辖范围为准。

七、本卷采用双栏竖排，图表格式原则照旧。

八、注释格式为页下注。

九、本卷之表依据实际需要酌定，原则上表随文走。

十、对于原文中的通假字、古今字、异体字、避讳字等，径直更改，不再注释。

十一、本卷采用历史纪年，并括注公历纪年，按照《出版物上数字用法》的规定执行。

序

『一邑之典章文物，皆系于志。』荣县是千年古县，自唐以来，一直有修志存史、垂范后世的传统。荣志代经递修，主要有《荣州志》《荣州图经》、乾隆《荣县志》、嘉庆《荣县志》、民国《荣县志》等众多版本。中华人民共和国成立后，又进行了两次新的编修。以上这些志书因编修的目的、主旨不同，成书的时代不同，有的业已佚失，并不足以反映千年古县悠久的历史文化传承。有鉴于此，我们启动了《荣县旧志通编》编纂工作。按照时代发展的先后顺序，将现存各种荣县旧志的内容进行系统性通编，一以贯之地再现荣县的历史与风貌。在历经两年的编纂后，《荣县旧志通编》终于问世了。这是荣县文化建设的一大丰硕成果，谨为此序，是以纪之。

荣地之境，位于川南腹地。四周山环水绕，风物宜人，颇有灵性。荣德、荣梨、荣隐三山巍峨，东川、梧桐二水环绕。相传，荣地在先秦时期先后为青阳封国、夜郎侯国和荣公封国，《蜀中广记》谓『荣虽山谷间，实为郡国一都会』。自隋开皇十三年（五九三）设大牢县起，历称旭川、荣德，荣县诸名，建县历史已有一千四百余年。唐高祖武德元年（六一八）设荣州，荣地即成为藩封要地。宋光宗曾就封荣州刺史，后朝廷升荣州为绍熙府，宋末统辖六州、二十县，其治所就设在今荣县旭阳镇。荣地作为州、府治所，长达七百余年。

荣县物产丰饶，尤以产盐冶铁著称，西汉时便已设铁官及盐官。盐、铁富饶，富甲西南；其民淳朴善良，狱讼较少，衙门清静犹如道院，故又有『东州道院』之称。抗战时期，日军截断东南数省盐道，致湘鄂等地人民无盐可食。荣县成为第二次『川盐济楚』之重镇，所增产之食盐确保了川、康、滇、黔、湘、鄂、陕等地军需民食，在抗日战争中发挥了重要作用。

荣地历史悠久，人文气息浓厚。历史上诸多名人雅士在此留下了历史印记。宋代荣州知州李畋，主张改良盐政，减轻荣州盐税，为百姓所拥戴，后专门设『来苏乡』以表纪念；南宋著名爱国诗人陆游任荣州知州期间，盛赞荣县『其民简朴士甚良，千里郁为诗书乡』；荣州知州、著名学者晁公武著成现存最早的解题式私家书目——《郡斋读书志》，以『辨章学术，考镜源流』，对后世目录学影响至深至远。

荣地文脉悠远，士人雅好道德文章，史称『兴以礼让，耕读并事，素重师儒』。虽远离京师重地，但自古人才辈出，秀冠川南。仅宋代，登进士者就有一百七十余人。宋代王梦易、王庠，王序父子以文才孝义闻名，人称『义门王氏』；明代刑部侍郎胡子昭大义凛然，守义赴死，为后世所景仰；晚清翰林赵熙仗义弹劾，『直声在天地』，诗词书画冠绝一时，人称『民国第一词人』；我国杰出的无产阶级革命家、历史学家和语言文字学家吴玉章，被毛泽东主席称赞为『一辈子只做好事不做坏事，一贯的有益于革命有益于人民』。吴老的道德品质，学术文章，足以表仪一方，传扬后世。

时至今日，荣县工、农、商、学、医全面发展，城乡面貌焕然一新，民生福祉日益增进。荣县正以建设全省农产品主产区先进县和宜居宜业文化城市为目标，以打造全省农业农村改革示范区、成渝经济产业配套示范区、川南文旅融合示范区为抓手，不断寻求转型突破，全面建设小康社会，推动荣县高质量、内涵式发展。

荣县人民政府县长　郑小清

二〇二〇年元月

目录

第五卷　学校教育

旧志原序

康熙《荣县志》序

朱大任

邑之有志，盖举一邑之所有而籍记之，所谓邑乘是也。其大者，如山川之险夷潴泄、风俗之美恶醇疵，以及民数之登耗、赋役之繁简，与夫仙释之庐、台榭之址，达官贵人之墟墓，骚流墨客啸咏风雅之辞，无不备载。凡皆经世者之所早夜尽心，以垂诸典册，而使后之人有所考，以鉴观得失，兴起治政，诚重典也。

荣于嘉阳为属邑。其得各自为志，由来旧矣。顾当兵燹之余，残缺失次，官斯土者，未免致叹无征，用深兴废之感焉。幸于今上御极之廿有四载，属当编纂《通志》，而荣志于是例得修。维时高阳韩君实任其事。君为人才敏而虑周，于政殆无不举，盖亦所谓能尽其心者。第是笔削宜谨，而任与议不能不有分掌。爰以属邑之孝廉刘君使载笔焉。刘君娴文辞，习典故，彬彬有国史才。用本韩君之意，旁搜博采而断以己见。于凡邑之所有者，类无不有，且节错丝棼，详略井井，皆可为后来治邑者之所准据，洵足称一邑之全书、百代之信史矣。后之人诚能按籍而稽，踵事增华，将使兴者日益兴，而废者不至于终废，则斯书之有关治政岂浅鲜哉？

余以奉委代庖，适履韩君后。会兹书告成授梓，而刘君乃以问序于余。余方愧毫无可纪，应谢不敏。然窃以有事兹土，又幸遇是书之成，何可竟默无一言以去？于是遂不辞而略为之序。

皇清康熙二十五年（一六八六）春二月廿五日，赐进士出身、文林郎、四川成都府井研县知县兼摄荣县事，楚武富川朱大任撰

康熙《荣县志》序

易其极

丙寅初夏，余奉简命，承乏兹土。下车甫旬日，而邑之孝廉刘君即以新修邑志授余，并请余序焉。

盖是书之成也，钦九重之纶音，奉各宪之令檄，校于高阳韩君，定于富川朱君，而旭川刘子则为之广搜博采。凡山川之瑰异，陂池台榭之崇观，与夫博学鸿文、忠孝节烈、俭简勤朴，无不详录而备载焉。余展而读之，其事周以慎，其文质以确，其义微以著，为一邑信史，诚盛举也。

余踵韩、朱二君后，又重以刘子之请，敢不弁言于简端。余惟志，志也，志志也。将使嘉言懿行无沦落伤，为昔人计长久乎？而不尽然也。抑使后之人闻风而思慕，思慕而兴起，端我志以继前人志，是则作志意也。然则观斯志者，谓山川瑰异非旧乎？若之何陂池台榭有废兴之感焉？为问博学鸿文、忠孝节烈、俭简勤朴、流风余韵，犹有存焉否耶？

方今大化维新，薄海晏如。入其疆而无征缮遗戍之烦也，无簿书期会之扰也。士民耕凿弦诵，鱼鱼休养生息，咸沐浴于圣朝之深仁厚泽，则后此之闻风而思慕，思慕而兴起，端我志以继前人志，其可书者，正复不少也。余与刘君敬磨墨盾鼻以俟。

时康熙二十五年（一六八六）夏六月清暑日，文林郎、知四川嘉定州荣县事，楚玉沙易其极撰

康熙《荣县志》序

刘世璋

郡邑志，遍海内皆然，所以稽星野，载疆域，诸如赋役之多寡、户口之登耗、物产之盈绌、人文之或隆或替、风俗之或臧或否、忠孝廉节之或先或后、官兹土者或良或窳，无弗晓若列眉，宜志不越数十年而一修也。不然，文献无征，后之信耳者徒闻悠谬之谈，岂不为一代缺略事哉？

荣历唐以来，纂志代有姓氏。明万历甲戌（一五七四）续修后，距今一百一十有二年矣。崇祯丙子（一六三六），邑人简先生敕曾增修之。其间斟酌悉善，或昔无而今有据，或前略而后详补，一一汇刊成书，洵足以备参观、佐国史者。无何甲申（一六四四）来，酷于兵燹，虽有邺架，亦不免焉。区区邑志，存者几希。

岁癸卯（一六六三）春日山游，忽得甲戌抄本于农家，喜不自禁。惜乎毁于风雨虫鼠，类多残缺，又不无往迹湮沉之感。甲子（一六八四）秋，邑侯韩公访余邑志。余曰：『废簏中有抄本四卷，乱离后所仅得者，编摩之，亦可为吾荣一部掌故观。』公借览之，见精而核，严而有体，旋有志于校刊。会公亢，遂寝其事。近奉部咨纂修《明史》，宪檄屡下，取邑志，公属余删订以授梓。余曰：『兹《志》也，昔人综核名实，备经去取，何敢以弇鄙之识为增削哉？不过失次者，序残缺中，差为订补焉耳。』书成，未付梨枣，而公内擢仙井邑侯。

朱公摄吾邑，留心于风土民物，虑遗良隐德之士《志》有未收者，俾再加搜辑。余曰：『志荣于沧桑之余，惟星野、疆域如故，其城郭之荒废也，土田之榛莽也，赋役、户口、人文、物产诸要务，不能存什一于千百矣。余生也晚，忠孝廉节，间尝访之故老，稽之遗书，见闻所逮，不过数人，考证无据者不敢附入。阐微彰幽，期以征信。至于秩官科目，例得连类及之。余与张子容同诸庠士辑略仅如此。』

迨夏四月，楚玉沙易公履任。公洽闻博物，不减郑侨、晋向。斋阅，索公序，与韩、朱二公并耀简册。及阅毕，而出序授余，曰：『三荣文物已敬悉之矣，但名宦诸公，若存名而实迹不载，毋乃有遗憾乎！』余唯唯。知公仿先型而修政教，端在兹《志》矣。爰即往事可稽者采录，以副公表章先正之志。倘更求甲戌后，广搜无遗，尚俟诸淹雅者。

皇清康熙二十五年（一六八六）丙寅秋七月既望，旭川癸卯科举人刘世璋撰

乾隆《荣县志》序

黄大本

辛未（一七五一）夏四月，余承乏荣篆。窃不自揣，以兴举废坠为己任。伊时，尘案如丝，日不暇给。至秋八月，少得就理。每延见邑中绅士，辄咨访遗闻，思欲补辑县志。都人士佥以荣志荒略，得诸煨烬之余，其书不足观，外间亦不易构为辞。后从吴生允观处出一编示余，知自圣祖仁皇帝御极之二十有五年，邑孝廉刘君世璋得抄本于农家，稍加之以润色。书凡四卷，条类秩然，终不免世远年湮，文献无征之慨。今更越六十有七年矣，土地之荒辟、疆域之广隘、生齿之登耗、赋役之繁简、民俗之醇漓、文章之华僿，及一切因革损益，后先大有径庭，是皆有政教存乎其间，非与世浮沉之子所可轻心掉臂而失之者也。

余学识谫劣，愧不克载笔以辉映山川。第念荣为嘉阳剧邑，素推难治，而前《志》称『为民多朴实，士尚诗书』。又云：『民淳事简，可以道化。』其所载理学经济之儒、忠孝节烈之事，皆足以经纬天地，感泣鬼神，即官斯土者之情殷教养，政绩可纪，每以单词片语纪之，虽曰荒略，其大指固已不磨。余愿效法前哲之善政善教，以整齐夫荣民，尤愿表彰前代理学经济、忠孝节烈之照曜史册者，以化导夫荣民，则荣志奚敢于不辑？况生逢圣朝，德化翔洽。各上宪整躬率属，嘉与维新。荣虽五方杂沓，亦既士游于庠，农安于野，熙熙皞皞，比户可封，安见古治之不更见于今日哉？

余莅任五年，于兹所为兴举废坠之绩，尚茫无所据，至采辑县志之责，业身任而不辞。凡出入所经历、耳目所见闻，或访诸耆英，或询诸野老，或征信于文移，或取材于碑碣，鱼鲁亥豕之辨，悉心考校，载易星霜。凡有关于理学经济、忠孝节烈之举，莫不黾勉从事，树之风声，俾前哲之流风余韵，宛在目前；四境之田里树畜，了如指掌。书仍四卷，隐括无遗，冀无负乎纂辑邑志之初愿。今《志》已告成，曾无所就正，以考镜其得失，所恃以告无罪于前古后今者，惟此勤勤恳恳之意。从残缺失次之绪，余力臻完美，差足备参考、资采择而已矣。因援笔而为之序。

乾隆二十有一年（一七五六）岁在丙子仲秋上浣之吉，赐进士出身、四川嘉定府荣县知县，加二级纪录九次、记大功一次黄大本撰

乾隆《荣县志》后序

黄大本

丙子岁（一七五六）八月，缉成县志，登诸梨枣，已阅七年于兹矣。自惭迂拙，久任山陬，淹忽到今，因公被谘，交代后例应守候部覆，始得整理行装。客馆萧闲，了无所事，爰自丁丑（一七五七）至癸未岁（一七六三）四月止，凡官师之更替，选举之递增，核人物于论定，阐节孝于幽潜，以及首报余亩，添设引张，并援笔直书有关纪事之作，或挨次改正，或列入补遗。余在官十有二载之无状，即此可以想见一斑。

余愧无善政善教，足以嘉惠来兹，愿留此县志一篇，俾后之人得所采择焉。

时乾隆二十有八年（一七六三）岁次癸未季夏月，留琴书屋散人震亭氏黄大本笔

嘉庆《荣县志》序

宋鸣琦

曩余于壬戌岁（一八〇二）纂修府志，荣邑则有康熙年邑孝廉刘世璋所纂一册，乾隆中黄令大本所纂四卷，类皆因陋就简，以讹传讹。盖两书相距七十余年，而刘《志》则得之农家抄本，其间风土人情与今不无少异，即疆域、赋役，亦各损益不同，似皆难以传信。余采取入志，为证正者十之二三，而于拥思茫水，更复汇萃群书，辨之尤为详晰。其零星例不入选者，姑仍之。

因思荣为嘉阳剧区，唐宋世作藩镇。历宋一代，登进士者百五十余人，他如王氏、勾龙氏、明之胡文懋公，后先竞爽，人文炳蔚，勾演又复编次《图经》，当必有一代成书，永传文献，何竟寥寥无可取法？孔子曰：『文武之政在方策。』① 又曰：『足，则吾能征之。』② 是两书之未尽善者，或缘明季兵燹之余文献无征，亦未尽作者之过也。

丙寅（一八〇六）、辛未（一八一一）岁，余因公两过其地。见夫山川之融聚、人物之俊良，谓必有耆儒硕彦特出其间，而汇泉明府适宰是邑。明府为楚南名孝廉，长于吏治文章，下车来，百废具举，而独于志乘犹有待者，何居？明府之为言曰：『志者，史之端也，备物昭轨，传信为难。前者既以滋疑，后者不容蹈辙。是必资采择于遗文，博访求于父老，目见耳闻，久之汇为成册，庶无不纯不备之憾。』噫！明府之用心，亦良苦矣。

今年冬，以书成，问序于余。余不文，然曾备员仪部，凡直省之以志达史馆者，必由部转，因得历览天下郡县各志，总其凡，举其要，故于兹事，自谓有一得焉。书来，急撷而读之，为卷十，为目五十有八，通计十万余言。义例谨严，亦博亦约，洵不愧作史才。

昔真西山尝云：『为此邦吏者，不可无是书。』朱子知南康军，下车即询郡志，欲一方之风土人情熟悉于中，斯有以劝善惩恶。论者以为知本。明府履任于今十年矣，乃获成是书，而其心则自下车日基之。他日荣之人士读其书，论其世，皆必争自濯磨，以思跻乎唐宋之盛，当亦此《志》为之先路也。

嘉庆十有七年（一八一二）岁次壬申孟冬月，赐进士出身、诰授中议大夫，知四川嘉定府事、前权分巡永宁道，礼部祠祭司员外郎加二级、又卓异加一级、军功加二级、纪录四次，奉新宋鸣琦撰并书

① 按：语出《中庸》，原作：『文武之政，布在方策。』
② 按：语出《论语·八佾》，原作：『足，则吾能征之矣。』

嘉庆《荣县志》序

许源

荣为古名胜地。牧斯土者，代有贤良。唐樊偘守荣州，苏颋称其『敏以邀功，断而临事』。宋之李畋捐盐额，还杂役以利民，民德之，颂曰『来苏』。至陆务观为政风流，公余吟咏，脍炙人口。而刘蔚尝以《锦里耆旧传》词多芜秽，改为《成都理乱记》，洵卓识也。晁公武则手编《郡斋读书志》，每终篇辄论其大旨，所发明有足观者。

予不敏，一行作吏，此事遂废，而于政治民生又未能希冀前徽万一，既以羡古人之仕优则学，而深愧予之无能为役也。予宰兹土已十稔矣，下车日，检阅邑乘，知纂自康熙间刘孝廉世璋，而刘蓝本乃得之农家，不无因陋就简，以讹传讹。乾隆中，邑令黄大本重辑四卷。迄今又越数十载，无论其中郢书燕说、帝虎鲁鱼，即此数十年来地里之迁仍，建设之废立，官师人物之谢兴，与夫户口赋役之增损，已非一致矣。倘志之不修，何以参稽故事，考镜得失，标往昔而诏来兹，以为一邦文献征乎？

然志者，史之端也，备物昭轨，传信为难。是必资采择于遗文，博访求于父老，目见耳闻，久久汇为成册，庶无不纯不备之憾。况荣前代或为藩镇，或为州为府，固西南一大都会，岂一目张罗，寸莛起音所能率尔操觚者耶？故亟欲修之，而未敢漫焉从事。会今春大府奏修《四川通志》，报可，檄取各属志书，因见其书疏漏舛错，不足传信。爰于公余细加参订，讹者正之，芜者删之，谬者剔之，缺者补之，汇为成帙。为卷十，为条五十有八。所谓迁仍、废立、谢兴、增损之不一致者，皆厘然秩然。虽不敢谓醇而无疵，然较前之疏漏舛错，十得五六矣。

夫修志乘，有司所有事也，乃十年来始克遂兹初志，良以己非作史才，而樊、李、晁、陆诸公，又皆炳炳麟麟，焜耀史册，予未能追美前徽，仅以区区是书谢不敏于古人，益滋愧矣。

嘉庆十有七年（一八一二）岁次壬申仲冬月，敕授文林郎、知四川嘉定府荣县事，加三级、又卓异加一级，湘潭许源撰

道光《荣县志》序

王培荀

邑志修于前令许汇泉，甫三十余年，今可不修。余寡学识，亦不必修。天下事有可已而不已，可缓为而不得不汲汲以为者，良有故焉。衙中仅存县志一册。甲辰岁（一八四四），学使蔡公按试嘉定，征各属邑乘以往，欲再印数部。吏白旧板朽坏三十余页，乃聚绅士共议补足，且采辑后来者续增，亦至便也，佥曰然。设局召匠，谋剞劂矣，董其事者来告曰：『旧志各门，首尾蝉连不绝，新增者无从插入，非全行翻刻不可。』邑人闻修志，咸踊跃捐资，所费亦易集，于是奋然修志，采访纂辑，分任其责。邑人廖君扶九主讲凤鸣书院，张君海云主讲桂林书院，朝夕共事，较前《志》略有更订，大都仍旧。阅八月而告成。

余抚卷叹曰：『夫志，岂徒载一邑故事已哉？我国家休养生息，久道化成，盖二百年于兹矣。深山穷谷之民，黄发垂髫，

莫不涵泳圣涯，沐浴膏泽。蜀处西南一隅，而桑麻沃野，号称天府，食德服畴，远迈三代之隆。於戏，盛哉！荣虽蕞尔邑，按其版图，考山川之广狭，辨土田之肥瘠，生计何以周焉？审道里，察市廛，物产所宜，工商所资，财用何以阜焉？科第有盛衰，婚祭有奢俭，风俗何以醇焉？村疃棋布，烟火相接，宵小何以弭焉？此皆有司之责，而胥考于志，志安得不重？或者谓天时有乖违，人事有变迁，数十年间，今昔亦不无少异，徒据故纸，何异胶柱鼓瑟？顾转移补苴，贵随时措置，譬如善弈者，不必按谱下子，而正变诸局，必备观览。今各上宪孜孜求治，日以除莠安良、抚绥百姓为急务。余不敏，自愧才同袜线，不敢不勉力从事。尤愿邑中贤士大夫躬为表率，型方励俗，下至椎鲁之夫，去嚣凌，敦任恤；行见忠孝节烈，志不绝书，康乐和亲，风气日上；圣天子涵育之深恩、各大宪殷殷图治之美意，共期无负，是则予所日夜望之者也。』

梓毕，邑人请序，即以是著于篇。

道光二十五年（一八四五）岁乙巳十二月，知荣县事王培荀撰

民国《荣县志》序

赵熙

四川编纂《通志》，荣《志》踵修。先，高阳韩君主之，以秉笔属孝廉刘君。刘君娴文辞，习掌故，邑之所有无不有。余奉委代庖而志成，以刘君请为叙。康熙二十五年（一六八六）二月，楚武富川进士、井研知县兼摄荣县事朱大任

丙寅（一六八六）四月，余承乏兹土。甫旬日，孝廉刘君以新修邑乘请叙。盖校于高阳韩君，定于富川朱君，而刘子为之广搜而博载者。方今大化维新，溥海晏如。入其疆而无征缮遗戍之烦也，无簿书期会之扰也。后之闻风而思慕者，在是矣。康熙二十五年（一六八六）六月，楚玉沙贡生，知嘉定州荣县事易其极

明州、县有《志》，万历甲戌（一五七四）续修，崇祯丙子（一六三六），邑先生简敕增之，今百十有二年矣。甲申（一六四四）之乱，遗册无存。癸卯（一六六三）春游，得甲戌抄本四卷于农家，拂尘残缺。甲子（一六八四）秋，邑侯韩公访邑志，余上之，谋刊未果。今部纂修《明史》，宪檄屡征邑志。公曰：『且删订之。』稿具而公擢仙井。朱公摄吾邑，虑潜良遗德之士未尽也。余曰：『城郭、土田、赋役、户口、人文、物产，已难存千百之什一矣。』乃与张子容、诸庠生加辑之。四月，楚玉沙易公履任，谓余曰：『名宦诸公，纪名而不纪实，无遗憾乎？』又采往事可稽者录之。康熙二十五年（一六八六）丙寅七月癸卯，举人刘世璋

余窃不自揣，以兴举废坠为己任。辛未（一七五一）四月至八月，事少就理，吴生允观出县志示余，乃圣祖仁皇帝二十五年邑孝廉刘君世璋以农家抄本润色者，书凡四卷。今六十七年矣，土地、疆域、生齿、赋役、民俗、文物，与时为变，而荣又以理学、经济、节烈耀史册。莅任五年，所为兴举废坠者，茫无所据。惟土训诵训，或访诸耆英野老，或取信于文移碑碣。悉心考校，已易星霜。凡理学、经济、忠孝、节烈之举无或逸。书仍四

卷，曾无所就正，备参考、资采择而已。乾隆二十一年（一七五六）丙子八月，浙江嘉兴进士，知荣县事黄大本

予宰兹土十稔矣。下车，检阅邑乘，知纂自康熙间孝廉刘世璋，其蓝本乃得之农家，造端简陋。乾隆中，邑令黄大本重辑四卷，距今数十载，变迁不一。而前代为州、为府，固西南一大都会，故亟欲修之而未敢从事。今春，大府奏修《通志》，檄取县书。爰公余参订，汇为卷十，条五十有八。十年初《志》始遂，益滋愧矣。嘉庆十七年（一八一二）壬申十一月，湘潭举人、知荣县事许源

邑志修于前令许汇泉，今三十余年。甲辰（一八四四），学使蔡公按试嘉定，征所属邑乘。吏白旧板坏三十余页，乃聚士绅议补之，增以后事。执事曰：『旧志诸目，首尾蝉连有纪，增之无由入，非改刻不可。』于是奋然修辑，闻者踊跃捐资。邑人廖君扶九主讲凤鸣书院，张君海云主讲桂林书院，朝夕共事，校前《志》略有更订，阅八月而成。道光二十五年（一八四五）乙巳十二月，淄川举人、知荣县事王培荀

赵熙曰：右前县志《叙》略，今惟王修本尚存。善夫，章学诚之言曰：修志者，续前人之记载，非毁前人之成书，理宜新旧并行。公哉！允也。章又言：辞气当去鄙倍。宋以京朝官知外县，事体视县令为尊，结衔犹带京秩，故曰『某官知某县』。居今而袭宋称，倍矣。又，俗士称县曰邑，或邑侯、邑大夫，皆鄙也。古都邑、乡邑，都于县治不合。凡此之伦，涉笔宜戒。吾犹钦戴震言：志以地理沿革为重，沿革误，通部之书皆误矣。名为此府若州之志，实非此府若州也。王闿运言：凡地理，当明其沿革改易之本，历代郡县省并为最要。卓彼通人，允资文宪。而荣今修《志》有欲然者。

凡志，首列天文，盖成习例。分野之说，今且存而不论。至若日出入时刻、日出入方位、诸星赤经、中星赤经、岁差，凡厥表图，斐然雅构，而蕞尔山区，如荣、威仅距七十里，正恐苦心分明，所判微忽。行省既设测量专司，非审细远胜官中，正不必宣夜、浑天，强自标置。揆日候星之事，从盖阙矣。

氏族者，《周官·小史》奠系世、辨昭穆也。王符《氏姓》之篇，杜预《世族》之谱，六朝已来，大明谱学。而荣士著素稀，同姓非宗，所询皆是。通儒伟烈，犹待其人，强从类列，适启诬风。

他如典志、文征、五行、封赠，相地之宜，往往按之无实。

惟艺文一志，是关学术源流，本《七略》之遗。循四部之迹为之，最其指要，别其条流，古称辨章百家，归之治本也。又艺文与经籍志稍异。经籍记部目而已，艺文则篇章可入。荣则《王庠文集》五十卷，复载《宋史》；晁子止《郡斋读书志》、李有庆《琴轩集》，或非关文献，或有目无书，余更杳焉。若夫坊市之格言，生徒之讲义，俗诗未能成体，杂述乃等造谣，比之庸滥诗文，径登篇第，是维求辱于九流，六艺远矣。

原夫《周官》令典，天下图籍，毕上太史。自后政事列计簿，山川著图经，士女传赞，风俗岁时，愈推愈密。至会稽章氏以博辨张其史学，一时方志从风。其匡缪正俗之功，廓清本巨。惟一本尊王之旨，以地志为国史要删，动虞僭越，创议科部，侈言六经同风。曾不思三代国计民生为一，秦已降专维国计，听民

自死自生，再降则朘民之生以成国计，再降则罪言民生，谓防国计；今则使民不可为生，专为身计、家计，并不谈国计。政者，正也，非官僚之私物。犹复稽荣朝制，上缵刘、班，毋惑乎！物产靡可重轻。而食货一篇，胥官中之食货，非民间之食货矣。

屠维、上章[①]（一九一九、一九二〇），熙礼辞《四川通志》总任[②]，玄黓[③]（一九二二）乡居。县议志乘，开局荷花池，连岁复经兵哄。马通在研，尝进虞拔贡，论列今古。私以为赵宋方志盛兴，及明，溥甄郡国成书，上之殿阁，副在乡校。今当据乱之世，无望升平。斯《志》斟酌土风，网罗放失旧闻，期惟考地理，述人事，祈民生，富教为本。庶山陬来秀，周知乡故，即一名一物，通古训而抉经心，亟师海西农学之良，丰荒有蓄。至法百二十国宝书，高自媲于班、应大儒，称《诗》《礼》《春秋》三家之学，是诚经国大业。走顾不敏，睎大雅，俟鸿裁焉。

叙曰：

荣之为邦，肇封青阳。右江左泜，迁德大章。秦汉南安，抟抟大野。开州自唐，元圉四跨。有明定县，今土是限。石穴南郊，黄唐一线。述沿革第一。

人事之始，以前民用。抑觇盛政，即礼康众。畴障西风，芬华接踵。必有平焉，永奠一哄。述建置第二。

易民而治，于《传》有诫。异地之宜，此疆尔界。南有野客，北则铁山。百里高原，昉晋治官。述疆域第三。

北山多石，南山多土。其中陂陀，农名石户。择肉不肥，奈何饲虎。登高慨然，峨峨天宇。述山脉第四。

旭川涓涓，合流石濑。不利舟楫，以滋灌溉。拥斯茫水，出铁山獠。太平寰宇，横波滔滔。述水道第五。

物类凭生，民命所系。海西绝业，匪力伊智。既新其器，电化日异。埒此地利，猗嗟人事。述物产第六。

班述《洪范》，《宋史》亦可。金土同价，世岂长饿。瘠土之民，为政在仁，盖均无贫，匪人食人。述食货，凡户口、土田、赋税、货币、仓储、会计、盐产、水利具焉，第七。

士必壹，然后智；乱次以济，罔不敝。《周官》六行，荣也足纪。上无道揆，下无法守。浩浩洪流，式瞻耆旧。述人士第八。

女生实苦，抑光门户。黄鸟喈喈，四德具举。一臂擎天，烈烈孀孤。女学大张，请赞彤姝。述列女第九，耆寿附。

繄乎一官，如流水之行大川，来去无停，一过茫然。据事直书，名宦自见。洪姚刘宋，日光中天。述秩官第十。

淫祀无福，礼家诽之。成群立社，圣制韪之。里闬祈农，茂我禾枭。曾不是察，官为民螨。述社祀第十一。

一家仁，一国兴仁。一国作乱，是人非人。人人自由，道载三礼。无礼则危，覆狂以喜。述礼俗第十二。

荣非僻区，旧闻则少。故事有征，甄录无小。或裨史遗，景观非要。述古迹第十三，形胜附。

---

① 按：屠维、上章，分别为天干己、庚的别称。

② 按：一九一九年春，赵熙应杨庶堪之约赴成都；次年春，复应杨庶堪之聘，主修《四川通志》。后因川局扰攘，杨庶堪去职，修志事中辍。见《赵熙集》附录一《赵熙年谱》，浙江古籍出版社，二〇一四年。

③ 按：玄黓，天干壬的别称。

世无鼎彝，奚佐《梼杌》？耳目近见，备葺无忽。非关国故，勿斫山骨。述金石第十四。

青阳既往，书缺年纪。思奉民听，编自汉始。大略孔明，敢援科旨。述事纪第十五。

右说具详，左证图表，审所宜附，用光县道。

维古图经，步里测冈。荣今作缋，山水分疆。准望粗明，权舆山乡。作荣县全图，其山脉图、水道图，系之山水篇。

日中交易，义取民便。国市山垌，货殖千万。度里远近，程期错举，道不由庚，一绳交午。作城图、市镇图、道里表，系之疆域篇。

庶哉富之，圣谟攸赞。农资水利，命原塘①堰。徒杠舆梁，君子平政。桓表当途，菲菲画景。作户口表、塘堰表、津梁表、坊表，系之食货篇、建置篇。

校官不职，专倚书苑。名循孔录，试牍自贱。国威告退，邻化方滋。用夏用夷，多师是师。识字者希，尉律其思。作学校表。

选士之重，礼家有程。异代殊制，大猷是经。盖崇化者必厉贤，能否平等，不平之平。作选举表与学校，系人士前。

已上图表第十六。

凡《荣县志》都如千篇，虞拔贡克举其职，勤志独任，曹茂才毗之成功，授熙俾整齐之。熙维行人五书，周知天下，而三代乡里有学，令弟子能通艺业，是尤宏谊。自审六学冥昧，方思炳烛之明，修皓星公、丁姓子孙②之绪，老丁阳百，愍狂狡之不息，煽乱日臻，猬举群论责其成，奚以炳前闻，辉地望？惟荣虽山县，青阳之迹犹存，彰于戴《礼》、迁《史》。暨汉，南安迁割。自郦道元后多蔽，动绖夜郎之缪，实宜析所闻，以昭未睹。大谛不变者地舆，必变者人事。分条副干，无事惠施多方，正不必取幸达官，妄推治本。熙罔通三世闻见，然吾荣山川隐秀，意必有来哲兴焉，蔚为方闻之士。是编得备文学掌故，下材比缉，与有荣焉。虔望河清，叙录作殿。

总纂：清赐进士出身、翰林院编修、国史馆纂修、江西道监察御史赵熙叙

纂辑：清拔贡生、京师大学堂国学成业虞兆清

分辑：清附学生、前任大足县知事曹靖

校刊：清附学生、成都师范学堂成业张鸿介

督刊：程述甫

前提调：清光绪癸巳举人、前荣县知事、成都廖世英

后提调：清中书科中书、日本东京警务成业张肖威

测绘：俞缉光

庶务：周监从

采访：各乡保

供给：收支所

---

① 按：「塘」原作「唐」，非是。今径改。

② 按：皓星公，姓皓星；丁姓子孙，姓丁，名姓，字子孙。两人均为西汉后期传习《穀梁传》的经学家，见《汉书·儒林传》。

《荣县志》序

王正国

编纂地方志，是中国特有的文化传统之一。荣县修志历史悠久，可谓修志之乡。早在唐朝，邑人王禹曾编有王禹《志》；宋代，荣州刺史李焘、教官勾演纂《荣州图经》；明、清时期，修志风气最盛，先后成书八部；民国年间，县人赵熙总纂之《荣县志》，被誉为巴蜀良志而蜚声省内外。

为了继承和发扬中华民族的优良传统，广泛深入开展县情研究，加强社会主义物质文明和精神文明建设，一九八一年冬，中共荣县县委、荣县人民政府决定新编《荣县志》。随后，调集人才，拨付专款，广征史料，精心编纂，历经十个春秋，一部近百万字的《荣县志》，于一九九二年夏定稿成书。

新编《荣县志》是荣县历史上第一部社会主义新方志。它的出版问世，是荣县社会主义精神文明建设的主要成果之一。这部新县志，以马列主义、毛泽东思想为指导，运用辩证唯物主义和历史唯物主义的立场、观点和方法，坚持志书『横分门类，纵述史实，述而不议』的基本章法和传统体例，以翔实的资料，简洁的文笔，全面记述了一九一一年至一九八五年间荣县社会发展的历史和现状的基本面貌。

了解荣县，热爱荣县，建设荣县。新编《荣县志》一书在手，可知晓荣县古往今来，可明了荣县兴衰起伏，可洞悉荣县的成功与失误。这是一部难得的资政之书，育人的乡土教材，存史的宝贵资料，科学的资料性文献。我相信，从新编《荣县志》步入社会的第一天开始，随着人们对它的认识和了解，它在社会主义现代化建设中的地位和作用必将逐步增长，必将成为立志改革、一心干『四化』的人们的良师益友。

新编《荣县志》是集体智慧的结晶。在长达十年的编纂过程中，各级领导、相关单位和兄弟区、县以及专家、学者，都始终给予了极大关注和无私帮助；县志编委会、编辑部和办公室的全体工作人员，更是历尽艰辛，奋力笔耕。在此，一并表示衷心的感谢。

中共荣县县委副书记、荣县人民政府县长　王正国

一九九二年九月

《荣县志》序

李　丹

续修《荣县志》（一九八六—二〇〇三），历时五年成书问世，可喜可贺！这部志书，内容紧接一九九三年版《荣县志》，全面记述了一九八六至二〇〇三年荣县经济社会发展历史，资料翔实，体例完备，结构合理，文字简洁，文风严谨，体现了时代性、科学性、史料性和地方性。它的问世，是荣县社会主义文化建设的又一丰硕成果，是弘扬先进文化的体现。对于我们了解县情，解读历史，走向未来，具有重要意义。

地方志是具有资政、存史、教化作用的重要工具书。编修地方志是中华民族的优良传统，是一项中国特色的重要文化建设工

程。荣县修志历史悠久，早在唐代，邑人王禹曾纂《荣州志》；宋代，荣州教授勾演撰有《荣州图经》；明清时期，先后修成志书八部；民国期间，赵熙总纂的《荣县志》被誉为巴蜀良志。为了弘扬中华民族修志的优良传统，传承荣县修志的悠久历史，广泛深入进行县情研究，二〇〇四年冬，县委、县政府决定续修《荣县志》（一九八六—二〇〇三）。随后，组建班子，调集人才，拨付专款，广征史料，精心编纂。历经五个春秋，一部百万字的荣县第二部社会主义新方志编纂完备，现呈于世。

一九八六至二〇〇三年，是荣县改革开放、探索前进、不断发展的十八年。荣县人民解放思想，开拓创新，锐意进取，推进各项改革，铸就了前所未有的辉煌，经济社会面貌发生了深刻变化。续修《荣县志》，全面反映了这一时期的奋斗历程与功绩，客观地总结了这一时期的宝贵历史经验教训。我们不但可以从中看到十八年来荣县前进的步伐和发展的轨迹，更可以从中引发思考，受到启迪。

续修《荣县志》是集体智慧的结晶，是省、市领导和相关部门鼎力支持的结果，是全县各级各部门协作配合的成果，凝聚着史志室和编纂人员辛勤笔耕的心血。在此，一并表示感谢。

以史为鉴，继往开来。愿我们踏着前人的足迹，站在新的历史起点上，坚持科学发展观，励精图治，开拓奋进，扬帆远航，共同谱写更加辉煌的篇章，为把荣县建成经济繁荣、基础设施完善、群众生活殷实、环境优美、社会安定和谐的丘陵经济强县、文化旅游名县、生态农业强县而努力奋斗。

中共荣县县委书记　李丹

二〇〇九年八月

第一卷　疆域山川

先王体国经野，画土分疆，辨山川以定疆域，考沿革而知废兴，则方舆所宜详也。况荣素称封域千里，形负五山，其间渊停岳峙，地脉之灵异所钟，胜迹名区，往哲之芳踪攸寄。啸台载酒，仙纪孙登；溪阁行吟，名传陆监。至若重门设险，关隘犹存，民气归淳，风俗允赖，是又乌可忽诸？（嘉庆《志》卷二）

一、天文星野

天文星野之说，上为列星，下为分野，定其躔度，可验祯祥。其说虽属无稽，惟历代旧志多有之，而昔人之文化观念及思想意识，亦可从中窥见一斑。荣地星野，历代方志辗转剿袭，大同小异，以乾隆《志》卷一『星野』为最古，今移录如下，以备学者考索。

蜀当参①、井②之次。益州入参一度③，嘉阳④距益州四百里，应未出参二度，荣距嘉阳二百里，分野讵有殊焉？窃谓嘉阳入参二度，荣未出参二度，无疑矣。《博雅》云：『在天一度，统地二千九百三十二里。』⑤夫一度所统之地如此之遥，嘉阳距成都仅四日程，荣距嘉阳一百九十里，岂嘉入参二度，荣已出参二度耶？旧志云：『吾荣分野，当属井一度。』岂嘉犹参二度，荣即井一度耶？则一度所统之地几与《博雅》所载大有径庭矣，不知旧志何据，云『井一度』也。

《史记·天官书》：『二十八舍主十二州，益州为参分。』

《汉书》：『巴蜀分井、鬼。』又云：『觜觿⑥、参主益州。』

《晋书》云：『《天文志》自东井十六度至柳八度为鹑首⑦。』又：『参七度益州入。』

《隋书》：『益州分参。丹元子《步天籁》⑧：『天帝西垣第四星曰巴，五曰蜀。』

① 按：参，即参宿，二十八宿之一，又名参伐。
② 按：井，即井宿，二十八宿之一，又名东井、井络。
③ 《晋书·天文志》：『广汉入觜一度，越嶲入觜三度，蜀郡入参一度，犍为入参三度，牂柯入参五度，巴郡入参八度，汉中入参九度，益州（此益州为郡名，在今云南省）入参七度。』按：正文中『益州入参一度』，即此处『蜀郡入参一度』，蜀郡即今成都及周边地区；此『益州入参七度』之『益州』，为汉代郡名，汉武帝时设，郡治在滇池县（今云南省昆明市晋宁区），非指今成都市。下文引《晋书》云『参七度益州入』，即源于此。
④ 按：嘉阳，地名，古指嘉州，今乐山地区。
⑤ 按：《博雅》，即《广雅》，三国魏人张揖撰。语出《广雅》卷九《释天·宿度》，云：『东方七宿，七十五度；南方七宿，百一十二度；西方七宿，八十度；北方七宿，九十八度四分度之一。四方凡三百六十五度四分度之一。一度，二千九百三十二里。二十八宿间相距积一百七万九百一十三里，径三十五万六千九百七十一里。』
⑥ 觜觿，即觜宿，二十八宿之一。
⑦ 鹑首：十二星次之一，于十二辰对应未，于二十八宿对应井、鬼两宿。
⑧ 按：《步天籁》，又名《步天歌》，相传为隋丹元子所作。是书将星空分为三垣、二十八宿，并编成七字一句的韵语，配以星图，条理详明，通俗形象，便于记诵，流行极广，历代相传为观天指南。

《唐书》：『剑南道分井、鬼。』又云：『南戒自岷山、嶓冢，实地之阳。』

《宋史》：『益、梓、利、夔四路分井、鬼。』又曰：『东井、舆鬼，鹑首也，尽巴、蜀、汉中之地。』

《河图括地象》：『岷山之下为井络，帝以会昌，神以建福，言蜀之分野也。』① 午山张庭②云：『井络即鹑首。』

《华阳国志》：『仰禀参伐。』③《蜀纪》：『帝居房心，决事参伐，是为蜀分。』④

天文占候，太白主毕、觜，镇星主井，五鬼卿星⑤、弧矢星俱主益州。天文次舍，井十度至鬼、柳为鹑首，于辰在未。

民国《志》引雍正《四川通志》云：『嘉阳属井、鬼之分，入参四度。』⑥ 合之旧志，云『荣未出参二度』，不知何据。⑦ 并存之，以俟来者。

二、疆域道里

疆域之别，守土者各有专司。荣自分地置县后，所辖不及曩时之广，而与犍为、威远、资州、叙府绣壤相错，辨之乌可不审？（光绪《志》卷三）

乾隆《志》所载：

东至威远县界三十里。⑧ 东南至富顺县界九十里，隔以河。南至宜宾县界一百里。⑨

乾隆《志》按：据康熙五十四年（一七一五）间，有宜宾武生陈应章盗卖荣境戴家山祖业，与生员戴致中争控。至雍正二年（一七二四）会勘，照《志》以沙河为界，宜民抗踞如故。乾

---

① 《三国志·蜀志·秦宓传》：『蜀有汶阜之山，江出其腹，帝以会昌，神以建福，故能沃野千里。』刘逵注左思《蜀都赋》：『《河图括地象》曰：「岷山之地，上为井络，帝以会昌，神以建福。」』

② 张庭，生卒年不详，字子家，别号五兀山人，明代夹江（今乐山市夹江县）人，著有《五兀山人存稿》《峨嵋志》《夹江志》《元览要略》等书。

③ 《华阳国志》卷一《巴志》：『昔在唐尧，洪水滔天，鲧功无成。圣禹嗣兴，导江疏河，百川蠲修，封殖天下，因古九囿，以置九州，仰禀参伐，俯壤华阳，黑水、江、汉为梁州。』

④ 《三国志·蜀志·秦宓传》：『天帝布治房心，决政参伐，参伐则益州分野。』《华阳国志》卷十二《序志》：『案《蜀纪》：「帝居房心，决事参伐。」参伐则蜀分野。』

⑤ 按：五鬼卿星，《古今图书集成》作『五车卿星』。

⑥ 雍正《四川通志》卷一：『直隶嘉定州属井、鬼之分，入参四度。』

⑦ 按：自《史记·天官书》至省志，均转抄自《古今图书集成·职方典》卷五百七十九『四川星野考』，唯内容稍异，《史记·天官书》：『二十八舍主十二州，益州为参分。』《汉书》：『巴蜀分井、鬼、参。』又云：『觜觿、参主益州。』《晋书·天文志》：『自毕二度至东井十五度为实沈，于辰在申，分野属益州。』又：『益州入参七度。』《隋书》：『益州分参。丹元子《步天籁》：「天帝西垣第四星曰巴，五曰蜀。」』《唐书》：『剑南道分井、鬼。』又云：『南自岷山、嶓冢，负地之阳。』《宋史》：『益、梓、利、夔四路分井、鬼。』又曰：『东井、舆鬼，鹑首也，尽巴、蜀、汉中之地。』《河图括地象》：『岷山之下为井络，帝以会昌，神以建福。言蜀之分野也。』午山张庭云：『井络即鹑首。』《华阳国志》：『仰禀参伐。』《蜀纪》：『帝居房心，决事参伐，是为蜀分。』天文占候，太白主毕、觜，镇星主井，五车卿星、弧矢星俱主益州。天文次舍，井十度至鬼、柳，为鹑首，于辰在未。

⑧ 原注：一处立有石界牌，有荣、威分界碑；一处过高山铺十余里，名五同山。东逾五同山八九里转坰处，系荣邑抵贡井大路。

⑨ 原注：计荣城南至五宝镇八十里，再南至宜界弥陀寺，立荣、宜分界碑，约二十里。

隆十八年（一七五三）六月，荣县知县黄大本详请，奉委眉州彭山县知县张凤翥会同宜宾县知县文俊秉公勘断，立碑定界，自弥陀寺小河沟迤逦至竹公坝龙神堂、石庙子等处，直抵沙溪山下苦竹溪口，立碑定界。

西南至宜宾县界一百四十里。① 西至犍为县界九十里。② 西北至井研县界八十里。③ 北至仁寿县界五十里。④ 县西至府城一百九十里，由井研县境至布政司三百九十里。由府至布政司六百里。至京都，陆路六千余里，水路一万余里。至江南，陆路五千余里，水路六千余里。

嘉庆《志》所载：

荣在布政司东南五百四十里，嘉定府东二百一十里，东西距一百五十里，南北距九十里。

民国《志》所载：

东至双堰塘威远界三十里，西至筠山场犍为界百二十里，南至弥陀寺宜宾界百里，北至胡家沟仁寿界五十里，东南至贡井、富顺界百里，西南至黄连桥宜宾界百四十里，东北至鹞子岩威远界五十里，西北到竹园铺井研界九十里。广百五十里，袤百五十里。北距行省四百二十里。

附考：历代疆域

汉初，南安治今嘉定，而版图极广。东抵资中，南括泸州、叙府，西抵越巂，上括彭山、丹棱。及次第立武阳、僰道、江阳，则南安割隶犍为，版图视汉初为减。

蜀汉时，复立江阳郡，下有符、汉安两县，上游之境必展，今荣东境遂尽入江阳。何以知之？曰：《元和郡县志·公井县》下注『本汉江阳地』，又『以界内有荣德山』云云，知今城东二十里外皆归江阳，即山势可定也。

东晋制治官，今荣县专属治官，于是脱离南安，而北界亦缩，其治在今来牟铺。

齐因之。

后周南安废，立平羌。《太平寰宇记》：『拥思茫水，从（井研）县南界濑下六池东流，西南入平羌县界。』流至资官县西，则南安、治官分界之旧可知也。又，侨置南安郡，此秦州之南安郡，与汉时嘉定南安县迥不相涉也。梁废南安郡，治官如故。周置公井镇，知盐务已盛于齐、梁矣。

隋为大牢、治官二县，《志》漏其一。大牢治今金山寺。《元和郡县志》，大牢『东北至荣州一百五十里』。则括今犍为东北境矣。

唐立荣州，治公井。而咨官属嘉州，则来牟铺已北一方俱失。是时东嬴而西绌，横如匹练。东南大抵以今三多寨为界。太宗贞观元年（六二七），置旭川，始有今荣县城，而泸州、隆越

① 原注：计荣城至新桥七十里，再三十里至姜家场，二十五里至高洞场，一名太平场，再南五里至黄连桥为界。

② 原注：计荣城西七十里名踏紫山场，场西南有官山，山旁有人行路插入犍地，分路为界，西南董家场、高洞场与犍界。

③ 原注：计荣城西八十里名竹园铺，毗连井境，栅门外立有荣井界碑。

④ 原注：按荣城北境多半崇岗，五十里至天堂寺，地势最高；下胡家沟即仁寿复兴场；逾复兴场尚有郑家坝、郑家山、邹高坎三处地方，离荣境有二十里、十余里、五六里不等，插入仁寿、井研界内，界址颇明晰。

来属。隆越当今隆昌，隆昌虽本昌州，兼以隆庆置县，而地本隆桥，隆桥之『隆』，必由隆越得名也。六年，资官复来属，而州治由公井徙大牢。八年，以泸州之和义来属。《通典》：和义『东北到资阳郡界二百一十九里』。则有今资中之地。高宗时，又由大牢徙旭川，由是荣州定为今荣县治，永无变。中宗时，省云州三县入大牢，州境遂广：东抵资中，东南括隆昌，西南括宜宾北境，西括犍、乐东境，北仍界今仁寿。肃宗乾元元年（七五八），以泸、普、渝、合、资、荣六州界置昌州，荣之界殆即隆越，贞观八年并入威远者也。则东南仍以今三多寨等地为界。至元和时，李吉甫撰《元和郡县图志》『荣州』云：州境东西一百八十三里，南北一百五十六里。八到：东北至资州一百六十里，南至戎州三百一十里，东南至泸州水陆相兼五百四十里，西至嘉州二百一十里，西北至陵州二百一十里。①

宋仍唐境。由宋兴建隆元年（九六〇）始，至治平四年（一〇六七），凡一百有八年，改旭川为荣德。乐史《太平寰宇记》：『荣州东西二百五十里，南北一百四十五里；南至戎州三百一十里，西至嘉州二百一十里，北至陵州二百六十里，东南至泸州水陆相兼五百四十里，西南至嘉州三百一十里，西北至陵州三百三十里，东北至资州二百一十九里。』凡唐、宋四至八到，俱不以界言。其应灵西北境云平羌，本汉平羌戍，在荣州应灵深谷戍，此与今乐山界，近大江矣，而荣德、资官为内地。近得《资国镇烽堠碑》云：『与资官以溪为界。』则拥斯茫水殆荣德、资官分壤之大判也。南渡后，宋理宗②升州为绍熙府，宋末统六州二十县。

元至元四年（一二六七），设绍熙军民宣抚司，辖资、普、昌、隆四州，奄有今大足、永川、荣昌、隆昌、安岳、乐至、资州、内江、资阳、仁寿、井研之地，樊然③为川南一大都会。

明洪武九年（一三七六），改今县，分置威远。

清康熙六年（一六六七），威远省。十三年复置，二十年复省，雍正六年（一七二八）复置，县东里益昌乡也。

赵熙曰：疆域之于县，易朝彻也而辄混者。《水经注》：涪水、湔水俱与洛水会。又经犍为牛鞞县，为牛鞞水。又东经资中县。又经汉安县，谓之绵水。绵水至江阳县方山下入江。夫汉安，今江安也，踞大江之滨，于资中下何涉？然《水经注》无可议，或汉安东境，延入江阳上，为绵水所经，可也，特不可曰『经汉安县』耳。而《旧唐书》『威远』下注『汉安县地』，《太平寰宇记》沿之，则误读《水经注》，而于唐、宋荣州之境为飞越矣。此古籍之疆域易混也。清制，仁寿隶资州，为下川南，而在荣县北。荣县隶上川南，而在仁寿南。考籍按图，两相龃龉，此今制之疆域易混也。荣德山在荣县、威远分圻之地。山之西，荣

---

① 《元和郡县图志》卷三十三『荣州』条原作：『州境：东西一百八十三里，南北一百五十六里。八到：东北至上都取资州路二千四百九十四里；东北至东都三千三百五十里；东北至资州一百六十里；南至戎州三百一十里；东南至泸州水陆路相兼五百四十里；西至嘉州二百一十里；西北至陵州二百一十里。』『八到』里程，稍有差异。

② 民国《志》原作『宋光宗』。按：荣州升为绍熙府在理宗绍定六年（一二三三），民国《志》据宋理宗旧例，推断荣州升府在光宗即位之初，于史无据。非是。见本书『沿革建置·宋』部分。

③ 樊然：纷乱的样子。《庄子·齐物论》：『樊然殽乱，吾恶能知其辩。』

县也，而属威远；山之东，威远也，而属荣县。其他犍、荣犬牙之错，亦往往棋置易位，此民契沿讹而疆域又易混也。右荣县。今境四至八到，为虞拔贡考定。后之君子治国闻者，庶靡歧误焉。

三、山川名胜

（一）山川形势

乾隆《志》卷一云：

五山倚北，二水环南，形如仙掌，势若凤鸣。又按：旧载唐进士王禹《志》云：封域千里，东界资江，西接夜郎，南抚戎僰，北抵陵阳。又《地理志》云：荣地四塞，山川重阻。又《朝野杂记》云：本为藩镇。又《图经》：形负五山，西首东尾，东西四水，合流城南。又宋刘道成记云：藩邸重镇。

嘉庆《四川通志》卷九云：

五山倚北，二河绕南，形如仙掌，势若鸣凤。野客前拱，铁山后盘，城抱五峰，郭濒二水。

民国《志》卷四云：

荣，山县也。山凡两大干：其北曰铁山，自资州威远交荣东北角，西行经仁寿、井研南界，如大龙，万山皆爪，入犍为去，其势善发；其南曰野客山，如大城，横亘三百里，万阜宫其中，入宜宾去，其势善纳。

（二）名山主脉

凤鸣山

乾隆《志》卷一云：

凤鸣山在城，为县之主山。相传古竹实茂盛，有凤鸣于上，故名。山巅有文昌宫、龙井，中有此君轩，右有万寿寺、竹梧堂，麓有凤鸣堂、连云堂、霜钟堂、鄂韡堂，前察院、行台、布政司分司。昔人题其景曰『凤鸣朝阳』，诗文著于后。

嘉庆《志》卷二云：

凤鸣山，负城北郭，为县主山，相传有凤鸣于上，故名。山巅旧有文昌祠、古龙井。嘉庆十二年（一八〇七），知县许源添修启圣宫、龙王庙、三圣宫于殿后。殿前左右新建考棚十八间，西偏并重建此君轩，宋王元公所题也。

民国《志》卷四云：

（凤皇）山右小支为太平山、赤珠山，接李坝。山左为虎洞，陆游有诗；一曰少阳洞、飞霞洞，今优婆夷所。负郭则厉坛偏其西。正支入城，歧为五。明按察司佥事涿郡李敩赞为『小锦城』。中曰凤鸣山，宋嘉祐寺址，僧祖元①辟此君轩，山谷题诗，后并祠山谷。元魏前，僧通称『道人』。祖元，王氏，『元』字与『无』形近，故文信国公称『祖无大师』②。诗石为明按察司佥事薛英取去，亭于署左。嘉庆十一年（一八〇六），知县许源重辟轩，开试院。盖前此试士万寿寺，非制也。寺有井曰龙井。清时以涨③落卜科第，奇验。其竹梧堂及山麓凤鸣堂、连云堂、鄂铧堂俱废。惟明察院行台，康熙四十九年（一七一〇），知县李锵以建凤鸣书院。入民国，购改中校，今市肆矣。书院后四柏堂，明荣德社学也。正德时，社长吴天禄剪丛薄，得四柏，爰榜其堂，举人杨桂丹为记。杨石为诗：『书堂四柏立庭中，直干亭亭翠扫空。入夜月穿金错落，当窗雨过玉璁珑。岁寒离立如师友，人品孤高历雪风。好梦故知天赋予，三槐曾见接三公。』清曰景行义学，后由蚕务改女校。山之左坂，旧有学曰养正，初曰乐阳社学，在桂林街。道光二十年（一八四〇），知县胡浤移此，今为民居。

恩沐山

民国《志》卷四云：

荣德山次东则恩沐山。『恩沐』所由名，疑非土人臆创，而无可考。其山分三支。东为天乙山，为寨二：一牛心寨，长二十丈，广一余丈，居民十余家；一牛头寨，长一里，广四十丈，寨门一，居民六十余家。牛头寨又为大坪山、牛角石（石相距数丈，中有穴，风吸则鸣）。又为汪家山、大坡山、土团山（山多矿，土人镕之曰矿灰，故曰石灰坡）。又为岳峰山，寺以之名。又为乱石山、燕子崖（崖有佛，明万历时刻，乡人凿梯以祀）。又为云峰山，寺曰云峰庵，清名铁板寺。又为黄葛岩，界威远。

恩沐山南为丁家山、尖山、半天云、马鞍山（其山苍苍，一名月亮岩，云石有光也）。又为白岩灵山寺、老林山、张榜山、荣梨山。

恩沐山西为天生桥，石梁也。郡守邵勷有诗而土。又为亮窗山，山有孔如窗然。天生桥又为大石门、小石门，涌起曰龙标山，有宝胜寺。过坳曰金鱼寺，下至龚坝止。

莲宇山

乾隆《志》卷一云：

莲宇山，循清富而东，在五山中，巅敬一亭，畔先师庙，左儒学，右诸祠学廨。宋人刻《九域图》于石碑，树学宫文殿后，又刻『莲宇』二字于碑阴。今明伦堂、学廨俱在文庙之右。《九

---

① 祖元，一作祖无，生卒年不详，北宋荣州僧人，王梦易子，王庠、王序同父异母兄。黄庭坚流放蜀地期间，祖元与其交往密切，黄庭坚有《题荣州祖元大师此君轩》诗，为传世名帖，后人题跋颇多。

② 文天祥（一二三六—一二八三），字宋瑞，道号浮休道人、文山。江西吉州庐陵（今江西省吉安市）人，南宋末政治家、文学家，抗元英雄，信国公为其封爵。其《跋黄文节公书》云：『山谷道人《题荣州祖无大师元上人此君轩》，如炉铸铁，而笔力遒劲，字势飞扬，猊虎斗争，蛇龙变幻，莫测去来之迹。是殆日月星辰章于天，山川草木形于地，而不知孰使之然也。古人诗句字画，称唐之盛时，诗如李、杜，书如颜、柳，无加矣。至我宋熙、丰、元祐间，道人者出，不惟可追驾古人，遂至兼取众长，集之一己云云。吉州文山文天祥跋。』

③ 按：涨，原作『长』，据文意径改。

域图》碑在文庙后，已坏。

嘉庆《志》卷二云：

莲宇山，循清富而东，居五山中，先师庙、儒学、尊经阁俱在焉。宋人刻《九域图》于石，碑阴刻『莲宇』二字，今树大成殿后，虽字半磨灭，犹足称旧藩冠冕。

民国《志》卷四云：

凤鸣之西曰莲宇山，宋绍兴十三年（一一四三），刺史孟某建孔子庙，有《九域图》碑竖庙内。雁塔列泮池旁，敬一亭久废。清时，学署西掘得苏诗碑，旋佚。次西曰大凰山，或曰大黄山，以产名。县北而微西，西行至簝叶坪。东为黎家山，下东川沟市，十余里为箐林，又十余里洛阳溪。龚汇诗：『石门门外白云飞，路入东川步步奇。马上看山呼得应，溪边留月影如规。松房雨过飘丹桂，箐口烟寒护紫芝。金马玉堂人去远，清风未许此山移。』汇，明人，尚不敢昌言胡氏事也。①南为鹅项岭、赵家山、大头山、团山、狮子岩。咸丰庚申建寨。又为翠笔山，山尖如笔，旧称翠壁，乖其实。

清富山

乾隆《志》卷一云：

清富山在城西，为五山之首。上有清富楼，左迎曦亭，右袭香亭，前来薰亭，后望熙亭。山背壁立九折，宋人刻『九折屏』，大书崖畔。近水有石插溪，湍处亦刻有字曰『赤沙步』，以左右沙皆黄，折而至此，一步独赤。城因其险而围之。山麓，古荣王府城址。前，古绍熙府治。景曰『清富登临』。宋丞相张商英②记云：『为富不清，为清不富。二者兼之，难乎其名。』宋人范镇③诗云：『坐酬风景登清富。』

嘉庆《志》卷二云：

清富山，在城西，为五山之首，山背壁立九折，宋人大书『九折屏』刻于岩畔。近水有石插溪，湍处刻曰『赤沙步』，以左右沙色皆黄，而此步独赤也。城因其险而围之。山麓为荣王府城址，前为绍熙府治。宋丞相张商英记云：『为富不清，为清不富，二者兼之，难乎其名。』范镇诗云：『坐酬风景登清富。』盖言其胜如此。

民国《志》卷四云：

凤鸣山又西曰清富山。范镇诗：『坐酬风景登清富。』张商英亦云：『为清不富，为富不清。二者兼之，难乎其名。』城阴最高险，宋人书『九折屏』，嵌城之壁，清富楼在其上。右迎曦亭，左袭香亭，前来薰亭，后望熙亭。商英有《来薰亭》诗，可知州治之胜。王象之④云：『大周圣德碑，在子城门外，长安三

---

① 按：胡氏，谓胡子昭。胡子昭字仲常，荣县人，因明初靖难事死节。

② 张商英（一〇四三—一一二一），字天觉，北宋时蜀州新津（今四川省新津县）人，北宋大臣。

③ 范镇（一〇〇七—一〇五七），字景仁，成都华阳（今四川成都市）人。举进士。历起居舍人、知谏院，累封蜀郡公。卒，赠金紫光禄大夫，谥忠文。

④ 王象之（一一六三—一二三〇），字仪父，一作肖父，南宋婺州金华（今属浙江）人。庆元二年（一一九六）进士，历任长宁军文学、知分宁县等职。著有《舆地纪胜》等。

年（七〇三）韦绀立。①』子城者，环刺史署为垣，世所称古城也。唐《世系表》有韦琪，荣州刺史韦玠兄，不知琪即绀否？宋、元绍熙府，即昔州治。五季司仓参军勾延庆撰《州院碑》，已没。其宸章阁、奎章阁、刺史晁公武经阁，俱废。嘉、道时，居人于菜圃斸得石马金狮。咸、同间，获大砚。光绪中，得铜器累累。民国十二年（一九二三），张氏治第佛池，得铜印，文曰『皇天锡策之家』，知为绍兴二十年（一一五〇）策封孝宗为皇子，故光宗制此印。八方琉璃井犹存。明龚汇《荣王府》诗：『清风坪上绍熙城，绕郭山光照凤鸣。瓦砾已随朝市变，楼台犹想帝王荣。西湖末局成终古，南渡光皇尚太平。夜步赤沙溪上月，相看无语总多情。』至《宋史》称，大中祥符初，州廨生芝②，则阿世云尔。陆游《桃源忆故人》词序：『三荣郡治之西，因子城作楼观，曰高斋，下临山村，萧然如世外。予留七十日，被命参成都戎幕而去③。临行，徙倚竟日，作此。』词曰：『斜阳寂历柴门闭，一点炊烟时起。鸡犬往来林外，俱有萧然意。

衰翁④老去疏荣利，绝爱山城无事。临去画楼频倚，何日重来此？』所见当今程坝。唐刘兼⑤《登郡楼书事》，宜即此。王培荀诗『山上松涛聒耳忙』注：『署后凤鸣、莲宇诸山，祠庙间松杉最多。』⑥今濯濯矣。

天庆山

乾隆《志》卷一云：

天庆山，联凤鸣而左，自清富山至此为第四山。上有天庆观，下有神龟崖、莲花池，前为县治，有爱莲亭、六合亭。查县署前后亭俱废，基址亦无所据。莲花池废为塘，归县取官租，为修署之费。乾隆十九年（一七五四），知县黄大本拨入凤鸣书院以充公费。

民国《志》卷四云：

凤鸣山东为天庆山，有天庆观，今曰玉皇观。下有神龟崖、莲花池。清初池废为塘，县署取租。乾隆时，黄大本移给凤鸣书院。前为县署，即唐宋以来治所，爱莲亭、六合亭俱废。署西荷池，以刘兼诗定为唐池。嘉庆中，许源亭池中，曰『镜香』，盖袭秀州、抚州亭名。

桂林山

乾隆《志》卷一云：

桂林山，城东。跨之旧县学，有衡阳王书文明碑：『五山横亘，堞雉联飞，延袤三里，望如重城，故邑名五山，又曰五陵。

---

① 《舆地纪胜》卷一百六十『碑记』条：『大周圣德勒石文碑，在州衙子城门外，长安三年立，韦绀撰。』

② 《宋史》卷六十三《五行志》：『（大中祥符二年，一〇〇九）九月，荣州廨庭中生芝二本。』

③ 而去：原脱，据《渭南文集》卷五十补。

④ 翁：原脱，据《渭南文集》卷五十补。

⑤ 刘兼，五代宋初京兆府（治今陕西西安）人，官荣州刺史先后八年。诗收入《全唐诗》。

⑥ 清王培荀《寓蜀草》卷三十七《凝翠楼落成》之六：『山上松涛聒耳忙（自注：署后凤鸣、莲宇诸山，祠庙间松杉最多），楼中镫影伴蛩螀。方塘更有残荷在，秋雨秋风夜正长。』

分巡按察司佥事涿郡李敦登览之，曰：「古为国都，有以也。」因树碑于县，题曰「小锦城」。』碑今没。

民国《志》卷四云：

天庆山又东为桂林山，唐贞观中，建孔子庙。旧志：武德元年（六一八）置，时荣州尚治公井镇。至贞观二年（六二八），置旭川。州县祀孔子礼，见于许敬宗奏，则『武德』之误①，决宜谡正也。明初仍建桂林山，故有提学王书文②碑。嘉庆十九年（一八一四），知县宫鉴桂建桂林书院。道光丁未（一八四七），张轩鹏长院，种桂以实之。今由劝学所改教育局。

大佛山

乾隆《志》卷一云：

大佛山，在东城一里。唐人刻大佛与山齐，架殿十层，高四十七丈，阔十五丈。今佛像巍然，而筵楹横竖，久没于荒烟蔓草之中。

嘉庆《志》卷二云：

大佛山，县东南一里，联真如崖。宋元丰八年（一〇八五），僧淳德募修，因山为大佛像，成于元祐七年（一〇九二）。旧志载当时架殿十层，高四十七丈，阔十五丈，今已湮没，惟佛像巍然，身高十五丈有奇，露处者有年矣。嘉庆十六年（一八一一），知县许源命僧会、智、珏等募修，卷石为顶，装绘差足壮观。

民国《志》卷四云：

双路口抱城为大佛山，宋元丰间凿，凡八年，汔元祐成。佛高三十六丈，与山齐。陆游《东山》诗云：『老惯人间岁月催，强扶衰病上崔嵬。生为柱国细事耳，死画云台何有哉？孰计提军出青海，未如唤客倒金罍。来朝日出春风动，更看青天万里开。』山半有啸台，『废台已无隐士啸』『啸台载酒云生屐』，皆陆句。旧有屋。宋刺史李焘、冯伾③摩崖记胜。

中和山

乾隆《志》卷一云：

中和山，城南一里，屈曲三洞，深广各容近百人，宋人刻『中和』二字于山畔。

嘉庆《志》卷二云：

真如崖，县南一里，左联大佛山，有龙洞，深广可容百人，下为龙洞寺、真如观、一胜亭，崖壁凿『龙洞』二大字，笔极古峭。

民国《志》卷四云：

大佛山顶为墙如堡庑。崖曰真如，下有真如观、一胜亭，宋

① 据《新唐书》卷十四《礼乐志》，贞观四年（六三〇），『诏州县学皆作孔子庙』。故赵熙云『武德之误』。

② 王书文：原作『王文』，据乾隆《志》卷一『山川』条补。

③ 嘉庆《四川通志》卷一百四十九引《安岳县志》：『冯伾，字望之，邑人，以明经举，授乾州判官，以诗名。』又引康熙《四川总志》：『知荣经，时有沈黎部落之警，伾作雄边寨以戍之，军民奠居焉。』又见万历《四川总志》卷十六。又，民国《志》卷十四有冯伾庆元六年（一二〇〇）书《啸台记》。

刺史李焘建岁寒阁，俱废。『有卷者阿』①，龙洞也，今罗汉洞，世称『龙湫夜月』。唐开化寺有碑，其洞陆游题诗。接白雀寺，沿崖佛像悉唐劖。摩崖者：『眉山苏仲庄来游，淳熙五年（一一七八）六月七日』；又，『淳熙甲辰（一一八四）重阳后三日，隆山喻德明、温元东、何仲符、员诚父、赵来介来款龙洞，登啸台』；又，『嘉熙二年（一二三八）春仲，李鉴摄府事，谒王大父文简公祠，题名』。

真如崖，又为中和山，世称『双狮结尾』，宋人题名。屈曲三洞，深广各容百人。

虎头山

乾隆《志》卷一云：

龙头山在城南，旧名虎头山，知县王梦魁易今名，移玄帝祠以镇之。上有镇南塔，高十寻。有三教堂。下百步为荣门山。有玄坛观在山下，废不治。知县张九思改三教堂，后题兴国寺，今圮。迤逦而南，临溪为擦耳崖，知县徐德龙因桥工凿石，削成大路。乾隆十七年（一七五二），土人建观音阁于崖畔。阁之左，旧有磨崖石刻。

民国《志》卷四云：

又为虎头山，明知县王梦魁易曰『龙头』，有玄帝祠。明建塔高十寻，曰镇南塔。嘉庆五年（一八〇〇），达州教匪之警②，知县龚巽为寨，曰东汇寨。下百步曰荣门山，对金碧崖也。山下有玄坛观，明知县张九思改三教堂，后题兴国寺，已废。溪濒擦耳崖，乾隆初，知县徐德龙修锁江桥，广其路。里人建观音阁于上，多镌题。龙头山又为马案山、跨鳌山，古莲经社也，俗称麻柳湾。

凤栖山

乾隆《志》卷一云：

凤栖山，城西二里，一名望景山。有万景楼，后改为玉皇观，山畔有仰高亭，俱废。今临溪存古佛寺一座，右有凤栖古洞，麓为迎恩亭，亦废。崖下古刻有石佛，景题『万景岑楼』。知县李锐书『傍崖跨水』于亭，熊大辂刻『洞口桃花』于石。

嘉庆《志》卷二云：

凤栖山，县西二里，一名望景山，旧有万景楼，后改为玉皇观，废。临溪有古佛寺一座，右有凤栖古洞，明熊大辂刻『洞口桃花』四字。嘉庆十三年（一八〇八），知县许源重建楼于上，凡三层，中层颜以万③景岑楼，其首层则塑吕真君像奉之。

民国《志》卷四云：

铁山又西，其支曰狮子山，县西北，下行老林口，接高石梯，西人逭暑处。又为杨泗岩，洞有像。下即萧家山，最高者九霄顶，世称天鹅抱蛋，城中望之如尖菌，其侧壁则即黄檀林大崖

① 按：语出《诗经·大雅·卷阿》：『有卷者阿，飘风自南。岂弟君子，来游来歌，以矢其音。』
② 『达州教匪之警』，谓白莲教起事。
③ 按：万，原作『望』，音近致误，今径改。

也。南为山王庙、陟鼠石（俗呼鼠曰耗子，又曰穿帘子。川、滇之战，军牍皆书穿店子）。全山曰烟坡山，下抵烟坡桥。九霄顶又南为徐家山、母安山（古音『母』如『马』）、白石山，下曰白石铺，旧驿递也。其阴为牛头岩。又南曰五里墩、女儿石、哆口石，古崩岩也。

牛头岩之支，隐隐隆隆，趋于城，为观音岩、瑜珈山、赵坝（坝，宋时校州兵地也）。西转，凤栖山，一名万景山，有高洞曰凤栖洞，明知县熊大辂刻曰『洞口桃花』。旧有楼曰万景，后圮。嘉庆中，许源重建，凡三层，祀洞宾，人多无聊之诗。山畔有仰高亭，麓为迎恩亭，以嘉靖时西门曰迎恩门也。过鱼塘坳，为晴雨崖，崖浸水不绝，一曰灵枣崖，下有庙，祀汉靖侯庞统，俗曰土主湾，土主即杜主，杜主，杜宇也。《华阳国志》：『杜宇称帝，号曰望帝。』唐刘兼《登郡楼书事》诗：『望帝古祠花簇簇。』准之地望，盖即其处，则土主之称有自也。嘉庆元年（一七九六），掘一碑，其阴刻『灵枣，崇宁四年九月，梦溪沈博毅书』，盖括子也。①阳刻：『通惠威烈显应侯殿，嘉定元年冬月，朝散郎新知简州军事临邛杨仲修②书。』全山如屏，沿崖多佛像。宋时金碧烂然，故称金碧崖，又曰千佛崖。顶曰铙钵顶，俯瞰全城。明奢寅之变③，贼入城，僧古泰以其徒登山吹角，贼出围之。适千总梁伟之亦由县南吹角而至，贼愕援师，奔威远。嘉庆五年，达州教起，知县龚巽修来安寨。咸丰之乱，贼至麻柳坳，不敢近。其广忠寺已废，惟法华庵存。后有金花寺。南迤为唐开元寺，《宋史》称『甘露降』者④，有铜佛，俗曰二佛寺。转角为青阳洞。《史记》：『黄帝之子玄嚣为青阳，降居江水。』旧东有青阳寺云。

耸云山

乾隆《志》卷一云：

耸云山，城北二里，宋太常博士王梦易夫人向氏凿洞于此山下，誓教二子王庠、王序，皆成名儒。后人题其洞曰『讲教』，下有玉泉，清冽异常。诗文别见。

民国《志》卷四云：

大皇山又西为木鱼山，明天堂寺，清巨刹也。光绪二十八年（一九〇二）毁。东为大坪，有市曰月亮场。又为龙王山、万石山，咸丰时建观音崖寨。又为伍家山、石人山、螃蟹山、尖顶坡、石龟山，见文与可诗。今称耸云山，有石穴，黄山谷题曰『地仙洞』。北宋义门王氏居，俗曰双溪书阁。山尽西为白云庵，

---

① 按：沈博毅，沈括长子，其前妻所生。据一九九三年《荣县志》，灵枣碑拓片长一百九十五厘米，宽一百一十八厘米，四周有七至八厘米的卷草花纹。正中竖书『灵枣』二字，字高约六十厘米，宽约四十厘米，楷书。上款『崇宁四年九月十四日』，下款『梦溪沈博毅书』，字高二十四至二十六厘米，宽十四至十七厘米。

② 杨仲修，生卒年不详，南宋时临邛（今成都邛崃市）人，淳熙间为荣县令，与士人李昌龄等九人议政明道，张孝芳称其有美政焉。

③ 奢寅，明末四川少数民族土官，奢崇明之子。奢氏于明初内附，世职永宁（今四川叙永）宣抚使。天启元年（一六二一）起兵反明。三年，明军克永宁，奢崇明与子奢寅逃入深林中。天启六年，奢寅为部下杀死。崇祯二年（一六二九），明军攻水西，奢崇明与安邦彦战败被杀。

④ 《宋史》卷六十五《五行志》云：『（天禧）二年十二月荣州开元寺、怀安军天庆观，三年四月舒州，五月益州，四年三月邵武军，十二月平泉县，五年三月泉州，十一月韶州，并甘露降。』

俗曰芹菜田。又为石柱坟、程家山、麟岩寨，下瞰木梯崖，咸丰己未（一八五九）建，愚民集讽皇经，县令杓之，成大狱，以李西沤①得解。出寨为佛顶山，俗曰铜锣顶。全坡曰江家山。

荣梨山

嘉靖《四川总志》卷十三：

荣梨之松如龙盘，凤鸣之竹多茂实。

乾隆《志》卷一云：

荣梨山，城东十五里，一名舞龙山。巅有慈云寺，寺前左右有池。旧志载，龙池旱不涸，雨不溢，池口常有云气。右有巨石，方广丈余，下为龙洞，教谕杨仲淳题其洞曰『嘘阴』。山腹有龙洞，上下二间，深不可测，洞中石白如玉，两溪环流，真神物栖也。洞门有宋进士鲁清记，今碑碣无存。宋封舞龙为灵应侯，诰制碑刻存寺之后。有鸳鸯池，池后石崖上有仙人足迹，长尺有二寸，古今吟咏甚多，昔人题其景曰『龙湫夜月』，其高可眺百里。

嘉庆《志》卷二云：

荣梨山，县东十五里，一名舞龙山。山巅有慈云寺，寺中左右各一池。旧志载，龙池旱不涸，雨不溢，池口常有云气。右有巨石方广丈余，其下为龙洞。教谕杨仲淳题曰『嘘阴』，洞门旧有宋进士鲁清碑，无存。知县黄大本觅原文刻之。寺后石崖有仙人足迹，长尺有二寸，古今题咏颇多。嘉庆十三年（一八〇八），知县许源诣寺祷雨，见龙洞淤塞，命掘其口，得鲁清碑，字迹模糊，洞口仅容一人伏身以进，黑暗如漆，烛之，四面怪石若虬龙，深不可测，真神栖所也。爰竖古碑于洞旁。洞口复周围砌石墙高一丈二尺以固之。

编者按：宋熙宁八年（一〇七五）《荣州荣梨山神封爵敕》，详见本书《艺文著述》。

民国《志》卷四云：

荣梨山，一名五龙山，唐乾符元年（八七四）祷雨碑、古寺碑均灭，惟慈云寺乃宋敕赐者，今名五龙寺。熙宁八年（一〇七五），封山神为灵应侯。十年（一〇七七），赐『五龙池』榜，敕曰『会应庙』，诏文具载。池下有穴曰龙洞，宋进士鲁清为碑。寺后有玄器崖，是于县为要典，青阳降居江水，先民审之矣。寺后有鸳鸯池，崖有迹，俗辄曰『仙人足迹』。山产白点石，可制器。知县陈之玙旌之曰『流水桃花』。

荣梨山之支，为高松山、观音坡，贡井通衢也，多坊表。东为西瓜山、赵家岩、石塔山、石鼓崖、雷崖、凤皇山、插旗山，乙乙而行，抵旭川。西由桐子坳迤逦而下，为天生寨、花鸡坳、双路口。又为土门山，旧为关，呼土门子，今曰过街楼。抵东溪，宋开宝三年（九七〇）菩提碑，已泐。

荣梨山又南为大坡山、青杨坡、晏子崖。大坡山又为板凳山、猴子岩，岩有洞曰湘阳洞。又为天福寨，俗曰观音岩，广五

① 李惺（一七八七—一八六三），字伯子，号西沤，垫江（今重庆市垫江县）人，晚清诗人。嘉庆二十二年（一八一七）进士，选庶吉士，授检讨。历官国子监司业、詹事府左赞善。咸丰十年（一八六〇）以赵树吉荐，诏命加五品衔督办团练，以老辞。归蜀后主讲锦江书院，多所造就。生平尤工诗，有《西沤文集》《西沤外集》《李西沤诗抄》。

十余丈，长六十余丈。猴子岩又为楠木岩、枞木岩、黄葛尖山、鹿角寨，寨广四十余丈，长百余丈。天福寨又为千秋坂，市曰张家场，当山坳。又为猫儿山，石刻『迎猫祭虎』字，明进士简文瑞葬焉，界威远。

荣德山

乾隆《志》卷一云：

荣德山，《元和郡县志》：在县东北三十五里，荣州取此为名。《太平寰宇记》：在县东北四十二里，其山在川谷之中，独拔五百余尺，又名希夷山，相传宋陈抟初修真处，又名大老君，与荣梨对峙，上有希夷观、老君祠，刻石为像。《明一统志》：一名老君山，中有仙人修道石室二十四所，龙池千叶莲，山畔有唐刺史薛高邱[①]碑、宋判绍熙府曹公希夷山寨保守碑。路险，游人罕到，景题曰『荣德晴岚』。

嘉庆《志》卷二云：

荣德山，县东北三十五里，荣州取名以此。一名希夷山，有希夷观。又名老君山，有老君祠。山在山谷之中，独拔五百余尺，与荣梨对峙，世传为宋陈抟初修真处，有石室二十四所[②]，龙池千叶莲花，唐刺史薛高邛摩崖碑，宋判绍熙府曹公希夷山寨保守碑，皆在山畔，游人罕有到者。

光绪《志》卷五补云：

（荣德）山之西南壁有『南无阿弥陀佛』六字，似黄泥迹，款题『明道人书』，远望如金字，约五六尺大。

民国《志》卷四云：

铁山自东徂西，数其支自东始。最东曰荣德山，唐武德元年（六一八）置州，取山为名，则荣德之名古矣。《元和郡县志》：山在旭川县东北三十五里。《太平寰宇记》：是山在山谷之中，独拔五百余尺，中有老君祠，刻石为像，有小路至山顶，以木为梯。

民国《志》按：言『山谷』，非也。山突起横冈上，纯石如甑，如龙锯角，其高出万山。老君祠在上，非中也。而上无风，距吕仙崖如一箭，升降则为途五里。洪荒时实一山，后中断耳。开元二十年（七三二），刺史薛高邱摩崖，言仙灵事，今已灭。石晋天福中，陈抟入蜀，文同、陆游均言之。以希夷故，遂称石室二十四、龙池千叶莲矣。元至正十七年（一三五七），判官曹诗[③]保此，有碑。数畛即吕仙崖，本李家崖也。咸丰中，民寨其上，祀洞宾，且附神说，乡人尊信之。寨南一峰曰狮子寨，迤东曰棋子崖，以石传。

---

① 邱：原文脱，据宋王象之《舆地纪胜》卷一百六十补。又，嘉庆《志》卷二作『薛高邛』。

② 光绪《志》卷五注：今废。

③ 曹诗：民国《志》卷四原文如此。荣德山摩崖碑刻题『绍熙判府曹公荣德山保守记』，其中的『曹公』非元明之际的曹诗。

荣陵山

乾隆《志》卷一云：

荣陵山，城南二十里，上有大才寺、太保祠，累著异灵。

民国《志》卷四云：

千秋坂又为方家坪，近为九岭冈，故明市也。又为九龙山，张献忠毁其寺。东由威远白岩至荣陵山，一名金台山，有大才寺、太保祠，寨曰大才寨。民国五年（一九一六），寨奸通匪，练丁李才华死之。分二支，东为鼎凤山，寺曰『破塘』。又为簸箕山，七老芙蓉山、团防山、四字山、太保山、乌木岩、高庙山、卧龙山、黑雾岩、白袍山、玉枕山，则鼎新寺乡市矣，抵旭川。西为罗村，宋址也。后为驿，曰罗村铺。又为大汪家山、马鞍山，进士曹俊亮宅其下，市曰双石桥。又为大明山，有古刹。又为翔凤山，寺曰『石堰』。又为铜锣山，抵旭川。

金城山

乾隆《志》卷一云：

金城山，城北二十里，周回三峰如垣，地产古竹，荣中第一佳处弥陀寺在焉。甲申（一六四四），寺焚，竹今无存矣。

民国《志》卷四云：

（翠笔山）西为尖山、太平山、金城山，人称飞虎殿，三峰如垣，多竹。张献忠之乱，弥陀寺毁于火，无一竿焉。

奉真山

乾隆《志》卷一云：

奉真山，城南三十里。左龙头山，右清凉山，前巨池，周四里。拥斯水经其下，唐奉真观、今清凉寺在焉。宋进士李一飞有诗记，存。

荣隐山

乾隆《志》卷一云：

荣隐山，城西北三十里，一名⿱竹夸山。古有荣隐先生修道于此，石室一所，不著时代。山左有石，方耸如印，又名石印山，又名老⿱竹夸台。景题『⿱竹夸山夕照』。古有荣隐庵。

民国《志》卷四云：

（铁山）又西曰荣隐山，云荣隐公隐处，旧有荣隐庵，古⿱竹夸山。王建通正元年（九一六），国号汉。有《⿱竹夸山虎咏》云：『⿱竹夸山高极入穹苍，人道虎为殃，人行过此不曾伤。咸阳宫阙在平地，高鹿食人无数计。吁嗟苛政猛于虎，斯言垂万古。』（盖徒歌曰谣也）其颠曰老君台。荣德、荣隐均标老君，唐风也，合荣梨称『三荣』。山有修道院碑，已没。其脉自尖山而南，东为太平山、光斗山、铁石山、金像岩。铁厂铺，乾隆十九年（一七五四）建市，陈抟书『长生无极』碑，立市西。荣倚铁山之利，诸葛武侯铸兵器，唐贡利铁，兹一古冶也。有宋桐子园，在官路旁。东坡外弟程正伯垓①《三荣道上赋·愁倚阑》词云：『山无数，雨萧萧。路迢迢。不似芙蓉城下去，柳如腰。　梦随春絮飘飘，知他在、第几朱桥。说与杜鹃休唤，怕魂销。』②老君台下二台子，乾隆十七年设社仓。南为公馆山、七老芙蓉山、东文山、鹰嘴岩。杜家井，旧盐井也，今为市。西为雷鸣泉，明提学王书文刻道旁石。下为筲丌岩，廖家山、牧牛山，抵五桐坝。

荣隐山之支，东为游甲山、白坡、龙洞山。又南为回龙山、登望山。分二支，东为马头山、菩萨岩，岩高一里，寺附之，曰半边寺，多森林。又为龙泽山，高石嶙嶙，有龙洞，惟雨是祷。西为三星顶、寨子顶。迤行至卧龙洞，俗曰严家洞，明正德四年（一五〇九），严作曾建寺。又为镇紫场，或曰汲水镇，非也。宋汲水镇，今宜宾合江镇。其山终苦葛沱。

寨子顶又西，为凉风顶，东为虎耳岩、虎顶、尖山。民国十五年（一九二六）五月，山崩。虎顶又为童家营，咸丰建寨。又为观音岩、纱帽山，抵拥斯茫水。西为夕阳山、天星垠、金凤山、古堰山、凤翥山，市曰古家场，至申坝，抵拥斯茫水。

荣隐山之西支，为五甲山、人石山、王家山，东为骡子丘，西为松树岭。王家山又西为郝家塘、居士洞。郝家塘又西为梯子岩，市曰夏头镇。又西为老成岩、老虎岭，东为镇紫山、江家山。明末之乱，张氏率众保此有名。市曰永兴场，近蟠龙洞，西为匝营岭、羖牛顶、铙钵顶，市曰李家场。匝营岭又西为朱靖岩、杨家山、小井沟，抵拥斯茫水。

野客山

嘉庆《志》卷二云：

野客山，县东南四十里，公井旧县南六十里，延袤公井、犍为间，东西长三百余里，南北七十里，县界惟此山最大。

民国《志》卷四云：

野客山。《元和郡县志》：公井县野客山，在县南六十里。《太平寰宇记》『公井』下：野客山，从当县界至嘉州犍为，东西长三百余里，南北七十里，惟此山大，在邑界。盖铁山之支，各山自为气貌。野客山则群山一脉，其结撰同太行，其土色树色，截然异平地。县人通呼岩上，而万阜层复，每地多为之名。《新唐书·地理志》『应灵』注：『景龙二年，省云州及罗水、云川、胡连三县入焉。』今揆之，皆野客山地，或古僰人居也。由半崖隐隐而起，南为兔儿山。横崖如障，曰李卯崖、马营崖，云张献忠之乱，有马氏者将兵，与其女金花殉葬岩上，因以名。曰红石崖、梯子崖、尖山、牟子崖、鹰崖、观音岩，皆岩口也。赵熙《入野客山至烟墩》诗：『是入宜宾道，县南天半青。时平戍

① 按：程垓，生卒年不详，字正伯，号书舟，眉山人，南宋词人。仕途不畅，屡试不第，年五十许，始得杨万里举荐应贤良方正科。程垓有才名，诗、词、文兼工，然其诗文已无可考，今仅存《书舟词》一卷，词一百五十七首。淳熙十三年（一一八六），程垓游临安时，陆游曾为他所藏的《山谷帖》作跋。又按：程垓并非苏轼外弟。『外弟』说源于明人杨慎《词品》，称程垓为『东坡之中表』，但苏轼的中表是程正辅，而非程正伯；而且，程垓活动于南宋，于时不合。

② 此词民国《志》原载文字稍异，据《全宋词》改。

鼓息，树密土山灵。僻地犹乡塾，谈兵亚井陉。松风十八里，汉制此兜铃。』鹰崖分二支，东为银盏坪、代家岩、龙池、马尾坡，抵打石溪；西为滚狗崖、三星山、扬鹰石，俗曰压鹰石。又为凤皇山、花崖山、太极山、祈雨山，抵旭川。

两母山

乾隆《志》卷一云：

两母山，城北五十里，盖铁山随地而异名者也。旧志，在废威远县西北一百三十里。二峰并耸，皆有石室下垂，望之如乳，因名。圣灯夜出，神草春长，实资、仁、荣、威四县之望。

铁山

《太平寰宇记》卷八十五云：

铁山在（始建）县东七十里，《周地图》云：『蒲亭县有铁山，诸葛亮取为刀器。因封宇文度为铁山侯。』

嘉庆《志》卷二云：

铁山，县西八十里，山从仁寿来，横亘井、犍、荣、威间数百里，产钬。诸葛武侯取铸兵器，晋后獠人据之，谓之铁山獠，周陆腾平焉，世颂其德。

宛平山

光绪《志》卷三十八云：

龙潭场后有宛平山，四围皆水，中起一突如锣覆地，下有虾蟆口，仰面潜窥，上有蛇形，俯首暗视，皆拱护此山。

（三）群山支脉

乾隆《志》所载

凤凰山 城东三里。①

土门山 城东三里，旧置关厢，俗呼土门子，今废。

马鞍山 城东南四里。

楸木山 城南十里。

六鳌山 城南二十里。

玉龙山 在城南。

金台山 在城南。

龙标山 城东十里。

虎榜山 城东北二十里。

云凤山 城东十五里，一名云峰山。

板凳山 城东十五里。

蒋家山 城东二十里。

石凤山 城东三十里，上有寺。

东华山 城南三十里。

高松山 城东北二十里。

梧桐山 城东四十里。山最高广，俗呼梧桐沟。

① 嘉庆《志》卷二『凤凰山』前有『荣门山，县南一里，山下有玄坛观，废。』

恩沐山　城东四十里。

跨鳌山　城南四里，古莲经社。

龟泉山　城南三十里，有泉。

莲花山　城南六十里。

南禅山　城南七十里，上有南禅寺。

普会山、**天公山**　以上二山俱城南七十里，有寺。

五保山　城南八十里，上有五保镇。

云峰山　城南八十里，有云峰寺。

鼎新山　城南四十里，有鼎新寺。

照石山　城南四十里，有照石寺。

寨子山　城南四十里。

天池山　城东南九十里，上有天生池、天池寺。

乱石山　城南五十里。

沙溪山　城南八十里，有寺，今废。下有沙河。

八竹山　城南六十里。

白石山　城西十里，一名林山，坡势峻削，石多土浅，其下有白石沟。

龙虎山　城西三十里，境西诸山皆发脉于此。

慈母山、**石林山**、**毕家山**、**宋家山**、**独石山**　以上五山，俱城西二十里。

狮子山　城西三十里。

真武山　城西三十里，上有真武观。

书台山　城西四十里。

长　山　城西四十里。

洞屏山、**九盘山**、**车脑山**、**圆通山**　以上四山，俱城西四十里，有圆通寺。

亮洞山　城西四十里，有寺。

石笋山　城西七十里，路通犍邑，巨石排连，有石笋，高数寻。山径亦颇幽折。

七盘山　城西五十里。

铁　山　城西八十里。

白崖山　城西北。《元和郡县志》：『在（洛官）县西北十里。』

华阳山　城西北五十里。

玉屏山　城西五十里。

老木山　城西六十里。

龙皇山　城西六十里。

搭紫山①　城西六十里。

喻家山　城西北。

火穴山　城西北。

赤珠山　城北一里。

凤凰山　城北二里。

龟　山　城北二里。

粉壁山　城北。

不大山　城北十里。

豸脑山　城北五里。

---

① 搭紫山：嘉庆《志》卷二『山川』作『踏紫山』。

茶园山　城北十里。

石门山　城北五里。

佛顶山　城北二十里。

东川山　城北三十里。

仙人山　城北四十里，上有寺。

民国《志》所载

哆口石之支，西为石碓窠、狮子顶、冯家山；东为长安洞（里呼赵家洞）、马头山。

五甲墩又南为太子殿、麻柳坳。东为望塔岩，又为石鼓山、观音岩。西为土地嘴、蜡树山、青果崖、和尚头、凤皇顶，市曰文昌宫，又为土地场，故市也，后毁。又为石塔坡、杨家场，抵白石山水。

麻柳坳又南为过水坳，山市也。东为两木山、龙蟠山、曲江崖、渔矶山，俗曰钓鱼台。矶上刻荣隐公像。龚巽诗：『钓台千古首严陵，大泽羊裘世艳称。何似筠山老荣隐，并无名姓到觚棱。』西为万家山。又为宋之芭蕉园、虎岩。

过水坳又南为卢家山、香柏园。又为乐德镇，康熙时建市，明为旅亭。同治乙丑（一八六五）五月五日，火，有马踶市口，阻逃者，故罹灾众。东为佛首山、石牛山。南棋盘山，西南二龙山。明李锐有《广福山寺》诗。

香柏园又南为荔枝坝。荣自昔多荔枝，陆游《高斋小饮》诗『荔子阴中时纵酒』，负郭然也。北门有荔枝坝，公井有荔枝塘，与此为成数，侧生繁县矣。

荔枝坝西分二支，东为麦子山、寨子山、奉真山（唐有奉真观）。左龙头山，右清凉山，宋进士李一飞、明知县李锐有诗。前有荷池，杨家场水经之，与荔枝坝水汇，故市曰河口。西为祁家岩、尖山、王家岩、老鼎坡，下为昌化知县杨州英宅，抵白石山水。

铁山又西，其支曰石冈寨，咸丰庚申（一八六〇）建。北为板凳山。南为大呀口，远益奇。又西为黄茅山。又西为栗树坪，其树青葱，子如豆蔻，大合抱，姑以为栗也。又西五寨坪，凡五寨故。

栗树坪又西为尖山、沙盔寨、凤冠山、平顶山。又为亮洞山，山顶一穴，睒睒然。麓有宝胜寺，俗名石塔寺。又为燕子崖，高者牛峰寨，古云台山也。咸丰时建寨，凡五门，四门皆凿悬崖。赵熙诗：『万峰高处古云台，大石蟠空壁坞开。历尽兴亡修乱史，造成形胜费雄才。千家人向眠牛聚，四面山如怒马来。独立倚天长剑在，便从左股割蓬莱。』时感日本不平之约，故云。

平顶山又为琢岩、火穴山，亦称仰天阿。又西行为插旗山、下为龙井寺、狻猊口，抵拥斯茫水。

马尔山、啸天龙，据万山之颠，古关厄也，有塘房、烟墩、望楼、塘兵，明王书文题曰『三荣形胜』。下为白马嘴，有明浙江道监察御史宋洵之墓。东为麓，旧驿曰青冈铺。南为鹰窠岩、洞屏山、磨盘山、五旗山、真武山，宋靖康三年①，建真武观。又为高石山，西为碓臼崖、鄢家崖、望兵山、斑竹山、赵家山，抵

① 按：靖康年号仅行用两年，『三』当为『二』之讹。

拥斯茫水。

方家坪西分二支：东为挂榜山、大名山、狮头山，一曰薄刀岭。经双石桥西，为马耳山，抵旭川；西为麦子山、梯子崖、春台山，明桐麻盐司迎春处。又为花金岩，水三匍之。又为青崖山，张容塾所，抵旭川。

方家坪又南为铁丁山、破头山、虎榜山，明人勒名。屈而东，为石笋山、思子山、凤皇山。又为文明山、武功山，市曰李子桥。又为官斗山、道歧寺。

虎榜山又为石凤山，乾隆三十四年（一七六九）勒名。明乡宦童颜葬其麓。又为祈雨山，程家场，市集也。又为骡子岭，俗称『仙人骡迹』，故明市也，知县黄大本易曰『乐岭』，咸丰庚申（一八六〇）筑寨曰乐岭寨，清设云程讲社，有寺，曾省三为之记。乐岭近为鹤鸣山，寺曰松林，多明诗。又为仙人岭，俗曰龙峰寨。

骡子岭分二支：东为太平寨，咸丰癸丑（一八五三）曾省三建。又为白庙，光绪二十八年（一九〇二）建市。又为官房山。又为全家山、柿子岭、走马岭，至桥头铺，抵旭川。西为道澄寺、孔老山、石萝琴、花岩山、红岩山（旧红岩村也）。又为娃娃山，市曰龙潭场，抵旭川。

骡子岭又南为豹子山，咸丰张万禄殉难处，从者百八十八人，葬山麓，光绪元年（一八七五）碑之。张屯军浸水坳，今近境皆曰营盘山，表忠也。豹子山又为狮子山、石人山、尖山、洞云寺（宋寺也，有绍熙府荣德县寺僧碑）。又为插花山、破栗山、教礼山。

插花山又为官斗山，肖石形，曰石锣、石鼓。又为司字山、鹅项岭、桅竿山。又为平头山，俗言仙女对坐，呼其石曰仙女石。又为天池山，明平方禅院也，今曰天池寺。麓有泉曰应龙，明乡宦吴氏族葬处。又为贡井、走马岭、么滩，县界止。

次曰狗功石。俗云：有行者过此，遗金，其狗守之至死，行者返，感其功，礼葬之，故名。语盖不经，然《魏书·尔朱荣传》有『狗舐泉』，古地不必雅驯也。或曰苟公石。

县正北，东为分水岭，又为傅家山、老君洞。西为莲花石、邓家山。正支为大度罗汉。其西大尖山。南为高谷山、五里山、粉壁山、老君坝、八十三步、大石门、小石门。又为牛角山，僧称瞿室棱伽山，直下则野鸡塘、宋坝。东支趋城至豸脑山。又分支：一绕宋坝曰仰天塘，九曜石，旧刓其二，曰七星石，至横溪滨李坝尽；一为城主山，曰凤皇山，原曰高城原，义门王氏茔此。王氏者，北宋太常博士梦易、廉逊处士庠、徽猷阁直学士序，群子姓祔之。前曰王序塘，盖序晚治第为台沼，而靖康祸作矣。

县远北曰二厢山。自仁寿石牛山而西，南为翰林山、观虎岩、西禅寺。西为烟波山、大刀寨。寨，宋宝祐五年（一二五七）建。时元兵破全蜀，绍熙府垂废，人民自相保居，壁刻『西湖海眼』字，憯①宋亡也。又为平安寨，咸丰辛酉（一八六一）建，逊大刀寨奇。又西为华阳山，疑因南齐南安郡制名，郡有华阳县也。又西为黄茅山，中夹娄沟，抵拥斯茫水。

① 憯：古同『惨』，悲痛。

次曰戈划山，在西北。由井研黄蜂寨而南，经余家场，为戈划山。旧曰锅桩石，云仙人支锅于此。西为印盒山、水星山。山，濑水出也。印盒山又西为观音寺，俗曰白果树。东为市，曰复兴场，近方冲，但恕刚①之里也。恕刚性廉毅，喜读书，字法经石峪②，向非学武，一旦治兵为军长，勇冠诸州将，盖秉山之严气云。又为麻雀岩、石凤山，寺曰妙觉寺。西为龙石、大石门、龟河桥。

观音寺又西为柑子岩、胡笳山。折而南为文家山、奇雨顶。又为濑河坝，方十五里。《太平寰宇记》：『濑下六池。』今曰六堰，旱年挽水潴之。官地相传，禁人耕种。宜以濑河名市，而俗曰观山，叕已。

奇雨顶又南为黎家坡，东为千佛岩、戈盘山、镫竿山、竹园铺，宋光宗园也。西为楚家山、观儿山。黎家坡又南，为石骨岩、春山、齐家山、木苏山，明进士杨易施屋，曰杨家寺。石骨岩又南为火顶岩。又为铁山坳、马当山、长山，市曰长山桥，水曰长山河。火顶岩又南，为踏子山，小市也。民国十四年（一九二五），白驹与蓝文彬战，平田血沸，怒于国仇。③

又为升平山、尖山、来牟铺，《太平寰宇记》有赖牟镇，陆游《赖牟镇早行》诗云：『孤灯照影听初鸡，揽辔情怀倍惨凄。雪作未成云意闹，茅荒无际客魂迷。触寒手指藏犹裂，畏崄图书弃不携。老去有文无卖处，等闲题遍蜀东西。』南齐侨立南安郡，有碑，清初市废，后复兴。乾隆中，祀牟子才兄弟，以为来牟乡故。昔郭崇韬过子仪墓，下马号恸而去。④其智同矣。

来牟铺又南为石笋山，旧称『石笋排空』，麓有寺曰龙窠寺。南曰石鼓山。又为游龙山，云有龙眼石，诸山皆石史也。

石笋山又南，为和安寨，咸丰廪生刘肇基建，俗曰黄葛岩。又为五福寨，以五峰名，咸丰刘维藩建。五福寨又南为白崖山。《元和郡县志》：『在（资官）县西北十里。』今为二寨，曰小白崖、大白崖。三寨犄角。即此可定资官治矣。由大白崖而南，越数山，曰老虎口，亦寨也。南为笔架山、钟鼓山，北为老寨子。又为瓦砾岩、马槽岩，与老虎口形势相倚，故小而为寨。笔架山又南为铙钵山、水星山、长腰山。

石笋山又西为石梁，西土坝。又为北斗山、郭家山、刘家

① 按：但懋辛（一八八六—一九六五），字怒刚，一字恕刚，荣县人。参加过黄花岗起义，辛亥革命爆发，任蜀军政府参谋长。解放初期，任西南行政委员会委员兼司法部长，先后当选为第一、二、三届四川省政协主席，民革四川省副主任委员、主任委员。一九六五年十一月病逝于成都。

② 按：泰山经石峪石刻，在山东泰山斗母宫东北一公里山谷之溪床上。上刻隶书《金刚般若波罗蜜经》的部分经文，为摩崖石刻中规模空前的巨制。其字用笔从容，风神淡泊，雍容大度，结体奇特，斜倚相生，充满个性，被尊『大字鼻祖』『榜书之宗』。

③ 按，据民国《志》卷十五《事纪》：『（民国）十四年（一九二五），白驹与蓝文彬大战于县西。庚申（一九二〇）后，熊克武解军任。癸亥（一九二三），北军、川军开战于川东各县。甲子（一九二四），熊出蜀。杨森驻成都，积养兵力，决统一川军。时师长陈洪范驻嘉定七年，七县安辑。森命其将白驹入威远，洪范诫驻荣军毋相犯。三月二十七日，杨将郭汝栋与驹忽攻高山铺五龙寺。洪范军退，驹入城。陈将蓝文彬据县西七十里塔子山之险，驹攻之，鏖战山口。驹军伤，文彬亦去。漉田如龟兆，至是血成泥泞。及秋，联军胜，森率军退嘉定，大战于塔子山。是役也，军事以荣为终始。』

④ 《新五代史》卷二十四《郭崇韬传》：『当崇韬用事，自辛相豆卢革、韦悦等皆倾附之……以其姓郭，因以为子仪之后。崇韬遂以为然，其伐蜀也，过子仪墓，下马号恸而去，闻者颇以为笑。』

场，巨市也。又为瓦滓滩，有盐井，旧隶荣厂，同治初，改犍为。刘家场又南为胡家岩、艳紫岩，入犍为。

西南曰大坪山，由犍为之铁山蜿蜒而至。北为老农场，市集也，明曰老人场。又为萧家垠、余家庙，明弘化①中建。至大坪山，东为红岩、观音岩、马头山；西为白崖、金花山，市曰金花殿。五峰远峙，俗以五岳呼之。又为人和寨、青湖山，惟圭山之名为尔雅。

马头山西为栗树垠、雷音寺、琉璃山，入宜宾。东为四方山、平安寨。张献忠之乱，里人保聚于此，寨门仅存。山下积水草，乾隆时始沟理之，垦为田。平安寨又为巘，曰涧山寺，明《弘化碑》称『宋寺也』，今曰高峰。自是为丘为垄。六里曰宝山市，为董家场，犍为孔道也，初为旅亭，康熙中建市，咸丰己未岁杪，毁于贼，后赓修之。北为水晶山、九龙山。南为营垠山。明末之乱，虞占高、桂高兄弟有材武，以嘉定杨展②之委，率乡兵据山御贼，里境以全，故表其山。山又南为马鞍山、豹子山，抵拥斯茫水。

观音岩分为梁家山、诸葛坝、介板山、石银山、红石崖。南为土门山，有土门寺。又南为烟墩山，寺曰烟墩寺。云张献忠之乱，马氏驻军于此。东为文昌坪。西为古文场、安家庙。

烟墩山又南为楠木湾、大石坳，旁为镇雄山、铁甲山、照石山。又为云峰山、五宝山，市曰五宝镇，宜宾孔道也。

大石坳又南为平水坳、瓦陶湾。东为铜鼓岭、三堰、犀牛山。西为宋家山、官斗山、圆山、寒婆岭，抵照石溪。又为朱王孔、马鞍山、石灰岩、斛斗山，抵旭川。瓦陶湾又南为青㭎坡、七由田。又为子铧山、莲花山，有莲花寺，明末寺僧善拳技，随知县秦民汤死于难。堂堂忠义之气，河声岳色矣。寺毁，道光间修葺之。又为南禅山，寺以名。道光中，僧云空能诗，《与观音庵文峰》，其佳处九僧之亚也。一名孟钵山，文峰《寄云空上人》有『孟山矗矗翠郁天』句。又为普会山、天公山，界宜宾。

七由田又为箐林湾、广华山、洪昌崖、圆明山（有圆明寺）。箐林湾又南为沙坝，东为沙溪口、大山坪、石牛山；西为豆子山、土地坳；又南为黄沙垠。唐宋荣为州，故山境长且博，今入宜宾止。

（四）崖洞岭坡

嘉庆《志》所载

浮图崖 县南里许，唐宋人刻千佛于崖畔，因名千佛崖，又名金碧崖。后有朝阳洞，前有法华庵、广忠寺，俱废。崖下有古铜佛一座，风雨剥蚀，乾隆十八年，生员刘广募金修建，功几废于垂成。知县黄大本捐资，檄万寿寺主持僧惟学竟其事，即名为

① 弘化：原文如此，应为『成化、弘治』。

② 杨展（一六〇四—一六四九），字玉梁，明嘉定（今乐山）人，崇祯进士，授游击将军、参将。崇祯十七年（一六四四）张献忠取成都，遣将四出拓地。杨展遂起兵于犍为，随总督樊一蘅克叙州（今宜宾），再夺嘉、戎诸邑。川南明朝势力遂归之，拥众数万。破张献忠部下刘文秀，升总兵。张献忠在四川无法立足，欲浮江而下，杨展率军截击，双方战于彭山江口，杨展大胜。后为部下袁韬、武大定等人所杀。

千佛寺。①

晴雨崖　县南，有泉，四时涓涓如雨，下为汉靖侯庞统祠、川主惠民祠，知县王梦魁刻石。

枣　崖　县南，联晴雨崖。宋时②荣昌寇警，守臣贾昌朝祷于资阳银山镇祠，凯旋，折祠前枣枝，过谒庞公祠，插崖下，枝复生。为立武安公庙，记其事于崖畔。③

雷　崖　县东十里。

鹿角崖　县东二十里，有石洞。

石鼓崖　县南一里。

青　崖　县南二十里。

梯子崖　县南二十三里。

红石崖　县南四十里。

落雁崖　县南五十里。

龙　崖　县西七里。

花　崖　县西七里。

黄蜂崖　县西四十里，有寺。

竹　崖　县西六十里。

灵　崖　县西二十里，有灵济寺。

观音崖　县西北十里。

赤珠崖　县北七里。

龙滩崖　县北二十里。

凤凰岭　县北二十里。

鹅项岭　县北二十里。

硫磺岭　县北二十里。

骡子岭　县东六里，上有仙人骡迹。

醉仙坡　县东二里。

老鹰坡　县东二里。④

天车坡　县北十五里。

天牙石　城隍庙后殿右，石质坚白，状亦古峭。

老虎石　县东十里。

跳　石　县西五十里。⑤

锅桩石　县北三十里，石三，各高十丈余，峙如鼎足。相传仙人支锅于此，有寺。

关门石　县北十里，两傍悬崖峭壁，古木参天，樵采之所不到，中则巨石横踞，仅通流水。

清风坪　县北清富楼前。

银盘坪　县南二十五里。

龙冈、**洞云冈**、**青冈**、**栖霞冈**　俱县西。

九岭冈　县东。

龙　洞　县南真如崖下。

朝阳洞　县南浮图崖后，广容千人，或云即古青阳洞。

长安洞　县西南三里，有寺，废，常住田后为土人报垦。洞

①　民国《志》卷四此下又有「悬以『圆光重朗』匾额」。

②　按：「宋时」当作「蜀广政十七年」，详见本书《宗教礼俗》「汉武安公庙」条。

③　原注：贾昌朝系吕昌朝误。

④　原注：旧志载二十五里。

⑤　乾隆《志》卷一注云：二石，出地丈余，左右排列。

中佛像犹存。

蜗角洞 县西十里。

地仙洞 县北二里。

飞霞洞 县东，旧名老虎洞。

乾龙洞 县北三里，深不测。又一处，县西北六十里。

魏家洞 县东南五十里，洞口有庙，仰望流泉，滴如檐溜。

（五）河川

乾隆、嘉庆二《志》所载

荣　川 亦名荣溪。旧志：发源于荣隐山，在县东，即古適水。自仁寿县流入，东南与双溪合流，过城南，合东川溪、梧桐沟、龙溪诸水。又东南会威远之中溪河、献宝溪诸水，至富顺，入资江。按《太平寰宇记》，旭川县有『落阳水，从陵州始建县界南流入』。宋时陵州治仁寿县，始建其属县也，今井研县地。《方舆胜览》：『有双溪在城北三里，一从西来，其水浊；一从东来，其水清，会城下。』

寿　川 城南，曲如『寿』字。

东　川 发源于荣德山，在城北，流自东。

五龙溪 城东十里。

桃梅溪 城东十五里。

洛阳溪 城东二十里。

蒋家溪 城东二十五里。

浑水溪 城南二十五里。

苦竹溪 城南二十五里。

照石溪 城南三十里。

桂村溪 城南四十里，即偏土桥。

芦叶溪 城南四十里，与桂村溪皆汇大牢，入宜宾县界，入江。

梅子溪 城西十里。

紫金溪 城西四十里。

玉字溪 城西五十里。

谷牙溪 城西六十里。

虎头溪 城西北六十里。

龙　溪 城北五里。

双　溪 城北三里。

梅香溪 城北三十里。

清流河 城西四十里，即长山河。

龙洞河 城北二十里。

梧桐沟 城东四十里。

蓁叶沟 县东二十里。

白杨沟 县北三十里。

野鸭沟 城南八十里，与宜宾连界。

大牢溪 一名赖溪，源出铁山。南流经大牢旧县之北，合桂村溪、芦叶溪诸水，至宜宾县界，入大江。

拥斯茫水 一名长山河，谓合长山水，故名。又名四望溪，《蜀水经》谓其经四望山故也。又名清流河。在县西十里，发源仁寿县南界铁山，经井研县。故《太平寰宇记》曰『拥思茫水，在（陵）州南一百五十里，从（井研县）南界濑下六池东流，入平羌县界』也。自井研县南流入县西一百一十里，合虎头溪水①，故《太平寰宇记》曰：『拥思茫水，在资官县西二十里。』又曰『从始建县南流至资官县』也②。又自县西南流，合梅子溪③、紫金溪④、玉字溪⑤、谷牙溪⑥诸水，至犍为县界三江镇，又南经四望山至大河坝入大江。故省志曰：『拥斯茫水南入犍为县界。』《太平寰宇记》曰：『西南入平羌县界。』⑦《犍为县志》曰：『发源井研，至应灵旧县⑧，合流入岷江。』《方舆考略》曰：『处三江镇下，与岷江合也。』

民国《志》所载

荣县之水，一东溪，一北溪，汇城南曰旭川，流百里至公井，合威远之水，由富顺入雒水，至泸州，入大江。此一经流也。拥斯茫水，发源仁寿南境，经铁山，西南行至长山桥，复西南行，入宜宾，合大江。此一经流也。

东　溪　出城东北四十里之梧桐山，明王本诗所谓『惊心峡、擦耳崖』者，沟之途也。南经恩沐山，北经宋之桐麻园，又南经亮窗山（以山孔名），天生桥水自北来注之。又南经龚家坝，东得五龙溪水，水出荣梨山。寺曰五龙寺，其水有大墨池、小墨池之名，经伍家坝来汇，曰东溪。又南经城东飞仙桥。谚传，有吴氏道士者，鹤衔天书迎之，故下曰白鹤滩。左有竹王祠，祀夜郎侯多同。按：夜郎在今遵义，唐珍州之境，去荣殆千里。而汉世割蜀郡之南安益犍为。南安，今嘉定也，遂误嘉定为夜郎矣。唐贞观十七年（六四三），置珍州，实古夜郎也，其首县曰荣德，而宋荣州改旭川为荣德，遂误荣州为夜郎矣。《后汉书》传夜郎，以女子浣于遁水，今遂名东溪为遁水。重纰貤缪，不学哉，鄙人也。南经大佛崖，陆游诗所谓『东山』也。父老云，宋时寺门抵今溪岸。旧闻水依山行，道由镇南塔崖麓。今则抱城而流，至南门，与北溪汇。

北　溪　出城北四十里之东川沟，与梧桐沟界一大岭。源出仁寿九淀池，经大尖山，北得倒流水。下及平原，曰东川沟，实明胡节愍公子昭故里。下曰明月矶，溪有石，圆中规，如轮有光。又五里曰红花园，皆胡公埭。又二里，山浸合，双峡入天，中通一线，所谓『亭午夜分，始见曦月』，兹峡有焉。明杨石诗云：『羊肠曲径难通马，螺髻团峰小过拳。花落千重迷谷口，鸟飞半日到山颠。寒流涧底锵如玉，月映滩头挂一钱。尝惜桃源无路去，此身今是武陵仙。』十里曰龙洞水，水之西，山根一穴，泉泱泱⑨四时不涸。自是山浸开，东曰大石门，西曰箐林，皆青入霄汉。下曰响滩，其声远闻。而山一转，峡又合。五里曰平

① 原注：县西北六十里。
② 原注：资官，今县西北境。
③ 原注：县西四十里。
④ 原注：县西四十里。
⑤ 原注：县西五十里。
⑥ 原注：县西六十里。
⑦ 原注：今地属犍为县。
⑧ 原注：今地属犍为县。
⑨ 按：泱泱，原作『決決』，形近致讹，据文意改。

桥，又一里曰狗钻洞，盖人经厂下蹩蹩也。水中有硝穴，其流甚壮，而水味亦劣，里人遏流以灌宋坝，创是者田祖哉。

二里出峡，与洛阳溪汇。洛阳溪，《太平寰宇记》称「从始建县南流入」，其实近出赵家山，一壑杳然。经沐家嘴，右得大平山水。经翠笔山，与天车坡水合于蓝桥，乱石中微溜而已，夏潦降则洪流咆勃。溪中有卧石，世称「犀牛望月」。下即黑荡沱，其涸也如浍。王培荀记：「荣县有名黑沱者，沈沈不知其底，忽水中闻钟声。泅视之，碧瓦鸱吻呈露，雷雨暴至。去沱数里，有大穴。一日闻呼救声，绳挽之，则云堕此两昼夜，幸絓树而止。下闻人语及鸡犬声。」①如指此黑沱，则诬已。里许曰关门石，横磴断渠，裁通流澌。又数里贵人桥，下则洛阳溪矣。溪中方石如印，适当峡门。峡门妙拟伊阙，「洛阳」之称自唐年。朴哉山乡，陆游谓「江②山如此一句无」也。溪滨曰桑梓园，计宋光宗刺荣时，因洛阳寓北伐之感。溪由宋坝曰小桥，赫连沟水注之。经石龟山，宋以后耸云山也，山为北宋王贤节公庠兄弟读书之所，有地仙洞、横溪阁。陆游有《晚登横溪阁》诗：「楼鼓声中日又斜，凭高愈觉在天涯。空桑客土生秋草，野渡虚舟集晚鸦。瘴雾不开连六诏，俚歌相答带三巴。故乡可望应添泪，莫恨云山万叠遮。」「荦确坡头筇竹枝，西临村路立多时。卖蔬市近还家早，煮井人忙下麦迟③。病客情怀常怯酒，山城老景尽供诗。晚来试问愁多少，只许高楼横笛吹。」

自东川至此，所谓荣溪也。而杨家沟水来汇，宋时已号双溪，杨家沟水无名，乡儒亦曰荣溪，谓其源与荣隐山近，是亦巨谬。是水出善卷洞，背山坳，涓涓下抵大壑，至老林口麓曰寿水河，谚讹「臭水」。至烟坡桥，合马蹄沟水，与荣隐重冈大嶂之隔。由此平原八里，至赵家堰，汇东川。《方舆胜览》谓：「一从西来，其水浊；一从东来，其水清。」悠悠之言也。清末，县人戴福珊以意规阁，仍榜「横溪」，园堂不具，民国弥荒矣。经赵家坝，绕北城清富山，城壁题「九折屏」者，表山势也。下曰赤沙步，步者浦也。遂西行，抵阳雀湾，环抱广隰，乃循凤栖山麓，古佛寺门所以榜「绿水西来」也。出西门循隍至小南门，宋称绍熙门者。水南二石，人号「鸳鸯」，谓水涨则离，水落则合。有尼庵曰法华庵，上为金碧崖，横障南郭，佛像林立，又名万人崖。往时夏涨，冲城多圮，宋知州罗拯作东、西二堤。绍兴初，知州李焘踵之，城基以固。明万历间，云东、北溪以蛟患，水与城平，居民多漂溺。康熙中，涨如前量，亦委之蛟。后六十年，乾隆二十三年六月二十一，夜半雨集，城南桥柱倾圮，知县黄大本乃浚隍，助之蓄泄，并为诗纪其事。至南门合东溪曰旭川。

旭川 《元和郡县志》：贞观元年（六二七），因盐井号旭井，故名县曰旭川。陋者乃以凤鸣山井当之，谬矣。以宋八方琉璃井当之，尤谬矣。《明史》亦曰「荣川」。南经荣门山，东镇南塔，西金碧崖，两山交锁，故山曰荣门，桥曰锁江。崖路仄，曰擦耳崖，乾隆初，知县徐德龙修之。上有亭，黄大本为记。下有石潭，其鱼唯唯，放生者归之，军来如獭。荣门山上有四桥，

① 见王培荀《听雨楼随笔》卷二。
② 江：原作「好」，据陆游《剑南诗稿》卷十《渔翁》诗改。
③ 原注：荣多盐井，秋冬收薪茅最急。

皆宋知州晁公武所重建者。摩崖书铭，今已殁。其下唐贞元中刺史张某建也，旧曰灵济，清初曰安聚。桥下峙以罗星阁，秉唐杨益说也。旭川南经郝家坝，有小水自西来入之，曰寿川，其流屈曲如『寿』字。经伍家河，东得盘芽树水。又经石梁山，桃梅溪自东来注之，水出荣梨山黄金沟，汇团溪，俗曰蒋家溪。又西得七杨沟水，曰桃梅溪，今曰花香溪。流经插旗山，入旭川。南岸渔矶山，一曰钓鱼台，相传荣隐公钓所。《该闻录》《续博物志》，仙者七人，荣隐其一也。①石上唐人书『心月矶』，则荣隐其唐仙耶？明知县王梦魁题曰『一丝九鼎』，则用黄山谷诗『能令汉家重九鼎，桐江波上一丝风』也。一里有桥曰福星桥，威远颜氏建之。又前北为花金崖，南为虎崖。世云水有龙吟马嘶之声，故称龙马槽。下为金竹沱、汪家滩，市集矣。舟行贡井，初止编木而泭②。乾隆中，盐业滋炽，始行舟。道、咸间，运石炭至八百余舟。光绪三十二年（一九〇六），官运局筑石堰，期积水闭泄，用畅舟行，以妨农溉，县人讼止之。金竹沱下又一里，沙诗③时起时落，清时以卜科第，名『凤皇洲』，取荀勖意④。又经铁封井，古盐井历列，东华山有盐官曰桐麻盐司，其旧署瓦石犹存，后井制有限，故名铁封。又经青崖山，康熙时张容授学山寺，乡闻甚盛。又南经石门关，石险湍急，或疑《明史》洪武间所置飞水关者此也，俗曰高滩。又南经花包石，双石桥水自北来注之。水出黄葛尖山，经荣陵山北，山有大才寺，居人垒石为寨，曰大才寨。

旭川又经隶荣村浮滚石，浑水溪自西来注之。水出乐德镇斑竹林，经梅村红石崖得张家湾之水，至乾坝得苦竹溪之水。二水合流为浑水。《水经注》屡称『浑涛』，与《说文解字》『溷流』意合，非浊也。又南经黑雾崖。又南经花崖，石纹如缋。旧志有花崖村，宜近此也。又南经池坝，滇池坝也，首尾界川，涨则倒灌之，故曰『滇』。《太平寰宇记》谓『三百里』者⑤，字误也。州四至八到俱列，乐史⑥岂不知里积者？又南经莲花石，至鼎新山，市跨川上。又南经苦葛沱，中有蛤蟆、鲤鱼诸石，照石溪自南来注之。其源三：一出红崖，一出五宝镇，一出石牛山。至罗家滩，三水合流，曰照石溪。至双河口入旭川。又东经观音滩，桂村溪自北来注之，水出双石桥龙家冲，汇谢家荡水，至偏龙桥，曰桂村溪，长凡五十里，入旭川，曰观音滩。

旭川又东经红崖山，以石色名。山产白土，黏质。凶岁，民以为饵，云观音粉。按：唐武德四年（六二一），民食浮泥，病身肿脚弱以死，《通鉴》特详之，治赈者宜厉诫也。又东经龙潭，谚云『潭有鳖如牛，出则不旱而涝』，意龙也。市集曰龙潭场，乾隆己亥（一七七九）后淤矣。倒流溪自东南来注之，水出三堰

---

① 《续博物志》卷三：『李畋虞部《该闻录》所取神仙七人：尔朱先生、朱真人桃椎、神和子屈突无为、海蟾子刘昭远、荣隐先生、火井县许山人、汉杜光庭。』

② 按：泭，古同『桴』，筏子。

③ 按：诗，古同『沚』，水中的小块陆地。

④ 按：《晋书·荀勖传》载，荀勖原任中书监，后迁尚书令，『或有贺之者，勖曰：「夺我凤凰池，诸君贺我耶！」』

⑤ 按：《太平寰宇记》卷八十五，荣州有『滇池，周回三百里，水出骏马，日行五百里，事同大宛』。

⑥ 按：乐史（九三〇—一〇〇七），字子正，北宋宜黄（今属江西）人，文学家、地理学家。著有《太平寰宇记》《杨太真外传》《绿珠传》等。

豆子山，西行至龙潭场，入旭川。后有山，四周皆水，中央隆高，如盂覆地，俗曰宛平山。一山蹲伏临水，俗曰象鼻嘴。又东经沙嘴，道士溪自北来注之。又东经桥头铺，柞桑林水自东南来注之。旁有雨坛寺，盖以雩祭得名也。又东经马鞍山，北得细石溪之水。经渔子沱，北得济洞溪之水。又东经艾叶滩，滩下小舟上下，夜分不辍，宛然吴会诸港矣。八里即贡井。贡井者，公井也。周武帝置公井镇，以大公盐井为名。自汉至宋，公井或置州县，置镇，自流井皆在郊域之内，至明曰新罗镇，始判然为二矣。公井节堰流，水鸣如瀑，数里入富顺小溪，又汇威远中溪，经自流井，归雒水。

拥斯茫水　盖晋铁山獠立名也。《旧唐书》称：『隋时井研、始建二县，均治拥斯茫水上。』《太平寰宇记》：『拥思茫水，在州南一百五十里。』按：其源今名红豆坡，与古所称地望合。流经查家场，至碗厂，合到洞沟水。又经铁马桥、平滩、回龙场，至大车堰，立石桥水来合之。上有仙人山，唐人题名不绝。屈而西至朱店，有桥，行省道也。至郝家桥，华阳溪自东来注之。华阳溪以华阳山得名，水出京子沟斗梯子，至仁寿清风市，得漩龙洞之水。至黄家坝，得石冈寨右之水。至苦竹林，得润蘉沟之水。至高洞堰，得善卷洞之水。至双古坟下高洞，得莒家沟之水。折而西至团坝，右得娄沟之水，左得周家坝之水。至郝家桥，入拥斯茫水。迤而西，至大湾，濑水自北来注之。太平寰宇记『井研』下：『从县南界濑下六池东流，即名拥思茫水。』濑水，一曰赖溪，唐地多『赖』称，赖牟镇、赖简池、赖郎、赖宾、赖儒、赖溲、赖因、赖伦之属，盖獠语。水出板桥，山曰水星，志水所自也。《太平寰宇记》又云：『湍流迅急，不通舟船，西南入平羌县界。』濑水经濑河坝市至大湾，长凡二十里，入拥斯水，皆岩也，硞也，砻也，礶也。又西十里曰十里亭，俗称谢家河。流经柏林、七星二滩。柏林以木名，七星以石名。又流至鱼洊滩，则平流浩浩，宛然大江，竹树蔽亏，十里浓碧。其坝上有盂兰庵，庵为明嘉靖进士湖州通判杨易所施，俗曰杨家寺。下为渔子滩、龙滩、叶滩，蔡家沟水自东来注之。

十里至长山镇，人称长山河，又曰清流河。《太平寰宇记》谓『拥斯茫水流经资官县』者，即由濑水下至长山地也。而县举人邹学山著《内水考》乃谓：流至资官县，又自县西南流，合梅子溪、紫金溪、玉字溪、谷芽溪诸水，至犍为三江镇，又南经四望关至大河坝，入大江。是真绝伦之谬！荣县水无经通三江镇、四望关者，遵水而行可知，无端虚张臆说，宜乎疑误下材也。又西经赵家山，水落时，履石以渡，俗曰狗跳石，五桐坝水自东来注之。又西经沙荡河，朱家河自西来注之。水汇当高崖，飞瀑声闻数里，其名曰高洞。『洞』，疾流也，此雅语之仅存者。又西经小井沟，地有盐井，山翠夹天，南岸摩崖云：『乾道己丑春正月，邑令和平仲，以关仁父、费亦周、程明仲偕来，易与之侍。』距二丈，又刻云：『程明仲、晦仲、郑信甫来游。岁乾道戊子，小春十有六日，费时可书。』又刻云：『眉山孙守道人日到此。』明胡可孝亦有诗。山产矿，石炭、灰矿往往而有。有地曰银矿坳，光绪末《冶工采谕》曰锑，而铁矿尤多，真铁山之嫡脉矣。

又西经青冈坪，水流高疾，与沙荡河等，故有『上下高洞』

之目。自沙荡河至高洞，十数里中，大石错列，有小鱼，麦黄之候，遗遗群出，非时及他处无之。里人曰『暴沙鱼』，亦曰『桃花鱼』。又西至芋家山，老农场水自西来注之。屈而南，经杨家坳，有盐井，较小井沟减矣。涧山水自西来注之，水出涧山沟。《尔雅》『山夹水涧』，合以名之。经宋涧山寺，至戴艾溪，入拥斯水。又南经老简车。又南为渔子沱，渊深莫测。乡人好怪，云冯氏有善渔者，没于渊，得石穴，见二叟奕。一叟命之归，诫当闭目，遂浮水上。及归，鳞藓斑然，去家二年。渔者乃述所自，故名『渔子沱』。又南经马村，居人戴氏言：其先自楚入蜀，阻水，得白马以渡，遂名荣所占地。盘瓠溪自东来注之，岂能读范晔书乎？或曰盘湖也。

又南经挖船坳，流径甚狭。迤而东经牛鞭洞，以桥下石得名。又东经开井坝，旧有盐井，水泽溪自西来注之。屈而南经新桥。清初，宜宾贩米而至，运木耳归。时仅十余舟。咸丰间，为金石井盐运道，商贾遂盛。光绪初，金石井盐改犍路。今所载石灰陶器而已，舟仅百余具。新桥市小而高，光绪戊戌（一八九八），淹于水。里人勒云：『六月二十六日，街衢行舟。』言灾祥者以政变之应也。又南经云台观，陈抟之居在西岳，此祀东岳。清时，二月二日，溪人舁神出巡，鱼龙狮子百技之戏，自远而至，金鼓殷天，缘岸人山人海。时赋敛无扰，兵革不兴。今视之如羲、黄世矣。又南经资国寺，宋曰资国镇，其下李家坝，土人掘碑，审知《烽燧记》，『资官、荣德，依水为界』，则宋时固以镇而兼戍守之地者。两岸庙址甚多，有桥不治，曰闻喜桥。旧志云，伍子胥祠在闻喜桥右，其灵感异常。

又南经白鹿洞，云猎者见白鹿入穴，扪萝上视，有老人趺坐其中。野语往往而然。咸丰蓝、李之乱，居人借以避寇，今林木童然矣。又南经后边坝，董家坝水自西来注之，烽燧碑所谓『与资官县界』者也。又南经大佛沱，崖有佛刻。自是入宜宾，斑竹沟水自西来注之。又南经新房嘴，古家场水自北来注之。《太平寰宇记》曰拥斯茫水『从陵州始建县界南流至资官县西，又南入戎州宜宾界』。今经合什场、观音场入岷江。乐史言审。

附：《井研志·拥斯茫水考略》纠义

光绪中修《井研县志·疆域一》有《拥斯茫水考略》。龚煦春①自以为功，争拥斯茫水在井研。而古今所指拥斯茫水，从谚还之官渡河，其说甚果。《传》曰：『山川能说。』②法须咨于故实。今略纠如左方。

《考略》：始建县，大业四年（六〇八）界碑，南去荣州七十里。纠曰：唐武德元年（六一八）始置荣州，大业四年恶有所谓荣州者？何至据此伪石转疑《史》『大业五年』为误？非一。

《考略》：以官渡河为拥斯茫水，则其源与《太平寰宇记》大相径庭。纠曰：《太平寰宇记》明言『拥思茫水，在州南一百

① 龚煦春（一八六三—一九三七），字熙台，号几山老人，四川井研县人。清光绪廪生。平生好古，撰有光绪《井研县志》《四川郡县志》等。

② 按：『山川能说』，典出《诗经·鄘风·定之方中》：『升彼虚矣，以望楚矣。望楚与堂，景山与京。降观于桑，卜云其吉，终然允臧。』毛传云：『建邦能命龟，田能施命，作器能铭，使能造命，升高能赋，师旅能誓，山川能说，丧纪能诔，祭祀能语。君子能此九者，可谓有德音，可以为大夫。』

五十里』，何径庭之有？非二。

《考略》：宋始建治，在今仁寿镇子场，其辖境不至官渡河源。纠曰：龚引《太平寰宇记》『始建有铁山罗泉井』，即今资州州判驻处，则始建有今仁寿东林乡及资州、犍、荣之边境明矣。如龚此说，『辖境不至』四字，自攻自破。非三。

《考略》：官渡河与《太平寰宇记》『经井研南界』之语，尤为牴牾。纠曰：《记》『井研』下，称拥斯茫水『从县南界濑下六池东流，即名拥思茫水』。『濑下六池』，今濑河坝一带，明明井研南界，何牴牾之有？非四。

《考略》：濑下六池，盖指盐井，因数赖郎等井当之。纠曰：古盐法，井盐与池盐迥别。且《记》所载井，凡称赖者多矣，又奚翅六数？非五。

《考略》：《太平寰宇记》云『水湍迅急，不通舟船』，确指今潺沮滩。纠曰：《记》明言拥斯茫水『从县南界濑下六池东流』。既言『南界』，则『濑下六池』灼然在井研县南界外。『水湍迅急』二语，亦灼然在南界外。今『潺沮滩』，在界内乎，界外乎？至校量不行不通，是《史·河渠》《汉·沟洫》，凡称行舟者，其通不通尚待商也。非六。

《考略》：铁山在今犍为境。纠曰：《太平寰宇记》『资官』下明云『铁山从资州月山县西来』；『始建』下明云『铁山在县东七十里』；『盘石』下明云『铁山在县南五十里』。《地理志》：『其山出铁，在荣州威远县界。』乃曰『今犍为境』，是山之一隅耳。非七。

《考略》：《旧唐书》『始建县，旧治拥思茫水』，今官渡河皆丛林深箐，当时不应置县。纠曰：自宋、齐至唐、宋，创置州县，不必城郭毕具，且多无实土无民户者，朗载列史，不止『松牌记象州』而已。且今流所经，乡廛广煕森列，胡忧置县之难？非八。

《考略》：《太平寰宇记》云『西南入平羌西界，合大江』。纠曰：《记》止称『西南入平羌县界』，横添『合大江』三字，何也？非九。

《考略》：官渡河，万无入平羌西界之理。纠曰：《记》止言『入平羌县界』，并不言『西界』，言『西』则诬。非十。

《考略》：考宋时平羌在乐山西北。纠曰：《元和郡县志》《太平寰宇记》明云『于龙游县东六十里，别立平羌县』，又云『今《记》所谓在荣州应灵县界深谷戍者』，不解何故转东为西。非十一。

《考略》：乐山在宋为平羌。纠曰：是与前说在乐山西北者又自言自悖。按：今之乐山，乃宋龙游也。熙宁五年（一〇七二），省平羌入龙游。今以平羌尽乐山，将置龙游何地？非十二。

《考略》：平羌辖境，距官渡河甚远，中隔冶官、应灵二县。纠曰：《太平寰宇记》云『拥思茫水，在（资官）县西二十里』，『应灵，在荣州西南一百五十里』。何至移隔？且因《记》言拥斯茫水，借知古平羌东界所至，一语千金也，何疑为？非十三。

《考略》：拥斯茫水即松峰水，经三江镇流至四望关，合大江。纠曰：《太平寰宇记》『资官』下明云『拥思茫水，在县西南二十里，从陵州始建县界南流至县西，又南入戎州宜宾县界』。

乃于《记》『平羌』界下横添『合大江』三字，于『资官县』下横吞『入戎州宜宾』一语，又勇造『四望关』入江，何也？非十四。

右析疑至浅至明，本嫌词费，然见事有不可没者。其实《太平寰宇记》之言晰矣。指其源曰『陵州南一百五十里』，指其流曰『经濑下六池』，又曰『入平羌县界』，又曰『流至资官县西』，指其委云『又南入戎州宜宾县界』。终始分明，是为古证。无端凿空而谈，自诩索还侵地，争墩之雅，移山之愚，徒乱人闻见耳。兹为核实呈形，如乐史言，确然宜信。

附：拥斯茫水考略　龚煦春

拥斯茫水为井研经流县境之水，见于《旧唐书》《太平寰宇记》。自元、明以后，载籍失传，而万历旧志亦无完本，遂令此水为人蒙侵，影附臆说，歧出争执。今悉证其谬误，订其源流，以复古义之旧，为后来者考焉。

仁寿、荣县二《志》，以官渡河为拥斯茫水。按：官渡河发源荣、威之界，距仁寿几二百里。今仁寿南六十里镇子场即宋始建县治，其隋大业四年（六〇八）界碑云：『南去荣州七十里。』即宋时始建辖境，本不至官渡河源。而《太平寰宇记》明云：『拥斯茫水源出始建。』若以官渡为拥斯茫水，则其源与《记》所称大相径庭。其谬一。

《记》又云：『拥斯茫水经井研南界南流。』今官渡河自仁寿碗厂至回龙场，绕井研写越边境，不过四里，且在县境正东七十里，与『流经南界』之语尤为牴牾。其谬二。

《旧唐书》云：『始建县旧治拥思茫水，圣历二年（六九九）移治荣社山。』今官渡河所经皆丛林深箐，且当时不应置县于此荒峤之区。其谬三。

《太平寰宇记》又云：『拥思茫水流经濑下六池。』《记》所称池，盖指盐池。今官渡河所经之地，半系煤硐，绝无盐场。若定此水为拥斯茫水，与乐史原文迥不相符。其谬四。

官渡河由荣县境流经犍为乾柏树合大江。而《太平寰宇记》言：『拥思茫水经井研南界南流，又西南入平羌西界，合大江。』考宋时平羌在乐山西北，其辖境距官渡河甚远，中隔冶官、应灵二县，故官渡河万无入平羌西界之理。其谬五。

雍正《井研志》既知其舛，欲别定一水，苦无所据，乃沿『西南入平羌西界』一语，遂以县西新开河当之。新开河发源县西北七十里蓝沟，距始建故县境百余里，水源已东西悬绝，其入乐山境距县几六十里，与『流经井研南界』之语尤为不符。殆所谓知一昧二，订误愈误者也。《犍为志》以四望水为拥斯茫，其说近之，乃征引《太平寰宇记》，又间以他语，使阅者误以瓦滓滩河为此水，凡为支说。近日廖教授季平以诸说杂糅，遂疑拥斯茫水有东、西二流，盖泥《太平寰宇记》《文献通考》有『流经资官县』一语，以资官为今荣县公井地故也，不知『资官』乃『冶官』之讹。《方舆纪略》云：晋置冶官，以县有铁山置冶，故名。隋代误『冶』为『资』，至唐以来又误『咨』为『资』，赖有《元和郡县志》可证。故《太平寰宇记》于『晋置资官县』下直云：『旧作「咨」，误。』然字讹而所指之地不误，至《通考》注直云『公井』。后人遂疑为二水，今既正为冶官，则千年蒙蚀，一旦开翳。

考县境惟松峰水发源，经流合江，方位道路与乐史所记符合，其证有五。

《旧唐书》云：『始建县旧治拥思茫水。』今松峰水发源松峰场，父老皆云此地旧曾设县，城基犹存，碑碣可据。一证也。

《太平寰宇记》云：『自始建流经濑下六池。』考六池，皆产盐之地。按《记》云：『井研有赖纶井、赖郎井，始建有赖胡儒井、赖子井，赖溲井，始建界碑有赖耦，即水所经之地。』今此水沿岸犹盐场林立，旧迹未改。其证二也。

案：此水由县东钟灵桥入县境，西流至城南，又南流至千佛寺，与《太平寰宇记》『经井研南界南流』最为吻合。其证三也。

此水经县南十里石坚桥，水势折而少西，又二十里入犍为境，又十里西南行，经三江颠马踏井、王村场、金山寺，流至四望关合大江。江以西距乐山界甚近，乐山在宋为平羌，故《太平寰宇记》云：『又西南流至平羌西界，入大江。』界域分明，犹可指画。其证四也。

《太平寰宇记》云：『拥思茫水迅流疾湍，不通舟楫。』盖谓中有激水成湍之地阻塞行舟，不云不行，而云『不通』，文义可见。今县南五里泽泊滩，滩石横亘尔。高舟运至此，碍如门限，自余上下通流无阻。《太平寰宇记》所称『不通』，确然指此。其证五也。

据此五证，则拥斯茫水永定，终古侵地一旦规复，然后井研之沿革明，而疆域广狭如指诸掌矣。（光绪《井研县志》卷一）

附：拥斯茫水今考

《太平寰宇记》『荣州』条载：『资官县，本汉南安县地……铁山，在州西北一百里，从资州月山县西来，其山出铁。拥思茫水，在县西二十里。从陵州始建县界南流至县西，又南入戎州宜宾县界。』此处所云拥斯茫水即今越溪河。《太平寰宇记》『陵州』条又载：『井研县，本汉武阳县地……拥思茫水，在州南一百五十里。从县南界濑下六池东流，即名拥思茫水。湍流迅急，不通舟船。西南入平羌县界。』此处所云拥斯茫水即今茫溪河。

白石沟水　出尖山之东南，经白石山曰白石沟，得银锭桥刘家坝之水，名石塔河。又南经周家嘴，荣隐山水、铁厂铺水、杜家井水合流，自西来注之。荣隐山，旧称荣隐公修道之所，石室犹存。山左有石，方耸如印，又名石印山，一名筠山，又曰老君台。唐时，凡胜地皆称『老君』。孙奭讥『今日见老君于阁上，明日见老君于山中』①，则荣隐乃唐名也。水既入白石沟，屈而东，经半边山，桂叶溪自北来注之。水出荣隐山近之小山火盘沟，故取招隐名也，至是相传曰大牢溪。民国《志》按，《元和郡县志》：『大牢溪出县北铁山下，南流经县北。』又曰：『隋大牢县，以境内大牢溪为名。』县东北至荣州一百五十里，于此无

① 孙奭（九六二—一〇三三），字宗古，北宋博州博平（今山东省茌平县博平镇）人，经学家。曾任国子监直讲、兵部侍郎、龙图阁学士。以太子少傅致仕，卒谥曰宣。著有《孟子音义》等。《容斋随笔·三笔》卷七『孙宣公谏封禅等』条云：『唐明皇得灵符宝券，皆王鉷、田同秀等所为，不能显戮，今日见老君于阁上，明日见老君于山中，大臣尸禄以将迎，端士畏威而缄默。及禄山兆乱，辅国劫迁，大命既倾，前功并弃。』

一而合。

又南经铁冲，岸有石窟。民国四年（一九一五），凿石得人体，其肌理如果脱核，膝骨了然，肝肺犹作黏质，计长丈余，上体犹存石中，下体已碎。佛书言劫量，人惊浩唐，谂此太古人，不虚矣。又南经杨家场，明杨镕里也。又南经龙奔泽。又南一里，竹叶溪入焉。水出过水坳、石板堰，芭蕉园水入之。芭蕉园，宋藩置也。别源出乐德镇响水洞，至张家堰，二水合流曰竹叶溪。至垴顶坡，其下为杨州英宅。州英，康熙举人，镕裔孙，官昌化，乞养回籍，遭父丧，以毁卒。既至龙潭山合流，其山巉巉，有洞，深莫能入。岁旱，于此祷雨，盖龙湫也，故曰龙奔泽。建龙神祠，多森林。南经大脚菇，溪有石二，形肖菌，乡人谓菌曰『菇』。《说文解字》：菌，尖，声如六。菇、尖，声近也。又南经雷口，象水回之形，犹雷垣也。自半边山至雷口，长凡四十里，多平原，农民冬月为沙堰，凡十二所，无舟楫之妨，西南丰域也。又南经奉真山，唐有奉真观，左龙头山，右清凉山，宋进士李一飞有诗。前有池，广十亩，曰荷池。前则荔枝坝之水入焉，故市集曰河口。又南经芦田嘴，有小水东注之。又南经上桥，大溅山水自西来注之。大溅山寺著灵异，夏间香火远至，故人以大溅侈之。又南经申家坝，汇古家河，至中坝，入拥斯茫水。

大牢溪　俗称白石沟水，其失有二。《元和郡县志》：『大牢溪出（旭川）县北铁山下，南流经县北。』白石水出县西白石山，流县西南，一也。溪在大牢县界，县中隔治官，界不至白石，二也。《太平寰宇记》：『大牢溪又①名赖溪。』即今濑河坝水，出水星山，至大湾，入拥斯茫水。

附：大牢溪今考

《元和郡县图志》『旭川县』条载：『铁山，在县北四十里。大牢溪，出县北铁山下，南流，经县北。』《元丰九域志》『荣州』条载：荣德，有荣德山、大牢溪。资官，有白崖山、濑斯水。应灵，有应灵水。此大牢溪即今荣县城北东川水。

赵熙曰：虞拔贡旁通相地之学，易稿者三，故山之脉络，水之原委，依次了然。近人王壬甫志衡阳山水，多收杂异，士或疑之。吾以为籍载乡传，国情所寄；诙谐之作，不废于东方。若吾荣，则小说短书，古音谬寂，并欲取此谀闻而不得矣。山川为无声之史。荣北据铁山，南据野客山，溯自晋立冶官以来如是，又不特九能之大夫所宜究矣。

（六）岩泉

乾隆《志》所载

雷鸣泉　城西，巨石屹立，提学王文书刻石。

古　泉　城东，知县李锐刻石，有鲤跃出。

一碗水　城西十五里，石泉，旱不涸。

倒流水　城北三里。

① 又，《太平寰宇记》卷八十五作『一』。

倒溃塘 城南三十里。

仰天涡 城北四里。

铁牛沱 城西四十里。

苦葛沱 城南六十里。

长　潭 城西四十五里。

龙马漕 城南十里。

凤凰洲 城南十里，科第视消长，最验。

观音滩、南平滩、沙滩、高滩、仙滩 以上五滩，皆荣川。

柏林滩、七里滩湾、鱼笺滩、渔子湾滩、龙滩、蘋叶滩 以上六滩，皆长山河。

按，雍正《四川通志》载：『拥思茫水在县西，自仁寿县流入，又南入犍为县界。』《太平寰宇记》：『在资官县西二十里，从始建①县南流入，又南入宜宾县界。』《元丰九域志》谓之『拥斯水』。县志有长山河，一名清流河，中有柏林、七里、鱼笺、渔湾、龙滩、蘋叶等滩，又有梅子溪、紫金溪、玉字溪、谷牙溪、虎头溪，皆南流至宜宾入江。又载：『大牢溪在县西。』《元和郡县志》：『源出旭川县北铁山下，南流经县北。』又曰：『隋大牢县，以境内大牢溪为名。』《太平寰宇记》又名『赖溪』。

按，荣邑旧志云：荣山川两支。肇东北者，山祖陵阳，北来而东，达于南河；川源梧桐沟，东合龙溪，而注于南河。肇西南者，山祖龙虎山，西来而达于南河；川源资江，北合双流，而注于南河。城跨北山而东，西南濒水为隍，此内条之山川也。外四十里绕以长山河，由东北而注于东南，藩以铁山，由西北而达于东北，此为外条之山川也。回环重抱，蓄奇蕴灵，当必有所付于物者，故卷勺之可书者书焉。窃谓域民不以封疆，固国不以山溪，训昭然也。兹曷志之悉乎？封疆之志，示有守也。地之荒辟，民之勤惰，而政之从违著焉。山川之志，示厚生也。广大之产，渊深之殖，而化之富庶寓焉。殷于民务者，不可以观夫！

（七）名胜古迹

名胜

乾隆《志》卷四所记『荣中八景』②：

鸣凤朝阳

艮岳隆平有凤鸣，朝阳光照五陵城。四荣形胜全嘉祐，一旦文章启圣明。海岳效灵钟秀气，乾坤光霁沐恩荣。何当附翼乘风起，再赋《卷阿》颂太平？

望景岑楼

高冈楼阁已无存，今古犹传万景名。山色北来烟树蔼，水流东云大江清。登临最喜康衢静，俯仰犹宜畎亩晴。幸际太平全盛世，桥边车马迓恩荣③。

双溪书阁

耸云山下绕双溪，王氏书堂有旧碑。为爱濯缨仍濯足，尤堪闻礼又闻诗。山光水色年年在，月白风清事事宜。见说太平兴治

① 始建：原作『建始』，据《太平寰宇记》卷八十六『荣州』条改。

② 按：乾隆《志》卷四所记『荣中八景』，作者叙府通判赵远，江西人。

③ 原注：西门，古名迎恩门。

化，文风振起属明时。

荣德晴岚

和气熹微弄晓晴，远山放出半空青。连天碧拥芙蓉掌，映日光凝悲翠屏。文豹隐时斑已变，苍龙吟处梦初醒。遥知出岫成云雨，定泻天河济太平。

筠山夕照

金光闪闪耀青骢，返照回光映碧峰。莫讶羲和停日晷，每多列子驾仙风。云林出色成文绣，烟树增辉挂彩虹。马上垂鞭回首望，此时清兴正无穷。

龙湫夜月

山有灵兮月有光，龙湫独占广寒乡。仙瓢曾洒人间雨，洞府常留海上方。白兔临池和药剂，嫦娥出浴舞霓裳。年年分我一杯水，洗却苍生渴热肠。

啸台游赏

晓起东山日色晴，啸台游赏快闲情。路从金碧岩前过，人在丹青画里行。大笑何妨天地阔，放怀浑讶洞龙惊。香风满袖归来晚，得句推敲步月明。

清富登临

其一

名楼境界绝喧哗，俯仰溪山意趣佳。玉露冰壶清澈底，香风罗绮富无涯。留连时景家家月，消遣光阴处处花。政暇有人舒远眺，太平官府蚤休衙。

其二

偶从岸下睹云龙，前代名楼有旧踪。天上玉堂青锁闼，人间金谷绣芙蓉。山川一览丹青里，风月双清锦绣中。喜遇四方无事日，康衢击壤乐时雍。

嘉庆《志》卷二所载十二景：

凤鸣朝阳 县北凤鸣山。

龙湫夜月 县南龙洞。

荣德晴岚 县东北三十里荣德山。

筠山夕照 县西老君台。

清富登临 县北清富山。

啸台游赏 县南真如崖右。

万景岑楼 县西凤栖山。

双溪书阁 县北耸云山。

龙头插笔 县南龙头山，有镇南塔。

翠壁凌霄 县北十里，山径幽邃，峭壁参天。

鱼矶垂钓 县南十里钓鱼台。

石笋排空 县西南石笋铺。

按：刘世璋康熙《志》止载前八景，黄公大本乾隆《志》增后四景，为十二景，并为之诗。其酌改『鸣凤』为『凤鸣』，『望景』为『万景』，『点额』为『插笔』，『双矶』为『鱼矶』，盖取其配合较称云。

旧志所载古迹

乾隆《志》所载：

古荣王府 在城西清富山，相传周荣公封国基。唐懿宗咸通三年（八六二），封宪宗子愤为蜀王①。迨宋真宗，封子德雍为荣王，出镇于此。②孝宗封子惇为荣王③，登极为光宗，荣乃潜邸。宁宗开禧元年（一二〇五），封子曮为荣王，教条刻石，今存。

旭川故城 今治，唐置。《元和郡县志》：『本汉南安县地，唐贞观元年（六二七）置，因县有旭井为名，后为州治。』宋改曰荣德，宝庆后废。

资官废县 在县西，东晋置。《宋书·州郡志》：犍为郡领治④官县，义熙十年（四一四）置。萧齐因之，后废。隋复置。《元和郡县志》谓之『咨官县』，本汉南安县地，大业十一年（六一五）属犍为郡，隋后误以『治』⑤为『咨』也。武德元年（六一八），属嘉州。贞观六年（六三二），改属荣州，县东南至州九十里。其后又误以『咨』为『资』，曰资官县。《元丰九域志》：『在州西南七十五里。』元省。

应灵废县 在县西南，隋置，曰大牢，属资州仁寿。初，山獠猖獗。以卫文昇为资州刺史，到官，獠方攻大牢镇，文昇单骑谕降之，即此。唐属荣州。《元和郡县志》：『县东北至荣州一百五十里，本汉南安县地，开皇十年（五九〇）于此置大牢镇，十三年改镇为县，县界有大牢溪，故名。』天宝元年，改曰应灵。宋因之，元省入荣州。又，《新唐书·地理志》：『景龙二年（七〇八），省云⑥州及罗水、云川、胡连三县入大牢。』其地应皆相附近，今失考。

公井废县 在县东南九十里，唐置，属荣州。《元和郡县志》：『县西北至州九十里，本汉江阳地，周武帝于此置公井镇，以大公盐井为名。隋因之。武德元年（六一八），于镇置荣州，因改镇为县。后移州治旭川，以县属之。』宋熙宁四年（一〇七一），省为镇，入荣德，其地今名贡井。

南安废县 在县西七十里。齐永元三年（五〇一）置南安郡。《太平寰宇记》：『荣州，萧齐于此置安阳⑦郡，隋废。』今来牟镇，即古南安县址。

和义废县 旧志载入荣县，今按省志，应入威远。

旧花崖村 失考。

旧彭村 失考。

旧罗村 在县南三十里，周围石墙亭基尚存，有石梯至大，今地在荣民戴绍贤四至内。

旧绫锦村 失考。

旧杏春村 失考。

废桐子园 县西二十里，在铁厂铺小桥西官路傍。

旧楠木园 失考。

废竹园 基址失考，今存竹园铺。

---

① 按：唐懿宗，原文作『唐宪宗』。咸通为唐懿宗年号，今径改。又『宪宗子』原作『皇子』，误。李愤为唐宪宗之子，非唐懿宗子。

② 赵德雍为魏王之子，乃宋真宗从兄，且无封荣之事。详见民国《志》卷十三。

③ 按：赵惇曾封荣州刺史，未曾封荣王。此说非是。

④ 治：原作『治』，据《元和郡县志》改。

⑤ 治：原作『治』，据《元和郡县志》改。

⑥ 云：原作『荣』，据《新唐书》卷四十二『荣州和义郡』改。

⑦ 安阳：原作『南安』，据四库本《太平寰宇记》改。

废桐麻园　县东北二十里，山势高耸，基址尚存，今地在荣民苏金魁界内，其下即龚家沟之官河。

废芭蕉园　县南二十里，山形缭绕，秀色可餐，其地今属荣民李子玠界内。

自花崖村至芭蕉园十处，皆宋藩封时置，今俱废。

废荣川驿　城南二里。

废白沙盐司　城东。

废桐麻盐司　城南四十里。

荣德旧学

公井旧学

八方琉璃旧井　今为池。

槐花井　在城中，水清冷，异他泉。

古流杯池　今没于堰砌。

古郊社基　城南十里。

古禳基　城东七里。

古《九域图》碑　久经损坏，今复立于文庙后。《碑记》列于卷之四。

古至圣先师、文昌帝君像碑　立文庙内。

古三教像碑

古镇南塔

大周圣德勒石文碑　在子城门外，长安三年（七〇三）立，韦绀撰。

州院碑　伪蜀司仓参军苟延庆撰。

真义侯碑　在本庙，唐元和二年（八〇七）建。旧志云，即古独孤、白马蜀将二人庙也。

唐刺史薛高邱磨岩碑　在荣德山，唐开元二十年（七三二）刺史薛高邱磨岩，碑多载仙灵事，今字画已磨灭。

荣隐山修道观石碑　在本山上。

荣梨山古寺碑　在本山上。

宋元符元年①祷雨碑　在荣梨山上。

静难侯庙碑　在本庙内。

图　经　隆兴元年（一一六三）李焘为守，教官勾演编。②

啸　台　真如崖右，相传为孙登台，宋刺史李焘有记。

莲　台　县东，与啸台对峙。

钓鱼台　城南十里，荣川之滨，传荣隐先生渔于此水。中有二大石，唐人篆『心月矶』碑于上，后碑移入县谯楼下，今没。知县王梦魁③刻『一丝九鼎』于石，高三丈许，明杨石有诗刻于后。

凤翔台　城东二十里。平正，方广十丈余，界威远县，相传有凤翔集于上，故名焉。

光绪《志》所载：

罗汉洞　城南名胜地，宋人多记游崖畔，岁久湮灭。录其二则：『眉山苏仲庄来游，淳熙五年六月七日。』又，『淳熙甲辰重

---

① 按：『宋』原文作『唐』。但唐无元符年号，非是。嘉庆《志》以为『乾符』之误，民国《志》则据元符年号，定为宋碑。

② 自『大周圣德勒石文碑』至此，见《四川总志》卷五十二『荣州碑记』条，雍正《四川通志》卷二十七『荣县·古碑记附』条亦载。

③ 魁：原文作『易』，非是。今据民国《志》卷十四改。

阳后三日，隆山喻德明拉温元东、何仲符、员诚父、赵来介来款龙洞游，登啸台，临眺还视，秋光山色、翠摩檐楹，乃相与举酒，推襟送抱，语曰：「昭旷在前，盲者无达观；广奏盈耳，聋者绝听音。」信哉！德明之侄子才、男益孙侍行。』

民国《志》所载：

放生池 在城南，自擦耳崖上游，下至锁江桥止，清深多石穴，放鱼者归之。清时，官为示禁。资州郭梓南观察来游，见桥聚行鱼，金沙粲日，溆溆乎自乐也，触人影则惊窜池中。观察喟曰：『生灵之爱命，虽鳞族有如此者。返观孽报，栗然矣。凡物赖乎有所卫，管子曰：「礼义廉耻，国之四维，四维不张，国乃灭亡。」自法纪荡然，而黠者合群不逞之人，恣行一切不肖之事。久之积众，遂可以生杀人，人无敢谁何。其攻之者，更穷凶极恶，并前黠者之所非，由是恶者非尽歼不止。古称：「微禹，吾其鱼乎！」今鱼得池以自卫，人不如矣。』观察去，军来如獭，游民附之，汕汕无已时，而鱼几尽。虽然，民劳则善心生。仁与不仁敌，仁者往往不胜，幸不仁者天必殛之，而仁者终胜。故鱼洊滩，钓鱼台，居人皆设放生池。署中镜香亭，人亦放鱼池中，如是者县境多有。以是知好生之德，人与人有同心也。鱼洊滩距长山桥十里，其水即拥斯茫水也，平流十里，浩然大江，两岸多杂树，中有巨鱼，渔子以獭投之，立龁其头，浮尸以出。其地风景清旷，不当孔道，故鱼不殃。

钓鱼台 县南十五里，唐荣隐公钓所。绿竹一湾，洄溪漂碧。县人新设放生池，觊千石鱼陂之利者，警焉。

镜香亭 在官署西。唐人凿池，亭在池中。妇孺煦煦，冀官之威能葆物命，群放鱼于池，而署中仆役辈，转因以为利。今商县长，浚其池，察禁之。

桂仁桥 荣北郊也，去城七里而近。

钟　楼 在凤鸣山，民国十一年（一九二二）建。

文光射斗坊 十七年（一九二八）修市政，废。人之不类如此。

罗星阁 清乾隆十二年（一七四七），知县徐德龙建，盖主唐灵台郎杨益①说。而城自明已来，每六十年一遭水患，阁建而患除。今之相地者，又往往诽阁不利。《传》曰：『有其举之，莫敢废也。』②青乌③惑众，煽巫风也。

唐宋刺史署 在城清富山。唐开元十三年（七二五），封靖恭太子琬王荣。琬，玄宗第六子，刘华妃生，时为京兆牧，未莅荣也。④咸通三年（八六二），懿宗封宪宗子愦为荣王。史臣云：唐自中叶，王子多在京师，幼者或不出阁。虽以国王之实，与匹夫不异。则愦亦未莅荣也。宋封荣王者五人，封和义郡王四

---

① 《古今图书集成》引《堪舆名流列传》：『按《地理正宗》，杨筠松，字叔茂，窦州（今广东信宜）人。寓江西，号救贫先生。作《疑龙经》《撼龙经》《立锥赋》《黑囊经》《三十六龙》等书。』历代堪舆家尊之为宗师。

② 《礼记·曲礼》：『凡祭，有其废之，莫敢举也，有其举之，莫敢废也。』

③ 按：青乌，即青乌公，又称青乌先生，传说为汉代相地术士，善葬术。《风俗通》称：『汉有青乌子善葬术。』青乌子与堪舆术关系密切，故后人用『青乌术』或『青乌术』代称堪舆术。

④ 按，《旧唐书》卷一百七《靖恭太子琬》云：『靖恭太子琬，玄宗第六子也，初名嗣玄，开元二年（七一四）三月封为甄王，十二年三月改名滉，封为荣王，十五年，授京兆牧。』

人。旧志：宋真宗封子德雍为荣王，此妄作也。德雍者，魏王子。于真宗为从兄，亦无封荣之事。惟绍兴三十年（一一六〇）四月，高宗以皇孙惇为荣州刺史。惇即光宗也，刺荣时，孝宗尚未立为皇太子，后孝宗即位，光宗始封恭王。今俗动以光宗为荣王，以刺史为分藩，署为荣王府，皆误也。光宗立，升荣州为绍熙府，亦即故署为治所。① 而自唐以来，极繁丽。有莲塘、江楼、河亭之胜。刘兼诗『郡城楼阁绕江滨』，『两岸烟花春富贵』，『一筵金翠临芳岸』，『桃花满地春牢落』，『莲袅红香匝郡楼』，『舞袖逐风翻绣浪，歌尘随燕下雕梁』，凡以言声伎花木者，经五代全无。兵燹后，宋三百二十年中，晁子止《郡斋读书志》，郡斋者，即荣州刺史署。余则陆游《斋中夜坐有感》云：『荒山为城溪作壕，风鼓巨木声翻涛。鸱枭乘屋弹不去，狐狸欺人怒竖毛。雨来红鹤更可恶，争巢一似婴儿号。城孤屋老草木茂，正坐人少此辈豪。急呼五百具畚锸，欲掀窟穴穷腥臊。忽然语罢却自笑，残年何至与汝鏖。浣花江色绿如黛，春波滟滟浮轻舠。行当系缆柳阴下，仰听莺语倾香醪。』② 语近幽郁，然『风鼓巨木』，则署中森林可想。至汪水云③过荣州，犹云『妓女吹金管，庖丁洗玉盘』。及明清而山县荒凉，迥不知旧代王城，等于樊楼灯火矣。

子　城　即环刺史署者，大抵名郡多有之。白香山④诗『子城阴处犹残雪』，谓江州也。荣州治有清富楼，踞清富山上。左袭香亭，右迎曦亭，前来薰亭，后望熙亭。城门外有『大周圣德碑』，当时忠媚金轮⑤。宋汪元量《醉倚高楼》疑即清富楼，故曰『蚕丛鸟道』，指城北诸山也。清修武侯祠，而清富为丛葬处，万家垒垒。光绪末，西人建教堂，楼阁又晖丽如海市矣。旧志『十二景』，此为『清富登临』。其地俗称『古城』，或称『荣王府』。明龚汇《文庙碑》云：『洪武四年，荣州仍第一山旧府治。』汇犹知国故者。

佛耳池　在清富山下，古刺史署中观游者。因地屈曲，如耳形。清时，居民剷菜圃，往往得石马、金狮、铜鼎诸物。今为张氏宅，浚池，得陶器累累及光宗小铜章，而池改其形矣。

宸章阁、奎章阁　俱废。

八方琉璃井　近佛池，宋井也。以河石子嵌成之，紫翠斒斓，今僻在民居，惜无好事者张之。

槐花井　亦以清冷名。

高　斋　在刺史署。陆游《桃源忆故人序》云『因子城作楼观』。详其词，盖今西城，俯见程坝，沙原环水，村落萧然。但

① 按：荣州升绍熙府事，在理宗绍定六年（一二三三），非光宗之时。
② 『五百』原作『伍伯』，『艳艳』原作『滟滟』，据钱仲联《剑南诗稿校注》改。
③ 按：汪元量（一二四一—约一三一七），字大有，号水云，亦自号水云子、楚狂、江南倦客，钱塘（今浙江杭州）人。宋度宗时以擅琴供奉宫廷。宋恭宗德祐二年（一二七六），临安陷落，随三宫入燕。尝谒文天祥于狱中。元世祖至元二十五年（一二八八）出家为道士，获南归。后往来江西、湖北、四川等地，终老湖山。著有《水云集》《湖山类稿》。
④ 按：白居易（七七二—八四六），字乐天，号香山居士，生于河南新郑（今地），唐代伟大的现实主义诗人，著有《白氏长庆集》。
⑤ 『金轮』，指武则天和武周政权。史书载，武则天称帝，长寿二年（六九三）九月初九，武承嗣等五千人上表武则天请加尊号曰『金轮圣神皇帝』。证圣（天册万岁）元年（六九五）正月初一，又加号『慈氏越古金轮圣神皇帝』。

不知刘兼『西斋』即此否？兼诗数登郡楼，亦必子城佳处。其《春宴河亭》诗『四面烟花出粉墙』，准地望亦当程坝。惜县人自唐无诗也。陆游《西楼夕望》云：『夜郎城里叹途穷，赖有西楼著此翁。溪鸟孤飞寒霭外，野人参语夕阳中。苍天可恃何曾老，白发缘愁却未公。俗态十年看烂熟，不如留眼送归鸿。』西楼，疑即兼所登郡楼也。《高斋小饮戏作》云：『梅花又发鬼门关，坐觉春风万里宽。荔子阴中时纵酒，竹枝声里强追欢。丁年汉使殊方老，子夜吴歌昨梦残。白帝夜郎俱不恶，两公补①处得凭栏。』自注：『予五年间，自夔客荣。』民国《志》按：诗中无戏语，而题『戏作』者，以『鬼门关』三字近妄也。杜客夔州，李谪夜郎②，结句强以自况，惟夜郎在今遵义，而仞为荣州，斯陋矣。

昭德堂 在刺史署，宋晁公武建，与讲教堂俱废。晁氏世家大族，文物备载史集。祖迥，居京师昭德坊，著《昭德新编》，故公武名此堂，撰《郡斋读书志》也。陆游《昭德堂晚步》诗云：『笑唤枯筇蹋夕阳，探春聊作静中忙。高枝鹊语如相命，幽径梅开只自香。苔蚀断碑惊世换，钟来废寺觉城荒。谪仙未必无遗恨，老欠题诗到夜郎。』

九折屏 在清富山阴，下临赤沙步，今荒绝。倘濒溪小筑，宜幽胜也。城北之山，挟溪而来，丛青叠翠，仅于西人楼上瞰之。

荷池 在县署西。署，唐旭川、宋荣德治也。池意版筑时凿土而成。证以刘兼莲塘诸诗③，知池昉唐年矣。清嘉庆丙寅（一八〇六），知县许源因池中此君亭圮，葺新之。奉新宋鸣琦守嘉定，名之曰镜香亭，盖李白《别储邕之剡中》诗：『借问剡中道，东南指越乡。舟从广陵去，水入会稽长。竹色溪下绿，荷花镜里香。辞君向天姥，拂石卧秋霜。』鸣琦取句名亭，其实秀州、抚州均有此亭，兹特袭之耳。唐刘兼诗『红蕖全谢镜心香』④，则真荣州『镜香』也。

此君轩 在凤鸣山，旧志称『凤鸣朝阳』者。宋嘉祐寺僧祖元建其堂曰霜钟堂。黄山谷过戎州，数题此君轩诗，后并祠山谷，久废。清知县许源以意度地，于文昌宫构数楹，榜曰『此君轩』。祖元为王周彦从兄，荣州与苏、黄有连，皆因王氏之秀也。寺有井，清时以卜科第。浚之得沙石，知与河心平。

竹王祠 在东门桥。《太平寰宇记》引扬雄《蜀记》，明立庙之本。则此祠创自唐前，而昧者遂误荣为夜郎，名东溪为遁水，庙前为浣纱溪。氓之蚩蚩，具章鄙倍。故《水道》篇力纠之。陆放翁诗『我今流落夜郎天』⑤，亦不解读范书者。

大佛崖 在东郊，宋曰东山。元丰八年（一〇八五）⑥，僧淳德凿像，元祐七年（一〇九二）成。崖半曰啸台，李焘题壁。旧志称『啸台游赏』。啸台对峙曰莲台。迤南曰罗汉洞，宋曰龙

---

① 补：原作『游』，据钱仲联《剑南诗稿校注》改。
② 杜，即杜甫；李，即李白。
③ 刘兼有《莲塘霁望》诗，见《全唐诗》卷七百六十六。
④ 出自刘兼《梦归故园》，见《全唐诗》卷七百六十六。
⑤ 见陆游《剑南诗稿》卷六之《醉中怀眉山旧游》，原句作『我虽流落夜郎天』。
⑥ 元丰八年：原作『元丰十八年』，元丰年号仅行用八年，『十』字衍，今径改。

洞，上有亭曰龙门亭，久废。旧志称『龙湫夜月』。其山连亘中断，俗云『双狮结尾』。南曰龙头山，塔曰镇南塔。旧志称『龙头插笔』。惟清时宫鉴桂于佛崖凿达摩像，是为逸品。

青阳洞 县南一里浮图崖后。深十二丈，广十三丈。《史记》：『黄帝之子玄嚣，是为青阳，降居江水。』《大戴礼》：『青阳降居泜水。』荣界江、泜之间，东距泜百五十里，西距江二百里，揆之地望，证之国闻，互相印合。考《国语》司空季子言：『青阳，方雷之甥，为己姓。』而嫘祖之子为姬姓，似黄帝子有两青阳。① 居江、泜者，姬姓青阳也。古风淳朴，无后世侯、甸、要、荒之判。故黄帝司徒祝庸居江水，地在朱提，见《山海经》。黄帝孙昌意，少封北土国，有大鲜卑山，见《魏书》。再即江水、泜水，以今地勘之，自仁寿至泸州各县，皆毗左毗右，惟荣上下四，皆緦其中。且荣梨山古称『玄嚣崖』。旧传有绪，是山阿石穴，实古神皋奥区。至《汉书·地理志》安阳下，应劭云『古江国』，张守节遂指为青阳之封，不知《汲冢古文》明称西方安阳，与鸟师何涉？且以『江国』当『江水』，何以处《礼》家泜水？又有言庐州青阳者，则得名以青山之阳，无然畔援矣。

万景楼 在城西凤栖山，与凤鸣之名，疑皆王蜀时造，读《五代史记》可知。旧称『万景岑楼』，土风竞唱，大雅嗤焉。

横溪阁 在城北耸云山下，宋『义门王氏』居。梦易筑归来亭。山上凿石室一区，黄山谷曰『地仙洞』，见陆游诗注。相传梦易子庠、序读书之所，故旧志标『双溪书阁』。双溪，北宋已名，杨天惠为之传。序又建横溪阁，久废。光绪末，里人意度，于沙沚粗构数楹，仍榜『横溪』。考耸云山，古石龟山也。文与可《王氏北溪》诗：『石龟州北群峰起，一去距城无十里。烟岚秀气护岩扃，松菊清香泛溪水。轻裘肥马正荣耀，春韭秋菘任凋毁。待将底物谢《移文》，谷口浓云白如纸。』② 与可，皇祐元年进士，为梦易同年，而诗词似有讥焉。按：明《孝女阿回打虎》诗称『龟子山头』，疑即此；或曰，箐口乃今箐林，姑存两证。陆放翁有《晚登横溪阁》诗：『楼鼓声中日又斜，凭高愈觉在天涯。空桑客土生秋草，野渡虚舟集晚鸦。瘴雾不开连六诏，俚歌相答带三巴。故乡可望应添泪，莫恨云山万叠遮。』『荦确坡头筇竹枝，西临村路立多时。卖蔬市近还家早，煮井人忙下麦迟③。病客情怀常怯酒，山城老景尽供诗。晚来试问愁多少，只许高楼横笛吹。』沿洞上坡，有泉一泓，曰蒙泉，题名石上。

王序塘 在东北郊。序官徽猷阁待制、知河阳军州事、充陕西河东河北宣抚使司随军转运使。归营里第，妙构池台，乡人艳之，因斥其名，标其胜也。山曰凤皇原，又曰高城原。自梦易、庠、序以次均葬焉，张商英《表》犹存。王氏实居北山，此为宦成新墅，故名其村曰孙村，而俗称讲教洞。对岸为望儿山，母夫人向登山以望庠、序。村翁乡妪之谈，虚构事实，愚者述之。

荣德山 《元和郡县志》：在县东北三十五里。《太平寰宇

① 《国语》卷十云：「司空季子曰：『同姓为兄弟，黄帝之子二十五人，其同姓者二人而已。唯青阳与夷鼓皆为己姓。青阳，方雷氏之甥也。』」又云：「『凡黄帝之子二十五宗，其得姓者十四人，为十二姓，姬、酉、祁、己、滕、箴、任、荀、僖、姞、儇、依是也。唯青阳与苍林氏同于黄帝，故皆为姬姓。』」

② 见文同《丹渊集》卷十七。『待将底物谢《移文》』，原句作『待将底物勒《移文》』。

③ 自注：荣多盐井，秋冬收薪茅最急。

记》：独拔五百余尺。有老君祠，其称希夷修道诸胜，宋后之乡闻也。大嶂横冈之上，突立如甑，远望峣然。旧志称『荣德晴岚』，以为胜概。按：《旧唐书·地理志》『荣州以荣德山得名』，是荣德著闻，在唐前明据。唐有薛高邱碑，钓鱼台为荣隐公遗迹，唐人篆『心月矶』。『始建县』下：『圣历二年，移置荣社山。』知百里内外，古地多取『荣』称。《蜀中名胜记》以荣为周荣公封国，周、邵、毕、荣，备载《国语》。县南又有荣夷公墓，荣之为名，传闻有绪，依山溯证，宜非诬矣。隋杨玄感之乱，事平，樊子盖封济公，来护儿封荣国公。二人同事同功，下诏言济公乃功济天下，特为立名，实无此国。而荣国公，史独无说，则知当日实有荣国，地志不载，例如和义、咨官，隋有县而志无之。然则唐武德立州，以荣德为名，安知非沿雅称，复还旧地？特隋制日易月改，日紊日湮，唐修无由考列耳。不然，荣德、荣梨、荣隐、荣社，均非山獠，有此雅谊，校拥斯茫水迴殊。理而董之，是在后之多闻者。

附记

《通典》『夜郎郡』后列：『珍州（今理营德县），古蛮夷之地。大唐贞观七年（六三三），置珍州，或为夜郎郡。领县四：营德、夜郎、丽皋、乐源。』又《全唐文》有《珍州荣德县丞梁君墓志铭》：梁名师亮，字永徽，安定乌氏人。垂拱中，遣授珍州荣德县丞，以万岁通天元年（六九六）七月二日，终于益州蜀县，以二年三月六日葬雍州终南山。《关中金石记》载其碑。

按：《通典》『今理』云云，则杜佑时县未废。《地理志》称珍州置于贞观十六年（六四二），《十道志》云十七年，知《通典》夺『十』字也。『营德』，石本作『荣德』，亦《通典》误。珍州，今遵义属地。观此，知荣州误为夜郎，混于唐以来郡县之名矣，特不知珍州之荣德，因何取义也。

钓鱼台 县南十五里，唐荣隐公钓所，旧志称『渔矶垂钓』也。唐人篆『心月矶』三字立矶上，后移县谯楼，今佚。近土人传对岸掘得一碑，荣隐公即陈抟。民国《志》按：抟有《钓潭集》，而碑说则荒眇。

老君台 县西三十五里，旧志称『筠山夕照』。世传荣隐公石室在焉，唐有《修道观碑》。山下铁厂铺，陈希夷书四字，曰『生涯无极』。

翠笔峰 县北十五里，翠尖巉巉，颇类海东富士山。『富』『蓬』，古双声，『士』『来』，古叠韵，故世传『富士』即『蓬莱』也。旧志标其胜，曰『翠壁凌霄』。兹山不以壁胜，宜目曰『翠笔』。下即蓝桥，数里即唐洛阳溪，宋桑梓园矣。

石笋铺 县西七十五里，古驿程也。玉立参差，宛然缩本黄牛峡，但无水耳。旧志标『石笋排空』。

啸天龙 城西五十里，西来万山之厄。

老林口 城北三十五里，北来万山之厄。

资官县治 今来牟铺。《宋书·州郡志》：『晋义熙十年（四一四），置治官县。』《南齐书·州郡志》：『治官，犍为郡。』《隋书·地理志》无治官，而列传有之。旧志称『梁、陈废，隋复置』，不审所据。又引《元和郡县志》：『大业十一年（六一五），治官属犍为郡。』而《元和郡县志》实无此语，不审误引何书也。晋、宋本治官，隋误咨官，唐又以『咨』为『资』。至宋仍称资官，宝庆后废，其地在县西。《元和郡县志》：『东南至州九十里。』《太平寰宇记》同。惟《元丰九域志》云：『去州七十五里。』合以《元和郡县志》『白崖山在资官县西北十里』、《太平寰宇记》『拥斯水在县西二十里』，一一吻合，当今来牟铺，确矣。今记『拥斯茫水在县西二十里』，写官误也。至新桥南近资国寺，宋有资国镇。今金石井有资官庙，皆与古县治无涉。

齐侨置南安郡　今来牟铺。《南齐书·州郡志》：『永元三年（五〇一），南安郡领县五：南安、华阳、白水、乐安、桓道。』时始兴王镇为刺史。秦州氐乱，故徙秦州之南安郡，侨置于此，因治官亦汉南安县地，名同势便也。《通典》《太平寰宇记》俱言之。经梁及陈，至隋初而废，特记『南安』字误『安阳』耳。今双古镇之华阳山，意即当时华阳侨县。其白水、乐安、桓道，民户或稀，或年久地废，要即治官标名『南安』，令秦郡流民有归，不嫌郡县并集一地，荒时建置然也。今来牟铺有南安县古碑。

应灵县治　《元和郡县志》：『东北至州一百五十里。隋开皇十年（五九〇），置大牢镇，十三年，改镇为县。天宝元年，改为应灵。』《太平寰宇记》：『旧五乡，今三乡。』是疆域唐广而宋狭。又，《新唐书·地理志》：『景龙二年（七〇八），省云州及罗水、云川、胡连三县入大牢。』准今地望，必在犍为。相传以为金山寺，理或然也。

和义县治　《元和郡县志》：『本汉资中地，是泸、资二界，西南至州一百七十里。』《太平寰宇记》：『乾德五年（九六七）废，入威远县。』

公井县治　今贡井县丞治所。《元和郡县志》：『西北至州九十里。』《太平寰宇记》：『唐贞观元年（六二七），置旭川、婆日，至如三县。二年，割泸州之隆越来属。』公井既包隆越，则县东南境广矣。

西南七十里，拥斯茫水北岸曰李坝。民国七年（一九一八），得碑，记烽堠界：东止本甲小市，南止大江，西止资官县界溪水，北止本栅小市。款识：『保丁王庆宜，保长许大猷，甲头白皓、张伯鸿，都保张伯之，右迪功郎县尉陈，左迪功郎主簿樊，右从政郎县令丁。』按：阶官左右，绍兴时制，至淳熙而字去也。与资官县界溪水，则地辖荣德。溪今名金鱼坝，在拥斯茫水南。则荣德、资官分壤之判也。旧志称：『资国镇，西南四十里，废。』此殆其地。今寺曰资国寺，相传元兵渡马湖，由江而入，一焚荡尽，故土田犹积瓦砾云。

花崖村、彭村、罗村、绫锦村、杏春村、楠木园、芭蕉园　悉传南宋故迹，惟竹园铺今为市集。

成都市　《九州要记》：『汉武帝时，南中令使通僰道，无功，唐蒙将杀之，令曰：「根不见成都市而死」。蒙因立市如成都以杀之，故曰「成都市」。』此与马鸣戍均见《太平寰宇记》。

马鸣戍　《益州记》：『旭川县有马鸣戍，汉刺史韦拔夜过此地，有神马嘶溪中，马嘶以应之，故有此戍。』

滇　池　《太平寰宇记》：『周回三百里，水出甚驶，产马，日行五百里，事同大宛。』按：此姚州姚城县误入者。

铁　冲　近杨家场。民国乙卯（一九一五），石工凿石，得人体，虽化石而骸骨了然，肝肺犹腥，作黏质，全形伟大，上体犹存石中。赵熙纪以诗，以为《立世阿毗昙论》所称『劫量』，此人在劫波飏陀前矣。南通费范九闻之，惊喜登报章，传之天下佛社。

其他古迹

表坊

《尚书》云『表厥宅里』『树之风声』，此表坊所由昉也。荣自唐、宋以来，人文辈出，其间如文豪、文英等坊俱已久废，倘于现在者不急登之，安知表表者不剥蚀于风雨乎？志《表坊》。（光绪《志》卷十六）

坊题	姓氏	衔称	年时	地址	存废	出处
柱史潘参里第坊	刘文、伍性	御史、参议	不详	不详	清乾隆时已废	乾隆《志》卷二《坊市》、嘉庆《志》卷三《建置·表坊》、光绪《志》卷十六《表坊》（以下分别简称『乾隆《志》』『嘉庆《志》』『光绪《志》』）
解元五桂坊	胡信、周郁、丁铎、郑藏、熊弼	永乐甲午①（一四一四）科解元及同时中举者	不详	不详	清乾隆时已废	乾隆《志》、嘉庆《志》、光绪《志》
宪节五贤坊	赵本、宋洵、张彦忠、刘文、胡志远	御史、佥事②	不详	不详	清乾隆时已废	乾隆《志》、嘉庆《志》、光绪《志》
禹门跃浪坊	聂籽、刘文、吴道弘、伍性、曹迈、何显淑③	进士	不详	不详	清乾隆时已废	乾隆《志》、嘉庆《志》、光绪《志》
月窟腾香坊	黄鳌、杨易、祁凤毛、赵可庆、伍多庆、陈所敬	举人	不详	不详	清乾隆时已废	乾隆《志》、嘉庆《志》、光绪《志》
大廷尉坊	吴道弘	大理寺卿	不详	不详	清乾隆时已废	乾隆《志》、嘉庆《志》、光绪《志》
进士坊	吴道弘	进士	不详	不详	清乾隆时已废	乾隆《志》、嘉庆《志》、光绪《志》
一鹗坊	曹山	户部员外郎	不详	不详	清乾隆时已废	乾隆《志》、嘉庆《志》、光绪《志》
世科坊	刘汉、刘存让	未列	不详	不详	清乾隆时已废	乾隆《志》、嘉庆《志》、光绪《志》
文豪坊	杨桂丹	建水州知州	不详	不详	清乾隆时已废	乾隆《志》、嘉庆《志》、光绪《志》
文杰坊	刘景爵	知归州	不详	不详	清乾隆时已废	乾隆《志》、嘉庆《志》、光绪《志》
文英坊	伍性	参议	不详	不详	清乾隆时已废	乾隆《志》、嘉庆《志》、光绪《志》

① 甲午：乾隆《志》误作『甲子』，据嘉靖《四川总志》卷十三改。
② 按：除胡志远为佥事外，其余四人均为御史。
③ 何显淑：此为乾隆《志》卷二、光绪《志》卷十六所载，嘉庆《志》卷三作『何显叔』。

坊题	姓氏	衔称	年时	地址	存废	出处
进士坊	伍性	进士	不详	不详	清乾隆时已废	乾隆《志》、嘉庆《志》、光绪《志》
进士坊	刘文	进士	不详	不详	清乾隆时已废	乾隆《志》、嘉庆《志》、光绪《志》
冲霄坊	白汉	未列	不详	不详	清乾隆时已废	乾隆《志》、嘉庆《志》、光绪《志》
亚魁坊	杨焘、杨镕祖孙	未列	不详	不详	清乾隆时已废	乾隆《志》、嘉庆《志》、光绪《志》
跃龙门坊	邱岳	未列	不详	不详	清乾隆时已废	乾隆《志》、嘉庆《志》、光绪《志》
高步云衢坊	韩超	未列	不详	不详	清乾隆时已废	乾隆《志》、嘉庆《志》、光绪《志》
旌义坊	刘①昌澄	义官	不详	不详	清乾隆时已废	乾隆《志》、嘉庆《志》、光绪《志》
旌节坊（三座）	白氏、沈氏、刘氏	未列	不详	不详	清乾隆时已废	乾隆《志》、嘉庆《志》、光绪《志》
世科坊	李庄、李桂开祖孙	未列	不详	不详	清乾隆时已废	乾隆《志》、嘉庆《志》、光绪《志》
节孝坊	吴王氏	未列	不详	棋盘山	废（光绪时尚存）	光绪《志》
百岁坊	许氏	未列	不详	大滩	废（光绪时尚存）	光绪《志》
节孝总坊		未列	不详	近圣庙②	废（光绪时尚存）	光绪《志》
双节碑	贡生邱思贤妻罗氏、邱荣岐妻罗氏姑媳	未列	不详	不详	废（光绪时尚存）	光绪《志》
保卫三荣坊③	童世彦	云南按察司金沧道副使	明万历时建，民国三年（一九一四）重修	东街		民国《志》卷二《建置·坊表》（以下简称『民国《志》』）

① 刘：乾隆《志》卷二、嘉庆《志》卷三皆脱，据光绪《志》卷十六补。
② 据民国《荣县全境图》，疑此即为下表所列之『列女总坊』。
③ 保卫三荣坊：乾隆《志》卷二、嘉庆《志》卷三、光绪《志》卷十六俱作『钦赏坊』。

坊题	姓氏	衔称	年时	地址	存废	出处
父子地官坊	简敕父子	户部主事	不详	南街		乾隆《志》、嘉庆《志》、光绪《志》、民国《志》
文光射斗坊	陈所达、刘一惇	举人	明嘉靖丙午（一五四六）建，清光绪庚寅（一八九〇）重修	西十字街	戊辰（一九二八）以市政毁	乾隆《志》、嘉庆《志》、光绪《志》、民国《志》
忠孝贤烈坊	胡子昭	兵部侍郎		西下街		乾隆《志》、嘉庆《志》、光绪《志》、民国《志》
都谏坊	曹迈	陕西按察使司	明嘉靖二十三年甲辰建（一五四四），民国四年乙卯（一九一五）重修	西中街		乾隆《志》、嘉庆《志》、光绪《志》、民国《志》
进士坊	曹迈	嘉靖壬辰科（一五三二）进士		西上街		乾隆《志》、嘉庆《志》、光绪《志》、民国《志》
黄门谏议①坊	杨镕	刑科右给事	明嘉靖十七年（一五三八）建，民国十一年（一九二二）重修	西上街		乾隆《志》、嘉庆《志》、光绪《志》、民国《志》

① 黄门谏议：乾隆《志》卷二、嘉庆《志》卷三、光绪《志》卷十六皆作『黄门』。

坊题	姓氏	衔称	年时	地址	存废	出处
烈女总坊	汇名旌表	贞烈节孝	清咸丰六年（一八五六）	文庙巷		民国《志》
瑶池冰雪坊	赵曹氏①	节孝		北上街		嘉庆《志》、光绪《志》、民国《志》
一片冰心坊	王李氏	节孝、诰封宜人	光绪五年己卯（一八七九）秋	县东徐家塘		民国《志》
坤灵秉正坊	王徐氏	节孝、诰封孺人	光绪十年甲申（一八八四）夏	观音坡		民国《志》
国恩家庆坊	曹兆仲、朱氏	诰封大夫、诰封夫人	光绪六年庚辰（一八八〇）	观音坡		民国《志》
好善乐施坊	刘立纲	五品衔候铨儒学训导	光绪十七年辛卯②（一八九一）	观音坡		民国《志》
乾坤清气坊	李易氏	旌表节孝、貤赠宜人	光绪十八年壬辰③（一八九二）	观音坡		民国《志》
金昭玉粹坊	降淑贞	贞女、诰封孺人	光绪十八年壬辰④秋（一八九二）	牟子坳		民国《志》

① 赵曹氏：嘉庆《志》卷三、光绪《志》卷十六皆作「曹氏」。
② 辛卯：民国《志》卷二误作「庚寅」，光绪十七年为辛卯年，据改。
③ 壬辰：民国《志》卷二误作「辛卯」。光绪十八年为壬辰年，据《历史大事年表》改。
④ 壬辰：民国《志》卷二误作「辛卯」，光绪十八年为壬辰年，据《历史大事年表》改。

坊题	姓氏	衔称	年时	地址	存废	出处
节孝坊	朱刘氏	旌表节孝	不详	张家场		民国《志》
百岁坊①	杨元玉、妻龚氏	双寿	咸丰五年（一八五五）	程家场石锣桥		光绪《志》、民国《志》
百岁、五世同堂坊	许凤坤、妻钟氏	双寿	道光二十六年（一八四六）秋仲	贡井长腰滩		民国《志》
节孝坊	吴光曾妻王氏	旌表节孝	咸丰九年己未（一八五九）冬②	贡井柑子坳③		民国《志》
节孝坊	谢氏	旌表节妇		贡井谢家院④		光绪《志》、民国《志》
节孝坊	邹王氏	旌表节孝	乾隆三十五年（一七七〇）	贡井圣水寺		民国《志》
节孝坊	刘成钦妻黄氏	诰封宜人	光绪三十年（一九〇四）建，赵侍御熙撰传并书	县南乐德镇石塔山		民国《志》
两世冰操坊	邱国元妻罗氏、邱思诚⑤妻邹氏	姑媳节孝	嘉庆十二年（一八〇七）	道澄寺兴隆湾		光绪《志》、民国《志》

① 百岁坊：此据民国《志》卷二，光绪《志》卷十六作『杨龚氏百岁坊』。
② 咸丰九年己未冬：此据民国《志》卷二，民国《志》卷九《列女》作『道光元年旌建坊』。
③ 贡井柑子坳：此据民国《志》卷二，民国《志》卷九《列女》作『贡井天池山麓』。
④ 谢家院：此据民国《志》卷二，光绪《志》卷十六作『谢家院子』。
⑤ 邱思诚：民国《志》卷二作『邱思贤』，据光绪《志》卷十六、民国《志》卷九改。

坊题	姓氏	衔称	年时	地址	存废	出处
双孝坊①	李国璜、妻赵氏夫妇	附同里节孝二十余名		西南李家场柏树坳②		光绪《志》、民国《志》
节孝无双坊③	胡国贤妻邹氏	旌表节孝	道光丙午（一八四六）	县西刘家场栗树坝		光绪《志》、民国《志》
节孝坊	彭应新妻王氏	旌表	光绪戊戌（一八九八）	铁厂铺		民国《志》
节孝坊	程国珍母徐氏	旌表		竹园铺加担湾		民国《志》
节孝坊	捐布政司经历吴鹤龄之母王氏	旌表	同治元年壬戌（一八六二）	县北同心保观音崖④		光绪《志》、民国《志》
利涉大川坊	朱建	修桥善举	嘉庆九年（一八〇四）	余家场朱店		民国《志》
蒋氏双坊⑤	蒋昌明妻唐氏、蒋昌应妻陆氏	旌表节孝		东北墨林场龚家沟		光绪《志》、民国《志》

① 双孝坊：光绪《志》卷十六作「双孝碑」。
② 西南李家场柏树坳：光绪《志》卷十六作「李家场后」。
③ 节孝无双：光绪《志》卷十六作「节寿无双」。
④ 县北同心保观音崖：光绪《志》卷十六作「在观音寨内」。
⑤ 蒋氏双坊：光绪《志》卷十六作「一门双节坊」。

冢墓

《周礼》墓大夫掌凡邦之地域，令国民族葬而掌其禁令。荣境自汉唐以来绝无纪载，崇山密箐间古墓累累，可考者十无一二。有地名双古坟、古坟场及四乡田土四至载古坟嘴者甚多。先贤垅墓历时既久，或毁于樵牧，委于榛莽，过者为之凄然，是不可不记。（乾隆《志》卷二、光绪《志》卷十七）

荣夷公墓　旧志：『在县南十里，明学使潘璋树碣。』民国《志》按：周、邵、毕、荣，周室四辅也，至夷公则荒矣。《墨子》曰：『厉王染于历公长父、荣夷终。』①《吕氏春秋》本之。《史记》：『厉王好利，近荣夷公。』是其人固遗臭者也。顾荣之得名，《旧唐书》云『因荣德』。而荣德何以得名，则旧闻放失。安知蜀当李特②以前，南安之一境不有荣伯后裔迁流遗址耶？武威张澍著《蜀典》，疑夷公封荣，即荣昌县。夫荣昌古曰『昌州』，无『荣』之名，至名荣昌盖晚。以属荣县墓为不虚，荀子云『持之有故』矣。

姬子居墓　县北五里，韩锐界内。

卫尉寺丞、谥靖公杨见素墓　南二里，刘③景韶地界内。

通议大夫④王梦易墓　墓在县东北四里凤凰山孙村。龟址，民国时立人家隙地。

赐号廉逊先生、谥靖节朝散大夫王庠墓　在县东北四里凤凰山。

奉直大夫王兴孙墓　县东北四里凤凰山。

光禄大夫、礼部尚书尤袤墓　南二十里，李志刚地界内。

礼部尚书刘光墓　南二十三里⑤，卢俭地界内。

进士勾龙湜墓　南十二里，丁从立地界内，有碑。

朝散大夫王廷坚⑥墓　南二里，刘景韶地界内。

中宪大夫、云南按察司副使童世彦墓　城东五里，有神道碑。

胡子昭墓　在县东四十里东川沟。子昭字仲常，官兵部侍郎。福王时赠太子太保、刑部尚书，谥文愍。光绪时，东川沟胡家坝有碑。重庆府大足县亦有墓。

赠云南道监察御史张觉先墓　在县南二十五里。

吴方泉⑦墓　在县东贡井天池山麓东南潼滩西岸。

明封通议大夫吴朝鉴墓　贡井天池山麓潼滩西岸。

明封大廷尉吴鼎墓　贡井天池山麓潼滩西岸。

明封奉政大夫吴刚墓　贡井天池山麓潼滩西岸。

明授七品义官吴道宁墓　贡井天池山麓潼滩西岸。

---

① 见《墨子闲诂·所染第三》。

② 李特（？—三〇三），字玄休，西晋末年临渭（今甘肃秦安东南）人，原籍巴西宕渠（今四川渠县东北）。元康八年（二九八），率族人与天水等六郡流民入蜀就食，后率流民起事，太安二年（三〇三），入据成都少城，改元建初。旋以骄怠无备，为晋梁州刺史罗尚袭杀。其子李雄称帝，追尊其为景皇帝，庙号始祖。

③ 刘：此为乾隆《志》卷二所载，嘉庆《志》卷三作『杨』。

④ 通议大夫：嘉庆《志》卷三误作『通奉大夫』。

⑤ 二十三里：乾隆《志》卷二、光绪《志》卷十七同，嘉庆《志》卷三作『三十三里』。

⑥ 王廷坚：此为乾隆《志》卷二所载，嘉庆《四川通志》卷四十六、同治《嘉定府志》卷十七与之相同。嘉庆《志》卷三作『王庭坚』。

⑦ 吴方泉：嘉庆《志》卷三作『太学生吴可宾』。按：光绪《志》有熊过所作《吴可宾墓志铭》，知吴方泉即吴可宾，实为同一人。

明蜀相吴辂墓　贡井天池山麓潼滩西岸。

龚式、龚燕墓　在县南三十五里。①

明任应天府教授宋珪墓　在县西六十里石柱山。

明任南京浙江道监察御史、累官福建提刑按察司佥事宋洵墓　在啸天龙白马嘴，华表尚存。

明荣州判抚曹必才墓　在治东关外黄虾穴。

明建昌万户侯曹必胜墓　在城南十五里钓鱼台丁姓地内。

明直隶沙河知县曹思旻墓　在城南七里南市镇。

明陕西按察副使曹迈墓　在城内文昌宫山左下。

明封奉直大夫童颜墓　在石凤山。

赵熙曰：方志必列古迹、形胜诸目。窃以为可有可亡，诚末节已。尤陋者，赋咏景物，如『八景』『十二景』之流，津津于鄙野相传，庸夸递嬗，是宜不足与庄语也。其高论者，指陈攻守，自命英流，则无论临事，难可深据。抑思为此者，以诏敌乎？云自卫也。乡人生斯长斯，胡庸此多文辞耶？兹即古说之易讹者审谛之。庶几荀子之教，守其悫焉。

四、关隘场集

（一）关隘

嘉庆《志》所载

乐德镇　县南三十里。

来苏镇　县南五十里，即旧来苏场。

五宝镇　县南九十里，今五宝镇非旧地。

老筠堡　县西二十五里，即旧筠山场。

啸天龙　县西五十里，山势陡峻，为县第一隘口。

来牟镇　县西八十里，齐置南安县于此。

新罗镇　县东南九十里，古公井镇地，今名贡井。

龙台镇　县东北七十里。

瓮溪关、飞水关　洪武中置。太平隘口，成化中置②。今废。

南市镇、董家镇、来远镇、德翔堡、青岗堡　今俱废。

① 光绪《志》卷十七原注：坌前竖望柱二，大抱余，高一丈五六尺，上镌自制七言古诗及其行略，惜字迹漫漶，读之不甚了了。乡父老言明正德间曾任学政，皆谓之龚学政墓。查旧志选举门，无此名，而墓表又现存如此，或者兵燹之后，不无遗佚欤？

② 原注：见《明史》。

（二）场集

古者日中为市，交易而退，各得其所，《书》所谓『懋迁有无化居』也。荣地阔民稠，城市乡场观物价之贵贱，可征年岁丰歉、风俗奢俭，其间良莠不一，欲诘奸禁暴，又安可忽诸？

乾隆《志》所载

场期：

东街集 五、九日。
南街集 一、六日。
西街集 三、七日。
高山铺场 一、五日。
张家场 四、七日。
程家场 二、五、八日。
以上东路。
过水圳场 二、五、八日。
乐德镇场 三、六、九日。
李家堰场 五、十场期，乾隆十九年兴。
双河口场 二、八日。
古家场 五、九日。
龙滩场 三、六、九日。
普兴场 三、六、九日。
双石桥场 东场四、九日，西场一、七日。
鼎新寺场 一、四、七日。
五宝镇场 二、五、八日。
老人场 三、六、九日，乾隆十九年兴。
以上南路。
杜家井场 三、六、九日。
镇子场 一、四、七日。
新桥上下场 二、五、八日，乾隆《志》按：新桥大河即拥斯茫水所注，南十里至三合场接宜宾界，再南一百七八十里接宜宾观音场、万里箐二处。河水抵高岩名大塔小塔处，不通河路，水仅从石罅中流出，约十里许，抵小河沟，再南，始流入大江。河中有船十余只，俱系宜民贩米至新桥交易。荣境仅有耳子，运至大塔起岸，并为私贩出入之所，难于禁绝。
永兴场 一、六日。
老龙场 三、八日，犍邑金石井私盐出入径路。
董家场 三、六、九日。
古坟场 二、四、七日。
刘家场 二、五、八日。
以上西南路。
铁厂铺场 一、四、八日，乾隆十九年兴。
长山桥场 二、五、九日。
踏紫山场 三、六、九日。
竹园铺场 二、五、八日。
以上西路，场上西首栅门外即井研界。

双古坟场　三、六、九日。

观山场　一、四、七日。

以上北路。

集镇：

南门集

西门集

九岭岗场　废，今起店房一间。

董家场　今存。

鼎新集　今存。

道士桥场　废

长山场　今存。

来牟场　即古南安县地，街道尚存，店房星散。今场集已废，场东新修土主庙，祀宋人牟子才兄弟。场西有五皇庙，有来牟公馆碑。

筠山场　废，今有店房数间。

竹园场　今存。

来苏场　废，即古来苏镇南五十里。

彭家场　废。

黎家场　废。

李家场　废。

刘家场　今存。

朱家场

余家场　废。

骡子岭场　废。

南市镇　四里，废。

董家镇　二十里，今仅店房数间，有董家庙。

乐德镇　南二十里，今存。

五宝镇　南五十里，废，今五宝镇场非旧地。

来远镇　南七十里，废，旧有来远公馆，来远一名赖远。

新罗镇　东南八十里。

资国镇　西南四十里，废。

来牟镇　西六十五里。

德翔堡　西五十里，废。

老筠堡　西二十五里，即旧筠山场。

青岗堡　西三十五里，废，即古青冈铺。

龙台镇　在荣城东北。

嘉庆《志》所载

东　街　五、九日集。

南　街　一、六日集。

西　街　三、七日集。

北　街　二、四、八日集。

高山铺场　县东二十里，一、五日集。

张家场　县东四十里，四、七日集。

程家场　县东六十里。

李家堰场　县南四十里，五、十日集。

双石桥场　县南四十里，一、四、七、九日集。

镇子场　县南五十里，一、四、七日集。

双河口场 县南六十里，二、八日集。

鼎新寺场 县南六十里，一、四、七日集。

新桥场 县南七十里，二、五、八日集。

古垃场 县南七十里，二、四、七日集。

永兴场 县南七十里，一、六日集。

龙滩场 县南七十五里，三、六、九日集。

古家场 县南九十里，五、九日集。

老龙场 县南九十里，即古老人场，三、八日集。

董家场 县西南九十里，三、六、九日集。

铁厂铺场 县西二十里，一、四、八日集。

长山桥场 县西六十里，二、五、九日集。

踏紫山场 县西七十里，三、六、九日集。

刘家场 县西九十里，二、五、八日集。

竹园铺场 县西九十里，二、五、八日集。

双古垃场 县北六十里，三、六、九日集。

观山场 县北八十里，一、四、七日集。

九岭冈场、道士桥场、来牟场、彭家场、黎家场、朱家场、余家场、骡子岭场、普兴场 今俱废。

第二卷　沿革建置

荣在昔时，或为郡，或为州，或为县，唐宋时则为藩封。代有变更，幅员及于旁郡。清初，与威远县亦分合不一。度地制宜，因时改设，遗规不容略也。（光绪《志》卷二）

一、沿革

夹漈郑氏[①]曰：『州县之设，有时而更；山川之形，千古不易。所以《禹贡》分州，必以山川定经界。』『是故《禹贡》为万世不易之书。后之史家主于州县，州县移易，其书遂废。』[②]疆理于是乎紊矣。王禹志荣，谓『封疆千里』，其然乎？夫封建废而为郡县，便于分治，亦便驾驭，其间合离因革，亦视乎时与势之适然耳，虽历世不无升降之感，而于理人之道，宁有殊耶？爰次其巅末，终惭挂漏。（乾隆《志》卷一）

（一）先秦

荣在《禹贡》梁州之域，传为黄帝之子青阳封国。

《史记·五帝本纪》：黄帝居轩辕之丘，而娶于西陵之女，是为嫘祖。嫘祖为黄帝正妃，生二子，其后皆有天下：其一曰玄嚣，是为青阳，青阳降居江水；其二曰昌意，降居若水。

《大戴礼记·帝系》：黄帝居轩辕之丘，娶于西陵氏之子，谓之嫘祖氏，产青阳及昌意。青阳降居泜水，昌意降居若水。

《蜀中广记》卷十一《青阳门记》云：『荣州有青阳洞，以少昊国在其北，门今正临之，故名。』按：史，黄帝子元嚣封于青阳国，为少昊金天氏，少昊降居江水，国于青阳，以金德王，位在西方。《集览》云：江水在蜀，青阳是也。

乾隆《志》卷四：旧志叙沿革，载荣在《禹贡》梁州之域，古蚕丛地。黄帝之子玄嚣封于是，为少昊金天氏青阳国。明天顺年间举人龚汇记青阳门曰：『荣门山麓有青阳洞，以少皞国在其北，门今正临之，故名。』康熙二十五年（一六八六）举人刘世璋按：史，少皞黄帝之子，降居江水，国于青阳，以金德王，位在西方。《集览》云：江水在蜀，青阳未详。汇不知何据云然。观昌意娶蜀山氏女，生颛顼于若水，子孙因封焉。则其传来者，必有自也。黄大本按：蜀地寥廓，未便以三荣片壤曲为附会。姑存之，以备参考。

民国《志》卷一：昔黄帝画野分州，得百里之国万区，巴

① 郑樵（一一〇三—一一六一），字渔仲，自号溪西逸民，学者称『夹漈先生』，南宋史学家。宋兴化军莆田县（今福建省莆田市）人。青年有立，苦学成才，深居山林，著书千卷，勇于创新，所著《通志》，是中国传统史籍中著名的『三通』之一。

② 引自郑樵《通志》卷四十《地理略·地理序》。

蜀为九囿①之一。后世以蜀为边远，不知诸夏种族皆自西来：高阳生于若水②，高辛生于江水③，二水皆蜀地。今即江水，征之《史记·本纪》：『黄帝娶西陵之女嫘祖，生二子，其一玄嚣，是为青阳，降居江水。』《大戴礼·帝系》：『青阳降居泜水。』民国《志》按：江水，今岷江嘉定水也；泜水即湔水，今沱江资中水也。凡立国，必以山川表其方望，《史》称江水，其地实括江之东，乃与泜水合。《礼》称泜水，其地实括泜之西，乃与江水合，即界江、泜东西之中，是青阳降居，地当荣县，审矣。清张澍著《蜀典》④，引《荣县青阳门记》云：『荣门有青阳洞，以少昊国在其北。』少昊，据《国语》韦昭⑤注也，《史记》不以青阳为少昊，云高辛乃立位焉。明荣县令杨崇忠《荣梨山碑》云：『古为玄嚣崖。』玄嚣即青阳，碑与史合。故唐以来附荣之境，世有青阳族居，今裔犹繁。《汲冢古文》云：『少皞，名清，帅鸟师，居西方。』清即青阳，西方即蜀矣。唐司马贞注《史记》云：『皆在蜀，即所封国。』而舍荣县外，古蜀郡及犍为郡，凡江水、泜水所经，无以青阳传者。是荣为古青阳封国，审矣。青阳洞，今在城南二里。青阳之孙，高辛也，荣为高辛氏所生之乡，帝尧所自出。有《史记》《大戴礼》可征，信义宜特著。

尧时洪水为害，《禹贡》治江，于蜀之山川了如在目。候人一歌，肇始南音，《风》《雅》所本。⑥伯益纪《山海》，于蜀之山川、草木、鸟兽，虽怪奇，备举。⑦《书》曰：『岷山导江。』江者，今嘉定之水也。『东别为沱』，沱者，今资中之水也。江、沱之间，尤禹迹所熟经者矣。

晚殷被文王之化，地尤文明。郑康成曰：『西伯，周文王也。时国于岐，封为雍州伯。』⑧南兼梁、荆，梁即蜀矣。《召南》『江沱』之诗⑨，圣师所定，实即蜀人之作。欲知当蜀何地，先即沱水定之。民国《志》按：郑氏说沱，意主鄗江，云首出

① 按：九囿，一作『九有』，即九州、九域。《诗·商颂·玄鸟》：『奄有九有。』毛传：『九有，九州也。』《文选》卷二十晋应吉甫《晋武帝华林园集》诗：『六府孔修，九有斯靖。』《通鉴外纪·包牺以来纪》：『（人皇氏）依山川土地之势，财（裁）度为九州，谓之九囿。』《说文解字》段玉裁注：『凡分别区域曰囿。常道将引《洛书》曰：「人皇始出，分理九州为九囿。」九囿即《毛诗》之「九有」，《韩诗》之「九域」也。』

② 此即今雅砻江。

③ 指今岷江。

④ 《蜀典》，张澍编撰，十二卷，嘉庆二十三年（一八一八）成书。总目计分堪舆、人物、居寓、宦迹、故事、风俗、方言、器物、动植、著作、姓氏等十一类。作者曾任屏山、兴文、大足等县知县，注重对四川地方史资料的搜集、整理与研究。嘉庆二十一年（一八一六）《四川通志》成，张澍亦将平日在蜀地为官所搜集的资料进行编订，以成是书。《蜀典》取材广泛，考证翔实，尤以风俗、方言、器物、姓氏最富特色，对《四川通志》具有纠谬补遗的作用，也匡正了《华阳国志》《水经注》等书记述四川古代历史、地理方面的某些舛错。有光绪二年（一八七六）尊经书院重刻本。

⑤ 韦昭（二〇四—二七三），字弘嗣，吴郡云阳（今江苏丹阳）人，三国时期著名史学家、东吴重臣，著有《吴书》《汉书音义》《国语注》等。

⑥ 按：相传，南音始于大禹治水。《吕氏春秋·音初》云：『禹行功，见涂山之女。禹未之遇而巡省南土。涂山氏之女乃令其妾待禹于涂山之阳。女乃作歌，歌曰：「候人兮猗。」实始作为南音。周公及召公取风焉，以为《周南》《召南》。』

⑦ 按：相传，《山海经》为大禹、伯益所作。伯益跟随大禹治水，将一路所见之地理山川、草木鸟兽、奇风异俗、轶闻趣事都记录下来，作为《山海经》的素材。

⑧ 郑玄注《尚书·西伯戡黎第十六》，云：『西伯，周文王也。时国于岐，封为雍州伯也。国在西，故曰西伯。』

⑨ 《诗经·召南·江有汜》云：『江有沱，之子归，不我过。不我过，其啸也歌。』郑玄笺云：『岷山导江，东别为沱。』

江南，至犍为武阳入江。①郭景纯②诸人则以郫江为沱，大抵寻之成、灌百里内外。然《水经注》指当时所谓沱江，乃开明之所凿。③《华阳国志》称，郫江自李冰穿之。④则凡诸儒所推郫江、检江，不独远违禹绩，亦非文王之所豫知。清通人胡渭⑤、齐召南⑥、孙星衍⑦决以灌县西南分江、至泸州复合者为沱。繇是昭晰无疑，水道可披图而定。再绎《诗》言『江汜』『江沱』，固主水言，『江渚』则明指中洲矣。古今郡县改易，而治地大抵相沿。今之眉、嘉、叙一带，县治皆滨江也，于沱无涉。今之简、资、内、富皆滨沱也，于江无涉。其居江、沱中者，惟仁与荣，而仁寿在汉犹属武阳东境，则中渚惟荣当之矣。且《水经注》以今嘉定为开明故治，是文王时嘉定未开建也。常璩《华阳国志》以杜宇治郫，或治瞿上，开明自梦郭移，乃徙成都，⑧是文王时成都未开建也。江、沱之间，除僰人⑨所居，风教可思者，惟荣久为青阳封国。常璩称『德在少昊』，又称『被文王之化，秦豳同咏，

---

① 《尚书·禹贡》：「沱、潜既道。」郑玄注云：「郫县江沱，及汉中、安阳皆有沱水、潜水，其尾入江汉耳，首不于此出，江源有鄗江，首出江，南至犍为武阳又入江，岂沱之类与？」

② 按：郭璞（二七六—三二四），字景纯，河东闻喜（今山西闻喜县）人。喜好经术，博学高才，通古文奇字，精阴阳、历算、天文、卜筮之术。郭璞是东晋初年著作丰赡的学者和作家，注释过《尔雅》《方言》《山海经》《穆天子传》《楚辞》等书。

③ 《水经注》卷三十三「江水」云：「又有湔水入焉，水出绵虒县之玉垒山，吕忱云『一曰半浣水』也，下注江。江水又东别为沱，开明之所凿也。郭景纯所谓『玉垒作东别之标』者也。」

④ 《华阳国志》卷三《蜀志》：「（李）冰乃壅江作堋，穿郫江、检江，别支流双过郡下，以行舟船。」

⑤ 胡渭（一六三三—一七一四），初名渭生，字朏明，号东樵，明末清初浙江德清（今属浙江省湖州市）人。绝意科举，专穷经义，尤精舆地。徐乾学奉诏修《大清一统志》，与阎若璩、顾祖禹等应邀助修。因得见全国府州县志，凡与《禹贡》山川疆域相涉者随手抄录，后撰《禹贡锥指》，对《禹贡》之九州分域、山川脉络之变化沿革，详加注释。

⑥ 齐召南（一七〇三—一七六八），字次风，号琼台，浙江天台（今属浙江省台州市）人。乾隆元年（一七三六）举博学鸿词，授翰林院庶吉士，官至礼部侍郎。所著《水道提纲》，系统记载全国水系，为重要水文地理文献。

⑦ 孙星衍（一七五三—一八一八），字伯渊，号渊如，阳湖（今江苏武进）人。乾隆进士，授编修。后引疾归，主诂经精舍、钟山书院。著有《尚书今古文注疏》《周易集解》《寰宇访碑录》等。

⑧ 按，《华阳国志》卷三《蜀志》云：「后有王曰杜宇，教民务农，一号杜主。时朱提有梁氏女利游江源，宇悦之，纳以为妃。移治郫邑，或治瞿上。」杜宇后禅位于开明，「开明王自梦廓移，乃徙治成都」。

⑨ 按：先秦时期，僰人集中分布在今四川宜宾至云南昭通一带。《华阳国志·蜀志》「犍为郡」下载：「僰道县，在南安（今四川乐山市）东四百里，距郡百里，高后六年城之。治马湖江会，水通越巂。旧本有僰人，故《秦纪》言僰僮之富，汉民多，渐斥徙之。」《汉书·地理志》「僰道」下应劭注曰：「故僰侯国也。」今四川宜宾一带是僰人的聚居区。

故有夏声』。①于荣也，准之时地而皆近，宜好学深思者通其意焉。

武王伐纣，蜀能助顺。②周时《王会》，列千八百国之中，入贡文翰，证今方物，文翚赤羽，荣产犹繁，盖周公斥而大之。③以郑玄言，蜀确在版图之中也。常璩《华阳国志》：『周失纲纪，蜀先称王。』④自望帝禅位开明。《水经注》：汉南安即开明故治。南安即今嘉定也，去荣才二百里，汉为一大县，是荣为当日王畿矣。

传荣邑为西周荣公封国。

《尚书·秦誓》：予有乱臣十人，同心同德。

《左传·昭公二十四年》：乱臣十人，同心同德。

《国语·晋语》：（文王）诹于蔡、原，访于辛、尹，重之以周、召、毕、荣。

《论语·泰伯》：武王曰『予有乱臣十人』，马融注曰：乱，治也。治官者十人，谓周公旦、召公奭、太公望、毕公、荣公、太颠、闳夭、散宜生、南宫适，其一人谓文母。

《蜀中广记》：荣县，周十乱荣公之采地，其后夷公之墓在焉。

周荣公，即周武王乱臣十人之一，古者因土赐姓，因功赐氏，故因其佐武王一戎衣而有天下，从国从爵而称为荣公焉。夷公，亦荣人，事周厉王。

乾隆《志》卷一：考周职方氏云，梁当夏、殷之间为夷国，后周荣公佐武王有天下，名在十臣列。《春秋》载，周初庸、蜀、羌、髳、微、卢、彭、濮之人，从武王胜殷。荣时为蜀地，公名不载经传，相传公盛德留周，此其封国。厉王时，其裔荣夷公入为卿士云。⑤

嘉庆《志》：荣夷公墓，县南十里。

又传，荣邑旧属夜郎之国，竹王生焉。

《史记·西南夷列传》：西南夷君长以什数，夜郎最大。

《华阳国志·南中志》：有竹王者，兴于遁水。有一女子浣于水滨，有三节大竹流入女子足间，推之不肯去。闻有儿声，取持归，破之，得一男儿。长养，长有才武，遂雄夷狄。氏以竹为姓。捐所破竹于野，成竹林，今竹王祠竹林是也。王与从人尝止大石上，命作羹。从者曰『无水』，王以剑击石，水出，今竹王

① 按：语出《华阳国志》卷三《蜀志》，云：『其卦值坤，故多班采文章；其辰值未，故尚滋味；德在少昊，故好辛香；星应舆鬼，故君子精敏，小人鬼黠；与秦同分，故多悍勇。在《诗》，文王之化，被乎江汉之域；秦豳同咏，故有夏声也。』

② 武王伐纣，率戎车三百，虎贲三百，战于牧野。战前作《牧誓》，其辞曰：『王曰：「嗟！我友邦冢君，御事，司徒、司马、司空，亚旅、师氏、千夫长、百夫长，及庸、蜀、羌、髳、微、卢、彭、濮人。称尔戈，比尔干，立尔矛，予其誓。」』因『蜀』出现在周武王阵中，故此称『武王伐纣，蜀能助顺』。

③ 《逸周书·王会》记载周朝时诸侯、四夷朝贡天子于成周（洛阳），各地贡献方物，其中『蜀人以文翰，文翰者，若皋鸡』。『翰』，《说文·羽部》：『翰，天鸡赤羽也。从羽，倝声。』《尔雅·释鸟》：『鶾，天鸡。鶾鸡赤羽。』《逸周书》曰：『文鶾若彩鸡，成王时蜀人献之。』『翰』，本义为尾羽扬起的赤羽天鸡，即锦鸡。『文翚』，盖指彩色的锦鸡。

④ 按：语出《华阳国志》卷三《蜀志》，云：『有周之世，限以秦、巴，虽奉王职，不得与春秋盟会，君长莫同书轨。周失纲纪，蜀先称王。』

⑤ 按：荣夷公，西周大臣，为厉王卿士。被宠用，封于荣。大夫芮良夫告诫厉王说，荣夷公『好专利而不知大难』，用之，周必败。王不听。后果然激起国人暴动，厉王被逐。事见《国语·周语》《史记·周本纪》。

水是也，破石存焉。

《华阳国志·蜀志》：犍为郡，孝武建元六年（前一三五）置。时治鳖，县十二，汉户十万。鳖，故夜郎地是也。

《后汉书·南蛮传》：永初元年（一〇七），九真徼外夜郎蛮夷举土内属，开境千八百四十里。

《后汉书·西南夷传》：夜郎者，初有女子浣于遁水，有三节大竹流入足间，闻其中有号声，剖竹视之，得一男儿，归而养之。及长，有才武，自立为夜郎侯，以竹为姓。

《太平御览》卷第一百六十六引《九州要记》曰：和义郡，古夜郎之地，有『成都市』。汉武时，南中令使通僰道，无功，唐蒙因杀之，令曰：『恨不见成都市而死。』蒙即立市如成都以杀之。故曰『成都市』。

《太平御览》卷第一百六十六引《蜀记》曰：昔有女人于溪浣沙，有大竹流水而触之，因有孕，后生一子，自立为王，因以竹为姓。汉武使唐蒙伐牂牁，斩①竹王，因有此地。人不忘其本，立竹王庙祀之。

《通典》卷一百七十五：今犍为阳安、安岳之西境，仁寿、通义、和义、资阳，皆故夜郎侯国。

《太平寰宇记》卷八十五引《蜀记》：昔有女人于溪浣纱，有大竹流入而触之，因有孕。后生一子，自立为王，因以竹为姓。汉武使唐蒙伐牂牁，斩竹王，因有此故，故土人不忘其本，立竹王庙，岁必祀之，不尔，为人患。

《元丰九域志》卷七：荣州，古夜郎国地。

《事林广记》卷一：竹王祠，在荣州。昔有女浣纱，有大竹流，触之有孕，生子，因为姓，土人祠之。

乾隆《志》卷一：侯生荣东遁水，后以功封夜郎王。东汉、晋、宋皆因之，为南安县。又云：荣川亦名荣溪。旧志，发源于荣隐山，在县东，即古遁水，自仁寿县流入东南与双溪合。

乾隆《志》卷二：汉竹王祠，在东门外河岸，祀夜郎王竹多同。

光绪《志》卷三十八：竹王者何？古夜郎侯也。祠者何？夜郎人祀侯而报侯之所也。史载，汉武帝元光五年（前一三〇）番阳令唐蒙上书，请通夜郎，浮船牂牁，以制南越。上拜蒙为中郎将，将千人由筰关入见夜郎侯多同，厚赐之，约为置吏，多同听约。蒙还，报上，以为犍为郡。注云：夜郎在四川之遵义府，犍为在四川之叙州府。盖遵义至清初犹未改隶黔省也。荣距叙仅二百余里，叙距遵亦二百余里，地相毗连。旧志谓『汉武帝元鼎二年（前一一五），置犍为郡，分县十二隶之』，以荣为南安县，则荣为夜郎之境，无疑矣。宋陆放翁《入荣州境》诗曰：『传者或云古夜郎。』其《醉中怀眉山旧游》诗曰：『我虽流落夜郎天。』则以为夜郎之境，又明矣。但元光五年（前一三〇）、元鼎二年（前一一五），志与史小异，故滋后人疑耳。夫多同生而为英，变夷归夏，宜其死而为灵，享祀无穷，此竹王之有祠于荣所由来也。即嘉州之竹公祠，又何独不然？至若遁水溪边浣纱剖竹，事属荒渺，存而不论可也。

① 按：斩，原作『轩』，据《太平寰宇记》卷八十五改。

（二）秦汉

周赧王元年（前三一四），秦惠王以张若为蜀守，荣地属蜀郡南安县。

《华阳国志·蜀志》：周赧王元年，秦惠王封子通国为蜀侯，以陈壮为相。置巴郡。以张若为蜀国守。

民国《志》卷一：南安即确定为今之嘉定，以治青衣江会故。而知为秦县者，《华阳国志》：『孝文王以李冰为蜀守，沫水合南安，冰乃凿溷崖，平盐溉。』① 是冰时已有南安，一也。南安者，兵后名宜，言南中安定耳。汉初，蜀无兵警，知南安为秦县，二也。周制：上大夫受县，下大夫受郡；秦则以郡监县，有蜀郡必置南安县，三也。《史记·司马相如传》：『邛、笮、冉、駹，秦时尝通为郡县，至汉兴而罢。』岂南安在腹地而不置县之理？四也。《史记·高祖功臣表》：『六年三月庚子，封庄宣虎为南安侯。』《汉书》同。揆高祖初年之封，知南安秦时之县，五也。《汉书·地理志》：秦三十六郡，汉兴，以其太大，稍复开置。南安在汉初幅员已廓，苟秦无此县，则蜀郡荒而无纪，六也。南安既定，荣系自明。

汉初，荣之境在南安腹地。

民国《志》卷一：《史记·邓通传》『蜀郡南安人』②，知汉初南安犹属蜀郡也。左思《蜀都赋》注：南安五屼山，在越嶲界。《水经》引常璩《华阳国志》：沫、青衣二水，于汉嘉青衣县东入江。③ 是南安西北接越嶲、雅安矣。吕后置僰道县，是南安前括宜宾矣。太初（前一〇四—前一〇一）城武阳，是南安前括彭山矣。武帝置犍为郡，始有江阳，是南安前括泸州矣。今之荣境，故在汉南安腹地。

武帝建元六年（前一三五），置犍为郡，南安始属犍为。东汉因之。

《汉书·地理志》：犍为郡，武帝建元六年开。

《华阳国志·蜀志》：（建元）六年，分巴、蜀置犍为郡。

民国《志》卷一：武帝建元六年，置犍为郡。《汉书·地理志》县十二：僰道、江阳、武阳、南安、资中、符、牛鞞、南广、汉阳、郁鄢、朱提、堂琅。④ 新莽改犍为曰『西顺』。《后汉

---

① 《华阳国志》卷三《蜀志》：『时青衣有沫水出蒙山下，伏行地中，会江南安，触山胁溷崖，水脉漂疾，破害舟船，历代患之。冰发卒凿平溷崖，通正水道。』又：『南安县，郡东四百里，治青衣江会。县溉有名滩，一曰雷坻，二曰盐溉，李冰所平也。』

② 《史记》卷一百二十五《佞幸列传第六十五》：『邓通，蜀郡南安人也，以濯船为黄头郎。孝文帝梦欲上天，不能，有一黄头郎从后推之上天，顾见其衣裻带后穿。觉而之渐台，以梦中阴目求推者郎，即见邓通，其衣后穿，梦中所见也。召问其名姓，姓邓氏，名通，文帝说焉，尊幸之日异。通亦愿谨，不好外交，虽赐洗沐，不欲出。于是文帝赏赐通巨万以十数，官至上大夫。文帝时时如邓通家游戏。然邓通无他能，不能有所荐士，独自谨其身以媚上而已。上使善相者相通，曰「当贫饿死」。文帝曰：「能富通者在我也。何谓贫乎？」于是赐邓通蜀严道铜山，得自铸钱，「邓氏钱」布天下。其富如此。』

③ 按，《水经注》卷三十六引《华阳国志》云：『二水（沫水、青衣江）于汉嘉青衣县东合为一川，自下亦谓之为青衣水。』今本《华阳国志》此段已佚。

④ 《汉书·地理志》：『犍为郡，户十万九千四百一十九，口四十八万九千四百八十六。县十二：僰道、江阳、武阳、南安、资中、符、牛鞞、南广、汉阳、郁鄢、朱提、堂琅。』

书·郡国志》九城：武阳、资中、牛鞞、南安、僰道、江阳、苻节、南广、汉安。①常璩《华阳国志》所谓『分巴割蜀以成犍、广』是也。常璩《华阳国志》：『南安治青衣江会。』青衣与江会，其地正今嘉定，若古之汉嘉，今名山境。《汉书·地理志》：『蜀郡有青衣县。』《水经注》：『青衣王子心慕汉制，上求内附。顺帝阳嘉二年（一三三），改曰「汉嘉」，嘉得此良臣也。』县有蒙山，青衣水所发。』与今嘉定迥隔。既立僰道、江阳，则南安版图减于汉初矣。

平帝元始四年（四年），改犍为郡曰西顺，荣地属焉。新莽败亡，旋复旧名。

《汉书·平帝纪》：元始四年，分界郡国所属，罢置、改易，天下多事，吏不能纪。

《汉书·地理志》：犍为郡，武帝建元六年（前一三五）开。莽曰『西顺』。

献帝建安八年（二〇三），刘璋分犍为置江阳郡。

《华阳国志·蜀志》：（江阳郡）本犍为枝江都尉，建安十八年置郡。汉安程徵、石谦白州牧刘璋，求立郡。璋听之，以都尉广汉成存为太守。

民国《志》按：江阳既立郡，今荣之东南境即属江阳。故《旧唐书·地理志》以公井为江阳属也。蜀汉又以犍为属国为朱提郡，而昧者遂以蜀汉有朱提，无犍为，是诚鲁莽。独不见李严、陈震方为犍为太守耶？

（三）魏晋南北朝

蜀汉立江阳郡，荣之境减两汉时。

《晋书·地理志》：蜀章武元年（二二一），分犍为立江阳郡。

民国《志》卷一：唐李吉甫《元和郡县志》、宋乐史《太平寰宇记》『荣州』下皆云汉南安地，『公井』下云『江阳地』。知江阳既由县改郡，今荣东境胥属江阳矣。

晋因之。

《晋书·李势载记》：初，蜀土无獠。至此②，始从山而出，北至犍为、梓潼，布在山谷，十余万落，不可禁制，大为百姓之患。

民国《志》据《晋志》：犍为郡统县武阳、南安、僰道、资中、牛鞞。建元间，李势据蜀，獠出犍为、梓潼，布满山谷。蜀之有獠自此始。荣则铁山獠正据北地。

晋安帝义熙十年（四一四），分南安立治官县，荣为治官地。

《宋书·州郡志》：治官令，晋安帝义熙十年立。

《元和郡县志》：咨官县（东南至州九十里），本汉南安县地，晋义熙十年置治官县，属犍为郡。隋后误以『治』为『咨』

① 《后汉书·郡国志》：『犍为郡。九城，户十三万七千七百一十三，口四十一万一千三百七十八。武阳、资中、牛鞞、南安、僰道、江阳、符节、南广、汉安。』
② 按：至此，指李势之时。

也。武德元年（六一八）属嘉州，贞观六年（六三二）改属荣州。白崖山，在县西北十里。

民国《志》卷一：晋自李势灭后，至孝武宁康元年（三七三），苻坚将杨安陷蜀。西南夷邛、筰、夜郎等皆归之。安为益州牧，镇成都。巴獠叛之，不胜。后二十年，晋复取益州，而犍为郡、县无改。至安帝义熙十年，乃分立治官，在今荣之西境。自是荣为治官地，与南安无涉。

南朝宋时，荣仍为治官地。

《南朝宋会要》：犍为郡领县武阳、南安、资中、僰道、治官五县。

齐如晋制。

民国《志》据《南齐书·州郡志》：益州犍为郡，领僰道、南安、资中、治官、武阳五县。

民国《志》按，《南齐书·刘悛传》：永明八年（四九〇），启世祖云：『邓通，南安人，汉文帝赐严道县铜山铸钱，今蒙山近青衣水，并是故秦之严道地。青衣县又改名汉嘉，去南安二百里，必是通所铸。』据此齐治南安，仍汉、晋故地，在今嘉定。省志通指为夹江，是悖常璩《华阳国志》。荣为治官如故也。

齐东昏侯永元三年（五〇一），荣侨置南安郡，治来牟铺。

《通典·州郡六》：『荣州（今理旭川县），汉属犍为郡，后汉、晋、宋皆因之。齐置南安郡。』《文献通考·舆地考》同此。

雍正《四川通志·古迹》：南安废县，在县西五十里。齐永元三年置南安郡。今有赖牟镇，旧传即古南安县址也。

民国《志》据《南齐书·州郡志》：益州南安郡，领县五：南安、华阳、白水、乐安、桓道。按本志：秦州『南安郡，领桓道、中陶二县』。是益州之南安郡即秦州南安郡，侨置于此也。《南齐书·州郡志》云『迁徙叛逆，代亡代有』，故又列南安太守诸名。唐杜佑、宋马端临皆云：荣州齐置南安郡。今县西七十里来牟铺有古南安郡碑，是即永元三年所侨置矣。当时秦州以氐乱，州名杂出，省置不一。如晋人流寓于蜀者，于益州立南北二阴平，寓于汉中者，于梁州立南北二阴平也。唐严武云：东晋以来，人多侨寓，士居乡土，百无一二。知唐代犹然。

后周置公井镇。

《元和郡县志》卷三十四：公井县（中下，西北至州九十里）。本汉江阳县地，属犍为郡。周武帝于此置公井镇。隋因之。

（四）隋唐五代

隋初，废南安郡，又废治官县。文帝开皇十三年（五九三），始置大牢县，属资州。

《隋书·地理志》：高祖受终，惟新朝政，开皇三年（五八三），遂废诸郡。洎于九载，廓定江表，寻以户口滋多，析置州县。

《隋书·地理志》：资阳郡，统县九。大牢（开皇十三年置）。

《元和郡县志》卷三十四：应灵县（中下，东北至州一百五十里），本汉南安县地。隋开皇十年（五九〇），于此置大牢镇，十三年改镇为县。县界有大牢溪，因取为名。

《太平寰宇记》：旭川县，本汉南安县，隋开皇十年，于此置大牢镇，十三年改镇为县，唐贞观初于此立旭川县，乃移郡于此。

民国《志》据《隋书・地理志》：资阳郡，统县九：盘石、内江、威远、大牢、安岳、普慈、安居、隆康、资阳。《元和郡县志》：开皇十年，于汉南安地置大牢镇。十三年，改镇为县，县界有大牢溪，因取为名。时荣全境皆大牢，故溪在县界。

大业中，复置咨官县，荣为大牢、咨官、和义三县地。

《元和郡县志・荣州》：咨官县（中下，东南至州九十里），本汉南安县地，晋义熙十年置治官县，属犍为郡。隋后误以『治』为『咨』也。

《隋书地理志考证》引《元和郡县志》：咨官县，大业十一年（六一五）置，属犍为郡。

民国《志》：《隋志》隆山下注有治官，是别一治官，非县也。《旧唐书・袁天纲传》：大业中，为咨官令。是隋仍有咨官，而《隋志》无之，犹《旧唐书・志》有隋置和义县，《隋志》皆无。由炀帝并省诸州，月改日易，不能详其废置也。《新唐书》『咨官令』作『盐官令』。夫天纲，成都人，武德初授火井令，不容远宦盐官，与以火井为火山，皆《新唐书》之疏也。咨官者，《元和郡县志》以为隋后之误。民国《志》引《汉书・沟洫志》按：河决馆陶，分为屯氏河。隋沿旧误，以为毛氏河，置毛州，则字以形近而讹。『治官』『咨官』正符其例，知由隋时误也。

唐高祖武德元年（六一八），析资州置荣州，治公井。州置都督府，领县三。

《旧唐书・地理志》：武德元年，割资州之大牢、威远二县，于公井镇置荣州，取界内荣德山为名。又改公井为县。

《新唐书・地理志》：荣州和义郡，中。武德元年析资州置。治公井。

《文苑英华》卷四百一十四载苏颋《授樊偘益州司马制》：『黄门大中大夫前守荣州都督借紫金鱼袋上柱国樊偘：早负文词，累迁省闼，顷扬才智，受任军州。敏以邀功，断而临事。峨眉作镇，鳖灵开国。惟巴蜀之险，接西南之夷。式遏抚循，尤择时望。端寮副职，俾承朝委。可行益州大都督府司马，余如故，仍知蜀州防御副使，即驰驿赴任。』

民国《志》据《新唐书・地理志》：武德元年，析资州置荣州，改公井镇为县，治公井，领公井、大牢、威远，惟咨官于武德初属嘉州。而今自流井以下至中水，皆荣州辖境。又曰：唐兴，高祖改郡为州，太守为刺史，又置都督府以治之，十州设一大都督。开元间，荣州都督樊偘也。

太宗贞观元年（六二七），置旭川、婆日、至如三县。贞观二年，割泸州之隆越来属。荣州仍治公井，属剑南道，领县七。

《旧唐书・地理志》：贞观元年，置旭川、婆日、至如三县。

民国《志》据《新唐书・地理志》：贞观元年，析大牢置旭川，析威远置婆日、至如；二年（六二八），以泸州之隆越来属。时领大牢、公井、旭川、威远、婆日、至如、隆越。

贞观六年（六三二），荣州自公井徙治大牢。同年，割嘉州咨官县隶属荣州。荣州至是领县八。

《元和郡县志·荣州》：咨官县（中下，东南至州九十里），本汉南安县地，晋义熙十年（四一四）置治官县，属犍为郡。隋后误以『治』为『咨』也。武德元年（六一八）属嘉州。贞观六年改属荣州。

《旧唐书·地理志》：荣州，（贞观）六年，自公井移州治大牢，仍割嘉州资官来属。①同书『荣州·大牢』条：『贞观六年，自公井移州治于大牢县也。』

民国《志》据《新唐书·地理志》：贞观六年，自公井徙治大牢，割嘉州之资官来属。《旧唐书》以为贞观三年（六二九），误也②。资官本治官，既由『治』讹『咨』，复由『咨』讹『资』。时领公井、大牢、旭川、资官、威远、婆日、至如、隆越。

贞观八年（六三四），割泸州和义来属，废婆日、至如、隆越三县。婆日、至如、隆越省入威远。荣州至是领县六。

《旧唐书·地理志》：（贞观）八年，又割泸州之和义来属。废婆日、至如、隆越三县。

《新唐书·地理志》：威远，（贞观）八年省婆日、至如、隆越入焉。

民国《志》卷一：时领大牢、公井、旭川、资官、威远、和义。

高宗永徽二年（六五一），荣州徙治旭川，领县如故。

《旧唐书·地理志》：（荣州），永徽二年，移州治旭川。

民国《志》：旭川，《元和郡县志》因县有盐井号旭井，取以名县，即今荣县治。

中宗景龙二年（七〇八），省云州及罗水、云川、胡连三县入大牢。

《新唐书·地理志》：应灵，中下。本大牢，景龙二年省云州及罗水、云川、胡连三县入焉。

民国《志》按：云州及三县，盖唐初暂设之羁縻州也，地当今宜宾北境及野客山一带之地。

玄宗天宝元年（七四二），改州为郡，置太守，荣州更名和义郡，大牢更名应灵。

《旧唐书·地理志》：荣州，天宝元年，改为和义郡。

《新唐书·地理志》：应灵（中下，本大审），天宝元年更名。

民国《志》卷一：时领县旭川、应灵、公井、资官、威远、和义。

肃宗乾元元年（七五八），复为荣州，隶剑南东道。

《旧唐书·职官志》：乾元元年，改郡为州，州置刺史。

《旧唐书·地理志》：乾元元年，复为荣州。

民国《志》卷一：至德二年（七五七），分剑南为东、西川

---

① 按，《新唐书·地理志》：『荣州和义郡，中。武德元年析资州置。治公井。六年徙治大牢。』《新唐书》节录《旧唐书》内容，误将贞观年间荣州徙治事系于武德年间。非是。

② 按，《旧唐书》并没有将『自公井徙治大牢，割嘉州之资官来属』系于贞观三年。民国《志》此处有误。

节度使。领梓、遂等十二州。《旧唐书·地理志》：乾元元年，和义郡复为荣州。盖天宝时，天下州悉改为郡，至是复改郡为州。计唐二百九十年，称郡者十六载耳。《元和郡县志》：乾元元年，左拾遗李鼎祚请割泸、普、渝、合、资、荣等六州界置昌州。殆即并入威远之隆越地也。

代宗广德二年（七六四），荣州隶西川节度使。

民国《志》据《资治通鉴》：广德二年正月癸卯，合剑南东、西川为一道，以黄门侍郎严武为节度使。《旧唐书》以为广德元年（七六三）。

大历二年（七六七），又分东、西川，荣仍隶西川。

民国《志》据《资治通鉴》：大历二年正月壬申，分剑南置东川观察使，镇遂州。

宪宗元和元年（八〇六），割隶东川。

民国《志》据《资治通鉴》：元和元年十月甲子，制割资、简、陵、荣、昌、泸六州隶东川。

唐季，咨官县更名资官县。

《通典》《元和郡县志》仍书『咨官』，《旧唐书》《新唐书》已称『资官』，推定其更名之时为唐代末期。

五代，荣州如故。

民国《志》据《新五代史·职方考》：荣，前后蜀有。前蜀仲廷预为荣州录事参军；后蜀赵延进领荣州刺史。知蜀当王、孟时，荣仍唐制。

（五）宋

宋初，因唐制，荣州建置不改旧制，仍隶东川路。

民国《志》卷一：太祖乾德三年（九六五），蜀主孟昶降，得州府四十六，县一百九十八。《宋史·地理志》：梓州，乾德四年，改静戎军，太平兴国（九七六—九八四）中，改静安军。端拱二年（九八九），改东川。至道三年（九九七），分天下为十五路。仁宗天圣（一〇二三—一〇三一）中，析为十八路。荣隶东川路。

太祖乾德五年（九六七），废和义入威远，领县五。

民国《志》据《宋史·地理志》：乾德五年，废和义，领旭川、公井、威远、资官、应灵。

英宗治平四年（一〇六七），改旭川曰荣德。

《舆地纪胜》卷一百六十引《国朝会要》云：『治平四年，以本县上一字与神宗御名同，改旭川县曰荣德。』①

《宋史·地理志》：荣德，中下，旧名旭川，治平四年改。

神宗熙宁四年（一〇七一），省公井县为镇，入荣德。荣州领县四。

《宋史·地理志》：荣德，熙宁四年，省公井县为镇，入焉。

民国《志》卷一：自是领荣德、威远、资官、应灵。终宋

① 按，今本《宋会要辑稿·方域七》云：『荣德县旧名旭川县，上一字同哲宗庙讳，治平四年改。』谓避哲宗讳改县名。非是。

之世无改。

元丰三年（一〇八〇），荣州隶剑南东川道，属梓州路。

民国《志》据《宋史·地理志》：元丰三年，东川路加『剑南』二字。

徽宗重和二年（一一一九），梓州路改称潼川府路，荣州仍属之。

民国《志》据《宋史·地理志》：重和二年，梓州升为府，兼提举梓州、果、渠、怀安、广安军兵马巡检盗贼公事。

孝宗乾道六年（一一七〇），荣州隶泸州安抚使。

民国《志》据《宋史·地理志》：乾道六年，升泸南为潼川路安抚使。按《职官志》：经略安抚使，掌一路兵民之事。荣兼隶泸州。

理宗绍定六年（一二三三），荣州升为绍熙府。

《宋史全文》卷三十二：（绍定六年二月）丁亥，诏荣州升为绍熙府。

民国《志》卷一：绍熙元年（一一九〇），升荣州为绍熙府。据《元史·本纪》《百官志》：宋绍熙一府，统六州，二十县，一百五十二镇。而《宋史》失载。《光宗纪》：绍熙二年（一一九一），仍书资、简、普、荣四州，若竟无升府之事者。按：光宗曾封恭王，即位半年，升恭州为重庆府。龙潜之邸，通例可知。且李刘《知荣州谢表》：『重念和义、濮、庸之路，未正绍熙替置之名。』相距不三十年，事尤确证，苟非《元史》详之，无以定《宋史》之疏漏矣。①

端平三年（一二三六），绍熙府择地侨治，宝祐后废。荣德县废。

《宋史·地理志》『荣州』条：荣州，端平三年，择地侨治。宝祐后废。『荣德』条：中下。旧名旭川。治平四年（一〇六七）改。熙宁四年（一〇七一），省公井县为镇入焉。有盐监一，端平三年废。

民国《志》按，《宋史·理宗本纪》：端平三年十月，元阔端兵离成都。十一月，成都复，州择地侨治。

（六）元

元初，州县俱废。

民国《志》卷一：《元史·地理志》无荣州。《世祖本纪》：诸路、州、府，其户不满千者，可并则并之。至元三年（一二六六），定下州至少须六千户。二十年（一二八三），定近三万户乃为下州。元贞元年（一二九五），户四万五万为下州，五万至十万为中州。四川曾治嘉定，括籍民户，至四至五，不容不核。至元十九年（一二八二），全四川民仅十二万户。二十二年，台臣犹言四川民少。宋季金元之惨，滔天大劫矣。

元文宗天历间（一三二八—一三三〇），塔海建言复立荣州。

万历《嘉定州志》卷六：绍熙府在昔二州四县，自归职方，

① 按：民国《志》编者未见《宋史全文》记载，仅据宋理宗故事推断荣州升府在光宗即位之初。非是。

统隶犍为。天历间，民入蜀，菜田耕垦殆尽，户口益繁，斗讼日增，公建言可立旧荣州。蜀省如请，移咨中书，会臬司按临至县，亦以为便。①

顺帝至元四年（一三三八）十一月，立绍熙府军民宣抚司。

《元史·赡思传》：襄、汉流民聚居宋之绍熙府故地，至数千户，私开盐井，自相部署，往往劫囚徒，杀巡卒。赡思乃擒其魁而释其党，复上言：『绍熙土饶利厚，流户日增，若以其人散还本籍，恐为边患，宜设官府以抚定之。』诏即其地置绍熙宣抚司。

《元史·百官志》：绍熙军民宣抚司。至元四年，因监察御史言：『四川在宋时，有绍熙一府，统六州、二十县、一百五十二镇。近年雍、梁、淮甸人民，见彼中田畴广阔，开垦成业者，凡二十余万户。』省部议定，遂奏准置绍熙等处军民宣抚司。正官六员，宣抚使、同知、副使各二员。首领官三员，经历、知事、提控案牍各一员。司狱一员，蒙古、儒学教授各一员，令史八人，译使、知印、怯里马赤各一人，奏差四人。所隶资、普、昌、隆下州四处，盘石、内江、安岳、昌元、贵平下县五处，巡检司一十三处，各设官如制。又置都总使司，命御史大夫脱脱兼都总使，治书侍御史吉当普为副都总使。

魏源《元史新编·顺帝本纪》：十一月丁卯，立绍熙府军民宣抚都总司。《新元史·顺帝本纪》同此。

至元六年（一三四〇）十一月，绍熙府军民宣抚司废。

《元史·百官志》：至元六年十一月，中书又因台臣言裁减冗官事，遂罢绍熙军民宣抚司。

至正初，置绍熙路、绍熙路总管府。

《新元史》卷四十八《地理志三》『绍熙路』条云：『宋绍熙府，元初废。至正初，置绍熙路总管府。领县四：营怀、威远、资官、应灵。』蒲孝荣《四川政区沿革与治地今释》沿用其说，称：『荣怀县，路（州）治，元末，惠宗至正时，改荣德县置。今荣县城关镇。』②他在《中华人民共和国地名词典·四川省》又云：『元至正元年（一三四一）置绍熙路。荣德县改名荣怀县，为路治。元末，明玉珍大夏政权复置荣州。』③《中国历史地名大辞典》释『绍熙路』亦云：『元至正初设，治所在荣怀县（今四川荣县）。辖境相当今四川荣县、威远二县及自贡、乐山、井研等市县部分地。明玉珍时改为荣州。』④一九九三年《荣县志》⑤、一九九四年《威远县志》⑥、一九九七年《自贡市志》⑦均采其说，认为元代确曾设置过营（荣）怀县。按：『营怀』之

① 按：塔海建言立荣州之事，史无详载。此间是否复立荣州，姑且存疑。
② 蒲孝荣：《四川政区沿革与治地今释》，四川人民出版社，一九八六年，第三百六十八—三百六十九页。
③ 蒲孝荣：《中华人民共和国地名词典·四川省》，商务印书馆，一九九三年，第一百六十二页。
④ 史为乐：《中国历史地名大辞典》，中国社会科学出版社，二〇〇五年，第一千七百三十九页。
⑤ 四川省荣县志编纂委员会编纂：《荣县志》，四川大学出版社，一九九三年，第二十五页。
⑥ 四川省威远县志编纂委员会编：《威远县志》，巴蜀书社，一九九四年，第三十九页。
⑦ 自贡市地方志编纂委员会编纂：《自贡市志》，方志出版社，一九九七年，第八十八页。

名，遍检元、明、清史志均不见记载，而首见于《新元史·地理志三》。前举诸种历史地理工具书及新方志除将『营怀』改为『荣怀』之外，均未提供除《新元史》之外的新证据。《新元史》所谓『營懷』，字形与『榮德』接近，或系柯劭忞笔误，抑或刻工刊刻致误。今姑存之。

元末，复立荣州。

民国《志》卷一：《续文献通考》《明一统志》亦称，元末复立荣州。至旧志称，元中统元年（一二六〇），复置荣州。则不知何以言之。中统元年，当宋理宗景定元年（一二六〇），后二十年，宋亡，元乃统一天下，其误不待辨矣。

明玉珍①时，仍荣州。

民国《志》卷一：元至正十七年（一三五七），明玉珍有全蜀。二十三年（一三六三），称帝，国号夏，改元天统。曹诗判荣州如故。明洪武四年（一三七一），遣汤和、傅友德取蜀，时为夏开熙末年。明昇②降，诗奉州册归明，以老乞致仕。《明史·地理志》荣县下云，『本荣州』，《旧志》：『明玉珍据蜀，改为县』，未知所据，然于《明史·地理志》『置荣州』义合。③

（七）明

太祖洪武四年（一三七一），威远并入荣德，隶嘉定府。

雍正《四川通志》卷二：（威远县）洪武四年省入荣县。

洪武六年（一三七三）十二月，复置荣州、威远。

乾隆《志》卷一、《明史·地理志》皆载。

洪武九年（一三七六），降嘉定府为嘉定州，分益昌乡属威远，荣州降为荣县，属嘉定州。编户七里。

洪武十年（一三七七）五月，省威远，入荣县。

洪武十三年（一三八〇）十一月，割县置威远。

《明史·地理志》『嘉定州』条：『荣，州东。本荣州，洪武六年（一三七三）十二月置，九年（一三七六）四月降为县。』『威远，州东。洪武六年十二月置，属嘉定府。十年（一三七七）五月省入荣县。十三年十一月复置。』

（八）清

康熙六年（一六六七），废威远并入荣县。

康熙十三年（一六七四），复设威远，辖隆会、中溪、清水、益昌四乡。不久被吴三桂占领，废。

① 明玉珍（一三三一—一三六六），元末随州（今属湖北）人，元至正十一年（一三五一）聚众千余人反元。徐寿辉称帝，玉珍归附，任元帅，守沔阳。与元将哈麻秃战，被流箭射瞎右眼。后袭取重庆，俘哈麻秃献寿辉，升任陇蜀行省右丞。二十年，陈友谅杀寿辉自立为帝，玉珍亦自称为陇蜀王。用刘桢谋，于二十二年即帝位，国号夏，年号天统。设国学，教公卿子弟，设提举司教授，建社稷宗庙，求雅乐，开科取士，定赋税十分取一。蜀人得以安居。二十六年，病卒。

② 明昇（一三五六—一四一六），玉珍子。元至正二十六年（一三六六）嗣帝位，改元开熙。时年十岁，母彭太后听政。诸大臣相互残杀，国势日弱。洪武四年（一三七一），明将汤和、副将廖永忠攻重庆，势如破竹。昇大惧，归降，授归义侯，赐宅京师。次年，徙置高丽。

③ 按，乾隆《志》卷一『沿革』云：『元世祖中统元年，以荣州属嘉定路。顺帝至正年间，明玉珍据蜀，改县。』未知所据。

康熙十八年（一六七九），复置威远。

民国《志》卷一：康熙六年（一六六七），废威远并入荣。十三年（一六七四），复设威远。旋陷吴三桂。十八年，反正。

康熙二十年（一六八一），威远仍并入荣县。

雍正六年（一七二八），分东里益昌乡，设威远。

雍正十二年（一七三四），升嘉定州为府，荣居七属之第六县，编户三里。

宣统三年（一九一一），四川保路运动兴起，荣县于九月二十五日宣布独立。

二、建置

（一）城池

乾隆《志》所载

荣旧土城，沿水为隍。宋崇宁①三年（一一〇四），郡守曲台岑象始修石城。绍熙丙辰②，郭修通五门：东富义，南兴贤，西南绍熙，西和义，北清富。明成化二十二年（一四八六），知县鲍珪以旧城辽旷，颓圮靡治，改方七里。后兴贤门圮于水，复减筑，周九百九十八丈，高一丈八尺，厚一丈五尺。嘉靖三十三年（一五五四），知县刘轩曾修城，内周通马道，仍五门：东龙阳，西迎恩，南青阳，西南安定，北阳西。先，嘉靖二十一年（一五四二），知县熊大辂以南山虎视蹲踞，面见非宜，移右百步，改曰会流；北门亦移左百步。堞楼五座，久圮。康熙二十四年（一六八五）六月，奉文丈周围城垣，实计八百九十一丈四尺，高厚如前数。后奉檄估计，未及兴工。乾隆二十年（一七五五），知县黄大本捐俸修补，城垣完固，重建堞楼，以壮观瞻。

嘉庆《志》所载

唐旭川故城，包清富、莲宇、凤鸣、天庆四山，东至桂林山而跨之。初筑以土，宋崇宁三年（一一〇四），州守岑象始易以石。绍熙中增修，周二千五百五十丈，通五门：东富义，南兴贤，西南绍熙，西和义，北清富。明成化二十二年（一四八六），知县鲍珪以旧城辽阔，兴贤门复啮于水，改方七里减筑，周九百九十八丈，高一丈八尺，脚宽一丈五尺。嘉靖三十三年（一五五四），知县刘轩增高五尺，内通马道，阔一丈二尺，门仍五，易其名：东龙阳，南青阳，西南安定，西迎恩，北阳西。清康熙二十四年（一六八五），奉文丈计，周八百九十一丈，高一丈八尺，脚宽一丈二尺。乾隆二十年（一七五五）知县黄大本、四十年（一七七五）知县符兆熊、嘉庆二年（一七九七）知县龚巽次第补葺；十五年（一八一〇），知县许源补修东南角十五丈及今雉口、城楼，较前俱觉完固。

---

① 崇宁：原作金卫绍王年号『崇庆』，据嘉庆《志》改。

② 按：『绍熙』年号，前后行用五年（一一九〇—一一九四），其中并无丙辰年。

光绪《志》所载

嘉庆十九年（一八一四），知县宫鉴桂补修。道光十三年（一八三三），知县马映辰接次补葺。二十四年（一八四四），知县王培荀捐廉二千一百四十二两，修理东门桂林山倒塌城垣，长五十五丈八尺，并修西、北两门城楼二座。咸丰十年（一八六〇），知县罗廷权增修北门右大炮台一座，城周围小炮台共十一座，通城女墙旧留垛口太宽，补以砖石。

民国《志》所载

清因明制，荣隶嘉定府。有知县、县丞、教谕、典史、把总。城周八百九十一丈，高丈八尺，厚丈二尺。西、南临水，北包清富、莲宇、凤鸣、天庆四山，东跨桂林山。唐为土城。宋兴，补筑。建隆中，掘地得《后庭宴》词碑是也。嘉祐、治平间，以城界两溪，夏秋率苦水潦，知州罗拯作东西堤护之。崇宁三年（一一〇四），知州岑象始改石城。荣城之坚丽，象功也。绍兴中，仍苦水潦。隆兴间，知州李焘又筑防捍之。光宗刺荣，后即位，改元绍熙。荣升绍熙府，增广城制，周二千五百五十丈。启门五：东曰富义，南曰兴贤，西南曰绍熙，西曰和义，北曰清富。旧志，东门外《飞仙桥记》：『濒溪为城。』则城址临今东门桥矣。明成化二十二年，知县鲍珪以旧城辽旷，改方七里。后兴贤门圮于水，复减筑之，周九百九十八丈，高丈八尺，厚丈五尺。嘉靖二十一年（一五四二），知县熊大辂以南山面势非宜，移兴贤门于右百步，改曰会流。北门亦移左百步。三十三年（一五五四），知县刘轩修城，增高五尺，内通马道，阔丈二尺。易五门之名：东龙阳，南青阳，西南安定，西迎恩，北阳西。惟『青阳』为典据。清康熙二十四年（一六八五），奉文丈量，即今数也。乾隆二十年（一七五五），知县黄大本捐修门楼，凿流筑城，有诗纪事。四十年（一七七五）知县符兆熊、嘉庆二年（一七九七）知县龚巽次弟补葺。十五年（一八一〇），知县许源修东南隅十五丈。十九年（一八一四），知县宫鉴桂缮补之。道光十三年（一八三三），知县马映辰募金五千，施役五月。二十四年（一八四四），桂林山城崩五十五丈五尺，知县王培荀捐修之，并新西、北门楼。咸丰十年（一八六〇），知县罗廷权以蓝、李之乱①，修凤凰山大炮台一，城周小炮台十一。女墙垛口过宽，甃以砖石。光绪末，西南城圮，县人王嵩年监修之。清亡后，北门楼圮，但献之监修之，均费出公局。

---

① 蓝、李，即蓝朝鼎、李永和。李永和（？—一八六二），云南昭通（今云南昭通市）人。咸丰九年（一八五九）十月，在昭通府大关县领导农民抗粮，称顺天军，被推为顺天王。十年（一八六〇）一月攻占四川自贡盐场，并与蓝朝鼎等创建铁山营地，多达三十万人。同治元年（一八六二）四月率部由铁山至富顺、隆昌、泸州交界的天洋坪，遭川督骆秉章、布政使刘蓉率部围攻。同年十月受伤被俘，被杀害于成都。

（二）街巷

光绪《志》所载

正　街　县治前。
东　街　五、九日集。
大南街　一、六日集。
小南门街
西　街　三、七日集。
北　街　二、四、八日集。
和义街　即西门内街。
古城街
柱史街
平济街
桂林街
泮水街
梓潼街
书院街
西后街
石牌楼街
分司后街

民国《志》所载

街、巷，俗语为一，直者无名。以治前为正街，余为东、南、西、北街。东九十一丈，西二百六十丈，径三百二十丈；南八十七丈七尺五寸，北百五十四丈四尺，径三百五十四丈三尺。此街也，其他皆巷，而亦得街称。东之分巷，以山曰桂林街，长百十三丈八尺；以孔子庙曰泮水街，长六十六丈六尺；以仓曰平济街，长四十三丈八尺；自南门边城至西门曰和义街，天宝元年（七四二）州改和义郡，故以名也，长二百六十三丈二尺。西之分巷，曰柱史街，长三十二丈五尺；曰石牌楼街，长八十一丈二尺；曰梓潼街，长八十六丈一尺；曰凤鸣街，长三十二丈五尺；曰小南门街，长八十七丈七尺；曰分司后街、西后街，长百九十五丈。北巷曰古城街，唐宋刺史治所，亦曰子城，长百五十四丈四尺。出东门曰书院街，明有崇仁书院也。清末，续名天牙石街。东、南、西、北街有集日，市无定所。光绪末，建官斗市于天后宫。入民国，移粤馆。清之末叶，城中犹有茅屋。入民国，人多避乱城居，土木整峻而地价贵矣。民国十七年（一九二八），奉军府檄，一律修理。

（三）乡里

乾隆《志》所载

荣川乡　附近。

乐阳乡　东三十里。

兴贤乡　附近。

仁义乡　南六十里。

清流乡　西四十里。

来苏乡　南五十里。

荣德乡　西南二十里。

乾隆《志》按：康熙六年（一六六七），威远县归并荣县，十三年（一六七四）复设，二十年（一六八一）仍归荣县，分上、中、下、东四里。雍正六年（一七二八），复设威远县，以东里归威远管辖。东里旧名益昌乡。今威远剖分隆会、中溪、清水、益昌四乡。荣县编户三里，以上里属清流乡，中里属仁义乡，下里分属来苏、荣川二乡。雍正七年（一七二九），听民自首升科，未经分晰界限，况至一区之地，乡分错杂，甲催征纳颇难。乾隆十九年（一七五四）五月，知县黄大本准照二十四堡，每堡区以上、下，分隶四乡，各立一长，清厘保甲，凡有粮花户归入甲分，重编清册，欲使土著粮民按籍了然，即于保甲中寓顺庄之良法①。至于平原广隰，素称沃野，陂塘堰潴，借资水利。凡有长民之责者，庶几为民筹划，多方劝相，使野无旷土，境无游民，树畜并资，俯仰有赖，所谓观于乡而知王道之易易也。

附编二十四堡诗

敬老亲贤均乐利，横经负耒尚循良。敦诗执礼能兴让，好义咸熙自知方。恒足力田期大有，悦亲务本悉安康。睦邻明善兼慈幼，时雍普变赋平章。

民国《志》所载

其经野之制：明编户七里，分为七乡，东曰荣川、乐阳，南曰兴贤、来苏、仁义，西曰清流，西南曰荣德。清初，威远并荣，分上、中、下、东四里。雍正六年（一七二八），割东里益昌置威远，存上、中、下三里。分四乡，上曰清流，中曰仁义，下曰来苏、荣川，宋称也。李畋知州，荣人名所止曰来苏，城北凤凰原王序墓志亦题荣川云。乾隆时，以乡为保，计二十四保，各有名号，清流：时雍、普变、循良、负耒、仁义：敦诗、务本、平章、咸熙、乐利、亲贤、来苏：恒足、执礼、慈幼、兴让、敬老、安康、荣川：横经、大有、力田、明善、悦亲、好义、知方、睦邻。好事者且编为句，粮册因之。后人口滋多，以甲分保，率五甲为一保。清末，计七十二保，分十区，而城为中区。

（四）公署

居官者，宣上德，莅下民，发号施令，必有其所。各官分职，亦各有其地。其间或创或修或增建，体制攸关，规模宜悉。（光绪《志》卷七）

---

① 顺庄法：清政府清查粮户与田产的一种办法，意在理顺田产与业主的关系，以避免赋役征收中的隐漏弊端。具体做法是，要求以人户现居村庄为编查依据，散落各地田亩，一概统归户主名下，登册纳粮。顺庄法改变了农村居民的组织方式，从原来里甲组织转变为以自然村为基本单位的组织，彻底打破了原有的里甲制度。

乾隆《志》所载

唐建县治于天庆山。宋仍之。元末兵燹，伪夏①为万户侯府署。明洪武七年（一三七四），荣州判官马公辅修复，东西三十四丈，南北六十五丈。九年（一三七六），改为县。十二年（一三七九），知县马福增修。续是修葺不一。正统有知县尹士恭，正德有知县白绘，嘉靖有知县孙钦、王梦魁，隆庆三年（一五六九）知县张九思，因其颓而更作之。自甲申之乱，贼屠荣城，焚掠惨毒，官斯土者率以传舍视官署，听治之地几无以肃观瞻。康熙二十五年（一六八六），知县易其极捐修正厅、鼓楼及门宇、旁舍。后知县刘宗贤建退思堂，复修内署五间。乾隆九年（一七四四），知县徐德龙树轩于退思堂之前，改建东书房一所。乾隆十八年（一七五三），知县黄大本内外补葺，立西爽亭于西书房之后。乾隆二十七年（一七六二），复建留琴书屋二间于西园。

照　壁

东、西榜房

谯　楼　三间，唐武德三年（六二〇）建，在中街右，基高三丈，巍然邑镇。嘉靖时，知县孙钦改为县大门。

仪　门　三间。

迎宾馆　在大门东，今废。

牌　楼　一座。

上谕牌楼　一座。

牧爱堂　即正厅。

赞画堂　正厅东，废。

二　堂

内宅门　左库房，右茶房。

退思堂

东西厢房

内署住房　五间。

左右耳房　各一间。

长府石楼　废址存。

土地祠　左。

县　禁　右。

灵官祠

旧主簿廨　左上，今设仓。

典史廨　左下。

嘉庆《志》所载

县　署　在天庆山前，唐荣州署，宋因之，元末兵燹，伪夏为万户府。明洪武七年（一三七四），荣州判官马公辅修复之，东西计三十四丈，南北计六十五丈。九年（一三七六），改县。十二年（一三七九）知县马福，正统知县尹士恭，正德知县白绘，嘉靖知县孙钦、王梦魁，隆庆知县张九思，先后增修。自甲申之变，贼屠城焚掠殆尽，官斯土者咸以传舍视之，几无听治也。清康熙六年（一六六七），知县蔺松重建，二十五年（一六八六），知县易其极建正厅、鼓楼及门房、旁舍。乾隆元年（一

① 按：此即明玉珍所建夏政权（一三六一—一三七一）。

七三六），知县刘宗贤建退思堂三间及内署五间。九年（一七四四），知县徐德龙竖轩于退思堂前，改建东书房一所。十八年（一七五三），知县黄大本内外补葺，建西爽斋于西书房后，留琴书屋二间于西园。嘉庆六年（一八〇一），知县邵良补修二堂。十一年（一八〇六），知县许源建镜香亭于西园荷花池上，通以桥，亭南复建书室十间，前后缭以曲廊。十六年（一八一一），补修三堂，堂右为薇香书屋。

照　壁

谯　楼　三间，唐武德三年（六二〇）建，基高三丈有余，巍然邑镇。嘉靖知县孙钦改为县大门，今名旭阳楼。

仪　门　三间。

迎宾馆　在仪门左，今为衙神祠。

东、西档房

上谕牌楼　一座。

牧爱堂　今大堂。

清平堂　今二堂。

退思堂　今三堂，东、西厢房各三间。

内署正房　五间，左、右耳房各二间。

狱　在二门右。

长　府　石楼署左，废，址存。

县丞署　在贡井，雍正八年（一七三〇）建。

典史署　在县署东。

驻　防　无署，僦居民房。

养济院　在东城内。

演武厅　在南城外官地，旧甚宏敞，多为居民侵占。嘉庆十三年（一八〇八），知县许源诣勘，悉令退复四至，东、南界以石，为建厅、竖照壁、修马道，今始可为骑射地。有碑记。

察院行台、布政司分司署　在县西，今改建凤鸣书院。

来牟公馆　县西五十里。

赖远公馆　县南七十里。

松林公馆　县南四十里。俱废。

光绪《志》所载

县　署　在天庆山前，唐荣州署，宋因之，元末兵燹，伪夏为万户府。明洪武七年（一三七四），荣州判官马公辅修复之，东西计三十四丈，南北计六十五丈。九年（一三七六），改县。十二年（一三七九），知县马福，正统知县尹士恭，正德知县白绘，嘉靖知县孙钦、王梦魁，隆庆知县张九思，先后增修。自甲申之变，贼屠城焚掠殆尽，官斯土者咸以传舍视之，几无听治也。清康熙六年（一六六七），知县蔺松重建。二十五年（一六八六），知县易其极建大堂（名牧爱堂）、鼓楼、照壁及门房、旁舍。乾隆元年（一七三六），知县刘宗贤建三堂（名退思堂）及内署五间。九年（一七四四），知县徐德龙竖轩于三堂前，改建东书房一所。十八年（一七五三），知县黄大本内外补葺，建西爽斋于西书房后，留琴书屋二间于西园。嘉庆六年（一八〇一），知县邵良补修二堂（名清平堂）。十一年（一八〇六），知县许源建镜香亭于西园荷花池上，通以桥，亭南复建书屋十间，前后缭以曲廊，十六年，补修三堂，堂右为薇香书屋。道光十年（一八三〇），知县马映辰于薇香书屋后修听雨楼、停云阁，于池北修知稼亭。道光二十四年（一八四四），知县王培荀因退思堂圮，捐廉改建，立东院北房二间，重修圣谕坊一座，又于知稼亭东建凝翠楼。

吏房、户房、礼房、仓房、承发房、壮班房 俱署左。

盐房、兵房、刑房、工房、捕班房 俱署右。

丰阜库 在署二堂右。

常平仓 在署左，即旧主簿署改建。

仓神祠 在仓坝上。

萧曹祠 在署仪门左，即旧迎宾馆改建。

狱 在署二门右。

县丞署 在贡井，旧隶富义场，属富顺县，管办盐务。雍正八年（一七三〇），分地分井，设县丞驻贡井，属荣县，所有白沙、桐麻两盐司俱奉裁。

学　署 在北门内。道光十九年（一八三九），教谕刘德煜捐修东斋，培修大门甬道。儒学旧设教谕一员、训导一员。雍正七年（一七二九），训导裁，移威远县。

典史署 在县署东。道光二十一年（一八四一），典史郑之模捐廉修理大堂，新盖雨棚，并修照墙、头门、二门、三堂。二十三年，新修东花厅三间，三堂东建房五间，二堂东过厅一间，共费五百余金。

汛①署 在东门内桂林街，向无署，僦居民房。道光二十年（一八四〇），知县胡沄改养正义学为汛署，迁义学于后山。

民国《志》所载

县　署 在天庆山下。唐旭川、宋荣德均治此。元末为夏万户府，寻圮。明洪武七年（一三七四），州判马公辅修复之。计东西三十四丈，南北六十五丈。九年（一三七六），改县。十二年（一三七九）知县马福，正统知县尹士恭，正德知县白绘，嘉靖知县孙钦、王梦魁，隆庆知县张九思，代有补葺。今大门，孙钦改也。甲申乱后，颓然不治。康熙六年（一六六七），知县蔺松重修。二十五年（一六八六），知县易其极建前堂曰牧爱堂，鼓楼、屏壁及门舍，皆捐金为之。乾隆元年（一七三六），知县刘宗贤建寝曰退思堂，并内署五间。九年（一七四四），知县徐德龙竖轩于退思堂前，东建书屋。十八年（一七五三），知县黄大本内外补葺，建西爽斋于西书房后，留琴书屋二间于西园。嘉庆六年（一八〇一），知县邵良补修次堂曰清平堂。十六年（一八一一），补修退思堂，右为薇香书屋。道光十年（一八三〇），知县马映辰修听雨楼、停云阁于书屋后，西园修知稼亭。二十四年（一八四四），退思堂圮，知县王培荀捐建东院北房二间，堂涂树坊表，知稼亭东建凝翠楼。廖朝翼落成诗云：『镜香亭北起新楼，水色山光一帧收。露滴池荷香在水，烟笼径竹翠含秋。著书自启窗三面，招客时倾酒一瓯。谁道使君非务观，别无风月胜荣州。』清平堂右有丰阜库，左常平仓、仓神祠，旧主簿署也。牧爱堂下，吏役列居之。狱四所，在右。仪门外，左萧曹祠，明

① 按：汛，原作『汎』，形近致讹，据文意改。下文同此。

为迎宾馆。西园可四亩，中为池，旧有亭，名此君。涂逢豫有《此君亭》诗，序云：『官廨之西，有池焉，环池皆修竹，映水同色。故有亭，因其材而新之。于东北复为二屋，悉以竹成之。七月既望，落成，曰此君亭。』凡四诗，录其一云：『倏尔新亭在水涯，偶然小坐亦清嘉。兰丛近客都沾露，荷叶逢秋尚作花。大竹成龙生万绿，一官如鹤立三叉。漫言信美非吾土，当我清溪溪上家。』龚巽《补植芙蓉杨柳歌序》云：『莼溪老人，余戚里也。初，辛丑岁（一七八一），其嗣君松岩与余同日选蜀，余以亲老改铨皖江，先生方任潜山博士，寓省垣王家亭子，共坐卧者数十日。壬寅岁（一七八二），松岩宦荣，先生乃就养，创此亭。庚戌（一七九〇）秋，余莅荣，先生宰木拱矣。岁杪，断金线柳百余条，三变芙蓉枝亦如之，为春风秋月归宿地。因作歌。』诗曰：『池上离离见山浅，屋中冥冥去水远。有山有水请不来，议割所爱谁当遣。莼溪老人就养时，决计垄断居其奇。凡所用材取之竹，突兀此君亭在斯。亭中我主众山客，山光不厌空亭窄。沿堤插柳间芙蓉，围得荷花红一国。我昔作宦皖江上，皖公山色青无恙。郑虔三绝画书诗，与适楼东卧酬唱。此来公去址空存，荣州署内无此君。故吏艳传诗酒社，花香四序诗人春。自惭俗吏无奇绩，聊补斯亭慰畴昔。花吾步障柳吾门，水吾明镜山吾壁。石与友兮鸥与盟，人间无处无月明。何时花开不可酒？但惜老人今隔生。未来过去中有我，持问此君何计可？君不见荣藩占断清富山，罗汉松根吹鬼火。』嘉庆中，知县许源葺新之，名镜香亭。东为听雨楼、停云阁。光绪三十一年（一九〇五），陈熙辅池北为楼，曰诗境。三十四年（一九〇八），赵维新池西为亭曰枕流。南书屋十间，缭以曲栏，仍许源之旧，赵熙拟题为『君子花馆』。入民国，军旅往来，悉成秽墟。十七年（一九二八），知事卢学涵毁临街壅壁。

丞　署　在贡井新街，雍正八年（一七三〇）建。

典史署　在县署东。道光二十一年（一八四一），典史郑之模捐修，门堂三重，南向。二十三年（一八四三），修东厅三间，中堂东一间，寝东五间，费五百余金，物力贱也。今改征收局。

教谕训导斋　旧临西街。雍正七年（一七二九），训导移威远。乾隆十二年（一七四七），知县徐德龙改建孔子庙右。道光十九年（一八三九），教谕刘德煜捐修东斋大门甬道，廪、增生各十名。光绪中，各增五名，岁科试取入附学生十二名，武生同之。咸丰七年（一八五七）制，筹饷捐输银过十万两，加学一名，多不过原额之半，余银暂广一次，或分为二三次。荣输饷居多，加学六名，并广额，常岁试取入附生十六名，科试十七名。清末，科举罢，署废。入民国，胡景伊括卖官地，洒扫会购之。

汛　署　在桂林街，明乐阳社学也。清曰养正。道光二十年（一八四〇），知县胡沄移凤鸣山左，置汛署。今为民居。

（五）局所

民国《志》所载

局所始咸丰时，因事益滋，曰社仓、三费、捐输、津贴、同善诸局，在城隍庙之寝。局士由士民公选，地方职也。民国，三费，社仓曰收支所，与同善局仍由众选。捐输、津贴入征收局。教育局，在桂林山，清书院也，光绪三十年（一九〇四）改劝学所，门堂二重，南向。实业局，在西郊万景楼下，民国二年（一九一三）建，曰蚕务局，门堂二重，东向。团练局无适所，光绪二十四年（一八九八），以大足余栋成事①，创设火神庙，三十三年（一九〇七），移西街，间居天庆观。警察局，宣统元年设西街，后移萧曹祠，今废，曰公安局，隶团练。

（六）慈善事业

慈善机构

民国《志》所载：

平民工厂　在和义街，收养幼孩男女者，课以纬织诸业，同善局月给钱百六十贯，收支所百八十贯，余资物力。初为普济堂，孤贫八名，待养者多。嘉庆二十三年（一八一八），额至六十名。士民捐买田业，以租息给之，岁恒不足，取于书院膏火。道光三十年（一八五〇），知县郑尊仁捐募五百金，买业汪家滩，成其数，房屋已圮，缮修之。咸丰三年（一八五三），举人张轩鹏碑堂中。先曰济贫局，辖普济堂与养济院，徒有其名，由署工吏理之。后以孤贫咨怨，光绪元年（一八七五），移隶三费局。同善局立，遂并之。入民国，嘉定师长陈洪范令立乞丐工厂，幼孩男女工所附之。十六年（一九二七），更名『平民』。十七年（一九二八），以数不给，划义仓郝家坝业入之。

养济院　在和义街，收养贫民之老废者。同善局给振，平民工厂领之。法制：州县各有孤贫布花口粮以养无告者，荣额八名，后增二名，日银各一分，岁终，礼吏呈领藩署。初住东门内，后移今院。其地方振养之款：业二所，租谷三十余石、钱三百余缗，与普济堂共之，额四十二名，月各给钱四百，仍由工吏理之。光绪元年（一八七五），移隶三费局，后归同善局。

教养厂　旧常平仓地，在征收局左。光绪末建，延技师以教贫民，狱囚罪轻者亦罚作之，圜土义也。物力所出，费即资之。不足，由收支所量给。

孤儿院　旧义仓地，在县署左。儿自识字外，教之工技。民国十四年（一九二五）建。

栖流所　在东门桥内。光绪九年（一八八三），知县葛起鹏建。民国十三年（一九二四）废，入平民工厂。此仁政也，而或窠贼，盖法疏云。

贡井善堂　民国十一年（一九二二）黄绶建。规模宏大，为列县甲观。

义冢

官地及四民所施。清枯骨之泽，宪檄时有。乾隆十八年（一七五三），知县黄大本履勘，凡十八所。时异则地狭，所在各施购之。道光时，凡四十四所，而郊郭有其七。漏泽园，宋旧也。

① 按：清光绪二十四年（一八九八）七月，四川大足县余栋成利用秘密结社组织哥老会，发动反对外国教会侵略的武装起义。『余栋成事』即指此。

高宗绍兴十四年（一一四四），命诸郡置漏泽园，葬死而无归者。荣在郊西二里。清初，居民侵垦，黄大本重碑之，周以木树。余凤栖山、鱼塘坳、油笮冲、西瓜山、龙洞滩、石竹湾、五里坡各有碑界。四乡皆因地名之，多不具载。

凤栖山义冢 在城西。雍正三年（一七二五），知县王国相捐俸买郝天庆山场，立为义冢。东至岩仑，西至后山高坎，南至水沟直下石坎，北至后山高坎直下岩仑界。纵六十六弓，横五十六弓，周围二百八十五弓。乾隆十八年（一七五三），知县黄大本勘明定界，立碑于古佛寺之右。

漏泽园义冢 城西二里左右。地为居民占耕。乾隆十八年（一七五三），知县黄大本履勘定界，纵六十四弓，横三十四弓，周围环以树木，瘗埋无主枯丧十余架，并城内外枯骨数堆，重立漏泽园碑于官路傍，惜尚不明晰。嘉庆十七年（一八一二），知县许源复行勘定，添立界碑。左边自下面中界起，横斜至东界止，长三十弓；自东界曲转直上至东北角界止，长二十弓；自东北角曲转横量至上面中界止，长三十弓；右边自下面中界起，横量至西南角界止，长三十四弓；自西南角曲转直上至西北角界止，长六十弓；自西北角曲转横量至上面中界止，长三十四弓。周围共计二百零八弓，左抵詹姓界，右抵黄姓界，上面抵詹、黄二姓界，下面抵官大路界。

龙洞滩义冢 城南一里。东至罗汉洞土角，上至高坎，下至官河坎界；西至石梯子，下至官河坎界；南至高坎；北至官河坎界。东西六十五弓，南北二十弓。

西瓜山义冢 县东三里。嘉庆十一年（一八〇六），众姓捐买徐维梁古墓山土①。十二年（一八〇七），接买徐维现、徐维德古墓山后土。十三年（一八〇八），接买徐维惠古墓山土及徐宗玉、徐宗潜、徐宗耀徐家嘴土包山脚下土，又接买徐维梁古墓山土。四至界址，红契五纸载明，首事执据。

老筠铺义冢 城西三十里。接居民杨述美、吴子容界。乾隆十九年（一七五四），知县黄大本于分岭处镌界，场基亦系官地。

检尸湾义冢 北十里。接居民余三齐、李子廉、刘朝聘三姓界。乾隆《志》尚言其『坟冢累累，立碑定界，禁止牧放牛马』。至嘉庆《志》则曰：『今年久碑废，界址无凭清出，姑载以俟后人查勘。』

长山桥官山义冢 城西五十里。乾隆十六年（一七五一），知县黄大本因场民周景连②与周之琦久控未结，履勘明确，捐俸买为义冢。东至山脚下店基界，西至饶韩林地坎界，南至官路，北至高坎界。立义冢碑于场市，顶上有东岳庙。

踏紫山义冢 县西六十里。东至官路界，西至官路界，南至干田坎界，北至场后围墙为界。居民王守道历年占耕。乾隆十九年（一七五四），知县黄大本亲勘定界，立义冢碑于官路旁。

竹园铺官山义冢 城西八十里。东至官路，西至范必科连官山右走刘家场小路界，南至黄福宗干田坎界，北至官山烟墩哨楼壕沟抵范必科干土界。

周家观义冢 城西南三十里。义冢在观西偏，系山土。

① 土：此为光绪《志》卷十七所载，嘉庆《志》卷三作『上』。
② 周景连：嘉庆《志》卷三作『周景运』。

刘家场义冢 县西①九十里。东至广教寺田坎界，南至山脚界，西至梓橦观地坎界，北至山脚界，邻近有广教铺官基。

董家场义冢 城西南八十里。义冢在场北，东至董以周后山岩仑界，西至董星周地坎界，南至董星周埋石界，北至大石包抵虞三祥界。

新桥上场义冢 城西南七十里。乾隆十九年（一七五四）四月，居民吴茂昭、典吏谭子仲各报捐毗连干土二块，长七十五弓，横七弓，东至地头坎界，西至石埂界，南至高坎界，北至岩仑界。

新桥下场官山义冢 县西南七十里，土名灯杆山。东至谭进现地坎界，西至毕星荣地坎界，南至谭永祥观音庵地坎界，北至新桥场坎界，东西六十四弓，南北三十弓，周围一百六十八弓。乾隆十九年（一七五四）知县黄大本查勘定界。

五宝镇官山义冢 城南八十里。场基系官地，义冢在场外，四至清白。

龙滩场官山义冢 城南六十里。坐落白杨湾，东至吴明聚田坎界，西至杨伦维分岭界，南至杨伦维土梗界，北至官路界，南北五十四弓，东西二十四弓，周围一百九十四弓。乾隆十九年（一七五四），知县黄大本履勘定界，重立碑于道左。

鼎新寺义冢 县南②四十五里。东至高坎抵刘汉印干田二块界；西至场口人行路界；南至高坎，转小湾上高坎随路至寺山门大路，抵刘汉印界；北至高坎抵刘世发地界。

程家场义冢 城东六十里。

贡井天池寺官山义冢 县东南③九十里。界址清白，旅榇甚多，尚容另觅宽敞地以为义冢。

汪家滩义冢 县南二十里，即滩上场背后，四至界址俱有界石，威邑颜昌英施。

郝家堂壁义冢 清流乡，上抵蔡、虞二姓界，左右与下俱本人界，张大光施。

白岩寺石梯沟义冢 仁义乡，左右前后俱本人界，张大光施。

毛坝沟半边山义冢 仁义乡，上抵吴、伍二姓界，外俱本人界，张大光施。

伍家塘义冢 仁义乡，四至俱本人自埋石为界，张大光施。

堰子塘义冢 荣川乡，四至俱本人埋石为界，张大光施。

七坝子义冢 近乐德镇，王升耀施。

高山铺义冢 县东二十五里，萧正谋施，兼施棺木。

新屋基义冢 县南三十里，近双石桥，与老官山连界。载粮一分，与前老官山义冢粮合柱，该双石桥客首收租上粮。系颜朝俊、吴奇伯施。

黄角山义冢 嘉庆二十二年（一八一七），知县宫鉴桂捐置。上界抵程姓地界，下界抵二等岩边，左界直下曲转抵钟林成土，右界直下曲转抵钟宗成土。

油榨冲三缘义冢 县西南二里。道光二十三年（一八四三），熊袁氏、余倖、刘元贵、孙代安共捐钱一百千文置买，周围埋石

---

① 县西：乾隆《志》卷二作『离城』，据嘉庆《志》卷三、光绪《志》卷十七改。

② 县南：乾隆《志》卷二作『离城』。

③ 县东南：乾隆《志》卷二作『离城』。

为界，有知县李珣碑记，外修石路六十余丈。义冢业载粮一分五厘，归土主湾寺僧招佃收租完纳。

石竹湾义冢 城北六里，地名硝水坝，道光二十五年（一八四五）林德心施，四至有界石。

关石门义冢 范桥柏施。

老君嘴义冢 范音龙置买。

石道场义冢 道光十三年（一八三三）钟正侯、钟正朗置施，入桥头铺文昌宫，载粮二分，界载红契。

大山坪义冢 咸丰二年（一八五二）王香瑢置施，入桥头铺文昌宫，载粮一钱一分，四至界石注红契。

大山坪义冢 咸丰四年（一八五四）王勤国置施，入桥头铺天上宫，载粮一厘，四至界注红契。

坟山嘴义冢 邓吉章置，价值一百零六贯，来苏乡载粮四分，附桥头铺文昌宫收租纳粮，四至界注红契。

新屋基义冢 近龙潭场，邓吉章、余俊朋置，价值三百一十贯，来苏乡载粮四分，四至界注红契。

五里坡义冢 县北六里，同治十二年（一八七三）廖朝翼、丁光鉴、胡荣昌募置。

仁园义冢 县南四十五里，近鼎新寺老堰塘新屋嘴，同治乙丑年（一八六五）置，周围三十弓。

卧龙山义冢 来牟铺场左里许，咸丰丁巳（一八五七）刘鸿发、周正贵等募置，现葬百余家，隙地尚宽阔。

观音坡义冢 近杜家井里许，咸丰五年（一八五五）张廷良施。

枣子林义冢 杜家井场外，同治五年（一八六六）贡生张锡三施。

勒马埂义冢 邑人徐朝郁以佣工钱置施，近永兴场，界注红契。

鱼塘堋义冢 光绪三年（一八七七）文庙公会、洒扫会施。

（七）铺递

邑之有铺递，仿置邮传命意也。荣虽非冲要地，而文报往来，则铺递实有专责焉。（光绪《志》卷十一）

乾隆《志》所载

飞仙铺 县门左。

高山铺 今存。

渔子铺 东路，废。

观音铺、沙滩铺、罗村铺、西冲铺、来苏铺 俱废。

桥头铺 废，今有店房数间。

来远铺 南路，废。

白石铺 今存。

筠山铺 今重立。

青冈铺

长山铺 废，今兴场。

来牟铺 废。

竹园铺 西路，今存。

石笋铺 废，今有店房数间。

度教铺 西南路，废。

以上铺递载旧志。康熙五十八年（一七一九），安设铺递二十四所。至雍正五年（一七二七），奉文裁留。自县城底塘起，东至富顺，设观音铺、石坑铺、龙滩铺、桥头铺、赖远铺五处；西至犍为，设白石铺、铁厂铺、老君铺、啸天龙铺、踏紫山铺、来牟铺、竹园铺。至雍正六年（一七二八），奉文裁革，一应文移差役递送。乾隆元年（一七三六），始额定，现存八铺①。

底　塘 在西城。②

高山铺、**界牌铺** 以上在东，达威邑。③

白石铺④

筠山铺 移铁厂铺驻于此。⑤

青冈铺⑥

踏紫山、**竹园铺** 以上在西，达犍邑石牛铺，至嘉定府。⑦

乾隆《志》按：荣邑东界威远，东南界富顺，南界宜宾，北界仁寿，西北界井研，西南界犍为。上抵嘉定，直达成都。地虽偏僻，公文递送颇繁。今额定八铺，每铺设司兵各一名，奈山径崎岖，各铺道理远近难于画一，阴雨水涨，文移多滞，凡有紧急案件，专差赍投，庶免迟误之弊。

光绪《志》所载

底塘铺 西门内。

高山铺 县东二十里。

旧志载，康熙五十八年（一七一九），安设铺递二十四所，至雍正五年（一七二七），奉文裁留，自县城底塘铺起，东至富顺，设观音铺、石坑铺、龙滩铺、桥头铺、赖远铺五处；西至犍为，设白石铺、铁厂铺、老君铺、啸天龙铺、踏紫山铺、来牟铺、竹园铺七处。雍正六年（一七二八），奉文裁革，一应文移差役递送。乾隆元年（一七三六），始额定存今八铺。道光五年（一八二五），奉府宪札，自道光六年（一八二六）为始，除高山铺、底塘铺递送贡井文报，仍照常安设、给发工食外，所有界碑铺、白石铺、筠山铺、青冈铺、踏紫山铺、竹园铺六塘铺司兵，均遵照裁撤，改为专差递送。

（八）驻防

乾隆《志》所载

荣邑武备，从前失考。查旧志载，营房在县后左。又载，阅武场在北城外，今俱废。清朝定鼎，未经设有弁员。至雍正年

① 原注：八塘俱设牌坊，以表道里。
② 嘉庆《志》卷三『铺递』底塘注：县西。
③ 嘉庆《志》卷三『铺递』高山铺注：县东二十里。又界牌铺注：县东三十五里，交威远井。
④ 嘉庆《志》卷三『铺递』白石铺注：县西十二里。
⑤ 嘉庆《志》卷三『铺递』筠山铺注：县西二十七里。
⑥ 青冈铺，嘉庆《志》卷三『铺递』作『青岗铺』，注曰：『县西四十七里，旧啸天龙铺移在此。』
⑦ 嘉庆《志》卷三『铺递』踏紫山铺注：县西六十七里。又竹园铺注：县西八十七里。

同，设防汛把总一员，额兵五名，以资捍卫，御奸宄，归峨边营统辖。雍正十一年（一七三三），知县刘宗贤遵敬陈管见事详请：县西啸天龙深林密箐，劫贼横行，竹园铺毗连井、犍，流匪出没，奉宪添设塘兵四名，分驻二处。

啸天龙 地踞山巅，为荣邑西北隘口。旧有关厢，久圮。其地立『啸天龙』三字碑，今存。有平地一区，内设店房数间，外设塘房二进，烟墩三座，瞭望楼一架，塘兵二名。

竹园铺 界连井研，场分颇大，于旧日铺递处设立塘房二进，烟墩三座，瞭望楼一架，塘兵二名。

教　场 在南城外，筑有台基，每年考校骑射，操演壮丁。地方官会同弁员验看。

（九）营寨

嘉庆《志》所载

鹿角寨、老君寨、牛头寨、牛心寨、牛尾寨 县东路。

伍家坪山顶五寨 县西路。

牛头寨 县北路，最险。

董家营 县西南路。

来安寨 县南屏风山，离城一里。

东汇寨 县西南白塔山左，离城一里。以上二寨，嘉庆五年（一八〇〇）知县龚景瀚建，有记。

光绪《志》所载

江家山 高而阔。献贼扰蜀时，邑人张姓率众避贼于此，卒能保全。近永兴场。

马鞍山 龙潭场、贡井李家场、观山场等处俱有山，以马鞍得名，而山与名绝不相符。惟附近有双石桥场之马鞍山，确似鞍形，下即进士曹俊亮宅第。

真武岩 城南八十里，三山连峙，首尾低昂，俯临绝壑，飞压高冈，形家谓为天马排空。首当一山，有小洞如只眼，传闻洞有真武神像，然陡绝，未有能至者。在李家场东南二里。

高　洞 有二，一在黄干沟下流，一在李家桥下流，同为大水所经，岩坎高一二丈，下临深潭，每天气清明，飞流瀑注，声闻数里，殆重险也。在李家场西。

蟠龙洞 洞有二，上名龙洞沟，悬岩朋峙，下二三丈，寒潭空阔，澄澈幽深。沟下里许名蟠龙洞，崖高数丈，飞瀑流注，下有潭，亦沉深清冷。此二洞，即大旱未尝涸。近永兴场。

铙钹顶、牯牛顶 二山在李家场东北半里。

鹅公颈、斗篷山 抵犍为界，二山在李家场北七八里。

银矿坝 有黑洞，窈而深，闻曾出银矿，故名。在李家场西。

天池山

骡岭寺 邑进士曾省三有记。

麟岩寺 城北二十里，左右深沟，地形险峻，世乱，居民保聚，亦足保城。咸丰庚申，滇匪窜扰，文生宋岳南、李春晖等募修。

观音寨 城北十五里，地形峻阔，世乱，居民保聚，足为城中犄角之势。咸丰庚申，滇匪窜扰，监生宋端暨布政司经历吴鹤龄、李向高等募修。

天生桥 县北东三十里许，石亘两山间，壁立如削，前嘉郡守邵公留题。同治间，土人从桥下开挖煤礌，当经控封，邑绅等旋以合县风水所关，禀恳邑侯谢赏示竖碑存案，永禁近桥周围五里内概不准复挖。

民国《志》所载

寨堡，沿铁山多有。东北荣德山，县之镇也。建为寨，曰老君，与威远共之。附近有牛头寨、牛心寨、牛尾寨、吕仙岩、北大刀寨，宋宝祐五年（一二五七）建。平安寨、西北石冈寨、沙盔寨，均咸丰时建。西五福寨，以五峰名。南连白岩，《元和郡县志》所谓『在资官县西北十里』者也。建寨二，曰小白岩、大白岩，与五福犄角。白岩西南为虎口。又北为老寨、瓦砾岩、马槽岩。诸寨虽小，与虎口相望，亦险绝也。牛峰寨，周十余里，悬崖四削，明曰云台山，嘉庆重修曰牛头，后自别曰牛峰。『峰』当作『封』，牛肩甲坟起曰『封』，是山本无峰也。咸丰三年（一八五三），诏各省兴筑寨堡，富顺许维邦、县人王安宇倡修之。蓝、李之乱，寨别制规程，自旧户外，分上中下，计口出谷：上口四石，中三石，下二石。故仓储于诸寨为富。民国六年（一九一七），川、滇军屯双古坟数月，往往征费于寨，今贫矣。光绪十年（一八八四），居民凿山下石炭，知县陈禀封之，永为禁。五寨坪，以山顶五寨名，咸丰三年（一八五三）建。

其近城者，麟岩寨，附学生朱岳南、李春晖募建；观音岩，宋端、吴鹤龄、李向高募建，并咸丰庚申（一八六〇）也。县南金碧崖来安寨，东东汇寨，嘉庆五年（一八〇〇）知县龚巽建，虽曰寨，实城卫也。其在东南者，鹿角寨，一名鹿角岩，民国七年（一九一八），王立勋重修之。观音崖、天福寨，均咸丰时建。大才寨以寺名，古曰荣陵山，盖与荣德、荣梨、荣隐并称，而俗喜相袭，曰金华山，自明时为寨，咸丰培修。民国五年（一九一六），匪至，内奸应之，遂入寨，财物为空。

荣寨堡修备，蓝、李之役，惟土寨见破。今与乐领寨、太平寨俱废。

（十）津梁

徒杠舆梁之成，子舆氏以为王政所重。荣虽无大川巨浸，然春夏水涨，一溪一壑，病涉者多，或创桥梁，或施舟楫，乃足以占利济也。（光绪《志》卷十二）

乾隆《志》所载

飞仙桥 城东富义门外。荣濑溪为城，东西二水会于城南，合流而注于南河。东为遁水，合梧桐沟，北来经竹王祠畔，即今之济渡处也。川源势峻，每遇暴涨，无从问津。旧采石为梁，至嘉靖己亥（一五三九）秋，邑令心斋熊氏易以木桥，高去水三十尺，架以平板，覆以重檐，云构虹舒，一时称胜，不数年而桥毁。丁未岁（一五四七），邑令觉斋王氏进诸缁流而任以工役，仍建石桥。隆庆戊辰（一五六八），邑令危楼复倡捐修建，今存有碑碣。自后修圮靡常，县志失考。雍正九年辛亥（一七三一），桥圮，荣邑处士黄联芳出资修复，知县王发善泐石以纪其事。至十三年乙卯（一七三五），桥复坏，联芳率孙县丞黄瑢捐资整理，知县刘宗贤亦泐石记其事。乾隆十九年（一七五四）六月，暴涨冲桥，联芳之曾孙监生黄国梁愿续前人之志，出资重建，知县黄大本据事通禀各宪，给以『绳武克家』四字匾额，仍为文以摹诸石。

进贤桥 城南兴贤门外。是桥历年久远，乾隆十九年（一七五四）六月，水涨桥坏，知县黄大本倡捐重建，告病回籍。荣县县丞黎常淇捐资百金，木客陆佃、曹象治等量力捐金，与飞仙桥同日鸠工，比旧制更期巩固。岁戊寅（一七五八），桥圮，僧会司、光映集金重建大桥。

迎恩桥 城西迎恩门外。乾隆十四年（一七四九）知县徐德龙募金重建，改名天星桥，殊觉无谓。

通惠桥 城西南安定门外。据旧志载，城西南有安定桥，注：宋绍兴郡守晁公武重修荣门山四石桥，磨崖大书铭序。查小南门名安定门，疑即通惠桥之故名也。

北　桥 城北清富门外，乾隆二十二年（一七五七）重建。

望仙桥 旧志载城东。今查东门外曹家堰塘沟口小桥一座，疑即此桥。

黄金桥 离城十五里。

马先桥 离城二十五里。

卧龙桥 离城三十里。

九龙桥 离城四十五里。

张家桥 离城五十里。

赵家桥 离城六十里。

福兴桥 离城六十八里。

周家桥 离城六十九里。

永济桥 离城七十里。

谢家桥 离城八十里。

黄家桥 离城八十里，近赖家滩。

上桥、中桥、下桥 离城九十里，接富顺界。

柳沟桥 城南半里。

安聚桥 离城一里，旧有跃龙桥，久圮，即旧志所载灵济桥。唐贞元癸未（八〇三），刺史张修建处也。前明荣县绅士简敕于崇祯辛巳年（一六四一）捐金千两，欲构桥楼，以作城南之镇，拟其名曰『跃龙门』。时木石已就，而简君弃世。至乾隆十二年（一七四七），知县徐德龙募金修建，仍旧石而少减其分刌，桥成，题其颜曰『安聚』。并于桥之南筑罗星基一座，惜军兴多事，厥工未成。

顺江桥 在跃龙桥之侧。

族行桥 离城二里。

兴隆桥 离城四里。

伍家桥 离城十里。

老龙桥 离城六里。

太公桥 离城十里，在钓台侧。近查钓台以荣隐先生著名，今附会其说于太公，亦属景仰蟠溪之意。

观音桥 离城七里。

观音铺桥 离观音桥五里。

龙脑桥 城南十五里。

通济桥 离城十八里。

双石桥 离城三十里。

小新桥 离城十九里。

济善桥 离城三十七里。

李子桥 离城四十里。

松峰桥 离城五十里，旧名偏土桥。

鼎新桥 离城五十里，在鼎新寺。

聚善桥 离城六十里，在桥楼子，乾隆十九年（一七五四）创建。

道士桥 离城六十里。

普兴桥 离城六十里龙滩场，乾隆二十二年（一七五七）重建。

七星桥 离城九十里，在莲华寺后山。

大有桥 在莲华寺门山。

来苏桥 城东南八十里。

倒石桥 城西南三里。

杨家桥 离城三十里。

破堰桥 离城六十里。

新　桥 离城七十里。

跳石桥 离城六十里。

永镇桥 离城六十一里。

何家桥 离城八十里。

朱家河桥 离城八十里。

莲花桥 离城九十里。

帅家桥 离城一百里，抵犍界。

老筒车桥 离城九十里，乾隆十九年（一七五四）创建。

廖家桥 离城九十里。

黄莲桥 离城一百二十里，宜宾界。

程家桥 城西四里。

银锭桥 离城九里。

永济桥 离城十五里。

筠山桥 离城二十四里。

利济桥 离城四十里。

跳石桥 离城四十里。

长山桥 离城五十里。

赵家桥 离长山桥一里。

踏水桥 离城五十八里，桥旁俱系冲田。

团坝桥 离城六十里。

尧家桥 离城六十五里。

仙人桥 离城七十里。

玉溪桥 离城七十里。

浪泥桥 离城七十四里。

福星桥 离城八十里。

小溪桥 城北五里。

万古桥 离城五里。

新兴桥 离城十里。

高滩石桥 一名永定桥，离城七里，乾隆八年（一七四三）立，乾隆十九年（一七五四）重修。

贵人桥 离城十里。

栏门坝桥 离城十五里。

范家桥 离城四十里。

朱家桥 离城五十五里。

万寿桥 离城三十五里。

朱建桥 离城五十里。

石门桥 离城七十里，道通仁寿、井研，明嘉靖年间创立，乾隆十九年（一七五四）重修。

双星桥 离城六十五里，乾隆十八年（一七五三）立，有募引，刊于后。

观音桥 离城八十里。

东林桥 离城九十里，井研界。

郝家桥 城西北六十里。

乾隆《志》按：旧志载，天生桥二处：一真如崖后，一莫家水口。

金石桥、虎头桥、印山桥、普通桥、寿川桥、东华桥、子孙桥、玉岗桥、银瓶桥、通判桥、清流桥、济涧桥，以上十二桥失考乡分道里，姑存之。

民国《志》所载（见下一页）

津梁表

名称	方位	地址	尺度			修费				建筑时	建筑人
			高	长	宽	万	千	百	十		
飞仙桥	城东东一区	富义门外、竹王祠畔	七尺	十四丈	六尺二寸		五			宋绍兴时采石为梁	郡守晁公武重修磨崖铭序。
										明嘉靖己亥（一五三九）	知县熊大辂易木架，板覆檐。
										数年圮，丁未（一五四七）	知县王觉斋复易以石。
										隆庆戊辰（一五六八）	知县危楼捐修，自后圮修靡常。
										清雍正九年（一七三一）圮	县人黄联芳捐修，知县王发善记碑。
										越十三年又圮	黄率孙镕培修，知县刘宗贤复竖碑。
										乾隆十九年（一七五四）暴涨冲塌	黄曾孙国梁捐建，知县黄大本通禀刻石。
										民国四年（一九一五）	县人程述甫培修，有碑。
大佛桥	东一区	大佛崖下	六尺	十丈	五尺	二	二	八		民国十年（一九二一）	黄觉募修。
子同桥	东一区	伍家坝	一丈一	十丈	六尺	二	二			道光二十九年（一八四九）	钟相成、程光橦募资。
										光绪中	李秾春、钟薇元、张元泰、伍全兴重募修。
										民国十四年（一九二五）	程述甫改建。
向荣桥	东一区	龚家坝	一丈一	十丈	六尺	二				光绪四年（一八七八）秋	龚雨村修。

名称	方位	地址	尺度 高	尺度 长	尺度 宽	修费 万	修费 千	修费 百	修费 十	建筑时	建筑人
望仙桥	东一区	曹家堰	一丈	十丈	六尺	二					
文星桥	东一区	龚家坝上流	二丈五	一丈二	七尺	四				民国癸亥（一九二三）	黄九文捐修。
福荣桥	东一区	东兴场至渣家场路	一丈	六丈五	六尺	八		五			
崇仁桥	东一区	东川沟胡子昭故里	一丈八	一丈	六丈	一		二		民国癸亥（一九二三）	黄九文倡捐募修，赵侍御尧生为之碑记。
联科桥	东一区	墨林寺	七尺	五丈一	四尺	三					
正心桥	东一区	墨林寺	七尺	五丈	五尺	三					
姑嫂桥	东一区	墨林寺	五尺	三丈	四尺	二					某姑嫂捐修，姓氏失考。
天生桥	东一区	莫家水口天然生成	七尺	十丈	五尺	一	一				
济福桥	东一区	灵山寺	八尺	五丈三	五尺	三	五				
寿仙桥	东一区	双河口	一丈	五丈五	五尺	五				道光十九年（一八三九）	袁福明、李明鉴等募修。
高桥	东一区	高山铺、鸦雀冲之间	二丈二	六丈六	五尺	七					
观音桥	东一区	鸦雀冲观音阁前	九尺	五丈六	五尺	五					
上金桥	东一区	高山铺黄金沟	五尺	五丈五	五尺	三		五			
下金桥	东一区	同上	五尺	五丈五	五尺	三		五			
黄家桥	东一区	高山铺	六尺	六丈五	五尺	五				道光三十年庚戌（一八五〇）	黄体文捐修。
天心桥	东二区	程家场大高洞	一丈	五丈八	五尺	五					
金家桥	东二区	天心桥上流	一丈	五丈五	五尺	五					
李仙桥	东二区		一丈	五丈七	五尺	五					

名称	方位	地址	尺度			修费				建筑时	建筑人
			高	长	宽	万	千	百	十		
王家桥	东二区		九尺	五丈五	五尺	四		五		同治中	王氏倡修。
大桥	东二区		一丈	五丈八	五尺	五					
白云桥	东二区	阎王塆白云寺	九尺	五丈七	五尺	五					
狮子桥	东二区		一丈	五丈六	五尺	四		五			
蓑草桥	东二区	蓑草镇	一丈一	五丈八	五尺	五					
观音桥	东二区	程家场观音阁	九尺	六丈四	五尺	七		五			
胡家桥	东二区		九尺	五丈四	五尺	三		五			
木桥	东二区		九尺	五丈三	五尺	三		五			
张家桥	东二区		九尺	五丈五	五尺	五		五		道光二十七年（一八四七）	募修。
一洞桥	东二区	一碗水老虎洞	九尺	五丈五	五尺	五		五			
先农桥	东二区	先农宫	七尺	五丈六	五尺	三		五			
蓝家桥	东二区		八尺	五丈七	六尺						
李堰桥	东二区	李子堰	九尺	五丈七	六尺	五					
观音桥	东二区	双观音	八尺	五丈七	五尺	五					
红光桥	东二区	程家场上坝	八尺	五丈八	六尺	五					
童家桥	东二区	童家堰	一丈一	五丈九	六尺	六					
新桥	东二区	双河口	八尺	五丈八	六尺	五				民国十一年（一九二二）	募修。
小桥	东二区	双河口	七尺	五丈四	四尺	三					
小桥	东二区	下油房	八尺	五丈七	六尺	五					

名称	方位	地址	尺度			修费				建筑时	建筑人
			高	长	宽	万	千	百	十		
万福桥	东二区	核桃湾	八尺	五丈四	五尺	三					
万安桥	东二区	盐井沟	九尺	五丈七	五尺	五					
滥泥桥	东二区	赖家冲	八尺	五丈五	四尺	三		五			
石锣桥	东二区		八尺	五丈五	四尺	三		五			
上桥	东二区	石凤山上水口	七尺	五丈六	五尺	三		五			
下桥	东二区	石凤山下水口	七尺	五丈六	五尺	三		五			
全仁桥	东二区	张家坊	八尺	五丈四	五尺	三		五			
九龙桥	东二区	九领冈	九尺	五丈八	五尺	五					
黄家桥	东二区	九领冈	一丈	五丈九	五尺			五			
济元桥	东三区	贡井芋头滩	一丈二	八丈	七尺	三	五		两	咸丰辛酉（一八六一）仲冬	州判金元德修。
济元桥	东三区	大滩坝石梁横亘全荣水口即上桥	一丈八	八丈	八尺	四			两	咸丰辛酉（一八六一）	众力合修。
中桥	东三区		二丈	十二丈	一丈二	六	五		两	乾隆二十年（一七五五） 嘉庆二十五年（一八二〇） 民国十二年（一九二三）	募修。 萧昌悠捐修。 募修。
通济桥	东三区	贡井连富顺界	一丈八	十一丈	一丈	六			两	道光二年（一八二二）	募修。
平桥	东三区	滩坝	一丈七	十二丈	一丈二	六			两		
新桥	东三区		二丈二	十二丈	一丈八	七			两		

名称	方位	地址	尺度 高	尺度 长	尺度 宽	修费 万	修费 千	修费 百	修费 十	建筑时	建筑人
拱　桥	东三区	柏树林	二丈四	十四丈	二丈	八			两	民国十二年（一九二三）	募众重修。
平康桥	东三区	艾叶滩	二丈二	十四丈	二丈	八			两	光绪六年（一八八〇）孟夏	
五福桥	东三区	重滩	六尺	十二丈	七尺	五			两	同治七年（一八六八）	募修。
										民国四年（一九一五）	募众重修。
进贤桥	城南	大南门外	一丈三尺五	十二丈	一丈一尺六	七				历年久远，宋绍兴时	郡守晁公武重修。
										元明失考	
										清乾隆十九年（一七五四）淹圮	知县黄大本、县丞黎常淇倡捐募修。
										戊寅（一七五八）复圮	僧会司、映光募建。
										道光七年（一八二七）因桥低易淹	众力加高三尺有奇。
										光绪中	县绅王、刘二人捐资增修石栏。
通惠桥	城南	小南门外，又名安定桥	七尺	十四丈	六尺六	五				前后无考，旧志注『宋绍兴中』	郡守晁公武重修。
柳沟桥	城南	南坝下处。	一丈一	十丈	六尺	二		一			
顺江桥	城南	擦耳崖侧。	一丈二	八丈	六尺	二		二			

<table>
<tr><th rowspan="2">名称</th><th rowspan="2">方位</th><th rowspan="2">地址</th><th colspan="3">尺度</th><th colspan="4">修费</th><th rowspan="2">建筑时</th><th rowspan="2">建筑人</th></tr>
<tr><th>高</th><th>长</th><th>宽</th><th>万</th><th>千</th><th>百</th><th>十</th></tr>
<tr><td rowspan="3">安聚桥，又名锁江桥</td><td rowspan="3">城南</td><td rowspan="3">城南东西水汇下游。</td><td rowspan="3">一丈二</td><td rowspan="3">八丈五</td><td rowspan="3">六尺</td><td rowspan="3">二</td><td rowspan="3"></td><td rowspan="3">二</td><td rowspan="3">五</td><td>唐贞元中</td><td>张刺史建，名『灵济桥』。</td></tr>
<tr><td>清乾隆十二年（一七四七）</td><td>知县徐德龙倡捐重修。</td></tr>
<tr><td>清乾隆四十四年（一七七九）圮，五十六年</td><td>知县龚巽集绅募修。</td></tr>
<tr><td>二美桥</td><td>城南</td><td>南五里望塔崖</td><td>一丈二</td><td>八丈</td><td>六尺</td><td>二</td><td></td><td>二</td><td></td><td>清道光时</td><td>威远颜昌英捐修数次。</td></tr>
<tr><td>观音桥</td><td>城南</td><td>观音铺</td><td>一丈二</td><td>七丈五</td><td>六尺</td><td>二</td><td></td><td>一</td><td></td><td></td><td></td></tr>
<tr><td>龙垴桥</td><td>城南</td><td>南十三里荣川小溪上</td><td>一丈五</td><td>六丈五</td><td>六尺</td><td>二</td><td></td><td>三</td><td></td><td></td><td></td></tr>
<tr><td>倒石桥</td><td>城南</td><td>小南郊外三里</td><td>一丈一</td><td>七丈</td><td>六尺</td><td>二</td><td></td><td>二</td><td></td><td></td><td></td></tr>
<tr><td>贵州桥</td><td>城南</td><td></td><td>一丈一</td><td>七丈五</td><td>六尺</td><td>二</td><td></td><td>一</td><td></td><td></td><td></td></tr>
<tr><td>楠木桥</td><td>城南</td><td>楠木沟</td><td>一丈</td><td>七丈四</td><td>六尺</td><td>二</td><td></td><td></td><td></td><td></td><td></td></tr>
<tr><td>福星桥</td><td>南一区</td><td>汪家滩上游</td><td>三丈</td><td>十四丈五</td><td>二丈</td><td>一</td><td>二</td><td></td><td>两</td><td>道光辛丑（一八四一）</td><td>威远颜昌英捐建。</td></tr>
<tr><td>双会桥</td><td>南一区</td><td>双河口花香溪上</td><td>一丈四</td><td>六丈</td><td>五尺</td><td>七</td><td>五</td><td></td><td>两</td><td></td><td></td></tr>
<tr><td>花香桥</td><td>南一区</td><td>花香沟</td><td>八尺</td><td>五丈八</td><td>五尺</td><td>五</td><td></td><td></td><td></td><td></td><td></td></tr>
<tr><td>勾氏桥</td><td>南一区</td><td>大坝沟</td><td>九尺</td><td>五丈七</td><td>五尺</td><td>五</td><td></td><td></td><td></td><td>宋时</td><td>勾氏捐建。</td></tr>
<tr><td rowspan="2">马河桥</td><td rowspan="2">南一区</td><td rowspan="2">荣川上流</td><td rowspan="2">七尺</td><td rowspan="2">五丈五</td><td rowspan="2">五尺</td><td rowspan="2">四</td><td rowspan="2"></td><td rowspan="2"></td><td rowspan="2"></td><td>元时</td><td>土人建。</td></tr>
<tr><td>清道光中</td><td>威远颜昌英捐资重修。</td></tr>
<tr><td>双石桥</td><td>南一区</td><td>乡市所在，地以桥名</td><td>九尺</td><td>五丈八</td><td>五尺</td><td>五</td><td></td><td></td><td></td><td></td><td></td></tr>
<tr><td>牛鼻桥</td><td>南一区</td><td>小溪上流入荣川口</td><td>九尺</td><td>五丈六</td><td>五尺</td><td>五</td><td></td><td></td><td></td><td></td><td></td></tr>
</table>

名称	方位	地址	尺度			修费				建筑时	建筑人
			高	长	宽	万	千	百	十		
奉先桥	南一区	高滩	一丈二	六丈三	五尺	九				同治七年戊辰（一八六八）	县绅刘成钦及任文灏捐建。
蔡家桥	南一区	蔡家堰	一丈	六丈	五尺	八					
铁板桥	南一区	距李子桥市六里	八尺	五丈七	五尺	五					
三星桥	南一区	近李子桥乡市	八尺	五丈九	五尺	五					
饶家桥	南一区	同上，由井必经要道	八尺	五丈八	五尺	七					
李子桥	南一区	距市六里，市以桥名	一丈	六丈四	五尺	八					
偏龙桥	南一区	距市四里	一丈	六丈二	五尺	七		五			
桂溪桥	南一区	桂溪上，近偏龙桥	八尺	五丈八	五尺	五					
合江桥	南一区	荣川莱子沱小溪上	一丈二	五丈四	六尺	六				嘉庆二年（一七九七）、同治九年（一八七〇）	里人张绍轩前后捐修。
乐善桥	南二区	近龙潭镇	九尺	五丈九	五尺	七				同治中	钟英捐建。
普兴桥	南二区	即卧云桥，近龙潭镇	三丈	十五丈	一丈一	一				乾隆二十二年（一七五七）	重建。
										嘉庆元年（一七九六）	僧心悟募建，题名『心悟』。
										道光十五年（一八三五）	里人重修，改名『卧云』。
聂家桥	南二区	聂家滩	三丈	十六丈	二丈	三					
观音桥	南二区	道澄寺观音滩	九尺	六丈	五尺	七					
拱　桥	南二区	白庙寺、官房山两保交界	一丈五	一丈四	七尺	一		二			

名称	方位	地址	尺度			修费				建筑时	建筑人
			高	长	宽	万	千	百	十		
振古桥	南二区	龙潭镇、桥头铺两保交界	三丈	十五丈	八尺						
古石桥	南二区	旭水东南流，绕桥头铺场口第一关键	一丈四	七丈	六尺	一		二			
永定桥	南二区	距古石桥寻丈	三丈二	六丈八	六尺	一				同治时	乡绅钟英捐修。
										光绪二年（一八七六）	县令徐昌募重修。
三益桥	南二区	旭水流域。以下桥同	一丈一	六丈四	五尺	八					
永福桥	南二区		一丈	十三丈	二丈四	九					
永济桥	南二区	芋头滩	一丈四	七丈	七尺	一		二		同治七年（一八六八）春	众力募修。
										民国八年（一九一九）	众募重修。
道士桥	南二区		九尺	一丈二	五尺	九					
济洞桥	南二区	旭水由桥头铺入富顺界	九尺	六丈一	五尺	七		五			
克昌桥	南三区	鼎新寺保荣川上游	一丈五	十丈	七尺	五				光绪五年（一八七九）	刘廷选重修，后裔踵之。
同心桥	南三区	罗家滩鳞鱼洞	八尺	五丈四	五尺	五		五		光绪十八年（一八九二）	张廷扬、郑价藩合修。
承先桥	南三区	矮桥子照石溪上	七尺	五丈五	五尺	三		五		道光戊申（一八四八）	候铨同知刘光宇捐修。
										光绪六年（一八八〇）	里人张玉轩捐修。
继济桥	南三区	照石溪上	八尺	五丈四	五尺	三		五		道光中	刘光宇捐修。
乐善桥	南三区	近鼎新寺之观音滩	九尺	五丈	五尺	五		五		同治壬申（一八七二）	监生张崇德增修。
药王桥	南三区	荣川滨小溪上	八尺	五丈九	五尺	五		五		明万历，清嘉庆、道光间	募修。

名称	方位	地址	尺度			修费				建筑时	建筑人
			高	长	宽	万	千	百	十		
凤鸣桥	南三区	五宝镇	二丈	十丈	七尺	五				嘉庆二十三年（一八一八）	募修。
双福桥	南三区	距镇四里李家塥	八尺	六丈	六尺	五				同治十三年甲戌（一八七四）	耆民林登鹏捐建。
福星桥	南三区	距镇四里曹家堰	八尺	五丈八	五尺	五				同治十二年癸酉（一八七三）	张必遵、赵乾钊、陈巨贵、陈厚德、陈琼龄、罗教修等协资。
文星桥	南三区	距镇八里文家湾	九尺	六丈四	五尺	五				同治十二年癸酉（一八七三）	张必遵倡修。
蚌蛤桥	南三区	莲花场	五尺	五丈八	五尺	三					
万福桥	南三区	葛麻寺	七尺	五丈五	五尺	三					
土地桥	南三区	土地滩	八尺	五丈七	五尺	五					
水碾桥	南三区	水碾坝	七尺	五丈八	五尺	五					
小　桥	南三区	牛尾河	五尺	五丈七	四尺	三					
高滩桥	南三区	大龙滩荣川流域	三丈	十六丈	一丈	一				乾隆八年（一七四三）	募建。
										乾隆十九年（一七五四）	募众重修。
刘家桥	南四区	乐德镇	七尺	五丈七	五尺	五					
双龙桥	南四区	浑水溪上游	八尺	五丈七	五尺	五					
张家桥	南四区		八尺	五丈七	五尺	五					
竹溪桥	南四区		七尺	五丈七	五尺	四		五			
土地桥	南四区	土地涝	五尺	五丈五	四尺	三					

名称	方位	地址	尺度			修费				建筑时	建筑人
			高	长	宽	万	千	百	十		
回龙桥	南四区	李家堰浑水溪	八尺	五丈九	五尺	五				乾隆五十二年（一七八七）	募建。
里仁桥	南四区	李家堰磨子滩	九尺	六丈	五尺	六				乾隆四十八年（一七八三） 咸丰四年（一八五四）	里人募建。 刘荣光兄弟修。
寿星桥	南四区	李家堰梅家村	八尺	五丈七	五尺	七				光绪六年（一八八〇）	姜宗德培修。
石龙桥	南四区	李家堰西北数武	八尺	五丈七	五尺	五		五		道光中	里人募修。
上王家桥	南四区	距市北二里浑水溪上游	八尺	五丈九	五尺	五		五			
下王家桥	南四区	市东十二里浑水溪下游	七尺	五丈八	五尺	五					
平　桥	南四区	古文场响水洞	八尺	五丈八	五尺	五		五			
三星桥	南四区		七尺	五丈八	五尺	五					
药王桥	南四区		八尺	五丈七	五尺	五					
龙神桥	南四区		八尺	十丈九	五尺	五		五			
马鞍桥	南四区	马鞍荡，近宜宾	五尺	五丈七	五尺	四		五		清末	谷宗峋、谷书恺、欧阳贤合修。
祁家桥	南四区		七尺	五丈九	五尺	五				民国七年（一九一八）	众资重修。
卷洞桥	南五区	过水坳小溪上	一丈一	一丈五	五尺	九					
万年桥	南五区	文昌宫堰嘴上	七尺	五丈八	五尺	五				乾隆中	里人募建。
冯家桥	南五区	冯家嘴，明时土地场	八尺	五丈九	五尺	五					
普渡桥	南五区	石板塘龙滩河	七尺	五丈六	五尺	四		五		民国六年（一九一七）	募修。
刘家桥	南五区		八尺	五丈七	五尺	四		五			

名称	方位	地址	尺度			修费				建筑时	建筑人
			高	长	宽	万	千	百	十		
继叔桥	南五区	杨家场半边山白石溪上	九尺	六丈	五尺	六				光绪中	刘成钦、侄文灏捐修，故名。
万善桥	南五区	市西白石溪上	一丈	六丈四	五尺	八				乾隆三十五年（一七七〇）	刘耀臣等倡建。
老　桥	南五区	市北二里白石溪上	八尺	五丈七	五尺	五				乾隆中	刘耀臣等募修。
复兴桥	南五区	市北二里余白石溪上	九尺	六丈一	五尺	六				乾隆中	刘耀臣等募建。
永兴桥	南五区	市北六里周家观	八尺	五丈七	五尺	五					
五桂桥	南五区	市北七里余桂叶溪上	八尺	五丈八	五尺	五					
杨家桥	南五区	市东三里竹叶溪上	八尺	五丈九	五尺	六					
小桥	南五区	市东半里竹叶溪上	六尺	五丈七	四尺	四					
张家桥	南五区	市东一里竹叶溪上	六尺	五丈六	四尺	四				光绪中	张氏倡修。
赵家桥	南五区	市东八里赵家堰	一丈	六丈五	五尺	八				咸丰时	赵氏募建。
夏　桥	南五区	市南二里白石溪上	九尺	五丈九	五尺	七					
兴隆桥	南五区	镇紫场杀牛滩上	一丈	六丈一	五尺	七		五			
寿星桥	南五区		八尺	五丈九	五尺	五		五			
十美桥	南五区	河口场	七尺	五丈八	五尺	五					
同缘桥	南五区		一丈	六丈二	五尺	七		五			
凤鸣桥	南五区		一丈一	六丈五	五尺	一					
福星桥	南五区		一丈五	六丈五	六尺	一		二			
荣宜桥	南五区	荣县、宜宾交界	一丈一	六丈	五尺	八					
上　桥	南五区	古家场	九尺	四丈八	五尺	五					

名称	方位	地址	尺度			修费				建筑时	建筑人
			高	长	宽	万	千	百	十		
浮萍桥	南五区	距市南十五里白石溪下流	八尺	五丈八	五尺	五		五		清初	募修。
双龙桥	南五区	市南二十里白石溪下	九尺	一丈一	五尺	七				清初	募修。
万顺桥	南五区	君子沟下流	八尺	五丈八	五尺	五		五		清初	募修。
观音桥	南五区	观音沟	八尺	五丈八	五尺	五					
石坳桥	南六区	永兴场	八尺	五丈八	五尺	五					
飞龙桥	南六区		一丈	六丈四	五尺	八				同治十年（一八七一）	募修。
虞家桥	南六区		九尺	五丈九	五尺	六				同治十二年（一八七三）	文生虞光华等募修。
棣花桥	南六区		八尺	五丈九	五尺	五		五		清时	李本春子世恭、世俭同建。
牛鞞桥	南六区	新桥场拥斯茫水滨刘家坝	七尺	五丈八	五尺	五					
白马桥	南六区	拥斯茫水上，共十二洞	八尺	六丈	五尺	六				道光二十七年（一八四七）	集众培修。
										光绪十年（一八八四）	谭开修培修一洞。
廖家桥	南六区	云台观山下拥斯茫水	八尺	六丈二	五尺	六				光绪十年（一八八四）	张文山募修。
仙马桥	南六区	董家场	九尺	六丈一	五尺	六					
响水桥	南六区	响水洞	一丈二	六丈	六尺	七		五			
绍兴桥	南六区		一丈	五丈五	六尺	六					
复兴桥	南六区		一丈一	四丈八	五尺	五					
高　桥	南六区	老龙场	一丈四	六丈	六尺	七		五			

名称	方位	地址	尺度			修费				建筑时	建筑人
			高	长	宽	万	千	百	十		
老龙桥	南六区		一丈二	四丈八	六尺	六					
大观桥	南六区		一丈五	五丈四	六尺	七		五		同治十二年（一八七三）	虞光华等募建。
万寿桥	南六区	雷音寺	一丈四	五丈六	六尺	七		五			
杨泗桥	南六区		七尺	五丈六	六尺	四		五			
迎恩桥	城西	西门外	一丈	十三丈二	八尺六	六				乾隆十四年（一七四九） 乾隆四十九年（一七八四） 乾隆五十五年（一七九〇）	知县徐德龙重建，更名『天星』。 知县张兆星重修，有记。 知县龚巽募捐，移左一丈，改为平桥，九洞。三清殿耆员周子忠时百又三岁，捐资独多，功竣日，迎之履桥。
观音桥	城西	距城三里望江坳左	九尺	六丈	五尺	八					
程家桥	西一区	距城五里地，以桥名	一丈一	七丈	五尺	二					
银锭桥	西一区	距城十里，上坡即白石铺	一丈一	七丈	六尺	二		一			
天心桥	西一区	石碓窝	七尺	六丈五	六尺	六					
双河桥	西一区	石碓窝	一丈	六丈五	五尺	七					
石塔桥	西一区	石塔河	八尺	四丈五	五尺	三		五			
古楼桥	西一区	古楼口	七尺	二丈四	五尺	三					

名称	方位	地址	尺度			修费				建筑时	建筑人
			高	长	宽	万	千	百	十		
观音桥	西一区	石碓窝交杜家井界	九尺	五丈五	六尺	四		五			
福寿桥	西一区	杜家井市后	八尺	五丈五	六尺	四		五		道光十八年（一八三八）	募建。
										民国十一年（一九二二）	冯琢章培修。
乐善桥	西一区	杜家井市后	八尺	四丈五	五尺	四		五		民国十一年（一九二二）	冯琢章重修。
石龙桥	西一区	距市五里	七尺	五丈五	六尺	四		五			
双遂桥	西一区	距市六里	八尺	四丈五	五尺	三		五			
双溪桥	西一区	距市八里	九尺	四丈六	五尺	四		五			
天伦桥	西一区	距市八里	七尺	四丈四	五尺	三		五			
寿星桥	西一区	距市八里	八尺	四丈四	六尺	四		五			
大悲桥	西一区	易家嘴	一丈五	二丈	七尺	四		五		民国戊辰（一九二八）	黄九文、张皋文协建，九文子知三督工，殒于崩石，故名。
金龙桥	西一区	县西十五里白石沟	九尺	三丈六	六尺	四		二		嘉庆九年（一八〇四）	武生张鲲、冯懋成等募修。
观音桥	西一区	和尚滩	一丈二	七丈五	四尺	三		五		同治三年（一八六四）	邹昌侣募修。
莲台桥	西一区	三清殿近和尚滩倒马坎	一丈	六丈	五尺	三				同治二年（一八六三）	里人募修。
天星桥	西一区	铁厂铺市后	二丈	五丈	七尺	四		五		民国庚申（一九二〇）	黄九文捐资。
平　桥	西一区	铁厂铺小桥沟	二丈	一丈二	七尺	四		五		民国己未（一九一九）	黄九文培修。

名称	方位	地址	尺度			修费				建筑时	建筑人
			高	长	宽	万	千	百	十		
七星桥	西一区	距市五里	七尺	五丈七	六尺	四		五		道光六年丙戌①（一八二六）	集资。
寿星桥	西一区	距市二里	八尺	六丈五	六尺	七				嘉庆庚辰二十五年（一八二〇）	募修。
星龙桥	西一区	距市三里	八尺	五丈四	五尺	六				民国五年（一九一六）	集修。
笱山桥	西一区	笱山铺	七尺	一丈四	五尺	四					
三星桥	西二区	石笋铺	七尺	五丈三	六尺	五					
石碑桥	西二区	石碑沟	六尺	三丈三	五尺	三					
望烟桥	西二区		八尺	六丈四	五尺	七					
硝水桥	西二区	硝水坝	七尺	五丈四	五尺	五					
李家桥	西二区		七尺	四丈四	五尺	四					
双龙桥	西二区	刘家场连犍为界	七尺	五丈五	六尺	五				清中叶	沈氏捐修。
夏家桥	西二区		七尺	四丈四	五尺	四					
汇南桥	西二区	范家坝	七尺	四丈五	五尺	四					
卞家桥	西二区		七尺	四丈六	五尺	四				清时	卞氏捐修。
向家桥	西二区		六尺	三丈二	八尺	五					
寡妇桥	西二区		七尺	四丈五	五尺	五		五			
朱家桥	西二区	朱家河	一丈六	四丈六	六尺八	一					
陈家桥	西二区		七尺	四丈四	五尺	四					
何家桥	西二区		一丈	五丈二	八尺二	一					

① 按：丙戌，原作『丙辰』，道光六年非『丙辰』，盖字形相近而误，径改作『丙戌』。

名称	方位	地址	尺度 高	尺度 长	尺度 宽	修费 万	修费 千	修费 百	修费 十	建筑时	建筑人
归宗桥	西二区		七尺	四丈四	四尺四	四					
观音桥	西二区	距刘家场五里	七尺	五丈五	四尺五	五				雍正十年（一七三二）	众建。
荣华桥	西二区	距市十三里茂林沟	七尺	四丈六	五尺	四				道光二十二年（一八四二）	张光九等募修，竖碑。
渡善桥	西二区		八尺	四丈六	五尺	五		五			
黑龙桥	西二区		八尺	四丈六	六尺	五		五			
皇龙桥	西二区		八尺	四丈六	六尺	五		五			
总旂桥	西二区		七尺	四丈五	五尺	四					
团坝桥	西二区		七尺	三丈四	五尺五	三		五			
跳石桥	西二区	跳石河	七尺	四丈三	五尺	三		五			
永镇桥	西二区	小井沟河拥斯茫水	七尺	四丈六	五尺	五		五		明时 道光二十年（一八四〇）	里人修。 张光裕等募修。
双龙桥	西三区	五通坝	八尺	四丈六	五尺	五		五			
广发桥	西三区		八尺	四丈四	五尺五	五		五			
一心桥	西三区		八丈	四丈五	六尺	五		五			
曹家桥	西三区		七尺	五丈六	五尺五	五					
善缘桥	西三区		八尺	四丈七	五尺五	五		五			
中坝桥	西三区		七尺	四丈三	五尺	四					
石梁桥	西三区	桥头奎阁水涨冲没，存迹	七尺	四丈四	五尺	四					
双溪桥	西三区		七尺	四丈五	五尺	四				乾隆戊申（一七八八）	募建。

名称	方位	地址	尺度			修费				建筑时	建筑人
			高	长	宽	万	千	百	十		
蓁叶桥	西三区		八尺	四丈七	六尺	六					
平滩桥	西三区	长山桥保	八尺	六丈六	五尺	七					
长山桥	西三区	山市所在，地以桥名	九尺	十八丈	五尺五	三		五			
宋家桥	西三区	宋家坝	七尺	四丈二	五尺	四				咸丰三年（一八五三）	宋氏倡修。
盐井桥	西三区	盐井沟	七尺	六丈六	五尺	七					
古佛桥	西三区		八尺	五丈五	五尺	五		五		清末	杨晋卿募修。
盂兰桥	西三区	鱼游滩	八尺	六丈六	六尺	七		五			
白马桥	西三区	白马丘	七尺	五丈四	五尺	五					
升平桥	西三区		八尺	五丈五	五尺	五				咸丰七年（一八五七）	募建。
踏水桥	西三区	踏紫山市二里	七尺	六丈四	五尺	七					
槐荫桥	西三区	程家冲	八尺	五丈五	四尺五	五		五		清中叶	王文陞建。
熊家桥	西三区		七尺	四丈四	四尺	四				清初咸丰中	熊氏倡建，张氏培修。
倒石桥	西三区	来牟铺保	七尺	四丈四	五尺	四					
高升桥	西三区		八尺	五丈五	五尺	四		五			
五皇桥	西三区		九尺	五丈五	五尺	六		五			
仙人桥	西三区		九尺	四丈六	五尺五	五				清初	募修。
玉鸡桥	西三区		八尺	四丈六	五尺五					清初	倡建。
天鸡桥	西三区		八尺	五丈四	五尺	五		五		清初	募修。
小河桥	西三区	竹园铺保	七尺	四丈五	四尺	四		五			
顺河桥	西三区		七尺	四丈五	五尺	四		五			
拱　桥	西三区		八尺	五丈四	五尺	五		五			

名称	方位	地址	尺度			修费				建筑时	建筑人
			高	长	宽	万	千	百	十		
冯家桥	西三区		七尺	四丈五	四尺	四					
佛耳桥	西三区	佛耳崖	七尺	四丈五	四尺五	四					
北桥	城北	北门外	一丈零五	十四丈	八尺八	六				乾隆二十二年（一七五七）	重建。
双龙桥	城北	北宋横溪阁畔	一丈一	六丈五	六尺	九				咸丰三年（一八五三）	募修。
聚星桥	城北	宋坝赫连沟汇北流处	一丈	二丈四	六尺	七				乾隆五十七年（一七九二）冬月	罗元璋、赵朝琏、宋石序募修。
广福桥	城北	东川、洛阳两溪合流下	五尺	三丈	二尺	一				光绪三年庚戌①（一八七七）	庠生林鋆等募修，有碑。
平桥	城北	东川沟下流北溪之上游	五尺	二丈	三尺	八					
贵人桥	城北	县北八里蓝桥坝下流	一丈	六丈五	六尺	八		五		道光二十四年（一八四四）	增生林志高募捐重建。
旭水桥	城北	县北六里杨家沟下流	八尺	一丈四	五尺	三		四		光绪丙辰②	龚净尘倡修。
桂兰桥	城北	县北七里杨家沟	一丈	六丈五	八尺	八				清嘉庆中	威远李振亨捐建。
										清咸丰时	里人陈书募众培修。
遇缘桥	城北	县北十二里笕水坳	一丈一	七丈	八尺	一				清中叶	威远李振亨修。
蓝桥	北一区	县北十五里天车坡下	九尺	四丈五	五尺	五		五		道光十二年（一八三二）	里人募修。
										光绪中	威远郭慎之重修。

① 按：光绪三年为丁丑年，非庚戌。此处记载有误。

② 按：光绪无丙辰年，此处记载有误，疑为丙戌年（一八八六）。

名称	方位	地址	尺度			修费				建筑时	建筑人
			高	长	宽	万	千	百	十		
自生桥	北一区	同心保	八尺	三丈六	五尺	五					
乐善桥	北一区		八尺	四丈五	五尺	五					
龙溪桥	北一区		八尺	四丈七	五尺	五					
天生桥	北一区		九尺	五丈六	五尺	六					
天知桥	北一区	双古坟保	九尺	四丈六	五尺五	五		五			
顺河桥	北一区		九尺	五丈五	五尺	六					
黄家桥	北一区	黄家坝	七尺	四丈三	五尺	四				清中叶	黄氏募修。
晏家桥	北一区	距市五里	八尺	四丈五	五尺五	五				嘉庆元年（一七九六）	里人募资增修。
范家桥	北一区	近市，上省孔道	七尺	四丈三	四尺五	四					
团坝桥	北一区		七尺	四丈二	四尺五	四					
曲水桥	北一区	曲水湾	五尺	四丈七	四尺	三					
孙家桥	北一区	顺江寺	六尺	四丈七	四尺	三		五		清末	孙氏倡修。
郝家桥	北一区		七尺	四丈二	五尺	四					
朱家桥	北一区	朱家河	八尺	四丈四	五尺	五				光绪中	朱氏募建。
杯盘桥	北一区	杯盘林	七尺	四丈三	五尺	四					
大板桥	北二区	观山场保	七尺	三丈三	四尺	三		五			
拱背桥	北二区		八尺	四丈四	五尺	五					
李河桥	北二区		九尺	四丈四	五尺	五		五			
卷洞桥	北二区		一丈	五丈六	五尺五	六					
金银桥	北二区	观山场、竹园铺两保交界	八尺	六丈四	五尺	六					

名称	方位	地址	尺度			修费				建筑时	建筑人
			高	长	宽	万	千	百	十		
德令桥	北二区	但家寺保	八尺	四丈五	五尺	五					
但家桥	北二区	但家坝	九尺	四丈五	五尺	五		五		咸丰时	但氏倡修。
天星桥	北二区		七尺	四丈二	五尺	四					
小桥	北二区	桐麻寺保	七尺	三丈三	四尺五	三		五			
朱家桥	北二区		八尺	四丈四	五尺	五					
福德桥	北二区		八尺	四丈五	五尺	五					
马堰桥	北二区	复兴场保马家堰	七尺	四丈三	五尺	四					
双龙桥	北二区	石门沟通仁寿、井研要道	七尺	四丈二	五尺	四				明嘉靖中 清乾隆中	里人募建。 复募重修。
踏水桥	北二区		六尺	四丈一	四尺五	三		五			
沟河桥	北二区	斗沟河	七尺	四丈二	五尺	四					
裕德桥	北二区	张家坝	六尺	四丈二	五尺	三		五			
济生桥	北二区	北八十里连仁寿界	七尺	四丈四	五尺	四		五		嘉庆中	仁寿萧义生捐修。
龟河桥	北二区	县北百里盐泉溪上	七尺	四丈三	五尺	四		五		乾隆四十七年（一七八二）	募建。
熊家桥	北二区		七尺	四丈三	五尺	四		五			
蔡家桥	北二区		八尺	四丈四	五尺	五					
福德桥	北二区		七尺	四丈三	五尺	四		五			
小桥	北二区	小高滩	一丈	四丈八	五尺	六					
迎紫桥	北二区	县北百一十里，与井研界	八尺	四丈五	五尺	五					

名称	方位	地址	尺度			修费				建筑时	建筑人
			高	长	宽	万	千	百	十		
杉溪桥	北二区		七尺	四丈三	五尺	四		五			
长发桥	北二区		七尺	四丈二	五尺	四					
朱家桥	北二区	拥斯茫水上，娄沟尽处	八尺	四丈七	四丈五	五				光绪甲申年（一八八四）	朱岳山重修。
渡生桥	北二区	拥斯茫水上	七尺	四丈八	五尺	五				光绪二十四年（一八九八）	募修。
梅子桥	北二区		六尺	四丈三	四尺五	三		五			
桂芳桥	北二区	黑荡沱	八尺	四丈四	五尺	五					
观音桥	北二区		七尺	四丈三	五尺	五					
响水桥	北二区		八尺	四丈五	五尺	五					
小板桥	北二区		六尺	三丈二	五尺	三					
朱建桥	北二区	拥斯茫水上省孔道	六尺	四丈四	五尺	四		五		嘉庆九年（一八〇四）	朱建捐修。
										光绪二十七年（一九〇一）	龚万春培修。
熊家桥	北二区		九尺	四丈二	五尺	四		五			
楠木桥	北二区		九尺	四丈八	五尺	五					
朱昌桥	北二区		九尺	四丈六	五尺	五				清中叶	朱昌倡修。
高升桥	北二区		八尺	四丈八	五尺	五					

民国《志》原注：本表方位、区域、尺度、修费据县统计课调查旧卷。名称、地址、建筑人、年代，参稽旧志及初次访册。余则故实无可咨询，路线水线未敢臆列，特具事略如右。

第三卷　食货赋役

《禹贡》则壤成赋，《周官》计数征令，理财用民之道，不綦重哉！荣东南多膏腴，西北多硗瘠，躬耕者劳逸不同，而收获亦因之有差，准其地以为多寡，所谓取民有制也。三荣虽无异产，如贡井之盐、火井，铁山之石炭，实为川岳效灵，于民生日用，重有赖焉。因并诸方物详记之，亦所谓『不贵异物贱用物』之意也。

一、物产资源

《周礼》大司徒以土会之法辨五地之物生，以土宜之法辨十有二土之名物，观貉不逾汶，橘不逾淮，知凡物皆有迁地弗良者。荣所产未足尽水陆之奇，而适民用者亦多。（光绪《志》卷二十四）

荣以盐铁著称。《汉志》：『南安有盐官、铁官。』诸葛铁山铸兵器①，时其业必盛。《华阳国志》云：南安县，有柑橘官社。汉有盐井，出名茶。《唐书》，土贡：绸斑布、葛、柑、利铁。②利铁，《元和郡县志》所云『和铁』也。《宋史》：贡斑布，有盐井。而铁无闻。距今数百年，盐业日盛一日，而铁几于不存。县境无特异之产，亦无大宗之物。常事不书，则无一可书矣；尽所有书之，又书不胜书。特录其于古有征，于今有用者。有用，望以后之发展改良；有征，则于读书者诂训之一助。区其类，曰谷，曰蔬，曰果，曰花，曰草，曰药，曰木，曰鸟，曰畜，曰兽，曰虫，曰鳞，曰食货，曰矿。（民国《志》卷六）

（一）五谷杂粮

五谷

乾隆《志》所载：

谷之属：曰粘谷，约二十种，民借以佐饔飧。曰糯谷，约三十种，借以酿酒。糯谷有不须水种者，干田坡地乘时下种，收获颇丰。粘谷有早、晚二种，荣土宜早不宜晚。

黍有酒黍、饭黍。

稷可成酒，成曲。

① 按，雍正《四川通志》卷二十五『井研县·铁山』条云：『在县东北六十里，产铁，极刚利，武侯取供兵器。』

② 按：详见《新唐书》卷四十二《地理志》。

粟有黄、白、赤三种：黄、白者可以佐饘粥，赤者可以蒸酒。

麦之属有四，曰大麦、小麦、油麦、燕麦，俱可以佐食，可以蒸酒。

菽之属有六，曰蚕豆（俗名胡豆），曰黄豆，曰黑豆，曰菉豆，曰菀豆，曰赤豆。

嘉庆《志》所载：

粘谷①、糯谷②、百日早、大桂阳粘、小桂阳粘、香谷、红稻、麻稻、雷粘、酒黍、饭黍、稷③、粟④、大麦、小麦、油麦、燕麦、蚕豆⑤、黄豆、黑豆、菉豆、菀豆、赤豆、荞⑥。

民国《志》所载：

稷　稷为五谷之长。《尔雅》：『粢，稷。众，秫。』《说文》：『稷，斋也。』《曲礼》：『稷曰明粢。』《月令》：『首种不入。』郑玄注：『旧说：首种谓稷。』《大戴礼》注：『庶人无常牲，故以稷为主。』故稷以名官，奉稷而祀之。孙炎、郭璞注：『秫曰黏粟。』《说文》：『粟，嘉谷实也。』知粢，知秫，知粟，即知稷矣。稷者，谷属，北方所谓稷米也，小米也，故小雪曰稷雪。程瑶田《九谷考》妄以高粱当之，其辨专辄，世士趋风。按之《雅》纪，无一而合。高粱岂得为五谷之长？一也。稻则有惊蛰秧，早包谷四月已熟，高粱灼非首种，二也。《说文》：『秫，稷之黏者。』高粱与秫悬隔，三也。《左传》『粢食不凿』，故曰疏食。而曰稷形大，故得『疏』称，岂非谬说？四也。稻、粱、黍、稷，民食之天，独以高粱设官建祀，抑何不伦？五也。王引之谓：『高粱不黏者，粢稷也，以作饭；其黏者众秫也，以酿酒。』是并不知高粱种性。宜邵二云⑦、郝兰皋⑧、洪稚存⑨纠正之。

粳　俗曰饭谷。农称极繁，其略三叶栽、五叶实、七叶熟。早熟有黄瓜早、六十早、盖草黄、麻壳、长粒糉杓、撒穤子⑩、西阳早诸种。晚熟有稀粒糉杓、香谷二种。中熟有铁荚谷、团荚谷、白谷、黑节蓝、马尾黏、大叶黏、齐头黄、红花谷、辟瘟黏、冷水黏、大桂阳黏、小桂阳黏、大秆各种。『黏』，当作『占』。《本草》：秈⑪稻一名占稻，种出占城国⑫，故名。『秈』，古作『稴』，《说文》：『稴，稻不黏者。』

稬　讹作糯，俗曰酒谷。有早、晚二熟，早熟曰响壳糯、猪油粒、麻壳大谷、白壳大谷诸种；晚熟曰五子种。居饭谷十

---

① 原注：有早、晚二种，宜早不宜晚。
② 原注：有不须水种者，干田坡地乘时下种。
③ 原注：可成酒成曲。
④ 原注：有黄、白、赤三种。
⑤ 原注：俗名胡豆。
⑥ 原注：有黄、白二种。
⑦ 邵晋涵（一七四三—一七九六），字与桐，号二云，又号南江，浙江余姚人，清代学者、史学家、经学家。著有《尔雅正义》等。
⑧ 郝懿行（一七五七—一八二五），字恂九，号兰皋，山东栖霞人，清代经学家、训诂学家。著有《尔雅义疏》等。
⑨ 洪亮吉（一七四六—一八〇九），字君直，一字稚存，号北江，晚号更生居士，阳湖（今江苏常州）人，清代文学家、经学家。著有《春秋左传诂》等。
⑩ 原注：穤，读如『刁』。
⑪ 秈，同『籼』。
⑫ 占城，古国名，位于今越南中南部地区。

之一。

餈巴 《说文》：『餈，稻饼也。』蒸糯米揉之。《礼记》曰『粉餈』。今以油炸之，曰『油餈』。『巴』之名无谊，而五谷所揉为『糍』，俗通名『巴』。民国《志》按，《说文》：『糜，糁也①。从米，麻声。』黄帝初教作糜，此今所呼『巴』也。《广韵》八戈：『餍，莫婆切。』餍，食也，亦可以『餍』当今『巴』名。《南史》：『齐衡阳王子钧，母病，左右以五色鉼饴之，钧不食，曰：「须待姨差。」』《虞悰传》：『悰以孝闻，终丧日，唯食麦鉼二枚。』鉼，巴亦复声转。今俗以『巴』字无理，别作『粑』字，妄也。

陆稻 俗曰干谷，有鸳鸯黏、耐干谷二种。旱年种之。

黍 有黏、不黏二种：黏者为酒，曰酒黍；不黏者为饭，曰饭黍。

粟 禾也。《说文》：『禾，嘉谷也。』『粟，嘉谷实也。』宋禾瑞不一：咸平二年（九九九）七月，资官县吏董昭美禾一茎九穗者各一。景德三年（一〇〇六）九月，荣州禾一茎十八穗。大中祥符八年（一〇一五）四月，旭川县民任庆和田禾一茎九穗。天圣四年（一〇二六），荣州禾一茎九穗。景祐三年（一〇三六），荣州禾一茎九穗。庆历七年（一〇四七）九月，荣州嘉禾合穗。

杂粮

乾隆《志》所载：

荞有白、黄二种，春秋俱可撒种。青稞无稗，间有种于山坡者。芝麻、薏米漫撒干土，亦宜。

民国《志》所载：

豆 《广雅》：『大豆，尗也。』《诗》『采菽』是也。今曰大青皮豆，次曰大黄豆。小豆曰荅，今小黄豆、黑豆、猪肝豆是也。配盐幽之，曰豆豉。磨而凝之，曰豆腐。民国《志》按：豆腐，传始淮南王安。②《急就篇》『甘豆羹』，注：『以洮米泔和小豆而煮之③。一曰以小豆为羹，不以醯酢。』是野人农夫之食，尚不能精，大抵名之曰羹，曰酱耳。如《蜀都赋》注『蒟蒻酱』，即今云『磨芋豆腐』也。宋则通见记载，陆游诗『洗鬴煮黎祁』，注：『蜀人以名豆腐。』『黎祁』或作『来其』。近人考其质，养分具足，通其变，逾三百种，其用博矣，宜乎专豆之名也。豆腐郁而朽之，曰香豆腐。王壬秋④都讲尊经，发咏课士，亦蜀故焉。

胡豆 一名蚕豆，凡物析之而名愈多，别有豆尤肖蚕者，

---

① 糁也，原误作『糁糜也』，据《说文解字》删。

② 刘安（前一七九—前一二二），汉高祖刘邦之孙，淮南厉王刘长之子，袭父封为淮南王。刘安喜读书鼓琴，不爱弋猎狗马驰骋，招养天下才俊三千余人，云集寿春，议论天下兴亡，收集古史逸闻，成《淮南子》一书。世传他是豆腐的发明者，《本草纲目》云：『豆腐之源，始于前汉淮南王刘安。』

③ 『小豆而』，原脱，据《急就篇》补。

④ 王闿运（一八三三—一九一六），初名开运，字壬秋、壬父，号湘绮，湖南湘潭（今湘潭市）人，清末民初学者、文学家。咸丰举人，同治初为两江总督曾国藩幕客。后讲学四川、湖南、江西等地。治经主今文公羊学，通群经，工诗与骈文。光绪五年（一八七九），王闿运应四川总督丁宝桢之邀掌尊经书院长达八年，对近代巴蜀文化影响颇大。著有《湘军志》《湘绮楼日记》《湘绮楼诗文集》。

要之，胡豆即蚕豆矣。胡，大也。《尔雅》曰：『戎菽谓之荏菽。』注：『即胡豆也。』《尔雅》专释诗文，『荏』『戎』，皆大也。郭璞以『齐桓公北伐山戎，出冬葱及戎菽，布之天下』，此衰周之戎菽也。今胡豆乃后稷所种，种自深秋，季春乃熟，温地宜之。北方冱寒，蚕豆今少，尤非山戎所宜。故知『旆旆荏菽』①，即此矣。或疑《豳风·小明》之菽，蚕豆非其时。不知彼言菽，非戎菽也。或疑戎菽与禾瓜同称，蚕豆非其时，不知综述农功事，麻麦亦非夏季也，《管子·地员篇》：『五土之宜，率援旧制。』所云『恚目』，惟胡豆花白睛黑珠，如瞪眼然。乡居入用最广，常馔外，以酱油为大宗。其法：沤而磨之，滤其甲，令净，郁以黄荆，令生衣，载淘载晾，曰豆瓣；一升配盐三斤，加水则加盐，暴晒烈日中；五月作，七月满缶香矣。当慎者，盐如其剂，少则臭也。其作辣豆瓣，入以面，法小异。县沃土及田塍皆种，井肆饲牛之需，四方运而致者等谷食。今火车兴，而牛料减矣。

豌豆 《广雅》曰『蹓豆』，盖西域种，故亦曰胡豆，非《尔雅》戎菽之胡豆也。北方以正月种，与崔寔《四民月令》合。南方及秋种之。其大者白花，《齐民要术》曰『豍豆』，今大白豌豆也。小者紫花，今麻豌豆也。嫩苗曰豌豆颠，嫩荚可罐储。常馔外可造酱，磨而滤之为索粉，尤周于四方。

豇豆 《广雅》曰『跭䠻』②。跭者，其纹绛也；䠻者，一蒂双绦，如垂箸也。张骞得之外国，故古通称胡豆。种有白、青、红、紫之殊，皆可继粮。白者名饭豆，田家曰侧豇，尤席上之珍，一粒一珠也。

菉豆 小豆类。或曰菉当作『绿』。粒大而色鲜者为官绿，皮薄粉多；细而色深者为油绿，皮厚粉少。浸之水，生豆芽。

大麦 麰也，亦曰谷麦。有六棱、光头、四棱、红棱、火烧诸种。贫民或食之，余则饲豕、酿酒。

小麦 麳也。有油条、胡豆黄、石桥、光头、陕麦、白小麦、泡小麦诸种。磨面、制酱油，用最广。

油麦 山地多种，饲豕，饵食亦美。

荞麦 有甜苦二种：甜荞磨面，苦荞饲豕。

燕麦 早熟，俗名鱼鳅麦，饲豕，酿酒。

稗 禾别也，俗名鸭脚稗。磨食之，嘉。

包谷 一曰玉蜀黍，曰玉麦。近人郑珍据《山海经》《穆天子传》，以为即古之木禾，作《玉蜀黍歌》张之，略云：神禹所见益所记，远在稷播以前蓺岷嶓。棕笋脱绷鱼努目，鲛胎出骨蜂露窠。《竹书》又名为『荅堇』，其时见之黑水阿。黑水今在云南中，远与蒟酱惊黄嶓。③民国《志》按：以木禾当包谷，持之有故。不然，木禾不应失种，舍包谷又名实无相当者。惟黑水之说，不能以周后地望上泥三古版图。据今译西史西图，昆仑

① 按：语出《诗·大雅·生民》，云：『蓺之荏菽，荏菽旆旆。』

② 按，《广雅》：『胡豆，跭䠻也。』《本草纲目》：『豇豆，一名跭䠻，音绛双。』李时珍曰：『此豆红色居多，荚必双生，故有豇之名。』《广雅》指其为胡豆。

③ 按，此诗《清诗纪事》《郑珍巢经巢诗集校注》（贵州人民出版社，一九九二年）作：『……此谷从何来？远在稷播以前蓺岷嶓。……神禹所见益所记，《西经》具在言岂讹。……棕笋脱绷鱼弩目，鲛胎出骨蜂露窠。……我读《竹书》又知更名为「荅堇」，其时见之黑水阿。黑水今在云南中，益见我言非炙輠。……木禾自是梁益产，远与蒟酱惊黄嶓。……』

者，喀喇山也，其境在今为巴比伦亚西里亚，当里海、黑海之间。《穆天子传》『黑水』即幼发拉底河，有两源，西源曰喀喇乌苏，译云黑水。是荅堇之来，自葱岭以西，地形巧合。其传植中国，先遍西南之陬，非周世职方所有，故雅记无之。郑氏歌谓：『职方五种载《周官》，较之尧称百谷已无多。木禾自是粱，益产，歌《豳》刊落元非苛。自通夜郎略邛僰，伏猪名乃传清河。』固言之成理也。今包谷犹以西南为大宗，种庶名繁，功居稻麦之半。故备举郑说，推所自出焉。

高　粱　《广雅》：『藋粱，木稷也。』高粱非稷，以其高，故云『木稷』，犹包谷非禾，以其高故云「木禾」也。《博物志》名蜀黍。王桢《农书》又名蜀秫，名芦穄，名芦粟，名荻粱。以种来自蜀，形类黍稷，故曰蜀黍。《齐民要术》曰巴禾，曰木稷。民国《志》按：高粱味涩，专用造酒，非常食，而程瑶田辨之，谓直隶、山东、山西、河南、陕西，为贱者之常食，诚强辨矣。京师人人所知，何尝恃高粱度日？若徒救饥而已，蜀民又何尝不食哉？而段玉裁、王引之、朱骏声附之，误已。

脂　麻　胡麻也，一曰油麻。《汉书·司马相如传》注引苏林曰：『油，音油麻之油。种有二，白者油香美。』《四民月令》云：『胡麻，白者油多，黑者入药良。』《七修类稿》：『种芝麻必夫妇同下其种，收时倍多。僧无妇，种芝麻无得者。』

苡　仁　薏苢，俗曰六谷，入药。『人』『仁』通，故今通曰苡仁。

天星米　粒如黍，爆之成花，和糖作饼，曰天星饼。

（二）菜蔬瓜果

菜蔬

乾隆《志》所载：

油菜、青菜、白菜、苦荬菜、莴苣、萝卜、山药、苋菜、菠菜、刀豆、茄子、扁豆、豇豆、葱、韭、薤、蒜、姜、山茹、蒿菜、芹茶、蒟蒻①、荛②、茭白、荠菜、蹲鸱③。

民国《志》所载：

油　菜　《说文》：『菜，草之可食者。』是菜者，众蔬之大名，云油菜者，芸台也，色红、白、青，均可榨油。其抽心者，郭璞所谓『茎头有台』。《尔雅》『台，夫须』『艾，冰台』，均名由义立。《广雅》作『薹』，后起字也。台红者尤腴脆，屡摘屡发，蕻如蓍矣。韩子苍有《菜花干》诗『小摘黄花日中晒』，『中有巴蜀斋厨香』。④知宋时陵州习制。陵，今仁寿也。茄、萝卜、

① 原注：俗名『鬼药』。
② 原注：红、白二种。
③ 原注：即芋，其茎有红、白二种。
④ 韩驹（一〇八〇—一一三五），字子苍，蜀仙井监（今四川仁寿）人，宋代诗人。徽宗政和初以献颂补假将仕郎，召试，赐进士出身，除秘书省正字，累官著作郎、中书舍人，直学士院。高宗时知江州，卒于抚州。其学源于苏氏，诗风清逸。著作有《陵阳集》。《顺老寄菜花干》诗云：『道人禅余自锄菜，小摘黄花日中晒。峨嵋粳脯久不来，曲糁姜丝典刑在。封题寄我纸作囊，中有巴蜀斋厨香。起炊晓甑八月白，配此春盘一掬黄。』

阿瓜，乡中均截丝暴之，以为冬蓄。独菜台无干者。习久而变，专取风露土膏之气矣。

蕹菜 俗曰空筒菜，宜菹。《南方草木状》：『野葛有大毒，以蕹菜汁滴其苗，当时萎死。』世传魏武啖野葛至一尺，先食此菜。《齐民要术》作『雍菜』。

白蒿 古曰『蘩』，一曰『由胡』，俗呼『软蓬』。清明时，茸茸而白，采为饵，以荐祖墓，古采蘩祭祀之义也。其青者曰『菣』，俗曰『青蒿』。

莲花白 春夏菘也，叶层裹而坚，圆如大球。种近他蔬，则变不裹矣。凡草木花叶，感气而移，遇旱尤多怪变。沈括言：『熙宁中，李及之知润州，园菜悉成荷花，花中各生一佛，暴干而像依然。』① 近年成都近县，南瓜蔓成龙形，身博如蝮，宽及两掌，努目垂髯，爪、牙、角、尾胥备，卒无他异。大抵芜菁、菘、芥诸品皆然，因类触之，君子借以修省，桑穀之遗戒也。②

苋 《说文》：『苋，菜也。』赤曰蕢，忌鳖。

苦菜 古曰『荼』，与荼蓼之『荼』别，亦曰『苦』。以芼铏羹。《唐韵》曰『苦荬』，俗音如马。叶煎食，亦作菹，秋后新叶宜豆粥。

染绛 叶似参，苗茹滑，子绛汁。殆参之类族。

蕨 有甜蕨、苦蕨。甜蕨春生台，曰蕨台，根磨粉，曰蕨粉，载旧志。数十年无采制者，固哉！山农也。《广雅》：『茈綦，蕨也。』綦，范书③《马融传》作『萁』。故俗曰『蕨基』，因误『脚鸡』，谓象鸡脚。区冷、蕝二种。洪迈以蕨萁养人。乾道辛卯（一一七一）、绍熙癸丑（一一九三），荒旱，民掘根捣粉，数十里数千人，半年中倚此为命。近合江制蕨皮，暴粉如胶，沃而烹之，滑如海参。荣北山尤多，数百年前，老林口一带，蕨与崖齐。十年前，仰天窝一带，播间祭火，延烧一山，今垦矣，盖征人满之患。

海椒 俗曰番椒。民国《志》按：苏、浙、广东无嗜者，番、海之名，不为典要也。凡物传之既久，自非草之葱、韭、姜、蒜，木之桃、李、松、柏，率皆方言淆惑，人异其词。惟证以至确之音，别无相当之物，斯信谳矣。如海椒，今京师通呼『秦椒』。《山海经》：『景山多秦椒。』《急就篇》注：『椒谓秦椒及蜀椒也。』《范子计然》云：『秦椒出天水、陇西，细者善。』以京师言证之，他无通行之物呼秦椒者，而臆说以实之，非也。『秦』音近『申』，故《离骚》曰：『杂申椒与菌桂兮。』今亦无通行之物呼申椒者，则申椒即秦椒，秦椒即海椒，审也。惟禀气英烈，西南常食不离，余地或与辛迕，不能尽天下而皆种，入目者稀，遂蒙以番、海之目，而亘古相传之绪，转嫁名他物，识者寥寥。宋育仁曰：『海椒，古之蓼也。』《周颂·小毖》曰：『予

---

① 沈括《梦溪笔谈》卷二十：『菜品中芜菁、菘、芥之类，遇旱，其标多结成花，如莲花，或作龙蛇之形，此常性，无足怪者。熙宁中，李宾客及之知润州，园中菜花悉成荷花，仍各有一佛坐于花中，形如雕刻，莫知其数。暴干之，其相依然。或云李君之家奉佛甚笃，因有此异。』

② 桑穀，二木名。古时，以桑穀生于朝为不祥。《史记·殷本纪》：『亳有祥桑、穀，共生于朝，一暮大拱。帝太戊惧，问伊陟。伊陟曰：「臣闻妖不胜德，帝之政其有阙与？帝其修德。」太戊从之，而祥桑枯死而去。』孔颖达疏《尚书·咸有一德》云：『桑穀二木，共生于朝。朝非生木之处，是为不善之征。』

③ 按：《后汉书》，作者范晔，故此简称『范书』。

又集于蓼。」民国《志》按：『蓼』与『茏』古相似，而叶稍狭，其子谓之蓼实，状与椒符，其辛任调和，谓古之『蓼』即今之『椒』可也。《山海经》多后人增益，度禹时乡物，尚匪秦名，故周时言『蓼』，而今本言『秦椒』，《离骚》言『申椒』。凡厥三名，不妨一物。又『申』，『神』也，『申椒』犹『神椒』也，『神』『辰』一音，晋『辰韩』又谓『秦韩』。名以音起，不必定系天水、陇西。如景山即今之闻喜，非秦州矣。种有圆者、长者，尤以七子攒心为极烈，故《计然》云『细者善』。

茄　《尔雅》：『芙蕖①，其茎茄。』今之荷筒也，汉时已借为蔬名。王褒《僮约》：『别茄披葱。』亦作『伽』。扬雄《蜀都赋》『旧菜增伽』是也。子渊、子云皆蜀人。晋王嘉《拾遗记》：『脯以青茄。』梁沈约诗：『紫茄纷烂熳。』隋炀帝呼为『昆仑紫瓜』。则茄不止蜀产矣。白者曰银茄，黄山谷诗：『待得银包已成谷，更当乞种过江南。』是乃谢杨履道之作，『乞种』云者，岂宋时蜀有白茄，江西无之耶？《宋史》：洪咨夔上疏，其父曰：『吾能吃茄子饭，汝无忧！』茄子入饭，实甘腴，非穷况也。今京师茄圆扁形，多肉少子。桂林有宿根茄，其本不凋，明年结实，皆比荣产佳。

菌　《尔雅》注：『地蕈。』俗曰菇，名以形色而繁。大抵鸡㙡规例尚已，凡有钉盖，构造如鸡㙡者皆良。其赤蛇色，或奇大，或诡如楼台，或腐处无蛆，皆毒气所蒸，宜慎。赵熙曰：『余行巫峡中，山妪售干菌，舟人利值贱，畅餟之，谓菌经火炕，毒胥净。尝之果清香，如粤冬菇也。』沪译《西国种菌法》，准蘑菇例必效。村僮言，鸡㙡茎壮者，蓄其荄，以浓涎唾折处，越宿即茁。是可以参菌理矣。树生者，松菌、青㭎菌、紫菌、竹菌。贡井独一山以二月化生，名绿水菌。春雷坼包，撷百花之元素，校其品，惟藐姑宜。佛书云，无功受施比丘，化木菌供众会，因鸣孽报可畏。亦见是菌多且贱也。

韭　《说文》：『韭，菜名，一种而久者』。《礼》：『韭曰丰本。』②《尔雅》：『藿，山韭。』古为豆实，其花谓之菁，杨风小柬：『当一叶报秋之初，正韭花逞味之始。助其肥羜，实谓珍羞。』③近年圃师培沙作畦，旋长旋壅，令避风日之侵，茎白如玉，颠如淡黄春柳，曰韭黄。此法已见北宋梅都官诗，而荣为新品。《说文》：『䪢，韭郁也。』今更无之。计与盐菜、冬菜、蒜台同法。《尔雅》：『荄，根。』注：『俗呼韭根为荄。』

薤　正作䪥④，《尔雅》：『䪥，鸿荟。』盖薤，即鸿、荟合声也。山薤曰蒚⑤，今野生者尤辛，通胃气。

姜　姜以蜀为美。《吕览》：『阳朴之姜。』高诱注：『阳朴，

① 芙蕖，原作『扶渠』，据《尔雅注疏》改。

② 语出《礼记·曲礼下》，云：『凡祭宗庙之礼，牛曰一元大武，豕曰刚鬣，豚曰腯肥，羊曰柔毛，鸡曰翰音，犬曰羹献，雉曰疏趾，兔曰明视；脯曰尹祭，槁鱼曰商祭，鲜鱼曰脡祭；水曰清涤，酒曰清酌，黍曰芗合，粱曰芗萁，稷曰明粢，稻曰嘉蔬，韭曰丰本，盐曰咸鹾，玉曰嘉玉，币曰量币。』

③ 按：杨凝式（八七三—九五四），字景度，号虚白，华州华阴（今陕西华阴）人。唐末五代时期宰相、书法家。其《韭花帖》云：『昼寝乍兴，輖饥正甚，忽蒙简翰，猥赐盘飧。当一叶报秋之初，乃韭花逞味之始。助其肥羜，实谓珍羞。充腹之余，铭肌载切。谨修状陈谢，伏惟鉴察，谨状。七月十一日。』

④ 䪥，即藠头。

⑤ 蒚，即野藠头。

地名，在蜀郡。』①古南安，正蜀郡属县也。

原 荽 胡荽也。《切韵》曰：『张骞使西域，得大蒜、胡荽。』其香御膻气。

蘘 荷 俗音近『羊荷』。制盐菹，色善，冬储之良也。葛洪方：『人得蛊，欲知姓名，取蘘荷叶着病人卧席下，立呼蛊主名。』②颜师古云：『治虫蛊，本此。』

蛾眉豆 扁豆也。扁，古作『稨』。《玉篇》：『稨，篱上豆。』

刀 豆 一名挟剑豆。

狗爪豆 狸豆也。《尔雅》：『欇，虎櫐。』虎豆也。小者谓之狸豆。

芋 《说文》：『大叶实根，骇人，故谓之芋。』民国《志》按：此名必起上古，于百卉之中，惊而名之，可推人心之朴。水陆异种。据《史记·货殖》之文，蹲鸱，蜀产为最。

蘑 芋 蒟也。《蜀都赋》：『其园则有蒟蒻。』注：『蒻，草也。其根名蒻，头大者如斗，其肌正白，可以灰汁煮成，凝成，可以苦酒淹食之。』③《本草纲目》：『蒻头，一名鬼芋。』其汁今曰『鬼豆腐』。

茭 笋 『茭』今音如『高』『菰』之双声也。《尔雅》：『出隧，蘧蔬。』注：『似土菌，生菰草中。』今小者曰茭笋，古菰菜也；大者曰鹅笋，象鹅卵，古菰首也。程瑶田④曰：『成菌者牝茭，不菌而吐秀结实，古称雕胡饭者牡茭。』县产有笋者。

菱 角 《说文》曰『芰』，《尔雅》曰『蕨攈』。可生啖，作粉尤良。

芡 实 《说文》：『鸡头也。』补脾。

薯 《齐民要术》作『甘薯』，似芋，有巨魁，去皮，肌肉如脂肪。南人以代谷。民国《志》按：甘薯始出交趾、武平、九真、兴古，故曰番薯。『番薯』与『甘薯』音近，『薯』与『苕』又音转，故俗曰苕。有红、黄、白各种。

薯 蓣 山药也，一曰玉延，俗呼白苕，有红、白、淡绿三种。曰牛尾苕者，数岁一掘。

萝 卜⑤ 芦菔音转。《后汉书》：『更始乱，宫人食萝菔根。』是汉已读『芦』为『萝』。郭璞云：『俗呼雹突。』是晋音又转矣。宋周密言：『蜀呼为葵子。』今不闻是语也。《广雅》曰『菈遬』，《埤雅》曰『来菔』。《方言》注：『江东呼为温菘，种分大、小、红、白，冬夏可种。初生苗叶可食，成根可生啖，可熟馔，可菹，可暴，性已煤毒。』《洞微志》：齐州人病，梦一红裳小姑歌曰：『五云叶盖晚玲珑，天府由来汝府中。惆怅此情言不尽，一丸芦菔火吾宫。』一道士治之曰：『犯天麦毒也，食萝

---

① 语出《吕氏春秋·本味篇》，云：『和之美者，阳朴之姜。』

② 语出《齐民要术》卷三，云：『葛洪方曰：「人得蛊，欲知姓名者，取蘘荷叶着病人卧席下，立呼蛊主名也。」』

③ 《文选·蜀都赋》原注作：『刘逵曰：蒟，蒟酱也，缘树而生，其子如椹，熟时正青，长三四寸，以蜜渍而食之，辛苦香温，调五脏。蒻，草也，其根名蒻，头大如斗，其肌正白，以灰汁煮则凝成，可以苦酒淹食之，蜀人珍焉。』

④ 程瑶田（一七二五—一八一四），字易田，一字易畴，号让堂，安徽歙县人，清经学家。乾隆举人，官江苏嘉定（今属上海市）教谕。与戴震、金榜同为江永门下生，读书好深沉之思，于义理、训诂、制度、名物、声律、象数无所不窥。著有《通艺录》等。

⑤ 按：卜，原作『葡』，因与『卜』之繁体『蔔』形近致误。

卜而愈。』神宜沙地，县有大数十斤者，咸云圃瑞。

白　菜　菘也，《埤雅》：『菘性凌冬不凋，四时长见，有松之操。』黄英者良。菘，大名，故菜之属，以菘名者广，而皆由白菜推之。

青　菜　芥也，苏颂《本草注》：『青芥似菘，有毛，味极辣。』其台曰青菜台，其叶形磊砢者曰包包菜。青菜之制，最精者曰『冬菜』，其乡中通制者曰『盐菜』。

大头菜　芜菁属，一曰大根菜。县有盐其苗、腊其根以嫁女者，储至百年不朽。一物也，占古风焉。

羊角菜　以形名，可为酢菜。

瓢儿菜　得霜味腴，红者止饲豕。

波　菜　波棱也。《唐书·西域列传》：『贞观二十一年（六四七），泥婆罗遣使人献波棱菜、浑提葱。』

莴　笋　《类篇》曰『莴苣』。

芹　《说文》作：『莛，菜，类蒿。』

葱　四时皆有者曰『四季葱』。冬日曰『茖葱』，茖，俗呼为火。入羹，亦可为菹。

蒜　荤菜，祛毒。冬食叶，春食茎，根淹咸菜。干者古曰燥蒜，见《晋书·惠帝纪》。晋褚裒女为康献皇后，名蒜子。古珍膳耶？故以况女。

荞　读如『叫』，俗曰『荞头』，曰『鹅脮荞』。《广雅》『韭，䪥，荞。其华谓之菁』，故知韭䪥属者荞也。《尔雅》：『藿，山韭。』藿、䪥、荞，一声之转。一名韱，《说文》：『韱，山韭也。』古椓，读若导服之『导』，火部，炮从㿝声，读若『馰』，则韱、荞音变，古例亦通。荞叶近韭，大根色白，为殺为盐菹皆嘉。《本草》曰『藠』。民国《志》按，《玉篇》：『藠，草名。』不言韭䪥属也。

苦荬菜　俗曰苆菜，宜豆汁，宜粥。

茨　菇　葧荠也，即凫、茈声转，又名乌芋。苗如龙须，根结子如小芋。乌色而光，可生啖，可熟食。磨粉胜于藕，可化食，通呼曰茨菇。其一种名蔀菇，名水芋，乌芋者，叶有桠，如铫箭镞，可化铜，可治蛇毒，今名野茨菇，乃古之茨菇也。

野豌豆　薇也。陆玑《毛诗草木鸟兽虫鱼疏》：『茎叶皆似小豆，蔓生，其味亦如小豆。藿可作羹，亦可生食。』

侧耳根　郑樵以为蕺也，樵不言所据。民国《志》按，《埤苍》：『葅，蕺也。』左思《蜀都赋》：『樊以葅圃。』《风土记》：『蘵，香菜。』蜀人所谓葅香。《说文》作『葅』。

排风藤　苗可茹，小儿煎水服，去风。

扁竹根　人家以入豆豉。有积食者，掘根盉酒服之效，多则杀人。《说文》：『萹，萹茿也。』别一物。

马　兰　俗曰『马矢苋』，中药，初生可蔬。

鸭　跖　俗名竹叶菜，可食。

灰　藋　俗呼『灰须菜』，古之『藜』也。《广雅》『堇藋也』，白灰藋也。《广雅》『笔藜也』，藋心之红粉者也。北方赤藋，高逾丈，大如竹。《庄子》『原宪杖藜而应门』，即此。初生可茹，《墨子》『藜羹不糂』①，即此。

瓜

乾隆《志》所载：

西瓜②、冬瓜、菜瓜、王瓜、苦瓜、南瓜、丝瓜、瓠子、葫芦③。

民国《志》所载：

黄　瓜　古曰胡瓜。《拾遗录》云：『大业四年（六〇八），改名黄瓜。』④有黄、白二种，白者曰蛮黄瓜，实较迟。

瓠　古之匏也。有苦者，苗初生，尝而去之；甘者嫩叶亦宜馔。《诗》『幡幡瓠叶，采之烹之』⑤是也。实有圆、长诸形。凡为瓢，为葫芦，为壶者，皆瓠也，俗曰瓠子。

赵熙曰：古今天然语例，率以两字为位，多者减之，少者增之。『招提』『菩萨』，减四言为二言也。『方朔』『葛亮』，减三言为二言也。增奇为偶，率以『儿』字、『子』字足之，『茄子』『豆子』，推类至为繁博。盖取便于唇齿间者，天然也。瓠子，古已通称。唐裴宏庆署张虎望为冬瓜堰官，虎望不平。裴曰：『瓠子守冬瓜，所谓过分。』虎望乃张祜之子，『祜』『瓠』音同，故谐之。

苦　瓜　以味名，清暑。

丝　瓜　俗曰烧瓜。瓤丝如网，涤器。陆游曰：『丝瓜涤墨渍，不损砚。』⑥

西　瓜　《广雅》：『水芝瓜也，其子谓之瓤。』⑦嵇含《瓜赋》谓之『土芝』。金刘祁《北使记》云：『回纥国瓜有重六十斤者。』今京师重三白瓜，实则红黄瓤，亦甘冷。大抵山西产者佳，县差小。

香　瓜　俗曰菜瓜，曰酱瓜。有白皮、斑皮二种，酢之良。北方曰甜瓜，专生啖。

南　瓜　一呼阿瓜。民国《志》按，《世说新语》，王询字法护，亦曰阿瓜。⑧则东晋已通称。宜蔬，宜糖片，宜饲豕。嫩台宜豆汁，子宜茗，宜酒。扁者名苏饼，长者名枕头，皴泡者名癞瓜。圃人析物宜然。云南李裴知⑨云：『此瓜有盈丈者，曾见之有。』

---

① 藜羹：带汤的野菜。糂：同『糁』，谷物的碎粒。语出《墨子·非儒下》，云：『孔丘穷于蔡、陈之间，藜羹不糂。』

② 原注：形只如小碗。

③ 原注：大者可为瓢。

④ 按：黄瓜，相传西汉张骞通西域时引进，故又名『胡瓜』。胡瓜改名黄瓜，说法不一。杜宝《大业拾遗录》云，（大业）四年九月，改胡瓜为白露黄瓜。又，《本草拾遗》云，后赵时（三一九—三三二）北方避石勒『胡人』之讳而改名。

⑤ 语出《诗经·小雅·瓠叶》，云：『幡幡瓠叶，采之亨之。君子有酒，酌言尝之。有兔斯首，炮之燔之。君子有酒，酌言献之。有兔斯首，燔之炙之。君子有酒，酌言酢之。有兔斯首，燔之炮之。君子有酒，酌言酬之。』

⑥ 按，陆游《老学庵笔记》卷一：『谢景鱼名伦涤砚法：用蜀中贡余纸先去墨，徐以丝瓜磨洗，余渍皆尽而不损砚。』

⑦ 按：此段本为《广雅》解释冬瓜之语，赵熙误引。

⑧ 按，《世说新语·赏誉篇》『谢公领中书监』条：『向见阿瓜，故自未易有。』

⑨ 李龢阳（？—一九三〇），字裴知，重庆巴县人（祖籍云南昭通）。光绪年间留学日本，留学期间入同盟会，积极支持孙中山先生革命事业。蜀军政府成立后，李龢阳任监司，负责城市建设。

恩安山中。』瓜中龙伯国①矣。

冬瓜 《广雅》曰『薍菰』。皮如碧粉，富水质，糖制珍品。

果

乾隆《志》所载：

梅、杏、桃、李、石榴、桔、梨②、栗③、枣、胡桃、柿、柚、蔗、密萝、佛手柑④、莳菇、葧荠、藕、枇杷⑤、落花生。

民国《志》所载：

樱桃 《尔雅》：『楔，荆桃。』《月令》曰：『含桃。』食之美容色。左思《蜀都赋》：『朱樱春熟。』

桃 《诗》：『园有桃，其实之殽。』其制必有法。今山东桃脯，即古桃诸耶？《尔雅》有『冬桃』『山桃』。《晋书·惠帝纪》有『秋桃』。郭璞云：『山桃，实如桃而小，不解核。』民国《志》按：即《唐书·五行志》『毛桃』也。毛桃自表言之，郭璞注自里言之。冬桃、秋桃，今无此种。宋周密曰：『桃树生虫，以旧灯檠挂枝间即已。』

藨 《尔雅》：『莓也。』通作『苞』，读『泡』，平声。如桑葚，赤者、黄者均酢甜可啖，𬞟秧时熟，野生也。《淮南子》『入榛薄，食荐梅』，即藨矣。今西人种之成畦，以为罐储。

枇杷 荣旧产。后魏贾思勰曰：『出南安、犍为⑥、宜都。』今宜都大者如鸡卵，而嘉定、荣县所产转小。

梅 结实赤，而酢类杏者。本某也，字或作『楳』，作『槑』，其名梅者枬也。与时英梅判二物，郭注《尔雅》混焉，今则通借『梅』字矣。古为豆实，《内则》云『梅诸』，干腊也。今制酸梅外，无复豆实之遗。

杏 甘于梅，可暴治如脯。子曰杏人，一曰参核。谢灵运《山居赋》注：『参核者，双核桃杏人也。』

银杏 俗名白果，凡寺宇中多大树。戊辰（一九二八）刻《法华经》，求梨枣不得，以银杏代之。诗中又称『鸭脚』。

林檎 《说文》无『檎』字，林檎者，《尔雅》之『棪』也。『棪』，读若导服之『导』。郭璞注云：『棪，实似柰，赤可食。』柰即今花红也。

李 色类不一，黄而甘者曰糖李，人喜食之；赤曰血李；早熟曰麦李。民国《志》按：麦李之名甚久，郭璞注《尔雅》『痤，椄虑李』，云『今之麦李』是也。『驳，赤李』，郭璞云『子赤』，即血李也。

椒 和味之珍，又可制器。江淮北土皆有之，但不及蜀中者，皮肉厚，气味浓耳。《图经》云：『蜀椒高四五尺。』其野生者曰狗矢椒，不中食。

荔支 《华阳国志》：『江阳有荔支。』公井，江阳地，今

---

① 神话中的国名。《博物志·异人》引《河图玉版》云，龙伯国人高三十丈，寿一万八千岁。
② 原注：俱不佳。
③ 原注：形甚小。
④ 原注：罕有。
⑤ 原注：不佳。
⑥ 犍为：原作『楗为』，据《齐民要术》卷十改。

独有以荔支名者。陆游诗『荔子阴中时纵酒』，知南宋荣州荔支独盛。

龙　眼　一名益智。新桥有百余株，已实，多续莳者。

梨　有青皮、黄皮二种。以糖煮之曰梨元，为果中尊品。《宋书》：张邵，小名梨，其子敷，小名查。文帝戏之曰：『查何如梨？』敷曰：『梨为百果之宗，查何可比！』

核　桃　《博物志》：『张骞使西域还，乃得胡桃种。』皮薄者曰纸核桃，厚者曰米核桃，米不易出者臧核。臧也者，藏也。

石　榴　《宋书·张畅传》：拓跋焘求甘蔗、安石榴。畅曰：『石榴出自邺下，亦当非彼所乏。』则南北均产，惟滇为上，特移其种仍变耳。其花而不实者，曰花石榴。

栗　古笾实，亦以作主。《春秋公羊传》曰：『练主用栗。』①

鸡　枣　俗曰拐枣树，象其形曰鸡爪，能令酒味薄。《田居蚕室录》：『拐枣子，鸭食之，须臾即死。』

橘　里称苏柑。民国《志》按：《禹贡》扬州『厥包橘柚锡贡』，《考工记》『橘逾淮而化为枳』，屈原《橘颂》『受命不迁，生南国兮』，张九龄诗『江南有丹橘』，知橘产之良，姑苏特著。《史记》『蜀汉江陵千树橘』，《汉志》『巴郡朐䏰、鱼复二县有橘官』，知橘种上移，由楚入蜀。其始仅及三巴。扬雄《蜀都赋》『黄甘诸柘』，而不及橘。左思《蜀都赋》『户有橘柚之园』，知晋时乃遍两川也。然则苏柑者，古义之仅存，考实之通论也。海禁未开，凡佳物悉曰『苏器』，犹今售异动以洋名矣。蜀橘多在川东南富顺、江津，沿于江海，而荣仅供邻县，盖彼则滨江，此为山径，运不便则售不广，其植恐终不能极盛。然前惟乐德镇张氏有园，今则过水坳、李子桥、县东南以时寖起，犹产不敌销，则广植之谋，无虞失效。尝询之张景侨，据云：一亩得树若干，一树得橘若干，一橘得钱若干，其利皎然，十倍蓺谷，人顾不趋者，橘种盈则他种歉，一年减收若干，二年减收若干，增至十年已尽。人功一年若干，粪料一年若干，亦迟至十年乃成。苟急目前之食，何能坐耗十稔，远冀高赀！故劳耕之力，尺地不空。坐享一园，开源者鲜。是在中丰者，当其租入，熟计盈虚，暂作闲田，终成利薮。一人致富之术，亦一方地力之纾也。

柚　民国《志》按：《禹贡》，橘、柚皆扬州产，南国珍也。《列子》：『吴楚之国，有大木焉，其名为櫾，碧树而冬生实，丹②而味酸，食其皮汁，已愤厥之疾，齐州珍之。』《山海经》郭璞注：『櫾似橘而大，皮厚味酸。』『櫾』『柚』，古今字也。《吕氏春秋》伊尹曰『云梦之柚』。是橘、柚皆由吴、楚入蜀。故夔州柚负重名。今荣北墨林山，已获其术种之矣。《尔雅》：『櫠，椵。』乃厚皮，气喷鼻者。范成大曰：『打碑以柚皮代毡刷，宜墨而不损纸。』③威远黄季渊糖制之，味有公信之清。

柑　古止作甘，扬雄《蜀都赋》『黄甘诸柘』，柘即蔗，甘即

① 按：此指用栗木做的神主。语出《公羊传·文公二年》，云：『虞主用桑，练主用栗。用栗者，藏主也。』

② 丹：原文作『甘』，据《列子》卷五改。

③ 范成大《桂海虞衡志》云：『柚子，南州名臭柚，大如瓜，人亦食之。皮甚厚，打碑者卷皮蘸墨以代毡刷，宜墨而不损纸，极便于用，此法可传，但北州无许大柚耳。』

柑也。《隋书》：文帝好食柑，蜀中以蜡封其蒂献之，香气不散。是在隋时柑犹以蜀产为上。《广志》：『平蒂甘，大如升，色苍黄，犍为南安县出。』① 则柑又为荣旧产。

寿星橘 如枇杷大，夏秋华实相继，一名卢橘。世以枇杷为卢橘，非也。民国《志》按，《上林赋》郭璞注：『蜀中有给客橙，似橘而非，若柚而香。』常璩《华阳国志》：江阳有『蒟、给〔客〕橙』。寿星橘，即给客橙矣。荣在汉为南安江阳地，与《华阳国志》合。

佛手柑 以形名，糖制之，珍品也。暴之，曰佛手片，渍酒良，入药解气郁。培之宜浓粪。

柿 制饼，惟不如北产良。

皂角 皂荚形象角，故曰皂角。小者似牙，曰牙皂。治毒疮，性去垢。古诗曰：『黄尘污人衣，皂荚相料理。』

油珠 古无患子，俗作『槵』。性去垢。崔豹云：『有神巫名宝眊，能符劾百鬼，以此木棒杀之，故曰无患子。』② 唐人又作『梡子』。包何诗：『子为佛称名。』所谓『百八手中持』也。大而黑者曰铁槵子，小而赪者曰铜槵子。向缀朝珠、念珠者，赪子也。

茶子 一曰木子。谢灵运《山居赋》注：『杨桃，山间谓之木子。』盖同名而异物也。榨油，曰木子油。凡榨油之滓曰枯。茶枯浣衣，尤良。康熙二十五年旧志云『近年始有』。今则西北满山，不三百年而树蓺一变，占民智也。

桐子 桐，大名也。判其类，榨油者为一种。点灯外，熬以光器，今为江海大利矣。清季，乡中桐枝成刀形，镘胡③备具，哗为咎征。因忆沈括言，治平初，杭州民家折柿木，中有『上天大国』四字，括亲见之，字类颜真卿，天然横出如松节，然劈而合之如契。④ 括，北宋人也，南渡果驻杭州。证清季桐木之征，其孽欤？古人所以遇灾而惧，侧身修行也。

乌臼 俗名『桊子』。其油专供制烛，滓以粪田，叶染布，曰墨青。一名『鸦舅』。『鸦』『乌』，古一音也。

枣、蜜萝、蒲陶 均产。

① 贾思勰《齐民要术》卷十引《广志》云：『甘有二十一。有成都平蒂甘，大如升，色苍黄。犍为南安县出好黄甘。』

② 崔豹《古今注》：『昔有神巫名曰宝眊，能符劾百鬼。得鬼，则以此为棒杀之。世人相传以此。木为众鬼所畏，竟取为器用，以却厌邪鬼，故号曰无患也。』

③ 按：语出扬雄《方言》，云：『凡戟而无刃，其曲者谓之钩釨、镘胡。』

④ 沈括《梦溪笔谈》卷二十一云：『木中有文，多是柿木。治平初，杭州南新县民家析柿木，中有「上天大国」四字。予亲见之，书法类颜真卿，极有笔力。「國」字中间「或」字仍挑起作尖口，全是颜笔，知其非伪者。其横画即是横理，斜画即是斜理。其木直剖，偶当「天」字中分，而「天」字不破，上下两画并一脚皆横挺出半指许，如木中之节，以两木合之，如合契焉。』

（三）树竹花草

树木类

乾隆《志》所载：

楠、柏、松、杉、梧桐、桑、丝栗①、青冈②、椿③、麻柳、棕、桐④、杨柳、插蜡、夜合、楮冬青、皂角、柘⑤、苦楝、黄杨、槐、紫荆、白果、香樟、青皮树、楸、杞、黄角、白杨、柏、黄连树、枫、红豆木、檬子、茶子⑥。

民国《志》所载：

椿 香椿也，以芽重，皮可已寒疾，县多有之。赵熙曰：吾乡宅在城北五里宋坝。吾父中宪公植一椿，光绪乙酉（一八八五）忽作花，色白，尖瓣，状类海椒花，五出、六出不一，但细朵耳，从缀如白丁香，香视丁香尤烈。插小枝砚滴中，满室馥郁，如沸汤瀹春芽也。及甲辰（一九〇四），连岁三花，初不自察，但闻蜂声，如雪之霏，屋山皓然。今三十年矣，鳞皴其身，当春迟茁，枝柯已老。记传好事，俾知此树含有花性，非庄生八千春秋寓言也。⑦民国乙丑年（一九二五），是椿死。

桑 蚕业学有专科，无俟枝节之谈矣。尝意各县起校舍，修蚕室，辟桑园，利风朝行，四乡夕煽。而顾不然者，公家之举，华屋精器，辍良田而试之，佣众力而举之，所费云多，取偿一孔，方形竭蹶，取法何繇？孟子曰：『五亩之宅，树之以桑。』然后叹天地之至言莫孟氏若也。县人朱元慎曰：『凡有地者，无论自耕自佃，按地责树，人课三株，八口之家，无妨农事，补兹隙地，门径方阴。全县以少，综计五十万人，得百五十万树，树得叶十五斤，一季之丝，获值已巨。况地之博，人不仅此，功不劳而举，利伏于无形。』诗曰：『十亩之间兮，桑者闲闲兮，行与子旋兮。』⑧乐其乐而利其利，非小人也，达者兴焉！

柘 俗曰柞桑，『柞』即『柘』音之移。性耐久。宋坝，一株大合抱，三百年物，惜愚甿伐之。叶视桑微苦，蚕初生，饲以柘，由苦得甘，他桑，不择叶皆食矣。《吴都赋》有『八茧之蚕』，今苏浙家植户习，孟子所谓『墙下者』，故利甲于天下。蜀则嘉定、潼川为盛，大抵宜水乡也。蚕事方急，时有小黄虫，大如谷，黄身黑臀，群飞薨薨，而桑历劫矣。滨水者稍安，考其故，地气润则草露重，虫不喝，故燥地易蠹。或植山阿，冀风摇枝拒之，究不如滨水者安也。柘浆苦，叶与甲然，独不招虫，则地燥多种柘宜。《尔雅》『桑茧』『樗茧』『棘茧』『栾茧』『萧茧』，茧原多族。古无棉，故麻丝之法惟精，今失传矣。相物土之宜，谋所以辅桑者，惟柘宜。化无用为有用，是在智者。

① 原注：实似栗而小，木似橡。
② 原注：砍置山场，一年后自生木耳，可食。
③ 原注：香者叶可食。
④ 原注：子可打油。
⑤ 原注：叶可养蚕，多刺。
⑥ 原注：近年有。
⑦ 按：语出《庄子·逍遥游》，云：『上古有大椿者，八千岁为春，八千岁为秋。』后世多以椿指父亲，如椿庭、椿萱之类。
⑧ 语出《诗经·魏风·十亩之间》。

金鸡蜡 制虻已疟圣品。海西人于清富山建福音堂，试种数株，县寖广植。再谙炼霜之法，溥给民用。其效，制虻已疟之外，健胃益神，补剂品也，常服品也。生生之灵钥也，惟不宜目，入则瞽。

青皮树 似柘，山蚕食，乡人以其叶为神香。

棕 栟榈也。岁剥其皮为荐。袪湿，为箱，为蓑，为履，为绳，为蒲团。云蒲者，栟榈之合声也。抽其缕，为帚，为拂，为笠，为一切精巧之物。其嫩叶近年为帽，江海通尚焉。其笋生肤毳中，可食。苏子瞻诗序：『剖之如鱼子，味如苦笋。蜀人用以馔佛，蒸治与笋同，蜜煮酢浸，可致千里外。』①

松 荣，山县也，西北山山宜松，东南亦松竹名寺。道光时，城中亦松风合籁。王培荀诗：『山上松涛聒耳忙。』自注：『署后凤鸣、莲宇诸山祠庙间，松杉最多，苍苍然松国也。』自铁厂土法炼矿，寄铁命于木炭，万山童矣。今汉阳各铜铁厂专用石炭，胡守土法而不知变哉？匪松之穷，将铁之绝矣。

柏 县东南宜柏，野客山尤多。然地日辟，则柏日少，而值日昂矣。沈括言：『柏之指西，犹磁石之指南，莫原其理。』②侧柏宜药，笔柏宜园榭之玩。

杉 《尔雅》：『柀，煔也。』煔，今作『杉』。油杉者，棺之良材也，埋之不腐。民国《志》按：俗呼沙树，人以为杉之讹，实非讹也。《桂海虞衡志》③：『沙木与杉同类，尤高大，叶尖成丛，穗少，与杉异。』是县产确为沙木，类杉，非杉也。

红豆 一名相思树，结子如丹沙，如珊瑚。其材多纹而色光者曰油红豆，制器良；暗者曰糠红豆。

香樟 古曰豫章，盖栋梁材也，可造樟脑。

梧桐 《说文》：『荣，桐木也；桐，荣木也。』《尔雅》：『荣，桐木。』注：『梧桐。』即考《旧唐书·地理志》，武德元年（六一八）于公井镇置荣州，取界内荣德山为名。荣德，不知所昉。扬雄《蜀都赋》：『置酒乎荣川之闲宅。』西汉蜀川，荣之初见仅此。今荣地多以梧桐传者，曰梧桐山，曰梧桐沟，曰桐子林，曰桐麻林，曰桐子坝。名有古，有不古，要证菶菶萋萋之盛，引申之曰凤鸣山，曰旭井，曰旭川，皆取《卷阿》『梧桐』『朝阳』诗义④。则荣德、荣梨、荣隐，因事立名。在古实三代雅训，必非不学者可偶合。例如城东玄嚣崖，自乡甿观之，聱牙已甚，而通识知非臆造者，源青阳也。

槐 实入药曰槐角，花染黄。

夜合 唐窦叔向诗：『夜合花开香满庭。』白色入药，红者曰『马缨』。杂说『门前一树马缨花』⑤，是也。省其形，草中含羞草，殆一类。

---

① 苏轼《东坡集》卷十八《棕笋并叙》云：『棕笋状如鱼，剖之得鱼子，味如苦笋，而加甘芳。蜀人以馔佛僧，甚贵之，而南方不知也。笋生肤毳中，盖花之方孕者。正、二月间可剥取，过此，苦涩不可食矣。取之无害于木，而宜于饮食。法当蒸熟，所施略与笋同，蜜煮酢浸，可致千里外。』

② 沈括《梦溪笔谈》卷二十四：『磁石之指南，犹柏之指西，莫可原其理。』

③ 按：《桂海虞衡志》，宋范成大（一一二六—一一九三）撰，记述广南西路（今广西一带）风土民俗的著作。

④ 按：语出《诗经·大雅·卷阿》，云：『凤凰鸣矣，于彼高岗。梧桐生矣，于彼朝阳。』

⑤ 按：此为元人竹枝词，云：『钱塘江上是奴家，郎若闲时来吃茶。黄土筑墙茅盖屋，门前一树马缨花。』

青　㭴　古曰橡。《山海经》『景山之杼』，《尔雅》之『栩』『杼』，《诗经》之『苞栩』『柞枝』，《汉书》之『五柞』。《说文》《集韵》之『样』，皆此物也。叶可染皂，材镕炭，实曰栎橿子，贫民磨食。疑『㭴』即『橿』之转。

黄　楝　质重，凡镇压之物多需之，油榨，其一也。

黄　葛　据《水经注》『黄葛峡』，则黄葛之名古矣。《太平寰宇记》名罗目①黄葛为嘉树，邻近境也。②盖榕类，何时栽，何时生叶，不与众木为春秋。新叶如花，形奇古，如蛟螭纠结。县极多，凡山坳、水次、道周皆是。以根纽能固砌，所荫广，又休行者，此其利也。多汁，不知化合可制物否？而烧无焰，不中薪，拳曲不中梁柱，号为不材，年久易钜。北门李家坝，乾嘉时邹氏种，大于九牛身矣。《全唐诗》刘兼《咏荣州黄葛》云：『叶如羽盖岂堪论，百步清阴锁绿云。善政已闻思召伯，英风偏称号将军。静铺讲席麟经润，高拂□枝兔影分。更有岁寒霜雪操，莫将樗栎拟相群。』

楸　有刺者曰『刺楸』，俗名『鸠不住』。无刺者曰『光楸』。

檬　有刺，《玉篇》：『檬，木名，似槐，叶黄。』

枫　《尔雅》：『欇欇。』俗名『枫果树』。其果有刺，窨酒，可去风。

桤　枝中薪，叶粪田，三年成材。杜子美有诗，而苏子瞻详记之。赵熙曰：《山海经》『单狐之山多机木』，郭璞注：『似榆，可烧，以粪稻田，出蜀中，音「饥」。』扬雄《蜀都赋》亦曰：『春机杨柳。』是『桤』即『机』也。余宣统时为人书杜、苏故事，汤蛰仙③见之，曰：『是必宜燐寸，当种试之。』郑苏戡④言：『海西新售树种，可函购，七年成材，长数丈，大合抱，而理坚，译言如「桤」。』当时已种海藏楼。是与蜀桤异类，因附著其利。

柳　种类繁，而植者少。盖北方以柳制器，而此间竹器之良，利用百倍于柳也。黄河以柳固堤，而荣为山县，土质又不浮也。惟垂丝柳偶助园境。龚巽官荣，于此君轩种金线柳百余本，见署中诗，今无存者。民国《志》按，《张绪传》：『刘悛之为益州，献蜀柳数株，长条若丝。武帝命植之太昌灵和殿前，常赏玩咨嗟曰：「此杨柳风流可爱，似张绪当年。」』⑤据此，垂丝柳乃蜀种。柳枝吟于天下，而蜀国之依依者，柳祖也。

构　榖也。其叶初生，可为茹。陆玑《毛诗草木鸟兽虫鱼疏》：『江南人绩其皮，以为布，又捣以为纸，胃之榖皮纸』《史记·殷本纪》：『桑、榖共生，大戊修德，桑、榖死而去。』⑥凡

① 按：罗目，山名。

② 《太平寰宇记》卷七十四『罗目县』云：『嘉树，在县东南三十里阳山江溉，两树对植，围各三尺二寸，上引横枝，亘二丈，围径相援连理，阴庇百尺，其木名黄葛，号嘉树。』

③ 汤寿潜（一八五六—一九一七），原名震，字蛰先（一曰蛰仙），浙江萧山人。清末民初实业家和政治活动家，是晚清立宪派的领袖人物。

④ 苏戡：原作『苏堪』。按：郑孝胥（一八六〇—一九三八），字苏戡，福建闽侯（今属福建）人，中国近代政治人物。辛亥革命后以遗老自居。

⑤ 语出《南史》卷三十一《张绪传》，云『刘悛之为益州，献蜀柳数株，枝条甚长，状若丝缕。时旧宫芳林苑始成，武帝以植于太昌灵和殿前，常赏玩咨嗟，曰：「此杨柳风流可爱，似张绪当年时。」』

⑥ 语出《史记·殷本纪》，云：『帝太戊立伊陟为相。亳有祥桑榖共生于朝，一暮大拱。帝太戊惧，问伊陟。伊陟曰：「臣闻妖不胜德。帝之政其有阙与？帝其修德。」太戊从之，而祥桑枯死而去。』

异皆宜修省，若值后世，则连理上瑞矣，于此见古道之朴。

冻绿条　染坊之需，削皮染布，出缸色黄，冻之则绿。

黄　杨　厄闰，古说也。成材难。宜制玩器。六一①有《黄杨树子赋》。

臭　椿　樗也，似椿，芽臭不可食，人谓之野椿。《通雅·植物》引谚云：『櫄、樗、栲、漆，相似如一。』『櫄』之言『熏也』，即椿也；栲，俗谓野漆。

马　桑　今马桑丛生，乃灌莽耳，而百年前老屋，梁柱合抱，故老多言马桑为之。县北五里之山曰七星石，其下名马桑林，即宋坝东偏，濯濯然瘠区也。数十年前，沿溪森林阴曀，傍晚传为鬼窟，怪禽雨啸，夜禁行人。又往时北行不十里，群山如墨，号为老林。尽一担之薪，不百钱而售。今童无一木，辟畛如百衲矣。则马桑昔为巨材，不虚也。人满矣，有业则庶富可几，无业则游民乏食。斯乱之源，故非马桑之为慨也。近有『天演论』者，其说主优胜劣败。其然耶？诚恐民自天殖，天刈之如马桑也。

罗汉松　胡致堂②曰：本名仙人柏，不知何时冒松，结实，如人趺坐，故曰『罗汉』。龚巽官荣，《此君亭》诗注谓：『清富山一株，宋物也。』今惟凤鸣山此君轩有大合抱者，俗呼娑罗树。民国《志》按，《酉阳杂俎》：巴陵有寺，自生一木，随伐而长，西域僧谓名娑罗。天宝中，安西进二百茎。开元十一年（七二三），李邕官海州，作《娑罗树碑》云：『东瘁，则青郊不稔；西茂，则白藏有秋。』欧阳修《定力院七叶木》诗：『常于佛家见，宜在月宫生。』是娑罗，非罗汉松也。

乌　木　一曰阴沉木。光绪中，西郊阳雀湾埴瓦者掘土得之，理致色黝。乡人审是麻柳树，盖太古入地中者。民国《志》按，《逸周书·王会解》：『卜人以丹沙，夷用⿵門焦采。』《钦定续通志》：『乌文木，木色正黑，如水牛角。』《古今注》谓之『瑿木』，木之瑿犹石之⿱殹石③也。《集韵》：『⿵門焦，音焦。』

竹类

乾隆《志》所载：

斑竹、筋竹、慈竹、苦竹、凤尾竹、刺竹、水竹、紫竹④、茨竹。

民国《志》所载：

竹　慈竹之用最广，家之器，十七八倚竹。外有筋竹、苦竹、刺竹、凤尾竹、水竹、紫竹、茨竹、芦竹。其胎曰笋。陆游诗：『杯羹最珍慈竹笋。』荣今犹然。其皮曰『箨』，计其茎曰『挺』，计其数曰『个』，析之曰『篾』。《顾命》：『敷重篾席。』⑤篾，《玉篇》作『蔑』。其里曰『笨』，竹中白皮也。《羊聃传》：

---

① 『六一』，此指欧阳修。按：欧阳修（一〇〇七—一〇七二），字永叔，号醉翁，晚号六一居士，吉州永丰（今江西省吉安市永丰县）人，北宋政治家、文学家。

② 胡寅（一〇九八—一一五六），字明仲，学者称致堂先生，宋建州崇安（今福建武夷山市）人，后迁居衡阳。著有《论语详说》《读史管见》《斐然集》等。

③ ⿱殹石：美石，黑色。或作『瑿』。

④ 原注：俗名黑竹。

⑤ 语出《尚书·顾命》。

『太肥为笨伯。』①《抱朴子·行品》：『杖浅短而多谬，暗趋舍之臧否者，笨人也。』晋人以形况椎鲁，盖取蒙中之义。

斑竹 所在有之。民国《志》按，《礼记·玉藻》：『笏，大夫以鱼须文竹。』《释文》：『须，音斑。』崔云：『用文竹及鱼斑。』②盖以鱼须饰竹边也。余谓不用纯物，则象亦纯物，何以明云并珠玉哉？今斑竹花纹黑，绛点散如鱼鳞，即古鱼须文竹矣。

楠竹 其材钜，故况以楠。箨可制小器。以为筒，受多物。井肆之要需，曰笕。

花类

乾隆《志》所载花类：

桂、蔷薇、紫薇、月月红、百日红、玉簪、芙蓉、海棠③、莲、菊、葵、牡丹④、栀子、木槿、兰、蕙、萱、红蕉、蝴蝶花、长春菊、鸡冠、凤仙、罂粟、虞美人。

民国《志》所载花类：

牡丹 古惟芍药，《广雅》名白茉，唐名木芍药，王百花矣。《全唐诗》载刘兼官荣州《再看光福寺牡丹》云：『去年曾看牡丹花，蛱蝶迎人傍彩霞。今日再游光福寺，春风吹我入仙家。当筵芬馥歌唇动，倚槛娇羞醉眼斜。来岁未朝金阙去，依前和露载归衙。』

紫荆 古称京兆田真兄弟之树。⑤《群芳谱》一名满条红。丛生，春开紫花，甚细碎，数朵一簇。近人王壬秋⑥紫荆句云：『珠琲闹春欺锦缬，宝鞭敲日碎珊瑚。』蜀都江边咏也。

兰 朱子曰：『古者兰可刈为佩。』必非今所谓兰蕙也。民国《志》按，《荀子》杨倞注：『泽兰臭似兰。』李当之云：『兰草似都梁香。』陆玑《毛诗草木鸟兽虫鱼疏》亦云：『兰，香草，其茎叶似药草泽兰。』《晏子·杂上篇》：『兰本三年而成。』审知唐以前言兰，主佩服，给和调，供沐浴，灼非今物，古兰实与泽兰相类。

泽兰 陶隐居⑦名都梁香，古只名泽。《士丧礼》记：『茵著用荼，实绥泽焉。』郑玄注：『泽，泽兰也。』《荀子·正论篇》：『代睪⑧而食。』杨注：『睪，盖香草。』或当为『泽』，泽兰也。泽臭类似兰，故又名泽兰。

辛夷 又曰辛雉。『夷』『稚』⑨，音近。《周礼》『薙氏』

---

① 语出《晋书·羊聃传》，云：『豫章太守史畴以太肥为笨伯。』
② 语出《礼记·玉藻》，云：『笏，天子以球玉，诸侯以象，大夫以鱼须文竹，士竹，本象可也。』注：『球，美玉也。文，犹饰也。大夫士饰竹以为笏，不敢与君并用纯物也。』又，『鱼须文竹，崔云：用文竹及鱼班也。隐义云，以鱼须饰文竹之边。须，音班。』
③ 原注：有春、秋二种。
④ 原注：不佳。
⑤ 南朝梁吴均《续齐谐记》云：『京兆田真兄弟三人，共议分财。生赀皆平均，堆堂前一株紫荆树，共议欲破三片。明日就截之，其树即枯死，状如火然。真往见之，大惊，谓诸弟曰：「树本同株，闻将分斫，所以憔悴，是人不如木也。」因悲不自胜，不复解树。树应声荣茂，兄弟相感，合财宝。遂为孝门。真仕至太中大夫。』
⑥ 按：王闿运，字壬秋。
⑦ 即陶弘景。
⑧ 睪：古同『泽』。泽兰，一种香草。
⑨ 稚：原文作此，据上下文，当作『雉』，形误。

注：『《书》薙或作夷。』未开如笔，又名木笔，白者曰玉兰。

阿芙蓉　阿，音『移鸦』，曰『鸦片』，犹『阿鹊』呼『鸦鹊』也。昔名罂粟，苏颍滨①说：『罂小如罂，粟细如粟，与麦皆种，与穄皆熟。苗堪春菜，实比秋谷。研作牛乳，烹为佛粥。』②唐名米囊。郭元振所谓『结实何曾济得民』也。③成都雍陶④诗：『行过险栈出褒斜，出尽平川似到家。万里客愁今日散，马前初见米囊花。』知自古西南尤盛。有红者、白者。子榨油，又可制糖食。汁曰『泥』，曰『土』。荣之铁厂铺号为佳产。芙蓉者，取其大片敷渝。昔本嘉花，今成毒祸。道光战祸，是花初胎。一草之微，与国运相表里，全球皆动，奇哉！

海　棠　蜀中海棠号花海。向称杜少陵无诗，实则『晓看红湿处，花重锦官城』，非海棠不足当之。《全唐诗》载刘兼作：『淡淡微红色不深，依依偏得似春心。烟轻虢国颦歌黛，露重长门敛泪衿。低傍绣帘人易折，密藏香蕊蝶难寻。良宵更有多情处，月下芬芳伴醉吟。』

铁梗海棠　即西府海棠。西府，蜀府也。种分自蜀王府，其干如铁。王培荀《署中杂咏》：『海棠香国亦无花，且向庭前看木瓜。略似玉人帘外立，茜红衫子扬轻纱。』则一名木瓜。

山　姜　『瓶水自养山姜花』⑤，陆游《荣州》诗。

映山红　即杜鹃花。李白诗『三春三月忆三巴』是也。白者名玉茗。陆放翁《眉州石佛院》诗：『钗头玉茗妙天下，琼花一树真虚名。』自注：『坐上见白山茶，格韵高绝。』不知荣州四山皆是。放翁冬来春去，红白花开，山雨中不及见也。又名红踯躅，见元、白、王建诸篇。而近人王壬秋《泰山雪中》云：『踯躅逢春伴客游，仙山长得绚清秋。琼花有分今亲见，消尽人间杜宇愁。』乃以秋开，何也？

杂　俎　一丛五色，宜庭砌间。海西种也，俗曰洋杜鹃，又曰洋马矢苋。赵熙易曰『杂俎』，嘉名肇锡，并有词为实录，兹不载。

玉　烛　《全唐诗》载刘兼荣州作：『袅袅香英三四枝，亭亭红艳照阶墀。正当晚槛初开处，却似春闱就试时。少女不吹方熠熠，东君偏惜未离披。夜深斜倚朱栏外，拟把邻光借与谁。』

茄　花　《尔雅》：『芙渠，其茎茄。』是花红似木夫容，一叶一花，节节缀柯而发，名应《尔雅》。野人则呼棋盘花也。

凤　仙　一名海蒳。有红，有白，有五色，有佛顶珠、珊瑚钩诸名，通名指甲花。昔李玉英以染纤纤⑥，从此九夏清闺，花房夜捣，十枝红玉，人浸春冰。其子含苞易裂，名急性子。医者

---

① 苏辙，晚号颍滨遗老。按：『颍』，原作『颖』，因形近致讹，据改。
② 详见苏辙《种罂粟》诗。
③ 郭震（六五六—七一三），字元振，魏州贵乡（今河北大名县东南）人。唐高宗咸亨四年（六七三）进士，曾任通泉县尉、凉州都督、安西大都护等官。唐睿宗、玄宗时两次出任宰相，又做过朔方军大总管，后因事遭贬斥而死。《全唐诗》录存其诗二十余首。其《米囊花》诗云：『开花空道胜于草，结实何曾济得民。却笑野田禾与黍，不闻弦管过青春。』
④ 雍陶：字国钧，成都人，唐代诗人。太和间进士，大中八年（八五四）知简州。下引诗为其《西归出斜谷》。
⑤ 按：诗见《剑南诗稿》卷六《初到荣州》。
⑥ 明王路《花史左编》卷八『染指甲』条：『李玉英秋日采凤仙花染指甲后，于月中调弦，或比之落花流水。』此所谓『纤纤』者，语自《古诗十九首·迢迢牵牛星》之『纤纤擢素手』及《行行重行行》之『纤纤出素手』，代指女性之手。

因以意治难产。最韵者，宋光宗为荣州刺史，李妃名凤娘，封荣国夫人，宫中呼凤仙为好女儿花，流芳《本草》。则清富山、佛耳池之间，乃风流之国史。此花之阳秋①也。

鹿葱 《诗》『萱草』也。一作『蘐』，或作『萲』，忘忧之草也。唐以来皆以鹿葱当之。『北堂思伯』妇念其夫，不知何时乃以『萱堂』况母，俗流忘返，习不知非，异矣。

胭脂花 花作管而张其上，色红艳，故曰胭脂。黄、白其次也。子黑，壳有黄膜，中如薏苡人，皆白粉。乡中以糖制之，融脆，宜养老。其本可食，云益人。

栀子 其花六出，西域曰薝卜，以制油，膏沐之良。

赪桐 大叶。赪花，俗曰荷包花，又曰百日红。

荷 《尔雅》：『荷，芙渠。其茎茄，其叶蕸，其本蔤，其华菡萏，其实莲，其根藕，其中的②，的中薏③。』《说文》：『荷，芙渠叶。』《毛诗草木鸟兽虫鱼疏》：『华未发为菡萏，已发为芙蓉。』毛公传《诗》，皆以扶渠建首。民国《志》按：扶，敷也，渠如『未渠央』之『渠』，助词也。古初百卉莽莽，忽见大花披灿，发声『扶渠』。根实骇人，殆同芋旨。其茎叶，以次乃徐为之名。非惊喜赞叹，意内言外矣。故凡花敷悦，如渠芋也。木芙蓉、阿芙蓉，皆中国种，惟红及白蒙休称。佛译则红者『波头摩』，白者『曼陀罗』，青者『优钵罗』，黄者『拘勿头』。异品相宣，崇其法谕。《酉阳杂俎》曰：『藕能散血。』今藕节，医犹用之。荣无陂泽，而署西唐池，此花颇富。刘兼八年刺史，特多吟玩。诗甚不振，以存乡故，尽句甄之。《梦归故园》云：『红蕖全谢镜心香。』《呈戎州郎中》云：『风送秋荷满鼻香，竹声敲玉近虚廊。』《莲塘霁望》云：『新秋菡萏发红英。』《郡斋》云：『晚阁红蕖簇水仙。』又：『莲披净沼群香散。』《酬勾评事》云：『莲袅红香匝郡楼。』《初至郡界》云：『莲塘小饮香随艇。』陆务观乃无一诗，盖来去冬春间，非花时矣。

葵 《说文》：『葵，癸声。』民国《志》按，《尔雅》：太岁『在癸曰昭阳』，邢昺《疏》：『甲至癸为十日。』癸为阳，农事谓葵为阳草。则『葵』之制字，即合『向日』之义。他葵虽多，盖附名也。向日葵亦名黄葵，《左传》称能卫足。《名义考》：『常倾叶向日，不令照其根。』西人言叶避疫，子敌牛乳，茎制肥皂，盖嘉种。其名蜀葵者，《尔雅》曰『戎葵』，邵晋涵：『以蜀大也，非地名。』民国《志》按，颜延之赞：『井维降精，岷络升灵。』④则炳然蜀产矣。《南部新书》：『蜀葵作火把，猛雨中不灭。』

蕣篱花 《诗》：『颜如舜华。』毛曰：『舜，木槿也。』《尔雅》：『椴，木槿；榇，木槿。』郑康成《礼记注》曰：『木堇，

① 按：阳秋者，《春秋》也。此代指历史。

② 《尔雅正义》云：「莲房之子名的，簇生房中，如蜂在窠。《诗疏》引李巡云：『的，莲实也。』《尔雅翼》引《诗义疏》云：『青皮裹白子为的。五月中生，生啖，脆，至秋，表皮黑。的成，可食，可磨以为饭，轻身益气，令人强健。又可为糜。』」

③ 《尔雅正义》云：「《诗疏》引李巡云：『薏，中心苦者也。』陆玑疏云：『的，中有青为薏，味甚苦，故里语云苦如薏是也。』」

④ 《艺文类聚》卷八十一『草部上』引宋颜延之《蜀葵赞》云：『井维降精，岷络升灵。物微气丽，卉草之英。渝艳众葩，冠冕群芬。类麻能直，方葵不倾。』井维，井宿之维；岷络，岷山之络。皆代指蜀地。

王蒸①也。』潘尼②曰：『木堇，即《庄子》之朝菌也。』朝华暮落，白者入馔。

紫　薇　一名红薇。无皮，搔之全身皆动，碎霞烂锦，自夏经秋。唐白香山③诗：『独占芳菲当夏景，不将颜色托春风。』宋梅宛陵④诗：『薄肤痒不胜轻爪。』杨诚斋⑤诗：『谁道花无红百日，紫薇长放半年花。』皆紫薇谱也。宋韩子华于李右丞家移红薇子种学士院⑥，则以子传种，而今皆折枝插之。荥则王培荀《署中杂咏》云：『开轩北面小桥通，曲折回廊地数弓。一阵清香醒客醉，紫薇花里过来风。』署中紫薇，今犹有存者。

虞美人　《益州草木记》：『出雅州名山县，古汉嘉也。花如鸡冠，两叶相对，为唱《虞美人》曲则舞，他曲则否。《群芳谱》名舞草。』⑦民国《志》按：《虞美人》曲，大抵咏西楚霸王垓下事。《史记》有美人名虞。则虞乃名也，非姓也，女盖以名为姓⑧耳。《后汉书》：顺帝有虞美人，虞诗女。

秋海棠　一种红，取花去蕊蒂，浸蜜水中，美容色，胜燕支⑨色。种恶湿，宜阴。一种白。

桂　有丹桂、黄桂、月月桂。黄桂入糕饵，入油，香性重也。细子延种，忽者多扫之。荥桂林名山，在城中，计古来小山丛桂，连卷相缭，今六株，乃张轩鹏植。

木芙蓉　屈原《九歌》：『搴芙蓉兮木末。』岂意后果以此名花者？其花朝夕异色。世传石曼卿为芙蓉城主⑩，殆蜀所独。《全唐诗》刘兼在荥州咏木芙蓉，有『霜照夜』『火烧秋』之句，颇得形彩。⑪吴梦窗《霜花腴》，盖泛石湖而作。⑫南中亦多此花矣。有全红者，不换色，能结子，尤佳。

菊　正作『蘜』，《说文》：『蘜，日精也，以秋华。』菊别一物。《说文》云：『大菊，蘧麦。』郭璞注《尔雅》『蘜』字云『今之秋华菊』，则又混『蘜』为『蘜』矣。蘜为治墙，别一物也。

雁来红　黄者名汉宫秋，而红种多。戊午（一九一八），赵熙有《鹊踏枝》词：『才咽霜痕先醉了。扮出红儿，强向西风

---

① 按：王蒸，木槿之别称。

② 潘尼（二五〇—三一一），西晋文学家，字正叔。荥阳中牟（今属河南）人。潘岳之侄。自少有才，与潘岳俱以文章知名，世称两潘。著有《潘太常集》。

③ 按：白香山，即白居易，号香山居士。

④ 按：梅尧臣（一〇〇二—一〇六〇），字圣俞，宣州宣城（今属安徽）人，宣城古名宛陵，故世称梅宛陵。少时应进士不第。历任州县属官。皇祐初赐进士出身，授国子监直讲，官至尚书都官员外郎。著有《宛陵先生文集》。

⑤ 按：杨万里（一一二七—一二〇六），字廷秀，号诚斋，吉州吉水（今江西省吉水县）人。南宋大臣，著名文学家、爱国诗人。著有《诚斋集》等。

⑥ 事见《宛陵先生文集》卷十九《次韵和韩子华内翰于李右丞家移红薇子种学士院》。

⑦ 段成式《酉阳杂俎》云：『舞草出雅州，独茎叶。叶如决明，一叶在茎端，两叶居茎之半相对。人或近之歌及抵掌讴曲，必动，叶三舞也。』

⑧ 以名为姓：民国《志》原作『以姓为名』，今据上下文意改。

⑨ 按：燕支，即胭脂也。

⑩ 石曼卿（九九四—一〇四一），名延年，字曼卿。北宋诗人、书法家，欧阳修的好友。欧阳修《六一诗话》云：『曼卿卒后，其故人有见之者，云恍惚如梦中，言：「我今为鬼仙也，所主芙蓉城。」欲呼故人往游不得，忿然骑一素骡，去如飞。』

⑪ 刘兼《木芙蓉》云：『素灵失律诈风流，强把芳菲半载偷。是叶葳蕤霜照夜，此花烂熳火烧秋。谢莲色淡争堪种，陶菊香秾亦合羞。谁道金风能肃物，因何厚薄不相侔？』

⑫ 《霜花腴》，南宋吴文英自度曲，题注：『重阳前一日，泛石湖（在苏州市）。』词中有『霜饱花腴』句，取其句意作词调名。调见南宋吴文英《梦窗词》。

笑。一色败营凉血饱，雁飞时节年年到。叶自如花身是草。冷入蛩边，不久秦宫貌。老去少年终要老，有人早画伤秋稿。』盖丁巳（一九一七）、戊午之秋，有军两年来刮地者，民嗟曷丧①，故诅之。不久军果覆。奇哉谶也！

水　仙　王壬秋曰：《尔雅》『蒚，山蒜』，水仙，蒚也。《尔雅》例，凡云山者皆香物。

红　蕉　《益部方物略记》：『其花鲜明可喜。』蜀人语深红者谓之『蕉红』。冬犹开。骆宾王诗：『红蕉腊月花。』

年庆花　傅玄《紫华赋序》：『紫华一名长乐花，生于蜀。』②苏颋《长乐花赋》：『茎丹外而缟中，叶缥分以红贯。』《益部谈资》：『长乐花③枝叶皆如虎耳草，紫色小花。冬末转甚。居人馈岁，名曰时花。』庾子山《小园赋》『花无长乐之心』，即此。

梅　花　系以花，别于古梅枏也。花红者，园丁多其名，绿萼香尤烈。《三百篇》无此花，盖河之流域寒，岭外江南之花，不入《国风》故也。南宋双溪梅最盛，陆游诗『仙穴寻梅雨垫巾』，自注：即地仙洞也。昭德堂诗『幽径梅开只自香』，知署中亦『暗香疏影』，真官梅矣。

草类

乾隆《志》所载：

茅、铁线、箭头、鹅肠、紫萍、小茜④、鱼腮铜舌条、扁菅、蒲墩、蓖麻、苎麻、火麻、虎耳、鸭舌、荻、茅蕈、苔、芭蕉、吉祥草、艾、蓬蒿、蓼、烟草、金丝荷叶、葱草、马兰、野兰、蕨⑤。

民国《志》所载：

巴　蕉　古曰巴且，粤蕉，实可食。又有可布者。县种不然，质含水重，尤生疾，少种宜。

葛　唐荣州贡品，丝可为布，根入药。

鱼鳅串　煎鸡卵食之，止咳。又有名透骨消者，亦散血止咳。

麦里蒿　形类蒿而小，多生麦田。《尔雅义疏》谓即『亭历』。《淮南子·缪称训》云：『亭历愈张。』

齐头蒿　《尔雅》：『蔚，牡菣⑥也。』苏恭说。

芸　《说文》：『似目宿。』沈括曰：『今之七里香。』

苎　麻　古曰纻，陆玑《毛诗草木鸟兽虫鱼疏》：『纻，宿根在地中，当春自生。』俗曰『窜根麻』。

蓺　麻　俗曰『蓺麻』。『蓺』音如『郝』，芒刺螫人。杜甫

---

① 按：民嗟曷丧，语出《尚书·汤誓》，云：『时日曷丧？予及汝皆亡。』

② 按：傅玄《紫华赋》云：『紫华一名长乐花，旧生于蜀，其东界特饶。中国奇而种之。余嘉其华纯耐久，可立冬而服，故与友生各为之赋云。』按：傅玄（二一七—二七八），字休奕，北地泥阳人。少年避难于河内，专心诵学，博学有诗才，通晓音乐。州举秀才，除郎中。曾任弘农太守、领典农校尉等。年六十二岁卒于家。著《傅子》等。

③ 按：长乐花，原作『长乐』，据《益部谈资》卷中补。

④ 原注：即靛。

⑤ 原注：俗名脚鸡，有冷、热二种，以其形似鸡脚，故名。冷脚鸡嫩苗可食，热则否，其根可以水磨成粉，名蕨粉。

⑥ 按：牡菣，即青蒿，茎叶可入药，亦称『香蒿』。

夔州《除草》诗：『其毒甚蜂虿。』明《四川志》呼『蝎子草』。红者已风。一曰荨麻，《元史》有『荨麻林』。民国《志》按，《礼·有司彻》云：『乃爇尸俎。』注：『爇，温也。』古文作『荨』，或作燖，『燖』『爇』，古今字也。《淮南子·天文训》『火上荨』注：『荨，读若「葛覃」之「覃」。』《说文》：『燂，火热也。』『覃』『燂』，声同。是爇、燖、燂，一音之转，皆取火热为谊。言痛如灼，犹蜂虿之刺，曰爝，曰燋也。古今人情相同，人徙而方音移，转离转远。实则古非雅而今非俗，凡物命名多如此。

黄　麻　一曰火麻，合绳之用。

艾　《尔雅》『冰台』也。『冰台』合音曰『艾』，又曰『吉祥草』，医灸用。

刘寄奴　金创药，见《宋书·武帝本纪》。

铜舌条　俗名酒米藤，性粘，可敷疮。

酸　浆　去铜垢，非《尔雅》『葴』也。

蓝　郑樵《通志》：『蓝有三种：蓼蓝如蓼，染绿；大蓝如芥，染碧；槐蓝如槐，染青。』荣产皆槐蓝也，西北山中，农业大宗。

薑　黄　可染黄。古以莨草、荩草。

红　花　茅搜，茹芦也，一名茜，染绛。产西藏者，药之珍。

茅　古曰菅，大名也。仙茅可制笔，创自陈白沙。县中菽茅所制，仅可榜书耳。《说文》：『菽，茅秀也。』茅叶似秧。刘兼官荣州句云：『黄茅莽莽连边郡』，『黄茅遍地住他州』。陆游荣州句云：『一起一伏黄茅冈』，『风干茅有声』，『茅荒无际客魂迷』。又注：『秋冬收薪茅最急。』想见唐宋县境之荒。然荒者山也，西北多山，凡官者皆取道嘉定，由西来故。

巴　茅　孟狼尾也，可覆屋。《尔雅》注：『似茅。』

荆　楚也，俗曰黄荆，沤田。

牛奶子　左思《吴都赋》：『平仲、君迁。』① 司马公《名苑》：『君迁子如马奶。今之造扇用此油。』② 民国《志》按：乡中牛奶树，通其茎为烟管，云已痔，即制油者。

金刚藤　根染绛，茎为钏。耆之者如金玉。

通　草　《尔雅》曰『活克』。茎中有瓤，色白，制物多。

席　草　鼠莞也，《尔雅》郭璞注：『纤细似龙须，可以为席，蜀中出好者。』是晋时蜀中草席已擅名于天下。

荻　一曰薍。《淮南子·说林训》云：『蔏苗类絮而不可为絮。』今则制用转精，为簟品之珍矣。

蒺　藜　《说苑》：『树蒺藜者，夏不得休息，秋得其刺焉。』今之铁篱巴也。《诗经》『墙有茨』即此。红刺亦名茨。乡中曰刺藜，布地丛生，花红靓日。实指大，味涩，刺周其身，药中金樱子也。叶可作茗，凡酸枣叶、蒺藜叶，又有名小黄叶者，贫乡皆作茗饮也。

虎　刺　植盆盎间，云救难产。陶隐居云：『小蓟是猫蓟，

① 平仲：银杏的别名。君迁：又作『桾櫏』，果木名。实小而长，形如瓠，干熟则呈蓝黑色，可食可入药。

② 陈耀文《正杨》卷四引司马公《名苑》云：『君迁子如马奶，俗云「牛奶柿」是也。今之造扇用此柿油。』

大蓟即老虎刺。① 沈括云：『予使虏，至契丹界，大蓟茇如车盖，然则蓟州名蓟，亦如荆多荆，楚多楚耳。』后汉以为氏者，有蓟子训。

虎耳草　光绪丁未（一九〇七），县患杓脚沙，证初无名，死者众。后以此草同古钱煎水饮之，皆愈。其验之法，腹痛时，试以铜钱，入口而化，即其疾也。以形揣之，性入筋络，走血分，清凉已毒。

菭　大名。《尔雅·释草》：『薄，石衣。』注：『水苔也。』郑樵《通志》：『屋上曰屋游；屋阴曰垣衣，垣衣曰昔邪；在石上谓之乌韭；在地上谓之地衣；在井中谓之井中苔；在墙上抽起茸茸然者谓之土马鬃；生于水中谓之陟厘；生于石上连缘作晕者谓之石花；松上之衣曰艾纳香。』今通呼曰『苔』。南中苔入食品。

水蜡烛　李调元②诗：『竟是天生烛，居然照满川。任风吹不熄，经雨湿仍然。红影摇波直，青藜逐浪圆。三条思往事，天禄愧当年。』民国《志》按：京师烛，苇心也，心皆牝；蜀，竹心，心皆牡。蜀制酷肖水蜡烛，其初盖法此而为之。惜无《北史》刘懋其人，不然可入物祖也。

铁线、鹅肠、藻、萍、四叶菜、扁萱、绣墩、茅锥、蓼、烟草、金丝荷叶、葱草、老鸦蒜、地瓜藤、肥猪苗、笔管、巴叶、爬地草、过江藤　多不胜载。

（四）药类

乾隆《志》所载：

生地黄③、麦门冬、夏枯草、密蒙花、地骨皮、金银花、何首乌、五倍子、车前草、益母草、金毛狗、五加皮、威灵仙、蛇床子、菖蒲、牛膝、香附、仙茅、木通、巴豆、百合、贝母、常山、茴香、枳壳、紫苏、当归、薄荷、荆芥、栀子、贯众、泽兰、半夏、远志、槐角、青蒿、桑白皮、商陆、瓜蒌仁、稀莶草、藿香、射干、草麻子。

民国《志》所载：

黄精　俗名老虎姜。益寿，古多饵之。

金毛狗　即狗脊。

远志　《尔雅》：『葽绕，棘蒬。』注：『今远志也。』《博

---

① 唐慎微《证类本草》卷九：『陶隐居云：大蓟似虎蓟，小蓟是猫蓟。』陶弘景（四五六—五三六），字通明，南朝梁人，自号华阳隐居，著名的医药家、炼丹家、文学家，人称『山中宰相』。著有《本草经注》《集金丹黄白方》《华阳陶隐居集》等。

② 按：李调元（一七三四—一八〇三），字羹堂，号雨村，四川罗江县（今四川省德阳市罗江区）人，清代四川戏曲理论家、诗人，与张问陶、彭端淑合称『清代蜀中三才子』。清乾隆二十八年（一七六三）进士。历任吏部考功司主事兼文选司事、翰林院编修、文选司员外郎、广东学政、直隶通永兵备道。乾隆四十七年（一七八二）因事落职，流放新疆伊犁，后以母老赎归。遂不复出，以著述自娱。著有《童山诗集》《童山文集》等。

③ 原注：甚小。

物志》云：『远志，苗曰小草，根曰远志。』

昌蒲 古以为菹。

牛膝 红色良。

天门冬 《尔雅》：『髦，颠蕀也』。《列仙传》：『赤松子服天门冬，齿落更生，细发复出。』

半夏 俗曰山磨芋。

贝母 《尔雅》：『莔，贝母。』莔，《诗经》作『蝱』。

紫苏 《尔雅》：『桂荏。』《内则》①曰『芗』。其白苏一种，子可代脂麻，味甘，香逊之。《说文系传》曰『荏』。

薄荷 《甘泉赋》作『茇葀』，一声之转。紫者味尤辛。

豨莶 俗云肥猪苗。为丸服之，治风疾。唐成讷有《进豨莶方表》。②

威灵仙 俗擷苗，煎鸡卵，云已欬疾。《南部新书》：『贞元初，山人邓思齐献威灵仙草，出商州，能愈众疾。禁中试有效，特令编付史馆。』

当归 《尔雅》：『薜，山蕲。』《广雅》：『山蕲，当归。』《七修类稿》：『当归，川蜀为良。』今则重秦州产者。

地黄 一名苄。《说文》：『苄，地黄。』生肌肉。《朝野佥载》云：『雉被鹰伤，衔地黄叶帖之。』

何首乌 俗曰涩格达藤。

续断 俗曰刺萝卜。

益母 《诗经》曰『蓷』，茺蔚也。《韩诗》说：『曾子见益母而感。』

商陆 《尔雅》：『蓫薚，马尾。』郭璞云：『马尾，商陆。』俗名山萝卜。

常山 一名鸭尿草。

泽泻 《尔雅》『蕍蕮』也，声转『藚』。《诗经》：『言采其藚。』疏：『今泽泻也。』肥田，秋后种。

车前草 《诗经》曰『芣苢』。《尔雅》『芣苢，马舄。马舄，车前』。陆玑云：『其子治妇人难产。』

蛇床 《尔雅》：『虺床。』

使君子 蔓生，夏开，一簇一二十葩，红如海棠。出竹园铺者六棱。

香附 莎草根，《尔雅》：『薃，侯莎，其实媞。』易生，妨农者。

青木香 御瘴气，见《北史·樊子盖传》。

藿香 俗曰鱼香。

茴香 俗曰马尾香。

金银花 《说文》曰：『忍冬。』

贯众 《尔雅》：『泺，贯众。』

山药 古山芋，俗名风车苔。食之美者。

百合 食旨，可为粉。

射干 俗曰寸干。

---

① 按：《内则》，即《礼记·内则》。是篇记男女居室事父母舅姑之法，闺门之内，仪轨可则，故曰《内则》。

② 《本草备要》：「唐成讷有《进豨莶表》，宋张咏《进豨莶表》云：「其草金棱银线，素茎紫荄，对节而生，颇同苍耳。臣吃百服，眼目清明，即至千服，须发乌黑，筋力轻健，效验多端。」」

蓖麻子 西法为要药。

木鳖子 可榨油。

五倍子 六月摘之，瀹以沸水，其虫尽死，供染用。

茯苓 古作伏灵。云南有栽苓法。荣止产土茯苓，医方以治疮耳。惟县北老林口里许，有松结篷，日光照之，晔如孔翠，相传已数百年。光之所注，下孕茯苓，视市售者，判仙凡矣。

枸杞 沈存中曰：枸杞，陕西极边有高丈余者，可作柱。《千金翼》云：『上者实如樱桃。少核，暴作饼，极膏润。』县差小，惟苗为嘉蔬。

地骨皮 枸杞根也。

冬青 一名女贞，俗名『爆格蚤』。《宋史·五行志》：『大中祥符九年（一〇一六）十月，公井县冬青木连理。』《蜀语》：『冬青，俗曰蜡树。』民国《志》按：今蜡有专树，无饲之冬青者。然据知冬青古可饲蜡，非弃材矣。子蒸暴之，入药良。

楝 花信风之楝花风，此楝也。① 子曰苦楝子，杀疣虫。

茱萸 茱属，《尔雅》曰『椒』。《礼记·内则》：『三牲用藙。』注：『藙，煎茱萸也。』

巴豆 《华阳国志》：『江阳郡有巴菽。』『菽』即『豆』也。荣今东南即汉江阳境。《淮南子·说林训》云：『鱼食巴菽而死，鼠食巴菽而肥。』

青果 橄榄，一名谏果。海外人榨油曰橄榄油。入药，点生蔬，皆良。

五加皮 一名文章草，作酒曲。《蜀异物赞》：『文章作酒，能成其味。』

寄生草 《小雅》曰『茑』。《尔雅》：『寓木，宛童。』《本草》云『桑上寄生』也。

南藤 宋苏颂曰：『出荣州，一曰丁公藤。』《南史》：『解叔谦母病风，得神赐丁公藤而愈。』

夏枯草、鸡儿花、兔耳风、荆芥、蒙花、槐角、桑皮、瓜蒌仁、栀子、仙茅、木通、麦门冬、鸡矢藤、一支箭、箭秆风、龙胆 释氏书：『善财遍观大地，无不是药。』不备载。

（五）禽鸟类

家禽

民国《志》所载：

鸡 鸡有多种，县无祝鸡者，故皆常品。《尔雅》：『鸡大者蜀。』蜀，独也。凡独一无二者，皆含大义。人家间养蜀鸡，重至逾十斤。食品喜乌肉，杜子美诗『愈风传乌鸡』是也。黑白杂者曰竹斑鸡，相传动宿疾。雄鸡俗曰叫鸡，以司晨名也。凡鸡食

---

① 按：应花期而来的风，称为花信风。如南朝梁宗懔（约五〇〇—五六三）《荆楚岁时记》云：『始梅花，终楝花，凡二十四番花信风。』历来相传花信风共有二十四番。自小寒至谷雨，凡四月，共八个节气，一百二十日，每五日一候，计二十四候，每候应以一种花的信风。每气三番。小寒：梅花、山茶、水仙；大寒：瑞香、兰花、山矾；立春：迎春、樱桃、望春；雨水：菜花、杏花、李花；惊蛰：桃花、棣棠、蔷薇；春分：海棠、梨花、木兰；清明：桐花、麦花、柳花；谷雨：牡丹、荼蘼、楝花。

毒物，则鸣不以时。栒①中雄雌，相见不相近，雄亦郁气成卵，坚如栗，治目眚奇效，详纪昀《阅微草堂笔记》②。乡人习有之，皆非鸡祸，然修省固善。母鸡，西种有多卵者，月计二十余枚，而少肉，今无其种。菴鸡或二首一身，卵气所致，非鸡祸。线鸡，阉鸡也。宋戴复古诗：『区别邻家鸭，群分各线鸡。』自注：『阉鸡一线作一群，各线则别作一群。』③『线』之所由称也。

鸭 《尔雅》：『舒凫，鹜。』注：『鸭也。』荣多鸭贩，数百成群，放数百里外。鲜烧鸭者，盖戕生以穷口腹之欲，孽也。冬季腊之，曰板鸭，荣顾有名，悬物命于门肆者，累累矣。

鹅 《尔雅》：『舒雁，鹅。』民国《志》按，《诗经》：『弋凫与雁。』则古者田猎野物，为礼物之不供，取诸家畜。舒，从舍，从予，予亦声，舍，市居也，引申之则家居亦舍。舒雁、舒凫，即家雁、家凫；家雁，鹅也，家凫，鸭也。

鸽 畜者考辨佳恶，宛然《相鹤经》也。《周礼》六禽，鸽居其一。宋曲端以鸽点军④，西夏借鸽诡战⑤，灿在史籍。今海西偶为军用，趋风者遂交谀之，其颠可哂。若乡之人只斗飞而已。虽系书通信，如《天宝遗事》《酉阳杂俎》所传，不知也。县署向畜千数，官替列入交代，入民国，无一存焉。

鸟类

乾隆《志》所载：

雉、鹊、啄木、画眉、凫、白头公、鸳鸯、鹌鹑、鹳、鹭鸶、鸦、雀、鸽、鹰、鹞、竹鸡、八哥、子规、撒火、鹧鸪、秧鸡、山和尚、水道士、伯劳、鹡鸰、黄鹂、箐鸡⑥、鸠、鹏、姑恶、蝙蝠⑦。

民国《志》所载：

燕 常鸟也，舍人⑧注《尔雅》，以『巂周』当『燕』，郭璞乃云『子规』。荣署树间，昔年巢白燕，惜无能诗如袁凯⑨者。

鸎 一名『黄栗留』，以其音『沥溜』也。今作『莺』。《诗经》『有莺其羽』，以『莺』名『鸎』，犹以『翠』名『鴗』也。

---

① 按：客家人把关鸡的木笼称作『栒』。

② 《阅微草堂笔记》卷十六：『《新齐谐》载雄鸡卵事，今乃知竟实有之。其大如指顶，形似闽中落花生，不能正圆。外有斑点，向日映之，其中深红如琥珀，以点目眚，甚效。德少司空成、汪副宪承霈，皆尝以是物合药，然不易得，一枚可以值十金。』

③ 戴复古《常宁县访许介之途中即景》云：『竹径入茅屋，松坡连菜畦。深潴沤麻水，斜竖采桑梯。区别邻家鸭，群分各线鸡。行人来少憩，假道过东溪。』自注：『阉鸡一线作一群，各线则别作一群。』

④ 周密《齐东野语》卷十五『曲壮闵本末』云：『魏公（张浚）尝按视（曲）端军，端执挝以军礼见，阒无人。公异之，谓欲点视。端以所部五军籍进，公命点其一部。于廷间开笼纵一鸽以往，而所点之军随至。张为愕然，既而欲尽观。于是悉纵五鸽，则五军顷刻而集。戈甲焕灿，旗帜精明。』

⑤ 《宋史·夏国传》云：仁宗庆历中，桑怿征元昊，『见道傍置数银泥合，封袭谨密，中有动跃声，疑莫敢发。福至发之，乃悬哨家鸽百余，自合中起，盘飞军上。于是夏兵四合怿先犯，中军继之，自辰至午酣战。……福不听，力战死。』

⑥ 原注：雄者白羽红嘴，长尾可爱，亦名雪鸡。

⑦ 按：蝙蝠，本属兽类。乾隆《志》列入鸟类，非是。

⑧ 即犍为舍人，注《尔雅》者。

⑨ 袁凯，生卒年不详，字景文，号海叟。明初诗人，松江华亭（今上海市松江区）人。曾以《白燕》一诗负盛名，人称袁白燕。著有《海叟集》四卷，附《集外诗》一卷。

梁山白　此鸟华彩，故人以晋时善卷洞①事况之，红曰祝英台，白曰梁山白。黔中曰山凤凰。宋以来，诗词则称红练、白练，一曰拖练尾。按其时，据其彣②，即戴胜也。魏宋均注《孝经援神契》：『朱鸟戴圣，荷胜似之。』『圣』『胜』，音通。今其鸟首如鸭头，绿彩，冠如角，即『胜』也。绛身长尾，弄吭花竹间，即朱鸟也。曰练者尾之垂，曰胜者首之绚。《礼记》曰：『戴胜降于桑。』③春和时，舍是别无朱鸟，故知为戴胜也。《禽经》：『练鸟亦名带鸟。』『带』，即『戴』也。

桐花凤　但献之云，荣之北山有之。

阳　雀　子规也。《尔雅》『嶲』，一名『周』。刘逵引《蜀记》曰：『昔杜宇王蜀，号曰望帝。宇死，俗云化为子规，闻子规鸣，以为望帝也。』古俗朴，人心信神尤虔，非特子规然，《山海经》皆近神书也。又曰杜鹃，《玉篇》曰『鷶鸂』。王逸注《离骚》曰『鹈鴂』，曰『买鶬』。凡鸂、鴂、鶬、规，皆近所鸣之声，故俗曰里桂阳。《金川琐记》④又以为『桂桂阳』。宋人天津桥闻杜鹃，致慨国运。⑤泸州高大令楷⑥曰：『鹞饮秧水所化也。曾笼饲之，夏季羽渐枯，及秋仍为鹞矣。』清季，京师亦有闻杜鹃者，盖『裂帛湖上新种稻』⑦，如大令言。

布　谷　古鸤鸠也。《礼记·月令》：『鹰化为鸠。』郑玄注以『搏谷』当之。《周颂·小毖》郑玄笺：『鹪之所为鸟，「题肩」也。』陆玑以『鹪』为『鹪鹩』，『隼』为『题肩』，恐大小不伦。《左传》注引《方言》，以鸤鸠、戴胜为一物。皆古说之不审者。《列子》言『鹞化』，则信。

秧　鸡　生聚秧田中，长脚。逼之急，则藏其头。

镦　鸡　夏鸣秧田中，黑色长胫，大如鸡，其声等等然。郑子尹⑧诗：『镦鸡断翘凫败翁。』民国《志》按，扬雄《蜀都赋》：『粳田孺鹜。』鹜，雉属，名『孺鹜』者，取其小于鹜，非谓雉属也。

八　哥　鸜鹆也。《荆楚岁时记》：『五月五日，取鸜鹆，教之语。』好巢绝壁崖穴，乡童或缒取之。

竹　鸡　制白蚁。东坡云：『蜀人谓为鸡头鹘。』《黄州》诗

---

① 按：善卷洞，在江苏宜兴，有晋代祝英台『读书处』等景观。

② 按：此指驳杂的花纹或色彩。

③ 按：『戴胜降于桑』，语出《礼记》，原文误引作《诗经》，非是，今改。

④ 按：《金川琐记》六卷，清李心衡撰。李心衡，字巽廷，号湘帆，清代江苏上海人。附监生，官四川西昌县丞、湖北枣阳知县等。本书内容为作者乾隆间官金川时见闻。

⑤ 邵伯温《邵氏闻见录》卷十九：康节先公（邵雍）先天之学，伯温不肖，不敢称赞。平居于人事礽祥，未尝辄言。治平间，与客散步天津桥上，闻杜鹃声，惨然不乐。客问其故。则曰：『洛阳旧无杜鹃，今始至，有所主。』客曰：『何也？』康节先公曰：『不二年，上用南士为相，多引南人，专务变更，天下自此多事矣！』客曰：『闻杜鹃何以知此？』康节先公曰：『天下将治，地气自北而南；将乱，自南而北。今南方地气至矣，禽鸟飞类，得气之先者也。《春秋》书「六鹢退飞」，「鸜鹆来巢」，气使之也。自此南方草木皆可移，南方疾病瘴疟之类，北人皆苦之矣！』至熙宁初，其言乃验。

⑥ 按：高楷（生卒年不详），字绰然，号拙凡，一作字竹园，四川泸县人。光绪二年（一八七六）举人，官至内阁中书。善诗文，工书画。著有《快隐堂诗文钞》。

⑦ 按：裂帛湖，地名，在北京玉泉山，以水声如撕裂锦帛，故名。旁有巨石，上刻乾隆手书『裂帛湖』三字。『裂帛湖上新种稻』，出处不详。

⑧ 按：郑珍（一八〇六—一八六四），字子尹，晚号柴翁，别号子午山孩、五尺道人、且同亭长，贵州遵义人，清代学者。著有《仪礼私笺》《说文逸字》。

所谓「泥深自厌鸡头鹘」也。梅圣俞《禽言》诗，悉指所鸣为首，《竹鸡》云：「泥滑滑，苦竹冈。雨潇潇，马上郎。」极为六一所赏。

野鸡 雉也。《尔雅》区类夥，《急就篇》则雉、野鸡为二。《史记》《汉书》「野鸡夜鸣」，言乡中鸡，与家鸡对言也。王引之遂以雉必不名野鸡，非通识矣。荣有赤者、黄者、白者、青者，皆黑彩成文。雌雉所据山，他雉入则斗，如封守然。蕨丛生成薄曰蕨笼，雉所也。

山鹧 似鹊，而尾长，嘴曲如钩，其音「查查」，朱竹垞①诗「查查山鹧绕檐飞」是也。王渔洋《山鹧》诗「秋叶下庭树，飞来山鹧鸪」，知唐人《山鹧鸪》词，即斯鸟也。

鹭鹚 《尔雅》：「鹭，春锄。」注云：「白鹭也。头、翅、背上皆有长翰毛。今江东人取以为睫㰅，名之曰白鹭缞。」民国《志》按：「睫㰅」即「接䍦」，杜甫诗「狂遗白接䍦」是也。今海西尤尚其羽，等于「超宗凤毛」②矣。

牛矢八 冬季千百群飞。大抵名鸟多取鸣及羽，云「八」者，其飞汎汎然。《老学庵笔记》：「鹖巴，北方名札八。」是其例。

白头公 俗曰白公头，与白头翁别。白头翁，其头纯白，能言。

黄雀 色赭黄，翅黑，中嵌片白，乡名黄党党。《广雅》：「党，美也，善也。」钱绎③曰：「相亲爱谓之善，《吕览》『夷吾善鲍叔』是也。」相亲昵亦谓之「党」。《左传》「无田从党」是也。今妇女爱子，故詈其黠，每曰党党儿。黄曰党党，爱之也。

阿鹊 俗呼阿如鸦。《说文》：「知来事鸟也。」行人将至，则噪于庭，故又曰喜鹊。

斑鸠 《方言》作「鴘鸠」，「鴘」音「斑」。舍人说鸣鸠曰「今之斑鸠」，是西汉已称斑鸠也。

叫斑 鵻也。陆玑《毛诗草木鸟兽虫鱼疏》云：「鵻，今小鸠也。」又云「鵓鸠」，灰色，无绣项，阴则屏逐其匹，晴则呼之。「鵓」为「夫不」合声。故《毛传》云：「鵻，夫不也。」《尔雅》作「鳺鴀」。

乌 以色名。《说文》云「孝乌」，言其德也。色纯黑，故《诗经》曰：「莫黑匪乌。」

黄颈乌 俗谓「黄颈老鸦」。所鸣，则其里有丧。

鸦 古作「雅」。其声「鸦鸦」，故名。古曰「鸒斯」，曰「卑居」。《小尔雅》云：「小而腹下白、不反哺者，谓之鸦乌。纯黑而反哺者，谓之慈乌。」实则「鸦」「乌」，古一声也。

水老鸦 鸬鹚，渔畜。

雀 其鸣「节节」「足足」，故名。雀尝栖人堂宇，故谓之宾雀。俗曰麻雀，盖「瓦雀」之音移也。南人曰荷花雀。入水为蛤，乡中犹目验之。

---

① 朱彝尊（一六二九—一七〇九），字锡鬯，号竹垞，又号醧舫，浙江秀水（今浙江嘉兴市）人，清代词人、学者。著有《曝书亭集》《日下旧闻》《经义考》等。

② 按：「超宗凤毛」，语出《南齐书·谢超宗传》，云：「王母殷淑仪卒，超宗作诔奏之，帝大嗟赏，曰：『超宗殊有凤毛，恐灵运复出。』」

③ 钱绎（一七七〇—一八五五），字以成，嘉定（今属上海市）人，钱大昕侄。著有《方言笺疏》。

鹌鹑 似鸡。雏居有常匹，飞则相随。故《诗》以起兴[1]，曰：「鹑之奔奔。」

画眉 以眉名，声清脆可听。

点水雀 脊令，雝渠也。飞则鸣，行则摇，不能自止，故诗人以况兄弟之谊。

大嘴巴 桑扈也。《尔雅》：「桑扈，窃脂。」注云：「嘴曲，食肉。」

啄木 《尔雅》：「䴕，斫木。」纪昀曰：「仆李福登木杪，以杙塞其穴而锯平其外。啄木返，翩然下树，以喙画沙，若符篆，杙铮然自拔出。」又云：「《万法归宗》载是符，纵横交贯，略如小篆两「無」字相并之形。不知果与啄木所画无二否？」

鸢 今所谓老鹰、岩鹰，皆鸢也。《尔雅》：「鸢，乌丑，其飞也翔。」郑注《周官》云：「乌鸢善钞盗。」今所称老鹰、岩鹰者，其盘于天也，翼直刺不动，钞取如袭，故知为鸢矣。

鹞 《尔雅》曰：「鷣，负雀。」注云：「鷣，鹞也。」有褐、白二色。古云鲁仲连如黄鹞子，褐色也。白曰「鸉」，《尔雅》：「鸉，白鷢。」

鹰 鶆鸠也。《尔雅》：「鹰，隼丑，其飞也翚。」《说文》：「翚，大飞也。」小于鸢，大于鹞。鹞之飞也，捷如掷然，鹰则击物，其飞猛劲。唐五坊小儿，鹰坊其一。今京师多臂鹰鹞者，殆唐风也。傅玄《鹰赋》：「动翮二六。」杜甫《角鹰》诗：「耩上锋棱十二翮。」又「目如愁胡视天地。」凶瞵恶眛，尤善状鹰者。

猫儿头 《尔雅》：「萑，老鵵。」注：「木兔也。」兔头，有角，毛脚，夜飞。《广雅》：「鸺鹠，茅鸱也。」又《尔雅》「狂茅鸱」，注：「今鵵鸱也。」民国《志》按：「萑」下从「隹」，「丫」象其角。「鵵」，从鸟从兔，则鵵鸱即鸺鹠。但目或大小，遂析多名耳。乡称猫头，犹古兔头，据形取肖。自古皆为妖鸟，辄云所鸣有祸，见《周礼》「庭氏之官」。唐韩愈《射训狐》诗，犹以况伾、文辈也。然古说正难尽诘，如鬼车者，今所称九头鸟也。欧阳修诗：「咿咿呦呦，若轧若抽。」又如「百两江州车，回轮转轴声哑呕。」曲绘悲音，每阴雨无不闻者。周密言：「淳熙间，李寿翁守长沙，募人捕得之。身圆如箕，十脰[2]九头，头各竞进，翅不相用。景定间，周汉国公主下降，赐第嘉会门左，忽九头鸟据捣衣石，是夕主薨。」其言凿凿指实，亦如今传目验者然。依次究之，大都以耳递嬗。光绪中，赵熙主重庆讲席，泽国阴霖，时闻此鸟。有陈医者，夜伺啾啾，发铳遂落，乃寇凫也。寇凫者，江东小凫，其多无数，见郭璞注《方言》。嬉雨成群，遂淆众听。亘古疑灾，立时昭彻。古救日之弓、救月之矢，不敌一铳之力也。

鴋 《尔雅》：「鴋，天狗。」注云：「青似翠，食鱼。」今曰打鱼子。

癞厉壳 枭也，食母。人言所鸣处生口舌。汉律：「夏日至，捕枭磔之。」

---

① 起兴：诗歌表现手法之一，指由外界环境触发诗兴文思。

② 按：「十脰」，民国《志》作「一脰」，据《齐东野语》卷十九「鬼车鸟」条改。

鹳、撒火、山和尚、黄金雀、艳山红、护花鸟、水道士、箐鸡、姑恶　不备录。

（六）畜兽类

家畜

民国《志》所载：

牛　牡曰羖牛，牝曰牸牛，『舍』声移『沙』，俗曰沙牛，劁者曰『犍』。《广韵》：『劁，以刀去牛势也。』牛子曰犊。自古皆以任耕。《山海经》：『稷之弟曰台玺，生叔均。』又曰：『叔均，是始作牛耕。』故冉耕字伯牛，司马耕字子牛。《说文》：『耕，训犛。』《新序》邹穆公曰：『百姓饱牛而耕推。』《考工记》贾公彦疏：『两脚耜，用牛耕种。』则耒耜之作，即用牛耕，远在神农，叔均犹后。世言《汉书·食货志》赵过牛犁，《后汉书》王景犁耕①，特一方习俗，托始云尔。荣县耕田皆水牛，《上林赋》注：『沈牛，水牛也，能沉没水中。』金花殿山家习牛种，黄牛以运石炭，古则黄牛皆任耕。《晋语》：『宗庙之牺，为畎亩之勤。』即黄牛也。往时父老多戒食牛，自近俗以卫生相煽，市论渐变。又利其皮角，规害理之财，牛日少日贵。

民国《志》按，《淮南子》高诱注云：牛者，所以殖谷，民之命也。是以王法禁杀牛，犯者诛。《魏志·陈矫传》：耕牛少，杀者罪至死。《晋书·张茂传》：『杀牛有禁。』唐赦文曰：『十恶五逆，火光行劫，持刀杀人，官典犯赃，屠牛，铸钱，合造毒药，不在原赦之限。』《五代史·唐庄宗纪》：杀牛，随在处斩讫奏。宋淳化中，诏：『屠牛者处斩。』张咏尹益州，李顺党杀牛许首，顾望就命斩之。明太祖定充军例。历代严禁森然，岂都不知卫生者？何天理仁心，一辙相符如是？或以古太牢为辞，岂知天子无故不杀牛，一岁重典有限。或以回教食例为辞，岂知天方书云『市有悬牛，圣化不入』。且孽罪非止佛家言也，凡操刀执凶业者，杂市井中，气象夐异稠人，豕见之嗥，犬见之吠。西士言牛剖之后，眼中受光之膜，以精镜察之，庖丁面貌装服，一一留影不灭。凛哉，冤气也！吾荣山乡气厚，幸不人具奴性，盲从世习，开嗜杀之风。敬请仁者平情思之，牛少而地失耕，人事患乎否也？服亘古之劳，留我民命，力一生之穑，养我人群，任觳觫之堪哀，转屠割之不恤，天道容乎否也？

猪　农家倚其力，曰血财。盖资其粪，货其肉，繁其子也。色尚白，隆昌者良。毛售海外，黑白不杂。倘教其技，是物皆能自制，智者之事矣。乡中赋之食，鹅肠草、青菘、糟糠、油滓。壮乃饲玉蜀黍。扬雄《蜀都赋》：『籴米肥猪。』将汉时农有余粟耶？《尔雅》区类至晰，其曰『奏者豱』，郭璞注云：『今豱猪，短头，皮理腠蹙。』民国《志》按：『奏』有聚意。《说文》：『凑，水上人所会也。』腠蹙正以释『奏』，俗则通行『皱』字。《急就篇》：『豕之三毛聚者曰猪。』是奏者乃专猪之名。今詈人

---

① 按：『王景犁耕』，语出《后汉书·王景传》，云：『明年，迁庐江太守。先是，百姓不知牛耕，致地力有余，而食常不足。郡界有楚相孙叔敖所起芍陂稻田，景乃驱率吏民修起芜废，教用犁耕，由是垦辟倍多，境内丰给。』

愚动曰瘟猪，曰皱额髅。瘟者，猛也；皱者，奏也。实雅训之遗焉。至明正德中，武宗以国姓朱，音同猪，生于亥，本命为猪，发贴禁民间喂养宰杀。见沈德符《野获编》，洵狂且矣！

犬　常犬外，小者曰京狗，意猲獢种也。近有西洋狗，形较大，意狣种也。牡曰牙狗。《易》：『豮豕之牙。』冒顿遗高后书曰『孤偾』。『偾』『豮』，义近，故移豕于犬曰『牙』矣。牝曰草狗。《尔雅》：『马牝曰牸。』注：『草马名。』牝马不充服役，常牧于草。故移马于犬，曰『草』矣。

猫　《诗》、《礼》、《尔雅》、诸子皆有猫名。许①制《说文》，独无『猫』字。民国《志》按：《诗》有猫有虎。《传》：『猫，似虎而浅毛者也。』《尔雅》：『虎窃毛，谓之虦②猫。』是猫，猛兽也，今家畜者，狸耳。而曰猫者，犹犬之称曰狗。《尔雅》则『熊虎丑，其子狗』，皆以猛者表之耳。《尸子》云『猫牲』。《庄子·秋水篇》云『狸牲』。《广雅》亦云：『貔，狸猫也。』今呼猫者，犹作其音，如猫狸。成都多鼠，捕有赏例，仿西法，防鼠瘟也。荣家畜一兽，而食黍穿墉者犹多。苏子瞻云：『养不捕之猫。』③殆可哂已。

兽类

乾隆《志》所载：

虎、豹、猴、兔、鹿、麂、野猪、豪猪、獾、獭。

民国《志》所载：

虎　荣旧多虎。筠山虎，陆游咏虎洞，牟阿回打虎，皆有诗。光绪中，杨家场猎一虎。民国时，刘家场猎一虎。

赵熙曰：吾寓礼园，习见生虎。究其性喜洁，溲处、尘处、瓦砾处弗卧也。巢于穴，不林居，爱其文也。善惊，一钱堕地锵然，惊矣；剑晃之，惊矣；笔指之，惊矣；微声微影皆惊，盖警也。习近人，弭然自安。裸者至则怒，衣裘者至则怒。毛也，肉也，思噬也。虎色不一，《居易录》称蓑衣虎、朱虎最狞，意即狮也。豢者李叟言，所见虎皆黄斑色，他兽闻其声若颠，触其气若弊，柙外腥臊远闻；春秋哮，如猫思牡。李叟年六十矣，偻偻然行，孔孔然欬，羸若将就木，而狎之，叱之，弄之，督其溲，摘其须，惟叟之欲。归柙，张其门，虎悚不敢出。一日出，系之入即入，命之旋于地，曰滚即滚，无不如命者。庄生说梁鸳④，犹慄慄然。李叟天然梁鸳矣。或曰，在深山中恐不然。

香为子　赵熙曰：果子狸也，当作『香猚子』。唐皮日休诗：『果教猚子供。』《吴都赋》：『猚子长啸。』盖猿属。以嗜果同，故曰猚，而以香别之。『猚』或作『蜼』，《上林赋》：『獑胡縠蜼。』郭无注。亦名牛尾狸，东坡有《送牛尾狸与徐君猷》诗。

---

① 按：许慎（三〇——一二四），字叔重，汝南召陵（今河南郾城东）人。著有《说文解字》和《五经异义》。

② 按：虦，指浅毛虎。

③ 按：『养不捕之猫』，语出苏轼《苏文忠公全集·东坡续集》卷十一，云：『然而养猫以去鼠，不可以无鼠而养不捕之猫；畜狗所以防奸，不可以无奸而畜不吠之狗。陛下得不上念祖宗设此官之意，下为子孙立万世之防，朝廷纪纲，孰大于此？』

④ 按：梁鸳，传说中周代掌管驯禽兽的官吏，了解禽兽的喜怒，禽兽经其驯化后无不柔顺。《列子·黄帝第二》云：『周宣王之牧正有役人梁鸯者，能养野禽兽，委食于园庭之内，虽虎狼雕鹗之类，无不柔驯者。』民国《志》称『庄生说梁鸳』。非是。

韩子苍引《酉阳杂俎》云：『肉甚美。』《本草》注：『牛尾狸，专上树食百果，冬月极肥，亦名貔狸。』宋沈括言：『契丹珍貔狸，形如鼠而大，穴居，食果谷，嗜肉。味如㹠子而脆。』刁约诗：『密赐十貔狸。』又名玉狸。陆游《成都大智寺》诗：『新糟厌玉狸。』又名玉面狸。明仁宗初，光禄卿井泉奏遣正官往南京采玉面狸，帝叱之。又名香狸，俞正燮引《酉阳杂俎》：『香狸有四外肾，自能牝牡。』又名香髦，杨慎曰：『《楚辞》称文狸，滇中称香髦，自为牝牡，盖《山海经》亶爰山兽名类者也。』性食蛇，故肉美。粤人言肉，以蛇极美故也。县西北山中，玉脂秋肥，珍逾熊白。捕法以蛇为饵，于酸枣树求之。

豪猪　如猬而大，全身豪刺，刺白本而黑端。怒，能竦以射物。《山海经》注：『貉，豿也。』清西北山，时时有之。民国时，长山桥忽产成群。乡农一日击十余头，继不常有。

獾　《说文》：『獾，野豕也。』又有狗獾，乡人云。

兔　古以白兔鸣瑞，荣则多有。毛如雪，目如珊瑚。其黑，其斑，其褐，趯趯者皆是也。旧称吐而生，实不然。毛为笔材，《古今注》：『秦蒙恬造笔，鹿毛为柱，羊毛为被。所谓苍豪，非兔豪也。』则兔豪始晋、汉间。左思诗：『弱冠弄柔翰。』则兼用羊豪、鸡豪矣。唐封演以蜀无兔、鸽，隋杨秀封蜀王，赍至益州。《太平寰宇记》同。因检扬雄、左思《蜀都赋》，果无言兔、鸽者。而张载《白兔楼》诗，蜀中作也。①

野　猫　形似猫，古曰『狸』，善伏。

黄鼠狼　《尔雅》曰『鼬鼠』，郭璞云：『江东呼为鼪。』即《庄子·秋水篇》『狸狌』、《徐无鬼篇》『鼪鼬』也。其毛为笔，曰狼豪。

猩　猩　民国十六年（一九二七），偶出。

豺、豹、野猪、猴、獭、狐、鼠　均产。

（七）鱼虫类

鱼类

乾隆《志》所载：

鲤、鲫、鲢、白条、红尾子、鳝、鳅、虾。

民国《志》所载：

鳊　头缩小，穹背博腹，如玉瓶。孟浩然『槎头缩项鳊』是也。《诗经》：『必河之鲂。』鲂，即鳊。

鳜　鳜，音『桂』。张志和称『桃花流水鳜鱼肥』是也。时出贡井溪中。

牛皮鱼　贡井时得鱼如鲤，皮坚不入刀，因况曰牛皮。古有牛鱼皮，名鱼狸。《采芑》云『簟茀鱼服』是也，然形与今鱼不类，见陆玑《毛诗草木鸟兽虫鱼疏》。又《神异经》②：『北荒有千里湖，产鱼如鳢，刺之不入，煮之不死，以乌梅、三七煮之，即熟。食之愈邪病。』不知种同否。

---

① 按：《全蜀艺文志》卷六有张载《登成都白兔楼》诗。

② 按：《神异经》，旧题汉东方朔（前一五四—前九三）撰，神怪小说。书分『东荒经』『东南荒经』『南荒经』『西南荒经』『西荒经』『西北荒经』『北荒经』『东北荒经』『中荒经』等几部分。

暴沙　拥斯茫水、小井沟产也。麦秋时，群队而出，吹暄暴影，掩映溪岸，人因名之曰『暴沙』。

鳝　黄者，常产也，白与青惟拥斯茫水有之，白鳝尤重于时。

泥鳅　《尔雅》一名『鳛』。合江鳛部水，殆以鳅故。

虾　荣产少。赵熙曰：水乡鲜食，利其繁育也。荣则寻之至艰，而豪奢恶习，偏如祖制之不可缺者，何哉？夫戒杀爱生，自难尽人崇信，然戕物亦当有节矣，昔周颙与何胤书曰：性命之于彼极切，滋味之在我可赊。使三涂不诬，而受形未息，一往一来，生死常事。则伤心之惨，行亦自及。① 颙言可谓笃矣！且中厨丰膳，只取乐耳，非有救死之不赡也。孟子曰：『见其生，不忍见其死。』而今之食蛙者，剥皮犹跃。食虾者，一庖千命，葱盐杂渍，到口蠕蠕。在彼则血泊横尸，未能自列，即使之有生不存，并使之求死不得。痛哉此情！十年来兵戈之惨，固亦有栗栗刀锯之前者矣，视彼魂飞汤火，事岂悬焉？求生一也，宁仁人不心恻耶？《列子》曰：『非天本为蚊蚋生人，虎狼生肉。』② 岂庶物理当残灭？人寿几何？快我一日之生，而纵心以造无量之孽，虾犹小者也。

蛙　古作『黽』，《尔雅》：『在水者黽。』《考工记》所谓『以脰鸣』者。其类大小不一，世名『田鸡』。《说文》：『鼃，水虫也。』或遂误为田鸡。触目皆朵颐之欲，孟子曰：饮食之人，贱人也。③

蜗牛　《尔雅》：『蚹蠃，螔蝓也。』俗曰山螺，首有四角。《庄子》：『国于蜗之角。』寓言小也。其体由顶左旋，四匝而至于口，故又有『蜁蜗』之名。《江赋》：『鹦螺蜁蜗。』

白小　杜诗：『白小群分命。』④

沙虫　《尔雅》：『蜎，蠉。』《广雅》：『孑孓，蜎也。』《淮南子·说林训》：『孑孓为蟁。』蟁，蚊也。民国《志》按：止水易腐，则生此虫。赤色，行则掉尾至首，左右回环。将为蚊，尾端生四足，蜕于水面。一名蛣蟩。

马蟥　《尔雅》名『蛭』，入人肉，咂血。治法，盐卤、烟油皆效。

蛇　有乌骚、菜花、青竹僬等名。《说文》：『僬，行貌。』名蛇，言走疾也。紫者啮人最毒。粤人言肉品，蛇为奇珍。又已风湿。而中土人无食者，惮其狞也。《山海经》言『操蛇』『弭蛇』『践蛇』不一。上古穴居野处，第一畏苦者蛇，相见必曰无它。以其所畏，则凡尊事而神之者，必先以制蛇为能事，故操之、弭之、践之矣。印度或食蛇。佛经：『摩睺罗伽，大蟒神也，悉来会坐，虽佛力使然，亦其俗性不慑蛇也。』食蛇者孔雀、白鹤、香狸。县惟产香狸，地日辟，蛇有虺无蟒。蛇卵入酒治疾，良。枳首⑤偶一见，不为灾也。

四脚蛇　守宫也。《博物志》：『食以朱砂，体尽赤，所食满

---

① 按：事见《南齐书·周颙传》。

② 按：语出《列子注》卷八《说符》，云：『且蚊蚋噆肤，虎狼食肉，非天本为蚊蚋生人，虎狼生肉者哉！』

③ 语出《孟子·告子上》，云：『饮食之人，则人贱之矣。为其养小以失大也。饮食之人无有失也，则口腹岂适为尺寸之肤哉？』

④ 按：《杜工部集》卷十六《白小》诗云：『白小群分命，天然二寸鱼。』

⑤ 按：枳首，双头蛇也。

七斤，治捣万杵，点女人肢体，终身不灭，唯房事则灭。」李昌谷诗『花房夜捣红守宫』，以此。《二西余谈》：有苦蛇伤者，一小儿言用两刀水内相磨，取水饮之效。遂化蝶螈，入壁中，因号之『蛇医』。① 是皆非雅驯之言。民国《志》按：郑康成、韦昭均以『蜴易』象龙。《本草》名『石龙子』，亦名『山龙子』。故峨眉山、西湖龙井僧，皆以为龙子。而昔人以其神能致雹。汉时，碑文、窑器龙形，一同蜥蜴。郑、韦必有所受之。《尔雅》别名『蝾螈』『蜥蜴』『蝘蜓』，有黑者、绿者，在壁者、在草者、在水者。

介类

乾隆《志》所载：

鳖、龟、蚬、田螺、蚌、蟹。

虫类

乾隆《志》所载：

蚕、鼠、虾蟆、蜘蛛、壁喜、蟋蟀、蝉、蝌蚪、蚱蜢、蝼蛄、蜂、螟蛉、蝇、蚊、蚋、蜉蝣、蜥蜴。

民国《志》所载：

蜜蜂 『鼏』『蜜』，古今字。县无颛业，农家偶悬数桶而已。西人养蜂法，译有成书。苟业之，亦厚利也。乡中以菜花、柏花为酿蜜大宗。其蜡曰黄蜡。酒人忌观之，感其螫也。蜂之刺曰爝，言痛如火焦也。《山海经》：『草木之刺曰伤。』《方言》曰『壮』。沈括曰：『医家行灸，以一灼为一壮。』凡立名，于蜂之爝同意。黄山谷《蜜蜂》诗：『秋成想见香租入，菊露枫胶蜜几脾？日日山童扫红叶，蜂衙知是主人归。』出语芳隽，山乡其师之。

土蜂 名青丝、黄丝者，小蜂也。据《尔雅》郭璞注，大者即俗称土蛮禽。宋沈括言，刘易隐王屋山，见蛛网大蜂，遭螫坠地，腹鼓欲裂。旋啮芋梗，以汁自磨，螫患遂消。芋之茎曰蔌，见《广雅》。今师蛛法良验。

胡蝶 《广雅》曰『蛱蝶』。种类繁，视蛹之大小、虫之文色而化之。《列子》：『胡蝶，胥也，化而为虫。』胥，苏也。虫为蛹，若蛰矣，忽然而为蝶，如吃之醒，故曰苏也。张湛偶失之。其大者名凤子，尤彩丽。

蜻蛉 《尔雅》：『虰蛵，负劳。』《列子》曰『厥昭』。六足四翼，色不一，皆靓。《淮南子》：『水虿为蟌』，故俗呼虿虰。『虿』『马』声转，燕曰马郎，故又曰马马虰。

蝉 《尔雅》其名至析，郑樵以七月后鸣者曰蝉，五月前鸣者曰蜩。大如雀，黑色，鸣声者，曰马蜩。

天牛虫 段成式曰：『长安夏中，天牛虫出篱壁间，必雨。』天牛虫，即黑甲虫也。七验之，皆应。民国《志》按：此虫甲坚，长须二，节劲如角。嘴箝木最利。将雨，辄声扬以长，远彻林表。俗呼天曰『牵』。

---

① 张岱《夜航船》卷十七『绿螈』条引《二西余谈》云：『一人为蛇伤，痛苦欲死。见一小儿曰：「可用两刀在水相磨，磨水饮之，神效。」言毕，走入壁孔中。其人如方服之，即愈。因号绿螈为「蛇医」。』又云：『蛇医形大色黄，蛇体有伤，此虫辄衔草傅之，故有医名。』

蠛蠓 《庄子》名「醯鸡」。凡阴晴雨之兆，空中乱飞。郭璞所谓「风舂雨硙」者。啮人。小如针鼻者，曰蠛蚊。

萤 《礼记》：「腐草为萤。」《诗经》：「熠耀宵行。」不指何物。《毛传》：「熠耀其羽，」岂以名乎仓庚？非达诂矣。《夏小正》：「九月，丹鸟羞百鸟。」丹谓萤，白谓蚊蚋，羞者，食也。是萤亦为人捍灾御患。荒乡老屋，有虫如蚕，喉下光如萤，魂魂而动。于名无考。埠儒被之，曰「宵行」矣。

蚊 水草多处，其生繁，不止孑孓化也。《尔雅》：「鶾，蟁母。」注：「俗说此鸟常吐蚊。」宋周密言：岭南有蚊子木，塞北有蚊子草，聊资谈助尔。范文正诗：「饱似樱桃重，身如柳絮轻。」苏子瞻诗：「飞蚊猛捷如花鹰，风定轩窗飞豹脚。」喙尤毒也，近海西以蚊传疟毒，而种金鸡蜡树避之。考实之事，古不如今，中不如西，蚊其一也。

蝇 《诗经》曰「青蝇」，曰「苍蝇」。秽虫也，能传疫，其卵化蛆。

虻 痘证转黑濒危者，以狗虻七枚，偏碎和醅酒调服，神效。夏月，虻在狗耳中，见周草窗①记。牛痘行而此灾少矣。

打卦虫 小羽虫之黑甲者。仰之，能挺胸自掷其身，如投杯珓。大者长近寸，首赤，身金绿色。《说文》曰「蟘」。《释名》：「绨似蟘虫之色，绿而泽也。」唐人曰夜飞蝉，韦侍御使妇赀杜工部杨夫人者。宋祁《益部方物略记》②：「金虫，蜂体绿色，光若金星，里妇取佐钗环之饰。」

绿物 「物」音如「舞」。《尔雅》：「蚾，蟥蛢。」注：「甲虫也，大如虎豆，绿色。」《考工记》，郑以为发黄。孙炎云：「翼在甲里。」

推矢虫 《尔雅》：「蛣蜣，蜣蜋。」注：「黑甲虫，啖粪土。」《庄子》所谓「智在转丸」者，小儿喜烧啖之，谓去食积。一县人张信昆曰：有患粪漏者，百药而穴不愈，将雕瘵死矣。一人药之立愈。勤请其方，曰，大蜣蜋三枚、麝香二分耳。叩其法，曰，将蜣蜋阴干，研末，加麝香，又研之，以黄古格纸匀铺药末，入一发，搓纸成条，量穴深浅为长短，一日一换，换时有发在心，纸条不至中断。百治百效。继有小儿无皮者，贫家无力医疗，或以蜣蜋末试之，亦效。盖蜣蜋得粪之精，通其意，宜疗多病，又保无他虞也。纪昀《阅微草堂笔记》：「蜣蜋晒干为末，代火药，力最劲。」

蚕 蚕以蜀为盛，故蜀曰蚕丛。蜀，亦蚕也。《诗经》曰：「蜎蜎者蠋，烝在桑野。」时榛榛狉狉，缘山遍野。有蚕丛者，教民畜而饲之，民被其利，因王之，曰蚕丛。夫取蠹材之物而利用之，进化之道也。今蚕桑海内趋风，蔚为谈柄，而山蚕少兴议也。荣之山多杂树，苟歆其利而择种之，《樗茧谱》其导师乎？

① 按：周密号草窗，此指周密。

② 按：宋祁（九九八—一〇六一），字子京，安州安陆（今湖北安陆）人，北宋文学家、史学家。后徙居开封雍丘（今河南杞县）。天圣二年（一〇二四）进士，官至工部尚书、翰林学士承旨等职。卒谥「景文」。与欧阳修等修撰《新唐书》。著有《宋景文公集》。宋祁曾于皇祐五年（一〇五三）知益州，记录所见西南方物六十五种。其中，动物十五种，计有护花鸟、百舌鸟等五种珍禽，异兽三种，鱼六种，虫一种。植物四十九种，大多属园艺植物，有海棕、红豆、慈竹、重叶海棠等。还有一些药用植物，包括附子、余甘子、大黄等。原书绘有图，并附有文字说明。名之曰《益部方物略记》。

有状如猫尾，生椒、柏、檓树者曰蚕鲸。乡中以其丝制鱼线。

毛虫 《尔雅》：『蛅，毛蠹。』注：『即载。』《说文》：『载，毛虫也。』四月八，相沿为佛生日，揭红纸于壁，书偈以嫁之，或以秧草着壁。《周礼》：『庶氏掌除毒蛊，以攻说禬①之，嘉草攻之。』此其遗也。

花毛虫 古曰螵，曰蛅蟴。郭璞注《尔雅》云：『载属。』五色斑斓，毛刺人，有毒。

猪儿虫 《尔雅》：『蚅，乌蠋。』《韩非子》：『蚕似蠋，见蠋则毛起。』《广志》：『蠋有五色者。』是化胡蝶，海上人故种凤仙养之。

蜘蛛 大小形色不一，《诸皋记》：唐裴旻山行，有山蜘蛛如车轮，垂丝如匹布。旻射杀之，断其丝数尺，收之。有金疮者，剪方寸贴之，血立止。民国《志》按：今通用其白膜。又，蜘蛛结膜壁间，取其子七枚，穴鸡卵入之，纸封固，蒸食之，已疟效，但忌疟者知之。

蟢子 小蜘蛛长脚者，《诗经》曰『蟏蛸』。

曲蟺 古名『蚓』。蚓之言『引』也。《古今注》：『一名曲蟺。』蟺之言转也。转沙则雨，语曰：『天将雨，蟺先出。』

土狗 郭璞云：『蝼蛄也。』《夏小正》曰『螜』。

蚱蜢 种色不一，皆蝗属，然不为灾。《毛诗传》：『斯螽，蚣蝑也。』股作玳瑁文，以两股相切作声。又《尔雅》：『螒，天鸡。』注：『莎鸡也。』

螳螂 《吕氏春秋》名『拒斧』。《庄子》所谓『怒其臂』，《抱朴子》云『勇虫也』。腹中间有虫名铁线，如小蛇，但无鳞耳。虫出，则螳螂死。《尔雅》：『其子蜱蛸。』

蟋蟀 俗曰叫鸡子。形色光丽，其音悉悉率率。又名蛩，名蜻蛚，名王孙，名促织。

螘 蚁也，大者曰马蚁。《尔雅》例，小者曰女，大者曰王，曰牛，曰马。黄者性灵，有君臣佐使之别。赤者、黑者逊焉。有翼而飞者，《尔雅》云『螱』也。蚁其行相贯如线。其迁穴也，由低而高则雨，由高而低则晴。或曰：顺路迁则晴，横路迁则雨。

草鞋虫 《说文》：『蝨，多足虫也。』

千脚虫 似草鞋虫而脚黑。寸断寸行。古曰『蛝』，曰『马线』。

地乌龟 其形圆扁。《尔雅》曰『蟠』，《广雅》曰『蟅』，《本草》曰『地鳖』。能治血证折伤。《南部新书》：鲜于叔明嗜蟠虫，与权长孺嗜人爪甲，刘邕嗜痂，同食妖也。

地虱 《尔雅》：『蛜威，委黍。』注：『鼠妇，别名。』与蟠鼠负别。见陆玑《毛诗草木鸟兽虫鱼疏》，云：『在壁根下、瓮底土中生，似白鱼。』白鱼，蟫也。据知，『委黍』，地虱也。

偷油婆 或曰鼠妇，非。生厨中阴湿处，气小臭，不啮人，解蜈蚣毒，有功虫也。

黄虫 《尔雅》：『蠸，舆父、守瓜。』有全黄者，有黄身而尻黑者，有背光黑而腹黄者，皆啮叶。

咬木虫 蝎也。《尔雅》：『蝎，蛣蝠。』注：『木中蠹虫。』

① 禬：古代为消灾除病而举行的祭祀。

橘蠹，能已瘵。

蠹　鱼　书中虫，一曰脉望。《尔雅》曰『蟫』。

臭　虫　《说文》：『臭虫，负蠜也。』此蜚也。今啮人者，团如鳖。

窃　虫　形类臭虫，两角，白色，大如半胡麻。振其头作声，匀如小时计，闻人响暂止。须臾复振，难见之物也。唐孟匡朝有《窃虫赋》。今老屋暗处多有之。

八角螯　《尔雅》曰『蠼』。

蜈　蚣　多足，性制蛇。暗夜绿光如霞，能毒人。《庄子》：『蝍蛆甘带。』蝍蛆，即蜈蚣，其蝇生子肉中者，字从肉，作胆，见《说文》。《南部新书》：唐海南漂一蜈蚣，陆死，割其一爪，得肉百二十斤。在蜀为异闻。

土　蚕　古曰蛑，《尔雅》作『蟊』。《诗经》曰：『去其螟螣，及其蟊贼。』灰色如蚕，阳亢则生。《左传》以比税取万民财货者。

（八）货类

乾隆《志》所载：

盐、蜂蜜①、沙糖②、棉花、棉布、绵细、丝、苎布。

旧产茶。③

民国《志》所载：

茶　《尔雅》：『槚，苦茶。』郭璞注：『早采为茶，晚取为茗，蜀人名之苦茶。』《晏子春秋》有『茗菜』之文。王褒《僮约》：『武阳买茶。』武阳，蜀郡地也。《方言》：『蜀西南人谓茶曰蔎』。扬雄《蜀都赋》：『蔓茗荧郁。』常璩《巴志》：『园有香茗。』是茶自古有之，今音敕加反，古则『荼』音而已。《博物志》：『饮真茶令人少眠。』《桐君药录》：『巴东有真香茗茶，煎饮，令人不眠。』是晋已前茶不通行，惟蜀惟盛，唐则天下风尚矣。此亦乡故之隽闻也。施肩吾《蜀茗词》：『越碗初盛蜀茗新，薄云轻处搅来匀。山僧问我将何比？欲道琼浆却畏嗔。』荣山谷间茶种不一，以天堂、定理、莲花诸寺为多，明末赭矣。近年双古坟始制绿茶，色香味都绝。西北多山，傥遍广植而精焙之，自然之大利也。

甘　蔗　《说文》：『藷，藷蔗也。』古蔗食浆，《楚辞》有『柘浆些』，注：『柘，藷，蔗也。』红者曰昆仑蔗，白者曰竹蔗，亦曰蜡蔗，曰泡甘蔗，剑南蔗。小而躁者曰荻蔗，造糖种之。

落花生　常食品，榨油，其滓饲豕。

酒　《说文》：酒，从水，从酉。古者仪狄作酒醪，杜康作秫酒。赵熙曰：《风俗通义》：帝喾者，言其考明法度，醇美喾然，若酒之芬香也。《列女传》：『瞽叟速舜饮酒。二女与舜药，

①　原注：不佳。

②　原注：近年始有。

③　原注：在莲花、天堂、定理等寺。先是，僧有演少林艺者，载僧兵册，有边警调遣之。甲申岁，贼屠荣城，焚堞署，知县秦民汤依寺为营。贼委伪官到寺索印，秦率僧兵斩之。贼党星赴成都，发兵万余骑。僧兵不支，尽遭屠戮，山尽赭童，茶种遂绝。近惟天堂寺栽百余本，亦不佳。

浴汪，舜终日饮酒不醉。」①《孔丛子》：「尧舜千钟，孔子百觚。」孔融《嘲曹操酒禁书》：「尧不饮千钟，无以成其圣。」是酒明出仪狄、杜康先矣。《礼记》「玄酒明水」，乃存伊耆风尚。《说文》：「醫，从殹，从酉。」医之性，得酒而使。据知酒在医前。古者巫彭初作医。《竹书纪年》：「神农氏辨水泉甘苦，味尝草木，作方书。」巫彭为古十巫之一，知医出上古，即知上古酎酒之确据。而许引仪狄、杜康者，说酉义也。「酉」下：「八月黍成，可为酎酒。」「黍」下：「黍可为酒，禾入水也。」是黍专酒材，酒之名由黍立。他酒皆其后起。故称仪狄作酒，必益以「醪」；称杜康作酒，必冠以「秫」。知醪取汁滓均甘，与秫酿皆新法也。然则上古「玄酒明水」，中古专以黍酿。至仪狄、杜康后，乃秫，乃糯，乃麦，乃杂粮矣。黍，禾属而黏者，其不黏者亦禾属，今高粱。《广雅》曰「木稷」，《齐民要术》曰「蜀黍」。北方呼高粱秆曰黍秆，则高粱即禾属。程瑶田以稷当高粱，遍秦汉人无此说也。高粱酿者烧酒，糯米酿者上酒。上，尚也，读如「常」，犹古《尚书》音「常」也。县向重上酒，酝糯米成之。糯，黏稻，古之稉，今酒米也。市酤者，酾其粕，沃以多水，茜，一入取鹅黄色，再入、三入则赤矣。光绪后，烧酒大兴。烧酒又曰烧春，曰烧刀，皆譬酒之强。白香山诗：「烧酒初开琥珀香。」牛峤，乾符进士也，仕蜀王建时，有句曰：「卓女烧春浓美。」陆游曰：「唐人喜赤酒。」又曰：「荣州酒赤而劲。」其在《建安思蜀》诗：「杯觞滟滟红烧酒。」则荣州赤酒，亦即唐琥珀酒矣。民国时，荣酒术进，烧酒坊酾酒于蒸釜未爇时，专酾其酮，曰冷气酒。一作裁得少半。一作者，一酿也，一家为之，家家竞胜。由是荣酒之强，埒酒精矣。其谷、其麦、其豆、其包谷、其蔗，其种种杂粮，凡耗民食，均有禁。

黄糖　中国沙糖，始于西域。《长阿含经》：「天地初成，诸天来食地味，渐为释迦先祖之王。」《十二游经》：「阿僧祇时，小瞿昙于甘蔗园中为精舍，是当中国太古时也，其后世称甘蔗王。」《摩德勒伽论》：「沙糖浆亦得非时饮。」有蔗必有糖，渐然之势。据佛言，亦在周前矣。古之甘者惟饧。《说文》：「饴和饊者也。」盖米成之。蔗，古止食浆，宋玉《招魂》「柘浆」是也。后为「饧」，「孙亮使黄门就中藏吏取交州献甘蔗饧」是也。南印度沿海而来，于中国南裔自古交通。故沙糖之名，见古《神弦歌》第三《圣郎》曲，云：「酒无沙糖味，为他通颜色。」但非通用常品。至六朝通称之糖，今之「糟物」也。唐太宗遣使至摩揭陀国，取熬糖法，谓扬州上蓍蔗，榨渖如其剂，色味转胜西域。至宋，东坡《送遂宁僧》诗，山谷在戎州《答雍熙长老》诗，乃有「糖霜」。遂宁后遂造糖，其种其器，详宋遂宁王灼《糖霜谱》。今县惟产黄糖，名沙糖。设厘征税，而所产甚少。

盐　古夙沙作盐。今供井神者不知也。陆游曰：「蜀食井盐，仙井、大宁，犹是大穴，若荣州则井绝小，仅容一筒，真海眼也。」又，诗：「煮井人忙下麦迟。」注：「荣多盐井，秋冬收薪茅最急。」知小井仅以茅火煎之。今城乡属地，时时得古井眼。父老云，清雍、乾犹然。百年来小井绝迹。二十年间，火王转胜

① 《古列女传》卷一「有虞二妃」云：「瞽叟又速舜饮酒，醉将杀之。舜告二女。二女乃与舜药浴汪，遂往。舜终日饮酒不醉。」

于富厂，真高焰飞煽天垂矣。盐质惟德国埒，余则川盐甲于天下。

棉 近人俞樾与人书云：『蚕之作茧，本以自藏，必糜烂之于鼎镬，而缫取其丝，无乃不仁之甚！自唐以来，木棉之利，日盛一日，又变木本为草本，而其种益繁，衣被天下，驾蚕丝而上之，岂造物有意以彼易此乎？吾湖蚕事，甲于海内，而兵兴以来，受害最酷。菱湖获港等处，向称蚕桑渊薮，而村落化为邱墟，人民转于沟壑，几乎靡有孑遗。意者积数百年养蚕之孽，而发之一旦乎？……是故，广种桑树，不如多植木棉。天地之间，生命至重，凡蠕蠕者，无非与我并生之物。兄近来虽食瓜果，中得一虫，必捉置青草间，明知未必能生，要使吾不见其死也。』①民国《志》按：俞氏可谓仁言。原夫西陵之教，乃化衣皮旧俗，用济民生。孟子树桑衣帛，取供养老，视夫戕亿万之命，网大利于江海者，犹『五鸡二彘』②校屠门血泊，业报夐殊。在今上下交征，以强弱为是非。方进民以商战，好仁之蔽，群喙愚之。然仁人心也，择术不可不慎也。县人李难，闻海西断丝织物，慨然敦劝蚕师，访教其法。赵熙阅明李日华《杂记》，于阗国不杀蚕，使蛾飞尽，始沦茧。则断丝近在西域，研之甚广，国脉必昌。若棉者，尽天下人而日用之，要需百倍纨绮，生民托命，一贫富之大齐，其利之溥，等诸谷食，家植户习，诚衣祥也。

（九）矿产类

流水桃花石 邑东北十里许，诸山产花石，外相之貌奇，质脆色黯，若不当人意，琢磨之则青、黄、白花纹灿然可观，桌椅围屏中嵌之尤雅。前署令陈之玙以其纹如水，花如桃瓣，因名曰流水桃花石。凡城东荣梨山、贡井、城北宋坝之山、城西白石铺，皆产。其无花者曰油矿，中碑材。

铁 始建县，西北五十五里，元旧六乡，本汉武阳县地，隋开皇十年（五九〇）于此置始建镇。大业五年（六〇九）改镇为始建县，旧治拥思茫水。唐圣历二年（六九九），移治荣祉山。铁山，在县东七十里。《周地图》云：『蒲亭县有铁山，诸葛亮取为刀器，因封宇文度为铁山侯。』（《太平寰宇记》卷八十五『陵州』）

铁山，县西八十里，山从仁寿来，横亘井、犍、荣、威间数百里，产铁。诸葛武侯取铸兵器。晋后獠人据之，谓之铁山獠。有山矿、穴矿，穴矿融石炭中，山矿浮露。《汉书·地理志》：南安有盐官、铁官。《元和郡县志》：荣州贡利铁。今惟青㭎铺一厂耳。盐铁自古大利，而铁冶守旧法，故出铁微。民国《志》按：《汉书·地理志》南安有铁官，冶官名本此。汉制：郡国不出铁者，置小铁官，主铸故铁；出铁者，置铁官，主冶新铁。《汉书·地理志》曰『铁官』，《隋书·地理志》曰『冶官』。荣倚铁山之利，诸葛武侯尝铸兵器，故以名县。

石炭 县曰煤炭，北方单言煤。『煤』『墨』，一声之转，

---

① 按：此段文字见俞樾《与王补帆亲家书》。

② 按：语出《孟子·尽心上》，云：『五亩之宅，树墙下以桑，匹妇蚕之，则老者足以衣帛矣。五母鸡，二母彘，无失其时，老者足以无失肉矣。』

即古石墨也。《水经注》『浊漳水』条：『冰井台，其井深十五丈，藏冰及石墨焉。石墨可书，又然之难尽，亦谓之石炭。』① 陆士龙《遗兄士衡书》云：『三台上有曹公石墨数十斤，云烧此复消，可用然烟。中人不知，兄见之否？今送二螺。』崔铣《彰德志》作『煝』。民国《志》按：『煝』俗字也，『煤』亦借字，皆由墨转入为平。其字正应作『炭』。《说文》徐锴《系传》：『炭，烧木未灰也。从火，屵声。』是以今之木炭为炭专称，实则石墨自山出，从火、屵，会意。其字谊不待说解而明。西人云：地热所生，其气体为火，今井火是也；液体为油，今石油是也；体质为炭，今煤矿是也。上古草木繁殖，中古林政克修，民生倚用匪急，故只供采色之用，与丹雘比。《禹贡》：『铅松怪石。』注以次玉当之。揆其铅、松并列，则亦用涅之品也。《孝经援神契》：『德至于山陵则出墨丹。』是知自古著世。《逸周书》『沙炭』连举。② 计亦今石炭。其寖供然料，则始见《史记·外戚世家》『窦少君为其主入山作炭』，《后汉书·党锢传》『夏馥入林虑山中，亲突烟炭』，及《郡国志》『豫章郡建城』注『县有葛乡，有石炭二顷，可然以爨』，则灼然开采成绩矣。徐陵诗：『石炭捣轻纨。』又作闺中清玩，计今炭精也。隋王邵上表请变火，以石炭与柴火、竹火等并列。是知世用寖广矣。《宋史·陈尧佐传》：『河东地寒民贫，仰石炭以生。』则已为日用要需。苏轼《石炭》诗云：『岂料山中有遗宝，磊落如磬万车炭。流膏迸液无人知，阵阵腥风自吹散。』是风会南煽，彭城初发见也。陆游云：北方多石炭，南方多木炭，而蜀烧巨竹为炭，牛车载以入城。邛州炼铁，专利竹炭。则知宋时蜀中烧材极富。故游官荣州诗：『荣多盐井，秋冬收薪茅最急。』又曰：『地炉堆兽炽石炭。』③ 知薪茅之外，固与松炭、㭎炭、竹炭相杂为用也。今则四山童然树尽，而西北诸山，穴地取炭如蜂房。公井机炉大兴，日不济用。其开采非改土法，转运非利交通，不足以抉无尽之宝藏也。又王文诰注苏诗，言粤中以石炭培壅沙田，岁获大利。此亦吾乡所不知者，并记之以谂农功云。

石 油 井肆所出曰『井油』，惜升炼无法耳。地热所结，液体为油，处处有之。其浮见于外，凡有臭味汩汩者，如西北臭水河皆是。

石 灰 古之白涂用垩，白土也。其宗庙用蜃灰。汉已有石灰，杨璇破桂阳猾贼，即以马车盛排囊石灰，顺风鼓之，贼不得视。《释名》：『先泥之，次以白灰饰之。』《博物志》：『烧白石作白灰，经日都冷，遇雨及水浇即更燃烟焰起。』知创未久，故异之。县有岩矿，烧油矿成之。有河矿曰膏石胎，膏即油也，胎者旋取旋生。一母石孕千百子，烧之有声，砼砼如卵。胎声转如汤，或曰膏石壑，言子绀碧异色，美如玉也。河矿过钓鱼台遂尽。

---

① 按：语出《水经注》卷十，云：『北曰冰井台，亦高八丈。有屋百四十五间，上有冰室，室有数井，井深十五丈，藏冰及石墨焉。石墨可书，又燃之难尽，亦谓之石炭。』

② 按：《逸周书》卷五引《成开解第四十七》，云：『四守：一政尽人材，材尽致死；二土守其城沟；三障水以御寇；四大有沙炭之政。』

③ 按：语出《剑南诗稿》卷六《初到荣州》。

硝　城中硝房一，硝土取之人居。

碗　城北金子沟，城西老君台，皆有厂。赵熙曰：余宋坝乡宅，东有沟，即赫连沟之委，其塥①名瓦子土，瓦砾入地逾丈。常穴地得碗，累数十为一重，或一重，或连数重，有破者，有埴时黏者，其完者形粗大，及瓶盎之属，皆下今制远甚。又有丸如鸭卵，中黄，累累殆千百计。审其用不得，殆炮弹耶？《明史》英宗朝，四川制火器，而形若合若不合，瓦砾中无一留字者。观制器之椎鲁，当时不学可知。民国十二年（一九二三），县人张太守国玺于城中清富山治宅，因浚佛耳池而广之，掘地数尺，得宋光宗铜质小印，文曰『皇天锡策之家』，盖池即唐宋刺史署，而光宗龙潜之邸，故古物特多，尤得瓶、碗、盂、碟累累。其制与宋坝土窌诸器同质，是瓦非瓷。当南宋时，处州龙泉之窑，章氏生一、生二所制，瓷色曰『雨过天青』者，至今犹宝光四溢，好古者艳称哥窑。而山乡通用之品，何华朴敻殊耶？然今之碗厂所造，视掘物加精无几，则知工业不兴，安于所习也，久矣。

二、户口田赋

（一）户口

《周礼》司民掌登万民之数，自生齿以上，皆书于版，诚以民为邦本也。荣自明季兵燹后，土著者稀，而他省移籍来荣者日益众，休养生息，至今称蕃庶焉。（光绪《志》）

唐

户口者，大齐之数也。荣于唐为州，幅员较广，《旧唐书·地理志》：旧领县六，户一万二千二百六十二，口五万六千六百一十四。天宝，户五千六百三十九，口一万八千二十四。② 以其数率之，旧一户五口而弱，天宝一户止三口有奇，而贞观、开元间，蜀中无事，盖庸调之征严，户口之数少矣。

五代

五代史册无纪。

宋

宋荣州领县五，崇宁间，荣州户一万六千六百六十七，口五万二千八十七，仍一户三口有奇，马端临谓『蜀无丁赋，漏口少』，殆不然也。

元

宋末蜀为兵冲，元初州地荒废，后流民聚居，《赡思传》云『数千户』，《元史·顺帝本纪》云『居民二十余万』，《百官志》

---

① 按：『塥』，四川方言，特指沿山脚延伸的平地。

② 乾隆《志》卷一载『唐荣州领县六，通计户五千六百三十，口一万八千二十』，与《旧唐书·地理志》不符。当误。

云『二十余万户』。其数千户，殆据州治言之。

明

明户籍凡三等：曰民，曰军，曰匠。盐区有灶。明洪武十四年（一三八一），民户五百九十一，口四千九百九十七；军户五百一十三；灶户七十八，共一千一百八十二户。嘉靖元年（一五二二），民户九百二十四，口一万九千六百三十九；军户九十，灶户四十九。税粮五千一百五十六石三斗五升五合。以前后率之，洪武一户八口有奇。嘉靖之世，一户至二十口，而军户则十减其半，盖军籍严则逃亡众。宣德、景泰间，屡申隐丁换户之禁，其时容有以军户诡附于民户者。明宣德年间，富义等井户寻井开煎，旋即榷课，名增羡盐。盐课征银一百九十七两九钱。永乐十年（一四一二），民户六百六十，口六千九百二十九，军、灶同前。

清

清因明制，以百有十户为里，荣编户三里。康熙二年（一六六三），载丁二十九，八斗四升一合四抄七撮。及招徕生聚，康熙五十二年（一七一三），载丁一千二百七十，其滋生人丁，永不加赋，自昔欺隐丁户之弊庶可以免。至康熙六十一年（一七二二）征输止，开垦详报注册花户三千四百三十五户，男一万一千六百五十二丁，妇一万零一百二十一口，男妇共二万一千七百七十三丁口。

雍正元年（一七二三）至十三年（一七三五）征输止，详报新旧注册花户四千一百六十七户，男一万六千六百四十八丁，妇一万三千四百二十四口，男妇共三万零七十二丁口。

乾隆元年（一七三六）至六十年（一七九五）征输止，详报新旧注册花户二万零八百三十六户，男六万零八百三十六丁，妇五万一千三百八十口，男妇共十一万二千二百一十六丁口。乾隆十六年（一七五一），遵例编审，户八千一百有五。以户数为丁数，盖乡里尚畏徭役故也。故李翰奏停编审，朝廷毅然从之。自是之后，督抚岁奏州县所上，循例而已。

嘉庆元年（一七九六）至十七年①（一八一二）征输止，详报新旧注册花户二万四千六百四十八户，男五万九千六百四十一丁，妇五万四千九百四十五口，男妇共一十一万四千五百八十六丁口。

道光元年（一八二一）至二十五年（一八四五）征输止②，详报新旧注册花户三万零二百一十二户，男七万二千二百四十一丁，妇六万一千九百三十四口，男妇共十三万四千一百七十五丁口。

道光二十六年（一八四六）至光绪四年（一八七八）征输止，详报新旧注册花户八万八千五百七十七户，男二十万三千八百零九丁，妇十二万一千七百六十七口，男妇共三十二万五千五百七十六丁口。

光绪二十八年（一九〇二），荣户十八万三千三百三十二，口四

---

① 十七年：光绪《志》误作『二十五年』。

② 止：原无，据上下文意补。

十八万二千五百十三，大抵拟度造报，官吏亦弗深求。

中华民国

民国袭保甲之法，先事编查，除老幼废疾不胜任者外，皆更番值炼，曰『门户炼』。凡以事陈诉于县署者，非核牌甲团户之数不得达，其事固成具文，而民数不容隐匿，故户籍稍实。城乡凡十区，据十二年所编查者，户：城区九千零一十九，程家镇九千一百九十三，龙潭镇一万五千七百八十三，五宝镇一万三千四百五十，镇紫镇一万六千六百六十五，长山镇一万三千五百八十九，双古镇一万一百六十，贡井乡五千四百九十四，董家乡八千六百二十六，东兴乡六千五百九十六。凡十万八千五百七十五户。大约男多于女。城区男二万一千零一十四，妇女一万八千六百一十二；程家镇男二万一千四百五十五，妇女一万七千七百八十一；龙潭镇男三万五千八百一十，妇女三万二千四百三十二；五宝镇男三万一千零一十，妇女二万七千一百六十五；镇紫镇男三万六千五百一十八，妇女二万九千一百六十六；长山镇男三万三千一百八十一，妇女三万三千二百九十四；双古镇男二万四千七百二十一，妇女二万二千四百八十九；贡井乡男一万二千一百二十四，妇女一万零七百一十五；董家乡男二万二千八百一十，妇女万九千六百五十四；东兴乡男一万六千七百二十九，妇女一万四千二百九十八。凡四十八万零九百七十八口。庶矣哉！得其道则富教之基，失其道则人满之患也。

（二）赋役

明

前明自洪武至嘉靖二百余年，户口税粮，旧志略存梗概。至夏税、秋粮分别起运，丁条、徭役、杂税银两暨岁支类目，详载《四川赋役全书》，兹不备赘。明季原额税粮五千一百五十六石三斗五升五合。

清

康熙时编户三里，自康熙二年（一六六三）丈后起，至康熙二十四年（一六八五）止，旧管田地共二十一顷九十三亩一分六厘五毫二丝一忽，共载粮三十九石一斗二升三合九勺六抄四撮一圭五粒，人丁二十九丁，八斗四升一合四抄七撮，丁、粮、条共征银八十一两四钱五分六厘三毫二丝六忽一微六尘八纤二渺。康熙九年，奉文加闰银两，照旧时全书各项，遇闰加征，将原额人丁、税粮合算摊派，每丁粮一石征闰银四分三厘八毫六丝二忽八微八尘，共征遇闰银三两二分五厘四忽八纤。以上丁、条、粮，正、闰共征银八十四两四钱八分一厘三毫三丝一微七尘六纤二渺。又旧管学地二亩五分二厘，征租银二分四厘。

又，威远县康熙六年（一六六七）归并荣县，自康熙二年（一六六三）丈后起，至康熙二十四年（一六八五）止，威远旧管田地共九顷一十三亩四分五厘四毫六丝八忽，共载粮一十七石四升七合三勺八抄七撮九圭六粒，人丁一十九丁，五斗二升二合三勺二抄九撮，丁、条、粮共征银三十五两八钱六分六厘八毫四丝三微三尘八纤，遇闰征银一两一钱二分五厘三毫五丝五忽七尘三纤。以上丁、粮、条，正、闰共征银三十六两九钱九分二厘一毫九丝五忽四微一尘一纤。

十三年（一六七四）复设，二十年（一六八一）仍归并荣县。威远陆续奉文清查，至康熙六十一年（一七二二）征输止，上田八十九顷二十九亩三分五厘二毫六丝九忽四微，每亩载粮三升，共载粮二百六十七石八斗八升五勺八抄八圭二粒。中田一百顷二十四亩八分九厘二丝五忽六微八尘，每亩载粮二升，共载粮二百石四斗九升六合一勺八抄五撮一圭三粒六粟。下田一百四十顷一十亩五分九厘八毫三丝，每亩载粮一升二合，共载粮一百六十七石七斗六升七合一勺七抄九撮六圭。上地三十九顷八十七亩一分五厘一毫六丝，每亩载粮一升八勺七抄五撮，共载粮四十三石三斗六升二勺七抄三撮六圭五粒。中地六十顷七十一亩二分五厘八丝四忽四微，每亩载粮五合，共载粮三十石三斗五升六合二勺七抄九撮二圭。下地六十三顷五十六亩七分五厘一毫七忽，每亩载粮三合，共载粮一十九石七升二勺五抄三撮三圭一粒。上、中、下田地共四百九十三顷四十九亩八分一厘八毫七丝六忽四微八尘，共载粮七百二十八石九斗三升七勺五抄一撮六圭一粒六粟。

每粮一石，征银一两八分九厘九毫一丝五忽八微，共征粮银七百九十四两四钱七分三厘一毫四丝三忽二微九尘一纤。每粮一石，征条银四钱七分二厘七毫二忽八微五尘五纤，共征条银三百四十四两五钱六分七厘六毫四丝七忽四微五尘七纤。每粮八斗七千三合二勺二抄四撮，载丁一丁，共丁八百三十四丁，七斗五升八合三抄五撮，每丁征银四钱七分二厘七毫二忽八微五尘五纤，共征丁银三百九十四两五钱九分七厘九毫六忽三微七尘六纤。丁、条、粮共征银一千五百三十三两六钱三分三厘二毫九丝七忽五尘五纤。

荣县载粮起科则例，自康熙三年（一六六四）至四十三年（一七〇四），每田、地十亩，分别上、中、下三项。上田一亩载粮三升，中田一亩载粮二升，下田一亩载粮一升二合。上地一亩载粮一升八勺七抄五撮，中地一亩载粮五合，下地一亩载粮三合。康熙四十四年（一七〇五），奉文改则，每田十亩改为上田三亩、中田三亩、下田四亩，载粮如旧。征银则每亩增银一分有奇。地亦一体改则。

荣县陆续奉文清查，至康熙六十一年（一七二二）征输止，上田一百八十三顷三十九亩九分九厘五毫二丝三忽三微八尘，每亩载粮三升，共载粮五百五十石一斗九升九合八勺五抄七撮一圭四粒。中田二百五十八顷四十二亩一分二厘七丝二忽，每亩载粮二升，共载粮五百一十六石八斗四升二合四勺一抄四撮四圭。下田二百九十三顷六十六亩五分四厘四毫二丝三忽，每亩载粮一升二合，共载粮三百五十二石三斗九升八合五勺三抄七圭六粒。上地一百一十顷九十四亩四分四厘四丝，每亩载粮一升八勺七抄五撮，共载粮一百二十石六斗五升二合三抄九撮三圭九粒。中地一百五十顷八十二亩六分六厘五毫一丝五忽五微二尘，每亩载粮五合，共载粮七十五石四斗一升三合三勺二抄五撮七圭七粒七粟。下地一百六十八顷四十亩八分六厘九丝，每亩载粮三合，共载粮五十石五斗二升二合四勺二抄七圭。上、中、下田地共一千一百六十五顷六十六亩五分七厘三毫六丝三忽九微，共载粮一千六百六十六石二斗八合五勺八抄八撮一圭二粒七粟。

每粮一石，征粮银一两一钱三分九厘八毫六丝二忽四微五尘，共征粮银一千八百九十九两四分三厘四毫二丝八忽八尘七纤。每粮一石，征条银五钱三分四厘四毫七丝九忽五微五尘六纤，共征条银八百九十四两四钱五分八厘二毫一丝八忽九微九尘七纤二渺。每粮一石三斗一升一合七抄八撮，载丁一丁，共丁一千一百七十丁，七斗三升一合七勺九抄一撮，每丁征银五钱三分四厘四毫七丝九忽五尘六纤，共征丁银六百七十九两一钱八分二毫八微六尘二纤。丁、条、粮共征银三千四百六十八两六钱八分一厘八毫四丝七忽九微四尘六纤二渺。

雍正元年（一七二三）及七年（一七二九），奉文清丈增入，至十三年（一七三五）征输止，上、中、下田地共三千四十七顷八十九亩八分五厘四毫五丝一忽五尘七纤，丁、条、粮共征银七千九百八十六两一钱二分八厘一丝一微九尘二纤。雍正六年（一七二八）复设威远县，仍将前项田地钱粮拨出。

乾隆元年（一七三六），奉文清丈，自首升科，至六十年（一七九五）征输止，上田二百六十二顷一十五亩三分六厘，每亩征丁、条、粮银六分二厘四毫六丝一微八尘六纤，应征丁、条、粮银一千六百三十七两四钱一分七厘。中田五百二十六顷五十一亩九分一厘，每亩征丁、条、粮银四分一厘六毫四丝一微二尘四纤，应征丁、条、粮银二千一百九十二两四钱三分三厘。下田一千五百二顷八亩八厘，每亩征丁、条、粮银二分四厘九毫八丝四忽七尘四纤，应征丁、条、粮银三千七百五十二两八钱零九厘。上地七十五顷六十三亩七分一厘，每亩征丁、条、粮银二分二厘六毫四丝一忽八微一尘七纤，应征丁、条、粮银一百七十一两二钱五分六厘。中地二百五十四顷三十六亩六分，每亩征丁、条、粮银一分零四毫一丝三尘一纤，应征丁、条、粮银二百六十四两七钱九分四厘。下地五百八十六顷二十四亩九分，每亩征丁、条、粮银六厘二毫四丝六忽一尘九纤，应征丁、条、粮银三百六十六两一钱七分二厘。上、中、下田地共三千六百七顷五十七亩四分四厘，丁、条、粮共征银八千三百八十五两八钱七分二厘。

雍正七年（一七二九）奉旨清丈以后，补首加增至乾隆十六年（一七五一）征输止，除藉田四亩九分不征丁、条、粮外，册载上、中、下田地共三千五十五顷五亩九分三厘三毫零，共征丁、条、粮银七千九百九十一两四钱八分六厘一忽二微九尘五纤，闰银仍照旧时全书核算征输。乾隆十六年（一七五一），奉旨劝民自首升科，据士民补首新垦上、中、下田地三顷五十七亩。

乾隆二十六年（一七六一），遵例编审户口载册，新旧八千七百八十九户，男一万二千二百二十七丁，妇一万一千八百九十九口。盛世滋生三百六十六丁，流寓二百三十一户。

乾隆十八年（一七五三），奉前藩宪齐议，准浙江按察司同条奏请定报垦给照之例等事案内，四次颁发报垦执照四十张，陆续填给乡民，按年升科。乾隆二十一年（一七五六），奉宫傅大人开檄行，凡民间一切控告田土事件，地方官须亲往踏勘，认真丈量，秉公断结，倘有田土浮于粮数，即分别登记，晓以圣朝宽典，免其隐漏之罪，照例汇入升科册内详报等因在案。自乾隆十八年起，至乾隆二十八年（一七六三）止，补首新垦上、中、下田地一百四十三顷三十三亩八分六厘五毫一丝六忽六微四尘，共征丁、条、粮银三百八十二两七钱四分三厘九毫八丝二忽八微二尘六纤二沙八渺七漠六埃。旧时有牙行银二两四钱，乾隆二十一年（一七五六），准予废除。

嘉庆元年（一七九六）至十七年①（一八一二），丁、条、粮银并无拨出增入，仍照旧额征输。藉田四亩九分，不征。牙行银四两。

道光元年（一八二一）至光绪四年（一八七八），仍照旧额征输，并无增减。

光绪年间，田房税契银一千四百九十二两零八分，牙行银四两。

清以加赋为厉禁，正赋之外，杂税惟田契、牙行、井课、盐课，其数不巨。田房税契银千四百九十二两八分，牙行四两，井课千三百六十六两四钱。盐课计口授丁，陆引六百九十，每引正税二钱七分二厘四毫，羡截四钱九分五厘六毫，共银五百三十六两六分四厘，岁综银三千四百三十四两五钱四分四厘。咸丰初，军用告匮，乃别立名目以为饷糈。四年（一八五四），置津贴，别设公局收解，每粮一两，征市平银一两一钱，凡为库平银八千三百八十五两八钱七分二厘。同治三年（一八六四），阁部复议，于四川州县令民因粮输饷，曰捐输。其微粮不及五分者免，因有割裂逃赋者。光绪十二年（一八八六），唐选皋令荣，定析产卖业者虽化整为零，毋得拨挩捐输，故以粮计免征者八百二十八两五钱四分三厘，应征者七千五百四两六钱，著于册。而征额多寡，岁常无定。或凶荒旱涝，则藩司量其轻重而均之稔县，以减免之。然县人戆直，不肯奔走吏前，故历年酌派，有加无已。初，每粮一两征市平银三两七钱九分九厘，岁计银二万八千两，曰常捐。光绪末，以逐年递加者汇为定额，曰新捐，岁计银又一万六千两。至是，每粮一两征市平银五两九钱三分一厘，凡为银四万四千五百两。光绪中，督臣奏广文武学额，荣学十二名，岁试增四名，科试增五名，以捐输报效多也。

征解之期：丁、条、粮二月开征，五月扫解；津贴十月开征，二月申解，秋季扫解；捐输十月开征，冬季豫解银万六千两，责之富绅。

征解之费：丁、条、粮八万六千户，每户票钱十二文，给房书口食，平余千二百两，解费一切资之。光绪末，提解藩署，津贴余银七百余两，即为公费，不足，社仓局给补。捐输每粮一两，加银九分五厘七毫，以作公费，余则储之，岁可存银八百两，曰捐输节存。光绪末，县人留学东瀛，禀请其数于提学，督臣察知，并历年所存提解藩署，乃按旧酌减，不足，由三费局给补。

征解之责：丁、条、粮户吏主之，津贴捐输，各有局士。清末，尽归经征局。其滞纳者，由粮差扫数曰台垫。官有定息，月计三分，而差役责逋，率旷数月，遇其黠者，倍加数月之息以

---

① 十七年：光绪《志》误作「二十五年」。

闰年，每粮一石，增银四分三厘八毫六丝二忽八微八尘。以银上纳者，皆用市平。倾销亏折，故有敷平、火耗诸名，乡民不谙外务，畏迹城市，鲜能申核于胥吏之前，以故浮收滥算为天职。县人之告病者，前则有余占先、王开文，后则有刘春棠。

初差役征粮，寄柜萧曹庙，各为旅店于城中。粮者投之，如议物价，从之则失算，不从则耗赍，控告又未必得直，吞声下气，冀要涓滴之恩。余占先者，河口人，为童子师，尝纳其馆主之粮，不合，鸣于官。官扑之。占先怒，主义而赍之，诉于府，方入城，踪者踵至，锒铛而归，万目睽睽，冤系刑狱。久之，以保任得释。既释，则崎岖走京师上书，诉状展转得达，交四川总督讯理。其讯定章程，终不得详。自是粮柜移堂皇侧，户吏司之，以为差风可减。而户书主粮柜，晏来早去。栅门一步之隔，人壅如山，后者不得前，或多出钱以托包户，或别出钱以代苞苴。不然，旷旬日不得纳，贫弱者虐尤甚，数分一钱，算缗数千，年未有准也。农人王开文有气干，愤之，诉于县，不理，遂上诉。县迹之，拘以示众，开文于众中呼曰：『同者纾财。』挥钱之声如潮涌。令大骇，乃慰释之，而纳粮之弊稍靖。

其后数十年而有刘春棠之事。光绪初，春棠读书凤鸣院。其友梁书安、吕瑞堂纳粮见侵，转遭斥詈。梁、吕不服，知县将以喧嚣公堂惩之，闻为书院生，乃免。民大愤，醵簿募金，春棠出任主讼。时距占先讼已远，每开征时，书役百余人，顾盼左右，正供而外，房费、火耗、票钱、升尾诸目，粮者偶持同异则呵之，畸零小粮，一厘征至钱二百文。至是，春棠乃请颁示占先时章程，复以一厘二百之票据进。而知县曰年远无可稽查，多取乃为耗费，犹曰情理，愿者索惟所欲。缧绁之下，破产号哭，虽控之官府，而浮粮利息耗赍，滋多口实，官亦弗深究也。杂税、井课如旧。

盐课：自光绪初，盐商病殁，禀请归丁，每粮一两，盐税羡截加价收市平银三钱。

其外田契、茶课、当课、铁税、肉厘、酒税、油捐、烟土之属，逐岁有加。

田房税契银：九千八百七十六两二钱四分。

茶课：咸丰元年（一八五一）商领腹引二百，每引课一钱二分五厘，税二钱五分，羡九分六厘，截一钱二分，凡为银百十八两六钱。随引照票二十，每票息银一两八分，共银二十一两六钱。光绪二十六年（一九〇〇），每课银一两加三成，共银三十五两五钱八分，每票息银一两零者加一成，共银二两六钱一分。

当课：初，每铺银五两，光绪三十年（一九〇四），加为五十两，荣两商征银百两。

铁税：始光绪十七年（一八九一），年征库平银二十五两九钱二分，闰增四两三钱二分。

肉厘：岁解银六千余两。

酒税钱：二万九千余贯。

油捐：七千余贯。

烟土分行，始宣统元年（一九〇九），每土一两，纳钱八文，七成解省，约钱千余贯，岁综银万六千余两，钱三万七千余贯。

自清初以至末叶，其赋税异同之概如此。

纳赋之期，二月开征，五月停忙，八月接征，十一月全完。

一时疏忽。事未申，适有戴龙恩者纳津捐，为局书重收，诉令还钱，局士不允。于是龙恩与春棠合讼于省，并粮、津、捐诸弊而尽揭之。刘拘省中，戴走京师上状。寻奉户部交四川审讯，翌年由按察使司判决。其章程铸为铁碑云：

一　每粮一两，无闰之年，共火耗加平加色一切，纳市平银一两四钱五分，闰加银五分，每两完纳市平银一两五钱。

一　每粮一钱，无闰之年，完纳市平银一钱四分五厘，闰完纳市平银一钱五分，每正粮一分者，以此类推。

一　每粮一柱合算，共计完纳正粮几两几钱几厘者，准津贴章程，以数毫升作一分合算。倘一柱只有正粮一厘及数厘者，准以制钱完纳。每厘正粮完纳制钱三文，如至一分者，不得以此推算。

一　每票取票钱十二文，大小粮户同之，不得多少。

一　邑中适用九八市平。其库平大小，每多争论，今仿捐输津贴章程，用局内法马，较准平允。倘有同异，准共房书赴局较核。

一　粮户有以制钱完纳者，仿津贴局牌定时价，以银价之涨落为增减，随时变更。

一　开征后，每日晨时，在大堂设柜征收，申初方彻，执事不得擅离，令粮户稽延守候。

是碑立城隍庙，人民稍便，虽不肖绅民，钩结胥吏多方谋匿是碑，而终有畏惮焉。

民国时，丁、条、粮曰正税，津捐曰副税，经征局改征收局。每正税一两，共副税征银八两二钱，大抵因清之旧。民国四年（一九一五），省令改『两』为『圆』，每正税一两加银一圆八角，名四川收回军票临时附加税，每正税一两，征银十六圆二角三仙二星，然皆随年征解也。七年（一九一八），师旅往来，始有豫征。八年（一九一九），收回军票附加税废止，每正税一两征银十四圆四角三仙二星，凡为银十一万七百六十余圆，如今数。时州县解款，防军奉文划拨，荣月解嘉定陈鸿范银六千圆。八年（一九一九）以后，鸿范委任局长，岁无重征，且多蒂欠，七年（一九一八）豫征亦抵偿。十四年（一九二五），东郊之师，鸿范军去，正副税告罄，筹借银二十六万圆，给存印收，以正副税为质。十五年（一九二六），军主易人，豫征至十八、十九年矣，而旧存印收，只偿二成，今为故纸。十六年（一九二七），征二十、二十一年。十七年（一九二八），征二十二、二十三年。豫征愈多，隐粮愈巨。

初荣有地保，雍正七年（一七二九），田民自首升科，界限未析，乡分错杂，征纳颇难。乾隆十九年（一七五四），黄大本即二十四堡区以上下，分隶四乡，各立一长，清厘保甲。凡有粮花户，归入甲分，重编清册。今征收局粮册，即其遗也。凡以此乡买彼乡业者，拨粮只能易名，不能易乡。司催纳者，即曰地保，月以三、八日验纳粮多少于官，曰点卯。凡所辖粮户皆悉之，故浮粮唯五十二两七钱三分，著于册。民国地保废，豫征唯取其粮之重者责之，纤悉小粮权从缓议。于是民之粮册旧遗者，鱼鳞甲乙，莫识主名，一赋未竟，异赋又滋，展转诛求，稽延得计，团甲表报，仅得正粮六千余两，一二年间，积欠云六万五千圆。十七年（一九二八）六月，均借各保，率以租谷出银，每石三四角，有多至一圆者，寻又豫征，前借抵偿二成，云欠银四万余圆。知事团保集议，于纳粮之户，每银十圆摊加五圆，已纳者追索之，未纳者并征之，每正税一两为银二十一圆七角八仙二星，而隐粮者利矣。票由财政厅印给，民国时，每票八文。九年（一九二〇），加钱四十文，八文解厅。十五年（一九二六），改为八仙。十七年（一九二八）减之，大粮每票收银四仙八星，小粮收银二仙四星，其分厘小粮，不敌票资之多矣。

（三）杂税

杂税旧者加额，无者继起。

一　油厘：光绪三十四年（一九〇八），奉文开办，斤税四文。民国十二年（一九二三），改征银四厘，隶教育、征收二局，以笮计税，每笮八十斤。征收局征银三角二仙，曰正税；教育局征钱八十，以三十二给所在学务，曰附加。月有衰王，业户按笮分纳，岁综税二千四百圆。

一　糖税：不设局，隶威远。宣统元年（一九〇九），檄令征税，产少。民国五年（一九一六），税始定，每斤四文，其业畸零难理，弃复可惜，乃募豪民承之。岁纳银八百圆，分责各户，纳局之外，悉为囊有。十四年（一九二五），糖税局遣员驻镇紫镇，给簿征税，以礳蔗之滚为度，滚日征银一圆八角或二圆，取簿开滚，税如日完纳，日数由委员自书，否则吹求者多，故实数莫详也。

一　契税：顺治四年（一六四七），制契尾由藩司颁给，所以杜偷漏也。然知县养廉，取给于是契，无印尾者甚多。朝廷知其弊，屡议征提，不行，惟岁有解数，逐益增加。清末，荣契税解银九千八百七十六两二钱四分，余皆入令。谚云『不贪不滥，年三万』，恃此入也。凡卸任，必减税，曰放炮税。荣买业以钱，折价投契，每契价一贯作银一两，征银四分八厘，减有至三分六厘者。宣统元年（一九〇九），州县官定公费，别设经征局以管干之，其利夺矣，未病民也。民国二年（一九一三），定验契费，凡民间陈契分券，皆令呈验，每纸取费一元二角，以一年为期，逾者取二元四角以示罚。旧契验毕，乃于新契中求所以当之。分田房价为大小契，银百二十圆钱五百缗以上曰大契，费四圆四角，其下曰小契，费一圆二角。由县署解财政厅，亦曰验契费。其入征收局者，每纸一圆五角五仙曰官契，每缗六十八文曰正税。据云岁入银一万三千圆。其地方附加者曰契底、中资捐、公告费。契底者，宋之头子钱也，教育局、团练局、收支所皆有之，荣以九百九十四文为贯，六文曰贯底。光绪中，每业价一贯，取钱六文。清末，加至十六文。民国仍旧。四年（一九一五），议参会经费附加钱二十文。五年（一九一六），省令每贯加钱二十作练费。今教育局每贯四文，团练局二十文，收支所三十文，皆前案也。凡田房买卖，中人皆有酬劳，曰中资。民国三年（一九一四），省筹学费，下令征收，于契价百分取一。十一年（一九二二），复加百分之二。寻以游学贷费，又加千分之五。十七年（一九二八），教育厅又加费千分之二，每契价百元，征银三圆七角。多少准之，措注由教育局。凡买田房者，请县署公告，以防蒙卖，杜轇葛，立文如是，讫无请者，而投契则此为先务。民国七年，省令百分取一，以给蚕务。十六年（一九二七），又加千分之五，每契价一圆征一仙五星，钱百缗征一缗五百，为实业所经费。大率买价百缗者输二十余缗，而印花、书契、拨粮、胥吏之费不与焉。

一　肉厘：同治初，每猪钱二百入三费局，为肉税所自始。民国时，每猪递加至二千五百文。教育局，收支所，团练局，城区团务、学务，凡五所，各以成案分之。其多少以国税为据，承税者给之，非逐数就征也。光绪二十七年（一九〇一）庚子赔款，每猪征钱二百，为国税所自始。宣统二年（一九一〇），每猪加钱二百，以抵土税。民国改征银五角。民国十三年（一九二四），防军划给学务。成都别设教育收支处以管之，收支处乃募民占纳，多者予之。荣岁占四万四千猪，共税二万二千圆；翌年，降为三万二千猪，共税一万六千圆。十七年（一九二八），军主征募，承者观望不前，乃如旧。觊牲杀之多以为利，非仁者事也。

一　酒税：宣统二年（一九一〇）始征，给北洋新军之用。荣设酒税局，士绅主之，斤税四文，岁出酒六百万斤，钱可二万四千缗。民国，成都委员专其事，曰烟酒公卖局。后防军主之，每斤征银二角五仙。以稽察烦扰，歇业者多，至亏常课。乃募酿酒之家，豫定酿具酿次，承榷于局，如数毕纳，岁出酒可三百万斤，计征银三万圆。十六年（一九二七），募民占纳，为银二万九千圆。十七年（一九二八），为三万一千四百圆，月有衰旺，每酿粟七斗，衰月纳银二圆五角，旺月二圆七角五仙。而师兴不时，亦有豫征，如正副税然。

一　印花：凡券契字据皆黏之。初，成都有印花税处，遵领者少。十五年（一九二六），军主颁给，月征银百圆。寻改旧制，月征银千五百圆，知事黄维义请减为月五百圆。十六年（一九二七），于六百圆外颁租买印花，曰特别印花，征银六万圆。十七年（一九二八），曰陆字印花，月征银百圆。其纸有分与角、圆之称，以银价为准，分为钱百，黏率以角，取钱一缗，多少视银钱之柢为差，而抑配民间，适否不问也。

一　灯捐：民国，烟禁废弛。十四年（一九二五），各区有捐以为公费，寻移防军。一二年间，岁为银三万圆。

荣赋税凡二十三四万圆，而豫征及不时之征不与。大抵称国计则官取于民，假公务又民取于民，以故供亿繁苛，岁无宁日，兼之币制恶滥，百物腾贵，民命不堪矣。清银以两计，民国四年（一九一五），令改圆，每两折银一圆六角。民国，纸币即以代圆，其后价落，乃令赋税银券各半以济之。八年（一九一九），督军熊克武定赋税银七券三，券截角解省，翌年方尽。时荣用制钱，大钱尚少，旅行之便，大钱一百，有以制钱一百十文易者。十一二年间，镕毁益甚，奸民以大钱二百买制钱一百以要利，而制钱空矣。畸零小贸，给补途穷，县人乃制五文纸券以济之。而纸券易敝，改铸锡钱，一当五，人或镕之，不久亦绝。十四年（一九二五），议制钱一当五，恶者当二，然犹有拣买者。十六年（一九二七），复议制钱一当十，市无缗迹矣。

（四）岁时支应

历代支应数额

乾隆《志》所载：

春秋二祭祭祀银　文庙及山川、社稷各坛祠，原编银四十八两。康熙十一年（一六七二），奉文酌减。后请给祭祀银一十六两，于条银内动支，赴藩库领给。康熙五十年奉文，于本县地丁内扣支。雍正九年（一七三一），议增文庙祭祀银十二两；社稷、山川各坛每坛增银二两，共银八两，赴藩库领给。

武庙向无专祀，雍正五年（一七二七），为知会事案内额定春秋二祭银十六两，于本县地丁内扣支。

先农坛，每年奉部择期致祭，即以上年所收藉田谷，变价办祭，余谷贮仓，报明充公。

文昌祠、忠孝节义祠，统于文庙内分祭。乾隆八年（一七四三）十月内奉文为咨覆事案内，文、武两庙春秋二祭银三十二两，通融拨银二两，以为致祭厉坛之用。每年分为春、秋、冬三次备祭，每春、秋二次，拨银六钱六分六厘，尚余尾数二厘，于冬祭给发银六钱六分八厘，以符额款。

俸　银　本县知县旧额，岁支俸银二十七两四钱九分，薪银三十六两，心红纸张银二十两，油烛银一十两，伞扇银二两。顺治十三年（一六五六），为钱粮入不敷出等事案内，将薪伞扇减作银一十七两五钱一分，添入俸银内，照满洲笔帖式哈方例，算给俸银四十五两，余银全裁。嗣后屡有增减。康熙二十一年（一六八二）四月，内奉恩诏一款内开，在外文官俸银照旧支给，实支全俸银四十五两，今仍其旧。

本县县丞一员，于雍正八年（一七三〇）五月内为知照事案内添设，分驻贡井，每年俸银四十两。

本县教官，旧额二员，岁给俸银十九两五钱二分，薪银十二两。顺治十三年（一六五六）奉文，不分柴薪，总算给俸银三十一两五钱二分。雍正七年（一七二九）十一月内奉文，将训导一员分拨威远县管理学务，每员食分俸银一十五两七钱六分，赴藩库请领。今上御极之初，将教官加给品级，各得一俸。本县教谕一员，俸银四十两，于地丁银内扣支。

本县典史，旧额俸银一十九两五钱二分，薪银一十二两。顺治十三年（一六五六）奉文，不分柴薪，总算给俸银三十一两五钱二分，今仍其旧。

饩粮银　本县旧额，进学六名，廪生二十名，每名岁支饩粮银九两六钱，遇闰加银八钱。康熙二十四年（一六八五），奉文为圣治当重熙等事案内，廪生饩粮量给三分之一，每名给银三两二钱，闰银亦照量减。雍正七年（一七二九）奉文，将廪生十名，分拨威远县，本县廪生十名共给饩粮银三十二两，遇闰共该银三十四两六钱六分六厘零。

工食银　本县衙役，旧额一百三名。因钱粮不敷，止量召募三十七名，每名岁给工食银七两二钱。顺治十三年（一六五六），为钱粮入不敷出等事案内，每名裁留银六两。康熙七年（一六六八），奉文为请旨酌省存留钱粮事案内，仍照三十七名，因钱粮不敷，每名岁摊支二个月零九日，工食银一两一钱五分。内门子二名、皂隶十六名、马快八名、灯夫四名、轿伞夫七名，岁支工食银四十二两五钱五分。内增仵作一名，即系皂隶工食。康熙五十七年（一七一八），为恳请援复旧例等事案内，每名加增银四两八钱五分，岁给工食银六两。雍正五年（一七二七），为敬陈管见事案内，裁革灯夫四名。乾隆二年（一七三七）奉文，为就近相验事案内，裁皂隶二名，工食支给仵作。实共衙役三十名，岁支银一百八十两。

本县旧额，民壮二十名，每名岁支工食银六两。雍正十三年（一七三五），为节省无益之钱粮等事案内，裁留民壮十六名，每名除支工食外，加增器械银二两。乾隆五年（一七四〇），于敬陈管见事案内，裁留八名，每年共给工食银四十八两、器械银十六两。

本县旧额，禁子四名，每名岁支工食银七两二钱。顺治十三年（一六五六），为钱粮入不敷出等事案内，每名裁留银六两，因钱粮不敷，系本县自行捐给。雍正九年（一七三一），为知会事案内，添设禁卒十名、更夫八名，共一十八名，岁支工食银一百八两。又于雍正十一年（一七三三）为遵旨据实奏明事案内，添设捕役四名，每名岁支工食银六两，共银二十四两。又于雍正九年为遵旨详议事案内，设立斗级一名、仓夫二名，每名岁支工食银六两，共银一十八两。

本县旧额，仵作一名，即系皂隶工食。乾隆二年（一七三七），添设仵作一名，每名岁支银六两，添设学习仵作二名，每名岁支银三两，共银十八两，将扣除皂隶工食支给。

本县县丞，额设衙役十名，内门子一名、皂隶四名、快手四名、马夫一名。每名岁支工食银六两，共银六十两。乾隆二年（一七三七），奉文为就近相验事案内，裁皂隶二名，工食添设仵作。旧设民壮六名，今裁。外设巡盐役十四名，每名岁给工食银六两，共银八十四两，另于盐羡银内支给。

本县教谕，旧额衙役十三名，因钱粮不敷，止量召募门斗二名、膳夫二名，今仍其旧。历年增减工食与县案同。共支工食银二十四两。

本县典史，旧额衙役六名，内门子一名、皂隶四名、马夫一名，今仍其旧。历年增减工食亦与县案同。共支工食银三十六两。旧设民壮四名，今裁。

本县自康熙五十八年（一七一九）安设铺递二十四铺，每铺设司兵各一名。雍正五年（一七二七），奉文裁留，自县城底塘起，东抵富顺，设立观音铺、石坑铺、龙滩铺、斫头铺、赖远铺共五处；西抵犍为，设立白石铺、铁厂铺、老君铺、啸天龙铺、踏紫山铺、来牟铺、竹园铺共七处。每铺司、兵如额。雍正六年（一七二八），奉文裁革，往来公文着差役递送。乾隆元年（一七三六），奉文复设，西路裁去老君铺，东路改设高山铺、界牌铺，余俱裁。现存八铺，共铺司、兵十六名，每名岁支工食银六两，共银九十六两，遇闰支银一百四两。其旧设铺递名目，别详建置条内。

乾隆《志》按：以上俱系地丁银内支留，其耗羡银两，向资县官。一切费用，但有事则按亩加派，滋弊实多。雍正年间，设立养廉以给官用，耗羡归公。知县养廉银六百两，县丞养廉银一百二十两，典史养廉银八十两，余解藩库上纳。

嘉庆《志》所载：

一 本县春秋二祭，文庙及山川、社稷各坛祠祭祀银一十六两，又续增武庙春秋祭祀银一十六两，内酌拨银二两致祭厉坛。

一 本县廪生原额十名，每名岁支饩粮银三两二钱，共银三十二两，遇闰，每名加银二钱六分六厘六毫六丝六忽六微六尘四纤。

一 本县知县一员，岁额俸银四十五两。额设衙役三十名，内门子二名、皂隶一十三名、马快八名、轿伞扇夫七名，每名岁支工食银六两，共银一百八十两。又改设仵作二名，每名岁支工食银六两，随学仵作二名，每名岁支工食银三两，共银一十八两。又设立民壮八名，每名岁支工食银八两，共银六十四两。额设禁卒十名、更夫八名，共一十八名，每名岁支工食银六两，共银一百八两。又添设捕役四名，每名岁支工食银六两，共银二十四两。又设立斗级一名、仓夫二名，每名岁支工食银六两，共一十八两。又设立县属底塘铺、高山、界牌、白石、铁厂、啸天龙、踏紫山、竹园共八铺，共设铺司、兵一十六名，每名月给工食银五钱，共银九十六两，遇闰照数加增。

一 本县县丞一员，岁额俸银四十两。额设衙役八名，内门子一名、皂隶三名、快手三名、马夫一名，每名岁支工食银六两，共银四十八两。又改设仵作一名，岁支工食银六两，随学仵作二名，每名岁支工食银三两，共银一十二两。

一 本县典史一员，岁额俸银三十一两五钱二分。额设衙役六名，内门子一名、皂隶四名、马夫一名，每名岁支工食银六两，共银三十六两。

一 本县教官一员，岁额俸银四十两。额设门斗二名、膳夫二名，每名岁支工食银六两，共银二十四两。

一 孤贫口粮向系留支，嘉庆十年（一八〇五）奉文，具文请领且支发，亦岁无定额。

以上祭祀、官俸、饩粮，岁共支银二百二十两五钱二分；衙役、民壮、禁卒、更夫、仵作、捕役、斗级、仓夫、铺司，岁支工食口粮共银六百二十八两。乾隆五十二年（一七八七）钦奉谕旨，应支各款随时按季具文请领，由司核给；至铺司银两，由按察司移领支给，俱于年底造册奏销。嘉庆三年（一七九八）奉文，除道府养廉由司核给外，其余均由县扣支，年底造册报销。

光绪《志》所载：

一 本县春秋二祭圣庙及文昌宫，每季祭祀银共二十二两；关帝庙及社稷坛、神祇坛，每季祭祀银共十一两。

一 本县廪生十名，每名岁支饩银三两二钱，遇闰各加银二钱六分六厘六毫六丝六忽六微六尘四纤。

一 县衙役三十名，全年工食银一百八十两。嘉庆二十四年（一八一九）奉文，每两扣银二钱，共扣银三十六两，实银一百四十四两。道光二十四年（一八四四）奉文，每两扣减平银六分，共扣银八两六钱四分，实发银一百三十五两三钱六分。以一半折旧炉钱六十七千六百八十文，一半折九九赏番钱六十七千零三文。

一 民壮八名，全年工食银六十四两。嘉庆二十四年（一八一九）奉文，每两扣银二钱，共扣银十二两八钱，实发银五十一两二钱。道光二十四年（一八四四）奉文，每两扣减平银六分，共扣银三两零七分二厘，实发银四十八两一钱二分八厘，以一半折旧炉钱二十四千零六十四文，以一半折九九赏番钱二十三千八百二十文。

一　禁卒十名，每名全年工食银六两。每两扣平银六分，各领银五两六钱四分，每两折钱一千，以一半折钱全发，一半照九九例折钱二千七百九十一文零，各应领钱五千六百零。

一　更夫八名，每名全年工食银六两。每两扣平银六分，各领银五两六钱四分，每两折钱一千，以一半折钱全发，一半照九九例折钱二千七百九十一文零，各应领钱五千六百零。

一　捕役四名，每名全年工食银六两。每两扣平银六分，各领银五两六钱四分，每两折钱一千，以一半折钱全发，以一半照九九例折钱二千七百九十一文零，各应领钱五千六百零。

一　经制仵作二名，每名全年工食银六两。每两扣平银六分，各领银五两六钱四分，每两折钱一千，以一半折钱全发，一半照九九例折钱二千七百九十一文零，各应领钱五千六百零。

一　学习仵作二名，每名全年工食银三两。每两扣平银六分，各领银二两八钱二分，每两折钱一千，以一半折钱全发，一半照九九例折钱一千三百九十五文零，各应领钱二千八百零。

一　常平仓仓夫二名，斗级一名，每名全年工食银六两。每两扣平银①六分，各领银五两六钱四分，共十六两九钱二分。

一　底塘、高山铺二塘铺司兵四名，每名全年工食银六两。每两扣平银②六分，各领银五两六钱四分，共二十二两五钱六分，遇闰加增。

一　县丞衙役八名，全年工食银四十八两。道光二十四年（一八四四）奉文，每两扣平银六分，共扣银二两八钱八分，实发银四十五两一钱二分，以一半折旧炉钱二十二千五百六十文，一半九九赏番钱二十二千三百三十四文。

一　教谕门役四名，全年工食银二十四两。每两扣平银六分，共扣平银一两四钱四分，实发银二十二两五钱六分。

一　典史衙役六名，全年工食银三十六两。每两扣平③银六分，共扣平银二两一钱六分，实发银三十三两八钱四分。

支应机构

清初，官吏、皂隶、廪饩、铺递、典祀之费，岁领于赋。有事则按亩均征，一钱莫名也。中叶，政务繁兴，财用肇启，而事缘官治，皆寄于吏。吏、户、礼、兵、刑、工曰房，出入之数，各以其类隶之。咸丰后，筹饷、善后蠲振诸务，非书吏所能办，乃委士绅，于是局、所相继而起。其已灭者，如平粜局、租股局、捐输局、津贴局之类，不具论。兹以其关于会计者录之，志其棼乱，以见一县舒窘之故焉。

收支所　初为三费、社仓二局。三费者，相验、缉捕、招解也，原取给罪犯，而富饶者少，遂责之里邻，近者曰血地邻，远

① 按：银，原脱，据文意补。
② 按：银，原脱，据文意补。
③ 按：平，原脱，据文意补。

而签者曰飞邻。案牍朝闻追呼夕至，老幼骚动，鸡犬为惊。同治初，督宪檄兴三费局。荣仿仁寿，征肉厘，每猪钱二百，月得钱三百余贯，支给有章，赢余以置产业。清末，岁进租谷百四十九石，每猪减为一百。民国时，招解已灭，相验应入知事公费，惟缉捕及囚粮、医药、守役、棺埋之属仍旧，其途简矣，而省以其费为司法经费。民国元年（一九一二），令州县表报，以实覆者少，乃令妥存讫事，月助县署司法费银二百六十余圆。军兴，犯法者众，囚粮滋多，不得已，乃议加案费、状纸费以济之。初，民事各出钱二贯五百，曰案费，刑事免征。至是，民事各出钱四贯，刑事准之，惟杀盗案免。状纸，民事附加钱二百文，刑事附加钱百六十文。三年（一九一四），省令征收局接管三费田土房屋，以合川知事请仍旧制，未果。五年（一九一六），费仍不足，又于案费外加油烛钱一贯，覆讯四百，两造同之，县署司法费减为月支钱三百贯。十一年（一九二二），知事王铭新革差役，设司法警察，岁用钱万余贯；自贡设审检分厅，月解银四十圆。十二年（一九二三），乃倍加状纸费。十四年（一九二五），县署司法费又增为银月百二十圆。十五年（一九二六），司法警察废，不敷犹巨，皆于社仓数挹之。三费之名曰代办官费处，以其收解状纸诸费故也。

社仓用无专途。光绪中，岁进租谷五百余石，兼六万石岁一之息，或广仓廒，或置产业，凡不时之需皆资之，十余年间，官民安泰。清末，新政繁兴，挹注孔多。民国，改地方自治经费收支所，省三费、同善二局并之，社仓名义非矣。四年（一九一五），改经费局，其地方附加厘税，由征收局收给，而征收局潜移默用。五年（一九一六），仍归经费局。七年（一九一八），军人卖谷大半，利入减矣。然数年之间，地方无事，兼谷价益贵，善藏待时。十二年（一九二三），改地方税收支所，交代之际，存银千七百余圆、钱五千四百五十余贯、租谷千三十余石、息谷京斗百三十余石、仓息万余贯，以为元气可复。十四年（一九二五），联军之役，荣为兵冲，因兵事而起者曰军粮交易所，曰交涉处，曰特别费，曰招待费，曰地步哨，共用钱万三千八十余贯、银千五百七十余圆，损失报银千一百九十余圆、钱八千七百七十余贯。而常费所在，不能末减，当事拮据，率措贷以须秋熟，几于五月卖新矣。

同善局 先曰济贫局，嘉庆二十三年（一八一八），宫鉴桂捐廉募众，设普济堂、养济院二所，以养孤老残疾贫民。普济堂孤贫六十名，大月各给钱四百二十文，小月各给钱四百六文。养济院孤贫四十二名，月各给钱四百文。病故，牌示验补。业二区：曰瘦冲、程家大冲。岁入租谷三十六石，租钱四百六贯五百文，由工房出纳。而书吏性殊，因缘吞剥，光绪元年（一八七五），乃移三费局，别立簿记以摄之。徐传善莅任，又筹育婴恤嫠之费，谕征契底。罗汉洞寺僧不法，没其业，时曰同善局，有绪未竟。十年（一八八四），唐选皋莅荣，乃详定婴嫠章程，使同善局离三费独立，每猪征钱一百，契底每价一贯钱六文，历年之间置业二十余区，曰晏家庙、石凤山、过街楼、宋家冲、龙宝塘、磨石荡、雷打山、秧子沟、滥包冲、石板田、漆匠湾、柞林、塘角、白果冲、温家冲、刘家嘴、陈家坡、蛮洞、黄葛洞、笔管冲、观音岩、新屋基、东门桥、桥头铺。凡租谷四百八十一石，钱六百八十余贯。嫠妇五十名，月给钱五百文；无父母婴孩四十八名，月给钱八百文；有父母九十名，月给钱五百文；贞女四名，月给钱六百文。赡养以城郭人民为限，盖各保有育婴费也，其养济、普济如旧。时米斗钱数百，生养颇裕，而利入有限，故各额仅数十名，有久报而不能补者。今谷贵十倍，名额加多，嫠妇百余名，婴孩有父母者百余名，无父母者百数十名，养济、普济三百余名，议者欲减名额，增钱数，然同一穷者，去取为难，故仍旧。初附收支所，九年（一八八三），县人以仁慈之费不为他费牵移，仍争回独立，曰同善局。十一年（一八八五），租谷加为五百三十九石九斗，钱八百九十余贯，佃稳万四千三百余贯。

团练局　咸丰蓝、李之乱，城设守望局，事平则已。光绪二十四年（一八九八），唐选皋设团练局于火神庙，荣之常练自此始。丁四十名，冬防增二十名。二十八年（一九〇二），犍为拳匪入境，丁至百余名，事定遂裁。初，各保派丁助费，每猪征厘二百，储三费局。逾年，买业三区，曰茄家堰、蛮洞山、干柏场，租谷六十一石、钱七十六贯，兼岁得肉厘钱三四千贯，团练有常基矣。岁用钱六千数百贯，时匪警甚少，团丁率司护送之役，局士主之。民国，改警备队，隶御于官。四年（一九一五），省令田房税契每贯加钱二十文，作练费，未果。六年（一九一七），匪风猖獗，县人请设团练局，归警备队，器械人数之半，以队长为练长，据省令征费，团练始复。八年（一九一九），省颁团练新章，局长由总局委任，防区分划，遂隶主军，所入肉厘税底租息。四年（一九一五），加租谷为七十八石，钱九十余贯，年计二万余贯。十三年（一九二四），移交之际，存银千六百九十余圆、钱二万千四百余贯，虽税有衰旺，亦当事撙节经营之力也。十四年（一九二五），损失报银四百五十余圆、钱千九百八十余贯、枪二十四只。而军人减税，地方附加停止，旧遗告罄，团练几不局矣。十五年（一九二六），议加租谷捐，统一出入，恢扩团练。十六年（一九二七），附加田粮，卒格于众议而止。盖御兵徒托空言，御匪在团不在练也，故因仍旧制，常练二十余人而已。

教育局　初为学田膏火。膏火者，士子学校费也，工、礼二房司之。同治末，工房所司者，业十二区，曰桂林山、滥扶冲、郝家坝、白蜡嘴、莲花场、来葵湾、王家坝、虎岩、高笋冲、高脚楼、游家山、江家山。租谷三十石三斗，银二百六十余两，钱五百二十余贯。礼房所司者，业六区，曰大石匣、花金纪、油笮冲、一僋丘、河坝、汪家滩，租钱四百二十余贯。而书吏侵蚀，日形亏短。同治十年（一八七一），乃以工房所辖膏火移三费局。光绪三年（一八七七），礼房亦如之，所支书院义学月课诸费，岁计银三百八十余两、钱九百四十九贯。学田，士子入学费也。初，入学覆试，例由学官辨卷，索费视其家贫富，曰院费。富者或至百金，贫者犹二三十两，寒畯有负债以终身者。唐选皋官荣，先建同善局，次移其征于学田，由三费，社仓代办，不置局士。时地价甚贱，数年之间，买业二十余区，曰熊家岩、蛮洞湾、龟山、瓦陶湾、张干冲、宋家冲、张家湾、鱼塘、石坛、李家湾、登甲堰、牛鼻桥、沙田坝、竹新屋基、沥水坝、瓦陶嘴、桃屋基、碾子湾、斑竹林、团山堡、糖房坝、房儿湾、梯子冲、铸锌冲、新屋基、黄花寺、袁家坝。凡租谷五百余石，银三十余两，钱千二百余贯。学官月由局给银三十二两，钱八贯。入学惟贽银四两，士子便之。科举废，改劝学所，学田膏火悉归之，杂征如油淀、牛羊马皮捐、斗秤、牙行、代当之属，岁计不过千余贯。时惟高小校一所，岁用八九千贯。入民国，谷价虽贵，而中校、模范小学、女校、师范校继起。十一年（一九二二），禀加中资捐千分之五，约得钱五千贯，而省令划一。教员薪俸，经费加钱三千贯。视学去职，又追加高小校、女校、模范校四千数百贯，共增八千余贯。一二年间，递加租稳，又冬腊卖谷，获时价之利，以资补救。十四年（一九二五），教育局及各校薪俸，改钱为银，而天道旱荒，租入短少，团费移用银七千余圆，损失报银百六十余圆、钱千七百余贯，至冬而谷罄矣。十五年（一九二六），禀加肉厘，每猪加钱二百，又加佃稳数千贯。夏间借贷为继，以望有秋。秋谷既罄，乃以租谷二百二十五石质银五千圆，负债共七千余圆，人忧破产矣。冬月，张鸿仑长局，五千圆之利减为谷百五十石。十六年（一九二七），增学费，省浮滥，附加肉税，偿银四千圆。十七①年（一九二八），偿银千二百圆，所负二千余圆耳，而现谷尚存数百石也，凡为租谷八百七十八石九斗，钱九百八十七贯，稳万二千一百三十五贯。

实业局 光绪三十一年（一九〇五），朱国琛创蚕桑学堂，征取斗厘，岁用不过二千贯。宣统元年（一九〇九），周善培任劝业道，设蚕桑传习所于成都，于是州县有蚕业公社。民国，曰蚕务局。每业价一贯，分契底钱三文，年入钱二千数百贯。七年（一九一八），省加公告费，于业价百分取一，荣契税年以百四五十万计，可得钱一万四五千贯。八年（一九一九），劝工局隶之，改实业所，所出亦巾袜、斑布、草履之属。十四年（一九二五），省设实业厅。十六年（一九二七），加公告费千分之五，契底由收支所划给，自为出入，于诸局为舒矣。

凡此诸局，皆光绪中知县唐选皋之力，县人食利者殆三十年，而一厄于民国七年（一九一八）之师，再厄于十四年联军之役。故自实业局、同善局外，皆在拮据之中也。出入会计：十六年（一九二七），收支所入银十五万四千三百圆，出十八万八千二百圆；团练局入银三千四百圆，出五千圆；教育局入银一万二千圆，出万五千圆。

（五）银钱物价

清初，银与钱等，钱十文准银一分，著为令。咸丰蓝、李之乱，银价增贵，事平则复。同治间，每银一两值钱千一二百文。清末，两值钱千五六百，银圆准之。入民国，旧钱销毁，大钱歧出，当二十不已当五十，当五十不已当一百，当一百不已当二百，二百穷则即当五十之旧而镕铸之，人曰『小二百』，寻充斥于市，乃抑为百五十以拒之。而私铸者多，钱益淆乱，银币物价益贵。初，银用一圆、半圆，畸零者少。十三年（一九二四），广东银角输入，一角曰单角，二角曰双角，防军赋税限大圆，而商业零微，率以钱计。大圆入少，乃令银角与大圆并用，其价参

① 按：十七，原误作『十六』，据文意改。

差，大圆值钱八缗有奇，银角率减一缗。

光绪中，米价甚贱，虽甲申、乙酉连岁不收，而米斗值钱千五百，人民嚣然。民国七年（一九一八），师旅往来，米斗值钱五缗，人欢未有。自是之后，每斗值钱二三缗者数年。十四年（一九二五），西北旱歉，师旅出入数十万，米斗值钱十八九缗。事平，亦十余缗云。

凡田不以亩计，通曰挑，即担也。率五担当一亩，担计谷四斗，斗计米四十斤。买田者曰挑，租曰石，利率皆同。且以田百挑计之。光绪中，田谷俱贱，上田百挑千贯有奇，中田千贯，下田数百贯，房地附之。时有田难鬻，恒讼于官，曰买卖案。入民国，卖贴未出，买者环生，故田价益贵。上田百挑万五六千缗，中田万二三千缗，下田万缗。而赋税繁多，团费加重，买者滋少矣。

主佃之利，百挑谷四十石，以各半为恒。而田有美恶，升降因之：上田主得十分之七，中田十分之六，惟下田各半，以附产有差也。不粪而获曰上田，少粪而获曰中田，非粪不获曰下田。上田百挑率寄稳千贯，中田六百贯，下田二三百贯，其载粮中者三钱有奇。土亦分上中下，租曰干租。上土出粟一石者，主人租约二十贯，中土半之，下土有无租者。其价租钱四十贯者，准谷一石为率。然零卖者少，以房土俱附田业，买不议价，美善者惟以意量加之。城市店房利率三厘。

（六）蠲政

正供之数，至今因之，而蠲租赐复，随岁而有。皆仿汉故，以今年下诏，明年蠲租。

康熙二十五年（一六八六）奉上谕，二十六年应征地丁各项钱粮，俱着蠲免，二十五年未完钱粮，亦着悉与豁除。三十二年（一六九三）奉上谕，三十三年应征地丁银米，着通蠲免。四十二年（一七〇三）奉恩诏，四十三年应征地丁各项钱粮，着通蠲免。四十九年（一七一〇）奉恩诏，五十年应征地亩银，历年旧欠，俱着免征。

雍正七年（一七二九）闰七月，奉上谕，庚戌年（一七三〇）额征地丁银两，概行蠲免。

乾隆十一年（一七四六），奉上谕，应征地丁钱粮，通行蠲免。十三年（一七四八），奉上谕，应征地丁钱粮，着缓征。三十一年（一七六六），奉上谕，通行蠲免。三十五年（一七七〇），恭逢皇上六旬万寿，次年恭逢皇太后八帙万寿，令各直省输免税粮。三十六年（一七七一），皇太后八帙万寿，奉上谕，应征地丁钱粮，俱着蠲免，所有火耗银两一并缓征。三十七年（一七七二），奉上谕，额征地丁钱粮，酌行蠲免。三十九年（一七七四），奉上谕，酌行蠲免。又奉上谕，四十年额征地丁钱粮，酌量缓征。四十一年（一七七六），奉上谕，额征地丁钱粮，分别酌免。四十二年（一七七七），为圣母仙驭升遐，推广慈仁，以酬罔极，特奉谕旨，额征地丁钱粮普行蠲免，自戊戌年（一七七八）为始，分年输蠲。四十三年（一七七八），恩诏，内开额征正闰银全行蠲免。五十五年（一七九〇），恩诏，额征正银全行蠲免。六十年（一七九五），钦奉恩诏，内开额征地丁钱粮蠲免十分之一。

嘉庆元年（一七九六）恩诏，钱粮全行蠲免。七年（一八〇二），奉上谕，蠲免地丁十分之三。八年（一八〇三），奏奉谕旨，蠲免地丁十分之三。二十五年（一八二〇），奉恩旨，宽免十分之二。

三、盐政榷例

（一）盐法

初，荣之盐井，籍民熬输，岁久澹竭，□□□□以偿虚课，祸逮子孙，悉捶挞无完肌，独免有禄之家。明□□郡守李畋患之。公之伯父及殿中公率众闻于州。按法，官户免色役，而不免科配，请以官户均煎，遂纾一方之困。畋既还朝，力言于孙文懿公，孙以序美之，曰：『抗意恤民，古君子也。』□□痛疏其弊，章上，不报。厥后有禄者兴讼，将诡法中王氏，殿中公衔冤先逝，亲脱兄于□，兄亦□卒于狱，众切哀恸。（张商英《大宋故赠通议大夫王公墓表》）

蜀盐，自祖宗以来皆民间自煮之，岁输课利钱银绢总为八十万缗。绍兴二年（一一三二）秋，赵应祥总计，始变盐法，尽榷之，仿蔡京东南、东北钞盐条约，置合同场以稽其出入，每斤纳引钱二十五，土产税及增添约九钱四分，所过税钱七分，住税一钱有半，每引别输提勘钱六十。其后，又增贴纳等钱。凡四川二十州四千九百余井，岁产盐约六千余万斤。引法初行，每百斤为一担，又许增十斤勿算以优之。其后递增至四百余万缗。休兵后数减之，今犹存三百余万。始，赵应祥之立榷法也，令商人入钱请引，井户但如额煮盐，赴官输土产税而已。然咸脉盈缩不常，久之，井户月额不敷，则官但以虚钞付之，而收其算，引法由是坏。井户既为商人所要，因增其斤重以予之，每担有增至百六十斤者。又有逃废绝没之井，许人增其额以承认，小民利于得井，每界递增，盐课益多，遂不可售，而引息土产之输无所从出，由是刎缢相寻，公私皆病。绍熙三年（一一九二）夏，赵子直为吏部尚书，奏言：『赵开盐法最为精密，今井户多凿私井，务以斤重多寡相高，故盐日多，价日贱，而其法益坏。乞下总领所参照旧法施行。』从之。时杨嗣勋总计，因是遣官核去虚额，栈闭助筒二千有奇，申严合同场旧法，禁斤重之逾格者，而重私贩之罚，盐值由是顿昂。嘉泰二年（一二〇二），陈郎中昱总计，又尽除官井所增之额焉。自庆元后，州县及井户稍舒，而民始食贵盐矣。（《建炎以来朝野杂记》甲集卷十四『蜀盐』条）

蜀中官盐，有隆州之仙井，邛州之蒲江，荣州之公井，大宁、富顺之井监，西和州之盐官，长宁军之淯井，皆大井也。若隆、荣等十七州，民间所煎则皆卓筒小井而已，其用力甚难。惟大宁之井，咸泉出于山窦间，有如垂瀑，民间分而引之。又有彭山之瑞应井，味近硝，得隆、荣卤饼杂煎之，然后成盐。元丰、崇宁两尝禁止，以食者多病故也。绍兴末，总领所复弛其禁。隆、简、嘉、荣之人，病其侵射商贩，因代输课息，再行栈闭，今谓之石脚钱。然彭山之民私煎如故。仙井岁产盐二百余万斤，隶转运司。蒲江亚之，隶总领所。大宁盐二百五十余万斤，岁取其四分（一百三万七千余斤），计值九万余缗，亦隶总领所。（每斤旧为三百，绍兴十七年，宣司减五十；二十二年，又减二十钱）。淯井盐四十余万斤，岁取其赢五万余缗为军食之用。（旧额四十九万二百斤，取拨钱引四万八千八百五道五百七十文，应副总所。绍兴十六年，实产盐四十一万九千四百斤，内三万三千六百斤犒设，七千八百斤赡学，三万斤锅本外，余三十四万八千斤，每斤二百二十二文，计七万七千三百十九贯五百文。而本军省计应用二万三千八十七贯八百十二文，余折官价钱引三万七千六百八十二缗而已。每岁大科二万三千余缗，漕司抱其半，尚亏万一千余缗。二十二年十二月，乃悉除之。）惟盐官岁产盐，计羡缗钱三万，为利州钱监铸本云。然官盐多恶杂不可食，往往抑售于民，州郡第利其赢，无能正之者。（《建炎以来朝野杂记》卷十四『蜀中官盐』条）

（二）盐政

蜀之盐业，富、荣为大宗，富曰自流井，荣曰贡井。而自流井自昔属贡井。贡井，公井也，后周置公井镇，唐武德初置荣州，宋熙宁前置县。自流井地距十里，其郛郭也，故古称自流井在荣溪水滨云。汉南安有盐官，尚矣。唐荣州井隶剑南东川院，随月督课。开元初，荣州井十三所，都当钱四百贯。元和之世，旭川外凡二十六所。五代盐旅多贩西川，其盛衰不可记。宋制，大为监，小为井。监则官掌，井则土民干鬻，如数输课。荣有监有井。嘉祐时，陈希亮请蠲岁额三十余万斤，此井也。常有开令荣德，时盐为吏里减，行旅不通，抑配齐民为害，常除之。此监也。一曰官井。公井为大井，其他皆小井，曰卓筒井。元初，州治荒废。至元间，襄汉流民移群聚居，私凿盐井，此则全县皆井，不限贡井一区。明贡井盐课司曰新罗。洪武间，新罗二井盐课司岁办盐七十二万五千五百斤；弘治间，岁办盐九十九万五千八百七十八斤，井多少不详。清初，自流井与贡井一厂，曰富义厂。雍正八年（一七三〇），贡井始设县丞，裁白沙、桐麻二巡检司，自流井曰富厂，贡井曰荣厂，分引分岸。水引二千八十六，由合江转贵州行售，曰仁岸；陆引六百九十八，运售县境及宜宾。道光二年（一八二二），代行犍为计口陆引二万二千五百六十。灶无余盐，商无滞引。咸丰四年（一八五四），黔匪倡乱，运道中梗，而蓝、李又入扰邻境，商号歇业，盐舶不行，于是荣厂积引至五千有余，欠税、羡银五万余两。同治二年（一八六三），骆秉章督蜀，奏请分为新旧引。荣厂以咸丰十年（一八六〇）、十一年（一八六一）及同治元年（一八六二）积引为旧引，自同治二年（一八六三）始，予限六年，赓续采配，运楚销售；新引自同治二年始，仍旧领配，运销本岸。至同治八年（一八六九），旧引尚存千余，又积滞五千余新引。总督吴棠乃奏展前限，自同治元年至同治七年犍、富、荣滞引，均为旧引，与咸丰所积之引运楚，其同治七年颁发之引为新引，行边如旧，限五年完竣。于是荣厂改富、犍厂配运，而犍、富商等谓荣商以少害多，以轻害重，控盐茶道，盐茶道启芳集商惬议，谓荣商若改富厂，应遵新章，将荣积引与富、犍积引税本轻重，比较均配，彼此和衷共济。寻盐茶道孙濂定章，五边中荣仅许入一，然荣盐本较轻，商人避重就轻，非章程所能限也。

光绪三年（一八七七），丁宝桢改官运局。数年之内，积引廓清，然决痈溃疽，其体莫救矣。方商运之岁，自流井与贡井自井自煎，无越畔也。迨改官运而相联之事起。初自流井火旺，贡井水多，官运局权而通之，以荣厂之水笕①富厂，所谓移水就煎也，而贡井萧条，又虑其盐壅滞，乃禁富厂煎售票巴，以此为荣厂一孔之利，数十年来，两地便之。清末，地气转移，贡井火多，自流井水旺。贡井火井四十八，锅九百二十，水井十余，锅止五十九。自流井黄石坎黑水，富于咸量，大坟包盐崖，层出如山。积卤之忧，与贡井初年同。而场业衰耗，奸狡之户乃以石炭煎票巴销售，不顾前例，其初犹私为之。民国五年（一九一六），乃暴著其事于东岳庙，荣井灶商户嚣然议起。迨盐运使厉行前禁，其事乃息。自流井，盐贩所必经也，售之其地，则肩傭之夫，谁肯越十里而西者？荣之巴盐，为所垄断矣。而自流井言曰：『地西高而东卑。西之火衰，其水固可笕以至东；东之火衰，其水无由笕以至西。计迫途穷，势不能不烧票巴以规救济，且盐贩亦便，其意以移水就煎为惠，今当报之也。』然通功易事，物情之恒，此利而彼害，盖有所不行矣。富、荣两厂，民国运使以土地坡为界，上曰西场，下曰东场，自票巴决后，相安无事。十五年，东场井商乃倒笕盐崖咸泉，越煎西场，西场电禀运使，辞曰：『西场黑水虽重，碗二两内外，盐崖三两有奇，东西混合，则盐崖为奇货，黑水无过问矣。且井火必与水邻，或水出而火继之，或此火而彼水，大都水停则火微，水废则火灭，倘黑水为盐崖所抑，则汲辍，汲辍则火灭，灭则笕卤为无用，非独西场之不利也。』运使令场禁止，事始息。

富、荣虽分两厂，而荣之井灶，富人亦多有之，然在官言官，不稍假借者，公益然也。

盐之议多矣，富、荣盐法相同，其所谓法，皆不法之法，强剥民利而已。民国时，并此不法之法而不行，自非兵祸大定，无良法可议，兹著其相联涉者云。盐岁出四千余万斤。瓦滓滩月可出盐三百担，隶犍厂。小井沟盐井一。

（三）盐引

荣邑产盐，古八盐井：白沙、桐麻、滃沱、沙滩、洞门、杜家、鹿角、国富。今惟杜家井存，余俱废。

贡井与富顺县自流井相距十里，向系一厂，名富义厂。自康熙二十年（一六八一）起，贡井原额中水井塘角、永福、中福、三元、邹家共五眼，共载煎锅一百一十九口，地脉火井一眼，载煎锅一口，并入塘角井煎烧。后自康熙四十二年（一七〇三）起，至雍正六年（一七二八）止，据井户陆续开凿，报增下水

① 按：笕，指连接在一起作为引水、输水之用的长竹管。

井，富石、中元、岩头、武家、顺岩、中盛、郑家共七眼小井，沟井一眼，杜家小井三眼，共载煎锅一百六十三口。

雍正八年（一七三〇），奉文分立贡井自为一厂，添设县丞，分驻盘查。内有武家水井一眼、小井沟水井一眼，于雍正十一年（一七三三）暨乾隆六年（一七四一）两次报坍开除。又于雍正十二年（一七三四）新开报增顺江、教官下火井二眼，载锅二口。乾隆十一年（一七四六），新增隆盛下水井一眼，载锅二十三口，复兴、福阳、回龙下火井三眼，载锅三口。乾隆十三年（一七四八），新增永旺、岩脚下火井二眼，载锅二口。乾隆十六年（一七五一），新增河坎下火井一眼，载锅一口。乾隆二十一年（一七五六），永旺火井分筒引火，添锅一口。乾隆二十三年（一七五八）、二十四年（一七五九），新开长福、兴旺下火井二眼，添锅二口。新旧共水井十五眼、火井十眼，煎锅二百九十六口。

锅课定例：上井煎锅一口承课五两，中井煎锅一口承课四两，下井煎锅一口承课二两。贡井素无上井，其塘角等中水井五眼、火井一眼，共煎锅一百二十口，共榷课银四百八十两。富石等下水井十眼、火井十眼，共煎锅一百七十六口，共榷课银三百五十二两。再，井课每两例加耗银一钱二分，共征耗银九十九两八钱四分。

引有水引、陆引之别。水引一张，征正税银三两四钱零，羡余银五两五钱九分五厘，截角银一两。现行水引二千零八十六张，计征正税银七千一百零二两八钱三分，羡、截银一万三千七百五十七两一钱七分，共征正税、羡、截银二万零八百六十两。陆引一张，征正税银二钱二厘四毫，羡余银四钱七厘六毫，截角银四分八厘。现行陆引六百九十八张，计征正税银一百九十两零一钱三分五厘二毫，羡、截银三百四十五两九钱二分八厘八毫，共征正税、羡、截银五百三十六两零六分四厘。

水引运道，由合江换截引纸，转运黔省仁怀县口岸销售。陆引运道，运本县及各场销售。

本县营销水引，向无定额，统归富义厂，于泸州、纳溪、永宁、合江、江津、仁怀、綦江七州县营销。雍正九年（一七三一），奉文分界，后于富顺县拨回水引一千四百五十张，每张配盐五千七百五十斤，由合江县转贵州仁怀口岸营销，每张征正税银三两四钱五厘，羡余银五两五钱九分五厘，截角银一两。共征正、羡、截银一万四千五百两。雍正十年（一七三二），于分留井产盐斤等事案内，将本县分行内江县陆引四百五十张奉文拨回。因无处行销，将陆引十二张半折水引一张，共折水引三十六张，详准改拨宜宾县代销二十四张，下余十二张归本县营销。乾隆元年（一七三六），于盐务之章程未备等事案内，报坍武家井课，开除水引七十四张。乾隆二年（一七三七），于详请改配盐引等事案内，详增水引四百二十三张。乾隆十一年（一七四六）起，至二十四年（一七五九）间，陆续报增水、火井眼，共增水引二十四张。乾隆二十五年（一七六〇），于盐井见咸等事案内，详请增水引一百二十张。总计行黔水引一千九百五十三张，每年额征正税、羡、截银一万九千五百三十两。

本县井产花盐，荣、威二县额配计口食盐陆引六百五十七张。雍正年间，陆续议增陆引六百七十九张，共一千三百三十六张，每张正耗盐四百六十斤。雍正七年（一七二九），分设威远县。本①县额销陆引二百九十三张，分行威远县陆引一百九十五张，分行富顺县陆引二百九十八张，分行内江县陆引四百五十张。又于报增杜家小井案内请增陆引九张，于本县营销。雍正十年，将分行内江县陆引拨回，折作水引，后复将分行富顺县陆引二百九十八张内开除五十一张，下余二百四十七张归内江营销。乾隆二十七年（一七六二），又请添陆引二百一十张赴贡厂采配。荣县自乾隆六年于井坍难修等事案内，报坍小井沟，井课开除陆引三张，现行陆引三百九十八张。乾隆二十四年（一七五九），于请增计口陆引等事案内，请增陆引三百张，每张征正税银二钱七分二厘四毫，羡余银四钱四分七厘六毫，截角银四分八厘，共征正税、羡、截银五百三十六两六分四厘。

本县井产角盐，新旧额配宜宾县，计口陆引七百张。

火井不资柴草，昼夜自燃，得火气之精。其锅面盐胆擦牙浴面，能固齿明目。或曰食之补益。

贡井岁产盐约计一千三百余万斤，配引之外颇有盈余。但地处山陬，商皆流寓，井眼筒索损坏不常，各井彼此通融，互相补救。如上年奉宪确查盐数之后，而隆盛、顺岩二井旋因损坏，停煎几一年矣。故计筹尽善，使灶无余盐，商无滞引，惟在贤能司政随时斟酌云。

（四）盐井

《蜀中广记》引《太平寰宇记》云：『荣州有盐井五十七所。』

荣州和义郡，中。武德元年（六一八）析资州置。治公井，六年（六二三），徙治大牢，永徽二年（六五一）徙治旭川。土贡：䌷、斑布、葛、利铁、柑。户五千六百三十九，口万八千二十四。县六（有威远军）：旭川（中下，贞观元年析大牢置）、应灵（中下，本大牢，景龙二年省云州及罗水、云川、胡连三县入焉，天宝元年更名。有盐）、公井（中下，武德元年置。有盐）、资官（中下，本隶嘉州，武德六年来属。有盐，有铁）、威远（中下，贞观元年析置婆日、至如二县，二年以泸州之隆越来属，八年省婆日、至如、隆越入焉。有盐）、和义（中下，本隶泸州，贞观八年来属）。（《新唐书·地理志》）

蜀之盐井莫盛于富顺、犍为。荣介二县之间，而井独少，近日更大不及昔，水淡井枯，锅灶渐减，课税如故，当事者宜念焉。志《盐政》。

贡井距富顺之自流井仅十里，向系一厂，名富义厂。自雍正八年（一七三〇）分立贡井，添设县丞盘查，有因井眼年久干坍开除者，亦有节年井户开凿见咸陆续加增者。

嘉庆中办纳：

塘　角　中水井一眼，灶户二十五名，课锅二十五口（内火锅一）。

永　福　中水井一眼，灶户二十五名，课锅二十五口。

① 按：本，原作『木』，据文意改。

中福　中水井一眼，灶户二十五名，课锅二十五口。
邹家　中水井一眼，灶户二十四名，课锅二十四口。
三元　中水井一眼，灶户二十一名，课锅二十一口。
以上中水井五眼，共锅一百二十口，内火锅一口，每口榷课银四两，共银四百八十两。
郑家　下水井一眼，灶户二十四名，课锅二十四口。
崖头　下水井一眼，灶户二十四名，课锅二十四口。
中盛　下水井一眼，灶户二十四名，课锅二十四口。
顺崖　下水井一眼，灶户二十四名，课锅二十四口。
中元　下水井一眼，灶户二十一名，课锅二十一口。
富石　下水井一眼，灶户二十一名，课锅二十一口。
隆庆　下水井一眼，灶户二十四名，课锅二十四口。
富泉　下水井一眼，灶户十八名，课锅二十四口。
长福　下水井一眼，灶户二十四名，课锅二十四口。
太平　下水井一眼，灶户二十三名，课锅二十四口（内火锅一）。
咸海　下水井一眼，灶户二十七名，课锅二十五口（内火锅一）。
四通　下水井一眼，灶户十三名，课锅二十五口（内天福火锅一）。
镇荣　下水井一眼，灶户十八名，课锅二十四口。
杨家　下水井一眼，灶户十八名，课锅二十四口（内火锅一）。
四盛　下水井一眼，灶户四名，课锅二十四口。

以上下水井十五眼，共锅三百五十六口，每口榷课银二两，共银七百一十二两。
下火井十眼，灶户十一名，课锅十一口。
杜家下小水井三眼，灶户三名，课锅三口。
以上下水火井十三眼，共锅十四口，每口榷课银二两，共银二十八两。
通计中下水火盐井三十三眼，载课锅四百九十口，应征正课银一千二百二十两，每两耗银一钱二分，共正耗银一千三百六十六两四钱。共正、耗银一千三百六十六两四钱。有年久井眼干坍开除者，有节年开凿见咸陆续加增者。

盐井十九眼

光绪间办纳新旧水、火井录于左：

新盛井　泰兴井
恒盛井　开泰井
永盛井　永咸井
四通井　五陵井
泰亨井　玉盛井
积盛井　即兴井
大兴井　荣旺井
福全井　天荣井
以上老井十六眼。
永兴井　和兴井
东兴井
以上新井三眼。

火井六眼

玉兴火井　永盛火井

和兴火井　天荣火井

泰顺火井　天福火井

现煎炭锅一百三十九口，火锅四十三口，所征正、耗银仍照旧额。

四、塘堰仓储

旧志：荣编户七里，分为七乡，民之资给以生者惟田亩尔。沟壑之湮塞，溪流之圮败，不有以预为之所，旱潦为沴，其何以堪？爰有定规，因时而慎之，存乎其人焉。

（一）塘堰

泽国竞兴水利。荣以山区，虽有内条、外条之水，不能灌溉田禾，所借以资东作者，莫先于山沟小溪，截流筑堰。其次相度地势，培塍浚塘。至于筒车戽水，桔槔备旱，亦因地制宜之良法也。近年生聚日繁，荒土尽垦，凡新旧堰塘分列于左，以备查考。

乾隆《志》所载

清流乡

时雍堡　旧塘六十六口，新塘一十三口。堰十座。

普变堡　旧塘三十八口，新塘二十五口。堰六座。

循良堡　旧塘三十六口，新塘七十八口。堰六座。

负末堡　旧塘二十四口，新塘三十九口。堰九座。

仁义乡

敦诗堡　旧塘十二口。堰一座（吴姓八户公用）。

务本堡　旧塘六十九口，新塘一十三口。堰五十二座。

平章堡　旧塘二十二口，新塘一十口。堰一十二座。

咸熙堡　旧塘六十二口，新塘一十一口。堰三十六座。

乐利堡　旧塘一十七口。堰八座。

亲贤堡　旧塘四十一口，新塘一十口。堰一座。

荣川乡

横经堡　旧塘九十八口，新塘二十二口。河堰一十九座，堰十座。

大有堡　旧塘四口，新塘一十二口。

力田堡　旧塘二十九口，新塘一十九口。

明善堡　旧塘二十六口。

悦新堡　旧塘二十六口，新塘五口。

好义堡　旧塘一十一口，新塘三十五口。堰四座

知方堡　旧塘八十二口，新塘九十六口。

睦邻堡　旧塘一百四十三口，新塘九十二口。

来苏乡

恒足堡　旧塘二十四口，新塘四十六口。堰四座。

执礼堡　旧塘六十九口，新塘三十九口。

慈幼堡　旧塘一十四口，新塘三十一口。

兴让堡　旧塘一十一口，新塘八十二口。

敬老堡　旧塘一十九口，新塘六十口。

安康堡　旧塘九口，新塘八十五口。

民国《志》所载

荣，山区也，无沟渠之利，民所资以灌溉者，于溪为堰，于山为塘。明洪武间，命国子生及人材遍诣天下，督修水利，凡开塘堰四万九百八十七处，荣是役无征。其载乾隆时者：清流乡新旧塘堰三百五十，仁义乡新旧塘堰三百七十七，荣川乡新旧塘堰七百二十七，来苏乡新旧塘堰四百六十三，凡为塘堰一千九百七处。自是之后，以次兴筑，年久，末由析也。塘有私塘，有官塘。私塘一家所有者，官塘众所有者。大抵私塘狭，官塘宽，而泄水有度，拙淤有程，虽数姓与共，咸能守之。

惟溪流则众共其利，运输与灌溉，事或相妨，而争执之议以起。荣以拥思茫水为大，而旭川次之。拥思茫水流县百余里，惟小井沟山岭崇峻，余率距岸平衍，田畴绮列，地多以坝名，蜀旧称也。岁以十月修堰，石堰也，里人曰滩。滩有会，凡上下濒溪者成之。会有禁，车毋增设，下滩不得过高，以淹上滩。滩有两车，不得独低以擅水，违者共斥之。其宜宾县境运舟，旧由高洞泊载。后以上游水少，退移新桥。月驶一次。嘉庆十一年（一八〇六），米谷昂贵，舟转运接济，县宇获益，知县许源乃予以疏通，定每月二驶，刻石纪之。如年候亢旸，民田需水甚急，又宜酌量时势而行，不得拘一月再驶之议，致碍农田。百余年来，夏秋水涨，肆意往来，惟冬月灌田之期，溪农架车过半，则如前案。朔望日堰期，上下运舟，剋集水门，过则闭之，无敢越者。

旭川长四百余里，堰二百余所。源流短浅，不能行舟，西北石炭恒由人马之力，运汪家滩，然后取舟至贡井。秋水之后，舟行则堰不能筑，筑堰则舟不能行，欲为堰期，则斗泄而不复积，故农商异候，使运输与灌溉不妨。然汪家滩其有案可遵者也，自骑龙场以至贡井，则争之久而始决者。嘉庆二年（一七九七），舟人抉溃汪家滩车堰，农民控之府省，犍为知县徐奉委勘讯，决云：『舟泊以汪家滩下车凤堰为断，其上筒车九十余，载粮五百五十余两，俱沙田旱坝，由各食户筑堰车水灌田，舟不得越逸，亦不得私行窃掘，致碍水利。』于是民设水官会，以十五年刊其词于碑。光绪三十年（一九〇四），贡井堰工局以运盐修石堰数所。水官会首钟星庆等讼称，每石堰计高丈余，蓄水过多，则上游之车径淹，淹则不转，一遇洪潦，田地庐舍尽为水乡。寻由泸州官运总局委员林、知县苗会勘协议：

一　该堰仍遵水官会原案，每年自十月一日始，炭舟止泊骑龙场，次年四月一日后，方回汪家滩。

一　水官会界内止改修尖角石堰一所，其高以见尖角堰两岸旧址为度，每舟装炭一万二千斤，以炭户秤为例，如多议罚。

一　水官会界外新修第一石堰，如水尾淹积，使水官会界内筒车不转，堰工局首亟应设法，否则禀县查办。

一　水官会界内食田熟土为堰水淹渍崩圮，堰工局按亩计偿，水涨天灾，始共免议，土内小春亦如之。

申请大宪立案，至今遵之。

汪家滩下由骑龙场至贡井，民国，农民沿上游水官会之例，言溪流既同，则利害亦同，请仿水官会立案。县交议事会议，减上游一月，岁以七月归商，五月归农；自四月一日至十一月一日，为舟行之期；十一月一日至四月一日，为筑堰之期。而堰工局首呈自贡商务分会请议，至今农民运商，已仿成例行之。惟抉堰时有上游抉则下游皆溃，舟遂随之。后议，堰溃不得行舟，其患遂息。

白石山水亦沙堰，与旭川同。岁以九十月藉稻草为之，实土于其上，自半边山至笛口，堰凡十二，不通舟，荣堰率为车计。惟城北五里宋坝，明时由居民十四家合力修堰，自山峡中名狗钻洞起，沿山通渠，五里至坝，十四家按日分灌，每日一家名一股，一股中分十二时为小股，买田必带水分，否则无灌者。此由相地高度适宜，自然受溉，无行车之劳，法尤善。

（二）田坝

荣邑僻处山陬，近城田土硗瘠。山田有大小土之分，小土仅产稻谷，一切种植非宜；大土绵延犍、宜二邑，凡木绵、豆、麦、芝麻、苎麻、黍、稷、薏米等项，易于生发，其利颇饶。东路冲田，农民素蓄冬水。南路高岩，界连宜境，谚云『山高水高，田号肥美』。西路肥硗参半。北路崇山峻岭，冲田冷浸居多。所有地势平衍，居民烟火相望，名曰坝田，择其尤著者列于左。

乾隆《志》所载

龚家坝　城东八里。

茭草坝　城南三十里。

栗子坝　城南四十里。

水星坝　城南二十里。

铁炉坝　城西四十里。

西土坝　城西四十五里。

席草坝　城西五十里。

五通坝　城西南四十里。分上、中、下三坝，塘堰环绕，居民相望，颇称沃野。

濑①河坝　城西北七十里。周围方一十五里，居民田亩犬牙相错，去水太远，土膏瘠薄，不产杂粮。

荔枝坝　城北三里。

阳西坝　城北六十里。

郑家坝　城西北九十里。延袤一十五里，中隔仁寿境二十里，又与井研界交错。居民醇朴，饶有古风。

乾隆《志》按：荣邑四境坝田不下百区，兹不殚述。统计阖邑上、中、下田地三千五十八顷六十二亩九分零。乾隆十九年（一七五四）新垦升科在外。

① 濑，原作『赖』，今统一作『濑』。

光绪《志》所载

龚家坝 城东八里。

郝家坝 城南五里。

茭草坝 城南三十里。

栗子坝 城南四十里。

水星坝 城南二十里。

铁炉坝 城西四十里。

西土坝 城西四十五里。

席草坝 城西五十里。

五通坝 城西南四十里。分上、中、下三坝，塘堰环绕，居民相望，颇称沃野。

濑①河坝 城西北七十里。周围方一十五里，居民田亩犬牙相错，去水甚远，土膏瘠薄，不产杂粮。

荔枝坝 城北三里。

宋家坝 城北五里。

阳西坝 城北六十里。

郑家坝 城西北九十里。延袤一十五里，中隔仁寿境二十里，又与井研界交错。居民醇朴，饶有古风。

大河坝、**毕家坝**、**刘家坝**、**吴家坝**、**戴家坝** 以上诸坝附近新桥场、董家场、李家场，居民稠密，河水萦绕，有筒车灌田，颇称沃野。

河坝塘 邑西七十里。近长山桥，长二三里许，周围环绕五山，可资灌溉。

（三）仓储

旧志所载仓储

乾隆《志》所载：

旧志载：平济仓，东正街。预备仓，同上。俱废。

常平仓 县东。遵照雍正年间额贮，常平仓斗谷四千七百九十石，额定设立仓廒二十一间。每年于青黄不接之时，例得详奉批允，粜三存七。如民食不足，并得不拘定例出粜，俟秋成买补足额，余银批解藩库。

社　仓 县城与贡井旧有社仓二处，共贮谷三百石。近年官捐一十八石。乾隆十八年（一七五三）十一月，奉宫保大人黄分饬各属，广为劝捐。府宪陈倡捐社谷十石，官捐社谷一百石，士民踊跃，量力乐输。至乾隆十九年，共计官捐与乐输谷五千七百七十石九斗二升，造册申报，四乡设立社仓收贮。每社遴选殷实老成之人二名承充社正、副长，司出纳之事。遇年岁歉收，详请出借，照例还仓，以息谷十分之二为修理仓廒及给社长饭食纸笔之费。不许胥役干与，启滋扰措勒之弊。乾隆二十年九月，奉宫傅大人开檄饬各属劝捐，复据士民报捐，并奉前督部堂黄发还士民捐助回澜塔公费，采买社谷共四百九十六石六斗八升八合，汇入造报社谷案内。续自乾隆二十一年至乾隆二十六年（一七六

① 濑，原作『赖』，今统一作『濑』。

一），节次劝捐，并出借还仓之息谷，总计新、旧社谷一万三千八百八十五石六斗六升七合一勺。

飞仙铺社仓，八间。

程家场修立社仓，五间。

贡井盐厅仪门内立仓房，二间。

贡井湖广会馆内设社仓，一间。

龙滩场、东岳庙、中场共修立社仓，七间。

清凉寺修立社仓，四间。

五宝镇修立社仓，四间。

旺兴坪修立社仓，五间。

二台子修立社仓，四间。

长山桥修立社仓，五间。

观山场修立社仓，六间。

藉　田　雍正四年（一七二六）间，钦奉上谕，令直省地方通行耕藉之礼。经九卿议覆，各府、州、县、卫、所择东郊洁净之地，照九卿所耕藉田四亩九分之数，设立先农坛。自雍正五年为始，每岁仲春遵照部颁选定日期，一体致祭。雍正六年，知县陈颙捐俸置买钟家冲民田一区，东至虎洞常住，南至古坟嘴，西至钟岳申田坎，北至后山石洞。雍正七年，知县王惟淳捐建正房三间、配房二间，祭品照社稷坛陈设。祭毕，行耕藉礼，九推九返。耕毕，望阙行三跪九叩首礼。藉田谷石备祭祀，存留余谷，每年详报。

嘉庆《志》所载：

常平仓　在县署左，即旧主簿署改建，额贮仓斗谷四千九百九十石。设立仓廒二十一间。

社　仓　飞仙铺八间，程家场五间，贡井盐厅仪门内二间，贡井湖广会馆内一间，龙滩场、东岳庙、中场共七间，清凉寺四间，五宝镇四间，旺兴坪五间，二台子四间，长山桥五间，观山场六间。

嘉庆《志》按：县城、贡井，旧只社仓二处，共贮谷三百石。自乾隆十八年（一七五三）起至二十六年（一七六一）止，节次官捐及士民乐输并借出还仓之息，总计贮新旧社谷一万三千八百八十五石六斗六升七合一勺，以上设立仓廒共五十一间。又自乾隆二十六年起至嘉庆十七年（一八一二）止，历年详请出借还仓之息谷，统计三万一千九百四十一石，于常平仓左添设社仓一处，计廒十六间。复于各处共添二十一间。统计城内外共仓廒八十八间。

民国《志》所载：

仓储有常平、社仓、积仓、义仓。常平、义仓，官谷也。社仓、积仓，公谷也。而荣公谷有县与地方之别，故社仓县局司之，积仓地方司之。军兴，常平耗矣。初，社仓谷京斗六万千四百六十二石，积仓万七千十三石四斗五升。民国七年（一九一八），刘湘斥卖。十四年（一九二五），白驹挹之。今社仓仅存京斗二万千二百一石八斗九升三合，积仓仅存市斗二千五百十四石四升八合五勺。京斗每石为市斗三斗二升。

其仓廒所在之区：

社　仓　凡二十三所，城旧二所。十四年，飞仙铺并火药局为一所，谷四千五百二十九石；东二所：程家场、贡井，谷千一百五十六石。南十二所：过水坳、汪家滩、乐德镇、李家堰、古文场、双石桥、河口、李子桥、鼎新寺、龙潭场、桥头铺、五宝镇，谷万七百三十石三斗三升三合。西南四所：文昌宫、杜家井、杨家场、董家场，谷千六百八十七石六斗。西四所：铁厂铺、长山桥、观山场、刘家场，谷四千九十八石九斗六升。

积仓 清末凡六十九所，今五十二所，习以市斗计。东六所：附城、鸦鹊冲、程家场、张家场、洞云寺、玉皇观，谷百八十四石九斗五升。南十八所：附城、钓鱼台、汪家滩、双石桥、李子桥、睦邻团、道澄寺、桥头铺、过水坳、乐德镇、河口、古文场、积育仓、五宝镇、恒丰庙、莲花场、南禅寺、牛尾河，谷千六百三十一石六斗八升四合。西南八所：文昌宫、杨家场、镇紫场、新桥、董家场、雷音寺、老农场、金花殿，谷百八十六石八斗二升。西十所：附城、三清殿、铁厂铺、长山桥、蔡家沟、五通坝、石笋铺、竹园铺、桐麻寺、瓦滓滩，谷二百四十七石九斗五升七合五勺。北十所：张公祠、同心保、东川沟、双古坟、观山场、复兴场、但家寺、但家庙、镇安场、墨林场，谷二百六十二石六斗三升七合。

义仓 二所，署侧，旧八间。光绪三年（一八七七），知县王峨峰重修，共十间，有业一，入租谷八十石，入平民工厂。贡井二百八石五斗六升三合。

仓政

荣有常平、济仓、积仓。常平以平谷价，济仓以备凶灾，社仓、积仓以司岁贷，仓政具举矣。

常平京斗一千四百石，济仓京斗七千四百三十六石二斗八升五合二勺，军兴耗矣。郝家坝岁租八十余石，已入平民厂。社仓京斗六万一千四百六十二石，廒二十四所。积仓京斗一万七千十三石四斗五升，分储各保。民国七年（一九一八），军人以饷糈不继，斥卖大半。其存者，社仓二万九千四百九石六斗五升，积仓七千余石。十四年（一九二五），军人驻荣，又移用谷九千一百二十六石七斗五升七合。十六年（一九二七），汇册表报：社仓京斗二万二千二百一石八斗九升三合，积仓市斗二千五百十四石四升八合五勺云。积仓始光绪六年（一八八〇），督宪丁宝桢檄办，时事甚暂，息余各归所在，数亦无多。以故众所矜护，县所倚为大命者，厥惟社仓。

社仓以官不得与为义。然积畜之始资于官，官必汇册。汇册必呈报，呈报必交代，交代则为官仓。盈则官用之，虚则无偿，交代之日，率扣抵亏空，以文书相塞责。而荣则贤有司辈出，黄大本营始于前，洪瞻陛规建于后，唐选皋完一于终，以故荣之社仓，屹然为四川最。

社仓自南宋为诸路法，其后莫详。乾隆三年（一七三八），谕令四川建社仓，以粜卖常平仓谷余银，买粮作本，倡导捐募。今之社仓，或始于其时也。初贮县与贡井，谷共三百石。十九年（一七五四），黄大本知县事，捐廉相助，兼募绅民，共谷五千七百七十石九斗二升。于是分乡设仓，自城飞仙铺、贡井盐厅外，计龙潭场、河口、董家场、长山桥、观山场、二台子，凡六所。盖《周礼》『野积』之意。二十年（一七五五），募谷四百九十六石六斗八升八合；二十六年（一七六一），募与息又七千六百二十三石五升九合一勺，共万三千八百八十五石六斗六升七合一勺，大数具矣。大本去后，凡新旧县令，必概量以清交代，与常平、济仓等。而管钥则书吏司之，盈耗美恶，信口造端，倒廪倾仓，耗财费事。出贷之际，或匿名冒借，有负无偿，非遂其求，不肯给钥。时吏胥例免徭役，殷富之家，有寄籍公门以规避者。道光二十九年（一八四九），洪瞻陛恫于其弊，乃以仓吏管钥给社首，社仓名义符矣。时藩宪颁社仓章程，瞻陛又与士绅议其不协者，附定数条于后：

一　社首固宜粮多殷实之户，按年输充。惟荣素贫瘠，粮十六两以上者无多，其一两二两之户不尽殷实。或先代止一粮名而子孙递次分析，每人所得田业无几；或家已中落，产已质尽，而粮名尚在，难以查实，且十年之内，兴替难知。今拟每社仓公举粮多殷实者六人，造册二，注社仓实谷若干于首，呈印过朱，一给值年社首，一存署内。

一　社首宜递年举报也。今拟每社仓年以一人为正，一人副之。如甲、乙、丙、丁、戊、己六人，第一年甲、乙共事，即公举二人，以为次年引退之地；二年丙、丁共事；三年戊、己共事。均如之。则所举共六人，以先后输充，庶责有攸归，事资熟习，便通商办理。

一　借户固宜有粮者。然有产未质尽，而取稳过多，租谷不足完粮者，若概予假贷，非独难以催收，且恐谷将不继。今拟开仓之时，责值年社首，取具保人字据，并借户姓名登册。如保人不可信者，虽有粮不给。

一　报更社首，宜有定期也。若无定期，则先后不齐，未免烦琐，且恐有觊觎取利，久不更替者。今拟每年十月十日，各社首赴县，同绅耆公举二人，翌年二月初，开仓量谷，于十日，新、旧首赴县，各具移交接收若干结状。

一　所举应充社首之人，借谷时莅之。盖值年仅二人，而借户甚众，恐有争多寡恃强逼借者；或谷价昂贵，难保值年无私卖侵吞之弊。故未值年之四人先期要集，互相监视。若托故不至，谷有亏短，则值年与四人各负其半。

一　息谷宜积贮也。前社首用多，息谷未尽归仓，今既听民自理，则所费有限，拟年除耗谷及饭食一切外，实余息谷若干，注之册内。报更之日，同宪发章程，并交新社首收执。后积贮数多，因公事变卖，务同城乡各绅士公议，不得私自动用。如丰年未发，亦不加息。

一　绅士不得出名借谷也。既曰绅士，当全体面，有借而不还者，禀官究追，难于处置。今拟绅士借谷，子弟出名，仍保人负责，不得逼借。

一　官给木章，社首非公事不得冒用，以免滋累。报更时，以木章及章程当众移交，免有遗匿。

是数条者，今悉遵之，俗所称为小本者也。

瞻陛去后，县人为木主祀之东门外谷神祠，盖配食之义云。自社仓归民后，虽岁歉移粜，必如数补偿，故仓无损。久之，而蓝、李之乱作，四乡社仓，有焚掠于贼者，有移给练糈者，绅耆忧之。初，完善之仓议卖谷存钱，取什一之息，而贷与烦扰，时有逋负，且年久难继，于是移钱买业，以所入租谷徐图其渐以复之。时仓廒已广为十二所，署左、飞仙铺、程家场、贡井、乐德镇、龙潭场、五宝镇、河口、董家场、二台子、长山桥、观山场。其买业者，贡井、乐德镇、龙潭场、五宝镇、河口、董家场、长山桥、观音场，凡八所。社仓有租，自此始也。蓝、李乱后，法令废弛。仓既由民经理，则官不复问。谷既变为租入，则民等其私，朋比鲸吞，空文具案，仓庑故宇，雨漏风穿，有欲发其事者，或碍于情，或陷于贿，卒含默而止。

光绪十年（一八八四），唐选皋莅荣，值甲申、乙酉之荒，以仓储为首政，钩稽文卷，推核取足于其人，使仓有实谷。又城立社仓局，慎选局士以统理之。初，仓廒各不相属，洪瞻陛时，议城中公举总管绅士六名，岁以二月十日，集城乡社首于龙王庙，出其簿书，算注谷数，从众取据，无临辖之权也。而岁用多少，局士不得过问，其费难节。又人心日变，事故滋多，为社首者，情隐难达于公门，文书多缓于时日，势甚不便。至是城有局，近于官，乡之社首承于局，消息之灵，捷于呼吸。岁以十月十日集局，曰仓会，议租谷息谷存仓若干，自修仓与口食外，概折银入局，社首不得握用。局士以各仓租息之入，或置产业，或应不时之需，盖公府也。

清末，新政繁兴，率取于息，故仓不洋溢，而常年册报藩署，不实则有隐匿之咎，欲实则有提解之忧。故谷报其全，而贷报其半，使岁无余息，以绝大吏觊觎，盖亦苦矣。辛亥革命，社仓无恙。二年（一九一三），农庆有秋，仓谷不能尽发，入利短少。时曰经费局，遣人量验，制此后逐岁扫仓，不得沿例，立为案。三年（一九一四），谷价过昂，奸商多盗窃名姓，借谷图售，恶绅土豪，或妄指多人为佃户，威借逾量，知事示禁之。而借谷之户，多延至来年换票，致仓储不实。四年（一九一五），知事饬各仓填给如数。七年，军人借国税抵卖，其表册所注仓斗，即京斗以三石合一石者，而各仓均以市斗为辞，报有敷斗折斗耗费，核与京斗不符。八年（一九一九），经费局乃遣人量仓，以仓斗定仓储正额，其亏移入私，借口民欠，虚县先额者，无处不有，乃呈请知事严令饬填，克限守催。仓乃复。先是，仓利充裕，购置产业，局买者由局收租，以作公用；各仓买者，即由各仓收租，折价纳局。是以产业佃取之权，不属于局。而收租合价，升降多少，其弊遂滋。同一产业而有城局各场之别，至是乃以贡井八所产业改由局直辖云。自七年军人卖谷后，荣区隶嘉定，县人请师长陈鸿范以国赋抵偿，而军饷无余，其事未果。十四年（一九二五），联军之役，筹措军米，团商设军粮交易所，借用社谷，由团商归还，事过不能如议。社仓例以十月十日封闭，而无谷填偿者，迟之岁暮，以钱银如谷折价，谓之上乾仓。其仅纳利息，改书借票者曰转票，来年如故，故仓首已易，借额犹悬。仓储之虚，此亦其一也。

第四卷　分封职官

开明氏遗封远矣。周荣公『茅土之锡』，殆不可考。今志自汉以后，南安公、犍为公、铁山侯数人，亦详略参半。宋人称荣州世为藩镇，当自唐始，而大历、天祐中，嘉王之封烂焉。前后蜀屡为赐履地、武信军节度，《蜀梼杌》所谓『贤王』也。

秩官者，凡治其地曰官。官各事其职，有秩也。青阳远矣。汉县万户以上为令，减万户为长。《华阳国志》有：『南安将军张表，字伯达，成都人，松之子也。』永元八年（九六），南安长扶风王君，平乡明亭大道，遣掾①何童、史道兴修治，有碑，不知王君何名也。晋阮孚为南安县侯，则江左遥置郡县。梁萧方矩为南安县侯，则自义熙②分立治官，荣与南安判矣。

自封建废而为郡县后，虽有列爵之名，而无子民之实。故荣自昔藩封盛而多贤王焉。至于设官分职、善政宜民，如李畋之便宜盐政，誉著来苏；宋中和之节俭勤廉，传称循吏；陆务观公余吟咏；晁子止退食读书。琴鹤风流，甘棠遗爱，尚已！其间设官分职以亲民为重，虽一命必思有济于民。或宦迹无可考，而人尝兴去后思著，亦未可没其名也。若夫边防著绩，即非守土之人，而其功堪勒燕然之石，能不志之，以为册乘光耶？

《书》云『三载考绩』，谓居官者，必有政绩可观，乃为『克称厥职』。旧志修于嘉庆中，载政绩颇详，距今三十余年矣！其中有为舆论所称诵、能指其实际者，倘及今不书，焉知再阅数十年后，传闻者不失其真耶？（据同治《嘉定府志》、嘉庆《志》、光绪《志》、民国《志》等）

一、周至隋

（一）周

荣公　封国在今县地。嘉庆《志》按，《书序》：『荣伯，姬姓国也，事成王。王伐东夷，肃慎来贺。王俾荣伯作《贿肃慎之命》。』《蜀中名胜记》以为锡土于此。

荣夷公③　荣，姬姓国，荣伯之后。好利，厉王近之，芮良夫谏，不听，卒以荣公为卿士。既而诸侯不享，流王于彘。墓在今县南十里。明学使潘璋为树碣。

（二）晋

何观　省志『观，郫人』，字巨忠，何随长子，清公淑慎，知名州里。察孝廉，西都、南安令，平西长史。张昌作乱荆州，

① 掾：原作『椽』，据《隶释》改。
② 义熙：东晋安帝司马德宗年号，公元四〇五—四一八年。
③ 《国语·周语上》韦昭自注：荣，国名；夷，谥号。

从党西上，郡守无不望风降下，至江阳。平西将军罗尚表为安远护军，讨贼，平殄。除巴郡太守。朝议欲以为宁州刺史，会病卒。（据《华阳国志新校注》补）

（三）北周

宇文度 封铁山侯①。铁山，今县地。荣州②土产有麸金，有盐井五十七。应灵县③，铁山在州西北一百里，从资州月山县④西来，其山出铁。（据《古矿录》补）

（四）隋

卫玄 字文升，河南洛阳人也。祖悦，魏司农卿。父㯹，侍中、左武卫大将军。玄少有器识，周武帝在藩，引为记室。迁给事上士，袭爵兴势公，食邑四千户。转宣纳下大夫。武帝亲总万机，拜益州总管长史，赐以万钉宝带。稍迁开府仪同三司、太府中大夫，治内史事，仍领京兆尹，称为强济。宣帝时，以忤旨免官。

和州蛮反，玄以行军总管击平之。及高祖受禅，迁淮州总管，进封同轨郡公，坐事免。未几，拜岚州刺史。会起长城之役，诏玄监督之。俄检校朔州总管事。后为卫尉少卿。仁寿初，山獠作乱，出为资州刺史以镇抚之。玄既到官，时獠攻围大牢镇，玄单骑造其营，谓群獠曰：『我是刺史，衔天子诏安养汝等，勿惊惧也。』诸贼莫敢动。于是说以利害，渠帅感悦，解兵而去。前后归附者十余万口。高祖大悦，赐缣二千匹，除遂州总管，仍令剑南安抚。炀帝即位，复征为卫尉卿。⑤岁余，迁工部尚书。其后拜魏郡太守，尚书如故。辽东之役，检校右御卫大将军，率师出增地道。时诸军多不利，玄独全众而还，拜金紫光禄大夫。

太业十一年（六一五），诏玄安抚关中。时盗贼蜂起，百姓饥馑，玄竟不能救恤，而官方坏乱，货贿公行。玄自以年老，上表乞骸骨，帝使内史舍人封德彝驰谕之曰：『京师国本，王业所基，宗庙园陵所在。借公耆旧，卧以镇之。朕为国计，义无相许，故遣德彝口陈指意。』玄乃止。义宁中卒，年七十七。（据《隋书》补）

袁天纲 又作袁天罡，生卒年未详，益州成都人也。天纲少孤贫，好道艺，精于相术。初，天纲以大业元年（六〇五）至洛阳，时杜淹、王珪、韦挺就之相。天纲谓淹曰：『公兰台成就，学堂宽博，必得亲纠察之官，以文藻见知。』谓王曰：『公三亭成就，天地相临，从今十年已外，必得五品要职。』谓韦曰：『公面似大兽之面，交友极诚，必得士友携接，初为武职。』复谓淹等『二十年外，终恐三贤同被责黜，暂去即还』。淹寻迁侍御

---

① 《北周地理志》载《周地图记》云：『周封宇文度为铁山侯。』王仲荦按云：正史无证，疑是『铁山乡侯』。

② 原注：今荣县治。

③ 原注：今荣县西南一百五十里。

④ 原注：今资中县西五十里

⑤ 民国《志》云：『当时刺史带诸军事，大牢隶资州，镇已为县。玄不逞残杀，则亦功德在民也。炀帝改州为郡，故《隋书·地理志》作「资阳郡」。』

史，武德中为天策府兵曹、文学馆学士。王珪为太子中允。韦挺，隋末与隐太子友善，后太子引以为率。至武德六年（六二三），俱配流巂州。淹等至益州，见天纲曰：『袁公洛邑之言，则信矣。未知今日之后何如？』天纲曰：『公等骨法，大胜往时，终当俱受荣贵。』

至九年（六二六），被召入京，共造天纲。天纲谓杜公曰：『即当得三品要职，年寿非天纲所知。王、韦二公，在后当得三品官，兼有年寿，然晚途皆不称惬，韦公尤甚。』淹至京，拜御史大夫、检校吏部尚书。赠天纲诗曰：『伊吕深可慕，松乔定是虚。系风终不得，脱屣欲安如。且珍纨素美，当与薜萝疏。既逢杨得意，非复久闲居。』王珪寻授侍中，出为同州刺史。韦挺历御史大夫、太常卿，贬象州刺史。皆如天纲之言。

贞观初，太宗召见曰：『古有君平，朕今得尔，何如？』对曰：『彼不逢时，臣固胜之。』

则天初在襁褓，天纲来至第中，谓其母曰：『唯夫人骨法，必生贵子。』乃召诸子，令天纲相之。见元庆、元爽曰：『此二子皆保家之主，官可至三品。』见韩国夫人曰：『此女亦大贵，然不利其夫。』乳母时抱则天，衣男子之服，天纲曰：『此郎君子神色爽彻，不可易知，试令行看。』于是步于床前，仍令举目，天纲大惊曰：『此郎君子龙睛凤颈，贵人之极也。』更转侧视之，又惊曰：『必若是女，实不可窥测，后当为天下之主矣。』

贞观八年（六三四），太宗闻其名，召至九成宫。时中书舍人岑文本令视之。天纲曰：『舍人学堂成就，眉覆过目，文才振于海内，头又生骨，犹未大成，若得三品，恐是损寿之征。』文本官至中书令，寻卒。其年，侍御史张行成、马周同问天纲，天纲曰：『马侍御伏犀贯脑，兼有玉枕，又背如负物，当富贵不可言。近古已来，君臣道合，罕有如公者。公面色赤，命门色暗，耳后骨不起，耳无根，只恐非寿者。』周后位至中书令、兼吏部尚书，年四十八卒。谓行成曰：『公五岳四渎成就，下亭丰满，得官虽晚，终居宰辅之地。』行成后至尚书右仆射。天纲相人所中，皆此类也。

申国公高士廉尝谓曰：『君更作何官？』天纲曰：『自知相命，今年四月尽矣。』果至是月而卒。

子客师，亦传其术，为廪牺令。高宗置一鼠于奁，令术家射，皆曰鼠。客师独曰：『虽实鼠，然入则一，出则四。』发之，鼠生三子。尝度江，叩舟而还，左右请故，曰：『舟中人鼻下气皆墨，不可以济。』俄有一男子，跛而负，直就舟，客师曰：『贵人在，吾可以济。』江中风忽起，几覆而免。跛男子乃娄师德也。（据《旧唐书》《新唐书》《太平广记》等补）

二、唐

唐制，武德初，有行台、大行台，置总管以统军。九年（六二六）六月，改总管为都督。十州一大都督，州分上、中、下。武德元年（六一八），改太守曰刺史，加使持节。上元二年（六七五），诸州别驾以诸王子为之。景云二年（七一一），始参用庶姓。天宝元年（七四二），又改刺史曰太守，县令亦分上、中、下，丞、主簿、尉同。方隋开皇时，户口滋多，析置州县，大业中省并之。唐兴，豪杰据地来归者，为之割置州县，故其多数倍于隋。贞观三年（六二九），以民少吏多，大加省并，如《十道志》数。（据民国《志》）

（一）荣地封爵

荣王

李琬　靖恭太子琬，玄宗第六子也，初名嗣玄。开元二年（七一四）三月，封为甄王。十二年（七二四）三月，改名滉，封为荣王。十五年（七二七），授京兆牧，又遥领陇右节度大使。二十三年（七三五），加开府仪同三司，余如故。二十五年（七三七），改名琬。

天宝元年（七四二）六月，授单于大都护。又诏亲巡按陇右，选关内、河东飞骑五万防盛秋。十四年（七五五）十一月，安禄山反于范阳，其月制以琬为征讨元帅，高仙芝为副，令仙芝征河、陇兵募屯于陕郡以御之。数日，琬薨。

琬素有雅称，风格秀整，有素望，中外倚之。时士庶冀琬有所成功，忽然殂谢，远近咸失望焉，莫不为国怅恨。赠靖恭太子，葬于见子西原。琬诸子尤繁衍，男女五十八人。天宝中封为郡王者二：俯为济阴王、太仆卿同正员，偕为北平王、国子祭酒同正员。（据《旧唐书》《新唐书》等补）

李愩　宪宗二十子，咸通三年（八六二）封荣王。广明元年（八八〇）八月十九日，授开府仪同三司，守司空，其年十月九日薨。其子令平嗣王。①（据《旧唐书》补）

李令平　李愩之子，嗣荣王。（据《旧唐书》《新唐书》等补）

荣国公

高满政　朔州人。武德六年（六二三）六月，唐高祖以满政为朔州总管，封荣国公。秋七月，高祖遣右武候大将军李高迁助朔州总管高满政守马邑，苑君璋引突厥万余骑至城下，高满政设三伏以待之。突厥至城下，伏兵发，大破之，斩首二百余级。颉利可汗怒，大发兵攻马邑。高迁惧，帅所部二千人斩关宵遁，虏邀之，失亡者半。颉利自帅众攻城，满政出兵御之，或一日战十余合。上命行军总管刘世让救之，至松子岭，不敢进，还保崞城。会颉利遣使求婚，上曰：『释马邑之围，乃可议婚。』颉利欲解兵，义成公主固请攻之。颉利以高开道善为攻具，召开道，与之攻马邑甚急。颉利诱满政使降，满政骂之，粮且尽，救兵未至，满政欲溃围走朔州，右虞候杜士远以虏兵盛，恐不免。九年（六二六），杀满政，降于突厥。苑君璋复杀城中豪杰与满政同谋者三十余人，退保恒安。其部皆中国人，多叛去。君璋穷，乃降，自请鄣虏赎罪。上以满政子玄积为上柱国，袭爵。（据《旧

① 《钦定续通志》卷二百八十六云：『凡八王，史失其薨年。』民国《志》按云：『吴缜《纠谬》云：「八王：深王、琼王、沔王、婺王、茂王、衡王、憻王、荣王也。然《僖宗纪》载广明初元年（八八〇）八月癸卯，荣王愩薨。而本传亦谓『史失之』误矣。」今考《旧唐书·荣王传》亦载薨年，但月日不同耳。』

唐书》《太平御览》等补）

（二）职官政绩

荣州都督

樊　偘　荣州都督，累官益州大都督府司马，兼蜀川防御副使。苏颋典制诰时，其授益州司马制文有云：“上柱国樊偘：早负文词，累迁省闼，顷扬才智，爰任军州。敏以邀功，断而临事。峨眉作镇，鳖灵开国。惟巴蜀之险，接西南之夷，式遏抚循，尤择时望。端寮副职，俾承朝委。可行益州大都督府司马，余如故，仍知蜀川防御副使，即驰驿赴任。”（据《文苑英华》补）

荣州刺史①

韦　玠　北齐韦粲玄孙，荣州刺史。

柳　奭　字子邵，蒲州解人，唐高宗朝王皇后之舅也。父隋时使高丽卒，往迎丧，号踊尽哀，为夷人所慕。贞观中，累迁中书舍人。后以外孙女为皇太子妃，擢拜兵部侍郎。妃为皇后，奭又迁中书侍郎。永徽三年（六五二），代褚遂良为中书令，仍监修国史。永徽五年（六五四）六月，以王皇后宠衰，奭内不自安，请解政事。

初，武皇后贞观末随太宗嫔御居于感业寺，后及左右数为之言，高宗由是复召入宫，立为昭仪。俄而渐承恩宠，遂与后及良娣萧氏递相谮毁。帝终不纳后言，而昭仪宠遇日厚。后惧不自安，密与母柳氏求巫祝厌胜②。事发，帝大怒，断柳氏不许入宫中，后舅中书令柳奭罢知政事，并将废后，长孙无忌、褚遂良等固谏，乃止。

永徽六年（六五五）秋七月，贬吏部尚书柳奭为遂州刺史。奭行至扶风，岐州长史于承素希旨，奏奭漏泄禁中语，复贬荣州刺史。在荣经两寒暑，新旧三年。显庆四年（六五九）七月，许敬宗等构谮，使者杀柳奭于象州，没其家，期以上亲并流岭表，奭房隶桂州为奴婢。神龙初，则天遗制，与褚遂良、韩瑗等并还官爵，缘坐者悉免。开元初，泽兄涣为中书舍人，上言：“臣从伯祖奭，去显庆三年（六五八）与褚遂良等五门同被遣戮。虽被原雪而子孙殆尽，唯曾孙无忝客籍龚州。陛下先天后诏书，尝任

① 刺史：官名。汉武帝元封五年（前一〇六）始置，分全国为十三部（州），部置刺史一人，秩六百石。无治所，奉诏巡行诸郡，以六条问事，省察治政，黜陟能否，断理冤狱。三国时，魏国州或置牧，或置刺史。置刺史则领兵者为四品，不领兵者则称单车刺史，五品。蜀、吴皆置，已成为一州行政长官，除治民外，领兵者兼掌武事。晋刺史三级：领兵且加都督者，二品；领兵者四品；不领兵者五品。北魏孝文帝时，司州置刺史，官极崇重，为二品中。凡刺史例加将军并开府。有加持节、都督等号者，督一州或若干州，又有加仪同三司者。隋唐五代，刺史为一州行政长官，不带军号，员一人，品秩依州等级由从三品至正四品下不等。其属官有长史、司马、别驾、录事参军及司功、司仓、司户、司田、司兵、司法、司士参军事等，员额增减不一。唐初刺史例加使持节，唯给铜鱼一枚。中叶以后，多带防御使、团练使，其属又有押牙、虞候、兵马使等。时藩镇擅权，刺史受制，出现『制敕不下支郡』，『刺史不专奏事』的局面。宋承唐制。宋初尚有驻本州者，后多为武臣寄禄官。北宋前期为五品，元丰改制，定为从五品。至明清，刺史又为知州别称。

② 厌胜：古代一种巫术，相传能以诅咒制胜，压服敌对之人。

宰相家，并录其后。况臣之伯祖无辜被诛，今槁窆未还，后嗣侨处，愿许伯祖归葬，孤孙北迁。』乃诏无忝护丧柩归，官给丧事。无忝后历潭州都督。（据《旧唐书》《新唐书》等补）

于志宁　字仲谧，京兆高陵人。曾祖谨，有功于周，为太师、燕国公。父宣道，隋内史舍人。

高祖将入关，以其有名于时，甚加礼遇，授银青光禄大夫。太宗为渭北道行军元帅，召补记室，与殷开山等参赞军谋。及太宗为秦王、天策上将，志宁累授天策府从事中郎，每侍从征伐，兼文学馆学士。贞观三年（六二九），累迁中书侍郎。太宗命贵臣内殿宴，怪不见志宁。或奏曰：『敕召三品已上，志宁非三品，所以不来。』太宗特令预宴，即加授散骑常侍，行太子左庶子，累封黎阳县公。

太宗谓志宁曰：『古者太子既生，士负之，即置辅弼。昔成王幼小，周、召为师傅，日闻正道，习以成性。今皇太子既幼少，卿当辅之以正道，无使邪僻开其心。勉之无怠，当称所委，官赏可不次而得也。』志宁以承乾数亏礼度，志在匡救，撰《谏苑》二十卷讽之。太宗大悦，赐黄金十斤、绢三百匹。十四年（六四〇），兼太子詹事。

时皇太子承乾尝以盛农之时，营造曲室，累月不止，所为多不法。志宁上书谏，承乾不纳。承乾又令阉官多在左右，志宁上书谏，承乾览书甚不悦。承乾尝驱使司驭等不许分番，又私引突厥达哥支入宫内，志宁上书谏，承乾大怒，阴遣刺客张师政、纥干承基就杀之。二人潜入其第，见志宁寝处苫庐，竟不忍而止。及承乾败后，推鞫具知其事。太宗谓志宁曰：『知公数有规谏，事无所隐。』深加勉劳。右庶子令狐德棻等以无谏书，皆从贬责。及高宗为皇太子，复授志宁太子左庶子，未几迁侍中。永徽元年（六五〇），加光禄大夫，进封燕国公。

武后以其不右己，衔之。及许敬宗推鞫长孙无忌诏狱，因诬构志宁党附无忌，坐是免职，寻降授荣州刺史。麟德元年（六六四），累转华州刺史，年老请致仕，许之。二年（六六五），卒于家，年七十八。赠幽州都督，谥曰『定』。（据《旧唐书》《新唐书》等补）

韦　绹　长安三年任荣州刺，见《大周圣德勒石碑》。今碑在州衙子城门外，长安三年立，韦绹为之撰文。（据《蜀中广记》补）

高智静　荣州刺史，开元中任，参与修纂《开元前格》《开元后格》等。（据《大唐吏部选彭城刘君故妻高氏墓志铭并序》《新唐书·艺文志》等补）

李　璿　荣州刺史，开元中任。（据《华阳集》补）

薛高邱　开元二十年（七三二）任。荣德山半山有唐刺史薛高邱磨崖碑，《碑目》云：『开元二十年，刺史薛高邱立。』多载仙灵事，今已磨灭。（据《蜀中广记》补）

元无泯　荣州刺史，开元中任。（据《元和姓纂》补）

张　佾　旧志：安聚桥即古灵济桥。唐贞元中，张刺史所造也。

臧公明　吴县赵均（字灵均）。所著《金石林·三原县臧公墓碑》载，臧公明曾官荣州刺史。

陈　雷　元和中任。

陈　当　荣州刺史，元和中任。（据《册府元龟》补）

王源茂　咸阳人，荣州刺史，武后相王方庆玄孙。

李弘度　宁王玄孙，荣州刺史。《唐大法师基公塔铭》云：基公者，尉迟敬德之从子也。度为僧，译经于慈恩寺，卒于永淳中。大和间，始建塔，李弘度铭之，僧建初行书，然其笔法不无少逊《玄奘塔铭》。《慈恩塔铭》，太子左庶子、御史中丞李弘度撰。（据《石墨镌华》《御定佩文斋书画谱》等补）

段　谔　荣州刺史，穆宗相文昌之父、成式之祖。子文昌，字墨卿，世客荆州。疏爽任义节，不为龌龊小行。宪宗数欲亲用，授剑南西川节度使、同平章事。文昌素谙蜀利病，大抵治宽静，间以威断，不常任也，群蛮震服。文宗立，拜御史大夫，进封邹平郡公。大和九年（八三五）卒，赠太尉。孙成式，字柯古，以荫入官，为秘书省校书郎。博学强记，研精苦学，秘阁书籍，披阅皆遍，尤深于佛书，著有《酉阳杂俎》传于时。

鲜于晁采　荣州刺史。（据《大唐故左武卫翊府左郎将赵府君夫人渔阳县太君鲜于氏墓志铭并序》补）

郑　操　荣州刺史，会昌、大中年间任。（据《唐文续拾》补）

郑　珤　字君岩，荣州刺史，大中初任。历官侍御史、营田副使、太子中允、凤翔少尹、邵州刺史等。（据《芒洛补遗》补）

郭　涣　郭肃宗孙，荣州刺史。

于　盾　荣州刺史，宪宗相頔之孙。父季友求尚主，宪宗以长女永昌公主降焉。元和十三年（八一八），祖頔表求致仕，宰臣拟授太子少保，御笔改为太子宾客。其年八月卒，赠太保，谥曰『厉』。季友尝从猎苑中，诉于穆宗，赐谥曰『思』。（据《旧唐书》补）

荣州长史①

冯昭泰　字遇圣，长乐人。志气刚劲，不畏强御，异政风行。起家左奉裕，累调荣州长史。属城慢法，按而绳之。入计会府，仇家横讼，明敕仗其诉者。迁宋州司马。景龙元年（七〇七），自邢州刺史徙睦州。积阶至睦州刺史。诬奏桐庐令李师等二百余家，称其妖逆，诏御史按覆之。诸御史惮昭泰刚愎，皆称病不敢往。李尚隐叹曰：『岂可使良善陷枉刑而不为申明哉！』遂越次请往，竟推雪李师等，奏免之。复以群小谮，贬荣州司马。旋除温州长史，俄拜括州刺史。景龙中，卒，谥曰『诚』，赠工部尚书。有《唐诚节公冯昭泰碑》。玄宗亲为题额加谥『诚节碑』，以开元二十一年（七三三）立。（据《旧唐书》、《宝刻丛编》、《吴兴备志》、《万姓统谱》、嘉靖《浙江通志》等补）

① 长史：官名。战国秦置，掌顾问参谋。隋唐长史有三类：诸都护府、诸都督府、诸州长史，中央南衙诸卫、北衙诸军、诸折冲府（隋为鹰扬府）、东宫诸率府长史及诸王府长史。员额、品秩各有不同，皆为幕僚之长，故有元僚之称。除大都督府如扬州、益州长史秩从三品，唐中叶以后例兼本镇节度使外，其余长史并无实际职任，时或废罢，多以位置闲散及贬谪官员充任。宋制，亲王府、大都督府、诸州府皆置，用为士人恩赏，或安置贬降之官，皆不厘务。

荣州参军①

王　璥　荣州都督府仓曹参军。

李承突　章怀太子之孙。承烟即承突弟，均为荣王谘议参军。

和义令

王如珪　京兆人。从僖宗入蜀，授和义令。民国《志》按：《王兴孙墓志》，『其先长安人，唐末有知珏者，为荣州和义令，秩满遂家于荣。』则如珪或『知珏』之讹也。

三、五代

（一）荣地封爵

荣王

王宗智　高祖第五子也，母为陈妃。前蜀武成三年（九一〇）封荣王，后徙封韩王。乾德六年（九二四），罢军使。（据《十国春秋》补）

（二）职官政绩

遥郡刺史

赵延进　澶州顿丘人。父晖，后周太子太师。延进颇亲学，尝与军中少年入民家，竞取财贿，延进独持书数十编以归，同辈哂之。

后汉末，赵晖领凤翔节度，未赴镇，王景崇据城反，命晖为都招讨使击之。延进年十八，屡当军锋。景崇平，延进奉捷奏以入，授凤翔牙内指挥使，领贵州刺史。晖徙宋州，亦从为牙职，改领荣州刺史。②睢阳有盗数百，各立酋帅，为民患。延进以父命，领牙兵千余悉擒戮之，诏书褒美。

宋初，迁右羽林军将军、濠州都监。会伐蜀，以襄州当川路津要，命为钤辖、同知州务。蜀平，专领郡事。汉江水岁坏堤，害民田，常兴工修护。延进累石为岸，遂绝其患。入为两浙、漳

① 参军：官名，亦作『参军事』。东汉末，车骑将军幕府置为僚属，掌参谋军务。唐朝诸州府置，员额、品秩随所隶官署而异，少则二三人，多则五六人，官秩八至九品，无固定职掌，供派遣出使，士人初仕者或居此职。亦有行参军。又，诸州、府、镇、王府，诸卫，太子诸率各曹、司亦置。宋朝州府亦置，有录事参军、户曹参军、司法参军、司理参军等名目，分理诸曹事务。明建国前，曾于大都督府设。洪武三年（一三七〇），各王府所属参军府置，员各一人，正五品，旋改从五品，九年，改为长史。

② 《五代史职方考》荣前后蜀有按：前蜀仲廷预为荣州录事参军，后蜀赵延进领荣州刺史。知蜀当王、孟时，荣仍唐制。宋为荣州，如唐制。

泉国信使。开宝二年（九六九），授右龙武将军，知灵州，以母老愿留，得权判右金吾街仗使，历知河中府、梓相青三州。

辽人扰边，命延进与崔翰、李继隆将兵八万御之，赐阵图，分为八阵，俾以从事。师次满城，辽骑坌至，延进乘高望之，东西亘野，不见其际。翰等方按图布阵，阵去各百步，士众疑惧，略无斗志。延进谓翰等曰：『主上委吾等以边事，盖期于克敌尔。今敌众若此，而我师星布，其势悬绝，彼若持我，将何以济？不如合而击之，可以决胜。违令而获利，不犹愈于辱国乎？』翰等曰：『万一不捷，则若之何？』延进曰：『倘有丧败，则延进独当其责。』于是改为二阵，前后相副。士众皆喜，三战，大破之，获人马、牛羊、铠甲数十万。以功迁右监门卫大将军、知镇州。

至道二年（九九六），拜右金吾卫大将军。咸平二年（九九九）卒，年七十三，赠左武卫上将军。

延进姿状秀整，涉猎经史，好作诗什，士流以此多之。延进妻即淑德皇后之妹。（据《宋史》《资治通鉴》等补）

王景崇　邢州人也。为人明敏巧辩，善事人。刘汉时为平镇将，以功领荣州刺史。唐明宗镇邢州，以为牙将，其后尝从明宗，隶麾下。明宗即位，拜通事舍人，历引进閤门使，驰诏方镇、监军征伐，必用景崇。后事晋，累拜左金吾卫大将军，常快快人主不能用其材。晋亡，萧翰据京师，景崇厚赂其将高牟翰以求用。已而翰北归，许王从益居京师，用景崇为宣徽使、监左藏库。

高祖遣景崇以兵迎回鹘。景崇将行，高祖已疾，召入卧内戒之曰：『益等已来，善矣，若犹迟疑，则以便宜图之。』景崇行至陕，赵赞已东入朝，而蜀兵方寇南山，景崇击破蜀兵，追至大散关而还。高祖乃诏景崇兼凤翔巡检使。

景崇至凤翔，侯益未有行意，而高祖崩，或劝景崇可速诛益，景崇念独受命先帝而少主莫知，颇不欲杀益，益乃亡去。益至京师，隐帝新立，史弘肇、杨邠等用事，益乃厚赂邠等，阴以事中景崇。

景崇乃叛，尽杀侯益家属，与赵思绾共推李守贞为秦王，隐帝即以赵晖讨之。景崇西招蜀人为助，蜀兵至宝鸡，为晖将药元福、李彦从所败。

明年，守贞、思绾相次皆败，景崇自焚。（据《新五代史》《资治通鉴》等补）

贾武库　广政中，任荣州刺史。

荣州录事参军

仲廷预　未详何郡县人。贯通坟典，不务生产，常厄于饥寒。为蜀嘉王宗寿塾师①，无显名，未为宗寿所礼。会天寒，嘉王府以故火器给学院，廷预方独坐，偶以箸画灰得金火箸二事②，遽求见宗寿。宗寿意别有所求，不时见，固请乃勉见之。廷预出金箸袖中，具述本末。宗寿曰：『吾家失此物已十年所矣，公得之，仍以相还，真古人也。』命厚赠之。未几，荐授荣

① 塾师：道光十四年本《蜀典》卷十二作『教授』。
② 二事：四库本《说郛》卷十七下作『一双』。

州录事参军。（据《十国春秋》《说郛》等补）

应灵县知县

史光廷 眉山人。孟蜀时，试大理评事，知应灵县。

四、宋

宋制，州分节度、防御、团练、刺史四等。节度，三品州也；防御、团练，四品州也；刺史，五品州也。开宝中，一州止一刺史、一司户。自后有推官，有通判，而监库、监酒、榷税、算，又增四员。曹官之外，更益司理，而官多矣。

（一）荣地封爵

荣王

赵元俨 周恭肃王元俨，太宗子，少奇颖，太宗特爱之。每朝会宴集，多侍左右。帝不欲元俨早出宫，期以年二十始就封，故宫中称为『二十八太保』，盖元俨于兄弟中行第八也。

真宗即位，授检校太保、左卫上将军，封曹国公。明年，为平海军节度使，拜同中书门下平章事，加检校太傅，封广陵郡王。封泰山，改昭武、安德军节度使，大中祥符元年（一〇〇八），进封荣王。祀汾阴，加兼侍中，改镇安静、武信，加检校太尉。祠太清宫，加兼中书令。坐侍婢纵火，延燔禁中，夺武信节，降封端王，出居故驸马都尉石保吉第。每见帝，痛自引过，帝悯怜之。

元俨广颡丰颐，严毅不可犯，天下崇惮之，名闻外夷。事母王德妃孝，妃每有疾，躬侍药，晨夕盥洁焚香以祷，至忧念不食。母丧，哀戚过人。平生寡嗜欲，惟喜聚书，好为文词，颇善二王书，工飞白。

庆历三年（一〇四三）冬，大雨雪，木冰，陈、楚之地尤甚。占者曰：『忧在大臣。』既而元俨病甚。上忧形于色，亲至卧内，手调药，屏人与语久之，所对多忠言。赐白金五千两，固辞不受，曰：『臣羸惫且死，将重费家国矣。』帝为嗟泣。明年正月薨，赠天策上将军、徐衮二州牧、燕王，谥『恭肃』。比葬，三临其丧。诏以元俨墨迹及所为诗分赐宰臣，余藏秘阁。

赵从式 宋太祖曾孙，保康军节度使、安定郡王。熙宁四年（一〇七一）十二月，赠同平章事、荣王。（据《宋会要辑稿》补）

赵德雍① 魏王②子，就封荣州。魏王廷美十子，广陵郡王德雍行四。德雍，字仲达，淳化初，授右骁卫将军，历右羽林、龙武二将军，累迁蔡州观察使、咸宁郡公，终天平军节度观察留

① 按：赵德雍封荣王，正史未载，仅见《荣县志》，其文献来源，未知何据。
② 魏王：嘉庆《志》卷五原作『真宗』，据《宋史》改。考《宋史》，宋真宗赵恒，初名赵德昌，有六子：赵禔、赵祐、赵祇、赵祉、赵祈、赵祯。除赵祐、赵祯（宋仁宗）外，其余均早亡。未见有所谓赵德雍者。德雍与赵恒同属『德』字辈，理不当为父子。赵德雍，实为魏王赵廷美之子。

后。薨，赠宣德军节度、同中书门下平章事，谥『康简』。先是，上谓王旦等曰：『皇亲在环卫者甚众，宜第其久次者俾领郡。』德雍由是授刺史。明道中，追封广陵郡王。

赵承亮　赵德雍子，袭封昌国公；神宗即位，拜感德军节度使，改封荣。（据《宋史》《续资治通鉴长编》等补）

赵宗绰　濮王子。官至河阳三城节度使、检校司徒。绍圣三年（一〇九六）二月薨，年六十二，赠太师，追封荣王，谥孝靖。

赵　曮①　宋宁宗庆元四年（一一九八）八月，京镗等以帝未有嗣，请择宗室子育之。诏育太祖后燕懿王德昭九世孙与愿于宫中，年六岁矣。寻以为福州观察使，赐名曮，封卫国公。开禧元年（一二〇五）五月，诏以卫国公曮②为皇子，赐今名，封荣王。诏曰：『朕惟亲亲，人道之始，而尊祖睦族，礼所以严宗庙、重社稷也。二帝三王之隆，靡不由之。威武军节度使卫国公曮，艺祖皇帝十世孙也。自幼鞠于宫中，端重聪哲，凛如成人，日者从游资善，博亲义理之训，益茂温文之德，望实之美，中外耸闻。朕承先帝洪业，夙夜祇畏，惧弗克任，历日弥长，而国本未立，谓天下何？若稽嘉祐之宏模，爰暨绍兴之令典，有司考礼正名，朕将遵而行之，其以曮为皇子，进封荣王。』王颁教于荣，筑城二百丈。府邸今废城址尚存。（据《宋史》《两朝纲目备要》《宋史纪事本末》等补）

赵希瓐　理宗父，太祖十世孙。嘉定十七年（一二二四）九月，宋理宗追封生父希瓐为荣王，生母全氏为国夫人，而以弟与芮嗣之。（据《宋史纪事本末》补）

赵与芮　理宗之母弟、宋度宗赵禥之父。初嗣荣王，改封福王，拜太师。

吴　近　宋高宗吴皇后父，绍兴十四年（一一四四），赠少保、荣王。（据《南宋馆阁录》补）

郭　瑊　追封荣王。

荣国公主

兖国大长公主　宋仁宗第十一女也。嘉祐六年（一〇六一），封永寿，进荣国长公主。③治平四年（一〇六七），进邠国大长公主。熙宁九年（一〇七六），改鲁国。下嫁左领军卫大将军曹诗。主性俭节，于池台苑囿一无所增饰。十年（一〇七七）夏，旱，曹族以主生日将盛具为寿，主曰：『上方损膳彻乐，吾何心能安？』悉屏之。元丰六年（一〇八三）薨，年二十四，追封荆国，谥贤懿。迁其二子晔、旼皆领团练使。徽宗追封兖国，又改贤懿恭穆大长帝姬。（据《宋史》补）

陈国公主　哲宗女，始封德康公主，进瀛国、荣国。大观四年（一一一〇），下嫁石端礼，徙陈国。改淑和帝姬。政和七年（一一一七）薨。民国《志》按：荣德为荣首县，徽宗女荣德帝姬，盖借取嘉名也。（据《宋史》补）

---

① 曮：嘉庆《志》原作『恂』，据《宋史》卷三十八改。
② 曮：嘉庆《志》原作『俨』，据《宋史》卷三十八改。
③ 《宋会要辑稿·帝系八》作『嘉祐八年五月，进封荣国长公主』。

和义郡王[1]

赵有奕 神宗孙，和义郡王。

赵士珸 靖康间人，岐简献王少子。天资警敏，方童稚，凛然如成人。比弱冠，为右监门卫大将军、贵州团练使，以义兵复洛州。年四十六卒，赠太师，追封和义郡王。（据《宋史》《宋史全文》补）

杨存中 太傅、宁远军节度使、醴泉观使、和义郡王。

吕文德 追封和义郡王。

荣国公[2]

赵从信 惟忠子、德昭孙、太祖曾孙，荣国公。

赵世程 荣国公。

赵世门 荣国公、少师。

赵世恬 荣国公、少师。

赵世卓 荣国公。

赵世阐 荣国公。

赵令瑶 荣国公，谥良懿。

赵令穰 赠荣国公，谥恭敏。

赵令轨 赠荣国公。

赵令蟾 赠荣国公。

赵仲顗 荣国公，谥修惠。

赵仲处 荣国公，谥良靖。

赵仲真 荣国公。

赵仲绾 荣国公，谥敏僖。

赵仲汾 荣国公，谥僖安。

赵仲僩 荣国公，谥和思。

赵仲隗 荣国公，谥僖惠。

赵仲的 荣国公，谥孝节。

赵仲璜 宗汉子，荣国公。（据《九史同姓名略》补）

赵仲覨 荣国公。

赵仲緘 荣国公，谥孝恭。

赵仲皋 赠少师、荣国公，谥孝良。

赵士雷 宋宗室，官至襄州观察使，荣国公，谥『良』。以丹青驰誉于时，《宣和画谱》称其作画『有诗人思致』。作雁鹜鸥鹭、溪塘汀渚，有诗人思致，至其绝胜佳处，往往形容所不及。作花竹多在风雪荒寒之中，落笔便与画家背驰。宋徽宗有题士雷《湘乡小景》，此图为宣和秘府所藏之一也。卷高一尺八寸，长八尺有奇。画法二李，汀沙树石，金碧映带，鸡鹊鸂鶒，计十二种，回塘曲渚，各臻其妙，真佳品也。（据同治《湘乡县志》《御定佩文斋书画谱》《式古堂书画汇考》等补）

赵士异 荣国公。

赵克类 荣国公，谥『良孝』。

赵克用 荣国公。

---

① 郡王：爵名。隋朝始置，位在王下，从一品。宋朝定为十二等爵第三等，位在嗣王下、国公上。明朝为宗室封号，以封亲王嫡长子以外诸子，低于亲王一等。清沿置，又称多罗郡王，并封予蒙古贵族，位在亲王下、贝勒上。

② 国公：爵名。晋朝时称『公』。宋置，位郡王下、郡公上，从一品。

赵克勇 荣国公。

赵克奋 荣国公。

赵叔敖 荣国公。

赵叔急 荣国公。

赵叔悝 荣国公。

赵叔混 荣国公。

赵叔何 荣国公。

赵叔倡 荣国公。

赵叔传 荣国公。

范百禄 字子功，成都人，范镇兄锴之子也。第进士，又举才识兼茂科。

熙宁中，邓绾举为御史，辞不就。七年（一〇七四），召知谏院。属岁旱，请讲求急务，收还法令之未便者，以救将死之民。论手实法曰：『造簿手实，许令告匿。户令虽有手实之文，而未尝行。盖谓使人自占，必不以实告，而明许告讦，人将为仇。然则礼义廉耻之风衰矣。』

哲宗立，迁中书舍人。司马光复差役法，患吏受赇，欲加流配。百禄固争曰：『民今日执事，受谢于人，明日罢役，则以财赂人。苟绳以重典，黥面赭衣，必将充塞道路。』光悟曰：『微君言，吾不悉也。』遂已。

元祐元年（一〇八六），为刑部侍郎。改吏部侍郎。俄兼侍读，进翰林学士。为帝言分别邪正之目，凡导人主以某事者为公正，某事者为奸邪，以类相反，凡二十余条。愿概斯事以观其情，则邪正分矣。以龙图阁学士知开封府。勤于民事，狱无系囚。

右仆射苏颂坐稽留除书免，百禄以同省罢为资政殿学士、知河中，徙河阳、河南。绍圣元年（一〇九四）薨，年六十五，赠银青光禄大夫、荣国公。著有《荣国集》五十卷、《奏议》六卷、《内制》五卷、《外制》五卷。（据《宋史》补）

何执中 字伯通，处州龙泉人。进士高第，调台、亳二州判官。亳数易守，政不治。曾巩至，颇欲振起之，顾诸僚无可仗信者，执中一见合意，事无纤巨，悉委以剸决。有妖狱久不竟，株连寖多。执中讯诸囚，听其相与语，谓牛羊之角皆曰『股』，扣其故，闭不肯言，而相视色变。执中曰：『是必为师张角讳耳。』即扣头引伏。蒋之奇使淮甸，号强明，官吏望风震慑，见执中喜曰：『一州六邑，赖有君尔。』知海盐县，为政识后先，邑人纪其十异。

入为太学博士，以母忧去。寓苏州，比邻夜半火，执中方索居，遑遑不能去，拊柩号恸，誓与俱焚。观者悲其孝而危其难，有顷火却，柩得存。绍圣中，五王就傅，选为记室，转侍讲。端王即位，是为徽宗，超拜宝文阁待制，迁中书舍人、兵部侍郎、工部吏部尚书兼侍读。四选案籍，吏多藏于家，以舞文取贿。执中请置库架阁，命官莅之，是后六曹皆仿其法。

崇宁四年（一一〇五），拜尚书右丞。大观初，进中书门下侍郎，积官金紫光禄大夫。

执中与蔡京并相，凡营立皆预议，略无所建明。及张商英任事，执中恶其出己上，与郑居中合挤之。陈瓘在台州，执中起迁人石愐知州事，使胁取《尊尧集》，谋必死瓘；瓘不死，执中怒罢械。

政和二年（一一一二），大长公主丧，罢上元端门观灯，执中言：『不宜以长主故阏众情，愿特为徙日，以昭与民同乐之意。』帝重逆其请，为申五日期。用提举修《哲宗史纪》恩，加少保。入宴太清楼，锡白玉带。会正宰相官名，转少傅，为太宰；又迁少师，封荣国公。

其在政府，尝戒边吏勿生事，重改作，惜人材，宽民力。虽居富贵，未尝忘贫贱时。斥缗钱万置义庄，以赡宗族。性复谨畏，至于迎顺主意，赞饰太平，则始终一致，不能自克。

卒，年七十四。帝即幸其家，以不及视其病为恨，辍视朝三日，赠太师，追封清源郡王，谥曰正献。（据《宋史》补）

刘光世　字平叔，保安军人，延庆次子。初以荫补三班奉职，累升鄜延路兵马都监。

靖康元年（一一二六），金兵攻汴京，夏人乘间寇杏子堡。堡有两山对峙，地险阨，光世据之，敌至败去。擢侍卫马军都虞候。金再攻汴京，光世入援，闻范致虚传檄诸路，议引兵会之。

王即皇帝位，命为省视陵寝使，寻为提举御营使司一行事务，行在都巡检使。斩山东贼李昱，迁奉国军节度使。平镇江叛兵，改滁濠太平州、无为军、江宁府制置使。帝在扬州，金骑掩至天长，光世迎敌，未至而军溃。帝仓卒渡江，命光世为行在五军制置使，屯镇江府，控扼江口。寻加检校太保、殿前都指挥使。

刘豫筑刘龙城以窥淮西，光世遣王师晟破之，加保静军节度使，遂领三镇。

张浚抚淮上诸屯，刘豫挟金人分道入侵，命光世屯庐州以招北军，与韩世忠、张俊鼎立，杨沂中将精卒为后距。刘猊驱乡民伪为金兵，布淮境。光世奏庐难守，密干赵鼎，欲还太平州。浚命吕祉驰往军中督师，光世已舍庐州退，浚遣人厉其众曰：『若有一人渡江，即斩以徇。』光世不得已，驻兵与沂中相应，遣王德、郦琼领兵自安丰出谢步，遇金将三战，皆败之。张浚入对，言光世骄惰不战，不可为大将，请罢之。帝命与赵鼎议，鼎曰：『光世将家子孙，将卒多出其门，罢之恐拂人心。』遂迁护国、镇安、保静军节度使。

拜少师，充万寿观使，奉朝请，封荣国公，赐甲第一区，以兵归都督府。

绍兴九年（一一三九），用讲和恩，赐号『和众辅国功臣』，进封雍国公、陕西宣抚使。卒，年五十四。赠太师，官其子孙、甥侄十四人，谥武僖。乾道八年（一一七二），追封安城郡王。开禧元年（一二〇五），追封鄜王。（据《宋史》补）

钱　忱　字伯诚，吴越王俶五世孙。父景臻，尚仁宗第十女秦鲁国大长公主，生忱，神宗命赐名，除庄宅副使、骑都尉。

帝尝谕景臻曰：『主贤，宜有子，为择嘉配。』娶唐介孙女，又晁迥外孙。忱从二家游，伯父勰在翰苑，因得识一时名卿。

哲宗爱之，常使侍左右。徽宗覃八宝恩，为邕州观察使，迁武宁军观察留后。喜其靖共，除泸川节度使。钦宗加检校少保，寻纳节。高宗立，复拜检校少保、泸川节度使、中太一宫使，御书『忠孝之家』四字赐之，进开府仪同三司。绍兴十五年（一一四五），以秦鲁主终丧，除少保，封荣国公。三十年（一一六

〇），迁少师，仍旧节，致仕，给真奉。明年卒，年八十余，赠太师。（据《宋史》补）

郑　藻　郑皇后近属，绍兴中带御器械，用祔庙推恩，拜陇州防御使。后为镇东军承宣使知閤门事干办皇城司，绍兴二十一年（一一五一），为保信军节度使，领閤门事，藻于显肃后为最亲，以使北还而有此命。凡四使金，加太尉。卒，追封荣国公。（据《建炎以来系年要录》补）

赵　挺　孝宗孙。乾道二年（一一六六）六月，封荣国公。

和义郡公①

赵士赠　赠昭义军节度使、和义郡公。

荣国太夫人②

盖　氏　保庆皇太后叔母，景祐二年（一〇三五）追封荣国太夫人。

姚太恭人　绍兴四年（一一三四）十一月己巳，诏岳飞母太恭人姚氏，特封荣国太夫人。

荣国夫人③

光宗慈懿李皇后　荣国夫人。

周　氏　仁宗皇后乳母，皇祐二年（一〇五〇）封荣国夫人。

王　氏　陇西郡王李用和妻，封荣国夫人。

史　氏　安郡王惟正妻，治平二年（一〇六五）封荣国夫人。

郭　氏　咸安郡夫人，熙宁七年（一〇七四）封荣国夫人。

杨　氏　神宗尚宫，元符三年（一一〇〇）封荣国夫人。

刘　氏　徽宗乳母，建中靖国元年（一一〇一）封荣国夫人。

韩肖胄母文氏　北宋名相文彦博孙女，绍兴三年（一一三三）肖胄使金将行，母语之曰：『汝家世受国恩，当受命即行，勿以我老为念。』高宗称为贤母，绍兴三年（一一三三）封荣国夫人。（据《华阳集》补）

燕　氏　普宁郡夫人，绍兴十四年（一一四四）封荣国夫人。

李　氏　高宗婉容刘氏母、故永嘉郡夫人，绍兴二十三年（一一五三）赠荣国夫人。

耶律氏　太尉萧琦妻，乾道四年（一一六八）封荣国夫人。

王从敏　乾道六年（一一七〇）封荣国夫人。

郭　氏　故郯王宗惠妻、江夏郡夫人，淳熙九年（一一八二）封荣国夫人。

董　氏　武功大夫赠太子太保元逸祖母、文安郡夫人，淳熙

---

① 郡公：爵名。魏晋始置，初定为公的一个等级，高于县公。宋定为十二等封爵中第五等，位在国公下、开国公上。

② 国太夫人：命妇封号名。宋朝初年置，以封太皇太后、皇太后、皇后，宰相、使相、三师、三公、王、侍中、中书令之曾祖母、祖母、母。同知枢密院至枢密使、参知政事再经恩及再任者，其曾祖母、祖母、母亦得此封。

③ 国夫人：命妇称号名。唐朝一品及国公妻封之，母为国太夫人。宋朝以封宰相、使相、三师、三公、王、侍中、中书令之妻。明朝亦用以封公之妻或继妻。

十二年（一一八五）赠荣国夫人。

曹　氏　通义郡夫人，庆元六年（一二〇〇）封荣国夫人。①

赵　氏　王旦妻，庆元六年（一二〇〇）封荣国夫人。

和义郡夫人②

周　氏　宫人，皇祐二年（一〇五〇）封和义郡夫人。

陈　氏　越州观察使宗敏妻，封和义郡夫人。

邢　氏　高宗皇后，故赠少师、嘉国公邢焕女，封和义郡夫人。

高宗宪圣慈烈吴皇后　开封人，和义郡夫人。父近，以后贵，累官武翼郎，赠太师，追封吴王，谥『宣靖』。

康王即帝位，吴氏常以戎服侍左右。吴氏颇知书，从幸四明，卫士谋为变，入问帝所在，吴氏绐之以免。未几，帝航海，有鱼跃入御舟，吴氏曰：『此周人白鱼之祥也。』帝大悦，封和义郡夫人。还越，进封才人。益博习书史，又善翰墨，由是宠遇日至，与张氏并为婉仪，寻进贵妃。绍兴十三年（一一四三），册立为皇后。

显仁太后性严肃，后身承起居，顺适其意。尝绘《古列女图》，置坐中为鉴；又取《诗序》之义，匾其堂曰『贤志』。

高宗内禅，手诏后称太上皇后，迁居德寿宫。孝宗即位，上尊号曰寿圣太上皇后。乾道七年（一一七一），加号寿圣明慈。淳熙二年（一一七五），以上皇行庆寿礼，复加寿圣齐明广慈之号。十年（一一八三），以太上皇后年七十，亲属推恩有差。十二年（一一八五），加尊号曰备德。上皇崩，遗诏改称皇太后。帝欲迎还大内，太后以上皇几筵在德寿宫，不忍舍去，因名所御殿曰慈福，居焉。光宗即位，更号寿圣皇太后，以寿皇故，不称太皇太后也。绍熙四年（一一九三），太后寿八十，帝乃觐太后，奉册礼，加尊号曰隆慈备福。五年（一一九四）正月，帝率群臣行庆寿礼，嘉王侍侧，太后勉以读书辨邪正、立纲常为先。夏，孝宗崩，始正太皇太后之号。

庆元三年（一一九七）十月，太皇太后寝疾，诏祷天地、宗庙、社稷，大赦天下，逾月而崩，年八十三。（据《宋史》改补）

孝宗蔡贵妃　蔡贵妃，初入宫，为红霞帔，封和义郡夫人，进婉容。淳熙十年（一一八三）冬，拜贵妃。十二年（一一八五）秋薨。父滂，宜春观察使。（据《宋史》补）

赵　氏　孝宗皇后母，隆兴二年（一一六四）封和义郡夫人。

张　氏　孝宗贵妃翟氏祖母，隆兴二年封和义郡夫人。

王从谨　封和义郡夫人。

巩　氏　淳熙九年（一一八二）封和义郡夫人。

光宗黄贵妃　淳熙末在德寿宫，封和义郡夫人。光宗为皇太子，傍无侍姬，上皇以夫人赐之，遂专宠。即位，拜贵妃。绍熙

---

① 『邢氏』至『盖氏』、『周氏』至『史氏』、『燕氏』至『曹氏』，据《宋会要辑稿》补。

② 郡夫人：命妇封号名。宋置，以封执政、东宫三太、文武二品、御史大夫、六尚书、两省侍郎、太常卿、留守、节度使、诸卫上将军、嗣王、郡王、国公、郡公、县公之妻。徽宗政和二年（一一一二），规定执政以上官之妻始得此封。

二年（一一九一）冬十一月，为皇后李氏所杀。帝闻而成疾。（据《宋史》补）

（二）职官政绩

荣州刺史

王　明　字如晦，大名成安人。晋天福中，举进士不第。骁骑将药元福为原州刺史，辟为从事。冯晖节制灵武，表为观察巡官。周广顺初，元福领陈州防御使，奏署判官。会刘崇寇晋州，命元福将兵援之，事多咨于明。

宋初，荆南高继冲入觐，授彭门节钺，以明为武宁军节度掌书记。乾德初，召公卿近臣各举清白有吏干者一人，给事中马士元以明塞诏，召为左拾遗。蜀平，选知荣州，代归，迁右补阙。明遍历部内，视民疾苦，旧无名科敛，悉条奏除之，岭表遂安。

太宗即位，兼领江南诸路转运使。召为右谏议大夫，充三司副使。太平兴国七年（九八二），与侯陟同判三司事。八年（九八三），召分三司，各命使领之，改左谏议大夫，为盐铁使，迁给事中。雍熙四年（九八七），改光州刺史，出知并州。淳化二年（九九一），卒，年七十三，入祀名宦。①（据《宋史》补）

刘　蔚　开宝三年（九七〇），以秘书丞知荣州。以文学名。时前应灵令平阳勾延庆昌裔著《锦里耆旧传》，蔚谓『其词芜秽』，请延庆修之，改曰《成都理乱记》。天成之后，别加编次，起咸通九年（八六八），迄乾德四年（九六六），百余年间，蜀事大略具矣。

刘　兼　长安人，太祖曾诏兼等修《五代史》，又兼有《长春节》诗，知其为五代人而入宋者，为荣州刺史。乾德三年（九六五）五月，敕差通判泗州兼兵马都监。作有《初至郡界》《登郡楼书事》《郡斋寓兴》等诗。（据《事物纪原》补）

张　佖　常州武进人，训孙，登南唐进士第一。后主朝仕为考功员外郎，进中书舍人。

建隆二年（九六一）为句容县尉。上书陈十事，帝嘉纳之，擢监察御史。

开宝五年（九七二），贬损制度，改内史舍人。开宝八年（九七五），归宋，随后主入宋，以故臣见叙。授赞善大夫，判吏部，出知荣州。太宗朝，佖在史馆，一日，帝问曰：『卿家每食多客，叙谈何事？』佖曰：『臣之亲旧多客都下，困穷乏食，臣累轻而俸优，故常过臣饭，臣不得拒焉，然止菜羹而已。』明日，太宗遣快行者伺其馔客，即坐间取食以进，果止糁饭菜羹，仍皆陶器。太宗喜其不隐，迁官郎中。佖第宅在故里，人称『菜羹张家』云。至道中，迁给事、判大理寺卒。

佖为人长者，后官河南，每寒食，必亲拜后主墓，哭之甚哀。李氏子孙陵替，常分俸赡给焉。（据《十国春秋》、万历《常州府志》等补）

---

① 民国《志》卷十云：『乾德元年（九六三），初以文臣知州事，《传》所谓「诏举吏干也」。三年（九六五），蜀主孟昶降，《传》所谓「选知荣州也」。代归，迁右补阙，为荆湖转运使。至开宝三年（九七〇）南征，为随军转运使。通计五年之间，由荣迁转要职者三，是宋开国第一官荣者，明也。』

张　枢　官秘书丞。淳化五年（九九四）十二月，贼攻州，即以郡印及所受告敕降贼，受其伪命，为荣州刺史。王继恩以闻，太宗命斩于州市而磔其尸。初，秘书丞张枢使蜀，奏官吏不法者百余人，多坐黜免。（据《宋史》《资治通鉴后编》《隆平集》等补）

石　缉　有《武安公庙记》，任荣州刺史。

李虚己　字公受，建州建安人。五世祖盈，自光州从王潮徙闽，遂家建安。父寅，有清节，仕江南李氏，至诸司使。江南国除，授殿前承旨，辞不拜。举进士，起家为衢州司理参军。母老，弃官以归。虚己亦中进士第，历沈丘县尉，知城固县，改大理评事，累迁殿中丞，提举淮南茶场。召知荣州，未行，改遂州。①

虚己母丧明，医者曰：『浮翳泊眼，能舌舐千日者，可勿药自愈。』虚己舐之二年，遂复明。

虚己性夷旷，事亲孝，喜为诗，数与同年进士曾致尧及其婿晏殊唱和。初，致尧谓曰：『子之词诗虽工，而音韵犹哑。』虚己未悟。后得沈休文所谓『前有浮声，则后须切响』，遂精于格律。有《雅正集》十卷。（据《宋史》《方舆胜览》《明一统志》等补）

褚德臻　知荣州。咸平五年（一〇〇二）五月，坐盗取官银，弃市。

皇甫公　失名，进士。民国《志》按：鲁清《荣梨山洞门亭子记》称『太守皇甫公』，旧志沿作『皇甫公』，公非名也。

折惟忠　字荩臣。初以兄惟信战没，补西头供奉官，擢閤门祇候。及惟昌卒，以惟忠为六宅使、知府州兼麟府路都巡检使，领普州刺史；再迁左藏库使，真拜嘉州刺史，改资州，进简州团练使。旧志言『官荣』②，或史佚也。丧母，起复云麾将军，卒。

惟忠知兵事。天圣中，契丹与夏国会兵境上，声言嫁娶，惟忠觇得其实，率麾下往备之，戒士卒毋轻动。一夕风霾，有骑走营中，以为寇至，惟忠坚卧不动，徐命擒之，得数诞马③，盖虏所纵也。既卒，录其弟侄子孙七人，以其子继宣嗣州事。久之，特赠惟忠耀州观察使。（据《宋史》《钦定续通志》等补）

李　畋　字渭卿，自号谷子，成都华阳人，淳化三年壬辰（九九二）进士。少师任奉古，博通经史，以著述为志，性静退，不乐仕进，士大夫多称之，为张乖崖所器。少日④，一出庭试，后隐居永康军白沙山，后生从之学者甚众。任中正荐，乞赐处士之号，诏以为试校书郎。凌策又荐之，召授试怀宁主簿、国子监说书，改大理丞，知泉州惠安县。久之，以先所著未成，再乞国子监说书，以终其业。著《孔子弟子传赞》六十卷。上之，得知荣州。明道间还朝，力言荣州盐害，得捐岁额三十万斤，还杂役三百一十五家。荣人德之，名其止曰『来苏』，今乡名『来苏』本此。熙宁中，以国子博士致仕归。与门人宾客作《该闻录》十卷、《集》十卷。所著歌诗杂文总百卷、《张乖崖语录》四卷。

① 民国《志》卷十云：『是虚己未莅任也。』
② 嘉庆《志》卷五云：『折惟忠，云中人，真宗时刺史。』
③ 诞马，即但马，仪仗队中不施鞍辔的备用马。
④ 少日：年少之时。

卒，年九十，入祀名宦。

罗　拯　字道济，祥符人。第进士，历官知荣州，明道中任①。州介两江间，每江涨，辄犯城郭，拯作东西二堤除其患。选知秀州，为江西转运判官，提点福建刑狱。

熙宁四年（一〇七一）五月，高丽来贡。高丽为辽所阻，不通中国者四十三年。至是，福建转运使罗拯命商人黄真、洪万招接通好，高丽王徽乃因真还，移牒福建，愿备礼朝贡。拯以闻，朝议谓可结以谋辽，乃命拯谕以供亿腆厚之意。王徽遂遣其民官侍郎金悌等，由登州入贡。自是与中国复通，聘贡相继。加天章阁待制。居职七年，徙知永兴军、青颍秦三州，卒，年六十五。有惠政，入祀名宦。（据《宋史》《通鉴续编》等补）

王　淮　鄞县人。父求，进士，熙宁中，知平羌县事，有誉于时。淮元丰三年（一〇八〇）庚申时彦榜进士，仕至荣州刺史。退休三十年，清节大著。入祀名宦。

狄　咏　字子雅，汾州人，武襄公青次子。父荫，官内殿崇班、閤门祇候。熙宁七年（一〇七四），出为泷州刺史，有治绩。敕书奖谕，寻以如京副使知荣州，进皇城使兼閤门通事舍人。

夏人寇洮西，力战却之，擢西上閤门副使，知广信军。九年（一〇七六），改成都府、利州路钤辖。威茂蛮入寇，师出，咏冒矢石奋击格斗，诛不顺命者。迁客省副使、西上閤门使，权环庆路副总管。元丰四年（一〇八一），使辽。七年（一〇八四），转东上閤门使。咏知兵，有父风。美风仪，饶干略，尤礼敬贤士大夫，与眉山苏轼善。轼尝为题石屏诗，作《狄武襄书事》。

神庙大长公主，哲宗朝重于求配，遍士族中求之，莫中圣意。带御器械狄咏颇美丰姿，近臣奏曰：『不知要如何人物？』哲宗曰：『人物要如狄咏者。』天下谓咏为『人样子』。（据《说郛》、光绪《汾阳县志》等补）

王德基　真定人，四方馆使、荣州刺史，曹武穆公之女夫。至于帅领偏裨，贵能坐运筹策，不必亲当矢石。王德基纯悫劲勇，此可补偏裨者也。（据《宋史》补）

岑　象　字求易，建城人，崇宁中，任荣州刺史。荣州向为土城，崇宁中，象始改修石城，于功为巨。著有《三异记》。

岑象求　字岩起，梓州人。熙宁中，为梓州路提举常平。荣州刺史。著《吉凶影响录》。冯山《安岳集》有《寄题荣守岑象求岩起太博清富楼》诗。

宋昌宗　宣和初任。刻真宗诏条。典荣、资二州，将漕东蜀，会盐酒法弊，坐籍没者又所在系捕充斥，独论列为不可法为士改，犹申言不已，由是罢归。《氏族谱》云：『宋氏家法虽严，独于民宽。如争盐酒法，亦一事也。故昌宗退居，享上寿。』（据雍正《四川通志》补）

任宗易　字从简，原字也，其姓瀫。『宣和癸卯（一一二三），摄守南荣。同资中何慤端卿、遂宁陈开亨道、金川郭纯中英发，谒王庠周彦。』②（据《全宋文》补）

董正封　字彦国，雍邱人。徽宗时，任荣州刺史。（据《全宋文》补）

---

① 光绪《志》卷二十八作『神宗朝知荣州』。

② 按：又见《城北地仙洞断碑》。

滕 祷 字光美，吴人，以荫补石埭县尉。历淮南发运使，知资州、广安军、荣州，金人迁二帝北行，祷与其兄侍郎滕茂实、宗正滕丞褐，皆陷虏中，不屈，时号『三滕』。（据《万姓统谱》《有宋邛州监茶滕君志铭》《茶场滕君之配李氏志铭》《滕氏家谱》等补）

王德通 高宗时，任荣州刺史。

史 炜 眉州人①。绍兴八年（一一三八）以右朝奉大夫知荣州。九年（一一三九），差知全州，建《九域图》碑，阴书莲宇字。十年（一一四〇）四月，改利州路提点刑狱公事。尝任潼川府签书节度判官厅公事。吴玠劾范正己、陆彦钦专擅凌忽，二人既被黜，玠疑正己等私有印章，下其事于潼川府，史炜具以枉报，会朝廷察其事实，乃已。（据《建炎以来系年要录》补）

杨艮孙 巴州人。

刘 杞 字家彦，眉州人，知荣州。绍兴间，用赵忠简公荐召，未造朝，卒。

李 晔 以左朝奉郎知荣州。绍兴二十七年（一一五七）七月，敕充四川类试考官。

薛仲邕 河东人。奏封荣州高年有德者冠带。尝面对高宗，曰：『今明良一德，坐致太平。使监司官贰不妄用，不横敛，则郡县无缘骚扰。』乞申严行下，高宗从之。

沈 卣 建炎二年（一一二八）戊申，李易榜进士，官至朝奉郎，知荣州。（据嘉庆《新繁县志》改补）

李 焘 字仁甫，眉州丹棱人，唐宗室曹王之后也。父中登第，知仙井监。焘甫冠，愤金仇未报，著《反正议》十四篇，皆救时大务。绍兴八年（一一三八），擢进士第。调华阳簿，再调雅州推官。改秩，知双流县。

焘耻读王氏书，独博极载籍，搜罗百氏，慨然以史自任，本朝典故尤悉力研核。仿司马光《资治通鉴》例，断自建隆，迄于靖康，为编年一书，名曰《长编》，浩大未毕，仍效光体为《百官公卿表》。史官以闻，诏给札来上。

绍兴间②，自四川制置知荣州。荣因溪为隍，夏秋率苦水潦，焘筑防捍之。除潼川府路转运判官，入境，劾守令不职者四人。县多聚敛，焘括一路财赋额，通有无，酌三年中数，定为科约，上之朝，颁之州县。

乾道四年（一一六八），上《续通鉴长编》，自建隆至治平，凡一百八卷。五年（一一六九），迁秘书少监兼权起居舍人，寻兼实录院检讨官。

焘为左史时，尝乞复行明堂礼，谓『南郊、明堂初无隆杀，合视圜坛，特免出郊浮费』。至是申言之，诏集议，嬖幸沮止。其后周必大为礼部尚书，申其说，始克行。权礼部侍郎。

淳熙四年（一一七七），驾幸太学，以执经特转一官。七年（一一八〇），《长编》全书成，上之，诏藏秘阁。焘自谓此书宁失之繁，无失之略，故一祖八宗之事凡九百七十八卷，卷第总目五卷。依熙宁修《三经》例，损益修换四千四百余事，上谓其书无愧司马迁。焘尝举汉石渠、白虎故事，请上称制临决，又请冠

① 嘉庆《志》作『眉山人』。
② 一说：隆兴时知荣州。

序，上许之，竟不克就。

十一年（一一八四）春，乞致仕，优诏不允。上数问其疾增损，给事中宇文价传上旨，焘曰：『臣子恋阙，非老病，忍乞骸骨？』因叩价时事，勉以忠荩。又闻四川乞减酒课额，犹手札赞庙堂行之。

病革，除敷文阁学士，致仕，命下，喜曰：『事了矣。』口占遗表云：『臣年七十，死不为夭，所恨报国缺然。愿陛下经远以艺祖为师，用人以昭陵为则。』辞气舒徐，乃卒，年七十。

上闻嗟悼，赠光禄大夫，谥文简，累赠太师、温国公。入祀名宦。他日谓宇文价曰：『朕尝许焘大书「续资治通鉴长编」七字，且用神宗赐司马光故事，为序冠篇，不谓其止此。』（据《宋史》《方舆胜览》等补）

晁公武　字子止，巨野人，冲之之子，世号昭德先生。世为澶州清丰人。六世祖佺，始家彭门。五世祖迥，著有《昭德新编》等书。昭德者，晁氏京师所居赐坊也，故其子孙以之名集。宋宣和丙午之变，衣冠尽南渡，公武挈家西入于蜀。世居蜀中，故公武与仁寿喻汝砺、丹棱李焘世交友善。过江以后，能言当时理乱兴丧之由，道往事，诵京洛遗风，又能达之文辞。公武绍兴中举进士第。秦桧辟为四川总领财赋司干办公事。

绍兴二年（一一三二）二月，以吏部员外郎兼国史院编修官。三月，以枢密院检详诸房文字兼。二十一年①（一一五一），以侍郎改刺荣州，重建环城石桥四，工二万有奇。摩崖纪事今尚存，惜剥泐不可卒读。公武家富藏书，又得南阳公书五十箧。守荣州日，著有《晁氏郡斋读书志》。后知成都府。累官敷文阁直学士、吏部侍郎，知扬州、潭州、四川制置使。束吏爱民，百废具举，庭无滞讼，称为良吏。卒，葬嘉定之符文乡。（据《蜀中广记》、万历《四川总志》等补）

费庭　字直夫，安仁人。绍兴二十六年（一一五六），知荣州。建炎中，赵开为四川大漕，始变酒法，置隔酿，设官主之。其法听民就务，分槽酤卖，官计所入之米而收其课，后酤费亏欠，则责入米之家。认定月额，不复核其米，而第取其钱，民以为病。庭知荣州，先四日入辞，因曰：『酒户入易出难，必至伤残而后已。从其便，则无难矣。』诏曰：『近荣州守臣费庭论蜀中隔槽酒甚扰民，当张浚、赵开以军兴，窘于财用，济一时之急耳。今休兵既久，内外无事，自合更也。』于是，命总领所与诸路转运司措置。（据《建炎以来系年要录》补）

赵愭　孝宗嫡长子也，母郭皇后，光宗长兄庄文太子也。初名愉，补右内率府副率，寻赐名愭。绍兴二十八年（一一五八），除右监门卫大将军、荣州刺史。孝宗为皇子时，愭拜蕲州防御使。及受禅，除少保、永兴军节度使，封邓王。故事，皇子出阁封王，兼两镇，然后加司空。愭自防御使躐拜少保，章异数也。

乾道元年（一一六五），立为皇太子，册广国夫人钱氏为妃。诏增东宫从卫，太子谦让。及奏捐月给杂物，从之。三年（一一六七）秋，太子病暍，医误投药，病剧。上皇与帝亲视疾，为赦天下。越三日薨，年二十四，谥庄文。（据《宋史》补）

---

① 乾隆《志》卷三又作『绍兴九年仲冬』。

赵惇 讳惇，即宋光宗，孝宗第三子也，母曰成穆皇后郭氏。绍兴十七年（一一四七）九月乙丑，生于藩邸。二十年（一一五〇）赐今名，授右监门卫率府副率。绍兴三十年（一一六〇）五月，命为荣州刺史，时年十三。在荣新旧三年，世传去时由和义门上驾天桥以出，故后名绍熙门。清时，里人称清富山为古荣王府，或称宋代分藩，实则当日刺荣，非封荣王也。民国后，张氏治第浚土，得小铜章，曰『皇天锡策之家』。三十二年（一一六二）五月，始册孝宗为皇太子。孝宗即位，拜镇洮军节度使、开府仪同三司，封恭王。

及庄文太子薨，孝宗以其英武类己，欲立为太子，而以其非次，迟之。乾道六年（一一七〇）七月，太史奏：『木火合宿，主册太子，当有赦』。是时，虞允文相，因请早建储贰。孝宗曰：『朕久有此意，事亦素定。但恐储位既正，人性易骄，即自纵逸，不勤于学，浸有失德。朕所以未建者，更欲其练历庶务，通知古今，庶无后悔尔。』

七年（一一七一）二月，乃立恭王为皇太子。四月，命判临安府，寻领尹事。逮尹临安，究心民政，周知情伪。孝宗数称之，且语丞相赵雄曰：『太子资质甚美，每遣人来问安，朕必戒以留意问学。』

淳熙十六年（一一八九）二月，孝宗行内禅礼。

庆元六年（一二〇〇）八月，崩于寿康宫，年五十有四。十一月，谥曰宪仁圣哲慈孝皇帝，庙号光宗。嘉泰三年（一二〇三）十一月，加谥循道宪仁明功茂德温文顺武圣哲慈孝皇帝。（据《宋史》《建炎以来朝野杂记》《两朝纲目备要》补）

赵夔 字尧卿，遂宁人。乾道二年（一一六六）进士，尝知荣州。与苏叔党分类注苏诗，自崇宁至绍兴初，三十年始刊行，世推详备。①

陆游 字务观，越州山阴人。年十二能诗文，荫补登仕郎。锁厅荐送第一，秦桧孙埙适居其次，桧怒，至罪主司。明年，试礼部，主司复置游前列，桧显黜之，由是为所嫉。桧死，始赴福州宁德簿，以荐者除敕令所删定官。淳熙元年（一一七四），五十岁，以十一月摄知荣州事。明年正月十日，去任，在州仅七十日。又一年，乃号放翁也。七十日中诗，检录以谂观者，其纪游者散录各地也。

孝宗即位，迁枢密院编修官兼编类圣政所检讨官。史浩、黄祖舜荐游善词章，谙典故，召见，上曰：『游力学有闻，言论剀切。』遂赐进士出身。

王炎宣抚川、陕，辟为干办公事。游为炎陈进取之策，以为经略中原必自长安始，取长安必自陇右始。当积粟练兵，有衅则攻，无则守。

范成大帅蜀，游为参议官，以文字交，不拘礼法，人讥其颓放，因自号放翁。后累迁江西常平提举。

绍熙元年（一一九〇），迁礼部郎中兼实录院检讨官。嘉泰二年（一二〇二），以孝宗、光宗两朝实录及三朝史未就，诏游权同修国史、实录院同修撰，免奉朝请，寻兼秘书监。三年（一

① 按：四库馆臣疑赵夔所作《东坡诗集注序》及序中所言『与叔党游从』，出于伪托。

二〇三），书成，遂升宝章阁待制，致仕。嘉定二年（一二〇九）卒，年八十五。（据《宋史》补）

张　价　字少卫。淳熙间，知荣州。崇尚风教，清介卓立，有兴学讲道之功。诸生塑像于学宫。入祀名宦。

杨　高　夹江人，领荣州刺史。道学为儒者宗，卢蹈游其门，尝谓人曰一代鸿儒。

虞刚简　字仲易，一字子韶，雍国忠肃公允文之孙、直秘阁光禄大夫公亮仲子也。兄弟八人皆好学，而刚简最知名。绍兴中守简，有盗自普、遂逼简城，势猖炽。公悉力致死守，盗卒夺气。尝建四先生堂，风励道学。民作见思堂。

乾道八年（一一七二），以郊社恩任承奉郎。年二十六，始监成都府郫县犀浦酒税，转华阳县丞。刚简少日本见闻熏习于家，又与赵文定之子昱友，尽得程、张、吕、谢、杨、尹诸儒语《孟》书读之，犁然有会于心。著《易书论语说》以发明其义，蜀人师尊之。及见四范，心益为折，乃自上华阳令印绶，筑室成都东门外之合江亭，相与讲学，仲黼为榜之曰『沧江书院』。来会者，豫章李修平、张士佺，汉嘉邓谏、薛绂，同郡陈遇孙，李心传、道传兄弟，唐安宋德之，临邛魏了翁，其后皆成名儒。累官至朝请大夫、利州路提点刑狱，主管冲佑观以终。其所至并有能绩，学者称为沧江先生。宝庆三年（一二二七）卒，年六十四。（据嘉靖《四川总志》、天启《新修成都府志》等补）

杨良孙　巴州人。

曹文镛　浏阳人。

宋中和　字时发，眉州人。隆兴癸未（一一六三）进士。庆元初，守荣州。廉勤节俭，为西蜀循吏第一①。学有德政碑，今没。入祀名宦。

吕文修　汲县人。崇文兴学。入祀名宦。

赵与榏　资中人，宋宗室。民国《志》按：《世系表》，与榏，太祖十世孙，出燕王德昭房。宋宗室皆聚京师，熙丰间，始许居外。蜀中宗子甚众，无亲贤领之。乾道七年（一一七一），以虞丞相言，上欲移绍兴府宗正司于成都，不行，但每州以行尊者一员，检察钱米。

冯　俨　字望之，安岳人。以明经举，授乾州判官。又官荣州刺史、荣经知县。以诗名。知荣经时，有沈黎②部落之警，俨作雄边寨以成之，军民奠居也。（据道光《安岳县志》、嘉靖《四川总志》等补）

袁　桂　开禧中任。立雁塔于学宫，题荣进士名一百五十五人。《朝野杂记》：武兴之变，新知隆州，袁桂避伪去官。（据嘉庆《四川通志》补）

李　刘　临川崇仁人，字梅亭，以其父葬梅亭也。与魏华父善。其祖彦华，字仲实，父号次琮。悉华父铭墓，两为中书舍人，三入翰林直学士院。入蜀佐制司幕府，与魏刚简同行兴元。再入蜀，守荣州、眉州，进总漕事，并总蜀帅成都，守本路宪四川都大卖茶买马等司，凡八印。所得图书，辄以印识之。著有

① 乾隆《志》卷三作『为蜀守第一』。
② 沈黎：郡名。『黎』一作『犁』。西汉元鼎六年（前一一一）于笮族地置。治所在笮都（今四川汉源东北）。天汉四年（前九七）废。十六国成汉复置。北周天和三年（五六八）又废。

《语纂闭门录》《理语》，皆毁。知荣州，作有《谢表》《贺黄转运使除总领启》等。

何友谅 字子益，夹江人。博雅有才。知荣州。捐羡钱二万四千，籴社仓于四邑，爰立成法，各以邑之善士司出纳，以杜官吏侵牟，朝廷于是颁其法于诸路。作《白居易年谱》一卷，与陈傅良所作互证，颇为详核。盖有慕乎乐天之为人，亦佳致也。（据万历《嘉定州志》补）

高 稼 字南叔，邛州蒲江人。真德秀一见，以国士期之。嘉定七年（一二一四）进士。调成都尉，转九陇丞。丁内艰，免丧，辟潼川府路都钤辖司干办公事。制置使崔与之闻其名，改辟本司干办公事。

桂如渊既罢，李埴代之，以稼久劳，请改畀内郡，差知荣州。殿中侍御史汪刚中，如渊党也，欲使稼分其罪，乃谓蜀之败实由稼，遽罢之，又削二官。李心传见上，讼稼无罪，不当罢。

北兵自凤州入，东军不能御，遂捣河池，至西池谷，距沔九十里。吏民率逃，议欲退保大安。高稼白赵彦呐曰：『今日之事，有进无退，能进据险地，以身捍蜀，敌有后顾，必不深入；若仓皇召兵，退守内地，敌长驱而前，蜀事去矣。』赵彦呐曰：『吾志也。』已而竟行，留稼守沔。

又以书告李心传曰：『稼必坚守沔，无沔则无蜀矣。自谓此举可以无负知己。』城既陷，众拥稼出户，稼叱之不能止，兵骑四集围之，遂死焉。诏进稼七官，为正议大夫、龙图阁直学士，谥曰忠。后以子斯得执政，累赠太师。著有《缩斋类稿》三十卷。（据《宋史》补）

高 苗 西叔崇之兄。

王万里 太常博士，知绍熙府，积阶至朝散郎。为学官时，教循循不倦，凛不可干以私。为郡牧视民如伤，束吏如湿。绍熙府胥强于官，君点而籍之，郡人股栗。躬俭节用，察狱必以情，皆善行也。端平元年（一二三四）三月卒。（据《鹤山先生大全集》补）

李 鉴 文简焘孙。嘉熙二年（一二三八），摄绍熙府事，开化寺崖壁有刻。

蹇君章 字晦卿，通泉人。庆元二年（一一九六）进士。宝庆中知荣州，未上任卒。

李鼎汉 宝祐中任，龙洞有记。凡事务从宽，庶①民皆安业。

粟延年 民国《志》按：黄《志》作『粟』。作『栗』者，或误。②

王 瞻③ 宁远人。

① 庶：光绪《志》卷二十七作『恕』，据文意改。
② 光绪《志》亦沿用前误，作『栗延年』。
③ 瞻：乾隆《志》卷三、嘉庆《志》卷五同，光绪《志》卷二十七、民国《志》卷十作『杰』。

遥郡①刺史

曹傅 赠吴王玘之子、慈圣光献皇后之兄。宋初，荣州刺史，谥恭怀。

曹琮 字宝章，真定灵寿人，武惠王曹彬子。兄玘，娶秦王女兴平郡主；兄玘之女，仁宗册为慈圣光献皇后。琮幼时，从主入禁中，太宗置膝上，拊其背曰：『曹氏有功我家，此亦佳儿也。』彬卒，特迁西头供奉官、閤门祇候，勾当骐骥院、群牧估马司，市马课有羡，再迁西上閤门副使。与曹利用连姻，利用贬，出为河阳兵马都监，领内军器库，迁东上閤门使、荣州刺史。仁宗册琮兄女为后，礼皆琮主办，除卫州团练使。琮因奏曰：『陛下方以至公属天下，臣既备后族，不宜冒恩泽，乱朝廷法。族人敢因缘请托，愿致于理。』时论称之。

后以疾卒，帝临奠，后并出临丧，就第成服。赠安化军节度使兼侍中，谥忠恪。（据《宋史》补）

高继勋 字绍先，亳州蒙城人，侍中琼子。初补右班殿直。仪状颀伟，太宗见而异之，召问其家世，以琼子对。擢寄班祇候，累迁内殿崇班。真宗咸平中，以平蜀、战契丹，累功两领荣州刺史。卒，年七十八，辍视朝一日，赠太尉。继勋性谦，有机略，善抚御士卒，临战辄胜。在蜀有威名，号『神将』。子遵甫，官至北作坊副使。嘉祐八年（一〇六三），遵甫女正位皇后，神宗即位，册皇太后。累赠继勋太师、尚书令兼中书令，追封康王，谥穆武。（据《宋史》补）

焦守节 字秉直，许州长社人。真宗时，奉使契丹，馆伴丁求说指远山谓曰：『此黄龙府也。』守节应声曰：『燕然山距此几许？』求说惭服。久之，迁皇城副使，管勾军头引见司。三迁东上閤门使，加荣州刺史。数请补外，历知襄、邓、汝三州，迁四方馆使，以右神武大将军致仕卒。（据《宋史》补）

钱守让 字希仲，杭州临安人，吴越王俶孙。以荫累迁供备库使，天禧四年（一〇二〇），录诸国之后，加领荣州刺史，改东染院使，卒。守让颇勤学为文章，退居多闭关读书，屡献歌颂，真宗优诏褒奖。有集二十卷。（据《宋史》补）

高化 字仲熙，真定人。真宗即位，擢御龙弩直双员都头，累迁御龙骨朵直都虞候。乾兴初，授天武右第二军都指挥使、荣州刺史，迁天武右厢都指挥使、蜀州团练使。修护章惠太后园陵，累拜殿前副都指挥使，历建武军节度使。以老辞管军。诏入朝，化又固请，改武安军节度使、知沧州，未行，改相州。逾年，复告老，以右屯卫上将军致仕。卒，年八十。赠太尉，谥曰恭庄。（据《宋史》补）

冯伸己 字齐贤，孟州河阳人，文懿公冯拯之子。以荫补右侍禁，累迁西头供奉官，授閤门祇候、桂州兵马都监。转运使俞献可辟知廉州。久之，安化蛮扰边，献可又荐知宜州。

① 遥郡：官制用语。唐朝京兆牧、河南牧、大都督、大都护，皆以亲王遥领。实际政务，分由尹、长史、副大都护主之。北宋初年，命武臣遥领未统一地区州府防御使、团练使、刺史，号称遥郡。后用为武臣叙迁阶官，皇城使转遥郡刺史，遥郡刺史转遥郡团练使，遥郡团练使转遥郡防御使，遥郡防御使转防御使。领遥郡者仍带原有阶官，以系品位。

天圣中，改桂、宜、融、柳、象沿边兵马都监，遂专溪峒事。明道恭谢，改东染院使、领荣州刺史、梓夔路兵马钤辖，迁洛苑使、知桂州兼广西钤辖。道江陵，会安化蛮犯边，官军不利，仁宗遣中人趣伸己讨之。伸己日夜疾驰至宜州，缮器甲，募丁壮，转粮饷，由三路以进。伸己临军，单骑出阵，语酋豪曰：『朝廷抚汝甚厚，汝乃自取灭亡耶！今我奉天子命来，汝听吾言则生，不则无噍类矣。』众仰泣罗拜曰：『不图今日再见冯公也。』明日，蛮渠弃兵械率众降军门。

在宜二年，徙桂州，改右武卫大将军，守本官分司西京，卒。（据《宋史》补）

李纬　字巨傅，一作字仲文，宋州楚邱人，李纮弟，天性忠孝，凡语及事亲及异代忠义事，辄感泣。起家三班借职，杜衍荐为閤门祗候，迁河北缘边安抚副使，韩琦荐知保州。庆历初，以左骐骥使、荣州刺史，知雄州。治兵颇严，数与宦者争利害。积公使钱，贮米三千斛为常平仓，奏下其法于他州。仕至金紫光禄大夫、开国伯，食邑八百户。（据光绪《曹县志》补）

范恪　字许国，开封人。初名全，少隶军籍于许州，选入捧日军，又选为殿前指挥使，历行门、龙旗直、散员押班。康定元年（一〇四〇），元昊数寇边。试武伎，擢内殿崇班、庆州北路都巡检使，与攻白豹城，破之。

改宫苑副使、环庆路兵马都监，因特召见。仁宗谓曰：『适有边奏，贼犯高平军刘璠堡，可乘驿亟往。』遂迁礼宾使、荣州刺史、环庆路钤辖，手诏令趣范仲淹麾下起兵赴援。恪昼夜兼行，比至平凉，贼已解。顷之，迁洛苑使，权秦凤路兵马总管。恪骁勇善射，临难敢前，故数有战功。以疾出为永兴军路副都总管，数月卒，赠昭化军节度使。（据《宋史》补）

赵思齐　左藏库使、荣州刺史，忠献韩王普之玄孙。赵思齐请立韩王赵普庙于真定府，从之。（据《文献通考》补）

赵思复　武经大夫、荣州刺史、供备库副使、右班殿直，封寿安县君，思齐弟。（据《续资治通鉴长编》《端明集》等补）

赵思行　右班殿直、武功大夫、荣州刺史，思复弟。

李评　字持正，潞州上党人。由东头供奉官八迁皇城使。以父告老，授西上閤门使，为枢密都承旨。熙宁中，以荣州刺史出知颍州，还，干当三班院。副韩缜报聘契丹，且分画河东地界，凡二年乃决。赐袍带、金帛以赏劳。进成州团练使，知蔡州。卒，年五十二。赠冀州观察使，赐白金千两。（据《宋史》补）

高遵裕　字公绰，亳州蒙城人，宣圣皇后叔、忠武军节度使琼之孙也。以父任累迁供备库副使、镇戎军驻泊都监。

熙宁初，朝廷用王韶复洮、陇，命为秦凤路沿边安抚，以遵裕副之。寻以古渭为通远军，命知军事。明年，持附顺羌部图籍及绘青唐、武胜形势入献，擢引进副使、带御器械，俾归治师。师次庆平堡，夜行，晨至野人关，羌人旅拒，引亲兵一鼓破之。进营武胜城下，羌众逃去，遂据其城。诏建为镇洮军，又命知军事。寻以熙、河、洮、岷、通远为一路，进西上閤门使、荣州刺史，充总管，复知通远军。

哲宗即位，复右屯卫将军，主管中岳庙。卒，年六十，赠永州团练使。绍圣中，崇赠奉国军节度观察留后。（据《宋史》补）

刘昌祚 字子京，真定人。父贺，战没于定川。录为右班殿直，主秦州威远寨。

神宗时，从王中正入蜀，破笮箂羌。加皇城使、荣州刺史、秦凤路钤辖，又加西上閤门使、果州团练使，知河州。元丰四年（一〇八一），为泾原副都总管。复徙泾原，加龙神卫四厢都指挥使，知延州。哲宗立，进步军都虞候、雄州团练使、知渭州，历马军殿前都虞候。再迁殿前副都指挥使、冀州观察使、武康军节度使。卒，年六十八，赠开府仪同三司，谥曰毅肃。

昌祚气貌雄伟，最善骑射，箭出百步之外。夏人得箭以为神，持归事之。所著《射法》行于世。（据《宋史》补）

时君卿 郑州人。元丰元年（一〇七八）四月，时君卿为宫苑使、荣州刺史。前此，神宗批：『（任）泽，先帝旧邸近亲，君卿承学潜宫，特被眷遇，可并稍迁，兼一遥郡。』于是并转皇城使，泽领团练使，君卿领刺史。苏子瞻《与君卿东阁道话》诗：『卷卷长廊走黄叶，席帘垂地香烟歇。主人待来终不来，火红销尽灰如雪。』（据《续资治通鉴长编》补）

苗　授 字授之，潞州人。父京，庆历中，以死守麟州抗元昊者也。少从胡翼之学，补国子生，以荫至供备库副使。

王韶取镇洮，授为先锋，破香子城，拔河府。知德顺军，三迁西上閤门使。神宗时，鬼章寇河州，诏授往，一战克撒宗，论功第一，遂知州事。加四方馆使、荣州刺史。

召使契丹，神宗劳之曰：『曩香子之役，非汝以寡击众，几败吾事。』以为秦凤副总管，徙熙河，复知河州。

元丰西讨，授出古渭取定西，荡禹藏花麻诸族，降户五万。元祐三年（一〇八八），迁武泰军节度使、殿前副都指挥使。逾岁，以保康节度知潞州，提举上清太平宫，复使殿前。薨，年六十七，赠开府仪同三司，谥曰庄敏。（据《宋史》补）

张　蕴 字积之，开封将家子也。从军为小校，隶刘昌祚。至灵州，遇敌中矢，拔镞复战，以功赐金带。从征安南，次富良江，诸将犹豫未进，蕴褰裳先济，众随之。蛮遁走，使巫被发登崖为厌胜，蕴射之，应弦而毙，一军欢噪。

历京西、泾原将，知绥德、怀宁、顺宁军等六城，储粟至三十万斛。将兵取宥州，破夏人于大吴神流堆。累迁皇城使，荣州刺史，成州团练使，通州防御使，开德、河阳马步军副总管。

显肃皇后母自郑氏再适蕴，徽宗屡欲以恩进其官，辄力辞不敢受，人以为贤。卒，年七十三，赠感德军节度使，谥曰荣毅。（据《宋史》补）

孟　在 隆祐太后父。哲宗朝，宣仁选立后，进在为崇仪使、荣州刺史。

张　俊 字伯英，凤翔府成纪人。好骑射，负才气。起于诸盗，年十六，为三阳弓箭手。

靖康元年（一一二六），以守东明县功，转武功大夫。金人围汴京，高宗时为兵马大元帅，俊勒兵从信德守臣梁扬祖勤王。高宗见俊英伟，擢元帅府后军统制，累功转荣州刺史。

高宗以俊忠劳日积，迁拱卫大夫。既而汴京破，二帝北迁，人心皇皇，俊恳辞劝进，高宗涕泣不许。俊曰：『大王皇帝亲弟，人心所归，当天下汹汹，不早正大位，无以称人望。』且白耿南仲奏之，表三上。高宗发济州，俊便道扈行。至应天府，高宗始即位。初置御营司，以俊为御营前军统制，遣还京迎隆祐太后，权秦凤兵马钤辖。寻奉太后及六宫以归，除带御器械。

南渡后，俊握兵最早，屡立战功，与韩世忠、刘锜、岳飞并为名将，世称张、韩、刘、岳。然濠、寿之役，俊与锜有隙，独以杨沂中为腹心，故有濠梁之劫。岳飞冤狱，韩世忠救之，俊独助桧成其事，心术之殊也，远哉！帝于诸将中眷俊特厚，然警敕之者不绝口。自淮西入见，则教其读《郭子仪传》；召入禁中，戒以毋与民争利，毋兴土木。

绍兴二十四年（一一五四）六月薨，年六十九。辍视朝三日，敛以一品服，帝临奠哭之恸。追封循王。（据《宋史》补）

杨存中 本名沂中，字正甫，绍兴间赐名存中，代州崞县人。祖宗闵，永兴军路总管，与唐重同守永兴，金人陷城，迎战死之。父震，知麟州建宁寨，金人来攻，亦死于难。

存中魁梧沈鸷，少警敏，诵书数百言，力能绝人，慨然语人曰：『大丈夫当以武功取富贵，焉用俯首为腐儒哉！』

靖康元年（一一二六），金人再围汴京，诸道兵勤王，存中与张俊、田师中从信德府守臣梁扬祖以万兵入援，后隶张俊部曲。建炎二年（一一二八），讨贼徐明于嘉兴，先登。主帅将屠城，存中力谏止之，戮其渠魁而已，郡赖以全。迁荣州刺史。

绍兴三十一年（一一六一），进封和义郡王①，赐玉带，朝朔望。

金人寻请盟。乾道元年（一一六五）班师，加昭庆军节度使，复奉祠。时兴屯田，存中献私田在楚州者三万九千亩。以太师致仕。二年（一一六六），卒，年六十五。追封和王，谥武恭。存中天资忠孝敢勇，大小二百余战，身被五十余创。宿卫出入四十年，最寡过。孝宗以为旧臣，尤礼异之，常呼郡王而不名。所居建阁以藏御书，孝宗题曰『风云庆会之阁』。（据《宋史》补）

王 德 字子华，通远军熟羊寨人。

建炎元年（一一二七），以勤王师倍道趋阙，改隶刘光世，平济南寇李昱、池阳寇张遇。三年（一一二九），平信州妖贼王念经，加武显大夫、荣州刺史，史称其威略如神。

绍兴八年（一一三八），命隶张俊，名其军曰『锐胜』。十年（一一四〇），解颍昌围，俊檄德就取宿州。德倍道自寿春驰至蕲县，与敌游骑遇，遂入城，偃旗卧鼓，骑引去。策功第一，拜兴宁军承宣使、龙神卫四厢都指挥使。再迁侍卫亲军马步军都虞候，封陇西郡侯。召拜清远军节度使、建康府驻札御前诸军都统制。历浙东福建总管、荆南副都统制。二十五年（一一五五），卒，赠检校少保，再赠少傅。（据《宋史》补）

曲 端 字正甫，镇戎人。父涣，任左班殿直，战死。端三岁，授三班借职。警敏知书，善属文，长于兵略，历秦凤路队将、泾原路通安寨兵马监押，权泾原路第三将。

绍兴元年（一一三一）正月，任荣州刺史，提举江州太平观，徙阆州。于是浚自兴州移司阆州，欲复用端。玠与端有憾，言曲端再起，必不利于张公；王庶又从而间之。浚入其说，亦畏端难制。端尝作诗题柱曰：『不向关中兴事业，却来江上泛渔

① 民国《志》卷十、《宋会要辑稿》同，《宋史》作『同安郡王』。

舟。』庶告浚，谓其指斥乘舆，于是送端恭州狱。随令狱吏綦维之，糊其口，熁之以火。端干渴求饮，予之酒，九窍流血而死，年四十一。陕西士大夫莫不惜之，军民亦皆怅怅，有叛去者。浚寻得罪，追复端宣州观察使，谥壮愍。

武臣康随者尝忤端，鞭其背，随恨端入骨。浚以随提点夔路刑狱。（据《宋史》补）

牛　皋　字伯远，汝州鲁山人，史称为岳飞部将一时之杰。初为射士，金人入侵，皋聚众与战，屡胜，西道总管翟兴表补保义郎。杜充留守东京，皋讨剧贼杨进于鲁山，三战三捷，贼党奔溃。高宗时，累迁荣州刺史、中军统领。金人再攻京西，皋十余战皆捷。加果州团练使。

绍兴十七年（一一四七）上巳日，都统制田师中大会诸将，皋遇毒，亟归，语所亲曰：『皋年六十一，官至侍从，幸不啻足。所恨南北通和，不以马革裹尸，顾死牖下耳。』明日卒。或言秦桧使师中毒皋云。（据《宋史》补）

李惟德　绍兴元年（一一三一）三月，金人自阶州引兵犯文州，江涨不得渡，还奔成州去。知岷州武德大夫李惟德率官吏以城来归，先惟德守廓州，城陷，敌就用之。至是，宣抚处置使张浚录其功，迁右武大夫、荣州刺史。

房　湜　绍兴元年，以敦武郎为武翼大夫、荣州刺史，知房州。

韩　京　字世京，衡之安仁人也。居浦阳里，生而膂力过人，长于谋略。宋南渡时，仗义勤王，屡立战功。官武功大夫、荣州刺史、枢密院将领。

知广州，兼经略使。南连夫命京领三千屯营广州，京颇恃恩而骄，连夫委曲教导之，京遂革心为善。会溃军南雄，招抚得宜，余党屯聚，京击破大盗七十余屯，民赖以安。十六年（一一四六），赏京及张渊捕广东福建诸盗功，各进官有差。京阶中亮大夫，加殿前司摧干军都统制，封上党郡开国侯。守循州十年，大有功于民。殁后，赠太尉，敕葬于宝楷村凤凰岭下。（据同治《安仁县志》补）

申世景　绍兴二年（一一三二）十二月，闽盗范忠起，诏令世景以神武前军左部统领与御前忠锐第六将军德忠往捕之。事平，以劳自武功大夫，加荣州刺史。

薛安靖　以父奕死事补官。靖康初，假河北制置使。京城失守，安靖降金，知海州事。绍兴初，乘间杀其守将，举郡来归。高宗遣吏部侍郎傅崧卿赐以玺书，其略曰：『身虽屈于金人，心常存于王室，总领义师，恢复故地。凡陷没之郡，闻风响应，各籍土地奉上本朝者，实汝有以倡之也。』以宗室女妻之。绍兴五年（一一三五），除武节大夫、业州刺史、閤门宣赞舍人，以武义大夫为荣州刺史，知全州，兼充本州沿溪洞事都巡检使，卒。（据《建炎以来系年要录》《万姓统谱》等补）

柴　斌　武功大夫、荣州刺史、閤门宣赞舍人。绍兴四年（一一三四）三月，除神武中军后部同统领。

杨　珪　初为武经郎，知济州，兼管内安抚司公事。四年（一一三四）十一月，为武功大夫、荣州刺史。

丁　禩　武德大夫、荣州刺史。尝知涟水军，后罢去。为秦桧给使，颇用事。士大夫无操者，乃与之游。

潘　邵　绍兴二十一年（一一五一）甲申，官武节大夫、荣州刺史、閤门宣赞舍人、干办皇城司潘邵提点佑神观。绍兴二十三年（一一五三）丙申，武德大夫、荣州刺史，兼閤门宣赞舍人提举佑神观潘邵落閤职，升领和州防御使。（据《建炎以来系年要录》补）

吴　拱　绍兴二十年（一一五〇），翊卫郎、阶成西和凤州兵马都钤辖，充御前后部统制军马吴拱为荣州刺史。二十五年（一一五五）十一月，知成州。（据《建炎以来系年要录》补）

潘清卿　绍兴二十二年（一一五二）八月，以武翼大夫、高州刺史落阶官为荣州刺史。三十二年（一一六二）舒州团练使潘清卿为容州观察使，用吴国长公主请也。（据《建炎以来系年要录》补）

刘　伉　绍兴二十一年（一一五一）承节郎、閤门祗候刘伉为武翼郎、閤门宣赞舍人。伉，才人兄也。二十二年（一一五二）武翼郎、閤门宣赞舍人刘伉为右武郎、干办皇城司，以才人进封，故迁之。二十七年（一一五七）十月，领荣州刺史。（据《建炎以来系年要录》补）

刘光辅　左武大夫、荣州刺史。开宝七年（九七四）四月癸卯，坐知楚州日受赂，除籍为民。（据《续资治通鉴长编》补）

刘　泽　绍兴二十九年（一一五九）十二月，武功大夫、带御器械刘泽领荣州刺史，知襄阳府。泽初为侍卫马军司后军统制，周麟之、洪遵、张孝祥奉诏荐其才，故复此授也。（据《建炎以来系年要录》补）

吴　挺　字仲烈，信王吴璘子，以门功补官。从璘为中郎将，部西兵诣行在。高宗问西边形势、兵力与战守之宜，挺占对称旨，超授右武郎、浙西都监兼御前祇候，赐金带。

绍兴三十二年（一一六二）正月，以右武大夫为荣州刺史，寻拜熙河经略、安抚使。孝宗即位，加璘兼陕西、河东路招讨宣抚使。拜武昌军承宣使，寻加龙神卫四厢都指挥使、熙河路经略安抚使中军统制，时年二十五。璘卒，改利州东路总管。挺力求终丧，服除，召为左卫上将军。

光宗即位，御笔奖劳。而西和、阶、成、凤、文、龙六州器械弗缮，挺节冗费，屯工徒，悉创为之。御军虽严，而能时其缓急，士以不困。郡东北有二谷水，挺作二堤以捍之。绍熙二年（一一九一），水暴发入城。挺既振被水者，复增筑长堤，民赖以安。诏问备边急务，即建增储之策，由是粮糗不乏。四年（一一九三）春，以疾乞致仕，诏加太尉。卒，年五十六。赠少师、开府仪同三司。（据《宋史》补）

张　说　开封人，右武大夫、荣州刺史。父公裕，省吏也，为和州防御使，建炎初有军功。说受父任为右职，娶寿圣皇后女弟，由是累迁知閤门事。隆兴初，兼枢密副都承旨。

乾道初，为都承旨，加明州观察使。七年（一一七一）三月，除签书枢密院事。八年（一一七二）二月，复自安远军节度使提举万寿观，签书枢密院事。

淳熙元年（一一七四），帝廉知说欺罔数事，命侍御史范仲芑究之，遂罢为太尉，提举玉隆宫。谏官汤邦彦又劾其奸赃，乃降为明州观察使、责居抚州。三年（一一七六），许自便。七年（一一八〇），卒于湖州。（据《宋史》补）

李　瑛　荣州刺史。

张文特　荣州刺史。

赵孝鹭　右武卫将军、荣州刺史。历官卫州团练使、全州防御使、宣州观察使、宁武军节度观察留后、建宁军节度使、宁武军节度使等。

赵士襄　荣州刺史。

赵士俣　右监门卫大将军、荣州刺史。

赵士冶　荣州刺史。

赵士秀　右监门卫大将军、荣州刺史。

赵士恭　右监门卫大将军、荣州刺史。

赵居申　右监门卫大将军、荣州刺史。

赵居靖　右监门卫大将军、荣州刺史。

李嗣徽　荣州刺史。①

赵镐之　武功大夫、荣州刺史。

赵公竦　右监门卫大将军、荣州刺史。

赵师淳　太祖八世孙信王璩子。淳熙十五年（一一八八），信王薨，师淳才五岁。初命为武翼大夫、荣州刺史。

荣州长史

丁处荣　富顺人。咸平间，王均②叛，围富顺，监守佐俱逃。处荣备牛酒宴于谯楼，即席擒斩之。诏擢荣州长史。

民国《志》按：《富顺志》作『刺史』，《碑目考》作『李处荣』，有咸平奖谕李处荣敕，云擢荣州长史。入祀名宦。

荣州推官③

王　俶　民国《志》按：黄大本乾隆《志》『武安公庙记』题『荣州推官王俶立石』，旧志谓『刺史』④，误。

宇文昌龄　字伯修，成都双流人。神宗时，以进士甲科调荣州推官。熊本经制梓夔，辟干当公事。凡攻讨招袭，建南平诸城寨，皆出其画。迁大理丞。本归阙，言其功，擢提举秦凤路常平，改两浙。

神宗患司农图籍不肃，选官厘整，昌龄以使夔路入辞，留为寺主簿，遂拜监察御史。鄜延帅奏所部刘绍能与西羌通，将为患。帝察其不然，命昌龄即鄜州鞫之，果妄也。昌龄因请深戒守臣，毋生事徼赏，以靖边人之心。使还，赐五品服。

尚书省建，以为比部员外郎。送辽使至雄州，当宴，从者不待揖而坐，昌龄诮其使曰：『两朝聘好百年矣，入境置宴，非但今日，揖而后坐，此礼渠可阙邪？』使者阳若不服，而心悟其

① 『李瑛』至『赵孝鹭』，『赵士秀』至『李嗣徽』，据《宋会要辑稿》补。

② 均：嘉庆《志》卷五、光绪《志》卷二十七、民国《志》卷十同，乾隆《志》卷三作『筠』。

③ 推官：官名。唐朝始置，节度使、观察使、团练使、防御使、采访处置使下皆设一员，位次判官、掌书记，掌推勾狱讼之事。五代因之。宋朝三司（盐铁、度支、户部）各部设一员，主管各案公事。开封府亦设左、右厅推官各一员，分日轮流审判案件。临安府设节度推官、观察推官各一员。诸州幕职亦有节度推官、观察推官、防御推官、团练推官、军事推官，从八品。元朝各路总管府及各府亦沿置，掌治刑狱。明朝为各府之佐贰官。

④ 见嘉庆《志》卷五、光绪《志》卷二十七。

非，卒成礼去。

迁太常少卿。元符中，诏议郊祀合祭，论者不一。唯宇文昌龄之议最为简要，曰：『天地之数，以高卑则异位，以礼制则异宜，以乐舞则异数，至于衣服之章，器用之具，日至之时，皆有办而不乱。夫祀者自有以感于无，自实以通于虚，必以类应类，以气合气，合然后可以得而亲，可以冀其格。今祭地于圜丘，以气则非所合，以类则非所应，而求高厚之来享，不亦难乎！』后竟用其议。改直秘阁、知梓州，历寿州、河中府、邓郓青三州。

徽宗立，召为刑部侍郎，徙户部侍郎。以宝文阁待制知开封府，复为户部侍郎，知青、杭、越三州。卒，年六十五，诏为封傅护送归，官给其葬费。入祀名宦。（据《宋史》《容斋四笔》等补）

荣州判官①

冯世雄　提举荣州军事推官。雍正《四川通志·金石编》：『世雄撰《敕赐广利寺善济塔碑记》。』

史克恭　丹棱人，其先太原人也。祖灏，为临邛尉属，唐末不复东徙，家丹棱，遂为著姓。元祐六年（一〇九一）进士，自荣州军事判官摄荣德县令。佐王师有功，命摄本邑，御贼于蟠鳌峡以死。嘉泰间，锡庙褒忠，追封忠佑侯，庙祀之。旧所传翠碧轩是也。（据乾隆《丹棱县志》补）

荣州州掾②

勾评事　见刘兼诗。按：《职官志》有『大理评事』。盖以秩而仕于州者。

张道古　荣州录事参军。

郑　蛟　淳化间，司理判官。司理判官者，以司理参军兼判官也。宋制，州县官不以家随，蛟冒禁挈妻之任。李顺构乱，其党田子宣攻陷城邑，蛟捕得之，擢推官。至是，知梓州张雍奏其事，被戮。太宗申诏：剑南州县官不得以族行，敢有妄称妻为女奴，携以之官，除名。

司马先　蜀人。元祐中，为荣州曹官。

王　巩　字定国，大名莘人，魏国文正公王旦之孙，懿敏公王素之子也。自号清虚先生，有隽才，长于诗，与东坡友善。居高邮，从元城先生学。其为文章，时出惊人奇壮语。二苏、黄、陈诸公与之游，唱和甚多。马永卿赴亳州永城簿，元城先生既知其自高邮来，则首问定国之安否，其取重于当时之名胜也如此。哲宗初立求言，吏民上书以千数，诏司马光采阅其可用者，独宗翰与王巩二人见称奖。绍圣初，签书荣州判官厅公事。

轼守徐州，巩往访之，与客游泗水，登魋山，吹笛饮酒，乘

① 判官：官名。唐朝遍置于使府，采访、节度、观察、招讨、经略、防御、团练、支度、营田、监军等使之下皆置。综理本使日常事务，权重而务剧，为幕府上佐，甚至充任留后。府州诸曹参军事者亦称判官。北宋三司（盐铁、度支、户部）各部亦置，分管各案；开封府所置，分日轮流审判案件；左、右军巡院所置掌京城争斗与案件审理；节度州、观察州、防御州、团练州、军事州所置，为幕职官，属于州、府、军、监一级的地方行政机构的僚署，协助长贰料理郡政，分案治事，为从八品；南宋临安府及节度州亦置。

② 州掾：宋州录事参军、司理参军、司户参军、司法参军通称州掾，以政和三年（一一一三）曾改为诸掾得名。

月而归。轼待之于黄楼上，谓巩曰：『李太白死，世无此乐三百年矣。』尝坐轼党，贬宾州酒税。坡既北归，出侍儿柔奴劝坡酒。坡问柔奴：『岭南应是不好？』柔奴曰：『此心安处便是吾乡。』坡因缀《定风波》，其词曰：『谁羡人间琢玉郎，天教乞与点酥娘。自作清歌传皓齿，风起雪飞炎海变清凉。万里归来颜愈少，笑时犹带岭梅香。试问岭南应不好，却道此心安处是吾乡。』

数岁得还，豪气不少挫。后历宗正丞，以跌荡傲世，每除官，辄为言者所议，故终不显。罢还，注《论语》十卷，上之朝。有文集行于世，鲁直为之序。

东坡云：『自君谟没后，笔法衰绝。沈辽少时，本学其家传师，晚乃讳之，自云学子敬，病其似传师也。故出私意新之，遂不如寻常人。近日，米芾行书、王巩小草亦颇有高韵，虽不逮古人，亦必有传于世也。』

得其外祖张邓公之砚，求铭于轼，铭曰：『邓公之砚，魏公之孙。允矣其物，展也其人。思我魏公文而厚，思我邓公德而寿。三复吾铭，以究令名。』（据《宋史》《方舆胜览》《六艺之一录》等补）

李　民　荣州刑曹事。

刘仪凤　字韶美，安岳人。少以文谒左丞冯澥，澥甚推许，遂知名。绍兴二年（一一三二），登进士第。抱负倜傥，不事生产，于仕进恬如也。擢第十年，始赴调，尉遂宁府之蓬溪，监资州资阳县酒税，为果州掾。绍兴中，为荣州掾①。

绍兴二十七年（一一五七），起居郎赵逵举仪凤，称其『富有词华，恬于进取』，寻除诸王宫大小学教授。召试馆职，辞以久离场屋，改国子监丞。宰相以其名士，迁秘书丞、礼部员外郎。所草笺奏，以典雅称。乾道元年（一一六五），迁兵部侍郎兼侍讲。

仪凤在朝十年，每归即匿其车骑，扃其门户，客至，无亲疏皆不得见，政府累月始一上谒，人尤其傲。奉入，半以储书，凡万余卷，国史录无遗者。御史张之纲论仪凤录四库书本以传私室，遂斥归蜀。三年（一一六七）十二月，辅臣进前侍从当复职者，上曰：『刘仪凤无罪，可与复集英殿修撰。』起知邛州，未上，改汉州、果州，罢归。淳熙二年（一一七五）十二月丙申，卒，年六十六。（据《宋史》补）

何　普　字德厚，蒲江人。庆元五年（一一九九）进士。开禧间，为荣州司户参军，兼司法。污吏受输，廪粟恶而易腐，或至裁削供军，以取充数。普力禁其敝，出纳惟一，士服其公，守才之，俾兼他治，勤瘁以死。

杨丙之　嘉熙二年（一二三八），以嘉定法掾为府吏。见开化寺崖壁。

① 光绪《志》卷二十七作『荣州推官』。

荣州教授①

勾　演　隆兴初教授，撰《荣州图经》。

马　范　字器之，临汾人。荣州教授。嘉定李壁季章、吴猎德夫所引重。卒，鹤山铭其墓。

张　仲　尝记荣州云：『界属东西，无桑麻以便农，无舟楫以便商。昔以盐利富饶，号为东州道院。谓其民淳事简，可以道化也。』

支南荣　宜宾人，官从政郎。有《儒学封祀五臣碑》。

刘道成　开禧中教授。

荣州助教②

樊　谭　荣州助教。政和四年（一一一四）十一月，仙井监言：『民樊谭母赵氏病，割股以疗。母五月思橙，谭泣橙木下，得实以馈。』诏以谭为荣州助教。（据《宋会要辑稿》补）

张　颐　《枫窗小牍》：『宣和五年（一一二三），三馆参校荣州助教张颐所进书二百二十三卷，皆系秘书省缺佚，乞加褒赏。颐赐进士出身。』入祀名宦。

荣州监酒③

史季俭　尝官威州棋城主簿、荣州监酒。

家民献　荣州监酒。

吕逢年　荣州监酒。④

荣州迁阶防御使⑤

卢守懃　字君锡，开封祥符人。自入内内品累迁礼宾使、邠宁环庆路钤辖，还为入内内侍省押班、领昌州刺史。明道中，罢为永兴军兵马钤辖，徙鄜延路。再迁六宅使，加贵州团练使，进荣州防御使兼邠宁环庆路安抚都监。元昊寇保安军，守懃率兵击

---

① 教授：官名。宋朝东宫、大宗正司、诸王宫、府皆置，为皇侄、皇孙讲授经学。国子监所领武学、律学亦置。后或改名博士。仁宗庆历四年（一〇四四），令诸州、军、监各立学，置教授，训导考核诸生。明朝诸府、都司、卫之学皆置，掌教诲、训导、考核、管理生员，初为正九品，后改从九品。清朝唯设于府学，正七品。

② 助教：州郡学官。宋朝开封、临安、河南应天府以外诸次府、大都督府、都督府、诸州、诸军皆置，多以特恩授士人，或用以安置贬谪官员，为纳粟授官名目。

③ 监酒：宋镇、寨监官之别称。

④ 『史季俭』至『吕逢年』，据《四六标准》补。

⑤ 防御使：官名。唐武则天圣历（六九八—七〇〇）中，始以夏州领防御使。安史之乱，置于大郡要害之地，亦称防御守捉使，掌本区军事防务，位在团练使下。唐后期，诸州刺史不带团练使者多加此衔，或与团练使互兼。诸道不设节度使处，则置都防御使以领军事。宋初分实任与遥领两种，后多不赴本任，遂为武臣及宗室寄禄官。神宗元丰（一〇七八—一〇八五）改制，定从五品。元顺帝至正十七年（一三五七），以州县正官兼防御使事，由宣慰使司节制。明崇祯十六年（一六四三），李自成在襄阳建立政权，于所占要地设此官。十七年（一六四四）进北京后，正式改兵备为防御使，职掌与明朝兵备同。迁阶即叙迁，官制用语。宋朝选举制度之一。北宋前期，文臣京官至三师，武臣三班借职至节度使，通事舍人至横班，宗室率府副率至侍中，以及宦官，皆依一定秩序升迁，称为叙迁。叙阶：官制用语。按班秩阶品授官，称为叙阶。唐朝有二十九阶。叙阶之法，有以封爵，有以亲戚，有以勋庸，有以资荫，有以秀孝，有以劳考，有除免而复叙者。凡应入三品五品者，皆待别制而进之，不然则否。宋朝亦行叙阶之法。

走之，特迁左骐骥使，移陕西钤辖。

初，刘平、石元孙被执，守懃抚膺涕泣不敢出，又尝易蕃官马。知制诰叶清臣以守懃拥兵观望，请正其罪。守懃夺防御使，为湖北都监。

久之，复恩州防御使，迁利州观察使，历真定府、定州、北京路钤辖。以左卫大将军致事，卒，赠保顺军节度使，谥安恪。（据《宋史》补）

邓保信 景祐三年（一〇三六），诏取保信及阮逸、胡瑗等钟律，详定得失可否以闻。皇祐五年（一〇五三）九月，以制钟律成，迁保信荣州防御使。

燕　达 字逢辰，开封人。儿时与侪辈戏，辄为军陈行列状，长老异之。既长，容体魁梧，善骑射。以材武隶禁籍，授内殿崇班，为延州巡检，戍怀宁寨。夏人三万骑薄城，战竟日不决，达所部止五百人，跃马奋击，所向披靡。擢鄜延都监，数帅兵深入敌境，九战皆以胜归。累迁西上閤门使、领英州刺史，为秦凤副总管。讨破河州羌，遂降木征。迁东上閤门使、副都总管，真拜忠州刺史、龙神卫四厢都指挥使。

郭逵招讨安南，为行营马步军副都总管。初度岭，闻前锋遇敌苦战，欲往援，偏校有言当先为家基然后进者，达曰：『彼战已危，讵忍为自全计。』下令敢言安营者斩。乃卷甲趋之，士皆自奋，传呼太尉来，蛮惊溃，即定广源。师还，以平蛮功，拜荣州防御使。以主帅得罪而独蒙赏，乞同责，不听。

元丰中，迁金州观察使，加步军都虞候，改马军，超授副都指挥使。以训阅精整，除一子閤门祇候。数被诏奖，进殿前副都指挥使、武康军节度使。哲宗立，迁为使，徙节武信。卒，赠开府仪同三司，谥曰毅敏。（据《宋史》补）

刘仲武 字子文，秦州成纪人。熙宁中，试射殿庭异等，补官。数从军，累转礼宾使，为泾原将。

吐蕃赵怀德、狼阿章众数万叛命，仲武相持数日，潜遣二将领千骑扣其营，戒曰：『彼出，勿与战，亟还，伏兵道左。』二将还，羌果追之，遇伏大败，斩首三千级，复西宁州。未几，怀德、阿章降。累进客省使。熙丰间，以平吐蕃功，进荣州防御使。仲武知西宁州，徙渭州，召为龙神卫都指挥使，复出熙州、秦州，迁步军副都指挥使。熙帅刘法死，又以熙渭都统制摄之。历拜徐州观察使、保静军承宣使、泸川军节度使。以老，提举明道宫，再起为熙州。卒于官，年七十三。赠检校少保，谥曰威肃。（据《宋史》补）

赵令畤 字德麟，涿郡人，燕懿王玄孙。元祐中，签书颍州，时苏轼守颍，方冬久雪，民饥，用德麟议出谷与柴赈之。又与轼同治西湖，已而改知扬州。湖成，德麟寄以诗，轼次韵答之。绍兴二年（一一三二）闰四月，吕颐浩言令畤读书能文。高宗曰：『令畤昔尝事宦官谭稹，清议不容，不当复齿士大夫之列。』乃以为右监门卫大将军、荣州防御使。其文名、政绩散见《苏长公外纪》及《年谱》中。著有《乐安集》三十卷。（据乾隆《阜阳县志》补）

王　赡 秦州宁远人，客省使王君万子。父君万，秦州宁远人。熙宁五年（一〇七二）以秦凤指挥使从王韶开边，后擢熙河路钤辖。赡始因李宪以进。立战功，积官至皇城使，领开州团练使。元符中，知河州。以攻青唐功，进荣州防御使，知州事。黄履谓赏薄，乃拜维州团练使，为路钤辖。

赡纵所部剽敓，羌众携贰，心牟等结诸族帐谋复青唐，其在山南者先发。赡遣将李宾领二千骑掩袭心牟以下，自守西城与羌斗。宾逾南山入保敦谷讨荡，羌战败奔北，四山皆空。赡戮心牟等九人，悉捕斩城中羌，积级如山。已而羌啸集外叛，以数千人围谿邈川，夏众十万助之，城中危甚。苗履、姚雄来援，围始解。曾布言赡创造事端以生边害，万死不塞责。诏贬右千牛将军，房州安置。言者论之不已，熙河又奏青唐诸族怨赡入骨髓，日图报复，枢密院乞斩赡以谢一方。诏配昌化军行至穰县而缢。

崇宁初，蔡京入相，钱遹讼赡功，及王厚平鄯、廓，于是追赠保平军节度观察留后，除其子珏通事舍人。（据《宋史》、光绪《甘肃新通志》等补）

杨　进　建炎二年（一一二八），宗泽假统制官杨进荣州防御使，知河南府。会宗泽死，进遂辍行。

王继先　开封人。奸黠善佞。建炎初，以医得幸，其后浸贵宠，世号王医师。建炎四年（一一三〇）七月，特迁荣州防御使。中书舍人季陵草制，略曰：『勉思艺谏，毋忘药言，戒于骄淫，保此休宠。』

太后有疾，继先诊视有劳，特补其子悦道为阁门祗候。寻命继先主管翰林医官局，力辞。是时，继先用事，中外切齿，乃阳乞致仕，以避人言。诏迁秩二等，许回授。俄除右武大夫、华州观察使，诏余人毋得援例。吴贵妃进封，推恩迁奉宁军承宣使，特封其妻郭氏为郡夫人。

继先遭遇冠绝人臣，诸大帅承顺下风，莫敢少忤，其权势与秦桧埒。桧使其夫人诣之，叙拜兄弟，表里引援。继先富埒王室，子弟通朝籍，总戎寄，姻戚党与盘据要途，数十年间，无能摇之者。

方继先之怙宠奸法，帝亦知之，故晚年以公议废之，遂不复起。孝宗即位，诏任便居住，毋至行在。淳熙八年（一一八一），卒。（据《宋史》《建炎以来系年要录》等补）

蓝公佐　右武大夫、荣州防御使。建炎四年（一一三〇）十二月，范宗尹拟起复，任枢密副都承旨，与辛道宗、邢焕并上。既而，道宗被用。

吴　璘　字唐卿，德顺军陇干人，吴玠弟也。少好骑射，从玠攻战，积功至阁门宣赞舍人。绍兴元年（一一三一），箭筈关之战，断没立与乌鲁折合兵，金人遁，璘功居多，超迁统制和尚原军马，于是玠驻师河池，璘专守原。及兀术大入，玠兄弟以死守之。敌阵分合三十余，璘随机而应，至神坌伏发，金兵大败，兀术中流矢遁。张浚承制以璘为泾原路马步军副都总管，升康州团练使。

三年（一一三三），迁荣州防御使，知秦州，节制阶、文。四年（一一三四），兀术、撒离喝以大兵十万至关下，璘自武、阶路入援。先以书抵玠，谓杀金平地阔远，前阵散漫，须后阵阻隘，然后可以必胜。玠从之，急修第二隘。璘冒围转战，会于仙人关。敌果极力攻第二隘，诸将有请别择形胜以守者，璘奋曰：『兵方交而退，是不战而走也，吾度此敌去不久矣，诸君第忍之。』震鼓易帜，血战连日。金兵大败，二酋自是不敢窥蜀者数年。

十二年（一一四二），入觐，拜检校少师，阶、成、岷、凤四州经略使，赐汉中田五十顷。十四年（一一四四），朝议析利州路为东西路，以璘为西路安抚使，治兴州，阶、成、西和、凤、文、龙、兴七州隶焉。时和议方坚，而璘治军经武，常如敌至。十七年（一一四七），徙奉国军节度使，改行营右护军为御前诸军都统制，安抚使如故。二十一年（一一五一），以守边安静，拜少保。二十六年（一一五六），领兴州驻扎御前诸军都统制职事，改判兴州。

三十二年（一一六二），璘遣姚仲取巩，王彦屯商、虢、陕、华，惠逢取熙河。或久攻不下，或既得复失，竟无成功。金人据大散关六十余日，相持不能破。仲舍巩攻德顺已逾四旬，璘以知夔州李师颜代之，遣子挺节制军马。挺与敌战于瓦亭，败之。

孝宗受禅，赐璘札，命兼陕西、河东路宣抚招讨使。璘策金人必再争德顺，亟驰赴城下，而完颜悉烈等兵十余万果来攻。万户豁豁复领精兵自凤翔继至。璘筑堡东山以守，敌极力争之，杀伤太半，终不能克。

璘至汉中，修复褒城古堰，溉田数千顷，民甚便之。乾道三年（一一六七），卒，年六十六。赠太师，追封信王。（据《宋史》补）

巨师古　初为荣州团练使，屯扬州，韩世忠令移屯泗上，师古称疾不出，世忠怒，劾之。绍兴三年（一一三三）六月，除名。四年（一一三四）闰四月，起复荣州防御使，兼都督府统制军马。

乔仲福　中侍大夫、荣州防御使。绍兴七年（一一三七）八月，赠保信军承宣使。

邢孝扬　宋高宗邢皇后亲弟，荣州防御使，带御器械。绍兴十二年（一一四二）七月，充大金报谢副使，迁保信军承宣使。

高世荣　荣州防御使、提举醴泉观驸马都尉。绍兴十二年七月，为常德军承宣使。

邵　隆　初名『邵兴』，因避『绍兴』之号，遂改今名。字晋卿，解州安邑人。左武大夫、荣州防御使。在商州几十年，披荆棘，立官府，招徕离散，各得其心。自金人败盟之后，屡与敌战。虽尝暂弃其城，俄即收复，终不肯去。绍兴十二年，割陕西地与金，以隆为陕司节制司统制。隆怏怏不已，常遣兵为盗劫之。秦桧怒，久之以隆知辰州。

赵仲节　宗惠子，荣州防御使。（据《九史同姓名略》补）

赵仲咨　荣州防御使。

赵士诂　荣州防御使。

赵士宛　荣州防御使。

赵士嬰　右监门卫大将军、荣州防御使。

赵士授　仲彍子，右监门卫大将军、荣州防御使。（据《九史同姓名略》补）

赵士灞　荣州防御使。

赵士观　仲忽子，荣州防御使。（据《九史同姓名略》补）

赵叔达　赠左武卫大将军、荣州防御使。

赵捐之　武卫大将军、荣州防御使。

翟仲安　荣州防御使。

李　珪　荣州防御使、入内内侍省押班。

梁从政　荣州防御使、福州观察使、入内内侍省都知。

曹　诗　荣州防御使、驸马都尉。

童师敏　西上閤门使、荣州防御使。①

荣州团练使②

郭　忠　河南人。北宋时，荣州团练使。

李惟贤　字宝臣，潞州上党人。昭亮子，明德皇后兄继隆孙。以父（李昭亮）荫为三班奉职，后为閤门祗候、通事舍人。累迁西上閤门使，寻领高州刺史、知莫州。州仓粟陈腐，戍兵大噪，弗肯受，州人皆恐，惟贤驰往谕曰：『边兵众则积粟多，廪数多且积久，能无陈腐乎？欲尽取新，则陈者何所归？』遂斩首恶一人，流十人，军中帖然。仁宗时召还，提举诸司库务，领荣州团练使、知冀州。会迁补禁军，自隶籍后犯赃污者皆绌为下军，惟贤曰：『武士何可责以廉节？且抵罪在昔，今不可以新令绳之。』帝为更其制。徙恩州，后迁四方馆使，卒。惟贤善宣辞令，习朝仪，仁宗颇爱之。（据《宋史》补）

杨　燧　开封人。善骑射，应募隶军籍，从征贝州，穴城以入。贼平，功第一，补神卫指挥使。皇祐中，又从征侬蛮，数挑战，手杀数十人，众乘之而捷。擢万胜都指挥使，迁荣州团练使，京城左厢巡检。救濮宫火，英宗识其面，及即位，以为邓州防御使、步军都虞候。历环庆、泾原、鄜延三路副都总管，至马军副都指挥使，由容州观察使拜宁远军节度、殿前副都指挥使。卒，赠侍中，谥曰庄敏。燧初穴贝州城时，为叛兵所伤，同行卒刘顺救之得免。及贵，顺已死，访恤其家。故人妻子贫不能活者，一切收养之。人推其义。（据《宋史》补）

折可大　云中人，武安军节度使克行之子、耀州观察使惟忠之曾孙。英宗时，为荣州团练使。

和　斌　字胜之，濮州鄄城人。选隶散直，为德顺军指挥使，凡五年，数扞敌，被重创十余。知军事刘兼济以兄平败没，执送京师，并逮其家。斌慰安调护，为寓金帛他所，密告兼济勿以家为恤。平冤既伸，兼济获免，家赖以全。定川之役，将曹俟丧所乘马，斌辍骑与之，且战且行，与俱免。

安南入寇，复徙广西。累迁皇城使、昭州刺史。抚水蛮罗世念犯宜州，守将战死。斌提步骑三千进讨，方暑，昼夜趣兵，至怀远寨，曰：『此要害之地，得之则生。』或曰：『奈何背龙江邪？』笑曰：『是所以生也。』因示弱骄之，蛮果大至，斌选将迎敌，戒以遇之则走，诱至平坂，列八阵以待之。张疑兵左右山上，蛮登岭望见，始大惊。斌分骑翼其旁，自被甲步出，为众士先，殊死战。蛮大败，世念率酋党四千八百内附。遂以荣州团练

---

① 『翟仲安』至『童师敏』，据《宋会要辑稿》补。

② 团练使：官名。唐肃宗至德（七五六—七五八）、乾元（七五八—七六〇）中置于诸道。大者领十州，小者领三五州，掌本地区防务。代宗时，诸州刺史皆兼本州团练使，旋废。唐后期，诸州刺史不兼防御使者却多带此衔，诸道不设节度使者，多以都团练使（或都防御使）总领军务。五代沿置。宋置团练州，多不驻本州，无职掌，仅为武臣寄禄官。北宋前期官品不详，神宗元丰（一〇七八—一〇八五）改制定为从五品。宋初常授予党项熟户首领。太宗雍熙二年（九八五）李继迁占银州，设此以封酋豪。元昊建西夏，亦置，为军职，领三至五百族帐，位在刺史上。

使知宜州，迁西上閤门使、知邕州，以老请还，除高阳关副总管，历永兴军路。召拜龙神卫四厢都指挥，至步军都虞候，卒，年八十。赠宁州防御使。（据《宋史》补）

赵思忠 西蕃族，瞎毡之子木征也。嘉祐中，为河州刺史。其后河州、武胜军诸族浸骄，闭于阗诸国朝贡，诏边将问罪。会王韶经略熙河，招纳蕃部，遣僧智缘往说之，啖以厚利，因随以兵。木征拒战败北，遂以熙宁七年（一〇七四）四月，举洮、河二州来降，赐姓名赵思忠，拜荣州团练使，封其母妻，及诸子皆超拜官。其后以思忠为秦州钤辖，不莅事，而乞主熙河蕃部，经略司以为不可。诏于二州给地五十顷。十年（一〇七七），迁合州防御使。卒，赠镇洮军节度观察留后。（据《文献通考》补）

王文郁 字周卿，麟州新秦人。以供奉官为府州巡检。韩琦荐其材，加閤门祇候，麟府驻泊都监。

熙宁讨夏国，文郁败之吐浑河。其将香崖夜遣使以剑为信，欲举众降，许之。旦而至，与偕行，众情忽变，噪以出。文郁击之，追奔二十里。据险大战，矢下如雨，文郁徐引渡河，谓吏士曰：『前追强敌，后背天险，韩信驱市人且破赵，况尔曹皆百战骁勇邪？』士感奋进击，夏人大溃，降其众二千。迁通事舍人。夏人逾屈野河，掠塞上，文郁追至长城坂，尽夺所掠而还。

神宗召见，问曰：『向者招纳香崖，群议不一，其为朕言之。』对曰：『此乃致敌上策，恨未能多尔。并边生羌善驰突，识乡导，傥能抚柔之，所谓以外夷而攻外夷也。』帝于是决意招纳，多获其用。知文郁善左射，并招其子弟阅肄殿庭，文郁九发八中，诏官其二子。未几，为熙河将。李宪讨灵武，文郁得羌户万余，迁路钤辖。元丰中，夏人围兰州，已夺两关门，文郁募死士夜缒而下，持短兵突贼，即扫营去。擢东上閤门使、知兰州。谍知夏人将大入，清野以俟，果举国趋皋兰，文郁乘城御之，杀伤如积，围九日而解，收其尸为京观。加荣州团练使，以捧日、天武都指挥使为副都总管，以殿前都虞候知河州。筑安西城、金城关，进秦州防御、冀州观察使。卒，年六十六。（据《宋史》补）

高永能 字君举，世为绥州人。初，伯祖文岯举州来归，即拜团练使，已而弃之北迁，其祖文玉独留居延川，至永能始家青涧。少有勇力，善骑射，由行伍补殿侍，稍迁供奉官。种谔取绥州，发永能兵六千先驱入啰兀，五战皆捷，转供备库副使。治绥德城，辟地四千顷，增户千三百，即知城事。

元丰初，为鄜延都监。秋，大稔，夏人屯二千骑于大会平，将取稼。永能简精骑突过其营，骑卒惊溃，获钤辖二人。四年（一〇八一），西讨，永能为前锋，围米脂城。边人十万来援，永能谓弟永亨曰：『彼恃众集易吾军，营当大川，宜严陈待其至，张左右翼击之，可破也。』诘旦，鏖战于无定河，斩首数千级，得马三千、橐驼牛羊万计。城犹未下，密遣谍说降其东壁守将，衣以文锦，导以鼓吹，耀诸城下，酋令介讹遇乃出降。进东上閤门使、宁州刺史，以年请老，不许，又进四方馆使、荣州团练使。

永能家世州将，所领多故部曲，拊之有恩惠，遇敌则身先之。下有伤者，载以己副马，故能得士死力。远近喜言其事，称之曰老高。及死，边人无不痛惜。尝过其远祖唐绥州刺史思祥淘

沙川庙，得画像及神道碑上之，诏即所在赐田三十顷，以奉祭祀。（据《宋史》补）

程迪 字惠老，开封人。父博古战死永乐。迪以门荫得官。宣和中，从杨惟中征方腊有功，加武功大夫、荣州团练使、泸南潼川府路走马承受公事。

诸使合荐迪忠义谋略，可任将帅，召赴行在。经略制置使唐重以敌迫近，留迪提举军马，措置民兵以为备。金人已自同州渡河，或劝迪还蜀，迪思有以报国，不从。

建炎元年（一一二七），金兵益迫，重乃以迪提举永兴路军马，措置民兵，令迪行视南山诸谷，将运金帛徙治其中。二年（一一二八），金人近城，迪又欲选兵迎战，使老稚得趣险，尚可以活十万人。傅亮执议城守，金人四面急攻，外无援兵，迪率诸司及统制偏裨以下东乡会盟：『危急必以死相应，誓不与敌俱生。』慷慨呜咽，同盟皆感泣。

城破，傅亮先出降，众溃。迪率其徒行徇于众曰：『敌仇我矣，降亦死，战亦死！』努力与斗，愤怒大呼，口流血，士皆感奋，多所斩杀。迪冒飞矢，持短兵接战数十合，身被创几遍，绝而复苏，犹厉声叱战不已，遂死之。麾下士舁置空室中，比屋皆烬，室独不火，及敛，容色如生。诏赠明州观察使，谥恭愍。入《忠义传》。（据《宋史》补）

李道 字行之，相州人。其中女为光宗后。初，道与兄旺聚众归宗泽，泽因事斩旺，命道掌其军。泽薨，道引军依襄阳镇抚使桑仲，仲以为副都统制兼知随州，奏于朝，授武义郎、閤门宣赞舍人。仲为霍明所杀，道与统制李横率兵缟素围明于郢，明亡去。

刘豫遣人持书招道，道不从，执其使以闻，诏嘉奖之。豫怒，遣将穆楷攻道，道拒破之。除邓、随州镇抚使兼知邓州。时李横已命别将守邓，道惮横，不敢受，遂命仍知随州。枢密院以道能察军情，不受镇抚之命，理宜褒赏。诏领荣州团练使，进武义大夫。

胡安中守唐州，势孤不能自立，遂附豫。道招之，安中复来归。会李成入寇，镇抚使李横弃襄阳去，道亦弃随南归，至江州。诏道属岳飞为选锋军统制，入唐州，擒伪将，除唐邓郢州襄阳都统制。从飞收复襄阳等郡，授行营护军。累至复州防御使、果州观察使。戍鄂州，加中侍大夫、武胜军承宣使，又升御前诸军统制。

金将渝盟，命道以所部戍荆南府。隆兴初，湖北诸司劾其过，帝曰：『道恃戚里妄作，可罢。』久之，再为湖北副总管。及卒，乃拜庆远军节度使，赠太尉，谥忠毅。后既贵，进封楚王。孙孝友、孝纯，皆至节度使。

道之中女，光宗慈懿李皇后。高宗聘为恭王妃，封荣国夫人，进定国夫人。乾道四年（一一六八），生嘉王。七年（一一七一），立为皇太子妃。及太子即位，册为皇后。后益骄奢，封三代为王，家庙逾制，卫兵多于太庙。后归谒家庙，推恩亲属二十六人，使臣一百七十二人，下至李氏门客，亦奏补官。中兴以来未有也。庆元六年（一二〇〇）崩，年五十六，谥『慈懿』。（据《宋史》补）

陈迪 武功大夫、荣州团练使。建炎二年（一一二八）正月，洛索陷长安，京兆府路经略使唐重、陕府西路转运副使桑景询、判官曾谓、京兆府提点刑狱公事郭忠孝、经略司主管机宜文字王尚及其子建中，与宗闵皆死。提举军马、武功大夫、荣州团练使迪犹率余众巷战，呕血誓众，敌大入，死之。（据《建炎以来系年要录》补）

曹　成　外黄人，因杀人投拱圣指挥为兵，有膂力，善战。绍兴元年（一一三一）三月，以荣州团练使知郢州。八月，引兵攻沅州万俟卨。南宋初为两湖巨盗。（据《建炎以来系年系年要录》补）

刘　超　武节大夫、荣州团练使。绍兴元年（一一三一）冬十月，知光州。二年（一一三二）二月，为武功大夫、荣州防御使，知真州。

韩世良　世忠兄。绍兴七年（一一三七）九月，以閤门宣赞舍人带御器械，领荣州团练使。（据《建炎以来系年要录》补）

郝中正　荣州团练使。宣和末，守泾州，城陷死。绍兴七年（一一三七）三月，特赠翊卫大夫。九年（一一三九）戊子，特赠翊卫大夫。（据《建炎以来系年要录》补）

韩　诚　绍兴十二年（一一四二）七月，以荣州团练使为武德大夫、忠州防御使。

李子厚　以荣州团练使北徙。绍兴十九年（一一四九）正月，秘阁修撰张邵言秦桧之功，当宣付史馆。云其北徙至金，有荣州团练使李子厚言，秦公曾为徽宗皇帝撰长书，抵金帅尼玛玲，大义消责，尼玛玲有惭色。

孔彦舟　字巨济，相州林虑人。武经大夫、荣州团练使。建炎四年（一一三〇）七月，以捕钟相功，真拜利州观察使，充辰沅靖州镇抚使，兼知辰州。绍兴二年（一一三二），叛投伪齐刘豫。

赵延寿　荣州团练使。绍兴二年五月，吕颐浩总师，次常州。延寿所部忠锐军叛，刘光世遣王德追至建平，尽歼之。

苏　易　武功大夫、荣州团练使。

李　横[①]　荣州团练使，知邓州。

杨　政　字直夫，原州临泾人。荣州团练使、环庆路马步军副总管同统制军马。崇宁三年（一一〇四），夏人举国大入，父忠战殁，政甫七岁，哀号如成人。其母奇之，曰：『孝于亲者必忠于君，此儿其大吾门乎？』宣和末，应募为弓箭手。靖康初，因拒夏人，稍知名。建炎间，从吴玠击金人，九战九捷。累功至武显郎。

绍兴元年（一一三一）春，金人趋和尚原，又攻箭筈关，政引兵大破之，斩千户一、酋长二。迁右武大夫。十月，金兵大集，号十万，自宝鸡列栅至原下。吴玠与相持累日，以政统领将兵迎敌，日数十合，士卒无不一当百。复出奇兵断其粮道，敌少却，遮击之，获万户及首领三百余人、甲士八百六十人。拜恭州刺史。时有嫉政者，以母妻尚留北境，不宜属以兵权，玠不听，政益感奋。

四年（一一三四），撒离喝哀精兵十万，欲道仙人关入蜀，至上奢田。玠筑垒于关外，政曰：『此地为蜀厄塞，当坚守，时

① 横：民国《志》原作『璜』，据《宋史》《建炎以来系年要录》改。

出奇击之。』玠用其言。金人变态多端，政随机应之，连日百余战。敌帅督战益急，政命卒以神臂弓射之；又选甲士千余出山谷，断其兵，使不得进退；又出敌不意，夜斫其营。敌遂遁去，追至河池而还。授龙神卫四厢都指挥使、环庆路经略安抚使。五年（一一三五），金人攻淮，玠命政帅师乘机牵制，至秦州，一战而拔，抚定居民，秋毫无犯。改经略安抚泾原兼帅环庆、利路。

十一年（一一四一）秋，金将胡盏、习不祝合军五万来攻，政与吴璘、郭浩会于仙人原。胡世将授以攻取之策，政出和尚原，浩出商州以为援，璘驻秦州。政引兵夜入陇州界，遂趋吴山，与金人对垒，又败金万户通检孛堇于宝鸡。时通检孛堇居渭北，政欲攻拔其城，通检孛堇将精甲万众出，政帅勇士鏖战，遣裨将突出阵后，登山执帜。金军见之，大呼曰：『伏发矣！』乃惊溃。政乘胜掩杀，通检孛堇走至城门而桥已绝，遂擒之。

和议成，帝召政还，军民诣部使者借留。及入见，条奏详明，帝善之。十三年（一一四三），还镇，加检校少保，赐田五十顷。十四年（一一四四），分利州为东西两路，政屯兴元府。久之，拜太尉。二十七年（一一五七），卒，年六十。赠开府仪同三司，谥襄毅。（据《宋史》补）

刘　纲　刘位子也。荣州团练使，兼阁门宣赞舍人，知泗州。尝保聚横山，今山上有墩，人呼磨旗墩，相传谓纲建旗之处也。以父屡立战功，授濠、泗二州镇抚使，移镇维扬，迁洪州总管。（据嘉靖《天长县志》补）

赵士芑　右监门卫大将军、荣州团练使。绍兴十六年（一一四六）特换武德大夫。

赵士晹　荣州团练使、开国侯。

赵士珆　武功大夫、荣州团练使。

荣德县令①

祁　宰　见刘兼诗。失其名。宰者，宰旭川也。

勾延庆　字昌裔，平阳人，应灵令。撰《成都理乱记》。

何宗韩　金堂人，绍兴十二年（一一四二）壬戌科陈诚之榜进士，特奏名文学。（据《四川通志》补）

员　悦　唐昭宗世，员虔嵩为简州刺史，蜀之员氏宜即其后。员，音圆。邓名世《古今姓氏书辩证》云：『宋陵州仁寿员安宇，太子中允。弟舆安，屯田员外郎。又元祐中进士员子恩、员悦；绍兴中进士员良臣、员南圭、员兴宗、员彦材、员沆；嘉定中进士员勋，均仁寿人。』（据《蜀典》补）

张廷珪　遂宁人。绍圣四年（一〇九七）丁丑科何昌言榜进士。

杨　舟　左朝散郎、成都府路钤辖司干办公事。王序女婿，见序《墓志》。

丁　某　资国镇《烽堠碑》云：『右从正郎、荣德令。』

① 县令：官名，省称『令』。战国置，县级行政机构长官，掌一县之政令。秦始皇统一六国后，在全国确立郡县制度。汉承秦制，略有损益。职掌治民，举凡县内赋役、狱讼等一切事务，无所不管。佐官为丞、尉，由中央任命。属吏有诸曹掾史、书佐等，由令自署。宋朝初年为选人阶官。徽宗崇宁二年（一一〇三），改为通仕郎，后别置县令为职事官，总治县政。至清朝，县令为知县别称。

王宠光　内江县人，政和进士。

赵彭年　广安人，一作顺庆人，宣和进士。（据嘉靖《四川总志》补）

卢如晦　绍兴五年（一一三五）乙卯科汪应辰榜进士。（据嘉庆《金堂县志》补）

杨仲修　临邛人。淳熙间，为荣德县令。入祀名宦。与士大夫李昌龄等九人议政明道，提刑张孝方称其有美政焉。①嘉庆《志》按：张孝方，官提刑在嘉定中，旧志仲修官淳熙时，远不相及，恐有误。民国《志》按：今小南门外庞靖侯祠，有《通惠威烈显应侯殿碑》，署『朝散郎新知简州军事杨仲修书』。时嘉定元年（一二〇八），则宁宗时尚官荣，距淳熙廿余年矣。书法山谷，沉毅有体，其碑之阳有梦溪沈博毅书。按：博毅为存中②子，见《梦溪笔谈》校跋，则沈亦官荣耶？

虞宗泽　仁寿人。

常有开　字子先，富义人。庆元中，调荣德令。名室廉勤，朝夕服念。公井盐为吏里减，行旅不通，则抑配齐民，有开检扼吏奸，而除其害。

莫演之　范纯《牟女打虎救母诗序》云：『权县莫伯祥锓册以申劝戒，时宁宗嘉泰四年（一二〇四），演之或其人也。』

赵　震　安岳人，隆兴元年（一一六三）癸未科木待问榜进士。

和平仲　乾道中，资官令。见小井沟崖壁。

赵汝乙　遂宁人，淳熙二年（一一七五）乙未科詹骙榜进士，荣德令。见冯俨《啸台记》。民国《志》按：《世系表》，汝乙，太宗八世孙，出汉王元佐房。

袁　丰　遂宁人，进士。

任正③己　眉州人，绍兴进士。

张之巽　雍正《四川通志》：宝祐元年（一二五三）癸丑科进士有张巽之，雅州人。④

赵震先⑤　安岳人，潼川进士。

王应酉　南充⑥人，嘉定中进士。

王子勉

赵与佩　应灵县令。⑦

县主簿

樊　某　资国镇《烽堠碑》云『左迪功郎、荣德主簿』。

宋　蕴　字元发，彭山人。淳熙五年（一一七八）进士，应灵主簿。县仰给煮井，民有逋课，莫能偿。君摄令，问故，则曰：『井湮已久，徒系我于此，故积负益多。』君纵遣，听自为

---

① 见《宋题名碑》。

② 按：沈括，字存中。

③ 按：《四川通志》『正』作『震』。

④ 张之巽，乾隆《志》始录其名而事迹无载，赵熙据《四川通志》疑其或为『张巽之』。

⑤ 先：嘉靖《潼川志》、同治《嘉定府志》卷二十一，光绪《志》同。雍正《四川通志》卷三十三、嘉庆《四川通志》卷一百二十三、嘉庆《志》作『光』。

⑥ 南充：民国《志》卷十同，嘉庆《四川通志》卷一百二十三、光绪《志》卷二十七作『顺庆府』。

⑦ 『王子勉』至『赵与佩』，据《四六标准》补。

约，皆如期毕输。民有怙赀，数犯法，君至，亦以瓜果尝试，君笑却之，由是无敢一豪恣肆。终果州流溪令。有《论语解义》二十卷。

彭运成 字子远，丹棱人。庆元五年（一一九九），与魏了翁同年进士，调应灵主簿。

马奇之 荣德县主簿。

赵　纶 应灵县主簿。①

县尉

陈　某 《后山文集》云：『资官尉，未赴，后山仲父也。』

陈　某 资国镇《烽堠碑》『右迪功郎、荣德尉』。

郭光旿 荣德县尉。

赵与櫄 应灵县尉。（据《四六标准》补）

五、元

荣州属嘉定路。元制，初定：过一万五千户为上州，过六千户为中州，六千户下为下州；继定：五万户上为上州，三万户上为中州，不及三万户为下州。其官达鲁花赤、知州、同知、判官等。诸县初定：六千户上为上县，二千户上为中县，不及二千户为下县。其官达鲁花赤一、尹一、丞一、簿一、尉一。旧本无制，惟以万户统军旅，断事官治政刑。世祖用刘秉忠、许衡言，官制始备。其长蒙古人，而汉人贰焉，繁简因时因事而置。荣自宋德祐亡六十二年，去宝祐之废八十年，始立绍熙府宣抚司：正官六员，宣抚使同知、副使各二员。首领官二员，经历、知事、提控案牍各一员，司狱一员，蒙古、儒学教授各一员，令史八人，驿使、知印、怯里马赤各一人，奏差四人。其州县巡检司，各设官如制。兹录其概。（据乾隆《志》、民国《志》）

（一）荣地封爵

荣王

和者吉 康国王牙牙之子，赠太保，追封荣王，谥忠武。（据《廿二史考异》补）

撒　敦 燕铁木儿之弟。泰定帝崩于上都，燕铁木儿时总环卫事，留大都。自以泰定帝子宜纂大位，由是与公主察吉儿、族党阿剌帖木儿及腹心之士孛伦赤、剌剌等议，誓众曰：『祖宗正统属在武皇帝之子，敢有不顺者斩。』于是封府库，拘百司印，遣兵守诸要害。弟撒敦、子唐其势时留上都，皆弃其妻子来归。文宗即位，改元天历，赦天下。元统元年（一三三三），妥欢贴睦尔始即位，是为顺帝，乃以撒敦为左丞相。元统二年（一三三四）四月，授撒敦开府仪同三司、上柱国、录军国重事、答剌罕、荣王、太傅、中书左丞相，赐庐州路为食邑，宥世世子孙九死。（据《元史》补）

① 『马奇之』至『赵纶』，据《四六标准》补。

（二）职官政绩

绍熙宣抚司长贰

赡　思　字得之，家真定，其先大食国人。国既内附，大父鲁坤，乃东迁丰州。太宗时，以材授真定、济南等路监榷课税使，因家真定。父斡直，始从儒先生问学，轻财重义，不干仕进。

赡思生九岁，日记古经传至千言。比弱冠，以所业就正于翰林学士承旨王思廉之门，由是博极群籍，汪洋茂衍，见诸践履，皆笃实之学，故其年虽少，已为乡邦所推重。

延祐初，诏以科第取士，有劝其就试者，赡思笑而不应。既而侍御史郭思贞、翰林学士承旨刘赓、参知政事王士熙交章论荐之。泰定三年（一三二六），诏以遗逸征至上都，见帝于龙虎台，眷遇优渥。

天历三年（一三三〇），召入为应奉翰林文字，赐对奎章阁，文宗问曰：『卿有所著述否？』明日，进所著《帝王心法》，文宗称善。诏预修《经世大典》，以论议不合求去，命奎章阁侍书学士虞集谕留之，赡思坚以母老辞，遂赐币遣之。复命集传旨曰：『卿且暂还，行召卿矣。』至顺四年（一三三三），除国子博士，丁内艰，不赴。

襄、汉流民，聚居宋之绍熙府故地，至数千户，私开盐井，自相部署，往往劫囚徒，杀巡卒，赡思乃擒其魁，而释其党。复上言：『绍熙土饶利厚，流户日增，若以其人散还本籍，恐为边患，宜设官府以抚定之。』诏即其地置绍熙宣抚司。

至元三年（一三三七），除佥浙西肃政廉访司事，即按问都转运盐使、海道都万户、行宣政院等官赃罪，浙右郡县，无敢为贪墨者。四年（一三三八），改佥浙东肃政廉访司事，以病免归。

至正四年（一三四四），除江东肃政廉访副使。十年（一三五〇），召为秘书少监，议治河事，皆辞疾不赴。十一年（一三五一），卒于家，年七十有四。二十五年（一三六五），追封恒山郡侯，谥曰文孝。

著有《四书阙疑》《五经思问》《金哀宗记》《正大诸臣列传》《审听要诀》，及文集三十卷，藏于家。（据《元史》补）

脱　脱　字大用，即托克托也。生而岐嶷，异于常儿。及就学，请于其师浦江吴直方曰：『使脱脱终日危坐读书，不若日记古人嘉言善行服之终身耳。』稍长，膂力过人，能挽弓一石。年十五，为皇太子怯怜口怯薛官。天历元年（一三二八），袭授成制提举司达鲁花赤。二年（一三二九），入觐，文宗见之，悦曰：『此子后必可大用。』迁内宰司丞，兼前职。五月，命为府正司丞。至顺二年（一三三一），授虎符、忠翊侍卫亲军都指挥使。历太禧宗禋院使，拜御史中丞、虎符亲军都指挥使，提调左阿速卫。

至元四年（一三三八），进御史大夫，仍提调前职，大振纲纪，中外肃然。扈从上都还，至鸡鸣山之浑河，帝将畋于保安州，马蹶。脱脱谏曰：『古者帝王端居九重之上，日与大臣宿儒讲求治道，至于飞鹰走狗，非其事也。』帝纳其言。十一月丁卯，命脱脱兼绍熙府都总使。六年（一三四〇），以逐伯颜功，知枢密院事，兼绍熙等处军民宣抚都总使。

至正元年（一三四一），命脱脱为中书右丞相、录军国重事，诏天下。脱脱乃悉更伯颜旧政，复科举取士法，复行太庙四时祭，雪郯王彻秃之冤，召还宣让、威顺二王，使居旧藩，以阿鲁图正亲王之位，开马禁，减盐额，蠲负逋。又开经筵，遴选儒臣以劝讲，而脱脱实领经筵事。中外翕然称为贤相。三年（一三四三），诏修辽、金、宋三史，命脱脱为都总裁官。八年（一三四八），命脱脱为太傅，提调宫傅，综理东宫之事。十五年（一三五五）三月，诏流脱脱于云南大理宣慰司镇西路，流也先帖木儿于四川碉门。十二月己未，哈麻矫诏遣使鸩之，死，年四十二。讣闻，中书遣尚舍卿七十六至其地，易棺衣以殓。二十二年（一三六二），监察御史张冲等上章雪其冤，于是诏复脱脱官爵，并给复其家产。（据《元史》补）

吉当普 《顺帝本纪》：『至元四年（一三三八）十一月丁卯，命治书侍御史。吉当普为绍熙府副都总使，世袭其职。』《百官志》同。民国《志》按：顺宗元统二年（一三三四），吉当普已佥四川肃政廉访司事。

荣州判官

曹 诗 字必才，河南罗山人，顺宗朝进士。旧志：『荣州大尉曹必才，有《荣德山保守御敌功碑》。』《曹氏谱》又云：『必才，官南京。剿除红巾，以功升南城大尉。降荣州判抚，在任十八年。』州人刻公像于城东罗汉寺，崖壁题曰：『塑公之像，刻公之形，一十八载，惠爱斯民。』①

六、明

洪武初，荣为州：知州一人，同知、判官无定员，学正一人。九年（一三七六），改为县，知县一人，县丞、主簿或缺，典史一人，教谕一人，训导二人。（据民国《志》补）

荣州判官

马公辅 襄阳人，以人才授。洪武初，荣州判官。时干戈甫定，创置皆其区画。洪武九年（一三七六），分益昌乡，隶威远，改州为县。《曹氏谱》：『元末河南曹诗判荣州。三年，明玉珍据蜀。又五年，称帝。又九年，明遣汤和下重庆，明升降，诗奉州册归明，令仍领州事，诗以老辞，公辅代之。』入祀名宦。

① 按：荣德山摩崖碑刻实为《绍熙判府曹公荣德山保守记》，乃宋碑。民国《志》据乾隆、嘉庆《志》『荣德山』条『宋判绍熙府曹公希夷山寨保守碑在山畔』及《曹氏谱》记载，将宋绍熙判府『曹公』误作曹诗，将宋碑误作明碑。非是。

荣县知县①

孔克宜　曲阜人，孔子五十五世孙。任荣县知县，有德政，入祀名宦。二子居荣。

马　福　洪武十二年（一三七九）任，增修县署。

杨文进　洪武十四年（一三八一）任。

朱如鲁　繁昌人，进士。永乐初任。建文之难，胡子昭坐诛，宗族外亲，谪戍籍没，如鲁力为申理，全者甚众，乌虖，仁人也！尤多惠政。入祀名宦。

雷　震　泌阳人。下车数月，不发一言。既而政令大行，明敏不滞，豪奸屏迹，一邑肃然。入祀名宦。

李文郁　宣城人。

李　清　昆明人。

吴　仲　江西人。

尹士恭　楚雄人。永乐丁酉科（一四一七）举人，开封同知。正统时任荣县知县，有德政。（据康熙《楚雄府志》补）

刘　清　衡山人。天顺四年（一四六〇）任，缮学宫。

谭　源　番禺人。

黄　充　吉水人。

郎　玉　仁和人。成化六年（一四七〇）任。增修孔子庙，有记。

王　昱　晋宁人。政多惠爱。

敦　孜　广东人。

谭本清　广东五羊人。

刘　逵　沔阳人。有德政。

鲍　圭　青阳人。成化末任。城旷就圮，圭减筑之。

张　隆　醴泉人。崇尚名节。

邹　泰　巴陵人。

杨　凤　凤阳人。廉静不扰。

陈　荣　乌蒙人。

陈　玺　乌蒙人。

毛　秀　江陵人，弘治十四年（一五〇一）辛酉科廖珊榜举人，正德间任。修建学校。（据光绪《江陵县志》补）

白　绘　正德间任。

李　锐　大理人。赈饥有方，工诗文。有《东川谒胡公里》诗：『一代孤忠此地生，望中无处不伤情。鸟啼林谷悲春静，云拥檐楹锁月明。碧血有灵抽劲草，青山万古护佳城。我来照影东川水，独倚阑干抱不平。』《石门》云：『先生古忠臣，我来访故里。下马过高梯，清风只在此。』

---

① 知县：官名。地方行政机构县之长官，源于唐，称『知县事』。宋太祖乾德元年（九六三），始以朝官为县之长官，也称为『知县事』，简称『知县』。掌教化百姓，劝课农桑，平决狱讼。凡户口、赋役、钱谷、赈济、给纳等事皆掌之。有戍兵驻县者，则兼兵马都监或监押，总治本县兵民之政。元朝不置，以县尹为县之长官。明朝始以知县为县一级长官。掌一县之政令，亲理户籍、赋役、缉捕、诉讼、文教等事，为临民之官，故有『父母官』之称。明初，知县品秩不一，后定为正七品。明初期，颇重吏治，知县不限资格，而考核颇严。治绩优异者得取入京，升授六部主事等官，故每以内任为荣。中叶以后，地位愈轻。清承明制，品秩亦为正七品。例以新进士朝考后分发各省即用，或国子监荫生及恩、拔、副、岁贡生奉旨外用，以及由兵马司副指挥、京县县丞、汉军七品笔帖式、京府经历等官升任。

许耿济 江夏人。正德举人，邓州儒学教谕。（据嘉靖《邓州志》补）

孙 钦 黄冈人，嘉靖间任。

李应瑞 永昌人。

彭 玺 应城人。

熊大辂 字用商，号心斋①，麻城人。恒性直外，人或嘲之曰：『公兹棼棼如此，即他日服官临民，将奈何？』应曰：『吾能也。』人曰：『何能？』曰：『吾惟爱民如子耳。』已而，以举人授四川仁寿知县。四载，以忧去。嘉靖中，复补荣县。九载，凡所措注，一如其言，造士爱民，教养兼尽。比去，邑人为建生祠肖像以祀。后乞休归，族人以逋负②，故鬻产于大辂，尽括俸金与之，族人知其易与，谩曰：『产直高，宜增大。』辂曰：『吾囊竭矣！』遂以其田还之，燔其券，无所责。年八十卒。（据《西园闻见录》补）

王梦魁③ 宁羌人，嘉靖辛十年辛卯（一五三一）举人，嘉靖中任。（据嘉靖《陕西通志》补）

刘 轩 新化人。嘉靖十六年（一五三七）举人。嘉靖三十三年（一五五四），官四川荣县知县，有惠政。旧志称其『学醇行谨，守洁才敏』，盖当时考程之语也。邦人重之。县治前有鸿渐坊，太守邓继曾为轩立也。继曾世庙时名臣，以直谏下诏狱，掠治④，谪金坛县丞，累迁至徽州知府，卒。其守宝庆，在嘉靖十五年（一五三六），独为轩立坊，知必有见重于贤守者，非仅以科名也。（据同治《新化县志》补）

俞 伦 靖州人。

顺庭训 江夏人。

钱 佑 新淦人。

张文明 石阡人。

李石岭 字国瞻，醴泉人，嘉靖三十四年（一五五五）乡举，由嘉定学正历荣县知县、商州知州，沈、唐二府长史。得政体。修仪饬教，不冠带不见诸生，即诸生亦鲜燕见者，犹有古意。万历二年（一五七四）任商州知州，长厚存心，严明莅政。『四知白壁坚操，百姓青天播颂』，此士民呈祀语也。及殁，身无长物。（据万历《嘉定州志》、乾隆《直隶商州志》等补）

范 楼 黔阳人。

张九思 韩城举人，隆庆中任。拓修城隍庙。多兴置，升夔州府通判。去后，民为立祠，入祀名宦。

乐继国 字子野，江西新建人，万历中任。建文庙奎阁，增置学田。城南安聚桥有《遗爱碑》。

王建元 临安举人。

刘汇征 陕西人，万历四年（一五七六）贡。（据道光《紫阳县志》补）

张接武 字肖甫，号云程，河南人。性英敏，气骨稜稜。万历二十五年（一五九七）选贡，任四川荣县令。山僻斗邑，政繁民猾。公莅任精明浑厚，以除害兴利为己任，劝农课士，剔蠹除

---

① 号：民国《志》误作『字』，据光绪《志》卷二十七改。
② 按：逋负，即拖欠赋税、债务。
③ 据万历《重修宁羌州志·人物六》，王梦魁曾任四川汉州知州。
④ 掠治：拷打讯问。

耗，移建文庙，诸善政腾民口碑。拮据三载，以丁忧回籍，优游林下十余载，至今乡人想慕。（据顺治《沈丘县志》补）

李乔岳　陕西举人。

陈　梯　北直人。

唐山斗　贵州举人。

王三重　云南举人。万历四十年（一六一二）仲冬，于锁江题辞『白云红叶』，刻壁。

杨崇忠　云南人，崇祯七年（一六三四）任。

蒋守洵　广西举人，全州人，成都同知。（据雍正《广西通志》补）

吴廷铉　甘肃徽州人。

黄　儒　字三未，福建永福人，天启七年（一六二七）丁卯戴震雷榜举人。爱民造士，升任时，父老泣送，并立去思碑于西南门外。入祀名宦。崇祯间，知营经县五载。赴京，舟遇暴客，群曰：『此黄营经，无相犯也。』后张献忠余党陷城，儒被执，悬其二妾于堂焚以吓之，儒不屈，骂不绝口，遂被磔，妾林氏、李氏皆焚死。乾隆四十一年（一七七六）赐谥节愍。（据乾隆《福建通志》《大清一统志》补）

孙光烈　昆明人，崇祯庚午科（一六三〇）解元。（据道光《昆明县志》补）

秦民汤　汉阳人，知荣县。崇祯十七年（一六四四），明末值献寇乱，公服端坐堂皇①，为贼所缚，骂贼不屈，贼攒射死，尽节莲花寺。入祀名宦。（据雍正《四川通志》、光绪《汉阳县志》等补）

荣县主簿②

彭　裕　巴陵人。

董　钺　河南人。

史　旻　枝江人。

周宗濂　贵州人，吏员。有弭盗救荒之善，民颂之。

杨国相　云南人。

王　鸾　杞县人。

郑　重　汧阳人。

李　弁　临潼人，吏员。

王文学　沔县人。

高尚礼　宁州人。

① 堂皇：官吏治事的厅堂。

② 主簿：官名。汉朝中央及州郡官府均置，典领文书簿籍，经办事务。三国魏末，丞相府置，员四人。西晋初，三公及位从公者加兵，始置主簿。东晋则诸公皆置，员二人。南朝宋、齐、梁、陈沿之。其品位秩级随府官长地位高下而异。北朝同。诸将军、五校尉等军府、列卿寺监、光禄大夫等皆置，品位秩级随府长官而不等。州、郡、县亦置。虽非掾吏之首，然地位较高，县之主簿较州之主簿更甚。隋、唐、五代部分中央及地方机关皆置，多掌监印，检核文书簿籍，勾稽缺乏，故有主簿为印曹之说。宋朝台省寺监沿置，职掌文书。辽、金、元三代为县府佐贰官，金正八品或正九品，元从八品或正九品。明制，詹事府、太仆寺、鸿胪寺、钦天监、苑马寺，及在外各县编户二十里以上者均可设置。属府、寺、监者典勾省文移之事，县主簿与县丞分掌巡捕、粮马之事。清制，于鸿胪寺、钦天监、太仆寺均设。鸿胪寺、钦天监所属为满、汉各一人，分别为从八品、正八品；太仆寺所属仅满员一人，正七品。分管各寺、监之章奏文移及档案事务。其办事机构称为主簿厅。另，县佐贰官亦置，无定员，视地方事务之繁简，事繁之县多至数员，事简则不设。正九品。佐知县掌钱粮、户籍诸事。

赖崇儒　金溪人，吏员。嘉靖四十三年（一五六四），由吏员任武昌县主簿。（据康熙《武昌县志》补）

汤敬元　宜兴人。

侯元勋　西乡人。

张尚资　咸阳人，监生。

耿文瑞　河西人。

林之澭　福建人。

陆梦旸　苏州人。①

荣县教谕②

夏伯时③　吉水人，举人，善启迪。

汪　敏　县人。举明经，授成都训导。秩满入都，诏奉天门进讲。议明音畅，授太子左谕，以侍养改县教谕。民国《志》按：黄大本乾隆《志·荐举篇》『汪』作『江』，殆一人。

钟　诚　庐陵举人，县教谕。诚心教人，未尝言利。入祀名宦。

刘　超　安福人，举人。

王　永　字孝思，昆山人，举人，县教谕。以易学授诸生，以八法启字学。修置祭器，诗文节操，允推师范。入祀名宦。《大石门》诗云：『久慕东川景，今过大石门。两崖高峭壁，一路曲通村。好鸟和春昼，清泉漱树根。若论忠义气，此路镇乾坤。』（据嘉靖《昆山县志》补）

罗　青　万历中任，督修学宫。

熊　经　云南人，举人。

胡　山　字拱辰，云南左卫人，明孝宗弘治十七年（一五〇四）举人。任四川荣县教谕，以母老乞归，家贫，唯杜门授徒，人号卷石先生，有著作藏于家。（据隆庆《云南通志》补）

孙　项　云南人，举人。

张　璁　汉州人。

连　佑　大理人。

杨春元　太和人。

杨一巾　龙阳人。

王汝材　玉山人。任合肥县教谕、训导。（据万历《合肥县志》、同治《玉山县志》补）

李会元④　云南人，举人。有《东郊谒崇仁祠》诗。

谢　聘　字席珍，楚雄人，贡生。县教谕。秉性谦冲，博览群书，未尝傲物，亦不妄取，与人皆仰之。晚年授徒，谆谆不倦，循循善诱，兴置学田，从游者多掇巍科致显仕。升任去。入祀名宦。（据民国《新纂云南通志》补）

---

① 旸：嘉庆《志》卷五作『阳』；苏州：嘉庆《志》卷五、光绪《志》卷二十七作『吴郡』。

② 教谕：官名。宋朝始置于太学附属小学，一至二人，掌训导、考校学生。徽宗崇宁四年（一一〇五），各州武学亦置。政和五年（一一一五），各路医学又置。南宋初，州学不置教授者亦置教谕一人，掌学事。元朝于县儒学及医学置。儒学由任满并考试合格之直学选充，任满后考查合格者再升学正、山长。明朝置为县学正官，不入流。每县一人，掌学政，教诲生徒。清朝沿置，改正八品。

③ 伯时：乾隆《志》同，民国《志》作『时伯』，据道光、光绪《吉水县志》改。

④ 会元：光绪《志》卷二十七作『会春』。

李从元　云南人。

周绍稷　永昌人，举人。

李　高　永昌举人。民国《志》按：黄大本乾隆《志》作『季高』。

刘　简　铜仁人，嘉靖三十五年（一五五六）贡，隆庆初任。撰《重修飞仙桥碑记》。（据万历《铜仁府志》补）

陈　万　临安人。

宋廷美　临安人，举人。

刘朝用　临桂人，县教谕。署县事八月，修葺学校，增广学田。慈祥恺恻，升任时，士民垂泣。入祀名宦。

徐加龙　贵阳人，举人。

石　磬　璧山人。

杨志道　昆阳人。

朱奉鑘　成都人，举人。

钱梦捷　富顺人，举人。

荣县典史①

黎　浩　九江人。

陈永学　江阴人。

萧　显　巴陵人。

周志荣　桂阳人。

瞿　珍　浏阳人。

樊　资　字文质，朝邑人。成化中，任荣县典史，慈祥恺悌。岁饥，出俸作粥赈济。群盗啸起，资督缮城池以保障，仍累单骑入盗党，盗感其恩信，解散。修城、捕盗、救荒有功，邑人伍性有记。去后，民为立碑。入祀朝邑名宦祠弘正间②，荣士大夫宦游秦者，多登堂拜谒，有泣下者。

其后人樊得仁生于荣，为分守参议，其《再过荣州诗》（其一）云：『我祖当年此宦游，我生宦邸七经秋。溪山乍见如清梦，耆旧相逢半白头。弭盗救荒成往事，筑城督捕尚传流。堇原墓道松楸合，遗绩应劳太史收。』民国《志》按：旧志入宋诗，误。（据嘉靖《陕西通志》、康熙《朝邑县后志》等补）

张　英　溆浦人。

郭守韶　桂阳人。

杨　成　太和人。

万　镃　黄陂人。

杨彦华　富平人。

王　鼎　麻城人。

郑仕兴　莆田人。

黄　金　沅陵人。

关　振　清江人。

欧　锡　资阳人。

---

① 典史：官名。元朝置，县衙和录事司各设一员，为首领官。掌衙门文书事务和管辖吏员。由路府州县司吏考满充任，一般可升为吏目。明朝沿置，为各县首领官，未入流，掌出纳文移。凡县不设县丞或主簿，则领丞、簿职，掌粮马、捕盗事。清朝亦置，为知县之属官，未入流，掌稽核狱囚。凡县不设县丞、主簿，则兼其职。例由儒士及吏员除授，亦以茶引批验所大使、厅州库大使、驿丞等升任。因元朝各县设县尉，主捕盗事，而明、清不设，多以典史任其职，故典史又别称县尉。

② 弘正间：弘治、正德年间。

马如圯　陕西人，县典史。崇祯十三年（一六四〇），死张献忠之难。赵熙诗：『野狗磨牙噬众生，微官殉国史无名。大名睒睒当天半，夜照荣山作火声。』

荣县学正①

张朝祖　庐陵人，洪武初任。洪武六年（一三七三）四月八日，降荣州儒学印，时判官马公辅、学正张朝祖，即唐之旧建学宫于桂林山。

徐福祥　威远人。民国《志》按：旧志列张朝祖前，今从黄大本乾隆《志》。

荣县训导②

胡子昭　字仲常，初名志高，县东川沟人。举明经，授本县儒学训导，时年二十一，闻方孝孺讲学汉中，解职从之。蜀献王赠以诗云：『促装何所往，驱车入汉中。』后升翰林院检讨，历官兵部侍郎。陈鎏《崇仁祠记》云：『弱冠，以经明行修，授其邑训导。蜀献王知其贤，荐于朝，太祖亲试延访，复称旨，升翰林院检讨，寻升刑部右侍郎。』与《传》稍不合。其为县训导，则一也。旧志轶。

伍　诚　县人。举明经，授县训导。

周　济　卫州人，举人。

叶　政　南昌人。

曹　钊　监利人。

阎　宗　云南人。

石廷瑞　同州人。

向　英　江陵人。

徐　锐　云南人。

梁　宾　麻城人。

吴惟中　万历中署。

黄　莪　与惟中同时，督修学宫。

李遇阳　贵州人，嘉靖十四年（一五三五）贡。（据嘉靖《贵州通志》补）

李　松　贵阳人。

李逢春　高明人。

何　仁　镇南人。

① 学正：官名。宋朝始置。初为太学职事之一。仁宗时，选差学生充任。神宗熙宁四年（一〇七一），选上舍生分经为之，每经二人。熙宁末年，始正式命官充任，并仍参用学生，遂有命官学正与职事学正之别。命官正九品，三年一任。南宋太学初置二人，后改一人，以命官充任。掌执学规、考核学生。元沿宋制，设于路、下州儒学及医学，由教谕、学录中选充。明朝设于国子监及州学。与助教、学录分掌六堂教务，并讲说经义文字，导约规矩。明初国子学即置，洪武十五年（一三八二）改国子学为国子监，定制三人，中都国子监一人。二十六年罢中都国子监，仅国子监设三人。永乐后渐定北京国子监十人，南京国子监五人，隆庆四年（一五七〇）革南京一人。各州儒学亦置，一人，不入流。掌教诲生员，著录生员数额，按月考察艺业，讲授功课。明初多由举人选授。职近府学教授、县学教谕。清沿明制，分设于国子监及地方儒学。国子监掌六堂中率性、修道、诚心、正义四堂。顺治元年（一六四四）始设，正九品，乾隆元年（一七三六）改正八品。掌经理南学事宜。地方州学亦设，正八品，掌本州生员教育，及评定生员品行优劣。

② 训导：官名，又称『儒学训导』。明清地方学校之学官。明洪武二年（一三六九）始置。各府州县学均设一人。分别为府学教授、州学学正、县学教谕之副职，分掌教授生徒之事。清朝相沿不改。无品。

向廷瑜 辰州人。

张　耀 资阳人。

陈时敏 筠连人。

胡文友 富顺人，隆庆间贡士。（据康熙《四川叙州府志》补）

雷都湛 忠州人。

唐　安 旧志：『乾隆二十年（一七五五），添修学署，于西偏掘得石像，镌「儒学唐安」四字，以当西址。』疑为明时训导。民国《志》按：崇庆古称唐安，而石仅四字，则人也，非地也。

七、清

清朝额设知县一员，县丞一员，典史一员，教谕一员。荣县旧设训导一员，雍正七年（一七二九）奉裁，移设威远县。威远县于康熙六年（一六六七）归并荣县，十三年（一六七四）复设，二十年（一六八一）仍归荣县，雍正六年（一七二八）复设。原额童生入学八名，详请增额四名，荣、威两学分占六名，廪缺各占十名，岁贡两学输出。荣县设教谕一员，威远设训导一员。（据乾隆《志》、民国《志》）

荣县知县

刘应时 字瑞生，浙江遂昌县人，拔贡，顺治间任。究心理学，力辟异端，尤不喜佛老家言，言动严正以明经。博雅多著述，优于造士。除四川荣县令，免运茶税盐引折色，卓有廉名，以诖误报罢。著有《易经解》《四书讲义》等书。从祀名宦。

陈　谟 湖广德安县人，举人。康熙二年癸卯（一六六三）任。重修启圣宫。

蔺　松 辽东人，镶白旗荫生，康熙六年（一六六七）任。恩威兼济，不事繁苛。撰有《白雀寺碑》。从祀名宦。

徐　腾 顺天大兴县生员，康熙十一年（一六七二）任。后吴逆倡乱，僭号曰周，荣地幸未遭蹂躏。

荆乔蕃 山西猗氏县三相坊人，举人，顺治十四年（一六五七）亚魁，康熙十九年（一六八〇）任。时吴藩僭窃，荣幸安堵。设法重修文庙，未成而解组去。赵熙曰：『八字可珍，史事之仅见者也。』（据雍正《猗氏县志》补）

韩苊光 字笃臣，高阳进士。性颖悟，喜读书，居家孝友，乡党重其德行，有声庠序。顺治十七年（一六六〇）、十八年（一六六一）联捷，文名籍甚，念邑志①修于前天启四年（一六二四），岁月既久，宜增叙，与孙文学紫渊辑订剞劂以传。

康熙九年（一六七〇），令河南中牟，创建广学院，设义塾，延师以教童蒙，培植人材，立会校文，亲定甲乙，重建大堂，续修县志。壬子科分校，多得名士。重修前任乔令蒲芦亭遗址。县南田薄，不敷完租，力请恳荒以代折，数立碑，示后人，赖之征收粮银，定限遵例，仅足解费。访古迹，知前陈令开陂七十二，

① 按：邑志指《高阳县志》。

相形浚渠，加一百二十，蓄泄以时。年有秋，治隣河柳梢，岁费不赀，详请减免。折狱明允，民无冤抑。二十三年（一六八四），任四川荣县令。是年冬月，文庙告成，芪光亦与有劳焉。以勤政安民为己任，咨访利弊，兴除是急。倡修县志。（据民国《高阳县志》补）

朱大任 字若仔，号淑庵，大冶人。顺治十一年（一六五四）举于乡，犹闭户攻苦，康熙九年（一六七〇）庚戌科蔡启传榜进士。选授四川井研县知县，升山西霍州知州，行取礼部祠祭司员外郎，加兵部武选司郎中，督理大通桥仓场，改按察司佥事，提督广西学政。研固岩邑，时逆党余孽未靖，携仆历蚕丛间道赴任，招集残黎，抚循备至。量移霍州牧，政尚宽简，两台以循良入荐，士民挽留，仿侯霸攀辕故事。迁春夏两部曹郎，接管大通桥，所至皆著政声。分校二闱，视学粤西，多得名下士。康熙二十四年（一六八五）署荣县，时修《明史》，四川纂《通志》，次年县《志》成，大任有《叙》。秩满，乞终养。卒年八十有四。（据同治《大冶县志》补）

易其极 湖广监利县贡生，康熙二十五年（一六八六）任，修县志。县志有《叙》，实县举人刘世璋纂辑。

高宏①贤 陕西岁贡，康熙三十年（一六九一）任。

陈士献 字梅亭，揭阳②盘溪人，康熙十七年（一六七八）举人。三十四年（一六九五）任。教养兼至，兴学校，劝农桑，重士爱民。两校蜀闱，均称得士。比去，士民爱戴，立生祠以祀。萧曹庙有《德政碑》，张容撰。卒年七十七，入祀名宦。（据乾隆《揭阳县志》补）

秦国辅 辽东人，康熙三十七年（一六九八）任。

王泽 山西拔贡，康熙四十一年（一七〇二）任。重修明伦堂，碑记存。入祀名宦。

蒋煌 字朗园，北海人。重庆分防黔江管辖土司军民府，康熙四十九年（一七一〇）秋摄任。重修启圣宫，有碑。

李鍄 字砺矼，直隶人，岁贡。学问淹博，以明经选房山训导。康熙四十九年（一七一〇）任。作育人材。改前明察院行台为凤鸣书院，至今因之。入祀名宦。

王国相 镶黄旗人，岁贡，康熙五十九年（一七二〇）任。捐俸十两五钱，买凤栖山为义冢，并古佛寺常住田。入祀名宦。

陈颙 湖广人，捐贡，雍正三年（一七二五）任。

王惟淳 陕西举人，雍正五年（一七二七）任。

杨镕 贵州举人，雍正九年（一七三一）任。

王发善 知府荣恩子。幼而失怙，世业中落，笃志力学，工于制举之文。为人温文静穆，饶有儒者气象。醉后则高谈雄辨，不得以方幅拘之。康熙壬寅拔贡，雍正癸卯举人。雍正十二年（一七三四），出知荣县。（据光绪《正定县志》补）

刘宗贤 字次颐，江夏人。雍正四年丙午（一七二六）举人，八年庚戌（一七三〇）进士。乾隆元年（一七三六）任，历官四川荣县、国子监博士。弟崇文由明经官靖州学正，子之照府

① 宏：乾隆《志》卷三作『弘』。

② 揭阳：嘉庆《志》卷五作『山东』。光绪《志》卷二十七云：『萧曹祠，康熙中生祠碑，作「广东」。』

贡生，侄之煦领乾隆四十四年己亥科（一七七九）乡荐，之炜县庠生。是科同榜进士五人：吴率祖，官四川南江县知县；刘国泰，官云南赵州知州；李之兰，官山西华阴县知县；陈道，官荆州府学教授。（据乾隆《江夏县志》补）

黄正维 钱塘县人，捐贡，乾隆五年（一七四〇）署。①

金尚素 山阴县吏员，乾隆六年（一七四一）署。

徐德龙 浙江海盐县监生，由县丞升授，乾隆八年（一七四三）任。乾隆十五年（一七五〇），丁母忧去任。乾隆十九年（一七五四）起复，仍以县丞用。

林斗魁 福建海澄县人，乾隆九年（一七四四）朱仕琇榜举人，十五年（一七五〇）任。（据乾隆《海澄县志》补）

黄大本 浙江嘉兴人，乾隆四年（一七三九）己未科进士。十六年（一七五一）四月任，至二十八年（一七六三）去，十二年中，缮城隍，葺书院，清义冢，修县志，令民掘塘筑堰，多所建置。士民至今称之。乡愚竞传克制风水，所谓一閧之市也。入祀名宦。有《旭川纪事》《己卯秋葺城工竣》《浚西河》《题龙山》等诗文。

王櫺芳 字云木，思深子，山西蒲县人，乾隆十三年（一七四八）戊辰科梁国治榜进士，二十八年（一七六三）署荣县。任四川威远县知县，勤政爱民，宽严得体。归籍后，教训子孙，口讲手画者无虚日。（据乾隆《蒲县志》补）

徐坦 山阴县人，举人，乾隆二十八年（一七六三）任。

张成器 江苏丹徒县人，生员，乾隆二十九年（一七六四）任。

贾廷彦 字吉士，阳曲县人，举人。由优贡入成均②，补正白旗教习。乾隆二十四年己卯（一七五九），领顺天乡荐。教习期满，拣发四川知县，历署江安、纳溪、永宁、荣经、江油等县。三十二年（一七六七），署荣县。所至约束胥吏，平心听断，不以武健严酷为尚。补清溪，为炉藏、云贵孔道，民户寥落，差使络绎。廷彦于办公之余，留心抚字，四载勤劳，疮痍顿起。调繁华阳，值金川用兵，挽输征造，必熟筹以便民。审案委积，尝至夜分，不敢惮劳。后有核赔粮运款项，华民请于上代偿之。未几，升忠州，权成都府篆，旋升潼川府，以外艰③归。时母年亦近八旬，患痰疾，日夕侍侧，延医调治，背负出入。暨母忧服阕，补四川龙安府，即古阴平道也。城东滨大江，城堤为江水所啮，捐廉倡筑，树柳堤上，以图巩固。修复先农各坛，建书院，购经籍，捐膏火，俾山僻向学。东南鸽子崖石壁峭立，下临大江，向沿木以渡，行旅过者眩慄，为修偏桥三里，如云栈式，往来便之。属邑江油中坝、太平二场，商贾辐辏，为江水漂没过半，阅视谕筑，逾年堤成，二场复初，人号为贾公堤。居龙安八载，廉俸以军需核减扣半，幕不延宾，案牍自理，内无眷属，上下十余人而已，燕客止五簋。擢延、建、邵道，民闻如失父母，濒行扶老携幼，攀留不忍去。既抵闽，委查各营汛炮位，往来瘴暑中，三月以疾告归。廷彦虽居专城，一尘不染，归装布被絺

① 乾隆《志》卷三作『黄正维，浙江人，监生，乾隆六年任』。
② 成均：泛称官设属地最高学府。
③ 外艰：旧指父丧或承重祖父之丧。

帷，无异计偕①时。卒年七十三岁。子澄，进士，官刑部主事。孙志先，贡生，候选训导。（据道光《阳曲县志》补）

于运恒　星子县人，进士，乾隆三十二年（一七六七）任。

王养源②　直隶曲周县人，举人，三十三年（一七六八）任。

李南晖　字仲晦，号青峰，又号西海云樵，通渭县人。生康熙四十八年（一七〇九）十二月二十八日。雍正乙卯科（一七三五）举人。

雍正十二年（一七三四）初，岁试即冠军，旋登拔萃。时严冬，单布袍而已。学使延请襄阅试卷，次年举乡试第七名。计偕北上，六荐礼闱不售。历主本省秦州、河南桐柏、陕西中部等书院讲席，所至称巨公。诗字留题，信口随手，多可传者。南晖潜心易理，尝读《系辞》，至『言行枢机』章，惕然曰『谨言慎行，殆学《易》之实际乎？』又至『圆神方智』章，复惕然曰：『斋戒洗心，殆学《易》之秘要乎？』在秦州时，画太极、河图等象于壁间而玩之。一夕梦古帝王召见，状貌衣冠若世所传，人祖者赐食物，次早观图，顿有所悟，自是体验益密，神明默成者三十余年。著《读易观象》，以为六十四卦三百八十四爻，与三圣所系之辞，无一语不自河图出者，盖从来儒者未发之旨。

乾隆三十年（一七六五），部铨四川威远县知县，政事之暇，即以观象玩辞为务，而修城、修志，以及桥梁、河堤、书院诸工作，百废俱兴，民心爱戴，欢若一家，呼所修万年桥为李公桥。

三十三年（一七六八），署荣县，爱民造士，守正不阿。四十四年（一七七九），引疾归田，士民乞留，不允，将为生祠以奉，南晖谢而慰之，曰：『吾当再至。俟西南城角有红灯，则吾来汝邑也。』回籍后，重订《周易》，独坐一室，虽家人不得辄入。

四十九年（一七八四）春，忽曰：『吾邑将有大难。』乃泥其稿于壁。未几，逆回为变，公助守，与令约死城上。既而，令托故去。南晖曰：『此非吾所矣。』归坐家祠，呼次子思沆、侄师沆侍左右，仆三儿亦持烟火侍。城既陷，俱以骂贼死。惟三儿获苏，则盘臂火绳灼肤矣。历言其被害状，闻者感泣。五月十六日夜，威远县西南城角有火光，邑人谓李公红灯至也。无何，殉难之耗至。贼既平，福文襄公至通渭，上其状于朝。奉旨以知府礼赐葬祭，加赠太仆寺卿，入昭忠祠。旋复奉旨祀乡贤，命史馆立传。所著诸书皆行世，惟《易象图说绪论》十卷、《读易观象惺惺录》二十二卷。于光绪九年（一八八三）冬十一月十二日，咨国史馆核办。十八年（一八九二）九月初三日，奉文允准六传。

南晖自书刻石云：『天地无可图报，只是勉力为善。圣贤无可图报，只是反己自修。君父无可图报，只是守身尽职。』又《过朝天峡》诗云：『呼吸风云近，人从天路行。山光低鸟道，水气湿猿声。改步千峰异，达观万壑平。可能通帝座，方寸向神京。』（据光绪《重修通渭县志》补）

林　儁　字西崖，大兴县人，举人，乾隆三十三年（一七六

① 计偕：指举人赴京会试。
② 源：嘉庆《志》卷五作『元』。

八）署。后由成都知府从征西藏，升盐茶道。陈臬开藩，其女公子适张仲治太守。所谓『不辞清瘦似梅花』者也。

王承广　惠民县人，乾隆进士，三十三①年（一七六八）署。（据光绪《惠民县志》补）

姜　绣　字锦凡②，贵池县人，监生。乾隆中，由三礼馆议叙选授山东章邱县丞，以卓异闻。旋丁内艰，服阕，补四川盐源丞，授汶川知县。乾隆三十四年（一七六九）署荣县知县。万寿寺书『万寿无疆』榜，至雅。叙滇省军功，升合州知州。上官廉其能，檄委随营办理金川军务，调酉阳知州，护建南道，督催粮饷，稽查台站，卒于三松坪。奉公尽瘁，咸悼惜之。四十二年（一七七七），合州士民吁请入忠义祠。（据光绪《贵池县志》补）

曾承谟　字从典，号噩斋，湖南临武县拔贡。幼颖异，长而躯干俊伟，弱冠饩于庠。乾隆十八年（一七五三），学使叶花南先生遴贡成均，廷试后，授职州判。二十二年（一七五七），拣发湖北，委署江陵县丞，司堤工，乃户置夫，圩置长，课民种杨柳，广积土石，数年，民无冲决之患。咨授蕲州别驾，在任六年，历署嘉鱼、谷城、远安、通山、黄陂诸县事。三十年（一七六五），制府吴公达善、抚军李公因培保擢知钟祥县，政均平，杜请谒。以外艰回籍，服除，部选得四川芦山令。三十四年（一七六九）调荣县。

甫至蜀，檄委监修威远城工，支发不苟，工民称便。三十六年（一七七一），值小金川跳梁，奉调出口，总理南路粮务，驻章谷。三十七年（一七七二），攻小金川，随营管理种台。三十八年（一七七三），随将军阿桂③进攻大金川，驻当噶尔拉。五月，题升成都司马。六月，西路攻噶尔拉失事。当噶尔拉旋亦被围，同事皆色沮，独忠靖自持，奋不顾身，将军阿桂益嘉异之。随参赞大臣富由约咱，从巴底、巴旺进攻得林卡马奈。三十九年（一七七四）六月，以督办粮饷功累官山西兵备道。堵筑河堤，捐俸建河神庙，晋人至今德之。（据光绪《湖南通志》、同治《临武县志》等补）

徐宗仁　京山人，举人，乾隆三十七年（一七七二）署。

符兆熊　字渭起，河南宁陵县人，监生。豪迈雄伟，志概不群。少习举子业，试辄不售，弃而学孙武家言，自多神悟。乾隆三十三年（一七六八），入赀为川省郁山巡检，有能声，上官器之。金川兵起，巴勒布犯顺，师出廓尔喀，先后十有余年，筹办粮储，综理军务，屡著多功。三十七年（一七七二），擢荣县知县，权忠州牧，任打箭炉同知，升顺庆府知府，调宁远府。到处利弊除兴，治绩称最。五十八年（一七九三），荐授四川盐茶道，改迁川东兵备道。逾年，苗民不靖，蜀、楚、黔三省骚动，乾州失守。督兵济运，军威大振，积劳呕血，卒于永绥戎幕④。事闻，照按察使从优议恤。子永培，荫州同。道光十年（一八三〇），入四川名宦祠，并崇祀原籍乡贤。（据宣统《宁陵县志》补）

李万青　济城县人，举人，乾隆四十四年（一七七九）署。

---

① 三十三：嘉庆《志》卷五、光绪《志》卷二十七作『三十四』。
② 光绪《贵池县志》卷二十一作『字斯才』。
③ 『桂』字原脱，据《桂阳直隶州志》卷十七补。
④ 戎幕：军府、幕府。

王尔昌　桐城县人，监生，乾隆四十五年（一七八〇）署。

涂长发　字松岩，江宁县人，举人，乾隆四十七年（一七八二）署。

张愈聚　陕州人，举人，乾隆四十八年（一七八三）署。

张兆星　江苏娄县人，举人，教习，乾隆四十九年（一七八四）任。

姚　灿　娄县人，监生，乾隆四十九年（一七八四）署。

魏守曾　广昌县人，监生，乾隆五十三年（一七八八）署。

马履中　贵筑县人，举人，乾隆五十四年（一七八九）署。

龚　巽　字木夫，江苏江宁县人，乾隆三十年（一七六五）举人，五十五年（一七九〇）任。巽以文章自负，多碑刻。（据嘉庆《重刊江宁府志》补）

关学闵　永安州人，廪贡，乾隆五十七年（一七九二）署。

徐日辰　奉新县人，举人，乾隆五十九年（一七九四）署。

余　英　会稽县吏员，乾隆六十年（一七九五）署。

席世翊　太湖厅监生，嘉庆五年（一八〇〇）署。

邹　光　宛平籍，直隶通州人，议叙，嘉庆六年（一八〇一）代办。

邵　良　大兴籍，常熟县人，吏员，嘉庆六年（一八〇一）署。

许　源　字汇泉，湖南湘潭人，乾隆三十九年（一七七四）举人。大挑[1]发四川，历署新都、汉州、内江、仁寿等县。遇勘验，皆自备夫马，不以扰民。知内江时，川中贼犯普州，窜县境，他县俱闭城自卫，民无所归，多投水坠岩死。源开城招纳，所全活甚众。严团堡，缮守具，誓以身殉。贼知有备，窜资阳大路去。嘉庆七年（一八〇二），补荣县。增书院膏火，修竖考棚，一意振兴。十年中，凡遇岁旱，虔祷荣梨山辄应。有『朱盖青骢按部来，悬知问俗每迟徊』等诗。

三台为潼川附郭邑，贼常出没，大吏檄源往治，安堵无警。逾年，回本任。嘉庆九年（一八〇四），分校蜀闱，称得士。源治荣久，百废具举，狱讼衰息，民气和乐。年七十，致仕归，士民追送至郡城，欲诣省会。郡守宋鸣琦留源小住，令于大佛寺集众谕遣之，众伏地哭不起，良久乃去。里居多义举，卒年八十一。

性情和平，尤喜提携寒畯。喜为文，与龚巽埒修县志，有《叙》。（据光绪《湖南通志》补）

周宏濂　嘉庆十三年（一八〇八）署。体恤民隐，除暴安良。

李　苞　字元芳，甘肃狄道州人，拔贡，乾隆癸卯科（一七八三）举人。铨崇信训导，以卓异推升广西阳翔县知县。嘉庆十五年（一八一〇），署荣县。丁忧，起复，授四川剑州、蓬州知州，官至山东滨乐分司盐运司，能于职，上宪器之。性好诗，在籍即与史联及李实之诸名士联社会诗。每公余，仍多吟咏，著有《牵丝诗草》《敏斋诗草》《巴塘诗钞》，吴松崖为之序。（据宣统

---

① 大挑：清朝从举人中选官的一种制度。清制，举人经会试三科未录取，即由礼部分省造册，咨送吏部，钦派王大臣面试拣选，称大挑。始于乾隆十七年（一七五二），每六年举行一次，十取其五。选取者分二等，一等以知县用，称大挑知县；二等以教职用。嘉庆十八年（一八一三）改为每四科大挑一次。

《狄道州续志》补）

狄梦钧 字文音，咏饶子，江苏溧阳县人，贡生。援例历任安徽池州、凤阳府通判，升庐州府同知，改补四川汉州知州。嘉庆十八年（一八一三），署荣县。（据嘉庆《溧阳县志》补）

陈汝秋 原名玉海，字颖甫，江苏宝山人，依仁子，居泗塘。乾隆五十四年（一七八九）进士，未授官归。主讲浙江温、台各府书院，诸生多所造就，入都铨选，贵显者皆敬礼之。嘉庆初，任四川威远知县，兼摄石柱厅。分校、省试，称得士。旋督饷戈壁，事竣，例得擢用，士民乞留，终于威远任。嘉庆十八年（一八一三），署荣县。（据光绪《宝山县志》补）

宫鉴桂 字补亭，云南昆明人，拔贡，由教谕以军功升知县。嘉庆十八年（一八一三）任荣县知县，建书院，设义学，举宾兴礼，作训民俚语以教世。庞靖侯祠，题『晴雨崖』于壁。

李应元 字超五，云南晋宁州人举人。乾隆五十七年（一七九二）壬子科中式第十八名。嘉庆十九年（一八一四）署荣县知县。性孝友，博学能文，设教于乡，从学者众，一以器识为先，蔡琼、李文耕、李廷璧诸人皆出其门。以知县分发四川，历知高县、荣县、新都、仪陇、丰都、绵竹、合江等县，并汉州知州，均著政声。合江民尤感戴，立祠祀之。为上官所倚重，遇疑狱，辄委讯，多所平反。致仕归，捐资修桥梁、道路，疏河改闸，置义地，及夫役乡保田。著有《十不可箴》《左传碎锦》，未梓而卒。（据道光《晋宁州志》、民国《新纂云南通志》补）

张　璟 湖北东湖人，拔贡，嘉庆二十二年（一八一七）署。

曹澍本 浙江仁和人，举人，嘉庆二十四年（一八一九）署。

陈之玓 号毓溪，安徽阜阳人。少孤，母程守节，教以读书，颖悟异常童。以拔贡举于京兆。嘉庆二十五年（一八二〇），成进士，官四川邻水县知县。莅任后，宽猛相济，风纪肃然。每坐厅事或行县境，辄因端教诫，其风气所偏，恒剀切言之，多感动。有兄弟讦控累年，令其长跪阶前，为之解说伦理，卒使愧悔，自相责勉，乃谕而遣之。其实心化导，皆此类。道光二年（一八二二），署荣县。丁母忧，后以病卒于治所。士民为立石以颂其德，名之曰没思碑。（据道光《阜阳县志》补）

杨岳东 字晓岩，一字愚山，山东宁海人，嘉庆十三年（一八〇八）进士。历官合州知州。道光三年（一八二三），署荣县。六月，修王庠墓。著《羲经精言》三卷。有『东坡仙人也，海外文更奇』等诗。（据民国《山东通志》补）

赵　时 字后杨，号①及庵，山东莱阳人。乾隆五十四年（一七八九）进士。道光四年（一八二四）任，有惠政。内严外宽，广置义学，崇重师儒，能断积年巨案。解组后，贫不能行，住荣数月，士民多送薪米，至今邑人思之。有《及庵吟草》一卷。（据民国《莱阳县志》补）

张翚飞 字昭宇，别字寅卿，广东四会人。烒中子。聪颖好学，嘉庆十八年癸酉（一八一三），得拔贡。时学政程国仁，号

① 号：民国《志》误作『字』，据光绪《志》卷二十八、民国《莱阳县志》卷三改。

为知人，翚飞与仲兄鹏飞同为程所赏识，谓之曰：『二子才学本相埒，而气宇不凡，弟颇胜兄。』遂拔翚飞，而以鹏飞陪。鹏飞虽为远近所推许，卒荐而不售。翚飞旋中式二十一年（一八一六）丙子科举人。

道光六年（一八二六）丙戌科进士，以知县签分四川，请假归，而父弑中已先一月卒。起复，赴川委办积案。有学官与诸生讼争产业者，翚飞判决平允，两造帖然。

九年（一八二九），委署荣县事，弭盗安民，政平讼理。爱才甚，所取士，召入署，亲教诲之。《代治及庵归装镜香亭》诗云：『波心端合置轻桡，花气撩人欲语娇。得似竹垞吟处否，夜间凉雨滴芭蕉。』注：竹垞有『荷花开满镜香亭』之句，亭在秀州。王橡山《和寅卿明府》云：『山县风流似水滨，一官萧散思无尘。镜香亭上邀诗客，自与荷花作主人。』『一镜红心艳六郎，间吟佳句酒生香。翻君雨打新荷曲，按拍依稀万柳堂。』『金鳌玉蛛护金銮，太液花时记昔看。万顷红莲翻绿海，酒边回首忆长安。』

序补彭水县，莅事如在荣县时。复设老人院，月给衣食，俾免冻馁。又捐建考棚，俾多士校艺时免嚣尘湫隘之苦。彭水士民甚德之，公送匾曰『悬鉴虚堂』，盖取陈良翰知瑞安语，非溢美也。在任三年，卒于任。

翚飞性和平，所为文如其人，尤耽吟咏，有《隆溪草堂稿》若干卷，兵燹后亡失。惟己丑之任蜀中留别诗四首今尚传诵之。子六人：锡荃，增贡生；锡荷，岁贡生；锡璜，廪膳生。（据光绪《四会县志》补）

马映辰　字钟房，顺天府宛平籍，通州进士。兄映奎、映壁，弟映垣、映台、映庚、映杓、映阶，同怀八人，并健于文。春秋朋试，方驾一时。道光十年（一八三〇），知荣县。猓①乱，捕得百余人，大吏将骈诛，辰请释其胁者。同知马边，用威用爱，善得夷情。历知辰州、铜仁府，归。辰少窘于遇，把文谒京师，沾其绪余，咸致腾达，辰落拓如故也。既通籍，为守令有声，衰年解官，干于里务，筑亦陶园，徜徉以终。（据光绪《通州直隶州志》补）

吕伟崃　安徽旌德县监生，候补知州，道光十四年（一八三四）署。

陈长墉　广东揭阳县人，拔贡，道光十五年（一八三五）署。为碾运军米，买谷还仓，捐银八百两。朝考二等，历任四川开县、荣县、新繁、安岳、富顺等县知县，升授雷波厅。（据光绪《揭阳县续志》补）

万同福　江苏武进县人，监生，道光十七年（一八三七）署。

胡　沄　浙江绍兴②人，道光三年（一八二三）进士，十八年（一八三八）任。沄善相地，为固伦公主选葬，上称为高雅。尤精拳技。在荣无可纪之绩，而留别极拳拳，有『戏场何必认为真，圣主亲呼高雅人』等诗。

① 猓：旧时对彝人的蔑称。
② 绍兴：光绪《志》卷二十七作『会稽』。

徐凤翔　贵阳①人，监生，道光十九年（一八三九）署。

白荣宰　陕西神木人，喀喇沙尔印房额，道光二十一年（一八四一）代办。

克星额　镶白旗伊犁笔帖式，道光二十一年（一八四一）署。

王培荀　字②雪峤，山东淄川人，道光元年（一八二一）举人，二十一年（一八四一）任。喜著述，励士以学，文风丕振，旧所无也。经术湛深，识解超卓。凡阅生童课卷，不惮斧削讲解，邑文风自此大振。公余辄以读书著述为乐，刻有《管见举隅》四卷、《寓蜀草》四卷，又集有《听雨楼随笔》十卷，纂修邑志六卷。更与山长、诸生倡和，都为一集，名《吟杜诗钞》，风流儒雅，倾倒一时。能作孙过庭书，胜其诗文。有《署中杂咏》《凝翠楼落成》等诗。（据民国《山东通志》补）

李　珣　号东璧，山东济宁州人，嘉庆二十三年（一八一八）举人，道光二十三年（一八四三）署。（据民国《山东通志》补）

洪瞻陛　字书云，又字雨芗，号书林，浙江台州临海人，枰孙，道光间恩贡。道光二十九年（一八四九）署。县中社仓，向由胥吏司管钥，民甚病之。侯特颁藩宪章程，归士民主办，由是民沾实惠，社首亦免赔累。至今社谷贻利无穷，皆侯倡始之功居多。捐廉助赏，人才因之辈出。至于严绝苞苴，划除奸蠹，案无留牍，狱无冤民，尤难殚述，蔼然古循吏也。年余去任③，士民怀之，为立去思碑。颂曰：『善用兵者，无赫赫功；善为政者，无烈烈风。公固循良，不矜施济，士习民风，日新月异。裕我仓廪，振我文章，我公之德，没世不忘。』后闻其卒，祀木主于谷神祠。著有《台郡形胜记》《书林拙存稿》。（据民国《台州府志》补）

郑尊仁　字仰山，福建闽县人，监生，道光三十年（一八五〇）任。

国　英　京口驻防旗人，咸丰二年（一八五二）署。

赵友泰　广东人，监生，咸丰四年（一八五四）署。借寨堡事兴大狱，幸大吏察之。

姚宝铭　字④蓝坡，福建福州人，道光二十五年（一八四五）进士，历官四川华阳、巴县、荣县、富顺、大邑、犍为各县，涪州知州、泸州直隶州知州。大计卓异，恺悌爱民，鞫狱不以刑，蜀人有『姚婆婆』之称。

咸丰五年（一八五五），署荣县知县。履任后，示《政约》二十条，大要惩奸刁，屏供应，清衙蠹，整团练，皆切时务。坐堂皇视事，观听如堵，不之禁。课士捐廉加赏，与生童讲晰娓娓不倦，聘山长，不徇上司之荐，务求己所心信者。邑有闲款，上宪札提，侯据绅民禀恳留作地方公费申覆，又虑保甲团练劝捐不敷支用，谕买社仓息谷，济仓余谷，发借生息，以备不足。由是公事举，而通邑无派累。次年正月去任。虽在官仅百余日，而颂

① 贵阳：光绪《志》卷二十七作『安徽青阳县』。
② 字：光绪《志》卷二十八误作『号』，据民国《志》、民国《山东通志》卷一百二十九改。
③ 年余去任：光绪《志》卷二十八同，民国《志》卷十作『去任余年』。
④ 字：光绪《志》卷二十八作『号』。

声载道。民闻其去，皆叹息，甚有泣下者，竞为立去思碑，以志其德。颂曰：『矫矫元之，公其后身。仁慈如佛，威重如神。公来何迟，公去何速？德动四民，官居百日。民怀众母，士庆名师。公身虽去，公德常贻。』

涪州筑城，公帑不继，捐廉俸成之。甫竣工五日，石达开兵至，围攻三年，不能下。功令：被掳民发过三寸者杀，宝铭置尺较常尺长寸余，赖以全活者无算，涪人德之，建生祠，春秋报赛①，曰姚公。（据民国《闽侯县志》补）

刘齐衢 字②绮田，福建福州人。道光辛丑（一八四一）进士，以即用知县签分四川。补兴文，地僻土瘠，任三年，民安其治。

咸丰五年（一八五五）署荣县知县。德气睟然，见士民蔼蔼如家人。凡地方事，虚心延访，绝不矜才使气。办公勤慎，尤加意团练。每校阅团练，不惜捐廉优赏，以故人咸奋武，户尽铸兵。李太守来阅，嘉叹久之。在任几二年，举事无所变更，亦无奇功可见，而士悦其德，民服其化，如子弟之从父兄，但觉其安而已。性尤谦退，尝谓案牍纷纭，日在过中而不觉。有送万民伞、德政匾者，皆峻拒之。将去任时，士民约遮道饯行，未五鼓，单车驰去。比至，乡市迎饯者相望，或至泣下，侯亦哽咽不能声，士民相与立去思碑。颂曰：『公心慈厚，公性谦冲。如夏之莆，如春之风。保我疆宇，谷我士女。德重荣山，恩流旭水。《甘棠》思召，《黍苗》思郇。公车不复，悠悠我心。』

旋调补江津。江津，大县也，处冲要，多支应，日驰道路间且弗给，抚字折狱几无余晷。任江津两年，丧乱之余，用耗倍平时，格于例，不能尽报销，齐衢不之顾。有不足者，必称贷，事集而后已，因而债负巨万。旋因劳卒于官，年尚未五十。籍绅御史袁方城等列名二百余人禀当轴，请免追任内亏短杂项，四乡闻之，争投资以资归柩。（据民国《闽侯县志》补）

宋恒山 字③紫临，直隶天津人，举人，咸丰七年（一八五七）署。临政尚宽简，凡惩奸剔弊，布惠恤刑，善政无不举。邑中命案诸费，向派乡邻，胥役乘奸鱼肉，民多荡产。侯捐廉，屏除一切，为酌条规，颁四乡，一洗积弊。值岁歉，斗米千钱，请于上司，减价粜社谷三分之一，活民无算。公项积有赢余，虑其日久弊生，谕绅粮买田，收租以资公用。民有争讼，随诉随结，无留牍相验。凡下乡，不用跟役、行厨，闾里无丝毫扰。卸任时，犹捐廉聘山长，广学储材。将去，邀邑绅作平原十日饮，官民俱依恋不能舍，为立碑于姚、洪、刘三尹之次，作屋宇覆之，号『清官亭』，今将百年矣。颂曰：『汉宏唐璟，吏治兼长。得公继美，可号三良。清慎勤明，谈何容易。公任一年，公量百世。性非嗜酒，乐与人同。饮和食德，长怀醉翁。』人犹传四君子见德不见才，见化不见政，古《循吏传》中人，信乎乐只父母也！

傅　翼 江西人，举人，咸丰七年（一八五七）任。

葛福绥 字椒坡，福建侯官人，举人，咸丰八年（一八五

① 报赛：古时农事完毕后举行谢神的祭祀。
② 字：民国《志》卷十同，光绪《志》卷二十八作『号』。
③ 字：民国《志》卷十同，光绪《志》卷二十八作『号』。

八）署。（据民国《绵竹县志》补）

张锡庆 江西人，举人，咸丰十年（一八六〇）署。到任十九日，殁。

罗廷权 字①鉴平，云南昆明县人，举人。咸丰十年（一八六〇），署荣县。是年，滇匪李、蓝二逆倡乱，往来县南一带，而城守未具。侯至，培城堡，修器械，积刍粮，为守御，计日到四门稽察出入。及贼近，令士民乘城，亲自巡视，常数十夜不寐，综理精核，布置有方。其有德于荣者匪浅。

同治九年（一八七〇），任资州，贼皆不敢至。若非公之神速，焉能免害？是岁，发济谷二千石，又捐银一百两倡首，复劝各乡捐赀平粜赈济。（据光绪《资州直隶州志》补）

申　诰 陕西汉中人，廪生。同治元年（一八六二）任。

陈松龄 晋江人，举人，同治三年（一八六四）署，颂南族也。

国　璋 字②子达，本赵氏，投蒙古旗籍，京口驻防蒙古旗人。同治四年（一八六五）署。年少喜事，媚官者遂颂之，为浊习也。性慈祥，善听断。甫下车，即令代书录讼师名，尤不时躬亲私访，奸宄遂敛迹，尝于除夕发米赈济。其培武庙，禁演戏，俱有裨风化。于汪家坝摩崖书『忍气』二字跋词，劝民息讼，令人兴起焉。

李铭书 监生，同治六年（一八六七）署。

谢伯春 字仁圃，号③霭廷，河南信阳州人。道光十七年（一八三七），以第十名举于乡选，授考城县教谕。时捻匪肆扰，屡围县城，几殆。伯春帮同县令督率民兵竭力防御，昼夜梭巡，抚循士卒，镇定人心，令贼无隙可乘，城赖以全。以功保奖知县。

同治五年④（一八六六），选授四川荣县知县。宅心仁厚，丰度端凝，为政持大体。适值境内教匪啸聚，党徒甚夥，图谋不轨。伯春亲率兵役，出其不意，直捣巢穴，捕获匪首数十人，诛之。得匪册数万人，对众焚之，曰：『此皆乡愚受人蛊惑，吾不忍以升官故，多行杀戮也。』邑生童膏火向归房书经管，年久，几不继。侯为立案附局，用期杜弊垂远。暨奉督宪饬立讼费衙规，侯集绅粮，照章议覆十六条，镌碑城隍庙。及《留别》诗有句云：『读书漫道为官好，养子方知作母难。』其慈惠之心，已可概见。颂曰：『公怀淡定，慈惠为师。慎求刑允，清恐人知。留浑朴风，绝苞苴路。爱士爱民，同其好恶。名追太傅，政媲宣城。公归于洛，公德在荣。』

六年（一八六七），充四川乡试同考官。七年（一八六八），调盐源知县，以亲老道远，不果行。十年（一八七一），丁父艰回籍。终制，起复到部，授东城兵马司，未几，卒于任，享年六十七。著有《憩云山房诗稿》。（据民国《重修信阳县志》补）

马佩玖 河南人，举人，同治九年（一八七〇）署。能书，以吴郡法作龙门书院榜，颇振动，惜市人误毁之。

---

① 字：光绪《志》卷二十八作『号』。
② 字：民国《志》卷十同，光绪《志》卷二十八作『号』。
③ 号：民国《志》卷十作『字』。
④ 五年：民国《志》卷十作『六年』。

沈　鑫① 同治十一年（一八七二）署。民号之沈马棒。临去，与民挥拳，卧地不起，盖亦官态中罕见者。

吴师贤 字齐之，贵州黎平人。道光二十三年（一八四三）举人。同治十二年（一八七三）任。治县久，人称曰吴婆婆，谓其老而慈，无能为已。

涂翔麟 号恩九，江西安义人，举人。性成纯孝，品望攸归。未达时，父老家贫，常馆于数里之外，夜必疾趋而返，手奉甘旨，俟父食毕，解衣睡，乃奔回馆中，为作夜课。如是者以为常。及父没，哀礼兼尽，其孝可风云。道光二十六年（一八四六）举人，为四川雅安知县。光绪元年（一八七五）署。煦煦为仁，终愈于暴戾者。（据同治《安义县志》补）

苗本植 湖北江夏县人，监生，嘉定府经历、乐山县知县。光绪元年（一八七五）七月，代办者三矣。（据同治《嘉定府志》补）

徐传善 字子刁，号春漪，驻防广州正黄旗汉军丰年佐领下人。同治七年（一八六八），署资州。清廉自矢，听讼明允，尤嘉惠士林。每次官课，捐金数十两，加添膏火，寒士赖之。近年，委员过境，自道府以至杂职，均由急公局备办席棹，渐次加多，每岁需钱或五六千钏，或七八千钏不等，民常病之。徐主禀宪，分别裁减，惟道府以上大员仍照旧章支应，以下大加裁汰，定章立案，一切程仪均由官送，毫不累及民间。至两湖椿马署中杂费，以及过道差务，共计二十条，一并请裁，饬令刊碑，民咸德之。

光绪元年（一八七五），署荣县，亦有善可纪。性恺悌，胸次光明，尤神于听断，凡手判案件，两造无不折服。邑地丁胥吏浮征，流弊颇重，公为酌定章，请大府俾一持平，铸碑以垂久远。署内丁差、公干、夫马，誓不妄用局钱，比旧省支过半。复谕绅粮捐助税底，置业收租，作为育婴恤嫠费用。其他月课加奖，宾兴助卷，施衣药以济贫病，诸惠政不一而足。后邑人感公德，拟设长生位于谷神祠，与洪公雨芗后先媲美，继思城外罗汉寺，乃侯判归同善局，以其息作婴嫠费者。因即寺中建龛，撰有《生祠记》，并立去思碑。颂曰：『惟我徐公，乐只君子。同好同恶，士民仰止。如鉴斯清，如衡斯平。折狱惟允，用洽舆情。利普大同，弊除已甚。惟克果断，浇漓自靖。随车雨泽，载路口碑。公来群喜，公去群思。』（据同治《会理州志》、光绪《资州直隶州志》补）

张迩遴 宁夏人，进士，光绪二年（一八七六）署。用刑猛，人称张破皮，然而县治。

庄定域 字范邨，武进人，监生，光绪三年（一八七七）署。除恶亦猛，偶画小幅奖士，亦为政风流也。

王峨峰 字桐华，直隶河间府交河县人，实录馆供事，议叙从九，加捐通判，光绪四年（一八七八）署。以津捐重收案，罣吏议革职。

葛起鹏 字味荃，溧阳人，举人。威远傅光弼为解首，即葛所得士。光绪九年（一八八三）署。性矜大，然以振厉文字为己任，王培荀后所无也。

---

① 鑫：光绪《志》卷二十七作『金』。

唐选皋　字直夫，贵筑人。同治九年（一八七〇）举人。光绪二年（一八七六）进士。由工部主事改官荣县，十年（一八八四）到任。久于荣，熟悉民事，见闻中无其比，政多实益。当时无盛名，及其去，遂无趾美者，故民久而弥思之。继任汉州、兴文，调名山。所至有政声，而于荣先后十五年，治绩尤为卓著，以光绪二十六年（一九〇〇）卒，年五十有三，归葬贵筑，属之青崖。（据民国《贵州通志》补）

杨　谟　光绪十一年（一八八五）乙酉科举人，县令唐选皋以试事调闱，谟代理四阅月。

萧延禧　湖北副贡。光绪十二年（一八八六）冬，由大竹来署，匝月去。十三年（一八八七），署大足县知县。（据民国《大竹县志》补）

孟积伸　字引之，富平人，举人。其气暴，尝有甲乙讼者，笞乙而枉，则笞甲以谢之，行多类是。然不孳孳为利，是其长也。光绪十九年（一八九三）署。

屠瑞椿　字荫堂，武进人，光绪二十二年（一八九六）署。和易近情。

陈夔麒　字幼石，贵筑人，光绪十七年（一八九一）举人，二十五年（一八九九）署。唐侯自是离荣。

孟桂廷　字鹿苹，光绪二十六年（一九〇〇）署。

濮景贤　字丹五，江苏人，濮士从子也。有才，故不以贿败。

杨锡澍　字克绳，贵州人，举人。光绪二十七年，署荣县知县。不循官中常度，人颇非之。县有公务，司之者号局士。大氏公正之人，亦有奴性者，一意趋媚官吏，故其所非未必尽非，其所颂几无官而非父母矣。

唐枝中　字薪传，乐平人，光绪九年（一八八三）癸未科陈冕榜进士，光绪二十九年（一九〇三）署。恂恂无市气。（据光绪《平乐县志》补）

王　郅　字佩秋，怀宁人，举人，祖俊，父廷庆。郅性和厚，少失恃，与兄郊、祁、郰极友爱。秉质聪颖，出辄惊长老。年十六入邑庠，与友人开诗酒社，植花种竹，或遨游为乐。帖括学非所屑也，然每一拈笔无不胎息①近古。试辄冠其曹。

同治十二年（一八七三），膺优选入都，以中书供职内阁，旋署侍读。光绪十四年（一八八八），中顺天乡试，出任四川城口厅同知。光绪三十年（一九〇四），摄荣县。旋授理番抚夷府。听讼，无疾言遽色。尝创立学堂，躬亲讲画，大吏以勤政爱民旌之。故事，土官承袭，岁纳数百金，郅悉以佐生徒膏奖。光绪二十九年（一九〇三），分校乡闱，称得士。会巨魁陈匪为变，督捕获之，全蜀赖以安。著有诗草，俊逸清新，惜多散佚。（据民国《怀宁县志》补）

苗立勋　字秋谷。

陈熙辅　字佐卿，宝应人。凡俗吏如鱼游浊水，庸庸自得，君能与前后任异。光绪三十二年（一九〇六）署。

赵维新　字笠珊，丰城人。

萧培芬　字蕙畬，邑增生，乡试屡荐不售，援例捐县丞，历

① 胎息：师承、效法。

署涪州鹤游坪州判及绵州丰谷井通判。任内拿获匪魁梁朝堂，记大功七次。光绪三十一年（一九〇五），川督锡公奏保，以知县留原省补用，历办成都、华阳、新津各县盐运差。嗣署荣县知县。任内又拿办全海龙、陈昭武二著名匪首，记大功十三次。宣统初年，调署荣经县。下车伊始，路事①发生，闾阎②告饥，势甚危迫。培芬苦力干旋，撑持至四十五日之久，卒使内忧外患渐次销灭。未几，驻藏大臣傅华封率师万余，意图晋省与川督内外加攻，驱逐民军，所过州县，肆行屠杀。至荥经，即开名单，密令照单拿办。培芬查单内所列，均系正绅良民，情为恻然。有王崧兰等先已被巡防军拘执，至是，必欲致之于法。培芬曰：『杀人媚人，予岂为之？』乃强项辩白，至以去就争之。于是，众得以免，而崧兰亦释，地方卒未大受害。事平，培芬情笃孝养，决意解组，邑人士再四挽留后，知不可得，乃倡建生祠，以志不忘。培芬归未久，旋丁外艰。服阕③，奉桂省大吏电，委怀集厘税。越年，任东兰县令，积劳成疾，乞休归，卒于里第。川桂吊唁函电交驰，荥经士庶集至千数百人，就生祠内追悼，如丧考妣。培芬之德泽，可谓入人深矣！论者尝以方之尹翁归、廉叔度云。（据民国《昭萍志略》补）

李淇章　字竹溪，陕西城固人，举人。父鉴，由进士官浙江会稽、缙云知县。兄瀛章，岁贡，同治初，殉难本籍。淇章甫成童，侍母避难汉中，城陷，被胁至安徽，乘间逃出，投提督尹某。尹爱如己子，送开封私寓，延师教之读，而淇章思母切，往往中夜泣。适戚党高华见之，以达于从兄汉章，汉章亦进士，宰山西荣河。迎淇章并其母至官舍，母子相持哭失声。久之，奉母归里，家贫甚，昼夜苦读，旋入庠。

光绪己卯（一八七九），举于乡，会试不第。大挑教职，授韩城教谕，援例改知县，分四川，以办赈劳，加同知衔，历权西昌、金堂、荣县，补西充。其任西昌也，岁大饥，淇章捐廉赈粜，仿元人法，计丁口，揭红帖，五日为期，数月活民无算。县境番夷杂处，多剽掠，乃擒治盗魁，余党敛迹。民妇某氏，独行林麓，为强暴所逼而死。淇章捕诛其人，并勒石以表烈妇。红灯教匪蔓延，金堂焚教堂，杀教民，毁其屋千余间。淇章至，则简团练，固城守，减赔偿，民心大安。值岁旱，募捐请款赈粜兼施，饥而不害。总督岑春煊、锡良先后以政绩入告，传旨嘉奖。任事五载，新旧政次第推行，事举而民不扰，邑人尤德之，积劳遘疾。始莅西充，听讼之余，劝课农桑，精求缫丝法，民间得利十倍。累保在任候补同知直隶州，以知府用。宣统纪元，引疾去任。民国后归里，未几卒，年六十四。（据民国《续修陕西通志稿》补）

柳荫春　字采溪，湖北人，举人。

① 路事：指清宣统三年辛亥（一九一一），在成都发生的为维护川汉铁路商办修筑权，反对将铁路收归国有的风潮。历史上称为保路运动，保路运动直接触发了四川民众的反清起义。
② 闾阎：泛指民间或平民。
③ 服阕：守丧期满除服。

荣县县丞[①]

荣邑旧设白沙盐司一员、桐麻盐司一员，因二处盐井崩塞，盐司奉裁，贡井旧隶富义厂，属富顺管办盐务。雍正八年（一七三〇），分地分井，特设县丞一员，分驻贡井，专司配截盘查之责，就近稽察地方，佐理县事。（据乾隆《志》补）

黄永纯 江山县人，雍正八年（一七三〇）任，雍正九年咨参。（据同治《江山县志》补）

胡霖生 南乐县人，监生。雍正十年（一七三二）任[②]。

吴思源 泰州人，监生。乾隆元年（一七三六）任。

张　海 钱塘县人。乾隆二年（一七三七）署。

刘大麓 岁贡，济宁州人。乾隆二年（一七三七）摄。委办铜务被议。

徐德龙 荣县兼摄。

葛立经 昆山县人。未满吏，十二年（一七四七）署。

刘度英 正红旗汉军，监生。乾隆十四年（一七四九）署，调垫江县县丞。

杨耀曾 阳湖县人，监生。乾隆十四年（一七四九）署。

郑　言[③] 江苏人，监生。乾隆十五年（一七五〇）署，因公詿误[④]。

黎常淇[⑤] 广州府人，捐贡。乾隆十六年（一七五一）署。

丁　泂 府经历。乾隆十八年（一七五三）署。告病回籍。

林良景 平远县人，监生。乾隆十九年（一七五四）署。

王世显 浙江仁和县人，乾隆丙辰科（一七三六）副榜。乾隆十九年（一七五四）四月任[⑥]，二十五年（一七六〇）正月调保县，分驻通化，理县丞。

倪　鹏 直隶永平府临榆县人，监生，捐纳县丞。二十五年（一七六〇）三月任，二十七年（一七六二）五月丁内艰解任，服阕，借补布政司照磨。三十七年（一七七二），大兵剿金川逆匪，委赴西路随督辕听差。三十八年（一七七三），木果木之变，登春失守，遇贼被困，死之。事闻，赠銮仪卫经历，赉白金一百五十两祭葬，崇祀忠孝祠。（据民国《临榆县志》补）

吴　敬 钱塘籍，大兴县人。乾隆二十七年（一七六二）署。

史绍雍 陕西洛川县人，拔贡。恭俭孝友，乐善好施，见推乡里。乾隆二十七年（一七六二）十月，以拔萃任四川荣县贡井

---

① 县丞：官名。战国置，为县令副佐，协助县令治理一县政事。秦汉沿置，员额多为一人，秩四百石至二百石，由中央任命。职掌文书及仓狱事宜。三国，魏大县县丞秩四百石，八品；次县、小县九品。南朝宋皆九品，但不常置。北齐邺、临漳、成安三畿县及外县皆置，皆从九品上。唐朝按县等级置一至二员，阶由从七品上至正九品下不等。宋朝自仁宗天圣四年（一〇二六）始置，以有出身幕职、令录充任。辽、金、元均设。元朝上县丞正八品，中县以下不置。明朝为知县佐贰官，正八品。分知县政，掌粮马、巡捕之事。编户不及二十里之县不置。清朝大体一县设一员，正八品，事简之县或不置，职掌同。

② 十年任：乾隆《志》卷三作『雍正十年任咨参』。

③ 言：乾隆《志》卷三作『琰』。

④ 詿误：因过失或牵连而受到处分。

⑤ 淇：嘉庆《志》卷五作『洪』。

⑥ 民国《志》作『二十年署』。

丞，尝摄县篆。子宗丑，岁贡。（据嘉庆《洛川县志》补）

蒋尚仁 贵筑县监生。乾隆三十一年（一七六六）署。

高 瑛 镶黄旗汉军，拔贡。乾隆三十三年（一七六八）署。

林 儁 荣县知县，乾隆三十四年（一七六九）以县摄。

曾承谟 荣县知县，乾隆三十四年（一七六九）以县摄。

蔡倬立 广宁县人，监生，尝任大竹、邻水知县。乾隆三十五年（一七七〇）署。（据道光《广宁县志》补）

徐世经 汉阳县人，监生。乾隆三十五年（一七七〇）署。

陈宝田 山阴县人，监生。乾隆三十六年（一七七一）署。

徐宗仁 荣县知县，乾隆三十六年（一七七一）以县摄。

潘士名 德清县人，供事。乾隆三十九年（一七七四）署。

徐麟趾 永清县吏员。乾隆四十年（一七七五）署。

沈士镒 吴县人，监生。乾隆四十年（一七七五）署。

吴 熠 安顺府人，捐贡。乾隆四十一年（一七七六）署。

王尔昌 桐城县人，监生。乾隆四十三年（一七七八）任。

蒲滋馨 临潼县人，监生。乾隆四十三年（一七七八）代。

许凝文 字能平，安阳县人，拔贡。乾隆四十五年（一七八〇）署。以孝友称，任四川绵州州判。赴任时，路经兰溪，江水暴涨，漂没居民。凝文出金，招舟子捞救溺者，得尸则百法疗救，必期甦苏。凡再信宿始去，叩谢者欲求画像，为立生祠祀之，凝文固辞，乘间去。署汶川县。有孝子负父骸，夜被窃去者，号泣几不欲生。凝文慰止曰：『窃欲盗金耳！非金必置。』乃亲率胥役寻之，得于邸旁草中，人服其明。苏胡氏孀居，抚孤子浩，方八岁，被苗人窃去，氏竟悲死。凝文闻，传土官宣谕，因动以礼义，浩得归，而苗人窃掠之风亦顿息。丁艰，服阕，借补福建岚下县丞，署建安县，有惠政，以病卒于官。（据嘉庆《安阳县志》补）

王尔炽 桐城县人，监生。乾隆四十六年（一七八一）署。

万钟①**濬** 昆明县人，监生。乾隆四十九年（一七八四）署。

江 雯② 吴县人，议叙，乾隆五十年（一七八五）署。

金惟熙 清浦县人。乾隆五十年（一七八五）任。

魏守曾 广昌县人，监生。乾隆五十年（一七八五）任。

彭良简 南昌县人，议叙，乾隆五十二年（一七八七）署。

张熙赓 字乃庭，闽侯县人，乾隆三十六年（一七七一）举人，尝官四川资阳县知县。五十二年（一七八七）署。有《乃庭诗稿》。（据民国《闽侯县志》补）

关学闽 永安州人，廪贡。乾隆五十六年（一七九一）署。

周朝元 大兴县人，议叙，乾隆五十七年（一七九二）署。

宋法祖③ 江宁县人，监生。乾隆五十八年（一七九三）署。

江镇西 大兴籍，武进县人。乾隆五十八年（一七九三）署。

① 民国《志》按：钟，《盐法志》作『宗』。

② 江：嘉庆《志》卷五、光绪《志》卷二十七作『姜』。

③ 宋：嘉庆《志》卷五作『朱』。

李太青[1]　武安县人，附生。乾隆五十八（一七九三）、六十年（一七九五）署。

俞　燕　大兴县人，议叙，乾隆六十年（一七九五）任。

童升阳　德清县人，监生。嘉庆元年（一七九六）任[2]。

邬　光　宛平籍，直隶通州人。议叙，嘉庆五年（一八〇〇）署。

王钟钫　字罗山，嘉善县人，监生，启焜孙，尝任四川打箭炉同知。嘉庆七年（一八〇二）署。（据光绪《重修嘉善县志》补）

陆世潮　元和县人，监生。嘉庆十一年（一八〇六）署。

张敬书　宛平籍，阳湖县人。贡井县丞，嘉庆十二年（一八〇七）任。嘉惠旭川书院，颇得士民心。

钱乔云　江苏长洲人，监生。道光元年（一八二一）任。

孙家蓝　直隶清苑吏员。乾隆五十五年（一七九〇）署镇洋县丞事。常摈傔从[3]，茶坊酒肆混迹齐民，见有赌博酗酒及欺侮平人者，用言劝谕，不听，立提惩责。在任有年，民情观感。道光二年（一八二二）署荣县。（据民国《镇洋县志》补）

王　增　浙江嘉善人，监生。道光五年（一八二五）署。

俞显德　浙江海宁人，监生。道光六年（一八二六）任。

武芳扬　山西太谷县人，监生。道光八年（一八二八）署。

蒋立铣　湖北天门县人，监生。道光九年（一八二九）署。

吴逢盛　原籍安徽泾县。由顺天大兴监生捐直隶泾县府经历。十二年（一八三二）署（荣县）。道光二十九年（一八四九）署任酉阳直隶州。（据同治《酉阳直隶州总志》补）

叶锡宾　号鹿苹，浙江龙游县人，监生。道光十二年（一八三二）任。（据民国《龙游县志》补）

鲁　瑜　直隶大兴县人。道光十六年（一八三六）代办。

万光显　顺天宛平人，监生。道光十六年（一八三六）代办。

赵之烈　浙江兰溪县人，监生。道光十七年（一八三七）署。

吴　堉　江苏吴县人，供事。道光十八年（一八三八）署。

章熊光　浙江钱塘县人，附贡。道光十九年（一八三九）署。

张文照　山西宁武县人，拔贡。道光二十三年（一八四三）署。

张　棻　江苏江都县人，监生。道光二十四年（一八四四）署。

黄大桢　江西南丰县人，监生。道光二十五年（一八四五）任。

曾彦藩　江西人。咸丰八年（一八五八）署。

阮世曦　浙江山阴人，监生。

丁芳兰　湖北房县人，监生。

杜瑞征　贵州贵筑人，吏员。

① 民国《志》云：《盐法志》作『清』。
② 任：嘉庆《志》卷五作『补』。
③ 傔从：侍从、仆役。

常　弼　内务府正黄旗满州人，拔贡。

陆长生　江苏丹徒人，供事。

沈廷辉　浙江山阴人，监生。

祥　麟　镶黄①旗汉军，监生。

周光耀　顺天宛平人，监生。

顾复初　字子远，上元人②。父元熙，字耕石，故复初又字幼耕，易顺鼎诗所谓『江左清华侍讲家』也。精于书学，志欲合治南北，诗词亦修饰，顾无深意耳。顺鼎诗云：『佳妇三生范络娟，故人一代何蝯叟。』晚清作诸侯上客，三百年蜀吏中题勒方幅之才也。

何逢源　云南晋宁州人，监生。

雒恒豫　陕西人，监生。

王履亨　浙江山阴人，监生。

赵怀玉　甘肃徽县人，廪生。同治间，任四川荣县县丞。

（据民国《徽县新志》补）

萧锡畴　字子美，湖南人。清末任。

胡　瀛　安徽人。

荣县教谕

鲁仲文　康熙二年癸卯（一六六三）任。与知事陈谟重修启圣宫，有碑。

严于琮　重庆府人，岁贡。

宋其辉　举人。

穆健行　举人。

冯士岱　拔贡。康熙四十九年（一七一〇）任。③

陈　廷　举人。

赵发祥　字式九，宜宾人。年二十遭贼变，以武勇闻。清初，投效肃亲王，屡立战功，前后刃贼首三百余级，肃王置之左右，将不次超拔。适见王延师课士，执礼甚恭，遂幡然憬悟，请就读，肃王嘉许，遂弃武习文。后改文职，升岁贡，任荣县训导。子晫，康熙四十五年（一七〇六）进士。（据嘉庆《宜宾县志》补）

董　政　岁贡。

陈道显　岁贡。

侯惟垣　岁贡。

耿　蔚　南充县人，副榜，雍正七年（一七二九）任。十一月，檄赴威远训导。自是，荣止教谕矣。④

尹为宣　宜宾县人，岁贡。乾隆七年（一七四二）署。

张　镒　屏山县人，拔贡。乾隆七年（一七四二）任，历俸十二年，循例休致。

蒙　旭　阆中县人，举人。以明通即用，乾隆十九年（一七五四）十月任。

徐永溥　绵竹县人，廪贡。乾隆二十七年（一七六二）署。

---

① 黄：光绪《志》卷二十七作『红』。
② 上元人：光绪《志》卷二十七作『江苏长洲廪贡生』。
③ 民国《志》按：旧志作『马』，误。
④ 按：乾隆《志》卷三将赵发祥、董政、陈道显、侯惟垣、耿蔚等五人列入『训导』。而嘉庆、光绪、民国《志》则无。

熊如麟 字仁圃，涪州人，举人，犍为县教谕。三十六年（一七七一）任。（据乾隆《涪州志》补）

周 斌 崇庆州人，拔贡。乾隆三十七年（一七七二）任。

李昌龄 华阳县人，乾隆丙子科（一七五六）举人。三十八年（一七七三）署。（据民国《华阳县志》补）

徐思祉 巴州人，乾隆庚午科（一七五〇）举人。三十九年（一七七四）任。（据乾隆《巴州志略》补）

唐 静 什邡县人，乾隆二十五年（一七六〇）庚辰科举人。四十年（一七七五）署。（据民国《重修什邡县志》补）

喻 珩 巴州人，拔贡。乾隆四十一年（一七七六）署。

谢世卿 华阳县人，廪生。乾隆四十一年（一七七六）署。

黄 珣 双流县人，副榜。乾隆四十一年（一七七六）任。

王 焜 合江县人，廪贡。乾隆四十四年（一七七九）署。

邓全敏 合州人，副榜。乾隆四十五年（一七八〇）任。

马儒修 绵州人，廪贡，援例捐训导，任茂州训导。乾隆五十一年（一七八六）署。（据同治《直隶绵州志》补）

冯廷赓 永宁县人，拔贡。父宏学，赠修职郎；母邓氏，赠孺人。乾隆五十二年（一七八七）任。（据嘉庆《直隶叙永厅志》补）

张来泰 资阳县人，廪贡。乾隆五十八年（一七九三）署。

邓 哲 双流县人，副榜。乾隆五十九年（一七九四）任。

刘志锐 安县人，岁贡。嘉庆四年（一七九九）署。

郭杰椁 号乔轩，甘泉乡人，寄籍四川，入巴州学。乾隆己酉（一七八九）拔贡，中乙卯（一七九五）科举人。后改归原籍，分发四川知县。历署茂州、中江、德阳、邻水等县。嘉庆五年（一八〇〇），改授四川嘉定府荣县教谕。十年（一八〇五），题榜，保举知县，选授广东高州府吴川县。其《赠赵钟麟》云：『振翼南溟，书势团结。』（据同治《建昌县志》补）

郑华春 汶川县人，廪贡。嘉庆五年（一八〇〇）署。

李联淇 三台县人，廪生。嘉庆十年（一八〇五）署。

聂汝仪 屏山县人，廪贡。嘉庆十三年（一八〇八）署。

郭 干 彰明县人，恩贡。嘉庆十四年（一八〇九）任。

潘泰熙 内江县人，岁贡。嘉庆十四年（一八〇九）署。

李醇信 字塔山，富顺县人，副榜。嘉庆十五年（一八一〇）任。朴讷少言，沈酣经史。自题联云：『不因禄薄常生事；且喜身闲再读书。』去后，人多思之。

李钟昉 营山县人，举人。道光十一年（一八三一）任。

傅卓儒 威远县人，副贡。道光十一年（一八三一）代办。

雒周郁 双流县人，举人。道光十六年（一八三六）署。

李毓南 南充县人，优贡。道光十八年（一八三八）署。

刘德煜 南充县人，拔贡。道光十八年（一八三八）任。

孔继达 字卓泉，阆中人，道光十七年（一八三七）拔贡、十九年（一八三九）举人。二十八年（一八四八）任。咸丰五年（一八五五），卒于官。

王志灼 字见三，定远人，举人。咸丰三年（一八五三）任。行谊端方，文章深厚，启迪诸生，娓娓不倦。

林再芳 长宁人，附生。同治元年（一八六二）署。

苏文治 成都人，附生。同治元年（一八六二）任。题句云：『一园苜蓿当阶绿，两树槐花夹道黄。』

姚宗元 成都人，增生。同治七年（一八六八）署。

李开元 字善卿，剑州人，咸丰辛酉（一八六一）拔贡，申夫先生从弟。同治七年（一八六八）任，光绪十八年（一八九二），升任去。百岁卒。

王禹畴 汉州人。

李文灿 彰明人。

李郁秾 成都人。

荣县典史

丁士俊 仁和县人。

程绍贤 字希达，江西万年县人。顺治十三年（一六五六）任，陕西延长县甘谷驿驿丞。康熙十年（一六七一），升四川嘉定州荣县典史。（据同治《万年县志》补）

刘文德 陕西商州人。康熙二十四年（一六八五）任，赞修学宫。

屠之暎 遵化县人。康熙三十四年（一六九五）任。

何 熇 康熙三十五年（一六九六）任。

陈 拱 浙江人。康熙三十七年（一六九八）任。

范孟显 康熙四十九年（一七一〇），由犍为典史调署监修启圣宫。

郝永德 康熙四十九年（一七一〇）任。

张建业 康熙六十一年（一七二二）任。

张 鸿 会稽县吏员。雍正十一年（一七三三）任。

冯大荣 山西汾阳县人，监生。乾隆十六年（一七五一）任。操守廉洁，办事实心，以公罪去任。

唐 愫 湖广武陵县吏员。乾隆十九年（一七五四）任。二十五年（一七六〇）五月任署犍为典史事。非刑毙命，咨参。

沈天眷 浙江山阴县人。未满吏。乾隆二十三年（一七五八）四月任，丁母忧回籍。

李泽仪 山西绛州人。供事。乾隆二十五年（一七六〇）十一月任。

孙岳山 宛平县人。未入流①。乾隆三十一年（一七六六）任。

余 成 山阴县人。乾隆三十四年（一七六九）署。

林 鹤 清宛县人，监生。乾隆四十一年（一七七六）署。

王廷珂 嵩县人，监生。乾隆四十一年（一七七六）署。

蒲滋馨 临潼县人，监生，乾隆四十三②年（一七七八）任。

李义遵 甘泉县人，监生。乾隆四十七年（一七八二）署。

周朝元 大兴县人。乾隆四十八年（一七八三）任。

赵由青 字养愚，号畏亭，南丰县人，乾隆四十四年（一七七九）副贡生。以县丞分发四川，历署渠县、蓬溪、屏山县丞。在屏山时，行乡村，见山中暴骨如麻，心恻然，使人四处觅拾，

---

① 入流：品官制度。指隋唐至明清间，官吏由无品级到有品级的升迁变化，也泛指取得品级的官吏。从九品为入流界限，没有取得品级者则称未入流、不入流、流外。

② 三：民国《志》同，嘉庆《志》卷五作『二』。

得十余担，起大冢埋之，为文勒碑以记。又捐钱山寺，令寺僧岁致祭焉。言谈雅隽，好作诗，工书法，人惜其以下僚终也。乾隆五十六年（一七九一）任。（据民国《南丰县志》补）

杨廷锡 阳湖县人，监生，尝任四库馆誊录、署彭山县典史。六十年（一七九五）署。（据光绪《重修彭县志》补）

耿素政 字诚斋，宁陵县人，监生。嘉庆元年（一七九六）任。（据民国《宁陵县志》补）

吴友敏 吴县人，监生。嘉庆七①年（一八〇二）署。

周效祖 山阴县人，监生。嘉庆十年（一八〇五）署。

赵秉璜 南丰县人，监生。嘉庆十五年（一八一〇）署。

吴守绅 常熟县人，监生。嘉庆十五年（一八一〇）署。

王　镛 清苑人。嘉庆十八年（一八一三）代办。

徐庆鳌 江苏元和县人。嘉庆十八年（一八一三）代办。

宋祚垣 安徽旌德县人。从九品，嘉庆二十二年（一八一七）署。

齐绍曾 字展堂，直隶蠡县，吏员，渠县典史。二十四年（一八一九）代办。（据光绪《蠡县志》补）

张裕鑅 嘉庆二十四年（一八一九）署。

喻中诰 江西南昌县人，监生。道光二年（一八二二）署。

郭奋衢 江西吉水县人，监生。道光十四年（一八三四）代办。

刘寿南 道光十五年（一八三五）代办。

周企琛 顺天宛平县人。从九品，道光十五年（一八三五）署。

丁　楹 江苏籍，清宛县吏员。道光十六年（一八三六）任。

朱自法 陕西西安府富平县人，监生。道光十八年（一八三八）代办。

苏　萼 安徽池州府石埭县人。议叙从九，道光二十年（一八四〇）代办。

孔毓珍 山东登州府宁海人。捐从九，道光二十年（一八四〇）署。

郑之模 顺天府大兴县供事。道光二十年（一八四〇）署。

洪　耀 浙江绍兴府山阴县人，监生。道光二十三年（一八四三）代办。

常　宲 顺天府大兴县人，监生。道光二十四年（一八四四）署。

萧凤仪 江西人。咸丰八年（一八五八）任。

黄志学 咸丰十年（一八六〇）署。

谈　钰 直隶人，监生。咸丰十一年（一八六一）任。

徐信原 山东莱阳人，监生。同治八年（一八六九）任。

张会澜 湖南武冈州人，从九品。光绪元年（一八七五）代办。

乐腾飞 光绪二年（一八七六）代办。

---

① 七：民国《志》同，嘉庆《志》卷五作「六」。

防汛①

张　琦　宜宾人。
苏　霖　陕西人。
刘　凡　成都县人。
赵　雷　陕西人。
陈　柱　湖广人。
杜子雄　宜宾县人。雍正中任。
刘忠玉　永宁县人。乾隆十一年（一七四六）任。
陈国柱　武昌府人。乾隆二十二年（一七五七）任。
李　秀　永宁县人。乾隆二十六年（一七六一）任。
任　和　成都府人。乾隆三十六年（一七七一）任。
李正坤　泸州人。乾隆三十八年（一七七三）任。
王正林　华阳县人。乾隆五十三年（一七八八）任。
钱　润　重庆府人。乾隆五十七年（一七九二）任。
张　瑶　雅州府人。乾隆五十八年（一七九三）任。
王端雄　成都府人。乾隆五十八年（一七九三）任。
赵　琦　成都府人。嘉庆三年（一七九八）任。
岳　岱　成都县人。嘉庆八年（一八〇三）任。
谢登荣　宜宾县人。嘉庆十年（一八〇五）任。
李廷兆　灌县人。嘉庆十六年（一八一一）任。
马联奎　外委②，二十年（一八一五）任。
许　贵　蓝翎额外，嘉庆二十二年（一八一七）任。
单继先　恩骑尉③，二十四年（一八一九）任。
马鹏程　把总，道光四年（一八二四）任。
江大成　外委，道光七年（一八二七）任。
岳呈福　蓝翎云骑尉，道光十年（一八三〇）任。
瞿建勋　外委，道光十二年（一八三二）任。
张万祥　外委，道光十四年（一八三四）任。
宋世雄　蓝翎外委，道光十五年（一八三五）任。
马联升　蓝翎千总，道光十七年（一八三七）任。
谭贤佐　成都人，以父公义从征湖北邪匪阵亡，荫云骑尉，道光十八年（一八三八）任。（据同治《重修成都县志》补）
陶锡龄　把总，道光十九年（一八三九）任。
赵希华　蓝翎外委，道光十九年（一八三九）任。
王联云　把总，道光二十一年（一八四一）任。
黄大胜　蓝翎千总，道光二十三年（一八四三）任。

① 按：清代基层政区的驻防军队最主要是绿营军。在京师以外，内陆十八省驻扎的绿营军队按单位层级划分为四等：标、协、营、汛。根据级别职位高低，外省绿营军的军官分为：提督、总兵、参将、游击、都司、守备、千总、把总、外委。清代地方基层政区驻扎的绿营兵被称为『汛兵』。『汛』指绿营兵制下的营或无下辖营的协所分拨出来的绿营单位。千总（正六品）、把总（正七品）、外委（正九品），统称『专汛官』。一般『汛』地由千总、把总带领汛兵进行把守，每汛之间相隔数十里或者百里。在较大或者驻守位置比较重要的『汛』之下，再设外委作为协防。

② 外委：清朝对绿营军官于限额之外委任者之通称，为绿营中之低级军官。有外委千总、外委把总，其职掌、额设与千总、把总相同，但品秩、俸饷略低。另有额外外委，其品秩又较外委为低，乃绿营中最低级军官。

③ 恩骑尉：爵名。清朝于公、侯、伯、子、男五等世爵之下所加四级世职的最末一级。上有轻车都尉、骑都尉、云骑尉。

罗武泰 蓝翎武举，道光二十四年（一八四四）任。

郭玉麟 以父本仁从征教匪病故，荫八品监生，道光二十四年（一八四四）任。（据嘉庆《四川通志》补）

冯成川 彰明县武生，蓝翎把总。道光二十五年（一八四五）任。

王　藩 云骑尉。

唐现龙 武举。

李三元 外委。

姜由亨 云骑尉。尽先守备。

彭世琪 外委。

刘炳坤 外委。

李文治 花翎都司①，同治四年（一八六五）任。

萧怀青 花翎都司，同治五年（一八六六）任。

郭承恩 云骑尉，同治六年（一八六七）任。

冯朝相 恩骑尉，同治七年（一八六八）任。

唐金胜 花翎守备，同治八年（一八六九）任。

李绍濂 花翎都司，同治九年（一八七〇）任。

萧占奎 蓝翎守备，同治十年（一八七一）任。

李祥槐 花翎守备，同治十一年（一八七二）任。

刘玉龙 蓝翎守备，同治十二年（一八七三）任。

钟恩荣 花翎都司，同治十三年（一八七四）任。

邱长贵 蓝翎守备，光绪元年（一八七五）任。

李家建 仁寿县人，蓝翎守备，光绪二年（一八七六）任。

伍春渲 新津县人，花翎都司，升用游府②。光绪三年（一八七七）、四年（一八七八）任。

骆子春 安徽人。

八、中华民国

赵熙按：辛亥国变，吏主于军，流品之杂，秽史难书，行义无可深诘，署年而已。然十室之邑，必有忠信，惟官亦然。

荣县知县

蒲　询 字寿昌，广安人。辛亥（一九一一）任。

孙树猷 字铁仁，资州人，拔贡。壬子（一九一二）任。

赵白仑 字述尧，荣县人。民国二年（一九一三）任。

萧应湘 字③云浦，安县人，由附生任荣县知事，能诘盗。胡景伊主蜀军，命钞县人王氏之产，应湘抗而不举，胡罪之。民国三年任。

蒋道援 字觉仁，广西人。民国四年（一九一五）任。

---

① 都司：官名。清朝绿营军官，武职正四品。位于参将、游击之下，守备之上。与参将、游击相同，可充营所领兵官，掌防汛军政。有的则充副将的中军官，综理一协之军务。分为陆路都司及水师都司。

② 游府：清游击别称。营之统兵官，位次于参将。若为总兵官统理营务者，称镇标中军游击。《清史稿·职官志》：『提督军务总兵官，从一品；镇守总兵官，正二品；副将，从二品；参将，正三品；游击，初制正三品，顺治十年改从；都司，正四品；守备，正五品。』

③ 字：民国《志》同，民国《安县志》卷三十一作『号』。

黄克修 贵州人。民国四年（一九一五）秋任。

侯昌镇 字桐初，澧州人，拔贡。民国五年（一九一六）任。有《修王处士墓纪诗》等诗。

傅荣一 字鲁伟，简州人。民国五年（一九一六）秋任。

廖世英 字芷才，成都人，光绪十九年（一八九三）举人。民国五年（一九一六）到任，乱中多干济。民国六年（一九一七）秋去。还任，经已民国八年、九年。

袁正卿 一月去。

谢永崧 字篠山，成都人，任数月。民国七年（一九一八）任。

贺重熙 字升平。民国七年（一九一八）春来，秋去。

冷遇春 字暴冬，大邑人。民国九年（一九二〇）秋任。

萧锡鍼 字福臣，大邑人，拔贡，有士气。民国十年（一九二一）春任。

王铭新 字又新，温江人，举人。于它县有循声，好读《易》，儒者也。民国十一年（一九二二）夏任，民国十三年（一九二四）秋去。历任游学豫备、潼川中学、四川铁道等校校长。民国时，历官富顺、眉山、大邑知事，守眉功尤卓著。著《修身学》一卷，是编首序录：『一立心，二励志，三知本，四存养，五省察克治，六处人应事，继述宋明诸儒二十八家行略，然后择其学说，以类次之，成书一册，盖皆酌取两朝学案之粹云。』（据民国《温江县志》补）

陈洪基 字子光，南充人。尝任川军第八师步三十二团第一营营长，兼眉山县知事。民国十三年（一九二四）秋任，民国十四年（一九二五）春去。（据民国《眉山县志序》补）

伍登平 字乃言，开县人。民国十四年（一九二五）春任。

杨公潞 字季郇，富顺人。民国十四年（一九二五）夏任。

贾　滂 任七日。

沈衍曾 字眉荪。民国十四年（一九二五）秋任，民国十五年（一九二六）春去。

黄维义 字子宜，奉节人。行己有方，书生也。民国十五年（一九二六）秋任。

邓邦植 字犀灵，泸州人。清附生，重庆镇守使署秘书，民国五年（一九一六）十一月委署。激民犯众怒。民国十六年（一九二七）春逐。（据民国《渠县志》补）

王汝忠 字叔翼，邛州人。民国十六年（一九二七）夏去。

卢学涵 字鉴波，犍为人。

刘承仕 字学优，巴县人。行有天良，不尽世故。

附：荣县历代职官一览表

朝代	姓名	职务/藩爵	任职年限
周	荣公	封藩	未详（传说）
周	荣夷公	封藩	未详（传说）
晋	何观	南安令	未详
北周	宇文度	铁山侯	未详

朝代	姓名	职务/藩爵	任职年限
隋	卫玄	资州刺史	仁寿（六〇一—六〇四）初任
隋	袁天纲	咨官令	大业间（六〇五—六一七）任
唐	李琬	荣王	开元十二年（七二四）至天宝十四年（七五五）
唐	李憒	荣王	咸通三年（八六二）至广明元年（八八〇）
唐	李令平	荣王	广明元年以后
唐	高满政	荣国公	武德六年（六二三）封
唐	樊偘	荣州都督	未详
唐	韦玠	荣州刺史	未详
唐	柳奭	荣州刺史	永徽六年（六五五）至显庆三年（六五八）
唐	于志宁	荣州刺史	显庆四年（六五九）任
唐	韦绀	荣州刺史	长安三年（七〇三）任
唐	高智静	荣州刺史	开元间任
唐	李璿	荣州刺史	开元中任
唐	薛高邱	荣州刺史	开元二十年（七三二）任
唐	元无泜	荣州刺史	开元间任
唐	张佾	荣州刺史	贞元间任
唐	臧公明	荣州刺史	未详
唐	陈雷	荣州刺史	元和间（八〇六—八二〇）任
唐	陈当	荣州刺史	元和间任
唐	王源茂	荣州刺史	未详

朝代	姓名	职务/藩爵	任职年限
唐	李弘度	荣州刺史	未详
唐	段谔	荣州刺史	未详
唐	鲜于晁采	荣州刺史	未详
唐	郑操	荣州刺史	会昌、大中年间任
唐	郑珏	荣州刺史	大中初任
唐	郭涣	荣州刺史	未详
唐	于盾	荣州刺史	未详
唐	冯昭泰	荣州长史 荣州司马	武周时任
唐	王璬	荣州都督府仓曹参军	未详
唐	李承寀	荣王谘议参军	未详
唐	王如珪	荣州和义令	唐末任
五代	王宗智	荣王	武成三年（九一〇）封
五代	赵延进	荣州刺史	后汉末任
五代	王景崇	荣州刺史	后汉末任
五代	贾武库	荣州刺史	后蜀广政间任
五代	仲廷预	荣州录事参军	前蜀时任
五代	史光廷	应灵县知县	后蜀时任
宋	赵元俨	荣王	大中祥符元年（一〇〇八）封
宋	赵从式	荣王	熙宁四年（一〇七一）封
宋	赵德雍	荣王	神宗时改封

朝代	姓名	职务/藩爵	任职年限
宋	赵承亮	荣王	神宗时封
宋	赵宗绰	荣王	绍圣三年（一〇九六）追封
宋	赵曮	荣王	开禧元年（一二〇五）封
宋	赵希瓐	荣王	嘉定十七年（一二二四）追封
宋	赵与芮	荣王	未详
宋	吴近	荣王	绍兴十四年（一一四四）追封
宋	郭瑊	荣王	未详
宋	兖国大长公主	荣国长公主	嘉祐六年（一〇六一）封
宋	陈国公主	荣国公主	哲宗时封
宋	赵有奕	和义郡王	未详
宋	赵士珸	和义郡王	未详（追封）
宋	杨存中	和义郡王	未详
宋	吕文德	和义郡王	未详（追封）
宋	赵从信	荣国公	未详
宋	赵世程	荣国公	未详
宋	赵世门	荣国公	未详
宋	赵世恬	荣国公	未详
宋	赵世卓	荣国公	未详
宋	赵世阐	荣国公	未详
宋	赵令瑶	荣国公	未详
宋	赵令穰	荣国公	未详
宋	赵令轨	荣国公	未详

朝代	姓名	职务/藩爵	任职年限
宋	赵令蟾	荣国公	未详
宋	赵仲颉	荣国公	未详
宋	赵仲处	荣国公	未详
宋	赵仲真	荣国公	未详
宋	赵仲绾	荣国公	未详
宋	赵仲汾	荣国公	未详
宋	赵仲惆	荣国公	未详
宋	赵仲隗	荣国公	未详
宋	赵仲的	荣国公	未详
宋	赵仲瑰	荣国公	未详
宋	赵仲觐	荣国公	未详
宋	赵仲缄	荣国公	未详
宋	赵仲皋	荣国公	未详
宋	赵士雷	荣国公	未详
宋	赵士异	荣国公	未详
宋	赵克类	荣国公	未详
宋	赵克用	荣国公	未详
宋	赵克勇	荣国公	未详
宋	赵克奋	荣国公	未详
宋	赵叔敖	荣国公	未详
宋	赵叔急	荣国公	未详
宋	赵叔悝	荣国公	未详

朝代	姓名	职务/藩爵	任职年限
宋	赵叔混	荣国公	未详
宋	赵叔何	荣国公	未详
宋	赵叔倡	荣国公	未详
宋	赵叔传	荣国公	未详
宋	范百禄	荣国公	绍圣元年（一〇九四）封
宋	何执中	荣国公	政和间封
宋	刘光世	荣国公	绍兴间封
宋	钱忱	荣国公	绍兴十五年（一一四五）封
宋	郑藻	荣国公	未详（追封）
宋	赵挺	荣国公	乾道二年（一一六六）封
宋	赵士赠	和义郡公	未详
宋	盖氏	荣国太夫人	景祐二年（一〇三五）封
宋	姚太恭人	荣国太夫人	绍兴四年（一一三四）封
宋	光宗慈懿李皇后	荣国夫人	未详
宋	周氏	荣国夫人	皇祐二年（一〇五〇）封
宋	王氏	荣国夫人	皇祐三年（一〇五一）以前封
宋	史氏	荣国夫人	治平二年（一〇六五）封
宋	郭氏	荣国夫人	熙宁七年（一〇七四）封
宋	杨氏	荣国夫人	元符三年（一一〇〇）封
宋	刘氏	荣国夫人	建中靖国元年（一一〇一）封

朝代	姓名	职务/藩爵	任职年限
宋	韩肖胄母文氏	荣国夫人	绍兴三年（一一三三）封
宋	燕氏	荣国夫人	绍兴十四年（一一四四）封
宋	李氏	荣国夫人	绍兴二十三年（一一五三）封
宋	耶律氏	荣国夫人	乾道四年（一一六八）封
宋	王从敏	荣国夫人	乾道六年（一一七〇）封
宋	郭氏	荣国夫人	淳熙九年（一一八二）封
宋	董氏	荣国夫人	淳熙十二年（一一八五）封
宋	曹氏	荣国夫人	庆元六年（一二〇〇）封
宋	赵氏	荣国夫人	未详
宋	周氏	和义郡夫人	皇祐二年（一〇五〇）封
宋	陈氏	和义郡夫人	熙宁五年（一〇七二）以前封
宋	邢氏	和义郡夫人	宣和四年（一一二二）以前封
宋	高宗宪圣慈烈吴皇后	和义郡夫人	未详
宋	孝宗蔡贵妃	和义郡夫人	未详
宋	赵氏	和义郡夫人	隆兴二年（一一六四）封
宋	张氏	和义郡夫人	隆兴二年（一一六四）封
宋	王从谨	和义郡夫人	乾道二年（一一六六）以前封
宋	巩氏	和义郡夫人	淳熙九年（一一八二）封
宋	光宗黄贵妃	和义郡夫人	淳熙末封
宋	王明	荣州刺史	宋初平蜀后任
宋	刘蔚	荣州刺史	开宝三年（九七〇）任

朝代	姓名	职务/藩爵	任职年限
宋	刘兼	荣州刺史	太宗时任
宋	刘通	荣州刺史	未详
宋	张俶	荣州刺史	开宝八年（九七五）以后任
宋	张枢	荣州刺史	淳化五年（九九四）任
宋	石缉	荣州刺史	未详
宋	李虚己	荣州刺史	太宗时任
宋	褚德臻	荣州刺史	宋初任
宋	皇甫公	荣州刺史	未详
宋	折惟忠	荣州刺史	宋初任
宋	李畋	荣州刺史	宋初任
宋	罗拯	荣州刺史	明道间任
宋	王淮	荣州刺史	未详
宋	狄咏	荣州刺史	熙宁七年（一〇七四）以后任
宋	王德基	荣州刺史	未详
宋	王维	荣州刺史	元丰二年（一〇七九）以后任
宋	岑象	荣州刺史	崇宁间任
宋	岑象求	荣州刺史	未详
宋	宋昌宗	荣州刺史	宣和初任
宋	任宗易	荣州刺史	宣和五年（一一二三）任
宋	董正封	荣州刺史	未详
宋	滕祷	荣州刺史	未详

朝代	姓名	职务/藩爵	任职年限
宋	王德通	荣州刺史	高宗时任
宋	史炜	荣州刺史	高宗时任
宋	杨艮孙	荣州刺史	未详
宋	刘杞	荣州刺史	高宗时
宋	李晔	荣州刺史	未详
宋	薛仲邕	荣州刺史	高宗时任
宋	沈亩	荣州刺史	高宗时任
宋	李焘	荣州刺史	绍兴间或隆兴间任
宋	晁公武	荣州刺史	绍兴二十一年（一一五一）任
宋	费庭	荣州刺史	绍兴二十六年（一一五六）任
宋	赵愭	荣州刺史	绍兴二十八年（一一五八）任
宋	赵惇	荣州刺史	绍兴三十年（一一六〇）至三十二年（一一六二）任
宋	赵夔	荣州刺史	乾道二年（一一六六）以后任
宋	陆游	荣州刺史	淳熙元年（一一七四）十一月至二年（一一七五）正月十日
宋	张价	荣州刺史	淳熙间（一一七四—一一八九）任
宋	杨高	荣州刺史	未详
宋	虞刚简	荣州刺史	未详
宋	蹇大中	荣州刺史	未详
宋	郭益	荣州刺史	未详
宋	杨良孙	荣州刺史	未详

朝代	姓名	职务/藩爵	任职年限
宋	曹文镛	荥州刺史	未详
宋	孟令	荥州刺史	未详
宋	宋中和	荥州刺史	庆元初任
宋	吕文修	荥州刺史	未详
宋	赵与槛	荥州刺史	未详
宋	赵荐	荥州刺史	未详
宋	冯俨	荥州刺史	未详
宋	袁桂	荥州刺史	开禧间（一二〇五—一二〇七）任
宋	李刘	荥州刺史	未详
宋	何友谅	荥州刺史	未详
宋	高稼	荥州刺史	未详
宋	高苗	荥州刺史	未详
宋	王万里	绍熙府知府	未详
宋	李鉴	摄绍熙府事	嘉熙二年（一二三八）任
宋	蹇君章	荥州刺史	宝庆间任
宋	李鼎汉	荥州刺史	宝祐间任
宋	粟延年	荥州刺史	未详
宋	陈宗简	荥州刺史	未详
宋	王瞻	荥州刺史	未详
宋	曹傅	荥州刺史（遥郡刺史）	宋初任

朝代	姓名	职务/藩爵	任职年限
宋	曹琮	荥州刺史（遥郡刺史）	宋初任
宋	高继勋	荥州刺史（遥郡刺史）	咸平间任
宋	焦守节	荥州刺史（遥郡刺史）	真宗时任
宋	钱守让	荥州刺史（遥郡刺史）	天禧四年（一〇二〇）任
宋	高化	荥州刺史（遥郡刺史）	乾兴初（一〇二二）任
宋	冯伸己	荥州刺史（遥郡刺史）	明道初任
宋	李纬	荥州刺史（遥郡刺史）	庆历初任
宋	范恪	荥州刺史（遥郡刺史）	仁宗时任
宋	赵思齐	荥州刺史（遥郡刺史）	未详
宋	赵思复	荥州刺史（遥郡刺史）	未详
宋	赵思行	荥州刺史（遥郡刺史）	未详
宋	李评	荥州刺史（遥郡刺史）	熙宁间任
宋	高遵裕	荥州刺史（遥郡刺史）	熙宁间任

朝代	姓名	职务/藩爵	任职年限
宋	刘昌祚	荣州刺史（遥郡刺史）	神宗时任
宋	时君卿	荣州刺史（遥郡刺史）	元丰元年（一〇七八）任
宋	苗授	荣州刺史（遥郡刺史）	神宗时任
宋	张蕴	荣州刺史（遥郡刺史）	未详
宋	孟在	荣州刺史（遥郡刺史）	哲宗时任
宋	张俊	荣州刺史（遥郡刺史）	高宗时任
宋	杨存中	荣州刺史（遥郡刺史）	建炎间任
宋	王德	荣州刺史（遥郡刺史）	建炎三年（一一二九）任
宋	曲端	荣州刺史（遥郡刺史）	绍兴元年（一一三一）任
宋	牛皋	荣州刺史（遥郡刺史）	高宗时任
宋	李惟德	遥郡刺史	绍兴间任
宋	房湜	荣州刺史（遥郡刺史）	绍兴元年（一一三一）任
宋	韩京	荣州刺史（遥郡刺史）	南宋时任

朝代	姓名	职务/藩爵	任职年限
宋	申世景	荣州刺史（遥郡刺史）	绍兴间任
宋	薛安靖	荣州刺史（遥郡刺史）	绍兴四年（一一三四）任
宋	柴斌	荣州刺史（遥郡刺史）	未详
宋	杨珪	荣州刺史（遥郡刺史）	绍兴四年（一一三四）任
宋	丁禩	荣州刺史（遥郡刺史）	未详
宋	潘邵	荣州刺史（遥郡刺史）	绍兴间任
宋	吴拱	荣州刺史（遥郡刺史）	绍兴二十年（一一五〇）任
宋	潘清卿	荣州刺史（遥郡刺史）	绍兴二十二年（一一五二）任
宋	刘伉	荣州刺史（遥郡刺史）	绍兴二十七年（一一五七）任
宋	刘光辅	荣州刺史（遥郡刺史）	未详
宋	刘泽	荣州刺史（遥郡刺史）	绍兴二十九年（一一五九）任
宋	吴挺	荣州刺史（遥郡刺史）	绍兴三十二年（一一六二）任
宋	张说	荣州刺史（遥郡刺史）	未详

朝代	姓名	职务/藩爵	任职年限
宋	李瑛	荣州刺史（遥郡刺史）	未详
宋	张文特	荣州刺史（遥郡刺史）	未详
宋	赵孝骘	荣州刺史（遥郡刺史）	未详
宋	赵士襄	荣州刺史（遥郡刺史）	未详
宋	赵士俣	荣州刺史（遥郡刺史）	未详
宋	赵士冶	荣州刺史（遥郡刺史）	未详
宋	赵士秀	荣州刺史（遥郡刺史）	未详
宋	赵士恭	荣州刺史（遥郡刺史）	未详
宋	赵居申	荣州刺史（遥郡刺史）	未详
宋	赵居靖	荣州刺史（遥郡刺史）	未详
宋	李嗣徽	荣州刺史（遥郡刺史）	未详
宋	赵镐之	荣州刺史（遥郡刺史）	未详
宋	赵公竦	荣州刺史（遥郡刺史）	未详

朝代	姓名	职务/藩爵	任职年限
宋	赵师淳	荣州刺史（遥郡刺史）	未详
宋	丁处荣	荣州长史	咸平间任
宋	王俶	荣州推官	未详
宋	宇文昌龄	荣州推官	神宗时任
宋	冯世雄	荣州军事推官	未详
宋	史克恭	荣州军事判官 荣德县令	未详 未详
宋	勾评事	州掾	未详
宋	张道古	荣州录事参军	未详
宋	郑蛟	荣州司理参军 荣州判官	淳化间任
宋	司马先	荣州曹官	元祐间任
宋	王巩	荣州判官厅公事	绍圣初任
宋	李民	刑曹事	北宋时任
宋	刘仪凤	荣州掾	绍兴间任
宋	何普	荣州司户参军 荣州司法参军	开禧间任
宋	杨丙之	州掾	嘉熙二年（一二三八）任
宋	勾演	荣州教授	隆兴初任

朝代	姓名	职务/藩爵	任职年限
宋	马范	荣州教授	未详
宋	张仲	荣州教授	未详
宋	支南荣	荣州教授	未详
宋	蹇寅望	荣州教授	未详
宋	刘道成	荣州教授	开禧间任
宋	樊谭	荣州助教	政和四年（一一一四）任
宋	张颐	荣州助教	宣和间任
宋	史季俭	荣州监酒	未详
宋	家民献	荣州监酒	未详
宋	吕逢年	荣州监酒	未详
宋	卢守懃	荣州防御使	明道间任
宋	邓保信	荣州防御使	皇祐五年（一〇五三）任
宋	燕达	荣州防御使	神宗时
宋	刘仲武	荣州防御使	熙丰间任
宋	赵令畤	荣州防御使	元祐间任
宋	王赡	荣州防御使知州事	元符间任
宋	杨进	荣州防御使	建炎二年（一一二八）任
宋	王继先	荣州防御使	建炎四年（一一三〇）任

朝代	姓名	职务/藩爵	任职年限
宋	蓝公佐	荣州防御使	未详
宋	吴璘	荣州防御使	绍兴三年（一一三三）任
宋	巨师古	荣州防御使兼都督府统制军马	绍兴四年（一一三四）任
宋	乔仲福	荣州防御使	未详
宋	邢孝扬	荣州防御使	未详
宋	高世荣	荣州防御使	未详
宋	邵隆	荣州防御使	未详
宋	赵仲节	荣州防御使	未详
宋	赵仲咨	荣州防御使	未详
宋	赵士诂	荣州防御使	未详
宋	赵士宛	荣州防御使	未详
宋	赵士嬰	荣州防御使	未详
宋	赵士授	荣州防御使	未详
宋	赵士灞	荣州防御使	未详
宋	赵士观	荣州防御使	未详
宋	赵叔达	荣州防御使	未详
宋	赵捐之	荣州防御使	未详
宋	翟仲安	荣州防御使	未详
宋	李珪	荣州防御使	未详
宋	梁从政	荣州防御使	未详

朝代	姓名	职务/藩爵	任职年限
宋	曹诗	荣州防御使	未详
宋	童师敏	荣州防御使	未详
宋	郭忠	荣州团练使	北宋时任
宋	李惟贤	荣州团练使	仁宗时任
宋	杨燧	荣州团练使	仁宗时任
宋	折可大	荣州团练使	英宗时任
宋	和斌	荣州团练使	神宗时任
宋	赵思忠	荣州团练使	熙宁七年（一〇七四）任
宋	王文郁	荣州团练使	元丰间任
宋	高永能	荣州团练使	元丰四年（一〇八一）任
宋	程迪	荣州团练使	宣和间任
宋	李道	荣州团练使	高宗时任
宋	陈迪	荣州团练使	建炎二年（一一二八）任
宋	曹成	荣州团练使	绍兴元年（一一三一）任
宋	刘超	荣州团练使	绍兴二年（一一三二）任
宋	韩世良	荣州团练使	绍兴七年（一一三七）以前任
宋	郝中正	荣州团练使	绍兴九年（一一三九）以前任
宋	韩诚	荣州团练使	绍兴十二年（一一四二）以前任
宋	李子厚	荣州团练使	绍兴十九年（一一四九）以前任
宋	孔彦舟	荣州团练使	未详
宋	赵延寿	荣州团练使	未详
宋	苏易	荣州团练使	未详

朝代	姓名	职务/藩爵	任职年限
宋	李横	荣州团练使	未详
宋	杨政	荣州团练使	未详
宋	刘纲	荣州团练使	未详
宋	赵士芑	荣州团练使	未详
宋	赵士眵	荣州团练使	未详
宋	赵士珆	荣州团练使	未详
宋	祁宰	荣德县令	未详
宋	勾延庆	应灵县令	未详
宋	文郁	荣德县令	未详
宋	梅监民	荣德县令	未详
宋	何宗元	荣德县令	未详
宋	扈永	荣德县令	未详
宋	刘宗顫	荣德县令	未详
宋	范廷坚	荣德县令	未详
宋	何宗韩	荣德县令	未详
宋	宋寿	荣德县令	未详
宋	杨宿	荣德县令	未详
宋	勾绂	荣德县令	未详
宋	费员	荣德县令	未详
宋	何宗道	荣德县令	未详
宋	员悦	荣德县令	未详
宋	杨迪	荣德县令	未详

朝代	姓名	职务/爵	任职年限
宋	王益	荣德县令	未详
宋	赵常	荣德县令	未详
宋	任泰	荣德县令	未详
宋	黄祖烈	荣德县令	未详
宋	杨同	荣德县令	未详
宋	赵伯绶	荣德县令	未详
宋	何櫄	荣德县令	未详
宋	赵与焘	荣德县令	未详
宋	张鎏	荣德县令	未详
宋	卢如晦	荣德县令	未详
宋	蒲良显	荣德县令	未详
宋	王熙绩	荣德县令	未详
宋	赵师芝	荣德县令	未详
宋	孙大全	荣德县令	未详
宋	赵彭年	荣德县令	未详
宋	吕道伦	荣德县令	未详
宋	王宪光	荣德县令	未详
宋	杨绾	荣德县令	未详
宋	丁某	荣德县令	未详
宋	杨舟	荣德县令	未详
宋	石顺之	荣德县令	未详
宋	张廷柱	荣德县令	未详

朝代	姓名	职务/爵	任职年限
宋	和平仲	资官令	乾道间任
宋	赵震	荣德县令	未详
宋	陈焯	荣德县令	未详
宋	伍师庄	荣德县令	未详
宋	莫演之	荣德县令	未详
宋	常有开	荣德县令	庆元间任
宋	李旬老	荣德县令	未详
宋	张材	荣德县令	未详
宋	吕伯容	荣德县令	未详
宋	虞宗泽	荣德县令	未详
宋	勾路	荣德县令	未详
宋	刘衡	荣德县令	未详
宋	杨仲修	荣德县令	淳熙间（一一七四—一一八九）任
宋	程升	荣德县令	未详
宋	吕少①虞	荣德县令	未详
宋	王旦	荣德县令	未详
宋	廖诚之	荣德县令	未详
宋	杜旺可	荣德县令	未详
宋	石孝孺	荣德县令	未详

① 少：民国《志》同，乾隆《志》卷三、嘉庆《志》卷五、光绪《志》卷二十七作『绍』。

朝代	姓名	职务/藩爵	任职年限
宋	赵汝乙	荣德县令	孝宗时任
宋	袁丰	荣德县令	未详
宋	任正己	荣德县令	未详
宋	张之巽	荣德县令	未详
宋	燕德裕	荣德县令	未详
宋	赵震先	荣德县令	未详
宋	王应酉	荣德县令	宁宗时任
宋	王子勉	荣德县令	未详
宋	文某	资官县令	未详
宋	赵与佩	应灵县令	未详
宋	樊某	荣德县主簿	未详
宋	宋蕴	应灵县主簿	孝宗时任
宋	彭运成	应灵县主簿	宁宗时任
宋	马奇之	荣德县主簿	未详
宋	赵纶	应灵县主簿	未详
宋	陈某	资官县尉	未详
宋	陈某	荣德县尉	未详
宋	郭光昨	荣德县尉	未详
宋	赵与槱	应灵县尉	未详
元	和者吉	荣王	未详
元	撒敦	荣王	元统二年（一三三四）
元	赡思	绍熙宣抚司宣抚使	至元初任
元	脱脱	绍熙宣抚司都总使①	至元四年（一三三八）任
元	吉当普	绍熙宣抚司副都总使	至元间任
元	曹诗	荣州判官	至正十四年（一三五四）至洪武四年（一三七一）任
明	马公辅	荣州判官 荣县知县	洪武初任 洪武九年（一三七六）任
明	孔克宜	荣县知县	未详
明	林升	荣县知县	未详
明	马福	荣县知县	洪武十二年（一三七九）任
明	杨文进	荣县知县	洪武十四年（一三八一）任
明	朱如鲁	荣县知县	永乐初任
明	雷震	荣县知县	未详
明	李文郁	荣县知县	未详
明	李清	荣县知县	未详
明	吴仲	荣县知县	未详
明	尹士恭	荣县知县	正统间任

① 绍熙军民宣抚都总使司：元代四川行省所辖，至元四年（一三三八）置，置司绍熙（今荣县），领资、普、昌、隆四州，盘石、内江、安岳、昌元、贵平五县，巡检司十三处。都总使由御史大夫脱脱兼任，吉当普为副都总使。至元六年（一三四〇）十一月废。

朝代	姓名	职务/藩爵	任职年限
明	刘清	荣县知县	天顺四年（一四六〇）任
明	谭源	荣县知县	未详
明	黄充	荣县知县	未详
明	郎玉	荣县知县	成化六年（一四七〇）任
明	王昱	荣县知县	未详
明	敦孜	荣县知县	未详
明	谭本清	荣县知县	未详
明	刘逵	荣县知县	未详
明	鲍圭	荣县知县	成化末任
明	张隆	荣县知县	未详
明	邹泰	荣县知县	未详
明	杨凤	荣县知县	未详
明	陈荣	荣县知县	未详
明	陈玺	荣县知县	未详
明	毛秀	荣县知县	正德间任
明	白绘	荣县知县	正德间任
明	李锐	荣县知县	未详
明	古邃	荣县知县	未详
明	许耿济	荣县知县	未详
明	孙钦	荣县知县	嘉靖间任
明	李应瑞	荣县知县	未详
明	彭玺	荣县知县	未详
明	熊大辂	荣县知县	嘉靖间任
明	王梦魁	荣县知县	嘉靖间任
明	刘轩	荣县知县	嘉靖三十三年（一五五四）任
明	俞伦	荣县知县	未详
明	顺庭训	荣县知县	未详
明	钱佑	荣县知县	未详
明	张文明	荣县知县	未详
明	李石岭	荣县知县	嘉靖三十四年（一五五五）任
明	范楼	荣县知县	未详
明	张九思	荣县知县	隆庆间任
明	潘曰仁	荣县知县	未详
明	乐继国	荣县知县	万历间任
明	王建元	荣县知县	未详
明	刘汇征	荣县知县	未详
明	张接武	荣县知县	万历间任
明	李乔岳	荣县知县	未详
明	陈梯	荣县知县	未详
明	唐山斗	荣县知县	未详
明	王三重	荣县知县	未详
明	杨崇忠	荣县知县	崇祯七年（一六三四）任
明	蒋守洵	荣县知县	未详
明	吴廷铉	荣县知县	未详

朝代	姓名	职务/藩爵	任职年限
明	黄儒	荣县知县	明末任
明	孙光烈	荣县知县	明末任
明	秦民汤	荣县知县	崇祯间任
明	秦善	荣县主簿	未详
明	彭裕	荣县主簿	未详
明	严济	荣县主簿	未详
明	张谏①	荣县主簿	未详
明	董钺	荣县主簿	未详
明	史旻	荣县主簿	未详
明	周宗濂	荣县主簿	未详
明	杨国相	荣县主簿	未详
明	王鸾	荣县主簿	未详
明	郑重	荣县主簿	未详
明	李弁	荣县主簿	未详
明	唐君德	荣县主簿	未详
明	王文学	荣县主簿	未详
明	高尚礼	荣县主簿	未详
明	赖崇儒	荣县主簿	未详
明	汤敬元	荣县主簿	未详
明	侯元勋	荣县主簿	未详
明	张尚资	荣县主簿	未详
明	胡坤	荣县主簿	未详

朝代	姓名	职务/藩爵	任职年限
明	耿文瑞	荣县主簿	未详
明	刘穆	荣县主簿	未详
明	刘正重	荣县主簿	未详
明	林之灌	荣县主簿	未详
明	程德昌	荣县主簿	未详
明	陆梦旸	荣县主簿	未详
明	夏伯时	荣县教谕	未详
明	汪敏	荣县教谕	未详
明	钟诚	荣县教谕	未详
明	刘超	荣县教谕	未详
明	旃鉴	荣县教谕	未详
明	王永	荣县教谕	未详
明	罗青	荣县教谕	万历间任
明	熊经	荣县教谕	未详
明	胡山	荣县教谕	未详
明	孙项	荣县教谕	未详
明	张璁	荣县教谕	未详
明	连佑	荣县教谕	未详
明	杨春元	荣县教谕	未详
明	杨一巾	荣县教谕	未详

① 谏：乾隆《志》卷三同，民国《志》作「练」。

朝代	姓名	职务/藩爵	任职年限
明	王汝材	荣县教谕	未详
明	李会元	荣县教谕	未详
明	谢聘	荣县教谕	未详
明	李从元	荣县教谕	未详
明	周绍稷	荣县教谕	未详
明	李高	荣县教谕	未详
明	刘简	荣县教谕	隆庆初任
明	陈万	荣县教谕	未详
明	宋廷美	荣县教谕	未详
明	刘朝用	荣县教谕	署县事八月
明	徐加龙	荣县教谕	未详
明	石磬	荣县教谕	未详
明	杨志道	荣县教谕	未详
明	朱奉鐊	荣县教谕	未详
明	钱梦捷	荣县教谕	未详
明	赵嘉言	荣县教谕	未详
明	黎浩	荣县典史	未详
明	陈永学	荣县典史	未详
明	陈训	荣县典史	未详
明	萧显	荣县典史	未详
明	周志荣	荣县典史	未详
明	瞿珍	荣县典史	未详

朝代	姓名	职务/藩爵	任职年限
明	樊资	荣县典史	成化间任
明	许参	荣县典史	未详
明	张英	荣县典史	未详
明	冉兴安	荣县典史	未详
明	游一德	荣县典史	未详
明	董信	荣县典史	未详
明	郭绅	荣县典史	未详
明	郭守韶	荣县典史	未详
明	杨成	荣县典史	未详
明	万镃	荣县典史	未详
明	杨彦华	荣县典史	未详
明	王鼎	荣县典史	未详
明	郑仕兴	荣县典史	未详
明	黄金	荣县典史	未详
明	关振	荣县典史	未详
明	欧锡	荣县典史	未详
明	刘仰忠	荣县典史	未详
明	马如圮	荣县典史	未详
明	黄①士琦	荣县典史	未详
明	王国卿	荣县典史	未详

① 黄：光绪、民国《志》同，乾隆、嘉庆《志》作「王」。

朝代	姓名	职务/藩爵	任职年限
明	张朝祖	荣县学正	洪武初任
明	徐福祥	荣县学正	未详
明	胡子昭	荣县训导	太祖时
明	伍诫①	荣县训导	未详
明	周济	荣县训导	未详
明	叶政	荣县训导	未详
明	曹钊	荣县训导	未详
明	阎宗	荣县训导	未详
明	陈源	荣县训导	未详
明	石廷瑞	荣县训导	未详
明	向英	荣县训导	未详
明	徐锐	荣县训导	未详
明	梁宾	荣县训导	未详
明	吴惟中	荣县训导	万历间任
明	黄莪	荣县训导	万历间任
明	李遇阳	荣县训导	未详
明	李松	荣县训导	未详
明	李逢春	荣县训导	未详
明	林应时	荣县训导	未详
明	何仁	荣县训导	未详
明	向廷瑜	荣县训导	未详
明	张耀	荣县训导	未详

朝代	姓名	职务/藩爵	任职年限
明	陈时敏	荣县训导	未详
明	胡文友	荣县训导	未详
明	王亮卿	荣县训导	未详
明	雷都湛	荣县训导	未详
明	吴康民	荣县训导	未详
明	唐安	荣县训导	未详
清	刘应时	荣县知县	顺治间任
清	陈谟	荣县知县	康熙二年（一六六三）任
清	蔺松	荣县知县	康熙六年（一六六七）任
清	徐腾	荣县知县	康熙十一年（一六七二）任
清	荆乔蕃	荣县知县	康熙十九年（一六八〇）任
清	韩荩光	荣县知县	康熙二十三年（一六八四）任
清	朱大任	荣县知县	康熙二十四年（一六八五）任
清	易其极	荣县知县	康熙二十五年（一六八六）任
清	高宏贤	荣县知县	康熙三十年（一六九一）任
清	陈士献	荣县知县	康熙三十四年（一六九五）任
清	秦国辅	荣县知县	康熙三十七年（一六九八）任
清	王泽	荣县知县	康熙四十一年（一七〇二）任
清	蒋煌	荣县知县	康熙四十九年（一七一〇）任
清	李锈	荣县知县	康熙四十九年（一七一〇）任

① 光绪《志》按：旧志《荐辟编》『诫』作『诚』。

朝代	姓名	职务/藩爵	任职年限
清	王国相	荣县知县	康熙五十九年（一七二〇）任
清	陈颙	荣县知县	雍正三年（一七二五）任
清	王惟浡	荣县知县	雍正五年（一七二七）任
清	杨镕	荣县知县	雍正九年（一七三一）任
清	王发善	荣县知县	雍正十二年（一七三四）任
清	刘宗贤	荣县知县	乾隆元年（一七三六）任
清	黄正维	荣县知县	乾隆五年（一七四〇）任
清	金尚素	荣县知县	乾隆六年（一七四一）任
清	徐德龙	荣县知县	乾隆八年（一七四三）任
清	林斗魁	荣县知县	乾隆十五年（一七五〇）任
清	黄大本	荣县知县	乾隆十六年（一七五一）任
清	王槱芳	荣县知县	乾隆二十八年（一七六三）任
清	徐坦	荣县知县	乾隆二十八年（一七六三）任
清	张成器	荣县知县	乾隆二十九年（一七六四）任
清	贾廷彦	荣县知县	乾隆间任
清	于运恒	荣县知县	乾隆三十二年（一七六七）任
清	王养源	荣县知县	乾隆三十三年（一七六八）任
清	李南晖	荣县知县	乾隆三十三年（一七六八）任
清	林儁	荣县知县	乾隆三十三年（一七六八）任
清	王承广	荣县知县	乾隆三十三年（一七六八）任
清	姜绣	荣县知县	乾隆三十四年（一七六九）任
清	曾承谟	荣县知县	乾隆三十四年（一七六九）任

朝代	姓名	职务/藩爵	任职年限
清	徐宗仁	荣县知县	乾隆三十七年（一七七二）任
清	符兆熊	荣县知县	乾隆三十七年（一七七二）任
清	李万青	荣县知县	乾隆四十四年（一七七九）任
清	王尔昌	荣县知县	乾隆四十五年（一七八〇）任
清	涂长发	荣县知县	乾隆四十七年（一七八二）任
清	张愈聚	荣县知县	乾隆四十八年（一七八三）任
清	张兆星	荣县知县	乾隆四十九年（一七八四）任
清	姚灿	荣县知县	乾隆四十九年（一七八四）任
清	魏守曾	荣县知县	乾隆五十三年（一七八八）任
清	马履中	荣县知县	乾隆五十四年（一七八九）任
清	龚巽	荣县知县	乾隆五十五年（一七九〇）任
清	关学闵	荣县知县	乾隆五十七年（一七九二）任
清	徐日辰	荣县知县	乾隆五十九年（一七九四）任
清	余英	荣县知县	乾隆六十年（一七九五）任
清	席世缃	荣县知县	嘉庆五年（一八〇〇）任
清	邹光	荣县知县	嘉庆六年（一八〇一）任
清	邵良	荣县知县	嘉庆六年（一八〇一）任
清	许源	荣县知县	嘉庆七年（一八〇二）任
清	周宏濂	荣县知县	嘉庆十三年（一八〇八）任
清	朱益簪	荣县知县	未详
清	李苞	荣县知县	嘉庆十五年（一八一〇）任
清	狄梦钧	荣县知县	嘉庆十八年（一八一三）任

朝代	姓名	职务/藩爵	任职年限
清	陈汝秋	荣县知县	嘉庆十八年（一八一三）任
清	宫鉴桂	荣县知县	嘉庆十八年（一八一三）任
清	李应元	荣县知县	嘉庆十九年（一八一四）任
清	张璟	荣县知县	嘉庆二十二年（一八一七）任
清	曹澍本	荣县知县	嘉庆二十四年（一八一九）任
清	顾玉栋	荣县知县	未详
清	陈之玓	荣县知县	道光二年（一八二二）任
清	杨岳东	荣县知县	道光三年（一八二三）任
清	赵时	荣县知县	道光四年（一八二四）任
清	张翚飞	荣县知县	道光九年（一八二九）任
清	马映辰	荣县知县	道光十年（一八三〇）任
清	吕伟崃	荣县知县	道光十四年（一八三四）任
清	陈长墉	荣县知县	道光十五年（一八三五）任
清	万同福	荣县知县	道光十七年（一八三七）任
清	胡沄	荣县知县	道光十八年（一八三八）任
清	徐凤翔	荣县知县	道光十九年（一八三九）任
清	白荣宰	荣县知县	道光二十一年（一八四一）任
清	克星额	荣县知县	道光二十一年（一八四一）任
清	王培荀	荣县知县	道光二十一年（一八四一）任
清	李珣	荣县知县	道光二十三年（一八四三）任
清	洪瞻陛	荣县知县	道光二十九年（一八四九）任
清	郑尊仁	荣县知县	道光三十年（一八五〇）任

朝代	姓名	职务/藩爵	任职年限
清	国英	荣县知县	咸丰二年（一八五二）任
清	赵友泰	荣县知县	咸丰四年（一八五四）任
清	姚宝铭	荣县知县	咸丰五年（一八五五）任
清	刘齐衢	荣县知县	咸丰五年（一八五五）任
清	宋恒山	荣县知县	咸丰七年（一八五七）任
清	傅翼	荣县知县	咸丰七年（一八五七）任
清	葛福绥	荣县知县	咸丰八年（一八五八）任
清	张锡庆	荣县知县	咸丰十年（一八六〇）任
清	罗廷权	荣县知县	咸丰十年（一八六〇）任
清	申诰	荣县知县	同治元年（一八六二）任
清	陈松龄	荣县知县	同治三年（一八六四）任
清	国璋	荣县知县	同治四年（一八六五）任
清	李铭书	荣县知县	同治六年（一八六七）任
清	谢伯春	荣县知县	同治五年（一八六六）任
清	马佩玖	荣县知县	同治九年（一八七〇）任
清	沈鑫	荣县知县	同治十一年（一八七二）任
清	吴师贤	荣县知县	同治十二年（一八七三）任
清	涂翔麟	荣县知县	光绪元年（一八七五）任
清	苗本植	荣县知县	光绪元年（一八七五）任
清	徐传善	荣县知县	光绪元年（一八七五）任
清	张迩遴	荣县知县	光绪二年（一八七六）任
清	庄定域	荣县知县	光绪三年（一八七七）任

朝代	姓名	职务/藩爵	任职年限
清	王峨峰	荣县知县	光绪四年（一八七八）任
清	葛起鹏	荣县知县	光绪九年（一八八三）任
清	唐选皋	荣县知县	光绪十年（一八八四）任
清	杨谟	荣县知县	未详
清	萧延禧	荣县知县	光绪十二年（一八八六）任，匝月去
清	孟积伸	荣县知县	光绪十九年（一八九三）任
清	屠瑞椿	荣县知县	光绪二十二年（一八九六）任
清	陈夔麒	荣县知县	光绪二十五年（一八九九）任
清	孟桂廷	荣县知县	光绪二十六年（一九〇〇）任
清	濮景贤	荣县知县	未详
清	杨锡澍	荣县知县	光绪二十七年（一九〇一）
清	唐枝中	荣县知县	光绪二十九年（一九〇三）任
清	王郅	荣县知县	光绪三十年（一九〇四）任
清	苗立勋	荣县知县	未详
清	陈熙辅	荣县知县	未详
清	赵维新	荣县知县	未详
清	萧培芬	荣县知县	光绪间任
清	李淇章	荣县知县	未详
清	柳荫春	荣县知县	未详
清	黄永纯	荣县县丞	雍正九年（一七三一）任
清	胡霖生	荣县县丞	雍正十年（一七三二）任
清	吴思源	荣县县丞	乾隆元年（一七三六）任
清	张海	荣县县丞	乾隆二年（一七三七）任
清	刘大麓	荣县县丞	乾隆二年（一七三七）
清	徐德龙	荣县县丞	未详
清	葛立经	荣县县丞	乾隆十二年（一七四七）任
清	刘度英	荣县县丞	乾隆十四年（一七四九）任
清	杨耀曾	荣县县丞	乾隆十四年（一七四九）任
清	郑言	荣县县丞	乾隆十五年（一七五〇）任
清	黎常淇	荣县县丞	乾隆十六年（一七五一）任
清	丁泂	荣县县丞	乾隆十八年（一七五三）任
清	林良景	荣县县丞	乾隆十九年（一七五四）任
清	王世显	荣县县丞	乾隆十九年（一七五四）任
清	倪鹏	荣县县丞	乾隆二十五年（一七六〇）任
清	吴敬	荣县县丞	乾隆二十七年（一七六二）任
清	史绍雍	荣县县丞	乾隆二十七年（一七六二）任
清	蒋尚仁	荣县县丞	乾隆三十一年（一七六六）任
清	高瑛	荣县县丞	乾隆三十三年（一七六八）任
清	林儁	荣县县丞	乾隆三十四年（一七六九）任
清	曾承谟	荣县县丞	乾隆三十四年（一七六九）任
清	蔡倬立	荣县县丞	乾隆三十五年（一七七〇）任
清	徐世经	荣县县丞	乾隆三十五年（一七七〇）任
清	陈宝田	荣县县丞	乾隆三十六年（一七七一）任

朝代	姓名	职务/藩爵	任职年限
清	徐宗仁	荣县县丞	乾隆三十六年（一七七一）任
清	潘士名	荣县县丞	乾隆三十九年（一七七四）任
清	徐麟趾	荣县县丞	乾隆四十年（一七七五）任
清	沈士镒	荣县县丞	乾隆四十年（一七七五）任
清	吴搢	荣县县丞	乾隆四十一年（一七七六）任
清	王尔昌	荣县县丞	乾隆四十三年（一七七八）任
清	蒲滋馨	荣县县丞	乾隆四十三年（一七七八）任
清	许凝文	荣县县丞	乾隆四十五年（一七八〇）任
清	王尔炽	荣县县丞	乾隆四十六年（一七八一）任
清	万钟濬	荣县县丞	乾隆四十九年（一七八四）任
清	江雯	荣县县丞	乾隆五十年（一七八五）任
清	金惟熙	荣县县丞	乾隆五十年（一七八五）任
清	魏守曾	荣县县丞	乾隆五十年（一七八五）任
清	彭良简	荣县县丞	乾隆五十二年（一七八七）任
清	张熙赓	荣县县丞	乾隆五十二年（一七八七）任
清	关学闽	荣县县丞	乾隆五十六年（一七九一）任
清	周朝元	荣县县丞	乾隆五十七年（一七九二）任
清	宋法祖	荣县县丞	乾隆五十八年（一七九三）任
清	江镇西	荣县县丞	乾隆五十八年（一七九三）任
清	李大青	荣县县丞	乾隆五十八（一七九三）、六十年（一七九五）任
清	俞燕	荣县县丞	乾隆六十年（一七九五）任

朝代	姓名	职务/藩爵	任职年限
清	董升阳	荣县县丞	嘉庆元年（一七九六）任
清	邹光	荣县县丞	嘉庆五年（一八〇〇）任
清	王钟钫	荣县县丞	嘉庆七年（一八〇二）任
清	陆世潮	荣县县丞	嘉庆十一年（一八〇六）任
清	张敬书	荣县县丞	嘉庆十二年（一八〇七）任
清	钱乔云	荣县县丞	道光元年（一八二一）任
清	孙家荩	荣县县丞	道光二年（一八二二）任
清	王增	荣县县丞	道光五年（一八二五）任
清	俞显德	荣县县丞	道光六年（一八二六）任
清	武芳扬	荣县县丞	道光八年（一八二八）任
清	蒋立铣	荣县县丞	道光九年（一八二九）任
清	吴逢盛	荣县县丞	道光十二年（一八三二）任
清	叶锡宾	荣县县丞	道光十二年（一八三二）任
清	鲁瑜	荣县县丞	道光十六年（一八三六）任
清	万光显	荣县县丞	道光十六年（一八三六）任
清	赵之烈	荣县县丞	道光十七年（一八三七）任
清	吴堉	荣县县丞	道光十八年（一八三八）任
清	章熊光	荣县县丞	道光十九年（一八三九）任
清	张文照	荣县县丞	道光二十三年（一八四三）任
清	张棻	荣县县丞	道光二十四年（一八四四）任
清	黄大桢	荣县县丞	道光二十五年（一八四五）任
清	曾彦藩	荣县县丞	咸丰八年（一八五八）任

朝代	姓名	职务/藩爵	任职年限
清	阮世曦	荣县县丞	未详
清	丁芳兰	荣县县丞	未详
清	杜瑞征	荣县县丞	未详
清	常弼	荣县县丞	未详
清	陆长生	荣县县丞	未详
清	沈廷辉	荣县县丞	未详
清	祥麟	荣县县丞	未详
清	周光耀	荣县县丞	未详
清	顾复初	荣县县丞	未详
清	何逢源	荣县县丞	未详
清	雒恒豫	荣县县丞	未详
清	王履亨	荣县县丞	未详
清	赵怀玉	荣县县丞	同治间
清	胡瀛	荣县县丞	未详
清	萧锡畴	荣县县丞	清末任
清	鲁仲文	荣县教谕	康熙二年（一六六三）任
清	严于琮	荣县教谕	未详
清	宋其辉	荣县教谕	未详
清	穆健行	荣县教谕	未详
清	冯士岱	荣县教谕	康熙四十九年（一七一〇）任
清	陈廷	荣县教谕	未详
清	赵发祥	荣县教谕	未详

朝代	姓名	职务/藩爵	任职年限
清	董政	荣县教谕	未详
清	陈道显	荣县教谕	未详
清	侯惟垣	荣县教谕	未详
清	耿蔚	荣县教谕	雍正时任
清	尹为宣	荣县教谕	乾隆七年（一七四二）任
清	张镒	荣县教谕	乾隆七年（一七四二）任
清	蒙旭	荣县教谕	乾隆十九年（一七五四）任
清	徐永溥	荣县教谕	乾隆二十七年（一七六二）任
清	熊如麟	荣县教谕	乾隆三十六年（一七七一）任
清	周斌	荣县教谕	乾隆三十七年（一七七二）任
清	李昌龄	荣县教谕	乾隆三十八年（一七七三）任
清	徐思祉	荣县教谕	乾隆三十九年（一七七四）任
清	唐静	荣县教谕	乾隆四十年（一七七五）任
清	喻珩	荣县教谕	乾隆四十一年（一七七六）任
清	谢世卿	荣县教谕	乾隆四十一年（一七七六）任
清	黄珣	荣县教谕	乾隆四十一年（一七七六）任
清	王焜	荣县教谕	乾隆四十四年（一七七九）任
清	邓全敏	荣县教谕	乾隆四十五年（一七八〇）任
清	马儒修	荣县教谕	乾隆五十一年（一七八六）任
清	冯廷赓	荣县教谕	乾隆五十二年（一七八七）任
清	张来泰	荣县教谕	乾隆五十八年（一七九三）任
清	邓哲	荣县教谕	乾隆五十九年（一七九四）任

朝代	姓名	职务/藩爵	任职年限
清	刘志锐	荣县教谕	嘉庆四年（一七九九）任
清	郭杰桴	荣县教谕	嘉庆五年（一八〇〇）任
清	郑华春	荣县教谕	嘉庆五年（一八〇〇）任
清	李联淇	荣县教谕	嘉庆十年（一八〇五）任
清	聂汝仪	荣县教谕	嘉庆十三年（一八〇八）任
清	郭干	荣县教谕	嘉庆十四年（一八〇九）任
清	潘泰熙	荣县教谕	嘉庆十四年（一八〇九）任
清	李醇信	荣县教谕	嘉庆十五年（一八一〇）任
清	李钟昉	荣县教谕	道光十一年（一八三一）任
清	傅卓儒	荣县教谕	道光十一年（一八三一）任
清	雒周郁	荣县教谕	道光十六年（一八三六）任
清	李毓南	荣县教谕	道光十八年（一八三八）任
清	刘德煜	荣县教谕	道光十八年（一八三八）任
清	孔继达	荣县教谕	道光二十八年（一八四八）任
清	王志灼	荣县教谕	咸丰三年（一八五三）任
清	林再芳	荣县教谕	同治元年（一八六二）任
清	苏文治	荣县教谕	同治元年（一八六二）任
清	姚宗元	荣县教谕	同治七年（一八六八）任
清	李开元	荣县教谕	同治七年（一八六八）任
清	王禹畴	荣县教谕	未详
清	李文灿	荣县教谕	未详
清	李郁秾	荣县教谕	未详

朝代	姓名	职务/藩爵	任职年限
清	丁士俊	荣县典史	未详
清	程绍贤	荣县典史	康熙十年（一六七一）任
清	刘文德	荣县典史	康熙二十四年（一六八五）任
清	屠之暎	荣县典史	康熙三十四年（一六九五）任
清	何焴	荣县典史	康熙三十五年（一六九六）任
清	陈拱	荣县典史	康熙三十七年（一六九八）任
清	范孟显	荣县典史	康熙四十九年（一七一〇）任
清	郝永德	荣县典史	康熙四十九年（一七一〇）任
清	张建业	荣县典史	康熙六十一年（一七二二）任
清	张鸿	荣县典史	雍正十一年（一七三三）任
清	冯大荣	荣县典史	乾隆十六年（一七五一）任
清	唐愫	荣县典史	乾隆十九年（一七五四）任
清	沈天眷	荣县典史	乾隆二十三年（一七五八）任
清	李泽仪	荣县典史	乾隆二十五年（一七六〇）任
清	孙岳山	荣县典史	乾隆三十一年（一七六六）任
清	余成	荣县典史	乾隆三十四年（一七六九）任
清	林鹤	荣县典史	乾隆四十一年（一七七六）任
清	王廷珂	荣县典史	乾隆四十一年（一七七六）任
清	蒲滋馨	荣县典史	乾隆四十三年（一七七八）任
清	李义遵	荣县典史	乾隆四十七年（一七八二）任
清	周朝元	荣县典史	乾隆四十八年（一七八三）任
清	赵由青	荣县典史	乾隆五十六年（一七九一）任

朝代	姓名	职务/藩爵	任职年限
清	杨廷锡	荣县典史	乾隆六十年（一七九五）任
清	耿素政	荣县典史	嘉庆元年（一七九六）任
清	吴友敏	荣县典史	嘉庆七年（一八〇二）任
清	周效祖	荣县典史	嘉庆十年（一八〇五）任
清	赵秉璜	荣县典史	嘉庆十五年（一八一〇）任
清	吴守绅	荣县典史	嘉庆十五年（一八一〇）任
清	王镛	荣县典史	嘉庆十八年（一八一三）任
清	徐庆鳌	荣县典史	嘉庆十八年（一八一三）任
清	宋祚垣	荣县典史	嘉庆二十二年（一八一七）任
清	齐绍曾	荣县典史	嘉庆二十四年（一八一九）任
清	张裕鑅	荣县典史	嘉庆二十四年（一八一九）任
清	喻中诰	荣县典史	道光二年（一八二二）任
清	郭奋衢	荣县典史	道光十四年（一八三四）代办
清	刘寿南	荣县典史	道光十五年（一八三五）代办
清	周企琛	荣县典史	道光十五年（一八三五）任
清	丁楹	荣县典史	道光十六年（一八三六）任
清	朱自法	荣县典史	道光十八年（一八三八）任
清	苏萼	荣县典史	道光二十年（一八四〇）任
清	孔毓珍	荣县典史	道光二十年（一八四〇）任
清	郑之模	荣县典史	道光二十年（一八四〇）任
清	洪耀	荣县典史	道光二十三年（一八四三）代办
清	常寀	荣县典史	道光二十四年（一八四四）任

朝代	姓名	职务/藩爵	任职年限
清	萧凤仪	荣县典史	咸丰八年（一八五八）任
清	黄志学	荣县典史	咸丰十年（一八六〇）任
清	谈钰	荣县典史	咸丰十一年（一八六一）任
清	徐信原	荣县典史	同治八年（一八六九）任
清	张会澜	荣县典史	光绪元年（一八七五）任
清	乐腾飞	荣县典史	光绪二年（一八七六）代办
清	张琦	防汛	未详
清	苏霖	防汛	未详
清	刘凡	防汛	未详
清	赵雷	防汛	未详
清	陈柱	防汛	未详
清	杜子雄	防汛	雍正时（一七二三—一七三五）任
清	刘忠玉	防汛	乾隆十一年（一七四六）任
清	陈国柱	防汛	乾隆二十二年（一七五七）任
清	李秀	防汛	乾隆二十六年（一七六一）任
清	任和	防汛	乾隆三十六年（一七七一）任
清	李正坤	防汛	乾隆三十八年（一七七三）任
清	王正林	防汛	乾隆五十三年（一七八八）任
清	钱润	防汛	乾隆五十七年（一七九二）任
清	张瑶	防汛	乾隆五十八年（一七九三）任
清	王端雄	防汛	乾隆五十八年（一七九三）任

朝代	姓名	职务/藩爵	任职年限
清	赵琦	防汛	嘉庆三年（一七九八）任
清	岳岱	防汛	嘉庆八年（一八〇三）任
清	谢登荣	防汛	嘉庆十年（一八〇五）任
清	李廷兆	防汛	嘉庆十六年（一八一一）任
清	马联奎	防汛	嘉庆二十年（一八一五）任
清	许贵	防汛	嘉庆二十二年（一八一七）任
清	单继先	防汛	嘉庆二十四年（一八一九）任
清	马鹏程	防汛	道光四年（一八二四）任
清	江大成	防汛	道光七年（一八二七）任
清	岳呈福	防汛	道光十年（一八三〇）任
清	瞿建勋	防汛	道光十二年（一八三二）任
清	张万祥	防汛	道光十四年（一八三四）任
清	宋世雄	防汛	道光十五年（一八三五）任
清	马聊升	防汛	道光十七年（一八三七）任
清	谭贤佐	防汛	道光十八年（一八三八）任
清	陶锡龄	防汛	道光十九年（一八三九）任
清	赵希华	防汛	道光十九年（一八三九）任
清	王联云	防汛	道光二十一年（一八四一）任
清	黄大胜	防汛	道光二十三年（一八四三）任
清	罗武泰	防汛	道光二十四年（一八四四）任
清	郭玉麟	防汛	道光二十四年（一八四四）任
清	冯成川	防汛	道光二十五年（一八四五）任

朝代	姓名	职务/藩爵	任职年限
清	王藩	防汛	未详
清	何洪瑞	防汛	未详
清	刘应琨	防汛	未详
清	唐现龙	防汛	未详
清	向承璁	防汛	未详
清	李三元	防汛	未详
清	姜由亨	防汛	未详
清	彭世琪	防汛	未详
清	刘炳坤	防汛	未详
清	李文治	防汛	同治四年（一八六五）任
清	萧怀青	防汛	同治五年（一八六六）任
清	郭承恩	防汛	同治六年（一八六七）任
清	冯朝相	防汛	同治七年（一八六八）任
清	唐金胜	防汛	同治八年（一八六九）任
清	李绍濂	防汛	同治九年（一八七〇）任
清	萧占奎	防汛	同治十年（一八七一）任
清	李祥槐	防汛	同治十一年（一八七二）任
清	刘玉龙	防汛	同治十二年（一八七三）任
清	钟恩荣	防汛	同治十三年（一八七四）任
清	邱长贵	防汛	光绪元年（一八七五）任
清	李家建	防汛	光绪二年（一八七六）任

朝代	姓名	职务/藩爵	任职年限
清	伍春渲	防汛	光绪三年（一八七七）、四年（一八七八）任
清	骆子春	防汛	未详
中华民国	蒲询	荣县知县	一九一一年任
中华民国	孙树猷	荣县知县	一九一二年任
中华民国	赵白仑	荣县知县	一九一三年任
中华民国	萧应湘	荣县知县	一九一四年任
中华民国	蒋道援	荣县知县	一九一五年任
中华民国	黄克修	荣县知县	一九一五年任
中华民国	侯昌镇	荣县知县	一九一六年任
中华民国	傅荣一	荣县知县	一九一六年任
中华民国	廖世英	荣县知县	一九一六年至一九一七年；一九一九年至一九二〇年
中华民国	袁正卿	荣县知县	一月
中华民国	谢永崧	荣县知县	一九一八年任
中华民国	贺重熙	荣县知县	一九一八年（春来，秋去）
中华民国	冷遇春	荣县知县	一九二〇年任
中华民国	萧锡鋮	荣县知县	一九二一年任
中华民国	王铭新	荣县知县	一九二三年夏至一九二四年秋
中华民国	陈洪基	荣县知县	一九二四年秋至一九二五年春
中华民国	伍登平	荣县知县	一九二五年春任
中华民国	杨公潞	荣县知县	一九二五年夏任

朝代	姓名	职务/藩爵	任职年限
中华民国	贾滂	荣县知县	任七日
中华民国	沈衍曾	荣县知县	一九二五年秋至一九二六年春
中华民国	黄维义	荣县知县	一九二六年秋任
中华民国	邓邦植	荣县知县	一九一六年十一月任
中华民国	王汝忠	荣县知县	一九二七年夏任
中华民国	卢学涵	荣县知县	未详
中华民国	刘承仕	荣县知县	未详

第五卷　学校教育

建国君民，教学为先。文翁石室，化比齐鲁。江汉炳灵，自昔为盛。荣虽僻邑，王庠兄弟以文学著称，晁公武于此读书，陆放翁雅诗共仰，流风余韵，被于来兹。况当文教昌明，士林有蔚然兴起者。（光绪《志》卷二十五）

一、学校书院

（一）文庙沿革

唐贞观四年（六三〇），太宗下诏，『州县以下皆立孔庙』，荣州遂立孔庙。

宋乾德三年（九六五），移近兴贤门。绍兴十三年（一一四三），郡守孟侯迁于莲宇山。开禧二年（一二〇六），太守袁桂立二雁塔，题郡人登科者之名，教授刘道成记，略云：『荣虽藩邸重镇，学凡三迁，始得胜地。』及元末，兵毁。

洪武六年（一三七三）四月初八日，降荣州儒学印，时判官马公辅、学正张朝祖仍创于桂林山。天顺元年（一四五七），邑孝廉龚汇奏复今处。旧志谓：金水资生之会，地势高平，山川明秀，足为兴贤育才之所。四年，按察使佥事汪浩①、知县刘清修复堂斋。成化十七年（一四八一），佥事俞泽、署县判官御史戴中改修尊经阁。正德十四年（一五一九），佥事王雱、知县毛秀移尊经阁于右。万历四十五年（一六一七），知县张接武②建圣门石坊、云龙石屏于西街。

康熙二十一年（一六八二）壬戌六月六日，文庙倾圮，先师遗像巍然独存。邑孝廉刘世璋纠集同志，谋诸当道，时知县荆乔蕃设法求助，接任知县韩莀光③后先协力捐修，于康熙二十三年冬至日告成，立石，规制未全。至康熙三十六年，知县陈士献始建两庑、戟门及名宦、乡贤等处。乾隆十二年（一七四七），知县徐德龙改建明伦堂于文庙之右，移魁星阁于棂星门之左。乾隆十九年（一七五四），知县黄大本捐俸重修，恢复旧制，阅七月而工始竣。五十二年（一七八七）知县张兆星次第修葺。嘉庆十一年（一八〇六）及十二年，知县许源装绘圣象暨四配、十哲龛像，补葺大成殿及戟门等处，新棂星门，浚泮池，移圣门坊于泮池前，旁建德配天地二坊，购西偏李姓墓址，移礼门、义路二门于圣门坊前，左右障以龙屏、照壁。有记。

① 浩，原脱，据光绪《志》卷八补。
② 张接武：乾隆《志》卷二作『张九思』。
③ 韩莀光：乾隆《志》『纂志姓氏』作『韩尽光』。

（二）文庙规制

正殿

五间。

木主，① 位正中，南面。② 古圣象坐木主后。

东配二位：

复圣颜子 名回，字子渊，鲁人，郕国后。

述圣子思子 名伋，字子思。

西配二位：

宗圣曾子 名参，字子舆，鲁武城人，鄫国后。

亚圣孟子 名轲，字子舆，邹人，鲁公族孟孙氏后。

东哲六位：

先贤闵子 名损，字子骞，鲁人。

先贤冉子 名雍，字仲弓，鲁人，伯牛之后。

先贤端木子 名赐，字子贡，卫人。初为信阳宰，后尝相鲁、卫。

先贤仲子 名由，字子路，鲁之卞人，仕鲁为蒲大夫。

先贤卜子 名商，字子夏，卫人，仕鲁为莒父宰。

先贤有子 《史记》：『字子若。』《孔子家语》：『字子有。』鲁人。旧在东庑七位，乾隆三年（一七三八），从徐元梦请，升殿内东旁卜子下，移朱子熹于西旁颛孙子下。

西哲六位：

先贤冉子 名耕，字伯牛，鲁人，为中都宰。

先贤宰子 名予，字子我，鲁人，仕齐为临淄大夫。

先贤冉子 名求，字子有，仲弓之族，为季氏宰。

先贤言子 名偃，字子游，吴人，仕鲁为武城宰。

先贤颛孙子 名师，字子张。

先贤朱子 名熹，字元晦，号晦庵，婺源人。谥文。康熙五十三年（一七一四），升列东哲。乾隆三年（一七三八），改列西哲。

东、西庑

各五间。

东庑先贤三十九位③：

先贤蘧瑗 字伯玉。明以孔子严敬改祀。雍正二年（一七二四），以孔子大圣食于堂上，瑗大贤坐于两庑，亦理之所安，

① 原注：明嘉靖九年（一五三〇）定制，高二尺三寸七分，阔四寸，厚七分；座高四寸，长七寸，厚三寸四分；朱地金书。四配主高一尺五寸，阔三寸四分，赤地黑书。启圣主同四配。十哲两庑，高一尺四寸，阔二寸六分，厚五分；座高二寸六分，长四寸，厚二寸，赤地黑书。

② 原注：按，孔子南面，始于唐开元二十八年。主既南面，县官自应北面。宋濂拘『汉宣帝西面再拜』及《开元礼》『献官西向』之说，谓北面非神道尚右之义。今仍北面为正。

③ 原注：乾隆六年（一七四一），礼部颁行，遵照太学成式，东西先后次序安设。

复祀。

先贤澹台灭明　字子羽，鲁武城人。

先贤原宪　字子思，鲁人。《檀弓》作仲宪，为夫子宰。

先贤南宫适　字子容，一作绥，孟懿子之兄，居南宫，因姓。谥敬叔。

先贤商瞿　字子木，鲁人。

先贤漆雕开　字子若，一作凭，字子开，蔡人。郑玄曰鲁人。

先贤司马耕　字伯牛，宋人。《孔子家语》作司马犁耕。

先贤梁鳣　字子鱼。《史记注》作鲤，字叔鱼，齐人。

先贤冉孺　字子鲁。《孔子家语》作冉儒，字子鱼，鲁人。

先贤伯虔　《孔子家语》字楷，一作子析。《弟子解》作子楷；《史记》作子析，鲁人。

先贤冉季　字子产，鲁人。

先贤漆雕徒父　字子有。《孔子家语》作漆雕从，字子文，一作子期。鲁人。

先贤漆雕哆　字子敛。《孔子家语》作漆雕侈，鲁人。

先贤公西赤　字子华，鲁人。

先贤任不齐　字子选，楚人。

先贤公良儒　《孔子家语》名儒，《史记》名孺，字子正，一作子幼，陈人。

先贤公肩定　《孔子家语》字子仲，《史记》作公坚定，字子中。鲁人，或曰晋人。

先贤邬单　《史记》有邬单，字子家，无县亶；《孔子家语》有县亶，字子象，无邬单。疑作一人。徐广作『邬善』。

先贤罕父黑　《史记》字子索，《孔子家语》作宰父黑，字索，一字子黑，鲁人。《氏族略》亦止有宰父黑。

先贤荣旂　《史记》字子旗，《孔子家语》作荣析。鲁人。

先贤左人郢　《史记》字子行，《孔子家语》作左郢，字子行。鲁人。

先贤郑国　《孔子家语》作薛邦，字徒，鲁人。《史记》避汉高祖讳，以『邦』为『国』，『郑』字疑『薛』字之误。

先贤原亢　字子亢。《孔子家语》作元亢，字子籍。《史记》作原冗，字籍。《正义》『亢』作『冗』，鲁人。

先贤廉洁　《史记》：字庸。《孔子家语》：字子庸，一作子曹。卫人。《古史》作齐人。

先贤叔仲会　字子期。《文翁图》作哙，《孔子家语》鲁人，郑玄云晋人。

先贤公西舆如　字子上，鲁人。《史记》作公西舆。

先贤邽巽　《孔子家语》作邦巽，字子余；《史记》讹『邦』为『邽』，字子敛。《文翁图》避讳，以『邦』为『国』，作国选。鲁人。

先贤陈亢　字子亢。一字子禽，陈人。

先贤琴张　一名牢，《孔子家语》字子开，《文翁图》字子张，卫人。

先贤步叔乘　字子车，齐人。

先贤秦非　字子之，鲁人。

先贤颜哙　字子声，鲁人。

先贤颜何 字冉，鲁人。明以《孔子家语》不载，罢。雍正二年（一七二四）以《颜氏家训》及《颜高赞》俱称颜氏八贤，去何止七，复祀。

先贤县亶 明以《史记》不载，又疑与邬单是一人，罢祀。雍正二年（一七二四），以当时原无确据，仍为二人，复祀。

先贤乐正克 孟子弟子。孟子称为善人、信人，又曰『其为人也好善』，当在弟子之列。增祀。

先贤万章 孟子弟子。《史记》称：『孟子所如不合，退与万章之徒序《诗》《书》，述仲尼之意。』增祀。

先贤周敦颐 字茂叔，世居道州营道县濂溪，学者称濂溪先生，谥元。

先贤程颢 字伯淳，宋河南洛阳人。文彦博题其墓曰明道先生，谥纯。

先贤邵雍 字尧夫，宋范阳人，谥『康节』。

先儒二十三位①：

先儒公羊高 齐人，生周末。

先儒伏胜 字子贱，邹平人，生秦汉间，习《尚书》，秦焚书，时独壁间藏之。

先儒董仲舒 广川人，武帝时以贤良对策。

先儒后苍 字近君，汉东海剡人，修明《礼经》，嘉靖时考求古礼，以为定礼之宗，从祀。

先儒杜子春 河南缑氏人，生汉哀、平间。

先儒诸葛亮 蜀汉瑯琊人。居心仁恕，开诚布公，知大节，明大义，纯乎天理，合乎圣道。增祀。

先儒王通 字仲淹，隋龙门人，教授河汾，其弟子私谥曰『文中子』。

先儒范仲淹 字希文，宋吴县人，封汝南公，谥文正。

先儒欧阳修 字永叔，宋庐陵人，谥文忠。

先儒杨时 字中立，宋将乐人，学者称龟山先生。

先儒罗从彦 字仲素，宋南剑州人，学者称豫章先生，谥文质。

先儒李侗 字愿中，宋延平人。朱子受其河洛之业，为述《延平问答》，称延平先生，谥『文靖』。

先儒吕祖谦 字伯恭，其先东莱人，迁婺源，谥成，改忠亮，墓题『东莱先生』。

先儒蔡沈 字仲默，宋建阳人，隐居九峰山，世号九峰先生，谥文正。

先儒陈淳 字安卿，号北溪，宋龙溪人。朱子尝言，『吾道喜得陈淳。』增祀。

先儒魏了翁 字华甫，宋邛州人。南宋邪说簧鼓，能维持正学，著《九经要义》等书，于圣道大有发明。增祀。

先儒王柏 号鲁斋，宋金华人，点校四书经史，推明河洛九畴，著《经书衍义》，阐发濂洛渊源。增祀。

先儒赵复 元初名儒，德安人。著《传道图》《伊洛图》《希贤录》，北方知有程朱学，实自复始。

① 原注：乾隆十八年（一七五三），礼部准会典馆移称，奏准两庑从祀先儒位次微有舛错，谨依史传，按年序次，请依序位置，转行直省遵照。

先儒许谦 号白云，金履祥弟子，读书穷探深微，其诗文扶翼经义，纲维世教，著《四书丛说》①等书。增祀。

先儒吴澄 字幼青，号草庐，崇仁人。嘉靖九年（一五三〇），以忘宋事元黜。今考澄著述，五经、四子各有诠注，而《学基》《学统》及《矫轻》《警惰》等篇于紫阳书实多发明。乾隆二年（一七三七），从尚书甘汝来请，复祀。

先儒胡居仁 字叔心，明余干人。著《居业录》，以敬名斋，人称敬斋先生。

先儒王守仁 字伯安，明余姚人，读书阳明洞，封新建伯，谥『文成』，世称阳明先生。

先儒罗钦顺 字允昇，明泰和人，以实行教士，著《困知记》，周、程绪言赖以不坠，号整庵。增祀。

西庑先贤二十八位：

先贤林放 鲁人，明以《孔子家语》不在弟子之列，改祀。雍正二年（一七二四），以问礼亲炙圣人，即非弟子，亦理所安，复祀。

先贤宓不齐 字子贱，鲁人，为单父宰。

先贤公冶良 字子长。《孔子家语》作苌，鲁人。《史记》：齐人。范宁云『字子芝』。

先贤公析哀 字季沈，齐人。《史记》作公皙哀，字季次。《史记索隐》作公皙克。

先贤高柴 字子羔。《孔子家语》齐人，《史记》卫人，仕卫为士师。

先贤樊须 字子迟，仕于季氏。《孔子家语》鲁人。郑玄云齐人。

先贤商泽 《孔子家语》字子秀，《史记》作子季，鲁人。

先贤巫马施 字子期，陈人。《史记》：字子旗，为单父宰。

先贤颜辛 字子柳，鲁人。《史记》作颜幸。

先贤曹卹 字子循，蔡人。

先贤公孙龙 《孔子家语》作公孙宠，卫人。郑玄云：『楚人』，孟云：赵人。字子石。

先贤秦商 字子丕。《孔子家语》字丕兹②，鲁人，郑玄云楚人。

先贤颜高 字子骄。《孔子家语》作颜刻。鲁人。

先贤穰驷赤 《孔子家语》字子从，秦人。《史记》『穰』作『壤』，字子徒。

先贤石作蜀 字子明。《孔子家语》作石子蜀。秦人。

先贤公夏首 字子杰。《孔子家语》『首』作『守』，字乘。鲁人。

先贤后处 《史记》字子里。《孔子家语》作石处，字坚之。齐人。

先贤奚容蒧 《孔子家语》字子偕。《史记》子皙。《文翁图》鲁人，《正义》卫人。《氏族大全》奚仲之后。

先贤颜祖 字襄。《孔子家语》名相，又名祖，字子襄。鲁人。

① 按：《四书丛说》原作『诗书丛说』，据《元史》本传改。
② 《孔子家语》卷九：『秦商，鲁人。字不慈，少孔子四岁。』与此不同。

先贤句井疆　字子疆。《史记》作句井，《正义》作勾井。卫人。《阙里志》字子野。《山东志》：字子孟。

先贤秦祖　字子南，鲁人。郑玄云，秦人。

先贤县成　字子祺。《孔子家语》字子横。鲁人。

先贤公祖句兹　《孔子家语》作公祖兹，字子之。鲁人。

先贤燕伋　字思。《孔子家语》名级，字子思。《史记》作伋，秦人。

先贤乐欬　《史记》字子声。《孔子家语》名欣。秦人。

先贤狄黑　《孔子家语》字哲之，一作子哲。《史记》字哲，卫人。

先贤孔忠　字子茂。《孔子家语》作孔弗，《史记》作孔子兄孟皮之子。

先贤公西蒧　字子尚。《史记》字子上。鲁人。

先贤颜之仆　《孔子家语》字子叔。《史记》字叔。鲁人。

先贤施之常　字子常。《史记》字子恒。鲁人。

先贤申枨　《孔子家语》：申绩，字子周。《史记》作申党，字周。《文翁图》作『堂』。后汉碑作『棠』。郑玄云：『即申绩。』绩、党、堂、棠，一人也。

先贤左邱明　中都人。《授经图》曰鲁人。楚左史倚相之后。

先贤秦冉　字开，蔡人。明疑《史记》误书，罢。雍正二年（一七二四），以《史记》列传既著其姓，复标其字，必有其人，复祀。

先贤牧皮　《孟子》赵岐注：『牧皮与琴张、曾皙皆事孔子。』牧皮为圣门高弟无疑。增祀。

先贤公都子　孟子弟子，研性善之理，辟义外之说。增祀。

先贤公孙丑　孟子弟子。《孟子》赵岐注：『孟子既没，万章、公孙丑记其所言。』有功于孔孟之道。增祀。

先贤张载　字子厚，居郿县之横渠，称横渠先生，谥明。

先贤程颐　字正叔，称伊川先生，谥正。

先儒二十三位：

先儒穀梁赤　《尸子》作俶，颜师古作喜，字元始，鲁人，生周末。

先儒高堂生　《史记索隐》：字伯，鲁人，生汉初。

先儒孔安国　字子国，孔子十一世孙，生汉武帝时。

先儒毛苌　赵人，善说《诗》，世谓毛亨为大毛公，苌为小毛公，生汉武帝时。

先儒郑玄　字康成，东汉高密人。注经论礼百余万言，括囊大典，网罗百家，出处进退衷于道，复祀。

先儒范宁　字武子，晋鄢陵人，南昌太守，兴学造士，著《春秋穀梁集解》，词意精详，有功圣道，复祀。

先儒韩愈　字退之，唐修武人，封昌黎伯，谥文。

先儒胡瑗　字翼之，宋海陵人，为湖州教授，又召为国学直讲，学者称安定先生，谥文昭。

先儒司马光　字君实，宋夏县人，封温国公，谥文正。

先儒尹焞　字修明，宋涪阳人，伊川弟子，学穷根本，德备中和，质直宏毅，著《论语解》，赐和靖处士。增祀。

先儒胡安国　字康侯，宋崇安人，谥文定。

先儒张栻　字敬夫，宋绵竹人，忠献公浚之子，号南轩先生，谥宣。

先儒陆九渊　字子静，宋金溪人，学者称象山先生，谥文安。

先儒黄幹　号勉斋，宋闽人，朱子婿，授以所著书曰『吾道记在此』。金华四子递衍其传，正学赖以不绝。

先儒真德秀　字景元，宋蒲城人，宝元进士，累官户部尚书、参知政事，称西山先生，谥文忠。

先儒何基　宋金华人，黄幹弟子，得渊源之旨，学本真实，所著《学庸解释》《书大传》《易启蒙》，皆有发挥。

先儒陈澔　字可大，元南康人，所著《礼记集注》，明列其书于学宫，士子遵奉，称云柱先生。增祀。

先儒金履祥　号仁山，元兰溪人，何基弟子，著《大学章句疏义》《论孟集注》，多先儒未发之义。增祀。

先儒许衡　字平仲，元河南人，学者称鲁斋先生，谥文正。

先儒薛瑄　字德温，明河津人，学者称敬轩先生，谥文清。

先儒陈献章　字公甫，明新会人，隐白沙，学者称白沙先生。

先儒蔡清　号虚斋，明晋江人，学主静虚，饬躬砥行，不愧衾影。著《易经理解》《四书蒙引》行世。增祀。

先儒陆陇其　字稼书，清平湖人。力任斯道，精研程朱之学，端方孝友，以德化民。增祀。

改祀于乡三人①

郑　众　字仲师，东汉开封人。

卢　植　字子幹，东汉涿郡人。

服　虔　字子慎，东汉荥阳人。

罢祀十一人②：

公伯寮　字子周，鲁人，以馋仲由黜。

荀　况　字卿，周末赵人，以言性恶黜。

戴　圣　字次君，汉梁人，以赃吏黜。

扬　雄　字子云，成都人，以事莽黜。

刘　向　字子政，汉宗室，以诵神仙、方术黜。

贾　逵　字景伯，东汉扶风人，以附会图谶黜。

马　融　字季长，东汉扶风人，以贪鄙附势黜。

何　休　字邵公，东汉人，以黜周王鲁、注风角书黜。

王　肃　字子雍，魏剡人，以党司马篡魏黜。

王　弼　字辅嗣，魏山阳人，以旨宗老、庄黜。

杜　预　字元凯，晋杜陵人，以党贵、建短丧，黜。

崇圣祠

在文庙后。

肇圣王木金父　自宋迁鲁，始姓孔。

裕圣王祈父

贻圣王防叔父

昌圣王伯夏父

启圣王叔梁父　仕鲁为陬邑大夫，晚娶颜氏，圣母祷尼山，

① 原注：明嘉靖九年（一五三〇）改。

② 原注：明洪武三年（一三七〇）、嘉靖九年（一五三〇）二次罢。

诞生至圣。

东配：

先贤颜氏 名无繇，字路。《孔子家语》：颜繇字季路，颜子回之父。

先贤孔氏 名鲤，字伯鱼，子思子伋之父。

西配：

先贤曾氏 名点，字皙。《孔子家语》字子皙，《史记》作曾蒧，曾子参之父。

先贤孟氏 名激公宜，鲁公族，孟子轲之父。

东庑：

先儒周氏 名辅成，周子敦颐之父。

先儒张氏 名迪宗，神宗时出知涪州，立身端洁，居官廉直，贫不能归，葬于郿，张子载之父。增祀。

先儒蔡氏 名元定，字季通，隐居西山，谥文节，世称西山先生，蔡子沈之父。

西庑：

先儒程氏 名珦，字伯温，赠永年伯，二程子颢、颐之父。

先儒朱氏 名松，字乔年，历吏部司勋郎，出知饶州。至元追谥靖献，朱子熹之父。

其他

神库 左。

神厨 右。

居仁、由义二斋 附于两庑之下。

戟门 三间。

棂星门

泮池 四面环列石柱，绕以朱栏。

启圣祠 殿后。

礼门、义路二坊 泮池左右。

文昌祠 在礼门南。乾隆《志》按：祠之左边有社学基一所，东西八弓，南北三十弓，碑文字没。

魁星阁 旧在文昌祠之南，其地东西二十三弓，南北十九弓。乾隆十二年（一七四七），知县徐德龙改建于棂星门之左。

名宦祠 在戟门左。

宋荣州知州：李畋、李虚己、吕文修、陈希亮、李焘、罗拯、王明、宋中和、张价、王淮。教谕：张颐。推官：宇文昌龄。长吏：丁处荣。荣德县令：杨仲修。

明知县：秦民汤、朱如鲁、雷震、张九思、黄儒、孔克宜。教谕：刘朝用、谢聘、王永、钟诚。判官：马公辅。典史：樊资。

清知县：刘应时、李铸、蔺松、王泽、陈士献、王国相、黄大本。

乡贤祠 在戟门右。

汉：合浦太守费贻。

后汉：谏议大夫费诗。

晋：散骑常侍费立。

宋：进士累官礼部尚书刘光、进士洪雅县令宋迈、进士火井县令陈宁、翰林学士特赠大中大夫王顗、正议大夫礼部尚书兼侍读学士谥『文简』尤衮、进士勾龙传、进士杨九泽、进士累官右正言张震、进士雅州知州杨仁、谥靖节先生王庠、赠通议大夫王梦易①。

明：进士两浙都运司杨易、汉中府同知何子奇、东楼先生何鲁、苏州府教授曹赏、徐州学正龚汇、岳州府教授刘宗明。

清：举人刘世璋、丹棱教谕吴良璧、重庆府训导邹养浩、尉氏知县乡饮大宾吴孔章。

儒学门 旧临正街，久废，今改建于北街。

仪　门

尊经阁 废址存。

启圣坊

希贤坊 教谕刘朝用建于棂星门左右，今废。

忠孝祠 在戟门左。

明：平凉知府简仁瑞、蒙化经历李国柄、庠生王维屏、廪膳生员李亨吉、孝孙程崇德、孝子张世思②、丁孝孙。

清：昌化知县杨州英、大竹县训导谢朝玉、举人邹珇、瑚松额巴图鲁候补道刘存厚③。

崇仁祠 在戟门右。权设崇仁祠一间，奉前明兵部侍郎胡子昭（谥文愍）之神位，春秋举行祭祀。

节孝祠 在北城清富山，地处偏僻，人迹罕至，其地东西四十七弓，南北三十四弓。乾隆十九年（一七五四）八月，重建于西门正街。后改建于泮池左。

宋：孝女牟阿回、王梦易妻向氏、王纶练妻杨氏④。

明：郝明德妻沈氏、杨健妻江氏、陈伯纶妻白氏、孝女胡金奴、龚湜妻刘氏、吴九经妻朱氏、杨沧妻郝氏。

清：吴良屏妻王氏、张之蕃妻李氏、谢朝恩妻李氏、吴履泰妻王氏、吴志清妻王氏、谢治中妻李氏、谢宁妻李氏、张弧妻王氏、赵源潢妻曾氏、杨纻妻柳氏、邓玉珀妻杨氏、陈世碧妻邓氏、李应山妻朱氏、龚勉学妻朱氏、刘元珠妻李氏、杨灿阳妻李氏、邱国元妻罗氏、邱思诚妻邹氏。

敬一亭 乾隆时在山巅，废。后改建于文庙后，嘉庆间废。

尊经阁 乾隆时废，嘉庆时废址尚存。

魁星阁 旧在文庙礼门右，乾隆十二年（一七四七），知县徐德龙移棂星门左。四十五年，知县符兆熊改建凤鸣山麓。今在文昌宫前、万寿寺左。

雁　塔 在文庙内。

教谕署 乾隆时在文庙右。嘉庆间改建于明伦堂后。

训导廨 雍正六年（一七二八），分设威远县，裁训导，缺廨，今废。

学　仓 三间，废。荣邑学田为居民占垦，今尚未捐置。

明伦堂 在文庙右。

---

① 通议大夫：原作『通奉大夫』，据光绪《志》卷十七改。详见『通议大夫王梦易』注文。
② 张世思：民国《志》卷十二作『张世恩』。
③ 按：瑚松额巴图鲁候补道刘存厚：原无，据民国《志》卷十《礼俗》补。
④ 按：王，疑为『宋』。宋迈之父，乾隆《志》作『宋宠光』，嘉庆《志》改作『宋纶练』。

御制卧碑 在明伦堂内。

钦颁书籍 《圣谕》二本、《易经》一部、《书经》一部、《诗经》一部、《春秋》一部、《性理》一部、《新颁学政全书》一部、《御制训饬士子文》①、《明史通鉴纲目》一部、《明史》一部、《资治通鉴》一部。

学　田 无。

射　圃 废。乾隆十九年（一七五四），知县黄大本改设于奎星阁之后。

膳　堂 废。

武　庙 在南街。明万历年间，邑先达黄纪贤巡抚郧阳告归后，捐资创建正、寝二殿，规模隘狭，日久坍颓。康熙四十五年（一七〇六），知县王泽撤俸倡捐，廓充基地，改建殿宇，添立东西两厢，较前制颇觉弘敞。荣民感其功，于正殿旁肖像以祀。贡生刘元玉有记。乾隆十九年（一七五四），士民乐输，道士伍来应矢愿募金，复买民地，改建戏楼。惜限于地势，正门仍然西向。

有常住田一区，在南郊外三里，坐落杨家湾。东至曹文亮顺岩过坰，劈山直下石包，齐塘尾直过上坰田坎界。南至门山大路上高坎界。西至曹尔清后山分岭界。北至王姓后山上顶岩界。载粮六钱九分三厘，田价二百三十两。其田系士民公捐，地土瘠薄，每年收市斗租谷八石，充庙祝食费。

乾隆十九年十月，道士伍来应报垦西郊外太子山三清殿旧存常住田一区，东至王姓岩仑界，南至李姓官路界，西至岩仑抵刘姓界，北至后山岩仑界。承粮四钱二分零。给与藩宪执照，按年升科。

演武厅 在南门外官地，旧甚宏敞，多为居民侵占。嘉庆十三年（一八〇八），知县许源诣勘，悉令退复四至，东、南界以石，为建厅竖照壁，修马道，今始可为骑射地，有碑记。（光绪《志》卷二十六）

考　棚 在文昌宫内，左右各九间，坐号一千二百有奇。嘉庆十三年（一八〇八），知县许源建，有记。道光二十三年（一八四三），邑州同刘廷选于龙门外左右各修雨棚四间，有记。光绪元年（一八七五），邑绅粮于启圣宫后添修十一间，坐号五百八十有奇。

（三）学校沿革

学校，初为书院、讲社、义学。唐武德元年（六一八），建县学于桂林山。

明胡节愍祠置书院，曰『崇仁』，清初已废。康熙四十九年（一七一〇），知县李锛改明察院行台为书院，曰『凤鸣』，以山名也。嘉庆十九年（一八一四），知县宫鉴桂建桂林书院，旧县学也。二十三年（一八一八），鉴桂又建书院于贡井文昌庙，取唐县名之，曰『旭川』。程家场乐领寺设讲社，曰『云程』。同治五年（一八六六），知县国璋设长山桥讲社曰『云龙』。九年，知县马佩玖设龙门书院，旋废。十一年（一八七二），沈鑫设讲社

① 原注：在《学政全书》内。

二：一五宝镇宝镇庵曰『五桂』；一龙潭场道澄寺曰『玉成』。古仕焉而已者，归教于乡。书院、讲社，其未仕而不愿仕者也。义学，明曰『社学』，清流、长山、荣川、来苏、乐阳、兴贤、荣德、仁义凡八。自长山外，皆以乡名，而校地实在城中，非社义也。清改荣德曰『景行』，在奎星阁下。乐阳曰『养正』，道光时，移凤鸣山左。其他十八皆在乡，各有各名：东，高山铺曰『高山』，程家场文昌宫曰『云程』；南，过水坳曰『逢源』，鼎新寺庵子冲曰『复兴』，古文场曰『学古』，双石桥曰『双士』，五宝镇兴隆坳曰『五桂』，南禅寺曰『修文』，龙潭场东岳庙曰『龙潭』；西南，杜家井文昌宫曰『汲古』，镇紫场曰『东来』，新桥曰『日新』，董家场文昌庙曰『正德』；西，长山桥曰『云龙』，来牟铺曰『思文』，刘家场梓潼观曰『玉成』；北，东川沟三圣宫曰『东兴』，双古坟川主庙曰『临江』。

光绪三十年（一九〇四），悉废，小学、中学以次设焉。高小校在凤鸣山，光绪二十九年建。中校在凤鸣书院，十四年移万寿寺，新葺之。高小女校，旧景行义学也，清末为蚕桑学堂。余公私初级小学凡十四所。城外四乡，凡百四十五所。其以高级兼初级者曰两等小学，东二所：程家场、贡井；南五所：李子桥、鼎新寺、河口、龙潭场、五宝镇；西南二所：新桥、李家场；西二所：竹园铺、刘家场。凡十一所。（民国《志》卷二）

（四）书院

书院者，党庠术序遗制也。荣建书院者三，而各乡镇复多设义学，官司以时课之。凡先生之脩脯，子弟之膏火，无不备具，俾肄业其中者得以潜心学问，亦仰体圣朝作育人才之意云。（光绪《志》卷二十六）

崇仁书院　废基址在东门外曹家街。大门三间，仪门三间。正气堂、寝门、号房，俱废。乾隆间，于乡贤祠之左，权设崇仁祠一间，奉前明兵部侍郎胡子昭之神位，春秋举行祭祀。

凤鸣书院　在凤鸣山之前，旧系察院行台、布政分司基址，东西三十五弓，南北四十七弓。康熙四十九年（一七一〇），知县李锛改为凤鸣书院。一所，三间，两进，教读之师经、蒙并授。后渐颓废。乾隆十七年（一七五二）十月，知县黄大本捐俸整理，内外讲堂六间，东西前后书房共十间，书厅三间，牌楼一架，大门一间，厨房二间，一切应用家俱，纤悉毕备。嗣后递次增置租息。

至乾隆十九年，绅士丁凤溥等倡议乐输，官复捐俸镶凑，置买楼房嘴义田一区，田价五百九十两，税契一十七两七钱，加补业主银十两，田地四至开列契纸，粘卷额，办纳粮银一两七钱零，租谷充书院师徒公费，详奉批允，汇入交代。每年尚须贤司牧量捐俸廉，以补不足，庶得垂诸永久。

官复捐助置买高脚楼田一区，每年纳租银一百两。二十八年，刘富、郝若桂充老虎岩公田一区，每年纳租钱六千文。三十一年，知县张成器捐廉置买高笋冲田一区，每年纳租银十六两。五十八年，知县龚巽拨入书院东西街二处店房四十户，每年共纳租钱二百八十二千五百文。嘉庆九年（一八〇四），知县许源拨入先农、社稷坛余地，每年纳租钱十千文。十年，又拨入大小南门坝官地，每年纳租钱三十八千八百文。通计岁入银一百一十六两，钱三百三十七千三百文。山长岁奉束脩金一百二十两，每月按送薪水钱六千文。其聘仪及三节礼各四两。正课生员四名，每名月给膏火钱七百二十文；童生十名，每名月给膏火钱四百八十文。附课生员六名，每名月给膏火钱四百八十文；童生十六名，每名月给膏火钱三百六十文。如有旷课不到者，即按课扣存，以为书院公用。每年内拨出钱三十二千文为吕真君庙焚献费，至一切出入，该工房经理每年注印册销算。

桂林书院　在桂林山麓。嘉庆十九年（一八一四），知县宫鉴桂捐廉及拨充公项，并士民乐输，共计银二百两、钱九百二十千文，买桂林山房屋一所，修作书院。讲堂三间，左边厨房一间，右边卧房一间，讲堂下左右厢房各三间，讲堂右小花园抱厅一间，大堂房屋三间，大堂左右耳房各二间，大门三间。山长岁奉束脩银六十两，火食银十二两，聘仪、席仪、两节仪各二两。道光九年（一八二九），知县赵时增束脩钱四十千文，入馆、解馆夫马钱量地远近酌送。正课生员二名、童生四名，副课生员二名、童生八名。

龙门书院　在凤鸣山麓龙王庙内。同治九年（一八七〇），知县马佩玖设。山长岁奉束脩银六十两，火食银十二两，聘仪、席仪、两节仪各二两，入馆、解馆夫马钱量地远近酌送。正课生员二名、童生四名，副课生员二名、童生八名。

以上三书院膏火钱，正课生员每月七百二十文，童生四百八十文；副课生员每月四百八十文，童生三百六十文。每年正月内考取送院，每月官课一次，官给点心奖赏钱，超等生员四百文，特等生员三百文，上取童生三百文，次取童生二百文。屡考在前者，外课升为副课，副课升为正课。屡考在后者，正课降为副课，副课降为外课。如有旷课不到者，即按课扣存，以作书院公用。

三书院监院系本县儒学教谕兼摄，每年纸札杂用银共二十两。

凤鸣书院看斯一名，即将院内土佃与种作，无饭食钱。桂林书院看斯一名，除将院内土二圃、院外土一段给与种作，不纳租钱外，每年给饭食银四两。

旭川书院　县东九十里贡井文昌庙内，地基系吴姓施。嘉庆二十二年（一八一七），知县宫鉴桂设，并示谕不得增塑佛像，多招僧道。每年收斗租银一百两，秤租钱二十四千文。山长岁奉束脩银六十两，火食银十二两，聘仪、席仪、两节仪银各二两，入馆、解馆夫马钱量地远近酌送。正课生员二名、童生四名，副课生员二名、童生八名。每年正月内收录，向由县考取送院，每月官课，由县封题送县丞衙门考试，将卷送县阅定榜示。道光中，知县马映辰改令由县丞代考，束脩、膏火、奖赏，县丞及该处经管绅士筹款酌发。

（五）其他

社学

荣川社学　南正街。明正德年间教读杨奇以严毅称，士多成就。乾隆《志》按：南门内左边有社学地二处，上一处东抵西二十七弓，南抵北八弓，下一处东抵西二十八弓，南抵北九弓。

来苏社学 泮水街，其地在东门内右边，东抵西八弓，南抵北九弓。

乐阳社学 桂林街。

清流社学 西城。明嘉靖初年，教读但友之以善教称，御史冯璋表其宅。

兴贤社学 东街。明景泰癸酉科（一四五三）教读伍从教中式。

荣德社学 凤鸣山左。明正德年间，教读吴天禄以孝友称，重构四柏堂于内，知州杨桂丹记。

仁义社学 城西。

长山社学

以上俱废。乾隆《志》按：西门内右边挨城墙社学一所，东西十弓，南北三十弓。又，石埂下一处，东西十弓，南北十三弓。

云程讲社 近程家场，骡岭寺内。

云龙讲社 近长山桥，文昌宫内。二处系同治五年（一八六六）知县国璋设。

五桂讲社 近五宝镇，宝镇庵内。

玉成讲社 近龙潭场，道澄寺内。二处系同治十一年（一八七二）知县沈鑫设。

以上束脩，俱岁奉钱八十千文，夫马钱二十千文，聘仪银一两，节仪银一两。

义学

景行义学 在城内后山，即古四柏堂旧址。

养正义学 在城内后山。向在城内桂林街，道光二十年（一八四〇），知县胡沄改作汛署。

以上二处义学，每年束脩银各四十两，聘仪各二两，每节仪银各一两。

玉成义学 县西九十里刘家场，出场里许梓潼观内，每年束脩银四十两。

云龙义学 县西六十里长山桥后，每年束脩银三十两。

云程义学 县东六十里程家场文昌宫内。

龙潭义学 县南七十五里龙滩场东岳庙后。

以上两义学，每年束脩钱各五十千文。

五桂义学 县南六十里五宝镇场右兴隆坰，每年束脩钱四十千文。

临江义学 县北六十里双古坟场川主庙内，每年束脩钱三十千文。

以上六处义学，每年聘仪银各一两，无节仪。合前城内两义学，俱系嘉庆十九年（一八一四）及二十二年知县宫鉴桂设。

高山义学 县东二十里高山铺东。

正德义学 县西南九十里董家场文昌庙内。

逢源义学 县南二十里过水坰场东北。

复兴义学 县南六十里庵子冲寺内。

汲古义学 县西四十里杜家井场文昌宫内。

东兴义学　县东北四十里东川沟场三圣宫内。

思文义学　县西七十五里来年铺东。

以上七处义学，每年束脩钱各四十千文，聘仪银各一两，无节仪，俱系道光六年（一八二六）知县赵时设。

双士义学　县东南三十里双石桥，同治五年（一八六六），知县国璋设。

学古义学　县南七十里古坟场。

日新义学　县南七十里新桥场。

东来义学　县北八十里镇紫场。

以上四处义学，束脩钱各四十千文，聘仪银各一两。

修文义学　县南九十里南禅寺，束脩谷十二石八斗。

（六）学额膏火

学额

荣县学额，文、武取进各六名。后增二名，各八名。廪、增生各十名。

雍正六年（一七二八），分东里益昌乡设威远，铺驿裁，知县陈颙捐置籍田。详请增额四名，共十二名。廪、增生各二十名，与威远分之，训导移威远。

廪膳生员，向额二十名，自分置威远县，拨去十名，今额十名。

增广生员，向额二十名，自分置威远县，拨去十名，今额十名。

附学生员，岁科试额取十二名，自分置威远县，拨去六名，额取六名。同治中，以岁输津贴，准永增六名，得复原额。

武生岁试额取十二名，自分置威远县，拨去六名，额取六名。同治中，以岁输津贴，准永增六名，得复原额。

学中向例，二年岁贡一名，自分置威远县后，四年岁贡一名。如遇覃恩年，则以正贡作恩贡，次贡作正贡。

学中向例，十二年拔贡一名，自分置威远县后，时于荣县拔取，时于威远拔取，无定。同治九年（一八七〇），两县呈请分拔，蒙准，得复向例。

膏火

同治十年（一八七一），邑绅粮等禀：经前任谢主立案，因工房办理膏火日形亏短，几于不继，是以议将膏火提出付局，另立数簿，由局首经理，惟孤贫仍归工房经管，俾得各清各款，免致牵混。其膏火一项，每年原进租银一百一十两，谷子五石，钱八百五十五千六百文，其钱系按月呈缴。孤贫一项，每年原进租钱五十七千六百五十文，银三十一两，谷子二十石，其银、谷系秋后完纳。是以将膏火业内提出店钱三百四十一千一百文，拨归孤贫，以便工房随月收支；于孤贫业内提出田租银三十一两，谷子二十石，拨入膏火，由局首秋后收支。二项另簿注明基址细数，从新立案，永为定规。

计开膏火管业①：

滥扶冲田业，年收租银九两。

郝家坝田业，年收租银十五两，租谷二十石。

白蜡嘴田业，年收租银七两。

莲花场田业，年收租谷五石。

来葵湾田业，年收租银七十四两，谷十石零二斗。

王家坝田业，年收租钱三十四千文。

老虎岩田业，年收租钱六千文。

高笋冲田业，年收租银十八两。

高脚楼田业，年收租银一百四十六两。

游家山田业，年收租钱十二千文。

江家山田业，年收租钱十一千文。

桂林山田业，年收租钱四十五千文。

清流乡，年收官租钱三十千零六百文。

仁义乡，年收官租钱三十三千五百文。

荣川乡，年收官租钱五十九千二百文。

来苏乡，年收官租钱二百七十五千二百文。

西街店房两间，年收租钱十八千文。

凤鸣书院看斲，年收官租钱一千文。

以上共该收银二百六十九两，钱五百二十五千五百文，谷三十石零二斗。

光绪三年（一八七七），邑绅粮等禀：经前任庄主立案，因礼房向管田业数处支发书院、义学各项，未能一律办理，是以议将礼房膏火一并付局经理，以昭画一。

计开膏火管业②：

大石匣田业，年收租钱二十千文。道光六年（一八二六），知县赵时任内张敦履捐。

花金纪田业，年收租钱一百二十千文。道光六年（一八二六），知县赵时任内置买。

油榨冲田业，年收租钱三十千文。旧志载，道光八年（一八二八），知县赵时任内，张敦叙捐出凤鸣山业，年收钱十六千文。光绪三年（一八七七），邑绅等禀，经吴主劝其子张必遵以此业作掉，年多进钱十四千文。

一石垢田业，年收租钱二百二十千文。道光六年（一八二六），知县赵时任内置买。

城外河坝田业，年收租钱八千文。道光二十年（一八四〇），知县胡沄任内，举人吴容经手买。

汪家滩田业，年收租钱二十三千文。

养正义学看斲，年收租钱二千六百文。

以上共收钱四百二十三千六百文。

计开膏火出数：

儒学监院，银二十两。

凤鸣书院，束脩银一百二十两，聘仪四两，席仪四两，节仪共八两，薪水钱七十二千文。后增束脩，在三费局支给。

---

① 原注：工房拨付。

② 原注：礼房拨付。

桂林书院，束脩银八十两，聘仪二两，席仪二两，节仪共四两，薪水钱四十千文。后增束脩，在三费局支给。

龙门书院，聘仪二两，席仪二两，节仪共四两。其束脩、薪水与桂林同，由三费局支给。

景行、养正两义学，各束脩银四十两，聘仪一两，席仪一两，节仪共二两。

玉成义学，束脩银四十两，聘仪一两。

云龙义学，束脩银三十两，聘仪一两。

云程、龙潭两义学，各束脩钱五十千文，聘仪一两。

五桂、东兴、逢源、复兴、思文、正德、汲古、高山，以上八处义学，各束脩钱四十千文，聘仪一两。

临江义学，束脩钱三十千文，聘仪一两。

余有双士、学古、日新、东来四处义学，束脩由三费局支给；修文义学束脩在南禅寺出谷。又讲社四处束脩，亦由三费局支给。

月课每次需钱四十三千文。年约八、九课不等。

桂林看厮工食银四两。

礼房纸张银六两，又钱十千文。

催差钱二千文。

二、科举

古者乡举里选，论秀书升，取士之典重矣。荣之人才，于南北宋时为极盛，如王氏、景氏、勾龙氏，一门竞爽，至今人乐道焉。他或仕进各有分途，其所以作邦家桢干、王国羽仪者，一也。（嘉庆《志》卷六）

（一）进士

唐

王　禹　民国《志》按：进士科起隋大业中。唐取士有秀才、明经、童子等十二科，进士其一也。高祖时，诏诸州，明经、秀才、俊士、进士，由县考试，州长重覆，岁随方物入贡，所谓乡贡。举者皆投牒自举。宝应中，始依古察孝廉，县荐之州，州试其学，送之省，勿自投牒。经、策皆通为上第；经通八，策通二，为中第，与出身。是唐诸科之目，虽以进士为贵，然较明清进士复异。禹，不详何年登第，故不能稽所试，以测知其学。准以唐时风会，凡进士，大抵文采可观也。

宋

勾务滋　祥符八年（一〇一五）蔡齐榜第一甲第三人。

袁　恕　天圣五年（一〇二七）王尧臣榜。

张昭文　天圣八年（一〇三〇）王拱辰榜第三甲。

杨若冲、**何至**　景祐元年（一〇三四）张唐卿榜。

勾奖、**王梦易**　皇祐元年（一〇四九）冯京榜。

张昭及、**杨约**、**张复**　皇祐五年（一〇五三）郑獬榜。

张璞、张非宾、勾伸　嘉祐二年（一〇五七）章衡榜。

勾仲通、勾龙纲　熙宁三年（一〇七〇）叶祖洽榜。

张禹珪、王颢、勾纯、杨九泽、杨镛　熙宁九年（一〇七六）徐铎榜。

王　华　元丰二年（一〇七九）时彦榜。

高　迈　崇宁二年（一一〇三）霍端友榜。

勾龙传　绍兴八年（一一三八）黄公度榜。

袁通明　绍兴十二年（一一四二）陈诚之榜。

勾龙骧[1]　绍兴十八年（一一四八）王佐榜。

李　概　绍兴三十年（一一六〇）梁克家榜。

尤袤、勾龙湜、曹卞、杨璟、孙子立、王曾献、刘硕、勾龙骧、杨宗兴、李杰士、杨仁、王望、杨基、张衡、刘嵩老、杨镗、勾龙衢、孟师、张奕、杨丙、杜廉夫、曹汝舟、李师一、杨垕、武成、李廷俊[2]、张仪凤、李札、杜舜、景遇、景攸、景任、景孝、景通、景进　已上三十五人，皆绍兴中年分失考者。按：绍兴二年（一一三二），四川进士一百二十人。五年，一百三十七人。十二年，一百四十四人。十五年，七十三人。二十四年，六十三人。以此为最多。

曹汝翼　乾道二年（一一六六）萧国梁榜。

赵驯、李复老、景吉祥　乾道五年（一一六九）郑侨榜。

景　旦　淳熙二年（一一七五）詹骙榜。省志『景』作『寻』。

陈宁、宋宠光、勾士奇、宋迈　淳熙五年（一一七八）姚颖榜。

史记、张坤、杜公才、杨圭、寻昂、袁楠、蹇震、宋纶练、张德成、杨光、申杨光、李廷表、王曾点、李廷老、张鼎、蹇巽申、张充、李廷俊、曹祖忠、李伯翼、杨允、杨勉、薛年、寻森、王元辅、刘充、张伯道、温安强、景谦光、李朝老、李克俭、杜功、李淳老　已上三十三人，淳熙中，年分失考。按《梅尧臣集》，李廷老三见，年代迥绝，自是别一人。而好以『老』名，殆犹晋王氏以『之』名，南朝以『僧』名，五代以『彦』名，为一时风习邪？

张　震　嘉定四年（一二一一）赵建大榜。

刘　光　宝庆二年（一二二六）王会龙榜。

牟撍绅、张伯达、王之逵、赵骎、勾龙思之、牟汉和、袁子垓、何景昌、赵孟操　已上见宋袁桂所立荣州雁塔。

曹鹏飞　旧县志有，嘉庆《四川通志》无。

曹鹏举、王三畏、张舟材、李伯宸、宋选、宋造、宋道、宋适、李伯翌、鲁清、李一飞、杨勉仁、杨勉中、杨若思、杨若纳、杨若畴　已上十六人，嘉庆《四川通志》称朝代、年分失考。

---

① 按：勾龙骧，据宋佚名著《绍兴十八年同年小录》增补。《小录》云：『第十八人勾龙骧，字文举，小名罗汉，小字应祖，年二十六，八月十一日生。外氏曹永感下第崇一，兄弟终鲜。一举。娶张氏。曾祖秩，故不仕。祖权，故不仕。父居实，故不仕。本贯荣州荣德县荣川乡归政里，祖为户。』

② 原注：省志李廷俊，绍兴、淳熙两见。

都数一百三十人。①

民国《志》按：宋沿隋、唐，设进士科，亦诸科之一，而进士得人为盛。秋取解，冬集礼部，春考试。合格及第者，列名放榜于尚书省。然踵唐制，用公卷。或假他人文字，或佣人书之。每秋赋，自县令、佐，察行义保任，上于州长、贰；审察得实，然后上本道使者类试。是仍与明、清进士夐异也。荣进士，自祥符间勾务滋始，时已定弥封、誊写、校勘诸令，上二等曰及第，三等曰出身，四等曰同出身。景祐初，以取人路狭，诏南省就试进士诸科，十取其二。自天圣至嘉祐，进士至四千五百七十人。荣进士朝代失考者，或多在此四十年间耶？熙宁初，罢诗赋，三年（一〇七〇），专以策，定千字为限。正勾仲通、勾龙纲登第也。元祐中，令在试者毋得取全额之半，复经义、辞赋并试，赋限三百六十字，论五百字。绍圣中，复罢诗赋，专以经义。而荣二十年来，仅高迈登第。自是几四十年无进士，意非尽文献之缺也，徽宗崇奸贬正，而山州质直，习闻蜀党风义，不知逢时易技，遂见摈抑于奸邪之群。大观时，阉宦皆玷选举，小人之撼撞无忌，可惧哉！南渡后，以士人不能至行在，绍兴元年（一一三一），四川以便宜令川峡②举人即置司州试之。于是四川类试，全隶制司。九年，川峡分试。二十四年，始定试期用中秋日，四川则用季春。二十九年，四川类省试始从朝廷差官，然除大院监试、主文各一员外，余胥制司选差。则当时进士试，全类明清四川乡试矣。绍熙中，定二月朔省试。宝庆中，四川锁院改用二月二十一日。其廷试，以蜀士到杭最迟，每展日以待。会嘉泰间，有言蜀士嗜③利，多引商货押船，留滞津关，于是定四月上旬廷试，不移展。咸淳末，殿试拟五月五日，蜀士至者绝少。展至末旬，又展六月七日，又展七月八日。成都已附元，竟不毕试矣。以关蜀故，并及之。

明

聂　籽　永乐二年（一四〇四）甲申曾棨榜。④

刘　文　正统元年（一四三六）丙辰周旋榜。

吴道弘　天顺元年（一四五七）丁丑黎淳榜。

伍　性　成化十四年（一四七八）戊戌曾彦榜。⑤

曹　山　成化二十三⑥年（一四八七）丁未李春芳榜。

曹　迈　嘉靖十一年（一五三二）壬辰林大钦榜。

何显淑　嘉靖三十五年（一五五六）丙辰朱大绶榜。

吴于诗　嘉靖三十八年（一五五九）己未丁士美榜。

杨　镕　嘉靖四十四年（一五六五）乙丑范应期榜。

---

① 按，据乾隆《志》卷三「士官志」云：「宋开禧二年（一二〇六）知州表桂立雁塔于学，教授刘道成记载：荣登进士者一百五十五人。今录其著者，漫者俟考。」又云：「以上别碑载进士名。」另有曹鹏飞等二十人。据此可知，宋荣州进士或为一百七十五人。

② 按：原文作「陕」，据文意改作「峡」。

③ 按：嗜，原作「耆」，据文意径改。

④ 嘉庆《志》卷六《选举志》「进士」条：聂籽，永乐二年甲申曾棨榜，徐州同知。

⑤ 嘉庆《志》卷六《选举志》「进士」条：伍性，成化十四年戊戌曾彦榜，广东参议。

⑥ 按：二十三，原作「二十六」，成化无二十六年，据其后干支纪年「丁未」改。

黄纪贤 万历八年（一五八〇）庚辰张懋修榜。

简敕、简文瑞 天启五年（一六二五）乙丑余煌榜。

都数十二人。

清

廖朝翼 道光十五年（一八三五）乙未刘绎榜。

曾省三 咸丰二年（一八五二）壬子章鋆榜。

曹俊亮 咸丰三年（一八五三）癸丑孙如瑾榜。

蓝瑾章 同治七年（一八六八）戊辰洪钧榜。

赵　熙 光绪十八年（一八九二）壬辰刘福姚榜。

已上都数五人。廖、曾、赵与馆选。

（二）举人

元

赵兴隆 旧志注：元末中式。①

按：唐宋之称举人，谓被举者耳，州郡保任之，如近代举孝廉方正也。元皇庆中，始定乡试于八月二十日。汉人第一场经疑二问，限三百字以上；经义一道，限五百字以上。第二场古赋诏诰章表内科一道。第三场策一道，限千字以上。汉人额，四川五人。次年二月初一日会试，仍分三场。赵兴隆，不详中试何年。计元有天下八十九年，由至元十六年（一二七九）至皇庆二年（一三一三），去三十四年；四川则至正十七年（一三五七）已为明玉珍据有，蜀士应乡试者，四十三年而已。荣，元不设县，盖不知中式属何年也。

明

程　逵 洪武庚午（一三九〇）。沅州知州。

刘文达 癸酉（一三九三）。褒城知县。

董文秀 丙子（一三九六）。眉州训导。

聂　籽 建文壬午（一四〇二）举人，永乐癸未（一四〇三）进士。②

蔡　鼎 永乐乙酉（一四〇五）。湄县县丞。

李　庄 戊子（一四〇八）。

吴　琳 戊子（一四〇八）。顺天中式。

卢　鹏 辛卯（一四一一）。汉阴教谕。

李　绘 辛卯（一四一一）。

刘　贤 辛卯（一四一一）。府通判。

宋　珪 辛卯（一四一一）。应天教授。

胡　信 甲午（一四一四）。解元。

郑　咸③ 甲午（一四一四）。

熊　弼 甲午（一四一四）。

① 按，嘉庆《志》卷六「举人」条云：「赵兴隆，元末中式，洪武二年（一三六九），授泸州通判。」

② 按：聂籽成进士时间，据《永乐二年甲申科进士题名录》，当在永乐二年（一四〇四），此处非是。

③ 按：万历《四川总志》卷十五，郑咸作「郑臧」。

丁　铎　甲午（一四一四）。
周　郁　甲午（一四一四）。开封府同知。
昌　盛　丁酉（一四一七）。二名。
赵　本　丁酉（一四一七）。浙江道御史。
张彦忠　庚子（一四二〇）。云南监察御史。
毛　毨　一作毯。庚子（一四二〇）。
杨　森　庚子（一四二〇）。
李良能　庚子（一四二〇）。
罗　振　癸卯（一四二三），二名。
韩　泰　癸卯（一四二三）。
刘　文　宣德乙卯（一四三五）举人，正统丙辰（一四三六）周旋榜进士，历官行人司监察御史、按察司佥事。
刘　倬　正统戊午（一四三八）。训导。
张　英　辛酉（一四四一）。江陵训导。
伍从教　景泰癸酉（一四五三）。伏羌教谕。
祁　楫　癸酉（一四五三）。崇阳知县。
曹　贯　癸酉（一四五三）。训导。
吴应时　癸酉（一四五三）。
龚　汇　癸酉（一四五三），顺天中式，徐州学正。（详见『德业行谊』）
吴道弘　癸酉（一四五三）举人，天顺丁丑黎淳榜进士。（详见《德业行谊》）
鲍　孜　丙子（一四五六）。临潼知县。
吴　均　成化戊子（一四六八）。
刘　汉　戊子（一四六八）。
伍　性　甲午（一四七四）举人，戊戌（一四七八）曾彦榜进士。
杨桂丹　丁酉（一四七七）。建水州知州。
刘景舜　丁酉（一四七七）。
刘景爵　丁酉（一四七七）。归州知州。（详见《德业行谊》）
吴　冕　癸卯①（一四八三）。兴平知县。
曹　山　丙午（一四八六）。户部员外郎。
何子奇　弘治壬子（一四九二）。汉中府同知。
刘　玉　壬子（一四九二）。训导。
吴　愚　乙卯（一四九五）。叙州府学、南郑知县。
杨　焘　戊午（一四九八）。常德府通判、陆州知州。
韩　超　戊午（一四九八）。渭南训导。
邱　岳　戊午（一四九八）。户部司务。
白　汉　戊午（一四九八）。
李云骖　辛酉（一五〇一）。吉安府通判。
刘存诚　甲子（一五〇四），顺天中式。富民县知县。
吴　拙　正德丁卯（一五〇七）。叙州府学、庆阳府通判。
黄　鳌　庚午（一五一〇）。耒阳知县。
杨　易　己卯（一五一九）。湖州府通判。
祁凤毛　己卯（一五一九）。乐安知县。
曹　迈　嘉靖壬午（一五二二）举人，壬辰（一五三二）林

① 按：癸卯，原作『癸酉』。成化无癸酉年，据上下文科举年份径改。

大钦榜进士。
朱六德 嘉靖壬午（一五二二）。
赵可庆 乙酉（一五二五）。
伍多庆 戊子（一五二八）。宜良知县，升知州。
谌　忠 戊子（一五二八）。
何景涉 戊子（一五二八）。
陈所敬 辛卯（一五三一）。
陈所达 甲午（一五三四）。临潼知县。
吴　谡 丁酉（一五三七）。新野知县、南阳府知府。
刘一惇 癸卯（一五四三）。三任寻甸府通判，民多怀德。
严　杰 丙午（一五四六）。高邮州知州。
吴　谓 壬子（一五五二）。
何显淑 壬子（一五五二）举人，丙辰（一五五六）朱大绶榜进士。
李桂开 乙卯（一五五五）。公安知县。
吴于诗 乙卯（一五五五）举人，己未（一五五九）丁士美榜进士。
刘　扶 戊午（一五五八）。
李迎春 戊午（一五五八）。
杨　镕 辛酉（一五六一）举人，乙丑（一五六五）范应期榜进士。
张　维 甲子（一五六四）三名。元谋知县。
何颢叔① 甲子（一五六四）。
吴九易 甲子（一五六四），顺天中式。知县。
黄纪贤 万历丙子（一五七六）举人，庚辰（一五八〇）张懋修榜进士。（详见《德业行谊》）
程　挺 丙子（一五七六）。太康知县。
童世彦 壬午（一五八二）。夷陵知州、云南金沧道。（详见《德业行谊》）
吴明昌 丁酉（一五九七）。汀州府推官。
简文瑞 丙午（一六〇六）解元，天启乙丑（一六二五）余煌榜进士。（详见《德业行谊》）
童养淳 丙午（一六〇六）。广州通判，世彦子。
黄　慎 壬子（一六一二）。
黄　恪 壬子（一六一二）。累官榆林道。
程　鋌② 乙卯（一六一五），清源知县，铤弟。
黄　恂 戊午（一六一八）。广济知县，慎、恪、恂皆纪贤子。
简　敕 天启辛酉（一六二一）举人，乙丑（一六二五）余煌榜进士，文瑞侄。（详见《德业行谊》）
简仁瑞 丁卯（一六二七）。平凉知府。（详见《德业行谊》）
余弘道 崇祯癸酉（一六三三）。
童　琳 丙子（一六三六）。惠州府推官。
吴象铉 己卯（一六三九）解元。思南府推官。

① 叔：民国《志》卷八作「淑」。
② 鋌：民国《志》卷八作「铤」。

丁献廷 己卯（一六三九），□嘉知县。①

丁若廓 己卯（一六三九）。

余　智 科分失考。

都数九十五人。（嘉庆《志》卷六、民国《志》卷八）

清

杨　焕 顺治辛卯（一六五一）。汾阳知县。

税常春 辛卯（一六五一）。崞县知县。

刘世璋 康熙癸卯（一六六三）。（详见《德业行谊》）

张　容 甲子（一六八四）。青阳知县。（详见《德业行谊》）

汪　淇 甲子（一六八四）。②

杨州英 庚午（一六九〇）。昌化知县，告终养回籍。

张子介 庚午（一六九〇）。

吴孔章 癸酉（一六九三）。（详见《德业行谊》）

丁时英 癸酉（一六九三）。

喻　倩 癸酉（一六九三）。

王曰俞 癸酉（一六九三）。

邹　瑺 丙子（一六九六）。

邹　炎 丙子（一六九六）。阡江知县。

王梦贤 己卯（一六九九）。侯官知县。雍正六年（一七二八），改隶威远。

倪象恺 己卯（一六九九）。历官天津。雍正六年（一七二八），改隶威远。③

李　芳 戊子（一七〇八）。蓬州学正。

邹　理 戊子（一七〇八）。曹县知县。

邹　璋 戊子（一七〇八）。灵寿知县。

谢　伦 辛卯（一七一一）。④

邹　璲 辛卯（一七一一）。乐陵知县。

邹士⑤杰 甲午（一七一四），普安知县，雍正六年（一七二八），改隶威远。

黄　松 癸巳（一七一三）。（详见《德业行谊》）

王元享 癸巳（一七一三）。

程于京 丁酉（一七一七）。

苟丝霖 丁酉（一七一七）。平乡知县，改茂州学正，雍正六年（一七二八），改隶威远。

徐若稃 丁酉（一七一七）。达州学正，雍正六年（一七二八），改隶威远。

邹　玳 丙午（一七二六）。苍梧知县。

吴履晋 己酉（一七二九）。（详见《德业行谊》）

谭兴讷 乾隆壬申（一七五二），七名。

吴楙仁 癸酉（一七五三）举人，甲戌（一七五四）明通榜，选授西昌教谕。

---

① 民国《志》卷八童琳、丁献廷同在丙子年。

② 民国《志》卷七注：淇，省志作大邑人；旧志，寓大邑。

③ 民国《志》卷七注：旧志，历官天津道；省志载福建台湾道；府志，长芦运使。

④ 民国《志》卷七注：省志「伦」作「纶」。

⑤ 士，民国《志》卷七作「仕」。

吴允观 丙子（一七五六）。

邓锡纶 庚寅（一七七〇）。湖北知县，未赴任，卒。有贤声。

张应鹏 丙午（一七八六）。

邓绍昆 己酉（一七八九）。

吴　斌① 己酉（一七八九）。合州训导。

侯镇固 己酉（一七八九）。

邹学山 甲寅（一七九四）。

谢　聘 乙卯（一七九五）。

张怀谦 嘉庆戊午（一七九八）。

朱映阳 辛酉（一八〇一）。

杨春华 丁卯（一八〇七）。

侯章固 庚午（一八一〇），四名。

曹兆亨、**吴容** 丙子（一八一六）。

侯圻固 己卯（一八一九）。

廖朝翼 道光乙酉（一八二五），第五名。②

王德淳 壬辰（一八三二）。

张轩鹏 乙未（一八三五）。

蓝玉章 丁酉（一八三七）。

蓝瑾章 癸卯（一八四三）。

李希白 甲辰（一八四四）。

杨调元、**曹俊亮**、**周室辅**、**沈维镛** 己酉（一八四九）。

曾省三 咸丰辛亥（一八五一）。

吴　会 乙卯（一八五五）。

吴傚培、**赖礼元** 戊午（一八五八）。

龚世莹、**林炳菁** 己未（一八五九）。

龚晋祺、**刘炳勋** 同治三年（一八六四）甲子带补辛酉（一八六一）。

但抡元 癸酉（一八七三）。

黄　茂 光绪壬午（一八八二）。

黄英、**曹显宗** 戊子（一八八八），显宗后更名『佺』。

梁谦、**李春霈** 己丑（一八八九）。

赵熙、**黄书**、**徐成章** 辛卯（一八九一）。

范光辉、**刘镕** 丁酉（一八九七）。

周经礼 壬寅（一九〇二）带补庚子（一九〇〇）。

总计有清一代都数七十五人。

（三）贡生

明

明学校起家，可不由科举。学校有二：一曰国学，入学者曰监生，监生有四。一曰贡监。同一贡监，有岁贡，有选贡，有恩贡，有纳贡。旧志载明贡生，不详其为何项生员也。依录如下。

---

① 斌，民国《志》卷七作『赟』。

② 光绪《志》卷二十九注：乙未刘绎榜进士。

伍成章[①]

袁志中　江浦知县。

吴仲胜　知县。

余　贯　知县。

张　简　交趾通判。

朱友谅　通判。

余　宪　卫经历。

胡　浩　景陵典史。

余　浩

刘　暹　兰陵知县。

朱　研　都司断事。

曹思旻　沙湖驿丞。

吴　琳　顺天中式。

张木立　府检校。

尧　辅　潜江县丞。

谢　愈　仓大使。

万　钟　通城知县。[②]

伍　景　兴平县丞。

但　聪　岷府伴读。

杨　澄　昆阳州同知。

伍从中　平凉府通判。

李　沈　息县训导。

夏　时

艾　旻　长沙知县。

张　濬　邵阳知县。

余　相　会宁县丞。

徐　瑄　楚雄训导。

易　贯　孝感训导。

熊　威　蕲阳训导。

陈　玮

张　谨　州判。

伍　淮　宣城知县。

方　灵

汪志隆

张　济

董世荣

丁　镒

张　谧

邹　儒　县丞。

曹　铭　知县。

邹　敏

张　继

王　宪　县丞。

胡　龄

---

① 伍成章：嘉庆《志》卷六无此人，据民国《志》卷八补。

② 按：自『余浩』至『万钟』，民国《志》卷八仅有『余万钟』三字。疑有缺漏。

吴道廉　州判。
邹自然
姜[1]渭
汪[2]巘
王如川
宋　贤
董志道
杨　楚
梅　洪　布政司检校。
张　翱　县丞。
王宗昌
汪　淑
刘　本　宁波检校。
龚　昙
熊惟一　主簿。
方　正
赵　昌　淳化知县。
李　实　经历。
莫　昂　都司断事。
夏　凤
王　辅　羽林经历。
张　潆　周府典宝。
宋　艮
汪　易
吴　渊　道州同知。
昌　寿
卢　翊　训导。
刘景亨
徐　实　训导。
吴秉珪
黄　凤
夏　铭　所吏目。
李　蕙　鹤鹿检校。
李　楚　训导。
莫　良　延安训导。
汪　宽
刘拱南[3]　靖州训导。
李　球　巩昌训导。
伍　仁
赵　武
魏　珠　七品冠带。
朱　翰
李文英　宿迁知县。
曹　赏　苏州教授。

①按：姜，民国《志》卷八作「江」。
②按：汪，民国《志》卷八作「江」。
③按：南，民国《志》卷八作「北」。

吴可庆 教授。
昌 永
吴可宾
邓甫济 秦府教授。
郝 宗 延安训导。
吴 光 寿县教谕。
汪 念
严加宗 冠带。
但一阳① 荣府典仪。
张 榜 秦州训导。
伍惟贞 易门知县。
陈 祺
吴 诚 延城教谕。
黄云缟
何 鲁
伍自省 崇阳训导。
刘 藻
刘 法 襄阳训导。
刘 密 松溪训导。
程 威 上高教谕。
曹 驯 郧西教谕。
程 铸 周府教谕。
邱 究
刘辅勋 蜀府教谕。
冯 泉
汪 敦
税 宾 均州训导。
曹 用 永川训导。
杨梦兆
庞天伦 重庆训导。
刘 祉
吴九渊
莫若孚
简 谅
吴世应 延川知县。
杨汝槐 湘潭知县。
吴应昌 教谕。
简登庸
胡世彦 忠州学正。
董 述 井研训导。
曹士元 宜宾训导。
简朝正 重庆学正。
刘宗明 岳州教授。
伍 琼
王佐才 澄迈知州。
李国柄 蒙化经历，寇至荣城，尽节。

① 阳：嘉庆《志》卷六作『旸』。非是。

谢　宽

江振鲤

陈燮心　柏乡教谕。

简明瑞

程云路

周昌祚

程　恩

曹世德

董　璋　副榜，通判。

曹　缙

李介初

董　玠

（嘉庆《志》卷六、民国《志》卷八）

明科举必由学校，非国学监生，府州县学诸生，不能与乡试也。试士之法：专取四子书及《易》《书》《诗》《春秋》《礼记》命题，体用排偶，曰『八股』。三年大比。直省曰乡试，中式者为举人。次年，试之京师，曰会试。中式者，天子亲策于廷，曰殿试。分一、二、三甲，一甲止三人，曰状元、榜眼、探花，其名制所定也，赐进士及第；二甲若干人，赐进士出身；三甲若干人，赐同进士出身。子、午、卯、酉年乡试，辰、戌、丑、未年会试。乡试八月八日，会试二月八日。分三场，场三日。清如明制。

清

李均林　光绪甲午（一八九四）。

黄　芝　庚子（一九〇〇）。

刘光璧　丙午（一九〇六）。

已上优贡三人。

王梦贤　雍正己酉（一七二九）。

吴一恒　乾隆辛酉（一七四一）。

吴懋仁　癸酉（一七五三）。

吴履晋　乙酉（一七六五）。

黄元中　丁酉（一七七七）。

下己酉（一七八九）缺一人。

朱炳阳　嘉庆辛酉（一八〇一）。

曾习传　癸酉（一八一三）。

王德淳、**张怀瑾**、**廖朝翼**　道光乙酉（一八二五）。

廖兴哲　咸丰辛酉（一八六一）。

廖发英　同治癸酉（一八七三）。

林芝兰　光绪乙酉（一八八五）。

刘镕、**谢尧**　丁酉（一八九七）。

虞兆清、**虞书**、**马致周**　宣统己酉（一九〇九）。

已上拔贡十八人。

吴良璧　康熙壬子（一六七二）①。
赵　琇　癸酉（一六九三）②。
吴益章　乙酉（一七〇五）③。
官　俨　雍正壬子（一七三二）④。
谭仁源　乾隆丙午（一七八六）⑤。
吴达修　壬子（一七九二）。
丁光陛　道光乙酉（一八二五）。
滕绍周　戊子（一八二八）。
欧大容　乙未（一八三五）。
刘建勋　光绪甲午（一八九四）。
已上副贡十人。

谢鉴、邹仕权、邹仕悦、曹极　均乾隆中。
谢思诰、唐耀云、龚廷肃　均嘉庆中。
吴健修、丁光瓛　均道光中。
廖朝汇、欧大章、马述融、杨公华、张利用　均咸丰中。
张大典、吴国炳、郝映清　均同治中。
已上恩贡，未尽。

谢朝玉⑥、邹养浩、刘元玉、吴良平、龚在田、黄九芝、邹琬、邹琚、邹瓖、邹琬、刘世荣、刘瓖、范英　均康熙中。
王遂仁、邹珑、邹苞、余为杜、车天章　均雍正中。
吴履中、李子霖、熊恕、吴志睿、刘镃、刘仕敏、刘占鳌、谢时用、邹锡琏、吴懋敬、温懋猷、刘容、吴懋智、欧登第、侯廷仕　均乾隆中。

谢治扬、邹天民、谢荣钦、刘瀚、龚于端、欧文整、陈焘、李钟岳、邓衷恒、吴冠祥、杨升、彭鸣盛、杨诠、张怀德、邹心鲁、曾廷瑞、陈畴、邹学明、杨绍修、曹垲、王载熙、张士鹏、方昆奇、杨联拔、李琼、郝元琛、罗芳、董豢龙、吴永健、李桢、俞琮、熊焕龙、吴江春、梁绍鸿、梁绍韩、吴靖南、温其恭、林兆香、宋应喜、刘常禄、詹鸿章、张光昭、廖维张、张国维、廖元善、邱维藻
已上岁贡。

俞琛、吴国炳、林荫棠、赖国端
已上恩贡。

（四）新学成业

海通以来，西学东渐。荣县学子成业于东、西二洋及省内外者，为数甚夥，兹据民国《志》卷八列举如下。

成业日本者：

黄芝、詹鸿章、吴永琨　均弘文师范。

① 嘉庆《志》卷六《选举志》『贡生』：吴良璧，康熙壬子副榜，丹棱教谕。
② 嘉庆《志》卷六《选举志》『贡生』：赵琇，癸酉副榜，长宁教谕。
③ 嘉庆《志》卷六《选举志》『贡生』：吴益章，乙酉副榜，丹棱教谕，升成都府教授。
④ 嘉庆《志》卷六《选举志》『贡生』：官俨，雍正壬子副榜，郫县教谕。
⑤ 嘉庆《志》卷六《选举志》『贡生』：谭仁源，副榜，人多称其节概。
⑥ 嘉庆《志》卷六《选举志》『贡生』：谢朝玉，大竹训导，有孝行。

黄　英　陆地测绘专科。
罗　纬　士官学校，清给工兵科举人。
谢奉琦　早稻田大学。
丁莘子　早稻田法政。
吴景英　海军大学。
蓝作栋　早稻田法律，清用法官。
龚　潜　早稻田蚕桑。
吴造陆　东京法政。
张国猷　早稻田大学。
龙鸣剑　早稻田法政。
周室屏　明治大学法政。
赵士尚　药科。
赵士昌　医科。
甘廉泉　帝国大学政治经济。

成业法国者：

吴永珊　巴黎大学政治经济。
吴端甫、吴震寰、吴甘泉、杨卫群　均里昂大学工科。

成业美国者：

龙　夷　矿务大学。

成业京师者：

虞兆清　清大学经科。
尹克任　大学法科。
张军欧　大学经济。
王乃刚　大学商科。
李清远、吴本长　均高等师范。
沈继周　师范研究院。
辜　澄　法政。
曹士烈　法律。
张大陶　农业专校。
胡　旆　陆军大学。
吴树藩　保定军官大学。
尹克臣　军官学校。
徐思平　高等测量学校。
吴树成　华英高等大学。

成业成都及他省者：

张鸿仑　高等优级理科师范，清给举人，学部司务。
王　寿　高等学堂，清给举人，选分甘肃知县。
严奎、严群、吴英贵、龙显宾、丁雨村、任文郁、甘醴泉、李光第　均高等学堂。
曹如灿　优级师范选科，清给举人。
陈怀珠、蓝鸿藻、吴冕南　均优级师范。
刘丕谟、谷武乡　均高等优级师范。
王缉光　师范。
余维翰　选科师范。
丁熙明、张鸿嘉、熊伯楚、赵寿衡、沈继周　均高等师范文科。
朱璠、李可清、赵代洲、周以炯、汪彦　均高等师范英语。

漆家桢　高等师范理科。
朱植民　高等师范。
张仲儒、吴铁雄、曹仲颖、钟英、邱述棻、吴玉权、蓝其昌　均英语专校。
胡宗经　法语专校。
刘蓁、杨亶、邓乐国　均蚕桑学校。
蓝植群、刘振镛、蓝鸿杰、张子琳、谷定均、张礼宣、丁翰忠、但吉　均高等农业。
蓝荫德　农业专校。
尹克学、赵士铸、李童、冯濬、吕宗仪、杨元佛、刘振瀛、叶开奠、尹鹏翮、冯仕厚　均高等工业。
曹十选、谢池生、朱国经、邱葵、刘智濬、曹腾骧　清法政学校。
叶芝、刘义昭、刘宗尧、朱淑潮、樊呈祥、邓镕光、吴明初、黄德富、杨汉卿、邓镕经、刘昱道、李全、唐赓云、唐述虞、龙云昭、龙尔骧、罗伯齐、谢敦、范洁、周世藩、周学成、林云昭、王昌厚、宋述郊、程述猷、蓝铭鉴　均四川法政专校。
廖廷英、曹成玉　均岷江法政。
蓝文藻　高等商业。
范　蓁　清武备学堂。
张常昭　清弁目学堂。
张伯纯　武备速成班。
刘瑞文、蓝文杰　均军官学校。
杨佐忠、樊启明、龙尊三、俞家祥、董逵钰、张伯明、詹特群　均陆军测量。
吴邦翰、李衡均、钟琨麟、廖立宗　均陆军医学专门。
杨大章　军医高等专校。
曹良槼　川东法政专校。
范　菁　东三省讲武堂。
刘振书　南京东南大学。
谢昭倩　沪艺术大学。
成业日多，散漫无由征，悉录所访知，如上阙者，以次续补。

三、武科军功

（一）武进士

黄　槐　雍正甲辰（一七二四）。
张济川　嘉庆乙丑（一八〇五），注册兵部，差官蓝翎侍卫。（嘉庆《志》卷六）

（二）武举人

明

简　勋

吴荣贵

钟斌臣

徐献斌　拔将。

清

倪象节　康熙庚午（一六九〇）。

郝天龄　丙子（一六九六）。

曹升元　己卯（一六九九）。

王金銮　壬午（一七〇二）。

谢其锡、朱贵鼎、刘启福　俱乙酉（一七〇五）。

谢其禄　丁酉（一七一七）。

王　惟　庚子（一七二〇）。

黄　槐　雍正癸卯（一七二三）。

吴兆麟　乾隆戊子（一七六八），补省提塘。

辜耀川　甲寅（一七九四）。

曹国柱　乙卯（一七九五）。

张济川　嘉庆甲子（一八〇四）举人，乙丑（一八〇五）进士。

胡三元　己卯（一八一九）。

张豹臣　道光乙酉（一八二五）。

吴安邦　戊子（一八二八）。

王定国　乙未（一八三五）。

张廷元、张廷彪　俱丁酉（一八三七）。

张廷英　同治甲子（一八六四）。

罗朝元　光绪己卯（一八七九）。

杨定邦　壬辰（一八九二）。

都数二十七人。

（民国《志》卷八）

第六卷　名人乡贤

古者，乡举之法，考其德行、道艺，而品行尤重。荣自汉以后，行谊一册，代有伟人。国朝景运昌明，人才益盛。凡嘉言懿行，卓卓可传者，乌可不胪列之以为闾里矜式？志行谊。（光绪《志》卷三十）

一、德业行谊

（一）汉

费　贻　字奉君，楗①为南安县人。西汉末，公孙述据蜀，闻贻贤，征之。贻漆身为癞，佯狂以避。述亡，光武征为台辅，辅太子，后拜合浦太守。蜀中歌之曰：『节义至仁费奉君，不仕乱世避恶君。』修身于蜀，纪名交趾②。后世为大族。（据《华阳国志新校注》卷十中补）

光绪《志》按：《华阳县志》谓『（费贻）犍为南安人』。以汉时，荣即南安县地，隶犍为郡也。《全蜀艺文志》谓『起为蜀郡太守』。

吕　孟　后汉南安人。《华阳国志·先贤士女总赞》曰：『犍为吕孟，有托孤之节。若兹之类，郡邑往往垂象刊铭，见有苗裔。璩晚生长乱，故老以没，莫所咨质，不详其事。』③（据《华阳国志新校注》卷十下补）。

赵孟麟　南安人，官青衣尉。永初六年（一一二），治羊窦道④，过者蒙恩，刊碑诵之。

费　诗　字公举，犍为南安人也。刘璋时为绵竹令。先主攻绵竹时，诗先举城降。成都既定。先主领益州牧，以诗为督军从事，出为牂牁⑤太守，还为州前部司马。

先主为汉中王，遣诗拜关羽为前将军。羽闻黄忠为后将军，怒曰：『大丈夫终不与老兵同列。』不肯拜受。诗谓羽曰：『夫立王业者，所用非一。昔萧、曹与高祖，少小亲旧，而陈、韩亡命后至，论其班列，韩最居上，未闻萧、曹以此为怨。今汉王以一时之功，隆崇于汉室，然意之轻重，宁当与君侯齐乎！且王

---

① 按：汉代金石刻辞，『犍』皆作『楗』。『楗为郡』即『犍为郡』。犍为郡，汉武帝建元六年（前一三五）置。

② 交趾：原作『亦足』，据《华阳国志新校注》改。按，『亦足』当是『交趾』之讹，盖『交』与『亦』形近而误，『趾』脱去『止』即为『足』。费贻尝官合浦，合浦郡在汉代属交趾刺史部，故云『纪名交趾』。

③ 按：『若兹之类』以下数句，本是常璩因史料无征发表的感慨，并未涉及吕孟生平事。民国《志》误作吕孟事窜入，非是。

④ 按：羊窦道，古代在青衣县（今四川雅安）修建的一条官道，依山傍江，后汉和帝永元元年（八九）造。旧道南上高山，下入深谷，往来不便。后汉安帝永初六年（一一二），青衣尉赵孟麟更易由此道。《羊窦道碑》云：『滨江平泽无盗贼，差近廿里，骑马儋负，水弱得过，除去危难，行人万姓，莫不蒙恩。』

⑤ 牂牁：汉武帝元鼎六年（前一一一），开置牂牁郡，郡辖且兰、鳖等十七县，郡治且兰（在今贵州省黄平县附近）。辖地包括今贵州省大部及广西、云南、四川部分地区。

与君侯，譬犹一体，同休等戚，祸福共之。愚为君侯不宜计官号之高下、爵禄之多少为意也。仆一介之使，衔命之人，君侯不受拜，如是便还。但相为惜此举，恐有后悔耳。』羽大感悟，遽即受拜。

后群臣欲议推汉中王称尊号，诗上疏曰：『殿下以曹操父子逼主篡位，故乃羁旅万里，纠合士众，将以讨贼。今大敌未克，而先自立，恐人心疑惑。昔高祖与楚约：「先破秦者王。」及屠咸阳，获子婴，犹怀推让，况今殿下未出门庭，便欲自立邪！愚臣诚不为殿下取也。』由是忤旨，左迁部永昌从事。

建兴三年（二二五），随诸葛亮南行，归至汉阳县，降人李鸿来诣亮。亮见鸿，时蒋琬与诗在坐。鸿曰：『间过孟达许，适见王冲从南来，言往者达之去就，明公切齿，欲诛达妻子，赖先主不听耳。达曰：「诸葛亮见顾有本末，终不尔也。」尽不信冲言，委仰明公，无复已已。』亮谓琬、诗曰：『还都当有书与子度①相闻。』诗进曰：『孟达小子，昔事振威不忠，后又背叛先主。反覆之人，何足与书耶？』亮默然不答。亮欲诱达以为外援，竟与达书，曰：『往年南征，岁未及末乃还。适与李鸿会于汉阳，承知消息，慨然永叹，以存足下平素之志，岂徒空托名荣，贵为乖离乎！呜呼孟子②，斯实刘封侵陵足下，以伤先主待士之义。又鸿道王冲造作虚语，云足下量度吾心，不受冲说。寻表明之言，追平生之好，依依东望，故遣有书。』达得亮书，数相交通，辞欲叛魏。魏遣司马宣王③征之，即斩灭达。亮亦以达无款诚之心，故不救助也。

蒋琬秉政，以诗为谏议大夫，卒于家。

孙盛《蜀世谱》：诗子立，晋散骑常侍。自后益州诸费有名位者，多是诗之后也。（据《三国志》卷四十一补）

谢褒④ 汉世学士，南安人。（据《华阳国志新校注》补）

五梁 《三国志·杜微传》：『五梁者，字德山，犍为南安人也，以儒学节操称。从议郎迁谏议大夫、五官中郎将。』常璩《华阳国志》作『伍梁』。（据《三国志》卷四十二补）

郭舍人 《经典释文·叙录》：『《尔雅》，犍为文学注，三卷。』本注：『一云犍为郡文学、卒史⑤臣舍人。』又注云：『汉武帝时待诏，阙中卷。』《隋书·经籍志》：『梁有汉犍为文学《尔雅》，三卷。』前清郑珍据《广韵》『舍，又姓』，诸经疏引《尔雅》旧注，多直称舍人，与孙炎、李巡、樊光一例，知为『舍』姓『人』名。否则，某官臣下，又云某官，结衔为不辞矣。然李善注《羽猎赋》明云『郭舍人』。又汉时官文书不著姓，史有通例，则珍说不必确。汉名多取『人』字，准以徐夫人之例，则不如姓郭名舍人之为协也。珍又考文学史⑥，当时四百石下，

---

① 孟达，字子度。诸葛亮此处称孟达字，以示对其亲近。

② 按：此乃诸葛亮对孟达的亲近之称，而非指『亚圣』孟子。

③ 司马宣王，即司马懿（一七九—二五一），字仲达，司马昭之父，晋武帝司马炎祖父。

④ 按：谢褒或为『谢裒』。《华阳国志新校注》卷十中『张复师仇』云：『张钳，字子安，广汉人也。师事犍为谢裒。裒死，负土成坟。三年，裒子为人所杀，钳复其仇，自拘武阳狱。会赦免，当世义之。』此谢褒即谢裒。『褒』『裒』二字形近，必有一误。

⑤ 按：据《后汉书·百官志注》记载，『文学』『卒史』，按汉秩，皆百石之官。

⑥ 按：文学史，意指舍人曾官犍为郡曹之『文学』『卒史』之职。

自除国中，知文学必即犍为人。

民国《志》按：犍为治鳖①，为新开夜郎旁地。风教獉狉，高才硕学或难猝起。盛览②虽为名士，亦在司学相如之后。而文学于武帝时，注古未训之经，凿天荒，通绝诣，成书早上。准之时事，惟南安本属蜀郡，久淑文翁之化，考实维宜。又南安负郭之山，有尔雅台，相传旧故，是知文学为南安人，在在可征信也。汉南安地广，不能确指文学居止，然因此各地失载，是为数典忘祖，何如从古郡县所系而互见之？既昭其慎，又使奠先师者，敬恭桑梓，知乐祖焉。

（二）晋

费揖 字君让，南安人，巴西太守。

费远 南安人，江原令。

费立 字建熙，犍为南安人也。父揖③，字君让，巴西太守。立学义冲邃，玄静沉默。察孝廉，王国中尉。王年少，好轻行游观，立常正色匡谏，及上疏风谕，辞义剀切，合箴规之体。出为成都令，县名难治。立莅之垂绩。以性公亮，入为州大中正。除巴西太守，不就。转梁、益、宁三州都，兼尚书。值大驾④西幸长安，常与大臣居守在洛。加员外散骑常侍，封关内侯。每准正三州人物，品格褒贬，帅意方规，无复疏亲，莫不畏敬。然委曲者多恨其绳墨。数辞诸郡，意在河、泰、汝、颍。久之，朝议欲以为荆州。永嘉六年（三一二），与子并没于胡寇。

立时，汉国吕淑字伟德，以清彦辟别驾，举秀才，尚书郎、秦国内史、长水校尉、员外常侍、梁州都督，与立同没胡寇。（据《华阳国志新校注》卷十一补）

民国《志》按：此以立父名揖，与《蜀世谱》异。意常璩蜀人，或较孙盛为审。

费缉 字文平，南安人。清检有治干，举秀才，历城令、涪陵太守，迁谯国内史。（据《华阳国志新校注》卷十一补）。

（三）唐

张武 《新唐书·地理志》：『青神。上。太和中，荣夷人张武等百余家请田于青神，凿山酾渠，溉田二百余顷。』

民国《志》按：宋李璆为四川安抚制置使⑤。三江有堰可灌眉田百万顷，久废不修，田以荒莱。璆率都刺史合力修复，民

① 鳖：古县名。汉武帝时属牂牁郡，其地约在今贵州省遵义市辖区内。

② 按：盛览，生卒年不详，字长通，西汉人，牂柯名士，曾受学于司马相如。《史记》《汉书》《华阳国志》均不见载，仅《西京杂记》卷二载其事，云：『尝问以作赋，相如曰：「合綦组以成文，列锦绣而为质。一经一纬，一宫一商，此赋之迹也。赋家之心，苞括宇宙，总览人物，斯乃得之于内，不可得而传。」著有《合组歌》《列锦赋》等。

③ 按，乾隆《志》卷三引《蜀世谱》云：『费立，字建熙，诗之子。』考《三国志》费诗本传，非是。

④ 按：大驾，指晋惠帝司马衷（二五九—三〇七），字正度，晋武帝司马炎次子，西晋第二位皇帝，二九〇至三〇七年在位，谥孝惠皇帝。

⑤ 李璆，生卒年不详，字西美，汴人。登政和进士第，调陈州教授，入为国子博士，后出知房州、成都。绍兴十八年（一一四八）五月，撤川陕宣抚使，朝廷命成都知府李璆为四川安抚制置使，置司成都。

受其利，绘像祠堰所。清陶云汀澍①《蜀辅日记》则云：眉州红花堰，即古鸿化堰。唐张武所酾渠也。鸿化堰，亦见《元史》。陶嘉庆庚午（一八一〇）典试，后又观察东川。

王　禹　进士。

民国《志》按：唐举进士，大率二十而取一，故殁齿而不登科者甚众。又进士必善辞章，故时宰多恶其浮动。荣山乡也，禹能以文采表见，登难得之科，亦孤秀矣。

王知珏　长安人。唐广明中，任荣州和义县令。秩满，家荣。子姓益大，为王氏入荣之始祖。

荣隐公　旧志引李畋《该闻录》、李石《续博物志》，均称仙者七人。荣隐外，尔朱先生、朱真人桃椎、神和子屈突无为、海蟾子刘昭远、火井县许山人、汉杜光庭也。

民国《志》引《龙川别志》按：隋道士屈突无为，字无不为。朱桃椎，成都人，见《唐书·隐逸传》及《高士廉传》。尔朱，名洞微，唐咸通时人，荣隐既为其侣。而李畋，北宋人，所纪皆古士。又县南十五里，荣隐有钓鱼台。唐人篆『心月矶』三字，则荣隐灼为唐人矣。杜光庭称汉者，蜀王建通正元年（九一六）国号汉②。《筠山虎》诗故称『汉诗』。遂列之唐前，误矣。

（四）宋

王蕴舒　知珏孙。素以义侠自任。乾德（九六三—九六八）中，县废入威远。时丧乱初平，余寇尚自纷扰，贼传城甚急。蕴舒夜缒城出，乞师邻境。救至，贼解。举县皆德之，而不自以为功。君子以是觇其后必大。子伯琪，孙梦易，曾孙廱、庠、序，继显焉。王伯琪，《宋史·王庠传》：『庠祖伯琪，以义声著于乡州。有盐井籍民煎输，多至破产，惟有禄之家得免。伯琪请于州，均之官户，而仕者诬诉之。责恨以殁。』

王梦易　字潜夫，伯琪子，皇祐进士，调绵州法曹，迁青石令③。以包拯荐，授右军巡判官，数雪冤狱，有异状，增秩，除通判果州，摄守。初，梦易父伯琪，因均盐法，赍恨殁，梦易力成父志。时陈希亮判勾院以闻，言于三司，得上闻，还籍没者三百五十五家，蠲岁额三十万斤。尝摄兴州。旧例，川茶募民运入秦。民苦于役，岁复乾没数万。梦易奏陈公私之便，宜如驿传法，置茶铺免民役，岁课亦办。部刺史恨其议不出己，以他事中之，镌三秩，罢归。筑亭于双溪之上，曰归来。公累世同居，家号义门。自其伯与父论盐振义，公亦以义声莅仕。元祐元年（一

---

① 陶澍（一七七九—一八三九），字子霖，号云汀，清湖南安化（今益阳市安化县）人。嘉庆七年（一八〇二）进士，授庶吉士，任翰林院编修，曾官山西、四川、福建、安徽等省布政使、巡抚，后累官两江总督，加太子少保。任内督办海运，剔除盐政积弊，兴修水利，设义仓以救荒年。病逝于两江督署任上，谥文毅。著有《印心石屋诗抄》《蜀辅日记》《陶文毅公全集》等。

② 王建（八四七—九一八），字光图，许州舞阳（今河南舞阳）人，五代十国时期前蜀开国皇帝。唐末时加入忠武军，因救护唐僖宗有功，升任神策军将领，后出任利州刺史。天复三年（九〇三）唐昭宗封其为蜀王，天祐四年（九〇七）唐灭亡后，因不服后梁称帝而自立为帝，国号大蜀，史称前蜀。按：通正元年（九一六）十二月，王建改国号为『大汉』，改明年为天汉元年。此处简称『汉』。

③ 按：王梦易在青石令任上，颇有政绩。《临川文集》卷五十二《王梦易试大理评事充永兴军节推知遂州青石县事制》：『敕某：朕尝命汝以幕府之官，使长百里之民。而汝以丧自解，今除之矣。其就故官，有社与民，往其思勉。可。』

〇八六），卒。夫人向氏停公柩，誓教子成立，乃得葬。以子序贵，屡赠通奉大夫。庠隐不仕，别有传。序，赐进士，官至光禄大夫、礼部尚书、徽猷阁学士，卒谥文安。（据《宋史》卷三百七十七补）

杨见素　官至虞部郎中。石昌言志其墓，墓在荣县南二里①。文与可②曰：『郎中好接宾客，两蜀闻人无不至。』妻袁氏病，子刲髀肉以馔进，愈。

杨若冲　见素子。登第，入尚书为郎。文与可称之。

杨若冲之兄　君讳某，字某，荣州荣德人。少敏惠，尝受经于唐安罗勉先生，通博善讲议，辩者不能敌。晚工于诗，既久且精，意词高新，无所得其迹。性方廉，重许诺，视人有不类，辄耻遇之；如一善可喜，则奖励称述，亹亹不已。（详见《艺文著述》）

杨　约　见素孙。皇祐五年（一〇五三）进士，遂州小溪主簿。兄纲，弟絪、纪、纮，见称于文与可，以为皆揔揔佳士。

李有庆　自号南荣浪翁。与石昌言、任师中友善。有《赠答十二绝》，闻于时。著《琴轩集》一卷③，见《文献通考》。道士也。

赵　缜　字子智。山谷《与鲜自源书》：『能文，有胸臆，非今镕化人语作大义进士也。亦闻其本是医家子，居乡党有行义，亦恨其迫于衣食，从人讲授，未能卒业耳。』（据《黄庭坚全集辑校编年·外集》卷二十一补）

王　觊　梦禾④子，登熙宁（一〇六八—一〇七七）进士，以才行名，官翰林学士，与苏轼友善。承诏上时事，忤权贵，入党籍。绍兴六年（一一三六）推其直，特赠大中大夫。子廷坚，官至右朝奉大夫，通判岷州、河东制置司机宜。

张昭及　刚毅不畏强御。为栎杨主簿，陈尧咨⑤庄仆恃势干县政，输赋不以时，昭及捕而杖之。陈尧咨闻而叹曰：『张子一主簿而能如此，他日当荐为御史。』使人召之，昭及竟不往也。（据《渑水燕谈录》补）

杨九泽　登元丰（一〇七八—一〇八五）进士。一门孝义，乡里称之。家产五色灵芝数十茎，有《瑞芝图记》。今应灵⑥遗址尚存。应灵旧属荣州，故荣之雁塔题名，有九泽名。《嘉州府志》系于犍为，而今《雁塔题名》有九泽名，故增入。

贾　瑄　生平事迹不详。文同《利州绵谷县羊摸谷仙洞记》云：『绵谷县羊摸谷内山洞中有神仙见。因求其图之别本以归。

---

① 墓在荣县南二里：原脱，据雍正《四川通志》卷二十九上『陵墓』补。

② 文同（一〇一八—一〇七九），字与可，宋代著名画家、诗人，人称石室先生。梓州梓潼郡永泰县（今绵阳市盐亭县）人。宋仁宗皇祐元年（一〇四九）进士，迁太常博士、集贤校理，历官邛州、大邑、陵州、洋州等州县。与苏辙为表兄弟。苏轼、文同与杨见素都是川中名士，交往亦多，文与可对杨见素父子评价颇高。

③ 按：《琴轩集》一卷，陈振孙《直斋书录解题》云：『题南荣浪翁李有庆撰。与石昌言、任师中同时。卷末《赠答十二绝》，阙其六。其曰癸巳岁者，殆皇祐中邪？』

④ 按：梦禾即王梦禾，王蕴舒之孙，王梦易之仲兄（详见《王梦易墓表》）。

⑤ 陈尧咨（九七〇—一〇三二），字嘉谟，阆州阆中（今四川阆中市）人，真宗咸平三年（一〇〇〇）庚子科状元，历官右正言、知制诰，后拜武信军节度使，徙知天雄军。以气节自任，善射，工隶书。卒谥康肃。

⑥ 按：隋开皇十三年（五九三）设大牢县，县因境内大牢溪得名。唐天宝元年（七四二），改荣州为和义郡，治旭川（今旭阳镇），同时改大牢县为应灵县，县因境内应灵山、应灵水得名，属于和义郡六县之一，终唐以废。

熙宁壬子（一〇七二）秋，余移守兴元，有新府从事贾君瑄自南荣访余于陵阳，见图屏上，乃言其向官洋川时，常与太常博士陆丕考较进士于宁武，亦闻之。归日，与丕诣洞下，同立良久。其见果不妄。指图之涧壑峦岭、溪谷磴道，曲折出没，一一尽如此。」（据《文同全集编年校注》卷二十八补）

王　廱　字教源，梦易子，而庠、序前母兄也。梦易皇祐元年（一〇四九）进士，向硕人皇祐三年（一〇五一）生，则梦易前娶，年必久。张商英表梦易墓，乃略之。廱有《题云顶山①》诗，有『五色琉璃白昼寒，当年佛脚印旃檀』等句。山在三台②，此诗盖提梓州路学政时作。山谷③有《与王廱提学书》：

某顿首。数日苦食他家食作病，稍自将节，得小愈。又苦宾客寝讹，不得自便。眼花头眩，而两癞兵煎迫如火，不欲久留之。今日偶意思小佳，且写得数篇遣回。大概佛法与《论语》《周易》意旨不远。《论语》大旨不过迁善改过，不自覆藏，故『君子坦荡荡』，『入太庙，每事问』，『知之为知之，不知为不知』。天地同根，万物同一气，故曰：『吾无行而④不与二三子者，是丘也。』《易》曰：『神而明之，存乎其人。』『苟非其人，道不虚行。』但谛审谛观当如何是其人，莫认只令弄影戏汉。若识得人，万事成办，元不欠少。北窗日欲落，来人请行，不能一一道所欲言，千万珍重。

民国《志》按：宋时学官，大抵初但分设，及久为通制，如教授是也。提学史不尽详，第纪建置、裁革大略耳。《王庠传》：『庠以田均给庶兄及前母之姊。』是廱有女兄弟也。《地仙洞碑》：『向硕人守义，教源年已逾冠。』山谷《答周彦书》：『承庄叔、教源相继捐馆⑤。不审教源有子否，亦可教耶？』时山谷在荆州，是为建中靖国元年（一一〇一），则廱年仅四十也。（据《黄庭坚全集辑校编年》下卷补）

王　庠　字周彦，荣州人。累世同居，号义门王氏。祖伯琪，以义声著于乡州。有盐井籍民煎输，多至破产，惟有禄之家得免。伯琪请于州，均之官户，而仕者诬诉之，赍恨以殁。父梦易，登皇祐第，力成父志，言于州县，不听，言于刺史，言于三司，三司以闻，还籍没者三百五十五家，蠲岁额三十万斤。尝摄兴州，改川茶运，置茶铺免役民，岁课亦办。部刺史恨其议不出己，以他事中之，镌三秩，罢归而卒。母向氏，钦圣宪肃后之姑也⑥。

庠幼颖悟，七岁能属文，俨如成人。年十三，居父丧，哀愤深切，谓弟序曰：『父以直道见挤，母抚柩誓言，期我兄弟成

---

① 云顶山：又名三学山或石城山，在今四川省金堂县东北，有佛迹，石理坚润，莹白如玉，山以神灯寺闻名。
② 三台：今绵阳市三台县。
③ 山谷：黄庭坚（一〇四五—一一〇五），字鲁直，号山谷道人，曾流寓戎州（今宜宾市境内）为官。与张耒、晁补之、秦观曾游学苏轼门下，乃『苏门四学士』之一。以书画名于世，史称『苏黄』，与王廱兄弟亦友善。
④ 而：原脱，据《论语》补。
⑤ 捐馆：古代对人去世的委婉说法。
⑥ 钦圣宪肃皇后（一〇四七—一一〇一），祖籍河内（今河南沁阳市），真宗朝右仆射兼门下侍郎向敏中曾孙女，宋神宗赵顼皇后，宋哲宗继位，尊为皇太后。哲宗去世，曾一度临朝听政，力排宰相章惇之议，拥立端王赵佶为帝，是为徽宗。按：据朱承《宋故文安郡开国侯王徽学墓志铭》载，向夫人系钦圣宪肃皇后之『从祖姑』。

立，赠复父官，乃许归葬，相与勉之。且制科先君之遗意也，吾有志焉。』遂闭户，穷经史百家书传注之学，寻师千里，究其旨归。早岁上范纯仁①、苏辙、张商英书，皆持中立不倚之论。吕陶、苏辙皆器重之。尝以《经说》寄苏轼，谓：『二帝三王之臣皆志于道，惟其自得之难，故守之至坚。自孔、孟作「六经」，斯道有一定之论，士之所养，反不逮古，乃知后世见「六经」之易，忽之不行也。』轼复曰：『《经说》一篇，诚哉是言。』

元祐中，吕陶以贤良方正直言极谏科荐之，庠以宋邦杰学成未有荐者，推使先就，陶闻而益加敬。未几，当绍圣诸臣用事，遂罢制科。庠叹曰：『命也，无愧先训，以之行己足矣。』

崇宁壬午（一一〇二）岁，应能书，为首选。京师蝗，庠上书论时政得失，谓：『中外壅蔽，将生寇戎之患。』张舜民见之，叹其危言。下第径归，奉亲养志，不应举者八年。

大观庚寅（一一一〇），行舍法于天下，州复以庠应诏。庠曰：『昔以母年五十二求侍养，不复愿仕，今母年六十。乃奉诏，岂本心乎？』时严元祐党禁，庠自陈：『苏轼、苏辙、范纯仁为知己，吕陶、王吉尝荐举，黄庭坚、张舜民、王巩、任伯雨为交游，不可入举求仕，愿屏居田里。』以弟序升朝，赠父官，始克葬，葬而母卒。

终丧，复举八行，事下太学，大司成考定为天下第一，诏旌其门。朝廷知其不可屈，赐号处士。寻改潼川府教授，赐出身及章服。一日四命俱至，竟力辞不受。虽处山林，唱酬赋咏皆爱君忧国之言。太后念其姑，尝欲官，庠以逊其弟、侄及甥，且以田均给庶兄及前母之姊。庠卒，孝宗谥曰贤节。

序，宣和间以恩幸至徽猷阁直学士。庠浮沉其间，各建大第，或者谓其晚节隐操少衰云。

宋眉山史季温②注《山谷诗》，附庠诗二篇，曰《庠窃观学士九丈题此君轩诗，谨次元韵因以求教，下情愧悚之至》，有『惟有青青四时性，笑杀千载空浮云。平安为报春依旧，珍重道人怜特秀』等句。

《庠拜手顿首启，伏蒙学士九丈再赐诗章，庠僭率继和，尚觊采览。庠再拜》，有『我不愧天欺日月，何须更扣杯珓说。玉局洞天云绕椽，渔竿远信烦公传』等句。

盖山谷寄题《荣州祖元大师此君轩》，落句：『公家周彦笔如椽，此君语意当能传。』故庠和云：『涪翁心似月』。时元符二年（一〇九九）。山谷得庠诗，继作云《戏用题元上人此君轩诗韵奉答周彦起予之作》，病眼皆花，句不及律，书不成字，有『平生窃闻公子旧，今日谁举贾生秀。未知束帛何当来，但有一筇相倚瘦』等句。诗后题云：『此诗如元公欲刻之，可听渠摹本也。』

《此君轩》刻定，山谷跋云：『余既追韵作此诗寄周彦，周彦钞本送元师，元师得余手墨，因为作草。草书，近时士大夫罕

① 范纯仁（一〇二七—一一〇一），字尧夫，范仲淹次子，吴县（今苏州）人。皇祐元年（一〇四九）进士，历官侍御史、同知谏院，出知河中府，后迁成都路转运使。哲宗立，除给事中，元祐元年（一〇八六）同知枢密院事，人称布衣宰相，谥忠宣。著有《范忠宣公集》。

② 史季温，生卒年不详，字子威，号植斋。宋眉山青衣（今四川眉州）人。绍定五年（一二三二）进士，嘉熙四年（一二四〇）以太府丞除秘书郎，曾任福建转运使兼知建宁府。著有《山谷精华录》，已佚；《山谷别集注》二卷，今存。

得古法，但弄笔左右缠纠，遂号为草书尔。不知与科斗、篆、隶，同法同意。数百年来，惟张长史①、永州狂僧怀素及余三人悟此法尔。苏才翁有悟处而不能尽其宗趣，其余碌碌尔。江安城北滩上作茅亭，尉李相如为余开两窗，极明暖，故能戏弄笔墨可意。』史季温曰：『墨迹今藏前忠南刘守子晖家。』

文信国②跋云：『山谷道人《题荣州祖无大师元上人此君轩》，如炉铸铁，而笔力遒劲，字势飞飏，猊虎斗争，蛇龙变幻，莫测来去之迹。是殆日月星辰章于天，山川草木形于地，而不知孰使之然也。古人诗句、字画，称唐之盛，时诗如李、杜，书如颜、柳，无加矣。至我宋熙、丰、元祐间，道人者出，不惟追驾古人，遂兼取众长，集之一己。噫，盛矣！吉州文山文天祥跋。』载《王渔洋杂录》③，则清初墨迹犹存。

而山谷题诗时，庠方二十九岁，故有公子、贾生之比。庠得诗再和，遂为玉局生情。山谷后《别元师》中云：『家有晓事扬子云。』虽简周彦，而匆匆东下，庠不及更和矣。《宋史·艺文志》两载《王庠文集》五十卷。今皆不传。幸史季温拾附，独获此诗之存耳。

东坡数与庠书数封，当庠年二十四五时。如其一云：『承手书累幅，问劳教诲，忧爱备尽。仍审侍奉多暇，起居万福，感慰深矣。轼罪责至重，上不忍诛，止窜岭海。』

黄庭坚亦前后与庠书数封。如其一云：『辱手书勤恳，并寄诗文，意气骎骎，翼翼出门，已无万里。』『如公笔力，他日孰能当之？』

王　序　字殷彦，以宋宣祖讳弘殷改商彦。宋朱承志其墓，略曰：公母向夫人，为钦圣太后从祖姑。恩补假④承务郎，调果州司法参军。崇宁初，授云阳令，未赴，改除监东惠民局。用举者改宣教郎。吴玠为都水使者，辟为属，以劳擢都水丞。累迁直秘阁，知河阳。奏绩，赐进士出身，进待制，再任。

宣和中，朝命伐燕，公为随军转运使，赐金鱼。以徽猷阁直学士充京兆府路安抚使，兼京兆府，居二岁，移帅鄜延路。经靖康之变，讫守其职。建炎三年（一一二九），诏知凤翔，言者劾褫职。绍兴六年（一一三六）卒，积官银青光禄大夫、徽猷阁直学士，文安郡开国侯，食邑一千四百户。《王庠传》云：『序，宣和间以恩幸至徽猷阁直学士。庠浮沉其间，隐操少衰。』李心传《系年要录》亦云：『建炎三年（一一二九）十二月，诏：徽猷阁直学士王序知凤翔府、宝文阁待制程唐为陕西路都转运使，不许辞免。如违，重行窜责。序，荣德人，钦圣宪肃皇后从祖姑子也。二人在宣和间皆事近幸以进，蜀人鄙之。』

民国《志》按：墓志随职述绩甚伟，然皆当官常节。独其始终本末，则燎然矣。童贯穷奸稔祸，菹醢不偿其罪。序不幸以是进官，则其见非于公论，宜也。惟考历官生平，宣和前已受帝

---

① 按：张长史，即书法与怀素齐名的『草圣』张旭（六七五—七五〇），字伯高，一字季明，唐吴县（今苏州）人，曾任常熟县尉、金吾长史，人称张长史。

② 文信国，即文天祥。

③ 按：文天祥跋《黄文节公书》，见王士禛《居易录》。王士禛（一六三四—一七一一），字贻上，别号渔洋山人。顺治十五年（一六五八）进士，曾官扬州推官、国史副总裁、刑部尚书。清初著名诗人，首倡神韵说，著有《带经堂集》《渔洋山人精华录》《居易录》《池北偶谈》等。

④ 假：原脱，据《宋故文安郡开国侯王徽学墓志铭》补。

眷，又其才周世用，所在克举其职，虽偶近要人，而视一时奴事阉秽者，固殊焉。其有可怪者，张商英驵侩人也，专嗑正人，至乞毁司马光冢，以吕武比宣仁，睒睭极矣。而序乞表其父墓。冯澥首上书废元祐皇后，力排李纲，后竟污张邦昌伪命，而序乞铭其母墓。呜呼！君子慎于所因，序之不慎其因也亦多矣。然以视童贯抑末矣，何有才而不自惜哉？

墓志称，序乐府受法于晏叔原①。晏小山词冠两宋，则序词必不下人。惜《雅歌》两卷全不传。东坡曾与序书，有『专人远来，辱笺教累幅，称述过重，慰劳加等』等语。

民国《志》按：此绍圣初年书。东坡以元年（一〇九四）六月谪惠州。其年罢制科，以三省言。二年（一〇九五）立宏词科，故有峻擢之祝。序生于熙宁五年（一〇七二），时方二十一岁也。（据《宋史》卷三百七十七、《建炎以来系年要录》卷三十等补）

王卿孙 字虞仲，序长子。初用父荫，补将仕郎。以河赏，迁修职郎、从事郎。边赏，改承奉郎，磨勘承事郎。终以钦宗登极恩，迁宣义郎。早卒，无子。

王庆孙 序次子。右从事郎，阆中知录事，亦早卒。

王兴孙 字陈仲，序季子，幼以父任授承务郎，积十四迁，至奉直大夫。初任某州税官。二兄前卒，父退居无侍，请改荣州税官以便养。父殁，执丧如礼，族党交称之。服除，改差四川都大提举茶马司干办公事。任满，辟汉州绵竹县丞，旋调普州监税，嗣为临邛县丞。任满，再除茶马司，调嘉州犍为知县。未几，通判潼川军府事。任满，就注通判眉州。继除知忠州，以疾终于任所。年六十九，子六，孙五。历官各有能绩，于乡亦著义行。具详其宗弟敦诗所撰墓志。

王曾崇 兴孙长子，儒林郎，泸川军节度判官。

牟子才 生卒年不详，字荐叟，井研人。② 学于魏了翁、杨子谟、虞刚简，又从李方子。方子，朱熹门人也。嘉定十六年（一二二三）举进士，对策诋丞相史弥远，调嘉定府洪雅县尉。李心传方修《中兴四朝国史》，请子才自助，擢史馆检阅。行都大火，子才应诏上封事，言甚切直。兼直舍人院。明堂礼成，帝将幸西太乙宫款谢，实欲游西湖尔，子才力谏止。以集英殿修撰知太平州，前是例兼提领江淮茶盐，子才以不谙财恳免。至郡，首教民孝弟，以前人《慈竹》《义木》二诗刻而颁之，间诣学为诸生讲说经义。

初，子才在太平建李白祠，自为记曰：『白之斥，实由高力士激怒妃子，以报脱靴之憾也。力士方贵倨，岂甘以奴隶自处者。白非直以气陵亢而已，盖以为扫除之职固当尔，所以反其极重之势也。彼昏不知，顾为逐其所忌，力士声势益张，宦官之盛，遂自是始。其后分提禁旅，喋血宫庭，虽天子且不得奴隶之矣。』又写力士脱靴之状，为之赞而刻诸石。属有拓本遗宋臣，宋臣大怒，持二碑泣诉于帝，乃与大全合谋，嗾御史交章诬劾子

① 晏几道（一〇三八—一一一〇），字叔原，号小山，抚州临川（今属南昌市进贤县）人。晏殊第七子，著名词人，著有《小山词》。

② 按：井研县地与资官县（今属荣县）多处接壤。子才故居赖牟镇宋时属井研县，后长期划归荣县管辖。赖牟镇即今来牟镇。乡民感牟子才之德，曾在来牟镇为其建祠。故今将牟子才归入荣县名贤之列。

才：在郡公燕及馈遗过客为入己。降两官，犹未已。帝疑之，密以檕问安吉守吴子明，子明奏曰：『臣尝至子才家，四壁萧然，人咸知其清贫，陛下毋信谗言。』帝语经筵官曰：『牟子才之事，吴子明乃谓无之，何也？』众莫敢对，戴庆炣曰：『臣忆子才尝缴子明之兄子聪。』帝曰：『然。』事遂解。盖公论所在，虽仇雠不可废也。未几，大全败，宋臣斥，诬劾子才者悉窜岭海外，乃复子才官职，提举玉隆万寿宫。

度宗在东宫，雅敬子才，言必称先生。即位，授翰林学士、知制诰，力辞不拜，请去不已。进端明殿学士，以资政殿学士致仕，卒，赠四官，官其后二人。

子才事亲甚孝。弟子方客死公安，挟其柩葬安吉。女弟在眉山，拔其家于兵火，致之安吉。在吉州，文天祥以童子见，即期以远大。所荐士若李芾、赵卯发、刘黻、家铉翁，后皆为忠义士。平江守吴渊籍富民田以千余亩遗子才，皆却之。身后家无余资，卖金带乃克葬。著有《存斋集》《四朝史稿》《故事四尚》《易编》《春秋轮辐》等。子巘，官大理少卿。（据《宋史》、光绪《井研县志》等补）

杨　仁　绍兴进士。知雅州，兴学劝农，士民德之。征还朝，民争立祠画像，刻石于治所。（据《雅州府志》等补）

勾龙传　字明甫，绍兴进士，以儒学名，撰《春秋三传分国纪事本末》。刘后溪《序》略曰：『龙传博习详考，又分国而纪之，自东周而下，大国、次国特书，小国、灭国附见。不独纪其事与其文，而兼著其义。凡采其说者数十家。盖嗜古尊经之士，确乎其能自信者也。』

雍正《四川通志》属『夹江人』。今据荣县《雁塔题名》列入。（据《文献通考》卷一百八十三补）

黄　淑　《陆剑南集》云：『予集黄帖，得赠元师及王周彦三诗，甚爱之。有黄淑者，家三荣，见而笑曰：「绍兴中再刻本也，旧石方党禁时已磨毁矣。」乃出此卷，曰：「是旧石本。」其笔力精劲盖如此。因录藏之。淳熙之元（一一七四）二月二日。务观书。』

赵熙曰：『光绪中，县孝廉刘镕，不知何所得《赠元师》一诗。白布，朱拓，字如《松风阁》诗，惜未钩摹上石，今难访寻矣。』（据《陆游全集》补）

陈　宁　登淳熙进士，调火井令。旧志称：『羸疲之民，戴若父母；囊橐之盗，畏若神明。』

宋　迈　淳熙进士。父纶练①登进士，早卒。母杨氏，守义抚孤。迈事母最孝。体父遗训，誓教选、道、造、适四弟，不成名不仕。后选、道、造、适相继登科，始调洪雅令，有清介名。

光绪《志》按：《选举志》『进士编』，宋纶练、宋宠光，皆淳熙中第一甲四人（进士）。乾隆中，知县黄大本修《县志》，载宋迈父宠光。嘉庆中，知县许源重修《县志》，改宠光作『纶练』。据『列女编』诸志载：杨氏，宋纶练妻，教五子皆成进士。查『进士编』，宋氏惟『迈、选、道、造、适』乃成进士。

① 按：乾隆《志》卷三作『父宠光，淳熙第一甲四人进士』。嘉庆《志》又作『父纶练，淳熙第一甲进士』。

则宋迈之父，似纶练为的。

刘　光　弱冠能属文，下笔纵横，滚滚不绝。动遵礼法，闲居亦无惰容。登宝庆进士，初调仙居令，不以妻子之官。以雪冤狱，擢台州。郡人闻其来，曰：『是仙居仙令也。』争炷香迎之，赃吏望风奔走。改知忠州，老幼哭巷，聚城门，使不得出。累官礼部尚书。（据同治《嘉定府志》等补）

（五）明

伍成章　自幼刻意诵读，六经子史，多所贯穿，尤长于《诗》《书》。洪武甲戌（一三九四），举明经，分教州学。士经指授，辄成佳士，荐称名庠。其于教事，终始恳恳无倦。永乐丁亥（一四〇七），与修《大典》。后致仕归，寿终九十。（据万历《嘉定州志》卷三补）

伍从中　荣县人，任平凉府判。（据万历《嘉定州志》卷三补）

邹必荣　洪武四年（一三七一），自楚入蜀，著荣县清流籍。永乐中，官南京工部屯田司主事。归田后，清流人士以为荣，于来牟铺塑像祀之。盖荣人多自麻城来，必荣者，乡先生之望也。

胡子昭　字仲常，初名志高，赐更子昭。其先江西庐陵人，徙居蜀之大足。父复初，教授荣之东川，遂占籍焉。仲常，荣生也，嘉定荣县兴贤乡人。

洪武中，举明经。蜀献王重之，以明经儒士荐为荣县训导。时天台方公孝孺教授汉中，倡明道学，子昭往从之游，归而尽得其所学。蜀献王赠之诗，有『丈夫志远大，岂肯屈樊笼』等句。

建文初，充庚辰年史官，与修《太祖实录》，后升翰林检讨，历官兵部侍郎。建文元年（一三九九），岁革除。文皇帝①内靖，师驻金川门。漏下二鼓，曹国公李景龙、指挥王显开门迎降。报入东门，宫中悉自焚。兵部尚书齐泰溃奔。众官劝进，索传国玺，促草诏。子昭与孝孺先期相为誓约，与方孝孺、黄子澄、曾凤翔、何典宝十八人先后见执。建文四年（一四〇二）九月，斩于锦衣街西市。死时，年四十一岁。临刑时，神色不变。作《绝命》诗，有『寄语朝中朱紫贵，铁人无泪也心伤』等句。（详见《艺文著述》）复易中联云：『两间正气归泉壤，一点丹心在帝乡。』子昭从容就杀，都人无不传诵而雪涕者。后彭汝实亦有『革命之师，实维帝心』等诗赞云。

父复初，母郭氏，皆年八十余，被充边军。男长曰继，次曰缜，坐死，给、缉、继等谪戍。

弟子仪，初名志远，亦应荐辟。及遇兄难，弃官匿于丹棱民家，后不知所终。

时县中以党锢，戍遣钞没者四十八家。亲党朋友，凡四族矣。

其妻王氏、女金奴没为宫婢。永乐六年（一四〇八）大赦，复其家。天顺初，金奴历事宫闱，年八十余，尝念父、祖无后，

① 文皇帝：明成祖朱棣庙号。朱棣（一三六〇—一四二四），明朝第三位皇帝，在位二十三年，年号永乐，史称永乐皇帝，庙号成祖，谥体天弘道高明广运圣武神功纯仁至孝文皇帝。

顿首陈情于内宫，乞骸骨归。寻以礼部勘合，钦赐放还，安老于东川祖居之地。及卒，族人胡大宽安葬焉。

先民有言：『两朝臣子，各忠其事耳，固不可以去此而取彼也。』今夫大化流行，四时迭运，花鸟感时，亦各不齐，是故木有背春，花有思冬，草有夏枯，鸟有反舌，蜩乃戢羽，孰非造化一气之公哉！

永乐中，有言建文故臣不顺天命者，时文皇曰：『彼食其禄，各尽其心耳。』一无所问。然则文皇固未始不阴赏诸公之节，而何深仇之也？有严俎豆，谓非国典可乎？

福王时，赠太子太保刑部尚书，谥文愍。清乾隆四十一年（一七七六），赐谥节愍。旧志及《蜀艺文志》载节愍《东川》诗，有『古水留云暖，清泉漱石骄』等句。

迨百五十年，往迹几沉。弘治、正德间始有以诸公为言者。时禁渐弛，好事者刻《备遗录》，薄纪诸公姓氏节略。方公已得祀于其乡，公尚未有祠。正德丁丑（一五一七），御史台峰熊君相集里中私谥，题曰忠节祠，祀公城西。垣宇卑隘，寻复湮废。及兵宪江阴薛君甲提刑川南，所在振扬风纪，乃闻代巡金君灿，择胜九峰山，改葺御史熊君爵所建书院为公专祠。山川明秀，庙宇轩豁，造化停注，若有待者。仍匾公堂额曰：『得圣之清』。盖以叩马之心，不愧伯夷，而益光于我武之扬也。彼借口管仲、狐偃者，视此如何耶？买田铸器，以公弟山东佥事志远公、女金奴附享祠下，如汤阴故事。忠魂沦没，风雨凄然，孰谓百年之下，乃得聚首一堂。呜呼悲哉！呜呼光哉！

祠定，兵宪君谓汝实曰：『段秀实死事，匪故老吏卒之言，史氏昌黎子谁其书之？矧为诸君里人，能无一言于祠下，备逸史乎？』汝实再拜，执贽率众请文于兵宪君，曰：『兹举也，上振国纪，下扬风教，微君不张。若汝实者，尝欲捐第宅以复公祠而未能，徒以里闬好德之私，僭公传可乎？』

赵熙曰：『余世居城北宋坝，坝西山曰夏家塥，皆夏氏居也，与赵为姻连。我高祖夏之自出，尝索观其先牒，乃乾隆前物，自称胡公裔。盖永乐时，避祸之惨，期留一脉于人间，故易姓焉。胡与夏，又其谊之相反以成者，后之人可微会也，斯亦国故之轶闻矣。（据《明史·方孝孺传》、李贽《逊国名臣》、民国《重修大足县志》等补）

胡子义 子昭弟，字志远，亦以荐举为威远训导，升山东佥事①。寻乞就禄养亲，改蜀府典宝。未几，闻仲常死节，怀商人照身引，弃官归匿于丹棱民家。蜀献王知而怜之，令削发隐于僧舍。志远曰：『吾受吾兄之教，身体发肤受之父母，不敢毁也。』竟不从。时有二子，曰贞、鉴，方数岁。志远曰：『呜呼，吾兄无后也，天果不绝胡氏祀，二子当免于难。』遂弃去，不知所终。《怀乡》诗二首，有『早知天道无端的，何不持竿学钓翁』等句。（详见《艺文著述》）声意悲壮，盖有得于兄之教，而伯仲齐鸣者也。

观二诗，声意悲壮，志远亦非凡士哉！蜀人至今犹能道云。（据彭汝实《忠节公胡仲常先生传》、罗廷唯《胡子昭传》等补）

龚汇 字文渊，景泰癸酉（一四五三）举人，官徐州学

① 按：子义『升山东佥事』，李贽《续藏书·逊国名臣》误作胡子昭事。

正。旧志『知县李清奏请建学』条云，天顺元年（一四五七）七月十七日，四川等处承宣布政使：嘉定州荣县谨奏，为移修学校事，准儒学牒呈：据举人龚汇呈前事。伏睹诏书内开：凡军民利病，许诸人直言无隐。钦此。钦遵。汇闻山川灵而文运昌，学校新而贤才盛。仰惟皇上复登大宝，日月重光，乃天下太平之福。汇景泰四年（一四五三），忝以《易经》中顺天乡试第十三名。肆惟天下大事，莫病于学校之不修。窃见荣县儒学地形下湿，文庙庳陋，堂斋狭小，生员俱无号房。有司当为而不顾，师生欲为而难能①，伏望圣恩嘉念，学校实天下之大本。乞敕有司于农隙之时，倩在官人役，移修儒学于古基。依式竖造文庙、殿庑、厨库、堂斋、房舍，以备祭祀。其府城系宋时封王之地，有司于内修理号舍，令生员就彼宿食肄业，以备科贡。凡兴造所需，皆取用于有司。务在费不侵官，力不损民。因闲暇之功，成久远之计。匪惟圣贤神宇得其安，而师生讲习亦得其便。将见同游明伦彝伦之宫墙者，必思忠孝君亲于万万世矣。乞蒙备达具奏，请示明降，移修学校，便益县司，得此除行。

据七乡里老人等审勘相同外，缘系移修事，未敢擅便，请具奏闻。②

天顺二年（一四五八）四月某日。工部力字三百六十三号，勘合钦奉圣旨，准行使司札付本州本县，一体钦遵施行者。

庙成，汇为之《记》，有『太祖高皇帝任君师道统之极，尊夫子，严丁祭，置卧碑，设科贡，荣县庙学由作焉』等句。

吴道弘 字文博，景泰举人，四川荣县人③。天顺元年（一四五七）进士，授南京太常寺博士，后官监察御史。成化十五年（一四七九）五月甲子，升监察御史吴道弘为大理寺右少卿，抚治郧阳等处流民。时分守湖广行都寺太监韦贵奏：『乞量升道弘京职，付以便宜之命，抚治郧阳等处。』吏部覆奏，以为『荆襄流民为患日久，近命都御史原杰于此抚治，始郡县其地设行都司以控制之。杰卒，乃命巡抚湖广、河南都御史刘敷、李衍同管，然地方隔远，有事猝难会同。御史吴道弘巡按其地，军民累次保留，但其历任未及两考，请为裁处。』上曰：『河南、湖广巡抚官既难兼管郧阳等处流民，吴道弘升大理寺右少卿，令尽心提督抚治。』

成化十六年（一四八〇）二月丁丑，前云南按察佥事张宽，初从征荆襄滥杀。及家居，乡人诉其不法。抚治郧阳大理寺右少卿吴道弘捕之急。宽令弟击登闻鼓讦吴道弘挟仇。下勘，安置张宽贵州之镇远，吴道弘夺月俸。

成化十八年（一四八二）四月壬子，吴道弘等奏：『自去冬以来，河南、陕西、山西、北直隶流民，扶老携幼入荆襄境内，潜奔入山。原其所自，皆由各该官司不能安养招抚，使之安生乐业。而所经军堡、巡司，又不加盘诘，以致日积月累，为害益滋，其贻祸又将有如前日者。乞加严禁，用戒不虞。』事下户部，

① 民国《志》按：古学基负阴抱阳，左近凤鸣山，右近荣王府城。唐、宋学校在此，泮池、石像碑存。地势高明，宜为国家兴学成才、礼祀圣贤之所。宋荣州刺史袁桂《进士题名记》云：『荣虽藩邸重镇，学凡三迁，始得胜地。』

② 按，据光绪《志》卷三十《龚汇》本传云：『龚汇奏请复建文庙于莲宇山奏议，碑存文庙内。』

③ 按：焦竑《国朝献征录》卷六十九《大理寺卿吴道弘传》作『宜宾人』，今据光绪《志》改。

『以为宜行河南、陕西、山西、山东、四川、江西、南北直隶镇守、巡抚、巡按、三司、分巡、分守各该府正官，亲诣县司，备查某乡某里原户若干，今逃若干，遗下粮草若干，造册，差人赍赴该方，按籍招回复业，量资牛种，姑免粮差。若所招过千名者，免问罪停俸，仍加劝劳；五百者停其俸；三百以下者提问，必须尽数招回，方许支俸管事』。议入，上曰：『荆襄流民，向因区画不早，养成大患。自命官抚定之后，屡降旨意、榜文，晓谕禁约。而道弘等又有此奏，是皆有司收养无方，巡警不职之罪也。宜令各该地方守臣招回复业。所招数少者，悉如所拟，停俸问罪。其流民所经之处，所司严加究诘，如有仍前不行阻遏者，必罪不宥。』

成化二十一年（一四八五）八月甲申以忧去，服阕，改南京大理寺右少卿，寻升本寺卿。弘治三年（一四九〇），言者论其庸碌，因自乞致仕，十五年（一五〇二）九月卒，赐祭葬如例。民立祠以祀。子愚，弘治乙卯（一四九五）举人，南郑知县。（据《国朝献征录》卷六十九、《国榷》卷三十八、《宪宗实录》卷一百九、二百二十六等补）

刘景爵　成化十三年（一四七七）进士。未贵时，尝拾金还主。后知归州，捐俸济贫。

伍　性　字宗诚，别号龙溪。成化甲午（一四七四）举人，戊戌（一四七八）登进士。明年，出守华州。政先大体，遇事迎刃立决。不逾月，州治肃然。

浙江潮泛溺民，命吏三治之无成，乃擢性按察佥事，修水利。时贵戚要津，宿有淤塞阴遏者，皆毁之。功始就，事闻于朝，复敕兼理南直隶苏、松、常、镇屯田。四府赋税，当天下之半。性区画各得其宜，翕然大备。畚凿河道，转漕亦便，执政交章推荐。

山西地险民伪，又命性往治之。发摘如神，民莫敢售其奸，时有『伍明镜』之谣。未几，擢广东参议。督理粮储，便宜追征，存活者以万计。已而自陈乞归，优游林下殆三十年，正己持纲，为县人所瞻倚。居家日课子姓，暇则约乡老十人临山水酌酒赋诗，其所乐，人不得而言也。正德嘉靖改元，再承恩典，进阶二级，授大中大夫。嘉靖六年（一五二七）卒，年八十一。子惟贞，条其德政，请延入庙。

曹　彦　以武功授陕西固原卫镇抚。

伍惟扬　字元名，龙溪长子。性秉明敏，诗文豪放，以壁经①不第，奉诏助遣，授成都前卫指挥同知。正德初，征剿蓝、鄢②巨寇，厥功居最，给赏银牌十有二面。捷奏，钦赐虎豹锦衣二袭，实授成都府指挥同知、轻车都尉，世袭其子孙。

伍惟贞　字元吉，龙溪次子。幼颖悟，侍父龙溪佥事浙江。师事提学宪副广安吴石谷。先生讲《易》，常夜分不寐，遂精易理。龙溪转官山西，遣归入学。科举岁试，领批补廪。比年考校咸第一，远迩推声。事继母王、赵皆以孝闻。父丧，哀毁尽礼。既葬，条陈其父德政，请延入庙。兄卒子幼，抚教推让，出于

① 壁经：指汉代发现于孔子宅壁中的藏书，亦称『壁书』或『壁中书』。这里代指儒学经籍。

② 『蓝』，指蓝廷瑞，『鄢』，指鄢本恕，二人均是明代四川保宁（今阆中市）人，曾于正德间聚众反明。

至诚。

入棘闱凡十二，不第。正德辛巳（一五二一），应贡京师。嘉靖乙酉（一五二五），监胄选应顺天乡试，终不第，遂上选还。癸巳（一五三三），授云南昆阳州易门县知县。在官六载，革弊安民，造材兴学，当道交奖焉。

戊戌（一五三八），致仕归家。日以训后督耕为娱。勤俭不替，饮人以和，接之者无不欣欣爱慕。与乡饮宾席十二，人以有始有卒荣之。年逾七旬，犹夜书笺字，远驰奔马。子四，孙十一人。

方　海　弘治二年（一四八九）岁荒，海出粟赈饥。次年，设豫备仓。海尤急公扶助，恩授义官。龙窝寺有像。

黄　鳌　正德举人，任湖南耒阳县，有政绩。

曹　山　明康对山海①《武功县志》云：先生字东阳，蜀荣县人。性敏易有学，善问辩理道。教人恳恳亟亟，惟恐弗皆贤也。当是时，士习尚渐实，不浮靡放恣矣。曹先生继林、刘二君，而造诣更远，故士益趋于学，浩浩乎莫之能御也。

浒西子曰：曹先生，余正为生员，亲承其教。其同时有赵先生为训导，邃庵、虎谷两君子②又躬自督责。士之遭际已过盛矣，故宜其汲汲于学也。曹先生后至工部员外郎。

赵熙曰：有清一代训诂之学直绍汉贤，惟诗犹不逮明代。康于明，又七子中之佼者，顾推本于曹。曹，荣产矣。其言学固久于武功，而荣顾无能雅言者。固哉，囿于方隅，以多自证。懵不知古有不渝之则，达者岂宜然。孟子所以忧乡人也。

何子奇　年少登弘治壬子（一四九二）举人。居官以清勤著称。仕终汉中府同知。

何于鲁③　子奇子。自幼颖敏，动必以礼。居父丧三年，哀毁如一。与弟分产，器取其朽，业取其薄。教人一以诚敬为学。独居端坐，效古人投壶以自适，人未尝见其惰容。家口益众，温御之下无哄声。年四十，贡入国学，读书纂述不少置。归，起东楼，日引子弟训诲其中，务以古道自励，恳恳成癖。卒后学者称为东楼先生。子显淑，登丙辰（一五五六）进士，弟子颖淑，登甲子乡举人④。以文学名者，彬彬济焉。乡人益贤南岸公，不只德行之美云。（据同治《嘉定府志》补）

蔡　廉　讲《易》县南五十里栗亭。见《大明一统志》。赵熙题亭云：『蔡子勇成癖，栗亭名亦佳。』

杨　易　字道元，素清苦。家贫，读书回龙山，燃薪继晷，誓必成立。登正德己卯（一五一九）科举人、庚辰乙榜进士。就武功儒学训导，扶风、盩厔之士皆来从之。后改慈利令。嘉靖

---

① 康对山海，即康海（一四七五—一五四〇），字德涵，号对山，陕西武功（今咸阳市武功县）人。弘治十五年（一五〇二）状元，任翰林院修撰，以诗文名列『前七子』之一。著有《对山集》、杂剧《中山狼》、散曲集《沜东乐府》等。

② 邃庵，即杨一清（一四五四—一五三〇），字应宁，号邃庵，明南直隶镇江府丹徒（今属江苏）人。成化八年（一四七二）进士，曾任陕西按察副使兼督学、太常寺卿都察院左副都御史、三边总制。历官成化、弘治、正德、嘉靖四朝，官至内阁首辅。虎谷，即王云凤（一四六五—一五一八），字应韶，号虎谷，山西和顺县人。成化十九年（一四八三）中举，二十年（一四八四）成进士，曾官礼部主客司主事，累迁礼部祠祭司员外郎、国子监祭酒、都察院右佥都御史。

③ 按：何于鲁，《嘉定府志·文庙》、乾隆《志》等作『何鲁』，据光绪《志》改。

④ 举人，原作『进士』，据民国《志》改。

间，推升湖南桂阳县令。修县志，购藏书，贻儒学。建养济院。升平凉府通判，清介益励。尚书刘天和荐至京部。以历官十一年，妻子不随，调湖州府。湖州纨绮之地，笥中不贮一丝。居岁余，推升两浙都运司。以疾，恳致仕，不能治装还，抚院行府资之归。闲居九年，足迹不入城市。五任二十年，贫寒如初，老卒于家。诗文亦古邃。

刘宗明 选贡。任岳州府教授，先行后文。课士以举子业为后，所风厉者忠孝、节义、礼让、廉耻。尝谓人曰：『士子本立，则末自举矣。』及解组，囊无长物，仍寒素风。城居，绝迹公门。有嘱托者，辄谢绝之。知县杨崇忠题其门曰：『高风可仰』。士绅多师事之。

曹　赏 单县丞鼒之次子。自幼嗜学笃行，绝无绮靡习。由成均历官四任，终苏州府教授。经义造士为多。

曹　迈 赏子。嘉靖壬辰（一五三二）进士，授行人。有事，蜀藩王厚遗之，绝不以一介累。改南户科给事中，知宁国府，固原副使。奔父丧，以哀毁卒。德未远到，非止里人之痛惜云。

杨　镕 嘉靖辛酉（一五六一）举人，乙丑（一五六五）进士，官户部主事、刑部右给事中，升南京礼部郎中。善属文，县中碑版，多出其手。

吴可宾 字惟敬。年五十，不第。乃改试顺天第一，充贡生，入国子学。数梦其母彭，觉而泣曰：『吾亲老而远游，讵为爱曰乎？』遂归，不复仕。性孝友，以成业让兄容。兄殁，抚其弱子，督之学。岁饥，收遗孩养之近二百人。岁熟，乃遣去。

黄纪贤 万历丙子（一五七六）举人，庚辰（一五八〇）进士。官浙江道监察御史、太仆寺少卿，历任郧阳巡抚。居官多善政。子慎、恪，万历壬子（一六一二）同榜举人，恪官至榆林道。恂，万历戊午（一六一八）举人，广济知县。

民国《志》按：明制，巡抚、镇守、经略、安抚、抚治、巡治，立官同义，而巡抚为定官，抚治、巡治用事特设。成化十二年（一四七六），郧阳责设抚治。经八十五年裁革。正纪贤进士次年也。及纪贤以太仆卿出官郧阳，在万历十一年（一五八三）复设后矣。旧志以抚治为巡抚，非也。

童世彦 童之先楚孝感人，国初迁于荣。四世祖院，邑庠。读书怀独行君子之德，每有恩施，辄不令人知。院生子五人，次蒙弟。蒙弟生诰封奉直大夫颜。世彦字士美，号双溪，颜长子。生而丰神秀异，方面美髯，魁梧雄伟，目若列星。母张氏临孕，有赐牲之梦；当育，兆雷电之祥。三岁启蒙，即能诵读。弱冠游庠，离家就馆，手口无稍暇。中万历壬午（一五八二）举人。公车四上，不第。时其父已周甲，祖八旬，执世彦手曰：『吾欲速见汝仕也。』万历丙申（一五九六），知彝陵州。修废举坠，锄里豪，清户籍，捕治大江伙盗，收溺赈饥，有廉干声。常建桥以利涉，造船利渡，人因呼其桥曰『童公桥』。鹤庆府知府赵文炳称其『廉弃千金，惠普万姓』，盖实录也。

换帖纳银之例，斗级赔累之苦，悉革洒之。厘麦税，建社仓，四境称治。复采形家言，修东山寺，以崇州镇，至今赖之。后人因立祠寺侧，榜曰生慈祠，以志遗爱。寻署州篆。适税矿使四出，毋敢迕者。世彦削其旗帜，禁其侵欺，珰不得逞。

其官晋也，请晋藩庄田，繇有司征解，使主者无复苛虐。监権商税，出入有经，余资概以报院。万历庚子（一六〇〇），督修太原贡院，撙捐罚之赢，添筑号舍百余，尚有羡者报解，士民欢诵之。潞、襄黎平大饥，发赈施粥，全活实多。署长子①。夏初，雨雹，禾稼尽毁。世彦先启廒仓散粟，然后上闻。其秋有获，蒙首荐，升鹤庆府。

丁父艰，归。丙午（一六〇六）服阕，补柳州。猺獞焚乡掠市，平驭有法，遂相戒而还其掠。为之迎师兴塾，俾敦礼让。七阅月，丁母艰。服阕，补永昌府。禁屠牛，绳滇沐镇奸豪，修九龙池水利，郡民祠之。及摄金腾兵备道，借民祠为收生堂，以其俗赁居之妇不得产于室故也。其历金沧，兼四道，文牍如山，判决若流，皆朝至夕答。至革小税，清里排，禁巫鬼，豁疑狱，善政孔多，竟以执法强直黜归。

而蔺酋据富顺，世彦捐金募兵，约富顺合剿。贼自威远来，即督所部战城东屏风山，歼其魁，虏获无算，城以全，富顺亦复。时年八十。奏闻，朝议以原官起用，赉金建坊，表式县衢。越年，卒。

世彦笃恩义，故友蔡德仁子佣为奴，寻为僧，先后赎还之，为婚娶，蔡氏不绝。子养淳，万历丙午（一六〇六）举人，广州府通判。孙琳，崇祯丙子（一六三六）举人，惠州府推官。

民国《志》按：省志作『童彦』，误。据《童氏家谱》，入乡贤祠。（据同治续修《东湖县志》等补）

古　泰　疑即莲华寺僧也。善拳技。其徒为兵。奢寅②之乱，城陷。古泰据屏风山，以俗海螺为军角。贼出围之，适千总梁伟之南，角声相应，贼奔威远，城以全，古泰力也。

简文瑞　万历丙午（一六〇六）解元，天启乙丑（一六二五）进士。官吏部文选司郎中。任敕，亦乙丑（一六二五）进士。官户部主事，有《重建文庙碑记》。

简仁瑞　字季麟。天启甲子（一六二四）举人，由举人历官西安同知，迁平凉知府。崇祯十六年（一六四三）冬，李自成入潼关，诸王及监司以下官谋遁走。仁瑞谒韩王曰：『长安有重兵，讹言不足信。殿下轻弃三百年宗社，欲何之？纵贼压境，延、宁、甘、凉诸军，足相援。必不能支，同死社稷，亦不辱二祖列宗。』王不从。是夕，其护卫卒噪，挟王及诸郡王、宗室斩关出奔，胁仁瑞行。仁瑞曰：『吾平凉守也。吾去，谁与守？』众遂去。仁瑞乃撤四关居民入城。以土石塞门，为死守计。未几，贼檄至，乃召所活死囚数辈，谓之曰：『吾昔尝生汝，汝亦有以报我乎？』皆对曰：『唯命。』即托以幼子，令卫出。明日，贼抵城下。士民数人草降书，乞佥名署印。仁瑞怒叱责之，正衣冠，自经堂上。

旧志：仁瑞于崇祯壬午（一六四二），以京兆郡丞署盩厔③篆。时方罹兵燹，闾里丘虚。仁瑞极意抚绥，厘剔奸蠹。豪宗悍弁，悉束以法。适旱，仁瑞疏广济诸渠溉田。寇据南山，设法剿

---

① 按：长子，此指长子县，今隶属于山西省长治市。

② 按：奢寅，奢崇明长子。明朝天启年间，四川永宁（今叙永）宣抚司奢崇明及其子、贵州水西（今大方等地）宣慰司安位叔父安邦彦叛乱，史称『奢安之乱』。

③ 盩厔：古县名，今陕西省周至县。

除，危城以安。造士课业，勉以行谊。新令至，复旋京兆，士民如失慈母。清乾隆丙申（一七七六），赐谥『节』。

民国《志》按：《明史》谓『崇祯举人』。《嘉定府志》谓『天启中进士』。考旧《通志》、旧《县志》，皆作天启丁卯（一六二七）举人。『进士编』无其名。《甘肃通志》作『成都人』，误。（据《明史》卷二百九十四等补）

但由父子　《但氏宗谱录》：由三子，应常、应寿、应星，均成都总兵，都察院差管重兵。张献忠陷成都，由被杀于井研高滩。应寿扶丧归葬但家湾，应常赴嘉定，乞师复仇，与贼战于马儿山。后贼破牛头塞，又追击之县烟坡山，同乡范氏中箭死焉。献忠败去，乃解兵归但家湾，庆祝树碑。

（六）清

邹太元　李芝撰《邹玉川善行录》云：邹玉川先生名太元。遭明季荒乱，拮据戎马二十年，未读诗书。平定回里，闻兄虏于贼，征尘未浣，即载资出谍，百计赎归。从弟坐误杀人，罪当抵，玉川易产护救，主家谓保杀人命者，必入为奴，玉川慨然愿从。众服其义，为之解说，而从弟以免。

先世业盐致富，田产连封数十里。邻人黄朝妒之，赂县吏改拨粮籍，诈侵其田数十亩。玉川有八子，多材干，赴县质究。令械朝于狱，杖之三十，玉川悯焉，以所争田与朝，诸子难之。玉川曰：『吾地尚多，何须争此？且好隐谋者，其必叵测，即此可弭后患也。』朝果感德，移害倪氏，延祸四年。

宅后杨氏，孤穷人也。夫妇艺桃营生。邻子窃其桃，妇呼之，惊堕树死。玉川往视，则杨夫妇并自经。急解苏之，杨曰：『人命倾家，吾贫遭此，不如死。』时镇井厂者为赵总兵，素贪虐，玉川因假五百金为杨解之。赵疑有中饱，日系杨夫妇拷掠，久而得其详，叹服不已。玉川乘间诉井民困苦，劝其恤刑加惠，赵为之稍宽。后赵以罪谴，其子帝简，窘迫易姓，沿河挽船。玉川熟视之，曰：『若非赵某子耶？』衣食之，畀金二百，俾治产焉。

家有婢，与所私逃，三日获之，诸子欲惩之官。玉川曰：『吾当亲行。』中道询之，曰：『汝亦人形也，何为不法？』其人跪泣。玉川曰：『悔，则吾不咎矣。』释令去，仍携婢归。阅月，有诈者诣门，曰：『某，吾侄也，何故因使女杀吾侄。』玉川不能辨，与金三百，不许，径至县令前诉之，适其人出自呈，冤乃白。然于诈者，终不较也。

明末饥馑，有贫子愿寄食为奴。后叛去，且傲很不为礼。诸子侄欲治之，玉川曰：『此吾意，彼何能为？汝等如再言，是与吾怼也。』

自恨失学，延师诚敬尽礼。其孙登科者六人，贡成均入胶庠者，接踵矣。

邹养浩　制行端方。康熙九年（一六七〇）游庠。后吴逆据蜀，屏居抗节，不赴选举。国朝恢复后，始出应岁试，食饩。后登岁荐，康熙四十九年庚寅（一七一〇），任重庆府训导。课士之法，一以忠孝为先，文艺次之，士习丕变，至今有道学之称。（据道光《重庆府志》等补）

刘世璋　康熙癸卯（一六六三）举人，荣县经明末流寇之乱，文献缺如，世璋修复学宫，康熙二十五年（一六八六）纂修《荣县志》四卷。人至今诵其贤劳。

吴良璧　字梦星。康熙壬子（一六七二）副榜。吴逆叛据时，网罗人士。良璧隐居万山中，教授生徒，事平乃出。康熙五十一年（一七一二）任丹棱教谕，讲学不倦。（据《蜀雅》等补）

张　容　字心如。当吴三桂据有滇、蜀，驱士入试，而张恕为首选。三桂平，恕易名容，应试列邑庠，中康熙甲子（一六八四）乡试第九名，选青阳令。廉洁不苟，解组日贫甚，青阳民敛金以资其归家。大学士桐城张英《寄族侄容》诗，有『雅化崇儒分薄禄，高风课子富鸿编』句。知其在官在名绩矣。

翰林院侍读宜宾樊泽达送之任，亦有『诗成谢朓多相寄，我愧嵇康七不堪』等句。

平昔设教青岩寺①，四方学者辐辏及门，迄今犍为、井研诸邑掇巍科者半其弟子。宜宾赵玮，犍为余光祖，皆登进士第，县之人尤推之。其教人也，本经术以为文章，故游其门者，文行多所成就云。著有《九华山志》、《青阳宦迹草》二卷、《荣县志》若干卷。王培荀记其断句，云：『敢望俗情无白眼，应知时命有苍天。善事上官非屈即，恩留下里岂邀名。』皆有理致。

邹　炎　字孟和，康熙丙子（一六九六）科十六名举人，广西思恩府迁江知县。

邹　坩　字石若，邹荧同科二十六名举人，福建建宁府建阳知县。（详见《孝德者》）

邹　璲　字廷献。康熙辛卯（一七一一）六十一名举人，壬辰（一七一二）挑取内阁中书，任山东武定府乐陵县。

邹　理　字灿然，康熙戊子（一七〇八）十八名举人，官安徽巢县，调泾县。

邹　玳　字筵华，雍正丙午（一七二六）五十名举人，官广西苍梧县，旋署梧州。

邹　璋　字睿夫，康熙戊子（一七〇八）十四名举人，官直隶真定府灵寿县。

自邹玳至邹璋，联镳桂苑，乡人称为『五凤齐飞』。后，邹士杰，字轶凡，雍正甲寅②（一七三四）举人，官贵州普安县，改隶威远。邹恕，字心田，乾隆庚辰（一七六〇）十七名举人，官资州学正。

而邹学山最后，最传。

盖清时邹氏门第最盛，所居城南十二里核桃林，术者云『其地有蝌石、鲤鱼石、螺师石、和尚石、狮子石，皆文祥也』。

乾隆甲寅（一七九四）六月初二，忽有飞来石，尤奇。是年学山乡试中式。学山字至堂，乾隆甲寅（一七九四）举人。矩步绳趋，能以礼自范。乾嘉时，谈经术者宗汉儒，治词章者张唐格，标声坛坫，南北趋风。而吾荣不知，恪守其乡先生之传，递嬗来者，学山与侯镇固诸人，尤老师祭酒也。学山有《罗星阁赋》，乡人喜称之。荀子曰：『士必悫，然后智。』③学山悫矣。

① 青岩寺：嘉庆、光绪《志》均作『青岩山』。
② 甲寅：原作『甲子』。按：雍正朝并无甲子科，据文意改。
③ 按：『士必悫，然后智』，语出《荀子·哀公》，云：『士信悫而后求知能焉。』

弟邹学明，字海山，岁贡生。教授为业，廖朝翼、曹后亮、蓝瑾章皆出其门。有《步月山房稿》。寿其兄学山六十，有『老来物论群相化，身外荣观百不思』句。

邹心鲁亦有『扶杖一乡徐自笑，无名公传倩谁书』句。词无溢美，犹见承平时乡故。

核桃林去观音铺近，学山移武侯祠西。心鲁句纪实也。邹志魁《落第得子戏占》有『我不举人卿举子，工夫还让细君多』。王雪峤①《听雨楼随笔》赏之。

今以邹氏盛于当时，故聚族录焉。

黄　松　字翠含，康熙癸巳（一七一三）举人，官陕西庄浪县知县。居家孝友，守己正直。乾隆丙子（一七五六），知县黄大本聘充乡饮大宾。

邹昌炳　字德玉。康熙中由楚入蜀，道拾金四百，坐待②还其主。置业于荣，后归楚取《谱》以修世系，培修祖墓。好义济人，孤寡多所矜恤。尤厚于族，卒年八十有九。子六：锡瑹、锡瑺、锡琨、锡琕、锡琗署掾员，锡瑅又名赤心，任绍兴府经历，署山阴、上虞、会稽、诸暨等县。侄锡琏，由岁贡任温江县儒学，皆其所培植。

曹家甫　福建长汀县人也。雍正三年（一七二五）携三子入蜀，赁居西城底塘。勤苦贸易，继则买屋，比连一衢，人称其地曰半边街。

吴履晋　字接三，由拔贡中雍正己酉（一七二九）举人，任江西龙泉县知县。禔躬正直，爱民如子。致仕归，以读书教子为事。子懋敬，岁贡，任内江训导。乡饮众宾，时年九十五。

龚飞熊　邑廪生。循循雅饬。充乾隆癸酉（一七五三）乡饮介宾，时年九十一岁。子斯寞、斯宗，孙凌，俱县庠生。

刘洪瑞　年高德劭，齿德兼尊。充乾隆癸酉（一七五三）乡饮众宾，时年九十五岁。

邹仕权　邑廪生，言信行忠，充乾隆丙子（一七五六）乡饮介宾。

刘祥瑞　乡邻重望，善长一乡，充乾隆丙子（一七五六）乡饮众宾。

谢朝选　家富尚义，敦睦宗亲，与人无争，生平无一字到讼廷。子五，教以义方。长其祚，州同职衔；次其禄，武举；三其位，庠生；四其名，增生；五其寿，国学。乾隆元年（一七三六）恭逢皇上御极覃恩，以绅士邹琬等公举，赏八品顶戴。卒年八十有五。

黄联芳　居心忠厚，处事和平，事亲以孝闻，行事以义著。城东飞仙桥久圮，独力修复。孙瑢，曾孙国梁、果，两次重建。并诏子、孙世守遗规，毋借资金他姓。子二：长成章，庠生；次来章，国学。乾隆元年（一七三六），恭逢皇上御极覃恩，以绅士吴孔章等公举，赏八品顶戴。知县黄大本上闻，奖曰『绳武克家』。卒年八十有八。监生国梁，其曾孙也。

林元贡　由粤来蜀，成家于荣，娶李氏，生子七，皆朴实谨

---

① 王培荀（一八七三—一八五九），字雪峤，一字景淑，山东淄川（今属淄博市）人。道光元年（一八二一）举孝廉方正，曾官四川丰都、兴文、荣县等县知县。著有《乡院忆旧录》《寓蜀草》《听雨楼随笔》等。

② 待：原脱，据光绪《志》补。

醇，教以耕读。乡里争竞，平情劝解。乾隆金川之役，贫者军征，代为完纳。卒年九十。孙志高，增生。元孙翀凤，武庠生。

皮世凤 慕义轻财，前后施棺百余副。凡因公建造，无不慷慨乐输。

李廷元 监生。嘉庆十年（一八〇五）冬，施米数十石。十一年、十二年冬，施寒衣二百件。捐银二百两，修牛尾河至龙滩场石板路。

萧汝呈 监生。嘉庆十二年（一八〇七）冬，劝父再凤、叔再斌施米数十石，修沙河塥路五百余丈。

刘元桐 庠生，恩赐举人。长厚至诚，乾隆九年（一七四四），拾李姓百金，坐守还之，丝毫不昧。五十五年（一七九〇），子文保、文化，拾黄姓百二十金，亦令还之。是年，二子俱游庠。四十二、三年岁旱，捐米赈济。乡邻中有疾病残废者，无不施药疗治。救难扶危，尤敬宗族。卒年八十有六。子六：长文保、次文化、五文仕，邑增生；六文俣，监生；三文伸、四文侯，俱业儒。

谭仁源 字长卿，乾隆壬申（一七五二）举人。兴讷季子，中乾隆丙午（一七八六）副贡。曾从邓锡纶学。邓宦楚卒，二子衷恒、宝谦无力就傅，令入馆就学。凡日用薪米及应试资斧，皆力任之，二十余年无异，后均入邑庠。衷恒由廪入贡，皆其力也。生平刚直。任南川教谕，解组后，年将九十，尚手不释卷。

吴　赟 字美若，乾隆己酉（一七八九）举人。任合州训导，善引后进。有某生负人债，州牧将褫之。赟力陈其无大罪，曰：『某生贫也，非罪也。』力持之，得免。他皆类是。

侯镇固 字拱北，号龙田。乾隆己酉（一七八九）举人。学问渊博，经史注疏无不融贯，四子书尤毕生精力所萃。每为人讲说，字梳句栉，取先儒语及明以来程课之文附益之，口若悬河，学者惊为浩博。主讲本邑书院，县士皆其弟子，邻县亦负笈来集。官师所见，虽以时文为天地，而尊德之雅、劝学之风，视倡狂妄行者，淳浇之判远矣。时龚巽官荣，于书院左另辟一门，尝潜赴院听讲。教诸弟以科名显。甸固，生员；章固、圻固，皆举人。荣、威、富、宜、兴文诸邑，登第者半出其门。生平友教不倦，卒前一日，犹为门人点窜文艺。二百年来，邑中博学善诱，无出其右者。

吴达修 字可人，号特庵。性嗜读书，中乾隆壬子（一七九二）副贡，仍从师学，乡习所稀有也。嘉庆初，举孝廉方正，辞不就。道光甲申（一八二四），选蓬溪教谕，节录礼部则例数十条，俾学者知所循戒。在任六年，以善诱称。寡言笑绝晏游，居丧哀毁骨立。尝教子姪曰：『有忍乃济。』

张怀谦 字吉六，乾隆戊午（一七三八）举人。学深养淳，虽私居，盛暑不袒，教人以身为轨范，无夸词。有同邑举人朱映阳者，怀谦友也。卒，怀谦吊焉，即为之立嗣乃归。晚年，县令赵时聘主桂林书院山长，循循善诱，终年不履街市。

李　通 乾隆时有事金川，筹运饷，民难猝办，通先垫后收，不索息。事平，嘉定知府嘉其『踊跃办公』。弟郁，与通齐名。

廖世璠 号燕溪，增贡生。幼读书刻苦，年二十三失怙，不以贫废学。课徒严，持家俭。从兄某卒，两子幼，长侄复卒，遗子更幼，两世均俱理其家政，并教之读。县中公事，多赖协理，咸推重之。延师教子侄，忠敬有加。卒年八十。子四：朝濬，监生；朝汇，廪生；朝淳，增生；朝澍，从九。

廖廷谏 公正，好施与。知县黄大本表之曰『树德维风』。

蓝应万 字永赖。富而慕义，侄维茂贫，应万以田畀之，年出谷可百余石。时里人艰于春粟，应万为石碾，供众之用，邻里数十家，轮转无虚日，并诫家人夜间乃得自碾。寒者解衣，饥者推食，习为常焉。

丁旸阳 字含晖，嗜诗书，重节义。尝于逆旅遇醉者遗其囊，囊有重金，虑为他人所获，拾而藏之。俟其人醒，付还，谆谆以节饮诫之，闻者皆感。年八十卒。子光陛，道光乙酉（一八二五）副贡。

王升耀 幼随父自峨眉徙仁寿，复迁邑乐德镇，贸易致富。悯贫者死无所归，购荒山为义冢。延师教族中子弟。兄老而贫，养生送死之费，皆取给焉。年登大耋，五世同居。子实勋、孙家瑞、曾孙席珍，俱监生。

吴其昌 字自忠，监生。性公直，常以礼义训族中子弟，直言戒斥。好读书，年七十犹日诵不辍。八十余卒。子冠祥，岁贡生；子履祥，孙国仁、国兴、国飏，俱庠生。

吴兆昌 字自能，监生。好读书，居家俭朴，厚于宗族。横逆不校，不言人过，人有言者，一默止之。贷人不能偿者，听之。佃人内租，岁稔亦不取盈。人或侵其地界，若罔闻知。生平无一字入案牍。年八十卒。孙国炳，增生。

杨　越 字立群，号桂山，庠生。尝面斥人非，退则不复言。同里有贫无居者，舍之八年，不取其租，及殁，并棺葬之。岁旱，恶闭籴者，罄所有出粜，不限量，不计价，全活至众。夙不涉讼，乡邻有争者，极力解息之。子焞，庠生。

杨　章 字来庆，号吉庭，廪生。性刚方，不苟言笑，诞者见之必起敬。幼失怙恃，受祖抚育恩，讲《论语》『子生三年』①节，辄哽咽流涕。弟某，继叔后，有觊觎其业者，屡欲死之，章苦救以免。叔父某家落，女字某氏，贫欲背盟。章谏不从，跪泣劝之，意稍解。叔母曰：『若然，嫁须百金。三日必备，不则悔婚。』章亟归，谋于妇。妇丁知大义，典钗裙助成其事。三党待以娶葬者二十余家。弱冠，尝拒私奔之妇。子孙皆为士人。

官文广 性刚直，读书观大义，学重躬行。谓人『苟无益于时，虽博一第一官，犹汩没也』。乾隆丁未（一七八七），运军米至泸城。冰霜寒苦，人多避役，文广毅然曰：『此吾辈报效时。』运交如令。县中诸建造，皆董其役。力杜欺侵。年九十六卒，六世同堂。孙燮理，庠生。

萧再凤 与弟再斌施米，所费不赀。

曹其春 家甫之孙，文科之子也。夙有干略，计县籍多闽人，倡义醵金于城西街，创修福建馆。选材督工，力求完善。朝则自食以往，夕则众息乃归。监役三年，庙始观成。例祀天妃②，颁载祭典，春秋会祭，乡谊敦焉。

---

① 按：语出《论语·阳货》，云：『子生三年，然后免于父母之怀。』

② 按：天妃，亦称天后娘娘或天后圣母。闽、广、台一带称作妈祖。传说天妃姓林，家住福建莆田县，是历代航海船工、海员、旅客、商人和渔民们共同信奉的神祇。

杨元仁　幼孤，家贫，读裁识字。及长，问字义于同里，涉笔成诗，多规风义，勖其孙诗云：『记取广寒修月斧，焚黄那及眼前真。』人称天籁。著《广见论》《长乐歌》《戒食牛犬文》劝世。有从其言者，敬奖之，记名于册，计三千余。乡邻有争讼者，必力为解息。晚年与贵州周某善。周为佣，苦积百余金，私付元仁，为身后计，无知者。周殁，元仁经理丧葬毕，余金付城内及贡井荣禄宫，竖主，两庙附祀，岁时不绝。孙诠，贡生。

杨维鸿　幼贫苦，及衣食稍裕，有穷无告者，便倾囊相助。于杜家井，双河口独力修桥，费钱几二百贯，其子仍服苦如故。

彭鸣和　字元音。善属文，授徒五十八年，门下千余人。年八十卒。门下吴迈撰《寄庵先生行述》，详其文行。『寄庵』，其号也。

周兴宇　字龙冈。恂谨守礼，德气粹然。为乡塾师，里党矜式。

赵钟麟　字玉书。赵氏自张献忠之难名应法者，童年跳免山谷，长而父母名氏皆不知，占地自耕，今城北赵家山是也。又三世，日崛起，乃为廪学生。而农家隔一世遂遐阻，如谈周、秦人。又三世，钟麟之兄芝麟乃入学，君继之，君之从子德修又入学，君子国璧继之，于是赵氏彬然为士族。

赵芝麟有才，终其身以县事自扰。君则闭户，日手一卷，入城至凤鸣书院而止。寡言笑，化行乡里，邻妇无勃谿①之声。其病也，立家人于庭，子东列，子妇西列，训以孝以和。子肃然曰：『唯。』一子妇前言：『家贫则敦礼亦难。』君拊几恨曰：『吁。』气绝矣。后乡人梦以为神，今聚录子姓如左：

赵德修　城北赵湾人。少孤，母杨氏，苦节抚教之。性颖，工松雪书②，文笔清华。弱冠入庠，学使赵佩湘③也。未几卒，孙同生，贫而瞽，乞食以死。德修尝题啸台，有『前人有字留岩石，万事传疑付酒杯』等句。

赵国璧　字瑞堂，钟麟子也，德修资最颖，而国璧攻苦成博学。其事亲也，未明而兴，终身无日高酣寝者。弟不慧，父不为之娶，璧跪为请，而弟以有室。生子又不慧，言之辄恸。其文群士归高，中年卒。与杨公华交最契，门下惟李春晖著学籍。孙熙检遗书，惟《登清富山》诗存，有『客来寒食连朝雨，春入乡村是处花』等句。

赵有蔺　本名时阳，字晓楼。未弱冠，父国璧卒，贫极，以课僮自食。尝题壁云：『悔不当初再读书，上负亲恩下负吾。今日培根书屋坐，训蒙还肯去当奴。』如是者四十年，不妄取丝粟之财，于人无片言之忤。熟《戴记》《左氏传》，贯穿于微窅。课子熙十二年，遂入学。门下入学者三人：赵士高、丁绍兰、丁绍松也。熙入翰林为御史，诰封中宪大夫。光绪三十三年（一九〇七），年八十二卒。

---

① 勃谿，亦作『勃溪』。语出《庄子·外物》，云：『室无空虚，则妇姑勃谿。』此指妇女之间争吵。

② 松雪，即元代著名书画家赵孟頫（一二五四—一三二二），字子昂，号松雪道人。赵宋宗室，入元累官翰林学士承旨，封魏国公，工书法、篆刻、绘画，著有《松雪斋文集》等。

③ 赵佩湘，生卒年不详，字筠浦，江苏丹徒人。乾隆癸丑（一七九三）进士。嘉庆四年（一七九九）二月由内阁中书入直，官至礼科给事中。嘉庆十六至十七年（一八一一—一八一二）曾任四川学政。著有《涧萍诗词稿》。

张泰然　字南塘，庠生。秉性刚正，好谈经济，办公无丝毫瞻徇，课读勤严，人尊曰南塘先生。

丁象贤　字松亭，岁贡生。家贫，一介不苟，尤笃于伦常。

胡富恒　少孤贫，无立锥。长力农致富，喜施济。见文正福朴而勤，遂给田与耕，并假以器具薪米。正福渐积多金，常语其子曰：『我家衣食，皆胡君赐也。』招佃不取重租。岁饥，刘淮虑纳租不能充数，富恒慰曰：『亏吾可，亏汝不可也。』亲谊中有邓孔安、蓝奇勋苦岁荒，常助以钱，收债多让人利。卖米升斗，常浮于市，人多德之。

范坤洪　贸易长山桥场，赤手起家，为人笃亲好义。兄坤元，从父宗维、从兄坤佐及妹婿林某、滕某，皆贫甚，资给之，各得其所。殁难敛者，棺之；寒无服者，衣之。年八十二卒，子孙林立。

杨　田　幼业儒，中年家落。将田业出售，佃耕一载。凡山林竹木，未损一株。并盖好房屋，修葺田塍，乃去。主者从俗，给脱业钱，田谢曰：『蒙君高义，甚善。但吾子孙不才，得此终归于尽。吾子孙若才，正无须此意外之财也。』卒不受。遂以舌耕糊口。子二，均庠生。

黄体位　号寿山，监生。以团防保五品衔。性孝友，乐施与，乡里称为善人。

吕鸣和　号延溪，庠生。极友爱，品正行端。年余八旬，犹能健步。

郝干城　武生。性刚直，不避嫌怨。卒年八十，乡人称之。孙升域，附生。

邹志魁　号极垣。性刚直，先是庶兄见读书多费，与之分爨，独忍让不校。游庠后，复和好如初。著有《妇女一说晓》《要紧事情》等书。

龚朝桢　字良材，郡庠生。性端谨，不苟言笑。仗义疏财，教徒务端品性。每日揭善事一条，详细训导。尤倡刻善书、兴宣讲、叙家谱，并辑龚氏家规，为邑侯刘公赐《序》。病亟时，预嘱家人葬祭俱遵古礼。

曹元谟　号曲溪。少读书，试辄前列，竟不第。性宽厚，喜施与，见邻里佳子弟无力读书应试者，多资助之；负债难偿者，焚其券。佣工某尝囊窃藏米二斗，觉之不忍发，徐遣之去。族中不能举祀，春、秋时资以享祭。尤笃伦理，昆季间毫无闲言。卒年七十一。子俊亮，癸丑（一八五三）进士；柱亮，从九；栋亮，监生。孙熙，附贡生；克隆、克陞俱监生。

曹桂彰　字元山，其春季子也。幼勖于学。父殁后，两兄贸易积财，生子均能佐助，计桂彰读书迂阔，子女多稚，议与析居。中夜，两家子妇阴取家藏入私室，有见告者，桂彰曰：『人各有命，宁以此贫富耶？吾念书，当崇义让，毋以此酿是非也。』闻者嗤为愚柔，而其行己乃强毅不屈。尝赴院试，入场济济，唱名迟，至学使严斥之。桂彰出曰：『士所贵者，志气耳，进身之初，大庭受辱，纵得名，复何荣哉！』誓不复试，归而愤厉以督子学。次子俊，后游庠；长子杰，勤商苦积十余年。两家子弟行盐湖北，因贪失利，各以遗业见售焉。

刘荣山　字寿南，号海山。性端悫，屡试未售，课徒于乡。傅光弼撰其《行状》：君授徒里中，诸弟既异居，久之或苦贷累，君出脩脯为偿，无吝色。有侄徙黔殁，其弟瞽，归则收恤之，终其身。族人贫无业，力不能给，必为贳贷，使假田以耕。昼往督耕，夜归自食，勤苦恒逾于自业。刘氏非素封而鲜失所者，以君拮据于其间也。族人有争，质诸君，则理遣情谕，无或偏袒，往往相悦以解，不涉讼。邻右亦如之。或侵其疆，不较，封畛而已。授徒凡廿余年。卒年七十六。子三：炳勋，举人，官乐安知县；绍勋，从九；建勋，副贡。

张敦叙　号一心。为人光明磊落，好施与。尤善排难解纷。家虽饶裕，毫不矜骄。邑中公件如膏火、社仓、团练、军饷及修桥补路，无不捐资助成。前县主奖给匾，题『古处独敦，义重胶庠』八字。著有《醒世俚语》。

赵熙《张封公传》云：

君讳某某。君以富为县第一，其应试署曰『条』，故一县皆称『条三公』。君父由乐德镇迁野客山，入谷仅八十挑。挑者，农家量数。何休云：『畚，草器，若今市所量谷者。』① 知汉法然也。晚年富百倍。君家兄弟四分之，以石计，租入四百矣。

君以为力田之富，曰勤曰俭，若欲大且久，必以仁。于是一志从厚，凡售米必丰其概。于卒岁也，进贫者而贷之，宽其偿期，不偿不责也。逾岁又然，逋者愧，则慰曰：『吾知若累重，受之，徐偿我也。』于是环而邻者，数十里如子姓焉。

李永和乱叙府，有巨匪窜五宝镇，期劫君。贫氓争告曰：『条三公，吾天也。』万口一辞，匪叹德而去。县未设三费局，凡道毙者责地主，其费百出。尝有丐死君地，群丐交移之，曰：『无累善人。』

君业日益广，售田者咸归焉。有无赖者，逞其黠，多所挟，君谢之，遂大怒，狙刃以伺。君固材武，袖铁椎絛系之，曰流星，纵荡御数十人。一日，遇狭路，愕出不意，君掣其臂，曰：『我与若好也，胡戏为？其适我饮。』既至，则鸡黍而酹之。黠者感曰：『笃哉，我前日乃非人。』立售其田。君亦厚酬其值。至县之公义无小大，无不资君力。官与士至榜其宅而铭之。

赵熙曰：『野客山者，乡人呼崖上也。』盖《唐书》『罗水、云川、湖连三县地』。② 君居曰曹家园，当林阜胜处。

君曾孙昭通太守国玺，邮传部主事。国熙与余姻契。民国十二年（一九二三），太守要游山中，觇君所创业，衡从其亩③，蔚然有周子男之国焉④。时其祀有他姓人赙，惊讯之，太守曰：『昔事曾祖时卖主也。曾祖言之，令子孙岁时奉祀，勿绝也。』

吴　容　字山谷，嘉庆丙子（一八一六）举人。敦品殖学，不干公，不讦讼。今士专以干公、讦讼为事，乃知昔人之能自处也。亦能诗，寿其师邹学山，有『说经一一探奇笈，载酒时时访啸台』等句。

廖朝翼　字东崖，号扶九。品正行端，学优养粹，凡朝制所

---

① 按：语出《公羊传·宣公六年》，何休注云：『畚，草器，若今市所量谷者是也。齐人谓之「钟」』。

② 按：罗水、云川、湖连三县之地，唐中宗李显时并入大牢县。《读史方舆纪要》卷七十二『大牢废县』条据《新唐书》云：『景龙二年（七〇八），省云州及罗水、云川、湖连三县入大牢，其地皆与大牢相接也。』

③ 衡从：『横纵』之异体。东西曰横，南北曰纵。亩，田垅。语出《诗经·齐风·南山》，云：『艺麻如之何？衡从其亩。』

④ 子男，即子爵和男爵的简称，指古代诸侯五等爵位中的第四等和第五等。

定科目，一一胥历。不乐仕进，隐于家。荣自唐、宋来，与馆选者，自朝翼始。散馆外用，遂归田教授终其身，家县东荣梨山，人称东崖先生。本县、外邻府县，皆争延之，门下通籍如林。庶常曾省三、进士蓝瑾章、吴克昌其尤著也。朝翼未中举，故选本县拔贡生。后其子兴哲又拔贡，孙发英又拔贡，以故雅谈佚事，乡人艳称之。其论文艺，晰于理，研于律，苦心循序，以求一定之程。所著《宝砚斋文》，自关中路德之法未出，朝翼实有心得以辟风气也。

朝翼性尤孝。继母瞽十二年忽明，人谓孝感所至，《喜赋》有『闷极常思天有眼，谁将秋水剪双瞳』等句。

自以嘉庆十九年（一八一四）入郡学，重游泮宫，赋诗见志，有『泮水游来六十年，者番重到已华颠』等句。申申款款，人以为实录。民国七年（一九一八），请入祀圣庙、乡贤祠。

曾省三　字佑卿。以庶常改兵部主事，出守南康。发逆将至，亲率团御之边境。适鲍军至，诧曰：『贼张甚，吾辈且虑弗敌，子竟有胆。以团练从事！无已，杂我队中，并力一战。』从之。贼至，见增兵，疑惧远走，全部无扰。时沈文肃公①抚江西，疏荐之曰：『操行坚苦，勇敢有为。』得旨加道衔，调吉安府。莅任一载，设防筹费，如在南康时。又以其暇课吏治，严除积敝，颁条设禁，民以为便。尝谓『欲治民，先励士，则兴学为急』。初，吉安青原、白鹭两书院，兵燹后经费荡尽，乃劝捐得二万余缗、租谷二千余石，延刘殿撰绎②主讲。又为各县书院筹费，士蔚起而民举安。

丁内艰，旋里。于县事必尽力维持。服阕之官，卒于江西省城，年四十一。

省三少酷贫，乡先生资之读。及府试，知府又赏重之，于通显也为速飞。及入官，又稍见知于曾文正③。于是大置唐、宋人书，思力求之，而年不竟其学。然其文高异，一扫县人之论而独为之。生山乡中，能持通人之论，清三百年，士不以边隅自囿者，省三一人而已。

同治二年（一八六三）十月，曾省三作《兴复书院经费告示》，有『所有每年考课章程，应即一体知照，合行晓谕，为此示仰』等句。

光绪《志》按：条款与曩时各府宪定章大略相同，惟附课向无定额，亦并无膏火。从前课期以三月起十月止，每月初三日府宪官课，十三日庐陵县官课，二十三日山长师课，其升降合三课计扣。同治四年（一八六五），定太尊莅任，因诸生童二月未能到齐，及至十月以后纷纷告假回籍，于是复仍旧例，自三月初启馆开课，至十月止，实共课八个月，而以膏火赢余酌广生童课

① 沈文肃公，即沈葆桢（一八二〇—一八七九），字幼丹，福建侯官（今福建福州）人，累官两江总督，逝后谥文肃。辑有《沈文肃公政书》等。

② 刘绎（一七九六—一八七八），字瞻岩，清江西永丰（今吉安永丰县）人，清代著名书法家。道光十五年（一八三五）状元，历任翰林院修撰、山东学政。后乞归故里。主讲白鹭洲书院，著有《存吾春斋文抄》《诗抄》《崇正黜邪论》。

③ 曾文正，即曾国藩（一八一一—一八七二），字伯涵，号涤生，中国近代著名的政治家、战略家，湘军的创立者和统帅。累官两江总督、直隶总督、武英殿大学士，封一等毅勇侯，谥文正。有《曾文正公全集》传世。按：钟淑和《全本曾国藩家书》下卷《同治五年九月廿二日与沅弟书》云：『渠营有曾省三，号佑卿，前任吉安知府，服阕复出，云系弟荐至霆营，确否？』足见曾省三确与曾国藩兄弟有一定交情。

额共二十名。又历查鹭院地近府城，向由庐陵首县匡理诸事，比因军务不暇兼及，至同治八年，庐邑侯彭复循十三日官课之旧，而考校益周。至于裁汰斋长，因同治三年冬黄大尊提书院钱文作丰乐官典资本，斋长告退，故改用监院也。

同治三年二月，曾省三《重捐白鹭洲书院膏火记》，有『佥以干戈之后，物力维艰，请缓图其栋宇，先备其资脯。廷评王君鹤书力为筹画，学使赞善何公按临吉，遂董成之』等句。

又《拿办会匪片》，曾省三禀称：永宁、永新、龙泉等县连界地方，闻有会匪勾结，约期举事。人心鼎沸，纷纷迁徙。经臣札饬龙泉营都司黄庆云迅统所部，由抚回营，并经各该县募勇集团，乘匪徒未聚之时，严密查拿。（《沈文肃公（葆桢）政书》卷二）

曹俊亮　字灼三，以进士官刑部主事，改云南武定州。州民汉、回仇杀，俊亮至，适又相持。汉民中有乡绅某，势甚官，力主剿。回民惧，亦谋铤险。谕之不解，往见乡绅，不可。乃侦乡绅所在，逼之，譬喻至泣下，乃许媾和。则单骑至回村，回民遮道环跪，呼救命。于是召其酋与乡绅盟，悉改从汉教，事乃寝。

是役也，活数万人，回民设位以祀。丁内艰，后改陕西，署潼关厅同知。

俊亮为人娇岸自异，时廖庶常为士所归，俊亮独不出其门。往往于廖之所言文诀者非笑之，而知县为王培荀，号知文，独赏俊亮，后果自立。及官，仡有能声，则是非究谁定者？世一变而昔人举不足道矣。

蓝瑾章　字宝山，以进士官广东长宁知县。文名服众，授徒多所造就。尝七赴会试，五千里之程，徒步往返，其艰卓有大过人者。盖《凡将》《滂喜》之文不课，朱子《小学》亦杳无问者，《发蒙》一编，皆悬梁刺股诸言，班固所谓利禄之①途然也，故人争劝趋之。虽然，乃逸乃谚②，愈以见先民之厚矣。

蓝玉章　字辉山。由监生中式举人，历署甘肃两当等县。慈惠爱民，以宣讲圣谕为先政。判断平恕，有蓝青天之誉。后擢肃州州同。甫之任，逆回陷肃州，尽节死。回民素感其德，厚加棺敛，题曰『好官蓝某之灵』，戒勿动。

玉章死之日，妻刘氏，女适龚，均投井死。长子世翼，被执不屈，亦死。次子世尊，先一日出城，得免于难。事平，恩袭云骑尉。越数年，世尊从二千里外徒步负骸骨，归葬祖茔。

周室辅　字东藩，举人。戆直能文，长书院讲社，刘家场教思尤永。吴迈，字兰谷，廪生，能读《编年》之史。当时，廖庶常主凤鸣讲席，学子侁侁。周室辅为文喜俪经语，而迈善胪史，谈者翕然称『东书房经，西书房史』。自此县中甲科浸盛。邹思孟题讲席之楹，词曰：『千古文章千古事，一时风气一时人。』

王安宇　号石亭，文生，以团防保六品衔。孝友乐善，族弟德淳北上，为措资。殁，为立嗣、为刊遗稿。倡修牛峰寨，办长山桥社仓，经修二桥。喜为诗，著有《问月堂诗兴》，为邑侯王公雪桥③摘入《听雨楼随笔》。作《觉世真经》诗百余首，纂辑

① 之：原脱，据班固《儒林传·序》补。
② 乃逸乃谚：指骄奢淫逸、放诞不羁。语出《尚书·无逸篇》，云：『厥子乃不知稼穑之艰难，乃逸乃谚。』
③ 桥：民国《志》作『峤』。

《节烈合编》《度世金针》《书法正宗》等书。家近獭子山，多西北山中作。《观渔》有『鱼命虽极微，好生意可度』等句。《秋试报罢归舟作》有『扁舟乘夜泊，远火入江明』等句。里人建八仙楼，止之不得，纪慨作诗，有『白云紫府竟何如，失祀乡人习未除』等句。《门神》有『桃符岁岁旧翻新，古俗由来事百神』等句。

王德淳 字橡山。道光五年（一八二五）拔贡，十二年（一八三二）举人，十四年（一八三四）卒。凡文学通都多倍，僻地多鄙。清三百年，县士能去山乡之气，惟德淳一人。行书雅劲，有唐则；文近通人之论，诗格未立而能见意。济南王培荀推其下笔数千言立就。著《小王屋山房稿》。

《鹰》有『从今一脱金绦去，万里秋空任尔飞』等句。民国《志》按：此幼年作。即入泮，人以为诗谶。《笔》有『我与江淹①同一梦，不知五色属何人』等句。《沽酒》有『今朝依旧是迂儒，知否明朝得意无』等句。按：此诗乃选拔翌日作。《石炭》有『救得一乡无饿法，乌金真个胜黄金』等句。《卢生庙》有『人生是处邯郸道，只有卢生作梦看』等句。《伏城驿》有『欲寻古迹无寻处，驿路题诗记界牌』等句。《腊月登啸天龙》有『日午长山有市声，拥斯茫水一丝横』等句。

德淳居刘家场之大屋山，故城西之诗为多。

张轩鹏 字海云，道光举人，湖北试用知县。初权枝江，适粤匪之警，宜都有盗，于元日敬神，枝江民惊窜，轩鹏权言宜都失火耳，民乃定。署东湖，有贼劫商贾船，号拦江盗，党与甚众，设法捕之，并招勇练团以善其后。历署来凤、恩施、汉川、巴东，俱有实政，得士民心。加知州衔，借补荆门直隶州州同，未赴任，调补松滋。修月堤，捍水患，补修百马枋二堤。杨林市有邓正雷等聚众为乱，立擒治之。复任巴东，李、邓二家因争田之讼，拖毙数命在狱，一讯即结。

学使赴施南，地当冲衢。夫役不胜苦，自行捐办，民以不扰。任武昌，修补堤工甚巨，并修遥堤十余里以防外溃。在署时少，在邑时多。随地结案，民咸便之。催钱粮，纳漕米，浮收者悉汰除。

调补宜城，凡刁、痞力为剿除。李锦阳、陈作楷等百余家，因水沟数十里，聚讼多年，讯之皆服。修长渠水路百里，以灌民田，至今为烈。

解组归，过叶滩，浪大作，赋诗云：『布帆安稳行装俭，自信囊无造孽钱。』远近传之。抵家后，变产以偿宿债。民国十二年（一九二三），公请入祀文庙乡贤祠。

李希白 字栖霞，道光甲辰（一八四四）举人。于家庭乡党之事，无特殊者，而恂恂无愆。县北六十里牛峰寨，万山中险地也，辟乱者集焉。赵友泰知县事，构之，谓不轨，岌岌兴大狱。

---
① 江淹（四四四—五〇五），字文通，济阳考城（今河南省商丘市）人，南朝著名军事家、政治家、文学家，历仕南朝宋、齐、梁三代。卒谥宪伯。

曹俊亮与希白赴省，因李西沤惺[1]言之总督黄宗汉[2]，事得解。乱世之保身家不易也。晚主县中讲席，从游者多列庠序。闲写墨竹，为今体诗，足以自娱。

沈维镛 字镜堂，居桥头铺之沈家坝，师侯龙田。道光己酉（一八四九）举于乡，历主旭川、凤鸣、龙门讲席，谓『师道首以简应酬为要』。县令吴思贤极敬之，然非公不谒。有私托者，婉言谢之。事果冤矣，辄秘白而不以市德。

尝经汪家滩，遇犏牛触其舆，陷泥泞中，衣履尽濡，舆夫忿欲击牛者，维镛喻止之。启笥易衣而去。亲病，侍汤药惟谨。

继母初入门，其色有戚。询知遗子女孤幼，隐而不能舍也。迎致之，抚教焉，成人归其宗，盖五宝镇燕嘴人陈氏也，至今岁祀维镛墓。继母当妊子，虑家人不悦，欲不举。维镛亟请育之，爱如同母弟。

蓝、李之乱[3]，贼及维镛乡，闻其孝廉也，欲虏之入幕，维镛以计免。越日，贼大至，胁之，不去，且缚之，维镛格数十人，纵步越溪而逸。盖家传柔术，故娴其技而未尝轻示人也。子国标，廪生。

丁光陛 字紫垣，嘉庆丁丑（一八一七）入学，道光乙酉（一八二五）中副贡生。乙未（一八三五），再中副贡生。曾署犍为教谕，主县凤鸣讲席。光绪丁丑（一八七七），年八十，重游泮宫。自纪四诗，其一有『春梦层层如隔世，水芳重采夕阳天』等句。又《题画兰》，有『手把《离骚》随意写，一花一叶一潇湘』等句。

郝映青[4] 字江亭，邑恩贡生。性慧，喜以《论》《孟》文为谐语，悫士非之。然笃于孝友，教学五十余年。孳孳焉，克尽其心也。著有《初学沦灵文集》，沾溉后学。

杨公华 字黼廷。古仕焉而已者，归教于闾里，后世书院放此。都讲，非乡举不任。公华以岁贡生主桂林讲席，创举也。其文清华，而制行尤有度，官士皆爱敬之。盖道咸时士风犹彣矣。周应体，字敦仁，亦岁贡生，年义稍后公华，而清尚自守，以课士终其身。殁而人思之，其教诚有泽也。从周游者，有曹俊，字丹墀，居县之北街，心远地偏，终身无非义之行，默然自靖，尝榜其门曰：『圣朝无阙事，春风复多情。』其冲夷可概见矣。曹之友陈涵者，字竹泉，穆穆肃肃，跬步必敬，所居以整以洁。寝则衣物一一饬之，它务称是。是皆庠序中士则也。去今不三十年，音尘邈矣。

马应祥 号甫田，增生，以善书名。凡山乡为诗多鄙辞，作

---

① 李惺（一七八五—一八六三），字伯子，号西沤，清忠州（今重庆市垫江县）人。清嘉庆二十二年（一八一七）进士，翰林院庶吉士，授检讨，曾官詹事府左赞善。晚年回川，任省城锦江书院山长十余年，以性理之学课士，作育人才甚众，蜀中名士李榕、童棫等皆出其门下。著有《西沤外集》《西沤文集》。

② 黄宗汉（一八〇三—一八六四），字寿臣，道光进士，福建晋江（今晋江市）人。历任军机章京，广东督粮道，山东、浙江巡抚。咸丰四年（一八五四）因倡办海运漕米有功，擢任四川总督。咸丰八年（一八五八）英法联军侵占广州，调任两广总督兼五口通商大臣，驻广东惠州。后调吏部右侍郎。祺祥政变，被劾为肃顺党羽，革职。

③ 蓝、李之乱，指咸丰九年（一八五九），因李永和、蓝朝鼎私贩鸦片引发的一场祸及云南、四川的劫难，战火波及四川乐山、犍为、井研与荣县等地，给这些地方民众带来较多灾害。

④ 按：青：光绪《志》作『清』。

书多野气。应祥由赵文敏①入，继习唐人碑，周规折矩，怡然若有以自得。凡邑中祠庙楼阁，多所留题。校其所长，孙过庭②谓『温之以妍润，和之以闲雅』，应祥近之焉。

王　荣　字翼东，庠生。以书名，凡题榜及供神牌者争趋之。县自马应祥前，无唱言书法者，然人心亦自然各有工拙之一境。荣之书横平顺直，号唐颜鲁公法。而颜书遗石在天下者，山乡实亦罕觏，咸以意相为应和而已。顾因是求书法者日益众，则应祥与荣固先河也。习颜书者多端士，荣品信如其书。古之学者问道艺，有以也。

陈均远　监利王柏心③撰《神道碑铭》，云：

公讳均远，字竹篴，荣县人，大兴其寄籍也。先世自广东来，曾祖连亮，祖修文，考为光，由掾吏起家，官浙江杭州税课大使，迁乌程主簿事。子二，公其长也。幼即警颖异常，江右汤先生子燮见而异之，授以举业。考卒归葬，家壁立。久之，纳资得从九品。闻汤先生作令吴中，往佐其治。汤先生以忧归，乃入都，加捐县丞，分发湖北，专谳积案。以到省逾限，镌二级。适汤先生服阕来楚，承檄修荆州监利江堤，请以公往，乃得捐复。汤先生权襄阳，邑号多盗，仍请公佐理缉捕。时有劫布船者，公至境，役某甲来谒，年少而衣履新洁。公疑之，穷诘，则真盗也。其党无一脱者。

崇阳钟逆构乱，大府檄公赴营。条上进剿机宜，事平叙绩，奉旨赏戴蓝翎，尽先补用。补蒲圻县丞，擢襄阳府经历。汤先生去襄阳，又请以摄县事，旋擢枣阳、宜城。丁母忧，服阕引见，以知县用，代理南漳。署汉川，值大水，救荒之政悉举，权嘉鱼。

咸丰元年（一八五一），调崇阳令。民多惑于左道，劝之悉改。监利江堤圮，得檄者辄用他词避。公时在鄂，请往。布政使欢曰：『人却而汝前，昔闻汝能声，不谬也。』往则岁修久弛，亟集吏民增筑。夏，江水大涨平堤，公督徒役，随方捍救。季党湾堤裂，风挟涛来内注。民聚万余号哭，公山立水中，誓以身当之。俄倾，有败舟驶入，横嵌堤罅，急加土石，卒完不圮。

粤匪陷岳州，邑民惊窜，公衣冠列烛坐堂上。狱囚哗，公饬之曰：『法在我，敢哗者斩。』命击更鼓如常，贼过境不犯而去。先是讥谍綦严，公察其诖误，辄纵遣。白螺寺僧轮音，诬里中百余人通贼，走岳州告变。公白其诬，以僧伏法，余置不问。

三年（一八五三），调江陵。地当冲要，乏军储。公以川盐羡余，募壮士千人，造军械悉具。吏士投效者，察其才略，分将之。又招土豪巨盗可用者，予冠带，使立功。次年（一八五四），贼躏汉阳，伪党公扰，荆郡土寇蜂起，行省文报久断。邻境日告急，而郡之监利、石首，皆有啸聚，大者万余，小者数千，所在剽掠，攻城陷邑。公以荆为全楚关键，宜以驻防兵城守，而以募勇出援剿，请于将军官，公而行之。

① 赵文敏，即赵孟頫。赵孟頫逝后，谥文敏。
② 孙过庭（六四六—六九一），字过庭，名虔礼，唐吴郡富阳（今浙江富阳）人，曾任率府录事参军等职，唐代书法家、书法理论家。著《书谱》二卷，今佚。
③ 王柏心（一七九九—一八七三），字子寿，号螺洲，湖北监利（今荆州市监利县）人。道光二十四年（一八四四）进士，曾官刑部主事。著有《枢言》《漆宝蝴》《螺洲文集》等。

蜀中助协楚饷，凡二万余金。公截留之，益增募义勇，修戎器。又请留云南客将王、佟二镇军，蜀人士从军者踵至，皆授以兵，分道援剿。于是郭西有龙会桥之捷，境北有浩子口之捷，诸军以次收复监利、石首、华容。又追贼至太平口，分击安陆、潜江、天门贼，走之。攻克蒲圻、嘉鱼、崇、咸诸邑。而林天道、李光荣二军，竟会少司马曾公同复鄂省，诸郡皆遣师策应。出麇入犒，皆公主之。兼权通判及理事同知，羽书杂遝，奸宄摇煽，公内镇人心，外作士气，谋如转规，动中窾要。当是时，楚境什七沦没，独荆郡屹如金汤，且有折冲之威者，皆公力也。方鄂再陷时，抚军率溃师至，他逃兵亦集，日相斗，城厢大扰，公抚之，悉定。

前奏擢同知，至是官公上其绩，得旨赏戴花翎，以知府留楚补用，后乃权荆州府事。

五年（一八五五），江汉犹未复。江上民情震扰，公率勇士三百赴监利，相机防御，督行团练。公素得监利民心，闻其至，走相庆，争望颜色，并为之立生祠。忽感病，遂不愈。大府闻于朝，有诏优恤，加赠太仆寺卿。

公气量豁达，强毅有为，能行度外事，用度外人，艰危纠纷，从容裁决，谈笑立定，议论开爽，诚意恳到。治盗方略神速，出人意表，然不妄行诛杀。黔客五十七人，挟军器，约往从戎，取道沙市，逻卒縶之，将就刑矣。公力请行查原籍，竟辨出之。他所全活无算。汤先生脱鄂难，全家数十口衣食之，数年无倦色。姻戚乡里及贫宦下士，倾囊济之，人人意满。

生于嘉庆丁巳（一七九七）十一月二十八日卯时，卒于咸丰乙卯（一八五五）十月十八日丑时，年五十有九。配耿淑人，子四：有钰，军功，赏戴蓝翎，即选通判；有铦，六品顶戴；有钊，六品顶戴，即选从九品，出嗣公弟培远；有鑫，同知衔，湖南即补知县。女弟一，适成都冯謦庵少尉。甥二：嘉猷、嘉麟。女一，适同邑谢朝栋。孙四：耀淳、耀渟、耀清、耀汉。丁巳年（一八五七）四月初四日，葬公于荣北郊外姜家山之原，墓碑之石已具，有钰兄弟使来乞铭。公所至得民誉，而安危定变之功，则宰江陵时尤巨。铭之云：

屹屹南郡，环壤寇作。四战之冲，谁严锁钥？
励我戎士，丰我军储。千里蛇虺，以次翦除。
全楚西塞，兵雄上游。鄂恃以复，遂定数州。
方贼之盛，孰敢议攻？前筹抗辨，实惟陈公。
惟我陈公，奋其锋距。岂惟鄂安，功济全楚。
如何时栋，奄忽云萎。卿班加赠，亦有荣施。
郁郁松阡，蜀山巇嵲。我铭丰碑，式彰奇杰。

（据同治《嘉定府志》等补）

刘存厚　前湖南藩司李榕①为之传，云：『君讳某，字仲

① 李榕（一八一九—一八九〇），原名甲先，字申夫，号六容，四川剑州（今广元市剑阁县）人。道光丙午举人，咸丰二年（一八五二）二甲进士，翰林院庶吉士，通籍后改名『榕』。历任礼部主事，以军功迁江宁盐运使、湖北按察使、湖南布政使，后罢官归里。李榕精通诗文，工书法，治学谨严。著有《十三峰书屋全集》。

山，荣县人。以咸丰六年（一八五六）六月与江苏巡抚吉尔杭阿①死于军。八年（一八五八）九月，其乡人李榕乃得其死事状而为之传。』

余廷璋　威远人。道光中，入荣籍。李逆乱时，人贷五百金，事平负义，置不问。甥累债，将售业，出钱代偿之。凡周急恤贫，勇为不怠。弟廷钦，置棺逾百具施贫者，册其名。三年一建水陆道场。佃租弗能偿者，蠲之。

晏　恺　庠生。纯朴端方，睟然儒者。教人必责躬行。

林　端　字仁山。官教谕，端谨之实，称其命名。

谢廷兰　字塔山，庠生。老成纯笃，与世无争。精医术，通养生之要，撰句：『儒能学道方为贵，医不通立总是庸。』盖道其所得。

张济川　官侍卫。多力，尝抱牛而汕其足，又尝挟持寺门石狮行数百步，后卒于关外。道光中，归葬白坡祖茔。其族人豹臣，亦武举，魁岸多力，惜早世，无所成。

林志高　县诸生，从陈卯生游。《和张明府寅卿荷花》有『亭亭红袖立银塘，坐爱伊人水一方』等句。

黄尚恩　字澄波，增生。品谊端方，言笑不苟。教授乡里，积劳呕血卒，士林称之。

吴天香　字桂堂。温雅恂恂，尝试前茅。赴院试，将入场矣，师杨联拔病卒旅舍，竟扶其柩归，不入试。士林重之，为纳粟入监。

曹元才　为塾师。以孝友迪人，脩脯不自私，门内无诟谇声。滇乱扰境，犹日课子孙读，晚年垂钓自乐。

余士杰　字伟夫，庠生。能敦庸行，以忍让为事。

詹　崇　字季高，号长坡，增生。性孝友刚正，矩步规行，虽盛暑不袒。少贫力学，手不释卷。严毅有威，笃信程朱。不滥交，不苟取。借脩膳奉亲，居丧一遵礼制。兄嫂贫落，恒分财与之。恤诸贫侄如己子，侄赖以存。族邻竞争，一言辄解。教人无智愚，胥引于善。遇上智，研性理；中材，讲因果。授徒四十年，一以朱子《小学》为宗旨，先行后文。游其门者皆谨饬，寒士免脩脯且给之费，故发闻成业者甚众。年六十九，无疾而终。民国十二年（一九二三），公请入祀文庙乡贤祠。于城北之阓，碑君神道，赵熙为之辞。

范炳旸　庠生。办五宝镇团务廿余年，能化人之争。少为滇匪所掠，授什长，四乡觅粮，至一巨宅，嘱伙伴驻门外侦官兵，独深入，有少妇女十余人相向泣，将殉于刀绳矣。亟止之，令勿声，出佯愤曰：『空宅耳，幸有藏酒可饮。』呼伙伴饮他室，伪为遗物也者，复入，导妇女出小门，匿林薄中。伙伴醉，搂衣被数裹，呼啸去。炳旸尝诏人曰：『人苟生邪念，但举首观天，邪念自息。』门内之行，尤有人难能者。

龙作霖　字辑五，太学生。父病瘫，日夕血疏吁天，果愈。居丧，不入内，不御酒肉者三年。滇匪之乱，挈弟若子逃，急乃弃子而负弟，同里继至者代负其子，家汔以完。同治甲子（一八

① 吉尔杭阿（？—一八五六），字雨山，姓奇他拉氏，满洲镶黄旗人，清将领。历任江苏按察使、巡抚等职。咸丰四年（一八五四）由江苏布政使升巡抚。五年（一八五五）兼任江南大营帮办军务，率军围攻镇江。次年（一八五六）六月，与太平军战于高资（今江苏丹徒），战败被杀。

六四），岁大旱，斗米钱二千。有鬻妇者，恋其子，哭极哀，作霖予钱五十千，妇得不鬻。除夕有赤贫者，作霖密以十金投之，其人谓天赐也，作霖亦终不语人。乱时，曾以多金贷人。事定，半不能偿，各寄券还之，曰：『勿贻子孙讼也。』有大树数十株，荫他人界，人怙势伐之，里中咸不平，作霖置酒召伐树者，曰：『曩界或未明。』并划其地归之。子云翥，述略如此。云翥，县诸生，好为诗。

李正鹏　充石笋铺团正十余年，息事宁人，一境安靖。从侄世馨窘迫鬻妻，醮有日矣。妻以娠，泣不去。正鹏闻之，往责世馨，急为赎券。越四月，产一子，世馨遂戒游荡，习医术，家室聚而衣食足。感正鹏再造之恩，殁后，每岁躬亲谒墓流涕焉。

李兴崇　字狮山。读书守己，与世无争，信善乐施，潜德自闳，年六十四，无疾而终。

虞老人　居麻柳坳，卖饧为生。咸丰庚申（一八六〇），年逾八十。贼由文昌宫来赴城，询道，老人曰：『人多矣。』问形胜，曰：『城易守难攻，若不见东汇、来安二寨刀矛森森乎？』贼望之，果然。遂去。其实，城中闻贼来，方无措，赖老人片词退之，亦郑弦高①矣。

但璧光　滇匪扰境，县办防堵，皆派捐各保。璧光时任团首，劳任始终，捐费二百余缗，曰：『此数吾力能胜，何必累乡人。』至如曹光宗、王荣安、伍暄、龙福春、蓝如筠、晏芳、谢开第、李正润、刘树纲、谢代喜、宋端、陈万兴、周述举、郝瀛州、马述融、晏廷英诸人，皆当时团首，保卫有方，各著劳绩者，故汇及之。

胡绍华　字藻廷。读书过目成诵，补弟子员。家贫，课徒为生。聂蓉峰②学使奇赏之。助之资，命从奚雨谷③学。成都汤某闻其名，以女妻之。年二十余卒。绍华好为诗，王雪峤明府采其略，能自秀于乡人者。

杨焕章　县令王培荀采其《春莺》绝句，有『柳丝袅袅晓烟迷，谁促流莺上树啼』等句。

吴士毅　元祥之孙，国儒之子，庠生。授徒成业者，有曹崇文、钟琳。其子济川、镇川，孙大藩、大烈，曾孙本鉴，四世在庠。知医术，活人不责其资。卒年八十三。长子济川，字渐九，屡试优等，仅补增生，丙子（一八一六）乡试堂备。教学五十年，成业者多，邻县亦发闻有人。年八十卒。弟镇川，字北华，以孝闻。

陈怀珍　字达三，庠生。有干略而持正，黄茂为之传。

黄正位　字昆山，庠生。持正绩学，为里中严惮。龙文曰：『五宝镇文化，公开其先。』

---

① 弦高，生卒年不详，春秋时期郑国商人。郑穆公时，秦国将袭郑国，弦高矫国君之命，以十二头牛犒赏秦军，并使人密告郑国做战争准备。后在晋国帮助下，大破秦军。

② 聂蓉峰，生卒年不详，字铣敏，湖南衡阳（今湖南衡阳市）人，翰林院庶吉士，嘉庆道光间名士，曾官四川学政，主修墨池书院，奖掖培养蜀中人才，著有《星昭便览》。

③ 奚大壮（一七七四—一八二七），字安止，号雨谷，清四川蓬溪县（今遂宁蓬溪县）人，清嘉庆戊午年（一七九八）举人，乙丑年（一八〇五）二甲进士，曾官湖北应城知县、兴国州知州，四充湖北、云南乡试同考官，所拔多知名人士。奚大壮是清代蜀中比较著名的诗人，著有《雨谷诗集》《雨谷文集》《应城县志》等。孙桐生《国朝全蜀诗钞》录有其诗。

刘纯杰 字鹏九，邑庠生。家酷贫，义命自安。读《易》，遂通象占，自占寿不过三十，无子，遂不娶。曰：『恐误人女也。』二十八果卒。龙文表其墓云。著有《易理钩元》，校勘《来注证谬》、古今体诗，皆佚。

龚翊辅、龚翎侯 幼丁家难，未读书，知大义。兄弟友爱，根于天性。初赤贫，几不能自存，后以佣贩成家。轻财好义，尝独力修二石桥，于族戚每多分润，尤敬礼贤士。各六十余，同年卒，同穴葬。

王士选 字升庭。办公称职，善举亦多。士绍，字心田，性行与士选埒，所居匾表先民格言，以教子姓。《礼》所谓『观于乡，而知王道之易易也』①。

刘肇基 字松崖，廪生。屡荐不售，筑园课子。长山桥社仓，久握大姓，不交不发。岁荒农涸，肇基联名禀县，不理；讼府道，亦然。乃上诉藩宪，檄县勒令大姓如数赔偿，并拟章程，镌碑存记。复倡捐补助仓储。李、蓝乱作，创修和安寨，仿戚氏兵法，以练乡团，《周礼》所谓『能者』。

刘元厚 字昆林。以盐业起家，于弟兄，生则给资贸易，殁则从厚殡葬，抚恤其嗣。其于公义，如粜米赈饥，义冢收葬，皆乐出多金而不靳。县令蒋道瑗、黄克修，均题表之。长子锡荣，亦善继述。凡亲族之穷而无告者，月给钱米有差，培治要道津梁，费资尤巨。

刘成钦 字靖江。父荣光，以医行其德。成钦性俭朴，终身不华服。尝主社仓、三费等局，严纠弊端。解公旅费夙优，成钦节其余，拟请立案。同事诤之，言旧例也，何得以一人鸣其廉？成钦卒不受，以代偿贫户难纳之粮。笃好公益，捐修高滩、磨子滩及南门各处桥梁。养育族中孤寡，赒济乡里贫乏，岁以为常。甲申（一八二四）旱灾，出谷发粜，远近赖以济者数百家。县令唐选皋旌曰『裨兴文治』。

刘文灏 父长钦，三岁失怙。咸丰九年（一八五九），李贼窜荣，文灏中夜负母黄趋十余里，趾血淋淋也。世父成钦虏于贼，文灏携金寻赎，越四月始归。嗣当析居，文灏泣曰：『侄少孤，恃世父以生，世父于家瘁矣。』请奉故宅及高滩田租四十石，为世父安养。世交让，卒如请，而业乃中剖。

凡荒年售米，较时值减其三四，岁除亦然。或谓不如径施之尤惠，文灏曰：『吾尝熟思之矣。自爱者耻受施，而黠者又因以贩利。吾察其人而与之，实济多矣。』光绪甲午（一八九四）、乙未，连岁歉。运炭者迂道买米，朝夕如市。一日来者骤少，察知阻溪涨，遂出资建桥半边山，名曰继述，盖世父曾修南门诸桥，今继其志也。至不便贩运之路，鸠工而后之，数里或数十里，皆及时而治。辛亥年（一九一一）卒，年八十一。

张守鉴 字虚堂，居乐德镇为会魁，故虚堂之声特著。会魁者，清师初入关，遗民守明制，惧干文网，潜相结于江湖间，曰袍哥，取同袍义也，曰汉流，誓不臣清也。终清之世，浙江西溪间，茅庵四五所，犹不僧不俗者焉。久则昧其所自，平民目之曰会而已矣。

① 语出《礼记·乡饮酒义》，云：『孔子曰：「吾观于乡，而知王道之易易也。」』

君有侠行，尝涉讼至嘉定，人惧君罹祸。眉州宜宾上下江，皆集草履累累成担，乃亟遣之。母丧，会葬逾万人。而君不自豪，经纪贫弱孀孤数十家。有吴君自江西泰和来，与君交，孑身以有室家，临殁以子托君。自托之日始，日一省吴氏，非大病不辍，终其身。吴之子名夐，庠生，后官双流、洪雅、崇化，屯罗泉井，奕然有声绩矣。言及君则泣，谈者两贤之。君好士，喜读书，无子。抚弟子为子，即张景侨，廪生，官定远知事，国人皆曰贤也。

王嵩年 字蕴山，增生，议叙五品衔。尚义气，为县汉流之长。自马班①后，凡北人称中国曰汉，具见于列史。嵩年与守鉴友善。守鉴殁，嵩年声通四远，而恂恂然平情度理，惟恐伤人。其卒也，会葬者数千人，隆隆四达之衢，有如祠赛。平生酌济贫寡，皆有法。嵩年卒，盖无当豪士之目者。

刘炳勋 字灿如，举人。主桂林凤鸣讲席十九年，造士多矣。选庆符训导，继主昭通凤池精舍。光绪二十四年（一八九八），补山东乐安知县。黄河口决，炳勋乘夜冒雨堵御。不数日，小清河水溢，自博兴高苑，横溃四出。急备多舟，鬻饼济民。后先筹赈万二千余金，救百五十一村，活灾民九千余口，于劳勣为最大。二十九年（一九〇三）去官。清亡后，甲寅（一九一四）卒，年七十又五。性工书，群推曾佑卿②后一人。其葬也，赵熙志其墓。弟建勋，甲午（一八九四）副贡，于学使试铮铮有声。清亡后，服官以干济称。

黄　茂 字书年，举人，官屏山教谕。《元史·黄泽传》：『蜀人治经，必先古注疏。』是知汉以来，蜀学之风，至元犹有存者。自明制时文取士，数百年利禄之途，顿失前轨矣。茂当南皮张文襄③督蜀学，取列博士弟子，遂治《说文解字》。为许学于举世不为之日，贯穿精熟。其弟芝与李均林，继究其学，于是风气一辟。县人始浸浸读唐以上书矣。清亡后，成都书肆称二三年间，荣县购《说文》多至百五十部。卜川南学术之昌，懿哉盛事！然其始茂倡之。茂弟英，县举人，笃学不如芝，而才敏，通算学，官甘肃，清亡后摄道尹。归蜀，复官令长，著书甚富。

曹显宗 字渭清，举人，后更名佺。能读书，不戋戋嗜利，于县为都士。惜年四十余卒，仅存《吾山阁诗》，特多录以存其人。《过仁寿》有『如何仙井监，终让道园名』，《镜》有『怜伊日相对，宜笑复宜颦』，《隆昌道中》有『地平林木少，谷贱酒人多』，《山居》有『快晴余闰午，宿草茁初春』，《访友》有『落日故人村，四山青到门』，《吴溪呈外舅》有『有竹盈三亩，为农老一经』，《石首》有『江潮落后洲争出，山木阴低雪四垂』，《宿张

---

① 马班，即司马迁与班固的简称。司马迁（前一四五—前九〇），字子长，夏阳（今陕西韩城）人。西汉著名史学家、文学家、思想家。子承父业任太史令，创作我国第一部纪传体通史《史记》。班固（三二—九二），字孟坚，扶风安陵（今陕西咸阳）人，东汉著名史学家和文学家。所著《汉书》是继《史记》之后的又一重要史书，位列『前四史』之一。

② 曾佑卿，即曾省三。曾辅佐曾国荃办理军务，为曾国藩所熟知。《全本曾国藩家书》上卷《咸丰九年正月初八日与诸弟书》云：『派四川曾佑卿太守省三（壬子庶常改主事，捐知府）在营看操，意在为沅弟分劳。』

③ 张之洞（一八三七—一九〇九），字香涛，又字孝达，直隶南皮（今属河北）人。清同治二年（一八六三）一甲第三名进士，为翰林院编修。历官湖北、四川学政，山西巡抚，两广总督，军机大臣等职，谥文襄。在四川学政任上，创建尊经书院，主张以实学课士，培养人才。著有《广雅堂诗集》。

家湾》有『醉有故交忘作客，诗吟新路苦无题』，《移寓保安寺，呈子休、尧生、仲锡》有『一代云龙能继轨，百年风雨几联床』，《偕友人游天宁寺》有『南雁远将乡梦去，西山凉入酒杯中』，《甲午六月生日，尧生、仲锡、周孝怀、吴铁樵觞予寺斋》有『久别衰亲还此日，不圆明月岂前身』等句。此外，尚有《哭刘裴村先生》《哭杨叔乔章京》《病起》《晚眺》《桂树》《送尧生》《富顺西湖》《鹧鸪滩》《潞河柳》《白沙》《宜都归梦》《换舟》《妃子园》《下牢关》等诗。

黄书　字谷城，秉性悫厚。其读书自循绳矩之内，不为奇论以矜人，而行其所知。笃信修德获报诸书，而不畸于二氏。居父丧，三年不御酒肉，不宿内。

三十失偶，终身不娶。居常俭苦，忽治居第，举债从事，人惊其华，则泣曰：『此吾先子未遂之志也。』年六十，中光绪辛卯（一八九一）举人，由是递主旭川、凤鸣讲席。维县之务，一持以正，侃侃不阿。逾十年，国易新制，废科举，兴学堂，宿儒大半失所，而书亦老病矣，遂卒。子孙不能世其绪，身后之穷，殆非天之所能佑也。噫！

李春霈　字卓凡。熟练于时文，科岁试辄列高等。乡举后，为灌县教官。春霈喜读《阴骘文》，自称受教于某寺罗汉。其课士也，以尽孝戒淫为首务。乡里顾推其博学。

徐成章　字龙江，县举人，亦专工时文，其敏赡逊春霈，而牛华溪人士崇事之。

李均林　字衡之，优贡，官高县训导。均林性嗜学，坦直无城府。治许氏书尤勤，肄业尊经书院。自湘潭王壬父①都讲，蜀士皆秉王氏说，或扬己而卑人，乡之人不乐闻也。均林顾自喜，务祈胜人，有传语必折之，由是大与世忤。久之，教官亦落职，郁郁弥甚。挟所著《五州同文表》游京师，不合。如广东，又不合。愤曰：『世竟无一通人耶！』宣统三年（一九一一），客死上海。逾岁，富顺胡铁华部郎归其丧。

刘镕　字汉星。由拔贡联捷举人。性倜傥，待人平易，处事无城府，年四十卒。

王义臣　字效忠，绩学久而入庠，授学城东谭家之冲，赵熙童时受书焉。义臣文章雄实，而厘身矩矱之内，无戮言戮行，恂恂然身教也。粤有大师陈澧②者，其言学兼包汉宋。假令蜀有其人，义臣得闻绪论，则成学必闳，盖性质近也。

龙文　字沛然。父海臣。当李、蓝之乱，捍卫邦闾，以乡团毙贼无算。文二十，试魁其曹，入学。管理县中三费、社仓、同善局务，手订《讼费章程》及《粮税规则》，官民交惠。三十补增广生。四十官云南龙陵。故边缅甸，土司承袭，例有费，为官收入大宗。文拒之，以其费令各土司兴学，教诸夷民子弟，欣欣视文如父如师，文亦亲为讲授。其官大关也，有巨蠹通城虎，同治朝滇督岑毓英征回逆，已武弁保授都司矣。下车三日，捕诛

① 王闿运（一八三三—一九一六），字壬秋，又字壬父，号湘绮。咸丰二年（一八五二）举人，曾任肃顺家庭教师，后入曾国藩幕府。一八八〇年入川，主讲成都尊经书院，讲求『根柢之学』。著有《湘绮楼诗文集》等。

② 陈澧（一八一〇—一八八二），字兰甫，号东塾，广东番禺（今广州市番禺区）人。清道光十二年（一八三二）举人，清代著名学者，先后受聘为学海堂学长、菊坡精舍山长。著有《东塾读书记》《汉儒通义》《声律通考》等。

之，时大雪，由是龙青天踏雪擒虎，市谚村歌，尤以昭通一役为百世之泽。鲁甸属有八仙海，一名桃源，纵百余里，广数十里，下流与大关戈魁河合为大文溪，至叙州府，入大江。水湍悍，滇省铜运必经之道也。两岸民田，资以灌溉者二百余里。岁久，淤塞横流，淹没民田数万亩。饥流载道，而大文溪下流至不容舫，时光绪壬辰（一八九二）癸巳（一八九三）间。昭通守匿不以闻。适文服阕还滇，经此，悉其状，上书大府，陈赈恤、平粜、开河三事，大府韪之，委文督办，预算支帑二十万。文奉檄以工代赈。念旧出口之不可得，而旧河道不可复也，于八仙海之北，更开出口，浚新河道，百阻不挠。募饥民充役，老弱不胜役，就粥厂食之。岁余，新河成，八仙海之水，由新口入新河，计百余里，仍合大文溪。于是民田尽复，铜运无阻。是役也，费仅预算之半，大府上其绩，例擢知府。文不赂部吏，仅传旨嘉奖，然昭通民于八仙海畔，建祠肖像，题曰龙公祠。盖公生平于昭通，在古今中亦为盛绩。

其在广南，当西洋江流域。近广西，盖结露山支脉所分布也。游匪聚万山中，借口排外，杀教民，毁教堂。府、县会办，捕平民七人，实无真匪。文甫莅任，而七人者钉封已到，立处斩。文坐堂大审，封还钉封，以身家保七人。大府怒，力争，卒得请，于是广南大靖。其任腾越、巧家、个旧、思茅、武定，功不可一二数，而名绩悉如昭通时。入民国遂致仕，卜居云南省垣梅园，读书以终，寿八十。

王国恩 字荣甫，世居城南王家坝，富甲一县。社仓、同善诸局，均倚之。清时粮税，官吏例豫解，国恩则往往私财借垫，缓征而待偿。光绪甲午（一八九四），选授陕西三水知县。三水，回汉杂居，辄因微衅启争。国恩平情处之，俾各遂其私。其俗：布值贵，女笄犹或不裈，国恩禁之，贫者制裈给之。任二年，朝命严征旧欠粮税，国恩以地瘠民穷，捐金为之垫解。四年，卒于官，四民野哭巷祭，致哀思焉。

张国熙 字子和。宣统时，官邮传部主事。清自甲午（一八九四）中、日之战，王师败绩，纳岁币，割地请和。德宗皇帝大愤，力图自新，满大臣弗便也，西太后复乘此窃政，幽帝瀛台。杀朝臣之赞帝者，所谓六君子是也。吾蜀则刘光第、杨锐与其难。而康、梁为之魁，逋诛海外，于是庚子（一九〇〇）之变起，中国不国矣。

国熙既入官，则纠蜀、粤之铮铮者，上书都察院，请开党禁，诏康、梁归国。行事京机道主可否，葸不敢奏，事寝，国熙旋告归。明年，宣统逊位。噫！言事非国熙职也，而盈廷诸诺者十年。国熙一鸣，而蜀道光于天下。然汔以亡，非国熙意矣。

张国玺 字子玉，国熙从兄也。官云南，先后署维西、昭通，其劳绩尤在候补之时。凡奉一差，同僚以例视之者，君胥殚其心力，茧足万山之中，周行四荒，一洗官习。其归也，售田数千金，以填宦游之费。故清亡后，民间或仇视官吏，而滇军至川，于君道旧故，愉愉然也。性好施予，尤笃于亲戚之贫者。晚游峨眉，于乌尤山创修尔雅台。据乱世矣，而发思古之幽情，人士尤称之。后国熙卒。

李光星 字长兴。少孤，佣资奉母，所饭精凿，而己藜羹也。长开旅馆，视雇工如家人，疾医之，死葬之。且筹裕其后，以贸布终。其法：尺赚一钱，及五枚、八枚、十余枚，稻草贯之，备济穷者。百端自俭，积有钱千余缗，倾之以布施。如修桑梓园桥，培二美桥，皆力小而甘任重。

尝自备棺，值百余缗，则易贱者，以所余为人惠。不茹荤，夜不燃灯，坐述善行格言，教子若妇，二鼓为节。尝谓：人须自食其力，毋求多焉。我老，犹抱布市廛者，业在是也，且尽我力以纾人困。无其力，则吾心歉也。族有孤老，迎养之，至百岁，应需者无不具。至于寡妇孤儿，以等次定为月例。有高寡妇者，岁终得米为常，长兴殁而馈绝，乃知米之所自。盖长兴阴行善言，呐呐然厚貌而端坐，未尝哗于世博仁声也。以佛义言之，其报也宜大福。

王焕然　乐德镇人。自镇经过水坳至三河堛，近三十里，石路皆其独修，费三千余金。捐资办粜，费金三百余。

王德轩　买山以作义冢。年施米五石，订养孤老十余名。按月给米，历久不渝。

李三余　勤以治生，有田在城北三里双龙桥，宋王周彦居近焉。光绪中，县人戴福珊约表耆献，规复横溪阁全址，悉三余捐地。

赵熙有诗赞云：『山僧说法日忘疲，真解悭囊是我师。是事非钱无办法，大悲第一学财施。』

赵　良　字江亭，北乡人。设油肆西郊，资微也，鬻油贡井，受者误浮其数，良告以实，受者坚谓不误，盖主簿记者，惧见谴于主人也。良终还其值，婉白之。于族尤睦，亦无奇行可襮，但财相济，力相扶。争者和之，以谦以爱，于交人亦然。综其生平，无天理难容之事，无人情不便之言也。

龙淮森　字尹三，廪生，治五宝镇团务。丁酉戊戌间，余栋臣之警，能靖一方。仿湘乡遗意，作团练俗歌《锣梆说》。先后司县中局务，以平正称。

龙禹门　字品三。幼年，母病肺，苦甚。及长，遂习医，甚精，全活者众。父性严，偶斥，必长跪听命，色愉乃起，礼所谓有道艺者。

钟仕魁　字笏山。自少能指物赋诗，县令陈君松龄异之。凡试，辄最其列。遭亲丧，手肖亲像，祀之虔且笃。日则读诗歌李白、杜甫之作，临钟繇书以自适。得官布政司理问，加五品衔，诰封奉直大夫。子星庆，趾美庠序，能大君之所为。其卒也，父子之墓，均赵熙为之铭。

蓝　鑫　字春台，庠生，纳捐光禄寺衔。以县中公局为务，前后二十余年。家近程家场，亦唱设义举，乡人彭量言之。

刘荣禄　字静斋。数岁入塾，掠于贼，举止自若，贼奇之，送归。光绪初，县解地丁到省，例交银号倾销。银号败，藩使饬地方赔偿。案延半载，吴令委君赴办，得解。光绪十六年（一八九〇），遂典户吏。嗣余栋臣之变，唐令委修城垣炮台，尽其劳。由是修城办粜，先后令皆委君奏绩。其于家，又能为敬宗收族之谋。子能读书，入博士学，曰华鋆。

王应闻　字瑞符。谦敬自持，待异母弟如同胞，平生喜谈因果，行能践之。

王荣绅　字赞襄，长山桥人。任本地公务八年，人称廉正。习业成都警务学堂，归办县中警察，细大如理，视近年乃判天渊。继为县议员，知无不言。入民国，培修沙盔寨，调度防卫，来避者得以安，殁而人惜之。

刘必钊　字芝兰，庠生，肄业尊经书院。世居县南杨家场，有土豪武断乡曲，懦者或徙避，如市有虎。必钊投牒惩之官，一乡乃靖。

吴　至　字云帆，举人俶培子也，庠生。俶培官陕西久，至一留侍曾王父母、王父母，能承欢。及俶培卒官，奔丧返葬如礼，古所谓不忝者。

谢奉琦　字能九，号玮甫（亦作伟甫），光绪八年（一八八二）生。贡井拔贡谢垚从子也。年少英颖，光绪末，以同盟会事被逮，死难泸州。荣以山胜，文士无大过人，而志勇先天下。辛亥革命，荣起事一月，武昌乃发难。今海内拥盛名者，皆玮甫后尘，而声华寂寂者，无记载故也。

王天杰　以子骧传，三水知县国恩从子。王氏世高资，斤斤出内维谨。而天杰收揽轻侠，清廷名捕子骧，汔以计智自全。辛亥，川路事起，以义军号召乡人，遂为民军统领。赴战于成都南郊，分其部下彭山、青神、眉州、井研、仁寿、宜宾、富顺，凡一州七县，以八月四日①，揭独立于荣县。

及成民国，四川称都督者咸召子骧以利禄。子骧鄙之，乃贱售其家积年之粟，遣散所部五千众。两督协请授以参军，加少将衔，子骧逊却之，单骑归里。曾一与省议员席，曰是民选也，所乐就也。

癸丑（一九一三）之役，熊克武树讨袁军。子骧方病居，县中仅有民团三百人，与副团总龚郁文仓卒起事。袁军以三营之众压境。八月初十，激战县西白石铺。自晨至午，弹尽援绝而退。谋趋重庆，与克武合军。至永川，为周骏、刘存厚所阻，陷之绝地。子骧语其众曰：『诸君徒血于此，无益，务散去。』自明语周、刘，审所处，周骏因执以为功。八月十九夜半，戕于永川城下，时年二十有五。

龙鸣剑　字顾三，五宝镇沛然从子。光绪己亥（一八九九）入学，旋食饩。修业成都优级师范，不受卑辱，浩然东游日本，入法政校，研远西学说。慨曰：『吾国不革命，不可与新命。』遂入同盟会。卒业，归涉南洋。经越南入滇省沛然于思茅。抵成都，创办法政学堂，被举为省议会员。

而铁路国有之议起，鸣剑固以伸张民气为己任，赵尔丰横逮蒲、罗等，鸣剑大愤，号同志，与党人王子骧起义。挟千余人赴省，问尔丰罪。临行，击剑誓曰：『此行不捷，吾不复入此门矣。』

军至秦皇寺，与民军东路统领秦载赓合。及战，鸣剑骑白马，指挥弹雨中。粮尽而返，鸣剑留嘉，谋联叙、渝，与武昌黎元洪相应。而端方已入资州，分军由自贡、威远捣荣。端军实未至荣，而谣闻荣已毁，同志星散，鸣剑愤志未达而祸中桑梓，搥胸呕血，为绝命诗以卒，有『不识同群还在否？可怜我哭不成声』等句。

① 民国《志》作『九月八日』，《吴玉章回忆录》载『荣县宣布独立是九月二十五日（农历八月初四），比武昌起义也早半个月』，一九九三年版《荣县志·王烈士传》载『八月辛丑，逐清吏，别署同志，一新政令，首义实先天下。逾月，武昌义旗，建民国，事大定』。据改。

赵　亮　富顺宋育仁撰《赵赠君传》云：国史有孝义列传，必采自方志、家乘，余方征集蜀文献，以备国史。赵侍御与同事，以其兄殁赴闻，嘉其卓行，为作《传》：

君讳亮，字龙云。以弟熙翰林院编修官、监察御史，赠中宪大夫。晬而目眚，家綦贫，遂废读，然性强记，闻历朝说部治乱兴亡，能为人详说，了然如在目。久年家计，出纳有无，佥识其日月多寡，覆之簿记，皆谂也。秉性孝友，承厥考心，益念鞠子[1]哀。佣身以佽事畜，食恒不足，顾常以肩摩齿积之资，市饼饵、器玩，以奖弟熙读书之勤。侍御自言：『比入官，母丧，父左右晨昏，惟赠君兄是赖。所云熙，名为人子而已。』民国十二年，凡所资一惟赠君焉依。顾自奉俭苦，而严取予之分。虽受貤封，得有冠带，然犹自损，即严寒盛暑不舆。尝与人失券，临分财，仍悉数与之，斯又古称笃行者矣。

古者选举于乡闾，以孝、友、睦、姻、任、恤六行为选格。目瞍者，耳聪而强记，则令习乐科最宜。故《国语》称『师箴瞍赋』[2]，不必两目眚。时也其贤行而学专门，且祀于瞽宗。末世政治失道，人材屈抑多无成，顾幸赖有诗书之泽。卓行优异者，郡邑犹相望，朝廷有貤封之典，以劝孝悌力田之家，或补苴风教，家庭犹兴起。入民国则亡矣。既为赠君家传，因其有感，遂论而列之。呜呼！

黄芝三　善人黄九文子也。九文初贫，以劳力致中丰，而勇于为善。县积善名『二黄』：其一公井黄敦三，平生施予巨万，声动朝野，富人之为善也。九文则殚其资不及敦三十之一，而心尽力尽，恳恳犹未已，故举家欣欣化德焉。芝三，农者也。九文老，凡治家外，行善之务，咸芝三是责。九文岁修一桥，丁卯（一九二七）修杜家井桥，命芝三督工。戊辰（一九二八）正月四日，芝三亟往亲役，忽大石崩压，芝三立毙。县人哀敬之，曰大悲桥。

曹靖曰：方志中惟人士易繁富。善善从长，盖无权以为予夺矣。开载者率拾浮文，据其近实者而录之，固难人裁为传。或议依《周官》六行分类，然宋已上一代或一二人，或数代不一人，类何可施也？惟晚清济济，得以事各类列，政无庸显标色目矣。至先后之序，乡习向无年谱，大校以生卒之年次第之。辛亥者，非常之原。其始多慎密，殆难详载。党贤中宜别撰英才之录，乡乘固无可重轻也，职官亦变动靡常，故从国体之谊，阙焉。

---

① 鞠子，即幼稚之人。语出《尚书·康王之诰》，云：『无遗鞠子羞。』

② 师箴瞍赋：古代王听政的方式之一。《国语·周语上》云：『故天子听政，使公卿至于列士献诗，瞽献曲，史献书，师箴，瞍赋，矇诵，百工谏，庶人传语，近臣尽规，亲戚补察，瞽史教诲，耆艾修之，而后王斟酌焉。』师，即少师，主管教化之官。『师箴』指少师向王进箴言，用以规谏其过失。瞍，即没有眼珠的盲人。『瞍赋』指由盲人诵读文辞。

二、节烈孝义

（一）节称者

汉

曹禁 字敬姬，南安人也，周纪①之妻。十七出适，十九纪亡，遗生子元余。服阕，父母以许孙宾②，绐母病迎还。知之，自投水。人赴之，气已绝。一日一夜乃苏息。送依纪弟居。训导元余，号为学士，年九十卒。

赞曰：敬姬沈渊，诚烈邈然。（据《华阳国志新校注》卷十中补）

仪成妻谢姬 南安人，武阳仪成妻也。成死，以己年壮无子，将葬，乃预作殡殓具、毒药，须夫棺入墓，拊棺吞药而死，遂同葬。县以表郡，郡言州，州上尚书。天子咨嗟，下书：每大赦，赐家帛四匹、蜀谷③二石。赞曰：谢姬引决，同穴齐穿。（据《华阳国志新校注》卷十中补）

宋

王梦易妻向氏 王庠母，钦圣宪肃后之姑也。

庠年十三，居父丧，谓弟序曰：『父以直道见挤，母抚柩誓言，期我兄弟成立，赠复父官，乃许归葬。相与勉之。』大观庚寅（一一一〇），州复以庠应诏，庠曰：『昔以母五十二求侍养，不复原仕，今母年六十，乃奉诏，岂本心乎？』以弟序升朝，赠父官，始克葬，葬而母卒。

旧志：向夫人，丞相敏中之孙，少师传师之女，钦圣宪肃皇后之姑，年三十六孀居。④二子庠、序俱幼，停梦易柩，教子成立，乃葬。赵熙曰：

《序传》：『太后念其姑，尝欲官庠。以逊其弟、侄及甥，且以田均给庶兄及前母之姊。』曰前母，则向为梦易继妻矣。曰庶兄，则梦易先有妾矣。梦易登皇祐三年（一〇五一）第，大观庚寅（一一一〇），庠母六十，是梦易及第之年，向夫人才周岁也。《梦易墓表》以元祐丙寅（一〇八六）八月十五日卒，庠年十六、序十四，知《史》称『庠年十三』，非是。今由皇祐二年（一〇五〇）庚寅递数之，二十生庠，二十二生序，至元祐元年丙寅（一〇八六）孀居，正三十六岁也。

梦易赠官而葬，葬而向卒。据《序墓表》详核之，卒在政和五年，年六十五也。惟《史》称『向为钦圣宪肃后之姑』，而梦易与序《墓表》均曰『从祖姑』，实为疑紊之大者。

考《宋史》，敏中赠燕王，子传亮周王，传亮子经吴王，皆

① 周纪：《太平御览》卷四百四十一引《益部耆旧传》谓，曹氏女名禁，周缮纪妻。

② 孙宾：《太平御览》作『狐宾』。

③ 蜀谷：当即蜀黍，今谓之高粱。《本草纲目》卷二十二云：蜀黍又名蜀秫、高粱等，『种始自蜀，故谓之蜀黍』。

④ 按：嘉庆《志》作『二十六孀居』，非是。

以经女故推恩后族。是后为敏中曾孙审矣。而《志》云『向夫人为敏中子传师之女』①，敏中子五：传正、传式、传亮、传师、传范。传师，官殿中丞，世次较然。《墓表》云『从祖姑』，宁非巨缪？然以序之贤，不应盲不及辨，厚诬所生。吾意向夫人实敏中之侄。县志因沿史误，艳宰相之名，遂强附传师耳。②

至宋绍兴七年（一一三七），以仆射名不正，改为左、右丞相。见《职官志》及《虞允文传》。北宋无丞相之称，更非乡曲所检矣。

县北三里，梦易筑归来亭，凿石成洞。黄鲁直特制嘉名，榜为『地仙』。而谚曰：『讲教洞，隔溪曰望儿山。』此自村氓谈薮，谊不雅驯。然贞苦三十年，令子彪名今古。妇孺嗟称，其来有自。式瞻清懿，卓为女宗矣。（据《宋史》卷三百七十七等补）

宋纶练妻杨氏 夫故，事舅姑至孝，教五子皆成进士。

民国《志》按，旧志选举类：宋纶练，淳熙中进士，年代失考。宋迈，淳熙五年（一一七八）姚颖榜进士。余选、造、道、适，何年进士，亦失考。适符五人之数，不知其母即杨否也？

明

胡子昭妻黄氏 子昭谥节愍，死建文之难，黄亦从殉。罗廷唯《胡子昭传》妻王氏，误。

余智妻李氏 余，举人。李，宜宾诸生合宗女。献贼至，与夫被执，不屈死。

清

朱姑 字李应山，未嫁。乾隆三十六年（一七七一）因李金山强奸不从，戳伤身死。乾隆三十七年（一七七二）事上奉旌，从祀节孝祠。

吴聘妻王余氏、子有龄妇王余氏 富顺诰封奉政大夫权女，嫁吴，生有龄。有龄之妻，又权之孙女也。咸丰十年（一八六〇）正月五日 滇贼李短辫至，姑妇相携，溺水死。县诸生吴迈有诗哀之，有『劫到红羊天亦醉，石沉精卫海能填』等句。

吴轰妻李氏 富顺副贡、南充教谕长第孙女、济季女。咸丰十年（一八六〇）正月五日，与姊富顺蔡增义妻李氏，同赴水死。

方大亮妻张氏 立庸女。咸丰庚申（一八六〇），滇贼至，

① 子：原作『孙』，据《宋史·向敏中传》改。

② 向敏中（九四九—一〇二〇），字常之，开封（今河南开封市）人，太平兴国五年（九八〇）进士及第，历任工部郎中、给事中、户部侍郎、工部尚书、刑部尚书、兵部尚书，两任同平章事，进右仆射兼门下侍郎，监修国史。天禧四年（一〇二〇）卒，享年七十二岁，谥文简。子传正，国子博士；传式，龙图阁直学士；传亮，驾部员外郎；传师，殿中丞；传范，娶南阳郡王惟吉女安福县主，为密州观察使，谥惠节。传亮子经，定国军留后，谥康懿。经女即神宗钦圣宪肃皇后。以后族赠敏中燕王、传亮周王、经吴王。敏中余孙绎、绛，并官太子中书。按：神宗钦圣宪肃皇后为向敏中曾孙女，史有明载，确信无疑。《王梦易墓表》《王序墓表》均言『向夫人为钦圣宪肃皇后从祖姑』，即向夫人或即敏中之亲孙女。《宋史·王庠传》钦圣宪肃皇后直接称向夫人为姑，而不称从祖姑，系对向夫人的敬称，此未尝不可，且与旧志所谓『向夫人为传师之女』之说并不矛盾。赵熙所谓『向夫人实敏中之侄』，有误。

张奉八旬孀姑，骂贼死。

税德寅妻王氏 滇贼至。王年二十余，负幼子赴塘死。

李大喜妻邱氏 府知事衔荣芝女。滇贼至，投塘死，年二十。县诸生刘德纲为之诗，有『青莲家世毓名花，嫁得邱迟旭水涯』等句。

明应科妻左氏 福彩女，生男三、女二，而夫卒。李短辫至，男、女长者逃，少者男十余岁、女六岁在侧。贼至，虏其男，左救不可得，遂自刎死。后逃者俱全，同治六年（一八六七）旌。

万氏妇伍氏姑媳 咸丰庚申（一八六〇）夏，贼至东川沟。伍与媳负子窜山中，为贼所逼，赴水死。

谢发仁妻邹氏 年二十七，夫故，抚从子昭义为后，同治戊辰（一八六八），为盗掠，冒刃救姑，头臂受数十创，死而复苏。

吴基智妻黄氏 夫故，守节。有欲夺其志者，剪发自誓。及媒至，黄恐不免，遂自经。

吴继春妻李氏 位兴女。夫妇被滇贼执道塘畔，李乘贼之懈，奋身跃水死。

董芝洪妻杨氏 国周女。夫卒，母家劝他适，不从。阴为选婚，已成，杨闻自缢死，年二十六。同治十三年（一八七四）旌。

张正元妻杨氏 同治壬戌（一八六二），滇匪曹卯儿纠众至其家，逼之。杨骂不绝口，为所杀。

崔江成妻范氏 咸丰辛酉（一八六一），滇匪围井研，江成诣贼营降，归迎其家，范执义不从，江成以刃逼之，自缢死。

周显能妻曾氏 德润女。咸丰十年（一八六〇），滇贼至，被逼，携三女赴水死。

李孟妻刘氏 亮女。

陈均远妾李氏 成粱女。陈赠太仆寺卿，吴迈《鸦烟曲》歌其事，有『杀人如草不见血，可怜毒杀仙李花』等句。

张文藉妻罗氏 四开女。

周书台妻刘氏 正春女。

虞世恺妻邓氏 永泰女。

钟临勋妻刘氏 成贵女。

范联禄妻邹氏 朝荣女。

范兴铨妻郑氏 为良女。

虞宗义妻李氏 世常女。

黎朝臣妻李氏 光海女。

黎朝恺妻帅氏 国海女。

徐仲春妻钱氏 文德女。

李乾裕继妻罗氏 正典女。乾裕，故商城南，家颇裕。年五十妻亡，无嗣。娶成都罗氏，年十五。旋以弟不事事，产中落。戊寅（一八七八）春，病。罗誓以身代，十月，乾裕卒。罗罄所有，营葬如礼。或闻其行，将求焉。十一月十五夜，自缢。年三十一岁。

范氏妇徐氏 腾榜女。幼读书，识大义。滇贼至，徐避天堂寺深林中，以指血书巾，云：『妇女生当乱世，与其苟活，不如完归。』解带自缢。

刘炳廷妻彭氏 正学女。姑李氏以节孝旌。炳廷得废疾，又贫，不数年殁。彭抚侄奉姑，母家夺其志，不从，将谋强之。彩舆及门，彭治酒肉膳姑。及毕，入室恸哭，人以为离伤也。久之无声，破户视之，则已缢死矣。

范兴全妻郑氏 年二十七，李、蓝之乱，负婴儿避威远南乡。遇贼，为所逼，投塘死。

李氏妇邱氏 荣枝女，名三英。适李甫一年，李、蓝之乱，以姑病不忍去，为贼所掠。知不免，绐贼曰：『愿从汝去。』色甚霁，贼信之，不及防。过深塘，从马上跃水中，曰：『吾得死所矣。』贼捞之，不得而去。明日，土人见邱端坐如生，云鬟不堕。观者环集，共嗟异焉。

刘汉泽妻徐氏 于归十余年，生子友生十二岁，次一岁。汉泽家贫，出佣。族人正德，以民国二年（一九一三）闰二月初一夜，入徐室利诱之。徐愤呼，正德以巾勒其口。徐死拒攫，其势甚急。正德爪破其阴，肠随指出。友生闻母声嘶，惊寤，直前啮正德手，大呼。邻里趋集，而正德逃矣。徐喷血诉，死。邻里捕正德送官，斩之。募金恤其子。

简福贞 朝仪女。咸丰庚申（一八六〇），滇贼窜扰其家，闭门自缢死。

彭丁秀 正学女。字刘炳廷，年十一过门。童养未婚而刘卒。年十六，有强委禽者，遂自经死。

蒋辛英 忠瑛女。

刘四姑 祥麟女。许袁大凤。

龚　女 庠生朝桢女。许字赵继侯，年十七守贞。抚夫侄为嗣，顺事翁、姑，督子就傅，治麻枲，勤纺绩，七十岁旌。

廖　女 正玉女。幼字黎氏，年十五，未婚夫故。请于父曰：『母失明，需人扶掖，儿愿奉母终身。』遂不再字，年八十五旌。

李未姑 国胜女，幼字雷氏。

刘二姑 祥尧女。

李善姑 国玢女。

詹　女 增生崇女。幼读书，晓大义。字张慎。未婚夫故，时女年二十一。闻讣恸哭，绝粒三日，跪白父母，愿过门守贞。辛苦备尝，族人为抚侄承嗣。年六十五，子死。孀媳茕独相倚，以终身焉。癸卯（一八四三）旌。

降淑贞 监生仕本女。读书识大义，字威远傅荣武。嫁有日，夫卒。请父母命奔丧，遂无返意。父曰：『汝志良佳，但我老且病。汝兄弟多贾于外，盍归事我，以尽尔孝？』及归，有劝其父别字之者，女剪发誓志，闭户诵经。夫家为之立祠。同治八年（一八六九），御史吴镇奏旌，建坊观音坡。

周　女 成章女，字简叙义。未婚夫故。过门守贞，抚侄承祧。不数年，夫兄弟相继殁。家窘甚，以纺绩奉翁、姑。连遭数丧，百计称贷，祭葬如礼。

罗　女 富顺廷全女。字林世伦，未婚夫故，过门守贞，抚侄为嗣。

简　女 朝麟女。字王泽昭，未婚夫故，过门守贞，抚侄承祧。十年卒。

董玉清 兴林女。幼读书，贞孝不字。精女红。唐侯直夫在官，请为女傅。晚修行虎洞。光绪中，赵熙偶过消夏，敬其斋心洁行，有诗纪云：『白发人间玉祥清，谶除仙业董双成。洞门虎迹花封处，秋色禅天一女贞。』

曹　女　幼字徐。年十八，未婚夫故，过门守贞，抱子承祧。

唐贞姑　世纲女。守贞不字。

邓乙秀　贫困守贞。

沈　女　廷忠女。幼字曹，过门守贞，抱子承祧。年二十七卒。

杨　女　庠生樾女。幼读书，通《列女传》及《贞顺节义篇》，叹曰：『为女子者，不若是，非人也。』幼字刘世勋。刘父母早卒，虐于兄嫂，以愤死。杨闻耗，一恸几绝。请于亲，缟素奔丧。父母以其年少难之，女曰：『男有再娶之义，女无二适之文。苟违此志，有死而已。』遂不御饮食。父母哀之，送归刘氏。礼防自持，虽亲族不轻接其面。抚侄为嗣，凡孤贫困乏求济者，无不饮恤之。里中待其举火者数家。君子曰：『有更生者，彤管炜之。』

程　女　父志礼。年十二，适夫朱正元。旬日，正元卒。尚未合卺，贞守终身。

刘本贞　生四岁，即断荤腥，强食即呕。好读佛书。十六岁时，父母殁，遂长诵经，不愿字人。

黄瑞莲　文凤女。母张氏无子，矢志奉亲不字。并抚叔弟学校承宗。父母殁，丧葬尽礼。民国八年（一九一九），县令廖署曰『贞孝之门』。

向　女　阳春女。幼读书，知大义。字吴继德长子基崇，未婚而卒。女时十七，闻讣，白其志于父母：过门守贞。辛苦备尝，并无怨悔，且能得姑欢心。年四十，堂叔敬舆为之抚侄，以承夫嗣。

李淑馨　仕勋女。八岁丧母。父兄商楚，独依女校如家，业毕任教。人诘所耦，曰：『必大学士。』自井华英中校长龚龙章，倩媒订婚期，以大学毕业后成礼。龙章旋入大学，勤劳致疾，归养稍愈。复任教务，而疾转剧。李来视，汤药溲溺，亲任不忌。龙章卒，即为装殓护归。谒姑祀祖，矢志守贞，代夫事亲抚子，有难之者，指天正誓，曰：『山河可改，此志不移。』遂缟素成服，集族抚兄龙光长子为嗣。姑命名曰『淑馨』。祭葬尽礼。乡人痛龙章之殉学也，于程家镇开会追悼。淑馨登台致谢，兼明已过门守志，之死靡他，词意恳切，众皆感敬。于是妇代子职，奉姑教子，一身百瘁，逾年而病，卒以不起，年才二十六岁。合葬龙章之圹，时甲子（一八六四）十二月之望日也。

胡全贞　守贞不字。年逾六旬，实符其名矣。

萧桂芝　守贞不字。

廖必秀　正典女。五十，不茹荤酒。

颜　女　年二岁，父母俱亡。七岁，颜族许字邹锡龄。年十五，尚未成婚。适李、蓝乱，邹即外出。至三十岁无息。颜抚族子为邹立嗣。家贫如洗，朝夕纺织以谋生。清时已旌。

熊桂莲　世明女。五十年不茹荤。

廖富贞　必煜女。守贞事母，逾四十年。

吴　女　成光女。守贞不字，逾四十年。

（二）孝德者①

宋

牟阿回 明按察佥事范纯《诗叙》云：宋嘉泰四年（一二〇四）七月二十九日，荣德县北箐口民女牟阿回，牧牛于龟子山。傍晚，母来接归。半路突一虎衔母去，阿回手持牧牛竹梢，号哭追及之。打虎背四五下，虎遂舍母，坐于地。阿回直前扶母，母尚能言。既而其父集邻来，虎去而母死矣。阿回时十余岁也。事上于郡，郡守朝奉某公旌赏之。权县莫伯祥复镂本以劝世。余按郡至荣，读石刻，恭为此诗。母姓王，父曰牟回老。诗有『荣德有女身姓牟，媞媞作苦长牧牛』等句。

民国《志》按：纯，苏州人。当时嘉定州知州魏瀚有《跋》，凡言也，不录。今武侯祠壁嵌有小方石，隶书曰『孝娥鞭虎救母之图』，殆纯所称石刻者。不知即莫伯祥镂耶？抑别本耶？但曰图，是必如武梁祠画像。疑久佚矣。嘉泰四年（一二〇四），陆放翁年八十，居山阴。去荣已三十年。惜不得一诗彰显之也。

赵熙曰：（梁）宣城宛陵，有女子与母同床寝。母为猛虎所搏，女号叫②挐虎，虎毛尽落。行数十里，虎乃弃之。女抱母还，经时乃绝。事与阿回类。而宣城女当时太守萧琛赙焉，表言其状，有诏旌其门闾。唐姚思廉举冠《孝行传》。阿回在宋，乃不列于朝，登之国史，岂非守令之不学，而史臣之非才哉。至箐口、龟子山，漫传在东川保内，无确所也。昔年题箐林云：『当年北郭尽荒陬，不见阿回晚放牛。觅得箐林知箐口，惜无度尚表荣州。』继得文与可《丹渊集》题荣州王氏北溪云『石龟州北群峰起』，则龟子山即今耸云山。箐口，乃双溪口也。唐薛能诗『出箐鸟巢孤』。自注：蜀人谓林曰丛箐，不必篁筱也。

明

张世恩 年十岁，母饶氏病笃，吁天求代，割股救愈。生员杨易、郝宗等呈其事，县请御史黎某题其宅曰『张孝童之门』。母故，庐墓三年。有树不植生墓上，亭亭如盖，人以为纯孝之感。子维，嘉靖甲子（一五六四）举人。

丁孝孙 失名。年十余岁，割股愈祖母病。知县毛秀申表其门。

程孝孙 名宗德。嘉靖三十七年（一五五八）七月初八日，祖母尧氏病笃，割股救愈，有司旌其门。

王维屏 邑庠生，天资朴厚。祖病笃，医药罔效，屏割股以救，得愈。不数年，父病，医者谓不治之症。屏又如祖救之，寻愈。县尹申表其门曰『孝子顺孙』。甲申（一六四四），贼踞县城，一夜缚戮士绅，维屏以前一日出城负米，得免于难。及归，贼竟释之。后虽死于饥荒，然得保首领以殁，其亦孝之报云。屏

---

① 按：民国《志》『孝称者』下，仅列『孝女』，孝男皆杂入『人士』条。今合二者于『孝德』条，列之『孝女』前。

② 叫：原作『教』，据《梁书·滕昙恭》改。

非童稚，其朴厚真挚非以沽名，亦若童稚也。

胡金奴 金奴，胡节愍公子昭女也。节愍殉义，金奴没在掖廷。年八十，乞骸骨葬亲。归老东川故里，县人赵熙题其墓，诗云：『故宫何处乡山在？炯炯东川一大星。合与娲皇分片石，特题风烈比银瓶。』

清

杨州英 邑庠生。贫能奉亲，菽水养志。登康熙庚午（一六九〇）举人。后任广东昌化县令。未几，闻父枢病笃，力请终养，归侍汤药。父卒不起，英竭力营葬，哀毁见骨，亦得疾旋逝。人有『王戎死孝』之比。

吴孔章 字绍庵，良璧子。康熙癸酉（一六九三）举人，历官河南尉氏县及贵州龙里知县。丁艰，服阕，奉旨发河南补用。未久，告病归里，闭户自修，孝友兼至，非公事不入公门。乾隆癸酉（一七五三）冬，奉文慎重乡饮酒礼，知县黄大本举行乡饮酒礼，聘充大宾，舆情叹服。孔章为清白吏，子孙圭璧自持，孝友兼至。非公事不谒邑宰。乡居二十八年，足迹罕履城市。文章事业杰出三荣，卒年八十有六。

谢朝玉 性至孝。家贫，奉亲备极甘旨。居亲丧，朝夕哭泣，三年不入内寝。后荐明经，任大竹县训导，以老辞归。

邹　玿 字石若，邹炎同科二十六名举人，福建建宁府建阳知县。少时母早卒，玿与弟俱幼，能尽哀慕。继母舒氏生少弟，于玿等衣食故从丰，反逾己子。玿虽受之，暗给少弟维均。冬夜读书，以己衣为少弟御寒，护惜备至。舒屡窥见，信其友爱之诚，自悔矫情，由是一视诸子，人咸谓玿之孝友所感，可为异母者法。无形孝友，取宪一乡。乾隆元年（一七三六），具题从祀乡贤①、入忠孝祠，如请。嘉庆十年（一八〇五），回复：『部咨讫。』

邹发魁 事亲最孝。乾隆二十四年（一七五九），母胡氏病笃，痛无以救，夜半焚香祷天，割左股以进，母食之旋愈。后父母卒，哀痛异常。子二：学富庠生，学明廪生。嘉庆十四年（一八〇九）恭逢盛典，名列耆民。

黄钟秀 年六岁失怙。祖父际达抚之成人。后祖病，百药罔效，钟秀割股救之。

何良书 性极孝。祖母八十九岁，病亟，引刀剖腹刳肝进之，数日后饮食如故。嘉庆十二年（一八〇七），县令周宏濂谓其『至诚感神』，旌之。

张　典 字徽五，例贡生。少孤，仲兄巽抚之以成。典事兄如父，虽盛暑严寒侍立不倦。兄殁，凡事咨寡嫂而行。待两侄宾鹏、宇鹏教养兼至。宇入邑庠，与宾相继殁。典痛仲兄乏嗣，以次子儒鹏为兄后，析产多与之，曰：『此虽吾子，然既承兄祀，厚之所以报吾兄也。』伯兄垌早卒，无嗣。又以其子轩鹏子之。宾、宇两侄妇守节，各以其孙子之。族侄某殁，为抚其孤。邻人李姓子殁，亦恤其家，使有立。

处事有干才。邑中要务，当事者无不与商。嘉庆庚申（一八〇〇），达州教匪乱，知县龚巽于城外修来安、东汇两寨，为城

① 按：《邹氏家谱》、许源嘉庆《志》列其名于『行谊编』。

内声援。城门讥察①出入，编保甲，练团勇，备器械，料仓库，为守御计，皆倚典办济。

性刚，疾恶如仇。见人有悖理事辄谩骂；其人能改，遇之如初。兼习医，活人无算。有袖金以谢者，拒弗受。有田数顷，招佃不索重租。闻其卒，无不流涕。喜读书，手钞至数百卷。尤尊师道，世言君之延师也，每馔躬致其敬。一日酒间，师偶曰：『春日风和，嘉州墨鱼出矣。』君曰：『异地可致乎？』师曰：『鲜者佳，故行远难。』因举东坡洗砚故事，以为倾墨滓江中，鱼食之，故黝然也。越晨，则墨鱼盛尊俎间矣，盖闻师言，立遣足往，大瓮贮水草，舁二百余里，昼夜兼程而进，盖古亦罕闻。

其子士鹏、青鹏，俱廪生；丽鹏，庠生。出继子儒鹏，例贡生；轩鹏，道光乙未（一八三五）举人，甲辰大挑分发湖北知县。诸孙亦有入郡庠者。族中子侄，贫不能诵读者，给以薪米，故所成就尤多。

张应鹏 字扶万，号玉山，乾隆丙午（一七八六）举人。事孀母孝，有舞彩风。抚孤弟友爱备至，训之成名。居恒砺廉隅，耻干谒。疏财勇义，敦睦里邻。教人先行后文，士林咸仰之。一时受裁者，咸知立品。卒之日，威远邹德瑛挽云：『勿嗤道学欠风流；若论文章真作者。』及门丁光巘挽云：『公门无事慵投刺；处事多情为睦邻。』士林称其端方正直，其行谊有足多者。

张元鹏 字春仁，庠生。四龄失怙，能顺慈颜。兄应鹏，出继叔嗣。入都后，元鹏兼任两家，事叔母如母。母善病，侍左右数年，详究汤药，遂通医理。岁活多人，不索谢且馈药资。侄某家落，求售田产，谢曰：『吾不能账汝而买汝田，何以对先人？』及势难辞，曰：『吾惟佃汝耕，当吾世不汝取也。』有侵其田者，让弗校。富顺黄富图赴官，乞贷二百金，俸薄难给，售产代偿，终不问。常举古人嘉言懿行训后。延师不惜费，年八十余，尚作文字课诸孙。

欧登第 字金门，岁贡生。言笑不苟，盛暑不袒。知县黄大本嘉其品学，延主凤鸣书院，多士影从。有以讼干者，绝之。弟文整，初生缺乳，登第令妻张氏乳之，而粥饲己女。及长，教之成名。析居时，负债②不以累弟。年七十八卒。

欧文整 字以暇，岁贡生。训课严，不计束脩厚薄。亲族贫乏者，多周恤之。晚年尝语人曰：『吾赖吾兄教以有成，今不克教成吾侄，中心愧憾。』病亟，召侄铨，以藏金与之，嘱其放借生息，为送子读书费。卒年七十四。

欧　铨 字公衡，登第子。事亲孝，饮食、衣服问所欲而奉之。两兄一迁珙县，一早卒。诸侄孤弱者，为之经纪婚配。居丧，值岁荒，葬祭必以礼。常习医，无贫富，治之如一。子大容、大章，出就外傅，脩虽不丰，而事是师以诚敬。大容副贡，大章廪生。

吴煌、吴烺 煌字伯辉，烺字含光，均庠生。友爱根于天性，出入必偕。各养马一，独出马亦不行。至老，常共枕褥。妯娌有违言，则同避寺中。家人往迎，则曰：『吾手足至爱，岂因

---

① 讥察：稽查、盘查之意。语出《旧唐书·职官志二》，云：『讥察有方，行旅无壅，为关津之最。』

② 债：原作『责』，据文意改。

妇言乱耳。必请归者，须誓相好。』家人悉化，析产互让。煌子众，烺窄广，相易以安居也。嘉庆中，知县许源表其门曰『雍睦一堂』。时有宦族叔侄争讼，源邀煌、烺兄弟入署，令与同居，讼者泣不讼。煌卒，己属纩，烺犹同被一宿，哭曰：『此后不得侍兄寝矣。』烺子健元，贡生。事母孝，母疾，祷天求代，割股救愈，人谓孝友萃于一门。

蓝春荣　字裕德，应万曾孙。少孤，事母孝。族有因田产致争者，多方劝解之。贫无地耕者，授以田，不计租息。好读书，尊师重道，以起其家。子甸川，庠生；旭川，监生。孙玉章、瑾章，俱举人；灿章、焕章、茂章，俱庠生；蔚章、曾孙世琛，俱监生。

谈　讷　字敏功，例贡生。少孤，事母孝。族中有失田者，为之赎回，外甥杨性敏家贫，给资就学，卒得成名。乡邻不能举火者，恤之；不能娶妇者，助之。施药物，修古渡，其为不一而足也。

杨　超　字抑之，号荣山，庠生。性至孝，事继母如所生，居丧能尽礼。生平友爱兄弟，和睦相邻，年逾七十，好学不倦。每举书籍故事，娓娓勖子孙。持家节俭，而于师友子弟之供给，虽多费不靳。自颜所居曰『三树湾』，取树德、树人、树木意也。著有《悔过》《务本》《训后》《善守》诸论。孙厚基，府庠生。

胡锡昌　字卜年。性孝嗜书。祖母守节，为请旌建坊。母病，手足不仁，左右奉养，衣不解带。父病，亦如之。居丧，哀毁骨立。子四，次维翰，以廪生保教职。

夏元珠　字怀溥。身长七尺，声如洪钟。幼时贫乏，几不能自存。长以勤俭致富。母病，医药罔效，割股调羹以进，病旋愈。侄仕朝卒，其妻罗氏守义，为之立嗣。张姓子孤而贫，资其贸易。族邻有寡而苦者，给以钱米，殁不能治丧者，为之棺葬。侄之迁居他县者，代理其墓而树之碑。卒年九十有二。

杜其进　田仅十数亩，喜提携亲戚。侄洪良，孤苦无依，抚之成立。外姑余戴氏老病，其子宗祥贫不能养，迎与同居，衣食十余年如一。及其母子殁，治丧营坟，经理周至。女婿王在鳌，贫而多累，代偿其债，令移共爨，并养其父母。外孙宾五岁，资之读。临终属子洪聪，务体己意。宾后入县庠，为宾再娶妇，所费不资，然其家亦渐丰裕。

丁光仪　副榜，光陛弟。父赐阳病久不痊，光仪割左股救愈。

邹　良　廪生，学明季子。母病笃，割股进愈。以香灰涂割处，毫无所苦。后痂落，其痕转白。

黄心恬　字枣园。年十五，母病，割股救愈。兄故，事嫂如母，抚侄若子，养教备至。

龚德盛　字裕旃。言动不苟，孝友性成。父母故，二、三弟欲析居，时四、五、六弟均幼，德盛潸然曰：『吾不抚幼弟成立，何以见先人于地下？』迄诸弟各有恒产，乃分爨。弟将营新宅，复以己得旧宅与之居。

龚廷弼　德盛子，例贡生。兄弟四人，晚年分爨，廷弼依依不舍，泫然泣下。越一日，聚家人，晓以敦睦至情，复与诸兄聚处十余年，友爱初终如一。

胡万举　家贫，七岁失怙，母左氏改适。万举以佣贸积资，娶妇余氏。每念母子异处，辄泣下。后闻母迁西昌县金川桥，贫窘无依，遂促装迎养，往返千余里。夫妇将顺三十余年，未尝少拂母意。母八十三卒，丧如礼。后家称小康，夫妇皆以寿终。

范曰相 字勉之。家贫，训蒙为业。馆距家十余里，以母老嗜甜味，常买冰橘等物，袖归奉母。昼归恐荒人业，俟课余众寝乃归，诘旦入塾，众仍未起。尝祝天请母龄，母八十余卒，哀毁至八日不食，次年亦卒。

刘汉鳌 生月余失怙，其母抚之成立。读书数年，奉母家居。善治生，数十年成巨富。援例捐千总衔。为母请旌建坊，又独建宗祠，条定章程，以垂久远。于五根树施义渡，于宜宾苦竹坝修石桥。贫不能葬者，以棺给之。通计所费，在万金以上。

刘子鸿 八岁失怙。尝坐父坟侧哭泣。兄本异姓，常欲害子鸿，嫂阴庇之。及长各爨，兄家落，子鸿时有资助，殁葬以礼。至收养异姓孤儿，为之婚配，给资营业。创建古凼桥及补修长山桥，两次费用、竹木，概系独捐。

蔡相逵 幼失怙，事母孝。年五十七，居母丧，哭泣如孺慕。析居，田财听兄自取。弟早卒，抚侄如所生。戚党里邻，惠施尤众。

漆富长 家贫，托业场市。粗读书识字，而庸德庸行，有坚久过人者。祗父恭兄，出自天性，亲病服侍汤药，亲殁则庐墓尽哀，肫肫切挚，无丝毫勉强矫饰，虽士夫亦未能或之先也。川督刘旌以『纯孝格天』。

丁联卿 从九品。制行不苟，慈惠乐施。年七十三卒。早岁，父失明，服侍不离左右。母余，以九十五岁卒。

詹长卿 字子昭，从九品。配罗氏，三十患手足不仁，卿无怨。其父欲为纳妾，终不肯从。邻有孤子，族兄弱其幼，长卿护之得全。岁除日，常备钱米济贫困。延师不吝脩脯，族侄崇立教严，命其子谦从学，十六游庠。

赵代仪 号凤喈，监生。素行孝友，尝置日记录功过，颜书室曰『自省斋』。提携亲戚，为善不吝。

吴元祥 字存恕，监生。事亲孝，好学明理。幼学屡试不售，改习医，救人无算。营父母葬地，年近七旬，不惮行远，躬赴峨眉以求地师。极尊师重道，子姓皆为士人。

曹象濬 字东亭。家贫早孤，弱弟四，皆濬与其妻刘氏抚养成立。性刚直不阿，善谋生。以所置业与诸弟平剖，各称小康。其食指繁者多与之，听其陆续补还原值。少弟某受濬夫妇恩育最笃，后忽觊觎长、二两兄别墅。义让三分，不允；中分，仍不允；讼于官，反获咎焉。自是濬伤衅起阋墙，愈加友爱。卒感其弟悔悟。子二：长极，恩贡；次抡，武庠。

曹忠亮 庠生。母郝氏，善事两世翁姑。姑病，割股救愈，殁恸哭流血。郝病，忠亮亦割股进食，并刺血作书，祝天请代。妇黄氏知书，开女塾数十年，亦三次割股救翁姑，以一门三孝友受旌表。

杨光宗 少失怙，家赤贫。兄光元，旷达不事生业。光宗以佣作起家，时迎兄共处，冀得母欢。母殁后，兄常远出不返，乃为之置业，而抚族间一子嗣之。及兄感悟归，得以温饱终身。

黄仕朝 妻傅乾沅女。夫妇善事继母。越六年，妻故。仕朝年二十三岁，遂以鳏居。抚子民上、民有，提携背负，历尽艰辛。年二十八卒。

张廷良　字存仁，监生，业医成家，与弟析产能让。后弟贫侄幼，令同居食。弟殁，厚葬之。其它义举尤多。滇匪至，被虏，年七十矣。子锡三取金三百，与佣张白胡者寻赎七日，不获，意父殁矣，则誓检遗骸以归，凡寇所经及所杀戮处，迹之。知父尚存，转徙至富顺黄镇铺。锡三潜水沟中三日，颗粒未食，泪尽血出，泣遣白胡伪刈草者，谍贼营得耗，越日贼营开，廷良老惫在后。当黄镇铺市头有潜呼者，贼汹汹不觉也。廷良故迟迟，锡三伺贼尽去，趣前负父行二三百里归家。廷良寿至八十七卒。庶常廖朝翼有『自古善人天必相，炉中百炼出金钢』等句。曹俊亮亦有『年过八旬天与福，谁知虎口去寻亲』等句。曾省三亦有『厚恤里邻和戚属，晨昏侍爨许多人』等句。

吴语秩　号云庵，事孀母孝，行谊自期许。弟语纯，故遗腹子。遘奇疾，携同寝食，馈察汤药，十年不怠。成人授室，博母欢心。析居后，代谋生计。弟家较裕焉，己家未及中人产。诫子侄无阿，临如严父。礼贤资士不吝，同里孙生、罗生，并助以成庠。全节孝事尤多。邻有售田者，阴摘亩可数百金，与赎宿券，曰：『若固不悉吾界，适君接壤，请以贷。』正色拒之。售者恚不偿，不之较。平生好读书，延师诚敬，数年未尝先师寝。邑进士曾省三尝为之传。配李氏，两次割股受旌。子江春，廪生；江璜，监生；江泰，庠生。

吴发南　字超凡，宿儒。事亲有至性，脩脯所入，不自私养。葬皆循礼，禔躬端谨。一本朱子《小学》为模型，以孝子受旌。子会，举人。

罗仲春　开芹子。父故，时仲春始生三月。稍长，能承母欢。有异母弟兄三人，友恭甚笃，人不知其异出。母病目盲，仲春为舐之，三日复明。

但抡元　字龙山，同治举人，事母孝。滇匪乱，于仁寿向家岩救活难民千余人。

朱宗旦　家贫，训蒙为业。父得痼疾，亲视医药，不遗余力。母年八十，亦多病。宗旦辞馆侍奉，不入寝室者五年。

谢大谦　字荣山，庠生。父殁，事母极孝。诸季旋丧，抚侄甚慈。判是非无阿曲，授徒数十载，为乡里典型。晚耽书史，惟恐不及。

邹秉桂　字月廷，庠生。居近濑河坝，笃信因果。凡孝于亲，悌于长，尊师信友，睦乡邻，恤贫乏，及诵经宣讲诸事，无不津津焉，古德所称众善奉行者。而习拳技，名噪于远方，蔼然仁气，暇则以琴养其性焉。

李天和　家富好施，独力修李家桥。延师课子，致敬尽礼。次子元阳，以孝行著。女二，长为刘月和妻，次为但万年母，皆以节孝旌表。三子元图，五子元宦，皆九十余卒。人称一门盛德云。

李元阳　字竹田，庠生，天和次子也。性至孝，为父御马，扶掖上下以为常。夜必侍父母寝息，始归私室。家夙饶裕，承亲欢心，固不在衣食之供奉也。父卧病，衣不解带者数月，宗族乡党称孝焉。

李之桢　字玉亭，增生，元美次子，庠生文桢异母弟也。事父母以孝谨著，宗族无闲言。光绪元年（一八七五）旌孝子，四川布政使题曰『孝德之门』。性嗜学，家贫，课徒于乡，循循善诱。次子昶，亦游庠。生平言行不苟，笃信《阴骘》诸书，地方公义善举，多倡其事而董其成者。同治十三年（一八七四）旌。年七十六卒，乡人至今称之。

李正彝 幼失怙，事母孝。兄正达阵亡，教养其子世荣如己出。弟正奇早卒，妇黄氏妥全其节。

李正鹤 字松亭，幼失恃，事继母孝谨。父母殁后，待异母弟尤友爱。少弟生仅百日，调护周详，宛如慈母，抚教以至有成。

李启祥 文开次子。以家贫废读就耕，供养父母。母卒，哀毁骨立，水浆不入口者累日。父慰之，曰：『我尚事汝祖母，汝可以毁死乎？』祥乃进饮粥。未几，父又病笃，百方罔效，乃割股和药救愈，逾年始卒。事祖母吴，年至八旬余。

李万洪 林凤次子。其先家贫，担负营生，后以力耕致富。性直寡言，善事父母。饮食衣服，竭蹶以奉，若忘其贫。母多病，尝焚香祈寿。母年九十四，洪年六十六，犹孺慕不衰云。

邓恒章 事母孝。贼至其家，奉母将避，胁之不从，受乱刃死。

黄承瑛 字玉如，事亲孝，能忍让，不言人过。子书，举人。

余腾榜 贼匪扰至桐麻寺，其父年九十三。贼将劫腾榜去，以父老哀乞得免。后贼至，欲焚其宅，又以父老无所居哀恳，又得免。年八十四，无疾而终。

吴长泰 事母能得欢心。母殁目瞿，则泣于昆弟姊妹间，委曲求全。弟北上，措资负累，无少怨。乡邻无忤者。卒年七十四。

黄世贵 号文林，成都设肆镌书。君幼习其艺，同学率嬉游，以所课委君，君胥任之，由是镌法精且速。尝值乡闱之役，发题万余纸，印过半矣，主司检其误，将劾奏，自监临以下皆惶惶。君改刊之，夜半而事济。同考官某材君之为，挟之归任，即荣令也，礼之如上宾。县有愿者，苦讼，赂官求免累焉。官举所赂遗君，曰：『此非坏良心钱也。』为直其狱，逾夜，君以钱还讼者，曰：『君理本直，赂为枉，吾乌受枉赂？』讼者固不受，固还之，宦益重君。君母嗜浓茗，君佩一壶，凡初沦茗，必注之。归奉母，终母之身，未尝饮初沦茗也。兄老无子，君嗣以子。饮食亲七箸①之，起居亲扶掖之，终兄之身，未尝假仆婢手也。子茂举人，芝优贡，英举人，芸廪生。君肃然穆然，终日无疾言，无骄色。光绪辛卯（一八九一）寿终。

李春晖 字晓亭，附学生，居北山中。其文清夷，人如其文。其嗜书也，如饮者之嗜酒也。其读也，自寐与食外，常喁喁然如梵僧之持咒也。终身无诤语。其女瘵，夫狂暴，缚之树而射之，矢未发气绝。邻人胥愤，请讼之，春晖曰：『凡生女多不举②，吾举之，吾无罪也。其夫死之惨，天罪之矣，吾何尤？』

① 亲七箸：亲调七箸之意。语出陆游《书意》诗，云：『秋江菰菜喜新尝，盐酪亲调七箸香。』

② 不举：此指『生子不举』或『生女不举』之意，俗称『不洗儿』。北宋与南宋之际贫民溺婴事众，宋高宗曾下诏禁止，『禁贫民不举子，其不能育者，给钱养之』。

闻者迁之。女夫果死，死时作牛鸣，乡人集观，鸣愈厉，或快曰：『天果罪之，不虚也。』春晖淡然，盖视天下无不平之事，故人终迁之。

李　珍　字楠廷，廪生。兄殁，竭舌耕所得，保节全孤。居丧不作道场，精医术，蔼然质实。

邹硕辅　字荩臣，秉桂子也，亦庠生。乐善如其父，惟和蔼逊焉。硕辅体壮硕而能立横橙上，环刺之不中也。尝经桐树，挡之以臂，桐实陨如雨。而作小真书，娟秀如松雪①。亦善琴焉。橙者，《晋书》云：『何②无忌母，登橙于屏风上窥之。』依声托事字也。

吴镇川　祖母余，患风痹，汤药饮食一一亲奉，终其身。父老多病，侍寝处尤勤。及殁，常抱许世子之痛，由是事母尤兢兢焉。师事其兄济川，食必侍坐，寝必联榻。兄病，药必亲调。殁百日，不御酒肉，不剃发，期年不衣帛、不庆弔。其事嫂也，闻病，百里奔赴，亲视汤药，致其诚。兄永端嗣弱，为抚其孙，孙殇，出金为立后，曰：『有弟在，敢令亡兄馁地下乎？』举人李栖霞，其受益师也。自以未报师德，李妾殁，大暑中会葬，时年七十三矣。设教三十余年，终日危坐，昼不寝，暑不袒。家不中资，而贫乏者辄赒恤。力不给，则醵资助之。兼习医及青乌家言，穷者助之药，葬亲者为之相地。光绪中，诏举孝廉方正，或谓宜执贽于官，镇川曰：『曾是孝廉方正，而可资取乎？』闻天子之丧，囚首③百日。宣统逊位，哀泣旬月，礼称乡先生殁而可祭于社者。

钟正朝　生性友让。兄弟分财，甘少万余金，田取其瘠者。子英，亦克承厥志，尤急公义。倡建永定、乐善二桥，及培修桥头铺文庙，兴设积仓，未当遗议于人。子采章，廪生。

吴鹤龄　字鸣皋。尝济人之急，见贫苦者，如身尝其境，无不称力予之。好施之名，日以远闻。

方文发　事亲皆庸行而秉无违之义。咸丰间受旌，教谕王赠以『顺德永年』。

李国璜　李家场人。儒学。父殁，与兄轮养瞽母，国璜原独养焉。担石炭以易米，夫妇食菜羹，母闻啜啖声，曰：『若奚食乎？』曰：『饭也。』母举手依依探其碗，急以粥进，引母手试之，母心良慰。妻赵氏计姑将到家，先刈草易邻家酱酢腌菜，或市豆腐奉姑，曰：『母无齿，又贫无肉，舍此何以佐餐？』或亲邻有宴，则负姑赴之，扶姑坐，己傍立，奉酒肴④。姑若不去，则裹肉遗姑。人或非笑之，叹泣而已。国璜之出也，必买糕饼新蔬奉母，絮絮谈时事，博母欢。归稍迟，辄自咎，曰：『汝忘母悬望耶！』母殁，担土成坟，祭如生日。每恸无力以济兄也。尝有族某遇诸途，思馈助之，问：『近有食否？』国璜弛担对曰：『吾尚可，惟吾兄实难耳。』

滇匪来，里人招上五福寨。国璜掩面泣曰：『吾父子得所

---

① 真书：对汉魏到隋唐过渡性楷体书法的简称，亦称『今隶』『正书』。松雪：指元人赵孟頫。

② 何：原作『吴』，据《晋书》卷九十六《何无忌母刘氏》改。原作『会无忌夜于屏风里制檄文，刘氏潜以器覆烛，徐登橙于屏风上窥之。』

③ 囚首：指长期不理发，蓬头垢面，形同囚犯，以示哀悼。

④ 肴：原作『殽』，据文意改。

矣，如吾兄嫂何？』牛峰寨人闻之，并招其兄往，为集资三十余贯。国璜又泣曰：『吾今裕矣，群公惠矣。伤哉！吾父母不存矣。』公报请旌，建坊李家场东柏树坳，附刻同里节妇二十余名，有诗传世。

张星良　母故，家贫，随父往来大象岭中，采笋营生。一日偕行榛莽间，突一虎横路卧，父噤悸，星良扶匿林箐中，障父坐，以为虎苟噬，身当之矣。虎旋起，逡巡去。乃呼父出，告慰焉。父伤曰：『若以我故，委身卧虎前耶。』嗣设面店刘家场，苦积洊裕，而父殁矣。星良哀父之终，以事父者事伯父，迎养于家，终其身。伯父于星良幼时，待之稍非其道。君子以为尤难也。夙寡言，言则必信，终身无一悖义之行，而自憾读书仅七月，识字少，故礼敬师儒尤厚。年七十四卒。以孙鸿仑例奖师范举人，赠文林郎。

赵玉光　光绪乙未（一八九五），赵熙作《赵孝子传》，后乃知即玉光也。其文云：

赵孝子之母死而殡于丘，孝子曰：『自母之死，吾不得见母也，而朝夕见母棺也。而殡于丘，吾不得朝夕见母棺矣，吾唯是朝夕近母棺焉尔。』于是丘之上庐焉。朝而往，则祝曰：『母乎，今当适某所，营某事，儿往也。』夕而返，则祝曰：『母乎，今营某事，接某人，儿归矣。』或雨而风，则曰：『母寒乎，衣欤？何安乎？』即有可乐者，一一欢举之，虽𧴪必详，有不乐则举他事𧴪述焉乃寝。凡三年终。孝子居城西三里，曰望江坳，世业医而孝子独耕，非泽于书也，盖全其天而已矣。不知人世有自欺欺人之术也。今取孝行汇纪之。

吴超凡　事亲有至性。训蒙一本朱子《小学》，为养正先资。子曾，中咸丰乙卯（一八五五）举人。

张廷瑞　立炳养子。家贫，以篾工养父母及两伯。凡外出营工，数日辄一归省，远则不去，曰：『吾常近吾亲，斯幸矣。』父年八十余，尝焚香具疏以祈父寿。久之，家小康。

周怀亮　文琳子。品性端正，取予不苟。母病，必亲侍汤药，十余年不倦。时父亦衰老，饮食必市珍味奉之。居丧哀几毁，祭则悲泣，久不渝。

杨元郁　国伦庶子。甫十岁而孤，嫡母方氏得痿痹症，郁以家计付胞弟经理，己一力奉母。凡起居扶掖，必躬亲之。十余年，母自谓无苦。居母丧，哀毁骨立，祀葬如礼。其立身常行功过格，卒年二十七岁。

刘国镇　刘应黉子。六岁失恃，继母吴生一子二女，镇委曲事奉，耕田供职，毫无怨言。父醉，跌于塘，国镇投救之，竟同溺，人目其地曰孝子塘。

胡华酉　殉难监生胡安喜子。幼读书，识大义。咸丰庚申（一八六〇）五月二十八日，李逆窜境，遂击贼于烟墩崖，贼蜂至，拼身救父，手杀数贼，死之。

周知义　早孤，依祖成立。祖殁，宿祖榻三年，未尝一入内室，邻人以『遏欲存诚』颜其祠。

吴星泮　兄弟析产后，家中落。星泮独养父母，葬祭以礼，兄弟无违言。

刘盛斌　字旭江，入继节母邱，常承欢心。偶醉归，少迟，自责曰：『母望眼欲穿，奈何恋杯中物。』遂绝饮。母病，侍奉不怠。殁，葬如礼。事生母亦然。生平多义举，年八十卒。

左福彩 事母孝，庐墓三年，每饭长号，闻者心瘁。创东兴场市，又设义学，皆其资力。

辜仕才 以负贩奉亲。父性刚，能曲承其意。处世犯而不校，久之斗很者胥化。善医，求无不应，而不计资贿之有无。

张兴发 母曰胡氏，抚以为后者也。家贫，为人佣工，遇甘旨，辄怀归，奉其母。出入必拜其母，暇则以俚歌、格言娱其母，年五十犹然。

王益谦 本姓①祝，父殁，母醮于王，故从王姓。幼落异乡，习刻匾题。年四十稍裕。娶妻，生三子，赴犍为灰山井寻母，已卒十余年矣。寻墓连年，遇祝氏叟乃得改葬。尽礼，以长子后王，次子、季子后祝。君子曰：『如益谦所为，人所遭无有不幸者，善处之而已矣。』卒年八十四。

刘东泰 善事母。母病，为母洗足，母止之。东泰孺子容，慰母曰：『儿幼也，母洗儿日日然矣；今母老，儿何能报万一？』时年六十余矣。七十卒，子泽州，选孝廉方正。

张星泰 家贫少孤，为人佣工。及长，痛念其亲，每饭必祭，又必恭默顷刻而后举箸，叩之不言。六十年无间。人询其妻，始知其父母皆饿殍死也。

万玉兴 木工也，而家素贫。弟兄四人，玉兴其季。仲兄死，遗子二，一六岁，一岁余。玉兴请两兄同抚二子，以延兄嗣，而坚嫂志。两嫂难之。玉兴独抚成人。为之完娶，并抚其次子为子，终身不娶。

曹文明 父与伯俱早卒，极孝其母。母殁，遗田业店房，概以与弟。而已承继伯母，如孝其母焉。于慈善事无不为，于人纷难无不排解。

吴成章 父病笃，秋中思啖李。成章哭树下，冀如古孟宗者②，三日果得二李，父旋愈。

吴明本 母病，医药无效。冬思食李，明本亦如成章，得李而母愈。

徐淑修 继母姚有足疾，服事起居无怠。母尝告人曰：『淑修直如我亲生子也。』

胡朝恩 父丧，庐墓三年，不御酒肉，夜则诵经念佛，祈度其亲。

刘金宽 十岁失怙，以孝养克全母节。清旌之，年七十二卒。

王永禄 本姓李，父殁，母再醮，其祖使为王氏养子。及长，知其情，而母改适三姓矣。永禄求得于金花殿，迎归，寿至八十余乃卒。乡人榜其闾曰『令德孝恭』。

刘光仁 事母至孝。光绪十年（一八八四），旌于朝，八十余卒。

方茂田 母殁，庐墓三年。生平无疾言厉色。

胡贵仁 火中救母。

简朝阳③ 家贫，为人佣作。事亲孝，母病笃，割股救愈。

---

① 姓，原作『性』，据文意改。

② 孟宗（二一八—二七一），字恭武，江夏鄳（今武汉市武昌区）人。曾官吴国司空，其性至孝。《三国志·吴志》载其孝敬老母，寒冬『哭竹生笋』之事。

③ 阳：光绪《志》作『扬』。

家小康，子孙亦诚朴。

邹崇义　邹干贤子。性素孝。母吴病笃，偕妻程氏割股救愈。援例从九。

丁廷仕　玉祥长子。事父母能博欢心。其祖母病，廷仕侍奉汤药，复焚香割股救愈。

吴世重　庠生国仁子。母病笃，割股救愈。后母殁，丧葬皆如礼，且不以所费累诸兄，人咸称之。

毕凤辉　曾祖惠珉病剧，割乳旁肉和药疗愈。

虞允先　母病，久思肉。适天旱禁屠，允先割股食母，病瘳而已亦无恙。

陈阳淑　光绪丁酉（一八九七），为母病亟，偕妻徐氏割股救愈。及后父海廷病，亦如之。

徐天锡　母董久病，亦如之。

吴琇生　母王宜人病剧，割股和药救愈，以子俶培贵，诰封奉政大夫。

汪敬春　年十八，母邹病笃，割股作汤，愈之。

唐昌炽　业医。父病不治，割股以愈。母病笃，则断指求寿，果延三年。光绪中，列请受旌，并入祠乡贤。

辜忠富　母病噎，濒死，忠富割股救愈。逾年复发，静夜祝天，减算益寿，复割股而母病大痊。

辜大儒　年十七，母官病笃，割股救愈。

王定国　母病，割股愈之。

张　文　年四十。父病笃，先后割股。

周才盛　为父病，割乳肉和药以愈。

廖兴杰　庶常扶九季子也。母病，割左股进食，遂大愈。

程天位　光绪乙酉（一八八五）大旱，禁屠。母病痢思肉，天位割肝以进。乡人禀报县令，唐选皋奖钱十缗，人今祠之。入民国，郡将陈洪范亦捐金助焉。

刘克昌　年十二，母病，割股救愈。逾二年，母卒，哀毁骨立。提抱弱弟，背人辄泣，见者生哀。

凡此荦荦，其事亦叠见。如：林文宗之母曾，曾贵普之母罗，吴建①元（烺子）之母病，童藩之父病，李缉穗、李清澄，皆割股救愈者也。

民国《志》谨按：孝为百行之宗。毁身体以事亲，圣人不以为训，盖行不贵苟难也。然他事可伪为，未有以割股立名而行伪者。其事险，非至诚格天不能化险为安，则古今无上之行也。而荣县数数观之。呜乎！至德矣。

黄安泰　少孤，事伯文进如父。伯卒，以两从弟人众，不忍析炊。又数十年，化两为三，均分其产，别提伯母俸钱三百缗，其力善计费数千金。

张成文　能友爱其兄，读书尊师，士品也。

程国维　生性友让，仲兄乘酒殴辱之，不怨。及兄漫游，国维奉父命寻至叙府。曾拒少妇之诱。晚精医术，济人以为利。

刘仁弟　字子敬。友爱不渝。析居后，弟兄依然和敬，如未析时。

徐正魁　弟兄四人，雍睦一堂。析产时，各以上田相推让。

---

① 建：光绪《志》作『健』。

《诗》曰：『式相好矣，无相尤矣。』而民犹有争财为害者，君子之所恫也。

李世位　父正达。素愿累赔长山桥仓谷，破产。世位竭力奉亲。后十年，置田数百亩。甲申（一八八四）、乙酉（一八八五）饥，施粥救贫，人称李善人。盖乡里潜德至多。

张正题　字镜临，读书能让。无一字入公门。甲申（一八八四）岁旱，焚数百金券。

刘月宇　字上元。充社仓首。滇匪乱后，借谷者胥穷不能偿，月宇变己产代之。

刘昌沛　庠生。刘家场距城百里，昌沛禀设玉成义学，以启多士。

刘月旦　幼失怙恃，依嫂成立，事嫂如母。捐百金置义冢。赞成文课、文昌等会。

刘大节　由筠连来荣。贫甚，担煤售某富室，于弃灰中得金耳珰二。还其主，酬以资，不受。及家裕，置棺百具，以备不能葬者。独力修石桥一、路数十丈、年五十余卒。

朱宗煜　以贩役致中资。独力修桥二、道路数百丈。

彭应祯　捐售产钱近二百贯，兴应济会。岁终，以济孤贫。

范永芳　字一元，好善乐施，尤喜栽培寒畯。卒年八十七。弟应祥，合力赞成。

樊明朝　幼孤贫，依族成立。忠厚谨慎，能容物，尝曰：『宁人负我。』及小康，作种种善举。

邹全斋　幼贫，佣于骆登榜。骆业医，教之尽其术，遂以医名，曰活生。骆卒，家中落，活生收其二子，为之昏娶，平析所积，如同胞焉。光绪二十四年（一八九八），余栋臣①乱，活生入牛峰寨，两存其名，曰：骆活生、邹活生。

黄定见　路遇遗女，收恤之，长为择配。岁除施米，四十年无倦。年七十，出百缗造桥，人德之，即名曰七旬桥。

蔡文科　读书好善，终其身，无不义之行。

左洪明　捐金建楚庙，修胡子昭墓，环以石垣，树以碑。

张大鹏　居积致富，能急公义。以凤鸣、桂林两山业施入学田，县署后玉皇观刊碑存记。至鼎新寺、王家坝、江家山、游家山、来葵湾，各小股。在来苏、荣川、仁义三乡者，凡施十余处。前布政使董赠曰『克囊乐育』，县令赠曰『义助明伦』。以曾孙廷梁入贡，貤封如制。张其泰，大鹏孙，素敦友义。兄其翔，因盐课失业，以己有均分之，并代偿债三千余缗。人之称贷者，临殁，焚五十余券。

张文山　宜宾宣马场人。以贩盐居荣新桥。兄文星，弟文橦，营资产养之。其子孙繁衍，笃于交谊，为人偿债至万缗，终身无怨尤语。

姜宗德　字克明。有范氏侵其族茔，贿宗德百金，拒之而息其事。梅家村桥圮，独力修之。费八百金，桥成而宗德卒，年八十二。里人题其桥曰寿星。皆善人也。

---

① 余栋臣（一八五一—？），名腾良，别号余蛮子，四川大足县（今重庆市大足区）人。光绪十五年（一八八九）发动反洋教起义，二十四年（一八九八）被捕，后得部众营救出狱，再举义旗，势力遍及周围三十余州县。次年战败降清，被监禁。辛亥革命后被释出狱，因附保皇派被处死。

谢久征 事亲数十年，无惰容，无厉色，教子弟以礼。初因家贫人众析居，各食其力。久征以盐裕家，复召子弟同居，愉亲旨焉。弟久勋，得兄教，建祠程坝，以善立家。

刘二姑 继尧女。许字某，长而丧明，某求退婚，父难之。女曰：『儿病废，不能修妇职，退之便。』后有闻其贤者欲聘之，父喜，女泣曰：『可一身而许二人哉？』母曰：『吾家寒，女何以自老？』女曰：『命也。幸能纺绩自给，何敢贻亲累？』遂杜门勤苦，八十余岁，无疾而终。

杜 女 其泮女，字张氏。廖扶九庶常录其事。县令王培荀《杜孝女》诗，有『阿母有女，阿父无儿』等句。

黄 女 正华女，割股愈父病。

林 女 友礼女。同治十三年（一八七四）旌。

丁 女 光旭女。母病目若盲，女年十六，割股以进，母目复明，道光二十年（一八四〇）九月一日也。县贡生周应体有诗赞云：『妙药如仙有肉香，依依弱女救亲娘。皇天老眼分明见，寸念真回日月光。』

张 女 廷英女。继母病，割股以进，旋愈。时女年未及笄。

刘 女 哲文女。母殁，以毁卒。

吴以材妻龚氏 宜宾县岁贡吴以材妻。雍正中，尝刲股和药以愈姑病。是时，刲股例得请旌，龚力辞曰：『事姑乃分内事。』卒不许。年八十八始卒。二子，县附学生。

曹元亨妻郝氏 姑久痼，割股疗之得愈。翁、姑生日，必焚香以祝，减寿益亲。姑殁，哭之恸。后郝病，子忠亮幼，亦割股如其母，并刺臂作血书祷天。忠亮，府学生。

朱国亨妻陈氏 家极贫，奉养翁、姑，饮膳不缺。姑辜病，侍汤药者三年如一日。继姑邹，亦能得其欢。

虞盛先妻李氏 廪生宗白女。于归八年，夫故。无子且贫，李脱簪珥营葬。抚从子世继为嗣。饔食取给于十指，事翁、姑生养死葬，千辛万苦，始终克尽妇职。

吴廷祥妻曹氏 新凤女。舅卒，从诸侄之请，毁所分屋以葬，姑祔。孙世奎、世岐，国子监生。曾孙九人。

李应启妻余氏 夫故无子，刈草度日。出佣，则晚餐不食，挈以奉姑。

宋文畅妻徐氏 夫故。子女皆幼，饮食不入口者数日。舅姑指孙，谓曰：『女将从夫地下耶，奈此何？』乃承命，强起进食。越八年，翁又殁，姑黄复失明，悲伤无状，徐百意慰解。咸丰辛亥（一八五一），姑病危，徐割股救愈，以寿终。徐年逾七十。子某，县学生。

李正满妻王氏 犍为尚泰女。翁元硕、祖翁天长同时病，药饵难进，王割股救愈。而祖姑刘复病，王亦割股救愈。夫正满病笃，王又割股愈之。

彭倖义妻余氏 姑病，割股救愈。

王锡福妻戴氏 姑病，割股救，寻愈。子安宇，县学生。

黄朝凤妻赵氏 姑古氏病，割股救愈。

王锡翰妻涂氏 姑病，医云不可治，涂悲啼三日，潜割股煎汤以进，旋愈。

吴语秩妻李氏 富顺监生陈动女。姑病，割股救愈。

李九清妻杨氏　割股愈姑病。夫病，亦割股救愈。年九十一，无疾卒。

刘文伸妻杨氏　夫故。姑病，割股和参以进，旋愈。子卒，抚孙成立。

杨朝端妻陈氏　姑病，割乳肉和药救愈。

黄春衢妻杨氏　姑病，割股救愈。

赖文玉妻郑氏　姑病，割股救愈。

李长仲妻朱氏　嘉庆十一年（一八〇六）夏，姑病危，朱割股以愈。姑寿八十，子孙蕃盛。

周斌妻刘氏　常与嫂争养其姑。姑每适嫂处，辄泣。道光九年（一八二九）八月二十一日，姑病笃，刘告天割股救愈。

胡纯阳妻黄氏　忠位女。道光丁未（一八四七）二月，姑李病笃，黄割股救痊。至三月复发，危在旦夕，黄复割股救愈。

戴天化妻毕氏　翁病，戴侍汤药数载不倦。

程干逵妻朱氏　有成女。姑病，尝割股救愈。

张震霄妻李氏　震霄，贡生。李，威远举人廷芊女。二十夫故，事姑朱孝。侍病，割股疗之。咸丰九年（一八五九）旌。

吴钟琦妻黄氏　清衢女。姑黄病笃，割股救愈。

杨朝端妻陈氏　绍钦女。姑得目疾，陈尝割股救愈。

邬锡韶继妻胡氏　夫捐道衔，胡年二十八故。姑病，割股救愈，时以孝闻。

李映学妻邬氏　姑吴病笃，割股救愈。

邬正林妻丁氏　仕槐女。翁病，丁割股救愈。夫病，又割股以进。

张朝玺妻程氏　光辉女。孝敬翁、姑，始终不倦。生母丁孀居而贫，程生养死葬胜子职焉。年八十余卒。

曹荣炳妻王氏　姑李悍虐，妯娌又交谤于姑，姑辄挞骂，王安受不辩。姑病年余，昼侍汤药，夜伴寝处。姑嫌其体瘠不温，掐之，亦忍受。时或以王作枕，展转听之。尝姑痰涎以诊其证，终身无怨言。天下之至难也。

吴赐寿妻李氏　寿喑，不能言。李持家政。姑疾，尝割股愈之。堂弟妇早寡，挽与同居，以己子嗣之。

邬崇义妻程氏　于炳女。咸丰壬子（一八五二），姑病，割股救愈。同治丙寅（一八六六），夫病，亦割股救愈。

张星孝妻汪氏　年六岁归夫家，为养媳，能得翁、姑欢。及长，犹知敬戒。道光戊子（一八二八）冬，姑病危，汪割股救愈。

王大宽妻辜氏　翁、姑病笃，辜皆割股以救愈。

王道春妻黄氏　姑郑病笃，割股救愈。

曹任元妻邓氏　姑龚病笃，割股救愈。

黄心儒妻刘氏　富顺宏纯女。姑病危，亟祀灶，割股和药救愈。

曹桂林妻黄氏　姑病笃，割股救愈。

余静轩妻朱氏

王九成妻彭氏　事病姑孝，教子士元以友让，为乡里称。年八十四卒。

谈慎宜妻胡氏　祖、姑病，割股救愈。

张廷彪妻李氏　元绍女。翁病，割股救愈。

曹箴妻黄氏　翁、姑多病，茹素三年，再割股和药以进。其祖姑郝、翁忠亮皆至孝，益三世不匮云。

李国璜妻赵氏　士杰女。县北老诸生李春晖有诗表之。吴生一峰、李生之桢，有『一心送母百年后，夫妻穷死归黄泉』等句。

朱朝葆妻龚氏　雨村女。年十八于归，二十夫故。龚氏正直持家勤俭，孝奉孀姑张，三十余年如一日。

刘正光妻朱氏　维女。年十九于归，夫贩运他乡，终于异地。朱以女红孝奉孀姑，至老安厝，克尽其职。年六十余，家贫无嗣，孑然也。

曹世芬妻李氏　梁富女。于归半载，夫故。上奉孀祖母及翁、姑，克尽妇道。光绪甲辰（一九〇四）春归宁，适父病笃，割股救愈，人莫之知。既返，姑又病，李奉汤药，姑见其举肱之难，讯之始悉。

吴玉桥妻虞氏　正宗女。孀姑邓病，移榻侍寝，昼夜不倦。

李元碧妻余氏　凌霄女。

程天照妻黎氏　元怀女。

陈直端妻曾氏　鸿贵女。少孤贫，嫁陈氏。陈亦贫，赖女红以食。仰事克致其孝，及翁、姑相继殁，惟祖母存，病思肉食，竭力不能常应，乃夜焚香祷灶，割乳肉和羹以进，遂愈。又三年，始卒。事闻，大吏旌其闾曰『孝然』。今六十，子又夭，工苦食艰，难为生矣。县人赵熙有诗纪云：『苦肉堂前进一餐，刀痕在乳血痕干。人心不似天心转，白发萧萧度日难。』

余元孝妻朱氏　姑叶病危，割股愈之。清刘督旌曰『纯孝格天』。

刘宗沛妻李氏　年二十八夫故。家赤贫，翁病无资服药，割股救愈。七十六岁卒。

刘永升妻范氏　宗沛子妇。年二十七夫故。翁病，百药罔效，范一再割股，翁初食病愈。复病，翁觉之，悲悼不食，遂不起。范所割伤处，不药而安。

邹正旺妻李氏　二十四夫殁。守节奉姑。姑病，割股以进。

李学东妻胡氏　应芳女。二十六夫故，二子均幼。入则抱子泣血，出则事亲承欢。翁长映、继姑唐氏性严厉，人罕当意，胡常曲体其心。唐病数月，日侍汤药，不解衣带。闻姑病危难治，叩天尝粪，濯口而无臭味，割臂和药，姑病渐愈。八十一岁卒。

杨殿卿妻王氏　富顺俐信女。年二十归杨，四载夫殁，遗孤才一岁。姑病风痹，王昼夜侍侧，扶持搔抑，寒暑不辍。年六旬，族中子侄，犹罕见其面焉。

黄氏妇张氏　名淑修。年十四归，张贫甚。夫贾于外，恒折阅①，几无以谋生。张力任勤苦，日出耕作，夜坐缝纫。有入以奉舅姑，而自甘藜苋，或日一餐，或终日不食，如是者有年，卒以助夫成家。家既裕，好布施，视人苦如己身当，族里多受其惠。事佛尤笃。殁示微疾。既瞑，入殓，头部犹暖，四五日面呈笑容，如鲜花然。人谓生西瑞证。子四人，教之有方，皆能继其志、光其业。时以为苦孝之报云。

陶氏妯娌林氏邹氏　贡井陶媪陈氏，有女受骗为贱人妾。媒

① 折阅：一般指商品减价销售或谓买主杀价购买。此指经营不当，本钱亏损。

者，子妇林之父曰述三者也。陶族羞之，诘媪，媪觉焉，愤投旭水。子妇林救之，随溺。仲妇救姑、救嫂，又溺。邻人闻呼往救，见媪及邹抱持水中，拯置岸上，媪瞠目曰：『子妇林娠矣，尚溺在水。』泅取不获，时夜寒霜冽，媪旋气绝。晨，林尸始浮出。贡井人请旌妇，谓比曹娥。独林述三以奸媒毙三命，蛇蝎也，法诛无赦。此甲子年（一八六四）十月事。

黄启元妻林氏 孀姑目瞽，夫商于外。侍养服劳者二十年。姑殁家落，丧葬如礼。教五子成立。既裕，乐施。年七十六犹健。孙、曾繁而家业昌。孝善所造，宜寿而臧。

龚尧让妻谢氏 于医院闻姑病，归事姑愈。病剧，卒。

（三）义称者

明

吴道宁 成化义官。明以义行旌者九人，而道宁为最。父鼎。兄道弘，以大理少卿抚郧阳。吏禄之入，道宁多所施予，贫者周之，荒则振之。有司上闻，授七品职。其赵云山、曹仁，七品散官。曹芝、曹履亨，以廪增授教职；夏赓、朱莹、刘昌澄，给冠带，均载旧志。方海佚。

刘昌澄

曹　芝 廪生，授教谕。

赵　昇

赵云山

曹　仁

夏　赓

朱　莹 增生，授儒学。

曹履亨

嘉庆《志》按：以上八人，俱以输粟赈荒，冠带旌表，维无异人之能而好义，亦可风世也。爰不必附于例荫，而汇其名于行谊末。

李国柄 以选贡任蒙化府经历。秩满，归。甲申（一六四四），献贼陷成都，荣县亦署伪令。国柄被执，与子元吉、亨吉死焉。

李元吉 庠生。甲申之难，随父殉节。

李亨吉 邑廪生。与父国柄、兄庠生元吉誓不顺贼。贼至被执，见贼帅不屈膝。问曰：『尔膝不屈，尚欲何为？』亨吉曰：『吾膝所屈者，惟天地君亲师耳。未有屈于反贼者。』贼帅喝令断其足筋，亨吉伸足受刃。比令刎断，留解西京。又令煎水灌舌，亨吉张口以待，贼帅又止之，只令割两耳令授亨吉，亨吉曰：『父母遗体。』亨嚼吞之。槛送成都。至死骂不绝口。父兄俱罹难。

乾隆《志》按：明季甲申（一六四四）之祸，蜀中苍赤，死亡略尽。凡忠孝节烈之湮没无闻者，何可胜数？李亨吉以青青子衿，明于大义，视死如归，此国柄之孝子。元吉之难，弟天地之完人。余检查旧志，中有以墨笔批『父兄俱罹难』之下，云：『一介之士，无民社守土之任，而丧身及亲，此匹夫[1]小信，似不宜录，恐见讥。』有识者玩其语，意与开门纳贼者何异？试问献忠蹂躏之后，姚黄之难复作，盈城盈野，白骨如霜。有生气凛然若李亨吉之见危授命者，几何人哉？『匹夫小信』之一言，为害于风俗人心者不浅。余故表而出之，以为不忠不孝者之针砭[2]。

余　智　举人。甲申（一六四四）贼至，被执，不屈死。

民国《志》按：旧志，举人无余智名。乱离之后，遗失者多矣。

詹应梧　字栖凤，性友爱。明末寇乱，同族某转徙避兵，遂相失。国朝定鼎后，应梧得归本籍。后归家小康，眷念同族，辄流涕。欲远出寻觅，家人以年迈阻之，不可。请代其役，亦不可。躬亲跋涉者数年，始得之成都磨厂湾。时族某佣于人，年四十矣。急引归，析己产与立家室。

清

丁翼修　少年失偶，不复娶。弟兄甚友爱，起居寝息出入与偕。暂违，相见必揖。寿各八十余。

冯月作　年二十六，妻殁不取。光绪时，以义夫旌。

陈　书　字香亭，壮失偶，以义夫旌。好义举，或知受愚，亦不悔。年八十卒。盖男子而寡终其身，非必士行之大义也。而为此者，必悫质而笃于情。

自书外，如莫玉鉡、吴大中、李可棠、丁德盛、祝三元、赵联、李代瞳、龙四兴、周述章、林兴泽、林兴铭、林兴奎、邹熙堂、吴剑光，皆丧妻不娶，以获老寿之报者。

吴占超　邑庠生兆庠子。以武庠寄籍华阳效力，投标得外委。嘉庆中，随营征剿，至宜昌长乐县王家坪遇害。勘语称其『奋勇杀贼，矛伤阵亡』，恤京制外委。

邹坤贵　嘉庆四年（一七九九）充当营山义勇，与贼战于开县白岩山，拔巩昌知府朱尔汉于重围。后随甘肃布政司广征教匪，屡擒贼首。经甘肃总督松惠前后奏名，赐千总职。后效力峨边营。

邹攀贵　同兄坤贵充当营山义勇，征教匪有功，亦赐千总职。后效力甘肃督标。

曹联升　以武功授千总。

王开文　农人也。以讼粮树德于县，至今人称王开文告善状云。蜀中征粮最虐，征户愈小，其虐愈甚。往往数分一钱之粮，纳数千钱而未已，今年纳如千，明年准如千纳不听也。粮柜咫尺之地，吏役主之，晏来早去，纳者山集不得前。去家百里之程，十日半月不得纳，旅费方出意外，而台粮牌欻出矣。台粮者，惩民之未纳，重贷而上解，于是罚贷费、讼费一一交迫，故清时国课非苛，民一年如历一劫，官吏使然。开文愤之，诉焉不理，则上诉。令缧绁之示众。开文曰：『丈夫死则死耳，畏死不能免死也。』大呼曰：『同冤者此鸠财。』万声雷和，寸晷而钱山积。令大骇。愿戢其暴备案，而官吏之毒一敛。

---

① 夫：原作『大』，据下文『匹夫小信』句改。

② 针砭：原倒作『砭针』，据《辞海》改。

米市，向沿街列售。军犯斗蚀而斛征之，号仰食焉，乡农苦之无法。开文抗不与，军犯大哗，动称致死于人。官吏憘焉，以为借可以惩多事矣。开文曰：『伊犯国法而流于此，吾民何罪而负事畜之责，且明明设有囚粮何为者？』令大窘，为之禁军犯，由是米市靖。

道光三十年（一八五〇），郑尊仁来官，新驻西市禹王宫。忽火签拘开文至，云：『汝健讼，上司命置汝法。』开文曰：『必罪讼者，则听讼不应设官。既设官，讼何罪？』郑瞠然且怒，曰：『汝藐官，大不敬。』开文曰：『官坐而我跽，胡不敬？官悖万岁牌，褫如虎，真大不敬。』郑失色。盖俗例，寺中必供皇帝位也。开文讫无恙。《易》称：『讼则终凶。』开文一讼而人人食其德。后数十年，有刘春棠之事。

刘春棠　以字行，县士也，为人任侠自喜。光绪时，梁书安纳粮受辱，饮泣而无如何。县令吴师贤庇胥吏，春棠愤之，诉大吏。颁征收章程，立铁碑城隍庙。县人交相贺矣。有戴国典者，纳津捐被重收，局绅且诃之。旧习，胥吏有敝，县令庇之；县令有敝，督抚庇之。每上诉则批回县，势如以肉投犬，谚曰：『钞家知府，杀人知县。』言其专也。山乡又声气不通，士非试不到嘉定，非乡试则终身不至成都矣。春棠乃万里扣阍，揭粮津捐厘诸敝，吁都察院入奏，上谕『交部议处』。知县王峨峰革职，讼五年乃定。是役也，如剸蛟大海中。春棠寿八十，诸子皆能者。

李正达　天和孙。咸丰九年（一八五九），蓝、李之乱，正达身充团正，率众击贼，战死于姚家寺外拥斯茫水之间。肢体割截，头足异处，真国殇也。子世荣，荫袭六品军功。

李万恕　滇匪据天堂寺时，万恕偕叔兴崇恐贼扰，于观音寨险要处设疑兵，昼张旗，夜击柝，烽火森然。贼果从他途窜镇西场。

曹兆仲　字象田。滇匪扰荣，助县令罗公办防堵，支应各急需。如宿构客兵驻城外，要索多端，肆应曲当。湘军入城势张甚，两刃挟其颈，立索饷。兆仲夷然曰：『杀我则饷绝。』兵谢之。卒与饷相安。当时，百事胥仰兆仲。凡出入军费樊然，问之辄对，罔或有差。事平，录功建坊表之。兆仲夙有大度，尝于元旦冠带出贺，遇素不相能者唾之，兆仲笑揖曰：『元日无相戏，且贺年。』其人惭沮而去。

周永超　字慎斋。滇贼窜镇西场，经鸦雀冲，永超偕黄体琛居乱石顶，设疑兵，贼不敢犯，竟去。后贼由张家场来，督众御之燕子岩，又大胜鸦雀冲，团遂以勇名。

左福光　滇匪扰至东川沟，驻营三日。福光利贼速出境，夜率子弟傍贼营，断绳爇火，悬榛莽中，施炮大呼。贼惊乱，率队出，火已灭，归又燃，又大呼，终夜贼巢鼎沸。乃焚其宅，拔营去。福光曰：『毁吾二宅，保一方无数宅，吾计行。』贼不复至矣。

邹尚义　字康亭，监生。精手技，好鼓琴。咸丰庚申（一八六〇），滇匪扰至观山场，尚义积团御之观音滩上，杀贼首四人。后战败，刀矛俱失，徒手斗死，身无完肤，年三十八。

同时死难者三十七人：邹启仁、邹奇政、朱映明、朱朝举、朱朝烈、朱心富、但九山、邹善新、邹川新、邹文举、邹于道、邹永有、邹敬桃、刘子年、范大宣、朱朝联、朱尔崖、沈居先、邹敬崇、邹廷耀、徐光级、徐旺、陈国寿、胡文昭、漆洪友、邹敬越、罗富元、邹立达、胡安善、虞正周、杨元华、张星点、蓝应朝、钟正乾、杨纯端、曹世瑗、钟世辅。

大氏荣山峭直，人秉刚气。滇匪之役，以殉义闻者比比，今采胪如次：

张星点　生平正直。庚申（一八六〇），滇逆乱，被虏至天堂寺，大骂不屈死。

王香馥　咸丰庚申（一八六〇），滇匪窜扰，于豹子山助张协镇杀贼，死之。

胡安喜①　号益园，监生富恒孙。性刚直，好义不欺。咸丰庚申（一八六〇）五月二十八，滇逆窜境，率众击贼于烟墩岩，被执大骂，不屈死，年五十八。次子华西救父，手刃数贼，同死。

黄朝定　读书识大义。咸丰庚申（一八六〇）四月十三日，滇匪扰境，朝定率团丁百据燕子岩御贼。追至后坎子，同邹铁匠与贼战，各手刃数贼，夺其台枪。贼大至，因众寡不敌，团丁散走，朝定与铁匠力战，死之。

彭镇国　监生。辛酉（一八六一）四月②初六日，在白庙寺遇贼，不屈死，时年三十七岁。

晏思襄　于东川沟被执，迫之降。思襄曰：『我堂堂丈夫，岂降尔贼！』欻夺刃与斗，佚田中，受重伤，越二日乃死。

杨有光、杨荣华、杨光喜、陈永良、郑木匠　杀滇贼，同死。

黄体琛　通经史，知兵。咸丰间，李逆窜扰，常帅鸦雀冲团丁逐贼。贼大至，嘱兄体荣以大炮守山要害处，而自与众据乱石山。避贼者尽纳登山顶，妇女居多，使以长帕蒙头，伐竹为矛，系裙为旗，山后多烧草烟，以为疑兵。贼直攻山，众皆失色，琛曰：『无擅动。』乃命谢竹亭舞大旗，东西指顾，似指埋伏状。贼遂退，奔镇西场。后以多寡不敌，陷于贼，不屈死。

谭兴发　义勇，杀贼无算，亦死。

王登祥　乐德镇团首。追贼至李家堰，战死大柏树下。乡人祠之。

钱天元　庚申（一八六〇）七月十三，贼至钱家坝，被执，愤骂之，贼缚之榕树上脔死。

蓝万兴　率张家场团御贼，被执不屈死。

徐文泽　号镜堂。贼围井研时，率族中人据桐麻寺结团自保，恒诱贼至绝地杀之，余贼无所闻，亦莫由报复。事后或难之曰：『使贼知子，将何处？』文泽曰：『人生祸福何常？能除一贼，则国家少一贼；能保片土，则国家多一干净土。贼来报复，吾岂坐以待毙哉？』人皆服其勇略。

刘士诚　素娴武艺，有家传。滇匪扰至古文场，士诚设伏烟墩寺。前队至，突起杀贼，毙数人，生擒者六。呼声震山谷，后队疑有兵，狂奔尽去。

黄朝玖　滇匪乱时，充长山桥社长。买谷置业，以备凶荒。

① 喜：光绪《志》作『善』。
② 四月：民国《志》作『正月』。

王登庠　监生。滇匪乱时，同文生朱泽南任团总，练集乡兵。贼将犯境，距乐德镇十余里。约泽南分屯马营崖，登庠率丁前进，适与贼遇，战殁于李家堰。

马明焕　字玉堂，千总衔。咸丰十年（一八六〇）四月，滇贼由长山桥窜杜家井，明焕时年十八，保父母家属男女共九十六人避走。数十贼追之，自石观音至胡家巷马鞍山二十八里，明焕且走且战，一身而百臂，全家无恙。固其勇也，亦孝义之气使然。

刘维藩　字石屏。咸丰李、蓝之乱，捐钱五百缗，创五福寨，乡人借以保存者五百余家。防守尤尽其劳。古之贤者、能者、服公事者，皆乡大夫所宾礼也。光绪戊戌（一八九八），李正鹏、刘龙江培修之。

龚　潜　字郁文，游学日本，入同盟会。癸丑（一九一三），熊、杨声讨袁氏之不道，潜同王天杰应之。事败，寓重庆，发愤死。

晏光耀　字中和，杨家场晏会冲人，性憨直。清宣统元年（一九〇九）入成都陆军。川路事起，羌夷犯边，转战新繁、灌口间，以勇敢闻。清亡，久之隶熊克武军，驻防秀山。捕悍匪失利，军将溃，光耀奋然曰：『匪且不克，何以军为？』卒收散卒，击退之，擢排长。秀山有富室，大猾也，为虐于里，吏莫敢撄。光耀捕致县，县令畏葸，议释之。光耀忿甚，督斩之。游击綦江、江津等处，清匪尤力。癸丑（一九一三），熊、杨之役，光耀以一等差遣官督子弹。次隆昌，敌军大至，守陴者先逃，光耀率卫誓死，遂遇害，年二十二。事平，父兄归其骨，无力营葬，草草殡野客山。嗣熊督川，乃请恤，得荣典焉，祀县义烈祠。

罗　鼎　字叔明。闻关革命，辛亥（一九一一）十月死于古蔺。袁世凯当国，党人祀之义烈祠。

张良玉、刘海清、陈大兴　辛亥（一九一一）民军起义，均于八月十三日徐家渡阵亡。

吴大兴　辛亥（一九一一）革命时，身充民军，战亡。

张无咎　县士景乔之中子也。辛亥（一九一一）武昌发难，无咎方弱冠，投身革命军。力战，枪子中臂，医者取臂骨小方出，乃愈。无咎性矫岸，孤行其意，绳墨士深訾之，曰：『此张氏踶跻子也。』而赵熙集《鲁论》①《品目》②之谓『仁者必有勇』『君子笃于亲』。年三十四卒。

林文仲　辛亥（一九一一）川路战起，文仲入伍。国定归田，及袁世凯称帝，文仲复入滇军游击队。五年（一九一六）正月，战于成都牛市口，至石马溪阵亡。乡人报县请恤。

罗经武　白庙寺人。民国五年（一九一六），匪风正炽。七月七日，有匪魁率党五六十人，蜂拥入场。经武以团丁抵御，被创立死，年才二十八。县佐吴乃赓表祭之。

---

① 《鲁论》，即《鲁论语》，西汉前期流传的《论语》抄本之一，因系鲁人所传得其名。《鲁论语》二十篇，西汉末安昌侯张禹校以《齐论》，编定为《张侯论》。东汉末，郑玄又据《张侯论》校以《古论语》，成《论语注》，是现行《论语》的重要源头。

② 《品目》：亦称《反经》或《长短经》，唐赵蕤著。该书融儒、道、兵、法、阴阳、农等诸家思想为一体，逻辑与体系严密，涵盖文韬武略诸多方面，被称作「小《资治通鉴》」。

郝朝宗 字光廷，武生。民国五年（一九一六），于杜家井办团著绩，省署奖给二等银质桑梓章。其年十一月十八夜，匪戕之。

李才华 鼎新寺人。民国五年（一九一六），袁氏窃帝号，西南义军起。乡人集居大才寨，群盗来攻。寨有深塘，妇孺环泣者百余人，意将殉水。才华同兄溪华力扞之。溪华头中八刃而不死。才华死难，大暑中三日如生，乡人德之，祠寨中。

张治道 字寿波，充川军连长。民国九年（一九二〇），龙泉驿战滇军，阵亡。

黄智平 年二十。民国十年（一九二一）三月十七夜，匪劫邻居，智平击毙二渠，余匪窜去。智平追之受刃，旋亡，有司旌之。

三、旌表封赠

旧志云：按荣之历汉唐远矣，自宋至今岁五百年，而所可名者止于斯。孔子曰：『才难。』信夫，君子观之，可以深长思矣。孝自童稚，节须盖棺，系之人物，不易得也。或曰狭乎，余自惭蠡测之短，又乌能博识？书此以俟后起。

乾隆《志》按：荣邑绅士中，不乏耆英硕德之选，可以纂入志乘，第揆诸盖棺论定之例，宁俟诸后人采择焉。至于节孝一门，亦不敢滥及。（乾隆《志》卷三）

（一）诰命敕封①

宋

荣州荣梨山神封爵

五龙池赐额

真宗御制文

荣王皇子俨教

王梦易 以子序贵，赠通奉大夫。配向氏，封淑人。

明

张觉先 以孙彦忠贵，貤赠奉直大夫。配□氏，貤封宜人。

张 辉 庠生，以子贵，赠奉直大夫。配□氏，封宜人。

吴 鼎 以子道弘贵，赠中宪大夫、大理寺卿。配熊氏、田氏，封恭人。

吴道弘 授中宪大夫。

伍从政 以子性贵，赠按察司佥事。

王本初 以子辅贵，赠经历。

刘天秩 以子文贵，赠监察御史。

曹刘氏、张氏 以子迈贵，俱封孺人。

曹 迈 授征仕郎。配杨氏，封孺人。

① 按：此处仅列其目，诰命敕封之文，详见《艺文著述》。

宋　珪　以子洵贵，赠文林郎。配廖氏，赠孺人。

宋　洵　授文林郎。配沈氏，封孺人。

赵克中　以子本贵，赠监察御史。

杨　石　以子易贵，赠文林郎。配吴氏，赠孺人。

杨易县　授文林郎。配张氏，封孺人。

严嘉言　以子杰贵，封文林郎。配周氏，赠孺人。

严　杰　授文林郎。配李氏，赠孺人。继配万氏，封孺人。

杨地载　以子镕贵，赠文林郎。

章养淳　以子琳贵，赠文林郎。元配晏氏、继配吴氏，俱赠孺人。

清

清康熙二十三年（一六八四），御赐『万世师表』匾额。

清康熙二十五年（一六八六），御赐《至圣先师孔子赞》。

清雍正四年（一七二六），御赐『生民未有』匾额。

清乾隆四年（一七三九），御赐『与天地参』匾额。

清嘉庆四年（一七九九），御赐『圣集大成』匾额。

曾士元　以曾孙省三贵，貤赠通奉大夫。配陈氏，貤赠二品夫人。

曾绍明　以孙省三贵，始封文林郎，晋封朝议大夫，又晋通奉大夫。配林氏，始封孺人，晋封恭人，又晋二品夫人。

曾习鹏　以子省三贵，初封儒林郎，晋封朝议大夫，又晋通奉大夫。配林氏，初封孺人，晋封恭人，又晋二品夫人。

张敦叙　以孙廷恩捐员外郎，加六级，诰封通奉大夫。配戴、刘氏，封夫人。

张必遵　以子廷恩捐员外郎，加六级，诰封通奉大夫。配梅、陈氏，封夫人。

张必达　以侄廷恩捐员外郎，加六级，貤封通奉大夫。配车氏，封夫人。

曹开卫　以曾孙玉枢捐赠员外郎，加六级，貤封通奉大夫。配吴、龚氏，封夫人。

曹中朋　以孙玉枢捐赠员外郎，加六级，诰封通奉大夫。配夏、王氏，封夫人。

曹兆仲　以子玉枢捐赠员外郎，加六级，诰封通奉大夫。配朱氏，封夫人。

曹象濬　以曾孙俊亮贵，貤赠中议大夫。配刘氏，封淑人。

曹　极　以孙俊亮贵，诰赠中议大夫。配方、胡氏，封淑人。

曹远谟　以子俊亮贵，诰赠中议大夫。配杨、毛氏，封淑人。

曾省三　任江西南康府知府，封朝议大夫。配黄、熊氏，封恭人。

吴宣艺　以孙俶培贵，貤赠奉政大夫。配王氏，封宜人。

吴宣略　以孙俶培贵，貤赠奉政大夫。配王氏，封宜人。

吴　琇　以子俶培贵，貤赠奉政大夫。配王氏，封宜人。

张大鹏　以孙必达捐同知衔，貤封奉政大夫。配郝氏，貤封宜人。

王廷芳　以孙士诚捐同知衔，貤封奉政大夫。配张氏，貤封宜人。

王九皋　以子士诚捐同知衔，貤封奉政大夫。配郝氏，貤封宜人。

刘继文　以孙光宇捐布政司经历，貤赠奉直大夫。配范氏、继配丁氏，赠宜人。

刘廷选　以子光宇捐布政司经历，加二级，封奉直大夫。配曹氏，封宜人。

钟大昭　以子正朗捐职，封奉直大夫。配刘氏，封宜人。

萧汝珓　以子昌悠捐州同，加级，封奉直大夫。配彭氏，封宜人。

王仕桢　以子朝选捐职，封奉直大夫。配彭氏、江氏，俱封宜人。

张　典　以子轩鹏贵，诰赠奉直大夫。配吴、伍氏，封宜人。

曹金仁　以弟玉枢捐员外郎，加六级，貤封奉直大夫。配郝氏，封宜人。

林万春　以子林荣捐至圣庙赍奏厅职衔，敕封承德郎。配温、官氏，封安人。

林信漳　以降服子林荣捐至圣庙赍奏厅职衔，貤封承德郎。配涂氏，封安人。

廖世璠　以侄朝翼贵，貤封儒林郎。配吕氏，貤赠安人。

廖世琅　以子朝翼贵，封儒林郎。配梁氏，赠安人。

黄家彦　以弟家宾捐布政司经历，貤封宣德郎。配倪氏，封安人。

王　桂　以孙九卿捐布政司理问衔，貤封宣德郎。配龚氏，貤封安人。

王廷标　以子九卿捐布政司理问衔，封宣德郎。配杨、杨氏，封安人。

王廷举　以孙士容捐布政司理问衔，貤封宣德郎。配曹氏，貤封安人。

王九成　以子士容捐布政司理问衔，封宣德郎。配彭、李氏，封安人。

王九龄　以子士选捐布政司理问衔，封宣德郎，貤赠奉直大夫。配李氏，封安人，貤赠宜人。

钟锡连　以孙德魁报捐州同，貤封宣德郎。配袁、童氏，貤封安人。

钟相成　以子德魁报捐州同，诰封宣德郎。配陆氏，封安人。

陈秀文　以孙均远任湖北崇阳县知县，貤赠文林郎。配刘氏，貤赠孺人。

陈为光　以子均远任湖北崇阳县知县，赠文林郎。配萧氏、妾雷氏，均赠孺人。

吴一恒　以子懋仁贵，敕封文林郎。配蔡氏，封孺人。

吴懋仁　拔贡，癸酉（一七五三）举人。以任西昌教谕，封文林郎。配邹、郭氏，封孺人。

王廷华　以孙士绍捐按察司经历衔，赠文林郎，晋封奉直大夫。配傅氏，封孺人，晋封宜人。

王永明　以子士绍捐按察司经历衔，赠文林郎，晋封奉直大夫。配张氏，封孺人，晋封宜人。

林常谟 以孙燊署至圣庙知印，封文林郎。配廖氏，貤封孺人。

林有聪 以子燊署至圣庙知印，封文林郎。配郑氏，封孺人。

黄　惇 以孙松贵，貤赠文林郎。配辜氏，貤赠孺人。

黄龄延 以子松贵，赠文林郎。配周氏，赠孺人。

张宾鹏 以孙铭绅州判职衔，貤赠征仕郎。配王氏，封孺人。

张尚修 以子铭绅州判职衔，敕封征仕郎。配李氏，封孺人。

曾善文 以子习传贵，貤赠修职郎。配刘氏，貤赠孺人。

吴童俊 以子达修贵，貤赠修职郎。配简氏，貤赠孺人。

谭兴讷 以子仁源贵，貤赠修职郎。配辛氏，貤赠孺人。

刘廷俊 以子金丽捐按察司知事，封修职佐郎。配曹氏，封孺人。

曹纯明 以子垲任平武县训导，貤封修职佐郎。配张氏，貤封孺人。

刘乙熠 以子占鳌贵，赠修职佐郎。配王氏，赠孺人。

邹昌炳 以子赤心贵，貤封登仕佐郎。配王氏，貤封孺人。

龚膺政 以孙晋祺贵，貤赠奉直大夫。配刘氏，貤赠宜人。

龚膺懋 以孙晋祺贵，貤赠儒林郎。配杨氏，貤赠安人。

张政清 以外孙龚晋祺贵，貤赠儒林郎。配罗氏，貤赠安人。

龚常泰 以子晋祺任广西西隆州州同，赠儒林郎。配曹、张氏，均赠安人。

龙福春 以子文捐云南同知，诰封奉政大夫。配王氏，封宜人。

张敦叙 以孙廷英贵，貤封宣武都尉。配戴氏，貤封恭人。

张必达 以子廷英贵，诰封宣武都尉。配车氏，封恭人。

张大震 以子济川贵，诰封武德佐骑尉。配吴氏，封宜人。

（二）例荫

明

吴　鼎 道弘父，赠中宪大夫、大理寺卿，母熊恭人。

伍从政 性父，赠按察司佥事。

刘天秩 文父，赠监察御史。

宋　珪 洵父，赠监察御史。

赵克中 本父，赠监察御史。

杨　石 易父，赠知县。

严嘉言 杰父，赠文林郎，母周孺人。

杨地载 镕父，赠知县。

清

刘乙燿 占鳌父，赠修职佐郎，母王孺人。占鳌，乾隆中岁贡，纳溪训导。

（三）旌表者

明

郝明德妻沈氏　年二十五，夫死守一，子彦礼甫五岁。纺织自给，子亦成立。洪武十四年（一三八一），知县杨文进上其事，请旌之。

陈伯伦妻白氏　伯伦早死，氏守志不污。事闻旌表。

龚湜妻刘氏　湜故，誓不改嫁。事闻旌。

杨健妻江氏、子妇沦妻郝氏①　健早故，守志五十四年。江氏抚沦成立。有媳矣，子寻死，遗妻郝氏年十八，不忍舍江。父母怜少，欲夺其志。两经于室，以江救得免。姑媳皆垂白卒。县人上其事，御史冯璋表其门曰『双节』。

吴九经妻朱氏　九经，县附生。卒时，子祐未逾月，朱氏年甫二十有四。服阕，永矢无他，上侍孀姑，下育幼子。稍长就外傅，出入咸训以礼。祐自幼能文，见知县令，免其一家之役。万历癸酉（一五七三）举人，官新都县训导。孙世应，戊子（一六四八）举人，官延川县知县。世衢、世衍、世衡，俱廪生。越两世，朱仍康吉，理家政焉。曾孙象铉，崇祯己卯（一六三九）解元，官思南府推官。玄孙良璧，清康熙壬子（一六七二）副贡。万历乙酉（一五八五），巡按李疏以闻。丙申（一五九六）旌之，抚院司郡咸表其门。年八十卒。

清

乾隆四十五年（一七八〇）前旌者：

吴良屏妻王氏　富顺附学生岐凤女，适荣县吴良屏。张献忠之乱，吴随父远宦，王奉姑依父岐凤，藏丛箐中，粮尽，夜出采蕨以食姑。乱定，吴归，寻卒。王甫年二十九，至六十一卒。

张之蕃妻李氏　年二十三守节，至六十岁卒。

谢朝恩妻李氏　宜宾人。年二十六夫殁，苦节四十年。

朱琇妻刘氏　生女一，琇故，刘年二十一岁。育遗腹子，守节数十年。初琇故，或诳之出而嫁之，行至中道而悟，号鸣于市，得免。抚遗腹子成立，女适县附学生龚勉学，亦少寡守节，有母风。

丁汝童妻徐氏　年二十而寡，守节抚孤。家故贫，艰苦备尝，至八十一卒。

邹峄阳妻童氏　年二十一，峄阳故。童矢志守节，足不出庭，妯娌罕见其面者。

谢官妻邹氏　威远人，邹峄阳弟妇李氏亦孀居人，交称之。

谢诰妻邹氏　威远人，庠生谢诰妻。年二十守节，抚一子成立，历五十余。

陈存仁妻邹氏　威远人。年二十二，无子守节。

王訫仁妻黄氏　举人陕西庄浪知县松女。年二十，适富顺学生訫仁。次年，生子道纯。訫仁抱病，家贫无资，黄脱簪延医，

① 按：郝氏，乾隆《志》作『祁氏』，非是。

祷天请代。訫仁卒，黄恸不欲生。念亲老在堂，子幼待抚，矢志守节。舅姑卒，丧葬茔兆皆纺织成之。教子道纯成庠生，犹督学不辍。历节五十余载，已入《富顺县志》，缘为邑人，附录。乾隆中旌。

李苯妻黄氏　亦松女。苯，富顺拔贡。卒时，黄年二十四。或劝其改嫁，黄截发自矢，孝事孀姑。夫弟曰艺，曰荷，尚幼，黄刻励之有成。艺，贡生，授南江训导，抚其子世纶为嗣。荷，乾隆庚寅（一七七〇）举人，早卒。遗孤子世缙，黄抚养课读，中乙酉科（一八二五）第二名举人。

黄国权妻李氏　年二十三，国权殁。守节五十五载。

吴履泰妻王氏　年二十一而寡，守节五十载。乾隆二十九年（一七六四），奉旌入祀节孝祠。

吴志清妻王氏　富顺学生壁藩女。年十八，适廪生志清。四年，志清卒。弟志睿恩贡生，志浩廪生，俱早卒，无后。王与娣黄氏、袁氏，抚从子兆祥、兆麟成立。以兆祥子为孙。年九十余。乾隆四十五年（一七八〇）①，奉旌入祀节孝祠。

谢治中妻李氏　治中监生，早亡。守节三十二载。乾隆四十五年（一七八〇），奉旌入祀节孝祠。

谢宁妻李氏　宁，庠生。宁故，李年二十四岁，守节五十三载。乾隆四十五年（一七八〇），奉旌入祀节孝祠。

乾隆五十五年（一七九〇）前旌者：

张弧妻王氏　弧故，时年二十三岁，守节五十载。乾隆五十五年（一七九〇），奉旌入祀节孝祠。

赵源渶妻王氏　源渶故，守节三十四载，乾隆五十五年（一七九〇），奉旌入祀节孝祠。

乾隆五十七年（一七九二）前旌者：

杨纻②武妻柳氏　纻武故，柳年二十一岁。守节三十五载。乾隆五十六年（一七九一），奉旌入祀节孝祠。

邓玉珀妻杨氏　玉珀故，杨年十七岁，守节五十五载。乾隆五十七年（一七九二），奉旌入祀节孝祠。

陈世碧妻邓氏　世碧故，守节三十五载。乾隆五十七年（一七九二），奉旌入祀节孝祠。

嘉庆二十四年（一八一九）前旌者：

龚勉学妻朱氏　琇女。琇妻，节妇也。勉学卒，朱年二十二岁。上奉翁、姑，极尽孝道，下抚幼子成立。守节四十载，有母风。子庭肃，廪生；庭范，庠生。嘉庆七年（一八〇二），事上，奉旌入祀节孝祠。

刘元珠妻李氏　年二十四岁，元珠故。守节三十六载。嘉庆十年（一八〇五），奉旌入祀节孝祠。

杨灿阳妻李氏　年二十一岁，灿阳故，守节三十六载。嘉庆十年（一八〇五），奉旌入祀节孝祠。

邱国元妻罗氏　年二十八岁，国元故。守节四十一载。嘉庆十一年（一八〇六），奉旌入祀节孝祠。

邱思诚妻邹氏　年二十二岁，思诚故。守节三十载，嘉庆十

① 四十五年：民国《志》作「二十九年」，据嘉庆《志》改。
② 纻：民国《志》作「宁」。

三年（一八〇八），奉旌入祀节孝祠。子荣青，府庠生；长青，县庠生。

蒋昌明妻唐氏

蒋昌应妻陆氏

张德贤妻余氏

刘惠妻古氏

道光三年（一八二三）前旌者：

吴光曾妻王氏 道光元年（一八二一）旌，建坊贡井天池山麓。

吴占超妻杨氏 占超外委，阵亡。

黄嘉诰妻何氏 庠生旭母。

道光十年（一八三〇）前旌者：

王子绶妻张氏 子德淳，举人，文学有声于时。道光七年（一八二七）旌。

王子纯妻骆氏 道光九年（一八二九）旌。

黄正喜妻刘氏

黄国恩妻张氏

徐正林妻朱氏

黄逢智妻卢氏

杨宗予妻张氏

赵映秀妻杨氏 遗腹子德修，附学生。德修早慧，善书，作沤波体①，继习唐柳公绰②碑，妙得悬解。居城北五里之赵湾。时山乡守朴，罕弦诵之音，而德修世父芝麟、季父钟麟、从弟国璧及德修，并列庠序。德修之敏、国璧之笃学，尤知名。杨氏守节三十七年，犹及见一门份份也。

马继祥妻陈氏

道光十一年（一八三一）前旌者：

黎学贵妻范氏 二十八夫故，守节至九十余岁，五世同堂。孙媳周氏，亦二十六守节，人称『一门双节』。道光十年（一八三〇）旌。

道光十二年（一八三二）前旌者：

邱思贤妻罗氏

邱思铨妻刘氏

曹麒麟妻刘氏

杨朝青妻刘氏

杨愉妻方氏 子胜仕，贡生。

曹淳明妻张氏 子恺，廪生。

车大力妻邹氏 子储厚，庠生。

朱朝发妻宋氏

---

① 沤：又作『鸥』。赵孟頫，字子昂，号鸥波。作『沤波体』，即学赵孟頫书法之意。

② 柳公绰（七六五—八三二），字宽，京兆华原（今陕西铜川市耀州区）人。累官州刺史、侍御史、河东节度使、户部尚书、兵部尚书等职，唐代著名书法家柳公权之兄，亦善书法。

林高华继妻李氏 高华，庠生。前子显冈，增生。

李光化妻廖氏 光化，廪生。

胡之兰妻但氏
杨于镐妻戴氏
黄际川妻廖氏
梁国伦妻曹氏
杨宗重妻丁氏
王春妻李氏
张精义妻沈氏
张执礼妻郝氏
朱有成妻钱氏

道光十五年（一八三五）前旌者：

蓝焕川妻吴氏
丁光耀妻范氏
丁光禄妻张氏
张正维妻黄氏
毕凤妻徐氏

道光十六年（一八三六）前旌者：

龚膺政妻刘氏
陈四斌妻钟氏
邓汉臣妻林氏

道光二十二年（一八四二）前旌者：

陈昌发妻李氏　子畴，廪生。
王朝仕妻蓝氏
王汝安妻邱氏　子怀谦，增生。

道光二十三年（一八四三）前旌者：

胡国贤妻邹氏　建坊栗树坝。

道光二十四年（一八四四）前旌者：

蓝映川妻钟氏
蓝维芳妻王氏

道光二十五年（一八四五）前旌者：

邱荣岐妻罗氏
伍成烈妻刘氏　子暄，庠生。
张纯礼妻杨氏
刘光德妻曹氏
曹寅亮妻童氏　庠生，于端女。
杨煜妻冯氏
赵宗宥妻万氏　彦华女。
康晋礼妻萧氏

咸丰间旌者：

吴玕妻王余氏　富顺廪生楦女。事翁、姑极孝。抚孤子鹤龄成立，捐布政司经历职衔，报旌，建坊县北观音崖麓。

李天寿妻吴氏　吴，犍为人。年十八，夫故。翁、姑、父母既亡，又无兄弟子姓，族党利其产，劝之嫁。不能，则迫之。夜集数十人，行劫虏，吴以计免。至母家叔父处，追者犹蹑之，吴断指誓志，叔将鸣之官，乃鸟兽散。遂依叔家数月，产男名子富，十二岁归，人已蚀其产大半矣。及娶，子与妇又殁，遗二孙，抚之成立。始讼理产事，县令劝其让而已。卒旌节烈，九十六岁。

龚朝妻王氏　宇大女。

王维举妻刘氏　凤阳女。

古时琮妻黄氏　宗礼女。年十八，夫故。母家欲夺其志，不归宁者数年。

蓝维菁妻刘氏　茂女。

罗聊馨妻郭氏　信任女。

刘荣鹏妻邱氏　兴达女。孝事孀姑。子应宗，监生。孙天佐，入威远学。

邹宗鲁妻罗氏　兴女。

邹宗先妻周氏　大樟女。

张祖荣妻杨氏　年荣女。

王魁妻邱氏　开璋女。

万兆绪妻梁氏　思敏女。

周十万妻戴氏　国宝女。

龚利仁妻邹氏　世鉴女。

李登佾妻冯氏　琳女。

李元魁妻张氏　朝贤女。

董学川妻但氏　世翰女。

戴星旺妻吴氏　茂盛女。

李元泽妻张氏　朝纪女。

江凤云妻李氏　天弦女。

俞添明妻张氏　柏贤女。

王致和妻唐氏　懋女。

李茂橦妻梅氏　玉坤女。

王盛林妻张氏　浩女。

胡凤妻张氏　元拱女。

王登云妻李氏　椿女。

刘汉祥妻罗氏　万象女。

龚蔚仲妻梁氏　在栋女。

杨谡妻张氏　宗开女。

廖宗盛妻黄氏　进贤女。

廖宗璋妻朱氏　永光女。

钟永臣妻唐氏　道麟女。

曹占元妻张氏　世爵女。

侯官应妻谭氏　存义女。

杨联珍妻刘氏　万纪女。

周世冕妻毕氏　元聪女。

杨名耀妻刘氏　云星女。

张扬霄妻但氏　永言女。

李高伦妻王氏　仕禄女。

宋国尧妻廖氏　文魁女。

张荣富妻王氏　上梅女。

胡绍本妻刘氏　永昌女。

张正汪妻黄氏　富元女。

陈廷敖妻董氏　仲仕女。

万期盛妻刘氏　京重女。

沈宗武妻龚氏　于璋女。

沈大章妻吴氏　茂亨女。
蓝文碧妻吴氏　文生魁祥女。
张学妻王氏　玉佑女。
曹奇濬妻周氏　伸女。
王朝魁妻余氏　元凤女。
赖正兴妻陈氏　廷松女。
曹氏妇毕氏　诸生汪涵歌纪其事，命曰《⿱竹钩山曲》。
吴懋文妻王氏　举人瀛仁女。
张廷彦妻余氏　元德女。
左洪邦妻康氏　元龙女。
程德基妻欧氏　锡女。德基，监生。
刘鼎礼妻黄氏　发荣女。
刘沛书妻范氏　佛龙女。
吴锡嘏妻王氏　进士廷弼女。
谢定阳妻王氏　谥益女。
谷有坤妻陈氏　元儒女。
金光注妻岳氏　徵女。
张天富妻胡氏　照先女。
张国瑞妻徐氏　永禄女。
黄正线妻刘氏　永清女。
杨玉英妻孔氏　传鲁女。
李廷栋妻吴氏　茂旺女。
夏濬升妻曹氏　文林女。
夏仕朝妻罗氏　吉安女。
谢里渊妻周氏　钦荣女。
周永祥妻陈氏　尚钱女。
梁世达妻程氏　鳌女。子高华，庠生。
李继林妻邱氏　枝葵女。
李袱林妻张氏　成学女。
王在仕妻帅氏　洪镕女。
张天升妻李氏　天政女。
古在华妻黄氏　在仲女。
李正就妻刘氏　启元女。
曹桂芳妻林氏　富科女。家贫，纺绩自给。
汪廷川妻吴氏　功显女。
汪玉发妻周氏　林超女。
邱光德妻张氏　礼元女。
黄忠桂妻余氏　德贵女。
赵中华妻邹氏　举人学山女。
彭元富妻谢氏　元瑞女。
龚于珍妻官氏　廷彦女。年二十于归，三月夫故，抱侄为嗣，分业校不校多寡。
范永鹏妻陈氏　兆绪女。
伍荣第妻龚氏　元栋女，家贫，依母家纺绩。
梁时川妻古氏　懋礼女。
官克恭妻古氏　廷杼女。
刘鼎仁妻邱氏　开义女。
晏翔鹏妻虞氏　维先女。

丁廷璋妻宋氏　鉵先女。
曹开榜妻钟氏　永爵女。
杨名卿妻梁氏　禄元女。
杨名道妻陆氏　大本女。
张子佥妻胡氏
曹金臣妻杨氏　仲先女。
蓝兆珠妻范氏　恺女。
蓝秀荣妻饶氏　荣禄女。
徐思敬妻刘氏　仕义女。
蓝兆琩妻吴氏　健女。
蓝兆珖妻林氏　正达女。
蓝世香妻杨氏　岁贡绍女。
王香藻妻吴氏　士斌女。
蓝兆和妻杨氏　名仙女。
张星传妻朱氏　尔仲女。
王廷谟妻钟氏　太阳女。
张献明妻谭氏　仕周女。
陈兆广妻邓氏　华桂女。
钟科瑞妻邱氏　富仲女。年九十，五世同堂。
刘宗可妻张氏
刘昌桂妻戴氏　元芝女，即张氏妇。
邹俸友妻李氏　汝清女。
朱世熹妻黄氏　恒镜女。
杨在斌妻余氏　业荣女。
余宗品妻朱氏　国智女。
刘汉富妻王氏　忠泰女。
欧阳荣茂妻蓝氏　兆璁女。
游以聘妻罗氏　义朝女。
万仕方妻邹氏　玉琳女。学政潘赐题『葆贞完孝』。
万仁春妻杨氏　春藩女。
曹振玉妻叶氏　金山女。
张敦义妻刘氏　文光女。
龚勉议妻郝氏　文生淳女。
谢洪铎妻黄氏　桂元女。
莫大绶妻张氏　廷辉女。
董仕亨妻曾氏　元魁女。
丁廷聪妻杨氏　仕映女。
钟永和妻罗氏　天耀女。
杨通暘妻唐氏　洪福女。
王廷化妻陈氏　传瑛女。
萧州璠妻杨氏　廷芳女。
郝中瑶妻王氏　廷彦女。守节五十八年，五世同堂。
侯家瑛妻余氏　文星女。
范文清妻杨氏　大荣女。
杨周廷妻杜氏　三富女。
傅怀栋妻杨氏　广洪女。
程怀贞妻龚氏　于贵女。
罗存儒妻幸氏　乾泽女。

邹其用妻毛氏　子清女。
邹新扬妻吴氏　明林女。
邱思洙妻幸氏　国瑞女，妾李氏恂女。
赵世杰妻邱氏　邦升女。
严世和妻郝氏　继贤女。
杨锡仲妻龚氏　岁贡廷肃女。
丁聊魁妻曹氏　世义女。
张德化妻龚氏　荣耀女。
张德和妻曹氏　存礼女。
黄华国妻柏氏　大兴女。
黄文聪妻万氏　利昌女。
黄文显妻郑氏　德升女。
明元吉妻何氏　文亮女。
卢宏星妻李氏　望隆女。
俞志光妻黄氏　玉凤女。
张国珍妻黄氏　应仲女。媳吴氏，年二十一，亦守节。
冯仕清妻朱氏　名魁女。
辜成良妻杨氏　纯祖女。
吴克振妻王氏　富顺长信女。
林国玺妻吴氏　赐绶女。
吴滋兰妻邹氏　滋兰，庠生。
罗联三妻范氏
萧大林妻邱氏　庠生映青女。
范修廷妻陆氏　传宗女。
范国泰妻谢氏　上美女。谢性沈重，识大体。一门三节，惟谢承先启后云。
范绍文妻程氏　绍庚女。曾祖姑陆、姑谢，皆矢志守节。盖三世冰霜云。子绍文，庠生。
林玉妻王氏
张学魁妻王氏　朝元女。
张元现妻王氏　以照女。
吴朝幹妻王氏　锡类女。
刘正元妻曹氏　元位女。
丁大凤妻虞氏　世相女。
林光彩妻朱氏　正廷女。
袁光国妻王氏　极德女。
刘长勋妻林氏　朝万女。长勋，监生。
戴宗宇妻刘氏　正荣女。
杨毓洲妻李氏　忠殿女。
刘如伦妻罗氏　开书女。
曾贵淘妻王氏　荣芳女。
吴腾贵妻黄氏　文传女。
郝章妻朱氏　元淮女。
曾智微妻朱氏　元清女。
龙行珍妻余氏　成荣女。
唐本川妻杨氏　夫逵女。
但正先妻黄氏　朝权女。
左福川妻张氏　伍廷女。

蓝典章妻刘氏　纯仁女。
杨天文妻朱氏　世祐女。
蓝郁章妻彭氏　昌葵女。
谢代明妻黄氏　国升女。
夏正朋妻杨氏　学士女。
胡国清妻欧氏　光贵女。
骆国选妻邓氏　奇整女。
程秀妻丁氏　说女。
周文星妻王氏　正阳女。
王九皋妻李氏　廷苏女。
吴朝本妻李氏　崇顺女。
龚廷弼妻梁氏　世奎女。
杨正秀妻张氏　元俸女。
李文彦妻万氏　学儒女。
曹兆有妻王氏　维林女。
温良玉妻杨氏　国魁女。
刘长钦妻黄氏　鹏达女。长钦，庠生。
刘明聪妻梁氏　华宇女。
蓝世亨妻陈氏　三奇女。
詹学山妻王氏　达义女。
左永隆妻罗氏　宗贵女。
万映仁妻罗氏　吴洪女。
邹锡柄妻段氏　奕宽女。锡柄，监生。
钟世顺妻黄氏　足寿女。

党宗绪妻彭氏　厚填女。
袁国瑄妻荣氏　序章女。
罗文章妻黄氏　仲玉女。
沈宪章妻王氏　天眷女。
徐万恺妻龚氏　廷秀女。
郝春诏妻徐氏　绍芳女。
刘世尧妻范氏　文祥女。
段玉贵妻杨氏　名举女。
曹世礼妻王氏　胜麟女。
龙有川妻周氏　仲绅女。
曹世瑞妻李氏　中楷女。
古傅元妻梁氏　来任女。
杨天爵妻古氏　占梁女。
吴利卿妻刘氏　昌华女。
钟兴仪妻李氏　长书女。
斐文贵妻秦氏　大振女。
张兆阳妻吴氏　国贵女。
林高梧妻官氏　克比女。
徐朝一妻杨氏　正宇女。
彭永发妻谢氏　大祥女。
陈朝璇妻雷氏　起贵女。
杨汇元妻曹氏　扬璇女。
温良升妻杨氏　廷相女。
王玉珍妻李氏　继弦女。

陈佐安妻林氏　治坤女。
蓝映章妻王氏　香连女。
杨奇琳妻刘氏　顺相女。
伍登阳妻戴氏　天佑女。
李兴舒妻黄氏　逢盛女。
晏朝臣妻曹氏　寿臣女。
钟廷祥妻邱氏　洪礼女。
丁廷璧妻刘氏　敬先女。
赖元松妻谢氏　永盛女。
赖元富妻林氏　昌适女。
李必顺妻易氏　天泽女。
李桢妻王余氏　廪生楦女。
曹正英妻虞氏　凤羽女。
谢洪魁妻罗氏　文秩女。
胡登学妻曹氏　奇贤女。
蓝世传妻郑氏　世羽女。
谭忠堂妻李氏　长柱女。
丁正鳌妻朱氏　葵女。
古传永妻杨氏　名祥女。
宋作宾妻刘氏　光斗女。作宾，庠生。
张元桂妻钱氏　姜女。
张升妻杨氏　茂女。
谢建寓妻李氏　楚鹏女。
程于庚妻王氏　国政女。
王在柱妻徐氏　国现女。
蓝兆发妻曹氏　荣昌女。抚己子世橦、世平，孤侄世璋，饮食教诲无异。
伍登鳌妻毕氏　相周女。
蓝汉章妻古氏　荣光女。
辜成美妻沈氏　银女。
饶润廷妻吴氏　洪剑女。
赖国民妻刘氏　汉万女。
陈天安妻李氏　良文女。
胡仁伦余氏　明章女。
毛再俸妻李氏　林万女。
李正常妻胡氏　玉闻女。
胡相仁妻戴氏　文明女。
沈永济妻黄氏　鹏飞女。
彭缉熙妻张氏　崇修女。缉熙，庠生。
徐子惠妻范氏　珍女。
杨接忠妻廖氏　发盛女。
佘作云妻詹氏　长卿女。
王绍阜妻谭氏　长发女。
吴鹤年妻李氏　秀女。
蓝兆隆妻罗氏　廷相女。
丁爵妻龚氏　兆谦女。
周元盛妻杨氏　绍恺女。
吴玉魁妻潘氏　学贵女。

林世华妻王氏 治女。
张绍闻妻王氏 绍先女。绍闻，武生。
张国华妻吕氏 绍修女。
周光宇妻陈氏 锳女。光宇，庠生。陈尝割股救夫，年九十卒。
吴坤妻李氏 正明女。
萧廷春妻何氏 兆佐女。
林正青妻范氏 永昌女。
王香月妻温氏 孺选女。
刘常寿妻王氏 香梁女。
晏文鹏妻张氏 宥女。
邓联峰妻颜氏 仲辉女。
余盛芳妻周氏 乐礼女。
侯肇振妻颜氏 有能女。
彭鸣贵妻罗氏 兴朝女。
黄杞妻刘氏 成女。
同治朝旌者：
虞召妻程氏 国奉女。
戴斯巽妻郝氏 定邦女。
王登第妻虞氏 长仲女。
吴麒先妻丁氏 笏女。
朱朋妻陆氏 大富女。守节五十八年，五世同堂。
钟九林妻廖氏 元信女。
邱荣达妻吴氏 汉桢女。
邱荣岱妻罗氏 永禄女。
邱先第妻李氏 昌凤女。
夏国鉴妻杨氏 希江女。
王光第妻傅氏 维德女。
邱思华妻刘氏 启化女。
吴廷辉妻谢氏 贞灼女。
谷高荣妻邱氏 庠生荣青女。
吴汉禧妻廖氏 祥麟女。
黄氏妇陈氏
吴珍妻王氏 智馨女。年十六于归，甫七月，夫故。抚侄福龄为嗣。守节六十四年，八十一岁卒。媳陈、孙媳刘，三世节孝。
罗兴俊妻马氏 育赞女。
谷书岱妻罗氏 言道女。
林正芳妻刘氏 国持女。
詹九源妻杨氏 国信女。勤苦持家，手创田产数百亩。
晏元海妻龚氏 宗发女。
范连魁妻王氏 凤集女。
徐文耀妻李氏 玉升女。
童涧继妻张氏 应鹏女。
周瀛妻马氏 学显女。
陈文唱妻白氏 玉洁女。
曹节亮妻杨氏 超女。
李世贡妻余氏 元华女。

虞天现妻李氏　芳贤女。
古廷柏妻刘氏　发周女。
刘立周妻黄氏　际朝女。
辜成禹妻郝氏　安邦女。
林文萧妻王氏　运泰女。
辜正伦妻李氏　子瑄女。
陈九仕妻缪氏　学崇女。弟妇改嫁，缪抚其二子，与己子俱成立。
张元昭妻赵氏　赵世居宋灞。德昭长子永兴，于族中能持大义，李、蓝之乱，以里正捍卫乡邦。德昭女又守节能孝，里党光焉。
周开渭妻王氏　凤女。
曾德贞妻杨氏　玉华女。
谢命瑶妻萧氏　刑万女。
廖荣松妻王氏　书章女。
曹天橦妻夏氏　元珠女。
王宗秀妻简氏　其祝女。
谢永材妻黄氏　国栋女。
帅洪朝妻陈氏　忠女。
郝春悰妻龚氏　德诚女。
冯学仕妻古氏　文升女。
张起宇妻刘氏　顾三女。
朱子净妻周氏　成海女。
刘世月妻余氏　龙耀女。夫故，家极贫，抚二子宗蜀、宗武成立。孀姑死，葬祭皆余针线所出，乡人怜之，捐资助焉。
詹九洪妻朱氏　辉阳女。
曹永坤妻吴氏　懋材女。
刘正枢妻王氏　锡福女。抚子应双、应高成立。后应高卒，媳吴氏抚应双子为嗣，节守如姑。
周文清妻王氏　德星女。
刘月和妻李氏　天和女。
李荣越妻张氏　立栋女。
邹依仁妻张氏　怀孝女。
黄朝柱妻陈氏　子与女。
刘元英妻罗氏　缙女。
刘德明妻敖氏　茂华女。
胡玉镜妻王氏　国泰女。
胡玉防妻刘氏　怀鹏女。
张兆拔妻童氏　元松女。
李正国妻徐氏　子文女。
钟正万妻杨氏　玉奇女。
刘思薛妻江氏　耀鲲女。
罗相应妻杨氏　怀新女。
王殿飏妻董氏　珏女。
余永福妻杨氏　廷孔女。
王绂妻周氏　万福女。
张天积妻王氏　正圻女。
王经妻彭氏　履清女。

黄在鸿妻王氏　世元女。
冯永梁妻钱氏　正权女。
郭有碧妻宋氏　世祥女。
张正科妻王氏　大猷女。
张效修妻黄氏　国贤女。
胡锡政妻古氏　占魁女。
袁大川妻周氏　德深女。
朱子坤妻卞氏　耀奇女。
黎朝高妻周氏　喜女。
余朝综妻钟氏　应龙女。
罗玉贤妻徐氏　文尧女。
沈成谏妻陈氏　廷谟女。
丁文尧妻曹氏　茂洪女。
谢廷桢妻陈氏　维富女。
但式先妻范氏　君叙女。
刘廷顺妻程氏　有德女。
罗廷英妻刘氏　汉臣女。
罗开第妻钟氏　嘉灵女。
张泽宣妻杨氏　文光女。
丁正芳妻张氏　镜女。
彭粤宏妻郑氏　奇富女。家贫，依兄嫂。善事翁、姑，居丧尽礼。
张文耀妻钟氏　永臣女。
金光明妻陈氏　攀桂女。
杨国培妻毕氏　星永女。
杨显先妻赵氏　文彦女。
周思明妻龚氏
朱冠祥妻张氏　廷梁女。
曹振廷妻徐氏　绍芳女。
罗书岱妻陈氏　元道女。
何贵玺妻张氏　永珀女。
萧奇永妻董氏　万廷女。
王永起妻降氏　仕端女。
廖朝宽妻余氏　文学女。
龙贵元妻周氏　仲绅女。
罗天举妻李氏　崇斌女。
罗开书妻邱氏　正有女。
董正钦妻陈氏　子玉女。
蓝奇芳妻钟氏
刘鼎忠妻黄氏　子绍裔，贡生。
王缙宽妻刘氏　生瑚女。家贫，苦节。
唐永能妻沈氏　朝与女。
段弈先妻刘氏　碧朝女。
曹永昭妻雷氏　照乾女。
罗科崇妻刘氏　成川女。
李茂兴妻彭氏　昌智女。
林成源妻李氏　威远增生映汉女。
龙有元妻余氏　德升女。

罗一贤妻黄氏　远华女。
吴顶鳌妻但氏　国取女。
张仕升妻杨氏　仕珍女。
杨锡仕妻王氏　文进女。
范仲会妻刘氏　启元女。
林正章妻曹氏　威远人俊位女。
陈利璘妻刘氏　维时女。
曹怀瑄妻谢氏　建华女。
李象乾妻张氏　正怀女。
邓宗富妻郑氏　文鹏女。
邹遵典妻杨氏　国经女。
邓宗寿妻池氏　福海女。
黄正恒妻陈氏　启鉴女。
罗开茂妻王氏　朝凤女。
虞圣先妻蔡氏　镇位女。
赵光泰妻刘氏　朝银女。
周兴顺妻温氏　煜元女。
卿启寿妻夏氏　正万女。
杨世耀妻刘氏　士顺女。
邱元芳妻秦氏　大鹏女。
杨光谟妻朱氏　犍为人子容女。
李正林妻刘氏　启元女。
胡天宇妻刘氏　正顺女。
李映熙妻邹氏　正斌女。
王缙宽妻刘氏　生湖女。
监察御史达县吴镇奏请旌表。
吴恒兴妻杨氏　正端女。同治十三年（一八七四），浙江道
达县吴镇奏请旌表。
范永发妻龚氏　同治十一年（一八七二），浙江道监察御史
龚年泰妻林氏　朝万女。
杨朝彦妻刘氏　万辉女。
陈耀淳妻李氏　万荣女。
蓝世钦妻廖氏　增生朝淳女。
李元桢妻俞氏　学仕女。
张青鹏妻赵氏　学发女。抚二子潜修、文修，均庠生。
吕俊明妻邱氏　兴茂女。
杨光宗妻刘氏　登注女。
王麒光妻赖氏　国顺女。
王顺清妻张氏　富昌女。
王仕开妻徐氏　大有女。
林友周妻刘氏　科绪女。
罗立宏妻陈氏　天辉女。
张光第妻龚氏　增生希遂女。
杨正书妻廖氏　正玉女。
唐学联妻张氏　祖诚女。
夏成川妻张氏　威远廪生引度女。
沈开泽妻王氏　文照女。
李夫海妻宁氏　仁虎女。

杨国学妻陈氏　天林女。
漆富鳌妻聂氏　犍为人怀德女。
饶宗生妻王氏　富顺人荣智女。
杨元宥妻李氏　天拔女。
吴永图妻杨氏　成光女。
刘启璋妻万氏　犍为人文元女。
刘文亨妻李氏　祥之女。
谢正邦妻李氏　富顺人上培女。
谢绍泗妻李氏　威远恩贡照女。抚子庭芝成立，庠生。
谢珏妻吴氏　懋女。
曹贵饮妻虞氏　国仲女。
杨秀山妻黄氏　贤桢女。
杨华春妻戴氏　金女。
虞元鉴妻谢氏　犍为人天有女。
简朝元妻叶氏　威远庠生菁莪女。
程明星妻官氏　吾英女。
李天甫妻虞氏　子翠女。
曹兆祥妻吴氏　威远庠生庭亮女。
吴祖芳妻萧氏　维桂女。
杨接川妻廖氏
杨接田妻黄氏　国俞女。
杨接榜妻曾氏　西魁女。

王《志》① 所表：

唐世明妻罗氏　平琳女。
童应松妻王氏　泽新女。
简兴邦妻王氏　文照女。
朱国冕妻倪氏　震龙女。
朱守林妻李氏　明清女。
李寿林妻朱氏　心应女。
邹映桐妻王氏　井研人纲大女。
李芝修妻朱氏　子伦女。
朱宗伯妻廖氏　翼女。
郝有超妻邹氏　宗儒女。
朱心岑妻陈氏　宗信女。
童光熏妻刘氏　锡川女。
徐朝逊妻魏氏　大成女。
马明仲妻唐氏　朝玉女。
张元伦妻曹氏　光印女。
吴福龄妻陈氏　富顺人正钱女。
吴汝明妻刘氏　富顺人田女，福龄媳。
万永文妻胡氏　琁女。
杨廷发妻李氏　洪斌女。
黄天仪妻邹氏　光特女。
陈学信妻曹氏　子富女。
萧逢深妻王氏　敬葆女。夫病，尝割股以进，辛苦万端。
邹悌先妻吴氏　元富女。

① 按：王《志》，即道光王培荀所修《荣县志》。

李文明妻刘氏　绍远女。上事孀祖、孀姑，一门三节。
李芝妻张氏　廷高女。张事孀姑古，极孝。
罗开先妻侯氏　家兴女。奉姑教子，备历艰辛。
刘本芊妻雷氏　世育女。
余欣云妻杨氏　时春女。杨抚三子，家贫苦守。
罗华道妻毛氏　朝元女。
陈大富妻杨氏　符玺女。善事翁、姑，丧葬如礼。
吕三发妻范氏　文富女。
王友固妻李氏　元高女。
何流冠妻吴氏　文启女。
曾德伦妻张氏　兆凤女。
曾盛友妻黄氏　俊臣女。
杨咏超妻周氏　述职女。
李贵兰妻袁氏　俊文女。
程国权妻伍氏　廷与女。国权，监生。
晏朝举妻邱氏　春第女。
刘永隆妻万氏　廷川女。
王香桂妻林氏　高柏女。
刘祖伦妻钟氏　大镕女。
杨毓海妻曹氏　希亮女。
杨毓涧妻马氏　世恒女。
刘廷树妻丁氏　耆员能女。
程在昌妻李氏　庠生荣位女。
程世扬妻王氏　锡礼女。

晏荣昌妻邱氏　永秀女。
钟发章妻曾氏　思聪女。
张怀瑾妻朱氏　朝芳女。怀瑾拔贡，卒于京师。朱贫，以节自励。
杨庆贤妻刘氏　品亨女。
钟际昌妻曹氏　新贤女。
刘达纲妻熊氏　纪科女。
曹振春妻詹氏　升华女。
詹积忠妻杨氏　乾泰女。年二十，夫故无出。翁、姑相继殁，杨葬祭如礼。夫弟秉忠，娶梁氏，亦无出。各抱子承嗣。子厚泽，弱冠游庠。
杨名龙妻钟氏　兴万女。
蓝世标妻段氏　先春女。抚二子永丰、永双。丰，早卒；双，庠生。
蓝兆熏妻陈氏　绍兴女。
古传吉妻段氏　昌荣女。
龚翊衡妻徐氏　大韶女。
周廷昭妻汪氏　仁玠女。
王国玙妻蓝氏　玉修女。
吴腾超妻蓝氏　蔚章女。
蓝世明妻李氏　光义女。
万代兰妻胡氏　仁富女。
吴国长妻侯氏　庠生家琮女。
曹怀碧妻曾氏　士敬女。

曹天寿妻王氏　成业女。
曹心全妻黄氏　三略女。
黄吉霖妻范氏　显善女。
张品扬妻吴氏　登喜女。
但世耀妻聂氏　怀均女。
潘登满妻周氏　占先女。
虞世兴妻董氏　芝栋女。
虞正宇妻姜氏　宏昭女。
刘国朝妻吴氏　桂祥女。
李光庭妻吴氏　国林女。
张元绶妻戴氏　国祥女。
钱世贵妻唐氏　贡生有光女。
刘应安妻曹氏　光宗女。
李学山妻邵氏　公纯女。
蓝有杞妻王氏　明庸女。
蓝世湖妻樊氏　耆员士林女。
陈忠俸妻刘氏　永榜女。
陈有孝妻王氏　富顺监生忠信女。
余发妻彭氏　光银女。
幸乾亨妻曹氏　刚女。
温如锡妻王氏　懋德女。
黎腾贵妻廖氏　登级女。
但正模妻李氏　耆员天和女。
杨长春妻涂氏　元修女。
黄文升妻彭氏　由义女。
王逊修妻张氏　文炳女。
冯大山妻吴氏　暘修女。
邹辉泗妻刘氏　光斗女。
周应川妻罗氏　秉贤女。
包凤才妻孙氏　应盛女。
宋兴桐妻傅氏　元庄女。
张国礼妻黄氏　逢觉女。
谢朝栋妻陈氏　候选道均远女。
黄兴文妻范氏　位龙女。
王家献妻丁氏　恩贡光献女。
郝喜章妻程氏　德谦女。
程德谦妻王氏　富女。母女居孀。
龙世寿妻陈氏　绩琛女。
钟汉雄妻董氏　德京女。
范兴福妻梁氏　邦仕女。
范兴敏妻吴氏　腾彪女。
刘光林妻周氏　文汉女。
张克修妻邹氏　伦女。
陈万龄妻曾氏　世朝女。
张兆奎妻周氏　大亨女。
黄治辅妻邓氏　奇经女。
廖荣斌妻刘氏　清女。
万德元妻简氏　朝安女。

张坚妻曹氏　友贤女。
李成珖妻谢氏　时佑女。
邹昆儒妻但氏　顺先女。
袁大凤妻黄氏　在懋女。
杨茂基妻党氏　宗盛女。
滕喜超妻刘氏　开仲女。
黄忠诚妻张氏　光举女。
杨盛林妻曹氏　国权女。
邹世铨妻徐氏　德明女。
王绪旸妻龚氏　富顺膺聘女。
刘忠杰妻李氏　祈长女。上事两世孀姑，苦节自励。
林常福妻刘氏　宗仁女。孝事孀姑。
李祈辉妻欧阳氏　富顺欣连女。
古时章妻曹氏　正国女。
龚珩妻吴氏　正邦女。
龚翊临妻吴氏　万炳女。
简士飏妻李氏　文广女。
张大韶妻龚氏　正藩女。
范朝文妻罗氏　天红女。
左永祥妻张氏　朝忠女。
左兴仁妻朱氏　朝斌女。抚二子。泰勋取伍氏，泰芳取蒋氏。两子相继殁，无嗣。二媳亦立志共守。
欧大伦妻杨氏　希震女。
朱元隆妻彭氏　应新女。
陈朝兰妻吴氏　武生登高女。
冯其珩妻李氏　童才女。抚子昶，庠生。
俞绍勋妻翁氏　仲臣女。
林茂和妻王氏　安仁女。
朱光瑞妻黄氏　在缉女。
廖其盛妻温氏　世登女。
王志谦妻何氏　世耀女。
赵德儒妻李氏　显朝女。
张玉思妻袁氏　国成女。
胡仕聪妻刘氏　夫故后六月，生子之宁。守节至七十二岁卒。
刘恩聪妻邹氏
伍维礼妻万氏
王必勋妻陈氏
罗荣绶妻邹氏　荣绶，正九品。
吴怀奇妻张氏
陈荣龙妻谭氏
陈开宗妻刘氏
陈文光妻徐氏
张元发妻李氏　映槐女。
龚长安妻丁氏
王翰九妻曾氏
罗声灵妻邹氏
林高栋妻吴氏　监生童俊女，教谕达修妹。学政黄表以『柏年柏节』。

叶光祥妻陈氏

刘兆文妻马氏

邱思传妻夏氏

邓传宾妻杨氏

萧大贤妻熊氏

赵映镇妻冯氏

刘汉绣妻谭氏

杨鹤龄妻董氏

曹永凤妻邱氏

王世连妻郝氏　夫故，子顺先甫数月，守节，八十余岁卒。

龚名海妻陈氏　名海，威远人。

杨芳桂妻陈氏

刘洪遂妻胡氏

康晋义妻庞氏

邹荣洸妻林氏

罗正礼妻方氏　年十八，夫故无子。守节至八十岁卒。

吴元睿妻陈氏　夫病笃，割股以救。年二十三夫故，抚子玉璠成立。

胡天祥妻朱氏

林高祥妻曾氏

黄士用妻范氏　子作霖，庠生。

杨朝学妻李氏

李元文妻胡氏

刘应彩妻宋氏

邹方著妻田氏　富顺志英女。

蓝兆馨妻陈氏　抚侄为嗣，十岁方能步行。勤俭持家，号小康焉。

雷昌惠妻彭氏　富顺厚重女。

李洪泽妻王氏

张升妻吴氏　履泰女。

张天镒妻龚氏　海龙女。

钟元寿妻周氏　永生女。

钟寿光妻林氏　正材女。

冯安妻吴氏　应洋女。

黄仕堂妻罗氏　天宗女。

黄涧妻刘氏　玉春女。

王义臣妻简氏　仕亮女。

王清宇妻朱氏　熹女。

邓昆章妻吴氏　仕权女。

刘兴汉妻郑氏　祚章女。

刘光铭妻邱氏　正谨女。

简兴华妻戴氏　镕女。

曾万广妻刘氏　恒道女。

吴景汉妻周氏　威远缙女。年十九，夫故。周知书，尝赋诗，有『儿女几时才长大，舅姑何日得安宁』等句。

林高拔妻邹氏　平建女。

万扣妻陶氏　富顺遂仁女。

王在琏妻胡氏　富顺登笏女。抚侄恩泰承嗣，寻殁，胡率孀媳抚孤成立。家贫苦节，至八十余岁卒。
戴朝平妻毕氏　贡呈女。
林高仲妻邱氏　星照女。
刘元淑妻吴氏　利彤女。
李芳辉妻倪氏　宁发女。
黄治凤妻李氏
辜佑魁妻邓氏　荣华女。
陈培远妻张氏　湖北湘阳县玉宗女。培远，候选通判。故后，张抚前子从九有钊成立。
李葵妻刘氏　岁贡新第女。
戴承仁妻曹氏　凤举女。
廖发珍妻张氏　升女。夫病，割股者再，竟不愈。
蓝兆松妻郑氏　兆松，威远人。
余成绶妻罗氏　以珣女。
卢洪启妻饶氏　明诗女。
杨锡畼妻曾氏　世俊女。
曹双魁妻梁氏　贵富女。
洪家俊妻萧氏　玉贤女。
洪家声妻曹氏　荣禄女。家贫守节。凡男婚女嫁，皆女红所出，一切如礼。
曹凤槐妻刘氏　富榜女。
欧世珉妻龙氏　成文女。
段昌鹤妻谢氏　永杜女。
刘永桂妻吕氏　乐明女。
邓朝荣妻刘氏　威远斌龙女。
林怀德妻杨氏　惟性女。
吴廷碧妻倪氏　威远蜀华女。
童先学妻官氏　威远国彩女。
刘兴泰妻龚氏　膺服女。
万廷彦妻詹氏
郝应才妻金氏
林泰龙妻罗氏　开祥女。
贺鸣皋妻李氏
董芝蔚妻朱氏
刘月侯妻张氏　年二十二夫故，抱侄承祧，寻殁。令媳朱抱子以续先祀。
王烈富妻聂氏
王国伦妻曹氏　正德女。
刘汉全妻谢氏　建凤女。
李苠妻曾氏　国辉女。
钱文超妻朱氏　有辉女。
温琼林妻王氏
程凤锦妻徐氏　子卓女。
李舒妻杨氏　学仕女。
黄琮妻罗氏
钟维岳妻龚氏　膺律女。
胡元贵妻黄氏

万照妻李氏
万德发妻詹氏
温培元妻蒋氏
王书伦妻张氏　正伦女。
陈文经妻张氏
王思恭妻黄氏　天储女。家贫。李、蓝之乱，孀姑幼子，百计保全，备尽辛苦。
胡世寿妻钟氏　正纲女。
陈兆苏妻张氏
陈九汗妻韩氏
黄志凤妻李氏　时贵女。
钟秉经妻袁氏　怀义女。
丁廷仕妻杨氏　元高女。
毛德珍妻钟氏　纯理女。
李进源妻余氏　龙贵女。
邱运梁妻陈氏　富顺领道女。
唐原坤妻左氏　福相女。
吴恒清妻李氏　富顺有泉女。
邓琳清妻张氏　富顺世玖女。
朱应富妻汪氏　仁斌女。
谢观朝妻李氏　富顺人贤女。
钟万祥妻王氏　廷清女。
曹尊贤妻刘氏　德标女。
张兆第妻杜氏　洪图女。

税光远妻何氏　长绪女。
晏朝觐妻谭氏　谠元女。
程富鹏妻刘氏　屏山国栋女。
杨永春妻莫氏　永珍女。
丁廷科妻董氏　威远廷典女。
丁玉堂妻戴氏　尚仁女。
刘世琦妻张氏　武举廷彪女。
李曙先妻吴氏　威远文生廷亮女。
蓝世济妻徐氏　威远宪章女。
幸世承妻朱氏　金鳌女。
周永昭妻陈氏　玉莲女。
周应聪妻夏氏　成山女。
王世连妻郝氏　应熊女。
曹学明妻杨氏　廷金女。
袁国宦妻胡氏　世明女。
谢孟仁妻周氏　威远崇润女。
梁元朝妻袁氏　良松女。
黄礼端妻刘氏　光越女。
王镶五妻吴氏　锡绂女。
曹贤福妻邓氏　荣德女。
许大成妻刘氏　鼎忠女。
谢远彰妻许氏　正书女。
邱维藩妻幸氏　乾曙女。
詹习礼妻车氏　星翼女。

《乡土志》所表：

张大本妻刘氏　宗伦女。

刘大法妻黄氏　定柱女。

邓明书妻张氏　国暘女。

范联之妻刘氏　长亮女。

夏氏妇陈氏

李万缘妻伍氏　廷宝女。

廖氏妇罗氏

张义生妻丁氏　华周女。

徐凤春妻王氏　灵达女。

廖氏妇彭氏

李代光妻王氏　凤林女。

邓泽耕妻黄氏　吉康女。

洪氏妇陈氏　畴女。

李林端妻罗氏　二朝女。

廖登凤妻刘氏

林氏妇谢氏

欧世省妻张氏　仁贵女。

吴永振妻汤氏

曹氏妇杨氏

欧世泰妻胡氏　应辉女。

朱氏妇丁氏

邱应然妻曹氏　德亨女。

张义巡妻龚氏　耀云女。

钟荣祥妻唐氏　致品女。

王士钰妻杨氏

李万德妻蔡氏　文东女。

龙世祥妻欧氏

龚维世妻辜氏

邱氏妇张氏

龙日轩妻郝氏　申贵女。

王其英母朱氏

杨廷发妻李氏

李万时妻林氏

钟正芳母林氏

李万善妻吴氏

王其杰妻童氏

杨盛恒妻张氏　应良女。

晏荣昌妻邱氏

曹氏妇李氏

龚廷祥妻杨氏

龚廷桢妻李氏

林氏妇张氏

伍廷邦妻王氏

刘瑞朋妻赵氏　显光女。

陈氏妇李氏

温氏妇李氏

谭氏妇刘氏

朱氏妇谢氏
张氏妇李氏
谭荣振妻李氏
吴其盛母郝氏
谭兴发妻王氏
张宿之母刘氏
龚兴发妻蒋氏
官凤祥母古氏
李邦盛妻曾氏
龚元让妻邓氏
王勤新妻简氏　良凤女。
李定喜妻陆氏
龚近让妻刘氏
杨文魁妻辜氏　成笏女。
刘氏妇李氏
夏大其妻蒋氏
张泽汇妻李氏　文怀女。
黄氏妇曾氏
张氏妇余氏
李光义妻刘氏
郝氏妇周氏
李桂兰妻袁氏
伍星奎母王氏　九容女。
刘光宗妻谢氏　朝凤女。
蒋文广妻王氏
伍为旐妻吴氏
侯必政妻刘氏　恒昭女。
周应连妻王氏
刘氏妇丁氏　光汉祖母。
杨朗之妻万氏
曾绍章妻李氏
郝耀之母伍氏
陈学廉妻罗氏　利华女。
曾盛瑞妻曹氏
古在升妻杨氏
沈汉升妻李氏　光孝女。
沈清华妻郝氏　富隆女。
刘正堃妻李氏
钟贤章妻李氏　文元女。夫故，李捐千金，修桥头铺永定桥。清光绪颁赐『好善乐施』字。
郭氏妇杨氏
蒋氏妇陆氏
沈德芳妻王氏　绪宽女。
王万钦妻余氏
李氏妇陈氏
龚家善妻林氏　友之女。
邹景川妻蔡氏
邓章之妻古氏

朱大章媳陈氏　沛江侄女。
虞氏妇段氏
廖发华妻杨氏
罗氏妇杨氏　奉贵祖母。
沈氏妇董氏
廖维容妻胡氏
罗奉贵母范氏
叶维金妻董氏
夏宽之妻赵氏
张梧凤母伍氏　暄女。
余其恺妻曾氏
龚永祥妻廖氏
李芝发妻吴氏
余其政妻王氏
顾永紫妻黄氏
程宗强妻徐氏
毕周之妻李氏
顾九宗妻阚氏
曹光银妻刘氏
李氏妇林氏
李氏妇虞氏
刘忠林妻王氏
刘氏妇万氏
张元贵妻钱氏

夏文峰妻曾氏
邱氏妇李氏
张大廷妻罗氏
夏锡九妻张氏
邱氏妇蓝氏
张泰亨妻李氏
谢朝炳母彭氏
张大宝妻王氏
张正明妻赵氏
钟德梧妻谢氏
夏成开妻李氏
蔡大统妻王氏
龚朝统妻徐氏
邱氏妇张氏
萧禄章妻吴氏
谢发科妻龚氏
漆宝廷妻李氏
谢发玉妻曾氏
徐维罗妻孙氏
晏思升妻唐氏　世鸿女。
左永才妻宋氏
邹立达妻张氏
陈文林妻晏氏
唐世通妻陈氏　于诗女。

邹廷斌妻吴氏
邹富林妻但氏
陈氏妇徐氏
邹尚忠母蔡氏
程氏妇李氏
朱崇德母邹氏
左泰勋妻伍氏
廖德林妻李氏
李洪廷妻范氏
左泰芳妻蒋氏　五世节孝。
范联常妻雷氏
邹登发妻汪氏　炳南女。
李正奇妻黄氏　文华女。
范光喜妻邹氏
吴德洪妻曹氏
刘泽周母蔡氏
丁任笔妻倪氏　夫殁，时年十四。自为文以祭，剪爪截发，置棺中。
刘华铨妻朱氏
邹氏妇程氏
刘华春妻彭氏
朱一有妻宋氏
丁元恺妻邹氏
吴步堂妻黄氏　朝贡女。
张元福妻胡氏
戴大江妻陈氏　玉郁女。
刘宗荣妻曹氏
范光贝妻廖氏
颜澍之妻曾氏　成宪女。
罗氏妇李氏
李氏妇余氏
刘世琛妻吴氏　世守女。
王宗瀛妻刘氏　华兰女。
刘世璋妻黄氏　礼位女。
但氏妇聂氏
邹正旺妻李氏
程献章妻沈氏　国盛女。
冯氏妇欧氏
丁国标妻刘氏
刘氏妇彭氏
李懋固妻樊氏　承朋女。
刘氏妇李氏
龚彤显妻陈氏
曾维学妻王氏
沈氏妇许氏
张德酉妻胡氏　应忠女。
张兆高妻周氏　大全女。
朱氏妇刘氏

郝光阳妻张氏
曾治馨妻林氏　朝熙女。
张振鳌妻朱氏　国滋女。
王国春妻李氏　怀书女。
宋氏妇余氏
孙有银妻朱氏
吴氏妇袁氏
周绍熙妻李氏
李应琨妻胡氏　纯阳女。
欧阳华品妻谢氏　时典女。
吴光烈妻周氏　文郁女。
李永春妻程氏　凤之女。
吴国升妻刘氏
宋绍杰妻范氏　曰楚女。

中华民国

民国丁巳（一九一七）采访：

范光镜妻邹氏　学照女。二十夫故，无兄弟子女，惟依孀姑。有田三十亩，谋夺之者万端，邹贞静自励，抱夫从兄周岁子立宗，教之成立。

范光庆妻廖氏　井研正发女。十九于归，光庆已疾。共寝七夕而异居，六十日而夫故。抚兄次子为嗣，性幽静，得于天也。

漆万镒妻李氏　祥林女。
徐维罗妻孙氏　长春女。
李维槐妻范氏　联霈女。
漆万喜妻程氏　富齐女。
李翠联妻宋氏

钟正华妻雷氏　家赤贫，雷勤苦纺绩，日夜操作，并课子读书，卒兴其家。

侯飏廷母罗氏
侯寅辅母刘氏
刘正典妻马氏
刘正礼妻罗氏
刘正亮妻罗氏
侯学斋母钟氏
吴茂修妻梁氏
陈德蛟妻林氏
龚具化妻邓氏
钟朝相妻邱氏　三世孀居。
刘正心妻钟氏
马鸣修妻钟氏　世选女。

邱维朝妻康氏　夫故，抚子亦亡，仅遗一孙。家贫苦守，纺绩勤劳以度日。

邓明楷妻蓝氏
黄由仁妻邓氏

曾朝伦妻曹氏　李、蓝之乱，夫遇贼死。曹矢志守节，上奉翁、姑，下抚孤子。昼耘①夜绩，以为仰事俯育之资。已八十一岁矣。家以中丰，由苦积也。

赵继珩妻王氏　香桂次女。

黄礼庆妻罗氏　鸣祥女。

胡再兴妻万氏　正祺女。

邓镇章妻林氏

邱炳奎母幸氏　炳奎，廪生。

邱氏妇张氏

杨氏妇李氏

曹氏妇李氏

刘氏妇赵氏

刘应统妻胡氏　相仁女。事翁、姑孝，抚二子成立。寿八十六岁，五世同堂。

邹国阶妻但氏　德盛女。年十八守志，人无闲言。

王朝俊妻邱氏　文选女。子怀谦，增生。

梁书宸妻陈氏　永寿女。子积仁，州同②。

范华君妻刘氏

梁护仁妻李氏　孟菱女。

侯灵妻林氏　天璠女。

侯立仁妻谢氏　钜全女。

侯太常妻林氏　喜春女。

童汝兴妻官氏　威远裕民女。工纺绩，手积三百余金，助翁置业。

杨富淮妻周氏　威远正亨女。家贫苦守，纺绩自给。

杨仕绅妻王氏　国光女。

曹荣耀妻黄氏　仁钦女。

王温仁妻林氏　本煊女。

童应铭妻胡氏　威远德昌女。

朱光振妻刘氏　玉剑女。

朱冠祥妻张氏

刘世聪妻林氏　正兴女。

吴正国妻黄氏　廷洲女。

刘茂麟妻杨氏　仲绪女。十八于归，二十六夫故。家贫寡亲，惟恃纺绩以抚子。年八十余，身犹健而家小康。

程献江妻吴氏　大麟女。

郝仕林妻杨氏　衡高女。

王廷福妻杨氏　正伦女。

李正株妻刘氏　启元女。

杨仲伦妻张氏　大升女。

张书义妻吴氏　朝笏女。

张廷光妻胡氏　天仲女。年十六于归，二十四夫故。家贫苦志，孝事孀姑，礼教孤子。

刘文科妻祝氏　长禧女。

张兆诩妻毛氏　文存女。

张兆淑妻吴氏　朝英女。

---

① 耘：原作『芸』，据文意改。

② 州同：清代官名，为知州佐官。

吴正本妻虞氏

郝朝安妻吴氏　正清长女。生计夙艰，力田营食。孝事翁、姑，自甘藜藿，毫无怨言。及夫、舅相继殁，姑老子幼，室如悬磬，事育之资，全赖十指。年六十余不衰，亦不怠云。

郑崇金妻刘氏　奉姑教子成名。

侯正守妻刘氏　纺绩自养，抚孤成立，为乡里所称仰。

吴氏妇倪氏

谢氏妇陈氏

康氏妇周氏

张子高母龚氏

杨朝凤妻梁氏　九十岁卒。

范集祥妻段氏　光华女。

邱维祐妻蓝氏　年十八于归，未期李逆之乱，夫被掠而殂。矢志守节，抱子承祧。至七十八岁而卒。

蓝典章妻刘氏　夫故，遗子世扬五岁，教之成名。八十三岁卒。

蓝世扬妻何氏　世扬，贡生。殁时，遗子四岁，何抚教成名。孝奉孀姑，年九十犹健也。

蓝如鉴妻王氏　如鉴，庠生。殁时，王年二十八，子文杰甫五岁。奉两世孀姑，均以孝闻。三世节孝，卓为时式。

何龙纲妻陈氏　年十八，夫故。上奉翁、姑，下抚孤儿，克尽妇职。

龚显扬妻杨氏　年已九旬，康强无恙。

罗积章妻廖氏

彭大禄妻刘氏

杨元玉妻龚氏　五世同堂。百岁，旌表建坊。

胡继常妻刘氏　元海女。

李学东妻胡氏　元海女。

黄兆亨妻胡氏　应芳女。

张泽洪妻林氏　庠生高茂女。

钟殿余妻林氏　登华女。

邓兴让妻陈氏　福岩女。

郝光选妻余氏　德崇女。

张家桐妻刘氏　永光女。

张贵德妻万氏

杨厚基妻王氏　纯熙女。

刘沛君妻林氏　春圃女。孀居，家贫，女红度日。

张德浓妻杨氏　元魁女。

余启孝妻李氏　正才女。

郝朝金妻刘氏　统之女。

余肇祥妻彭氏　光瀛女。夫故，遗子炳灵，仅二岁。稍长，彭篝镫夜课，纺绩于旁。子后入邑庠。

万宗培妻裴氏　赤贫无子，女红奉姑。

万洪显妻胡氏　应泮女。

万宗湘妻邱氏　维端女。

谢成元妻吴氏　持家勤俭，九十八岁卒。

黄纶仁妻曾氏　孝敬翁、姑，如夫在日。

王士金妻张氏　兆裔女。年二十九，夫故，四子俱幼。丧葬毕，或劝改醮。张曰：『死骨未寒，上有翁、姑，下有诸幼，吾禽兽耶，而忍离去？』遂历贫苦自守。姑殁，勺饮不入口者数日。子婚矣，长斋诵佛。有求济者，必量力佽给之。乡人称为善婆云。长子浩泽，性甚孝。母病，号泣呼天，割股救愈。友教稺弟，始终不倦，秉母教也。

刘必诚妻吴氏

正定国妻吕氏

丁恒妻王氏　心田女。

丁成玉妻郝氏　王氏媳。

丁祥斌妻李氏　玉兰女。

刘世玢妻黄氏　世玢女。

程献章妻沈氏　国盛女。

张大鸣妻虞氏　都阃府镇江女。二十一，夫殁。家赤贫，为人佣作度日。

程荣兴妻李氏

曹兰亭妻戴氏　级三女。

曹心辉妻黄氏

李氏妇陈氏　家赤贫，纺绩自给。

谢氏妇彭氏

陈友伦妻李氏　永仲女。

黄良佐妻杨氏

黄俊三妻罗氏　昌福女。

丁氏妇王氏　士绍女。

谢朝傅妻钟氏　昌华女。

谢代明妻黄氏

谢代端妻包氏

徐桂亭妻陈氏

王朝俊妻彭氏

张大廷妻罗氏

张太亨妻李氏

张翊妻戴氏

杜崇伦妻郝氏

周廷枢妻张氏

徐启辛妻张氏　兴泰女。

范永让妻孙氏　思鹏女。

徐启元妻王氏　世第女。

徐清举妻潘氏　有登女。

朱氏妇张氏　廷栋女。

张光照妻朱氏　朝昇女。

曹汝祥妻杜氏　崇岳女。

朱丞南妻张氏

戴光先妻郝氏　煜章女。

戴国泰妻杨氏　正权女。十七于归，二十夫故，一子文贵仅数月。奉翁、姑，抚幼子，上下安焉。

戴国猷妻程氏　玉高女。年十八于归，二十三夫故。家赤贫，苦守不变。

徐维义妻丁氏　鸿昭女。

张旭峰妻许氏　光卓女。

杨富嵩妻周氏　应斌女。

张友妻刘氏　维铎女。夫故后，所遗田亩，为族侵占。刘赤贫乏嗣，依女婿吴占云以终老焉。

夏瑞暄妻曾氏　世璠女。

曹盛眀妻曾氏　鸿信女。家赤贫，苦守不渝。

郝昇杰妻罗氏　威远泰和女。年十二于归，月余夫故，矢志守贞，抱子廷梁，未成立而夭。

吴兆禹妻杨氏　新鸿女。

吴学韬妻廖氏　大许女。

杨绍珍妻刘氏

刘盛杨妻黄氏

冯世明妻黄氏　廷珍女。

郝朝昆妻张氏　德女。

龚锡禧妻张氏　正能女。

龚璜瓖妻王氏　三清女。

范定民妻钟氏　国恺女。

李捷钧妻杨氏　三兴女。

朱文源妻傅氏

杨君泽妻柳氏

杨利元妻邹氏

龚桂龄妻杨氏　成兴女。

刘绍辅妻杨氏

刘万贤妻万氏　新春女。

黄由仲妻朱氏　昌越女。

刘国章妻龚氏

周隆之妻杨氏　年二十八夫故。年八十三岁，犹勤纺绩，常督子孙耕种。

曾正勍妻彭氏

万亨麟妻童氏

黄由槐妻刘氏　荣亨女。

黄义士妻赵氏　宗敬女。

翁荣财妻熊氏

万义德妻黄氏　由必女。家贫守节，佣工度日。

王朝书妻周氏

王朝林妻左氏　集成女。

毕明钰妻郝氏　光达女。于归年余，夫故。贫苦守贞，纺绩糊口。抚遗腹子盛喜成立。

丁俊妻邹氏　处士西山女。年十五于归，生子、女各一。其夫行贾江湖，不知所终。丁氏盛时，宅后曾建寺院，及家破，翁、姑依寺以居。命邹改适，邹不从。采菜根茹之，手爪为伤，五口之食，从十指出，然强笑承欢，毫无悔怨。已五旬矣。子志群，为都尉，庶大其宗。

张大凤妻陈氏　国春女。

辜训惠妻徐氏　大忠女。年十六于归，七日夫故。矢志守贞，人无闲言。

程正发妻刘氏　亨川女。

李万福妻姜氏　宗德女。十六岁夫故，一子仕唐甫百余日。矢志抚孤，终身不异。

姜绍文妻刘氏　年二十一夫故，抱侄德寿承祧。刘幼读书，知大义。家赤贫，女红度日。及子成立，遂鸣鱼诵经，八十三岁卒。

张大明妻虞氏　松南女。家贫苦守，抱子复夭，仍不渝节。

罗国孝妻范氏　新海女。

曹廷忠妻刘氏　元祥女。年十六于归，数日夫故。矢志守贞，至老无异。

张扬凤妻曹氏　永昌女。

张大猷妻胡氏　宝廷女。

张大孝妻胡氏　大麟女。

沈洁富妻丁氏　富新女。

蔡志春妻胡氏　永义女。二十二岁夫故。姑生弟无乳，以己乳饲弟，以他物食己子。八十一岁卒。

彭应新妻王氏　世华女。建坊铁厂铺。

程国珍母徐氏　子卓女。建坊竹园铺。

刘仁相妻杨氏　井研情萱女。

刘仁梁妻邱氏　井研道昇女。嫁百日而寡，抚侄德峻以终。

廖必春妻杨氏　明川女。

廖必祥妻朱氏

范炘芳妻袁氏　朝和女。

李维墀妻程氏　元凤女。

曹辅钦妻傅氏

曹学大妻辜氏　傅氏媳。

曹鑫妻李氏　辜氏媳。三世节孝。

曹世宧妻胡氏　抱犹子①芳浓承祧。

民国《志》旌表者：

江应淳妻林氏、江文华妻温氏　应淳居县之西郊，娶林朝玖女。无子，以兄子文华为后，八岁而应淳死。林守节抚文华，娶温义顺女。女之母，林之姊也。生一子二女，文华又死。温又守节。妇、姑形影相吊，习圃为生，十指无一刻之闲，终岁难一食之饱。林遂以穷死。温子力不自赡，千辛万苦数十年。温又以穷死。温长女适赵熙。熙父中宪大夫晓楼，为著《一门双节传》。

吴庆荣妻赵氏　庆荣卒，赵方二十。无子，族党訾之。晚节愈贤，子姓更无后之者，寂寂然卒。次女名元贞，事亲不嫁，年逾三十，亦无食卒。赵熙曰：『赵为吾叔寄女故姊之姊。丰容盛鬋，精于女红。终日靖默自持，而卒斩其祀，可伤也。』墓在宋家坝。

宋治元妻曹氏　治元，城北宋坝人，缝工也。于城中柴巷赁盈丈之居，夫妇纫衣为食，无谤论，亦无贤声，寂寂然终岁也。治元死，曹赁田与母弟力耕。其劳殆非人所堪，仅延命耳。无何，治元祖母死，曹葬之。叔与弟又死，曹又葬之。连举三丧，皆磨血肉之躯，以填其费。曹无子，仪容整秀，人皆劝之嫁，曰：『此逃生耳。』曹曰：『日者以吾命克夫。吾再嫁，是致人于死，乃命债也。吾命既苦，命尽则死而已。』曹世农，亦不知人世有旌节之事，其安命乃出天性。君子愧之，曰：『是以奇行

① 犹子：如同儿子之意，指侄子或侄女。语出《论语·先进》，云：『回也，视予犹父也。予不得视犹子也。』

为庸德者。』

曹桂洪妻林氏　乔芳女。夫故，守节至八十岁卒。

子世泰妻宋氏　学章女。夫故无子，抱族人子芳馥为嗣。殁，捐西街坐宅，为曹氏七房宗祠建主竖碑。春冬祭祀，永赖焉。八十一岁卒。

李朝堂妻曹氏　玉仁女。

胡文孝妻吴氏　永含女。

赖廷桢妻廖氏　宏通女。廷桢，附生。

董正和妻黄氏　明阳女。

黄云凤妻谢氏　时银女。

龚盛时妻龙氏　世鹭女。

沈朝班妻董氏　朝栋女。光绪七年（一八八一）旌。

郭荣开妻宋氏　光富女。光绪甲申（一八八四）旌表。

曹万选妻官氏　清裔女。

李明星妻邹氏　附生秾春母。年六十请旌，年八十二，康健异常。

李明礼妻江氏　应明女，抚犹子附生秾郁兼祧。

陈氏妇曾氏

周莲妻吴氏　莲，威远人，吴亦威远人。会次女夫殁，携子翼登、璪登徙荣，孀居四十余年。

刘常珍妻黄氏　九成女。光绪癸卯（一九〇三）旌。

王泽涵妻林氏　儒学教谕茂光长女。抚子杰入庠生，娶举人黄书孙女为媳。杰旋殁，姑媳孀居，家益窘苦。林五十九岁，忧伤而卒。黄无子，抚女待字，年近五旬，生计日艰，尤可怜也。

陈耀清妻欧氏　秀隆女。

陈耀淳妻邹氏　东来女。

郝富维妻简氏　朝峻女。

黄荣光妻彭氏　绍源女。

曾德昭妻黄氏　廷超女。

刘廷章妻饶氏　昌元女。

曹恩光妻罗氏　大亮女。子良桀，法律专科毕业。

刘风春妻黄氏　大朝女，丕模母。

刘风厚妻廖氏　庠生兴俊女，丕武母。

朱朝宸妻聂氏　宣蕴女。抚三子。长国经，四川法政毕业，民国第一届省议员。宣统末年，报旌。国经述母懿行，其略云：我朱氏明末入蜀，清康、乾间由泸迁荣。逮国经，七代矣。高祖映阳公，县举人。王考泽南公，县增生。堂备者四，拟解者一。卒前一月，携国经手上学，泣诏曰：『吾老矣，吾家书债，今以付汝。勉之哉！万勿骗债，伤先辈在天之灵也。』先妣在旁，呼曰：『三儿，祖父言汝闻否？』国经应曰：『闻。』先妣曰：『好！但愿汝勿忘。』而先祖逾月卒。国经乃为浪荡之游，专事博奕矣。先妣督责，苦无法。一夜，国经自博所迟归，先妣哭竟夜。次夜，亦然。泪尽声嘶，血痕漉漉。国经啼，向先妣誓戒赌，哭乃止。吾家世以读书为业，国经累生事，未克闭门一卷，期诸名山，以永王父母、父母姓字之传。而先妣两夜大哭，是吾家世世伤心之史也。今谨传示子孙。其它节孝诸苦，弗殚详焉。

王泽甘妻吴氏　天祺女。

王士彦妻黄氏　由珍女。

龚世富妻王氏 荣斌女。
钟德扬妻林氏 芝芳女。
夏元昆妻陈氏 正品女。抱子承祧，长斋念佛。
伍廷邦妻王氏 士陶女。
龚维世妻辜氏 联陞女。
冯君德妻王氏 有桃女。十七而寡，性恬默寡言笑，奉姑尽职。
辜星妻邓氏 文陞女。
黄杰林妻李氏 代经女。
赖志魁妻罗氏
吴世钿妻邓氏 代钰女。守节四十三年，光绪十年（一八八四）请旌。
朱济南妻谷氏 高群女。
吴世彦妻伍氏
徐天回妻万氏 永亨女。
吴玉玺妻郑氏
吴万箱妻阙氏
吴万谦妻王氏
毛光辉妻吴氏 全兴女。
吴启聪妻李氏 抱子承祧，事亲尽道。
叶昌祥妻邹氏 志和女。十八寡居，孝友称于乡里。
刘仁柱妻宋氏 足不出户庭，抚兄子为嗣。
胡洛阳妻王氏 光绪二十六年（一九〇〇）旌。
余元培妻李氏 年已八十。
余有孝妻黎氏
邹正旺妻李氏
邹正昆妻张氏
胡祥元妻吴氏
刘源旭妻李氏
吴信堂妻罗氏
欧洪仕妻李氏
刘坤杰妻李氏
胡子高妻李氏
胡用安妻戴氏
胡万隆妻李氏
钱芳妻周氏
张在荣妻刘氏 礼柱女。
黄明初妻刘氏 栋义女。
朱西堂母丁氏
邹氏妇邱氏 已年八十。
李氏妇杨氏
刘汉俊妻黄氏 太学生应禄女。二十八夫故，孝事翁、姑，善教子女。终身持斋礼佛，尤喜布施。光绪报旌。民国七年（一九一八），四川省长杨奖励葛县竹，立匾额。
梁正心妻胡氏 登高女。
胡氏妇曹氏 星奎女。
张泽森妻杨氏 庠生樾女。
吴江治妻郝氏 汉亭女。尝病垂危，媳龙氏割股愈之，后无疾而终。

谢久镇妻张氏　峻梁女。守节抚孤，茹苦含辛，教子成立。

梁槐妻李氏　保初女，举人谦长媳。夫故乏嗣，因无侄可抚，苦节至五十一岁，始经官立嗣。

沈子芬妻王氏　举人维镛长孙媳。夫殁而舅继丧。姑病风，卧起饮食，王皆独任不怨。及殁，居丧尽礼。教子侄有法，凡接见无苟言笑者。年四十八岁卒，乡人常称念焉。

王朝铎妻辜氏　清旌。

王朝栋妻张氏　清旌。

罗万荣妻余氏

张大春妻万氏

范宗德妻朱氏　宿儒朝阳女。三年夫故，设灵私室，出入饮食不忘。家贫姑老，身磨万苦，日粥一餐。或得甘鲜，必先以奉姑。历年勤积，稍有布粟，辄被盗去，夜卧牛衣中饮泣而已。年近六旬，往牛峰寨①为人佣守，月米三升，觉足自给。祖遗薄业，虽佃当，犹兢兢保守，为将来立嗣地。妹婿邱树棠为之传赞。

程宗强妻徐氏　龙亨女。夫故，抱子承嗣。光绪三十二年（一九〇六）旌。

张昌宦妻罗氏　国元女。夫故，抚遗腹子北平成立。事姑极孝，丧葬有礼。

张振鳌妻朱氏　国滋女。奉姑教子，善理家政。

李镜光妻朱氏　朝阳妹。生二子而夫卒。祖业微，不足家给。朱锐身任艰茹苦，事姑有道，教子有方。已逾六十，孙辈林立。生平笑言不苟，授受不亲。乡人咸礼重之。

李如渊妻余氏　隆贵女。宣统己酉（一九〇九）旌。

钟有庆妻张氏　秉哲女。宣统二年（一九一〇）旌。

曹居仁妻杨氏　林修女。宣统三年（一九一一）旌。

吴朝瑞妻杨氏　宿儒廷策女。年十六归吴，二十八夫卒。家落，抚孤绍璘、绍玠成立。孙伯让，县学生。光绪中举人黄茂为请旌表，准予题名建坊。民国元年（一九一二）卒，年八十一。伯让，曾充陈八师书记，任犍为、屏山知事及秘书。

徐鉴成继妻范氏　国华次女。归鉴成八年而寡。子思平，范力贫督之学，由测绘进业京师。民国八年（一九一九）请褒。大总统题曰『贞顺并全』。

黄金元妻周氏　德贵女。十八岁于归，越年夫卒。抚子亦殁。贫苦终身，死无以殓，族党棺葬之。

刘世隆妻蓝节成　世增女。年十六适刘，逾二年世隆卒，遗腹生一女。嫠居三十余年，矢志无怨。刘家夙丰，节成孝事衰姑，勤理家政，施予赈济，岁月有常。初，兄世馨一子，不忍兼祧。迟之五年，生有次子，始抚为嗣，教之成立。名恺，字体常，高小毕业，例奖附生，尝任县中公务。民国十一年（一九二二），族弟纬以国会议员例请大总统赐奖褒章，题曰『巾帼垂型』。

张厚新继妻饶氏　郡庠生立动女，郡增生殿光妹。年十九适张，次年举一子名德祥。又次年，厚新病故。孀姑在堂，前室犹

① 寨：原作『塞』，据文意改。

遗子女各一。饶含辛茹苦，事抚维艰。析分田产，以旧债质出，乃勤俭齿积，二十年偿债赎取。近复渐置田亩，称小康焉。日督子孙读耕，慈训老而犹笃，族党称其『节孝乡里，敬其贤能』。

刘必海妻张氏 名全贞，清贡生锡三女。参军慎仪、京学士慎伦妹。年十六适刘，四年夫殁。抚长兄泽周季子为嗣，名元禄，字博仁，由小学入绅班，法政毕业，充川军刘师长及成都卫戍总司令部书记。

曹正乾妻刘氏 耆员世光女。太学生重九妹。年二十四夫殁，抚弟正邦子续宗为嗣。事孀姑，和妯娌，一门雍睦，时人羡之。

曹续宗妻刘氏 重九长女，廪生常禄妹。年十六于归，年余夫故。先抚弟举人佺长子为嗣。将婚前五日溺死，乃抱弟国学生承宗子世櫑继之。孀居五十余年，子入成均，孙曾并立。祖业外增置田产，家事日昌，人称姑媳双节所致。

夏乾祉妻刘氏 年二十七夫故。子二，长坤泰四岁，次坤铭一岁，抚之成立。坤泰以监生诰奉直大夫。孙五，长永安，清例授奉政大夫、蓝翎五品衔、补用盐运使运副。曾孙十二。玄孙五。卒年八十二，守节五十五年。坤铭早逝，妻谭氏，二十八岁亦守志。长子四岁，次子遗腹生。卒年五十五。

夏永珍妻丁氏 年二十，夫故。抚侄远涟为嗣。

王橦年妻朱氏 保安女，光地母。

王鹤年妻张氏 兆女，光临母。

程荣发妻王氏 镇郜女。

张成德妻杨氏 昌言女。

古在吉妻钱氏 文馨女。年二十六夫故，乏嗣，抚兄子兼祧。娶媳生子，名曰尚节。十日丧母，钱倩乳媪育之。家极万难，百计延师课孙，以期有成。孙年十七而钱卒。孀居三十余岁，积苦皆人所难堪。入民国，尚节从戎，易名曰剑，任陆军二十二师团长，兼摄苍溪知事，天特昌其后矣。

张氏妇谷氏 有墓田碑记。

胡天潮妻陈氏 年十八于归，寡居。八十一岁卒。

顾定禄妻张氏

陈定哲妻王氏

陈锡三妻王氏

陈竹勋妻蓝氏

蓝茂庆妻李氏

龙灵妻丁氏 子鸣剑、腾剑。

龙兆高妻杨氏

龙显寅妻曹氏

龙兆恩妻黄氏

龙兆纶妻余氏

朱曜南妻曹氏

朱文昭妻赵氏

李加碧妻祝氏 二十六岁孀居，八十二岁健存。

李世坦妻虞氏

李应榜妻吴氏

谭开陛妻吴氏

谭星炌妻曹氏

虞喜光妻张氏

董自惠妻杨氏　绍珍女。

虞茂岐妻祝氏　崇宇女。

虞元照妻申氏　佐勋女。

廖万顺妻朱氏　永昭女。

萧维金妻董氏

虞尧星妻段氏

罗国玺妻许氏

张祥泰妻胡氏

周应川妻罗氏

彭氏妇罗氏

叶氏妇廖氏

宋文仕妻余氏

黄吉能妻陈氏

叶昌祥妻邹氏

邹氏妇刘氏

李氏妇胡氏

张扬霄妻但氏

范海源母宋氏

戴正曜妻廖氏

戴大江妻陈氏

李支汾母胡氏

江国周母尹氏　瞻有女。

宋居梁妻李氏　庠生洄女。

罗廷璋妻王氏　廷璋，庠生。

侯喜成妻伍氏

李万宜妻廖氏

李万尊妻张氏

李代陪妻程氏

周世曜妻罗氏

欧氏妇张氏

何氏妇左氏

傅氏妇龙氏

龙氏妇欧氏

朱富章妻李氏

范氏妇钟氏

周廷枢妻张氏

张居贵妻章氏　毓灵女。

张德芳妻朱氏　漳女。

钟文灿妻黄氏　忠铨女。

李清银妻胡氏　汉阳女。年十六归，未百日李卒。抚族子缉珍成立。姑朱氏丧明，年九十二，孝敬不怠。缉珍念佛，捐资鱼洊滩，事放生，承母训也。

（四）公举者①

何　氏　刘汉裔妻。于归时，姑已卧病不起。家故贫，何即纺绩以易甘旨。年二十八汉裔故，守节至六十二岁而卒。其子锦，孙昌沛、昌耀，曾孙祝三，皆庠生。人咸谓孝德之报。地邻古元善、王笏等公举。

刘　氏　胡仕德妻。敬事翁、姑。年二十六仕德故，阅六月，生子之宁。刘矢志抚孤，七十二岁而卒。地邻戴世仲、张洪宣等公举。

罗　氏　李茂春妻。年二十五岁茂春故。先与姑异居，值姑病，移就家养志，危而复安者十余岁。守节抚孤，至七十岁而卒。地邻彭仁贵、胡之宁等公举。

谢　氏　张应龙妻，贡生廷桂之母，武庠联翼、监生联星之祖母。生廷桂甫岁半，应龙故，年二十九岁。守节三十六载，六十五而卒。地邻马应祥、邹秩章等公举。

龚　氏　周思明妻。年二十于归，生一子元万。越六年，思明故，守节四十载，六十六岁而卒。地邻周岐幹、曹特修等公举。

徐　氏　黄体荣妻。年十六于归，三载生一子性德，甫五月体荣故。守节四十八载，六十六岁而卒。地邻廖世璠等公举。

林　氏　王日长妻，武生书藩之母。年二十于归，四载日长故，抚日长兄之次子书藩为嗣。守节四十四载。族邻王书筌、龚廷筌等公举。

吕　氏　魏文相妻，占魁女。年二十四文相故，守节三十载。地邻曹维镛等公举。

李　氏　但文照妻。年二十六文照故，抚孤但锐成立，入国学。守节四十五载，七十一岁而卒。族邻但缉之、黎光祖等公举。

李　氏　吴以栋妻，朝陞女。年二十四以栋故，抚子坤。坤妻李氏，年十九生子襄国。甫三载，坤又亡。姑媳两嫠共育一孤。姑守节五十八载，卒年八十有二。媳守节五十二载，卒年七十有四。地邻吴敕、李幼傳等公举。

王　氏　程子忭妻，之元女。生子慜。年二十四子忭故。上事舅姑，下抚幼子，守节四十八载。卒年七十有二。地邻龚于端、吴大修等公举。

吴　氏　威远人。适邑曹楼，年二十一生子开元，甫半岁，楼故。媳李氏，年二十八生子三而开元又亡。姑守节五十二载，卒年七十有三。媳守节四十二载，年七十，地邻廖世璠、邹学明等公举。

余　氏　彭仁泽妻。年二十仁泽故，抚侄俸义为嗣。□氏抱病将危，媳余氏割股救愈。守节三十九载。年五十九岁，地邻赵文耀、李子裕等公举。

周　氏　胡之用妻。年二十五之用故。家贫，纺绩抚孤守节四十五载。年七十岁，地邻彭俸义、戴文超等公举。

① 公举者：此标题旧志本无，为编者所加。内容详见嘉庆《志》卷七「人物」。

杨　氏　龚元栋妻，庠生龚士意媳，威远举人杨玉洁孙女，监生杨鸣皋女。年十六于归，甫三载而元栋故，仅一女。矢志守节，上养孀姑，下抚弱女。承姑命，立族侄绍宗为嗣。历三十余载，饮水茹蘖。氏知书，尝自赋《苦节诗》，有『两世冰霜苦，一身慈孝担』等句。子及四孙，诗书皆其口授。今其姑尚存。地邻蓝鸣桂、王书藩等公举。

雷　氏　朱朝谏妻。年二十朝谏故。姑孀，二子幼，仰事俯育，苦节三十四载。年五十四岁，地邻曹大桢、郝三纲等公举。

左　氏　刘文茂妻。年十九，生子长富甫三月，文茂故。左敬事翁、姑，抚孤成立。守节四十七载。年六十六岁，地邻唐信贵、童厚基等公举。

张　氏　刘子铎妻。年十八子铎故。阅五月，生子洪统，抚养成立，守节四十八载。年六十六岁，地邻李健光、但朝权等公举。

杜　氏　李茂朝妻。年二十二岁茂朝故，抚孤子霖成立。守节三十二载，年五十四岁。地邻彭一元、刘洪秀等公举。

邱　氏　廖其恺妻。年二十五其恺故。长子朝亨，次遗腹朝通。翁早逝，事姑尤谨。后姑殁，一子亦继亡，各遗一子。二孙俱赖其力抚成之。守节四十一载。年六十六岁，地邻赖国桢、林文秀等公举。年八十六卒。

王　氏　张宾鹏妻。年十八宾鹏故，事孀姑极敬。守节三十载。年四十八岁，地邻莫于宏、周雄俊等公举。

吴　氏　庠生张宇鹏妻。年十九宇鹏故，守节三十五载。年五十四岁，地邻莫于宏、周雄俊等公举。

周　氏　曹子修妻。年二十子修故，子其兆甫岁半。事翁、姑惟谨，守节六十载。年八十岁，地邻刘清、晏明元等公举。

杨　氏　傅乐天妻。年二十八，乐天故，无子，抚乐天兄之子为嗣。守节五十八载。年八十六岁，地邻龚于端等公举。

曹　氏　范朝桢妻。年二十八生一子应龙，朝桢故，守节五十一载。年七十九岁，眼观四代。族邻范际唐、龚于端等公举。

邱　氏　刘清运妻。年二十生一子煌元，甫二岁，清运故，守节三十二载。年五十二岁，地邻张廷桂等公举。

熊　氏　李宗槐妻。年二十六宗槐故，无子。抚宗槐兄之子恒芳为嗣，入武庠。守节三十一载。年五十七岁，族邻李春芳、龚于端等公举。

罗　氏　童子宁妻。年二十二，子宁故，无子。抚子宁兄之子宗裕为嗣，守节四十四载。年六十六岁，地邻龚于端等公举。

胡　氏　黄膏宇妻。年二十膏宇故，抚孤正祥成立，入国学。守节三十载。年五十岁，地邻朱于瑄、龚廷肃等公举。

曹　氏　刘纯杰妻。年二十八纯杰故，无子，抚子子亡，又抚孙，苦节四十三载。年七十一岁，族众刘纯仕、刘光杰等公举。

萧　氏　魏仁钦妻。年十六于归，甫三月仁钦故。遗腹生子，矢志守节，历今三十九载。年五十五岁，子义明英敏，媳王氏柔顺，孙兼福更聪颖不凡。地邻谭仁源等公举。

王　氏　富顺县庠生王显仁女。年十七适邑吴金容。阅二载，生子相商。金容故，氏奉祖母及翁、姑，生养死葬，备竭其力，守节六十载。年七十九岁，地邻梁幹宇、林振纲等公举。

邹 氏 刘思聪妻。年十八思聪故，抚孤绍宗成立，守节六十载。年七十八岁，地邻曹政、刘绍孔等公举。

陈 氏 龚勉儒妻，庠生子英女。年二十一勉儒故。只一女，无子。抚龚勉杰次子廷扬为嗣，守节三十载。年五十一岁，地邻伍为旗、曹舜濬等公举。嘉庆二十五年（一八二〇）旌。

李 氏 龚天周妻。年二十四生子廷辅。天周故，守节四十二载。年六十六岁，族邻龚于端、李元泰等公举。

虞 氏 杨宗元妻。年二十二生子其龙。宗元故，守节四十五载。年六十七岁，族邻杨振宇、万善谐等公举。

张 氏 宜宾县张璠之女。年十七适邑刘之璋。阅十载，之璋故。生子二，长瑞麟甫三岁，次艳麟甫数月。上事翁、姑，下抚幼子，守节四十七载。年七十五岁，乾隆五十六年（一七九一），长子瑞麟入县学。族邻刘之涣、虞国珩等公举。

万 氏 伍为礼妻。年二十五为礼故，事祖母及舅姑以孝，抚子荣孝成立，守节四十载。年六十五岁，族邻伍为旗、龚廷肃等公举。

陈 氏 王必勋妻。年二十一必勋故，抚子廷卿，廷卿亡，又抚孙在琏，守节四十二载。年六十三岁，地邻邹翯、周仲建等公举。

丁 氏 谈惟时妻，荣女，贡生谈讷之母。生讷甫四月，惟时故，年二十三守节抚孤。后病笃，讷妻胡氏割股进食。一门之内，节孝可风。地邻吴达修、谭仁源等公举。

刘 氏 邑庠生邓宝谦妻，举人邓锡纶次媳。善事翁、姑，姑病笃，割股以进食。阅一载，姑殁，夫又病笃，亦如之。阅两载，夫故，育一子守节。地邻谭仁源等公举。

陈 氏 吴阐义妻。阐义幼孤，祖武举吴兆麟抚育成立，氏亦童养婚配。嘉庆十二年（一八〇七）春，祖母黄病，氏割股救之愈。至冬又病，复割股如故。地邻杨章、林振纲等公举。

彭 氏 晏奇旺妻。姑余氏病笃，夫瞽，叔幼，无可救药。氏割股食之，寻愈。邻人私赠匾，曰『孝行可风』。地邻刘廷瑞、余仲珊等公举。

邹 氏 威远人。适邑庠生谢宏。三年宏故，无子。姑老病，尝割股以进。地邻刘仁、曾鸿序等公举。

邹 氏 正九品罗荣授妻。年二十四荣授故，无子，抚侄科达为嗣，守节五十六载。地邻谭仁源等公举。

万 氏[1] 邑人。适富顺县李御元。年二十三御元故，抚子正秾成立，守节四十九载。族邻李正新、魏份等公举。

四、仕宦名流

（一）科举入仕

宋

王梦易 皇祐进士，任果州通判。

① 按：万氏本应入《富顺县志》，因氏为邑人，故附录之。

张昭及　皇祐进士，任栎阳主簿。
王　颉　熙宁进士，官翰林学士，赠大中大夫。
杨　仁　绍兴进士，任雅州知州。
陈　宁　淳熙进士，调火井令。
宋　迈　淳熙进士，调洪雅令。
张　震　嘉定进士，累官右正言。（详见《德业行谊》）
刘　光　宝庆进士，调仙居令，擢台州，改知忠州，均有德政，累官礼部尚书。

元

赵兴隆　元末中式，明洪武二年授泸州通判。

明

程　逵　洪武举人，沅州知州。
刘文达　洪武举人，褒城知县。
董文秀　洪武举人，眉州训导。
伍成章　洪武贡生，任旧州训导，据《德业行谊》增入。
聂　籽　永乐进士，任徐州同知。
蔡　鼎　永乐举人，任湄县县丞。
卢　鹏　永乐举人，任汉阴教谕。
宋　珪　永乐举人，授应天教授。
周　郁　永乐举人，任开封府同知。
赵　本　永乐举人，任浙江道监察御史。
张彦忠　永乐举人，任云南道监察御史。
刘　文　宣德举人，正统进士，历官行人司监察御史、按察司佥事。
张　英　正统举人，授江陵训导。
伍从教　景泰举人，授伏羌教谕。
祁　楫　景泰举人，任崇阳知县。
龚　汇　景泰举人，授徐州学正。（详见《德业行谊》）
吴道弘　景泰举人，天顺进士，累官监察御史、巡抚郧阳，升大理寺卿，御赐葬祭。（详见《德业行谊》）
鲍　孜　景泰举人，任临潼知县。
何子奇　弘治举人，任汉中府同知。
吴　愚　弘治举人，任陕西南郑知县。
杨　焘　弘治举人，任常德府通判、陆州知州。
韩　超　弘治举人，任渭南训导。
邱　岳　弘治举人，授户部司务。
李云骖　弘治举人，授吉安府通判。
刘存诚　弘治顺天中式，授富民知县。
伍　性　成化进士，授广东参议。
杨桂丹　成化举人，任建水知州。
刘景爵　成化举人，任归州知州。（详见《德业行谊》）
吴　冕　成化举人，任兴平知县。
曹　山　成化进士，授户部员外郎。
吴　拙　正德举人，叙州府南溪学、庆阳府通判。
黄　鳌　正德举人，耒阳知县。
杨　易　正德举人，任湖州通判。

祁凤毛 正德举人，任乐安知县。

曹　迈 嘉靖进士，授行人，改南户科给事中，知宁国府、固原副使。

杨　镕 嘉靖进士，官给事中，升南京礼部郎中。

吴于诗 嘉靖进士，监察御史。

伍多庆 嘉靖举人，宜良知县，升知州。

陈所达 嘉靖举人，任临潼知县。

吴　谡 嘉靖举人，任新野知县，升南阳府知府。

刘一惇 嘉靖举人，三任寻甸府通判，民多怀德。

严　杰 嘉靖举人，高邮州知州。

李桂开 嘉靖举人，任公安知县。

张　维 嘉靖举人，任元谋知县。

黄纪贤 万历进士，官浙江道监察御史、太仆寺少卿，历任郧阳巡抚，有传。

程　挺 万历举人，任太康知县。

童世彦 万历举人，任云南金沧道。（详见《德业行谊》）

吴明昌 万历举人，任汀州府推官。

童养淳 万历举人，任广州府通判。

程　铤 万历举人，任清源知县。

黄　恪 万历举人，累官榆林道。

黄　恂 万历举人，任广济知县。

吴世应 万历拔贡，由国子监教习授延川知县。

简　敕 天启进士，官户部主事。

简文瑞 天启进士，官吏部文选司郎中。

简仁瑞 天启举人，任平凉府知府。

童　琳 崇祯举人，官湖广道监察御史，任惠州府推官。

丁献廷 崇祯举人，任□嘉知县。

吴家铉 崇祯解元，任思南府推官，内升兵科给事中、太常寺少卿。

丁若廓 崇祯举人，任贵州知县。

袁志中 明贡生，任江浦知县。

张　简 明贡生，任交趾通判。

胡　浩 明贡生，任景陵典史。

刘　暹 贡生，任兰陵知县。

曹思旻 贡生，任沙湖驿丞。

尧　辅 贡生，任潜江县丞。

万　钟 贡生，任通城知县。

伍　景 贡生，任兴平县丞。

但　聪 贡生，任岷府伴读。

杨　澄 贡生，任昆阳州同知。

伍从中 贡生，任平凉府通判。

李　沈 贡生，任息县训导。

艾　旻 贡生，任长沙知县。

张　濬 贡生，任邵阳知县。

余　相 贡生，任会宁县丞。

徐　瑄 贡生，任楚雄训导。

易　贯 贡生，任孝感训导。

熊　威 贡生，任蕲阳训导。

伍　淮　贡生，任宣城知县。
刘　本　贡生，任宁波检校。
王　辅　贡生，任榆林经历。
吴　渊　贡生，任道州同知。
李　蕙　贡生，任获鹿检校。
莫　良　贡生，任延安府训导。
刘拱南　贡生，任靖州训导。
李　球　贡生，任巩昌府训导。
李文英　贡生，任宿迁知县。
曹　赏　贡生，任苏州教授。
吴可宾　贡生，试顺天第一，充贡生，入国子学。
邓甫济　贡生，任秦府教授。
郝　宗　贡生，任延安训导。
吴　光　贡生，任寿县教谕。
但一阳　贡生，任荣府典仪。
张　榜　贡生，任秦州训导。
伍维贞　贡生，任易门知县。
吴　诚　贡生，任延城教谕。
伍自省　贡生，任崇阳训导。
刘　法　贡生，任襄阳训导。
刘　密　贡生，任松溪训导。
程　威　贡生，任上高训导。
曹　驯　贡生，任郧西教谕。
程　铸　贡生，任周府教谕。
刘辅勋　贡生，任蜀府教谕。
税　宾　贡生，任均州训导。
曹　用　贡生，任永州训导。
庞天伦　贡生，任重庆训导。
杨汝槐　贡生，任湘潭知县。
胡世彦　贡生，任忠州学正。
董　述　贡生，任井研训导。
曹仕元　贡生，任宜宾训导。
简朝正　贡生，任重庆学正。
刘宗明　贡生，任岳州教授。
王佐才　贡生，任澄迈知州。
李国柄　贡生，任蒙化经历。（详见《德业行谊》）
陈葵心　贡生，任柏乡教谕。
曹　彦　以武功授陕西固原卫镇抚。
伍维扬　以武功授成都府前卫指挥同知。
徐献斌　拔将。

清

杨　焕　顺治举人，任汾阳知县。
税常春　顺治举人，任崞县知县。
张　容　康熙举人，任青阳知县。
杨州英　康熙举人，任昌化知县。
吴孔章　康熙举人，任新蔡知县。
邹　玬　康熙举人，任建阳知县。

邹　炎　康熙举人，任阡江知县。

王梦贤　康熙举人，任侯官县知县。雍正六年（一七二八），改隶威远。

倪象恺　康熙举人，旧志谓历官天津道，嘉庆《四川通志》谓『福建台湾道』，《嘉定府志》谓『长芦运使』。

李　芳　康熙举人，任蓬州学正。

邹　瑆　康熙举人，任曹县知县。

邹　璋　康熙举人，任灵寿知县。

邹　璲　康熙举人，任乐陵县知县。

黄　松　康熙举人，任陕西庄浪县知县。

邹士杰　康熙举人，任普安知县。雍正六年，改隶威远。

苟丝霖　康熙举人，任平乡县知县，改茂州学正。

徐若稡　康熙举人，任达州学正。雍正六年，改隶威远。

吴良璧　康熙副贡，任丹棱教谕。

赵　琇　康熙副贡，任长宁教谕。

吴益章　康熙副贡，任丹棱教谕，升成都教授。

谢朝玉　康熙副贡，任大竹训导。

邹养浩　康熙岁贡，任重庆训导。

邹　玳　雍正举人，任苍梧知县。

吴履晋　雍正举人，任龙泉县知县。

官　俨　雍正副贡，任郫县教谕。

吴懋仁　乾隆举人，选授西昌教谕。

邓锡纶　乾隆举人，授湖北知县，未赴任，卒，有贤声。

邓绍昆　乾隆举人，铨江西崇仁知县，改眉州学正。

吴　瓒　乾隆举人，任合州训导。

侯镇固　乾隆举人，改选茂州学正。

谭仁源　乾隆副贡，任南川县教谕。

吴达修　乾隆副贡，任蓬溪县教谕。

刘占鳌　乾隆岁贡，任纳溪训导。

邹锡琏　乾隆岁贡，任温江县儒学。

吴懋敬　乾隆岁贡，任内江训导。

温懋猷　乾隆岁贡，任大竹训导。

吴兆麟　乾隆武举，准补省提塘。

杨春华　嘉庆举人，任双流教谕。

侯章固　嘉庆举人，任垫江教谕。

陈为光　吏员，杭州税课大使，迁乌程主簿。

古天禄　湖北大冶县道士洑巡检。

曹兆亨　嘉庆举人，任江西奉新知县。

曾习传　嘉庆拔贡，任新津教谕，升宁远府教授。

蓝玉章　道光举人，历署甘肃两当、清水、高台等县，借补肃州州同。值逆回陷肃州，死之。妻刘氏、女适龚，同日投营仓泉井尽节。长子世翼亦被执，不屈死；次子世尊，议袭云骑尉。

丁光陛　道光副贡，署犍为教谕。

廖朝翼　道光乙未（一八三五），钦点翰林院庶吉士，散馆，改即用知县，援例分发陕西同知，加知府衔。

曾省三　壬子（一八五二）翰林散馆，改兵部车驾司候补主事，授江西南康府，调吉安府。江抚沈公疏荐操行坚苦，勇敢有为，钦加道衔。

曹俊亮 咸丰进士，钦点主事，签分刑部陕西司，援例分发云南同知，署武定直隶州。起服，改陕西候补同知，署临潼县及潼关厅、清军厅等缺，特用知府。

吴俶培 咸丰举人，陕西候补知县，署清涧县事，钦加同知衔。

赖礼元 咸丰举人，大挑二等，候选教职。

龚世莹 咸丰举人，任彭县教职。

廖兴哲 咸丰拔贡，任秀山县训导。

蓝瑾章 同治进士，广东长宁县知县。

龚晋祺 同治举人，捐选广西西隆州州同，以军功保升知州，署西隆州事。

曹 垲 同治岁贡，任平武训导。

刘存厚 字仲山，四川嘉定府荣县人。（详见《德业行谊》）

张轩鹏 号海云，乙未恩科举人，甲辰大挑一等，分发湖北试用知县。

刘存仁 监生，直隶安肃县知县，调灵寿知县。

刘锡镛 监生，云南新平县知县。

陈大有 荫生，广东始兴县知县。

陈有珍 监生，湖南灵县知县。

林 端 由附生捐训导，署成都、叙永、蓬州等处。

林茂光 由附生捐训导，署高县、松潘、叙州府等处。

钟 灵 署湖北黄安县巡检。

冯嘉麟 署湖北房县知县。

辜 鑫 选湖南辰州府经历。

张济川 嘉庆武进士，注册兵部差官，蓝翎侍卫。

胡三元 嘉庆武举，兵部差官。

张廷英 同治武举，兵部差官。

龙 文 由增贡生捐云南同知。

（以上均据光绪《志》卷二十九）

（二）荐举

宋

王 庠 以人才举，不就，赐号廉逊先生，谥靖节，朝散大夫。（详见《德业行谊》）

王 序 以人才举，赐进士，徽猷阁学士，谥文安。（详见《德业行谊》）

杨见素 以人才举，官卫尉寺丞。（详见《德业行谊》）

王廷坚 以人才举，官朝散大夫。

明[①]

伍成章 洪武初，以明经举，襄阳府教授，征修《永乐大典》。（详见《德业行谊》）

邹必荣 以孝廉举，工部屯田司主司。（详见《德业行谊》）

---

① 明初，不兴科举取士，选官以荐举为主，州县岁举贤才及武勇谋略、通晓天文之士，间及兼通书律者。以下明经、孝廉、人才均属荐举。

胡子昭 以明经举，翰林院检讨，历官兵部左侍郎。（详见《德业行谊》）

胡志远 以明经举，任山东按察司佥事。（详见《德业行谊》）

江　敏 以明经举，授成都府训导。考满，赴部，诏入奉天门，进讲，议明音畅，上悦，钦授太子左谕德，以侍亲陈，改本县教谕。

袁桂英 以人才举，授所吏目，历同知两淮都运司。

王子清 以明经举，授教授。

宋　询 以人才举，工部检校，浙江道监察御史、福建按察司佥事。

宋　洪 以人才举，授咸宁教谕，升县丞。

（三）恩赐

明

吴道宁 以兄道弘巡抚郧阳，禄入，周济贫乏，赈恤灾荒，有司上闻，敕授七品义官。（详见《义称者》）

赵云山、**曹仁** 俱七品散官。

曹　芝 廪生，授教谕。

夏赓、**朱莹** 乾隆《志》作『俱增生，冠带』，嘉庆《志》作『增生，授儒学』。

曹履亨 乾隆《志》作『儒官』，嘉庆《志》作『增生，授儒学』。

刘昌澄、**赵昇** 嘉庆《志》云：以上八人俱输粟赈荒，冠带旌表。

清

刘及锋 同治甲子（一八六四）恩举人，甲戌（一八七四）会试，年百有二岁，恩国子监司业衔。

杨梦鱼 咸丰戊午（一八五八）科恩副贡。

（四）议叙

张敦叙 盐知事。

张敦履、**左福彩**、**张其祥**、**杨恒春**、**王九龄**、**王九成** 以上俱道光六年（一八二六）捐义学，议叙正八品。

刘存仁 道光二十二年（一八四二），捐海疆经费，议叙盐知事。

张必达、**张必元**、**罗登仕**、**蓝兆吉** 以上俱议叙八品。

林国材、**饶清茹**、**刘荣宗**、**王正品**、**杨希宠**、**梁中林**、**刘光烈**、**曹丁福**、**曹川福**、**曹芳躅**、**刘从龙**、**邱先桂**、**谷泽融**、**王正玺**、**蓝盛章**、**刘仕崇**、**李文熙**、**李兴德**、**张兆裔**、**陈巨俊**、**杨级元**、**晏林鹏**、**李化龙** 以上俱议叙正九品。

晏　芳 由廪生以团务保授训导。

（五）捐级

明

赵　昌　陕西淳化知县，升徐州同知。
汪崇山　县丞。
曹　鼎　单县县丞。
曹　侃
王　卓　宁县县丞。
伍从玭①　江夏县主簿。
朱　彬　吏目。
刘其兴
赵　衎
吴可畏
伍　阶　荆门州吏目。
吴可止
徐　忠　淮安府同知。
李仕清
杨　荣　云南主簿。
程自进　武陵驿丞。
陈伯朝　主簿。
王辅英　驿丞。
徐嘉寿　典史。

清

钟　淮　巡检。
雷蜀山、辜月高　俱卫经历。
程　俊　麟游县县丞。
王　泮　驿丞。
彭　荣　经历。
谢永年　仓官。
李　焘　典史。
伍延庆　巡检。
詹旦阳、潘凤、李惟才　俱仓官。
郝　荣　麟游县县丞。
刘　甲　县丞。
邹赤心　盐吏，捐授浙江绍兴府经历。
谢　诏　雍正十一年（一七三三）增生，捐贡。
谢　诚　乾隆十三年（一七四八）监生，捐贡。
谢　宽　乾隆十三年（一七四八）监生，捐贡。
杨仕健　同上。
曾义道　福建汀州府经历。
邹锡韶　道衔。
陈为光　从九品，分发湖北。

① 按：伍从玭，光绪《志》卷二十九《选举志》「应例」、民国《志》卷八《选举》均作「伍从玼」。

古天禄 从九品，分发湖北。

邱思诠、**张廷桂** 俱监生，捐贡。

廖世璠 增生，捐贡。

王正廷 廪生，捐训导，署石泉、大邑、长宁、昭化等县。

谢三锡 州同职衔。

王殿相 营千总衔。

王朝选 知州，分发广东。

陈均远 刑部主事。

邹定邦 卫千总衔。

林建川、**张贵三**、**张盖川**、**龙大年** 上俱卫千总。

王德浩、**张建中**、**王贵仁** 上均营千总。

陈积昌 布政司理问①。

刘光宇、**龚膺敕**、**黄家宾** 上俱布政司经历②。

辜三级 按察司照磨③。

谢时安、**黎朝重** 俱布政司知事。

吴健融、**张宅三**、**邱华青**、**王士开** 上俱府知事。

曹光耀、**朱宗旺**、**王九皋** 上俱县丞。

萧昌悠、**刘廷选**、**朱光斗**、**钟正朗**、**梁元材** 上俱州同。

王士绍 同知。

王士容、**刘金丽** 俱布政司理问。

张铭绅 州判职衔。

林东燊 孔子庙知印。

林　荣 孔子庙赍奏厅五品衔。

曹兆仲 县丞。

曹玉枢 员外郎。

曹玉渲、**曹玉光** 俱中书科中书。

曹玉吉 翰林院孔目。

曹之桢 守御千总。

钟德魁 州同。

王九卿、**张廷恩** 员外郎。

王士选、**王士上** 俱布政司理问衔。

王士清 州同。

王士元 同知。

曹崇典 州同。

谢绍安 同知。

周永勋、**曹拔** 俱增贡生。

梁栋材 附贡。

---

① 承宣布政使司，为布政使之衙署，其内部机构与属官设置，各省不尽一致。一般设经历司、照磨所、理问所等。理问，承宣布政使司理问所官吏之省称，掌勘核刑名。元朝行省置理问所，又置副理问。明朝改行省为布政使司，仍置。掌刑名，从六品。《明史·职官志》四：『理问所，理问一人，从六品；副理问一人，从七品。理问典刑名。』

② 布政司经历，始见于元代，秩从六品。按清代官制，布政司经历职掌出纳文移诸事，为布政使司署内之首领官，总理官署内部诸事务。

③ 按察司照磨，始设于金代。按清代官制，按察司照磨秩正九品。清初各省臬司均设照磨所，置照磨一人，掌照刷宗卷。

（六）议员

龙鸣剑 清咨议员。（详见《德业行谊》）

刘　纬 清宣统，由咨议局议员选资政院议员。

五、耆寿高龄

《洪范》五福，寿居其首。国朝隆优老之礼，百岁老民赐银建坊。百岁以上，恩赏加渥。邑中享遐龄者甚多，未尽举报。志之以见熙朝寿人寿世之庆，即国之祥云。志《耆寿》。

（一）男寿百岁

百四岁者：

孙德鳌

丁焕喜

百三岁者：

周子忠 乾隆时，捐修西门桥，成亲履之。

百二岁者：

曹思旻 洪武时人。

梁　湘 八十而龅。

百一岁者：

李世斌

杨述先

百岁者：

许凤坤、妻钟氏 双寿百岁，贡井长腰滩人，道光间建坊。

丁玉桂 插旗山庙住。民国八年（一九一九），百岁。知事廖世英赠以『盛世人瑞』。

范国钟 百岁。

王国虎 弟国彪，亦九十卒。

龚兴睿 举人世莹父。

徐光耀

董自举

张　超

罗启朝

寿不确者：

刘及锋 同治甲子（一八六四）举人，甲戌（一八七四）会试，年百有二岁。

（二）男寿九十

九十九岁者：

董斯友

龚玉兴

黄吉图
顾耀宗

九十八岁者：

李子荣
黄治平
吴大兴
杨启富
黄吉庆
李钦凤
刘占启

九十七岁者：

刘荣旭
周登交
李元图
张兆邦
张兆仲
张文泰

九十六岁者：

龚守文
蔡运斗
朱辉阳
汪元碧
梁荣超
温光成
陈九有
王书才
邹光宗
刘懋科　妻故，不娶。
祁占朝
官文广　性刚直，学重躬行，年九十六卒，六世同堂。

九十五岁者：

范永舒
邹正鹏

九十四岁者：

刘汉华
黄兴前
黄仕仁
李芝林
辜玉金
张爵寿
顾永安　耀宗子。
龚兴洄
龚世德
王良玉
吴朝宗

九十三岁者：

邱有兰

丁正元

陈文举

朱世品

吴超鳌

彭明进

梁书宁　荣超子。

钟岳凤

杨金礼

曹泽然

吴学盛

罗新春

九十二岁者：

范廷相

廖世元

朱永升

杨永纲

谢久田

李荣邦

郝权鼎

罗万银

胡朝敏

何玉龙

曹玉亮

李国仲

许光宗　清以孝旌。

曹星斗

王廷禄

吴玉彩　妻李氏，生卒同岁。

范峨昌

吴正福

黄九儒

伍廷宝

李元宦

夏元珠　字怀溥，声如洪钟，卒年九十有二。

九十一岁者：

谢久序

曾应兴

王荣三

王礼成

杨顺江

王立才

廖兴阳

范朝举　女百岁。子五，皆九十余。

范永嘉

黄有才

王正修

党峻峰

林常永

庄其顺

杨宗廷

九十岁者：

伍成章 明永乐丁亥（一四〇七），与修《大典》，致仕归，寿终九十。

林元贡 乾隆金川之役，贫者军征，代为完纳。卒年九十。

曹朝生

余治春

辜赓凤

冯学银

刘朝廷

陈凤超

张喜阳

党希晋

张怀禄

刘思银

黄俣衢

黄杰广

李永仲

唐元春

赖煜亭

李天和 道光间，捐修李家桥。子元图、元宦，女氏但，皆九十余。孙正达，阵亡蒙恤。

童文炳

王怀谦 举人杨调元，帅事母孝。

范音龙

范永顺

范永康

钟大韶

林常美

杨耿基

曹义江

罗正发

张文忠

毕发珩

辜仕才

刘耀魁

谭一宗

左永祯

寿不确者：

刘洪瑞 充乾隆癸酉（一七五三）乡饮众宾，时年九十五岁。

吴履晋 由拔贡中雍正己酉（一七二九）举人，乡饮众宾，时年九十五。

谭仁源 字长卿，乾隆壬申（一七五二）举人，年将九十，尚手不释卷。

龚飞熊 邑廪生，充乾隆癸酉（一七五三）乡饮介宾，时年九十一岁。

余腾榜父 贼匪扰至桐麻寺，腾榜父年九十三。贼将劫腾榜去。以父老哀乞得免。后贼至，欲焚其宅，又以父老无所居哀恳，又得免。年八十四，无疾而终。

（三）男寿八十

八十九岁者：

邹昌炳 字德玉。康熙中由楚入蜀，道拾金四百，坐待①还其主。好义济人，孤寡多所矜恤，尤厚于族。卒年八十有九。

八十八岁者：

朱万灯

左福彰

龙元川

龚杰山

伍平邦

罗国兴

李世春

林正泽

张应祥

刘汉川

范文忠 好义。除夕获贼，妻邱氏与米以去。

晏日安

唐治章

赵宗瑚

蒋岐山

龚选礼

黄直廉

卢绍伦

李启素

张万坤

李登藩

周文怀

黄联芳 居心忠厚，处事和平，事亲以孝闻，卒年八十有八。

八十七岁者：

龚　训

吴凤祥

魏克隆

范永芳

刘德普

唐历照

唐原春

① 待：原脱，据光绪《志》补。

杨康成
张王东
周禄旸
朱国柱
詹启仁
詹朝钦
龙万川
傅映章
李正鳌
陈　富
毕复文
叶世福
张廷良　字存仁，监生，业医成家，寿至八十七卒。
范永芳　字一元，好善乐施，卒年八十七。

八十六岁者：

周诏文
刘周盟
林正泽
龚适礼
詹汝玠
罗廷山
黄　淳
欧盖成
龙文川
刘　柱
钟德荣
杨藻堂
毕廷俊
丁长顺
严朝杰
吴学文
余友禄
毕惠珉
胡子凤
刘元桐　庠生，恩赐举人，卒年八十有六。
吴孔章　字绍庵，良璧子，文章事业杰出『三荣』，卒年八十有六。

八十五岁者：

刘文保
蓝锦川　子举人玉章。
钟朝凤
赵光照
陈必正
詹大廷
詹在仁
范荣贵
陈朝喜
张文禄

林万有
吴玉彩
龚作肃
王世荣
左兴谟
戴国芳
李光烈
赖荣兴
毕宗岐
毕复海
李正贵
黄学敏
赵兴海
谢朝选　家富尚义，敦睦宗亲，与人无争，生平无一字到讼廷。卒年八十有五。

八十四岁者：

杨方伸
周良超
郝令双
周永沛
黄永瑛
张腾涛
詹大昌
詹大佑
戴　仁
黄吉典
宋天锡　居笋云山。丙寅（一八六六），八十四，重游泮水。
黄锡逵
陈兴发
詹九皋
詹春义
詹铭义
吴应朝
赵仕忠
杨福珍
程　泽
李世德
辜世山
龚德章
雷万扬
张兆斗
吴　雄
张文橦
龚维熹
刘汉尧
李世位
刘廷第
刘荣升

张端泰

彭应亭

刘乾相

王益谦　卒年八十四。

八十三岁者：

胡元福　为母建坊，捐修泰安寨。

官凤翔

赵显鹏

林登毕

汤应高

钟秉行

刘永笃

刘荣贵

詹大安

范文理

林万年

林万邦

卿上顺

王祥盛

李　松

刘锡升

毕发瑢

毕发玟

毕永达

冯廷锡

李宗兴

虞世琼

刘廷秀

李正开

谢茂士

张俊梁

张国昌

朱朝亮

赵时第

吴士毅　元祥之孙，国儒之子，庠生，四世在庠，卒年八十三。

八十二岁者：

简朝珍

李元铉　居丧三年，不入内。

丁大均

李世元

唐光序

温义无

温振梁

刘永庭

张晓阳

朱朝钦

赵有蔺　本名时阳，字晓楼，年八十二卒。

简　赞

黄体荣

卿彦章

詹鹏义

吴荣级

范致祥

范国华

范国龙

伍元中

冯积伦

龙世桂

李春晖

欧猷龙

龙世中

戴天青

曹天惠

谢明江

辜成达

吴邦宁

虞世先

周兴和

虞世琨

彭大有

刘廷宪

李正效

张廷俊

罗九兴

赵兴廷

罗世敏

范立堂

范坤洪　赤手起家，为人笃亲好义，年八十二卒。

姜宗德　字克明，卒，年八十二。

八十一岁者：

伍　性　字宗诚，别号龙溪，成化甲午（一四七四）举人，戊戌（一四七八）登进士。嘉靖六年（一五二七）卒，年八十一。

刘文灏　出资建桥半边山，卒年八十一。

李元美

张芳富

晏中立

钟世训

龚维矩

廖朝清

张腾洪

张腾渐

莫玉鲚　妻二十七，不再娶。

汤应升

钟锡琏

林一山
吴济川
胡隆清
李世才
詹大川
范国宗
黄仕明
邹锡春
李万寿
胡万荣
詹联义　子崇祀乡贤祠。
龚德儒
刘耀臣
古魁海
童　元
谭崇义
罗国品
邱廷梁
吴剑光
张熙泰
张桢泰
张国琳
童世彦　童之先，楚孝感人，时年八十。奏闻，朝议以原官起用，赉金建坊，表式县衢。越年，卒。

男八十岁者：
李　郁　守节贫者多矜全之有家。
钟维馨
叶世福
黄佐卿
黄仁寿
刘柏山　有孝思，手刻父像以祀。
张鹏抟
刘春棠
阮迪凤
吴国美
马云怡
周应中
李　通　金川之役，措饷受旌。
方正兴
官夔理
刘福元
钟相成
郭应林
赵朝溪
詹肇春
詹荣义
朱智和
欧盖蛟

林兴岱

林兴县

周善元

张朝书

李永兴

李万才

王光焯

李兴智

郝永昭

刘怀道

严元象　子巨川。父子均八十。子姓多在庠。

廖朝贡

陈荣斌

李世位

郝权修

曾廷瑞

郝安仁

龚希遂

郝瀛洲

谢开弟

罗正荣　武举朝元父。

杨奇灿

宋占勋

丁廷拔

刘大顺

吴玉祥

廖世璠　号燕溪，增贡生，卒年八十。

丁暘阳　字含晖，嗜诗书，重节义。年八十卒。

吴兆昌　字自能，监生，年八十卒。

彭鸣和　字元音，年八十卒。

郝干城　武生。性刚直，不避嫌怨。卒年八十，乡人称之。

龙　文　字沛然，民国遂致仕，卜居云南省垣梅园，读书以终，寿八十。

刘盛斌　字旭江，入继节母邱，生平多义举，年八十卒。

丁翼修　少年失偶，不复娶。弟兄甚友爱，寿各八十余。

寿不确者：

吴其昌　字自忠，监生，八十余卒。

丁光陛　字紫垣，嘉庆丁丑（一八一七）入学，道光乙酉（一八二五）中副贡生，年八十，重游泮宫。

刘春棠　以字行，县士也，为人任侠自喜。春棠寿八十，诸子皆能者。

虞老人　咸丰庚申（一八六〇）年逾八十，贼由文昌宫来赴城，片词退之。

张元鹏　字春仁，庠生，年八十余，尚作文字课诸孙。

张立炳　养子廷瑞，立炳年八十余，廷瑞尝焚香具疏以祈父寿。

（四）妇寿百岁

百十岁以上者：

范奕上妻邓氏　百十四岁。

百五岁者：

邹凤光妻黄氏

赵世杰妻邱氏　道光三十年（一八五〇）旌节。

百四岁者：

刘瑞斌妻郑氏

百三岁者：

廖朝胜妻吴氏

朱氏妇毛氏

百二岁者：

杨玉华妻黄氏

李氏妇陈氏

王氏妇高氏

李氏妇刘氏　贡井人。

杨盛梁妻万氏

范永贞妻邓氏

张氏妇吕氏

刘鼎顺妻杨氏

张春妻周氏

杨能荣妻徐氏

百一岁者：

王绍贵妻张氏

邓镇章妻林氏

百岁者：

杨元玉妻龚氏　百岁。五世同堂，宠赐『贞寿之门』，建坊。

张德贵妻刘氏

张德桂妻刘氏

廖朝明妻黄氏

蓝瑾章妻范氏

萧氏妇朱氏

钟正华妻邓氏

（五）妇寿九十

九十九岁者：

丁荣望妻汪氏

程福廷母朱氏

王朝俊妻邱氏

虞相臣母马氏

吴世银妻余氏

戴光盎妻杨氏

九十八岁者：

卢世伦妻孙氏

王殿侯妻刘氏

龚氏妇刘氏

刘里妻朱氏

林炳菁妻吕氏

程琏鹏妻戴氏　孀居。

黄仁香妻钟氏

詹柱义妻陈氏

龚氏妇刘氏

刘名俊妻林氏

谢成元妻吴氏　持家勤俭，九十八岁卒。

九十七岁者：

刘瑞廷母邓氏

夏成开妻李氏

毕氏妇龚氏

九十六岁者：

左明洪妻侯氏

邱应纯妻邓氏

赖承先妻许氏　幼适赖。舅姑病，理家致富。

张其让妻卢氏

萧廷榜妻朱氏

林常谟妻廖氏

李世玉妻冯氏

谢代喜妻张氏

邓镇章妻张氏

许三和祖母饶氏

王兆权妻徐氏

毕氏妇虞氏

李应桃母王氏

周文慎妻罗氏

但正模妻李氏

但万年母李氏

李氏妇张氏

李天寿妻吴氏　吴，犍为人。卒旌节烈，九十六岁。

九十五岁者：

林宗妻王氏　玄孙芝兰，拔贡。

程天照妻黎氏　再割股救夫，愈。

吴慎妻王氏

吕氏妇邓氏

虞锡光妻马氏

张元杰妻朱氏

吴氏妇曾氏

朱子照妻吴氏

胡锡纶妻彭氏

丁联卿母　联卿母余，以九十五岁卒。

九十四岁者：

李级朋母邓氏

刘氏妇谢氏

吴秉忠妻林氏

张其泰妻宁氏

九十三岁者：

徐启伦母邹氏

晏宗位妻李氏

胡安善妻蔡氏

何正谱妻黄氏

辜成玉妻李氏

彭明进妻蒋氏

詹启仁妻李氏

罗正发妻张氏

张檀妻吴氏

张洪泰妻曹氏

周文恺妻李氏

周氏妇陈氏

罗新春妻范氏

九十二岁者：

黄体贵妻林氏

刘正邦妻绛氏　年十八，自威远适刘。刘佣秦无耗。绛年三十二，子卒。妇改适，绛抚孙成立。

张兆恺妻王氏

张永才妻吕氏

黄松龙妻郑氏

侯绥固妻邱氏

林氏妇潘氏

张正明妻赵氏

温氏妇黄氏

詹泽仁妻龚氏

罗廷山妻高氏

辜仕芳妻温氏

简朝凤妻陈氏

张元丰母王氏

戴氏妇熊氏

吴玉彩妻李氏

九十一岁者：

刘光宗妻谢氏

张腾源妻龙氏

沈士玉妻朱氏

张元高妻董氏

范间龙妻段氏

李仕庚妻黄氏

毕光明妻郭氏

辜三级妻王氏

钟正毕妻邓氏

林本荣妻钟氏
罗德章妻黄氏
罗开富妻钟氏
詹大书妻李氏
詹氏妇李氏
吴氏妇熊氏
李世玉妻冯氏
左兴松母蒋氏
刘耀魁妻丁氏
徐仕台妻
李九清妻杨氏　割股愈姑病。夫病，亦割股救愈。年九十一，无疾卒。

九十岁者：

曹　禁　字敬姬，周纪之妻，年九十卒。
杨朝凤妻梁氏　九十岁卒。
吴宣略妻王氏　孙贵，诰封宜人。
周光宇妻陈氏　锳女。光宇，庠生。陈尝割股救夫，年九十卒。
夏能礼妻李氏
胡锡政妻古氏
蓝仁惠妻陈氏
钟克昌妻龚氏
范奕策妻黄氏
王贵廷妻吴氏
许光有妻饶氏
万代兰妻胡氏　以节孝旌。
李陆妻钟氏
林常永妻龚氏
林友孟妻罗氏
练氏妇曾氏
曹氏妇蒋氏
詹九源妻杨氏
陈氏妇万氏
林氏妇马氏
夏干礼妻李氏
张春堂母吴氏
郝氏妇张氏
谭斐妻吴氏
李正仪妻黄氏
彭氏妇朱氏
张氏妇但氏
魏氏妇王氏
丁学溥妻曹氏
蓝世同妻赵氏

寿不确者：

龚显扬妻杨氏　年已九旬，康强无恙。
李清银妻胡氏　汉阳女，年九十二，孝敬不怠。
蓝世扬妻何氏　世扬，贡生。殁时，遗子四岁，何抚教成名。孝奉孀姑，年九十犹健也。

钟科瑞妻邱氏　富仲女。年九十，五世同堂。

吴国儒妻余氏　附生士毅母；增生济川、贡生永健、附生镇川祖母；附生大藩、大烈曾祖母。九十时，县人诗祝。

黎学贵妻范氏　二十八，夫故。守节至九十余岁，五世同堂。

吴志清妻王氏　以兆祥子为孙，年九十余，奉旌入祀节孝祠。

李万洪母　母多病，万洪尝焚香以祈母寿，母年九十四。

（六）妇寿八十

八十九岁者：

曾富珍妻黄氏

王正朝妻李氏

戴国黼妻张氏

涂国现妻朱氏　割股愈母疾。

周万灵妻徐氏

李正秾妻吴氏

陈宗第妻黄氏

伍廷宝妻刘氏

周氏妇丁氏

林氏妇陈氏

欧氏妇曹氏

李昌富妻钟氏　子正鳌，孙世德，曾孙兴智；子妇谢，孙妇杨及冯，一门皆寿。

刘汉川妻黄氏

八十八岁者：

胡玉印妻鲍氏

钟荣瑞妻刘氏

詹堂义妻吴氏

李氏妇邓氏

周氏妇陈氏

李氏妇黄氏

周氏妇陈氏

张氏妇马氏

林氏妇左氏

李氏妇林氏

胡氏妇阚氏

刘氏妇明氏

左泰宣母王氏

许宗慎母虞氏

张文泰妻杨氏

邓兴源妻萧氏

李氏妇黄氏

八十七岁者：

詹崇之妻郝氏

李氏妇范氏
詹九皋妻焦氏
詹金义妻陈氏
刘氏妇徐氏
刘华山妻何氏
龚进礼妻黄氏
朱辉阳妻虞氏
蒋氏妇陆氏
晏思玉妻庄氏
詹居仁妻刘氏
王禄妻陈氏
张国昌妻范氏
吴达修妻雷氏

八十六岁者：

张天锡妻某氏
钟氏妇杨氏
谭崇义妻穆氏
张万坤妻陈氏
古高维妻刘氏
左应麟母杨氏
李氏妇林氏
欧盖成妻王氏
张廷扬妻罗氏
龚进礼妻彭氏
詹福义妻王氏
张廷拔妻王氏
罗宏章妻刘氏
马继贵妻刘氏
戴鳌妻张氏

八十五岁者：

邱　氏　廖其恺妻，年八十六卒。
刘应统妻胡氏　事翁、姑孝。寿八十六岁，五世同堂。
谢久洪妻吕氏
但氏妇龙氏
胡子明妻范氏
李氏妇冷氏
刘氏妇虞氏
谭一宗妻毕氏
吴元溥妻晏氏
胡天源妻辜氏
严朝杰妻朱氏
王朝翰妻余氏
赵廷元妻余氏
黄大朝妻丁氏
刘氏妇李氏
欧氏妇曹氏
王氏妇朱氏
吴氏妇曾氏

刘氏妇杨氏
黄淳妻伍氏
张灼三母伍氏
徐世忠祖母吴氏
毕德馨母杨氏
张氏妇罗氏
邱正罗妻虞氏
彭大有妻董氏
周氏妇胡氏
虞允先妻谭氏
刘氏妇杨氏
杨氏妇虞氏
张国琦妻朱氏
张典泰妻胡氏
李氏妇朱氏
欧焕堂母古氏

八十四岁者：

晏日安妻夏氏
晏思升妻唐氏
陈必正妻周氏
戴氏妇黄氏
秦氏妇杨氏
李氏妇龚氏
程荣发妻王氏
黄氏妇丁氏
张氏妇何氏
谢氏妇向氏
邹氏妇董氏
郝氏妇张氏
吴学仲妻李氏
吴万绰母曹氏
刘氏妇邹氏
刘氏妇吴氏
谭学贤妻杨氏
谢氏妇邹氏
吴喜元母龚氏
但氏妇戴氏
王九成妻彭氏　事病姑孝，年八十四卒。

八十三岁者：

周用炳妻蒋氏
詹迁义妻郝氏
詹德斌妻朱氏
黄氏妇毕氏
杨氏妇卢氏
张义荣妻伍氏
吴氏妇刘氏
张氏妇伍氏
龙氏妇胡氏

吴氏妇倪氏
周玉堂母钟氏
丁长顺妻曹氏
李世坦妻虞氏
李登藩妻刘氏
李正贡妻刘氏
张国顺妻何氏
宋文仕妻朱氏
刘贵章母谢氏
张兴发母胡氏
胡了权妻彭氏
刘永廷继妻程氏
胡万举母左氏 家贫，七岁失怙，万举母左氏改适，八十三卒，丧如礼。
蓝典章妻刘氏 夫故，遗子世扬五岁，教之成名。八十三岁卒。
姜绍文妻刘氏 年二十一夫故，遂鸣鱼诵经，八十三岁卒。
八十二岁者：
陈能菁妻卢氏
晏中立妻龙氏
吴连翰妻张氏
朱氏妇刘氏
郭氏妇钟氏
詹全义妻张氏
詹九汉妻陈氏
詹学统妻温氏
赵氏妇官氏
范氏妇黄氏
林万邦妻杨氏
李氏妇陆氏
周氏妇王氏
罗氏女王氏
龙氏女王氏
夏坤泰妻彭修慈
李氏妇杨氏
严朝槐妻辜氏
李加碧妻祝氏
刘氏妇董氏
毕氏妇祝氏
李世儒妻王氏
张氏妇罗氏
张国栋妻曾氏
张庆泰妻童氏
曹氏妇李氏
郝栋材妻王氏
夏乾祉妻刘氏 守节五十五年，卒年八十二。
吴以栋妻李氏 守节五十八载，卒年八十有二。

八十一岁者：

陈兆苏妻张氏
周良超妻张氏
唐世刚妻何氏
张腾涛妻王氏
吴国典妻林氏
朱朝钦妻刘氏
陈涵妻俞氏　涵，县学生。子廷灼，府学生。
易永修妻王氏
王宗贤妻刘氏
郭氏妇吴氏
李氏妇邹氏
温氏妇李氏
包氏妇李氏
吴氏妇张氏
范氏妇林氏
黄仕明妻温氏
李氏妇何氏
林氏妇杨氏
刘氏妇欧氏
邹氏妇李氏
龙氏妇林氏
丁端妻童氏
吴夐母王氏
刘月蛟妻杨氏
戴宗延妻谭氏
谢远祯妻吴氏
彭氏妇曾氏
邱廷梁妻周氏
蔡志春妻胡氏　二十二岁夫故，八十一岁卒。
子世泰妻宋氏　夫故，无子。八十一岁卒。
李学东妻胡氏　割臂和药，姑病渐愈。八十一岁卒。
丁汝童妻徐氏　年二十而寡，艰苦备尝，至八十一卒。
吴珍妻王氏　守节六十四年，八十一岁卒。
曾朝伦妻曹氏　夫遇贼死，曹矢志守节，八十一岁卒。
吴朝瑞妻杨氏　民国元年（一九一二）卒，年八十一。
胡天潮妻陈氏　年十八于归，寡居，八十一岁卒。

八十岁者：

李天福妻吴氏
陈荣位妻罗氏
王汝安妻邱氏　以节孝旌。
吴宗让母李氏
马述忠妻曹氏
周氏妇蒋氏
吴氏妇唐氏
罗氏妇丁氏
罗氏妇万氏
林万年妻温氏

朱智和妻吕氏

朱氏妇李氏

李氏妇何氏

林氏妇吴氏

张氏妇李氏

龙氏妇马氏

龙氏妇林氏

龙氏妇李氏

朱国棣妻程氏

童氏妇王氏

龚作肃妻王氏

郝永昭妻张氏

辜义顺祖母杨氏

许宗典母黄氏

李应榜妻吴氏

李正奇妻黄氏

吴以材妻龚氏　年八十始卒。

罗正礼妻方氏　年十八，夫故。无子，守节至八十岁卒。

吴九经妻朱氏　年八十卒。

曹桂洪妻林氏　夫故，守节至八十岁卒。

寿不确者：

胡金奴　年八十余，尝念父、祖无后，顿首陈情于内宫，乞骸骨归。

赵宗瑚妻卢氏　夫妇齐寿。

赵光照妻卢氏　夫妇齐寿。

赵显鹏妻邹氏　夫妇齐寿。

蔡夫统妻王氏

叶世福妻张氏

周开富妻朱氏

何良书祖母　良书性极孝，祖母八十九岁，病亟，引刀剖腹刳肝进之。

廖　女　正玉女。幼字黎氏未婚，夫故，遂不再字，年八十五旌。

刘本贞　生四岁，即断荤腥，强食即呕。好读佛书。十六岁时，父母殁，遂长诵经，不愿字人。已八十二岁。

范曰相母　曰相字勉之。家贫，训蒙为业，母八十余卒，哀毁至八日不食，次年亦卒。

朱宗旦母　家贫，宗旦训蒙为业，母年八十，亦多病。宗旦辞馆侍奉，不入寝室者五年。

王永禄母　永禄母改适三姓矣，迎归，寿至八十余乃卒。

刘光仁母　光仁事母至孝。光绪十年（一八八四），旌于朝，母八十余卒。

刘二姑　杜门勤苦，八十余岁，无疾而终。

李长仲母　长仲母病危，妻朱氏割股以愈。长仲母寿八十，子孙蕃盛。

张朝玺妻程氏　孝敬翁、姑，始终不倦，年八十余卒。

王世连妻郝氏　夫故，子顺先甫数月，守节。八十余岁卒。

王在琏妻胡氏 富顺登笏女。抚侄恩泰承嗣，寻殁。胡率孀媳抚孤成立。家贫苦节，至八十余岁卒。

刘茂麟妻杨氏 二十六夫故，年八十余，身犹健而家小康。

李加碧妻祝氏 二十六岁孀居，八十二岁健存。

周隆之妻杨氏 年二十八夫故，年八十三岁，犹勤纺绩，常督子孙耕种。

李明星妻邹氏 附生秾春母。年六十请旌，年八十二，康健异常。

周 氏 曹子修妻，守节六十载，年八十岁，地邻刘清、晏明元等公举。

杨 氏 傅乐天妻，守节五十八载，年八十六岁。

余元培妻李氏 光绪二十六年（一九〇〇），年八十。

邹氏妇邱氏 光绪二十六年（一九〇〇），年八十。

第七卷　宗教礼俗

一、祀典礼仪

礼者，圣人因人情风俗而定，为通行之式者也。其中精义，则通天人之故，彻性命之源。《礼记》有《祭法》，言祀事特详，《周礼·春官》备载祀神之典。明有礼乐，幽有神明，其事綦重。（光绪《志》卷八、民国《志》卷十二）

（一）孔庙

清制，孔子为大祀，以古今国教所系。谨录《大清会典》仪则，视万世焉。

荣县孔子庙，在莲宇山。明知县孔克宜，圣裔也，取土曲阜，肖孔子像。嘉靖中，张璁议易木主①，称先师，而成像无敢毁。历代有专号，璁厘正祀典，称『至圣先师』。清因明制，主高二尺三寸七分，阔四寸，厚七分；座高四寸，长七寸，厚三寸四分，朱地金书。

其东配颜子曰复圣，子思曰述圣；西配曾子曰宗圣，孟子曰亚圣。主高一尺五寸，阔三寸二分，赤地墨书。

其东序先贤曰闵子损、冉子雍、端木子赐、仲子由、卜子商、有子若；其西序先贤曰冉子耕、宰子予、冉子求、言子偃、颛孙子师、朱子熹。主高一尺四寸，阔二寸六分，厚五分；座高二寸六分，长四寸，厚二寸，赤地墨书。

其东庑先贤曰蘧瑗、澹台灭明、原宪、南宫适、商瞿、漆雕开、司马耕、梁鳣、冉孺、伯虔、冉季、漆雕徒父、漆雕哆、公西赤、任不齐、公良孺、公肩定、鄡单、罕父黑、荣旂、左人郢、郑国、原亢、廉洁、叔仲会、公西舆如、邽巽、陈亢、琴张、步叔乘、秦非、颜哙、颜何、县亶、乐正克、万章、周敦颐、程颢、邵雍；先儒曰公羊高、伏胜、董仲舒、后苍、杜子春、诸葛亮、王通、陆贽②、范仲淹、欧阳修、杨时、罗从彦、李侗、吕祖谦、蔡沈、陈淳、魏了翁、王柏、赵复、许谦、吴澄、胡居仁、王守仁、罗钦顺、黄道周、汤斌。③

其西庑先贤曰林放、虙不齐、公冶长、公皙哀、高柴、樊

---

① 张璁（一四七五—一五三九），字秉用，赐名孚敬，亦字茂恭，号罗峰，浙江永嘉（今浙江省温州市）人。明正德十六年（一五二一）进士，累官至华盖殿大学士，著有《张文忠集》。按：在明世宗嘉靖九年（一五三〇）之前，有关孔子的封号多达十余种，如汉平帝初追谥孔子为『褒成宣圣公』，唐玄宗追谥为『文宣王』，元武宗加谥『大成至圣文宣王』等。祭孔之法，或绘其像于墙壁，或雕塑其人形，或用木主神牌，以塑像为主。『大礼议』之争，嘉靖皇帝新修《祀仪成典》，意欲改变孔子的封号与祭孔之法，张氏揣测嘉靖用意，上奏请求更改孔子封号，去王而称『先师』，提出祭孔时『易像为主』等，为嘉靖皇帝所采纳。

② 按：光绪《志》卷八无陆贽。

③ 按：光绪《志》卷八有陆秀夫、曹端、陆世仪。

须、商泽、巫马施、颜辛、曹卹、公孙龙、秦商、颜高、壤驷赤、石作蜀、公夏首、后处、奚容蒧、颜祖、句井疆、秦祖、县成、公祖句兹、燕伋、乐欬、狄黑、孔忠、公西蒧、颜之仆、施之常、申枨、左丘明、秦冉、牧皮、公都子、公孙丑、张载、程颐；先儒曰穀梁赤、高堂生、孔安国、毛苌、郑玄、范宁、韩愈、胡瑗、司马光、尹焞、胡安国、张栻、陆九渊、黄幹、真德秀、何基、陈澔、金履祥、许衡、薛瑄、陈献章、蔡清、吕坤、刘宗周、孙奇逢、陆陇其。① 主与十哲同。（民国《志》卷十二《礼俗》）

明嘉靖九年，改祀于乡三人：

郑众，字仲师，东汉开封人；

卢植，字子幹，东汉涿郡人；

服虔，字子慎，东汉荥阳人。

明洪武三年、嘉靖九年二次共罢祀十一人：

公伯寮，字子周，鲁人，以谗仲由黜。

荀况，字卿，周末赵人，以言性恶黜。

戴圣，字次君，汉梁人，以赃吏黜。

扬雄，字子云，成都人，以事莽黜。

刘向，字子政，汉宗室，以诵神仙方术黜。

贾逵，字景伯，东汉扶风人，以附会图谶黜。

马融，字季长，东汉扶风人，以贪鄙附势黜。

何休，字邵公，东汉人，以黜周王鲁、注《风角书》黜。

王肃，字子雍，魏郯人，以党司马篡魏黜。

王弼，字辅嗣，魏山阳人，以旨宗老、庄黜。

杜预，字元凯，晋杜陵人，以党贵、建短丧黜。

赞

孔子赞并序

盖自三才建而天地不居其功，一中传而圣人代宣其蕴。有行道之圣，得位以绥猷；有明道之圣，立言以垂宪。此正学所以常明，人心所以不泯也。粤稽往绪，仰溯前徽，尧、舜、禹、汤、文、武达而在上，兼君师之寄，行道之圣人也；孔子不得位，穷而在下，秉删述之权，明道之圣人也。行道者勋业炳于一朝，明道者教思周于百世。尧、舜、文、武之后，不有孔子，则学术纷淆，仁义湮塞，斯道之失传也久矣。后之人而欲探二帝、三王之心法，以为治国平天下之准，其奚所取衷焉？然则孔子之为，万古一人也，审矣！朕巡省东国，谒祀阙里，景企滋深，敬摛笔而为之赞曰：

清浊有气，刚柔有质。圣人参之，人极以立。行著习察，舍道莫由。惟皇建极，惟后绥猷。作君作师，垂统万古。曰惟尧舜，禹汤文武。五百余岁，至圣挺生。声金振玉，集厥大成。序《书》删《诗》，定礼正乐。既穷象系，亦严笔削。上绍往绪，下示来型。道不终晦，秩然大经。百家纷纭，殊途异趣。日月无逾，羹墙可晤。孔子之道，惟中与庸。此心此理，千圣所同。孔子之德，仁义中正。秉彝之好，根本天性。庶几夙夜，勖哉令

① 按：光绪《志》卷八有袁燮、张履祥、刘德。

图。溯源洙泗，景躅唐虞。载历庭除，式观礼器。摛毫仰赞，心焉遐企。百世而上，以圣为归。百世而下，以圣为师。非师夫子，惟师于道。统天御世，惟道为宝。泰山岩岩，东海泱泱。墙高万仞，夫子之堂。孰窥其藩，孰窥其径。道不远人，克念作圣。

颜子赞

圣道早闻，天资独粹。约礼博文，不迁不贰。一善服膺，万德来萃。能化而齐，其乐一致。礼乐四代，治法兼备。用行舍藏，王佐之器。

曾子赞

洙泗之传，鲁以得之。一贯曰唯，圣学在兹。明德新民，止善为期。格致诚正，均平以推。至德要道，百行所基。纂承统绪，修明训辞。

子思子赞

於穆天命，道之大原。静养动察，庸德庸言。以育万物，以赞乾坤。九经三重，大法是存。笃恭慎独，成德之门。卷之藏密，扩之无垠。

孟子赞

哲人既萎，杨墨昌炽。子舆辟之，曰仁曰义。性善独阐，知言养气。道称尧舜，学屏功利。煌煌七篇，并垂六艺。孔学攸传，禹功作配。

其颜扁之制：檐曰『万世师表』，康熙甲子（一六八四）颁；左曰『生民未有』，雍正丙午（一七二六）颁，曰『与天地参』，乾隆三年颁；右曰『圣协时中』，道光二年颁，曰『圣集大成』，嘉庆七年颁。楣曰『德齐帱载』，咸丰元年颁；左曰『圣神天纵』，同治元年颁；右曰『斯文在兹』，光绪时颁也。

释奠

岁春、秋仲月上丁祭，曰释奠。

先师　位前帛一，牛一，羊一，豕一，登一，铏二，簠、簋各二，笾、豆各八，尊一，爵三，炉一，镫二，祝版一。

今按：左陈设图据光绪《志》重排。

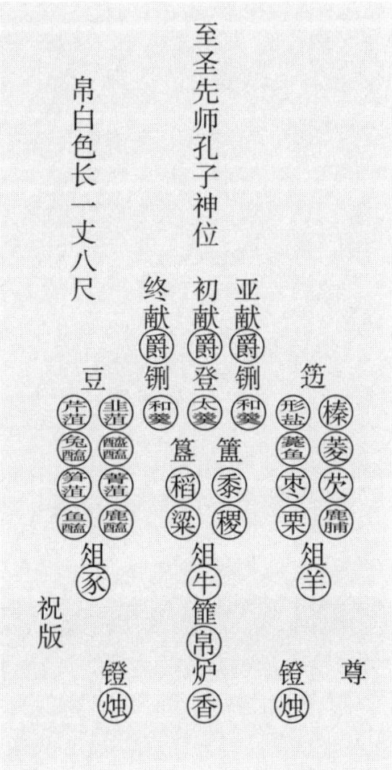

四配、十二哲、两庑仿此。

四配　每位帛一、羊一、豕一、铏二、簠二、簋二、笾六、豆六①，爵三，炉一，镫二，尊东西各一。笾减榛、芡，豆减韭菹、醓醢。

十二哲　各帛一、铏一、簠一、簋一、笾四、豆四、爵三、东西各羊一、豕一、尊一、炉一、镫二。簠、簋减稷、粱，笾又

① 按：笾六、豆六，民国《志》作『笾、豆各八』，据光绪《志》改。

减蕘鱼、菱，豆又减笋菹、鱼醢。

两　庑　光绪《志》曰：『每位爵一，东西各一案，每案帛一、羊一、豕一、簠一、簋一、笾四、豆四、爵三、尊一、炉一、镫二。』民国《志》曰：『两庑二位一案，每位爵一，每案簠、簋各一，笾、豆各四，东西各羊三、豕三、尊三。统设香案二，每案帛一、爵三、炉一、镫二，牲载于俎。』

帛，孔子、四配异篚，十二哲东西共篚。尊实酒，疏布幂勺具。

乐　器

麾一、金钟十六、玉磬十六、搏拊二、柷一、敔一、琴六、瑟四、箫六、笛六、凤箫二、笙六、埙二、篪二、楹鼓一、应鼓一、田鼓二。今按：左歌乐之图据嘉庆《志》重排。

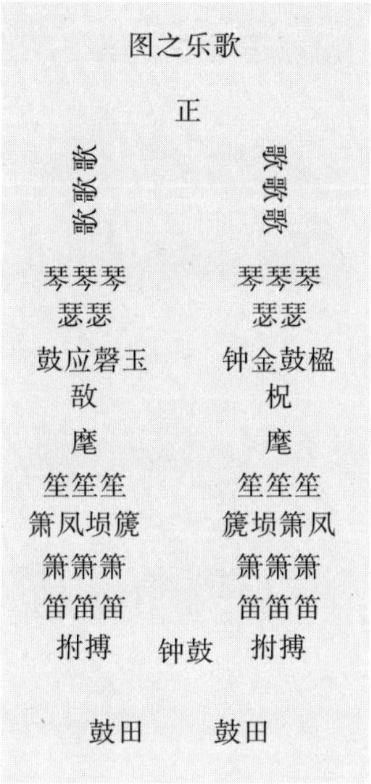

①

舞　器

节二、羽籥三十六。今按：左舞佾之图据嘉庆《志》重排。

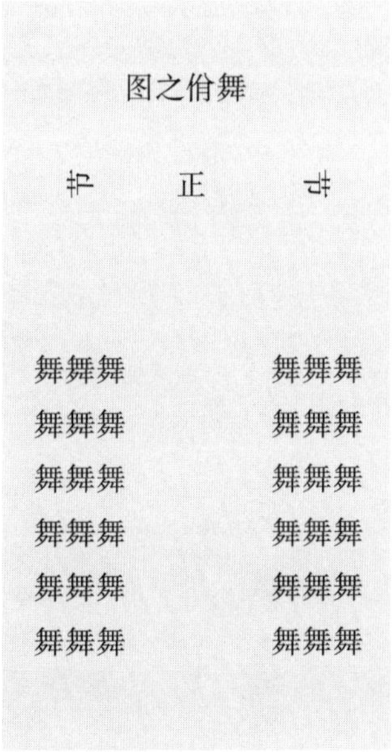

乾隆五十一年（一七八六）钦定乐章，嘉庆五年（一八〇〇）钦颁乐谱。②

春，夹钟清商立宫，倍应钟清变宫主调。

迎神，奏《昭平》之章，无舞③。

箫　谱　埙篪排箫同

大清变宫尺　哉清商伬　孔清角伬　子清变徵伍
先清变宫尺　觉清羽仩　先清变徵伍　知清角伬
与清商伬　天清角伬　地清羽仩　参清变徵伍
万清变宫尺　世清羽仩　之清变徵伍　师清变徵伍
祥清变徵伍　徵清羽仩　麟清商伬　绂清角伬
韵清商伬　答清羽仩　金清变宫尺　丝清羽仩④

① 原按：乐之起止视麾，起乐则举，乐阕则偃。本用一麾，今图列二麾。非是。
② 按：以下所载乐谱、舞谱以及执事的内容均以光绪《志》卷八为底本。
③ 奏《昭平》之章，无舞：嘉庆《志》卷三作『咸平』。
④ 仩：嘉庆《志》卷三作『伍』。

日清商伬　月清角仩　既清变宫伬　揭清变徵伍
乾清商伬　坤清角仩①　清清商伬②　夷清变宫伬

笛谱 笙同

大清变宫仩　哉清商亿　孔清角仕　子清变徵伬
先清变宫仩　觉清羽伬　先清变徵伬　知清角仕
与清商亿　天清角仕　地清羽伬　参清变徵伬
万清变宫仩　世清羽伬　之清变徵伬　师清变徵伬
祥清变徵伬　徵清羽伬　麟清商亿　绂清角仕
韵清商亿　答清羽伬　金清变宫仩　丝清羽伬
日清商亿　月清角仕　既清变宫仩　揭清变徵伬
乾清商亿　坤清角仩　清清商亿　夷清变宫仩

初献，奏《宣平》之章，作《宁平》之舞③。

箫谱

予清变宫伬④　怀清商伬　明清角仩　德清变徵伍
玉清羽仕　振清商伬　金清变宫伬　声清羽仕
生清角仩　民清商伬　未清羽仕　有清变徵伍
展清商伬　也清角仩　大清变徵伍⑤　成清角仩
俎清变徵伍　豆清羽仕　千清变宫伬　古清变徵伍
春清角仩　秋清角仩　上清变徵伍⑥　丁清角仩
清清变宫伬　酒清羽仕　既清商伬　载清变宫伬⑦
其清商伬　香清角仩　始清商伬⑧　升清变宫伬

笛谱

予清变宫仩　怀清商亿　明清角仕　德清变徵伬
玉清羽伬　振清商亿　金清变宫仩　声清羽伬
生清角仕　民清商亿　未清羽伬　有清变徵伬
展清商亿　也清角仕　大清变徵伬　成清角仕
俎清变宫伬　豆清羽伬　千清变宫仩　古清变徵伬
春清角仕　秋清角仕　上清变徵伬　丁清角仕
清清变宫仩　酒清羽伬　既清商亿　载清变宫仩
其清商亿　香清角仕　始清商亿　升清变宫仩

舞谱

予稍前，向外开籥，舞。怀蹈，向里开籥，舞。明合手，蹲，朝上。德起，辞身，向外，高举籥朝上。

玉两两相对，蹲，西相向。振合手掌，蹲，朝上。金正揖　声起，平身出，左右立。

生两两相对，自下而上，东西相向。民稍前，舞，举籥垂翟。未中班转身，东西相向立。惟两中班十二人转身，俱东向相向。有举翟三，合籥。

展稍前，向外，垂手，舞。也蹈，身向里，垂手，舞。大向前，合手，谦进步，双手合籥。成向身，再谦退步，侧身向外，高手回面，内向。

俎正蹲，朝上。豆稍舞，躬身挽手，侧身向外，呈籥耳边，面朝上。

千正揖。古起，辞身，挽手，复举籥，正立。

---

① 仩：嘉庆《志》卷三作「伬」。
② 伬：嘉庆《志》卷三作「伬」。
③ 奏《宣平》之章，作《宁平》之舞：嘉庆《志》卷三作「宁平」。
④ 伬：嘉庆《志》卷三作「伬」。
⑤ 伍：嘉庆《志》卷三作「伬」。
⑥ 伍：嘉庆《志》卷三作「伬」。
⑦ 伬：嘉庆《志》卷三作「仩」。
⑧ 伬：嘉庆《志》卷三作「亿」。

春两两相对，交籥，两班俱东西，手执籥。　秋正揖。　上向外，退，挽手，举籥向外，面朝上。　丁回身，正位。

清稍前，舞。　酒正蹲，朝上。　既左右垂手，两班上下俱双垂手，东西相向。　载起，合手，相向立。

其左右侧身，垂手，向外开籥，垂手，舞。　香右侧身，垂手，向里，垂手，舞。　始正揖，朝上。　升躬而受之，躬身，朝上拱籥而受之，三鼓毕，起。

亚献，奏《秩平》之章，作《安平》之舞①。

箫谱

式清变宫炽　礼清商伬　莫清角仩　愆清变徵伍
升清羽仩　堂清变徵伍　再清商伬　献清变宫炽
响清羽仩　协清变徵伍　蔹清商伬　镛清角仩
诚清变徵伍　孚清羽仩　罍清变徵伍　甗清变宫炽
肃清变徵伍　肃清变徵伍　雍清角仩　雍清角仩
誉清商伬　髦清变宫炽　斯清羽仩　彦清变宫炽
礼清羽仩　陶清变徵伍　乐清商伬　淑清角仩
相清变徵伍　观清角仩　而清商伬　善清变宫炽

笛谱

式清变宫仩　礼清商亿　莫清角仕　愆清变徵炽
升清羽伬　堂清变徵炽　再清商亿　献清变宫仩
响清羽伬　协清变徵炽　蔹清商亿　镛清角仕
诚清变徵炽　孚清羽伬　罍清变徵炽　甗清变宫仩
肃清变徵炽　肃清变徵炽　雍清角仕　雍清角仕
誉清商亿　髦清变宫仩　斯清羽伬　彦清变宫仩
礼清羽伬　陶清变徵炽　乐清商亿　淑清角仕
相清变徵炽　观清角仕　而清商亿　善清变宫仩

舞谱

式左右进步，向外，垂手，舞。　礼右向里，垂手，舞。　莫向外落籥，面朝上。　愆向内植羽，正立。

升正蹲。　堂起身，向前转，向外舞。　再向里舞。　献合手，谦进步，向前，双手合籥，蹲谦。

响两相外，自下而上，两班相，举籥东西。　协上下俱垂手，惟两中班上下，十二人俱垂手转身，东西相向。　蔹转身，东西相向立。　镛相向立，两班上下，以翟相籥。

诚稍前，舞蹈，两班上下，俱垂手，向外。　孚相里，垂手，舞。　罍合手，谦进步，向前，垂手，合籥。　甗回身，再谦，两班上下、东西相向，合籥立。

肃稍前，舞，向外开籥、翟。　肃向里舞。　雍双手平执籥、翟，开籥、翟。　雍敛籥，翟朝上，正立。

誉侧身，垂左手，两班俱垂手，向外舞。　髦躬身正揖。　斯双手舞籥、翟，躬手。　彦躬而受之，躬身，朝上拱籥受之，一鼓而进。

礼一叩头，举右手叩头。　陶举右手叩头。　乐复举右手叩头。　淑拜，一鼓毕即起，躬身，三鼓平声。

相三舞蹈，举籥，向左躬身，舞。　观举籥，向右躬身，舞。　而举籥，复向右躬身，舞。　善拱籥，躬身而受之。

终献，奏《叙平》之章，作《景平》之舞②。

---

① 奏《秩平》之章，作《安平》之舞：嘉庆《志》卷三作「安平」。

② 奏《叙平》之章，作《景平》之舞：嘉庆《志》卷三作「景平」。

箫谱

自清变宫伬　古清商仉　在清变徵伍　昔清角伩
先清羽仩　民清变徵伍　有清商仉　作清角伩
皮清变徵伍　弁清羽仩　祭清商仉　菜清变宫伬
于清羽仩　论清变徵伍　思清角伩①　乐清商仉
惟清变徵伍　天清羽仩　牗清变宫伬　民清变徵伍
惟清商仉　圣清羽仩　时清商仉　若清角伩
彝清变徵伍　伦清变徵伍　攸清羽仩　叙清变宫伬
至清羽仩　今清变徵伍　木清商仉②　铎清变宫伬

笛谱

自清变宫伩　古清商亿　在清变徵伬　昔清角仩
先清羽仉　民清变徵伬　有清商亿　作清角仩
皮清变徵伬　弁清羽仉　祭清商亿　菜清变宫伩
于清羽仉　论清变徵伬　思清角仩　乐清商亿
惟清变徵伬　天清羽仉　牗清变宫伩　民清变徵伬
惟清商亿　圣清羽仉　时清商亿　若清角仩
彝清变徵伬　伦清变徵伬　攸清羽仉　叙清变宫伩
至清羽仉　今清变徵伬　木清商亿　铎清变宫伩

舞谱

自向外开籥，舞。　古向里开籥，舞。　在侧身向外，面朝上。　昔朝上正立。

先两班上下两两相对，交籥。　民合手朝上，正蹲。　有侧身，向里落籥。　作合籥朝上，正立。

皮向外开籥，舞。　弁向里开籥，舞。　祭开籥朝上，正立。　菜合籥。

于向外开籥，舞。　论向里开籥，舞。　思进步向前，双手合籥。　乐回身，东西相向，手谦。

惟向外开籥，舞。　天向里开籥，舞。　牗开籥朝上，正立。　民合籥朝上，正立。

惟向外垂手，舞。　圣向里垂手，舞。　时朝上正揖。　若躬身而受之。

彝躬身，向左合籥，舞。　伦躬身，向右合籥，舞。　攸躬身，复向左右舞。　叙合籥朝上，拜，一鼓便起身。

至侧身向外，垂手，舞。　今侧身向里，垂手，舞。　木朝上正揖。

铎躬身，朝南受之，三鼓毕，起身。

彻馔，奏《懿平》之章，无舞③。

箫谱

先清变宫伬　师清商仉　有清角伩　言清变徵伍
祭清变宫伬　则清羽仩　受清变宫伬　福清变徵伍
四清商仉　海清变宫伬　黉清变徵伍　宫清羽仩
畴清商仉　敢清角伩　不清商仉　肃清变宫伬
礼清变徵伍　成清羽仩　告清变宫伬　彻清变徵伍
毋清商仉　疏清角伩　毋清商仉　渎清变宫伬
乐清变徵伍　所清羽仩　自清商仉　生清变宫伬
中清变徵伍　原清角伩　有清商仉　莪清变宫伬

---

① 思：嘉庆《志》卷三作「斯」。
② 仉：嘉庆《志》卷三作「伬」。
③ 奏《懿平》之章，无舞：嘉庆《志》卷三作「咸平」。

笛 谱

先清变宫㐹 师清商亿 有清角仕 言清变徵伬
祭清变宫㐹 则清羽仉 受清变宫㐹 福清变徵伬
四清商亿 海清变宫㐹 黉清变徵伬 宫清羽仉
畤清商亿 敢清角仕 不清商亿 肃清变宫㐹
礼清变徵伬 成清羽仉 告清变宫㐹 彻清变徵伬
毋清商亿 疏清角仕 毋清商亿 渎清变宫㐹
乐清变徵伬 所清羽仉 自清商亿 生清变宫㐹
中清变徵伬 原清角仕 有清商亿 菽清变宫㐹

送神，奏《德平》之章，无舞①。

箫 谱

皂清变宫伬 绎清商仉 峨清角㐹 峨清变徵伍
洙清羽仕 泗清变宫伬 洋清商仉 洋清角㐹
景清羽仕 行清变徵伍 行清变徵伍 止清羽仕
流清商仉 泽清角㐹 无清变徵伍 疆清角㐹
聿清变徵伍 昭清羽仕 祀清商仉 事清变宫伬
祀清变宫伬 事清羽仕② 孔清商仉③ 明清角㐹
化清变宫伬 我清变徵伍 蒸清变宫伬 民清羽仕
育清商仉④ 我清角㐹 胶清商仉 庠清变宫伬

笛 谱

皂清变宫㐹 绎清商亿 峨清角仕 峨清变徵伬
洙清羽仉 泗清变宫㐹 洋清商亿 洋清角仕
景清羽仉 行清变徵伬 行清变徵伬 止清羽仉
流清商亿 泽清角仕 无清变徵伬 疆清角仕
聿清变徵伬 昭清羽仉 祀清商亿 事清变宫㐹
祀清变宫㐹 事清羽仉 孔清商亿 明清角仕
化清变宫㐹 我清变徵伬 蒸清变宫㐹 民清羽仉
育清商亿 我清角仕 胶清商亿 庠清变宫㐹

秋，南吕清徵立宫，仲吕清角主调。

迎神，奏《昭平》之章，无舞⑤。

箫 谱 埙篪排箫同

大清角㐹 哉清徵亿 孔清羽仕 子清变宫伬
先清角㐹 觉清角仉 先清变宫伬 知清羽仕
与清徵亿 天清羽仕 地清商仉 参清变宫伬
万清角㐹 世清商仉 之清变宫伬 师清变宫伬
祥清变宫伬 徵清商仉 麟清徵亿 绂清羽仕
韵清徵亿 答清商仉 金清角㐹 丝清商仉
日清徵亿 月清羽仕 既清角㐹 揭清变宫伬⑥
乾清徵亿 坤清羽仕 清清徵亿 夷清角㐹⑦

笛 谱 笙同

大清角仕 哉清徵仜 孔清羽仉 子清变宫㐹

① 奏《德平》之章，无舞：嘉庆《志》卷三作「咸平」。
② 仕：嘉庆《志》卷三作「伍」。
③ 仉：嘉庆《志》卷三作「伬」。
④ 仉：嘉庆《志》卷三作「伬」。
⑤ 奏《昭平》之章，无舞：嘉庆《志》卷三作「咸平」。
⑥ 伬：嘉庆《志》卷三作「仉」。
⑦ 㐹：嘉庆《志》卷三作「伬」。

先清角仕　觉清商亿　先清变宫六　知清羽仉
与清徵仜　天清羽仉　地清商亿　参清变宫六
万清角仕　世清商亿　之清变宫六　师清变宫六
祥清变宫六　徵清商亿　麟清徵仜　绂清羽仉
韵清徵仜　答清商亿　金清角仕　丝清商亿
日清徵仜　月清羽仉　既清角仕　揭清变宫六
乾清徵仜　坤清羽仉　清清徵仜　夷清角仕①

初献，奏《宣平》之章，作《宁平》之舞②。

箫　谱

予清角六　怀清徵亿　明清羽仕　德清变宫伬
玉清商仉　振清徵亿　金清角六　声清商仉
生清羽仕　民清徵亿　未清商仉　有清变宫伬
展清徵亿　也清羽仕　大清变宫伬　成清羽仕
俎清变宫伬　豆清商仉　千清角六　古清变宫伬
春清羽仕　秋清羽仕　上清变宫伬　丁清羽仕
清清角六　酒清商仉　既清徵亿　载清角六
其清徵亿　香清羽仕　始清徵亿　升清角六

笛　谱

予清角仕　怀清徵仜　明清羽仉　德清变宫六
玉清商亿　振清徵仜　金清角仕　声清商亿
生清羽仉　民清徵仜　未清商亿　有清变宫六
展清徵仜　也清羽仉　大清变宫六　成清羽仉
俎清变宫六　豆清商亿　千清角仕　古清变宫六
春清羽仉　秋清羽仉　上清变宫六　丁清羽仉
清清角仕　酒清商亿　既清徵仜　载清角仕
其清徵仜　香清羽仉　始清徵仜　升清角仕

舞　谱　同春祭初献

亚献，奏《秩平》之章，作《安平》之舞③。

箫　谱

式清角六　礼清徵亿　莫清羽仕　愆清变宫伬
升清商仉　堂清变宫伬　再清徵亿　献清角六
响清商仉　协清变宫伬　蕺清徵亿　镛清羽仕
诚清变宫伬　孚清商仉④　罍清变宫伬　甗清角六
肃清变宫伬　肃清变宫伬　雍清羽仕　雍清羽仕
誉清徵亿　髦清角六　斯清商仉　彦清角六
礼清商仉　陶清变宫伬　乐清徵亿　淑清羽仕
相清变宫伬⑤　观清羽仕　而清徵亿　善清角六

笛　谱

式清角仕　礼清徵仜　莫清羽仉　愆清变宫六
升清商亿　堂清变宫六　再清徵仜　献清角仕
响清商亿　协清变宫六　蕺清徵仜　镛清羽仉
诚清变宫六　孚清商亿　罍清变宫六　甗清角仕
肃清变宫六　肃清变宫六　雍清羽仉　雍清羽仉

---

① 仕：嘉庆《志》卷三作『伬』。
② 奏《宣平》之章，作《宁平》之舞：嘉庆《志》卷三作『宁平』。
③ 奏《秩平》之章，作《安平》之舞：嘉庆《志》卷三作『安平』。
④ 仉：嘉庆《志》卷三作『伬』。
⑤ 伬：嘉庆《志》卷三作『仉』。

誉清徵仩 髦清角仩 斯清商亿 彦清角仩
礼清商亿 陶清变宫仸 乐清徵仩 淑清羽仉
相清变宫仸 观清羽仉 而清徵仩 善清角仩

舞谱 同春祭亚献

终献，奏《叙平》之章，作《景平》之舞①。

箫谱

自清角仸 古清徵亿② 在清变宫伬 昔清羽仩
先清商仉③ 民清变宫伬 有清徵亿 作清羽仩
皮清变宫伬 弁清商仉 祭清徵亿 莱清角仸
于清商仉 论清变宫伬 思清羽仩④ 乐清徵亿⑤
惟清变宫伬 天清商仉 牖清角仸 民清变宫伬
惟清徵亿 圣清商仉 时清徵亿 若清羽仩
彝清变宫伬 伦清变宫伬 攸清商仉 叙清角仸⑥
至清商仉 今清变宫伬 木清徵亿 铎清角仸

笛谱

自清角仩 古清徵仩 在清变宫仸 昔清羽仉
先清商亿 民清变宫仸 有清徵仩 作清羽仉
皮清变宫仸 弁清商亿 祭清徵仩 莱清角仩
于清商亿 论清变宫仸 思清羽仉 乐清徵仩
惟清变宫仸 天清商亿 牖清角仩 民清变宫仸
惟清徵仩 圣清商亿 时清徵仩 若清羽仉
彝清变宫仸 伦清变宫仸 攸清商亿 叙清角仩
至清商亿 今清变宫仸 木清徵仩 铎清角仩

舞谱 同春祭终献

御撰，奏《懿平》之章，无舞⑦。

箫谱

先清角仸 师清徵亿⑧ 有清羽仩 言清变宫伬
祭清角仸 则清商仉 受清角仸 福清变宫伬
四清徵亿 海清角仸 黉清变宫伬 宫清商仉
畴清徵亿 敢清羽仩 不清徵亿 肃清角仸
礼清变宫伬 成清商仉 告清角仸 彻清变宫伬
毋清徵亿 疏清羽仩 毋清徵亿 渎清角仸
乐清变宫伬 所清商仉 自清徵亿 生清角仸
中清变宫伬 原清羽仩 有清徵亿 菽清角仸

笛谱

先清角仩 师清徵仩 有清羽仉 言清变宫仸
祭清角仩 则清商亿 受清角仩 福清变宫仸
四清徵仩 海清角仩 黉清变宫仸 宫清商亿
畴清徵仩 敢清羽仉 不清徵仩 肃清角仩
礼清变宫仸 成清商亿 告清角仩 彻清变宫仸

① 奏《叙平》之章，作《景平》之舞：嘉庆《志》卷三作「景平」。
② 亿：嘉庆《志》卷三作「仉」。
③ 仉：嘉庆《志》卷三作「伬」。
④ 仩：嘉庆《志》卷三作「亿」。
⑤ 亿：嘉庆《志》卷三作「仩」。
⑥ 仸：嘉庆《志》卷三作「仉」。
⑦ 奏《懿平》之章，无舞：嘉庆《志》卷三作「咸平」。
⑧ 亿：嘉庆《志》卷三作「仉」。

毋清徵仜　疏清羽仉　毋清徵仜　渎清角仕
乐清变宫伩　所清商亿　自清徵仜　生清角仕
中清变宫伩　原清羽仉　有清徵仜　菽清角仕

送神，奏《德平》之章，无舞①。

箫谱

皋清角伩　绎清徵亿②　峨清羽仕　峨清变宫伿
洙清商仉　泗清角伩　洋清徵亿　洋清羽仕
景清商仉　行清变宫伿　行清变宫伿　止清商伩
流清徵亿③　泽清羽仕　无清变宫伿④　疆清羽仕
聿清变宫伿⑤　昭清商仉　祀清徵亿⑥　事清角伩
祀清角伩　事清商仉　孔清徵亿　明清羽仕
化清角伩　我清变宫伿　蒸清角伩　民清商仉
育清徵亿　我清羽仕　胶清徵亿　庠清角伩

笛谱

皋清角仕　绎清徵仜　峨清羽仉　峨清变宫伩
洙清商亿　泗清角仕　洋清徵仜　洋清羽仉
景清商亿　行清变宫伩　行清变宫伩　止清商亿
流清徵仜　泽清羽仉　无清变宫伩　疆清羽仉
聿清变宫伩　昭清商亿　祀清徵仜　事清角仕
祀清角仕　事清商亿　孔清徵仜　明清羽仉
化清角仕　我清变宫伩　蒸清角仕　民清商亿
育清徵仜　我清羽仉　胶清徵仜　庠清角仕

执事：

俱于本学生员中派用，预期示知，先令演习其数量焉。

通赞　立堂阶左，主赞行礼之总名。

鸣赞　立堂阶右，与通赞对，主唱跪叩三礼。

引赞　二人相对立，于官前引导唱礼。

捧帛　预实帛于篚，候唱『跪进』，接上奠神前。

迎神　预执杯，候唱『灌地』，曰『降神』，神降。

读祝　预书祝文，浮粘版上，读跪官左。

司尊　预执尊酒，候唱『举幂』，以勺酌之。

执爵　预涤爵，候唱『捧以授酒』，与捧帛同。

盥洗　掌匜、盘、巾、帨，候官涤爵，拭手。

陈设　牲、馔、灯、炉各案器，依定位预为陈设。

洒扫　先期洒扫殿宇、堂阶。

司户　殿上、戟门各一人，候唱以司启闭。

监宰　监看宰牲，去角与蹄甲，以入俎。

造馔　庶品如法燔炙剥烹，按图摆设盘内。

香烛　预以香烛伺候，临祭点注炉台。

饮福　一执酒，一捧盘肉进于献官，仍接退。

燔瘗　候唱『燔柴燎炉』，瘗毛血西北坎。

彻馔　祭前司启各牲馔，盖唱彻，稍为移动。

① 奏《德平》之章，无舞：嘉庆《志》卷三作『咸平』。
② 亿：嘉庆《志》卷三作『仉』。
③ 亿：嘉庆《志》卷三作『伩』。
④ 伿：嘉庆《志》卷三作『伩』。
⑤ 伿：嘉庆《志》卷三作『仉』。
⑥ 亿：嘉庆《志》卷三作『仉』。

舞　生　三十六名。

歌　童　四名。俱择本地童生教习，岁给优免。

仪注

嘉庆《志》所载：

《大清会典》载每岁仲春、仲秋上丁日致祭。先期散斋二日，各宿别室。前一日，同宿祭所，不饮酒，不食葱蒜，不吊丧问疾，不听乐，不理刑，不判署刑杀文字，不预秽事。致斋惟专治祭事。祭前一日，知县签榜由县中门出，鼓乐迎至文庙前张挂。至晚，行省牲礼，知县率僚属至明伦堂观演乐习舞，毕，引赞引献官穿补服诣省牲所①，唱曰『就位』，至香案前立，献爵，奠酒，三揖。唱曰『省牲』，牵牲过案。唱曰『礼毕』。宰牲用小碟盛毛血，执事生捧送各神案前供奉，余毛血埋净土。知县率僚属至先师庙丹墀，各一揖，退。

祭日，鸡初鸣，将牲馔、乐器、烛炉陈设整齐。知县率僚属至更衣所，通赞赞曰『签祝版』，引赞唱曰『更衣』，官穿朝服、生穿襕衫。曰『升堂』，从东阶上。曰『序爵』，曰『序事』，各生执事。曰『请祝』，请祝版至。曰『签名』，各官书名。曰『下堂』，从西阶下。通赞赞曰『启户』，司户生将各门大开。曰『乐舞生就位』，曰『执事者各司其事』，诸生各执其事。曰『正献官就位』『分献官各就位』，文东武西。通赞赞曰『瘗毛血』，司毛血生将毛血碟捧从中门出，至西北隅，埋于坎内。『启牲馔』，执事将牲馔俎盘盖启开。曰『迎神，乐作』。引赞引各官，唱曰『诣西北隅迎神』，众官皆至，众官打躬。通赞赞曰『参神，乐奏《咸平》之章』，鸣赞曰『跪』，众官皆三跪九叩首，兴，乐止。

初　献　通赞赞曰『行奠帛初献礼，乐奏《宁平》之章』，引赞引主祭官，唱曰『诣盥洗所浴手净巾』『诣酒尊所』，司尊者举幂酌酒。执事取酒执爵，由正阶上，中门入，置神位前。引赞唱曰『诣至圣先师孔子神位前，跪，上香，进帛，奠帛，进爵，献爵，俯伏，兴，平身』。唱曰『诣读祝位，跪』，鸣赞曰『众官皆跪』，引赞曰『读祝文，俯伏，兴，平身』，鸣赞曰『众官皆兴，平身』。引赞引主祭官，唱曰『诣复圣颜子神位前，跪，上香，进帛，奠帛，进爵，献爵，俯伏，兴，平身』。唱『诣宗圣曾子神位前，跪，上香，进帛，奠帛，进爵，献爵，俯伏，兴，平身』。唱『诣述圣子思子神位前，跪，上香，进帛，奠帛，进爵，献爵，俯伏，兴，平身』。唱『诣亚圣孟子神位前，跪，上香，进帛，奠帛，进爵，献爵，俯伏，兴，平身，复位』。通赞赞曰『行分献礼』，引赞引某官诣东西哲神位前，引某官诣东西庑神位前，俱皆盥洗，跪上香，献帛，献爵，俯伏，兴，皆复位。

亚　献　通赞曰『行亚献礼，乐奏《安平》之章』。引赞引主祭官诣酒尊所取酒，唱『诣至圣先师孔子神位前，跪』，余与初献同。

终　献　乐奏《景平》之章，余与初献同。各复位。

① 补服：明清官服的一种，因其前胸后背皆缀有一块补子得名。明清品官之补子纹饰用不同的动物代表不同的官品职司，文官饰以禽，武官饰以兽。补服在明代属于常服，在清代既可以用作祭祀、庆典的礼服，又可以作为公服。

引赞引主祭官诣饮福位，跪，鸣赞唱『众官皆跪』，引赞唱曰『饮福酒』，执事取正中一爵，从右递与主祭官，饮讫，将爵从左边递与执事。唱『受福胙』，执事取先师位前半膊盛木盘，从右递与主祭官，受之，递左边执事，由中门出，正阶下，送至主祭官署。『俯伏，兴，平身，谢福胙』，各官俱行三叩首礼，兴，复位。

通赞赞曰『彻馔，乐奏《咸平》之章』，执事将牲馔俱彻。

通赞赞曰『辞神，乐奏《咸平》之章』，各官俱行三跪九叩首礼。引赞引众官送神至戟门，唱曰『诣送神所』，曰『众官打躬』。通赞赞曰『望燎』，读祝者捧祝，执帛者捧帛，各诣燎所。先圣帛，祝俱由中门。引赞引众官，唱曰『诣望燎位，举柴焚祝帛』，将祝文揭下，并帛俱焚于火，埋于坎下。曰『复位』。乐止。通赞赞曰『阖户』，鸣赞唱曰『礼毕退班』。

光绪《志》所载：

前期二日，各署设斋戒牌，承祭、分献官各宿别室。致斋二日，不饮酒，不食葱、韭、蒜、薤，不吊丧问疾，不听乐理刑，不判署刑杀文字，不预秽恶事。前二日，执事官补服，至牺牲所省牲。前一日，执事者举祝案送致斋所，承祭官视毕，送至前后殿安设，一跪三叩头，退。知县签榜由县中门出，鼓乐迎至文庙前张挂，承祭官率僚属，至明伦堂观演乐习舞。前一日，执事官补服上香，监视宰牲并供毛血。①

祭日，鸡初鸣，将牲馔、乐器、烛炉等如式陈设。主祭、分献、陪祀各官至更衣所，朝服出，诣盥洗所沐手净巾，两旁门序立。通赞唱『签祝版』，引赞唱『升堂』，引各官从东阶上；『序爵，序事』；『请祝』，请祝版至；『签名』，各官书名；『下堂』，从西阶下；通赞唱『启户』，各开大门；『乐舞生就位』，『执事者各司其事』，『主祭官就位』，『分献官就位』，『陪祭官就位』，文东武西；『瘗毛血』，司毛血生将毛血捧从中门出，瘗西北隅坎内；『启牲馔盖』，『举迎神乐，奏《昭平》之章。乐作。』引赞唱『诣西北隅迎神』，引众官至，神降，复位。引赞唱『行上香礼』。司香者捧香，引主祭官诣至圣先师孔子神位前，跪，叩首，上香：司香者跪进，先上炷香，次三上瓣香，叩首，兴。诣四配香案，各上香。分祭官各诣十二哲、两庑上香，毕，复位。通赞唱『参神，行三跪九叩礼，兴。乐止』。

通赞唱『行初献礼，举初献乐，奏《宣平》之章，作宁平之舞』。引赞唱『诣酒尊所』，司尊者举幂酌酒，司帛者捧帛，司爵者捧爵升坛，引赞导承祭官由东阶上，入殿左门，诣至圣先师孔子神位前，跪，叩首，奠帛于正中，献爵于正中，叩首，兴。诣读祝位，通赞唱『跪』，众官皆跪。引赞唱『读祝生跪，读祝』。读祝生至祝案左，一跪三叩，捧祝读毕，至正位前跪，安帛匣内，三叩首，退。引赞唱『承祭官及各官三叩首，兴』，众官皆兴。引赞唱『主祭官诣复圣颜子位前，跪，叩首，奠帛，献爵，叩首，兴』。诣宗圣曾子、述圣子思子、亚圣孟子神位前，如前仪。引赞唱『复位』，主祭官从西门出，西阶下。通赞唱『行分

① 光绪《志》原注：宰牲盛毛血，执事生捧送各神案前供奉，余毛血埋净土。今执事官补服，赞唱曰『就位』，至香案前立，上香，献爵，三揖，执事者牵牲过案，礼毕，出监视宰牲。

献礼，引某官诣东西哲位前，某官诣东西庑神位前」，奠帛、献爵，如主祭官行礼。『乐止』。

通赞唱『行亚献礼，举亚献乐，奏《秩平》之章，作《安平》之舞』。引赞唱『升坛』，由东门入，献爵于左，如初仪。献毕，引赞唱『复位』，主祭官由西门出，西阶下。『乐止。』

通赞唱『行终献礼，举终献乐，奏《叙平》之章，作《景平》之舞』。引赞唱『升坛』，献爵于右，如亚献仪。毕，复位。分献官以次献，毕，各复位立。

通赞唱『饮福受祚』，引赞唱『诣饮福受胙位』，主祭官至殿内立，捧酒、胙二人取正中一爵、羊左一膊，自正位案前拱举至福胙位，又旁跪接福胙，二人在左旁跪。引赞唱『跪，饮福酒』，承祭官受爵，拱举授接爵执事；『受胙』，承祭官受胙，拱举授接胙执事，由中门出，正阶下，送献官署。『叩，兴』，承祭官三叩首，兴。『复位』。通赞唱『谢神』，鸣赞唱『跪，兴』。承祭、分献及陪祀各官俱行三跪九叩礼。

通赞唱『彻馔，举彻馔乐，奏《懿平》之章。乐止』。

通赞唱『辞神，举送神乐，奏《德平》之章』。鸣赞唱『跪，叩首』，承祭、分献、各陪祀官俱行三跪九叩礼。通赞唱『捧祝、帛、馔，各恭诣燎前』，捧祝、帛生至各位前，一跪三叩，捧起，祝在前，帛次之，馔生跪不叩，捧起，各送至燎所正位。帛、爵俱由中门，承祭官退至两旁，候祝、帛、馔过，仍复位立。通赞唱『诣望燎所，举望燎乐』，与送神同。『乐作』，引承祭各官，『至望燎位，望燎，举柴焚祝帛』，祝帛焚半，『乐止』。通赞唱『阖户』，鸣赞唱『礼毕散班』。

民国《志》所载：

先二日省牲，翌日视杀。至日，日出前六刻，承祭等官更衣毕，通赞赞『启户』，乐舞生登歌，执事咸恪，文舞六佾，承祭等官皆就位，瘗毛血①，乃迎神，奏《昭平》之章，司香奉香盘进。赞引引承祭官升东阶，由左门入，诣先师案前立。司香跪进香，赞引赞『跪』，承祭官跪，一叩，赞『上香』，承祭官上炷香，次三上瓣香，一叩，兴，赞『复位』。分献官各诣四配、十二哲、两庑上香如仪，皆复位。通赞赞『跪、叩、兴』，承祭等官行三跪九叩礼。奠帛，行初献礼，奏《宣平》之章，舞羽籥之舞。赞引引承祭官盥洗，司帛奉帛、司爵奉爵进，承祭官入，跪，一叩，司帛跪奉篚，承祭官受，奠于案，司爵跪奉爵，承祭官奠于正中②，一叩，兴，复位。分献官各诣四配、十二哲、两庑如仪，皆复位。司祝至祝案前，跪，三叩，奉祝版跪案左，乐暂止。承祭官诣读祝位跪，众官皆跪，司祝读祝毕，捧祝版，诣正位跪，安于案，三叩，退，承祭官等三叩，兴，复位。行亚献礼，奏《秩平》之章。行终献礼，奏《叙平》之章。承祭分献，并如初献仪。乃饮福受胙，承祭各官诣饮受位前，跪，饮福酒，受福胙③，三叩，兴，复位。文德之舞，退，乃彻馔，奏《懿平》之章。彻馔毕，送神，奏《德平》之章，承祭各官行三跪九

① 民国《志》原注：司毛血生捧毛血从中门出，埋西北隅坎内。
② 民国《志》原注：亚献奠左，三献奠右。
③ 民国《志》原注：执事生跪奉正案中爵，羊左膊，承祭官拱举，毕，归之署。

叩礼。执事者奉祝、次帛、次馔、次香，恭送燎所，各官避立西旁，东面，俟祝、帛过，复位。引诣望燎位，望燎毕，阖户，各退。崇圣祠祭仪同，无乐。

祝文

雍正二年（一七二四）颁祝文

维先师德隆千古，道冠百王。揭日月以常行，自生民所未有。属文教昌明之会，正礼节乐和之时。辟雍钟鼓，咸恪荐以馨香；泮水胶庠，益致严于笾豆。兹当仲春（秋），祗率彝章，肃展微忱，聿彰祀典。以复圣颜子、宗圣曾子、述圣子思子、亚圣孟子配。尚飨！

荣旧有会，曰公会，曰洒扫会，各四人。公会曰『首』，掌财产。洒扫会曰『斋长』，掌祭祀。入民国后，二会为一，通职联事。其财产租谷岁八十余石，店房十间，岁入可六千余贯，皆士子醵资也。

（二）崇圣祠

旧称启圣祠，雍正元年（一七二三）特旨追封先师五代，更名崇圣祠。

供奉

光绪《志》载：肇圣王木金父居中，裕圣王祈父居左，诒圣王防叔居右，昌圣王伯夏次左，启圣王叔梁纥次右，位皆南向。主式同大成殿四配。

民国《志》所载有异，即中启圣叔梁纥，左肇圣木金父，次诒圣防叔，右裕圣祈父，次昌圣伯夏。

东配先贤孔氏、先贤颜无繇、孔鲤，位西向；西配先贤曾点、孟孙氏，位东向。东庑先儒周辅成、程珦、蔡元定，位西向；西庑先儒张迪、朱松，位东向。

春、秋仲月丁祭致祭。

祭品

正位 五案，每案帛一，色、幅、篚同前殿。羊一、豕一、和羹二①、簠二、簋二、笾八、豆八、炉一、镫二、爵三、尊一、祝版一。

配位 光绪《志》云：『四案，东、西帛各一，羊、豕各一，簠、簋各一，笾各四，豆各四，爵每案各三，醴一。』民国《志》所载有别，曰『四配各帛一，簠、簋各一，笾、豆各四，爵三，东、西各羊一、豕一、尊一、炉一、镫二』。

两庑 光绪《志》载：『两案，东西帛各一，羊、豕各二，簠、簋各一，笾各四，豆各四，爵每位各一，尊一。』民国《志》则云：『两庑东一案，西一案，均簠、簋各一，笾、豆各四，每位爵一，东西各帛一、羊一、豕一、尊一、炉一、镫二，俎篚幂勺具。』

今按：左陈设图据光绪《志》排版。

① 按：『和羹二』为光绪《志》所载，民国《志》卷十二《礼俗》作『铏二』。

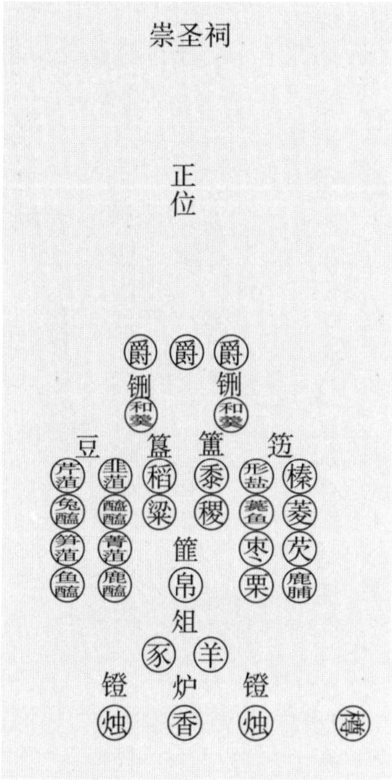

配飨从祀仿此。

仪注

嘉庆《志》所载：

主祭官行二跪六叩首礼，余仪同，无乐舞。

光绪《志》所载：

分官同时祭，朝服，行三跪九叩三献礼，惟无乐舞，无饮福受胙。

祭日，先如式陈设，引赞导承祭官入祠左门，分献官随入。承祭官盥洗毕，引诣殿阶下正中，分献官以次序立于后，均北面。通赞唱『执事官各共乃职』。① 通赞唱『就位』，引赞引承祭官就拜位，立，乃迎神。司香奉香盘进，赞引官赞『就上香位』，引承祭官升东阶，由殿左门入，诣肇圣王、裕圣王、诒圣王、昌圣王、启圣王各案前，跪，一叩。赞『上香』，司香跪奉香，官初上炷香，次三上瓣香，一叩，兴。赞『复位』，引承祭官退至殿左门，北面揖，出②，复位。分献官各诣四配位、两庑从祀位前，上香如仪，皆复位。赞引官赞『跪、叩、兴』③，承祭官行三跪九叩礼，分献官均随行礼。奠帛，行初献礼，执事生各奉篚执爵进，承祭官入殿左门，诣神位前，跪，一叩。司帛跪奉篚，承祭官受篚，拱举奠于案，司爵跪奉爵，承祭官受爵，拱举奠于正中，一叩，兴，以次奠献毕。司祝至祝案前，三叩，奉祝版跪案左，承祭官诣读祝位，跪，司祝读祝毕，诣正中神位前，跪安于案，三叩，退。承祭官行三叩礼毕，仍由殿左门出，复位。分献官奠帛、献爵各如仪，皆复位。次亚献，奠爵于左。次终献，奠爵于右。四配、两庑毕献，仪均与初献同。彻馔、送神，承祭官及分献官均行三跪九叩礼。执事生奉祝、次帛、次馔、次香，恭随燎所，承祭官避立西旁，东面，俟祝、帛过，复位，引诣望燎位望燎，引承祭官退。

祝文

维王奕叶钟祥，光开圣绪，盛德之后，积久弥昌。凡声教所覃敷，率循源而溯本，宜肃明禋之典，用申守土之忱。兹届仲春（秋），聿修祀事④，以先贤颜氏、先贤曾氏、先贤孔氏、先贤孟孙氏配。尚飨！

① 光绪《志》原注：以下自迎神至送神，皆通赞唱赞。
② 光绪《志》原注：凡出殿门皆揖。
③ 光绪《志》原注：以下行礼皆有赞。
④ 事：此为光绪《志》所载，嘉庆《志》卷三作『典』。

（三）名宦、乡贤、忠孝、孝义、节孝五祠

春、秋仲月丁祭附祀。祭品，每祠帛一、羊一、豕一、笾四、豆四、尊一、爵三。仪注，光绪《志》载：『教谕一人，公服诣祠致祭，读祝，望燎，行三叩礼。如仪。』民国《志》则言：『诸祠以斋长分献之，荐鸡、鹜、酒、脯。』

名宦祠

在戟门左。祀宋知州王明、李虚己、李畋、罗拯、陈希亮、王准、李焘、张价、宋中和、吕文修，推官宇文昌龄，助教张颐，长史亅处荣，荣德令杨仲修；明州判马公辅，知县孔克宜、朱如鲁、雷震、张九思、黄儒、秦民汤，教谕钟诚、王永、谢聘、刘朝用，典史樊资；清知县刘应时、蔺松、陈士献、王泽、李锈、王国相、黄大本。

祝文

卓哉群公，懋修厥职，泽被生灵①，功垂社稷。兹惟仲春（秋），谨以牲醴，用申常祭。尚飨！（光绪《志》卷八《庙坛祀典》）

乡贤祠

在戟门右。祀汉合浦太守费贻；后汉谏议大夫费诗；晋散骑常侍费立；宋通议大夫王梦易，翰林学士太中大夫王觊，进士杨九泽，贤节公王庠，进士允衮、勾龙传，火井令陈宁，洪雅令宋迈，右正言张震，礼部尚书刘光；明徐州学正龚汇，汉中府同知何子奇，国学何鲁，两浙都运司杨易，岳州教授刘宗明，苏州教授曹赏，云南金沧道童世彦，奉直大夫童颜；清重庆府训导邹养浩，举人刘世璋，丹棱教谕吴良璧，尉氏知县吴孔章，翰林院庶吉士廖朝翼，举人张轩鹏，增生詹崇。

祝文

於惟群公，毓秀兹邦，懿德卓行，奕世流芳。兹惟仲春（秋），谨以牲醴，用申常祭。尚飨！

忠孝祠

附名宦祠。祀明平凉知府简仁瑞，蒙化经历李国炳②，廪生李亨吉，孝孙丁某，程崇德，孝子张世恩③，庠生王维屏；清昌化知县杨州英，建阳知县邹珊，大竹训导谢朝玉，瑚松额巴图鲁④候补道刘存厚。

孝义祠

在泮祠右。主书本邑已报、未报故孝子义士正魂之总位。

祝文

惟灵禀赋贞纯，躬行笃实。忠诚奋发，贯金石而不渝；义

---

① 生灵：此为光绪《志》所载，嘉庆《志》卷三作『生民』。
② 李国炳：光绪《志》卷八作『李国柄』。
③ 张世恩：嘉庆《志》卷三作『张世思』。
④ 瑚松额巴图鲁：清时赐给臣子的一种名号。

问昭宣①，表乡闾而共式。祗事懋彝伦之叙，性挚莪蒿；克恭念天显之亲，情殷棣萼。模楷咸推夫懿德，纶恩特阐其幽光。祠宇维隆，岁时式祀。用陈尊簋，来格几筵。尚飨！

节孝祠

在泮池左。主书本邑已报、未报故贞烈节孝妇女正魂之总位。

祝文

惟灵纯心皎洁，令德柔嘉。矢志完贞，全闺中之亮节；竭诚致敬，彰阃内之芳型。茹冰蘖而弥坚，清操自励；奉盘匜而匪懈，笃孝传徽。丝纶特沛乎殊恩，祠宇昭垂于令典。祗循岁祀，式荐尊醪。尚飨！

（四）乡饮酒礼

乡饮之礼，所以教让致敬，尊贤养老之义备焉。荣邑旧志缺而不载，询之耆老，从未一见举行，盖此礼废坠久矣。乾隆十八年（一七五三）间，奉各宪檄行大部议准西安布政司张若震奏请通行，知县黄大本恪遵典礼，选举绅士、耆民之年高德劭者，详充宾介，敬谨举行。惟是旧典久旷，礼仪未备，酌古准今，间参己见，宁繁无略，宁丰无亵，使民知观感，俗茂风淳，实厚望焉。并附宾介姓名暨仪注于左。

宾介

乾隆十八年（一七五三）选充乡饮宾介：

大宾吴孔章　邑人，康熙癸酉（一六九三）举人，历任河南开封府尉氏县、贵州贵阳府龙里县知县。丁忧回籍，遂不仕，年八十五岁。子履晋，雍正己酉（一七二九）举人，任江西吉安府龙泉县知县。一恒，拔贡。允观，乾隆丙子（一七五六）举人。孙懋仁，乾隆癸酉（一七五三）举人，由明通②授宁远府西昌县教谕。

介宾龚飞熊　邑人，廪膳生，年老告给衣顶③，年九十一岁。子斯寘、斯宗，孙凌俱入泮。

众宾刘洪瑞　邑人，年九十五岁，不仕。

乾隆二十一年续选充乡饮宾介：

大宾黄松　康熙癸巳科（一七一三）举人，平凉府庄浪县知县，居家孝友，持躬正直。

介宾邹仕权　廪生，忠厚老成，为人谨饬。

众宾刘祥瑞　守法良民，讼廷绝迹。

---

① 昭宣：嘉庆《志》卷三又作『宣昭』。

② 明通：明通榜。雍正乾隆间，在会试落第举人中选取文理明通者补授出缺的学官，于正榜之外另出一榜，谓之明通榜。乾隆五十五年（一七九〇）后罢止。

③ 告给衣顶：是清代针对屡试不第且身患疾病的生员而制定的一项抚慰性政策，凡身患笃疾或『入学已历三十年，或年届七旬』的生员，朝廷准许他们终身穿着标志其功名等级的衣服和顶戴。但一旦享有衣顶，则不能参加学政主持的岁试和科试，不能参加乡试。

乡饮酒礼仪注

每岁正月十五日、十月初一日举行乡饮酒礼。设座于明伦堂，以正官为主位，东南以致仕官员为大宾位，西北以年高有德之士为介宾位，西南以年高有德之耆老为众宾位，东北或有仕至显官、偶居乡里来助主人乐宾者为僎，三品以上位南向，四五品位西向，无则缺之。以学师为司正，以老成生员赞礼。前一日陈设坐次，司正率执事习礼。次日黎明宰牲具馔，主人率僚属、司正先至，遣人速宾。宾至，出迎于庠门之外，三让三揖，主人入门而右，宾入门而左，主人就东阶，宾就西阶，升堂拜讫就位。司正至堂中，北面立，宾主皆立皆揖，执事者酌酒于觯以授司正，司正举酒拱立曰：『恭惟朝廷，率由旧章，敦崇礼教，举行乡饮，非为饮食，凡我长幼，各相劝勉，为臣尽忠，为子尽孝，长幼有序，兄友弟恭，内睦宗亲，外和乡里，无或废坠，以忝所生。』读毕，司正饮酒毕，以觯授执事者。司正揖，宾介以下皆揖，司正复位，宾介以下皆坐。执事者举律令于案堂中，宾主皆拱立，读者诣案北面，读曰：『《大清律例》载：「乡党叙齿，士农工商人等平居相见及岁时宴会，揖拜之礼，幼者先施，坐次之列，长者居上。如佃户见田主，不论齿叙，并行以少事长之礼。若亲属，不拘主佃，止行亲属礼。」又载：「乡饮坐叙，高年有德者居于上，高年淳笃者并之，以次序齿而列。其有曾违条犯法之人列于外坐，不许紊越正席，违者照违制论。主席者若不分别，致使稂莠混淆，或察知，或坐中人发觉，依律科罪。」』读毕，复位。执事者举馔案至宾前，主人献宾荐脯醢，设折俎①，宾酢主人如之；介宾酬酢亦如之，惟众宾不酢。讫，工入，升歌鼓瑟，歌《鹿鸣》，饮酒供汤，工歌《四牡》，饮酒供汤，工歌《皇皇者华》，饮酒供汤。笙入，笙奏《南陔》，又奏《白华》，又奏《华黍》，歌《鱼丽》。笙奏《由庚》，歌《南有嘉鱼》；奏《崇丘》，歌《南山有台》；奏《由仪》，于是合乐奏《关雎》《鹊巢》，又奏《葛覃》《采蘩》等诗。饮讫，乃彻馔，宾主两拜，讫，又宾僎介众宾拜。讫，送，三揖，出庠门而后退。

民国乡饮、乡射礼

乡县无军礼可言。然观师旅往来，军纪不一，而其部分维系，自有一定规则。若漫无统系，人人可以自由，则虽营连少数之兵，立地纠乱。于此，知礼之不可逾也。至岁时伏腊，乡里亦或交相燕乐，虽主和主敬，而义无所归。富顺宋育仁，汉之伏生也，有《行乡饮乡射礼演说》，谨录省观。

今日与乡人共行乡饮、乡射礼，须当说明理由。固然是行礼，却即是讲学习礼。讲学为是要明理，才能知得修身，就是维持道德。社会须有道德，才成为良好社会。有良好社会，才得有良好民格。此之谓文化。论中国文化，本以王道为主体，就是中国至圣孔圣先师所传之圣道圣教。

《礼记》载孔子曰『吾观于乡，而知王道之易易也』，就是指乡饮、乡射二礼而言。按：乡饮、乡射二礼，正传是为宾兴贤能而设。三代之宾兴贤能，选士于射宫，比来就是今日之选举。

① 折俎：折断骨节置于俎上。俎：古代祭祀、宴飨时盛放牲体的礼器。

略说其学制选举制，乃是合为一事。其学制：所支配教科系礼、乐、射、御、书、数，学生在党庠，期满卒业，提出特别一班，会经管学、教学之官师，屡次记名注明为贤能有学者，升送于主管之首长大司徒，咨到典选总管学务之三公，入告于王朝，贡献此班贤能升入国学，名为『大比』。旧日科场考试，所以相沿。

还有一句古语云『大比年间，举办宾兴』，但已属有名无实。

按：圣人遗下经书，礼制上规定，系选举时间，主选之地方首长官，上级教学官，将所选中贤能有学之人屡次存记，第一名请为大宾，延之首坐，其次副选者为介宾，再其次与选候补者若干人，就此中推为三宾长，奏乐设宴，恭而有礼，款待当选之诸位贤能。有退归林下诸乡宦，及于非地方学务各官长，同来赴此大宴，作为陪客，名之为僎，又称为遵者。为得是三代盛时，凡为公卿大夫者，皆原来如此，从选举出身，都是过来人，后进及现任地方官、教务员，都该向其领教，是有德有度，可令人遵守，所以称为遵者。此一班都是贵人，坐次就依官位，不论年齿。再有庶人之老者，同来观礼，便只论年纪，六十者在堂上坐席，五十以下在堂下。其现任地方官，即是学务主管，上两级是大夫，一人为主人，下级官是三等士职，皆为主党，执事有司。此外通一乡之中，凡在学校愿来观礼者，统为宾党，称为宾子弟，亦称宾弟子。就此习射，预备升入大学时，覆选于泽宫，以射中为当选。饮酒时，奏乐以安宾。耦射时，奏乐以节射。习礼即连带习乐，实是一事。射固然是习武，但却要进退揖让，合于礼容，乐武周旋，合于乐节。所以练习军容，胆识坚固，临事不惊，才能说得好整以暇，所以谓之军礼。此是乡饮、乡射正传。

非大比宾兴之时，有属民读法，就是宣讲法律及教民尚齿敬上，名为正齿位。与及每年大社，遍祭群神，均举行乡饮。凡此举行乡饮，必遂养老，系公家设饮，养庶人之老，以养老为正传，便是教社会人民看榜样，家自养其老。《礼记》上载『凡养老，五帝宪，三王有乞言』，又云：凡养老『乞言合语之礼』。『宪』就是依宪法纲要提出读法，『乞言』就是请发训词，『合语』就是堂上宾主介僎，相与上下其议论。此节在将行旅酬之前，旅酬在正献酬合乐毕射之后。所以《记》云：礼，『于旅也语』，即堂上可以语矣。

却问习行此礼，如何便能改良社会，维持道德，提高民格，又如何便说观于乡而知王道之易行？且先说八字提纲，就是『老老、长长、贤贤、贵贵』八个大字，只是四个大字，下一字系名词，上一字系动词。

『老老』譬如习语云『敬老得寿』，但是普通习语是俗情，开口便是为求福，圣人教训不是如此说。《礼记》说明『老老』为其近于亲人也。人皆有父母，便是其家之老。敬人之老者，为是此人年高。在中上流社会上，能出得世面，便与自家老是同时同等，行辈相当，或有交往，或无交往，不是父执，亦是父行。我自敬自家老亲，此班老者，即是人家家庭老亲，统率其家弟男子侄，我如不致敬，慢视不恭，譬如与我同班之人，见我家老，略无敬意，于情理上便觉过不去。推己及人，就当得敬老，所以说『老老』为其近于亲也。

又说『长长』为其近于兄也。敬兄之理，旧学本未讲明，今以浅显说明。同父而先生者，于侍奉父母，料理家政，服劳在前，即使年纪相若，亦必是遇事先令为兄者当先。其年纪相差较远者，尚有抚养教导弟妹之事，曾尽义务在前。有施就当有报，弟须敬兄，就是讲报施之理由。由家庭推之于社会国家，即是资格年劳之比例，由此才发生长幼有序。凡国家社会，人与人共事，须得分个领班下手，论个先来后到，才能得秩序不乱，井井有条。世界上凡事皆有个位次，位次先后，其居前列者，就比例如家之兄长，所以说『长长』为其近于兄也。《记》又说明乡饮之义云如此如此，而孝弟达乎乡党矣。孝弟之教，本起于家庭，今将此模型拓大，演为乡饮酒礼。六十以上，推为老者，敬养于堂上；未满六十，愿来与会者，亦侍于堂下，与弟子同班观礼，却是不言而喻，大家晓然。为得要大家明白，不是趋重势利，是挨班序齿，日后都有一分。虽是庶人，亦同坐养于堂上，与公卿大夫为礼，就是明示尊重人格。庶人之荣幸，已足满量，就公会会场演出一堂饮酒，宾介、主人、遵者、大夫正式献酬之后，再行旅酬，班次在上者，转敬班次在下，以次而下，一直到底，所谓一人向隅，则满堂为之不欢。就是合乡为一家，各还其人身分本位。在堂上饮酒者，皆人家之父兄师长，以任地方教务长官为主席，致敬尽礼，宾主百拜。《孝经》所云『敬其父则子悦，敬其兄则弟悦，敬其君则臣悦，敬一人而千万人悦』，此之谓至德要道，即是挈矩之道。就在此时间，宣讲法律，提出切近条文，说明理由，即是周官行政纲要。所举地方自治政纲，属民读法，以正齿位。彼时州长党正系上级地方官，位为大夫，却仍是乡官。所以在《周官》称为乡吏，就是本地乡人，原从选举为士而来，积资累劳，年至四五十，命为大夫，分任此职，系合地方自治、普及教育、学校选举，并为一组。

注意！注意！其正式之纲领，重在『贤贤』。今外国学者，已能识得中国孔子所传，系贤人政治，却不知从何立根起点，如何始能发展进行。须知得此三条合组，便知得王道郅治、圣人至教，就是要提高人格，选举公开。此一篇乡饮乡射，便是『提高人格，公开选举』八个大字铁板注脚。扬子云《解嘲》有云『家家自以为稷契，人人自以为皋陶』，『士有不谈王道者，樵夫笑之』，今日亦似家家自以为稷契，人人自以为皋陶，却可怪士有谈王道者，樵夫笑之，所谓贤者非贤也。「贤贤」即是尊贤，尊其贤能，才从大众里学校中选出，为其堪膺民社之任，才任之以身膺民社之官，所以位居普通人民之上，称为君子。所以乡饮正传诗歌《鹿鸣》，其词有云『我有嘉宾』，『视民不恌，君子是则是效』，为其人格程度，拔萃于普及教育之中，超出乎普通人格之上。即使不仕无爵，亦仍然贵为君子。故《孟子》云：『用下敬上，谓之贵贵；用上敬下，谓之尊贤。贵贵尊贤，其义一也。』又云：『是以惟仁者宜在高位，不仁而在高位，是播其恶于众也。』如其贤者不贵，贵者不贤，则修德者无所奖劝，不道者无所惩戒，自然道德堕落，人格坠落，社会同齐坠落。历代兴衰治乱，皆系于此。

后世盲从瞎揣，未寻到此地根原，所以根本错误，学界耳语相传，都只道王道迂阔，就是前语所云『士有谈王道者，樵夫笑之』，只在秦始皇脚下盘旋，以致学校选举、地方自治，闹到一蹋糊涂。今若寻到此策源地，将贤贤、贵贵、老老、长长合一炉而冶之，正所谓『观于乡而知王道之易易』也。此即提高人民程度，公开选举之模范也。

（五）关圣帝君庙

雍正三年（一七二五），诏加尊帝号为『忠义神武关圣大帝』，追封三代公爵。乾隆五年（一七四〇），颁定祭品、仪注。九年（一七四四），颁定祭文。十年（一七四五），诏加尊号『灵佑』。乾隆二十五年（一七六〇），诏改谥『神勇』。乾隆三十三年（一七六八），诏加『忠义神勇显佑关圣大帝』，奉颁祭仪，与文庙略同，但无乐，后殿仪亦与启圣祠同。嘉庆十九年（一八一四），诏加尊号『忠义神武灵佑仁勇关圣大帝』，岁春、秋仲月上辛致祭。

关圣正殿

祭　品

嘉庆《志》载当时祭品为：帛一、爵三、牛一、羊一、豕一、果品五器（核桃、荔枝、龙眼、枣、栗各一）、酒一尊。

光绪《志》所载祭品有增，即帛一、尊一、爵三、牛一、羊一、豕一、登一、铏二、簠二、簋二、笾八、豆八、炉一、镫二。

仪　注

祭日，前后殿承祭官咸朝服诣庙，赞引、赞礼各二人引由庙左门入，分诣前、后殿，各升阶至殿门外就拜位前，北面立。典仪赞执事官各共乃职。① 赞引赞『就位』。承祭官就拜位，乃迎神，司香奉香盘进。赞引赞『就上香位』，引承祭官由殿左门入，诣香案前。赞『上香』，司香跪奉香，承祭官上炷香，次三上瓣香，赞『复位』，引承祭官复位。赞『跪、叩、兴』，以下行礼皆有赞，承祭官行三跪九叩礼。后殿赞引引后殿承祭官诣三案上香，行二跪六叩礼。「奠帛、初献爵」，司帛奉篚、司爵奉爵进至神位前，司帛跪奠帛，三叩，司爵立献爵，奠正中，皆退。司祝至祝案前，跪，三叩，奉祝版跪案左，承祭官跪，司祝读祝毕，奉祝版诣神位前，跪安于案，叩如初，退，承祭官行三叩礼。后殿执事生奠帛、献爵，司祝读祝各如仪。亚献司爵献爵奠于左，终献司爵献爵奠于右。后殿以次毕献，均如初。送神，承祭官行三跪九叩礼，后殿承祭官行二跪六叩礼。有司奉祝、次帛、次馔、次香恭送燎所，承祭官避立拜位旁，东面，候祝、帛过，复位。引承祭官望燎，告『礼成』，引退，后殿承祭官望燎，引退如仪。

忠义神武灵佑仁勇关圣大帝祝文

维帝浩气凌霄，丹心贯日。扶正统而彰信义，威震九州；完大节以笃忠贞，名高三国。神明如在，遍祠宇于寰区；灵应丕昭，荐馨香于历代。屡征异迹，显佑群生。恭值嘉辰，遵行祀典，筵陈笾豆，几奠牲醪。尚飨！

关帝后殿

雍正三年，奉旨追封关帝三代公爵，曾祖光昭公、祖裕昌

① 光绪《志》原注：以下自迎神至望燎皆典仪唱赞。

公、父成忠公，敕建三公祠。

祭　品

后殿凡三案，各帛一，羊一，豕一，铏一，簠、簋各二，笾、豆各八，尊一，爵三，炉一，镫二。

仪　注

二跪六叩。余同前殿。

祝　文

维公世泽贻庥，灵源积庆。德能昌后，笃生神武之英；善则归亲，宜享尊崇之报。列上公之封爵，锡命优隆；合三世以肇禋，典章明备。恭逢诹吉，祗事荐香。尚飨！

（六）文昌祠

嘉庆六年（一八〇一），特旨将文昌列入祀典，岁春、秋仲月致祭，春二月三日，秋诹吉日。祭品、仪注均如祭武庙之礼。咸丰六年（一八五六），奉旨将文昌帝君升入中祀，各省州县一体遵行。七年（一八五七）奉到谨遵钦定乐章。

迎神，奏《丕平》之章：『秉气兮灵躔，翊文运兮赫中天。蜺旌兮戾止，雕俎兮告虔，迓神庥兮于万斯年。』奠帛、初献奏《俶平》之章：『神之来兮笾簋式陈，神之格兮几筵式亲。极昭彰兮灵贶，致蠲洁兮明禋。升香兮伊始，居歆兮佑我人民。』亚献奏《焕平》之章：『再酌兮瑶觞，灿烂兮庭燎之光。申虔祷兮神座，俨陟降兮帝旁。粢醴洁兮斋遫将，绥景运兮灵长。』终献奏《煜平》之章：『礼成三献兮乐奏三终，覃敷元化兮繄神功。馨香达兮肸蠁通，歆明德兮昭察寅衷。』彻馔奏《懿平》之章：『备物兮惟时，告彻兮终礼仪。神悦怿兮鉴在兹，垂鸿佑兮累洽重熙。』送神奏《蔚平》之章①，其一：『云軿驾兮风旗招，神之归兮天路遥。瞻翠葆兮企丹霄，愿回灵眷兮福我朝。』其二：『烟熅降兮元气和，神光烛兮梓潼之阿。化成耆定兮櫜弓戢戈，文治光兮受福则那。』

前殿祭文 嘉庆六年（一八〇一）颁

维神迹著西垣，枢环北极。六匡丽曜，协昌运之光华；累代垂灵，为人文之主宰。扶正久彰夫感召，荐馨宜致其尊崇。兹届仲春（秋），用昭时祀，尚其歆格，鉴兹精虔。

后殿祭文 嘉庆六年颁

祭引先河之义，礼崇反本之思。矧夫世德弥光，延赏斯及。祥钟累代，炯列宿之精灵；化被千秋，伟人文之主宰。是尊后殿，用答前庥。兹值仲春（秋）肃将时事，用申告洁，神其格歆。

文昌帝君庙春秋二祭祝文②

维神道阐苞符，性敦孝友。并行并育，德侔天地以同流；乃圣乃神，教炳日星而大显。仰鉴观之有赫，示明德之惟馨。兹当仲春（秋）用昭时享。惟祈歆格，克鉴精虔。

文昌帝君庙二月初三日告祭祝文

维神功参橐籥，撰合乾坤。溯诞降之灵辰，三台纪瑞；度

① 光绪《志》原注：送神奏其一，望燎奏其二。
② 按：下文『文昌帝君』等五篇祭文、祝文，均为咸丰时所颁。

中和之令节，九宇承晖。若日月之有光明，阐大文于孝友；如天地无不覆载，感至治于馨香。爰举上仪，敬陈芳荐；精禋罔斁，神鉴式昭。尚飨！

文昌帝君庙后殿二月初三日告祭祝文

维文昌帝君道备中和，神超亭毒。禀诒谋而允绍，钦毓圣之有基。云汉昭回，际岳降崧生之会；馨香感格，兴水源木本之思。式肇明禋，用光彝典。尚祈神鉴，享此清芬。

文昌帝君升入中祀告祭文

教严彰瘅，敷经天纬地之文；典重揄扬，显福国佑民之化。俎豆聿隆于往昔，声灵并著于寰区，爰命秩宗，时崇祀享。维神天资孝友，灏气仁慈，统四德而称元，赞三才而立极。阐化启天人之奥，正教宏开；黜邪昭日月之晖，人文蔚起。溯尊崇之告备，礼以明虔；维神圣之垂庥，道皆同揆。敬稽茂典，载陟明禋。彰文治于重光，肃升馨于中祀。拣日奏六成之乐，声协锵鸾；调风陈万舞之仪，诚通肸蠁。洁苾芬而式荐，申向往以维虔。於戏！功荡荡乎无名，声教久孚于六幕；神洋洋其如在，馨香用报以千秋。敬举上仪，尚祈昭格。

文昌帝君升入中祀后殿告祭文

教诒式谷，垂抑邪扶正之规；礼重升馨，著崇德报功之典。载稽谱牒，祇肃苾芬。维文昌帝君学裕本源，道参位育。缅馨香之至治，久极尊崇；申报享之隆文，宜昭诚敬。聿升中祀，式举上仪。於戏！德迪前光，十七世仁恩普洽；庆余积善，亿万年文运长新。敬布明禋，尚祈昭鉴。

（七）奎星阁

一在凤鸣山半，乾隆四十五年（一七八〇）知县符兆熊建，丁祭日致祭。一在大佛山顶，光绪二年（一八七六）知县徐传善建。

祭　品

爵三、牲三、馔五、炉一、镫二、尊一。

仪　注

地方官诣阁致祭，行两跪六叩礼。

祝　文

维神职司教化，护持礼学。笔锋锡福，兆士子之巍科；鳌首钟灵，开棘闱之景运。钦哉学士宗工，允矣文衡主宰。兹值仲春（秋），率申丁祭，谨以牲帛、醴齐、粢盛庶品①，式陈清荐。尚飨！

（八）吕真君

无专祠，向祀于万景楼，今移祀龙神祠后殿。嘉庆十一年（一八〇六），奉文加封尊号，载入祀典，钦定『燮元赞运』四字，加于原衔之上，设立牌位，建祠崇祀②，每岁二月初四日、

① 庶品：众多祭品之意。
② 嘉庆十三年（一八〇八），知县许源建于万景楼废址。

八月初四日致祭。

祭　品

核桃、荔枝、圆眼、枣、栗五盘，馒首五盘，蒸糕五盘，饼四盘，高顶一盘，茶盏三，炉一，镫二①。

仪　注

蟒袍补服，行三跪九叩礼。

祝　文

敕封燮元赞运警化孚佑真君曰：维神法判五雷，道通三教。金阙选仙，扫魑魅魍魉之怪；玉清内相，溥风云雨露之仁。术传无极子，启河洛之苞符；《易》注寿山堂，演乾坤之蓍策。屡征圣迹，应答神恩。兹届仲春（秋），用昭时祀。庶几歆享，益巩固夫皇图；爰矢精虔，冀降康于亿兆。神其来格，鉴此铋馨。

（九）火神祠

岁以季夏吉日致祭。

祭　品

帛一、羊一、豕一、果食五盘，尊一、爵三。

仪　注

主祭官补服蟒袍，行二跪六叩礼，迎神，上香，奠帛，读祝，三献爵，送神，望燎，告礼成退。

祝　文

维神德著离宫，光昭午位。广阳亨之运，象启文明；彰燮理之能，功参化育。土以生而水以济，丙丁之大用常昭；府既修而事既和，虞夏之九功惟叙。丽兹万物，实赖化成；又我生民，咸资利用。仰邀神贶，虔答鸿庥。爰遵祀事之仪，式叶春禋（秋尝）之典，肃陈牲币，敬布几筵。尚飨！

（十）龙神祠

岁春、秋仲月，诹吉致祭。

祭　品

帛一、羊一、豕一、果实五盘、尊一、爵三。

仪　注

与火神祠同。

祝　文

维神德洋寰海，泽润苍生。允襄水土之平，经流顺轨；广济泉源之用，膏雨及时。绩奏安澜，占大川之利涉；功资育物，欣庶类之蕃昌。仰藉神庥，宜隆报享。谨遵祀典，式协良辰，敬布几筵，肃陈牲币。尚飨！

（十一）武侯祠

嘉庆十年（一八〇五），题准奉旨列入四川祀典。道光元年（一八二一），原知县宫鉴桂建祠于清富山荣王府故址。春、秋官为致祭。

① 茶盏三，炉一，镫二：此为光绪《志》卷八所载，嘉庆《志》卷三无。

祭　品

帛一、羊一、豕一、铏二、簠二、簋二、笾八、豆八、尊一、爵三。

仪　注

蟒袍补服，行一跪三叩礼。

祝　文

维神道侔伊吕，功失萧曹。揽全局于三分，躬惟尽瘁；著孤忠于二《表》，志不偏安。洵出处之无惭，实圣贤所默契。祚延汉室，泽遍益州，系童叟之讴思，协春秋之祀事。兹逢盛典，用展虔诚。神式凭依，尚其来飨！

（十二）社稷坛

每岁春、秋仲月戊日致祭。

祭　品

每案帛一①，黑色。簠二，黍、稷。簋二，稻、粱。羊一。豕一。铏一，和羹。笾四，枣、形盐、栗、藁鱼。豆四，韭菹、鹿醢、菁菹、醓醢。白瓷爵三②。尊一。

仪　注

前期三日斋戒，前期二日签祝版，前期一日补服上香，监宰牲并瘗毛血，设献官幕次。至日黎明，各官朝服行礼，前后各三跪九叩。中间三献，与文庙前殿同，惟无乐舞及受福胙、谢福胙二节。赞唱改『望燎』为『望瘗』，执事者以祝焚于坎中，焚毕以土实坎。

祝　文

维神奠安九土，粒食万邦。分五色以表封圻，育三农而播稼穑。恭承守土，肃展明禋。时届仲春（秋），敬修祀典，庶丸丸松柏，巩磐石于无疆；芃芃黍苗，佑神仓于不匮。尚飨！

（十三）神祇坛③、城隍庙

神祇坛

雍正十一年（一七三三）奉旨修建，每春、秋仲月上戊日致祭，设木主三位，中风云雷雨，左山川，右县城隍。

祭　品

嘉庆《志》载：羊一，豕一，铏一，簠二，簋二，枣、栗之属五，白色帛七：风云雷雨、山川六，城隍一，爵如之。光绪《志》曰：设三案，品与社祭坛同，惟帛用白色。

仪　注

献分中、左、右三位，礼与祀社稷坛同，惟改『望瘗』为『望燎』，不以土实坎。

祝　文

维神赞襄天泽，福佑苍黎。佐灵化以流行，生成永赖；乘

① 帛一：此为光绪《志》所载，嘉庆《志》卷三作『帛二』。
② 白瓷爵三：此为光绪《志》所载，嘉庆《志》卷三作『爵六』。
③ 按：『神祇坛』，乾隆《志》卷二作『风云雷雨坛』，嘉庆《志》卷三作『风云雷雨山川坛』，嘉庆十六年（一八一一）始改作此名。

气机而鼓荡，温肃攸宜。磅礴高深，长保安贞之吉；凭依巩固，实资捍御之功。幸民俗之殷盈，仰神明之庇护。恭修岁祀，正值良辰，敬洁豆笾，祇陈牲帛。尚飨！

城隍庙

每岁春、秋仲月，在神祇坛设位同祭，祭品、仪注、祝文详神祇坛。

（十四）先农坛、八蜡坛

先农坛

耕藉祭仪

雍正四年（一七二六）奉旨建设，每岁季春①月亥日致祭，祭毕行耕藉礼。

祭　品

嘉庆《志》曰：羊一、豕一、爵三、登一、铏二、笾十、豆十、簠二、簋二、帛一。光绪《志》所载有变，云：羊一、豕一、铏一、笾四、豆四、簠二、簋二、青色帛一。

仪　注

嘉庆《志》所载：

耕藉日，每年奉文行知，届期致斋二日。祭日，主祭官及各官俱穿朝服至坛，先请神牌，安奉坛上。礼生引主祭官至行礼处，文东武西排立，唱『乐舞生各就位，执事生各司其事，主祭官就位，陪祭官各就位，瘗毛血，迎神，奏乐』。乐奏《永丰》之章，主祭官、众官俱行三跪九叩首礼，兴。奠帛行初献礼，乐奏《时丰》之章。引主祭官诣盥洗所，进巾，诣神位前上香，跪献帛、献爵，叩首，兴。诣读祝位跪，众官皆跪，读祝文毕，俱三叩首，兴，复位。行亚献礼，乐奏《咸丰》之章，又引主祭官升坛诣神位前，跪，献爵，叩首，兴，复位。行终献礼，乐奏《大丰》之章，又引主祭官升坛诣神位前，跪，献爵，叩首，兴，复位。彻馔，乐奏《屡丰》之章，主祭官行三跪九叩首礼，兴。捧祝、帛、馔各诣燎所，乐奏《庆丰》之章，望燎礼毕，退至坛侧。各官俱换蟒袍品服，礼生引至耤田所，行耕耤礼。主祭秉耒，陪祭执青箱播种，用耆老一人牵牛，农夫二人扶犁，九推九返，农夫终亩。耕毕，各官率耆老、农夫望阙，行三跪九叩首。礼毕而散。农具俱用赤色，牛黑色，子种青色。种照地土所宜者。

光绪《志》所载：

前二日斋戒。前一日省牲，扫坛设幕，检视耕器（农具赤色，牛黑色，将种箱青色）。至期，各官朝服行礼，前后三跪九叩，不饮福、受胙，俱与社稷坛同，惟献帛、爵不升坛，与关帝庙仪同。祭毕，遵依部行时辰，更换蟒袍补服，行耕藉礼。主祭秉耒，陪祭执青箱，用耆老一人牵牛，农夫二人扶犁，九推九返，农夫终亩。耕毕，各官率耆老、农夫望阙，行三跪九叩礼。

① 季春：光绪《志》卷八误作『仲春』，据嘉庆《志》改。

迎神，乐奏《永丰》之章：『勾芒秉令，土牛是驱。天下一人①，苍龙驾车。念彼田畴，民命所需。生民②有德，尚式临诸。』奠帛初献，乐奏《时丰》之章：『先农神哉，耒耜教民。田祖灵哉，稼穑是亲。功德深厚，天地同仁。肃将币帛，肇举明禋。厥初生民，万汇莫辨。神锡之庥③，嘉种④乃诞。执兹醴斋，农⑤功益见。玉瓒椒醑，肃雍举奠。』亚献，乐奏《咸丰》之章：『上原下隰，百谷盈止。粒我生⑥民，秀良兴起。乐舞具备，吹《豳》称兕。再跻以献，肴馨酒旨。』终献，乐奏《大丰》之章：『穈芑秬秠，维神所贻。以神飨神，曰予将之。秉耒三推，东作允宜。五风十雨，率土何私。』彻馔，乐奏《屡丰》之章：『於皇农事，自古为烈。莫敢不承，今兹忻悦。笾豆既丰，簠簋云洁。神视井疆，执事告彻。』送神，乐奏《报丰》之章：『麻麦芃芃，粳⑦稻连阡。纵横万里，皆神所瞻。人歌鼓腹，史载有年。岁有常典，茀禄绵延⑧。』望瘗，乐奏《庆丰》之章：『玉版苍币，来监来歆。敬之重之，藏于厚深。典礼由古，予行至今。乐之利之⑨，国以永宁。』

祝文

维神肇兴稼穑，粒我蒸民。颂思文之德，克配彼天；念率育之功，常陈⑩时夏。兹当东作，咸服先畴。洪维九五之尊，岁举三推之典，恭膺守土，敢忘劳民。谨奉彝章，聿修祀事。维愿五风十雨，嘉祥恒沐于神庥；庶几九穗双歧，上瑞频书于⑪大有。尚飨！

八蜡坛

部议附祭于先农坛。

（十五）雩坛、禜坛

乾隆七年（一七四二），礼部议覆御史徐以升条陈祈雨事宜一折，奏准敕下各省督抚转饬各府、州、县，孟夏择日行常雩礼。或有亢旱，每七日先祭界内山川，次祭社稷，致斋虔祷雨泽，不得用大雩礼，亦不得另设雩坛，即于社稷耤田等处，恪恭将事。或淫潦为灾，则伐鼓用牲，禜祭城门以祈晴霁。仍雨不止，则伐鼓用牲，祭于社。自宋时相沿于寺观祈晴雨，用僧道设坛讽经，建置道场，实非经义古制，应停止。

雩坛祝文

某官恭膺诏命，抚育群黎。仰体彤廷保赤之诚，劝农勤稼；

---

① 天下一人：嘉庆《志》卷三作『惟神歆止』。
② 民：嘉庆《志》卷三作『成』。
③ 庥：嘉庆《志》卷三作『休』。
④ 种：嘉庆《志》卷三作『谷』。
⑤ 农：嘉庆《志》卷三作『丰』。
⑥ 生：嘉庆《志》卷三作『烝』。
⑦ 粳：嘉庆《志》卷三作『黍』。
⑧ 绵延：嘉庆《志》卷三作『绵绵』。
⑨ 乐之利之：嘉庆《志》卷三作『乐乐利利』。
⑩ 常陈：嘉庆《志》卷三作『陈常』。
⑪ 于：嘉庆《志》卷三作『乎』。

俯维蔀屋资生之本，力穑服田。令甲爰颁，肃举祈年之典；维寅将事，用伸守土之忱。黍稷惟馨，尚冀昭明之受赐；来牟率育，庶俾丰裕于盖藏。尚飨！

禜坛祝文

某官恭承诏命临民，职司守土。维兆人之攸赖，并藉神功；冀四序之常调，群蒙福荫。必使雨旸应候，爰占物阜而民安；庶其寒燠咸宜，共庆时和而岁稔。仰灵枢之默运，聿集嘉祥；襄元化以流行，俾无灾害。尚飨！

（十六）厉坛

每岁三月清明、七月十五日、十月朔一日凡三祭。祭时迎城隍神像于坛上以主其祭，另用纸多书无祀鬼神等众牌位，立于坛下左右。

祭　品

坛上城隍位及坛下左、右位，各羊一、豕一；其左右位并设饭羹、香烛、纸随用。

仪　注

前期一日，祭官备香烛，诣城隍庙焚告牒，行一跪三叩礼。至期，各官齐集补服于坛上城隍神位前行礼，前后行一跪三叩礼，中间三献爵，读告文。礼毕，执事以告文同纸焚之。

告　文

遵依礼部札，为祭祀本境无祀鬼神等众事，钦奉皇帝圣旨：普天之下，后土之上，无不有人，无不有鬼，人鬼之道，幽明虽殊，其理则一。故天下之广，兆民之众，必立君以主之。君总其大，又设官分职为府州县以各长之，又于每百户设一里长以统领之，上下之职，纲纪不紊。此治人之法如此。天子祭天地神祇及天下山川，王国、各府州县祭境内山川及祀典神祇，庶民祭其祖先及里社土谷之神。上下之礼有等第，此治神之道如此。尚念冥冥之中无祀鬼神，昔为生民，未知何故而殁，其间有遭兵刃而损伤者，有死于水火盗贼者，有被人取财而逼死者，有被人强夺妻妾而死者，有遭刑祸而负屈死者，有天灾流行而疫死者，有为猛兽毒虫所害死者，有为饿冻而死者，有为战斗而殒身者，有因危急而自缢者，有因墙屋倾颓而压死者，有远行征旅死未归籍者，有死后无子孙者。此等鬼魂或终于前代，或殁于近世，或兵戈扰攘，流移他乡，或人烟断绝，久缺其祭，姓氏泯没于一时，祀典无闻而不载。此等孤魂死无所依，精魄未散，结为阴灵，或依草附木作为妖怪，悲号于星月之下，呻吟于风雨之时，凡遇人间令节，心思阳世，魂杳杳以无归，身堕沉沦，意悬悬而望祭。兴言及此，怜其惨凄，故敕天下有司依时享祭。在京都有泰厉之祭，在王国有国厉之祭，在府州有郡厉之祭，在各县有邑厉之祭，在一里又各有乡厉之祭。期于神依人而血食，人敬神而知礼，仍命本处城隍以主此祭。钦奉如此。今某等不敢有违，设坛于城北，以某月某日设备牲醴羹饭，专祭阖境内无祀鬼神等，众灵其不昧，来享此祭。尚飨！

（十七）勾芒之祀

先立春一日，长官朝服率僚属于东郊祀勾芒之神。礼毕，迎春归驻署仪门外。至日，各官朝服祭勾芒。用牲果酒醴，四拜。礼毕，长官击鼓三声，执彩鞭率各官环击土牛者三，乡人各取其土，以为宜年。

迎春祝文

维神司令元春，参赞化育，祛除寒威，渐回温燠。雨顺风调，禾登麦熟，百谷顺成，群黎蒙福。今于某日恭诣东郊，先期迎神驾。敢告。

鞭春祝文

化工造物，无私勿愆。雷动风散，雨润日暄。以时宣布，岁则有年。民维邦本，食乃民天。四时之序，春令为先，敢告尊神，发动春鞭。

清制，社稷坛外，如城隍、文昌之俦，列祀典者不一，无天神、地祇、人鬼之别。荀子曰『礼以顺人心为本』，故亡于礼经而顺人心者，皆礼也。传记三代之制，列祀典者亦不一，浅人疑为多神教，非也。上古蛇、石、草、兽群萌淫祀，圣人因民而为之坊。故大、小戴凡言祭义，皆引人报本反始，而归诸以诚以正。孔子曰『祭则受福』，盖人权，非神权也。

城乡神祠不在祀典者，揆诸祈福报功，大率无义可举。然考其用，则为会馆、公所。《礼记·祭法》：『大夫以下成群立社，曰置社。』《月令》曰：『择元日，命民社。』后世村聚所立神祠，特为人群集合之用，其古民社、私社、里社之义与？

二、祠庙宫观

（一）县城及郊区之属

文庙 城北莲宇山麓。万仞宫墙一座，东西下马石碑各一，左圣域、右贤关门各一，『斯文在兹』『德配天地』『道贯古今』坊各一，泮池一，棂星门六柱，戟门一，大成殿五间，神库、神厨附殿外左右，东西庑各三间，崇圣祠三间，名宦祠、乡贤祠、忠孝祠、崇仁祠①，节孝祠、孝义祠②。

文庙阶墀内外古柏十余株，霜皮黛色，大可十围，数百年物也，鹳鹭多巢其上。乾隆己酉（一七八九），以修文庙故，斫伐殆尽，惟启圣宫右墙角五株尚存。今按：左图为光绪《志》卷八所载。

① 光绪《志》原注：四祠暂附戟门左右，南向，容改置戟门下，东西向。
② 光绪《志》原注：二祠附宫墙左右，下马碑毗连。

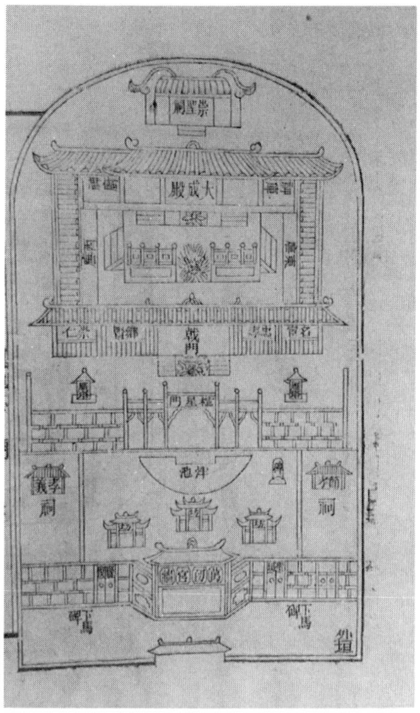

唐建，城东桂林山，宋乾德三年（九六五）移近南门①。绍兴十三年（一一四三），知州孟侯迁今所。观开禧二年（一二〇六）知荣州军袁桂所立雁塔，题进士名至一百五十五人之多，则教授刘道成记云『凡三迁，始得胜地』，非虚语也。元末兵毁，明初仍建桂林山。天顺元年（一四五七），邑举人龚汇请复今处。以三年兴工，四年（一四六〇），按察使佥事汪浩、知县刘清成明伦堂，居仁由义斋。成化四年（一四六八），成大成殿五间。五年（一四六九），作孔子、四贤像。八年（一四七二），成东西庑。九年（一四七三），作十哲像。十一年（一四七五），按察使佥宪江陵戴宾以工役未毕，命训导陈源、典史周志荣、县人赵昇、袁景徽董其事，委叙州经历龚华治邑计资。十二年（一四七六），戟门、棂星门、厨、库成。凡十八年始具。②嘉靖中，张璁议易木主，称先师，而成像不可毁。相传塑头容时，其土取之尼山，往返逾万里。於乎，敬矣！百五十年余，庙毁。万历二十二年（一五九四），县人给事中杨镕，知县程梯，士绅黄纪贤、赵可师、尧可近等修治之。明伦堂迁殿侧，启圣祠列左，名宦、乡贤祠列右。寻建堂下书楼，补砌两庑。知县马应泰综其成，教谕罗青，训导吴惟中、黄莪日督之。主簿杨进忠于泮池前为屏，典史赵文臣修泮池石栏，知县朱万元重葺尊经阁，皆出自俸金。③二十八年（一六〇〇），知县乐继国改建明伦堂、启圣宫两庑，寻建奎星楼（在旧礼门、文昌祠南）。三十四年（一六〇六），尊经阁修复。崇祯八年（一六三五），殿倾墙圮。知县杨崇忠、教谕刘朝用改易榱栋，筑墙八十六丈。刘起鸣、曹天相募治两斋，一年竣工。明季之乱，庙事不治。康熙二十一年（一六八二）六月六日，庙圮。举人刘世璋以知县荆乔蕃、韩苌光先后之力，于二十三年（一六八四）成大成殿，规制未备。三十六年（一六九七），知县陈大猷建戟门、两庑及名宦、乡贤祠。四十四年（一七〇五），知县王泽修明伦堂（旧学署，临西街）。乾隆十二年（一七四七），知县徐德龙移明伦堂于庙右，奎星阁移棂星门左。十九年（一七五四），知县黄大本捐俸三百余金，旧观始复。五十二年（一七八七），知县张兆星、马履中、龚巽赓新之，凡费二千余金。时池外有屏甚远，屏外为圣门坊，坊外突出为复墙数十丈。东、西建礼门、义路二门，荆棘生焉。两翼又为民居所扼。嘉庆十三年（一八〇八），知县许源募金千余，移『斯文在兹』坊于泮池前，旁建『德配天地』『道贯古今』二坊，辟门

① 南门：光绪《志》卷八作『兴贤门』。
② 详见民国《志》卷十四《金石》。
③ 详见民国《志》卷十四《金石》。

出入。礼门、义路二门亦上移于『斯文在兹』坊前，左右障以云龙石屏，如宫墙式。又绘孔子、四子、十哲像，浚泮池，新大成殿、戟门、棂星门，时称焕然。道光十八年（一八三八）①，以形家言，改癸丁为子午，接移崇圣门、棂星门、奎星阁。十九年（一八三九），移大成殿、大成门、东西庑及宫墙、泮池甬道，凡费五千余金。又于明伦堂建寝，东、西斋，大门甬道，以次毕举。光绪三年（一八七七），复迁照墙外民房，周缭以垣，豁然开朗。光绪二十六年（一九〇〇），知县唐选皋修斋宿更衣所。三十年（一九〇四），置乐器。光绪末，西人标庙之右址立教堂，廪生钟星庆等争之，乃移清富山。孔子向列中祀，宣统元年（一九〇九），升大祀，墙瓦以黄。故事，人入学捐银二两，曰泮池费，汇为洒扫会，购置田房，庙事资之。

社稷坛 县西三里。据乾隆《志》，东西三十八弓，南北二十九弓，中筑台基，围以墙垣，栅门四座。墙内外有古柏树七株。另地一块，交居民邹陞侯耕管，收息为培补围墙之资。雍正二年（一七二四），刊图颁行，垒石为坛，高二尺一寸，纵横各二丈五尺，四出，陛各三级，缭以短垣，环荫松柏，四面为门，饰以丹垩。设石主二丈二尺五寸，方一尺，立坛土，不镌神号，唐宋制也。外置木主二，高二尺四寸，广六寸，座高五寸五分，一书『社神』居东，一书『稷神』居西。从明制同坛合祭，不设配位，岁以春、秋仲月上戊日致祭。

神祇坛 城外西南，旧名山川坛，东西二十八弓，南北三十三弓。嘉庆十六年（一八一一），奉文更正，制木主三：中曰风云雷雨之神，左曰本境山川之神，右曰本境城隍之神。坛制与社稷同，祭亦同日。民国六年，没其基立蚕桑局，惟于社稷坛举祭而已。

先农坛 东北二里虎洞下。雍正四年（一七二六），诏直省立先农坛。六年（一七二八），知县陈容捐置藉田。七年（一七二九），知县王惟浡捐修屋三间。嘉庆中，坛久荒落，庙亦壁破阶颓。十三年，知县许源遵《大清会典》坛壝遗制建庙三楹，立神主，为夹室，覆瓦砌砖，垩之，缭以墙，前竖照壁。坛如雍正五年（一七二七）图式，高三尺一寸，广二丈五尺。主高二尺四寸，广六寸。座高五寸，广九寸五分，朱牌金字，祀神农氏。岁以仲春之亥致祭，行耕藉礼。乾隆七年（一七四二），颁雩祭礼，每岁孟夏，择日常雩，雨旸不时，即雩于先农坛。

邑厉坛 在北门外。乾隆《志》载：『东西十七弓，南北二十弓。』嘉庆五年（一八〇〇），知县席世绸修墙垣、栅门。已圮。古有国厉、民厉。《祭法》：王祭大厉，诸侯祭公厉，大夫祭族厉，国厉也。《士丧礼》：疾病祷于厉，民厉也。明洪武三年（一三七〇），定国厉、郡厉、邑厉，皆设坛城北，以清明及七月望、十月②朔，城隍主祭。清因其制，俗曰『赏孤』。

奎星阁 奎星阁有二，其一在城内文庙棂星门东，万历三十二年（一六〇四）建，乾隆中邓锡纶等移建于凤鸣山麓③。其二

① 十八年：光绪《志》卷八作『十七年』。
② 月：民国《志》误作『日』。按：望，指阴历十五；朔，指阴历每月初一，故『十日朔』误。据乾隆《万县志》、民国《大竹县志》改。
③ 详见民国《志》卷十四《金石》。

在城外东山，光绪二年（一八七六）知县徐传善建，刘炳勋有记①。

武　庙　在南街、桂林街之间。明万历年间，邑先达黄纪贤巡抚郧阳，告归后捐资创建正、寝二殿，规模隘狭，日久坍颓。康熙四十五年（一七〇六），知县王泽撤俸倡捐，廓充基地，改建殿宇，添立东西两厢，较前制颇觉弘敞。荣民感其功，于正殿旁肖像以祀，贡生刘元玉有记。乾隆十九年（一七五四），庙祝伍来应②募金改建乐楼、正门，为地势所限，仍西向。嘉庆三年（一七九八），知县龚巽谕监生陈利宾等募修添建抱厅及春秋阁。常住田二区：一系士民公捐，在南郊外杨家湾，土瘠薄，年仅收租八石；一系伍来应报垦西郊外太子山三清殿旧存常住田，载粮四钱二分零。庙前乐楼下东西相通，几如嚣市。今并令一体肃静。前殿祀关圣帝君，位南向；后殿祀关帝三代，位皆南向。民国二年，檄以岳武穆合祀，故又称『关岳』名。民国七年，春秋阁拆卖。

城隍庙　在东街。初在城西，明成化年间移县东，地湫隘不称。隆庆三年（一五六九），知县张九思增修拓地，纵八十一弓，横一十三弓，前建石坊一座，外屏一座③，正门五间④，两廊各五间，左右钟鼓楼各一座⑤，正殿三间，寝殿三间，左神库、右神厨，祝房三间。庙成，四民戴其功，左隙地建遗爱祠，任有龄记。后圮。乾隆十七年（一七五二）八月，知县黄大本倡率士民捐建正殿前楹五间，监生丁凤溥经理其事。五十三年（一七八八），知县张兆星谕耆民邹正鹏等劝捐，改前楹为拜庭，重建乐楼、两庑、十王殿、坊表。道光十四年（一八三四），士民改修寝殿及左右房室十二间。光绪十七年（一八九一），知县唐选皋改新乐楼、两庑。按：城隍者，古坊与水庸之祀。隍即池也，特无水之壕耳，门户井灶，主此者其义狭，至城池则一方之灾祥系之矣。而城隍之祠，始见于孙吴之世，则以佛乘入中国，航海者先至吴，故吴中佛法尤昌。遂以地狱附之，意以在人而主此政刑者，城池之君也；在鬼而主此善恶者，城池之神也。近士或以『城隍』为『虫蝗』转音，此自清时小学风习耳。至十王云者，据梵、汉诸钞，亦各有本地。一不动，此明王现于冥途时名秦广王，司死者初七日。二释迦，此如来在冥界称初江王，司二七。三文殊，此菩萨在冥途成宋帝王，司三七。四普贤，此菩萨在冥界现五官王，司四七。五地藏，此菩萨在地狱现阎魔王，司五七。六弥勒，此菩萨现变成王，司六七。七药师，此如来在冥途变泰山王，司七七。八观音，此菩萨在冥途变平等王，司百日。九势至，此菩萨变都市王，司周年。十阿弥陀，此如来在冥途变五道转轮王，司三回忌。而世容不知，遂有『生为上柱国，死作阎罗王』云者。

火神庙　一曰离明宫，在和义街。初附关庙东北隅，无专祀。嘉庆九年（一八〇四），知县许源罢油户官役，以其财购今地，建正殿五楹、东西廊各三、乐楼一，招僧住持。有记。

---

① 详见民国《志》卷十四《金石》。
② 伍来应：此为嘉庆《志》卷三所载，民国《志》卷十一作『吴来应』。
③ 乾隆《志》原注：今废。
④ 乾隆《志》原注：今只一间，两旁改立店屋。
⑤ 乾隆《志》原注：今废。

禹王宫 在西街。初在城东南隅，雍正八年（一七三〇）①，知县江夏刘宗贤建。乾隆三十六年（一七七一），知县武陵曾承谟改今所，工未竣。嘉庆八年（一八〇三），知县湘潭许源踵成之。楚人主祀，曰『湖广会馆』。按：湖广者，水汇也。禹生于石纽②，蜀祀亦宜。

天后宫 在西街。祀莆阳湄州林氏女③，历代神之，胥有封爵④。康熙二十三年（一六八四）奉旨封为天后，五十九年（一七二〇）编入祀典，雍正十一年（一七三三）奉旨：各省天后神祠，督抚主祭。如省城未建有祠，应查明所属府州县原建祠宇，令该地方官春、秋致祭。嘉庆六年（一八〇一）奉旨封天后父为积庆公，母为积庆夫人。道光二十三年（一八四三）奉旨加封天后父母『衍泽』二字，饬直省府州县一体遵照无违。嘉庆间，曹其春建，闽人主祀，曰福建会馆。

南华宫 祀唐大鉴禅师，名惠能，禅宗所称六祖也。新州人，今肇庆府新兴县⑤。在西街。粤人主祀，曰广东会馆。

巧圣宫 在西街。祀鲁班，百工之宗也。

荣禄宫 在和义街⑥。黔人主祀，曰贵州会馆。荣禄宫皆供黑神，黔人祀之尤虔恪。继见富顺坊刻，乃知刘本者，富顺人，明天顺丁丑（一四五七）科进士也，官贵州按察御使，多惠政，殁而见兆于上，为民恳恩，上悰寤曰：『刘本死久矣，犹乃心民瘼，可授荣禄大夫，为黑煞福神。』由是，祠祀遍西南。《礼记·王制》称『有功德于民』，神哉，与淫祀异。按，郑珍《遵义府志》：『四川简州黑神，祀宋州牧李大全。广西省城黑神，祀平章也儿吉尼。贵州黑神通祀南霁云。⑦』是与俗传又异。

萧公庙 祀齐武帝萧赜。以其初为浔阳国侍郎，出为赣令也⑧。在和义街⑨。赣人主祀，曰江西会馆。

范荣公祠 城东桂林街，祀宋范百禄⑩，按《姓氏谱》云：百禄，成都人。大尉锴之子，官至中书侍郎，赠荣国公。后改社

---

① 光绪《志》卷九《祠庙寺观》作『雍正六年』，据民国《志》卷十一改。按：同治《嘉定府志》卷二十三载『刘宗贤雍正十一年（一七三三）任荣县知县』。民国《志》卷十《秩官》载『刘氏乾隆元年（一七三六）始任』。不知孰是。

② 石纽：史称『禹生西羌』，相传大禹出生地有石纽。石纽，一说在今四川汶川县，一说在今四川北川县，均在蜀境之内，故言『蜀祀亦宜』。

③ 按：莆阳湄州林氏女即妈祖。传说妈祖为掌管海上航运与主宰妇女生育的女神，系宋代福建莆田人，姓林名默。

④ 宋高宗绍兴二十六年（一一五六）封妈祖为『灵惠夫人』。此后，元、明、清数朝对妈祖一共进行了三十六次褒封，封号由『夫人』『妃』『天妃』『天后』，直到『天上圣母』。因其封号有『天后』，故祭祀妈祖之地称『天后宫』。

⑤ 肇庆府：民国《志》卷十一误作『肇兴府』。按广东历史上只有肇庆府，并无肇兴府，且新兴确隶肇庆府，故改。

⑥ 和义街：光绪《志》卷九作『西街』。

⑦ 南霁云：生年不详，卒于唐肃宗至德二年（七五七）。唐朝将领，魏州顿丘（今河南清丰）人，善骑射。安史之乱发生后，奉命至睢阳（河南商丘南），与张巡议御敌之策，遂留守睢阳。睢阳被叛军所围，曾突围至临淮（今江苏盱眙北）向贺兰进明求救，不成而归，城陷被杀。

⑧ 赣令：原作『赣令江州刺史』，按《南齐书》卷三《武帝本纪》有『出为赣令，江州刺史晋安王子勋反』的记载，《宋书》卷六《孝武帝本纪》亦载刘宋孝武帝大明七年（四六三）『晋安王子勋为江州刺史』，表明此处江州刺史为晋安王子勋，而不是萧赜，此处误将江州刺史上读，故致误，今删『江州刺史』四字。

⑨ 和义街：光绪《志》卷九作『河街』，乾隆《志》卷二作『南街』。

⑩ 范百禄：乾隆《志》卷二、民国《志》卷十一皆作『范镇』。范百禄、范镇均为宋人，百禄为范镇侄子。据《宋史》，范百禄曾提点梓州刑狱，时荣州属梓州路，而范镇生平与荣州无涉。此据嘉庆《志》卷三、光绪《志》卷九，改作『范百禄』。

学。据乾隆《志》，当时已废。

武圣宫　在桂林街。秦人主祀，曰陕西会馆。

文昌宫　在凤鸣山。乾隆四十三年（一七七八），知县符兆熊由万寿寺左迁此，盖宋嘉祐寺址。寺僧祖元开此君轩，元符初黄山谷过戎州，祖元驰谒，山谷以东坡《醉翁操》示元，元欣然曰：『往岁从成都通判陈君颀得其谱。』遂促琴弹之，词与声相得也。山谷为《题荣州祖元大师此君轩》诗，载集中。祖元姓王氏，周彦从兄也。晋宋间，学佛者皆称『道人』，尊之则师则公。名其堂曰霜钟堂，以能弹蔡邕《秋思》琴曲也。建中靖国元年（一一〇一）正月，山谷在江安，赠元师诗，遂东下。崇宁四年（一一〇五）九月，山谷卒，县人于凤鸣岗北为祠祀之，曰太史祠。嘉祐寺元末毁，明宣德初重建。清嘉庆六年（一八〇一），文昌列祀典。八年（一八〇三），知县许源增饰文昌，修正殿三间，后为启圣宫，左三圣祠，右龙王庙；并建此君轩于寺，盖即太史祠址矣，附修考棚于正殿左右，岁为试士之所。咸丰六年（一八五六），升中祀。科举罢，为学堂。按：文昌第五星，《周礼·大宗伯》『以槱燎祀』者也。第六星曰司禄，世士以为掌禄籍，宜祀学官，歧矣。及晋梓潼神以铁如意与姚苌成战功，而末流有化书之作，歧之又歧矣。姑记嘉祐寺之故址，而详其迁变云。

龙王庙　在文昌宫后，嘉庆八年（一八〇三），知县许源建。

龙神祠　在凤鸣山麓。道光二十年（一八四〇），知县胡沄募建。同治九年，知县马佩玖设龙门书院，草书题榜，有孙过庭法。清亡，市人毁之。

万寿寺　莲宇山左，清为朝贺行礼之地。殿后有藏经阁。乾隆末，知县龚巽命邹正鹏、刘纯修倡募修补。民国十四年，中学堂自西街移此。

武侯祠　在清富山。道光元年（一八二一）①，知县宫鉴桂建。唐刘兼诗『葛亮荒祠古木寒』②，则荣州唐时已有武侯祠③，不必锦江也。

张公祠　祀成都张万禄。张以咸丰庚申扞贼豹子山殉难④，绘像祠之。刘炳勋撰有《张公殉难记》。威远吴孝廉天成赋长歌，中云：『豹子山头兵不利，诸君壁上等儿戏。男儿死耳复何尤，但言未报今皇帝。』一时传诵。

胡公祠　在凤鸣山左，又名崇仁祠。明四川布政使陈銮记：正德丙子（一五一六），巡按御史熊相以胡公奏。⑤嘉靖丁酉（一五三七），按察使薛甲谋于巡按御史金灿，改葺前巡按御史熊

---

① 元年：民国《志》误作『九年』，据光绪《志》改。详见前《祀典礼仪》之『武侯祠』注释。

② 葛亮：民国《志》作『诸葛』，据《全唐诗》卷七百六十六载刘兼《重阳感怀》改。

③ 《全唐诗》卷七百六十六收刘兼诗一卷。方志即据以刘兼为唐人，并云『荣州唐时已有武侯祠』，非是。按：刘兼著有《长春节》诗，而『长春节』乃宋太祖诞节，故知刘兼必为五代入宋者。据民国《志》卷十《秩官》所载，刘兼曾于宋初官荣州刺史，故知刘兼必非唐时人，亦不曾于荣州建武侯祠。

④ 咸丰庚申：民国《志》卷十一误作『同治庚申』，据同书卷十五《事纪》改。

⑤ 按：陈銮作《崇仁祠记》，详见民国《志》卷十四《金石》。据陈氏所记，胡公为胡子昭。《明史·方孝孺传》载：『胡子昭，字仲常，初名志高，荣县人。孝孺为汉中教授时，往从学。蜀献王荐为县训导。建文初，与修《太祖实录》，授检讨，累迁至刑部侍郎。』

爵所建九峰山书院，为公专祠，以公弟山东佥事志远、女金奴从祀，而荣无祀。①后十余年，知县王梦魁以士民请，巡按御史鄢懋卿乃檄梦魁：祠如九峰，旧名耿忠，兹改曰崇仁。时督学陈壍致文遥祭。地在东门外曹家街，今谷神祠。万历初，知县王建元新其祠宇，与教谕石磬、训导陈时敏率诸生请学使陈文烛为碑，制迎神、送神曲，并设崇仁书院。清，书院废。乾隆时，知县黄大本迁明伦堂左。咸丰三年（一八五三），胡氏请于龙神祠隙地专祠，知县姚宝铭寝其议。光绪十八年（一八九二），知县唐选皋始建今祠。明士夫题咏或俚，兹录乡人之作。典仪但一阳诗：『时事茫茫众所难，成仁不顾此生残。气冲南斗天纯赤，云锁东川水自寒。万古乡邦重河岳，一腔心血照逢干。忝尝祠下钦风烈，王魏功成实可叹。』通判杨易诗：『万古纲常重若山，先生负荷出人寰。寸心日月悬双照，浩气星辰塞两间。故国春风啼杜宇，新诗乐府注风鬟。方公大节胡公继，取义成仁总一般。』刑科右给事中杨镕诗：『节义祠堂秋草深，如君真不负平生。堂堂遗像清霜色，浩浩东川大海声。头上有天无二日，人间大节重三荣。孝陵松柏西风起，长表夷齐万古情。』

玉皇观　城内天庆山之麓，一名天庆观。宋大中祥符二年（一〇〇九），诏天下置天庆观，盖其旧也。按：儒言上帝，乃无声臭之辞，《穀梁》定元年，传曰『应上公』。《说文》『媮』字注引《甘氏星经》曰：『太白上公，妻曰女媮。』此与灵威仰等②，于上帝含义稍疏矣。佛乘言天取自然，或最胜之义，或指一切之鬼神名为天。其言天也有多级，遂有多名，如忉利天主姓释迦氏之类，胥与儒言上帝不同。至《诸皋记》③等言，天翁张坚，渔阳人，则谐谑耳。玉皇之说，与儒佛均异，盖道家言。

东岳庙　县东门外，坐落跃龙桥，祠内有碑记。明嘉靖间建。清康熙十一年（一六七二）重修。乾隆七年（一七四二），典史张鸿④捐银四十两置常住田。嘉庆十一年（一八〇六），士民捐修前后殿，十六年（一八一一），知县许源倡捐补修东西十殿及乐楼、山门⑤。非祀岳神，盖取《援神契》『太山，天帝孙，主召人魂』之义耳⑥。

诸儒祠　祀县人王潜夫、尤袤、王觊、勾龙褆、勾龙传。在县东。宋知州晁公武建。据乾隆《志》，当时已废。

先贤祠　在县东。宋建，祀知州李仁父、张少卫、李巨传、岑求易、范景仁。据乾隆《志》，当时已废。

太史祠　在凤鸣岗北。祀分宁黄鲁直及郡人王元著、宋宠光、尤袤。据乾隆《志》，当时已废。

汉竹王祠　祀夜郎侯多同，在东溪飞仙桥上。《太平寰宇记》已言之。《太平御览》引《蜀记》曰：『昔有女人于溪浣沙，有

---

① 按：据陈壍所记，九峰山书院在嘉州（今四川乐山市境内），故言『荣无祀』。

② 按：灵威仰，即中国古代神话中五方天帝之一的青帝。《周礼·天官·太宰》云：『祀五帝。』唐贾公彦疏云：『五帝者，东方青帝灵威仰，南方赤帝赤熛怒，中央黄帝含枢纽，西方白帝白招拒，北方黑帝汁光纪。』

③ 《诸皋记》：唐人段成式所著《酉阳杂俎》中的一篇。

④ 张鸿：嘉庆《志》卷三误作『张名鸿』，据民国《志》卷十《秩官》改。按：张鸿，会稽（今浙江省绍兴市）人，雍正十一年（一七三三）任荣县典史。

⑤ 东西十殿及乐楼、山门：此为光绪《志》卷九所载，民国《志》卷十一《社祀》作『东西庑、十王殿、乐楼』。

⑥ 按：《援神契》，即《孝经援神契》，乃《孝经》之纬书。

大竹流水而触之，因有孕。后生一子，自立为王，因以竹为姓。汉武使唐蒙伐牂牁郡。竹王因有此地，人不忘其本，立竹王庙祀之。」①唐薛涛诗：『竹郎庙前多古木，夕阳沉沉山更绿。何处江村有笛声，声声尽是迎郎曲。』②明知县张九思改立省耕亭于隙地前。

旧志载汉竹王名多同，母浣纱于遁水，剖竹而生，遂以竹为姓。及长，有材武，自立为夜郎侯。王褒言于武帝，诱之入朝，命伐西南夷，以功封夜郎国王。殁，土人因其生有异，祀以祠，闻于朝，又封其三子为侯配享之。

光绪《志》卷三十八《杂识》对竹王祠有考。

大佛寺 陆游诗所谓『东山』也。据宋开化寺碑，古已有大佛殿。《古今图书集成》载：『唐人刻大佛，与山齐，架殿十层，高四十七丈，阔十五丈。』③今巨像在东郊真如崖。清嘉庆十年（一八〇五），峨眉山僧隆辉自南海归，过荣，见佛象荒露，乃斩草而庵。十三年（一八〇八），知县许源券修佛顶。二十一年（一八一六），宫鉴桂修禅房、方丈、寺门，刻达摩像，极工。道光二十一年（一八四一），克星额捐募补修。同治二年（一八六三），申浩拓之，皆官力也。光绪初，僧请《北藏》全经，高阳李相国鸿藻题『藏经楼』榜。山半有啸台。民国四年，赵熙《大佛寺》诗：『废台文献久无征，宋代题诗屋几层？冷眼看穿司马氏，山中一笑即孙登。』感洪宪事也。

开化寺 在城东真如崖下。民国七年，赵熙、张玺方、虞兆清于洞得宋碑，知唐寺也。佛像严靓，南宋摩崖字犹存，俗曰罗汉洞，古云龙洞，旧志所称『龙湫夜月』也。唐宋时因厂为屋，如长廊然，下延至白雀寺。《说文》所谓『广』也。崖半旧迹及石像燎然，远望之，台、殿高低矣。陆游《龙洞》诗：『峭崖磨天如立壁，楠根横走松倒植。呀然一岫惊倒人，空洞坡陀三百尺。幽阴宜为异物托，角爪痕存犹可识。想当蟠蛰未奋时，腥风逼人云触石。一朝偶为旱岁起，卷海作雨飞霹雳。向来伊吕正如此，莘渭千年有遗迹。我欲酌酒招蜿蜒，安用辛苦常行天。太平海内多丰年，归来故祠听管弦。』又《齐天乐·人日游龙洞》云：『客中随处闲消④闷，来寻啸台龙岫。路敛春泥，山开翠雾，行乐年年依旧。天工妙手，放轻绿萱芽，淡黄杨柳。笑问东君，为人能染鬓丝否？ 西州催去近也，帽檐风软，且看市楼⑤沽酒。宛转巴歌，凄凉塞管，携客何妨频奏。征尘暗袖，漫禁得梅花，伴人疏瘦。几日东归，画船平放溜。』又《蓦山溪·游三荣龙洞》云：『穷山孤垒，腊尽春初破，寂寞掩空斋，好一个、无聊底我。啸台龙岫，随分有云山，临浅濑，荫长松，闲据胡床坐。 三杯径醉，不觉纱巾堕。画角唤人归，落梅村、篮

---

① 明代曹学佺《蜀中广记》所记为：『昔有女人于溪浣纱，有大竹流水上，触之有孕。后生一子，自立为王，以竹为姓。汉武使唐蒙伐牂柯，斩竹王，土人不忘其本，立竹王庙，岁必祠之。』与之略有不同。

② 竹郎庙前多古木：语出薛涛《题竹郎庙》。民国《志》卷十一作『竹王祠前多古木』，据《薛涛诗集》改。

③ 按：有关荣县大佛的开凿时间，嘉庆《志》、民国《志》皆云『宋元丰八年（一〇八五）至元祐七年（一〇九二），僧淳德凿成』。考《开化寺碑记》，大佛寺当开凿于唐末，绘装成形于元祐七年。

④ 闲消：民国《志》作『消闲』，据陆游《渭南文集》卷五十改。

⑤ 楼：民国《志》作『桥』，据陆游《渭南文集》卷五十改。

舆夜过。城门渐近，几点妓衣红，官驿外，酒垆前，也有闲灯火』。

李文简祠　倚龙洞，详见《摩崖记》。

白雀寺　南城外里许。开化寺下，唐建。俗名龙洞，一名罗汉洞。山径幽邃，磨崖石刻极古峭。甘泉自石缝中流出，足供僧厨之用。报垦常住田一区，有碑记刻于后。清初，僧性空结草而居。康熙八年（一六六九），知县蔺松捐俸重建。

弥陀阁　在白雀寺前。县优贡黄芝晚年笃佛典，易名为觉，既修大佛桥，又创修此阁，导人持佛号，入净土焉。

镇南塔　明建。清嘉庆十四年（一八〇九）培修，知县许源有记，以为培文风云尔。自形家言观之，于风水或有说，而非塔义也。按：塔，梵云『窣堵坡』，犹中国方坟圆冢，以藏佛舍利而供养者。其级多寡有定制。盖佛者非一人之私称，乃万德洪名，犹中国『至圣』云也，故曰『佛觉』也。人不觉可议，至于佛无可议矣，可议则非佛也，如人而非圣可议矣，圣则无可议也。先儒不究是义，恶夫僧有罪行者，于是扬声攻之曰『辟佛』，其实『辟僧』也，而误揭其名，是犹恫世之乱，不曰诛贼，而曰吾直诛圣也，可乎？倘究观于三藏①之文，宜知悔矣。然则舍利者何也？曰：舍利，佛之所寄也，人触目而感善心焉，一切凶邪祛矣。无舍利而虚为塔者何也？倚至善，而不善者胥祓除，万德在是也。嗟呼！儒者不惑异教，可也；不崇德，非也。天下之善一而已，辟善尤非也。通其义以培文风也宜，以福是邦而为山川之镇也亦宜。

观音阁　城南擦耳崖，滨溪。先刻观音像，有亭。乾隆十七年（一七五二），县人程子俊砌石立庙，知县黄大本为之启，有募引，明王三重刻『白云红日』于石壁。②今不知其址。

明月祠　《太平寰宇记》：『其神如圆月，民祀以祈福。』今不知其址。

罗星阁　在锁江桥下。桥为唐贞元刺史张某建。旧曰灵济。崇祯时，县绅简敕捐千金构桥楼，木石已就。乾隆十二年（一七四七），知县徐德龙以其材修桥曰安聚，高减于前，又于江心筑罗星阁，未竣。乾隆己亥，水大至，桥阁均坏。五十二年，知县龚巽补修，曰锁江桥，拆铙钵顶亭子成罗星阁。按：『罗星』字见《黄庭经》，此阁则用唐灵台郎窦州杨益说。邹学山有赋，不录。

开元寺③　又名千佛寺。城南浮图崖下，沿岩佛像林立，古称金碧崖，今曰千佛崖，寺曰二佛寺。《道光碑》云：『前曰广志寺，今曰开元寺。』实则『开元』乃唐寺也。《宋史·五行志》：大中祥符五年十一月，荣州开元寺甘露降。天禧二年十二月，荣州开元寺甘露降。即此。乾隆十八年（一七五三）重建，供养铜佛一座，县人刘广募建，知县黄大本捐助之。有坡土一厢，住持僧耕管。右有水月寺，清初已废。

水月寺　城南。基在千佛寺之右。

---

① 三藏：指佛经的经、律、论。经藏是佛本人的言教，律藏是佛制定的戒律，论藏是僧人或菩萨对经、律的阐释与解说。

② 白云红日：民国《志》卷十《秩官》作『白云红叶』，云王三重『万历壬子（一六一二）仲冬于锁江题「白云红叶」，刻壁』。

③ 按：开元寺，乾隆《志》卷二《寺观》作『千佛寺』。

祖师观 城南。乾隆时已废。

真如观 城南。乾隆时已废。

普会寺

中安寺

龙藏寺

普贤寺

善化寺

空青寺

白岩寺

宝胜寺①

法华庵 尼庵。在金碧崖下，滨鸳鸯石之溪。

汉武安公庙 县南晴雨崖下。祀汉靖侯庞统，庙号通惠威烈显应侯，故又名庞靖侯祠。

蜀广政十七年（九五四），荣昌寇警，州守吕昌朝率贾全胜、田广御贼至资阳银山②，过庞侯祠③，折枣枝归，植岩上，数年成林，因神之，名灵枣岩。全胜等治茅祠其下，若有乘白马呵导④来者，香火遂盛。庙有大门一座，前殿三间，正殿三间。明知县张九思增修寝殿三间。楼、殿、厅、庑皆具，金碧照耀岩日。左有惠民祠，祀隋嘉州守赵昱，明知县张九思移前。乾隆间，士民捐建殿宇五间，祀秦蜀守李冰曰川主。宋夔路运使张寅《庞靖侯》诗：『玄德志四海，如龙不可羁。曹瞒鬼蜮才，亦伏英雄姿。荆州暂寓耳，人物取不遗。龙凤同有归，老季当愧之。惜哉神州沉，无路容驱驰。晚迫驻足地，回戈因蜀资。正论出扬觯，伐国何乐为。堂堂士元意，本以王业期。壮岁殒斯人，百志不一施。空山閟孤冢，千载方丛祠。河洛今氛祲，世路犹未夷。谁能作九原，皇明望畴启。刚风九霄来，和我伤怀诗。』户部司务陈其力诗：『溪上祠堂拜凤雏，可堪王业委西隅。天留正统开炎汉，运去中原有魏吴。剑岭风尘悲往事，银山精气动先驱。赤心枣实灵崖种，品定人间第一株。』明教谕胡山、训导李遇阳、县人但一阳皆有诗，不录。

每年正月初十日，荣民男女杂沓，竞献酒醴，混其名曰土主庙。知县黄大本大张晓谕，禁止妇女入庙烧香，并列武安公显灵荣昌，贼众奔溃故事，并非土主名。目今士民至期焚献，少革从前习气矣。查乾隆五年（一七四〇），士民募金置常住田，东至塘下一连五块，南至杨姓分岭，西至虞姓，北至黄葛岩仑为界。外有祠后山坡地角一段，系姜启渭四至内喜舍，永为常住，碑记事实载后。

庙内有宋碑，清嘉庆元年（一七九六），土中掘出，两面俱刻，然不同时。一刻『灵枣』二大字，崇宁四年（一一〇五）九

① 宝胜寺：见乾隆《志》卷二。据民国《志》卷十一《社祀》载，墨林场、双古坟均有宝胜寺。

② 按：乾隆《志》卷一『枣崖』条云：『宋时荣昌寇作，守臣贾昌朝祷于资阳银山镇祠。』嘉庆《志》略同，自注：『贾昌朝，系吕昌朝误。』据乾隆《志》、民国《志》所载宋人石绅《荣州武安公庙记》，知『荣昌寇作』乃蜀广政十七年之事。不知何故，乾隆《志》载荣州刺史乃贾昌朝。其实，贾昌朝从未做过荣州刺史。元祐中，吕昌朝曾为嘉州刺史。清代荣县为嘉定府（古嘉州）所辖之县，故嘉庆《志》认为『贾昌朝』为『吕昌朝』之误。民国《志》据嘉庆《志》与《荣州武安公庙记》所载，也作『吕昌朝』，实则当为他人。史料缺如，不可考。

③ 侯：原作『候』，据文意改。

④ 呵导：旧时官员外出，引路差役喝令行人让路。

月梦溪沈博毅书。一刻『通惠威烈显应侯殿』八大字，嘉定元年（一二〇八）冬月朝散郎新知简州军事临邛杨仲修书。字法皆遒劲。

土主湾　即庞靖侯祠，兼祀土主。《周礼》注：『后土，社神也。』或以土主当之，非也，而庙所在皆是。按：土主即杜主也，『土』『杜』声通。《诗经·长发》『相土』，《荀子·解蔽》作『乘杜』，《绵》『自土沮漆』①，《汉书·地理志》『土』作『杜』，在古同用极多。《华阳国志》：杜宇称帝，自以功德高诸王，号曰望帝。其相开明，决玉垒山以除水害，帝遂法尧禅舜，传位开明，升西山隐焉。时适二月，子鹃鸟鸣，蜀人悲之，已亦化其教而力农务。迄今巴蜀民农时先祀杜主，是于国俗祀典皆合。

惠民祠　旧在武安公庙左，明知县张九思移于庙前，祀隋嘉州守赵昱。乾隆六十年（一七九五）士民捐建正殿五楹，祀秦太守李冰，即今谓川主也。

嘉庆《志》原按：李冰于灌口凿离堆，大有功德于民。雍正五年（一七二七）敕封敷泽兴济通祐王，载入四川祀典，其祀之宜也。赵昱与兄冕俱隐青城山②，大业末，炀帝征不至，督让益州太守强起，縻以上爵，不就，乞为蜀太守，从之，拜眉山郡③。郡有蛟害，昱至五月，没舟七百艘。昱大怒，率甲士千人及州属男子数万，临江鼓噪，昱仗剑入水。须臾天地晦冥，江水丰隆，作殿雷响，昱时右手持剑，左手提蛟首④，奋波出，三水皆赤，害遂除。昱时甫二十六岁。寻四方兵起，弃官，不知所终。或以为仙去矣。唐之初年，每江涨，云雾中见昱骑白马，从数猎者，来水必缩。事闻，太宗赐封神勇大将军⑤，庙食灌口。明皇幸蜀，进封赤城王。宋张咏官蜀，贼乱，祷祠得助。事闻，改封川主清源妙道真君。是赵且有功于嘉州，祀之亦无不可，独所称川主者，则李而非赵也。

望帝祠　唐刘兼《登郡楼书事》曰『望帝古祠花簇簇』，知近在西南之阛，地望盖今土主庙。

光佛寺　唐寺也。刘兼有《再看光福寺牡丹》诗。今废。

吕真君庙　又名纯阳阁。城西凤栖山之颠有万景楼废址，嘉庆十三年（一八〇八），知县许源重建望景岑楼于上，凡三层，以首层奉真君像，颜山门以『纯阳阁』，春秋二仲即致祭于此，有记。后移龙神祠。按：济南有明天启间碑，载吕仙自叙云：本是唐宗室，名琼，字伯玉，娶金氏，有四子。五十登科，为县宰。辟日月当空之祸⑥，弃官隐山岩中，故名『岩』，号『洞宾』。又与妻止二口，故改姓吕。妻死，又号纯阳，言无阴也。碑为明郡守樊时英刻，录广异闻。

古佛寺⑦　在西门外一里，宋元祐间建。曰古佛，则必唐像也。马应祥榜曰『绿水西来』，表回溪之胜。

① 按：《绵》，乃《诗经·大雅》之一篇。
② 隐青城山：乾隆《志》卷二《祀祠》作『青城山人』。
③ 拜眉山郡：乾隆《志》卷二《祀祠》作『征为嘉州太守』。
④ 右手持剑，左手提蛟首：乾隆《志》卷二《祀祠》作『左手持剑，右手提蛟首』。
⑤ 神勇大将军：乾隆《志》卷二《祀祠》作『神勇将军』。
⑥ 日月当空之祸：指武曌之祸。
⑦ 古佛寺：此为光绪《志》、民国《志》所载，乾隆《志》卷二、嘉庆《志》卷三误作『大佛寺』。按：大佛寺在县城以东而非县城以西。

讲教洞　非寺。里人塑川主、牛王像，春则张灯树焉。洞乃凿石而成，黄山谷名曰『地仙洞』，而高子文《讲教洞》诗：『二官羁绊混黄埃，壮抱雄襟久未开。我若有山如此好，挂冠即日赋《归来》。』则宋已名讲教洞矣。

虎洞寺　东城外二里。洞有甘泉，四时不绝。有常住田。尼庵，一名少阳洞，一名飞霞洞。陆游《虎洞》诗：『空山秋高木叶黄，茫茫百草凋秋霜。逶迤深谷白昼静，群鸦竞噪众鸟翔。洞中有虎何猛烈，牙如利刀爪如铁。奋鬣掉尾初出穴，昂头四顾吐其舌。双眸忽动飞电回，层崖长啸阴风来。山中藜藿谁敢采，野外狐兔皆悲哀。嗟虎之猛有如此，自是贪残日无已。岂无壮士裴将军，弯弓射之殄其类。方今上有圣明君，广爱民物怀深仁。推诚不觉祝罗网，登用牧守需贤人。四郊无事民安堵，有若刘琨多善政。嗟虎虽猛当如何，胡为饮泉卷之阿？明当负子东渡河。』

文昌阁　文昌阁有二，其一，县东十里龚家坝。其二，十五里观音坡。

石燕寺　县东十五里，近仁寿崖。

余家寺①　县东十五里，近龚家坝。

金鱼寺　或曰开石得金鱼二，故名。

五显庙②　县南五里，近麻柳湾。道家言五显神号曰华光大帝，谓五行之宣著，莫甚于火，故祠以『五显』名，专司火政。按：《纬书》有『赤熛怒』。《周礼》『兆五帝于四郊』，各因时地迎之。至汉文作庙渭滨，五帝乃同宇。道家者流，谓回禄一帝，厥有五人，名以『五显』，其词尤诬已。

东岳庙　县南八里棬子坪。

天竺庵　县南十八里钓鱼台。古为二寺，其一曰开元福寺，康熙时合为天竺庵。乾隆中，移今地。嘉庆、同治间递修之，乡学、积仓设此。赵熙诗：『宛之富春渚，吾昔号南漪。鱼影花千片，禽声竹一陂。名高逸民传，地称放生池。樵隐无能别，庵荒坐塾师。』

朝阳洞　县西南八里③。

川主庙　县西南十里。

观音阁　近石碓窠。宣统初，设学堂。

赵家洞④　县西八里。古曰长安洞，明建庙。光绪中，县人尹光宗书『别有洞天』，刻崖半。

三清殿　县西十八里。万历十七年（一五八九）建。

五皇庙　县西十九里。嘉庆二十三年（一八一八）建。

观音庙　观音庙有二，其一，县西三十里，人称墨林观音，设积仓、学堂。其二，县西三十里鱼江嘴，光绪三十三年（一九〇七），设学堂。

---

① 余家寺：嘉庆《志》卷三亦载此寺。另乾隆《志》卷二、光绪《志》卷九皆载为『佘家寺』，『佘』『余』形近而误。

② 五显庙及以下东岳庙、天竺庵，民国《志》卷十一原单列在贡井与汪家滩之间。非是。今据民国《荣县全境图》移于此。

③ 县西南八里：此为民国《志》卷十一所载，乾隆《志》卷二作『离小南门五里』，嘉庆《志》卷三、光绪《志》卷九作『小南门外五里』。

④ 赵家洞及以下三清殿、五皇庙、观音庙：民国《志》卷十一原单列于老农场与铁厂铺之间。非是。今据民国《荣县全境图》移于此。

百福祠① 嵌县北麟崖②之半。咸、同间，里人集成之。《阿含经》：『菩萨百大劫中，一一各种一百福，感庄严相。』名宜以此。赵熙《游麟崖》云：『三面悬崖一面坡，寨门圆顶肖铜锣。来龙隔县陵阳界，怪鸟呼风臭水河。平地测高知几里？晴天泻翠见三涐。余生倦说彭咸则，老上灵山一放歌。』

三觉堂 由翠笔峰③入，宋碑存焉。三觉者，本觉、始觉、究竟觉也。又称三教，渐教、顿教、圆教也。

（二）乡镇之属

高山铺

南华宫 道光时建，县东十八里。

万寿宫 咸丰时建，县东十八里。

五省庙 道光时建，县东十八里。

观音阁 旧设高山义学，县东十八里。

清水寺④ 近高山铺。明万历间建。光绪三十一年（一九〇五），设学堂。附近鲤鱼冲，有读《易》洞。道光时，高峰寺道士萧芳洪所凿，高六七尺，方二丈，并石案、石床。

五龙寺⑤ 县东二十里⑥荣梨山之顶，宋敕赐慈云寺，寺中左右有龙池，右直下为龙洞。宋熙宁八年（一〇七五），封荣梨山神为灵应侯诰制碑刻寺后，敕曰：『朕敕：百神之祀，非特以报，亦所以致吾诚也。守臣称尔之灵，能为民除灾而降祉，是用赐之侯爵，昭尔有功。神其鉴哉，永庇于兹土。宜特封灵应侯。牒至准。』十年（一〇七七），榜赐五龙池曰会应庙敕曰：『荣州荣梨山五龙池祠堂，州状称在荣德县界，山高五里，上有池，旱不涸，雨不溢，祈雨有应，《图经》亦载。牒奉敕宜，特赐『会应庙』为额。牒至准。』前此天禧中，知州皇甫某建亭，进士鲁清为记，碑漫灭。乾隆十九年（一七五四），知县黄大本祷雨，雨辄至，复于池上建灵雨亭，亦圮。嘉庆十三年（一八〇八），知县许源亦因旱诣祷，命掘龙洞淤塞，果得雨。用新前后殿，修拜庭一、抱厅二，池及洞皆环以石栏，山门、围墙高大倍前。有记。岁旱，今尤为禜所。

按《遁甲开山图》：五龙者，长曰角龙，木仙也；次徵龙，火仙也；次商龙，金仙也；次羽龙，水仙也；次宫龙，土仙也。治在五方，今俗作『舞龙』，于古悖。

青阳寺 县东二十二里。宣统时建，与城南青阳洞相应，俗作青羊。

湘阳洞 县东二十五里。寺以洞名，深不见底，岩泉琤琮有

① 百福祠及以下三觉堂，民国《志》卷十一原单列于刘家场与东川沟之间。非是。今据民国《荣县全境图》移于此。
② 按：麟崖，据曹俊亮《麟崖寨记》，在『邑北关二十里』。
③ 按：翠笔峰，据民国《志》卷十三，在『县北十五里』。
④ 按：清水寺及以下五龙寺、青阳寺、湘阳洞，民国《志》均单列。今据民国《荣县全境图》移于此。
⑤ 五龙寺：乾隆《志》卷二、嘉庆《志》卷三、光绪《志》卷九均作『舞龙寺』。
⑥ 二十里：乾隆《志》卷二、嘉庆《志》卷三、光绪《志》卷九皆作『十五里』。

声，虽旱不涸。

镇安场

灵山寺 县东三十里。旧名尖山寺，为保甲之所，有积仓。

牛王庙 县东二十四里。

天人寺 县东二十八里。

丑宿宫 县东二十八里。

观音阁 县东三十一里。设学堂。

新　庙 县东三十二里。

墨林场

墨林寺 乾隆四十年（一七七五）建。光绪末，设学堂。县东北三十二里。

天宫堂 明时建，县东北三十二里。

宝胜寺 县东北十八里，松山之中，古记也。

云峰寺 县东北三十五里，乾隆时建。

东岳庙 明时建，县东北四十里。

朝阳洞庙 嘉庆八年（一八〇三）建，县东北四十里。

希夷观① 在荣德山。相传宋陈抟曾驻焉。石室二十四。

按：《宋史》抟本传不言至蜀，文同、陆游在元修《宋史》之前，均言石晋天福中至蜀，则《宋史》疏也。荣多抟笔迹刻石。《渑水燕谈录》云，宋太宗赐希夷诗：『曾向前朝号白云，后来消息杳无闻。如今若肯随征召，总把三峰乞与君。』盖周世宗赐号白云先生也，故祀希夷多号白云寺。

仙岩寺 在吕仙岩，本李家岩，咸同时建。赵熙诗云：『老树霜红满卦坛，神京曾自觅微官。片时春梦三山晓，万里秋风一剑寒。』岩下有观音阁，沿壁佛像，题云：『绍兴二十九年任文顺修。』

鸦鹊冲

三圣宫 乾隆时建，县东三十里。

岳峰寺 城东三十五里，近鸦鹊冲方家坝。万历时建，名岳峰庵，雍正间培修，改今名。民国六年，里人治保甲，设学堂。

铁板寺 城东二十里，近方家坝。嘉靖间建，万历时培修，曰云峰庵，乾隆五十九年（一七九四），改今名。有池清深。

龙王庙 县东二十五里龙神口。

宝山寺 县东二十六里。

观音阁 观音阁有三，其一，冷水桥，县东二十五里。其二，羖牛滩，有学堂，县东二十五里。其三，太平桥，县东三十里。

张家场

凤皇寺 乾隆十六年（一七五一）建，一曰凤皇庵，设学堂。县东四十里。

① 希夷观及以下仙岩寺，民国《志》卷十一皆单列。今据民国《荣县全境图》列于墨林场下。

高峰寺　近方家坪①。

三圣宫　县东四十里。

张家庙　县东四十五里猫儿山。

永福寺　县东四十八里。

赵家洞　县东五十二里。

老虎洞　界威远，多佛像，石壁刻『迎猫祭虎』字。县东五十二里。

惠观寺　在锅底荡，县东五十二里。

隆兴寺　县东五十二里②，石凤山，近程家场。

公王庙　县东五十五里。

周宗庙　明万历间，周宗父子善塑像，因以名。县东六十五里。

晏家庙　县东六十五里③，近程家场。相传曰『天宝山』。

象鼻寺　县东六十五里。

水口寺　县东六十五里④，近桥楼子。

程家场

禹王宫　县东程家场。乾隆初醵金，道光三年（一八二三）建。今设女学。

文武宫　县东六十里程家场。嘉庆间建，曰文昌宫。光绪中，武举罗朝元移程家寺关像合祀。清设云程义学，民国改学堂。

炎帝宫　县东六十里程家场。乾隆时建，山门外右有仁义仓五间。

川主庙　咸丰元年（一八五一）建，县东六十五里。

丑宿宫　嘉庆中建，县东六十五里。

天后宫　乾隆时建，县东六十五里。

万寿宫　县东六十五里。

火神庙　县东六十五里。

牛王庙　县东六十五里。

程家寺　城东六十五里⑤，近程家场。相传曰『玉鼎古刹』。

石　庙　石庙有二，其一，县东六十八里，万历时建，有孔子像。其二，县东八十里，四壁石立，故名。

川主庙　县东七十七里。或曰川主殿。

文昌宫　县东七十七里。

朱家庙　县东七十七里。

金华庵　县东八十里，俗曰饶家寺。

蓝家庙　县东南四十七里。

天宫堂　县东南五十二里。

---

① 近方家坪：乾隆《志》作『城东四十里，近方家坝』，非是。据民国《荣县全境图》，鸦鹊冲之岳峰寺、铁板寺，均『近方家坝』，属东兴乡境，而方家坪属程家镇，二者虽皆在县东，但相距颇远。故程家镇下之张家场所辖寺庙，应以『方家坪』为宜。

② 五十二里：嘉庆《志》卷三、光绪《志》卷九皆作『六十里』。

③ 六十五里：嘉庆《志》卷三、光绪《志》卷九皆作『六十里』。

④ 东六十五里：乾隆《志》卷二、嘉庆《志》卷三、光绪《志》卷九作『南六十里』。

⑤ 六十五里：乾隆《志》卷二作『七十里』。

吴家寺 县东南六十里①，近白庙寺。明万历时有佛像，康熙中建庙，今设学堂。

郑家观 县东南七十二里②，近白庙寺。

朝阳寺 县东南七十三里，魏家洞③。

神农庙 县东六十七里，离程家场一里。古社祭之外，神农为重。藉田有祭，《国语·周语》所谓『藉礼』也；祈年有祭，《周礼》所谓『田祖』也；蜡飨有祭，《礼记·郊特牲》所谓『先啬』也。是庙年月无考。而相距二十里，又刻『迎猫祭虎』字，似秉礼者。内设中和仓三间。

南华宫 县东程家场。

贡井

东岳庙 近下桥。相传龛下有井名贡井。按：即《元和郡县志》『大公盐井』也。

古佛寺 明建，清培修。

文武宫 明建，称天宫堂。今设学堂。

紫云寺 在艾叶滩。明建，旧称杨泗庙。

兴龙寺 嘉庆时建。

慈云寺 清亡后建。

天池寺 城东九十里，近贡井。在天池山，山顶有池。明为平方禅院，万历间，铸金像七。

井神祠 在老鸦坡。光绪二十三年（一八九七），设为公事之所，有仓廒，盐始凤沙氏④，兹祀王公、梅公⑤，殆昉井者。

文武宫 县东九十里贡井。正殿祀文昌帝君，前殿祀关圣帝君。每岁春、秋，县丞与近处绅士自办祭品致祭。嘉庆二十二年（一八一七），知县官鉴桂于庙内添设旭川书院，并示谕不得添塑佛像。民国改学堂。

城隍庙 近下桥。唐公井置州，宋熙宁四年（一〇七一），始省县为镇，意城隍之祀旧矣。

禹王宫 在贡井，乾隆十八年（一七五三）设社仓三间，米市在焉。

南华宫 在枣子园。乾隆时建，光绪己亥（一八九九）培修。

天后宫 近草市坝，嘉庆中建。

江西会馆 在贡井新街。乾隆时建，同治培修。

---

① 东南六十里：乾隆《志》卷二、嘉庆《志》卷三、光绪《志》卷九皆作『东五十里』。

② 东南七十二里：乾隆《志》卷二、嘉庆《志》卷三、光绪《志》卷九均作『东七十里』。按：白庙寺在县城东南方向，东南更为准确。

③ 魏家洞：乾隆《志》卷二、光绪《志》卷九皆以为寺名，并云其在『城东六十里，近程家场』。按：乾隆《志》卷一《山川》云，在『城东南五十里，洞口有庙』。可知乾隆《志》卷二、光绪《志》卷九仅估其位置，不确。

④ 凤沙氏：相传为炎帝时诸侯，煮海水为盐，故被尊为盐业祖师。

⑤ 王公、梅公：指盐井神金川神、梅泽神。南宋王象之《舆地纪胜》卷一百六十七《富顺监》载：『金川庙，《九域志》云：盖井神也。伪蜀封为金川王。《图经》云：惠泽庙在监郭下，井地主金川神姓王，井主梅泽神姓梅。梅本夷人，晋太康元年（二八〇）因猎，见石上有泉，饮之而咸，遂凿石三百尺，咸泉涌出，煎之成盐，居人赖焉。梅死，官立为祠。』近人林振翰《川盐纪要·自井盐务琐闻》云：『井神：井之地主金川神姓王，井主梅泽神姓梅。梅本陕西人，因猎见石上有泉，饮之而咸，遂煮而成盐。宋淳熙（一一七四—一一八九）封金川神为永利侯，梅泽神为通利侯。』由此二条材料可见，盐井神一姓王，一姓梅，故此称『王公、梅公』。

荣禄宫 在茨芭街。明建，道光时重修。

文昌宫

武圣宫 近下桥。

五皇洞寺 县东九十八里，明建。

圣水寺 县东百里。万历时建，民国改学堂。

洞云寺 城东八十里，属贡井。

顺水寺 城东九十里，近贡井。

靖江王庙

观音阁

张爷庙

周家庙

临江寺

乾坝寺 县东八十里，近贡井。

汪家滩

关帝庙 咸丰二年（一八五二）建。

合圣宫 乾隆时建，同治六年（一八六七）培修，积仓贮此。

文昌宫 光绪十六年（一八九〇），贮社仓，三十一年（一九〇五），设学堂。

东岳庙 道光时建。

显圣庵 县南十八里大坡。嘉庆间建，同治二年（一八六三）培修。

观音阁 在双河口，乾隆五十九年（一七九四）建。有学堂。

万寿庵 在麦子山。乾隆二十八年（一七六三）建，嘉庆六年（一八〇一）培修。设小学。

董家镇①

庙二所② 县南二十里。

青崖寺③ 县南二十五里。康熙中，张容授学于此。后毁于火，其族人等重建。旧志称吴三桂据滇、蜀，试士，张恕为解首。事平，恕易名『容』。康熙甲子（一六八四），又乡试，中第九。门下多成进士，县人交推之。诗云：『文章有价世争传，一卷摩挲在此间。同是青崖名字好，思量甄济读书山。』

青华寺 县南二十八里董家镇东华山。左为佛殿，右为五皇、东岳、十王、城隍诸殿，后为文庙，有孔子像。碑云：『明万历二十五年建，康熙二十一年重修。』按：董家镇，明为桐麻盐司，有衙署，故诸庙作焉。

过水坳

文武宫 明建，清设逢源义学，民国改学堂。

天宫庙 清初建。

---

① 按：董家镇之祠庙宫观，民国《志》卷十一失载，今据各志所载补。

② 庙二所：民国《志》卷十一、嘉庆《志》卷三均失载，今据乾隆《志》、光绪《志》卷九补。

③ 青崖寺及下青华寺，民国《志》卷十一单列。今据民国《荣县全境图》移于董家镇下。

刘家庙　县南十四里。明名福寿庵。康熙七年（一六六八），知县蔺松督建。

曹家庙　县南十八里。嘉靖时建，相传为曹家场。

新会寺　县南二十五里，万历时建。

乐德镇

碧云庵　初名五皇庙，成化时①，里人张碧云施地，因改今名。县南三十里。

万寿宫　光绪二十四年（一八九八）建，县南三十里。

南华宫　同治六年（一八六七）建。设女学。县南三十里。

天后宫　乾隆四十四年（一七七九）建，县南三十里。

重华寺　同治间建。有小学。县南三十里。

天宫庙　镇西八里，明建。今设学堂。

广佛寺　城西南五十里，近乐德镇。

广福寺②　县南四十三里龙山。明成化十八年（一四八二）建，知县李锐有诗，虽俚，足征兰若之胜。康熙九年（一六七〇）重修。

常兴寺　镇西南十五里③。清初，土人占有寺地，雍正九年（一七三一），僧祥云赎还建庙，嘉庆十四年（一八〇九）补葺。

双石桥

南华宫　道光六年（一八二六）建，县南三十里。

万寿宫　嘉庆七年（一八〇二）建，县南三十里。

禹王宫　乾隆四十七年（一七八二）建，县南三十里。

文昌宫　道光二十四年（一八四四）建。设学堂。县南三十里。

明山古刹　地曰大明山。寺记：明万历十九年（一五九一）建。县南三十里。

方家寺　县南三十里④，近双石桥。

大才寺　近双石桥。县南三十五里⑤金台山，一名荣陵山。

新华寺　在高滩。同治八年（一八六九），刘成钦捐建。

破塘寺　县南四十里，在鼎凤山⑥。雍正元年（一七二三），张容募建。

石堰寺　县南四十里，近双石桥。在翔凤山，古刹，乾隆三十五年（一七七〇）重修。

---

①成化：明宪宗年号。民国《志》误作『弘化』。按：方志中多有将『成化』误作『弘化』者，如嘉靖《广信府志》卷三『乡贡坊五』条载『一为正统戊午科方厚，一为成化乙酉科张简，一为成化丁酉科汪僎，一为弘化庚子科詹瓘，一为成化癸卯科』，『弘化』显为『成化』之误。康熙《广信郡志》卷三就将其改成了『成化』。

②广福寺：乾隆《志》卷二、嘉庆《志》卷三、光绪《志》卷九均作『广佛寺』。民国《志》卷十一作『广福寺』。『佛』『福』二字，疑因荣县方言发音相同而致误。

③镇西南十五里：乾隆《志》卷二作『城南四十五里』，嘉庆《志》卷三、光绪《志》卷九作『县南四十五里』。

④南三十里：乾隆《志》卷二、嘉庆《志》卷三、光绪《志》卷九误作『东三十里』。按：据民国《荣县全境图》，双石桥在县城南，故以『南三十里』为宜。

⑤三十五里：乾隆《志》卷二、嘉庆《志》卷三、光绪《志》卷九作『三十里』。

⑥鼎凤山：光绪《志》卷九作『顶凤山』。

张家寺 在张家洞①。旧名于古洞，深广容百人。

李家堰

回龙庵 万历时建，光绪二十八年（一九〇二），设学堂。县南四十里。

天后宫 光绪三十三年（一九〇七）建，县南四十里。

南华宫 咸丰九年（一八五九）建。贮积仓。县南四十里。

三官庙 光绪二十八年（一九〇二），设学堂。县南四十里。

川主庙 县南四十二里马营崖。相传有马氏者，将兵御贼，与其女死焉，葬崖上。是野客山之一口。

宝泉寺 县南五十里②，近李家堰。明末寺圮。雍正九年（一七三一），僧坚通由闽入蜀，茅焉。乾隆二年（一七三七），里人阙开文募建，寺周梨橘如幄。光绪二十八年（一九〇二），设学堂。

金台山寺 县南三十五里，近李家堰。

李子桥

天后宫 咸、同间建，县南五十里。

南华宫 光绪中建，县南五十里。

关帝庙 旧名土门寺。设社积仓、女学。县南五十里。

文昌宫 光绪十八年（一八九二）建。设小学。县南五十里。

禹王宫 宣统二年（一九一〇）建，县南五十里。

玉皇观 县南四十五里。一名凌霄殿，以凌霄坡名也。有玉皇像，明弘治十六年（一五〇三）塑。

陈家殿 在凤皇山。

道岐寺 县南六十里，明刹。

豆巴寺 县南六十里，明刹。

松林寺③ 近李子桥，县南五十二里④鹤鸣山。古刹也，明末毁。清初，僧乐璋、乐玄重建。里杨氏女施田，乾隆间重修。明副使桂阳范渊诗：『晚凉驱马来山寺，山寺晚钟还未鸣。云翠半连天脚近，松荫一路石头平。老僧饷客茶香出，古佛传灯夜气清。半世不知尘里过，偶闻仙梵万缘轻。』⑤ 锦衣都指挥使青神余承恩《宿松林方丈》：『浩荡荣州策马行，夜眠多雨昼多晴。赋归已足闲居好，再出休夸宦况轻。万里秋风横一剑，数松凉月梦三生。荒鸡夜半催人起，经略西南拜孔明。』⑥ 布政司参议余承业《过松林寺读兄诗》：『将军雄笔留僧舍，一剑秋风客思深。

---

① 按：乾隆《志》卷二、光绪《志》卷九皆作『张家洞』，并以此为寺名。

② 五十里：乾隆《志》卷二、嘉庆《志》卷三、光绪《志》卷九皆作『四十里』。

③ 松林寺：民国《志》卷十一单独列出。今据乾隆《志》卷二『近李子桥』列于此。

④ 五十二里：乾隆《志》卷二、嘉庆《志》卷三、光绪《志》卷九作『四十里』。

⑤ 按：『老僧饷客茶香出，古佛传灯夜气清。半世不知尘里过，偶闻仙梵万缘轻』四句，乾隆《志》卷四作『老僧茶灶初浮白，迓客襟怀笑碧青。奔走不知尘里过，百年人世总相轻』。『迓客襟怀笑碧青』，嘉庆《四川通志》卷四十一作『过客襟怀笑碧清』。

⑥ 按：乾隆《志》卷四、嘉庆《四川通志》卷四十一、同治《嘉定府志》卷四十一亦载此诗，略有不同。

万里山河消马足，百年身世宿松林。我来梅树家家雨，春尽鹃声夜夜心。归骑嘶风应熟路，中宵月出照东岑。』①《再过松林方丈》云：『六年两度饭松林，倦客栖迟万树荫。不尽浮屠桑下意，西堂夜雨谢公吟。』佥事徽州刘儒《松林寺》云：『夜来匹马度禅林，一杵疏钟满地阴。夜久山寒僧卧稳，万松风作老龙吟。』②佥事南阳焦市程《雨中晓发》：『山寺鸣钟杳霭间，夜阑灯火宿禅关。梦回苦海鸡初唱，人老恒河僧未闲。风雨那堪三宿恋，关河能计几时还。传家得举焦先例，愿托松风住此山。』③民国《志》按：余承业，嘉靖二年（一五二三）进士。

鼎新寺

鼎新寺 县南四十里④，以所居山名，而场名因之。万历三年（一五七五），县人程甫运捐建。乾隆十九年（一七五四），场民报纳官租，详奉批允充拨囚粮。复于场后清厘界址，留为官山义冢。其常住田亩已尽为居民占垦升科，寺基亦不能仍旧。存玉皇殿、文昌宫。玉皇铜铸，高八尺。储社积仓。民国《志》按：程为明道士后裔，衣冠于明不绝。

天后宫 嘉庆十二年（一八〇七）建。

禹王宫 乾隆三十年（一七六五）建。有学堂。

万寿宫 乾隆二十一年（一七五六）建。

观音庙 近鼎新寺，乾隆十八年（一七五三）建。

照石寺 县南四十里。倚溪为寺，岸有巨石，日色映之，光布四照，故名。近鼎新寺。

回龙殿 县南五十里，近鼎新寺。

黄家庙 县南五十四里，场北六里。明建，乾隆时重修。

药王庙 县南五十六里，场西四里。万历三年（一五七五）建。

慈云寺 县南六十里卧龙山，场西八里。万历时建。有小学。

复兴寺 县南六十三里⑤庵子冲，场南三里。明建，清设复兴义学，立案不得添塑佛像。民国改学堂。

云忠庵 一名五皇庙。县南七十里叶家滩，场东南十里。嘉靖十二年（一五三三）建。有小学。

极乐庵 县南八十里乌龟坡，场南二十里。明建，乾隆重修。

文武庙 在茶子湾。设小学。

新观音 在张家岩。

① 按，乾隆《志》卷四载余承业《读鹤兄诗有感》云：『将军雄赋留僧舍，客里登临思更深。万里埙篪惊合璧，百年《诗》《礼》见趋庭。无边梅树家家雨，不尽鹃声夜夜心。归骑嘶风应熟路，何妨宵月出东岑。』

② 按：『夜来匹马度禅林，一杵疏钟满地阴。夜久山寒僧卧稳，万松风作老龙吟』四句，乾隆《志》卷四作『夜来匹马度禅林，松柏森森满地阴。山寺幽闲僧卧稳，当年悔不效长吟』。

③ 按：『梦回苦海鸡初唱，人老恒河僧未闲。风雨那堪三宿恋，关河能计几时还。传家得举焦先例，愿托松风住此山』六句，乾隆《志》卷四作『梦回苦海鸡初唱，笑指恒河僧未闲。风雨那看驰骥足，云岚一任锁巫山。空将踪迹红尘老，何不山中觅大还』。

④ 四十里：光绪《志》卷九作『六十里』。据乾隆《志》卷二、嘉庆《志》卷三改。

⑤ 六十三里：乾隆《志》卷二、嘉庆《志》卷三作『五十里』，光绪《志》卷九作『六十里』。

广宁寺 在石骨冲。①

高　庙 地名高庙山。道光甲辰（一八四四）建。

古文场

文昌宫 清设学，古义学。

南华宫 光绪三十年（一九〇四），设小学。

禹王宫 设女学。

万寿宫

三官堂

安家庙 民国元年（一九一二），设小学。

分水庙

金川寺

福川寺

柏家庙

谢家庙

三星殿

五显庙

五皇庙

川主庙

三清殿

烟墩寺② 在野客山。知古为孔道。《舆地纪胜》：景龙二年（七〇八），省云州及罗水、云川、胡连三县入大牢，宜即此野客山境矣。

五宝镇

天圆寺 县南六十里，近桥楼子。宣统二年（一九一〇），设小学。

水口寺 县南六十里，近桥楼子。

文昌宫 近五宝镇。同治十三年募建，清设五桂义学，光绪三十一年（一九〇五），改学堂。

南华宫 民国四年，设学堂。

恒丰庙 光绪三十一年（一九〇五），设学堂。

八角庙 民国十年（一九二一），设学堂。

云峰寺 县南八十里，近五宝镇。民国十一年，设学堂。

鼎新庵 民国十二年，设学堂。近蔡家店。

观音寺 县南八十里，近蔡家店。

新定庵 县南九十里，近蔡家店。

极乐庵 县南八十里，近五宝镇。

宝鼎寺 县南八十里，近五宝镇。

慈云寺 县南九十里，近戴家山。乾隆时已废。

观音庵③ 县南九十里。僧文峰十六能诗，《和云空早凉》云：『闲庭落叶早凉侵，嘒嘒秋蝉助客吟。崖树影疏飞鸟下，寺钟声断暮云深。山间访友时携酒，村外寻花又抱琴。飞锡再来幽

① 民国《志》卷十一在石骨冲后有『鼎凤山在破塘』，因此处所列为宫观寺庙，『鼎凤山』为山名，列于此处不合。且前文双石桥有破塘寺，在鼎凤山。故此不录。

② 烟墩寺：民国《志》卷十一单列，今据民国《荣县全境图》列于古文场下。

③ 观音庵：民国《志》卷十一单列，今据民国《荣县全境图》列于五宝镇下。

径熟，青猿接我上高岑。」

龙潭[①]场

川主宫 嘉庆间建，同治培修。县南七十里。

文昌宫 县南七十里，近龙潭场。咸丰九年（一八五九），增生吴腾蛟等募众捐修。

天后宫 嘉庆时建，县南七十里。

东岳庙 县南七十里[②]龙潭场。嘉靖中，刘一惇、一会建，施祀田，其裔刘启俊给僧自管。乾隆十八年（一七五三），吴明聚、邱洪仍上房[③]之旧，修社仓八间[④]，设龙潭义学。

武圣宫 光绪中建，县南七十里。

禹王宫 嘉庆时建。设学堂。县南七十里。

南华宫 光绪中建，公事聚议之所。县南七十里。

万寿宫 县南七十里龙潭场。即江西会馆。乾隆时建，道光培修。

道澄寺 县南六十里[⑤]西冲铺，近龙潭场。明成化时，僧源洁募建，于丛林为有名。康熙中重修。旧设玉成讲社。

关帝庙 距场六里，嘉靖中建。

将军庙 传云明季攻匪见害，里人祀之。

五皇庙 县南八十里，近龙潭场。

葛麻寺 县南八十五里[⑥]，近高垇。兵燹独全。嘉靖时建。

白庙子

白庙寺 初属程家场，为乡保，光绪三十年（一九〇四）建市，以寺名。

二圣宫 在高石坎。光绪三十一年（一九〇五），设小学。县南七十里。

骡岭寺 近程家场。地为骡子岭，名骡岭寺。乾隆时，知县黄大本易『骡』曰『乐』。旧为云程讲社，进士曾省三、蓝瑾章，举人杨调元先后主讲席。县南七十里[⑦]。

武圣宫 县南七十里。

桥头铺

南华宫 光绪中建，有放生池、学堂。

川主庙 光绪壬寅（一九〇二）建。

万寿宫 光绪乙巳（一九〇五）建。

禹王宫 同治癸酉（一八七三）建。

张爷庙 乾隆癸亥（一七四三）建。

杨泗庙 明建。

---

① 潭：乾隆《志》作『滩』，今统一作『潭』。
② 七十里：嘉庆《志》卷三、光绪《志》卷九皆作『六十里』。
③ 上房：乾隆《志》卷二、嘉庆《志》卷三、光绪《志》卷九皆作『官房』。
④ 八间：乾隆《志》卷二、嘉庆《志》卷三、光绪《志》卷九皆作『二间』。
⑤ 六十里：乾隆《志》卷二、嘉庆《志》卷三、光绪《志》卷九皆作『五十五里』。
⑥ 八十五里：乾隆《志》卷二、嘉庆《志》卷三、光绪《志》卷九皆作『八十里』。
⑦ 南七十里：乾隆《志》卷二、嘉庆《志》卷三、光绪《志》卷九皆作『东六十里』。

天后宫 光绪己卯（一八七九）建。

靖江王庙 明建。

玉皇观[1] 县南九十里，近桥头铺。光绪庚子（一九〇〇）建。

文武宫 嘉庆己未（一七九九）建。

楼子坪庙 县南八十三里。

五皇庙 县南八十四里。

雨坛寺 嘉靖时建。寺外古柏数人合抱，有石如蛤蟆，纳凉宜。县南八十五里[2]，近桥头铺。

天宫堂 县南八十五里。

熊家庙 县南八十五里[3]，近桥头铺。

程家庙 县南九十里。

程家寺 县南九十五里。

灶王庙 在观音岩。野祀，非礼也。

灵官殿[4] 县南八十五里。乾隆四十三年（一七七八）建。

按：灵官姓王，名善，故曰王灵官。宋徽宗时从蜀人萨坚受符法，本林灵素所传，《莼乡随笔》所谓『松郡史道人传萨法，能召灵官王善』是也，居二十六将之一，《明史》谓为『玉枢火府天将』。永乐中，周思得能传灵官法，乃于禁城之西建天将庙。宣德中，改火德观。皆诬词也。

道观寺 县南九十里[5]，近沙溪口。古曰龙泉庵。万历二年（一五七四），僧祖续、登常、登正刊大字《法华经》，唐法而兼苏体，宝光四溢，天下第一部《法华经》也。不知何时板移大佛岩，光绪初毁于火。

莲花场

莲华寺 县南九十里。明末，寺僧善拳击。张献忠之乱，城破，知县秦民汤走依之，张献忠兵大营从此杀戮，株连各寺。抵火了坡，沙河与宜宾界。

圆明寺 县南八十里，近沙溪口。

东岳庙 光绪十九年（一八九三）建。

三官堂 雍正八年（一七三〇）建。

川主庙 雍正七年（一七二九）建。

葛麻寺 县南百里，万历五年（一五七七）建。

凤翔庵 县南一百里。庵近侧有过街楼，台基俱废。近沙河。

南禅寺[6] 地名南禅山，一名钵盂山，抵牛尾河，与宜宾界。道光中，僧云空姓白，人称白和尚，喜为诗，知县王雪峤礼之。摘句云：『看经鱼食字，听偈鸟传声』，『风定数声钟，梵音花外发[7]』，『樱桃花放家家雨，杨柳村啼处处莺』，『秋老白云山

① 玉皇观：民国《志》卷十一作『玉皇庙』，据光绪《志》卷九改。
② 八十五里：光绪《志》卷九作『九十里』。
③ 南八十五里：乾隆《志》卷二作『东南八十里』。
④ 灵官殿及下道观寺，民国《志》卷十一单列，今据民国《荣县全境图》列于桥头铺下。
⑤ 九十里：乾隆《志》卷二、嘉庆《志》卷三、光绪《志》卷九皆作『一百里』。
⑥ 南禅寺：民国《志》卷十一单列，今据民国《荣县全境图》列于莲花场下。
⑦ 发：原作『放』，据王培荀《听雨楼随笔》卷八改。

影外[①]，诗成黄叶雨声中』[②]，『深山[③]不解春来未，新种花开当历看』。

牛尾河

文武庙 设学堂。

文昌宫

文昌宫 县西南十八里。旧有庙，废。同治二年（一八六三）建。光绪末，设学堂。场以寺名。

佛圆寺 县西南十五里。

观木洞 嘉庆二十三年（一八一八），里人以洞有佛像建庙。

万民寺 县西南二十里，万历时建。旧吴春士施地，名『吴施庵』。雍正时，吴伍相讼，改今名，设学堂。

五圣庵 县西南二十五里，近土地场。

杨家场

三圣宫 乾隆五十三年（一七八八）建，道光二十九年（一八四九）培修。

天后宫 乾隆五十九年（一七九四）建，道光时培修，贮积仓。

王家庙 场东八里。崇祯时建，康熙中重修。有学堂。

周家观 场北五里。明天启七年（一六二七）建，康熙十年（一六七一），知县蔺松督修。

川主庙 在胡家巷，嘉庆七年（一八〇二）建。

杜家井

万寿宫 嘉庆时建，县西南三十里。

南华宫 嘉庆时建，县西南三十里。

川主庙 道光时建，县西南三十里。

文昌宫 清设汲古义学，民国改学堂。县西南三十里。

灵官庙 道光十三年（一八三三）建，县西南三十里。

观音庙 县西南三十里。

华严寺 县西南三十里。

觉参寺 县西南[④]五十里，近杜家井。明曰万寿寺，万历三十二年（一六〇四）改回龙庵。光绪三十三年（一九〇七）改学堂。

白云寺 县西南四十六里。俗曰太子殿。

周家观 城西三十里，近杜家井。

镇紫场

文　庙 光绪九年（一八八三）建，二十三年（一八九七）设镇心义学，民国改学堂。

万寿宫 乾隆四十三年（一七七八）建。

川主庙 嘉庆七年（一八〇二）建，贮积仓。

① 影外：原作『外影』，据王培荀《听雨楼随笔》卷八改。
② 声中：原作『中声』，据王培荀《听雨楼随笔》卷八改。
③ 深山：原作『山深』，据王培荀《听雨楼随笔》卷八改。
④ 西南：乾隆《志》卷二、嘉庆《志》卷三、光绪《志》卷九皆作『西』。

禹王宫 乾隆五十五年（一七九〇）建。

丁家庙 县西南五十四里①西阳山，近镇紫场。嘉靖间建。

回龙寺 俗曰张家庙。县西南六十里②兴隆山，近镇紫场。清初建。

太子殿 县南四十里，近镇紫场。

河口

清凉寺 县西南六十里，乾隆十八年（一七五三），设立社仓五间。下有塘，六十余亩，俗曰红花池，古多荷故。

川主宫 光绪三十二年（一九〇六），设学堂。

吴家庙 设学堂。

满庭寺 县南六十里，设学堂。

谢家庙 设学堂。

五省庙

禹王宫

南华宫

解脱庵

安家庙

金川寺 县南七十里，近双河口。

新桥

三圣宫 乾隆三十七年（一七七二）建，嘉庆十年（一八〇五）培修。旧设日新义学，民国改学堂。

吴家庙 县南六十里，距新桥场五里。

白马庙 在新桥场，成化十七年（一四八一）建。

玉皇观 枕拥斯茫水，明建。

云台观 县南八十里，下临拥斯茫水。近新桥场。又名毕家观。祀东岳最灵，东西分列十二殿。明天顺七年（一四六三）建。

兴圣庵 县南七十里③，近新桥场。俗曰兴庵寺，虞、沈二姓施建。

资国寺④ 县西南七十五里⑤，近新桥场，滨拥斯茫水。环境伏瓦砾，时出铁钱异物，寺后堂阶遗址犹存。民国十年（一九二一），士人得碑，列四界及县丞、尉氏姓，固宋时阶官，其地殆镇所也。宋制，人烟繁盛处置镇设监官，掌火禁，凡杖罪以上，并解本县，余听决遣。旧志云资国镇已废，盖即此。碑云『西止资官县界溪水』，据知为荣德辖也。

伍子胥祠⑥ 在拥斯茫水南，城南五十里闻喜桥右。祀将军伍员。旧志载士人传其灵应异常，香火极盛。

---

① 西南五十四里：光绪《志》卷九作『南五十里』。

② 西南六十里：光绪《志》卷九作『南五十里』。

③ 县南七十里：乾隆《志》卷二作『离小南门七十里』，据嘉庆《志》卷三、光绪《志》卷九改。

④ 资国寺：民国《志》卷十一单列，今据乾隆《志》卷二、嘉庆《志》卷三、光绪《志》卷九列于新桥下。

⑤ 县西南七十五里：乾隆《志》卷二作『离小南门六十里』，嘉庆《志》卷三、光绪《志》卷九作『县南六十里』。

⑥ 伍子胥祠：民国《志》卷十一单列，今据民国《荣县全境图》列于新桥下。

永兴场

白庙寺 县西南七十里。明建，康熙时重修。光绪三十一年（一九〇五），设学堂。

文昌宫 县西南七十里①，近永兴场。乾隆时建。

华严寺 近永兴场，县西南七十里。

保华场

关帝庙 县西南七十里。

玉皇观 县西南七十里。

白云寺 县西南七十里。

川主庙 县西南七十里。

东岳庙 县西南七十里。

双观音 县西南七十里。

九皇殿 县西南七十里。

文昌宫 县西南七十里。

观音堂 县西南七十里。

文昌庙 县西南七十里。

二郎庙 县西南七十里。

观音庙 县西南七十里。

古家场

川主庙 清初建。光绪三十一年（一九〇五），设学堂。

文昌宫 清初建。

灵官庙 清初建。

金凤山 距场八里。清初，里人募建大成殿，塑孔子像。

道果寺 县南六十里，距场二十里。清初，虞、邓二姓施建。

金相庵 场西南二十里，界宜宾。清初建。

李家场

三圣宫 乾隆十七年（一七五二），李通、李郁、李岱施建。光绪三十年（一九〇四），设学堂。

云峰寺 城南七十里，李家场东南八里。宋寺。康熙十一年（一六七二），李仁春、学增、应孝重修。

石檐庙 县西南九十里②，近李家场。成化间建，滨拥斯茫水。一名深渊祠，又曰庙合寺。

五皇庙③ 古蜘蛛寺。县西南九十里④，近李家场。

青杠坪 县西南九十里⑤，近李家场。

中华庙 县西南九十里。

天池口 县西南百里，界犍为。万历时建。

黄鹤寺 城西南九十里。

---

① 西南七十里：光绪《志》卷九作『南六十余里』。
② 西南九十里：光绪《志》卷九作『南八十里』。
③ 五皇庙：光绪《志》卷九作『五皇殿』。
④ 西南九十里：光绪《志》卷九作『城南八十里』。
⑤ 西南九十里：光绪《志》卷九作『南八十余里』。

董家场

旺兴坪 县西南九十里，在场。社谷贮所。

文昌宫 县西南九十里，在场。清设正德义学，光绪末改建学堂。

禹王宫 县西南九十里，在场。

万寿宫 县西南九十里，在场。

东岳庙 距场四里。

涧山寺 宋建寺，前曰涧山沟，俗曰高庙，对太平寨，已废。

九龙庙 距场六里。

虞家庙 县西南九十里①仙马桥，近新桥场。乾隆十八年（一七五三），设立社仓五间。

雷音寺 距场二十四里。有钟如雷，故名。寺后有古塔，附近有龙王殿、土粉庙、华藏寺、圭山寺。县西南百里，界宜宾合江镇。

华藏寺 县西南百里②，界宜宾合江镇。

圭山寺 县南一百里③，近宜宾县合江镇。

老农场

万寿宫 光绪三十二年（一九〇六），设学堂。

玉皇庙 县西南百里。

余家庙 成化时建。界犍为，县西南百十里。

金花殿④ 县西南百十里⑤，宜、犍、荣三交界。五峰耸峙，中曰金花山。清时香火极盛。

金川寺 近金花殿。尼庵，俗曰南川寺。县西南⑥百二十里。

铁厂铺

川主庙 县西二十五里。道光九年（一八二九）建，储社积仓。

南华宫 县西二十五里，乾隆三十四年（一七六九）建。

天后宫 县西二十五里，乾隆五十一年（一七八六）建。

万寿宫 县西二十五里。

达摩寺 屋一间耳。县西二十五里。

五皇寺 县西二十六里。乾隆时里人于蔓草获神像，建楹。嘉庆二十三年（一八一八）廓治之。

观音庙 一大树坳，咸丰五年（一八五五）建。一小桥沟，道光十一年（一八三一）建。

---

① 县西南九十里：乾隆《志》卷二作『离小南门七十里』，嘉庆《志》卷三、光绪《志》卷九作『县南七十里』。

② 县西南百里：乾隆《志》卷二作『城西南八十里，近新桥场』，不确。按：据民国《志》，华藏寺在雷音寺附近，而民国《志》、乾隆《志》皆云雷音寺在县西南百里，离新桥场尚远。今据民国《荣县全境图》改。

③ 县南一百里：乾隆《志》卷二作『离小南门一百里』。

④ 金花殿及下金川寺：民国《志》卷十一单列，今据民国《荣县全境图》列于老农场下。

⑤ 西南百十里：乾隆《志》卷二、嘉庆《志》卷三、光绪《志》卷九皆作『南一百二十里』。

⑥ 西南：乾隆《志》卷二、嘉庆《志》卷三、光绪《志》卷九皆作『南』。

杨泗岩① 穴广数丈，深三丈。

地理寺 一曰定理寺。县西②四十里，近栗树坪。明末被贼屠烧。乾隆时僧人立茅庵，占耕常住。

长山桥

东岳庙 城西五十里，在长山桥官山上，近场口。设立社仓五间。民国五年，建公所。

文昌宫 县西六十里。清设云龙讲社，光绪三十二年（一九〇六）改学堂。

川主庙 县西六十里，道光十七年（一八三七）建。

南华宫 县西六十里，道光年间建③。

禹王宫 县西六十里，同治二年（一八六三）建。

天后宫 县西六十里。

万寿宫 县西六十里。

古佛寺 县西五十里④，近来牟铺。附近有观音阁。

真武庙 县六十里⑤五通坝真武山。本玄武也，以宋讳曰『真武』，靖康三年（一一二八）⑥建。近有筲箕石庙，光绪二十二年（一八九六）建。

姚家寺 城西六十里，近长山桥。

莲花寺 县西七十里。俗曰姚家寺。清初为古泉寺，道场弘丽，民国时已只有破屋数间。

孟兰庵 滨拥斯茫水之鱼溶滩。万历十七年（一五八九），湖州通判杨仲联舍宅为寺，故名杨家寺。民国设学堂。

踏紫山

川主庙 县西七十里。

禹王宫 设学堂。

龙潜寺 县西七十里，近踏紫山，与犍界。旧作龙泉。

金山寺 县西七十里，近龙潜寺，前后二殿。

宋家庙

执通寺

龙窠寺 县西七十五里石笋山。一名银窠寺⑦，有明方海遗像，榜『承恩』字，左书『恩授义官方海承』，右书『弘治三年六月知县鲍珪建』，额篆『皇明宗室』，楷记『衡阳王书』，末刻『义官赵云山、何本新、陈骥、李德俊贺』，不符前迹，似附刻者。相传明弘治二年（一四八九），蜀荒，方海出粟振饥，次年设预备仓，海急公，因旌宠之。按：孝宗弘治二年，振四川饥，

---

① 杨泗岩及下地理寺：民国《志》原单列于老农场与铁厂铺之间，今据民国《荣县全境图》列于铁厂铺下。

② 西：乾隆《志》卷二、嘉庆《志》卷三、光绪《志》卷九皆作『北』。

③ 道光年间：民国《志》作『道光三十二年』。按：道光年号总共只有三十年，当误。今改。

④ 五十里：乾隆《志》卷二、嘉庆《志》卷三、光绪《志》卷九皆作『六十里』。

⑤ 县六十里：乾隆《志》卷二、嘉庆《志》卷三、光绪《志》卷九皆作『离城三十里』，非是。按：真武山，在县西北五通坝，距县城约六十里。

⑥ 实为建炎二年。

⑦ 银窠寺，即银窝寺。乾隆《志》卷二云：『银窝寺，城西六十里，近石笋铺。』

三年，命天下预备仓，里数以多寡为差，不及额者罪之。事与史合。西南八里黄鹤寺，嘉靖十年（一五三一）建，顺治十八年（一六六一），但应寿施业重修，今为石笋铺学堂。隔溪郑家观，明时建。

来牟铺

川主庙 咸丰时建。

五皇庙 县西六十里，二所，在来牟铺。万历间建。

土主庙 乾隆时场东修土主庙，祀宋人牟子才兄弟。

文昌宫 清设思文义学。

二郎庙 万历间建。

大佛寺 嘉靖间建。

普济寺 县西七十里，铺南三里。嘉靖间建，光绪三十年（一九〇四）设学堂。

毛家庙 距铺四里。

隆合寺 县西七十里，近来牟铺。

千佛岩 县西八十里。

艳阳洞 县西八十五里，近竹园铺。附近即桐麻寺。

宝光寺 县西七十里①，近来牟铺。

竹园铺

禹王宫 县西九十里。

万寿宫 为荣、井、犍三县之界。

龙鹤庵 万历九年（一五八一）建。

万年台 万历十三年（一五八五）建。

照觉寺 县西九十里，与犍为交界。

刘家场

广教寺 县西百里②白象山，近刘家场。明成化中建，万历十四年（一五八六）更名云龙庵，康熙按察使胡升猷更名广教院。明叙州通判赵远有诗。近《香宋集》有《张玺方邀游广教寺却寄》云：『古寺招游岁事阑，亦思隋县考咨官。几人史志心能了，百里乡程老畏难。西望铁山横碧落，近宜银杏护朱栏。春风傥到谈经所，便作《珠林法苑》看。』并自注云：『玺方治佛乘，能研法相宗。』寺有银杏，中空藏蟒，殆数百年物矣。

东岳庙 在场。一名梓潼观。旧设玉成义学。

川主庙 在场。

谷王庙 在场。

关帝庙 在场。

机仙庙 在场。

酪然公 在场。

万寿宫 在场。

文昌宫

---

① 七十里：乾隆《志》卷二作『七十五里』。

② 百里：乾隆《志》卷二、嘉庆《志》卷三、光绪《志》卷九皆作『七十里』。

金鳌寺　县西①八十里，近刘家场。

玉皇堂　县西八十里，近刘家场。

仙佛岩

观音阁

新　寺　县西六十五里，近踏紫山。

白镇庵　县西七十五里，近踏紫山。

石　庙

八角庙

莲花寺

周端寺　距瓦滓滩二十里。清初，里人伐树得碑，有『周端』字，故名。

东川沟

三圣宫　咸丰时，左福彩捐店宇一间，钱八百缗，请设东兴义学。

高峰寺　县北六十里。

罗汉寺　县北四十里。俗曰大度罗汉。

兴禅院　县北五十里。

天堂寺②　县北五十里。明建。万山环合，为全境第一大刹。门外一阜，曰木鱼山，下即悬崖。相传行汲时，立多僧，手递而上，其繁胜可想。张献忠之乱，与地理寺僧骈诛和尚滩。清咸、同间，寺复振，僧寮二百三十四间，规新都宝光寺而为之，廖扶九多其榜题。然以其地僻，往往丛贼，寺僧弗能禁，或与缔交，久则相习。光绪中，官以寺产归公管而限僧数焉。二十八年（一九〇二），毁于火，遗砾满山。清亡后，赵熙《纪游》云：『青山二百四房栊，第一荣州古梵宫。粥鼓钟鱼归劫火，兔葵燕麦立春风。坏廊经雨明碑尽，环海无尘佛力雄。人世兴亡亦如此，起看天地乱云中。』

王家庵　县北五十里，去天堂寺五里，而近脚庵也。赵熙《山行至庵》云：『洞然肝肺化青霞，半日经行画不差。非雨非晴好天气，有松有竹众人家。乱山疲路欣逢寺，近水分秧坐听蛙。若问谢公今日屐，蚁萦苔岛蝶穿花。』

双古坟

近仙庵　县北六十里大刀寨。寨以宋宝祐五年（一二五七）建，石壁刻『西湖』字，其下井名西湖井，又有『海眼』字。南渡人心可悯矣。附近有倒坐庙。

万寿寺　县北六十里牛峰山，近双古坟、濑河坝。明定惠寺也。掘地得铁版，知古为云台山。赵熙题云：『乱山青兕杂黄熊，浩浩千崖万壑风。掌故断从明代始，角圭藏在翠微中。平生熟路今初到，是处芳畇气不同。老合华阳号真逸，仙人山是比邻翁。』

东岳庙　宣统二年（一九一〇），合川主庙为公所。旧设临江义学。

① 西：乾隆《志》卷二原作『西南』，不确。按：刘家场（今留佳镇）在县西。

② 天堂寺及下王家庵，民国《志》卷十一皆单列，今据民国《荣县全境图》列于东川沟下。

南华宫 乾隆十八年（一七五三）建。

万寿宫 乾隆二十二年（一七五七）建。

禹王宫 乾隆时建。

兴隆庵 县北五十里，近双古坟。明建，康熙六十一年（一七二二）重修。

龙泉寺 县北六十里，近双古坟。旧作龙井寺。

万寿寺 县北五十里，近场。

宝胜寺 县北六十里，近双古坟。俗名石塔寺。

瀨①河坝

仙圣庵 城西北七十里，在观山场。场系官地，官租充僧食费。乾隆十九年（一七五四）捐立社仓六间于庵后。

顺江寺 县西七十里，近双古坟，滨溪胜地也。

郑家庙 县北七十里。

观音寺 县北七十五里，近瀨河坝。

宝光寺 县北九十里，万历二十年（一五九二）建。

余家场

西禅寺 县北六十五里②，近双古坟。明正德八年（一五一三）建，乾隆重修。赵熙诗『一坳松树西禅寺，半坝梨花下濮田』，即此。

吕家寺 县西五十五里，在戈铲山，近双古坟。光绪三十二年（一九〇六），设学堂。赵熙题句云：『苍龙叫夜千松树，白虎传经两汉人。』

峨峰寺 县北七十里。原名兴佛庵。成化十四年（一四七八）建，康熙十八年（一六七九）僧龙池重修。买井研余家坝田充常住。

志发庵 县北九十五里③，俗名大石门，界井研，万历时建。

仙人山寺④ 县北七十五里。唐寺也，崇祯十五年（一六四二）新之。崇冈之颠，奇礓森立，寺握其键。殿后旧有铁瓦塔，石板上有仙人脚掌形，镌『唐仙』二字，左边崖上镌『佛日仙风』四字。山后与仁寿界。清亡后，赵熙至寺，寺僧烹茶，请题山门云『明月来投玉川子，晓云遮遍仙人山』，因纪长句：『苍龙瘦脊抉天飞，蜕骨灵山挂石扉。我是德云前世住，仙朝珠馆几年归。松摇古径生千籁，天敞群峰压大围。若有人兮空际下，上清风冷五铢衣。』

复兴场

三圣宫 在场。

祇树庵 县西七十里，近瀨河坝。一名但家寺，嘉庆中但姓施业。有学堂。附近王家庙，一名朝阳府。

---

① 瀨：乾隆《志》作『赖』，现统一作『瀨』。

② 六十五里：乾隆《志》卷二、嘉庆《志》卷三、光绪《志》卷九皆作『六十里』。

③ 九十五里：乾隆《志》卷二、嘉庆《志》卷三、光绪《志》卷九皆作『七十里』。

④ 仙人山寺：民国《志》卷十一单列，今据民国《荣县全境图》列于余家场下。

袁家庙 县北八十里①云凤山，交井研县界。

观音寺 在振势山。

万灵寺 光绪十四年（一八八八）募建。

妙觉寺 县西八十里，近濑河坝，在石凤山②。万历时建。

桐麻寺 县北百里③，近竹园铺。万历三十五年（一六〇七）建。

朱家庙 在龙龟山。

佗子寺 县北百里④，近竹园铺。

但家庙 一名云台府，崇祯二年建。

其他

土地庙 处处皆是，是示非鬼。而《资治通鉴》载『韦皋在蜀二十一年，蜀人服其智谋而畏其威。至今画像以为土神，家家祀之』。沈括《梦溪笔谈》具言：张咏前知蜀，人为之筑庙，昔祀韦南康，今改祠张忠定。是蜀之土地乃人鬼矣。

泰山石敢当，所以厌鬼也。愚俗畏鬼，凡意以为多鬼，则命其地曰『歹』，立石为山魈形，号曰『吞口』，刻『石敢当』字。按，《急就篇》：石敢当，人名。颜师古言：『所当无敌也。』《淮南毕万术》『埋石四隅家无鬼』，庾信《小园赋》『镇宅神以薶石』。今冲道及阴僻地，往往立石肖像，盖本《淮南》意。

兴圣寺⑤ 县西⑥百二十里。清王橡山诗：『一径松风好，小祠花气多。开樽承北海（友人饯送），留带愧东坡。是事随云去，怀人奈月何？山僧勤过我，燃烛诵《维摩》。』

赵熙曰：祀者，国之大事，礼家盖详言之。延及今日，匪惟淫祀满野，即朝廷所颁祀典，能立义者几何？然《礼记·祭法》：『大夫以下成群立社，曰置社。』《礼记·月令》：『命民社。』盖古百家以上，共立一社曰里社，二十五家立私社，皆民社也。今凡村聚神祠，或系会馆，或当公所，其在古法，即民社欤？民国二三年，有妄子意媚袁氏，据蜀发令，括庙产，粥官地。乌呼！妖孽也，神所恫也。

三、民情风俗

（一）民情

《图经》云：『有简俭风。』

《隋书·地理志》：『敏慧，慕文学。』

原志：『地旷人稀，民良俗朴。』

---

① 县北八十里：乾隆《志》卷二作『离城八十里』，据嘉庆《志》卷三、光绪《志》卷九改。

② 石凤山：按：程家镇亦有名『石凤山』者。

③ 北百里：乾隆《志》卷二、嘉庆《志》卷三、光绪《志》卷九皆作『西八十里』。

④ 北百里：乾隆《志》卷二、嘉庆《志》卷三、光绪《志》卷九皆作『西九十里』。

⑤ 兴圣寺：民国《志》卷十一单列于刘家场与东川沟之间，今据民国《荣县全境图》改。

⑥ 西：乾隆《志》卷二、嘉庆《志》卷三、光绪《志》卷九皆作『西南』。

《州志》：『民勤稼穑。』

古《州志》：『民多朴实，士尚诗书。』

宋张仲记：『界属东西，无桑麻以便农，无舟楫以便商，昔以盐利富饶，号为东州道院，谓其民淳事简，可以道化。』

明杨仲淳曰：『荣俗冠、婚、丧、祭、服舍，士夫家颇知礼，乡人自好者从之。内有丧葬，多以鼓乐进吊客，客以酒食伴灵，村落尤甚，尚礼者喻之，百不一二变也。祭：惟士夫家有四时之祭，有岁暮之祭，有诞忌之祭。元旦、清明、中元节，民皆同祭其先，拜墓焉。他节序大率海内不甚相异，兹礼制之符也。思风之移民，不啻草偃，民之易俗，速于江下，转移化导，奚独归之司牧哉？荣民东南警敏，尚文华；西北质直，尚义气。故文士多东南，健讼恒西北，或者归之土习，未信然也，有能特立以自淑，吾必其可以倡化矣。

荣境山水环绕，地势迂回，颇推沃野，易于生聚。明季兵祸酷烈，故家遗俗仅存十之一二，闽、粤、黔、楚人民接踵而至，各操土风，牢不可破。由川东一带至此，俗敝民刁，大率相似，嘉阳七属中，亦素以荣为难治。圣朝大化翔洽，休养生息百有余年，向之语言不通，嗜好不齐者，近已半归土著，耕田凿井，鼓腹含哺，礼乐诗书，秀民不匿。苟贤有司相继而起，实心化导，安见五方杂处之乡，不尽归于整齐画一哉！今纪其风俗梗概，俭啬犹存，兴以礼让，耕读并事，董以师儒。至于冠、婚、丧、祭、服舍等制，赖有士夫家恪守成规，为之倡率，乡邻风俗之美，余将拭目以俟。』

清初民情古朴，自他省入籍者惟务恒产，古朴尤甚。距今二百年来涵育薰陶，更知向化。

康乾时，县中地广人稀，田价最贱，银一两值钱八百，可购十亩之地。中表之亲，经七八世犹殷殷相爱。婚姻亦俭朴，白首齐眉。

光绪《志》载，荣县民风，男事农功，女勤织绩；愚者守拙，黠者争利；贫者自食其力，富者专事田亩。惟每年将谷尽粜，少积贮为可虑也。

农事，以积冬水为要，在山者修堰塘，近河者置筒车，以资灌溉。种棉多者，秋收时近邻贫家妇女皆来帮工，主家执秤，照所拾轻重给钱。

女工，乡居则事蚕桑、纺织，城居则多习针工。

商贾以贡井盐商为最，其余或列肆居奇，或囤积贩卖。大利所在，陕西、江西人居多，土人则十之四焉。

衣服冬多用棉，夏多用纻麻，华服者不多见。

饮食无珍错，白米而外或兼用杂粮、番薯；酒有常酒，酿糯米为之，有烧酒，高粱为上，玉麦次之。

歌谣，农夫栽秧有歌，石工辇石亦有歌，一人倡众人和，取其可以忘劳，可以齐力。至于村童牧竖信口讴咏，谓之山歌，虽近鄙俚，亦足征鼓腹含哺、熙熙皞皞景象。

荣县明时科举犹盛，清初读书家不多置经史，后渐次务根柢，敦实学，立家塾，延师课读，或于乡馆公请一师，加以书院、义学，肄业有地，奋志者甚多。乾嘉时，学海堂风会飙然，吾县如坐洞天，不知有汉。至文学途辙，大抵西汉唐宋之文奇行之式，东汉六朝之文偶行之式，诗则五言之则，汉魏讫于齐梁，七言歌行，主唐而兼宋，律体专师唐人，绝句则由唐至清，各有工者，而荣邑之人仍津津乎功令试艺而已。光绪中，举人黄茂始读许慎书，而李均林、黄芝张之，一时小学甲邻县。宣统后，黄芝易名曰觉能，读佛书，东山佛寺全藏经，一一披涉，而和者卒鲜，特仿莲宗持名耳。近惟刘优贡光璧，为文高入晋宋，虞拔贡兆清，能通小学，读经史。然群校风气大变，二千年国学行将一扫弃之，能自饬于无人之地解绍斯文者，诚孤秀矣。

孔子之学，以民为主体。《论语》及《礼记·礼运》『大同小康』之言皦然。至孟子『民为贵』『君为轻』『残贼之人谓之一夫』，霹雳宇宙矣。或疑《春秋》尊王为帝制派，此不考事实之甚也。《春秋》三传，《公羊》新周王鲁，昌言革命之书也，但事事有治法，非人人为乱人。《左氏》《穀梁》或善礼，或善经，持论虽不尽同，然以鲁史而定天下，则明明假立法制，与夏时殷辂同义矣。所谓『王』者，天下归往谓之王，即民心也。《史记·儒林列传》云仲尼『因史记作《春秋》以当王法』，『当』之云者，特立其法，实无其王也。列国虐用其民，匹夫无权制止，假一王之法褒贬之，故曰尊王。《公羊传》言：『王者孰谓？谓文王也。』王法立而王之义定，非此义则曰无王，正以扫除后代之篡乱称王者，而误认为官僚派，依君自肥，真日从西出之怪矣。经文大义所在，昌言适以触祸，故隐其迹曰微言。吾县多沉思英特之士，不随众喙为是非。春秋祭典，歆向从事，愿与光大经术，上揆圣心，拨乱世反之正，故因学制而高望通材也。

列士籍者，每出必衣冠，都市人人起敬，士亦自任四民之表，稍轶行检，即为庠序所交非。所谓乡先生殁而可祭于社，几成通习。每持一经，凛乎神鬼之在侧，凡流宕无纪之论皆绝焉。今之为士者聪明绝特，闻其风者，必嘻曰『昔之人无闻知』。乌乎，人试内顾其私，果能无愧衾影否？至闻雷属纩时，能心安而不忝者，即坦然入佛地矣，西方极乐佛所招迎也。然后知先型之懿，非易也，乃至难之事也，非庸也，乃至奇之人也。

今试悬想一邦，人人衣食足，礼让兴，亦常事耳。实按之，直谓之西方净土可也。孔子治世之要，曰富曰教，『三礼』中如干篇谋衣食之书也，如干篇明礼让之书也。天下本无事矣，最无端生一事者曰战争，此国际强弱之势使然。然中国惟甲申、甲午、庚子始与外人一战，今则年年战事，全无关于国际，但以民为消耗之品而已。计惟稍事息肩，令国民得各事其事，庶几生计稍纾。衣食足方有礼让，礼让兴谁复争阶级者。犹曰不然，是杀劫未完，大波澜而小波沦，填血潮于苦海而已。

（二）礼俗

冠礼

冠礼久废，不独荣邑为然。有清一代，荣邑有类冠礼之行，且前后有异，见于旧志所载。

乾隆《志》卷一：

士夫家子弟，苟有以总角①应童子试，十余龄后辫发加冠，即复行冠礼之兆也。

嘉庆《志》卷二：

冠礼久废，然闻邑士夫家子弟于行婚礼之前夕，导以鼓乐拜其祖先，父母命以名而延之上座，亲友咸致爵焉。其遗意犹存者。

光绪《志》卷十八：

冠礼久废，然士夫家于行婚礼之前夕，设醮位，择显贵或尊长，加冠命字，鼓乐拜其祖先、父母以及众宾，众宾乃以花红致贺。遗意犹有存者。

婚嫁

婚，嘉礼也，与冠礼不相涉。今俗于临婚时便例加冠，遂命婚礼曰荣冠，误也。

明至清，荣邑婚俗随时而变，亦能从中观女子地位。各志所记如下。

乾隆《志》卷一：

荣俗，婚姻媒妁止一人，嫁娶概从俭约，止用姻家名帖为据，不闻遵照礼制明立婚书。兵燹后，五方杂处，议婚各从其俗。嫌贫赚富，动辄悔婚，以滋案牍，近年来其弊少革。

嘉庆《志》卷二：

婚礼间遵纳采、纳币之制，乡人或尚俭约，多有仅以姻家名帖为据者。其五方杂处之众，则各从其俗。

光绪《志》卷十八：

婚礼先请媒妁传言，旋备礼填庚换帖。娶期定，备礼请媒氏报知女家。临期，婿家仍请媒氏偕族属将礼往迎，以香烛牲酒告于女家之祖。女家兄弟戚谊送女升彩舆来婿家，婿候彩舆至，出大门外三揖，迎彩舆入堂内，女出舆，与婿行交拜礼。既婚，拜祖先、父母及尊辈，乃入洞房。娶前一日，婿家花烛，女家花宵，各有夜宴，本日谓之正筵。明日，女家请女婿，谓之回门宴。

民国《志》卷十二：

古者女子十五许嫁，纳彩、问名、纳吉、纳征、请期、亲迎曰『六礼』，告庙行事。婚订以纳征为断，而亲迎尤重，虽天子不敢独尊。礼虽六则，大都一次兼举二礼。今则婚定于纳采，至请期后复亲迎，夫杀礼从简，无可深訾。若转讥古礼为繁重，则大谬已。六礼者，人道之极致。全地球无此文明，何也？女未称妇以前，所以尊重女氏者极精且慎，匪惟男女厚别。两家往复，亦可免无算欺嫌。盖其事熟审，其情敦洽，百年好合，永不乖方，故曰『房中者，情性之极』。观亲迎次序诸仪，至情至文也。古文『妻』从肖从女，『肖』，古『贵』字，云贵女也。迎门百两，视新妇如天人。而或安末世之风，且或远遵异国之俗，轻

① 总角：指八九岁至十三四岁的少年。古代的儿童将头发分作左右两半，在头顶各扎成一个结，形如两个羊角，所以称作『总角』。也常借『总角』指代童年时期。

云肉体结合，不妨亲许亲求，则女闾三百，托宿随人，并握手缔襟，犹为多事。孰得孰失，相校益彰。既称提倡女学，彼闺闱淑质，讵宜不自贵重，有成宪而不师资，礼斥鹦猩。试取礼说而一详之，乃知郁郁乎文，诚以大尊人格也。

古者妇入三月庙见，庶民则当夕成婚，今则一例以入堂拜祖为庙见矣。俗尚既成，亦复无愆于理。惟乡愚昏浊，动喜闹房，女谑男诨，评头论足，猥嘲迭侮，狐狗为群。夜则罗列亲宾，责妇行酒，目挑心冶，载号载呶，如狎倡优，或窥床笫。《诗经》曰『相鼠有皮』，此真祖训之不良，家风之至贱也！帷薄不修，秽行腥闻，胡自陷焉！

吾县节孝之妇，旌表者极多。其居贫极苦，殁世而无闻者，犹不知凡几。而男子节义，闻见寥寥。在男子当自警，在女教则古今之至荣矣。圣人中制，继父有服，并非禁人改嫁，一一之死靡他，而贞烈者自贵其身，独保其性，斯实可钦可敬。至于风会迁移，不责难于流俗，亦为人道起见，非以长奸诲淫，必曰同川而浴，逾墙相从，斯为新法。呜呼！人禽之界，果有判耶，无判耶？吾愿后来之秀，于人情天理，本良心各还其是非，此即豪杰之士手挽狂澜也。

今女界有极冤者，勤苦至死，而被以无事之名是也。以荣县论，富者婢妪满前，主妇惟饰仪容，诚坐享庸福矣。下此则中馈之任，琐细万端。以养子一端言之，自分娩至成立，长幼衔接，此劳告终，此妇亦将老而死矣。县之北乡，尤百室百贫，贫家养子，皆无生活中求生活。男子仅助糇粮耳，万苦皆妇职也。母子天性之爱，以苦为甘，不然，寸寸皆地狱之途。今曰中国女学不修，仰食男子，极当争政权，通外事，演文明之戏，合男女之群，游宴琴歌，新妆雅艺，是诚文明服食，女中翘翘者矣。遂横斥劳农之拙，视饥肠乳子者，坐之以百无一能，安坐而食，不平之极。复高言平等平权，狂风煽人，剧于醉蘖。吾县固不材，吾顾怙此山乡，勿拜下风于诡论也。

丧葬

有清一代至民初，荣邑丧俗有尊《家礼》者，有竞修佛事者，亦有循乡俗者，且时异而俗略变。兹记各志所载以明之。

乾隆《志》卷一：

凶丧背弃《家礼》，竞修佛事，并用鼓乐闹灵，吊客至必啖以酒食，分以白布裹头。三年服制，定例不计闰，二十七个月为准。荣俗士夫家丁忧起复遵奉定例，其实除灵撤席，周以三年，近来屡经诫谕，稍知变易。

乾隆《志》卷二：

丧礼有知遵《家礼》者，有竞修佛事者，亦不乏固其俗使然也。

光绪《志》卷十八：

丧礼有知遵《家礼》者，而竞修佛事者多，否则众皆非笑。吊客至辄分以白布裹头，亦有不尽然者，惟祭奠则通行焉。

民国《志》卷十二：

丧礼，凶礼也，各循乡俗。而袝身、袝棺以及殓葬，大抵相同。古士大夫无主，盖卜二尸。今温饱家于葬前必曰题主，曰行礼，问所题之主，桑主乎，栗主乎？所行之礼，祭礼乎，虞礼乎？混而莫可究诘，然人人通行矣。葬三日曰复山，以事便言之。葬日虞，次日再虞，三日三虞。此礼甚可行也。要之古俗之遗，良心之发，虽未深通于礼，不妨以义循行。徒费则非，即白布广及亲友，曰回帛，亦徒费之可革者也。

治丧，俗尤通行者曰佛事，今称道场。凡号儒者，嗤以迷信，甚则以诬亲入罪，斥为『不孝之尤』，而乡里笃信不疑。诚伪虽殊，必以此了其哀愿。市井中称道士者，又皆受佣求食，秽比巫尫。虽曰修斋，曾不知佛为何事。扬幡振鼓，只等于挽郎助哭，送葬吹箫，得失校量，何从何去。窃以为佛说大明生死之理，凡鬼神之情状，天人之感应，言之凿凿，以为虚诞。试观《禅波罗蜜法门》，所谓『六通』者，次弟可学而致，固非粗谈空理，考实无征。诚欲安亲于死后，舍佛事则不尽之心无可尽，无穷之愿无不穷，送死者已乎已乎！则佛事宁信其有，勿疑为无，毋以忏悔为羞，毋以因果为妄。倘信口斥为邪说，是甘心弃其亡亲矣。但虚张仪饰，观美乡愚，斯罪浮于省简。果诚其心，虽念佛可也。

婚也，丧也，古今人同有此事，断无古可行今不可行者。非一一尽反之古，行其意耳。或以昌黎『《仪礼》难读』为疑，不知宫室器物度数诸文，载之书甚繁，行之事甚易，见之字句则碎奥，按之图说则整齐。或曰是维家族主义则然，则愿大智人慧眼观之，内则盘古以来，外则环球之众，一切得失，谁关家族之有亡。其失者，人用已私耳。尸子曰：『孔子贵公。』倘人人有公德心，勿以家族为虑也。帝制之利敝，秦以后彰矣，独古学生最贵且重，如汉如唐如宋，学生非特华贵，且有左右国政之权。上考周制，明堂、太庙，圜之以水，名曰辟雍。天子袒而割牲，当其为师则弗臣也。天子之元子犹士也，王太子、王子、群后之太子，卿大夫元士之嫡子皆造焉。凡国有大政大典，无不关于国学。在泮献馘，在泮献囚，虽军事亦告成于学。春秋教以《礼》《乐》，冬夏教以《诗》《书》，学校人材，文武具备。国学之尊严，乃如后世之皇宫，学生济济，宛然列仙之班。当时一州一乡，学典为大。故二十八篇《书》，三百篇《诗》，其道德文章，下被于野田妇孺。以清制论，学生惟不作皇帝耳，公侯将相，皆学生为之也。班固讥利禄之途，然造士育才，岂得听其自沉自浮，自生自死！故帝制今为人诟病，并议其偏厚学生，非持中之论也。

祭礼

有清一代至民初，荥邑祭礼时变而异，兹录旧志，以备详考。

乾隆《志》卷一：

祭礼久经荒略，拜墓于新正、清明两节居多，祠祭之礼即旧族无一举行。此蜀中大缺略之处，非独荥为然也。

嘉庆《志》卷二：

祭礼有四时之祭、岁暮之祭、诞辰之祭，至元旦、清明、中元等节，其祭先拜墓俱相同，无常品。

光绪《志》卷十八：

祭礼，城市朔望必祭，乡村则罕有祭者。元旦、上元、中元、下元以及端午、中秋、除夕、忌日、诞辰祭于家，清明祭于墓，皆无常品。惟清明必采甜艾为糕，亦犹端午用角黍、中秋用月饼，循为成例矣。

民国《志》卷十二：

家祭皆以寝为庙，盖古诸侯大夫之制，不能责之民庶也。市居者多早晚烧香，此古者朝夕奠之义，祭不欲数，不欲疏，各行其所传所习。礼不变俗，谓不变其旧国之俗，《礼记·曲礼》详也。

祠堂之义，报本反始也，敬宗收族也。其用实重人群集合，而浅人动以封建宗法议之，不知封建自秦灭矣，宗法自汉亡矣。二千年之陈案，虽欲复之无由矣。又或曰，此家庭主义也。不知近世家庭，惟父之爱子，确为至诚，若子之能孝者寡矣。兄弟析居，而骨肉相依者，尤寡矣。至乡风狩竞，有分族械斗者，此又假名急难，实则无豫彝伦。观哥老会之联结及数年前之党争，其激烈为何如，岂关宗牒也？又家族多系土著农民，若士与商，周行异地，举目皆非亲故，举国江海大埠曾无聚族而居者，岂即高蹑文明？知人情之好尚，国势之强弱，均不能归狱于家族。而《大学》齐家，亦八条目中之一事，非家族为专修科也。

贺礼

庆贺之礼海内通行，清初荣邑风气俭啬剧，分以一星至三四分为准。凡婚嫁、迁移、入泮、科目等事，主家设席款宾，竟有白衣冠而至者，此事大怪。乾隆时略知忌讳。据光绪《志》，时婚娶则贺以花红，生子则送粥米，送鸡与鸡子、布幅者尤多，老人寿辰每于晋一之岁，制锦为祝，或仅送酒肴衣服等物。

祈禳、神会（庙会）

祈　禳　正月人日后，各祠庙皆燃火树，各门首皆点红灯，谓之天灯，寓人寿年丰之意，兼仿古人傩礼，鸣金执梃以驱瘟疫，谓之狮灯。场市仲春设清醮、建火醮，田家季春有谷花醮，即赛田祖意也。

神会（庙会）　川省神会最多，荣邑素无迎神赛会之事，惟于庙上各立头人集会生息，为酬神酒食之费。乾隆时竟有借先师孔子生辰，生监集会生息，至期上殿行释菜礼，仍设席饮福，尤为悖谬。后县令黄大本严禁邪教，一应神会概行除革。先师圣诞会期，申谕再三，亦不禁而自除矣。此为乾隆及以前荣邑赛会情形，后逐渐有变，光绪《志》便载：赛会，正月初十日土主会，士女云集；四月初八日大佛会，进香；五月二十七日城隍会，舁城隍神出游，有还愿者随其后，以扇扇之。

灯会

荣县新年灯火甚盛，唐人称火树银花合者，盖林立矣。而楼台为甲观，乡人通命曰亭。一城数亭，一亭各式，其高数重，构材雕镂，临春组合，彩笺书画，嵌灯如星。一亭燃四五百灯，辉丽万有。西人来观，亦欣然，京沪所不见也。七月十五，各乡馆举盂兰佛事①，夜张花伞，其制不一，火之发也，瑰怪溢目。是皆承平游嬉，经兵乱而财竭矣。狮灯为西凉胡舞，木婴絙索诸技，唐宋具详焉。

其他

忠义之节

荣县胡忠节公子昭，与建文之难，死事最烈，载《明史·方孝孺传》。此非殉人家祸也，永乐，篡贼也，人人得而诛之，宁可复臣事之？近如袁世凯帝号自娱，海内志士，谁肯甘为臣妾者？忠者，达道也，本非专属臣节。曾子曰『为人谋而不忠』，假遘其人，同事必遭其害。五代有冯道者，王安石推为诸佛菩萨之行。嗟哉，使今日多数冯道，无论廉耻堕地，将今日东，明日西，党亦不党矣。吾县有忠节其人，东川之山，上挂乎霄汉，士果希风前秀，切勿以忠为讳也。

乐善好施之风

平民生计，大抵积铢累寸，渐企小康。然因是遂刻遂吝，积盈之久，子孙豪奢致败，然厚自奉而薄于人如故也。惟近因兵乱，几于贫富同尽，民劳则善心生，故人人乐行慈济之事。荣县则有两黄君。一曰黄绶，字敦三，贡井人。家少贫，裁免饥冻，即以爱世济人为务。才又过人，其理盐策，他人败而绶独成，成必划如干财为善举以为常。中年产愈殖，善愈宏。乱时有匪欲焚其居，绶不顾，行善弥勇。六十后，举一善堂，规模浩博，费巨万矣，嘉名亦远闻。或谤之曰：『所施皆公财，惟绶尸其名耳。』然井肆号称财团，自绶外汔不闻开善门者，知谤言虚也。一曰黄九文，城北人，佣力自食。光绪甲申乙酉之荒，求振米不得，遂誓以济人为务。勤极天下之勤，俭极天下之俭，以有少田，呼兄子中分之。而善益力，凡一桥一路，即倾资矣，复躬亲土石之役。尤懿者，乱时振饥，先官振而兴，后官振而罢。北乡劳民千万，悉倚黄氏为命。天亦相之，大险中不遭兵祸。戊辰（一九二八）正月，命其子芝三督修一桥，殒于石，赵熙题曰『大悲桥』。九文不悔为善之无报，究其家犹不中丰也。如二黄者，修德行仁，圣云安利，凡旧纪闻，举不足言也。

大力技巧之艺

县多山，遂产多力之人。道光时，张济川者，力敌三牛。耕田归，抱牛溪滨而汕其足。有县役谋苛索之，张举废石硙如车轮，贮茶以款客，役大惊，遁去。《礼记·月令》所谓『壮佼』也。时平无用武之地，名不登于史牒，惜哉。今山农勤勇，犹冠邻邑。山中梯田之产，胜日本农事试验场数倍焉。

人生即有争心，即天然有拳勇，而木石次之，兵刃其后起者，读《吕览》可行其略，许氏《说文解字》自『捲』至『挌』逾三十字，细观之，皆拳技法也。县咸同时，有陈氏、翁氏、邹氏、吕氏家修其业，今粗举所传。陈名士魁，居北郊，彼法中所称长手者，其人愿农耳。人传昔斗竹园铺，墙壁俱振，而胜踔屋脊如猿猱。其师曰朱沙罐，神师也。翁名月廷，胆怯于妇孺而行过飞马。其校技也，有善矛者，锋尖弹一花，仅碗口大，可中蝇

① 盂兰佛事：佛教徒在七月十五日这天举行斋僧、拜忏、放焰口等活动，以超度亡灵，民间也以一定的仪式祭祀去世的先人。

蚋，翁置漆桌帖腹立，矛光如电，一指按之，矛僵不动，则验曰倘桌漆有划痕，则刺者输，倘矛锋不及肉或肉有微红点，则受刺者输，可谓目精手捷矣。邹、吕事亦资谈助，不尽具。惟技精者人倍恂谨，众中受侮而不愠，盖修以自养者，叩其道，曰炼而已矣。近又有学蹻法者，可日行五六百里，其略《抱朴子》曾言之。

川省素无名医，药物亦不全备，小民疾病多半信巫。乾隆时严禁端公，凡属左道惑人之事，庶几屏息。

不良之习

清初，因老户、新户之争，地势迂回，位置特殊，邑民好讼，且时有奸拐窃盗之案。乾隆《志》详载此等情景曰：『荣邑素称健讼，亦由地方官懒于听断，案牍愈纷，查致讼根源，无过户婚田土。老户则雄视一方，欲成莫敢谁何之势，新民则结交衙蠹，竞尚抗悍狡诈之风。诚得贤有司为民父母，不惜耳提面命，吾知顽石尚能点头，何忧习俗之不能变化。第程诸实事，未可假以空言，顾兹墨绶铜章，应时刻以鳏旷为惧。』

『荣邑接壤叙府之宜宾、富顺，嘉阳之犍为、威远，资州之仁寿、井研，东则为渝、泸一带往来门户，西北为简州、资阳、内江奸宄出没之所。凡游手好闲、偷牛盗马之滑匪，稽查严紧尚有疏虞。百姓占田升科，率多欺隐，所有四至内之山冈荒塥，尽数招佃，竟有不问来历，藏垢纳污。凡奸拐窃盗等案，皆从此出。近来奉行保甲，着重牌甲稽查，并严招主窝留之罪，荣属本境渐次廓清，所望实心任事之人，始终罔间哉！』

山县性朴，惟五月赛城隍，则演戏数十日，外此四民各勤其业，无淫乐也。戊辰（一九二八）正月，驻防军开园射利，诳市惊愚，县令固奉命承教矣，幸军官以墨败。本县除倡优其性者，人人胥愿中止。而军防更替，再接再厉，其贱秽言之丑已。幸九月曾言枢团长驻荣，毅然制止，十七年第一军官也。或曰，军所在即梨园所在，犹胜于军所在即匪盗所在也。

（三）方音

人有南北山泽之殊，遂有方音。集方音而有方语，遂各有得失。以多自证，遂相非。然因是审古今音之派别，皆相通也。

荣有去无入，与威远、富顺同也。阳、唐韵近寒近盐，先、仙韵近真、文，近青、蒸，荣所独也。段玉裁谓古有入无去，孔广森谓古有去无入，持之皆有故。然陆法言《切韵序》云『秦陇去声为入，梁益平声似去』，不言有入。要之，古无去入之分，则谛矣。《广韵》二百六部，言韵学者分以阴、阳。以类判之，中、覃属为一类，寒属为一类，青、真、蒸、侵诸属各为类。其不分者，干、冈、甘、寒、行属之声一也，则阳、覃、寒不分也；真、征、蒸、琛属之声一也，则真、青、蒸、侵不分也。请即先、仙韵考之。『天』古与『人』叶，《说文》『天，颠也』，颠从真声，古在真部。《诗经·车邻》颠与邻、令韵，《采苓》颠与苓、信韵。圆从员声，《诗经·玄鸟》『景员维河』，《笺》『员，古文作云』，《出其东门》员与门、云、存韵。田，《说文》『陈也』，《诗经》与仁、人、零、渊、千韵。年从千声，千从人声。『仁』，古文『忎』，『邾』读若宁。《诗经》年与薪、宾、人、田、命韵。先，从人。《诗经》『骁骁征夫』，《韩诗》作『辛』，与墐、忍、陨韵。坚，从臤声。臤，从臣声。贤，《诗经》与丁、臣、均、坚、钧韵。怜（憐），从粦声，《楚辞》与清、人、新、年、生、赓、鸣、征韵。扁，《诗经》与民、信、频韵。《说文》：『蹁，读若苹』。『鯾』或作『鳊』。烟，或体烟，从因声。艰，从艮声，《诗经》与门、殷、贫、玄韵。玄，古音如『训』。牵，为轻，玄声。《易》与宾、民、正、命韵。渊，《诗经》与人、身韵。旋，古读『巡』。全，趣文切。选（選），从巽声。典，《诗经》与禋韵，『禋』古读『因』。免，《诗经》与洒、殄韵，殄、腆声同。《仪礼》注：『腆，古文作殄。』腆，典声。《诗经》典与禋、成、桢韵。《曲礼》注：『缮，读曰劲。』《檀弓》注：『原』误为『京』①。奠，《释名》『停也』，古假『奠』为『定』。便，从更声；更，从丙声；凡，从丏声。字古皆在真部。宾，从丏声。眼，《释名》『限也』，《周书》『限』与『慎』韵。此类不能具数。

荣独与古合，非土音也。请即阳唐韵考之。《诗经》：『笃公刘，既溥既长，既景乃冈。相其阴阳，观其流泉。其军三单，度其隰原，彻田为粮。』以泉韵阳，以粮韵原，其诗逐句为韵，『单』读如『当』，与上章『逝彼百泉，瞻彼溥原，乃陟南冈，乃觏于京』同义。《诗经·抑》：『告之话言，顺德之行。』言、行为韵。《诗经·桑柔》：『惟此惠君，民人所瞻。秉心宣犹，考慎其相。』相、瞻为韵。《诗经·殷武》：『天命降监，下民有严。不僭不滥，不敢怠遑。』遑、监、严、滥为韵。《淇澳》传：『谖，忘也。』《说文》：『萱，忘忧草也。』『谖』有『忘』音。

『民人所瞻』，校汉官碑作『民人所彰』。《尚书》『皇自敬德』，《后汉书·杨震传》作『还自敬德』；『勿士行枚』，郑读『行』为『衔』。《周礼·浆人》注：『凉以水和酒也。』《礼记·内则》以『滥』即凉也。《说文》『矿』或作『卝』，《周礼》『卝人』注：『卝之言矿也。』《礼记》『相近于坎坛』，郑读『相近』为『禳祈』。《礼记·郊特牲》注：『禓或为献，或为傩。』《礼记·杂记》注：『坎』读为『圹』。《诗经·大雅》：『实覃实讦』，《传》：『覃，长也。』《春秋繁露·祭义》：『尝言甘也』。《中庸》注：『方，板也。』《大雅》：『惟师尚父，时维鹰扬。』班固《燕然山铭》，以『鹰扬』与『螭虎』对举，是以『扬』为《尔雅》『白鹰』之『鸉』，盖二鸟也。《后汉书》高彪作箴『诗人作歌，如鹰如鹯』，知鹯、鸉可通假矣。《夏小正》：『蘩，旁勃也。』《尚书大传》『降谷』或作『函谷』。《释名》：『板，般也。般般，平广也。』《诗经》笺②：『康，安也。』《广雅》：『边，方也。』杨陓，《周礼》作『弦蒲』。《左传·襄公二十四年》『皆踞转而鼓琴』，杜预注：『转，衣装。』③《疏》：『弑者，试也』；『戕者，残也』。橫木，『橫』音『郎』。郑庶其『以滥来奔』，『滥』汉为昌虑县。《春秋》：『齐人取讙及阐。』阐，水，郦道元作『洸水』。《庄子》：『千岁厌世，去而上仙，乘彼白云，至于帝乡。』《战国策》『楼缓』一作『楼昌』。《列子》『宋有兰子』，

① 按：《礼记·檀弓下》『从先大夫于九京也』，郑玄注云：『晋卿大夫之墓地在九原，「京」盖字之误。』
② 笺：原作『传』，据《毛诗注疏》改。
③ 『转，衣装』：原作『《左传》：衣装谓之转』，据《春秋左传注疏》改。

应劭注：『兰，妄也。』《韩非》『章胥己』，《吕览》作『胆胥己』。《琴操》卞和歌：『于何献之楚先王，遇王暗昧信谗言。』《易林》：『举家蒙①欢，吉利无殃。』《山海经》『虻』或作『蚉』；『魴』一作『鳊』；蝾者，蝗也。《说文》：『关西谓榜曰篇。』《水经注》『沧浪洲』一作『千龄洲』，『盐石』一作『阳石』。《说文》：『泛谋曰访。』『鞔』后通作『帮』。《淮南子》注：『坛，场也。』《说文》：香，从甘；衍，从行。② 愆或作『寒』，籀作『僁』，皆从衍声。《文选》王逸注：『坛，犹堂也。』后汉国讳，庄、严义通，亦由音近。《庄子·则阳》注：『樊，傍也。』『孟浪』，向秀读为『漫澜』。《楚辞·天问》亡、严、飨、长韵。颜师古《汉书·高帝纪》注：『戆，古音下绀反，今音竹巷反。』《急就章》谈、阳、桑、让、庄韵。张衡《四愁》次章以怅、伤韵，玕、盘，与余三章同例。佛语『空』为『昙』，音又为『唐』，『南无』又为『曩谟』。北魏晏次将造像，『观世音』作『光世音』。西域『乌苌国』一作『乌缠国』。《黄庭经》『琅玕』一作『兰玕』。此类不能具数。荣独与古合，非士音也。至方语则处处违异，细究之皆有本。今审音考义，略依韵部隅举之。

《左传》『风马牛不相及』，《正义》引服虔云：『牝牡相诱谓之风。』《尚书》称『马牛其风』。今男子争淫曰『争风』，因为凡纵逸之称，人畜癫狂曰『风』，使酒曰『酒风』，儿戏曰『风』，半跃曰『跳风』。《释名》：『风，放也。』

《诗经·小雅》『有饛簋飧』，传：『饛，满簋貌。』今市井餬饭曰『冒头』，『饛』『冒』声转。《说文》：『冒，蒙而前也。』《周礼·考工记》『冒鼓』，注训『蒙鼓』。

《方言》：『倸傱，骂也。燕之北郊曰倸傱。』今人形鄙可憎曰『傱』，又曰『庸倸傱』。

《说文》：『扐，裂也，许归切。』『蘤』，古『花』字，『花』古作『华』，『扐』为声，故转『华』。《礼记·曲礼》『为国君者华之』，注：『华，中裂之，不四析也。』今劈木曰『华』。

《说文》：『斯，析也。』廝③，散声。《方言》：『东齐声散曰「㾷」，秦晋声变曰「㾷」，器破而不殊，其音亦谓之「㾷」。』『廝』，斯也，音转为『沙』。《周礼》：『乌皫色而沙鸣。』今声廝者曰『沙喉咙』，音如字。《释文》『一音所嫁反』，与『嗄』同。《老子》：『终日号而嗌不嗄。』今声放曰『声气嗄』，嗄，平声。

《诗经·大雅》『无为夸毗』，传『夸毗，体柔人也』，谓媚人者。今称懦弱曰『夸毗』，夸，铺巴切。

《说文》『人相笑相歋瘉④』，即邪揄也。许本无『瘉』，『俞』声古在侯韵。《史记·万石君传》注：『腧，音投。』『愉，偷也』。今戏人曰『瘉』，音『兜』。《说文》：『孚，卵孚也，芳无切。』古读保，字从古文『保』。《方言》：『朝鲜洌水之间，谓伏鸡曰抱。』伏、抱皆孚也。今草木萌芽曰『苞』，妊曰『包胎』，衣曰『胞』，膀胱曰『脬』，皆孚语。

《仪礼·士丧礼》注：『綦，屦係也。』今线带曰鸡肠带，实

---

① 蒙：原作『为』，据《焦氏易林》改。

② 『甘』下，民国《志》原衍『声』字，据《说文·香部》删；『行』下，民国《志》原衍『声』字，据《说文·水部》删。

③ 按：古籍中多作『㾷』，今常作『廝』。

④ 民国《志》引《说文》时，将『瘉』作『歋』。

綦缠带也。《说文》无「綦」，「系」即「綦」也。系、係通，故注为「係」，转为「繫」。张衡《思玄赋》「繫幽兰之秋华兮」，注：「繫，系也。」又为「蓂」，《南齐书》：虞玩之「蹑屐造席，蓂断以芒接之」。今凡系物者曰「蓂」。

《方言》：「鼃，律始也。」《广韵》：「鼃，乌蜗切。」男始生曰鼃儿，俗借「娃」。鼃，从圭声。《说文》：哇，读若医。①《释名》：人始生曰嫛婗。②「嫛婗」即鼃儿也，本为基。《尔雅》：「基，始也。」③

《方言》：「台、敌，匹也。东齐海岱之间曰台；自关而西，秦晋之间物力同者，谓之台敌。」今合力举物曰台，台榭之名本此。凡柱必载于地，台则以大木中乘之，今曰「台梁」，故「台」以名。《左传》「仆臣台」，谓任力役者，即以其职名之。因为凡举事之称，事始曰「上台」，事毕曰「要台」。《诗经》传：「要，成也。」又曰：「下台。」

《说文》：趣，留意也，读若小儿孩，户来切。④今人谓留曰「趣」，阴平声。会党入会曰「趣要」，俗作「要」，本为「待」。《说文》：「待，竢也。」竢，吕声。梠，或作「梩」，是趣、待同。待，又曰等，汉时已有「等」语。《说文》「赵」云：「疑之，等赵而去也。」「待」急读为「等」。

《说文》：「兽足谓之番，附袁切。」⑤古无轻唇音，「番」读如「班」，今音如「板」。手掌曰「手番」，足掌曰「脚番」，双声。转䄍。《说文》：「䄍，撝击也。」今䄍掌、耳䄍，北人强以「刮」字当之，非也。

《说文》：「掸，提持也。」谓提与持也。今凡执物曰「掸」，平声，俗以「担」字代之，非。

《说文》「𠬜，引也」，今「攀」字，普班切。谚云「巴结」，「巴」即𠬜也，音又为「般」。《说文》：「般，辟也。」上引曰「𠬜」，平转曰「般」，以手转物曰「般」，转家曰「般家」，「般运使」即「转运使」，俗作「搬」。转目视，《说文》作「瞥」，俗曰「瞥视」。

《诗经》「如蛮如髦」，《广雅》：「蛮，傷也。⑥今粗鲁曰「蛮」，亦曰「髦」。

物县谓之佻。《方言》：「佻，县也，赵魏之间曰佻。」⑦郭璞注：「了佻，县物貌，丁小反。」今作去声，音「吊」。「佻」本为「了」。王延寿《王孙赋》作「了」。《说文》「了」象县形，连语借「佻」足之，字遂作「佻」，或作「𠄏」。《广韵》：「𠄏，县物貌，都了切。」⑧他书引《方言》注亦作「了𠄏」，「𠄏」为「了」俗字，以别于「明了」之「了」也。《说文》：草木实垂曰「卤」，读若「调」；⑨禾危穗曰「䄛」，都了切；⑩苇华曰

---

①节引自《说文·口部》。

②节引自《释名·释长幼》。

③节引自《尔雅·释诂》。

④节引自《说文·走部》。

⑤节引自《说文·采部》。

⑥节引自《广雅·释诂》。

⑦节引自《方言》卷七。

⑧见《广韵》卷三。

⑨节引自《说文·卤部》。

⑩节引自《说文·禾部》。

『芀』，徒聊切；① 到首曰『県』，古尧切。② 最初古文只作『了』。

《说文》：『覞，择也，读若苗』。③ 今谓视曰『覞』，古音。取准曰『覞准』。

《说文》段注④：搔，刮⑤也，苏遭切。今『搔痒』读苦侯切，犹『离骚』为『离忧』也。

《说文》：『誂，相呼诱也，徒了切』。⑥《战国策》：『楚人有两妻，人誂其长者。』今曰『誂戏』，音『调』，语又转『诡』。诡，俗。

《说文》：『幺，小也。』俗谓小儿曰『幺儿』，小弟曰『幺弟』。幺、幼声转。幼，少也，与『夭』同。《诗经》『桃之夭夭』，传『少壮也』；《诗经》『夭之沃沃』，传『夭，少也』。今人爱怜少者曰『夭夭』。

《方言》：『娗，媱游也。江沅之间，谓戏为娗。』『娗』本为『媱』。《广雅》曹宪音『遥』。《说文》：『媱，曲肩行貌。』连文曰『要媱』。王逸《九思》注：『要媱，舞容也。』今优人饰女者以要媱，故称『媱但』。《淮南子》注：『但，犹诈也。』俗作『摇旦』。『要媱』，别作『妖娆』。《方言》：『遥、窕，淫也。九疑荆郊之鄙谓淫曰遥。』今娼妓曰『遥姐』，所居曰『遥子』。『遥』当为『媱』，娼乐也，媱戏也。

《仪礼·士丧礼》『皋某复』，注：『皋，长声也。』今合力齐声曰『喊皋子』，或作『嚆』。《庄子·在宥》，释文引《字林》：『嚆，大呼也。』本为『号』。《说文》：『号，呼也。』最初古文作『丂』。

《方言》：『茫，遽也，吴扬曰茫。』按：『茫』即『骯』。《说文》『骯，马奔也』，古与『茫』同声。《周礼·考工记》注：『慌，读为「芒芒禹迹」之「芒」。』俗作『慌忙』，汉已作『忙』。

《周礼·考工记》『轮虽敝不匡』，注：『匡，枉也。』今凡以力屈人曰『匡人』。《诗经》『或王事鞅掌』，传：『鞅掌，失容也。』《释文》：『鞅，于两反。』『鞅掌』音切为『鞅』。今人病羸曰『鞅』，平声，即失容意。与人斗而无力曰『鞅人』。

《说文》：『𣥺，歫也，丑庚切。』⑦ 今以言歫人曰『𣥺』，去声。目直视曰『瞠』，衺柱曰『樘』，俗皆作『撑』。音又为『堂』，以事抵延时日曰『𣥺』，音『堂』。

《说文》：『𬘭，纺未萦绳也。』《礼仪·士丧礼》『不綪』注：『綪，读为「𬘭」，𬘭，屈也。江沔之间，谓萦收绳索为「𬘭」。』今纸鸢曰『风𬘭』。

《说文》：『汉律：齐人予妻婢奸曰姘。』《尔雅注》：『江东谓萍为薸。』⑧ 萍、姘音近，今曰姘头，嫖即姘也。

《说文》：『甹，亟词也，三辅谓轻财者为甹，普丁切。』⑨

① 节引自《说文·茻部》。
② 节引自《说文·県部》。
③ 节引自《说文·见部》。
④ 段注：指清代段玉裁《说文解字注》。
⑤ 段玉裁改《说文》『括』为『刮』。
⑥ 节引自《说文·言部》。
⑦ 节引自《说文·止部》。
⑧ 节引自《尔雅·释草》。
⑨ 节引自《说文·丂部》。

音转为『拌』，普半切。《方言》：『拌，弃也。楚凡挥弃物谓之拌。』今人相激曰『甹命』，又曰『拌命』。掷物于地曰『拌』，音『半』。

《诗经·桑柔》『捋采其刘』，传：『刘，爆烁而希也。』《尔雅》：『毗刘，爆乐也。』今谓边幅不修曰『毗刘刳滴』，又曰『毗刘杷刺』。

《方言》：『眴，貌治也。吴越饰貌为眴。』注：『音恪垢反。』『眴』即『鲰』①，《史记·项羽本纪》『鲰生』注：『鲰，音士垢反。服虔曰：小人貌也。』今谓人貌自尊大曰『眴』，音『讴』，又曰『鲰』，徂钩切。无士君子之行而为其容者曰『文鲰鲰』。

《仪礼·士丧礼》『幅三袧』，注：『袧者，谓辟两侧空中央也。』今凡中凿曰『袧』，苦侯切，与『娄』叠韵。《说文》：『娄，空也。』今匽沟曰『娄匽』。

《说文》：『探，远取之也。』今流落衣食曰『跑探』，非为者曰『探探匠』。

《方言》：『漶，或也。沅澧之间，凡言或如此者曰漶如是。』北音通行，俗语间有之，言『或有』者曰『漶有』也。漶、或声转。或，胡国切。

《方言》：『䫜、𩬕、啫，多也。南楚凡大而多谓之䫜，或谓之𩬕。凡人语言过度及妄施行亦谓之「𩬕」。』注：『䫜，恶孔反；𩬕，奴动反。』民国《志》按：䫜𩬕，惊词，犹多曰『夥颐』也。今人妄施行曰『乱𩬕』，阴平声，本为『动』。《说文》：『动，作也。』

《说文》：『侗，大貌。』《广韵》：『他孔切。』《方言》：『侗，状也。』今人谓大曰『侗』，音如『董』。木梡者曰『梱木䆮侗』。

《方言》：『怂恿，劝也。』『怂恿』合为『怂』，亦作『耸』。《方言》：『中心不欲而由旁人之劝语，亦曰耸。』

《说文》：『母，牧也。』『马』古音如『母』，故曰妈，今入麻韵。

《方言》：『帬，自关而东谓之襬。』注音碑。帬，下裳也，因为衣下之称。其侧曰『襬』，音『摆』，字本为『綼』。《仪礼·既夕》『縓綼緆』注：『饰裳在幅曰綼。』《说文》『鞞』，读若『罢』。故『綼』转为『襬』。

《说文》：『㡒，以囊盛谷，大满而裂也，方吻切。』②俗作『奔』，去声。奋裂曰『㡒滥』，与『璺』同。《方言》：『器破而未离③谓之璺。』音『问』。俗云『打破炉缸璺到底』。

《说文》：『緶，緁衣也』。④《丧服》『齐衰』疏⑤：『齐，緶也。』《广韵》：『方典切。』今衣之下畔曰『㑊緶』，以疏针缝之曰『敹緶』。《尚书》『敹乃甲胄』，《释文》『了凋反』。

---

① 鲰：民国《志》原文字迹不清，据下文文意补。
② 节引自《说文·巾部》。
③ 未：原作『不』，据《方言》卷六改。
④ 节引自《说文·糸部》。
⑤ 疏：原作『注』，据《仪礼注疏》改。按《仪礼注疏》实际是解『缉』为『緶』，因《仪礼》中有『传曰齐者何也？缉也』，将『齐』释为『缉』，故这里言『齐，緶也』。

《说文》：「伴，大貌，薄满切」。① 今肥大曰「伴」，普半切，亦作「胖」。《大学》「体胖」，郑注：「胖，犹大也。」曰「犹」，「胖」当为「伴」。

《说文》：「儹，最也，作管切。」② 聚积也。今谓积赀曰「儹钱」，「赞」上声，连语曰「儹积」。

《淮南子》「草驹」注：「五尺以下为驹，放在草中，故曰草驹。」《礼记·月令》「游牝于牧」注「其牝欲游，则就牧之牡而合之」，是牡在牧也，牧草地，牝就之，故谓牝曰「草」。犬之牝者曰「草狗」，兽类求合曰「叫草」，曰「走草」。牝马今曰「廓马」。廓，郭也。古牧在郊外，即「游牝」义。

《说文》：「攷，敂也。」通作「考」，俗作「拷」，声转为「敲」。敂头曰「敲头」。《说文》：「敲，击头也，口卓切③。」头见击曰「挨敲敲」，音如「科」，即「口卓」重音也。「攷」「敲」均为击，犹「考」「课」均为试也。

《匡谬正俗》谓「轻忽其事不甚精明为砢（力可反）么（莫可反）」，即《庄子》「卤莽」之讹。民国《志》按：卤、莽义近，语柢则非。「砢么」者，莫奈何也。奈何为「砢」，古作「那」。莫何为「么」，语有分合缓急耳。今以不了了事，语曰「砢」，又曰「么」，或曰「那何里何」，又曰「么何而兮」，皆一语之衍。《论语》：「不曰如之何如之何者，吾未如之何也。」古音「如」读「奴」，奴何为「那」，末何为「么」。

《唐书》：「十人为火。」备凡物具，因为物具之名，曰「家火」，犹称「什」与「东西」也。同列曰「火伴」，见《木兰辞》。今凡共利曰「同火」，《方言》：「隅，益也。」今以画代数曰「隅子」「隅号」。隅，汉时俗字，犹今作「码」也。「隅」当为「马」，古校人掌马政，马二百十四匹为厩，六厩为校。校，考也，比也。「厩」之言「究」也，谓究尽其数也。因以为凡数之称，与乘为积数同。《礼记》投壶「为胜者立马」，「马」即「隅」。今铨曰「马子」，尺曰「尺马」，轻重多少长短皆数也。

《说文》：「䭥，昼食也，书两切」。④ 俗作「晌」，为暂时之称，顷刻尽者，言「一晌亡」。赴饮而谢其侪，曰「䭥偏」，音为「相偏」。

《说文》：「绺⑤，纬十缕为绺，读若柳。」今谓线曰「绺」，线一束曰一绺，音如字。

《诗经·周颂》「有喷其馌」，传「喷，众貌」，《释文》：「敕感反。」「万亿及秭」，笺：「言得多也。」今谓人众，曰「亿万喷秭」，一辈人曰「一喷人」，音「贪」。

《方言》：「冯，怒也。楚曰冯。」《诗经·大雅》「内奰于中国」，传：「不醉而怒曰奰。」《释文》：「奰，皮器反。」冯、奰，声转，「冯」即「奰」。今怒曰「发气」，「气」当为「忾」。《左传》「敌王所忾」，注：「恨怒也。」

《仓颉篇》：「厕，次也。」（《文选注》）。俗谓厕曰「次」。《说文》：「次，不前不精也。」古文「」象屋相次形，凡非正居

① 节引自《说文·人部》。
② 节引自《说文·人部》。
③ 卓：原作「角」，据《说文解字》改。
④ 节引自《说文·食部》。
⑤ 绺：原脱，据《说文解字》补。

曰『次』。《周礼》注『王行所止』『宿卫所在』，《仪礼》『张帷』，均曰『次』，其名或古于『厕』。《仪礼·士丧礼》『隶人涅厕』，已作『厕』。俗又曰『茅次』。

《周礼·八则》注：『废，犹退也。』今物色退曰『废』。

《说文》：『𢀩，有所依据也，于谨切。』① 今以赀赁田曰『安稳』。《玉篇》：『稳，蹂谷聚。』② 于义不合，字当为『𢀩』，有所依也。《方言》：『依，禄也。』

《说文》：『𦘒，聿饰也。』俗语以书好为『𦘒』，读若『津』，与『隽』同。隽，鸟肥也，鸟肥则美。今人谓美曰『隽』，音转为『将』。《管子·形势解》：『将将鸿鹄，貌之美者也。』③ 今诱小儿衣裳之美曰『将将』。

《方言》：『戏、惮，怒也。』《说文》：『惮，忌难也。』『难』读为『问难』之『难』。今两相难曰『惮』，『惮』即『不惮』。郭璞注所谓『难而雄也』。又曰『否惮』，否，不也。

《说文》：『垸，以桼和灰丸而髤也。胡玩切。』古与『刮』同音。《周礼·考工记》『刮④摩之工五』，注：『故书「七」为「十」，刮作捖』，郑司农云：『捖，读为刮。』《礼记·檀弓》『华而睆』，说者以「睆」为刮节目，字或为「刮」。今人以漆龢灰髤物，又摩刮之，曰『推垸』，音『灌』，又曰『刮灰』，与古同。

《说文》：『𠬪而夺取曰篡。』通作『篹』。《方言》：『凡取物而逆谓之篹。』郭璞音『馔』。今理人钱物而阴蚀之曰『篹』，买卖获利亦曰『篹』。《尔雅》：『篡，取也。』是凡取皆得云『篹』，所谓『美恶同辞』也。俗作『赚』。

《诗经·小雅》『维禹甸之』，传：『甸，治也。』《尚书》『五百里甸服』，传：『为天子服治田。』《周礼》有『甸师』，主供薪蒸。今赁田而耕曰『甸』，俗作『佃』。《说文》：『佃，中也。』《春秋左氏传》释文曰：『乘中佃，一辕车也。』⑤ 无『治田』义。《晋书》：『吴人大佃皖城。』《玉篇》云：『佃作田。』盖汉后已然矣。

《礼记》『枉矢哨壶』，注：『枉、哨，不正貌。』《释文》：『哨，七笑反。』壶，圜器也，不正则小。《周礼·考工记》注：『哨，顷小也。』《说文》：『哨，不容也。』惟小不容，亦作『肖』。《方言》：『肖，小也。』今音如『嚼』，凡物小曰『哨』，要小曰『哨要』，人小曰『哨小』，小而高曰『哨颟颟』。

《大雅》『反予来赫』，笺：『口距人谓之赫。』《释文》：『本亦作嚇，许稼反。』⑥ 今人恐惧曰『嚇』，亦作『赫』，与古同。

《仪礼·少牢》：『放于西方。』《广雅》：『放，置也。』今置物曰『放』。

《方言》：『透，惊也。』今惊战曰『透栗战』，上声。透，《说文》新附字，一音式六反。古宜为『肃』，《说文》：『肃，持事振敬也，振动也。』《诗经·豳风》『九月肃霜』，传：『肃，缩也。』肃、缩音同。缩，宿声。星宿，一音『秀』，故『肃』转为

---

① 节引自《说文·𠬪部》。
② 按：此条见《玉篇·禾部》，其初始出处当见《说文》。
③ 形势解：原作『形执解』，据《管子》改。
④ 刮：《周礼·考工记》原作『括』，民国《志》改作『刮』。后文『刮』同此。
⑤ 《春秋左氏传》释文：原作『春秋传』，据《春秋左传注疏》补。
⑥ 节引自《经典释文·毛诗音义》。

『透』，犹『尗』转为『豆』也。《通俗文》『斗薮』谓之『縠瞉』。（《一切经音义》。）斗薮，透也。縠瞉，肃也。

『《三仓》：「柹，札也。」今江南谓削木片为「柹」，关中谓之「札」』（《一切经音义》）。今音如『渣』。

《说文》：『铅，青金也。』《汉书·食货志》：磨钱取铅。今刀钝曰『铅』（俗作『鉛』）。《周礼·小宰》，注『谲觚非常』，疏：『兵书有谲觚之人，谓谲诈桀出，觚角非常也。』今人言机诈曰『觚丫』。丫，羊角也。

《说文》：『匹，四丈也，普吉切。』① 古训配也、偶也、合也。而中从八，其意由分而合，故二曰匹，一亦曰匹，取义相成。今马曰匹，瓦曰匹，椾曰匹，篾曰匹，其它类是。

《诗经·周颂》『有飶其香』，传：『飶，芬香也。』今谓香曰『飶飶』，甜亦曰『飶飶』。蜜从宓声，甘、香同。《说文》：『香，甘也。』

《方言》：『黜，短也。』郭璞注『音疣赘』，从叕声。《广韵》『吴人呼短，侧律切』，从出声。今人呼短曰『短黜黜』，音如杵，絮衣短者曰『絮黜黜』。出、叕皆有短义。《说文》：『屈，短尾也。』② 山短而高曰『崛』。郭璞注《尔雅》：『短尾曰鶌鸠。』《说文》：『窡，短面也。』《庄子·秋水》：『掇而不跂。』《淮南子·人间训》：『愚人之思叕。』郭、高二注皆训『短』，是皆声转，语柢为『裐』。《说文》：『裐，短衣也，市玉切。』③『梀，短椽也，丑录切。』短衣曰『襦』，短羽飞曰『几几』，短人曰『侏儒』，襜褕短者曰『裋褕』，『裋』犹『竖』也。短衣曰『袛裯』，入声，皆与『裐』近，则『裐』为语柢，声转为『出』，为『叕』。

《说文》：『厥，发石也。』『鱖』，角有所触发也。今恶骂曰『罟鱖』。『罟』音同『日』，谓由外触内而发也。

《说文》：㲺，『囚突出也，胡八切』。④ 今凡私逸曰『㲺』，音如『下』。容留者称『㲺家』。

《说文》：『搰，掘也，户骨切』。⑤《国语·吴语》：『狐埋之而狐搰之。』韦注：『搰，发也。』发土引之曰『搰』。今人有所埋瘗曰『搰土埋之』。葬后曰『复山』，宜为『搰』。

《说文》：『𥽂粲，散之也，桑割切。』⑥ 今谓散曰『粲』，散声曰『𥽂粲』。雨声曰『𥽂𥽂粲粲』。𥽂粲，小声。蚻曰『蟋蟀』，亦以声名。『粲』为『散』转声。

《说文》：『搃，反手击也。』《广韵》：『蒲结切。』今用左手者曰『搃手』，音如字。以掌击人为『批颊切』。

《说文》：『箸，饭攲也。』谓攲衺取物也。今曰『快』，义取诸夬。《说文》：『夬，分决也。』箸有取舍，故中曰『箸』。《广韵》『直略切』，字为『著』，俗作『着』，北语如『招』。遣人曰『箸』，即舍取义，俗亦作『着』。

① 节引自《说文·匸部》。
② 短：《说文·尾部》作『无』，清段玉裁《说文解字注·尾部》云『凡短尾曰屈』，民国《志》据此改《说文》原文。
③ 节引自《说文·衣部》。
④ 节引自《说文·土部》。
⑤ 节引自《说文·手部》。
⑥ 节引自《说文·米部》。

《方言》：「扬越之郊，凡人相侮以为无知谓之眲。眲①，耳目不相信也。」郭注「眲，诸革反」。今语不相信曰「那」，诸驾切，即「眲」也，彼哉之意。

《方言》：「辟，商人丑称也。」今斥詈曰辟。

《易》筮「再扐而后卦」，谓合挂左手小指为一扐。《释文》：「扐，郎得反。」今凡有所系带曰「扐」，妇人首饰曰「帕扐」。

《说文》：「德，升也。」《公羊传》曰「登来」，齐人曰「得来」。《周礼·考工记》「得则无槷而固」，「得」即「德」也，声转为「侻」。《广雅》：「侻，可也。」事成曰「侻」，不成曰「诡」。「侻」即「对」也；诡，今拐也，见扬子《法言》。

《说文》：「入，内也，人汁②切」。俗称男女相交合，即此字。

《方言》：「殗殜，微也。宋卫之间曰殗，自关而西，秦晋之间凡病而不甚曰殗殜。」郭璞注：「病半卧半起也。」今连语曰「殗殜習習③」，習、枼④同韵，故「揲」转为「摺」。

《诗经·大雅》「会朝清明」，传：「会，甲也。」今时暂曰「一会」，又曰「一甲」，音侯沓切。转语为「霎」，山洽切。

《说文》：「㚔，所以惊人也。读若籥，尼辄切」。⑤今人突有所闻而惊曰「㚔」。人有所加于己而讶之亦曰「㚔」，音叶。语相诃歫曰「吂」，五葛切。刿骨之残曰「歺」，五割切。不知云何而讶之曰「曷」，胡葛切。皆惊声。凡自然喉音，古今皆同。反切限之，有日出于口而不知者矣。

（四）祥瑞灾异

《洪范》以五行分配五事，休征咎征历应不爽，则阴阳吉凶之说未可尽委诸荒渺也。清初不侈陈符瑞，载笔者无从傅会其词。特将前代史册所纪、父老所传者备录之，以广闻见云。志《祥异》。

唐

荣王琬子五十八人。

宋

淳化三年（九九二）十二月，荣州献异竹图。

景德三年（一〇〇六）九月，荣州禾一茎十八穗；十二月，荣州甘露降。

大中祥符二年（一〇〇九）九月，荣州廨庭中生芝二本；六年（一〇一三）十二月，荣州甘露降；八年（一〇一五），荣州应灵县弥陀佛舍生紫芝三本，其一双干，上如盖。

大中祥符八年四月，旭川县民任庆和田禾一茎九穗。（据

① 眲：原脱，据《方言》补。
② 汁：原作「执」，据《说文解字》改。
③ 習：乃习之繁体，此处因训诂之需，不做简化。
④ 葉：乃叶之繁体，此处因训诂之需，不做简化。
⑤ 节引自《说文·㚔部》。

《宋史》卷六十四《五行志》补）

天圣四年（一〇二六）九月，荣州芝生，禾一本九穗。

景祐元年（一〇三四）五月，荣州禾一茎九穗。

庆历七年（一〇四七），荣州嘉禾合穗。

皇祐五年（一〇五三）六月，荣州芝草生。

政和元年（一一一一），荣州粟一茎九穗。

绍兴三年（一一三三），荣州大疫。

绍熙二年（一一九一），荣州大旱。三年（一一九二），荣州亡麦。

明

万历年间，有二蛟自山谷中出，一由东溪，一由北溪，至城南合，戌时水涨与城垛平，南郊外一带民房俱圮于水，溺死者无算。

天启辛酉（一六二一）邑人户部主事简敕乡试留成都，闻奢寅之变发难于重庆，有父老云，二十年前，有童谣曰『五人要占重庆府，城门紧闭一百日』。及贼犯成都，闭门恰百日。城外自十月十八日贼遗火，凡七昼夜，一切俱荡为灰烬，杀戮不可胜计。徐巡抚发兵之日，怪风覆舟，妖鸟栖树，种种异兆，盖亦若劫数厄运使然。围解，敕归述其事，载之旧志云。

崇祯十年（一六三七）九月，黄时太家地鸣，声闻半里。

第八卷　艺文著述

一、艺文

（一）诗

唐

题竹郎庙　薛涛①

竹郎庙前多古木，夕阳沉沉山更绿。何处江村有笛声，声声尽是迎郎曲。

五代

筠山虎②　佚名

筠山高极入穹苍，人道虎为殃。人行过此不曾伤。咸阳宫阙在平地，高鹿食人无数计。吁嗟，苛政猛于虎，斯言垂万古。

宋

初至郡界　刘兼③

嘉陵江畔接荣川，两畔旌旗下濑船。郡印已分炎瘴地，朝衣犹惹御炉烟。莲塘小饮香随艇，月榭高吟水压天。锦字莫嫌归路远，华夷一统太平年。

登郡楼书事

偶奉纶书莅旭川，郡楼嘉致尽依然。松欹鸟道云藏寺，月满渔舟水浸天。望帝古祠花簇簇，锦城归路草芊芊。有时倚槛垂双袂，故国风光似眼前。

到郡后有寄④

蜀路新修尽坦平，交亲深幸再逢迎。正当返袂思乡国，却似归家见弟兄。沾泽只惭尧綍重，溯流还喜范舟轻。欲将感恋裁书旨，多少鱼笺写得成。

郡斋寓兴

依约樊川似旭川，郡斋风物尽萧然。秋庭碧藓铺云锦，晚阁

---

① 薛涛（约七六八—八三二），字洪度，长安（今陕西西安）人，唐代著名女诗人。幼年随父入蜀。有诗才，时称女校书。今存诗作九十余首，收于《锦江集》。

② 乾隆、嘉庆、光绪三《志》均录此诗，题无名氏作。诗乃据石刻文字录出，乾隆《志》注称：『石刻半没，时有汉字，今废。』民国《志》卷四：『（铁山）又西曰荣隐山，云荣隐公隐处，旧有荣隐庵，古筠山。王建通正元年（九一六），国号汉。山巅有老君台，山有修道院碑，已没。』

③ 刘兼，生卒年不详，由五代入宋，京兆府（今陕西西安）人，历任盐铁判官，知贡举，曾官荣州刺史前后达八年。受诏修旧《五代史》，诗作收入《全唐诗》。

④ 原注：一作《到郡后寄西川从弟舍人右司阎郎中齐殿院》。

红蕖簇水仙。醉笔语狂挥粉壁，歌梁尘乱拂花钿。情怀放荡无羁束，地角天涯亦信缘。

去年今日

去年今日到荣州，五骑红尘入郡楼。貔虎只知迎太守，蛮夷不信是儒流。奸豪已息时将泰，疲瘵全苏岁又周。圣主若容辞重禄，便归烟水狎群鸥。

郡楼闲望书怀

郡城楼阁绕江滨，风物清秋入望频。铜鼓祭龙云塞庙，芦花飘市雪粘人。莲披净沼群香散，鹭点寒烟玉片新。归去杜陵池馆在，且将朝服拂埃尘。

春游

其一

柳成金穗草如茵，载酒寻花共赏春。先入醉乡君莫问，十年风景在三秦。

其二

摇摇离绪不能持，满郡花开酒熟时。羞听黄莺求善友，强随绿柳展愁眉。隔云故国山千叠，傍水芳林锦万枝。圣主未容归北阙，且将勤俭抚南夷。

中春登楼

其一

金杯不以涤愁肠，江郡芳时忆故乡。两岸烟花春富贵，一楼风月夜凄凉。王章莫耻牛衣泪，潘岳休惊鹤鬓霜。归去莲花归未得，白云深处有茅堂。

其二

古今通塞莫咨嗟，谩把霜髯敌岁华。失手已惭蛇有足，用心休为鼠无牙。九天云净方怜月，一夜风高便厌花。独倚郡楼人不会，钓舟春浪接平沙。

中夏昼卧

寂寂无聊九夏中，傍檐依壁待清风。壮图奇策无人问，不及南阳一卧龙。

秋夕书怀

其一

荒僻淹留岁已深，解龟无计恨难任。守方半会蛮夷语，贺厦全忘燕雀心。夜静倚楼悲月笛，秋寒欹枕泣霜砧。宦情总逐愁肠断，一箸鲈鱼直万金。

其二

直气从来不入时，掩关慵更钓磻溪。斯文未丧宣尼叹，吾道将穷阮籍悲。轻粉覆霜凝夜砌，乱金铺菊织秋篱。南阳卧久无人问，薄命非才有可疑。

秋夕书怀呈戎州郎中

其一

素律初回枕簟凉，松风飘泊入华堂。谭鸡寂默纱窗静，梦蝶萧条玉漏长。归去水云多阻隔，别来情绪足悲伤。霜砧月笛休相引，只有离襟泪两行。

其二

风送秋荷满鼻香，竹声敲玉近虚廊。梦回故国情方黯，月过疏帘夜正凉。菱镜也知移艳态，锦书其奈隔年光。鸾胶处处难寻觅，断尽相思寸寸肠。

酬勾评事

闲庭欹枕正悲秋，忽觉新编浣远愁。才薄只愁安雁户①，年高空忆复渔舟。鹭翘皓雪临汀岸，莲袅红香匝郡楼。对景却惭无藻思，南金荆玉卒难酬。

莲塘霁望

新秋菡萏发红英，向晚风飘满郡馨。万叠水纹罗乍展，一双鸂鶒绣初成。采莲女散吴歌阕，拾翠人归楚雨晴。远岸牧童吹短笛，蓼花深处信牛行。

旭川祁宰思家而卒，因述意呈秦川知己

岁稔民康绝讼论，政成公暇自由身。朝看五马闲如社，夜拥双姬暖似春。家计不忧凭冢子，宦资无愧是朝臣。岂同龌龊祁员外，至死悲凉一妇人。

西斋

西斋新竹两三茎，也有风敲碎玉声。莫恨移来栏槛远，譬如元本此间生。

新竹

近窗卧砌两三丛，佐静添幽别有功。影镂碎金初透月，声敲寒玉乍摇风。无凭费叟烟波碧，莫信湘妃泪点红。自是子猷偏爱尔，虚心高节雪霜中。

重阳感怀

重阳不忍上高楼，寒菊年年照暮秋。万叠故山云总隔，两行乡泪血和流。黄茅莽莽连边郡，红叶纷纷落钓舟。归计未成年渐老，茱萸羞戴雪霜头。

春宴河亭

柳摆轻丝拂嫩黄，槛前流水满池塘。一筵金翠临芳岸，四面烟花出粉墙。舞袖逐风翻绣浪，歌尘随燕下雕梁。蚕笺象管休凝思，且放春心入醉乡。

送二郎君归长安

我儿辞去泪双流，蜀郡秦川两处愁。红叶满山归故国，黄茅遍地住他州。荷衣晓挂惭官吏，菱镜秋窥讶鬓髹。好向云泉营旧隐，莫教庄叟畏牺牛。

寄长安郑员外

屈指良交十四人，隙驹风烛渐为尘。当初花下三秦客，只有天涯一老身。乘醉儿同游北内，芳寻多共谒东邻。此时阻隔关山远，月满江楼泪满巾。

偶闻官吏举请辄有一篇寄从弟舍人

宦吏潜陈借寇词，宦情乡梦两相违。青城锦水无心住，紫阁莲峰有意归。张翰鲈鱼因醉忆，孟光书信近春稀。黄茅瘴色看看起，贪者犹疑别是机。

对镜

青镜重磨照白须，白须闲捻意何如。故园迢递千山外，荒郡淹留四载余。风送竹声侵枕簟，月移花影过庭除。秋霜满领难消释，莫读《离骚》失意书。

芳春

微雨微风隔画帘，金炉檀炷冷慵添。桃花满地春牢落，柳絮

① 原注：“夷人内有雁户，盖徙移不定之故也。”

成堆雪弃嫌。宝瑟不能邀卓氏，彩毫何必梦江淹。宦情归兴休相挠，隼旟渔舟总未厌。

春晚寓怀

一承兑泽莅方州，八度春光照郡楼。好景几将官吏醉，名山时领管弦游。空花任尔频侵眼，老雪从他渐满头。归去杜陵池阁在，只能欢笑不能愁。

宣赐锦袍设上赠诸郡客

十月芙蓉花满枝，天庭驿骑赐寒衣。将同玉蝶侵肌冷，也遣金鹏遍体飞。夜卧始知多忝窃，昼行方觉转光辉。深冬若得朝丹阙，太华峰前衣锦归。

登楼寓望

凭高多是偶汍澜，红叶何堪照病颜。万叠云山供远恨，一轩风物送秋寒。背琴鹤客归松径，横笛牛童卧蓼滩。独倚郡楼无限意，夕阳西去水东还。

寄滑州文秀大师

分飞屈指十三年，菡萏峰前别社莲。薄宦偶然来左蜀，孤云何事在南燕。一封瑶简音初达，两处金沙色共圆。珍重汤休惠佳句，郡斋吟久不成眠。

再看光福寺牡丹

去年曾看牡丹花，蛱蝶迎人傍彩霞。今日再游光福寺，春风吹我入仙家。当筵芬馥歌唇动，倚槛娇羞醉眼斜。来岁未朝金阙去，依前和露载归衙。

登郡楼书怀

其一

烟雨楼台渐晦冥，锦江澄碧浪花平。卞和未雪荆山耻，庄舄空伤越国情。天际寂寥无雁下，云端依约有僧行。登高欲继《离骚》咏，魂断愁深写不成。

其二

边郡荒凉悲且歌，故园迢递隔烟波。琴声背俗终如是，剑气冲星又若何。朝客渐通书信少，钓舟频引梦魂多。北山更有《移文》者，白首无尘归去么。

其三

莫嗔阮氏哭途穷，万代深沉恨亦同。瑞玉岂知将抵鹊，铅刀何事却屠龙。九夷欲适嗟吾道，五柳终归效古风。独倚郡楼无限意，满江烟雨正冥蒙。

江楼望乡寄内

独上江楼望故乡，泪襟霜笛共凄凉。云生陇首秋虽早，月在天心夜已长。魂梦只能随蛱蝶，烟波无计学鸳鸯。蜀笺都有三千幅，总写离情寄孟光。

以上俱刘兼所作。

送太博知荣州 魏野①

莫叹迢迢远帝京，且怜叱驭继家声。歌钟竞出棠郊送，鼓角应过剑阁迎。棕叶带风惊玉勒，梅花和雪照红旌。下车遥想无余

① 魏野（九六〇—一〇一九），字仲先，号草堂居士，宋代诗人。著有《草堂集》，其子重编为《巨鹿东观集》。

事，政誉还同在陕城。（《东观集》卷五）

送道士杨见素南游① 苏辙②

黄河春涨入隋沟，往意随波日夜流。万里寻山如野鹤，一身浮水似轻鸥。湖风送客那论驿，岳寺留人暗度秋。迟子北归来见我，携琴委曲记深幽。（《栾城集》卷三）

游峨杂咏 白约③

其一

祥光非实相，灵异只虚夸。岩静长留雪，山寒故放花。云川千万里，灯火两三家。荷筱人何处，悠悠步落霞。

其二

树倒因成路，林开忽见村。鸟音传木杪，梵语出云根。雪色连春夏，风声接晓昏。徘徊幽兴极，回首谢烦喧。

其三

文公太华游，惆怅无与共。翁从二三子，泉石恣披弄。草木被芳鲜，山岩若飞动。朝市足纷华，不入幽人梦。

伏虎山房

入眼林峦皆可意，不惮间关千里至。白云随步入危梯，前时想象今真是。千岩万壑诚瑰杰，小草微花亦精致。更随虎迹访幽深，恐有秦人来避地。（据《宋诗纪事补遗》卷十三、嘉庆《峨眉山志》卷八补）

以上俱白约所作。

寄题荣守岑象求岩起太博清富楼④ 冯山⑤

南荣太守传诗邮，诗题清富城西楼。楼中风物略已尽，行欲模咏难为酬。怜公谪官不累意，如与万象同优游。偏州随分与山水，好景散漫无人收。昔人知宴不知赏，俗气未断烟云羞。凌灵把酒独长啸，岁久此地才风流。公帆南国走欲遍，耸秀浩荡皆穷搜。归来耳目殊未厌，尚恐胜概遗遐幽。九疑岩洞识元叟，三湘泉石逢柳侯。名贤到处适所寓，非事笔砚搜林丘。五年留梓恣登览，百刹照水江环州。得公新篇似相约，正上兜率吟清秋。尘中嗜好屑可鄙，恨不径往追公游。他时三老期一笑，爱闲岂是平生谋。（《安岳集》卷七十七）

王氏北溪 文同

石龟州北群峰起，一去距城无十里。烟岚秀气护岩扃，松菊清香泛溪水。轻裘肥马正荣耀，春韭秋菘任凋毁。待将底物谢移文，谷口浓云白如纸。

来薰亭 张商英

向明轩槛满烟云，延得薰风似故人。愠解为宣虞帝化，南来

---

① 杨见素，生卒年不详，以人才举，官卫尉寺丞，事迹见本书《名人乡贤·德业行谊》。

② 苏辙（一〇三九—一一一二），字子由，一字同叔，晚号颍滨遗老，眉州眉山（今四川眉山市）人，苏轼之弟。宋仁宗嘉祐二年（一〇五七）进士，授试秘书省校书郎，充商州军事推官。历任大名府留守推官、制置三司条例司检详文字、河南推官。哲宗时官至尚书右丞、大中大夫、守门下侍郎。有《栾城集》。

③ 白约，生卒年不详，宋荣州人，皇祐五年（一〇五三）进士。

④ 岑象求，生卒年不详，字岩起，梓州（今四川三台）人。举进士，历任梓州路提举常平、知郑州、提点利州路刑狱、考功郎中、殿中侍御史、转运副使、户部郎中、宝文阁待制知郓州。著有《吉凶影响录》十卷。

⑤ 冯山（？—一〇九四），字允南，初名献能，时称鸿硕先生，普州安岳（今资阳市安岳县）人。北宋仁宗嘉祐二年（一〇五七）进士，历任秘书丞、通判梓州、祠部郎中，追赠太师。著有《安岳集》。

不是庾公尘。深林兰芷香先到，胜地溪山影亦新。不别常挥谢安扇，自扬仁德在斯民。

此君轩为王元公题① 黄庭坚

王师学琴三十年，响如清夜落涧泉。满堂洗尽筝琶耳，请师停手恐断弦。神人传书道人命，死生贵贱如看镜。晚知直语触憎嫌，深藏幽寺听钟磬。有酒如渑客满门，不可一日无此君。当时手栽数寸碧，声挟风雨今连云。此君倾盖如故旧，骨相奇怪清且秀。程婴杵臼立孤难，伯夷叔齐采薇瘦。霜钟堂上弄秋月，微风入弦此君悦。公家周彦②笔如椽，此君语意当能传。

戏用题元公此君轩诗韵奉答周彦公起予之作③

此道沉霾多历年，喜君占斗劚龙泉。我学渊明贫至骨，君岂有意师无弦。潇洒侯王非爵命，道人胸中有水镜。霜钟堂下明月前，枝枝雪压如悬磬。敝帚不扫舍人门，如愿不谒青鸿君。来听道人写风竹，手弄霜钟看白云。平生窃闻公子旧，今日谁举贾生秀。未知束帛何当来，但有一筇相倚瘦。欲截老龙吟夜月，无人处为江山说。中郎解赏柯亭椽，玉局归时君为传。

元师自荣州来，追送余于泸之江安绵水驿，因复用旧所赋此君轩诗韵赠之，并简元师法弟周彦公

岁行辛巳建中年，诸公起废自林泉。王师侧闻陛下圣，抱琴欲奏南风弦。孤臣蒙恩已三命，望尧如日开金镜。但忧衰疾不敢前，眼前黑花耳闻磬。岂如道人山绕门，开轩友此岁寒君。能来作诗赏劲节，家有晓事扬子云。箨龙森森新间旧，父翁老苍孙子秀。但知战胜得道肥，莫问无肉令人瘦。是师胸中抱明月，醉翁不死起自说。竹影生凉到屋椽，此声可听不可传。④

公云：余旧得东坡所作《醉翁操》善本，尝对元道之，元欣然曰：『往岁从成都通判陈君颀得其谱，遂促琴弹之，词与声相得也。蜀人由是有《醉翁操》。然词中之微旨、弦外之余韵，俗指尘耳，岂易得之！』建中靖国元年正月辛未，江安水次偶住亭书。（《山谷诗集注》）

书王氏梦锡⑤扇

压枝梅子大于钱，惭愧春光又一年。亭午无人初破睡，杜鹃

---

① 乾隆、嘉庆、光绪三《志》均录此诗。乾隆《志》署作『前人』。王元公，即祖元，俗姓王，荣州人，王庠、王序之族兄，后出家为僧。黄庭坚流放蜀地期间，祖元与其交往密切。

② 周彦，即王庠，字周彦。

③ 乾隆、嘉庆、光绪三《志》均录此诗，题目稍异，今依乾隆《志》。『沉霾』，乾隆本作『沉理』，嘉庆、光绪《志》作『沉埋』。按此诗原题《戏用题元上人此君轩诗韵奉答周彦起予之作病眼空花句不及律书不成字》，今据《山谷诗注》改。

④ 按：黄庭坚此诗，为传世名帖，后人题跋颇多。如元人黄溍《跋山谷赠元大师诗》（《黄溍全集》上册）：『元符二年（一〇九九），公在戎州，有《寄题祖元大师此君轩》诗。明年，公自戎州放还，以十二月抵江安。又明年，是为建中靖国元年，公以正月发江安，元师自荣州来送之，故有是作。其诗今载《别集》中，而蜀刻小本，以为祖无大师，盖传录者以「元」为「无」，故又讹而为无。幸真迹尚在，可证其误也。』明人宋濂《题黄山谷赠祖元师诗后》云：『此卷乃召还时所书，居士（黄庭坚）年已五十七矣。其为妙绝，有不容言者。至若其诗，则为祖元大师而赋。师，和义人，族王氏，能用五行书察人休祥，性尤嗜琴，学之二十年弗厌。构霜钟堂，畜雅琴十余。遇嘉宾至，辄欣然鼓一再行。或坐此君轩，对竹啸咏。居士尝寄诗题轩中。及闻东还，师自三荣追至泸川饯之。居士嘉其勤，因叠前韵赠焉。夫居士之在中朝，（章）惇、（蔡）卞辈平日以士大夫自居，反不相容。至于摈斥五溪蛮蜑之乡，而师以一浮屠氏，乃能不远七百里而送之，则其尊贤尚德为何如？要不止精于琴学而已也。』

⑤ 锡，应为『易』，形近致讹。

啼在柳梢边。（《山谷集》）

以上俱黄庭坚所作。

题云顶山① 王靡②

五色琉璃白昼寒，当年佛脚印旃檀。藕丝织出三衣妙，贝叶经传一偈难。夜睹圣灯红菡萏，晓惊飞石碧琅玕。更闻鹦鹉因缘塔，八十山僧试说看。

庠窃观学士九丈题此君轩诗，谨次原韵因以求教，下情愧悚之至③ 王庠

竹君久要已忘年，临风相语叶响泉。休学我圆中似璧，莫师我直劲如弦。劝人达节通天命，舒卷若绳明若镜。尺无枉己空宿昼，圣岂有心独击磬。岁寒来伴老柴门，我岂好静为躁君。惟有青青四时性，笑杀千载空浮云。平安为报春依旧，珍重道人怜特秀。忍饥宁可食无肉，相对忘形笋黑瘦。更有涪翁心似月，平生相照何劳说。不为煎茶不作椽，清风万壑到处传。

庠拜手顿首启，伏蒙学士九丈再赐诗章，庠僭率继和，尚觊采览，庠再拜

鸣凤览德来纪年，要知圣泽如流泉。霜钟堂前饱竹实，道人娱凤抚舜弦。敲门剥啄谁传命，淡云磨丹开天镜。明朝相约送涪翁，夜静林深绕清磬。涪翁万里离鬼门，竹枝莫恼白使君。欲试刚肠置冰炭，抱琴远别冲行云。邂逅东坡应话旧，但说海山千万秀。道庠何讯今何如，自笑依还空鹤瘦。我不愧天欺日月，何须更扣杯珓说。玉局洞天云绕椽，渔竿远信烦公传。（据《山谷诗集注》校补）

以上俱王庠所作。

喜孙伯远王周彦远访 李新④

晚闻佳客过烟城，抛檄归来扫榻尘。连骑莫忧原叔病，食鲑谁谓庾郎贫。定因残雪寻穿履，聊觅江梅遗故人。重与论文在何日，自应乘兴一相亲。（《跨鳌集》卷八）

入荣州境 陆游

一起一伏黄茅冈，崔嵬破丘狐兔藏。炯炯寒日清无光，单单终日行羊肠。村落聚看如惊獐，亦有银钗伏短墙。黄旗翻翻鼓其镗，画角呜咽吹斜阳。长筒汲井熬雪霜，辘轳咿哑官道傍。渺然孤城天一方，传者或云古夜郎。其民简朴士甚良，千里郁为诗书乡。闭合扫地焚清香，老人处处是道场。

井研道中

穷冬景方促，下岭路微平。地瘦竹无叶，风干茅有声。客游空自叹，归计与谁评。尚喜长亭下，云穿夕照明。

① 按：民国《志》卷八云：『山在三台，此诗盖提梓州路学政时作。』

② 王靡，字教源，梦易子，庠、序前母兄。

③ 学士九丈：黄庭坚在兄弟中排行第九，故王庠称其『九丈』。黄庭坚有《戏用题元公此君轩诗韵奉答周彦公起予之作》诗（已收入本书），王庠此诗即应和黄诗而作。

④ 李新（一〇六二—？），字元应，号跨鳌先生，仙井（今四川仁寿）人。哲宗元祐五年（一〇九〇）进士，刘泾尝荐于苏轼。累官承议郎、南郑丞。元符末上书，夺官，谪遂州。大观元年（一一〇七）遇赦，摄梓州司法参军。宣和五年（一一二三），为茂州（今茂县）通判。著有《跨鳌集》。

初到荣州①

乱山缺处城楼呀，双旗萧萧晚吹笳。烟深绿桂临绝壑，霜落残濑鸣寒沙。废台已无隐士啸，遗宅上有高人家。铃斋下榻约僧话，松阴枕石放吏衙。杯羹最珍慈竹笋，瓶水自养山姜花。地炉堆兽炽石炭，瓦鼎号蚓煎秋茶。少年远游无百里，一饥能使行天涯。岂惟惯见蓬婆雪，直恐遂泛星河槎。故巢肯作儿女恋，异境会向乡闾夸。一杯径醉帻自堕，灯下发影看鬖髿。

赖牟镇早行

孤灯照影听初鸡，揽辔情怀倍惨凄。雪作未成云意闹，茅荒无际客魂迷。触寒手指藏犹裂，畏崄图书弃不携。老去有文无卖处，等闲题遍蜀东西。

城上

其一

双双黄犊卧斜阳，叶叶丹枫著早霜。沙水自鸣如有恨，野花无主为谁芳。郫筒味酽愁濡甲，巴曲声悲怯断肠。赖有生平管城子，不妨驱使答风光。

其二

濯锦豪华梦不通，岿然孤叠乱山中。行歌满道知人乐，露积连村见岁丰。万瓦新霜扫残瘴，一林丹叶换青枫。鹅黄名酝何由得，且醉杯中琥珀红。②

西楼夕望

夜郎城里叹途穷，赖有西楼著此翁。溪鸟孤飞寒霭外，野人参语夕阳中。苍天可恃何曾老，白发缘愁却未公。俗态十年看烂熟，不如留眼送归鸿。

登城望西崦

登城望西崦，数家斜照中。柴荆昼亦闭，乃有太古风。惨淡起炊烟，寂历下钓筒。土瘦麦苗短，霜重桑枝空。恐是种桃人，或有采芝翁。何当宿楼上，月明照夜舂。

甲午十一月十三夜梦右臂踊出一小剑，长八九寸，有光，既觉犹微痛也

少年学剑白猿翁，曾破浮生十岁功。玉具拄颐谁复许，蒯缑弹铗老犹穷。床头忽觉蛟龙吼，天上方惊牛斗空。此梦怪奇君记取，佩刀犹得世三公。

醉中怀眉山旧游

劲酒少和气，哀歌无欢情。故乡不敢思，登高望锦城。锦城那得去，仿佛蟆颐路。遥知尊前人，指我题诗处。我虽流落夜郎天，遇酒能狂似少年。想见东郊携手日，海棠如雪柳飞绵。③

斋中夜坐有感

荒山为城溪作壕，风鼓巨木声翻涛。鸱枭乘屋弹不去，狐狸欺人怒竖毛。雨来红鹤更可恶，争巢一似婴儿号。城孤屋老草木茂，正坐人少此辈豪。急呼五百具畚锸，欲掀窟穴穷腥臊。忽然语罢却自笑，残年何至与汝鏖。浣花江色绿如黛，春波滟滟浮轻

---

① 钱仲联《陆游全集校注·剑南诗稿校注》云：『此诗淳熙元年十一月到荣州时作。淳熙二年，游有《别荣州》诗，题下注「正月十日」，《放翁词·桃源忆故人》序谓「余留（荣州）七十日，被命参成都戎幕而去」，据此则初到荣州为淳熙元年十一月初也。』

② 原注：荣州酒赤而劲甚。鹅黄，广汉酒名。

③ 原注：汉嘉术者袁牧童谓予明年春分后当还西州。

舠。行当系缆柳阴下，仰听莺语倾香醪。

晚登横溪阁

其一

楼鼓声中日又斜，凭高愈觉在天涯。空桑客土生秋草，野渡虚舟集晚鸦。瘴雾不开连六诏，俚歌相答带三巴。故乡可望应添泪，莫恨云山万叠遮。

其二

荦确坡头筇竹枝，西临村路立多时。卖蔬市近还家早，煮井人忙下麦迟。①病客情怀常怯酒，山城光景尽供诗。晚来试问愁多少，只许高楼横笛吹。

昭德堂晚步

笑唤枯筇蹋夕阳，探春聊作静中忙。高枝鹊语如相命，幽径梅开只自香。苔蚀断碑惊世换，钟来废寺觉城荒。谪仙未必无遗恨，老欠题诗到夜郎。

客中夜寒戏作长谣

孤翁痴钝如寒蝇，霜夕不暝愁严凝。寝衣触体起芒粟，鼻息嘘润成冰凌。冬冬默数严谯鼓，耿耿独看幽窗灯。支床龟老共夜永，号月鸡冷同晨兴。白狐紫貂了不暖，何况蜀锦并吴绫。静思忽得安乐法，人生所欠絮与缯。十年一衲尚可过，不信请视匡山僧。

高斋小饮戏作

梅花又发鬼门关，坐觉春风万里宽。荔子阴中时纵酒，竹枝声里强追欢。丁年汉使殊方老，子夜吴歌昨梦残。白帝夜郎俱不恶，两公补处得凭栏。②

太液黄鹄歌有引

汉始元元年春二月，黄鹄下建章宫太液池中，公卿上寿，赐诸王列侯宗室金钱，予夜读《汉书》，追作歌一首。

建章宫里春风寒，太液水生池面宽。中人驰奏黄鹄下，龙旗豹尾临池看。芹香藻暖鹄得意，左右从官呼万岁。须臾传诏宴公卿，欢声如雷动天地。时平宫省游乐多，黄鹄刷羽涵恩波。小臣珥笔龙墀下，愿继前朝天马歌。

自唐安徙家来和义出城迎之马上作

身如林下僧，处处常寄包。家如梁上燕，岁岁旋作巢。岂惟人所怜，顾影每自嘲。眼看佳山水，不得结把茅。造物困豪杰，如视饿虎哮。要令出精神，感激使叫呶。颇思投笔去，走马盘云旓。三更冒急雪，大战梁楚郊。

乙未元日③

五十人间老大身，更堪从此数新春。冬冬漏鼓催窗色，急急文书动驿尘。病后光阴常自惜，客中节物为谁新。壮心只向邮亭尽，自揣头颅莫问人。

---

① 原注：荣多盐井，秋冬收薪茅最急。

② 原注：予五年间自夔客荣。

③ 原注：除夕得制司檄，催赴官。按，钱仲联《陆游全集校注·剑南诗稿校注》云：『此诗淳熙二年正月作于荣州。』赵翼《陆放翁年谱》：『淳熙二年乙未，先生年五十一。在荣州，得制置司檄，催赴参议官任。正月十日离荣州。』按：此时四川制置使为薛良朋，《宋史》卷三十四《孝宗纪》云：『（淳熙元年）秋七月丁亥……罢四川宣抚司，以成都府路安抚使薛良朋为四川安抚制置使。』接任成都路制置使范成大，到任已在夏季。故此所云『催赴官』者，如非薛良朋，则是他人权代者。

别荣州①

浮生岁岁俱如梦，一枕轻安亦可人。偶落山城无事处，暂还老子自由身。啸台载酒云生屦，仙穴寻梅雨垫巾。便恐清游从此少，锦城车马涨红尘。②

虎洞

空山秋高木叶黄，茫茫百草凋秋霜。逶迤深谷白昼静，群鸦竞噪众鸟翔。洞中有虎何猛烈，牙如利刀爪如铁。奋髯掉尾初出穴，昂头四顾吐其舌。双睛忽动飞电回，层崖长啸阴风来。山中藜藿谁敢采，野外狐兔皆悲哀。嗟虎之猛有如此，自是贫残日无已。岂无壮士裴将军，弯弓射之殄其类。方今上有明圣君，广爱民物怀深仁。推诚不但祝罗网，登用牧守需贤人。四郊无事民安堵，有若刘琨多善政。嗟虎虽猛当如何？胡为饮泉卷之阿，明当负子东渡河。

龙洞

峭崖磨天如立壁，枏根横走松倒植。呀然一岫惊倒人，空洞坡陁三百尺。幽阴宜为异物托，角爪痕存犹可识。想当蟠蛰未奋时，腥风逼人云触石。一朝偶为旱岁起，卷海作雨飞霹雳。向来伊吕正如此，莘渭千年有遗迹。我欲酌酒招蜿蜒，安用辛苦常行天。太平海内多丰年，归来故祠听管弦。

以上俱陆游所作。

送人牧荣州 崔仰之③

山色临巴回，江流入汉清。（残句）（《宋朝事实类苑》卷三十五）

奉送三荣王子文游益昌 度正④

廉逊先生袖手间，徽猷学士屡开藩。行藏有道俱奇绝，谁似清名萃一门。

自修盟好讳言兵，竞喜丰年贺太平。养得狐狸解猖獗，健儿还胜老儒生。

料得人人喜自新，尔民元是汉人民。君王仁对于天下，元帅慈祥也似春。

徽学诸孙亦俊游，舌端造化挽洪流。慨然投笔从裘马，要学班超万里侯。（《性善堂稿》卷四）

别冯伯昭新班归三荣末句乞呈似使君王万里年兄⑤ 程公许⑥

东郭沧江市桥柳，邂逅论心成二友。仙曹如水往复来，永昼论文间卮酒。十五年间如掣电，屋梁落月几回首。爱君冲静天机

---

① 原注：正月十日。

② 原注：啸台在富义门门外一里，号孙登啸台。双溪王氏有石穴，黄太史榜曰「地仙洞」。

③ 崔仰之，宋人，生平事迹不详。

④ 度正（一一六六——一二三五），字周卿，号性善，合州巴川（今重庆铜梁）人。少从朱熹学。宋光宗绍熙元年（一一九〇）举进士第。历任国子监丞、太常少卿，官至礼部侍郎，兼同修国史、实录院同修撰。著有《性善堂集》《性善堂后集》《周子年谱》《夷白斋诗话》，均已佚。

⑤ 王万里，即王万，生平事迹见魏了翁《太常博士知绍熙府朝散郎王聘君墓志铭》。

⑥ 程公许（一一八一—约一二五一），字季与，一字希颖，学者称沧州先生，南宋叙州宣化（旧治在今四川宜宾西北）人，祖籍眉州（治今四川眉山）。嘉定四年（一二一一）进士，历任华阳县尉、简州通判、太常博士、著作佐郎兼权尚左郎官兼直舍人院等职。卒谥忠文。著有《沧州尘缶编》等。

深，玉雪照我惊老丑。宝屏两月同舍馆，青眼相看袛如旧。秋风一鹗空百鸷，四海知心悦斋老。鹊声查查客当还，鹤发倚门春一笑。荣途埃𡎺倦驰骛，圣域工夫窥窔奥。挈云岂无九霄志，缓辔徐驱千里道。平生我亦重择交，与君同盟期耐久。纷纭归梦促严装，黯淡羁情更分手。旭川凤檀溪壑胜，雌堂况得文章守。赢粮宁惮两日程，龙洞烟霞共幽讨。（《沧州尘缶编》卷七）

时四川李制置以荣州见辟，辞之也，某因用前韵 洪咨夔①

寄榻高寒地，收心懒散翁。鸡鸣虚室白，鸦起小窗红。古操尘弦拂，新诗冻研烘。桃梅芳意觉，不是去年丛。（《平斋文集》卷八）

大人和云②

楼底雪千峰，楼头着寓翁。梅方开萼绿，桃已亚枝红。斟浅偏劳劝，眠迟不受烘。锦城春在眼，何暇问蚕丛。

大人用韵再一首

静里栽梨枣，闲边话葛藤。缘尘还我雪，世态任渠冰。宿卉芽浑脱，新禽语模棱。年华催镊白，自笑秃于僧。（《洪咨夔诗集》卷二）

以上俱洪咨夔所作。

送阴次公赴荣州学官 李流谦③

撑肠万卷不救饥，书生何苦攻书为？如烹太牢饮醇酒，无此肝肺无由知。阴侯把笔耕六籍，短檠荧荧照头白。又携束书作官去，此生此债宁终极。大州小州疲征输，文书急急如骂奴。家无二顷归未可，泮宫水冷乐有余。使君喜士比金玉，知子姓名吾所属。定当屣履迎王符，勿忧广文饭不足。（《澹斋集》卷三）

杨仲承秘书蹉跎三年今得荣州文学冬日贻书以诗答之 王洋④

昔年曾叹小差池，官带荣名自有时。二火并光君有渐，一茅覆屋两相宜。心田自乐缘知足，世路无求亦少思。好是一丘藏曲折，也无邻里共追随。（《东牟集》卷五）

至左绵书怀呈荣州绵州二兄 魏了翁

岁行析木予去国，鹑尾之年才返室。东西南北着此身，水陆二千三百日。或云子非善谋身，幸生斯世同斯人。胡为嘐嘐苦自好，轻辞富贵重绝贫。五溪之滨有何好，兀坐六年不知老。夔门待汝有何恶？要把山林易旌纛。予闻其言心自语，吾非斯人而谁与？独嗟行止各有时，龙蛰鸿归亦其所。洋州拔将鸠余民，仰空待救人不闻。黎州边丁戍内郡，空养赤子防西门。绵州近扼剑龙路，列雉惊奔渠不顾。叙州平蛮亦良苦，卒以忧劳弃予去。见危授命理之常，苟得死所庸何伤。所忧人已两无益，燕蝠晨暝徒皇皇。鹤山之颠一亩宫，我名吾亭曰愿丰。只祈天心速悔祸，

① 洪咨夔（一一七六—一二三五），字舜俞，号平斋，於潜（今浙江临安）人。嘉定元年（一二〇八）进士。历任成都通判、刑部尚书、翰林学士、知制诰。卒谥忠文。著有《春秋说》《平斋文集》《平斋词》。

② 按：「大人和云」，即李制置和洪咨夔诗。

③ 李流谦（一一二三—一一七六），字无变，号澹斋，汉州德阳（今属四川德阳市）人，南宋文学家。以荫补将仕郎，历官雅州教授、通判潼川府事。著有《澹斋集》八十一卷，今存十八卷。

④ 王洋（一〇八七—一一五四），字符渤，原籍山东东牟（今山东蓬莱），后迁居山阳（今江苏淮安）。宣和六年（一一二四）进士，历官校书郎、吏部员外郎、起居舍人、知制诰。著有《东牟集》三十卷。

雨禾雨麦苏民穷。有粮饷士可卫民，有民给耕可供军。民相资护关塞固，又须监牧长得人。规摹便立久安势，不作目前苟偷计。弟兄归与里父师，长对春风赋《常棣》。（《鹤山先生大全文集》卷六）

来薰亭 杨嘉谟①

亭枕古城隈，轩窗四面开。颁条宣帝化，兴利阜民财。吹见棘心盛，生从萍末来。熙熙目前景，止此是春台。

武安祠 张寅②

刘先主客荆州，遂以诸葛孔明、庞士元归。其入蜀，两人之策也。大会于涪，士元亟裁以正义，其旨盖甚远。襄阳耆旧论人物者，以孔明、士元、司马德操同为评，有以哉！余被命外省，过士元祠，赋此。

玄③德志四海，如龙不可羁。曹瞒鬼蜮态，稽首英雄姿。荆州属暂寓，人物取不遗。卧龙与凤雏，收罗同一时。君看此识度，老季当愧之。惜哉神州地，无路容驰驱。晚暮计休迫，回戈因蜀资。信义固惭德，举觞何乐为。吾知士元意，本以王业期。慷慨裁正论，雍容复微词。英雄方壮岁，百志不一施。空山閟孤冢，落日缠余悲。呜呼鼎峙日，何乃多英奇。凛然千载后，庙食方从祠。河洛倾氛祲，世路犹未夷。人才定安往，皇明望畴咨。奄奄叹曹季，人人起遐思。谁能作九原，虎啸驱熊罴。一挽河汉流，浩荡洗天维。刚风九霄来，和我作怀诗。

讲教洞 高子文④

其一

一派分流溪水双，摩空松竹拥修冈。眼明心快看不足，收入画图时卷张。

其二

一官羁绁混黄埃，壮抱雄怀久未开。我若有山如此好，挂冠即日赋《归来》。

元

荣州 汪元量⑤

醉倚高楼上，裁诗得五言。蚕从云羃羃，鸟道月昏昏。妓女吹金管，庖丁洗玉盆。客痴浑不寐，府主更开樽。（《水云集》）

从兄德观父与集同出荣州府君，宋亡隐居不仕而殁。集来吴门省墓，从外亲临邛韩氏得兄遗迹，有云『我因国破家何在，君为唇亡齿亦寒』，不知为谁作也。抚诵不觉流涕，因足成一章，并发其幽潜之意云 虞集⑥

我因国破家何在？君为唇亡齿亦寒。南渡岂殊唐社稷，中原不改汉衣冠。温温雨气吞残壁，泯泯江潮击坏栏。万里不归天

---

① 杨嘉谟，生卒年不详，宋廉访使。
② 张寅，生卒年不详，宋夔路运使。
③ 玄，原文作『元』，系乾隆《志》避康熙帝名讳改，今回改。
④ 高子文，宋人，生卒年不详。
⑤ 汪元量（一二四一—一三一七），字大有，号水云，亦自号水云子、楚狂、江南倦客，钱塘（今浙江杭州）人。南宋末诗人、词人、宫廷琴师。元世祖至元二十五年（一二八八）出家为道士，后往来江西、湖北、四川等地，终老湖山。诗多纪宋元之际事，时人比之杜甫，有『诗史』之目。有《水云集》《湖山类稿》存世。
⑥ 虞集（一二七二—一三四八），字伯生，号道园，人又称邵庵先生，祖籍仁寿（今属四川），徙临川崇仁（今属江西），元代学者、诗人。历任大都路儒学教授、奎章阁侍书学士，纂修《经世大典》。著有《道园学古录》《道园遗稿》等。

浩荡，沧波随意把渔竿。（《道园遗稿》卷三）

明

来远公馆 文大才①

路出釜川由鸟道，馆开来远别山房。一春作客稀鸿信，千里怀乡共月光。荷盖引风初出色，麦花擎露暗浮香。浪游不觉疏双鬓，今夜谯楼鼓似长。

初夏止宿

其一

花雨崇朝迷客路，水村阁月乍生寒。无眠坐向东轩月，遥看青蛟欲负山。

其二

轻引朱幡入峡来，绿蓑青笠伴荒苔。灯前愁唱巴西曲，愿借南熏一扫灾。

以上俱文大才所作。

次韵 杨瞻②

其一

青春作伴不归去，大雪临头却受寒。争似故园受用好，开尊饱看首阳山。

其二

行色年年随计吏，故园松菊尽封苔。何如早遂莼鲈约，张翰焉能有后灾。

送胡志高赴汉中兼柬方希直 朱椿③

胡子蜀中士，受公知更深。不惮三巴路，欲成仁者心。伊昔韩门士，籍湜蒙赏音。勖哉今胡子，愿无愧郑林。

送胡子昭

促装何所往，驱车入汉中。欣然游大郡，况复依方公。问学日益富，道德日益隆。丈夫志远大，岂肯屈樊笼。他年升馆阁，步武接夔龙。

以上俱朱椿所作。

东川即事 胡子昭

其一

柞树寻荒径，携壶上翠微。路危行客少，山僻到人稀。古庙寒云篆，幽溪冷石矶。岸深驯野雉，频顾不惊飞。

其二

人道山行好，山行好寂寥。布袍穿棘刺，草履滑松毛。古木留云暖，清泉漱石骄。独行偏会意，猿虎莫轻佻。

山行

其一

剉秣④寻荒径，携壶上翠微。路危行客少，山阔见人稀。古庙存台址，荒神着藓衣。山鸡元不惯，惊起舍前飞。

---

① 文大才，生卒年不详，曾官嘉州知州。

② 杨瞻，生卒年不详，宰相杨博之父，山西蒲坂（今山西运城）人。明正德十四年（一五一九）举人。曾为贵州道监。

③ 朱椿（一三七一—一四二三），明太祖朱元璋第十一子，洪武十一年（一三七八）封蜀献王，二十三年（一三九〇）就藩成都府，重文教，礼师儒，轻赋税，为时人称颂，卒谥献。

④ 按：剉秣，民国《志》作『柞树』，此据《全蜀艺文志》卷十六校改。

其二

人道山行好，山行最寂寥。缊袍钩棘刺，草履踏松茅。古木参天秀，岩泉浸石桥。道人惊破胆，虎啸白猿号。

临难

金声催击鼓声忙，监斩官追上法场。烙铁火烧红焰焰，钢刀磨利白芒芒。此身刑宪飘冥府，九族伶仃各一乡。寄语满朝朱紫贵，铁人无泪也心伤。

临刑

两间正气归泉壤，一点丹心在帝乡。

以上俱胡子昭所作。

竹王祠　陈其力①

何处仙桥是渥洼，天生龙种亦奇哉。浣纱人去溪流在，封竹祠非世事乖。芳誉至今传姓字，遨游不用索形骸。人间回首闲云鹤，赋就东风入醉怀。

庞靖侯祠

天上鹓班羡凤雏，可堪王业委西隅。地当三国分刘汉，运去中原有魏吴。剑岭风尘悲往事，银山精气动先驱。乾坤万劫香名在，不用临流起叹吁。

以上俱陈其力所作。

怀乡　胡志远②

其一

吾家望在白云边，三五年来信不传。花坞径深苔藓合，草堂门掩薜萝悬。深惭游子俱千里，遥意慈亲各一天。几度欲归归未得，新诗写作断肠篇。

其二

和义城东有故踪，淡烟芳草恨无穷。一区废宅荒山下，几度残蝉夕照中。乡国匪遥身自远，乾坤虽大足难容。早知天道无端的，何不持竿学钓翁。

大石门　龚汇

石门门外白云飞，路入川东景物奇。马上看山呼得应，溪边见月笑相随。松房雨润飘丹桂，桃洞烟寒护紫芝。金马玉堂人去远，清风未许此山移。

荣王府

清风坪上绍熙城，③绕郭溪光照凤鸣。瓦砾已随朝市变，楼台无复帝王荣。丹霞掩映龙蛇字，碧藓残消鱼豕铭。夜静五陵山畔月，相看无语总多情。

洛阳溪

石门门外白云飞，路入东川步步奇。马上看山呼得应，溪边留月影如规。松房雨过飘丹桂，箐口烟寒护紫芝。金马玉堂人去远，清风未许此山移。

以上俱龚汇所作。

大石门　王永④

久慕东川景，今过大石门。两崖高峭壁，一路曲通村。好鸟

① 陈其力，生卒年不详，字芸心，云南通海县（今玉溪市通海县）人，明嘉靖己酉（一五四九）举人，仕至户部司务，著有《芸心集》。
② 胡子义，字志远，子昭之弟，荣县人，其事迹见本书《名人乡贤》。
③ 原注：清风坪，清富楼前地名。
④ 王永，生卒年不详，昆山举人，任荣县教谕。

和春昼，清泉漱树根。衔杯登眺里，此际与谁论。①

梧桐沟 王本初②

云树阴森水石幽，溪源尽处是梧沟。路从擦耳崖边过，人在惊心峡里游。③春暖迁乔莺恰恰，秋晴呼类鹿呦呦。林深路暗行踪灭，只是桃花逐水流。

栾王府

唐宋藩封古帝城，春风碧草自生生。帘低龙凤姿何在，井汲琉璃水故清。罗绮漫随桃李烂，居诸还向黍禾明。游人到此怀陈迹，共羡潜渊起王京。

以上俱王本初所作。

临境道谚 杨石④

羊肠曲径难行马，螺髻团峰可蹑猿。云起千层迷谷口，鸟飞半日到山巅。水流涧底声微渍，月上天边影正圆。不识桃源在何许，此间人拟是神仙。⑤

栾王府

宋代光皇邸，明时万灶城。溪山借楼阁，花鸟眷池亭。环佩松筠耐，文章宇宙亭。莫怜春梦者，吾党庆升平。

钓台

流水南来绕钓溪，黄芦秋霁故萋萋。当年隐钓人何在，一片残霞锁石矶。

四柏堂

堂前四柏面奇峰，直干亭亭倚碧空。月出满庭金错落，云来当户玉璁珑。光凝墨沼浮春绿，翠拥书灯照夜红。造物莫辞培植力，三槐曾见接三公。⑥

以上俱杨石所作。

庞靖侯祠 胡山⑦

枣岩壁立镇坤维，谁建穹碑纪胜思。忠愤一朝扶汉室，英雄万古著名祠。犬羊不许轻搔扰，神爽应知谨护持。血食有人供祀事，灵光毫发不容私。

庞靖侯祠 李遇阳⑧

连环曾运智，落度叹神州。良策缘水鉴，香名并武侯。

崇仁祠

白塔冲霄玉削峰，新祠独对状孤忠。金川漏促心先死，西市天昏道不同。节气当年经厄塞，纲常百代荷光崇。生儒隶止趋来则，瞻仰令人溯德风。

以上俱李遇阳所作。

---

① 按：此据乾隆《志》卷四录入。民国《志》卷十作："久慕东川景，今过大石门。两崖高峭壁，一路曲通村。好鸟和春昼，清泉漱树根。若论忠义气，此路镇乾坤。"

② 王本初，生卒年不详，栾县人，卫经历。按：卫经历，官名。明代各卫指挥使司所属经历司设一人，从七品，为各卫首领官。掌出纳文移等事。

③ 原注：崖，峡，二地名。

④ 杨石，生卒年不详，栾县人，赠知县。

⑤ 按：此据乾隆《志》卷四录入。民国《志》卷五作："羊肠曲径难通马，螺髻团峰小过拳。花落千重迷谷口，鸟飞半日到山巅。寒流涧底锵如玉，月映滩头挂一钱。尝惜桃源无路去，此身今是武陵仙。"

⑥ 按：此据乾隆《志》卷四录入。民国《志》卷四作："书堂四柏立庭中，直干亭亭翠扫空。人夜月穿金错落，当窗雨过玉璁珑。岁寒离立如师友，人品孤高历雪风。好梦故知天赋予，三槐曾见接三公。"

⑦ 胡山，生卒年不详，云南滇池人。曾为栾县教谕。

⑧ 李遇阳，生卒年不详，贵州人。曾为栾县训导。

庞靖侯祠 但一阳①

大将冰鉴付桑翁，的识才猷并卧龙。火德烬明嘘方外，风雏彩映夕阳中。江东鼎峙殊前烈，许下衣冠自诧雄。争似锦袍千古祀，光联日月著精忠。

崇仁祠

时事茫茫众所难，成仁不顾此生残。魂依北极心纯赤，云锁东川水自寒。气节棱棱高华岳，乾坤屹屹并逄、干。蒸尝祠下钦风烈，王魏功成竟可叹。

以上俱但一阳所作。

崇仁祠 邓向荣

金陵王气付燕京，恸念先皇舍此生。被发海滨嗟不遂，剖心建业恨难平。金奴入侍谁挥泪，志远潜逃自忍声。独喜圣衷能藻鉴，侍郎身后尚留名。

崇仁祠 熊大辂②

西市当年不避锋，志符正学抱精忠。连枝流落夷齐死，新庙森严陟降同。环列诗书思表范，面临巀嶭显尊崇。青青松柏参云汉，多少英雄拜下风。

崇仁祠 李会春③

神栖寂寞锁郊东，白鹤青松伴烈风。俎豆不忘临大节，雄豪犹想贯长虹。魂随正气千年在，道为忠贞一死隆。阶下抠趋瞻拜罢，深思颜汗几和同。

崇仁祠 杨易

其一

今人岂是古人臣，今古何曾有晦明。守义一时征节重，存心千古见身轻。于公分内刚才尽，斯道从前觉大亨。古训照人颜色在，新碑高庙肃仪形。

其二

万古纲常重若山，先生负荷出人寰。心同日月悬双照，气与乾坤在两间。故国时来鸣杜宇，新诗删后注风鬟。夷齐饥死非忠癖，王魏功成有厚颜。

其三

间世奇才喷德馨，孤忠卫主九重深。赤心炯炯对天地，英气棱棱贯古今。周、召树勋神妙算，逄、干就戮剖胸襟。贤明特为崇元祀，缛典流芳动仰钦。

崇仁祠 张九思④

胡公祠宇建来深，凛凛霜魂死尚生。岭外愁云凝壮气，庭前劲草发精英。君臣大义名常正，社稷丹心志在贞。为爱一轮江月上，清光独照万年明。

题胡公祠 杨镕

其一

节义祠堂秋草深，山烟城雨傍高生。灵旗尚带严霜色，遗像犹存铁面英。一日草疏期报国，千秋俎豆慰怀贞。九峰祀并三荣祀，共表夷齐翊圣明。

---

① 但一阳，生卒年不详，荣县人。曾官荣县典仪。
② 熊大辂，生卒年不详，麻城人。曾任荣县知县。
③ 李会春，生卒年不详，云南人。曾为荣县教谕。
④ 张九思，生卒年不详，曾为荣县知县。

其二

节义祠堂秋草深，如君真不负平生。堂堂遗像清霜色，浩浩东川大海声。头上有天无二日，人间大节重三荣。孝陵松柏西风起，长表夷齐万古情。

琼州张子的与余同年，俱为县令江南，子的自建德改当涂，今入觐，又改荣县，一岁中三易县。居京师，旅寓相近，以诗为别　归有光①

岭表生异人，始兴最开先。余公亦崛起，屹屹天圣间。圣代丘文庄，富学迈昔贤。忆余童丱时，尝听家君言。吾郡有桑生，恃才颇轻儇。公见即识之，进奖席每前。夫人出佩玉，珍馔罗绮筵。当时吐哺风，与古能比肩。公文根理要，不肯事纤妍。奈何浮薄子，辄尔论议喧。子的来公乡，年往志愈坚。共余曲江宴，面带鲸海颜。问公石屋在，世业存遗编。君今为县吏，宦辙如邮传。庙堂亦无意，何以不少怜？使君自天来，万里往复旋。君才岂不办，古道多屯邅。叹息时所尚，为废《循吏篇》。（据《震川全集》补）

送王昱知荣县　程敏政②

几载儒衫困一经，除书新捧下彤庭。远趋蜀道三千里，上应郎官十五星。黉舍秋风兴士子，畬田春雨劝租丁。政成他日蒙推荐，尚及才人两鬓青。

（据《篁墩集》补）

东川谒胡公里　李锐③

闲向东川策马行，望中无处不伤情。鸟啼林谷悲春静，云拥檐楹锁月明。正气万年横汉宇，芳名千载彻重城。我来独见青山暮，为倚阑干抱不平。

书石门崖

先生古忠臣，我来访故里。下马过高梯，清风只在此。

广福寺

万古龙山未品裁，我来清致可徘徊。云飞绿嶂僧为侣，路阻红尘卉正开。石榻昔年瞿氏宿，空门今日老苏才。晚凉独坐元无语，磬彻寒泉声若雷。

清凉寺

四海名山此最奇，春光留恋不知疲。僧人忽自云中出，弦管分明天上吹。两树可容听妙法，三生何计脱尘羁。才留簪组贪禅境，花下清阴报已移。

以上俱李锐所作。

① 归有光（一五〇六—一五七一），字熙甫，号震川，昆山（今江苏省昆山市）人。嘉靖十九年（一五四〇）举人，八预会试，均落选。迁居嘉定（今属上海）安亭江上，聚徒讲学二十余年。嘉靖四十四年（一五六五）六十岁始中进士，授浙江长兴县令。官至南京太仆寺丞。著有《震川先生集》。

② 程敏政（一四四六—一四九九），字克勤，中年后号篁墩，南直隶徽州府休宁县（今安徽黄山市休宁）人，南京兵部尚书程信之子，曾随父到四川任职。十岁时以神童被荐入朝，成化二年（一四六六）殿试榜眼，授翰林院编修。历官侍讲，充经筵讲官、左春坊左谕德，累官礼部右侍郎。编著有《皇明文衡》《咏史诗》《宋遗民录》《篁墩稿》等。

③ 乾隆《志》原注：荣县知县。大理人。

松林禅馆 范渊①

晚凉驱马来山寺，山寺晚钟还未鸣。云翠半连天脚近，松阴一路石头平。老僧茶灶初浮白，迂客襟怀笑碧青。奔走不知尘里过，百年人世总相轻。

松林禅院用前韵 高翀②

一登山寺道，天籁应时鸣。首座僧初定，清池水自平。鹤穿松月白，鳌隐钵盂青。愧我闲来往，浮云过目轻。

宿松林方丈 余承恩③

翠巘层峦策马行，夜眠多雨昼多晴。赋归已足闲居好，再出休夸宦况轻。万里秋风横一剑，满江云气落双旌。不才亦有希贤志，经略西南拜孔明。

过松林寺读锦衣都挥使兄诗 余承业④

将军雄赋留僧舍，客里登临思更深。万里埙篪惊合璧，百年诗礼见趋庭。无边梅树家家雨，不尽鹃声夜夜心。归骑嘶风应熟路，何妨宵月出东岑。

再过松林方丈漫书

六年两度饭松林，倦客栖迟万树阴。大谢二篇春草意，西堂夜雨动清吟。⑤

以上俱余承业所作。

松林寺次前人韵 刘儒⑥

夜来匹马度禅林，松柏森森满地阴。山寺幽闲僧卧稳，当年悔不效长吟。

雨中晓发 焦市程⑦

山寺鸣钟杳霭间，夜阑灯火宿禅关。梦回苦海鸡初唱，笑指恒河僧未闲。风雨那看驰骥足，云岚一任锁巫山。空将踪迹红尘老，何不山中觅大还。

雨夜遇宿 佚名

山夜仍冲雨，荒庭见候僧。张灯村火乞，开榻野云凭。清梦猿呼断，冥心雁语增。有怀贤地主，迂蹇愧良朋。

蜗角洞 王文⑧

蜗角虚名能几何，山头谁凿白云窝。石床小可不须大，容得闲身受用多。

---

① 范渊，生卒年不详，字静之，号君山。明湖南桂阳（今湖南省郴州汝城）人，弘治九年（一四九六）进士。曾任云南按察司副使。著有《君山诗稿》《民训》等。

② 高翀（一四九〇—一五七〇），字允升，号玉华，江西峡江县（今江西吉安市峡江县）人。嘉靖五年（一五二六）进士。历官山西参政、云南按察副使、贵州左布政使。著有《玉华诗文稿》《归与稿》等。

③ 余承恩，生卒年不详，青神（今眉山市青神县）人。曾官锦衣卫都挥使。

④ 余承业，生卒年不详，青神（今眉山市青神县）人。嘉靖二年（一五二三）进士，任布政司参议。

⑤ 原注：谓其兄承恩、承勋也。

⑥ 原注：佥事。徽州人。

⑦ 原注：佥事。南阳人。

⑧ 王文，生卒年不详，字千之，初名强，束鹿（河北省辛集市）人。永乐十九年（一四二一）进士。为监察御史，持廉奉法，为世所称。曾官四川提学副使。

书荣公署　樊得仁①

其一

我祖当年此宦游，我生宦邸七经秋。幕莲棠荫人犹诵，骢马薇垣自愧浮。棨戟重来伤往昔，江山不改旧风流。青青冢上松楸拱，回首关河泪未收。

其二

再过三荣感旧游，春光不改去时秋。山城景色还如故，人物衣冠半已浮。弭盗救荒成往事，筑城督捕尚传流。明明我祖循良绩，他日应劳太史收。

追赋牟女打虎救母诗　范纯②

宋嘉泰四年七月二十九日，荣德县北箐口民女阿回牧牛于龟子山。至晚，母王来接与归，半路遇一虎，衔母去。阿回手持牧牛竹梢疾走逐虎，及之，号哭打虎背四五下，虎遂舍其母，坐于地，阿回直前扶母，母尚能言。既而其父与其邻偕来，虎方退，而母死矣。阿回时年十余岁也。事上于郡，郡守朝奉某公嘉其孝，既旌赏之，权县莫伯祥复镂本以申劝戒。呜呼！贤守令用心若是切至，当时习俗欲不厚，得乎？余按郡至荣，偶得石刻，读之，重有所感，因叹息累日。然未有为赋之者，自念于古人虽无能为役，而导民为善，亦分所宜然。遂撮其大要，歌诗以传播其事，使人读之知所感发兴起，而于世教亦未必无小补云。母名乞女，父曰牟四老。诗曰：

猛莫猛于虎，弱莫弱于女。孝心一激勇勃然，眼中之虎一如鼠。荣德有女身姓牟，田家作苦长牧牛。龟子山头日将夕，母王来叫归来休。牵牛同母行无虑，虎忽半途衔母去。牧牛三尺短竹梢，持以逐虎打虎背，大声号哭声彻天，虎为放母口收涎。直前扶母母犹语，语罢身死山之边。母虽不幸死于虎，犹得全躯入黄土。人虎不敌世共知，烈烈孝勇女莫伍。于时宋朝嘉泰年，全蜀民物熙熙然。贤哉守令重风教，特加旌劝礼意全。去今将及三百岁，事载翠珉昭弗昧。读来毛发寒竦然，激烈顿令惊五内。吾乡水氏曾救夫，持挺杀虎在斯须。论人于此相伯仲，曰孝曰义心不殊。我惭久任观风职，兀坐霜台兴叹息。迩来听断久停车，骨肉纷纷讼如织。作诗特地劝吾氓，此心此性天生成。尽心竭力做好事，何容此女专芳名。第一好事敦孝弟，出则移忠于所事。人人君子家诗书，三代淳风蔼斯世。③

粤王化既邈，习俗浇薄，虽父子、兄弟、夫妇，利害所在，不相顾惜，甚至戕恩贼义，有难言者。余迁守兹郡，听谳之际，凡悖伦伤恩者，靡不开其蔽而通其明，全其情而惧以法。然固有心革威慑翻然悔悟者，而伦理尚未见厚，讼狱终未能清，岂身教

① 樊得仁，生卒年不详，字恕夫，陕西朝邑县（今渭南市大荔县东）人。曾官四川布政司参议。著有《性理三解》等。

② 范纯（一四二五——一四八七），字诚夫，号朴斋，嘉定（今上海市嘉定区）县人。天顺元年（一四五七）二甲进士。南京兵部主事，迁南京兵部员外郎，成化七年（一四七一）五月出任四川按察司佥事，分守川北所辖番部道，后升任四川按察司副使。著有《朴庵诗集》《朴庵文集》《倦还录》等。

③ 按：《追赋牟女打虎救母诗》，光绪《志》与民国《志》记载略有差异。「犹得全躯入黄土」以下，民国《志》作：「于时宋朝嘉泰年，贤哉守令旌门前。今三百载刻在石，如见黄虎身斑斑。吾乡水氏救夫苦，持梃斯须杀狂虎。特比阿回心不殊，一孝一义人一途。我惭久任观风职，兀坐霜台三叹息。本与阿回共一乡，骨肉纷纷讼如织。作诗特地劝吾氓，此心此性天生成。尽心竭力做好事，原比打虎事容易。第一好事敦孝弟，出则移忠于所事。人人君子家诗书，虎亦畏君君何如？」

之政有未至，而习染之锢未易新耶？佥宪范公追赋《牟氏打虎救母》诗，惓惓以牟女之孝为足重，而守令能旌劝为可嘉，复申谕吾民，勿使是女专美于前。公之意必扶持世教，弭息讼源，不特文字之可称述而已。凡在吾民，独不思牟一弱女，而孝心激烈，捍虎救母，奋不顾身，况壮而为男子者乎？又况读书明理为大夫者乎？嘉定州知州魏瀚跋。

广教寺 赵远①

一剑横腰漫尔游，双旌凌晓野情幽。灶烟漠漠晨生白，溪水亭亭咽不流。观俗颇无苛似虎，谋身真许拙于鸠。山云莫怪行踪急，别有人间一种愁。

枣岩之胜，废弛久矣，感锦川张侯九思为之再造赋此 杨仲醇②

其一

南山佳处许新看，二百年来草树寒。此日搜奇真得胜，干旋宇宙笑谈间。

其二

暮霭林端纵旷怀，千峰西下笋初排。相期一酌临孤峭，净扫人间万顷埃。

其三

松径行穿出绮霞，石桥小坐拂轻纱。隔溪箫管浑闲事，待听平夷竞鼓笳。③

其四

一觞旧地有余情，茂树深林晓色明。为语人间好图画，千年遗爱此山行。

清

青崖寺 张容

文章有价世争传，一卷摩挲在此间。同是青崖名字好，思量甄济读书山。

过朝天峡 李南晖④

呼吸风云近，人从天路行。山光低鸟道，水气湿猿声。改步千峰异，达观万壑平。可能通帝座，方寸向神京。

送张容任青阳 樊泽达⑤

九华卓立大江南，双舄新肩百里担。竹马云屯迎父母，花城春晓种梗楠。英豪盼尔三称异，懒慢惭予七不堪。别后临风肯相忆，鲤鱼封寄素书函。

---

① 赵远，生卒年不详，江西人，曾官叙州通判。
② 杨仲醇，生卒年不详，荣县人，恩授教谕。
③ 原注：时边警未宁。
④ 李南晖，生卒年不详，字青峰，举人，家通渭。任荣县知县。乾隆四十九年，回民起事被俘而死，赠太常寺卿。
⑤ 樊泽达，生卒年不详，字昆来，宜宾（今四川宜宾市）人，康熙乙丑（一六八五）进士，授编修，官至翰林侍读，提督广东学政。工诗。著有《敬业堂稿》《江山杂咏十三集》等。

寄族侄容　张英①

数载青城教泽宣，清河独尔继前贤。征输闲里调琴鹤，断讼平时爱石泉。雅化崇儒分薄禄，高风课子富鸿编。更忻同谱情逾笃，两地惟凭尺素传。

寿兄学山六十　邹学明②

是我诸兄亦我师，少时立雪已多时。老来物论群相化，身外荣观百不思。圣证六经归注脚，仙源一水沁诗脾。不知寿骨如公否，岁岁春风进酒卮。

凤鸣朝阳　黄大本

凤鸣盛地焕丝纶，旭日曈曈气象新。城势似环山作镇，溪流如带草成茵。祀同七曲开文藻，影泻千竿忆古人。从此高岗辉羽翼，何妨载笔勒贞珉。

龙湫夜月

天光水色本分明，月印波心分外清。碧落乍看飞玉镜，空潭更喜挹晶莹。杈枒古木猿声寂，壁立巉岩夜气萦。错认骊龙珠在抱，会教霖雨润苍生。

万景岑楼

出郭登山杖履艰，岑楼遗迹费跻攀。遥瞻云树迷三楚，近接岷峨控百蛮。延伫移时舒啸咏，掉头归路俯尘寰。莫言景物成虚幻，沧海桑田总一般。

双溪书阁

潜夫削籍数偏奇，二子成名赖姆仪。欲避尘嚣先择地，思传诗礼更延师。猿啼鹤唳真清绝，柏翠松苍好护持。讲教洞临溪水碧，自来天道总无欺。

清富登临

当年景物已推迁，清富名标却宛然。一派笙歌常寂寂，满城风雨自年年。登楼远挹千山翠，临水低迷几树烟。欣际太平无所事，振衣濯足正蹁跹。

啸台游赏

金碧岩前认啸台，攀藤拾级兴悠哉。幽寻是处皆参佛，游赏何人不捉杯。水泛清溪光似练，声传空谷响如雷。孙登去后谁同调，怅望天涯数劫灰。

荣德晴岚

闻说希夷灶有丹，出关老子亦停鸾。晴光激射连天碧，山气蒙笼映日寒。石室曾经文豹隐，莲池可有蛰龙蟠。③千寻拔地如能到，雨霁烟消纵大观。

筠山夕照

筠山高与白云齐，返照余光促马蹄。虚市早看朝似醉，桑榆晚爱景垂西。晴霞倒映烘溪阔，倦鸟知还著树低。闻道齐城名不夜，人间亦复慕丹梯。

---

① 张英（一六三七—一七〇八），字敦复，又字梦敦，号乐圃，安徽桐城（今安徽桐城市）人，张容族叔。先祖世居江西。清代名臣张廷玉之父。康熙六年（一六六七）进士，选庶吉士，先后充任纂修《国史》《一统志》《渊鉴类函》总裁官，累官至文华殿大学士兼礼部尚书，卒谥文端。著有《笃素堂诗集》《笃素堂文集》《存诚堂诗集》《易经衷论》等。

② 邹学明，生卒年不详，字海山，荣县人。教授为业，廖朝翼、曹后亮、蓝瑾章皆出其门。著有《步月山房稿》。

③ 原注：山中石室二十四所，龙池有千叶莲。

龙山插笔①

南山名虎又名龙②，塔影群推文笔峰。桥号进贤欣跃鲤，寺传兴国听鸣钟。冗祠颓废今榱桷③，遗迹荒凉旧辟雍④。试看真如崖土圻，人文蔚起羡儒宗⑤。

翠壁凌霄

乘兴探幽景物饶，诸峰峭拔势凌霄。山形面面皆如削，翠影重重不易描。鸟解高飞无窒碍，僧知入定自逍遥。吟瓢酒盏寻常事，空谷凭谁举手招。

渔矶垂钓

荣隐先生乌角巾，矶头兀坐自全真。无心渭北飞熊兆，不让桐江遁迹人。月白风清余片石，天荒地老剩闲身。剧怜富贵浮云是，逸韵难征问水滨。

石笋排空

路接西南径轻幽，排空石笋几年抽。云归岭畔形偏瘦，雨洗苔痕翠欲流。驿使从教劳指点⑥，萍踪偶憩辄勾留⑦。当年苏氏名相亚⑧，欲纪风徽拟筑楼。

旭川纪事

戊寅六月二十一，夜半子时山雨集。雷轰电掣黑气屯，乖龙怒号神鬼泣。咫尺城南水拍天，狂澜冲决势孔急。城中窪地喧蛙声，老弱扶携恐不及。皇天悔祸雨脚收，黎明出郭聊抚辑。死者已矣生者叹⑨，安危得丧分呼吸。或云两河孽蛟拔地起，屈指往事年六十。或云老山地势如建瓶，东西倒泻水壁立。余愧父母乎斯民，瞥眼乍见心呜唈。欲为善后计长久，筑城凿池并汲汲。濠身展拓数十寻，蓄泄便于水出入。沿溪堤功亦勿迟，永永庶得保井邑。恒情虑始颇觉难，庸以劳民比束湿。作诗纪事贻后人，官民利害贵相习。⑩

己卯秋补葺荣城工竣

敢言百废已俱兴，辛苦艰难一力承。二水环流仍荡漾，五山作镇本崚嶒。情殷保障人知否，邑有逃亡问未曾。酒醴笙簧真细故，抚心常自切冰兢。⑪

---

① 按：此据嘉庆《志》卷八录入。民国《志》卷十作：『兹山名虎又名龙，塔影群推文笔峰。人过进贤桥外路，寺传兴国古时钟。登临载酒还吹帽，苍翠摩天自种松。试看真如崖土圻，居然人镜兆芙蓉。』

② 原注：山名，虎头山，明邑令王梦魁易为龙头山。

③ 原注：辛巳冬，建龙王阁于镇南塔下。

④ 原注：有宋科名最盛，文庙碑碣可考。

⑤ 原注：俗传真如崖土崩裂，为荣邑文明之兆。

⑥ 原注：此地曾置邮传。

⑦ 原注：近年设有客舍。

⑧ 原注：元祐间，目子瞻兄弟为成都两石笋。

⑨ 原注：时淹毙二命。

⑩ 按：此据嘉庆《志》卷八录入，民国《志》卷十作：『戊寅六月二十一，夜半荣州山雨集。咫尺城南水拍天，满郭蛙声杂人泣。五更以后雨脚收，黎明出城勤抚辑。水高于屋万家破，死者何辜绝呼吸。或云两河蛟作孽，我朝往事年六十。或云老山地势如建瓶，水势一泻成壁立。余愧父母乎斯民，眼中惨惨心汲汲。欲为善后计长久，筑城凿池事孔急。濠身展宽其势舒，蓄泄便于水出入。作堤捍水尤要策，永永人功保兹邑。恒情虑始颇觉难，官民利害贵相习。作诗纪事贻后人，雨来半夜何嗟及。』

⑪ 按，此据嘉庆《志》卷八录入，民国《志》卷十作：『敢言百废已俱兴，辛苦当于一力承。城郭不完宁泄泄，室家随我筑登登。情殷保障人知否，邑有逃亡问未曾。二水五山无恙绿，抚心常自切冰兢。』

开浚西河

金碧岩前地脉通，东川直达气如虹。遥瞻雉堞依云表，俯瞰霞光入镜中。欲觅烟波先插柳，莫禁枫冷爱题红。啸台咫尺堪凭眺，私喜安澜仰化工。①

以上俱黄大本所作。

题此君亭 涂逢豫②

官廨之西，隙地数亩，有池焉，环池皆修竹，浮青晕碧，映水同色。池上故有亭，岁久漫漶欹侧，因其材而更新之。而于亭之东北，复诛茆为屋二间，欂栌栏楹，前后左右若盖者蔽者，悉以竹为之。庀材无多，工费甚约。秋七月既望，落成之日，与客瀹茗置酒而乐之，而颜之曰『此君亭』。抚景感怀，成诗四首。

其一

车驱齐晋复幽燕，屈指游踪忆昔缘。白遂看花香旖旎③，大陵种树影婵娟④。徘徊旧雨人何在，检点残编思黯然⑤。中酒高歌更长啸，可无余兴慰衰年。

其二

十载灊阳烟树浓，吴头楚尾意无穷。岩奔雪瀑经山谷，路涌银云入皖公。闻道扬风沐雨后，传来金简玉符中。匆匆别去情何极，回首江花二月红。⑥

其三

去住行踪可自由，生平寄寓等浮沤。瞥然明月三更梦，忽作长江万里游。滟滪堆连巫峡水，峨眉山接锦城秋。流光不住云何住，且住为佳任去留。

其四

倏尔新亭在水涯，偶然风味亦清嘉。兰丛侵晓都含露，莲渚逢秋尚作花。凤尾参差当护惜，龙材勃兀更横斜。漫言信美非吾土，我自清溪上有家。⑦

治官杂诗 龚巽

其一

阿衡诞降本空桑，玄鸟天生起大商。用夏变夷归汉籍，浣纱溪上夜郎王。

其二

钓台千古首严陵，大泽羊裘尚得称。何似笱山老荣隐，只留石印识圭稜。⑧

---

① 按，此据嘉庆《志》卷八录入，民国《志》卷十作：『金碧岩前地脉通，东川直达气如虹。展开水力由山下，收得霞光入镜中。欲护沙堤先插柳，已登秋稼不妨农。后来作宰荣溪者，疏凿毋忘趁岁丰。』

② 涂逢豫，生卒年不详，字长卿，一字怿堂，号莼溪，江宁（今南京市）人。乾隆二十四年（一七五九）举人。著有《山璺集》《凤城编》《皖江集》《通潞集》《淮海录》《灊阳录》《蜀游草》等。

③ 原注：路河天桥湾与吴指香、林绣谷诸人观荷。

④ 原注：文水令顾强叔为余种花树，书院几满。

⑤ 原注：昔游皆有诗。

⑥ 原注：春仲自皖之楚。

⑦ 按，此据嘉庆《志》卷八录入，民国《志》卷二作：『倏尔新亭在水涯，偶然小坐亦清嘉。兰丛近客都沾露，荷叶逢秋尚作花。大竹成龙生万绿，一官如鹤立三叉。漫言信美非吾土，当我清溪溪上家。』

⑧ 原注：荣隐先生室在笱山，有石如印，旁为荣隐庵，故名石印山，又名老笱山。

其三

高台长啸说孙登，南渡嘉名已艳称。载籍无稽仙迹幻，半空鸾鹤或飞腾。

其四

赵宋分藩有绍熙，崖屏九折故宫基。杖藜访古孤松在①，石马横眠又几时。

其五

洞门烟水石粼粼，绛幔传经此涧滨。一孝一忠名盖代，向夫人并仉夫人。②

丙寅仲夏观荷镜香亭小饮联句用白香山新昌新居韵　宋鸣琦　等

三荣当南宋时，盖西南一大都会，往读晁、陆诸公诗文集，备言山川风土之美，心艳之而无由至也。岁夏五，以公至止，因得涉览，弥叹昔贤歌咏不虚。汇泉许明府时宰是邦，留憩县斋之镜香亭。亭盖新葺，环以水，可十亩。烟汀雾溆，亚以楼台，朗朗然如在镜光中也。于时快雨初晴，风荷万柄，清尊红烛，继以歌诗，诸君子及从游人士各有倡和，遂成巨帙。夫晁、陆尚矣，佳游本事，循吏才人，远情斯在。明府珍兹盛会，欲寿诸石以传之，烟想霞思，风流如昨，披吟再过，毋亦有不薄今人而爱古人者乎！

旧地快新迁，佳游订往年。黄梅初过雨③，青笠正耘田。揽辔攀层蹬④，鸣驺度远廛。劳农施懋奖⑤，敬老引华颠。款款询禾黍⑥，勤勤课市椽。计程稽废堠⑦，访古剔荒砖。水縠争摇旆⑧，山花故压肩。一宵园竹语⑨，二篚野蔬筵。云豁遥岑外⑩，风清曲盖前。峨峨荣隐近⑪，乙乙冶官连。郭抱双流合⑫，原围万井偏。江山唐域贵⑬，文物宋人传。恰数群英聚⑭，欢闻小队便。黍迎巡部泽⑮，日暖进城烟。所愧香花供⑯，同将孺稚牵。画桥旌旗刚止处⑰，楼阁小吟边。承荫春生屐⑱，开窗翠泼天。画桥低亚水⑲，冰簟软铺绵。境以壶中大⑳，帷还镜里褰。蓦看荷柄柄㉑，犹带露娟娟。九品宜参佛㉒，三峰欲问仙。长庚凭尔酹㉓，

---

①　原注：罗汉松一株，传为宋物。
②　原注：夫人为宋王梦易妻，子庠、序，夫人辟讲教洞教之，皆成大儒。
③　原注：梅生。
④　原注：刘应蕃。
⑤　原注：郭楟杰。
⑥　原注：陈一洄。
⑦　原注：唐张友。
⑧　原注：何椿龄。
⑨　原注：梅生。
⑩　原注：蕃。
⑪　原注：楟。
⑫　原注：洄。
⑬　原注：友。
⑭　原注：椿。
⑮　原注：许源。
⑯　原注：梅生。
⑰　原注：蕃。
⑱　原注：楟。
⑲　原注：洄。
⑳　原注：友。
㉑　原注：椿。
㉒　原注：源。
㉓　原注：梅生。

太乙竟谁眠。印雪痕方记①，题襟席已专。绣衣京兆宴②，鹤俸汝南钱。泛览刘歆籍③，分尝陆羽泉。桐圆秋有信④，笛好客初撚。忽草虫鱼疏⑤，横张邓马弦。蒙蒙湖海合⑥，蔼蔼蕙兰全。一昨琼华梦⑦，频年席诉缠。于焉梅共咏⑧，宁笑蚁趋膻。屈曲蟠金戍⑨，连环闳锦乾。食单明府馔⑩，行幕使君莲。怅未偕欧九⑪，惭兹树橘千。幸犹归藻鉴⑫，总与悟香禅。语妙拈来得⑬，诗愁醉后痊。持绳还系日⑭，卜夜更随缘。电影摇官烛⑮，檐花幌彩笺。琴尊名士气⑯，灯鼓酒人篇。戴斗杓应转⑰，倾珠茗载煎。愿船森欲晓⑱，高诵各陶然。

丙寅仲夏于役荥州观荷县斋归途得诗四章寄汇泉明府兼柬云阶别驾

其一

小队凌云唤渡来，石堂溪外略徘徊。好山乍沐徐徐转，凉稻如油一一栽。比屋聚烟村市集，老农含笑昼耘回。半宵草草荒园榻，细剔苔斑解竹胎。⑲

其二

荥梨山下万人家，树影环城路几叉。胜地分应宽礼数，贤官民亦爱清华。香生茂叔洄池水，客品卢仝午晌茶。身在鉴湖浑未觉，片云头上日初斜。⑳

其三

山中竟夜雨离披，曙色轻烟起较迟。新涨才添四五寸，高荷稍失两三枝。寻芳心醉非关酒，览胜人多合有诗。最喜更浮秧马足，梯田高下正相宜。

其四

归程那惜马蹄遥，频逐飞泉下碧霄。良友簪裾山馆盖，部民鸡黍客愁消。藕丝不断萦怀切，雨片无端带雾飘。莫笑闲游动三日，北行未负采风谣。

以上俱宋鸣琦所作。

---

① 原注：蕃。
② 原注：椁。
③ 原注：洄。
④ 原注：友。
⑤ 原注：椿。
⑥ 原注：源。
⑦ 原注：梅生。
⑧ 原注：蕃。
⑨ 原注：洄。
⑩ 原注：友。
⑪ 原注：明府曾邀杏坊秀才，以事不果至。椿。
⑫ 原注：源。
⑬ 原注：梅生。
⑭ 原注：蕃。
⑮ 原注：洄。
⑯ 原注：友。
⑰ 原注：椿。
⑱ 原注：源。
⑲ 按：此据嘉庆《志》卷八录入。民国《志》卷十作：「小队凌云唤渡来，石堂溪外略徘徊。好山乍沐徐徐转，凉稻如油一一栽。比屋聚烟村市集，老农含笑昼耘回。累君作我山城主，绕座莲花馔竹胎。」
⑳ 按：此据嘉庆《志》卷八录入。民国《志》卷十作：「五山青入万人家，树影环城路几叉。胜地分应宽礼数，贤官民亦爱清华。香生茂叔池边水，客品卢仝午晌茶。身在镜湖浑未觉，片云将雨日初斜。」

和韵① 许源

其一

朱盖青骢按部来，悬知问俗每迟徊。程程驺唱千村绕，漠漠墟烟万顷栽。茅屋书声荣隐近，戍楼人语铁山回。关心长记丰年兆，早稻花含一寸胎。②

其二

山城斗大几人家，父老壶浆列路叉。小县慈云交掩映，炎天佛日自高华。来游合继山阴屐，略分同尝社后茶。顿有光明香满镜，披风漫笑鬓丝斜。③

其三

南帆昨岁记星披，白苧清歌到未迟。磨马依然循故辙，翔禽耐可息宁枝。前尘总赖棠垂荫，旧业何当老废诗。五载三荣山下路，宦情吟思笑相宜。

其四

盍簪剧喜朵云遥，回合居然聚碧霄。韦使宾朋缘共洽，谢公山水福能消。归时绿沼波加积，到处红莲馥自飘。沅芷澧兰惭小草，采风谬许附歌谣。

荣州留别 胡沄④

戏场何必认为真，圣主亲呼高雅人。幼学曾为鸿鹄志，服官已落马牛身。儿孙好向心田问，父老休嘲手板新。几及三年惭抚字，临行何以对斯民。

拟陆放翁高斋夜饮 刘应蕃⑤

夜长长似年，何以消磨此。忆昨步城西，俯可瞩遐迩。寒犬吠深林，短获迷遥沚。半生误浮沉，百事随流止。有酒慰羁穷，无肴亦甘旨。西风大散关，匹马忘星纪。奔走东西川，太息肉生髀。不饮复何为，功业良已矣。我去兹安归，一曲鉴湖涘。

题新筑此君轩仍次山谷原韵

涪翁小住戎州年，逸兴往往归林泉。荣州道士⑥识琴趣，独对此君时鼓弦。揭来寄诗非报命，两心相印波中镜。纸窗潇洒千竿风，斗室幽沉一声磬。蔓草已荒古庙门，羽衣莫继旧王君。疏畦仍自围青嶂，过客空登眺白云。高阳明府⑦规其旧，更为广厦拔俊秀。⑧湘江淼淼乡思遥，嶰谷泠泠清影瘦。山头犹照宋时月，人事变迁不堪说。今日经营拓是椽，后忘补葺谁为传。

凤鸣山馆吉祥草花发特茂，诗以志之

忽惊瑶草茁，擎出小玲珑。冷傲凝霜月，香生秀菊风。十年

---

① 按：此乃和宋鸣琦《丙寅仲夏于役荣州观荷县斋归途得诗四章寄汇泉明府兼柬云阶别驾》韵。

② 按：此据嘉庆《志》卷八录入。民国《志》卷十作：『朱盖青骢按部来，悬知问俗每迟徊。程程驺唱千村绕，暖暖墟烟万顷栽。茅屋书声荣隐近，戍楼人语铁山回。诗心尽入丰年料，早稻花含一寸胎。』

③ 按：此据嘉庆《志》卷八录入。民国《志》卷十作：『山城斗大几人家，父老壶浆列路叉。小县慈云交掩映，炎天佛日自高华。承流愧少棠阴惠，略分同煎社后茶。不负风流汉嘉守，镜香题字早鸿斜。』

④ 胡沄，生卒年不详。绍兴（今浙江省绍兴市）人，道光进士。曾官荣县知县。

⑤ 刘应蕃，生卒年不详，元和（今江苏省苏州市）人，曾为候补州同。

⑥ 原注：王元公。

⑦ 原注：许汇泉。

⑧ 原注：前为试士之所。

艰遇合①，万里感穷通。邂逅相逢处，乡园忆旧丛。②

冬日晓登荣梨山

百八晨钟霜欲晞，篑舆款款扣禅扉。正逢迎面白云散，无数打头黄叶飞。万里孤踪成久滞，十年薄宦计全非。放翁已作流风逝，凭吊何人问翠微。

登望景楼

人烟浮晓郭，山翠落荣梨。欲揽川南胜，何妨再蹑梯。

以上俱刘应蕃所作。

此君轩怀古　李醇信③

五陵佳气萃山城，突起高冈号凤鸣。种竹元公曾不俗，题诗山谷倍多情。琴收玉轸凌空响，井涌龙泉彻底清。今日名轩重结构④，此君依旧荫三荣。

重修大佛崖落成

锡杖飞来卓翠峦，昂藏高入碧云端。禅心不向城中寄，法眼翻从市外看。此日楼居金作绣，当年露坐石为阑。儒生久奉尼山戒，慧炬重光亦所欢。

九日陪许明府登望景楼

旭川百里古荣州，八景曾标望景楼。凤栖山上遗址在，重新佳构赖贤侯。我来落成刚一载，突起西山插云霄。秋风飒飒入重阳，登高有约挈寮寀。追随最上一凭栏，四顾东南纵大观。三荣城内如图画，万家烟火掌中看。流览未已日将午，香出郇厨列酒脯。嘉会人人逸兴豪，竞以佳作酬明府。惟予侍侧愧青莲，才无斗酒诗百篇。所愿年年逢令节，同佩茱萸谒吕仙。⑤

讲教洞怀古

荣州王氏有两贤，昆季才名冠旭川。商彦更官宣抚使，光大门闾父憾湔。进推所自良不偶，夫人焘后勤且专。洞开讲教敞如厂，黄卷青灯年复年。吾闻柳韩与欧郑，凡熊画荻意殷拳。古来英哲成大器，往往造就由庭萱。向氏夫人继其后，质之两媛何愧焉？子既兴宗夫亦显，不独劲节昭彤编。君不见，横溪阁、归来亭，宣和陈迹散风烟。惟余耸云山下石，豁谺如故千载传。

以上俱李醇信所作。

题啸台　赵德修

九秋山响凤凰哀，人说公和啸此台。晋代已沉千劫去，天风吹送百泉来。前人有字留岩石，万事传疑付酒杯。老衲不知干宝论，尚怜嵇、阮是诗才。

清富山　赵国壁

北城延望郁桑麻，青作云屏赤作沙。画本溪山清富气，香风罗绮帝王家。客来寒食连朝雨，春入乡村是处花。独惜重华宫里月，禁林相望似天涯。

题壁诗　赵有菡

悔不当初再读书，上负亲恩下负吾。今日培根书屋坐，训蒙还肯去当奴。

① 原注：此花十年一开，见任士林赋序。
② 原注：犹记童时于庭院见之。
③ 李醇信，生卒年不详，曾任荣县教谕。
④ 原注：嘉庆十一年（一八〇六）许明府重建。
⑤ 原注：楼首层奉吕祖纯阳。

署中杂咏　王培荀

其一

炎蒸无地避骄阳，白羽频挥亦太忙。每到虚亭尘世隔，荷花四面水中央。

其二

尝从画里见《豳》诗，民事艰难自昔知。最好城中似城外，新秧才绿雨丝丝。

其三

夜雨潇潇湿绿苔，虚窗倚枕独徘徊。芭蕉叶共千竿竹，并挟秋声入座来。

其四

开轩北面小桥通，曲折回廊地数弓。一阵清香醒客醉，紫薇花里过来风。

其五

净绿池塘水涨初，朱栏曲曲护阶除。停云阁里浑无事，读罢《南华》学钓鱼。

其六

瓦屋三间白板扉，杂花萦树粉墙围。三更院外空云水，玉笛一声旅雁飞。

其七

但能积土亦成冈，莫笑愚公不自量。十丈金身云外现，遥看飞阁压城墙。①

其八

海棠香国亦无花，且向庭前看木瓜。略似玉人帘外立，茜红衫子扬轻纱。

凝翠楼落成

其一

支板为楼大半间，芭蕉扇扇竹斑斑。虚窗尽启空明甚，坐爱城头远近山。②

其二

一湾绿玉数峰云，快雨新晴锦绣纹③。人在小楼浓翠里，山光水色共氤氲。

其三

落成才告已深秋，酒阵棋兵夜未休。万个萧萧声戛玉，此君留我宿高楼。

其四

秋光到处绝纤埃，危坐临风几溯洄。墙外烟峦墙内树，一齐收入绮窗来。

其五

镜香亭外蓼花汀，凝翠楼连知稼亭。好待春光二三月，荷钱贴水稻秧青。

其六

山上松涛聒耳忙④，楼中灯影伴蛩螀。方塘更有残荷在，秋雨秋风夜正长。

---

① 原注：署中土冈望见大石佛。
② 原注：城内外山皆可见。
③ 按：此句民国《志》卷十作『闲读《南华》秋水文』。
④ 原注：署后凤鸣、莲宇诸山祠庙间松杉最多。

以上俱王培荀所作。

凝翠楼落成招饮　张轩鹏①

其一

知稼亭原小，蜗庐不在宽。安排营斗室，妥帖对岑峦。暑到荷先赏，秋深菊任餐。雅宜诗酒会，抚景共盘桓。

其二

到此无尘境，悠然豁达眸。天才开境界，人剧爱风流。路曲因删竹，墙低不碍楼。放衙佳客集，夜坐数更筹。

其三

讼简多余暇，衙斋日月长。窗排云外岫，座挹镜中香。新雨蕉抽碧，微霜柳染黄。山林在城市，花月好平章。

其四

听雨楼中住，曾经听雨声。倚栏常看水，对月屡飞觥。往事都陈迹，重来倍有情。只惭诗律拙，髭断句难赓。

寿邹学山师　吴容

天官拣选注名来，昨自长安策马回。燕市秦关行卷好，桂林莲宇讲帷开。说经一一探奇笈，载酒时时访啸台。一亩邵庵闲处筑，近闻花药手亲栽。

寿学兄邹学山　邹心鲁②

城南居士古城居，门掩蓬蒿意淡如。论世不求周以后，游心时见物之初。草生书带时摊卷，花放莲塘自养鱼。扶杖一乡徐自笑，无名公传倩谁书。

落第得子戏占　邹志魁

今年无分会嫦娥，归日生儿十日过。我不举人卿举子，工夫还让细君多。

继母瞽十二年忽明喜赋　廖朝翼

鹤发慈亲早失明，长年苦作夜三更。求医费尽岐黄术，海上神方制不成。十年神药两无功，祝目情甘换耳聋。闷极常思天有眼，谁将秋水剪双瞳。倏看霜雪上华颠，介寿人称不老仙。独有一番心歉处，孙曾绕膝未了然。终日昏昏十二秋，黄杨厄运几时休。今朝放出光明藏，坐看重添海屋筹。

凝翠楼落成集宴

镜香亭北起高楼，水色山光望里收。碧晕池荷清露冷，翠笼径竹晚烟浮。放怀且启窗三面，遣兴时倾酒一瓯。重振骚坛追务观，无边风月任题留。③

甲戌重游泮宫

其一

泮水游来六十年④，者番重到已华颠。不惭老妪参新妇，要领群英会众仙。芸馆随人称后辈⑤，笋班为我续前缘⑥。五云深处如回首，应笑龙钟共乐天。

其二

① 张轩鹏，生卒年不详，邑举人。
② 邹心鲁，清岁贡。
③ 按，此据光绪《志》卷三十五录入。民国《志》卷二作：『镜香亭北起新楼，水色山光一帧收。露滴池荷香在水，烟笼径竹翠含秋。著书自启窗三面，招客时倾酒一瓯。谁道使君非务观，别无风月胜荣州。』
④ 原注：嘉庆十九年（一八一四），幸进嘉郡学。
⑤ 原注：馆例，继至者称后辈。
⑥ 原注：丙申，散馆未留。

脱去朝衫事砚田，校雠古籍出新编①。深知性拙勤能补，直到颜衰信益坚。文运急须人振起②，科名应胜我开先。鹏抟指顾风云会，愿著宫袍贺绮筵。③

其三

抽身宦海少风波④，兀坐皋比且琢磨。蛾术时将书再读，驹光肯任隙轻过。捐除俗累忘忧早⑤，交得良朋受益多⑥。今与盛筵心颇壮，不知此后又如何。⑦

其四

生当盛世重文明，太学曾闻养五更。重赋鹿芩凭晚运⑧，权歌鸾藻作先声。不才愧我仍株守⑨，既耄何人乐玉成。为语诸君趁年少，早图勋绩报升平。⑩

丙戌重九登荣梨山小饮

荣梨之高出群鬟，荣梨之秀苍斑斓。放翁去后无题咏，谁识三荣第一山。我来此处当重九，径有黄花樽有酒。醉后高歌欲问天，脱帽临风一搔首。千里平明壮大观，洞口丰碑仔细看。古来卓卓称名胜，胡为以后无衣冠。衣冠今日凌苍翠，山遇奇兮山意逐。我代山灵谢壮游，微言一一君须记。诸公佳会为登高，呼云坐雾餐醇醪。荣德荣隐旁相伺，当使他年称群豪。君不见，兰亭唱和地人传；又不见，洛社风流今古仰。我居东道愧主人，珍重芳踪今一往。乐矣乎！吾侪游玩岂等闲，一声长啸，会令山鸣谷应，千秋闻逸响。

寿张廷良

阿爷被胁落群狼，有子寻亲似寿昌。自古善人天必相，炉中百炼著金钢。

以上俱廖朝翼所作。

寿张廷良 曾省三

轮周花甲六年春，历尽尘途百苦辛。厚恤里邻和戚属，晨昏待爨许多人。

寿张廷良 曹俊亮

群狼误入归无恙，凤诏遥颁世泽新。年过八旬天与福，谁知虎口去寻亲。

观渔 王安宇

爱物惟仁人，戕生即行虐。鱼命虽极微，好生意可度。胡为

---

① 原注：同治八年（一八六九）刻《四书音画略辨》。
② 原注：后余登甲榜者仅三人，近年未有。
③ 按，此据光绪《志》卷三十五录入。民国《志》卷二作：『脱去朝衫事砚田，校雠古籍出新编。深知性拙勤能补，直到年衰志益坚。文运急须人振起，世风全仗士开先。读书岂为科名重，愿执经心执圣权。』原注：嘉庆十九年（一八一四），幸进嘉郡学。
④ 原注：咸丰六年，需次秦中四十余日，借差旋里。
⑤ 原注：不营华屋，不谋良田，故累少。
⑥ 原注：有直谅多闻友数人。
⑦ 按，此据光绪《志》卷三十五录入。民国《志》卷八作：『抽身宦海少风波，一领皋比安乐窝。送老时将书再读，及身长与墨同磨。捐除俗累忘忧早，交契良朋受益多。各有秀才天下任，如今老子自婆娑。』原注：嘉庆十九年（一八一四），幸进嘉郡学。
⑧ 原注：尚待十年。
⑨ 原注：自旋里后，不复作出山想。
⑩ 按，此据光绪《志》卷三十五录入。民国《志》卷八作：『生当圣世重文明，大学曾闻养五更。重赋鹿芩凭晚运，待歌霓谱到南荣。不才愧我长株守，既耄何人乐玉成。泮水蓬山连路去，早圆勋绩答升平。』原注：嘉庆十九年（一八一四），幸进嘉郡学。

业渔者，兽性如獭恶。一网觊其尽，极忍反为乐。篮中卖命钱，沽酒溪头酌。四民有天职，何在不堪学。而与耕读樵，雅化湊时谑。子钓而不纲，义岂如斯错。人无自作孽，响报有成约。川上一长吁，傥笑吾言悫。

秋试报罢归舟作

到已重阳过，归心急水程。扁舟乘夜泊，远火入江明。便作游山计，应愁听雨声。往来经此路，款款话三更。

八仙楼

白云紫府竟何如，失祀乡人习未除。不解公孙卿辈语，仙人缘底好楼居。

门神

桃符岁岁旧翻新，古俗由来事百神。神果有灵如画者，不应门户傍它人。

以上俱王安宇所作。

镜香亭　张斝飞

波心端合置轻桡，花气撩人欲语娇。得似竹垞吟处否，夜间凉雨滴芭蕉。

和云空早凉　僧文峰①

闲庭落叶早凉侵，嘒嘒秋蝉助客吟。崖树影疏飞鸟下，寺钟声断暮云深。山间访友时携酒，村外寻花又抱琴。飞锡再来幽径熟，青猿接我上高岑。

题南禅寺　僧云空②

看经鱼食字，听偈鸟传声。风定数声钟，梵音花外放。樱桃花放家家雨，杨柳村啼处处莺。秋老白云山外影，诗成黄叶雨中声。山深不解春来未，新种花开当历看。

和张明府寅卿荷花　林志高

其一

曾向名园借好春，落花如雪草如茵。等闲又到薰风候，出水夫渠最可人。

其二

亭亭红袖立银塘，坐爱伊人水一方。待到凉生清露滴，暗香微度月昏黄。

春莺　杨焕章

柳丝袅袅晓烟迷，谁促流莺上树啼？惊梦恐添征妇恨，随风飞过落花溪。

凤鸣朝阳　刘德煜

朝来旭日望东升，凤集高冈紫气凝。圣教昌明天运泰，主山③灵秀物华增。会当仪羽翔千仞，还照文星透几层④。盛世瑶篇珍鸑鷟，和平雅奏播声称。

龙湫夜月

何年溪洞隐神龙，谷窈云深雾复浓。睡抱骊珠原不夜，虚涵兔魄了无踪。烟飞峡口光千丈，镜印波心影万重。伫看腾空嘘气日，苍生霖雨快时雍。

---

① 僧文峰，约道光间人。
② 僧云空，姓白，人称白和尚，道光间人。
③ 原注：山为县中主山。
④ 原注：山上有文昌宫，右下接奎星楼。

万景岑楼

迎恩门外快西行①，直上岑楼万景清。人在镜中窥远画，身凌日表俯层城。江流两派分还合②，山峙千寻雨复晴。收拾三荣归眼底，回栏倚遍不胜情。

双溪书阁

谁家书阁近双溪，王氏高风旧品题。讲教洞开尘世外③，耸云山镇日华西④。千年碧水香波涌，一带青峰野鸟啼。诗礼堂中遗迹在，那堪烟雨怅凄迷。

清富登临

曾闻清富擅风流，九折屏前纪胜游⑤。此日荒烟兼蔓草，当年舞榭又歌楼。难寻旧址称藩府，剩有崇祠祀武侯⑥。笑我登临凭吊古，驱车欲去复勾留。

啸台游赏

真如崖畔古荒台⑦，长啸浮云任去来。金石有音原别调，凤鸾谐韵岂凡胎。闲游可有诗千卷，醉赏端宜酒一杯。不识高人何处去，只今遗迹费疑猜。

荣德晴岚

洞府神仙自有真⑧，谁从胜地问前因。天开晴色云容丽，岫涌岚光景物新。石室长飞千匹练，莲池不改四时春⑨。我来闲共山僧话，即此超然物外身。

筠山夕照

金乌飞出耀长空，最好山宜返照红。半壁窥来浓翠外，斜晖送入画图中。鸦飞共闪霞千片，鹿走群归树万丛。际此桑榆休讶晚，有余佳气更蓬蓬。

龙头竖笔

龙头山势最玲珑，文笔巍然耸半空。直插云霄疑画日，时挥烟雨逗飞虹。堂开三教基犹在⑩，寨锁重门气亦雄。试问科名谁独占，岩边消息已潜通⑪。

翠壁凌霄

突起危峰列画屏，岧峣高耸影亭亭。凌霄透出悬岩势，削剑生成绝壁形。雨后晴岚横汉碧，云端湿翠逼天青。有人翘首来攀仰，声闻遥通帝座灵⑫。

鱼矶垂钓

七里岩滩溯古风，先生遗迹许相同。姓名只入神仙传，心事全归钓隐中。江上斜阳光闪闪，矶边明月影朦朦。一丝九鼎谁镌石，尘世荣华事未终。

---

① 原注：西门旧名迎恩门。
② 原注：西东二水绕城，流至南门复合。
③ 原注：洞名讲教，后人所题。
④ 原注：王潜夫人向氏凿洞山下，延师教子。
⑤ 原注：山背壁立九折，宋人刻九折屏，大书崖畔。
⑥ 原注：荣王府旧在山麓，后废，改建武侯祠。
⑦ 原注：啸台在真如崖畔，相传为孙登啸台。
⑧ 原注：志载陈抟在此修真，老子亦尝驻此。
⑨ 原注：《一统志》山中有石室二十四所，龙池千叶莲。
⑩ 原注：山上旧立三教堂及塔十寻。
⑪ 原注：士人相传，岩边土坼，定有科名。
⑫ 原注：地名三教堂，高峰陡起，石壁如削，横亘甚长。

石笋排空

天生石笋峙城西[1]，瘦削排空孰与齐。矗矗高标凌日月，森森峭势薄云霓。毫无依傍千寻耸，独自支撑万象低。想像清班分玉种，直从平地上仙梯。

以上俱刘德煜所作。

题天生桥　劭勳[2]

其一

百里来龙两目[3]分，蜿蜒飞夹半天云[4]。此行未识南条水[5]，桥上回头问老君[6]。

其二

驷马高车那足骄，曾从野店觅山桥[7]。石门重锁疑无路[8]，一路长虹贯九霄。

其三

蚕丛有路山犹茧[9]，鱼腹无书石作图。莫道此桥名不著，天生一线地灵扶。

其四

三荣缭绕乱山中，凫鸟飞来保障雄。怪底行人传治谱，乘舆不济济天虹。

苦孝歌　吴迈[10]

邑民李国璜配赵氏，贫无立锥，性特孝。夫运煤，妇刘草，鬻以糊口，而百计觅甘旨养亲。或宴他所，必怀肉归奉母，终身如一日。里中诸生吴一峰、李之桢具实白儒学，表其门曰『苦孝可风』。爰作歌纪之，以备辅轩之采。

人事万变根本始，明天察地推孝子。孝行有玷人道亏，勋业文章朽腐耳。李傭夫妇家赤贫，竭来系念惟老亲。谋生计拙负薪炭，苦寻甘旨娱饔飧。菽水虽欢食无肉，伤哉高年难果腹。邻家宴客旨且多，舍肉怀归供母箸。母目盲矣身康强，只缘子妇调羹汤。毕生孝养率天性，遂令里碑题上庠。我闻孟宗哭竹祥卧冰，彼犹暂苦非常行。又闻颍叔遗羹缋怀橘，彼犹薄宦非穷促。吁嗟翁媪事万难，胼胝作苦承亲欢。君不见，豪贵家家役厮仆，堂上无人劝加餐。

雅烟曲并序

陈竹簃太仆姬李氏，湖北襄阳人，年十六，破瓜归太仆。识字，精算法，太仆命司管钥，出纳惟谨。咸丰二三年间，贼两陷武昌。太仆老且病，恐玉石俱焚，遣子有铦保家室回籍，姬遂卸佩环，断荤酒，遥祝峨眉山神，默相家主病愈。四年冬，太仆守荆州，贼掠所属，太仆力疾视师。五年夏，病剧，卒于军。讣闻，姬恸绝，欲殉夫。人慰之曰：『旅榇未还，幸缓须臾，毋死也。』姬泣从之。既而酬愿峨眉，欲扑舍身岩，为侍婢所觉，未

---

①　原注：石笋山在城西七十里。

②　劭勳，生卒年不详，莲溪（今遂宁市）人，署嘉定府。

③　原注：山名。

④　原注：桥左有尖山、马鞍山、半天云三峰对峙，宛然鸟翼夹飞之势。

⑤　原注：县中水道亦分南、北条。桥下梧桐沟一水东流入县，并归南条。

⑥　原注：老君，山名。塔立摩天，在威称老君丹灶，在荣称荣德晴岚。至此桥约二十余里。

⑦　原注：早次恩沐山旅店，询知入县一路山名。

⑧　原注：忽桥头一山，掉头遥望，相向有情，地师所记回龙顾祖状。

⑨　原注：由桥入县有大石门、小石门两山，相距四五里。

⑩　原注：《小仓山行》诗『青山似茧将人裹』。

⑩　吴迈，荣县人。廪生。

果。六年夏，太仆柩返，姬迎入室，寝苦枕块，水浆不入口者十日，卒不死。乃觅雅片烟一盏，和酒饮。婢觉，夺其盏，已吸尽矣。入室更衣，出拜柩前而没。家人从其志，与太仆附葬。迈维烈妇殉夫与忠臣殉国，一也。今太仆死王事，姬以身殉之，忠烈一门，足为桑梓生色。第太仆事具传志，流播自远，而李姬事或罕闻，因作长歌表之，命曰《雅烟曲》。

罂粟煮烟名作雅，西洋鬼蜮传中华。杀人如草不见血，可怜毒杀仙李花。襄阳李花白如雪，一枝亭亭负奇节。荆州太守掇归来，二十年间无子结。记得芳龄二八秋，《小星》载咏抱衾裯。亚字栏边观绣谱，青绫帐里握牙筹。宦海收帆须及早，相期白首林泉老。绿珠箧笥贮财多，疏传家山归日好。一朝风鹤泣沧桑，满地江湖尽虎狼。城郭骤开新战垒，鼓鼙惊破旧霓裳。太守常山同激烈，誓平安史报君国。特遣妻孥返故乡，好专心力驱群贼。此际杨枝别泪倾，此时诸葛病投营。捧心默祷眉山佛，茹素常祈太守生。妖氛往复歼将灭，露布联翩时献捷。太息苍天不谅人，大星夜落红旗折。死到沙场姓字香，讣书千里报荣阳。欲看马革还交阯，肯学城崩哭杞梁。伤心旅榇迟归里，屈指经年嗟逝水。往日岩前未舍身，今朝苦次庸赊死。不用投缳损好容，不须金屑苦填胸。雅烟一盏完吾志，更比醇醪气味浓。侍儿攘臂救不得，血泪迸流声息绝。杜宇哀鸣树有风，阴云惨淡天无色。吁嗟乎！视死如归众所难，阿谁扪腹有心肝。妾身殉郎郎殉国，永留忠烈后人看。夜台烟鬼知多少，酖毒宴安殊草草。一尝此味遂千秋，笑杀灯盘守昏晓。只今华表竖山颠，浩气凌霄月再圆。傍冢农家还解事，独栽仙李不栽烟。①

吴王氏姑媳殉难②

其一

李花撩乱百花羞，多少清流溷浊流。独有赤心盟白水，更携碧玉下朱楼。一泓潋滟随鱼跃，两世翩翻跨凤游。泰岳鸿毛谁较重，完贞遗迹炳千秋。

其二

出门携手指漪涟，齐赴方塘作水仙。春到故楼花竞落，志如精卫海犹填。潭深自照湘娥月，堰古应题玉女泉。他日怀清台更筑，思纶遥贲九重天。

其三

一门姑侄为姑妇，齐赴方塘作水仙。劫到红羊天亦醉，石沉精卫海能填。九泉自照湘娥月，两世长开玉井莲。多少贼庭崩角者，倚人娇宠昵人怜。

以上俱吴迈所作。

烈妇李邱氏③　刘德纲④

飞扬满地沙尘走，幽芳凡卉多蒙垢。惟有瑶池仙界莲，洁身不肯纤埃受。河南园里毓名花，移植太原公子家。并蒂方欣开水面，妖风无奈起天涯。秋日家山飘瘴雨，岂宜坐触氛祲死。潜踪急奉北堂行，微服未遑容色毁。突然当道遇豺狼，魑魅逢人喜欲狂。但见芙蓉羞粉黛，安知松竹傲冰霜。刚肠翻作柔肠样，从容

---

① 按，此据光绪《志》卷四十录入，民国《志》卷九所载文句稍有不同。
② 原注：事具《列女传》。
③ 原注：事具《列女传》。
④ 刘德纲，荣县人，庠生。

不露慷慨状。软语能教猛虎降，隐衷那许强徒谅。一泓止水静无波，宛似灵均赴汨罗。黠虏亦嘉全节少，冰魂应作水仙多。慈姑仁爱惊从井，群丑相怜复相梗。君子成美善念同，贞姬殉难天心忍。狼烟散后藁砧归，半面空余破镜悲。谭妇池头能鉴影，曹娥江上不浮尸。澄潭漾碧人端坐，衣裳修整云鬟妥。庄严金像俨如生，混浊污泥全不堕。无数环观道左人，几人叹羡几酸辛。芳徽自足标今古，呵护由来有鬼神。吁嗟乎！成仁本是男儿事，此日竟从巾帼致。甘心殒身不辱身，坐令几许须眉愧。女贞只务自全贞，那意人间不朽名。赖有寒塘山上月，千年长照此心清。①

筠山曲并序　汪涵②

邑西筠山毕氏女，幼字曹氏子。曹家中落。女父母欲悔婚，商之女，女曰：『儿身既字曹氏，今以贫而背之，人其谓我何？』父母怒，竟招媒氏议婚他族，女知之，流涕者数而无如何。一日随母适外氏，故与曹邻。偶同舅女摘花，陌上见一少年牧豕山麓。舅女指曰：『若识之乎？即若夫也。闻若父母悔婚，若颇愿嫁此子否？』女无言，归，托病卧。伺间潜往曹子处，谓之曰：『君识妾不？』曹子曰：『不识。』女曰：『妾故郎室也，父母以郎贫，将改字。妾不愿，矢志归郎。俟某月日，父母俱赴某家宴，郎可阴倩车乘迎妾。既归郎，则父母无如何矣。』曹子曰：『恐有祸，奈何？』女曰：『有妾在，无虑也。』谆嘱而别。女归，潜检衣饰。至期，曹果来迎。父母方在人家筵上，家人奔告，急归，已无及。次日，女偕夫归宁，父母将责之，女慨然曰：『儿前为毕氏女，可责。今已为曹家妇，不可责也。』父母不得已，慰令归，以十万钱资之，而罢前日之议婚者。女善操作，家赖以起。涵贤此女，作长歌纪其事，命曰《筠山曲》。

筠山西接峨眉峰，峨眉秀气生闺中。文君薛女颜如玉，只有风流少节义。吏部家声比谢王，掌上明珠字平阳。柳眉未扫愁先展，蓉镜初持憾便长。自小许得清门庶，不料黄姑信久误。檀郎贫作牧猪奴，二八青春将岁度。阿爷豪富石崇家，欲把支机付客槎。柔丝有力难相绾，《卷耳》无心空自嗟。天恐连城竟失赵，特留驹隙将人导。独持玉杵过蓝桥，一片心事向谁告。阿娇长对金屋悲，憾欲传书青鸟稀。幸有小姑能解事，笑指萧郎此处扉。避人暗绝盘中食，绿绮未弹凤先至。田中却缺犹未知，陌上罗敷忽相识。儿女心怀那计私，多情还把后约期。归来不取菱花照，打点衣裳备嫁时。光阴转瞬何剧迫，椿萱远作宾筵客。衙城竟滴梁玉青，笑指牵牛作太白。师伯呼车莫阻他，云翘从此渡天河。红叶水深流不去，紫鸾音好听偏多。留髡席上醉如梦，忽闻吹箫已引凤。急归无路觅亡羊，空叹一家成鬼弄。恼公明日复于归，

---

① 按，此据光绪《志》卷三十五录入。民国《志》卷九作：『妖风卷地飞沙走，香絮飘零万株柳。惟有瑶池一朵莲，生成柱地擎天藕。青莲家世毓名花，嫁得邱迟旭水涯。堂北宜男方爱草，川南群盗忽如麻。荣州七月天天雨，岂宜坐触妖氛死。急撤新妆奉母行，含啼作别银河水。腥风半道突豺狼，学鹿衔花喜欲狂。但见芙蓉羞粉黛，安知松竹傲冰霜。惊鸿不改蹁跹样，一条死路横心上。慷慨难全老母生，从容那许强徒谅。道旁止水是龙窠，蓦似灵均赴汨罗。虏骑千群惊霹雳，水仙一操定风波。慈姑恸极翻从井，群丑相怜复相梗。荡子回头愧汗多，贞姬迸命天心忍。潢池荡定藁砧归，半面空余破镜悲。龙孔场边虽杀贼，曹娥江上不浮尸。潭心净碧人端坐，衣裳修整云鬟妥。庄严妙相俨如生，早参龙女人天果。无数环观道左人，几人叹羡几酸辛。风徽自足标今古，呵护由来有鬼神。瑞家堰水荣山口，芳祠合筑村前后。可怜世上褚渊生，溷藩花片章台柳。』

② 汪涵，生卒年不详，荣县人，庠生。

夫婿鹣鹣拜慈闱。莫向池塘将鸭打，须知药店有龙飞。王孙有才善补过，遂合六州铸大错。吹嘘苦李叶成阴，培养夭桃花结果。我来走马筠山巅，山云万点翠鬟妍。时听乡人谈往事，一对鸳鸯胜散仙。①

丙戌重九登荣梨山小饮　廖朝汇

菊酒香含落帽风，望山山势翠微中。同怀客访嘘阴洞，食饵依思沛泽功。石有仙人曾赑屃，池蒸霞气尚玲珑。好题糕字慈云壁，未翦轻纱莫漫笼。

宋牟阿回挞虎救母歌　郝元琛

我闻汉缇萦上书救父，父全生；又闻唐卢氏冒刃卫姑，姑不死。不及牟家女更奇，韶龄巾帼胜须眉。父老争谈挞虎事，孝心一起神扶持。侬家生长北箐口，阿回小字称名久。弱龄未解绣鸳鸯，终日持鞭逐牛走。龟子山头日欲沉，阿母来呼返故林。漫道应声随母口，须知此际望儿心。妖云四起风乱舞，中道忽逢雪额虎。虎爪如铁牙如刀，衔母奔驰母何苦。大呼一声山为开，急履虎尾逐虎来。手持竹梢与虎斗，母不生还儿不回。一击再击虎缩舌，脱口舍母归虎穴。直前扶母啼向天，母语喁喁声未绝。阿父闻呼动地来，虎逃母亦赴泉台。儿家别有伤心事，未能杀虎祭母骸。吁呼嗟！俗儿见虎不能语，况敢于虎施棰楚？以母为天天相之，猛虎虽猛小如鼠，君不见牟孝女！

鹰　王德淳

长养难将故主违，晴皋风力透毛衣。从今一脱金绦去，万里秋空任尔飞。

笔

欲从毛颖问前因，自古凭君述苦辛。我与江淹同一梦，不知五色属何人。

沽酒

今朝依旧是迂儒，知否明朝得意无。惟有山禽解相惜，楝花深里唤提壶。

石炭

男停耒耜女停针，日向深山深处寻。救得一乡无饿法，乌金真个胜黄金。

卢生庙

四十年间一枕寒，至今祠宇托槐安。人生是处邯郸道，只有

① 按，此据光绪《志》卷三十五录入。民国《志》卷九作：『荣县西去山如玉，女儿秀夺筠山绿。一山全力开一花，香风谱出《筠山曲》。吏部家声名亦香，明珠掌上字平阳。前生喜读陈思赋，许字清门第几郎。青春二八樱桃熟，人生万事多陵谷。梦里温存白玉儿，人间拆卖黄金屋。阿耶豪到石崇家，竞取支机付客槎。柳丝无力春难挽，《卷耳》怀人心自嗟。天恐连城不归赵，巧从别路将人导。外家一水近蓝桥，手持玉杵凭谁捣。陌上花开缓缓归，踏青风小上春衣。意外小姑偏解事，笑指萧郎此处扉。归来软向无人处，妆点维摩病中住。檀郎贫作牧猪奴，洛妃暗换惊鸿步。飞电流光划碧天，绿华一闪到羊权。辟影匆匆叩茅屋，含情脉脉诉桑田。田中却缺心无著，桑下罗敷有方略。绿绮休弹此日凰，金笼早抉摩天鹗。小别殷勤订吉期，此心如水照郎知。木兰准备三更战，打点衣裳备嫁时。心上光阴头上箭，耶娘尽赴邻乡宴。绝代销魂梁玉青，仙风吹送衙城远。依稀门巷是东阿，织女盈盈渡绛河。红叶句从流水去，紫鸾音送好风多。从来浊富家家重，留髡席上方如梦。辞巢去燕报秋清，歧路亡羊惊鬼弄。恼公明日复于归，玉立双双拜彩闱。莫向池塘将鸭打，须知药店有龙飞。临邛勉奉相如坐，除作王孙无计可。吹将苦李叶成阴，养就夭桃花结果。桃花潭水遇汪伦，入夜筠山问采春。似闻一对鸳鸯梦，早晚香雏有化身。』

卢生作梦看。

伏城驿

绿意逢春上柳槐，故乡樱笋正当街。欲寻古迹无寻处，驿路题诗记界牌。

腊月登啸天龙

其一

荣州西上此雄关，岁序将阑众不闲。独有畸人无管束，天寒携酒上龙山。

其二

列坐松风倚石棱，一声长啸万山应。谢家裙屐参军帽，如此风流得未曾？

其三

日午长山有市声，拥斯茫水一丝横。醉中我自歌《天问》，多少人间路不平。

其四

残腊登高自古无，喜无人至窘催租。将诗写作维摩笔，此是龙山雅集图。

兴圣寺

一径松风好，小祠花气多。开尊承北海①，留带愧东坡。是事随云去，怀人奈月何。山僧勤过我，然烛诵《维摩》。

和寅卿明府

其一

山县风流似水滨，一官萧散思无尘。镜香亭上邀诗客，自与荷花作主人。

其二

一镜红心艳六郎，闲吟佳句酒生香。翻君雨打新荷曲，按拍依稀万柳堂。

其三

金鳌玉蝀护金銮，太液花时记昔看。万顷红莲翻绿海，酒边回首忆长安。

以上俱王德淳所作。

题画兰 丁光陛

春风吹到读书堂，屈宋文章有瓣香。手把《离骚》随意写，一花一叶一潇湘。

丁丑重游泮宫

其一

涧水②重逢甲己周，芹香未改旧风流。裴哀此日来游客，仿佛当年在泮秋。回忆同侪惊屈指，却看新贵喜盈眸。相期振翮冲霄汉，转瞬观成五凤楼。

其二

曾梯蟾窟会群仙，两遇罡风折九天。③皓首剧怜虚壮志，青袍应悔负英年。玉津司铎成陈迹④，风院谈经感旧缘⑤。到此忽

① 原注：友人饯送。
② 原注：纳音所属。
③ 原注：乙酉恩科叨中副榜，乙未（一八三五）恩科仍中副车。
④ 原注：戊子奉札委署犍为县教谕。
⑤ 原注：壬子（一八五二）邑侯郑聘主凤鸣讲席。

看春色暮，循源还觅武陵船。①

其三

幸值琼筵酌令辰，从公于迈话前因。不羞白发头衔小，为羡青云眼界新。兴逐鸾旂观盛事，欢偕凫藻踏清尘。诸君莫笑龙钟叟，我是重来薄采人。

其四

裒衣博带一儒生，考礼曾饮食五更。老骥何心甘伏枥，晓莺出谷乐传声。桑榆收得春长在，芹藻赓来韵倍清。寄语当前英妙选，好将黼黻佐休明。

以上俱丁光陛所作。

偕友游仙人山 刘炳勋

其一

群山突起一峰高，危磴摩天取径遥。仅有烟霞供古佛，难从碑碣问前朝。仙家丹熟空留灶，石岭云横不锁桥。几度凭栏怕惆怅，赛峨亭畔竹萧萧。

其二

金刚石上证前因，想像空王不坏身。远驾仙风凌碧落，高悬佛日照红尘。名山过眼皆陈迹，胜地谈心有故人。凭吊遗徽归路晚，白云回首意逡巡。②

赞李国璜妻赵氏 吴一峰 李之桢

荣县地大一百里，百里难逢一孝子。何人不是父母生，请看李佣当愧死。李家夫妇扫地贫，家无一钱惟两身。夫挑石炭妻割草，朝朝磨骨供母亲。有饭无肉儿心苦，邻家酒席归奉母。几点油珠一口汤，那报阿娘一双乳。母目不见心安然，全凭子妇长跟前。一心送母百年后，夫妻穷死归黄泉。吴生李生表风义，学师门上亲题字。多少豪家愧向君，夫名国璜妻赵氏。

无题 吴周氏③

一曲离鸾不忍听，孤灯不寐影随形。三年恩笃无双志，半世贞操守一经。儿女几时才长大，舅姑何日得安宁。苍天倘荷垂青眼，兰桂腾芳姓字馨。

苦节诗 龚杨氏④

两世冰霜苦，一身慈孝担。奉盘复画荻，只影愧难堪。

（二）词赋

唐

后庭怨 佚名

建隆中，旭川筑城，掘得石刻，盖唐人语也。

千里故乡，十年华屋，乱魂飞过屏山矗。眼重眉褪不胜春，菱花知我销香玉。双双燕子归来，应解笑人幽独。断歌零舞，遗恨清江曲。万

① 按，此据光绪《志》卷三十五录入。民国《志》卷八作：『曾探蟾窟会群仙，两遇罡风折九天。一砚留人磨到老，不材如树历多年。玉津司铎成陈迹，凤院唳经起从贤。春梦层层如隔世，水芳重采夕阳天。』

② 原注：山顶有石桥、石灶及赛峨亭、金刚石、唐仙遗迹、佛日仙风诸石刻。

③ 吴周氏，威远县周缙之女，十九岁嫁荣县吴景汉。知书能诗，夫死，尝赋诗明志。

④ 龚杨氏，龚元栋妻，尝自赋《苦节》诗。

树绿低迷，一庭红扑蔌。（《全蜀艺文志》卷二十五）

宋

水龙吟·荣南作 陆游

樽前花底寻春处，堪叹心情全减。一身萍寄，酒徒云散，佳人天远。那更今年，瘴烟蛮雨，夜郎江畔。漫倚楼横笛，临窗看镜，时挥涕、惊流转。

花落月明庭院。悄无言、魂消肠断。凭肩携手，当时曾效，画梁栖燕。见说新来，网萦尘暗，舞衫歌扇。料也羞憔悴，慵行芳径，怕啼莺见。

蓦山溪·游三荣龙洞

穷山孤垒，腊尽春初破。寂寞掩空斋，好一个、无聊底我。啸台龙岫，随分有云山，临浅濑，荫长松，闲据胡床坐。

三杯径醉，不觉纱巾堕。画角唤人归，落梅村、篮舆夜过。城门渐近，几点妓衣红，官驿外，酒垆前，也有闲灯火。

沁园春·三荣横溪阁小宴

粉破梅梢，绿动萱丛，春意已深。渐珠帘低卷，筇枝微步，冰开跃鲤，林暖鸣禽。荔子扶疏，竹枝哀怨，浊酒一尊和泪斟。凭栏久，叹山川冉冉，岁月骎骎。

当时岂料如今。漫一事无成霜鬓侵。看故人强半，沙堤黄阁，鱼悬带玉，貂映蝉金。许国虽坚，朝天无路，万里凄凉谁寄音。东风里，有灞桥烟柳，知我归心。

桃源忆故人·题高斋

三荣郡治之西，因子城作楼观，曰高斋，下临山村，萧然如世外。予留七十日，被命参成都戎幕而去。临行徙倚竟日，作《桃源忆故人》一首。①

斜阳寂历柴门闭，一点炊烟时起。鸡犬往来林外，俱有萧然意。

衰翁老去疏荣利，绝爱山城无事。临去画楼频倚，何日重来此。

齐天乐·三荣人日游龙洞作

客中随处闲消闷，来寻啸台龙岫。路敛春泥，山开翠雾，行乐年年依旧。天工妙手，放轻绿萱芽，淡黄杨柳。笑问东君，为人能染鬓丝否？

西州催去近也，帽檐风软，且看市楼沽酒。宛转巴歌，凄凉塞管，携客何妨频奏。征尘暗袖，漫禁得梅花，伴人疏瘦。几日东归，画船平放溜。

桃源忆故人·应灵道中

栏干几曲高斋路，正在重云深处。丹碧未干人去，高栋空留句。

离离芳草长亭暮，无奈征车不住。惟有断鸿烟渚，知我频回顾。

光绪《志》注云：『荣，唐天宝元年改应灵，五代因之，宋初犹曰应灵。』

① 词前小序，光绪本多有异文，移录于此：『三荣治西有楼曰高斋，下临山村，萧然如世外。予留七十日，被命参成都戎幕去，临行作。』

好事近・寄张真甫①

羁雁未成归，肠断宝筝零落。那更冻醪无力，似故人情薄。

瘴云蛮雨暗孤城，身在楚山角。烦问剑南消息，怕还成疏索。

渔家傲・寄仲高

东望山阴何处是？往来一万三千里。写得家书空满纸，流清泪，书回已是明年事。

寄语红桥桥下水，扁舟何日寻兄弟？行遍天涯真老矣，愁无寐，鬓丝几缕茶烟里。

以上俱陆游所作。

愁倚栏・三荣道上赋 程垓

山无数，雨萧萧，路迢迢。不似芙蓉城下去，柳如腰。

梦随春絮飘飘，知他在，第几朱桥。说与杜鹃休唤，怕魂销。（据《书舟词》补）

贺新郎・荣州表兄②生日 魏了翁

幸有天遮蔽，为西南、空虚一面，挺生男子。塞下将军支颐卧，夜半揽衣推起。扫十万、胡人如洗。见说巴山槊马退，也都因、粮运如流水。剑以北，一人耳。

十年梦断斜阳外。恰归来、昌蒲蘸酒，祝兄千岁。入从出藩谁不是。谁是难兄难弟。正乐意、融融未已。莫趣东方千骑去，愿时平、华皓长相对。闲富贵，只如此。（据《鹤山先生大全文集》卷九十六补）

风瀑竹・元宵 牟子才

阁住杏花雨。便新晴、等闲勾引，香车成雾。璧月光中箫凤远，袅袅余音如缕。消一似、群仙府。天意乍随人意好，渐星桥、度汉珠还浦。又何啻、列千炬！

晚来乍觉阴盘固。笑人间、玉瓶瑶瑟，锦茵雕俎。无限升平宣政曲，回首中原何处？慨鸣镝、已无宫武。扑面胡尘浑未扫，强欢讴、还肯轩昂否！萦旧恨，为谁赋？（《花草粹编》卷二四）

清

杜孝女 王培荀

荣邑杜其泮女，字张姓。嫁有日矣，其泮忽病，女念祖母八十余，父无子，嫁后无人侍养，日夜号泣，撤环剪发，茹素祈祷。父病甚危，女于月下祝天，用刀割股，昏绝于地，片时复苏，烹肉以进，父病遂减，三日痊愈。逾月，母生子，至婚期，仍不欲行。父母交责之，乃归张氏。克尽妇职，今年六十余矣。生子二：俊三、桂三，俱成立，人以为孝感云。廖庶常扶九录其事为征诗，诗未能工，第以表扬风化为有司之责耳。

① 钱仲联《陆游全集校注・放翁词校注》云：张震，字真父，广汉人。赵逵榜进士及第。绍兴三十一年（一一六一）十月除著作佐郎，三十二年为殿中侍御史，多所建白。孝宗即位，震曾论以内侍提举御前军器所之非，又论小人紊政之失。由中书舍人除敷文阁待制，知绍兴府。震力辞，改知夔州。为政以利民泽物为先，曾修补大晟乐及忠武侯祠，论夔路造舟载川路纲马之不可。后知成都府，卒于官。宋淳熙元年（一一七四）冬，陆游摄知荣州事，此词或作于是时。

② 荣州表兄，即高稼（一一七一—一二三五），字南叔，魏了翁二兄，嘉定七年（一二一四）进士，后任荣州知州，值作者谪居湖南归来，分别十年重新见面，作者乃赋此词。

父也天只，母也天只。阿母有女，阿父无儿。父病若死，祖母无儿。男则有室，女则有家。女在代子，女嫁离爷。祖母已衰兮在堂，阿爷忽病兮卧床。女侍侧兮徬徨，嫁期迫兮心伤。中庭寂寂月明，良夜迢迢露清。女执白刃兮有泪无声，药无效兮医告别，祷无应兮香欲灭。身不自爱兮呼天泣血，股肉将封兮肝肠断绝。神思冥冥，昏去忽醒。心与天谋，肉带血腥。父能长在，九死无悔。竭此微诚，精卫填海。一脔进兮甘不吐，二竖逃兮喜欲舞。母又生儿兮啼索乳，感悦极兮泪如雨。愿终身在室兮常依翁姥，严慈交责兮赋桃夭。贤淑共著兮有子克绍，灵佑孝女兮天道昭昭。愿告太史兮采兹风谣。

罗星阁赋① 邹学山

城题小锦，地入参躔，戎僰环之以作域，资陵拓之以为边，沙河窈窕而南带，粉壁迤逦而北连。火井隆隆，沉荧于东角；石林冉冉，叠翠于西偏。清流澄兮外绕，旭水澈兮中旋。列雁齿于当关，虹桥束三荣之壤；建鳌峰而尝阙，琳宇掀五宝之天。原夫惊心峡启，擦耳崖回②，后户之奇始辟，前门之障未隤。砥柱凝休，王佐分符，而至重渊毓秀，帝子驾辇而来。庞靖侯所凭依，神征活枣；陆放翁之玩赏，兴寄寻梅。韦拔披星泽畔，马鸣草偃；陈抟驻鼎池心，龙喷莲开。若乃人怀白璧，士附青云，费子漆身抗节，刘光纵笔超群，传称嗜古，泰号能军。北箐孝勇之心，人间罕觏；东川忠义之胆，天下希闻。王元老轩内弹琴，泉声夜落；荣隐公矶头垂钓，芦叶秋芬。当元气之犹存，尝钟物望；迨要津之既凿，遂碍人文。又况天险不留，人为复偾。波心累石，海盐之杰构不终；镜面擎楼，湘水之雄图难问。苞符罔固其本原，蕴蓄渐衰于晚近。方期慈君驻节，举所坠而忘劳；何幸明府下车，兴所废而不靳。白叟皆趋，黄童俱奋。神斤鬼斧，不必假乃力以观成；卓识鸿裁，要惟秉匠心而独运。则见磴列十寻而孤超，檐高百尺而下俯。画栋凌烟，珠帘卷雨，危临细柳之堤，特立垂柳之浦。红霞激射，迷离桂殿兰宫；白鹭飞还，掩映云颠竹坞。连江之甸畇畇，夹岸之原膴膴。上蟠下际，半空锁住乾坤；夕霁朝阴，一日衍成今古。于是塞溪口而培风，踞滩头而振脉。鹅项遥吞，龙头近拍，桂林延青，莲宇送碧。内接飞仙，外迎野客，佛千龛兮宛在其窗棂，屏九折兮恍近其几席。既若夔门之滟滪，扼要巴渝；还同灌口之离堆，争奇梁益。雷轰电击，无忧万壑之淘；物换星移，复睹二侯之迹。及其援梯延伫，拾级雍容，平沙骇目，远谷震胸，跨丹霄而骋步，分素练以扶筇。此日升平，回眸而失吹螺之路；当年笑傲，跂足而追集凤之踪。烟火绵联，依稀想陆腾故垒；村墟绣错，仿佛思宇文遗封。气接冥蒙，俨吹嘘于八极；声传广漠，如咳唾于九重。嗟嗟齐云峭拔，落星轩昂，临春藻丽，结绮辉煌。然不过藏粉贮香，夸纤秾于人世；岂若兹钟灵献瑞，发瑰玮于文章。况楚甸秦关，既干戈之寂寂③；则茅檐蔀屋，当弦诵之忙忙。争搜九丘八索，奚分三里四乡。乍结伴以登临，期群儒之鹗荐，愿拈毫而点缀，纪弈叶之奎光。

① 原注：以『天开文运，古迹重光』为韵。
② 原注：崖在阁侧，非梧桐沟之擦耳崖也。
③ 原注：时教匪初平。

（三）文

诏令敕牒

宋

真宗御制文

夫列辟任人，治民为要；群臣受命，奉法居先。朕勤择循良，抚绥黎献，虑万方之未泰，每终夕而疚怀。示以教条，仰惟旧典，守而勿失，政则有成。无旷庶官，期善备于职业；慎乃出令，爰亲述于训词。勉副予心，各扬尔事。今赐诸道牧守及知州、知军、通判、知监、知县七条如左：一曰清心。谓平心待物，不为喜怒爱憎之所迁，则庶事自正。二曰奉公。谓公直洁己，则民自畏服。三曰修德。谓以德化人，不必专尚威猛。四曰责实。谓专求实效，勿竞虚誉。五曰明察。谓勤察民情，勿使赋役不均、刑罚不中。六曰劝课。谓劝谕下民，勤于孝悌之行、农桑之务。七曰革弊。谓求民疾苦而厘革之。

大中祥符二年（一〇〇九）十一月□日。（据《宋大诏令集》卷一百九十一补）

荣梨山封敕碑

中书门下牒。中书门下奏：据太常礼院状，准中书批送下诸州府军监等奏准敕文，应天下祠庙祈祷灵验，未有爵号者，并以名闻，当议特加礼命。看详荣州荣梨山神，祈祷有应，山川之神，合封爵号。伏候指挥。荣州荣梨山神牒。

奉敕：

朕秩百神之祀，非特以为报，亦所致吾诚也。守臣称尔之灵，能为民除灾而降祉，是用锡之侯爵，昭尔有功。神其鉴哉，永庇于兹土。宜特封应灵侯。牒至准敕，故牒。

熙宁八年（一〇七五）十月□日牒。（据《巴蜀道教碑文集成》等补）

五龙祠牒

礼部侍郎参知政事王、左仆射并门下侍郎平章事□、中书门下牒。荣州会应庙，太常礼院奏：准中书批送下诸州军监等奏准敕书节文，应天下祠庙祈祷灵验未有爵号者，并以名闻，当议特加礼命，内虽有爵号而褒崇未称者，亦仰闻奏。今看详荣州荣梨山五龙池祠堂，系山川之神，祈祷有验，合加爵号。

伏候敕旨：

荣州荣梨山五龙池祠堂，州状称在荣德县界，山高五里，上有池，旱不涸，雨不溢，祈雨有应，图经亦载。牒奉敕，宜特赐会应庙为额。牒至准敕，故牒。

熙宁十年（一〇七七）四月二十八日牒。

工部侍郎参知政事元、礼部侍郎平章事王、工部侍郎平章事吴。（据《巴蜀道教碑文集成》等补）

民国《志》按：结衔元者元绛；王、吴则王珪、吴充也。时王存知太常礼院。

敕书记

郡之东北十五里，山曰荣梨，慈云寺在焉。中有二祠，曰山神，曰五龙。岁或水旱，祈之屡应。熙宁乙卯岁十月，诏命封神为灵应侯。郡吏不知令典，以为龙与神并封，乃徙山神之象，合于龙洞，以就榜额。位貌渎乱，连年灾旱，岂不缘此。今年六月壬午又被诏敕，旌五龙之祠曰会应庙。荐奉朝旨，躬行祭告，乃得详究差缪。于是命工涓日，迁而正之。因为二诗，书之屋壁。时方亢旱，不日而雨。爰恭刻诏书，以传不朽。

熙宁丁巳（一〇七七）八□朔日记。

将仕郎守司户参军书丹。将仕郎、守司理参军□，文林郎、守评事参军、兼司法事□，承奉郎、大理评事、参军事兼管□，西头供奉官、兵马监押、兼在城巡检□，朝奉郎、守尚书都官员外郎、权外军州兼管内劝农事□，都尉、借紫臣□立石。（据《巴蜀道教碑文集成》等补）

宋荣王榜①

皇子威武军节度使。应荣州管内官吏、僧道、百姓等：

兹者猥荷皇慈，宠颁徽数。衮衣命服，仪均槐位之崇；茸纛高牙，壤锡茅封之贵。眷全闽之督府，洎和义之名邦。方留侍于君亲，未及颁于条教。洪惟上圣，光纂炎图。贤和于朝，共靖登闳之运；民安其业，坐臻熙乂之期。凡尔有官，各钦乃守，务靖共而在位，思清白以承休。至于褒衣博带之流，缁布黄冠之侣，旄倪遗老，介胄武夫，咸祇饬于一身，以无干于三尺。诸有尊属，并存问之。右榜荣州，仍散下管内，各令知悉。

开禧元年五月□日，皇子威武军节度使、开府仪同三司、荣王。

附：题封荣王碑后

上即位十有一年，改元开禧。五月，册皇子，封荣王。仍颁教于荣，所以警官吏，训士民者，不一而足。昔光宗皇帝，尝以和义为潜邸，今又为圣天子疏封之地。桂滥分左符，祇奉条教，期无负于训敕，复用敕诸贞珉，以诏无穷。元年孟夏吉日，朝散郎、知荣州军兼管内劝农事、赐绯鱼袋臣袁桂拜手谨书。（据《金石苑》、同治《嘉定府志》、《全宋文》等补）

明

吴鼎以子道弘贵赠中宪大夫、大理寺卿，配熊氏、田氏封恭人

制曰：国家褒美臣下，推恩锡命，于其亲亦有加焉，盖厚伦重本之道也。尔封南京太常寺博士吴鼎，乃封南京大理寺右少卿吴道弘之父。晦迹邱园，克敦诗礼，笃生贤子，显用于时。当推所自，锡以荣封。养虽弗逮，恩则宜进。兹特进尔为中宪大夫、南京大理寺右少卿。灵爽如存，尚其钦服。

制曰：扬名显亲，人子之至愿。国家推恩臣下，必有以遂其心焉。尔封孺人熊氏，乃封南京大理寺右少卿吴道弘之嫡母，柔慈端静，仪范闺门，当因子而受封，乃遽殡而违养。子官既进，卿典宜推。兹特加赠为恭人。服此宠恩，永光窀穸。

制曰：母以子贵，盖古之道。故朝廷于臣下有劳绩者，则必荣其所生，所以笃本厚伦也。尔田氏，乃南京大理寺右少卿吴

① 民国《志》原注：宋封荣王矚教碑。今在学宫内。

道弘之生母。相夫致显，教子登庸，揆其所自，宜锡宠命。兹特赠为恭人。幽灵不昧，尚克承之。

吴道弘授中宪大夫

制曰：大理右廷尉之职，所以平天下之刑，使协于中。非得明恕端方之士，曷称斯任？尔南京大理寺右少卿吴道弘，登名甲榜，授职容台。逮擢宪臣，振扬风纪，按部克协于德意，录劳爰进于今官。平反疑政，惟明且允，宜加恩典，以示褒荣。兹特进阶中宪大夫，锡之诰命。呜呼！刑期无刑，皋陶所以懋厥绩；辟以止辟，君臣所以和厥中。尔其体哀矜之意，推公恕之心，益克勤慎，用光前闻。

曹刘氏张氏以子迈贵俱封孺人

敕曰：朕惟贤母之教，其子入则致孝于亲，出则尽忠于国，以无遗父母忧。兹惟母则，朕甚慕焉。尔刘氏，乃南京户科给事中曹迈之母，族为士望，德为女师，勤俭恭顺，克济夫纲。慈惠庄严，载成子美，缘恩申命，亦惟旧章。兹特赠为孺人，垂声赞书，尚其不殁。

敕曰：朕惟资于事父以事母，而爱同继母，尊能并父，恩足成子。国家宠绥群臣，命必及之，以义制者也。尔张氏，乃南京户科给事中曹迈之继母，淑茂柔明，生于令族，言容功德，协于经训。维予良臣，作朕司言，恩斯勤斯，尔劳居多。兹特封为孺人，既寿而昌，永臻遐祉。

曹迈授征仕郎，配杨氏封孺人

敕曰：朕惟给事中七品官尔，立于殿陛之上，得与宰相争可否。昔人谓卑斯秩使，位未足惜，身未足爱，重其选使下不忍负心，上不忍负恩。朕惟斯义，不以假人。尔南京户科给事中曹迈，早以词华，奋于甲第，英标雅识，卓尔不群。领职使垣，亦既累年，察之益详，俾在兹位，抗志励义，直道是陈，朕嘉赖焉。兹特授尔阶征仕郎，锡之敕命。尔尚蹇蹇一心，一为天下昌言，以起民之病，治国之疵。朕有休报，宁尔后哉。

敕曰：朕惟妇人无爵，从夫之爵，古有是言。今吾宠绥群臣，旁及闺阃，岂非欲不失其祖祢之义哉。尔南京户科给事中曹迈妻杨氏，少以茂姿，辅之姆教，言容功德，徽柔懿恭。嫔于令人，宜其家室，可无褒命，以励相成？兹特封为孺人，其尚钦承，斯为异数。

宋珪以子洵贵赠文林郎，配廖氏赠孺人

敕曰：国家推恩臣下，必及其亲者，所以重本而劝孝也。尔应天府儒学教授宋珪，乃南京浙江道监察御史宋洵之父。庆钟厥子，禄养不逮。揆其所自，宜有褒显，今特进为文林郎、南京浙江道监察御史。灵其不昧，尚克承之。

敕曰：朕惟群臣之才者，固本于父，亦必资母德焉。存有褒荣，没有追赠，此有国之通制也。南京浙江道监察御史宋洵之母廖氏，有子能官，而不逮荣养，近推所自，宜锡褒显。兹特赠为孺人，尚克承之，永贲幽壤。

宋洵授文林郎，配沈氏封孺人

敕曰：朝廷设监察御史，欲其秉纪纲而厉风俗，以弼成国家之职，厥任匪轻。尔南京浙江道监察御史宋洵，发身儒术，擢属地官。逮迁今职，考绩勤慎，是用进尔阶文林郎，锡之敕命，以示褒嘉。夫官以察为名，以言为职，在明大体而略细故，在扶君子而抑小人。其益端尔职，坚尔守，毋私于法，毋挠于势，毋讦以直，毋苛以能。明以烛之，公以行之。懋修不懈，尚有显秩，以俟尔成。钦哉！

敕曰：夫妇，人之大伦，故朝廷推恩群臣而必及之。尔南京浙江道监察御史宋洵之妻沈氏，克相其夫。兹特封为孺人。祗服荣恩，永光闺阃。

杨石以子易贵赠文林郎，配吴氏赠孺人

敕曰：人子之贤，虽由父训，而资于母德恒多，故褒命均焉。尔吴氏，乃湖广郴州桂阳县知县杨易之母，茂著淑仪，笃生令子。养虽弗逮，名则永昭。兹特赠为孺人。恤典既隆，孝思良慰。

杨易授文林郎，配张氏封孺人

敕曰：朝廷以长民之责托于县令，令近民休戚关之，厥任攸重，恒难其人。尔湖广郴州桂阳县知县杨易，名登乡荐，官列儒庠。简擢于斯，勤劳永懋。阅年既久，贤誉著闻，宜有渥恩，用示褒劝。兹特授尔阶文林郎，锡之敕命。尔其益殚乃心，修乃职，以副朕惠育元元至意。钦哉！

敕曰：国家褒锡贤能，必逮其配，重齐体之义也。尔湖广郴州桂阳县知县杨易妻张氏，恪修妇道，善相其夫。夫既显荣，尔宜并贵。兹特封为孺人。茂迓宠光，益敦敬戒。

严嘉言以子杰贵封文林郎，配周氏赠孺人

敕曰：国家褒锡贤臣，必推所自，而于志行纯饬，齿德俱尊者，则又深嘉之。尔严嘉言，乃云南澄江府河阳县知县杰之父，隐德弗耀，名重乡评，诲子有功，循良底绩，义方足尚已。兹特封尔为文林郎、云南澄江府河阳县知县。祗承纶宠，益介寿祺。

敕曰：古称贤母教育兼隆者，于子征之。故缘子贵母，国家彝典也，而奚间于存殁哉！尔周氏，乃云南澄江府河阳县知县杰之母，柔顺克家，积庆裕后。鞠成令子，宣力明时，可谓贤也。乃禄弗逮养，朕甚悯之。兹特赠尔为孺人，用慰孝思，永彰懿范。

严杰授文林郎，配李氏赠孺人，继配万氏封孺人

敕曰：朝廷寄长民之责于邑令，欲其承宣德意，抚惠元元，必得其人，斯称委任。尔云南澄江府河阳县知县严杰，秀擢乡闱，分符边邑，明达而理纷有要，节爱而抚字惟勤。升于荐剡者屡矣，兹以考最来闻，特授尔阶文林郎，锡之敕命。夫阅练既深，则政体日达。尔尚思毖饬，毋怠终猷，随任而思称，嗣有崇登，不尔吝也。钦哉！

敕曰：妇人相其君子，同艰辛于家室，而不同其宠贵，此人情之所悯者。故国家推恩，每追及焉。而尔云南澄江府河阳县知县严杰妻李氏，早以女工，来嫔令门，相夫成名，尔不永世，宜申褒锡，以旌往劳。兹特赠为孺人。懿灵有知，歆兹渥宠。

敕曰：士君子馈祀之典，则夫妇亲之，室必有继，其内助均也。尔云南澄江府河阳县知县严杰继室万氏，夙娴女诫，恪守妇仪。敬戒相夫，祗叙有位。今以夫三载奏绩，特封为孺人。茂膺崇爵之章，益殚相成之义。

童养淳以子琳贵赠文林郎，元配晏氏、继配吴氏俱赠孺人

敕曰：朕惟古名贤哲士，其发祥所自，必有积功累德以为之前，而流光弥远，尤必有发施显懿以为之后，而继美斯长。盖世其德乃世其家，所繇美报而厚劝尔。尔原任广东广州府通判童养淳，乃湖广道监察御史童琳之父。遵训庭闱，起家乡荐。擅一经而魁多士，竞传领袖三巴；励初试而著循良，早洽弦歌百里。宣化行谷邑，共知亲上急公；嗣美咏《甘棠》，永念蠲征输俸。三年报政，四善知名。尝膺交上公车之章，仅迁治中别驾之任。羊城半刺史，能令盗戢民安；鹏岭再鸣琴，诵继烹鲜兕虎。惜为外艰，解绶未遂。上考登升，乃倡义举，以捍孤城，匪躬攸瘁，竟矢忠操而沉叙渚。峻节可风，弗竟厥施。象贤有子，方嘉乃绪，宠赉惟公。是用覃恩，赠尔为文林郎、湖广道监察御史。发潜德之幽光，固激扬所有事；表孤贞于弈世，永褒锡以无疆。

敕曰：晏元献判西京，属范文正为其女择配，范荐谓富弼修谨，晏因许归女焉。名姝国士，匹俪惟宜。凡以相夫子，利嗣人，女德斯为茂也。尔晏氏，乃湖广道监察御史童琳之前母，幼勤女史，长迪闺修。贞静柔嘉，絜芳姿于玉璞；乡闾族党，蜚淑闻于笙簧。弋雁玟警，鸣鸡抟鹏。喜赓呦鹿，令嗣森森秀发，蔚为国桢；若秀表表挺生，特成邦杰。虽匪悉自出，分将母同。迨溯厥繇来，报宁有异。是用覃恩，赠尔为孺人。兴家赖有贤母，推锡宜崇宪邦。属在佳儿，貤章方荐。

敕曰：士人美材具著，其宏达得之父，其端凝得之母，所生禀厚，一得全于天。盖积善庆余，光远愈耀，厥惟孕育有异焉。尔吴氏，乃湖广道监察御史童琳之母，望族名媛，高门德配。归嫔仕公子，赞膏火以励修勤；内佐贤令侯，坚冰蘖而成雅化，所至神君载颂，佥惟慈母中规，繄酿太和，肇蕃嘉祉。宜男四佩，夸惟最季白眉；备允七贤，喜溢方来朱绂。惕台乌而思哺，嗟靡伊者五龄；厉风采以扬徽，表嘉仪者弈世。是用覃恩，赠尔为孺人。柏荫霜清怆眷，先凋萱草；松楸露沛恩流，方湛黄麻。

清

康熙二十五年御赐《至圣先师孔子赞》

盖自三才建而天地不居其功，一中传而圣人代宣其蕴。有行道之圣，得位以绥猷；有明道之圣，立言以垂宪。此正学所以常明，人心所以不泯也。粤稽往绪，仰溯前徽。尧、舜、禹、汤、文、武，达而在上，兼君师之寄，行道之圣人也。孔子不得位，穷而在下，秉删述之权，明道之圣人也。行道者勋业炳于一朝，明道者教思周于百世。尧舜禹汤文武之后，不有孔子，则学术纷淆，仁义湮塞。斯道之失传也久矣，后之人欲探二帝三王之心，发而为治国平天下之准，其奚所折衷焉？然则孔子之为，万古一人也，宜矣。朕巡省东国，谒祀阙里，景企滋殷，爰摛笔而为之赞曰：

清浊有气，刚柔有质。圣人参之，人极以立。行著习察，舍道莫由。惟皇建极，惟后绥猷。作君作师，垂统万古。曰惟尧舜，禹汤文武。五百余岁，圣人挺生。声金振玉，集厥大成。序《书》删《诗》，定《礼》正《乐》，既穷象系，亦严笔削。上承往绪，下示来型。道不终晦，秩然大经。百家纷纭，殊途异趣。日月无逾，羹墙可晤。孔子之道，惟中与庸。此心此理，千圣所同。孔子之德，仁义中正。秉彝之好，根本天性。庶几夙夜，勖哉令图。溯源洙泗，景触唐虞。载历道隆，亲观礼器。摛毫仰赞，心为遐企。百世而上，以圣为归。百世而下，以圣为师。非师夫子，惟师于道。统天御世，惟道为宝。泰山岩岩，东海泱泱。墙高万仞，夫子之堂。孰窥其藩，孰陟其径？道不远人，克念作圣。

国朝曾士元以曾孙省三贵貤赠通奉大夫，配陈氏貤赠二品夫人

制曰：嘉谟垂奕叶，允昭世德之求；殊宠锡公朝，益展曾孙之孝。祉承新渥，用报曩徽。尔曾士元，乃江西吉安府知府加四级曾省三之曾祖父，敦修无斁，垂教有方。种德开先，堂构益恢于来绪；贻谋裕后，箕裘克绍于前休。懿矩攸彰，恩施遂逮。兹以覃恩，貤赠尔为通奉大夫，锡之诰命。於戏！四世其昌，久聚德星之庆；九原可作，允承褒命之荣。国典荐膺，家风益振。

制曰：绥柔佐治，宠既被于外僚；贞顺垂休，恩聿推于内德。时敷惠泽，用播徽音。尔陈氏，乃江西吉安府知府加四级曾省三之曾祖妣，肃雍可范，令节堪模。树慈训于后昆，爰著钟祥之德；传素风于奕叶，式彰贻谷之谋。允作姆仪，频昭国典。兹以覃恩，貤赠尔为夫人。於戏！九重锡庆，荐邀丹诰之褒；四世承恩，益焕丝纶之色。勤宣令闻，用阐幽光。

曾绍明以孙省三贵始封文林郎，晋封朝议大夫，又晋通奉大夫，配林氏始封孺人，晋封恭人，又晋二品夫人

制曰：宠渥朝章，锡类不遗于一命；祥于家庆，貤恩爰及夫重闱。尔曾绍明，乃翰林院庶吉士曾省三之祖父，弓裘衍泽，瓜瓞绵庥。作述相承，再世式彰其祖武；渊源有自，一经早裕夫孙谋。兹以覃恩，貤赠尔为文林郎、翰林院庶吉士，锡之敕命。於戏！旧德维昭，明广显扬之志；新纶特贲，益增泉壤之光。

制曰：礼由义起，崇孝治于中闱；命自天申，贲荣施于大母。尔林氏，乃翰林院庶吉士曾省三之祖母，德茂兰仪，光生槐里。珩璜作则，式垂淑慎之型；荇藻流芬，丕振光昌之绪。兹以覃恩，貤赠尔为孺人。於戏！鸾书焕采，合彤史以扬庥；象服增辉，荷云章而锡庆。

曾习鹏以子省三贵初封儒林郎，晋封朝议大夫，又晋通奉大夫，配林氏初封孺人，晋封恭人，又晋二品夫人

制曰：宣猷服采，中朝抒报最之忱；锡类殊恩，休命示酬庸之典。尔曾习鹏，乃翰林院庶吉士曾省三之父，令德践修，义方夙著。诗书启后，用彰式谷之风；弓冶传家，克作教忠之则。兹以覃恩，封尔为儒林郎、翰林院庶吉士，锡之敕命。於戏！笃生杞梓之材，功归庭训；丕焕丝纶之色，荣播天章。

制曰：壸教凝祥，懋嘉猷于朝宁；国常布惠，播休命于庭闱。尔林氏，乃翰林院庶吉士曾省三之母，勤慎宜家，贤明训后。相夫以顺，含内美于珩璜；鞠子有成，树良材于桢干。兹以覃恩，封尔为孺人。於戏！昭兹令善之声，荣施勿替；食尔劬劳之报，庆典攸隆。

张敦叙以孙廷恩捐员外郎加六级，诰封通奉大夫，配戴、刘氏封夫人

制曰：沛酬庸之庆典，茂对皇庥；敷锡类之殊荣，曲成臣孝。尔张敦叙，乃员外郎衔加六级张廷恩之祖父，箕裘克绍，诗礼垂声。贻厥孙谋，树芳规于珂里。奏茂绩于彤庭①。兹以尔孙克襄王事，赠尔为通奉大夫，锡之诰命。於戏！开堂构以培基，德钟家庆；沛丝纶而锡命，光曜泉台。

制曰：德门积庆，渊源早裕夫孙谋；盛世推恩，纶綍载扬夫母范。尔戴、刘氏，乃员外郎衔加六级张廷恩之祖母，高门毓德，华阀传芳。有谷诒孙，赖同心于内助，表异数于中闱。兹以尔孙克襄王事，赠尔为夫人。於戏！光生褕翟，常昭彤管之辉；德媲珩璜，用焕紫泥之彩。

张必遵以子廷恩捐员外郎加六级，诰封通奉大夫，配梅、陈氏封夫人

制曰：谊笃靖共，入官必资于敬；功归诲迪，能仕而教之忠。爰沛国恩，用扬庭训。尔张必遵，乃员外郎衔加六级张廷恩之父，躬修士行，代启儒风。抱璞自珍，克毓珪璋之秀；析薪能荷，弥彰杞梓之良。兹以尔子克襄王事，封尔为通奉大夫，锡之诰命。於戏！昭令问于经籯，义方久著；佩徽章于策府，礼秩加优。茂典丕承，荣名益劭。

制曰：移孝作忠，懋简劳臣之绩；推恩锡类，式扬贤母之名。载贲荣纶，用宣懿范。尔梅、陈氏，乃员外郎衔加六级张廷恩之母，早娴典则，夙著规型。敬以从夫，宜室聿征其顺德；勤于训子，备官一本于慈祥。兹以尔子克襄王事，赠封尔为夫人。於戏！荷彩翟之天章，徽音益畅；被彤毫之仙藻，惠问常流。祇服宠光，弥昭贞静。

张必达以侄廷恩捐员外郎加六级，貤封通奉大夫，配车氏封夫人

制曰：谊笃靖共，入官必资于敬；功归诲迪，犹子亦教以忠。爰沛国恩，用扬家训。尔张必达，乃员外郎衔加六级张廷恩之胞伯父，躬修士行，代启儒风。抱璞自珍，克发珪璋之秀；储材足用，聿彰杞梓之良。兹以尔侄克襄王事，封尔为通奉大夫，锡之诰命。於戏！昭令问于经籯，书贻刻鹄；佩徽章于策府，宠贲回鸾。茂典丕承，荣名益劭。

制曰：家有孝慈之范，美以相济而成；国崇褒锡之文，恩以并推而厚。尔车氏，乃员外郎衔加六级张廷恩之伯母，德可相夫，教能启后。一堂环佩，和音克著其慈祥；五夜机丝，内治聿昭其柔顺。兹以尔侄克襄王事，貤封尔为夫人。於戏！普一体之荣施，鸾章贲采；表同心于训迪，象服分光。

曹象濬以曾孙俊亮贵貤赠中议大夫，配刘氏封淑人

制曰：嘉谟垂奕叶，允昭世德之求；殊宠锡公朝，益展曾孙之孝。祉承新渥，用报曩徽。尔曹象濬，乃署陕西潼关厅同知加三级曹俊亮之曾祖父，敦修无斁，垂教有方。种德开先堂构，益恢于来绪；贻谋裕后，箕裘克绍于前休。懿矩攸彰，恩施遂逮。兹以尔曾孙克襄王事，貤赠尔为通奉大夫，锡之诰命。於戏！四世其昌，久聚德星之庆；九原可作，允承褒命之荣。国典荐膺，家风益振。

制曰：绥柔佐治，宠既被于外僚；贞顺垂休，恩聿推于内

① 按：据四六文格式，原文疑脱一句。

德。特敷惠泽，用播徽章。尔刘氏，乃署陕西潼关厅同知加三级曹俊亮之曾祖母，肃雍可范，令善堪模。树慈训于后昆，爰著钟祥之德；传素风于奕叶，式彰贻谷之谋。允作母仪，频昭国典。兹以尔曾孙克襄王事，貤封尔为淑人。於戏！九重锡庆，荐邀丹诰之褒；四世承恩，益焕丝纶之色。勤宣令问，用阐幽光。

曹极以孙俊亮贵诰赠中议大夫，配方、胡氏封淑人

制曰：考绩报循良之最，用奖臣劳；推恩溯积累之遗，载扬祖泽。尔曹极，乃署陕西潼关厅同知加三级曹俊亮之祖父，锡光有庆，树德务滋。嗣清白之芳声，泽留再世；衍弓裘之令绪，祜笃一堂。兹以尔孙克襄王事，赠尔为中议大夫，锡之诰命。於戏！聿修念祖，膺茂典而益励新猷；有谷贻孙，发幽光而丕彰潜德。

制曰：册府酬庸，聿著人臣之懋绩；德门辑庆，式昭大母之芳徽。尔方、胡氏，乃署陕西潼关厅同知加三级曹俊亮之祖母。箴诫扬芬，珩璜表德。职勤内助，宜家久著其贤声；泽裕后昆，锡类式承乎嘉命。兹以尔孙克襄王事，赠尔为淑人。於戏！播徽音于彤管，壸范弥光；膺异数于紫泥，天庥允邵。

曹远谟以子俊亮贵诰赠中议大夫，配杨、毛氏封淑人

制曰：求治在亲民之吏，端赖循良；教忠励资敬之忱，聿隆褒奖。尔曹元谟，乃署陕西潼关厅同知加三级曹俊亮之父，禔躬淳厚，垂训端严。业可开先，式谷乃宣猷之本；泽堪启后，贻谋裕作牧之方。兹以尔子克襄王事，赠尔为中议大夫，锡之诰命。於戏！克承清白之风，嘉兹报政；用慰显扬之志，昭乃遗谟。

制曰：朝廷重民社之司，功推循吏；臣子凛冰渊之操，教本慈闱。尔杨、毛氏，乃署陕西潼关厅同知加三级曹俊亮之母。淑慎其仪，柔嘉维则。宣训词于朝夕，不忘育子之勤；集庆泽于门闾，式被自天之宠。兹以尔子克襄王事，赠尔为淑人。於戏！仰酬顾复之恩，勉思抚字；载焕纶丝之色，允贲幽潜。

曾省三任江西南康府知府封朝议大夫，配黄、熊氏封恭人

制曰：政先领郡，虎符寄千里之权；职重专城，熊轼表万民之牧。尔江西南康府知府曾省三，才猷卓荦，资性宽和。易俗移风，广德心而登治理；饬躬率属，谨亮节以树风声。巨典式逢，鸿章宜锡。兹以覃恩，授尔为朝议大夫，锡之诰命。於戏！登御屏而纪绩，永励素丝；沛纶诰以推恩，式荣华衮。

制曰：良臣宣力于外，效厥勤劳；贤媛襄职于中，膺兹宠锡。尔江西南康府知府曾省三之妻黄氏，终温且惠，既静而专。綦缟从夫，克赞素丝之节；蘋蘩主馈，爰流彤管之辉。兹以覃恩，赠尔为恭人。於戏！敬尔有官，著肃雍而并美；职思其内，昭淑慎之遗徽。

制曰：在公必敬，臣心每待助于闺闱；齐体维均，国典必疏荣于继续。尔江西南康府知府曾省三之妻熊氏，以顺为正，无成有终。柔惠克踵乎前徽，珩璜流誉；庆泽用昭夫嗣美，翟袆增光。兹以覃恩，封尔为恭人。於戏！如纶如綍，勿忘象服之荣；宜室宜家，允副鸾书之锡。

吴宣艺以孙俶培贵貤赠奉政大夫，配王氏封宜人

制曰：良臣报绩，爰归美于贻谋；司仕诏功，必溯源于绳武。殊荣荐被，积代增华。尔吴宣艺，乃同知衔署陕西清涧县知县吴俶培之祖父。衍绪开先，垂休裕后。孙枝挺秀，聿昭树德之符；世业丕昌，大启承家之学。兹以覃恩，赠尔为奉政大夫，锡之诰命。於戏！锡五花而敷泽，珂里流光；推三叶以承恩，德门锡庆。祇膺茂典，永荷宠绥。

制曰：鸿恩锡类，聿彰贻谷之休；令范宜家，益著含贻①之美。式逢庆典，爰沛殊施。尔王氏，乃同知衔署陕西清涧县知县吴俶培之祖母。庆叶珩璜，训娴图史。心庄体顺，著壶范于中闺；善积庆余，表母仪于奕世。兹以覃恩，赠尔为宜人。於戏！播兰陔之芳泽，宠被重闱；扬芝检之徽音，光流华胄。荣章荐逮，德范犹存。

吴宣略以孙俶培贵貤赠奉政大夫，配王氏封宜人

制曰：考绩报循良之最，用奖臣劳；推恩溯积累之遗，载扬祖泽。尔吴宣略，乃同知衔署陕西清涧县知县吴俶培之本生祖父，锡光有庆，树德务滋。嗣清白之芳声，泽留再世；衍弓裘之令绪，祜笃一堂。兹以覃恩，貤赠尔为奉政大夫，锡之诰命。於戏！聿修念祖，膺茂典而益励新猷；有谷贻孙，发幽光而丕彰潜德。

制曰：册府酬庸，聿著人臣之懋绩；德门辑庆，式昭大母之芳徽。尔王氏，乃同知衔署陕西清涧县知县吴俶培之本生祖母。箴诫扬芬，珩璜表德。职勤内助，宜家久著其贤声；泽裕后昆，锡类式承夫嘉命。兹以覃恩，貤封尔为宜人。於戏！播徽音于彤管，壶范弥光；膺异数于紫泥，母仪益懋。

吴琇以子俶培贵貤赠奉政大夫，配王氏封宜人

制曰：夙夜宣劳，事君资于事父；云霄布泽，教孝实以教忠。特贲丝纶，用光阀阅。尔吴琇，乃同知衔署陕西清涧县知县吴俶培之父，操修醇笃，矩范严明。术在诗书，克启趋庭之训；业恢堂构，实开作室之模。兹以覃恩，封尔为奉政大夫，锡之诰命。於戏！锡天府之徽章，殊荣下逮；际人伦之盛事，茂典钦承。祇服诰词，允光誉闻。

制曰：家声昌大，夙彰式谷之休。壶教贤明，不替树萱之慕。适逢上庆，用锡殊荣。尔王氏，乃同知衔署陕西清涧县知县吴俶培之母。敦习礼规，恪循箴训。寝门治业，著恒德于贞心；闺塾授经，寓慈风于雅范。兹以覃恩，封尔为宜人。於戏！恩能育子，挺杞梓之良材；善必称亲，被笄珈之茂宠。祇承嘉奖，永播徽音。

刘廷选以子光宇捐布政司经历加二级封奉直大夫，配曹氏封宜人

制曰：资父事君，臣子笃匪躬之谊；作忠以孝，国家宏锡类之恩。尔刘廷选，乃布政司经历加二级刘光宇之父。善积于身，祥开厥后。教子著义方之训，传家裕堂构之遗。兹以尔子克襄王事，封尔为奉直大夫，锡之敕命。於戏！殊荣必逮于所亲，宠命用光。夫有子尚宏佑启，益励忱恂。

制曰：奉职在公，嘉教劳之有自；推恩将母，宜锡典之攸隆。尔曹氏，乃布政司经历加二级刘光宇之母，壶范宜家，夙协承筐之美；母仪贻谷，载昭画荻之芳。兹以尔子克襄王事，封尔为宜人。於戏！彰淑德于不暇，式荣象服；膺宠命之有赫，

① 贻，疑为「饴」，形近致讹。

益贲徽音。

廖世璠以侄朝翼贵貤封儒林郎，配吕氏貤赠安人

制曰：谊笃靖共，入官必资于敬；功归诲迪，犹子亦教以忠。爰沛国恩，用扬家训。尔廖世璠，乃翰林院庶吉士加一级廖朝翼之伯父，躬修士行，代启儒风。抱璞自珍，克发珪璋之秀；储材足用，聿彰杞梓之良。兹以覃恩，貤封尔为儒林郎、翰林院庶吉士加一级，锡之诰命。於戏！昭令闻于籯经，书贻刻鹄；佩徽章于策府，宠贲回鸾。茂典丕承，荣名益劭。

制曰：家有孝慈之范，美以相济而成；国崇褒锡之文，恩以并推而厚。尔吕氏，乃翰林院庶吉士加一级廖朝翼之伯母，德可相夫，教能启后。一堂环佩，和音克著慈祥；五夜机丝，内治聿昭柔顺。兹以覃恩，貤赠尔为夫人。於戏！普一体之荣施，鸾章贲采；表同心于训迪，象服分光。

廖世琅以子朝翼贵封儒林郎，配梁氏赠安人

制曰：宣猷布采，中朝抒报最之忱；锡类殊恩，休命示酬庸之典。尔廖世琅，乃翰林院庶吉士加一级廖朝翼之父，令德践修，义方夙著。诗书启后，用彰式谷之风；弓冶传家，克作教忠之则。兹以覃恩，封尔为儒林郎、翰林院庶吉士加一级，锡之敕命。於戏！笃生杞梓之良，功归庭训；丕焕丝纶之色，荣播天章。

制曰：壸教凝祥，懋嘉猷于朝宁；国常布惠，播休命于庭闱。尔梁氏，乃翰林院庶吉士加一级廖朝翼之母，勤慎宜家，贤明训后。相夫以顺，含内美于珩璜；鞠子有成，树良材于桢干。兹以覃恩，封尔为安人。於戏！昭兹令善之声，荣施勿替；食尔劬劳之报，遗范长垂。

陈为光以子均远湖北崇阳县知县赠文林郎，配萧氏、妾雷氏均赠孺人

制曰：求治在新民之吏，端重循良；教忠励资敬之忱，聿隆褒奖。尔陈为光，乃湖北武昌府崇阳县知县陈均远之父，禔躬淳厚，垂训端严。业可开先，式谷乃宣猷之本；泽堪启后，贻谋裕作牧之方。兹以覃恩，赠尔为文林郎，锡之敕命。於戏！克承清白之风，嘉兹报政；用慰显扬之志，昭乃遗谟。

制曰：朝廷重民社之司，功推循吏；臣子凛冰渊之操，教本慈帏。尔萧氏，乃湖北武昌府崇阳县知县陈均远之母，淑慎其仪，柔嘉维则。宣训词于朝夕，不忘育子之勤；集庆泽于门闾，式被自天之宠。兹以覃恩，赠尔为孺人。於戏！仰酬顾复之恩，勉思抚字；载焕丝纶之色，允贲幽潜。

制曰：奏绩在公，已慰劬劳之念；推恩及下，宁遗鞠育之劳。尔雷氏，乃湖北武昌府崇阳县知县陈均远之生母。持躬以慎，助箧能贤。无忝所生，常念属毛而离里；则笃其庆，俾能尽分以达情。兹以覃恩，赠尔为孺人。於戏！特申母以子贵之文，用昭善则归亲之义，颁兹休命，聿表遗徽。

曾善文以子习传贵貤赠修职郎，配刘氏貤赠孺人

制曰：任使需才称职，志在官之美；驰驱奏效报功，膺锡类之仁。尔曾善文，乃四川成都府新津县教谕曾习传之父，雅尚素风，长迎善气，弓冶克勤于庭训，箕裘不裕夫家声。兹以覃恩，貤赠尔为修职郎，锡之敕命。於戏！肇显扬之盛事，国典非私；酬燕翼之深情，臣心弥励。

制曰：奉职无愆，懋著勤劳之绩；致身有自，宜酬鞠育之恩。尔刘氏，乃四川成都府新津县教谕曾习传之母，淑范宜家，令仪昌后。早相夫而教子，俾移孝以作忠。兹以覃恩，貤赠尔为八品孺人。於戏！贲象服之端严，诞膺巨典；锡龙章之涣汗，允播徽音。

曹纯明以子垲任平武县训导貤封修职佐郎，配张氏貤封孺人

制曰：任使需材称职，志在官之美；驰驱奏效报功，膺锡类之仁。尔曹纯明，乃四川平武县训导曹垲之父，雅尚素风，长迎善气，弓冶克勤于庭训，箕裘丕裕夫家声。兹以覃恩，貤赠尔为修职郎①，锡之敕命。於戏！肇显扬之盛事，国典非私；酬燕翼之深情，臣心弥励。

制曰：奉职无愆，懋著勤劳之绩；致身有自，宜酬鞠育之恩。尔张氏，乃四川平武县训导曹垲之母，淑范宜家，令仪昌后。早相夫而教子，俾移孝以作忠。兹以覃恩，貤封尔为八品孺人。於戏！贲象服之端严，诞膺巨典；锡龙章之涣汗，用表荣施。

邹昌炳以子赤心贵貤封登仕佐郎，配王氏貤封孺人

制曰：设官分职，昭器使之无遗；锡类施仁，喜蒙恩于伊始。尔邹昌炳，乃浙江绍兴府照磨邹赤心之父，秉心诚朴，饬行端方。教诲怀式谷之勤，政事本贻谋之善。兹以覃恩，貤封尔为登仕佐郎，锡之敕命。於戏！一命得以逮亲，遂膺旷典；庶政期于称职，笃迓休光。

制曰：登皇路以驰驱，忠原本孝；入庭闱而侍奉，严必兼慈。尔浙江绍兴府照磨邹赤心之母王氏，性本和柔，饬衿鞶于阃内；教惟勤慎，纡章服于庭前。兹以覃恩，貤赠尔为九品孺人。於戏！所亲邀优渥之恩，勉图懋绩；有子效靖共之谊，永表芳型。

龚常泰以子晋祺贵封奉直大夫，配曹张氏均封宜人

制曰：考绩疏庸，特重推恩之典；服官资敬，聿推式谷之功。尔龚常泰，乃捡选知县就职主事加一级龚晋祺之父，世擅清门，代传素业。家风淳厚，垂弓冶之良模；庭训方严，启诗书之令绪。兹以覃恩，封尔为奉直大夫，锡之诰命。於戏！薄籯金而示诲，世泽常延；锡鞶带以加荣，天休弗替。

制曰：官学方成，读父书而继业；爰劳交备，禀母训以扬名。尔曹氏，乃捡选知县就职主事加一级龚晋祺之母，克树芳型，尤多慈教。著承筐之雅范，早知率礼无愆；寓徙宅之深心，果见克家有子。兹以覃恩，赠尔为宜人。於戏！彤毫洒润，爰推顾复之恩；彩翟流芳，允荷宠绥之典。

制曰：官学方成，读父书而继业；爰劳交备，禀母训以扬名。尔张氏，乃捡选知县就职主事加一级龚晋祺之母，克树芳型，尤多慈教。著承筐之雅范，早知率礼无愆；寓徙宅之深心，果见克家有子。兹以覃恩，赠尔为宜人。於戏！彤毫洒润，爰推顾复之恩；彩翟流芳，弥振贤明之誉。

龚膺政以孙晋祺贵貤赠奉直大夫，配刘氏貤赠宜人

制曰：沛酬庸之庆典，茂对皇庥；敷锡类之殊荣，曲成臣孝。尔龚膺政，乃捡选知县就职主事加一级龚晋祺之祖父，箕裘

---

① 按：修职郎，原文如此。据本文标题，应为『修职佐郎』。

绍绪，诗礼垂声。贻厥孙谋，树芳规于珂里，绳其祖武，奏茂绩于彤庭。兹以覃恩，䝔赠尔为奉直大夫，锡之诰命。於戏！开堂构以培基，德钟家庆；沛丝纶而锡命，光曜泉台。

制曰：德门衍庆，渊源早裕夫孙谋；盛世推恩，纶綍载扬夫母范。尔刘氏，乃捡选知县就职主事加一级龚晋祺之祖母，高门毓德，华阀传芳。有谷诒孙，赖同心于内助；自天申命，表异数于中闺。兹以覃恩，䝔赠尔为宜人。於戏！光生褕翟，常昭彤管之辉；德媲珩璜，允著徽章之色。

龚常泰以子晋祺广西西隆州州同赠儒林郎，配曹、张氏均赠安人

制曰：资父事君，臣子笃匪躬之谊；作忠以孝，国家宏锡类之恩。尔龚常泰，乃广西西隆州州同龚晋祺之父。善积于身，祥开厥后。教子著义方之训，传家裕堂构之遗。兹以覃恩，赠尔为儒林郎，锡之敕命。於戏！殊荣必逮于所亲，宠命用光；夫有子钦兹优渥，长庇忠勤。

制曰：奉职在公，嘉教劳之有自；推恩将母，宜锡典之攸隆。尔曹氏，乃广西西隆州州同龚晋祺之母，壸范宜家，夙协承筐之美；母仪贻谷，载昭画荻之芳。兹以覃恩，赠尔为安人。於戏！彰淑德于不瑕，式荣象服；膺宠命之有赫，允贲泉垆。

制曰：奉职在公，嘉教劳之有自；推恩将母，宜锡典之攸隆。尔张氏，乃广西西隆州州同龚晋祺之母。壸范宜家，夙协承筐之美；母仪贻谷，载昭画荻之芳。兹以覃恩，赠尔为安人。於戏！彰淑德于不瑕，式荣象服；膺宠命之有赫，益贲徽音。

龚膺懋以孙晋祺贵䝔赠儒林郎，配杨氏䝔赠安人

制曰：考绩报循良之最，用奖臣劳；推恩溯积累之遗，载扬祖泽。尔龚膺懋，乃广西西隆州州同龚晋祺之本生祖父，锡光有庆，树德务滋。嗣清白之芳声，泽留再世；衍弓裘之令绪，祜笃一堂。兹以覃恩，䝔赠尔为儒林郎，锡之敕命。於戏！聿修念祖，膺茂典而益励新猷；有谷贻孙，发幽光而丕彰潜德。

制曰：册府酬庸，聿著人臣之懋绩；德门辑庆，式昭大母之芳徽。尔杨氏，乃广西西隆州州同龚晋祺之本生祖母。箴诫扬芬，珩璜表德。职勤内助，宜家久著其贤声；泽裕后昆，锡类式承乎嘉命。兹以覃恩，䝔赠尔为安人。於戏！播徽音于彤管，壸范弥光；膺异数于紫泥，天庥允劭。

张政清以外孙龚晋祺贵䝔赠儒林郎，配罗氏䝔赠安人

制曰：功隆赏懋，式宏锡类之仁；积厚流光，兼广外家之泽。荣名上逮，义闻弥彰。尔张政清，乃广西西隆州州同龚晋祺之外祖父，出自有基，后来称秀。宅钟华胄，光闾泽衍缥缃；庆集繁禧，匡国名高黼黻。兴宗兆叶，縻爵阶崇。兹以覃恩，䝔赠尔为儒林郎，锡之敕命。於戏！良臣懋绩，实承旧德之光；外氏蒙恩，丕焕新纶之采。式承宠渥，庶慰旌扬。

制曰：职崇朝宁，嘉丕绩于良臣；泽沛纶章，推鸿慈于外氏。重闱锡庆，累世承庥。尔罗氏，乃广西西隆州州同龚晋祺之外祖母，轨仪娴习，风范淑嘉。主馈宜家，启后来之俊秀；延庥相宅，邀三锡之荣光。启佑有原，恩施宜沛。兹以覃恩，赠尔为安人。於戏！徽音未邈，尚贻昌大于方来；宠赉仍加，庶保昭融于罔斁。用酬懿训，祗荷隆施。

张敦叙以孙廷英贵貤封宣武都尉，配戴氏貤封恭人

制曰：策励疆圉，昭大父之恩勤；锡赉丝纶，表皇朝之沛泽。尔张敦叙，乃兵部差官加一级张廷英之祖父，敬以持躬，忠能启后。威宣阃外，家传韬略之书；泽沛天边，国有旂常之典。兹以覃恩，貤封尔为宣武都尉，锡之诰命。於戏！我武维扬，特起孙枝之秀；赏延于世，用归奕叶之祥。

制曰：树丰功于行阵，业著闻孙；锡介福于庭帏，恩推大母。尔戴氏，乃兵部差官加一级张廷英之祖母，壶仪足式，令问攸昭。表剑佩之家声，辉流奕世；播丝纶之国典，庆衍再传。兹以覃恩，貤封尔为恭人。於戏！翟茀用光，膺宏庥于天阙；龙章载焕，昭异泽于皇朝。

张必达以子廷英贵诰封宣武都尉，配车氏封恭人

制曰：宠绥国爵，式嘉阀阅之劳；蔚起门风，用表庭帏之训。尔张必达，乃兵部差官加一级张廷英之父。义方启后，谷似光前。积善在躬，树良型于弓冶；克家有子，拓令绪于韬钤。兹以覃恩，封尔为宣武都尉，锡之诰命。於戏！锡策府之徽章，荐承恩泽；荷天家之休命，增辉门闾。

制曰：怙恃同恩，人子勤思于将母；赳桓著绩，王朝锡类以荣亲。尔车氏，乃兵部差官加一级张廷英之母。七诫娴明，三迁勤笃。令仪不忒，早流珩瑀之声；慈教有成，果见干城之器。兹以覃恩，封尔为恭人。於戏！锡龙纶而焕采，用答劬劳；被象服以承庥，允膺光宠。

奏议

进《续通鉴长编》表　李焘

隆兴元年，知荣州李焘奏：臣尝尽力史学，于本朝故事，尤切欣慕，每恨学士大夫各信所传，不考诸实录、正史，纷错难信。如建隆、开宝之禅授，涪陵、岐、魏之迁殁，景德、庆历之盟誓，曩宵、谅祚之叛服，嘉祐之立子，治平之复辟，熙宁之更新，元祐之图旧，此最大事，家自为说。臣辄发愤讨论，使众说咸会于一，敢先具建隆迄开宝十有七年，为十有七卷上进。（《文献通考》卷一百九十三）

知荣州到任谢表　李刘

佐黔巫之东鄙，将及戍瓜；守巴僰之南安，滥叨符竹。出幕十年之未久，循墙三命之唯恭。冒象马以牵江，跨犍牂而入境。皆知圣主清衷之一视，故令愚臣白首以重来。伏念臣殖学拙疏，赋材褊浅。耗精神于场屋，得弗偿劳；疲筋力于尘埃，衰不待老。顷繇故府，入总成均。韩愈补苴，奚益茫茫之坠；郑虔坎坷，难培衮衮之登。久去国以奉祠，辱起家而贰郡。敢意三刀之梦蜀，复令五月而渡泸。

维今荣隐之邦，实昔夜郎之壤，贰耕火种，矛淅剑炊，岁计经营之租无六千斛，郡仰斥卤之羡已五百年。此因刻木之花销，致辱前茆之根括。熏鼠不嫌于穹窒，夺牛反甚于蹊田。凡昔留州，悉令送使。无复斗升水之贷，存活介鳞；纵得二千石之良，终成狼狈。岂其庸谬，堪此奉承。兹盖伏遇皇帝陛下政在养民，仁不异远。虽蓬婆雪外之戍，万里轸忧；与长安日边之州，同时并命。殆念和义孤墉之陋，未正绍熙潜邸之名，三年弄印而印刓，四辈代庖而庖竭。破凡削例，不待张咏荐李畋之来；拔滞振淹，盖法艺祖任王明之意。臣敢不谨身率下，节用爱人？臣饮冰食蘖以自将，勿为义疚；傥求牧与刍而不得，甘俟罪归。（《翰苑新书》后集上卷二十五、《宋四六选》卷八）

荣州到任谢丞相

佐黔巫之东鄙，甘半刺之翱翔。守巴僰之南荣，累一陶之坯治。幕府十年之未久，角巾两火之可逃。间关半期，辛苦万状。甫兹领事，率尔裁笺。

伏念某才不愈人，学徒泥古。招诸生于馆下，几毁于随；处别驾之治中，无材可展。姑俟及瓜之代，式遄行李之归。敢图分铜兽之符，猥使展石龟之郡。惟和义之僻壤，实光庙之潜藩。升军开府，独未沾恩；视邦选侯，率多就近。盖民田岁租止五千石，而公使年计仅六百缗。财匪鬼输，全仰作咸之润；郡资井养，讵堪竭泽之渔？比缘花破于皂胥，今遂草薙而赤立。欲俾寻常之外，顿增十万之输。数罟入池，宁保四郊之无扰？强弩射市，但嗟薄命之先穿。上下交征，公私可痛。弗获于上，不可治矣；欲加之罪，其无辞乎？

恭惟某官师保万民，弼亮四世。天欲吾君继寿皇之圣，帝赉我公绍忠定之勋。禹以功，皋以谟，適全绝德；绛之果，霍之勇，抑又余收。不惟垂绅正笏而措泰山之安，且复守志厉操而抗浮云之节。勤劳二纪，无寸晷之敢休；恳避三公，至累年而不受。戒谨恐惧之如此，炽昌耆艾以固然。周公仰而思之，不迷勤教；伊尹圣之任也，尤务旁招。肆令愚儒，来效凋郡。尚念某进退维谷，兢战履冰。思庶民所以安，恐有负十行之赐；得一事可自罢，庶几免百谪之盈。辄修谢上之缄，并控申中之悃。（《四六标准》卷五）

荣州到任谢桂制置

假守三荣，叨尘统部；牵江万里，既见吏民。比尝奏记以彻名，复敢修辞而谢上。惟和义之斗绝，实夜郎之奎限。事简地偏，旧称道院；吏贪俗悍，今类法场。盖一岁止五千石之经租，而诸司近八十万之折估。郡资井养，财匪鬼输。属因权摄之多，驯至纲维之败。壮哉雀鼠，公肆侵牟；翩彼鸱鸮，交腾喧噪。致连帅括三井之羡，为属县代两税之输。上关阃制之听闻，下籍吏胥之专擅。去其螟螣，始云敛此以锡民；信及豚鱼，今则改之而备塞。莫非王事，均是邦财。黔其庐，赭其垣，正足为参元之喜；马若羊，金若粟，初何与张奂之家。

不才之某，尝仕于蜀，亦知风寒之数处，何止日费于千金。与其捐润下之咸，徒滋它族；孰若助攻苦之淡，以张吾军。然一郡四邑之间，有百孔千疮之费。得斗勺之水斯活矣，庶逃涸辙之枯；无尺寸之肤不爱焉，实恐剥床之及。

恭惟某官弘深而肃括，简要而清通。后劲中权，文武作万邦之宪；外镇内附，精神折千里之冲。定不夺牛于蹊田，但欲捕蝗之害稼。有怜薄命，值雷轰荐福之碑；或辱宽征，使乳复零陵之穴。乞从旧额，以惠疲甿。某敢不祇適宽条，布宣隆指？修惨怛忠利之实，销愁恨叹息之声。可以言未可以言欤，亦恃有仁人之在上；哀之命不哀之命也，更惟恕躁者之多辞。归倚惟深，敷宣罔既。（《四六标准》卷五）

荣州进贡紬斑布表

屏西方之𫄧，莫输蝼蚁之忱；沤东门之麻，窃效狐狸之织。愧精粗之不度，肃恭敬以来将。恭惟皇帝居上不骄，取民有制。念彼褐夫之褐，成于红女之红。质匪橦华，纬以绀缬之饰；文非贝锦，比诸黄润之筒。是虽蜀产之微，俾效齐官之戏。臣承流天角，修贡土毛。大卫文之衣，当退明于侯度；褒公孙之被，愿谨简于贤人。（《翰苑新书》后集卷二十二）

贺黄运使除总领

内跻郎省，外总饷台。西宾出幕之十年，遂专主席；东漕下车之三月，尽总赋舆。人歆锡命之蕃，上恨用公之晚。

恭惟某官器资凝远，业履端温，言行夙择乎中庸，名实久孚于上下。顷岁红巾之变，折冲白刃之间。数进忠规，刘葵惟恐其放手；纵无恩泽，徙薪岂下于焦头。共推江夏之无双，再试颍川之第一。维驹维骐维骆，暂纡苞栩之飞；如熊如罴如貔，孰饱樵苏之爨。帝咨众望，佥曰公宜。王人下视于诸侯，有严天节；郎官上应于列宿，肯历土山。政令先庚而已乎，军民旁午以相贺。田里愁恨叹息，久已周知；财货本末源流，尤皆宿讲。皮不存则毛将安附？唇既亡则齿得无寒？欲兵食兼足之沛然，在制阃同心而已尔。既无间秦越之肥瘠，何难图韩范之功名！

某百无一能，亿或屡中。顷进总领甚称之语，盖在咨诹周爰之初。兹聆除目之颁，岂胜顿足之喜。惟荣之岁租无五千斛，而使所月解近七万缗。昨赖管煎抱卖之赢，用补大科带补之欠。近困井迁之后，难施箕敛之苛。在小郡官兵既多空肠，而大司符移尚理虚额。巧但施于有面，穷莫甚于无锥。与物为春，望公如岁。今夕饮者恩，明日按者法，正累故人；观察急于赋，刺史私于民，愿哀老子。（《四六标准》卷二十二）

以上俱李刘所作。

论救蜀策疏①

牟子才

臣比者蜀事孔棘，尝进苦言，谓宜用李曾伯镇蜀，而以蒲择之、吕文德佐之，则选威望重臣为荆阃以应接之。又谓宜召余晦，以释群疑。此皆顺人心而为是急著，闻陛下亟赐采领，缄达大臣，以待处分。陛下忧顾在西，一闻人言，即与大臣商之，真不翅如救头燃也。

大臣自独相以来，未尝召臣谋一事。昨忽召臣至相府，议论反覆，数刻乃罢。而指意所在，大概只以阃制为是。大臣曰：『蜀力屈矣，非通荆蜀为一，而借荆州事力以援蜀，则不可。』臣谓：『荆事力既耗于襄樊，安得更有余力以及蜀乎？』大臣又谓：『曾伯既受节制，事急则必须进至夔门控制。』臣谓：『曾伯既是荆湖制置大使，岂有舍本职公事而越足过夔门之理？借令欲往，万一襄樊有事，曾伯将趋襄樊乎？趋西蜀乎？』大臣又谓：『曾伯不过夔门，必遣吕文德代往。』臣谓：『此处分终是阃制，不若曾伯正除宣抚，使之专心一意经理西事，而吕文德既为曾伯所任，必与曾伯俱西也。』大臣又谓：『曾伯节制四川，当不容辞。』臣谓：『以制置节制制置，则受节制者自无事权，若未即召晦，则曾伯亦未肯受也。』大臣又谓：『曾伯且未肯受节制，若正除宣抚使，岂肯受？』臣谓：『曾伯，忠义人也。使

① 原注：宝祐四年。

人主推诚以任之，温诏以趣之，彼非木石，岂不能感激思奋以报上恩邪？』大臣又曰：『韩宣以城筑未就，不欲往阆州。清叟亦有奏，令且了城筑。今且命杨大渊，则专任杨大渊，不可二三其说。』大臣又谓：『今且令曾伯节制，却令曾伯自求一人留司重庆，曾伯必委蒲择之。择之既在剑阁，且令黄应凤主留司。』臣谓：『此等处分太似缭绕，终不脱隃制规摹。恐如此施行，重庆根本之地，无重臣以镇压之，则事终涣散也。』大臣又谓：『余晦当召，曾伯未受节制，未可出命。』臣谓：『不召余晦，曾伯决不肯受命，统兵者亦且疑惑，其为妨碍非一端而足也。』大臣又谓：『若召余晦，而出李曾伯宣抚之命，曾伯必飘然而归，是一日而失二帅也。』臣谓：『余晦狼狈至此，失之何损？曾伯负当世重望，蜀之三军百姓愿得之以为司命，曾伯忍孤人心耶？又忍孤上意耶？』

臣非敢与大臣辩论也，事势至此，大臣乃一切坐断，自以为庙谟高深，非小臣所可及，臣至是亦不得不辩也。然岂得已哉！

或曰：大臣忧边思职，日夜尽瘁，不可谓之不以西事为念也。而子之言急切如此，岂大臣果有不忧蜀之过耶？

臣谓大臣之过，非不忧蜀也。其过在于任己见而不受尽言，好顺上意而每拂公议。此即是过，而又有大过者，在于自诡知兵也。且兵岂易知也哉？如韩琦、范仲淹，出入边陲，尚不能周知，今足不出庙堂之上，而谓洞知军戎万里情，此隃制之说所以牢不可破也。且兵不中御，古之道也。军中闻将军之令，不闻天子之诏。今军中无巨细，悉制庙堂之上，而徒以尺书慰劳诸将，使诸将知有庙堂而不知有制阃。则知兵之说，臣所未喻也。赵充国曰：『兵难隃度，臣愿至金城，图上方略。』今西事坏烂，而使曾伯节制数千里之外，诸将下禀令于节制，上禀命于庙堂，缭绕回曲，坐失事机，则知兵之说，臣所未喻也。晋侯作三军，谋元帅，赵衰曰：『郤縠可。』乃使郤縠将中军。今不谋帅而谋节制，分左右三距而无元帅以任中军之寄，专欲倚仗于节制。则知兵之说，臣所未喻也。《师》六五：『长子帅师，弟子舆尸，凶。』今长子帅师于数千里之外，而欲使蒲择之在边，黄应凤留司，既使韩宣总统，又使杨大渊代韩宣总统。则知兵之说，臣所未喻也。

大臣虽谙熟科条，弥缝将帅，固识兵家之节度，而自诡知兵。此则大臣之过也。昔程颐每与司马光说话，不曾放过；范纯仁，十件事只争得三四件事便已。程颐曰：『光只为能受尽言，尽人忤逆，终不怒，便是好处。』今大臣能如光，不怒人以忤逆乎？昔又有言，范祖禹于司马光必能协济国事，光正色曰：『尔谓祖禹见光有过不言乎？』今大臣能如光乐听人之攻己过乎？程颐，光之所荐也，祖禹，光之属也，而辩论不少恕，有过必尽言。

臣于二臣无能为役，然不敢不取法，以致臣区区爱助之微忠。欲望陛下丁宁宣谕，使大臣以司马光之心为心，勿遂前非，勿贰后过，尽改隃制规摹，一从公论，以救吾蜀，则尚可为也。若辨论之间，是己见，屈群策，而自谓如此足以隃制四蜀，则轻用余晦，以成一年之误。若召晦不速，用曾伯又迟，其为误蜀，将有不可胜讳者矣。惟陛下亟图之。（《宋代蜀文辑存》卷八十九）

荣县建学奏议　李清①

天顺元年七月十七日，四川等处承宣布政使、嘉定州荣县谨奏为移修学校事。准儒学牒呈，据举人龚汇呈前事：伏睹诏书内开：凡军民利病，许诸人直言无隐。钦此，钦遵。汇闻山川灵而文运昌，学校新而贤才盛。故嵩岳降神，周道复兴，此贤才之盛由于学校之新，而文运之昌本乎山川之灵也，明矣。仰惟皇上复登大宝，日月重光，人神胥庆，乃天下太平之福。汇本草茅，景泰四年，忝以《易经》中顺天府乡试第十一名。肆惟天下之利，莫利于贤才之出；军民之病，莫病于学校之不修。窃见荣县儒学，地形下湿，文庙庳陋，堂斋狭小，生员俱无号房。有司当为而不顾，师生欲为而难能，军民之病于此甚焉。按志，古学基负阴抱阳，左近凤鸣山，右近荣王府城，唐、宋学校在此，泮池、石像碑存，山川灵秀，地势高明，宜为国家兴学成才、礼祀圣贤之所。盖谓俎豆增辉，衣冠出色，永为军民之利，正在今日矣。古《进士题名记》云：『荣虽藩邸重镇，学凡三迁，始得胜地。』今观雁塔所题，可见自古人才科目，于斯为盛。伏望圣恩嘉念，学校实天下之大本，乞敕有司于农隙之时，倩在官人役，移修儒学于古基，依式监造文庙殿庑、庙、厨、库、堂斋、房舍，以备祭祀。其府城系宋时封王之地，有司于内修理号舍，令生员就彼宿食肄业，以备科贡。凡兴造所需，皆取用于有司，务在费不侵官，力不损民。因闲暇之功，成久远之计，匪惟圣贤神宇得其安，而师生讲习亦得其便。将见已学者遂仕进之心，未学者发趋向之志，科贡复隆于往昔，文章效用于当时，人才辈出，士习益彰，而同游明伦彝伦之宫墙者，必思忠孝君亲于万万世矣。利病之情如此，汇直言无隐如此，乞蒙备达具奏，请示明降，移修学校，便益县司，得此除行，据七乡里老人等审勘相同外，缘系移修事，未敢擅便，谨具奏闻。

天顺二年四月某日，工部力字三百六十三号。勘合，钦奉圣旨准行，使司札付本州本县，一体钦遵施行者。

书信

见王巩书　王庠

某切惟执事奉天子命，来官三荣。方执事之未至也，士相语曰：『此三槐丞相之家清虚居士也。』前日执事至自万里，陋邦之人争先睹之为快。士复相语曰：『吾见其颜如春温，气凛秋色，风流萧爽，与世相忘，其西晋之佳公子也。』某曰：『非也。子知夫卫国之鹤乎？可使之冲天远唳，而不可使之乘轩。是王、谢之徒也，非居士比也。』又曰：『吾见其激昂风声，正色不阿，直气凛凛见眉宇间，其东京清议之士也。』某曰：『非也。子知夫宋国之神龟乎？钻无遗策，而不免于刳肠。是陈、李之徒也，非居士比也。』

然则居士如之何？居士有时为西晋之公子也，飘若无心之云，出能泽物，则非西晋之公子也。居士有时为东京清议之士矣，直若无私之绳，时可卷舒，则非东京清议之士也。以晋汉之人物而方居士，则居士之迹犹可议也；以居士而观晋汉之人物，则居士之养不可得而议也。吾意居士以道为偶，自得于心者，固

① 李清，生卒年不详，明代富顺主簿，摄荣县事。

有异于人矣。自得于心者，虽不得见，然可得而闻者。当再拜而问之，澡雪吾身，虚心以俟，居士岂舍我而不教乎？今兹踵门，有请将命。

伏惟执事喜于善诱，孺子苟可教，愿承教焉。执事下车六浃旬，进见之士座无虚席，得闻一言，皆有饱意。某之请益，今已后矣。虽然，求教而失之遽，则其要不久，其诚不通，受赐于君子自今日始，尚未晚也。执事察其心而已。谨献近所为文一编，非敢以为文也，以为求教之资也。进退唯命。不宣。（《国朝二百家名贤文粹》卷九十八）

见黄鲁直书

其尝谓道无彼我也，一人用之不闻有余，天下行之不闻不足。古之君子，惟其资深之至，得其真乐焉，有同于我者，固将乐与之共也。

虽然，方战国时有孟轲氏，顾世之人无以共斯乐也，则企仰于百岁之上，其言曰：『乃所愿则学孔子。』方西汉时有扬雄氏，顾世之人无以共斯乐也，则俯待于千载之后，其言曰：『后世复生扬子云，然后知我之《太玄》。』至唐韩愈，若张籍、皇甫湜之徒，尝从之交游非不深也，而诚之不通，反有疑愈之言。若然，则退之之心将谁与归也？呜呼！先后异世则怅然以相慕，幸而同时，乃有不知其师友者。此得其徒之为难也。彼于心莫逆，则寄于相视之笑；于言不违，则形于终日之愚。其乐岂胜计哉？相得若此，虽不言不笑可也。

某生于蜀，僻在西南岷峨尽处，而切服执事之下风久矣，信其人而贤之、神之，所潜万里，一息诚心自通，内视其中，已有许于门下，愿兹请命，获拜君子之光。惟执事察之而已。乐育之心，罔有所间，将推其真乐以与共之乎？执事敛德自藏，与道同隐，其得于心者，大羹玄酒不足喻其味，其感于心者，黄钟大吕不足喻其和，则大全之妙，未可得而闻也。至于立己存诚，君子之大方，则应世之迹，亦道之绪余也。东京之士，激名节而不能制其祸；西晋之士，尚清虚而不适于用。伏惟坐进大道，笑二士之失中，在我者必有大过于人。孺子愿承教焉。（《国朝二百家名贤文粹》卷九十八）

上东坡论君子小人进用书

恭审上膺圣眷，宠还禁密，伏惟欢庆。自明公和鸾绥章，归觐天子，天下莫不以未执政柄为恨，皆曰国家虽奕世太平，然而治不可忽。今灾异或降而耕耨不时，盗贼或作而郡县多扰。西有未臣之夏虏，北有抗礼之敌人。兵益骄而权益重，官益冗而吏益奸。财赋之入非不繁也，而国常乏于财；法令之吏非不至也，而民反困于势。一夫不获，古所忧也，今日未暇于赈恤者多；一贤或遗，古所叹也，今日未及于进用者众。具其名物，藏于有司，岂非所谓礼者欤？而民未尝被其化；备其声律，奏于深宫，岂非所谓乐者欤？而民未尝耳闻其和。不若使明公与天子论道于法宫，出总百揆于政事堂，以讲明此等事，使天下均受其泽，则又愈于内相之任也。

有识之士，莫不以此望于明公。而某独不然。某以谓即日举步台司，兴利除害，又何难耶？然某深所幸者，既还侍从，入居君侧，明烛小人，使上闻正言、见正事，而善成乎所习，此其为大也。某亦尝妄论天下之势，何世而无君子，何世而无小人，惟天子任用何如耳。君子之显也，则达君之聪，助君之明，使小人深藏退缩，不见其迹，如妖狐孽兽得昼自伏而自如。苟小人进而无君子以正之，则使人君如入鲍鱼之肆，久而不闻其臭，天下国家几何而不沦胥以败乎？故魏郑公、李德裕之言未尝不再三于此也。某每上考往鉴，不免乎废书而切叹，恨自古小人之言易顺，而其进也常易，君子之言易逆，而其进也尝难。所以易于进者，岂有它哉？大抵揣摩迎合，不顾宗庙社稷，一切务便佞而已。君子则祸福富贵，一信于默定之命，而吾之所以事君者，惟正直之德故也。今夫临义而思夷险，利害既战于胸中，虽未发于行事，而其心已贰者，此真小人也。君子之意，以谓彼既自欺则不忠于心矣。不忠于心，则何所往而不诈，至于发为事业，吐为言语，凡以诈而事君者，岂可得哉？此其进所以常难也。

虽然，君子之于仕，为身计则难，然为国家计，则不可以难而废也。国无君子，安能国乎？某不敢远引曲证，请以吾宋之事明之。往昔仁宗皇帝有为之时，天下殆于久安，孜孜求治。方欲尽革众事以修纪纲，而权幸小人皆所不便，遂乃造作奸恶，眩惑圣聪。卒相与辩白是非、启心开悟者，赖范文正公与二三大臣有正直之德故也。方其始也，范相初贬饶州，稍徙于润，而造谤者复枉以事，上亟命置之岭南。自文正之贬，而朋党之论遂起，杜公、富公、韩忠献公相继罢去，欧阳永叔、程天球亦以抗疏论列而逆上心，及子美受诬，都人有一网打尽之言。当是时，自非诸公不敢少衰其志，相与同心以图扶持王室，则小人之众，岂不将颠大厦乎？今日之盛，使圣子神孙益隆基业者，皆赖我仁祖圣明，俯回日月之光，深思忠义之赐也。

今主上睿哲神圣，出自天纵，承六世之业，当春秋鼎盛之时，方将慨然愿治，锐意有为。愿治则急于用人，有为则希旨者进。苟非正直之士如范文正公之徒，以佐佑圣化，则安可得耶？伏自明公践扬显位，于今四十年，学优圣域，其广大精微者，某何得而知之？然天下有公议，皆谓天地之正气，昔发为汉高祖斩蛇剑、段太尉击贼笏，今皆独钟于明公，故阁下禀正直之德，而独立不群也。夫民至愚，而神合之则智，名公既得此誉于霄壤间，则所谓今世之君子，断可知矣。今归还清禁，夫其意者乃使侍金华、直玉堂，留以辅助吾君，有为于天下。某当拭目倾耳，以俟君子之所为也。噫！明公既负正直之德矣，其垂绅鸣佩，仪形万笏之前，揭为人君适治之表，使庸回之人望之而不敢亲比，固贤者素所愿，亦卑心之所望者如此也。

某寒苦憔悴，方耕岷峨之下，切幸国家有正直之士，而草茅疏贱私喜于心。此某所以不敢为亲戚之私庆，而深同天下之贺也。不胜欢抃之至。（《国朝二百家名贤文粹》卷一百）

上颍滨论治体士风书

恭审荣奉制书，入参大政，伏惟欢庆。兹者执事得时而得位，其不特为亲戚之私庆，而为天下之公贺也。

何以言之？执事历仕三朝，今主上忧勤莅政，起执事于幽闲之中，倾心以听，责成太平，则国士之报，宜厚于众人矣。伏思先帝愿治，一十九年之用心，今日国论之更张，执事皆备见亲尝之，固不待天下之士妄有所献也。虽然，亲戚之私，徒贺不足以尽意，致贺不可以无词，此某不免乎妄有所建矣。孔子曰：『才难，不其然乎？』虽唐虞之际犹以人才为难也。孟子曰：

『徒法不能以自行。』则为国家者，必赖人才而后治也。迨及后世，汉唐之治，固不足为今日道矣，然姑借汉唐而言之。

西汉之盛，固尝以经术作人才矣。自公孙弘之进，希世用事，可否必持两端，使人主自择，稚圭、谷永之徒习以成风，反覆不情，揣合时变，一王章不容于时，况贤者乎？然则，崇经术所以勉之以道也。士学于经术而劲正之节不立焉，雨蒲风柳不能自持，则非所望于知道也。当时之士，反不如曹参之于萧相国，何哉？切尝思之。学者方且守专门之学，学非自得，因以丧其良资，所谓至道之真儒，盖未之见也。彼萧何、曹参，虽不学无术，然器识宏远，得于固有，故其自知甚明，自信甚笃，以成其规随画一之善。后之君子不可不深明于此也。眷我本朝，教育涵养，至先帝纯以经术作新天下，恩至厚也。切观迩者务喜揣合之论，有道之世，岂容若稚圭、谷永之徒，习成揣合之风乎？世有方士伪为白金而半之以铜，俗谓之对钩之金也。近时以来，行徭役而以免役兼之，行经义而以诗赋兼之，既知免役、经义为不可罢，何不纯而行之，岂非对钩之法耶？以此类推，所谓务喜揣合之论也，无乃上累太母保裕之勤、天子继述之孝乎？执事审订公议，必已深明乎此，革去揣合之风，则萧、曹之勋不足进焉。此某所以为天下之公贺者一也。

李唐之盛，固尝以贤良而取人材矣。自牛僧孺之进，排斥时政，遂结李氏之怨，八关十六子扇以成风，又分而为注、训焉，搢绅之祸四十余年不解。然则，尊贤良所以勉之以忠也，士进于贤良而朋党之患遂成焉，如左右佩剑，彼此相笑，则非所望于为忠也。当时之士，反不如郭子仪之于李光弼，何哉？窃尝患之。士大夫方执异同，互相诋诽，所谓公心之大臣盖未之见也。彼子仪、光弼，虽进于武士，然皆释去私仇以急公家，故能同心协谋，卒复王室。后之君子不可不深明乎此也。眷我本朝，任贤去邪，以底熙洽之盛，至仁宗时，明五贤一不肖之论，先帝纳忠奖善，德至渥也。切观迩者务喜排击之论，清明之朝，岂容若八关十六子之徒，扇成排击之风乎？祖宗深仁大德，罪疑从轻，未尝以言罪人，况夫平居诗文之疑似，如告讦蔡新州者耶？以此类推，所谓务喜排击之论也，无乃使朝廷政刑失举，玄生两宫之疑乎？执事审订公议，亦已深明乎此，革去揣合之风，则郭、李之功不足进焉。此某所以为天下之公贺者二也。

区区怀此久矣，惟执事察其言，因得其肺腑焉。夫天何言哉？四时行焉，百物生焉。今日天子方当不言之际，则执政大臣代天理物者也。犹之元气行于混茫之中，何尝有心于亭毒哉？苟惟运而无私，然后成天下之大和。动有所偏，灾异作矣。勉进大勋，以福四海。尚祈茂对大时，为国自重。朝佥胥祷，实天下之所同愿也。不宣。（《国朝二百家名贤文粹》卷一百）

与东坡手书

即日伏审掩关自适之余，亦复驾言垂训否。公当斯时，方将敛德自藏，与道同隐，则著书立言之事，某不当问及是也。虽然，切愿有叩于左右。

夫圣道，东海也；公之文，四渎也。浩浩乎，浑浑乎，其源之来，长洁而无杂，则是有得于孟子之粹；涵空万顷，□行地中，其气之雄深自然，有得于子长之奇。千里一湾，万里一□，而无荀卿奔放之患；晓烟夕月，四时备润泽之景，而无扬雄艰苦之癖。至于会百家之异流，经纬天下，泽及万物，虽支疏灌溉，亦足以起丰年，而其用卒归于仲尼之□，故能卓然明道，去邪说之乱真也。自元丰来，先帝患文章陋甚，幸公救敝扶衰，黄、晁、秦、张辈从而和之，士方回悟而又变取士之法矣。某，门人也，君子爱人之心，必有以教之。使审是而知其归，则丐求善诱之言，今不可懈。谨缮写近所为文一编附献，非敢以为文也，借为求教之资而已。

万里尺书，远意难尽，引企诲语，澡雪以冀。不宣。（《国朝二百家名贤文粹》卷一百）

上范丞相论治体书①

相公之去蜀，剑山草木春风两纪矣。江山遗爱之国，犹能想记其地乎？

大江之南，荣为东蜀之陋邦。某生于荣，挟书山中，私有所念，以谓自信之士，方其慕古人于千载之上，击节而叹恨，不即见之也。天生豪杰，幸而同时，有及见之喜，当其彼贵此贱，反自疑而不进，何也？岂非虑其骄不下士，尚何得吐胸中之奇耶？吾宁卷而怀之，有足乐者。呜呼！此士自绝之过，而贵贱之由是不相通也。某窃隘之。既而自谓曰：公卿必有负道者焉，当以道而求。道之未至也，某当以进之；道之傥可致也，然后出求当世之贤。今之人杰有如范公者，曷往见之？此心固有待也。

虽然，今也学未及成，弗获伸见贤之拜，扫迹剑外，声音之不相闻，俯不知其身之微贱，而以事迫于外，欲奉千里之书，辄开胸臆以告，可乎？某又自谋于心曰：言之无害也。以平生向慕之诚，此心已有许于范公矣，范公固未知之，而吾之心终不可负也。事可缓见而言，事不可缓未见而言，其实一也。山林之士既不当与言，权贵之门又不敢与言。诚以相公直道扶王家，则某之言之为不妄。伏惟明公清燕优闲之际，姑听其语，可乎？

某切仰天子明圣，前日以臣僚之章，不得已降执事者一官，而未闲之封，数叩天阙，何其欲去之坚也？切意大君子之心，欲持明哲易退之德，以为身谋则善矣，然非今日之宜也。伏惟相公异乎疏远之臣，当与宋同其休戚，偶天子有为之际，独不念朝廷乎？殆非挈去就之时也，何则？大臣去就系天下之安危，身虽宜保，而祸不可以苟免也。君将弃我乎？虽豫为退藏之计，剡章日上，竟无益于全身。使天下有平治之意，自知舍我其谁，君始不吾信，固当受黜而不辞，冀其复然吾言也。仲尼曰：『大臣以道事君，不可则止。』是仲尼教人使不枉道以强活，而不教人遽绝于君也。刘向屡黜而言不已，陈蕃屡退而不忍去者，彼岂苟然而已哉！今天下皆曰，吾君不忘吾范公，锐然独断，不惑群议，殆将复用之也。神圣有为，方求适治之路，而吾范公救蔡丞相确、辩苏尚书，中立不倚之诚，确乎不拔。如立千尺之表，揭善恶之歧。天子信焉，姑使偃息近镇，复将听其言，而判异议之疑也。而吾范公之心亦知天子明圣，可与至尧舜之域，可与迈成康之轨，可与辨君子而察小人，可与休国而益民，相有待而然也。天下之人同为此言者，何也？彼其倾耳而听、虚心而俟者，亦知圣意之未忘，不欲相公自绝于君故也。相公偶此之际，遽然

① 范丞相，即范纯仁。

求去，岂所以系朝廷苍生之望乎？噫！是何求去之速也？姑少留于侯藩，察圣意之终始，假之数年，然后勇退，宁为晚耶？

某能言之，惟大贤则能听之。苟以为狂为愚而弗从之，复将诵文正公之遗烈，以告于下执事。夫誉其父以悦其子，必求其听己，又将以为谄乎？亦非某之忍为也。某闻长者道盛德之言曰：『吾当先天下之忧而忧。』使文正公获当今日，则爱君为国之心，其忧宜如之何也？诵其言，思其人，而不得见，则将议其勋，以考其行己之大方。切以谓文正公过唐裴度远矣。当度之时，天下望之为轻重，而文宗亦未辨牛、李之是非，惟念度之不衰也。而其晚节之计，皆出于自安，无经济意，使时君复谁望耶？文正公则不然，始方贬黜而朋党之论遂起，其后稍徙润州，时造谤者复枉以事，上亟命置之岭南，当时之士凛然寒心矣。自非我公不敢自绝于君，何能悟主如此？使今日之圣子神孙益隆太平者，皆赖仁祖圣明，速回日月之光，深照忠义之赐也。今主上圣德日跻，慨然愿治。相公于斯时，其忧国之心，当任文正公之责而后可也。主上恩礼兼隆，可谓至矣，相公自视，孰与仁宗之于文正乎？是知往日君臣之间，犹疏于今也。文正以孤生进，不敢忘君如彼，相公以世德承大恩，乞身坚去如此，是岂有识之士所望于门下之意耶？伏惟相公嘿思而俯诸焉。无以一己之心为进退，而以天下之心为进退。圣君难逢，勉济大业。不宣。

（《国朝二百家名贤文粹》卷八十一）

再上范丞相论事书

去年相公镇颍昌时，有蜀布衣万里献书者，即某也。其间言裴度晚计浮沉，有愧文正公终始之节，仰以劝执事者无速求去，如文正不敢忘君焉。方虞鄙贱之书，获玷耳目之罪，前日邸吏传谏草，见相公奋言吕丞相等非，独庆明天子之有忠臣；相公父子万世公议，远过裴度一等，抑又喜某之言似有合于大君子之心，姑尝听其说也，天下幸甚。

虽然，天下之论，窃亦有所议，曰：『我天子方其即位之初，起执事以政，而执事落落元祐之间，未必合也。今日之章，何苦自陷于党人耶？』又曰：『论者议元祐之政非是，则执事与诸公一体之人也。今日之章，何强聒以自明耶？』某再拜回避，谨昌言而告之曰：圣天子在上，臣下尽忠报国，谁当为朋党？相公知事君报国，亦不知所以为朋党。是二说皆非也。某尝观欧公永叔言杜、韩、富三公者，于文正公同心之人也，为国议事未必相从，公言不私，至于廷诤。平居暇日，则更相称誉不暇，彼无心于朋党也，为明天子故也。尹公师鲁于文正公，师友也。方其上书自陈，力乞同贬，时亦岂有心于朋党也？为明天子故也。切意相公自处于中，固亦如是。诚于事主，岂尝用意于其间哉？是二说者，皆妄人耳。

伏惟相公执德不回，无所偏附，今日之章，不特破议者之疑，某抑又为吾君贺也。何以言之？相公雅意本朝，岂特为诸公而发耶，将以立公议而为法，和朝廷而为人。某之申贺者此也。独不见萧规曹随之事乎？萧必举曹，而曹不变萧之法，殆非更为彼我者也。熙宁、元祐之法度，均法度也。朝廷方以继业为孝，随时因革，审其是而已。人惟无心，则信手所取，无适而不快。切意相公立公议而为法，殆为此也。又不见牛、李之事乎？缙绅之祸四十余年而不解，非朝之福也。元丰、元祐之人，均臣子也。别而用之，辨其邪正而已。天下未尝无才，求之惟恐不及，用之惟恐不尽。别为两党，十取其五，岂不惜哉？天下固有端方敢言之士，然量而后入者，事君之义也。苟非天子涣然冰释，示以不疑，则安能自竭乎？切意相公和朝廷而为人，殆为此也。相公以中和之德，行正直之言，我天子如天地日月，兼容而溥照之，行将信执事之言。孟子曰：『责难于君谓之恭，陈善闭邪谓之敬，谓吾君不能谓之贼。』敢以为左右献。

相望万里，恨不即见君子。爱德之至，感激不能尽言。不宣。（《国朝二百家名贤文粹》卷八十一）

以上俱王庠所作。

与王庠书

苏轼①

其一

轼启。远蒙差人致书问安否，辅以药物，眷意甚厚。自二月二十五日至七月十三日，凡一百三十余日乃至，水陆盖万余里矣。罪戾远黜，既为亲友忧，又使此两人者，跋涉万里，比其还家，几尽此岁，此君爱我之过而重其罪也。但喜比来侍奉多暇，起居佳胜。轼罪大责薄，居此固宜，无足言者。瘴疠之邦，僵仆者相属于前，然亦有以取之。非寒暖失宜，则饥饱过度，苟不犯此者，亦未遽病也。若大期至，固不可逃，又非南北之故矣。以此居之泰然。不烦深念。

前后所示著述文字，皆有古作者风力，大略能道意所欲言者。孔子曰：『辞达而已矣。』辞至于达，止矣，不可以有加矣。《经说》一篇，诚哉是言也。西汉以来，以文设科而文始衰，自贾谊、司马迁，其文已不逮先秦古书，况其下者。文章犹尔，况所谓道德者乎？若所论周勃，则恐不然。平、勃未尝一日忘汉，陆贾为之谋至矣。彼视禄、产犹几上肉，但将相和调，则大计自定。若如君言，先事经营，则吕后觉悟，诛两人，而汉亡矣。轼少时好议论古人，既老，涉世更变，往往悔其言之过，故乐以此告君也。

儒者之病，多空文而少实用。贾谊、陆贽之学，殆不传于世。老病且死，独欲以此教子弟，岂意姻亲中，乃有王郎乎？三复来贶，喜忭不已。应举者志于得而已。今程试文字，千人一律，考官亦厌之，未必得也。如君自信不回，必不为时所弃也。又况得失有命，决不可移乎？勉守所学，以卒远业。相见无期，万万自重而已。人还，谨奉手启，少谢万一。（《苏轼全集校注·文集》卷四十九）

其二

轼启。二卒远来，承手书累幅，问劳教诲，忧爱备尽。仍审侍奉多暇，起居万福，感慰深矣。轼罪责至重，上不忍诛，止窜岭海，感恩念咎之外，不知其他。来书开说过当，非亲朋相爱保全之道，悚息！悚息！

寄示高文新诗，词气比旧益见奇伟，粲然如珠贝溢目。非独

① 苏轼（一〇三七—一一〇一），字子瞻，又字和仲，号东坡居士，眉州眉山（今四川省眉山市）人，祖籍河北栾城，北宋著名文学家、书法家、画家，与黄庭坚并称『苏黄』，唐宋八大家之一。嘉祐二年（一〇五七）与弟辙同登进士，曾官大理评事、签书凤翔府判官、杭州通判、徐州知州、湖州知州，因乌台诗案被贬，后因党争被贬海南。赦还，卒于常州，后谥文忠。有《东坡七集》《东坡易传》《东坡乐府》《潇湘竹石图卷》《古木怪石图卷》等传世。

乡闾世不乏人为喜，又幸珍材异产，近出姻戚，数日读不释手。每执以告人曰：『此吾家王郎之文也。』老朽废学久矣，近日尤不近笔砚，见少时所作文，如隔世事，他人文也。足下犹欲使议论其间，是顾千里于伏枥也。轼少时本欲逃窜山林，父兄不许，迫以婚宦，故汩没至今。南迁以来，便自处置生事，萧然无一物，大略似行脚僧也。近日又苦痔疾，呻吟几百日，缘此断荤血盐酪，日食淡面一斤而已。非独以愈疾，实务自枯槁，以求寂灭之乐耳。初欲独赴贬所，儿女辈涕泣求行，故与幼子过一人来，余分寓许下、浙中，散就衣食。既不在目前，便与之相忘，如本无有也。足下过相爱，乃遣万里相问，无状自取，既为亲友忧及，又使此两人者蒙犯瘴雾，崎岖往来，吾罪大矣。寄遗药物并方，皆此中无有，芎尤奇味，得日食以御瘴也。轼为旧患痔，今颇发作，外无他故，不烦深念。

会晤无期，惟万万以时保练。（《苏轼全集校注·文集》卷六十）

其三

轼启。前后所寄高文，无不达。日每见增叹，但恨老拙无以少答来贶。又流落海隅，不能少助声名于当时。然格力自天，要自有公论，虽欲不显扬，不可得也。程夫子尚困场屋，王贤良屈为州县，皆造物有不可晓者。

海隅风土甚恶，亦有佳山水，而无佳寺院，无士人，无医药，杜门食淡，不饮酒，亦粗有味也。目昏，倦作书，又此信发书极多，不能详尽。察之！察之！（《苏轼全集校注·文集》卷六十）

其四

承欲往黔南见黄鲁直。此古人所难，若果尔，真一段奇事也。然足下久违亲庭，远适更请熟虑。今谩写一书，若果行，即携去也。（《苏轼全集校注·文集》卷六十）

其五

念七娘远书，且喜侍奉外无恙。自十九郎迁逝，家门无空岁，三叔翁、大嫂继往，近日又闻柳家小姑凶讣。流落海隅，日有哀恸，此怀可知。兄与六郎却且安健，幸勿忧也。因侍立阿家，略与道恳，不敢拜状也。（《苏轼全集校注·文集》卷六十）

其六

别纸累幅过当，老病废忘，岂堪英俊如此责望耶？少年应科目时，记录名数、沿革及题目等，大略与近岁应举者同尔。亦有少节目文字，才尘忝后，便被举主取去，今日皆无有，然亦无用也。实无捷径必得之术。但如君高材强力，积学数年，自有可得之道，而其实皆命也。但卑意欲少年为学者，每读书皆作数过尽之。书富如入海，百货皆有之，人之精力，不能兼收尽取，但得其所欲求者耳。故愿学者每次作一意求之。如欲求古人兴亡治乱圣贤作用，但作此意求之，勿生余念。又别作一次求事迹故实典章文物之类，亦如之。他皆仿此。此虽迂钝，而他日学成，八面受敌，与涉猎者不可同日而语也。甚非速化之术，可笑！可笑！（《苏轼全集校注·文集》卷六十）

与王庠书

某启。忝姻戚之末，未尝修问左右，又方得罪屏居，敢望存记及之。专人远来，辱笺教累幅，称述过重，慰劳加等，幸甚。

即日履兹秋署，尊体何似。

某仕不知止，临老窜逐，罪垢增积，玷污亲友。足下昆仲，曲敦风义，万里遣人问安否，此意何可忘？书词雅健，陈义甚高，但非不肖所当也。蜀、粤相望天末，何时会合，临书惘惘，未审授任何地，来岁科诏，伫闻峻擢，以慰愿望。未间，更乞若时自重。人还奉启，少谢万一。不宣。（《苏轼全集校注·文集》卷六十）

答黄鲁直

某有侄婿王郎，名庠，荣州人。文行皆超然，笔力有余，出语不凡，可收为吾党也。自蜀遣人来惠，云鲁直在黔，决当往见，求书为先容。嘉其有奇志，故为作书。然旧闻其太夫人多病，未易远去，谩为一言。眉山有程遵诲者，亦奇士，文益老，王郎盖师之。此两人有致穷之具，而与不肖为亲，又欲往求黄鲁直，其穷殆未易量也。（《苏轼全集校注·文集》卷五十二）

以上俱苏轼所作。

与王雝提举　黄庭坚

某顿首。数日苦食他家食作病，稍自将节，得小愈。又苦宾客寝讹，不得自便。眼花头眩，而两癫兵煎迫如火，不欲久留之。今日偶意思小佳，且写得数篇遣回。

大概佛法与《论语》《周易》意旨不远。《论语》大旨不过迁善改过，不自覆藏。故『君子坦荡荡』，『入太庙每事问』，『知之为知之，不知为不知』。天地同根，万物同一气，故曰：『吾无行而不与二三子者，是丘也。』《易》曰：『神而明之，存乎其人。』『苟非其人，道不虚行。』但谛审谛观当如何是其人，莫认只令弄影戏汉。若识得人，万事成办，元不欠少。

北窗日欲落，来人请行。不能一一道所欲言，千万珍重。（《山谷老人刀笔》卷十九）

与王周彦书

其一

某久为病苦，养成疏简，经岁静坐，性复神存，为日已深，自有见处。回观昔日举动皆非，更视人间，诚为可笑。凡人性各有妙用也，一得其妙，则通深远到，无所不明，前世君子所恃以为乐也。且天地万物之美，人之所恃为尊荣富乐者，皆可空也，不足有。而人之妄胜也，妄灭则真存，存而后知其不足有也。经所载，皆有圣人修行之说，而世所不察，专以富贵为乐，则人亦止此而已矣。非周彦亦不语此公案，幸心会而默识之，复见某之言为赘也。（《山谷别集》卷十九）

其二

某顿首启，辱手书勤恳，并寄诗文，意气骎骎，翼翼出门，已无万里。古人所谓『断以不疑，鬼神避之』，如公笔力，他日孰能当之？往在元祐初，始与秦少游、张文潜论诗，二公初不谓然。久之，东坡先生以为一代之诗，当推鲁直，而二公遂舍其旧而图新。方其改辕易辙，如枯弦敝轸，虽成声，而疏阔跌宕，不满人耳；少焉，遂能使师旷忘味，钟期改容也。如足下之作，深之以经术之义味，弘之以史氏之品藻，合之以作者之规矩，不但使两川之豪士拱手也。未即得面，驰情无量。秋初，能一来，快尽此事。谨勒手状。（《山谷别集》卷十九）

其三

某前承问读《易》，常苦匆匆不能尽所欲言者。若欲章分句解，作书生伎俩，不过熟读《系辞》，便可得作者旨趣矣。此极不难，但要成诵，令章句莹然在胸中耳。若欲知《易》之道，则但于『百姓日用而不知』一句能直下，冰销瓦解，斯尽之矣。如此句，诸佛祖师亦满口举不尽也。三十年来，心醉《易》中，自从解此一句，遂不疑。老聃、释氏许多文字，但就自己求之。（《山谷别集》卷十九）

答王周彦

其一

奉别来无日不思念。四月到荆州，五月、七月两大病，皆几死，幸复济耳。而荆州亲旧多，无日不来，百事废阙，以是绝不能通书。太守所遣二卒来时，方大病，辱赐教勤恳，又赙恤之，苟不倦之意。承太夫人尊体康强，何慰如之。太守贤明，留意学校，公平时以所闻推之乡里后进者，今有所申，此亦可乐。

某大病之余，瘦薾几不堪事，乞得便郡，甚如所欲。一到乡里，以小儿未练事，寓家沙市，不能使人无耿耿，因循留滞至今。所欲《学记》，欲下笔者屡矣，辄为宾客搅扰，又不成。病来精神未复，不能如昔时谈笑中可成文字也。二卒远客，久煎迫欲行，亦人情也，故且遣回。舟中行，无宾客事，度可成，成即求便奉寄矣。拨忙作书，不能万一，千万为亲自重。（《山谷老人刀笔》卷十九）

其二

变故不常，承庄叔、教源相继捐馆，可胜叹惋。公手足之义至厚，仁及宗党，当此何可忍割，奈何，奈何！庄叔之子既宦游，居丧亦可教以诗书，计可无憾。不审教源有子否，亦可教邪？斌老不幸，为痛惜之累月，其亲及兄弟之情可知矣。何宰知其为佳士，但相远，监司辈非深知，虽已言之，恐未能有所益耳。元师惠书及珠子黄，甚荷渠虽远不忘之意，但以病起，不能多书，且为道谢之。定国得洛倅，似少慰意，亦得渠秋末书。（《山谷老人刀笔》卷十九）

其三

东坡先生遂捐馆舍，岂独贤士大夫悲痛不能已，所谓『人之云亡，邦国殄瘁』者也。可惜可惜！立朝堂堂，危言谠论，切于事理，岂复有之？然有自常州来，云见东坡病亟时，索沐浴，改朝服，谈笑而化，其胸中固无憾矣。所惜子由不得一见，又未得一还乡社，使后生瞻望此堂堂尔。欲作诗文道其意，亦未能成。秦少游没于藤州，传得自作祭文并诗，可为陨涕。如此奇才，今世不复有矣。（《山谷老人刀笔》卷十九）

其四

所寄诗文，反覆读之，如对谈笑也。意所主张甚近古人，但其波澜枝叶不若古人尔。意亦是读建安作者之诗，与渊明、子美所作，未入神尔。见东坡《书黄子思诗卷后》论陶谢诗、钟王书极有理，尝见之否？孙伯远善论文章之病，而严君可长于下笔，公能致此二士馆之，当有得耳。（《山谷老人刀笔》卷十九）

其五

伏蒙垂意于学舍，振数十年因循堕事之敝。庙学崇成，一新士民之耳目，可谓知本之政，不素餐之效，甚感甚感。今日士大夫，能者救过而全，不能者偷安以待满。如公礼邑中贤能，教士

民以孝，或旷世所无也。如某之不肖，病弃废学，日就衰朽，恨未得承余论，求少益耳。怀仰怀仰。（《山谷老人刀笔》卷十九）

答王周彦书

七月戊辰，某敬报周彦贤良足下：成都吕元钧，某之故人也。解梓州而遇诸途，能道荣川土地风气之常。尝问之曰：『亦有人焉？』元钧曰：『里人王周彦者，读书好学，而有高行。以其母属，当得荫补入仕，始以推其弟，今以推其甥及侄，斯其人也。』时仆方再往京师，见其摩肩而入，接踵而出，冠盖后先，车马争驰，求秋毫之利，较蜗角之名，大之相嫌嫉，小之忘廉耻，甚于群蚁之竞腥。兹穷荒绝塞，其地与蛮夷唇齿，其俗以奔薄相尚，尊爵禄而贵衣冠，乃有周彦者，其古人之流乎？岂不卓然独立于一世哉！既窃叹其人，又喜欲与之游也。

及某以罪戾抵戎僰，久之，观荣之士乐善而喜闻道，中州弗及也。无乃周彦居西河而格其心，而变其俗，以致然邪？凡儒衣冠，怀刺袖文，济济而及吾门者无不接。每探刺受文，则意在目前。其周彦者，亦我过也，经旬浃而寂然，一日惠然而来，乃以先生长者遇我，而自谓何以得此于周彦者？岂以葭莩之好，齿发长而行尊者邪？既辱其来，乃枉以书执进之，敬出其文词，且有索于我矣。周彦迫之不已，安得不启不发而有以报也？

夫周彦之行犹古人也，及其文，则慕今之人也，何哉？见其一而未见其二也。惟推其所慕而致于文而已。颜子曰：『舜何人也，予何人也？』孟子曰：『伯夷、伊尹，皆古圣人也，吾未能有行焉，乃所愿，则学孔子也。』孔子曰：『吾不复梦见周公。』孔子之学周公，孟子之学孔子，自尧舜而来，至于三代，贤杰之人，林聚云翔，岂特周公而已？至于孔、孟之学不及于周公者，盖登太山而小天下，观于海者难为水也。企而慕者高而远，虽其不逮，犹足以超世拔俗矣。况其集大成而为醇乎醇者邪！周彦之为文，欲温柔敦厚，孰先于《诗》乎？疏通知远，孰先于《书》乎？广博易良，孰先于《乐》乎？洁静精微，孰先于《易》乎？恭俭庄敬，孰先于《礼》乎？属辞比事，孰先于《春秋》乎？读其书，诵其文，味其辞，涵泳乎渊源精华，则将沛然决江河而注之海，畴能御之？

周彦之病，其在学古之行而事今之文也。若欧阳文忠公之炳乎前，苏子瞻之焕乎后，亦岂易及哉？然二子者，始未尝不师于古而后至于是也。夫举千钧者轻乎百钧之势，周彦之行扛千钧矣，而志于文，则力不及于百钧，是自画也，未之思尔。周彦其稽孔孟之学而学其文，则文质彬彬，诚乎自得于天者矣，异日将以我为知言也。

纸穷不能尽所欲言，惟高明裁幸。蒙遗匹物、芎、术、珠子黄，皆此无有，拜嘉惭怍。汤饼之具尤奇，羁旅良济，益佩忧爱，灾患尤所不忘耳。元师能令携琴一来为望，庄叔之子亦可教以诗书否？惠讯至寄声，不宣。某再拜。（《山谷别集》卷五）

题录清和尚书后与王周彦

太平具正法眼，儒术兼茂。年将五十乃得友，与之居二年，浑金璞玉人也。久之，待以师友之礼。士大夫知为己之学者，观此书思过半矣。周彦方欲自振于古人之列，故手抄遗之。它日蔚然在颜、冉之林，当推斯文有一字之益。某书。（《山谷外集》卷九）

答王周彦

承示《周易》，求签记古人致意处。此学不可用，今之治经进士规矩也；又小字，老眼所不能读，遂不能承来旨也。大概读书要识宗旨。《周易》者，以与民同忧患为宗，圣人以此洗心，空无一物，乃见忧患之源，故其言皆自根极中来，故曰：『神而明之存乎人。』若非道器，但称其言，而道之全体不可举也，故曰：『苟非其人，道不虚行。』夫道者，处至下，甚易知，甚易行，其枝叶在上，其根本在下。故求道于德业之上者，其去道远矣，故曰：『穷神知化，德之盛也。』过此以往，未之或知也。试以此三语求《易》，则思过半矣。观足下于所闻所知，每反身而行之，如此去《易》不远，但求之过耳。（《山谷老人刀笔》卷十三）

与荣州薛使君书

其一

某顿首再拜荣州使君承议阁下：某既发戎州，舟次得所惠教，恩意千万，感服无以为喻。即日寒涩，不审尊候何如？伏惟岂弟之政近民，民以悦服，庭无留事，斋中尝有樽俎之乐、寝食之味，神所相劳，无阶参敬，惟有怀仰。伏祈为国为民自珍玉体。谨勒手状。（《山谷别集》卷十九）

其二

承长者以才术之美，尝入叔父给事心镜，恨未相识也。叔父忠义孝友，在今士大夫间，千人之一也。方得立献纳之地，不幸早世，因垂谕，不胜陨涕。（《山谷别集》卷十九）

其三

贵州士人，惟周彦衣冠之领袖也。其人深中笃厚，虽中州不易得也。其兄庄叔，老于世事，亦不可得。紫衣僧祖元亦周彦之族兄，抱琴种竹，有潇洒之趣，以星历推休咎，常得十之七八，试问之可知也。（《山谷别集》卷十九）

答鲜自源书

某顿首。春夏来多病，故久不作书。亦闻在旁邑会学，粗有衣食之愿，故可相忘耳。辱书，勤恳千万，并寄颜、李书，皆所欲得，钦佩至意。所欲《齐亭记》，老懒倦作文，如王方平不复喜麻姑狡狯耳。随语作二铭，不足观，漫往。何静翁寄诗及论史事，皆佳作也，恨未相识耳。如此基址，若得师友成就，当于世间有大名也。

近又得荣州赵缜子智，能文，有胸臆，非今镕化人语作大义进士也。亦闻其本是医家子，居乡党有行义，亦恨其迫于衣食，从人讲授，未能卒业耳。蔡次律、张宽今年来作诗及文字皆进。懒倦，又多宾客，奉书草草。（《山谷外集》卷十）

以上俱黄庭坚所作。

回新荣德王知县子勉　李刘

倦甚衰翁，已作归欤之计；贤哉令尹，甫闻至止之音。有勤属辞，良高陈谊。恭惟某官才优世济，学富家传。颂圣主之得贤，遥遥风烈；移忠臣而为孝，挺挺云仍。若为牛刀之割鸡，更欲蚁封而试马。三荣之强名郡县，井有仁焉；两年之括利锱铢，泉之竭矣。或恐一鸡之损，尚俟双凫之来。幸疾华镳，以别利器。某崎岖一障，坎壈两期。秋水落霞，已决寻盟于鸥鹭；

春雷奋地，尚观运化之鱼龙。（《四六标准》卷三十三）

回资官文知县

无严诸侯必反之，君方养勇；与老人期后何也，仆欲践言。比立青紫囊以驰，欲易黄皂衣之扰。不虞返旆，便自寒盟。同僚敢不尽心，特关大体；未信以为厉己，姑示小惩。兹望白圭之磨，且听青毡之复。信近于义，言可复也，已更宽期会之程；过而能改，善莫大焉，幸无诧催科之拙。（《四六标准》卷三十三）

回盘石李知县

一麾假守，获托郑乡；十部贻书，过勤郇翰。愧先施之不敏，仰厚意以安穷。恭惟某官唐太白之家，蜀仲元之派。麟为圣人出也，亦既在郊；凤览德辉下之，是宜巢阁。顾屈一同之尹，式腾三异之声。君子学道爱人，亮牛刀之立解；县令承流宣化，伫凫舄之横飞。某滥号专城，适逢竭泽。是邦大夫之贤者，何以教之？吾党小子之斐然，愿有请也。（《四六标准》卷三十三）

回新应灵赵知县与佩

瞻五潢之派，知敬清流；怀百里之章，将迎新尹。有勤一介，先畀双鳞。恭惟某官大雅不群，小宗继别。精石渠五经之学，岂必秘鸿宝之藏；酌玻璃七宝之杯，自合受龙巾之宠。乃肯宰山水之县，殆欲闻弦歌之声。一同欢然，三异近只。某滥兹试郡，幸甚得朋。似闻制锦之刀，既有所试；更冀发硎之刃，早疾其驱。（《四六标准》卷三十三）

回荣德马主簿奇之应灵赵主簿纶

一麾出守，惭非牧御之才；同官为僚，正借老成之助。有来下问，极仞高情。伏惟某官腹溢儒书，气吞晚辈。倚赖巨鳌之钓，时来为之；低回祥凤之栖，公等安在。谅奏勾朱之最，即遄荐墨之飞。某自笑倦游，何堪共理。友其士之仁者，行即盍簪；忠焉能勿诲乎，更希倒廪。其为倾徯，罔既敷宣。（《四六标准》卷三十五）

回新荣德郭县尉光旿

效官锦里，昔未识贤；乘障斗州，今将联事。鸣谦委况，击节拜嘉。伏惟某官摛藻天葩，决科地芥。待公车之诏，谁明东郭之贤；涉文石之途，还作南昌之隐。顾惭陋邑，恐负英躔。然代公实发轫于通泉，至尚父亦奋身于长史。继其风烈，将在云仍。无嫌射鸭之弓，即引穿雕之箭。某出幕十暑，试郡一寒。同僚敢不尽心，必蒙爱助；一官愿为御寇，更幸疾驱。（《四六标准》卷三十六）

回新应灵赵县尉与槱

一门父子，谓皆分唐叔之珪；五色神仙，顾少屈赵家之玉。有来委翰，知可得朋。恭惟某官千里名驹，九苞威凤。宗室随二千石，饱闻议论之高；文章长万丈光，坐想垠崖之豁。况已摩空而奏赋，不难趾美以决科。何为渭北清新之材，乃屈河西凄凉之职。吟竹弓之射，始昌东野之诗；登文石之途，即上南昌之疏。某旧交中垒，今见休侯。正望弓刀，帖鼠窃狗偷之警；却从笔砚，窥蛇神牛鬼之奇。（《四六标准》卷三十六）

回新荣州史监酒季俭

凤凰千仞，昔闻将下而复飞；鲤鱼尺书，今见肯来之甚惠。有勤委贽，敢废报章。伏惟某官胄出典刑，家传忠烈。振振公姓，不肯附黄阁之家；挺挺祖风，殆欲伏青蒲之节。谓立登于膴仕，顾小隐于步兵。惟是三荣之陋哉，讵堪再辱于贤者。改邑不改井，竟困井迁；有民此有财，不胜财竭。所谓蝇头之人，全仰蝼鼻之酣。郎君可是管库人，聊复尔耳；先生未出禁酒国，幸疾驱之。某尚耳强颜，真成厉尾。一郡之政守与酒，因利之；众人皆醉我独醒，执事也。（《四六标准》卷三十七）

回新荣州家监酒民献

某之葡萄之博郡，既竭吾才；累糟粕以筑合，徒得君重。顾念步兵隐嗣宗之职，何勤天子使家父之来。恭惟某官业精于勤，学优则仕。族庖之刀有余刃，争自致于功名；良弓之子必为箕，谅夙精于诗礼。少时尝读《醉乡记》，郎君可是管库人？惟此三荣之穷，仰于一醉之富。旨且多，多且旨，当辨圣贤；私胜公，公胜私，在权子母。惟尊不空而客常满，则人皆醉而我独醒。引胜地于一杯，趣朝天于三斗。某啜醨何有，罚酎是忧。尔来三月实无盐，不堪寡助；破除万事何过酒，切幸疾驱。（《四六标准》卷三十七）

回荣州吕监酒逢年

守荣黎之徼，方幸终更；分通义之符，莽叨详试。有勤下问，益切高情。恭惟某官学有家传，材高世济。故国非乔木之谓，盖有箕裘；惠风泛崇兰之光，有华阶序。会即登于玉笋，式并美于金屏。某前者为僚，兹焉改戍。犹豢奖借，及于刍狗之陈；要是飘流，念在蜓蚰之熟。（《四六标准》卷三十七）

以上俱李刘所作。

论

许由逊议 王庠

善足已而施诸人，其为道也近矣；善足已而藏诸身，其为道也隘矣。夫善之所为，古君子之难能也。太伯、伯夷之善，孔子常称焉。于许由之逊，无文以述之，岂圣人隐而不言，以为非教乎？抑后人妄为说乎？尝观史迁载说者曰：『尧逊天下于许由，由不受，耻之，逃遁。』究厥旨意，未甚详悉，故从而为言。

夫泰伯之逊，文身夷狄间，俾国归季历，以圣嗣文王昌，必能俟隆后稷先公之业，以兴周道，岂非示天下之公乎？夷、齐之逊，不私以己，逃归西伯，以其善养老也。后武王伐商，二子谏，以为后世之法，岂非示天下之义乎？当尧之圣，图禅位事必谨择其人，于厥心久矣。果禅之而不受，诚弗知人也。岂说者之妄而传者惑欤？果使有许由之贤，尧必始擢于朝以试用之。盖由洁清自处，志于高遁，介然一身而已，明无心于生民也。其于公义之规者不得闻，孔子不称者，示不可法于后世也。故曰：『善施诸人，其道远矣；善藏诸身，其道隘矣。』《中庸》亦有云：『素隐行怪，后世有述焉，吾弗为之也。』

或曰：『微许由，则不能成尧舜揖逊之至德欤？』曰：尧知由之弗逊，其用则固矣，而先权之者，示民之不遗贤也。知之必受禅者亦固矣，而后授之者，示民心之一于舜。道其至乎，道其至乎！（《国朝二百家名贤文粹》卷一）

伊尹论

为臣至于伊尹，则进退之节尽矣。本其不志于富贵而志于为民，故能取大道之权，行圣人至难之事。兹所以为伊尹欤！

方其汤以币聘之也，贡之于桀，使之去亳而适夏，故曰：『惟尹躬先见于西邑。』当是时，桀居有为之位，处可为之势，则其致治之易，若决江河而下，岂不顺哉？伊尹知汤之忠，不私于己，夏恶不悛，故复归于汤。昔之事夏，君臣之分正也；今日之去，可以不仕矣。此介节之士全终始大义之时也，而尹之不然，何也？世无伊尹，汤不可以有为；世无汤，不能知伊尹之操。惟其一心急于为民，故事圣君而无嫌也。

其后太甲不明，为臣之分，三谏不从，以道而事之不可则止。此自重之士全身远害之时也，而尹之不然，何也？臣非伊尹，则太甲必不能迁善；君非太甲，则不能尽伊尹之忠。元勋故老与国同其戚休，故不敢自绝于君也。

前于此者，未尝有应天顺人之事，伊尹相之而不愧，天下亦无所贬；未尝有营于桐宫之事，伊尹行之而不疑，人君亦无所忌。苟非伊尹，□谁望耶？既复政厥辟，而其告归又何早也？嗟乎！太甲既克终允德，则所以报成汤之忠亦至矣，此而不归，是自有其功责报于君也。惟告归之速，惓惓然不忍忘君而去，故《咸有一德》之篇于是乎作。

虽然，姑可少留以辅成其治乎？曰：可也。而尹之不留，岂无意哉！盖深有望于太甲故也。《记》曰：『君子不尽人之忠，不竭人之欢，当其勇去，不俟于既厌。』使太甲知留不能，欲报不得，坚其相信之诚，推是心以守吾言，则宁敢忽耶？

或曰：『若是，则近于要君矣。』曰：非也。希富贵以固权，不可也。要君使听其言，所益在君，而君身不预，不亦可乎？虽然，伯夷之避周，而异于伊尹之进，盖武王已有太公之佐故也。公旦之负孺子，而未若伊尹之甚，盖成王幼而无失故也。毕公弼亮四世，不同伊尹之去，盖毕公无震主之权故也。志虽不同，同归于道。为伊尹者，岂不尤难其事耶？

愚故曰：『为臣至于伊尹，则进退之节尽矣。』（《国朝二百家名贤文粹》卷一）

辨夔论

《书》载舜任人之事，颇详其理，窃尝览之。至命禹及垂、益，洎伯夷，率有逊也；至弃、契，皋陶及龙，则皆禀命而无所辞。夫禹之所以逊者，盖宅百揆，熙帝载，乃禅位之事，岂可率一身而负荷哉！此圣人重举之难也。至于垂、益、伯夷，乃修明厥职、伐己给能，此贤者之常戒也，岂可不逊避乎？

彼弃、契、皋陶，处职治民久矣，功业素著，不逊而居之宜焉。而龙亦始授以职，弗逊而后处者，朝之群臣举而位之悉矣，龙居其末，不得其人而逊焉。何则？命夔典乐教胄子，夔不始以逊，复奏扬而言曰：『於！予击石拊石，百兽率舞。』何叹美己功而自矜乎？

曰：非也。兹大其事而不敢居之，所以归美乎君，明己之掌者末焉而已矣。夫君之德隆于上，民之情化于下，上下一诚，则谐乐感于心而形诸声。声和之发，则天地之和应矣。圣人因为之器，以播大其声而一民心也。以至于凤来兽舞者，岂非天地万物大和之应乎？若是言，则乐之化，由舜德被而致矣，而夔之供职备官，又何逊之有乎？

故予所谓归美者以此。（《国朝二百家名贤文粹》卷一）

仲尼日月论

天下之道，至于圣人无余蕴矣，故其妙足以尽精微，其大足以极高明。盖精微有以尽，则神而不可去也；高明有以极，则远而不可及也。呜呼！神而不可去，远而不可及，固非单见寡闻之士所得而切议也。武叔毁仲尼，而子贡以谓仲尼日月也。请试论之。

夫日昱乎昼而有光，月昱乎夜而有明，三年不目日者视必盲，三年不目月者睛必蒙，以日月而譬诸圣人，不亦可乎？且日月之运，赫赫乎群目之用也；圣人之道，浑浑乎群心之用也。由是推之，其意差可见矣。今夫有目有趾者待日月而后成，蔀屋幽室者待日月而后显，圣人之抉释蒙瞽，开迪群昧也似之。取明火者必资于日，取明水者必资于月，圣人之善贷曲成、泛应无穷也似之。仰之弥高，钻之弥坚，则有似乎日月中天而不可仰视也。关百圣而不惭，蔽天地而不耻，则有似乎日月常久运行而不息也。穷于商周，厄于陈蔡，其犹日月之有亏乎？然道以将之，则终不能以损其行。众言殽乱，杨、墨塞路，其犹日月之有蚀乎？然辞而辟之，则终不能以蔽其明。此其所以出类拔萃，自生民以来未之有也。虽然，圣人固非饰智以惊愚，修身以明污，昭昭然若揭日月而行也，亦曰垂光示人，返照归宿而已。噫！丘陵之高可逾也，日月则不可逾也；他人之贤可逾也，仲尼则不可逾也。圣如尧舜而犹以为贤，贤如颜子而尚苦其卓，彼区区之诸子，哓哓之众说，试举而论于仲尼之前，岂不犹爝火之微，众星之小乎？其为光也亦难矣。奈何无识之士，多见其不知量，乃或劣诸子贡，又且从而毁之。此《传》所谓『行高于人，众必非之者』欤？宜乎子贡辞而辟之，然后廓如也。

然则仲尼之道一也，或譬之宫墙，或譬之以天，而此又譬之以日月。盖宫墙未离乎器，天与日月未离乎象，子贡之言亦止言其粗而已，乌足以尽圣人耶？（《国朝二百家名贤文粹》卷二）

司马迁论

古今异情，而千世之传难以考，故远举者常失于迂诞而不经；治乱殊世，而当时之变得以揆，故近取者每怪其简脱疏牾而不能周也。论著之士，虽以记录为功，而精裁铨释，足以标准于后，信以传信，疑以传疑，径取科摘，务存梗概而已。三五之代，不得而详，其文阔陋，备体固缺，不几于太略欤？所书之事，得一二于十百，无足怪也。所闻异辞，所见异辞，捃摭而备录，牢笼而博采，参较异同，类聚区分而编次䌷绎，宜其囊括而无遗。故秦汉而下，条贯有伦，历然可观，不几于太详欤？耳目所接，则锱铢无爽，无足怪也。比不知而作成于阙文，整齐故事，则不若博物洽闻之为愈欤？

司马迁之书，略推三代而每详秦汉，班固尝言之矣，可得而论也。以区区之秦，散从解约，以束攘雄诸侯，具信威于天下，敛手而事者，常恐其后，游说之士凭轼而西向，图一统之业不为易矣。矜武任力，以暴虐始祸，二世而亡，推而言之者，宜详于此也。以戍卒散亡之众，徒手奋呼，群起而亡秦。高祖拨乱诛暴，仗义约法，股肱萧、曹，腹心良、平，爪牙信、布，驾驭英雄，用三杰以屈群策。八年之间，锋镝之所交，权智之所用，郦生骋纵横之辩，陆贾述存亡之语，娄敬建万世之安，叔孙新一时之制。兴王之迹，原始要终，业巨而事丛矣，推而言之者，宜详于此也。秦并海内，识其详者《战国策》；汉定天下，识其详者《楚汉春秋》。

至于高祖，知马上得之而不可以治也，著秦之所以失，见吾之所以得者《新语》。汉之为汉，且七十载，故老流俗尚能言之，讨论遗编，放失旧闻，笔削所采，网罗贯穿，宜无脱略之累。与夫驰骋古今上下数千载，勤苦而仅得者，功相万也。贾谊之徒借秦喻汉，可谓详悉，辍毫洒牍，无所施其能，则概举而发明者无几，乘传车，探禹穴，复何为哉？

著不可之典，垂将来之法，隐显必该，洪纤靡失。若雁行鱼贯，举一而可寻，固非凌驾前作而直取胸臆也。明统业于帝纪，叙勋庸于世家，标智能于列传，谨岁月于年表。谱谍之损益，详于本末；形势之强弱，详其得失。大而《礼乐》《律历》，详于沿革，小而《平准》《河渠》，详于利害，《天官》详于推文而考应，《封禅》详于储福而荐成。国体世务，具备于方册之中。包举大端，特振于宏纲；委曲细事，不遗于纤芥。以不羁之才，少露锋颖，而好奇多爱，致疑于取舍之间，则秦汉之事，言每详焉可也。文、景已前，随世哀掇，简不及漏，可得而详；太初之后，阙而不录，善恶汩汩，有所未尽。书景之失，讥武之过，不少假借，使后世或谓武帝不诛马迁，得传谤书于后，然本纪卒至湮没而不行。不可得而详又如此也。

然鲁之二生，商之四皓，有可书之实，杂见他传，遽多残缺。谓尝从征伐，详知楚汉之事者周绁尔，考其始终，曾无少闻所可详者，或疑于略也。佞幸之细，刺客之靡，犹屑屑焉道其所长。而沐猴之讥，腐儒之骂，弹筑之歌，留侯之若妇人女子，项羽之重瞳，取不为益，去不为损，与夫郦生之见高祖，刊落未尽，烦芜相因，所可略者，又疑于烦也。立言记事，斟酌是非，以权舆作者。而因浅仍俗，不可胜数。以迁之博极群书，才称良史，而尚尔耶？

然采放遗逸，总括绪余，考其文质而不俚，揆其论辩而不华。张辅尝谓其以五十万言书三千年事，以为固不如迁，又不知舍秦汉而观，则所存固其略也。切谓孔圣之书，昭、襄而降，载其行事，每详于宣、成之前，谓随闻见而成传，自宜如此；至定、哀之间多微辞，则虽其详且不可得。马迁所以详近而言者，舍秦汉将安书乎？（《国朝二百家名贤文粹》卷七）

钟会论

予于钟会伐蜀之事，见文王之善用人也。盖会之为人，有俊迈之机，有经营指顾之略，而其诡谲变诈，亦足以荧惑愚众，倾败国家而险危大人。然文王委之以西略，付之以十万之众，而曾不为疑者，知其足以任之，而度其足以制之也。

今夫乌头、堇蝎，药之至毒，而足以绝人之喉而溃其五内也。然良医用之以为药材，而能治之于滨死危殆之际者，其故何哉？以谓病之在颜色者可告而治也，在凑理者可养而除去也，而至于腹心之疾，膏肓之患，则告之为不及，养之为不足，而非此不可以攻之矣。然物之为毒，其力足以杀人，而亦足以治人，非能知其畏恶反忌而有以制之，则是速其死而已，可以人之性命而尝试其术哉！当会之将西也，西曹官属固以为疑而密启于王矣。王卒遣之，而为之一笑，盖会之才略与其变诈，文王固已知之，而拳握之中、心术之内，规模措置，有以逆之矣。为会计者，将何以致其毒哉！盖当是时，以刘禅之庸而保区区之蜀，谨其边疆，固其守御，抚其民人，薄其税敛，以倔强岁月之间，为已甚矣。而姜维用之以孔明当日之术，今年出陇西，明年出骆谷，又明年出狄道，驱其羸亡之余，起其困惫之卒，以寇盗我边疆，虔刘我民人者，未尝虚日。则蜀之疲弊固可知也。举天下之全力，而乘其凋丧之余，不啻如反掌然也。而当时之臣犹以为畏，岂足与共事哉！盖以其江汉之阻深，数十年之为寇，而豫怯其形也。人心豫怯，则智勇俱困；智勇俱困，则适为敌擒而已。此文王所以独遣钟会欤？故官兵一下，而剑阁失守；剑阁失守，而邓艾之徒足以捣其空虚而冲其腹心矣。使文王听邵悌之言而惑议者之过计，则蜀无得而可取也，会无得而可为也。乌头、堇蝎力足以生人者，亦不足以为药材矣。

初，夏侯霸之降蜀，谓蜀人曰：『司马公自作其门耳，有钟士季者管朝政，吴蜀之忧也。』及会之有异图，先欲去艾以绝其手足，然文王答书以出其不意，而会亦震惧矣。其本谋则非会不足以定蜀，而非文王有不足以用会矣。

愚故曰：予于钟会伐蜀之事，见文王之善用人也。知其足以任之，而度其足以制之矣。汉王之东，非韩信不足以毙楚也；云梦之役，非汉王不足以制信也。他日问其所长，曰：『陛下不善将兵，而善将将，此信之所以为擒也。』呜呼！岂非钟会伐蜀之事哉！（《国朝二百家名贤文粹》卷十二）

述学

天地否，风雷能鼓其化则亨；大道塞，圣哲能扶其教则通。夫扶教之难，古今所以艰其人。艰其人者谓何？以其特立独行于乱世也。故吾于孟轲氏得之矣。

方时战国汹汹，四方诸侯皆务以强国足兵为尚，机权诈谋日炽以竞，杨墨邪说复惑于时。因慨然虑尧、舜、禹、汤、文、武、周公之道一旦而扫荡，是使天下诈慝贪薄而不反矣。遂聘诸邦，意以斯教变斯民。而梁惠、齐宣、滕文之君不图于霸治，则必以绝物利己为问者甚众，犹顺谕诱导，广之以仁义，引之以《诗》《书》《礼》及《春秋》之义者，何哉？斯汲汲欲引以当道，遽致其志也。噫！时君莫我悟，邪说充塞，万章、公孙之徒记其历游问答，洎闲居质疑之言，以为矩训，其言垂于后久矣。服业者靡不覃精研思以究其道，至于大《易》之奥，舍而不言，斯其旨有渊蕴欤？

夫《易》之道，微隐精密，与天地并也。天地运化而无声，万物由之而生；大《易》斡用而无形，庶事由之而成。历之三圣而始光显其旨，岂非以道隐而义秘哉？故孟氏不言者，以谓彼时诸国之君昏昧蔽惑，尚不能晓治国之术，以至譬物指事，力与言仁义之道，察察如鉴，犹不能略辨其说，况与谈斯义欤？吾所以惟适变近情以措术，欲辅成其教，而于《易》不言者，为其弗能达其本而明是非也。凡人性焉而修之，行焉而笃之，动静云为，不须臾而离于道者，皆《易》也，故《易》曰：『立天之道，曰阴与阳。立地之道，曰柔与刚。立人之道，曰仁与义。』吁！以轲之大贤率性如是，笃行如是，而辅教立言不舍仁义，而弗谈《易》也，岂不能明之欤？况《易》者道之本也，仁义者道之用也。能知其用，则是达其本，而不述其文，又何累哉？盖默而行之内，所以存己之难也；言而发之外，所以示人之易也。万变而一贯，岂其惑欤？故作《述学》。（《国朝二百家名贤文粹》卷十六）

述行

夫动于天地之间皆道也，圣人气于道者也，贤者形于道也。始终往来，与物无穷，气之谓也；多寡盈虚，各质其体，小大咸归其域，形之谓也。是无他，明诚之异也。

夫尧、舜、禹、汤、文、武、周公之道，孔子会而成之也。其为性不勉而中，不思而得，默知乎生矣，五常其心焉，为教其迹焉，此圣人之所以莫能得而及也。奚为而然？盖其术也有四，而以统之一也。夫能淳其天彝而全之，悦安乎孝悌，弥纶乎中和，仰而不愧于古，验而能准于世，洋洋乎与神明兼而不衰，此圣人之德也。然后发而文之为言，足以训于人也；裁而行之为政，足以宜于事也。游而博之，极而辨之，谓之文学，足以商其能也。是四术者错维而旁行，交于中而作于外，皆本乎道之粹也。若夫幽明应与之变，今古淳浇之教，存身善民刚柔穷达之用，皆斡旋而出于兹矣。此圣之所莫得而及也。至于贤者，则勉而后中，思而后得，亹亹焉虑一日而失之，或有所利，或有所勉，强习之以至此。上中之各异，其分不能偕，其通之称也，信乎！道德仁义，圣能万变以适其和，贤者止周其身，其博于外盖寡矣。扬雄曰：『圣人之道若天，圣人多变，而颜渊、闵子得其行，未得其所以行。』其是之谓乎？

呜呼！后之服儒者，岂率有颜、闵之性哉？然未常笃行深道求之内出，徒费言饰文而求之外也。夫岂知圣人四科之旨欤？果能内勉于行而外富于文，则伟矣。故作《述行》。（《国朝二百家名贤文粹》卷十七）

制行论

自古圣贤之制行，或出或处，或默或语，未始不异而亦未尝异。其所以异者，见于应时之迹；其未尝异者，本于道而已。

孔子于出处语默，无一不可，学于孔子者皆本于一道。其或异者，亦幸异焉耳。观乎孔子可仕则仕，可止则止，或为木铎，或为说铃，□不答，或欲无言，其体道以应时，出处语默，曷执于一哉！

颜子之步趋言辩与之同，孟子之所愿则学孔子，颜、孟之道无不同矣。然孔子称颜渊则曰『如愚』，公都子称孟子则曰『好辩』，其语默不同如此，何哉？颜子则不愿仕，孟子则千里而见王，其出处不同如此，何哉？且颜、孟之道本实一致，大抵颜子务于因时以守道之常，孟子务于行道以适时之变。彼其如愚，守道者欤？彼其好辩，辩于时也，彼其千里而见王，终于为卿于齐，岂非务行道以适时之变而然欤？虽夫子言道而回亦言道，固未尝一于默也，有为邦之问，与夫孔子之言曰『用之则行，舍之则藏，惟我与尔有是夫』，则颜何尝不欲仕乎？其出处语默，疑异于孟子，乃所以为同欤！孟子曰：『予岂好辩哉！』实未尝辩也。与夫不见诸侯，则孟子何尝急于仕乎？其出处疑异于颜子，乃所以为同欤？

然孔、颜、孟之不同者，在于因时，语其为道，则一而已矣。（《国朝二百家名贤文粹》卷十七）

礼义论（上）

天下之治无他道，贵适时济民之急也。历世所利于济民者，五常其本乎，何则？《礼运》之篇，独明礼义之旨，因究其奥，从而为之说。夫仁主于施，义主于断，礼形于体。施尚乎博而患乎小，则广其化也；断取其宜而防其不宜，则立之法也；体贵别而患其同，则束以制也。是则基止乎仁，而礼义为之用焉。古之明王能厚其本者，未有舍其用而措之，兹所以为治之要也。

大凡天地默斡二气，涵育动植，故日月①临照，星宿运移，风雨动润，春夏生养，遍周乎覆载间，而洪纤动植亡凶夭卵蘖之患，诚化之至矣。然阳不独运其化，假阴以成之，故雷霆之震发、雪霜之肃杀、秋冬之敛藏、寒暑之推移，而岁功成矣。其于覆载之间，小大之类始而遂其终焉，有而还于无焉，天地仁义之理备矣。且仁之所行，有所本也，其礼之行，孰将本欤？盖太一之初，混然全其质也，天地既判，尊卑异其体也，布列于鬼神，而高下小大之类，各得其分矣。圣人观天地之变，极其理而以博其用，故仁广其爱而物遂其化，天地同其和矣。动以制变，断然示天下之义，天地同其宜矣。审法立制，壹齐乎天下之礼，域以定分而理安其体，天地同其节矣。

然则父子、昆弟、夫妇、君臣、长幼、朋友、宾客之纪，衣服饮食之利，喜怒哀乐之感，兹人道之至也。夫三者之用，皆所以养而始终之，然后适诸皇极。然而四海之众繁且夥，非恕己欲而行事，则虑其不达也，故亲于亲、子于子，非独己也，天下之谓矣。货不患于畜而患不济于人，力不患其施而患不出其身，举是一二推之千万而行，则斯达矣。故曰『尚乎博而患其小』，是以人道之立也，贵亲乎仁矣。

然众得其施，下得其惠，不可使纵欲，遂好而无所止，故成之以宜也。使之和而别于恭，爱而著于畏，暴天凌亵之患去矣。苟欲者纵而不返，贪者求而不止，狎乱颓溺者极而不率，则广断之用而刑以威之，然后宜得其所谓宜也。故曰『防其不宜，则立法焉』，是以人道之立也，相须乎义矣。

前所云人道之至者，统乎十义七情言之，兹惟人之□乎。治得其别，顺之所兴；治失其序，乱之所基也。圣人以是徇其性，因其理，法天地，为君臣，以主而治之，极其疏密隆杀之辨□，孝悌忠信之本笃乎内，等降防约之礼节乎外。是故饮食有小大之度，居处有高下之别，爵禄授而不僭，赋敛取而不过，朝会尊而不傲，宴飨亲而不亵，祭祀恭而不懈，兵甲威而不虐，昏娅贵嗣而夺淫，葬埋以经而节哀。其为教则斯至矣，故曰『体贵别而患其同，则束以制焉』，以是人道之立也，相别乎礼矣。

故始于仁而义处以行焉，发于义而礼隆以成焉，是皆相须其述。而义之用，济民之急者，是以圣人独言而功著之也，然三者故曰『贵适时济民之急』也。（《国朝二百家名贤文粹》卷二十五）

礼义论（下）

夫适时之用，所以异者，有教化万变之殊，而趋乎一致矣。

① 按：原作『月月』，据文意改。

当尧舜之时，大道之行，于天下为公，厥民之性淳朴而质，得其施而自足，争利欲之心不萌矣，是之谓大同。然孔子言『尧舜其犹病诸』者，非谓至圣之性淳民之时而不能行，盖以患后世之变、民欲之繁，行施之道鲜矣，亦以激后之人君戮力而为也。及大道既隐，天下为家，或得之厚，或行之薄，是为治之难矣，故孟子曰：『尧舜性之，三王身之。』且圣人之性一也，岂有异乎？盖时与民之殊也。二帝之世，民性渐漓，故躬亲而行，尚有厚薄之异也。然性之既汩，欲之既繁，是以节民欲而急时用者，莫若礼焉。礼之为教，则于家于国，岂斯须而去哉！实谓体别于外而有所节矣。故曰『礼义以为纪，诚急于用』也。夫形于用，非为之制度，孰将节于外哉？是以三代之际，或损或益，皆以欧民欲而防其侈也。民欲愈纵，则广断之用、隆刑之为，以剔其强梗。贪纵者因刑而后革，则以政而正焉。

洎周室衰，礼失刑滥，政亡不复，上乱其纪，下绝其纽，君臣僭逼，无所别焉，以至乎灭天常、乱天伦咸有焉。故《春秋》二百四十二年之间，凡国事之善恶、家治之得失，圣师则从礼经而褒贬之，诚谓礼节于外，尚不能遵而行，况语之仁乎？

下及后世，虽变革不一，惟汉与唐有济民救时之治，随世上下而更为制度也。然而或损或益，厥仪无所定，朝兴而夕革之者众矣。孰可复礼之本欤？孰可语仁之道欤？

或曰：『子之谓礼本不可复，是教人多诈乎？仁道不可复，是教君不施乎？』

答曰：礼本之所复，在乎饮食约而不丰，居处俭而不隆。宾、军节其所费，则思敛民之难；嘉、吉省其所用，则思取民之不易。至于释老之宫足以损其华，民庶之居足以去其僭，为之防使严而不逾，为之法使威而不犯，则臣无僭逼，其制中而自守也。民无得触逾其法，和而自安也，和顺之理得不格哉？其本可渐而致矣。本既可致，则和声无所不兴。然而导和声以一天下者，故乐从而兴也，岂不可复哉？仁道可以复者，虽大道之世与今无异矣。亦在乎薄租赋、平邦税、均力役、省赏罚。设兵备，无使患至而斗民；禁异货，无使费重而加赋。异货禁，则民奢息而羡财；赋敛薄，则费用足而家给。斯亦兴仁之渐也，非所谓一惠一宥之谓矣。其道亦可因而致也。

故曰：仁至乎施，无节于外，为功也远矣。礼至乎体，有制于外，为功也速矣。君人者能谨而行诸，则斯得焉。（《国朝二百家名贤文粹》卷二十五）

听讼论

厥民之生，智愚朴漓，由性禀然也。古之圣人，其虑也深，故为教化以一其治。治得失于上，民哀乐于下，心所感悟，则发乎情、形诸声，而播诸天下也。以是设官采言，名之曰诗，咸颂美箴诫于君前，庶察民情而一其治也。

当纣之乱，周西伯典治南国以兴其道，故伐崇以诛恶，作礼以移化，分之岐阳而邑之，处二公以翊赞其治，俾统行先公与己之化。《周》《召》之篇，其为道也斯至矣，何则《行露》之什，独言召公听讼乎？究核其治，率由教化之异也。

夫民理之成也，有先后劳逸之节，肃和刚柔之用，此圣人所以不一其致也。方文王之为西伯，商之弊政日以寖久，淫陋薄恶犹近而习焉，故文王刑太姒以作法，齐人道以为教。以周公之圣，笃而奉行之，优柔其民，渐深其情，善谕约达，其动若神，推而措之者深而且大，人不得而及之矣。故令不苛而家自肃，制不烦而欲自节，男女得其正，长幼合其序，民之感也精，而其应也速，前所谓淫陋薄恶之弊，众观其上而耻效之。所为者若是也至，乌有争悖之俗，故以狃于刑狱哉？故《周南》十六篇，宜乎不著听讼之能也。圣人为治也，其不劳而成欤？兹化之所信也。

以召伯之贤，亦奉而笃行之，然其施设之具有不迨乎圣人所为者，必令严制烦欧民而示之信也。推而措之者人有能反之矣，故勉焉而后从，语焉而后明。顽矿之性不齐其易，故民之感也粗而其应也缓，是以邪正同域，美恶同趋，淫陋薄恶，有不耻其为而犯于正者矣。顺逆辨争，由是兴焉。刑辟之用得以服而壹之也，必假威而然后平。故《行露》之诗，言强暴之男侵凌正女，召伯听之正之，以齐不齐之俗，乃变于治焉。此召伯听讼之所以异于周也。贤人之为治，其劳而终于盛欤？兹教之所能服矣。

故曰：率由教化之异矣。等而均之，其贤圣少较其功也。当武王既定天下，巡狩以观列国之风，俾各陈其诗，以察其所治，惟六州之俗承二公之风化尤淳，故大师辨而国之。虽天子诸侯远近之异，而皆以为正风，故《周南》十一篇不美其为者，以圣之自然化之所宜，不可从而强称之。《易》曰：『乾不言所利，取其化之大焉。』若《芣苢》之美，盖述其内德之懿，洋外声之美也。其《甘棠》之美，召伯勤政暴于和治之所难，故从而美之，以著其劳。《易》曰：『坤利牝马之正，取其教之至焉。』体之人道，又孰异乎？（《国朝二百家名贤文粹》卷二十七）

谏论

人君可以富贵其臣，安宁其臣，士之立于朝者，孰不欲此乎？人君可以贫贱其臣，困厄其臣，士之立于朝者，孰不恶此乎？顺指将迎，则其欲毕全，逆意矫拂，则其恶随至。得于其君，而不以事君为容悦，舍所欲而不避所恶焉，可以语谏之道也。谏之道难矣，强其所不为，止其所不能已，去其所爱，取其所憎，逆其所喜，反其所怒，虽父子之亲、执友之敌，有不能堪其言者，况万乘之君哉！必欲使言行计从，乐听无疑，吾惟勿欺而已。其济不济，命也。不为廉昭，使君得以变业而试，不为刘晔，使君得以反意而问。吾能守之以勿欺，何往而不可谏？

虽然，未可与言而言，自绝于君者也。位卑不可以言高，吾将曰：不得其位则不当谏，未信则以为谤己者。将曰：不得于君，则不宜谏，事君数，斯辱矣。吾将曰：小事不足谏，不密则失身。吾将曰：不密不可谏，轻言不能有所待。若刘蕡之任对，而有司不敢以闻，故虽怀济世之谋，无能为也，此之谓不当谏而谏。危言反以激其怒，若杜根之上书而几死于缣囊，故虽有忘生之勇，无所益也。此之谓不宜谏而谏。郑崇之于哀帝也，上笑曰『我识郑尚书履声』，是帝之心固不能平也。其后封傅商、宠董贤，而崇言见疏，反以得罪，徒能争小而不能舍小以论大。此之谓不足谏而谏。盖勋之于灵帝也，上曰『恨见君晚』，是帝之心固知其忠也。然进之之际不避蹇硕，竟为所挤，而帝亦不能依，徒以促祸而不能转祸以为福。此之谓不可谏而谏。惟君子先知四者之难，不失于躁，然后可言而言，不失于隐矣。

苟可谏焉，吾将量而后入之愈也。有事上智之君者，有事中才之君者，有事其下者，是则吾君之不同也。使其听我而无嫌，吾将防源救渐之愈也。有谏于未形者，有谏于未遂者，有谏于已然者，是则国事之不一也。

既度其君，复审其事，其进言之要，吾将三谏于君焉。三谏者，圣人之制也。圣人立其制矣，而吾今明其序也。吾明其序而别之曰：初谏谓之导，再谏谓之说，三谏谓之断。吾先导之以意，既不听矣，则当缓之以说，又不听矣，则当断之以理。以此而事君，虽吾君之不同也，未尝不尽三谏焉。以此而究其事，虽国事之不一也，亦未尝不尽三谏焉。初谏而听，则无事于再，再谏弗听，则必至于三，三谏不从，不可则止，事君之义至矣。任坐以仁君而对文侯，故魏文得立。此所谓导之以意而挑达之也。京房对元帝而明石显，周举答顺帝而言刘崎，此所谓缓之以说而开导之也。郑细罢统军之麻，薛广德却楼船之御，此所谓断之以理而正告之也。如是而三谏，君于终不能听，非谏之罪也。

昔之论谏者，曰讽也、顺也、直也、争也、戆也。徒讽而已，不能谕之以意，则其言不明，乌能使之自悟？徒顺而已，不能缓之以说，则其言不尽，乌能使之自思？徒直而已，不能断之以理，则其言不切，乌能使之自改？为臣者不可不知也。若夫争之为戆，则君子无取焉。

呜呼！郑公、宋璟之为臣，得太宗、明皇以事之，当有为时，言无不从，君臣一时，同底太平之治，可以无负矣。然太宗终恶其传稿，明皇竟以为卖直，知其言之忠而用之，恶其人之直而怀之。盖正救其失，怏怏不平之气，虽上智不能免于心，况其下者哉！彼陆贽阴失德宗之意，王章不免成帝之诛，又无足怪也。为君者能去其不平之气，以保全忠臣之身，则天下谁忍负吾君乎？（《国朝二百家名贤文粹》卷二十九）

雅州蒙顶茶记

自古茶本出巴蜀，晋孙参军楚作歌，尝言之矣。唐陆羽著《茶经》，言当时出茶之郡四十有三，剑南则称彭、绵、蜀、邛、雅、泸、眉、汉。及验于《唐志》，贡茶之郡止十有六，剑南道惟雅安一郡而已。以天下奉一人，固必献其尤者，雅茶之冠蜀，固可知矣。然鸿渐不推高雅品，何哉？切有所疑而质之他书。如范蜀公《东斋记》言雅安蒙顶绝异于他茶谱，李公内翰《图经》、雷史君太简《茶轩录》皆言蒙顶上清峰不特冠蜀中，自最天下。以寡敌众，则众者是，鸿渐之论非矣。

然又尝思之，鸿渐之鉴，非昧于茶也，其失盖亦有自。按鸿渐生于开元二十一年，幼育于竟陵积禅师，天宝中游沧浪邑，后负书火门山，至德初过江，上元初结庐于苕溪之湄。上元辛丑岁，时年二十有九，自作传云有《茶经》三卷，则知《茶经》之作在江湖间矣。江湖之上，福建非远，尚言未详而往往得之，况蒙山僻在西蜀之隅，则上清绝品，想鸿渐未尝得之也。雅安自肃宗乾元罢贡，而《沔城纪异记》云，代宗大历初，鸿渐自吴兴召至宫中，与积禅师烹茶，是时宫中已无蒙顶矣。然当时岂独鸿渐不得之，如李谪仙、杜子美，困游流落为剑南羁客，无片章只句略誉蒙茶之美，岂非时人以天子委弃无用之物，不精其制造耶？

鸿渐之后四十余年，长庆、大和间，韦齐休佐使云南，过蒙山下，《行记》云『蜀茶尽出于此』。李丞相德裕入蜀，得蒙茶沃于汤研之上，移时尽化，以验其真。白乐天复有《琴茶诗》云：『琴里知闻惟绿水，茶中故旧是蒙山。穷通行止常相伴，谁道吾今无往还。』天下茶品多矣，乐天特言蒙山，是知后人叹幽振滞，稍稍升赏得为天下之最，决无疑也。鸿渐《茶经》云：『生烂石沃土者上，紫者上，笋者上，叶卷而若薇始抽者上。』第七篇复具言久服得仙之事。今上清所出，皆备有四上之美，又其始生在春冬之交。密云霏雪蔽覆，若有神物护持，故紫笋之英，岁得甚少，此亦秀气所钟，天自珍惜。既末之，不特味甘色白，又其性温暖，久服不令人患冷，非他茶之比。《茶谱》说蒙山遗事，昔有病僧遇一老人，教服上清茶，后得道青城山。此正与鸿渐载《神异记》，陶弘景《杂录》言丹丘子事相类，亦与李太白言荆州玉泉真公服仙人掌事同。但恨鸿渐非蜀人，既不得见其初生四上之美，又不详知病僧得仙之事耳。

自乾元罢贡之后，蒙山不得入禁中，于今三百余年。本朝蔡君谟叹鸿渐不第建安之品，遂以建茶作为龙凤团以进。欧公永叔称建团，宫嫔多缕金花于其上，虽宸恩殊锡亦所稀得。以建茶擅贵，而蜀茶益不振。君谟闽人，未尝游剑外，故亦不知蒙顶紫笋本天下第一。

嗟乎！蜀本西伯道化、文翁德教之国，惟其邈在西南数千里之外，故凡物不能自达而速显于时，韬光晦迹，岂止蒙山茶而已哉！是可叹也。（《国朝二百家名贤文粹》卷一百四十六）

以上俱王庠所作。

林光朝谥议　牟子才

议曰：国家自过江来，『丰芑』『菁莪』之泽浃于人也深。虽中更嫚秦挫搌，而封培之久，根苗未尽。逮至隆、乾之间，文章之士复振而起，如玉山汪公、遂初尤公、梅溪王公、于湖张公、巽岩李公、兼山黄公、东莱吕公、诚斋杨公、后溪刘公，殆不可胜数。后来继踵，学问如朱、张二子，词章如周、洪诸贤，并生错出，亦非一人。然尝论之，此八九公虽出处不同，用舍各异，然皆挺然自立，不肯少贬以求合，所以光明俊伟著于时而垂于后者，非以其文也，以其节也。盖文不高则不传；文高矣，而节不能与文俱高，则虽传而不久。故有文者必有节，有节者不必有文。君子惟其节之为贵也。

故工部侍郎林公光朝，于八九公者皆其辈流也，其真所谓有是文、有是节者乎！公学通六经，旁贯百氏。发而为文，森严奥美，精深简古，不事雕镌，下视骚词。为他人数百言不能道者，公直数语，雍容有余。所谓清庙朱弦，一唱而三叹者也。平生未尝著书，惟于《易》《书》《诗》《礼》，精通默识，间为章句，口授学者，使之心通理解。尝曰：『道之全体，存乎太虚。六经既发明之，后世注解，固已支离，若复增加，道愈远矣。』四方之士抠衣从学者，岁不下数百人。时论翕然，有『南夫子』之号。而吾党之士识与不识，皆以艾轩尊之。朱文公谓公为后学之所观仰，叶水心谓公为时人之所推尊，著庭刘宾之则曰：『艾轩，吾师也。』故相陈正献公则曰：『艾轩，吾友也。』其为人所尊敬如此。公为祭酒，车驾幸学，命讲《中庸》。公谓，『凡为天下国家有九经，所以行之者一也』，『一』乃《中庸》。孝宗嘉叹，以为此说深得圣人之旨，盖先儒所未及。

天下之士固莫不知有林公之文矣。及退而考其平生出处大节，则有卓然大可观者。龙大渊、曾觌以潜邸恩宠进。隆兴初，公与刘复之进对，颇及二人罪，由是补县。乾道七年三月，张说再除佥书，公时在著庭，不肯出贺，遂出为广西提刑。淳熙四年，为中书舍人。五月，谢廓然赐出身，除殿中侍御史，命从中出。公疑之，不肯书黄，以为科目太泛，名器太轻，非所以开张正涂，诱来说论。天子知公决不奉诏，改授工部侍郎。不拜而去。隆兴迄淳熙二十年间，公出使入朝，徇义忘私，几三仕而三已，前此所未有也。然则公之节为何如哉！

公没才六年，莆之士思其矩范，愿为立祠。太守喜曰：『古所谓乡先生殁而可祭于社者，非斯人其谁！』乃遂祠之。岁慆月迈，子孙湮微，仅有赵忠定公所立祠堂之记犹存。忠定，即公之门人也。其子必愿帅福，遂从莆士之请，具申于朝，请所以易其名。朝廷从之。谨按：道德博闻曰『文』，能固所守曰『节』。公之学问，溢为词章，固已不可掩；而高风特操，表表在人，尤非时贤所敢望以及者。呜呼！以如是之节，有如是之文，此公所以特立于孝宗之朝，而无愧于一时诸贤之盛欤？请谥公为『文节』。谨议。（《艾轩集》附录）

传状

明

忠节公胡仲常先生传

彭汝实①

岁革除，己卯（一三九九），我文皇帝②内靖，师驻金川门。漏下二鼓，曹国公李景龙、指挥王显开门迎降。报入东门，宫中悉自焚。兵部尚书齐泰溃奔，从官劝进，索传国玺，促草诏。公与天台方孝孺、黄子澄、曾凤翔、何典宝十八人先后见执。不屈，斩于锦衣卫西市。殆百五十年，往迹几沉。弘治、正德间，始有以诸公为言者。时禁渐弛，好事者刻《备遗录》，薄纪诸公姓氏节略。方公已得祀于其乡，公尚未有祠。正德丁丑（一五一七），御史台峰熊君相集里中，私谥，题曰『忠节祠』，祀公城西。垣宇卑隘，寻复湮废。及兵宪江阴薛君甲提刑川南，所在振扬风纪，乃闻代巡金君灿，择胜九峰山，改葺御史熊君爵所建书院为公专祠。山川明秀，廊宇轩豁，造化停注，若有待者。仍匾公堂，额曰『得圣之清』，盖以叩马之心，不愧伯夷，而益光于我武之扬也。彼借口管仲、狐偃者，视此如何耶？买田铸器，以公弟山东佥事志远、公女金奴附享祠下，如汤阴故事。忠魂沦没，风雨凄然，孰谓百年之下，乃得聚首一堂。呜呼悲哉！呜呼光哉！

祠定，兵宪君谓汝实曰：『段秀实死事，匪故老吏卒之言史氏，昌黎子谁其书之？矧为诸君里人，能无一言于祠下，备逸史乎？』汝实再拜，执贽率众请文于兵宪君，曰：『兹举也，上振国纪，下扬风教，微君不张。若汝实者，尝欲捐第宅以复公祠而未能。徒以里闬好德之私僭公传，可乎？』

公，嘉定荣县兴贤乡人，世居县之东川。洪武中举明经，仕

① 彭汝实，生卒年不详，字子充，嘉定州（今四川乐山市）人。正德十六年（一五二一）进士，授南京吏科给事中。

② 按：文皇帝，明成祖朱棣庙号。

本县儒学训导。时孝孺在汉中，公往从焉。蜀献王赠之诗，曰：『促装何所往，驱车入汉中。欣然游大郡，况复依方公。问学日益富，道德日益隆。丈夫志远大，岂肯屈樊笼。他年升馆阁，步武接夔龙。』后升翰林检讨，历官兵部侍郎。死节靖难，临刑绝命。诗曰：『金声缓击鼓声忙，监斩官追上法场。烙铁火烧红焰焰，刚刀磨利白芒芒。一身刑宪标冥府，九族伶俜各异乡。寄语朝中朱紫贵，铁人无泪也心伤。』时县中以党锢戍遣钞没者四十八家。亲党朋友，凡四族矣。

公无子，一女金奴，没为官婢。永乐六年（一四〇八）大赦，复其家。天顺初，金奴历事宫闱，年八十余，尝念父母无后，顿首陈情于内宫，乞骸骨归。寻以礼部勘合，钦赐放还，安老于东川祖居之地。及卒，族人胡大宽安葬焉。

公弟志远，亦以荐举为威远训导，升山东佥事①。寻乞就禄养亲，改蜀府典宝。未几，闻仲常死节，怀商人照身引，弃官归匿于丹棱民家。蜀献王知而怜之，令削发隐于僧舍。志远曰：『吾受吾兄之教，身体发肤，受之父母，不敢毁也。』时有二子，曰贞、鉴，方数岁。志远曰：『嗟呼，吾兄无后矣，天果不绝胡氏祀，二子当免于难。』遂弃去，不知所终。有《怀乡》二诗曰：『吾家望在白云边，三五年来信不传。花坞径深苔藓合，草堂门掩薜萝悬。深惭游子俱千里，遥意②慈亲各一天。几度欲归归未得，新诗写作断肠篇。』『和义城东有故踪，淡烟芳草恨无穷。一区废宅荒山下，几度残蝉夕照中。乡国匪遥身自远，乾坤虽大足难容。早知天道无端的，何不持竿学钓翁。』观二诗，声意悲壮，志远亦非凡士哉！

先民有言：两朝臣子各终其事耳，固不可以去此而取彼也。今夫大化流行，四时迭运，花鸟感时，亦各不齐。是故木有背春，花有忍冬，草有夏枯，鸟有反舌，蜩乃戢羽，孰非造化一气之公哉！永乐中，有言建文故臣不顺天命者。时我文皇曰：『彼食其禄，各尽其心耳。』一无所问。然则文皇固未始不阴赏诸公之节，而何深仇之也？有严俎豆，谓非国典，可乎？

公初名志高，赐更子昭，字仲常云。逸史汝实赞曰：

雪山鼎鼎，清江泯泯。公神归来，月明九顶。
归来公神，荐我涧蘋。革命之师，实维帝心。
自靖自献，得圣之清。有弟有弟，金昆玉季。
爱及发肤，弃官存祀。有女有女，义姬淑美。
老侍宫闱，乞骸故里。孤冢一抔，照我桑梓。

胡子昭传

罗廷唯③

胡子昭，字仲常，一字伯尚，旧名志高，蜀大足人，其宅里则在永川荚山里中，余得考焉。子昭，当洪武中以经明行修，荐至京师，高庙重之。初仕荣县训导，时天台方公孝孺教授汉中，倡明道学，子昭往从之游，归而尽得其所学。继迁翰林检讨，充庚辰年史官，累升至兵部尚书。文庙渡江靖难，子昭与孝孺先期

① 按：『升山东佥事』，据李贽《续藏书·逊国名臣》载，当为胡子昭事。彭汝实《忠节公胡仲常先生传》、民国重修《大足县志》、民国《志》皆误作弟子仪事。

② 意：原作『忆』，据《忠节公胡仲常先生传》改。

③ 罗廷唯，生卒年不详，字会甫，号贯溪，永川（今属重庆）人，明嘉靖三十二年（一五五三）进士，曾官枣强县知县，官至御史。著有《贯溪文集》《琴音古选》《枣强邑略》《葵心亭纪闻》。

相为誓约，及被执，皆不屈死之。临刑时，神色不变，赋诗曰：『金声催急鼓声忙，监斩官追上法场。烙铁火烧红焰焰，钢刀磨利白茫茫。此身刑宪归冥府，九族伶仃各异乡。寄语满朝朱紫客，铁人无泪也心伤。』复易中联云：『两间正气归泉壤，一点丹心在帝乡。』遂从容就杀，都人无不传诵而雪涕者。

父复初充边军，其妻王氏、女住儿俱没为奴。男长曰继，次曰缜，俱坐死。其弟子仪，先是应聘分威远教，累官山东佥事，闻兄死节，弃官匿于丹棱民家。蜀献王知而怜之，命祝发隐于僧，辞曰：『父母遗体，不敢自伤。』竟不从。

民国《志》案：史称荣县人，是据当时国籍，子昭入官所自注也。罗云『大足人』，谬之显者。

（据民国《志》、雍正《四川通志》校补）

逊国名臣·胡子昭 李贽①

刑部侍郎胡子昭，字仲常，大足人。初名志高，富经术，性方介，从学方孝孺，游汉中。蜀献王重子昭，赠子昭诗，以明经儒士荐为荣县训导。建文初，升翰林检讨，又升山东按察佥事，进刑部左侍郎。建文四年（一四〇二）九月死。临刑诗曰：『两间正气归泉壤，一点丹心在帝乡。』时年四十一。父复初、母郭氏，皆年八十余，并其子五人绍、缜、继等皆谪戍。正德中，巡按御史熊相立祠祀之。（据《李贽全集·续藏书》补）

祭胡子昭文 曾三省②

呜呼！臣子于君，弟子于师，义等在三，生死以之。文皇靖难，公致其命，希道殉君，公嗣其劲。二百年来，忠魂黯然，圣人历服，明诏痛焉。曰修俎豆，曰录苗裔。祖武孙谋，善述善继。蜀有专祠，向以祀方。公出其门，宜列其傍。赫赫坤维，视此正气。日月精光，同流罔既。公也伯夷，弟也叔齐，世有褒美，公其慰兮。

中宪大夫童公行状 童养淳③

不孝淳素遨天乐，五十年来如襁褓。及移志宦游，始疏亲舍。刺粤一载，严父作背，不孝殓弗视含，言无口授，闻讣哀伤，抚膺长恸。当是时，几无生理，而慈帏尚在，未许毁形。旁无叔伯之亲，中鲜舅姑之戚，一祖一孙，形影相弔。念吾亲于既往，记德徽以犹存，欲借表于名言，暂追维乎素履，谨泣血具书，略纪其概，以供人君子所采访云。

童之先，楚孝感人，国初迁于荣。四世祖院，补邑弟子员，读书怀独行君子之德，每有恩施于人，辄不令知。院生五子，次蒙弟。蒙弟生诰封奉直大夫凤岗公颜。

先大夫讳世彦，字士美，号双溪，凤岗公冢子也。生而丰神秀异，方面美髯，魁梧雄伟，目若列星。母太宜人张氏，临孕有赐牲之梦，当育兆雷电之祥。乳名嘉祥，志喜也。三岁启蒙，即能诵读，性严而颖，貌顺而恭。弱冠游庠，离家就馆。今城隍庙、张公祠，则考之藏修处也。其徒数十人，焚膏继晷，手口无

① 李贽（一五二七—一六〇二），字宏甫，号卓吾、温陵居士，泉州晋江（今福建晋江）人，明代著名思想家。嘉靖三十一年（一五五二）乡试举人，历任南京刑部主事、云南姚安知府。著有《藏书》《续藏书》《焚书》《续焚书》《史纲评要》。

② 曾三省，生卒年不详，明嘉定州（今乐山市）人，曾官新津教谕。

③ 童养淳，生卒年不详，荣县人，万历丙午（一六〇六）科进士，曾官广州通判。

稍暇。

壬午，投帜文场，雅志南宫，公车四上，弗衰。是时大父封翁衮已周甲矣。先曾祖以八旬耆耋执考手，谆谆曰：『吾欲速见汝仕也。彼海琼州艾平江，不有榜样在乎？』于是，考遂有夷陵州之铨。其下车也，锄里魁而保甲安，清册户而流民悦，收溺骸而枯骨感，赈饥民而四野苏，捐修官船数只以利涉川，擒捕大江伙盗以戢不逞。至裁换帖纳银之例，革斗级赔累之苦，清麦税，建仓社，盖家视国而子视民。如此类者，殆未易枚举。尤加意作人，一时俊杰如吾蜀中丞王公及太安雷公、太守吴公、荥经文公、颍川李公，皆其所得意推许不置者，而荥经公则今太史铁庵公父也，鉴识最奇，州人士艳称之。建东山刹以强主山，培风气而火患不兴，士著康平，亦借此云。后郡人遂尸祝考于此刹，俎豆迄今未歇也。童公之桥，说者以方岘山片石，声施琅琅荆楚间矣。三年奏最，郡有奖，台有劝，宠赉圣朝，而大父凤岗公遂得受先皇荣命。又因玉垒陈相公之疏，而咨访行取之列，会旨久留中，竟贰上党，碍著郡篆，适值税矿使四出，忤者靡不贾祸，而考则削其旗帜，禁其侵欺，珰竟不得逞。至以挠贡中考不测，而考罔惧也，幸圣恩浩荡，深荷优容。晋藩庄田绣错属邑，经营者额外肆求。考详议有司征解，院司允其请，而宵人不得餍其欲者，借他端激怒藩王，赖院司救解乃已。考之姜柱性成，不畏强御也如此。

互市江南，出入有经，余赀千金，概以报院。

庚子（一六〇〇），督理太原贡院，捐行户则各铺欢，惩藩吏而诸奸敛。节省之余，添号舍百余间，仍有赢余，申缴藩司。出闱日，图形拜祝，结彩欢迎，不啻数百人，乃从来所未有者。潞、襄、黎、平大饥，发郡积贮赈之，设粥食之，全活数千人，四邑佥畏垒志感，长子代庖。夏初，雨雹，禾稼尽毁，哭声震地，考则单骑抚视，商所拯救者，童叟环马首泣告曰：『及今倘得早粟一种，五日内，尚可望秋。』考即启廒散粟，不避专擅，盖闻而后发，发将下济，此考之所以行权也。后果为上台所许，而是岁遂歌维鱼。卸任之日，呼号攀留、顶香罗拜者络绎载道，而直指赵公列之首荐，谓『廉弃千金，惠普万姓』，岂虚语哉！

已而升鹤庆府。归家两月，大父以无疾终，其所以得诀亲于属纩者，此天之全考于忠孝也。

丙午，服阕入补，经夷陵旧游地，先考亦以是年幸领乡荐。白沙驿一梦奇绝，则考之收溺骸骨者，实未始无虑也。

及补柳州府，猺獞倡乱，焚乡掠市，甚而入城，莫可谁何。考擒剿有方，捍御有术，遂相戒勿犯，已掠放还，所谓寒西贼之胆者，非与？当是时也，道不拾遗，夜不闭户，见之巷歌市诵焉。其俗城外无一业儒者，考喟然叹曰：『兵食足而礼义兴，民可弗教欤！』于是有延师置塾之举。凡七阅月，太宜人讣至，计守柳州不过半年，而入人已深。奔丧之日，士庶欷歔流涕，如失所天。抚台蔡公每谓得一贤守，胜十万师。至是，慰之曰：『此非公之不幸，乃兹土之不幸也。』其邀特知于当道如此。

三年，服阕，补永昌府。永昌之俗，屠牛成例，税以入守，而考则有禁。滇有沐镇，奸人倚借横行，当事者率多忌器，而考则曰：『吾有三尺在，奚暇他计乎？』自是，狐假之辈敛迹。知无不为，为无不力。修九龙池，而水利均沾。南北建敬一亭，而人文独冠全滇。郡民相与建祠志感，而考弗知也。及摄金腾兵篆，设收生堂，缘永俗赁屋而居者，孕妇不得产其室，考闻而怜之，故有是命，则孕妇又蒙恩矣。

其秉宪金沧也，兼摄四道，案积如山，公判如水。凡兵刑钱谷之类，无不星传电布。如革迤西小税，清大和里排，禁鬼巫，豁疑狱，种种善政，更仆难数，竟以执法强直遭中伤。自两台监司以至守令、士民，无不为考冤忿者，然考处此泰然也，曰：『松菊林泉，固吾志，且归。』

无几何，蔺酋作乱，富顺久为贼据，考捐金募士，亲督兵荣境。寻致书下南徐公祖，约富顺代庖庐学博，合兵剿贼。会贼窃发威远，直寇吾荣，当事望风逃溃，考分所部兵还救，力战于城东屏风山，遂斩其尤，生擒无数。荣邑保全，而富顺亦借以恢复。时以八旬之叟，亲兵革之事，奠安桑梓，当事伟之。奏闻，而朝议以原官起用，恩荣赉金，士民建坊，勒石以记其德，而考又未尝以为功。惟是怡情山水，琴书自娱，温和忠厚，推己爱人。如庠士蔡德仁为考同窗友，其子流落为佣，考遂赎还之，旋漂泊缁流，复代为婚聘，生子三人，卒能复守儒业。蔡氏之先，所以不至为若敖氏鬼者，考之力也。吾邑跃龙桥建在城南以锁水口，日久倾圮，考力主鼎新功成。而甲第蝉联，人文鼎盛。盖培养风气，考之素志，其惓惓地方，无分乡国者，于兹可见。其在于家，八旬来动，必以礼会，无惰容，训诲诸孙，昕夕弗辍。而季孙童琳，丙子乡闱亦得滥竽贤书。约束童仆未尝鞭挞，而凛不敢犯。至不孝宦游，凡所以获上治民者，无废督责，故虽远在遐陬，而仰遵明训，无日不佩服，恐失也。

呜呼！今已矣，手泽犹存，音容何在！魂消亲舍，目断乡邦，揩泪漫陈，仅得其概如此。先大夫生于嘉靖甲寅（一五五四）年九月二十二丑时，终于崇祯甲戌（一六三四）年九月十一辰时，享年八十有一。告终之夕，有星大如火，陨于室西北隅，盖先大夫生死为不偶云。（嘉庆《志》）

清

张公殉难记

刘炳勋

公讳万禄，字锡斋，成都人。以将家子历任夔、巫都戎。善待士卒，故所向用命。咸丰间，出征楚、皖有功，钦赐捍勇巴图鲁，授副将衔，卫宿松、太湖。时民尤德公，建生祠以祀。

庚申春，滇逆寇川，由犍扰荣，盘踞两厂。适公省亲归里，制府曾檄令剿贼。公率亲兵五百来邑，所至秋毫无犯，虽古名将节制之师，不是过也。先公办贼者，多逗留不进。公于二月十二日抵荣，驻军浸水坳，旋移营逼贼垒。十五夜，贼突倾巢上窜，公侦知，急督所部追剿，截贼豹子山。自辰至午，斩首数百级。贼伺公孤军无援，乃纠悍贼数千，效官兵旗帜，诈为接应。公战益力，身受廿余创，犹奋臂戮数贼。贼大至，公跃马突重围，杀声震天。讵马陷泥田，疾呼曰：『吾得死所矣！』遂及于难。同死者三百余人，闻者莫不悲公之忠，而太息痛恨于救援之无人也。残卒敛公尸，归其椋，舆尸未尽者瘗之。乙亥冬，邑人醵金崇其封，环以石，各树丰碑，并请于有司，镌示以昭敬重。时邑绅先已祠公城北，因绘遗像，入祠武侯侧，如典礼。

方军之役也，作壁上观者犹以轻动訾公。夫成败，讵可论英雄乎？当其出师击贼，期一举而歼之。及矢亡援绝，拼身敌忾，炳焉与日月争光如公者，固难一二数矣！桓侯①英勇，睢阳②忠烈，今之古人哉！

光绪二年（一八七六）丙子仲冬月立石。

刘存厚传　李榕

君讳某，字仲山，荣县人。以咸丰六年六月与江苏巡抚吉尔杭阿死于军。八年九月，其乡人李榕乃得其死事状而为之传。

存厚少读书不成，好谈兵，壮益习跳荡击刺之术。年三十余，入赀为刑部主事。家故豪，在部曹，人亦未有奇存厚者。咸丰三年，粤贼窜长沙，陷武昌，存厚每对宾客出大言，愿破产自募一军击贼。客或数数非诮之。及贼连陷沿江诸郡县，袭安庆，据江宁，钦差大臣提督向荣，统诸军进剿。提督故蜀人，存厚益对宾客发奋出誓，愿从提督请一军击贼。无何，御史王茂荫上章荐存厚，得旨交向荣差遣。存厚素不识御史，益自喜。戎装入曹署，辞僚友，拜长官，益出大言，堂上下人相与目笑之。存厚至江宁，提督属以粤兵六百、川勇千，驻东坝。存厚扼上下二坝为营垒，遏贼入苏杭路，贼不敢东。提督策江宁用火攻，营中火器不如法。存厚至东坝，出己意，造诸火器，提督称善。檄存厚制火器孝陵卫庙中。伏日舂药碓，热火雷发，存厚跃出屋上，眉发皆火，皮肉焦烂，得不死。匠役百余人，无一免者。上海贼踞青浦，巡抚许乃钊闻存厚名，檄移兵攻青浦。存厚一月内连克五城。每战短衣匹马，执大刀，出兵勇前。攻青浦，战初合，众却走，存厚纵马刃数贼。薄城，矢石交下，众又却走。存厚执大刀登城，家丁谢升继登城上。贼持长矛刺存厚，存厚手格，矛中谢升颠，存厚遽挥刀斫持长矛贼，大呼登城，拔青浦。贼陷上海，巡抚檄存厚攻上海。时吉尔杭阿以拣发道员来军中，识存厚，每计议辄合。存厚亦以胆略出己上，兄事之。未几，巡抚许免官，吉尔杭阿代将为巡抚，倚存厚如手足。数月，克上海。时官兵攻镇江急，江宁贼万余人援镇江。巡抚与存厚分遏之，贼屡败。追至高资，兵力疲，驻营少休。镇江贼乘出，合外援贼夜袭巡抚营，巡抚走存厚营。鏖战一昼夜，贼来逼墙。存厚执大刀巡墙，杀登墙贼数十人，贼小却。巡抚登营门挥兵击贼，中炮死。存厚络二马，以后马载巡抚尸，而自骑前马执大刀。总兵虎嵩林断后，存厚力鞭二马，且战且回。顾身被数十创，人马血淋漓。突围出，贼从旁击存厚，后马惊络绝，返奔贼。存厚转马追逸马入贼中。贼殊死斗，得存厚。爱其勇，不杀。一贼前劝降，存厚跃起夺劝降者刀，遽杀之。贼乃断存厚头，与巡抚吉尔杭阿头相结，扬于城中。

初，存厚以青浦功授江宁府知府，赏瑚松额巴图鲁勇号，再升巡道。死事闻，赏布政司衔。原籍与阵亡地方建专祠，荫一子

①　按：桓侯，指三国时期蜀汉名将张飞。张飞（约一六六—二二一），字益德，幽州涿郡（今河北涿州市）人。因其勇武过人，而与关羽并称「万人敌」。公元二二一年，刘备称帝，张飞拜车骑将军、领司隶校尉，封西乡侯。同年，随刘备伐吴，为其部将范疆、张达所害，谥号桓侯。

②　按：睢阳，指唐中期名臣张巡。张巡（七〇八—七五七），蒲州河东（今山西永济）人，《新唐书》本传又载邓州南阳人。玄宗开元末进士，历任太子通事舍人、清河县令、真源县令。安史之乱时，起兵守雍丘，抵抗叛军。与许远死守睢阳，有效阻遏叛军南犯之势，因粮草耗尽、士卒死伤殆尽而被俘遇害。死后获赠扬州大都督、邓国公。宣宗年间绘像凌烟阁。

骑都尉。

刘仲山观察传

许乃钊[①]

君讳存厚，字仲山，四川荣县人。祖延选，父光德。君生有异征，少出为叔父后嗣。父早逝，母曹夫人实鞠育之。君生时有异征，长倜傥出类，不屑章句学。既屡摈有司，入赀为刑部主事。

咸丰癸丑（一八五三）二月，粤寇陷江宁，向忠武公衔命督师东讨，屯钟山，侍郎王公茂荫奇君才，疏荐，得旨赴江南。余时以巡抚帮办军务，见其沉鸷有将略，亟言于向公，始稍稍以事属之，立办。八月，粤民刘丽川倡乱上海。于是青浦、嘉定、宝山、南汇、川沙土匪蜂起。未二旬，陷名城者六，苏、松大震。余奉命督师，即以新募勇壮千隶君，先复青浦。君率之，倍道进薄其城。贼骇愕，一鼓克之，余悉瓦解。我师得以全力捣上海，无旁掣忧，君之力也。

初，向公以同知直隶州荐君，至是录青浦功，奏上，命以知府用，赏孔雀翎，瑚松额勇号，茂恩异数，人以为荣。

上海故岩邑，东南滨黄浦，岛夷杂处，贼因缘为奸，猝难拔。君数献奇计，伤攻具，募死士，搴旗摩垒，城几破者再，前后斩馘千万计，贼始衰。未几，余谢事去，代者为吉勇烈公，倚任如余时。

四年（一八五四）八月，授江宁府知府，君益感奋激发，誓灭贼自效。五年正月朔，贼方高会醉卧，奉令率轻骑，斩关入，门启，贼始觉，骈斩无算，贼渠刘丽川跳免，追殪之。松江沿海大定，论功以道员用。二月，随吉公移师镇江。镇城号天险，其西南诸山，据之可觇贼虚实。君率众乘夜雾，壁三垒其巅。贼气夺，屡争之不得。六年正月，江宁贼酋杨秀清，遣其党数万屯下蜀街，势骎骎内窜。君率偏师，会今湖南提督张公，一战覆之。焚其垒数十，渠水为赤。三月，瓜州兵溃，贼尽锐渡江，犯高资甚急。君奉檄驰援，总诸军，屡战屡却贼。无何贼来益众，吉公亲督马步军来会师，君亟止之，不及。贼见吉公旌，悉其丑类围数匝，众寡不敌，越三日，粮尽，火器竭。吉公先中创，殁于阵。君遵吉公遗言，束其尸，置马背突出。马陷于淖，君知事不济，力战而死，时六年四月晦日也。事闻，天子悼焉，诏有司建祠，赠恤如令。

君长不逾中人，而趫捷善战。家故川南邛、雅间，啯噜时出剽掠。八九岁时，即随其乡人驰逐击刺，以杀贼为乐，故知兵料敌，若天性然。其破青浦也，仓卒成军，半乌合。君从苏州一日夜驰至，下令人持藁一束，火其门。已乃扬旆跃登陴，攫贼魁数人，掷城下，我师毕登。欢噪动天地，贼大惊，遂溃。

高资之变，君已大呼突围出。顾见吉公尸为所得，愤甚，跳而入，横突万众中，击杀凡数十百人，前后荡决，颅中刃者五，遂遇害，殁年仅三十六岁。呜呼伤哉！

越二年，官兵克镇江，其部下卒求君遗骸于高资，不得。夜梦君示其处，且曰：『颅骨有五刃伤者即我也。』旦迹之，果然。

---

① 许乃钊（一七九一—一八七八），字信臣，号贞恒，浙江钱塘（今杭州市）人。道光十五年（一八三五）进士，历任河南、广东学政，江苏巡抚兼江南大营帮办，后以劳师无功被革职回籍。著有《武备辑要》《荒政辑要》等。

遂以咸丰八年四月朔日，葬镇江南郊之竹林寺侧。

论曰：丙辰（一八五六）春，余在镇江军营，闻浙东警，将归。君忽私于余曰：『贼诡且悍，而主兵者狃于胜，有易敌心。公今一去，恐无敢以慎重之说进者。一旦蹉跌，此军其殆哉。』语次，辄呜咽流涕。呜呼！君之为是言也，我军气方盛，人咸谓贼可旦夕灭。而君以烛照未来，不爽若是，所谓知彼知己者非耶！然使吉公不死，君或不遽亡。溃壅决堤，沛乎莫御。而始捐躯以报知己，盖诚有所大不得已于中，而自痛其言之竟中也。呜呼！岂独君之不幸也欤。以某年入祀文庙义烈祠。（据同治《嘉定府志》补）

墓志

宋

宋赠通议大夫王公墓表　张商英

观文殿大学士、通奉大夫，提举西京嵩山崇福宫、清河郡开国公张商英撰。太中大夫、守尚书右丞兼神霄玉清万寿宫副使、陇西郡开国公李邦彦书。保和殿学士、银青光禄大夫，提举三山河桥、安定郡开国侯孟昌龄篆。

太常博士王潜夫，元丰末非辜失官，元祐丙寅（一〇八六）八月十五日，以宣德郎终于南荣私第。终之日，其夫人向氏年三十六。三男子：长曰廱；次曰庠，年十六；次曰序，年十四。夫人执二子手泣于柩前，曰：『未亡人不能雪吾夫之横逆，复夫之官。庠、序未有成立，终不葬此柩也。』于是专室静居，命诸孤从贤师学。夫人于钦圣宪肃皇太后为从祖姑，钦圣闻其守志立节，又怜二子白身，首思官庠，庠以逊序。兄弟力学能文，崇宁中偕贡礼部，不第。庠谓序曰：『吾弗隐，谁侍吾母？子弗仕，谁大吾户？』已而庠以侍母，凡一十一次坚辞聘诏。序两献文，入等，稍迁都水监丞。治塘堤有劳，三岁五迁，至朝奉大夫，遂封赠潜夫朝奉郎。二子泣请于夫人曰：『母之教子志已成，父之官已复而有加矣，庶可葬乎？』夫人许之。既而完窆，而夫人亦殁，遂合祔焉。夫人之懿行孤节，冯澥既志而铭之，又谓：『潜夫为前辈，澥不及见而知之，盍求与潜夫同时伟人，纪其详以信天下后世？』

庠、序以书来曰：『唐人铭志，子孙不得柳公权笔，以为不孝。昔者先子获交于吾乡先生无尽公，诗编简牍秘于私家者，具存也。先子之平生及其诬服抵罪，乡先生固知之矣，苟无一言之赐，则庠、序不孝之罪，终天何赎耶？』予叹曰：『尔父之为人，吾与范蜀公、何济川深知之；尔父之得罪，吾与诸人盖尝扼腕。当不幸时，尔未克有知，予与诸人窃叹而无及焉。今庠也，太学定八行全备，为天下第一，名上于朝，又以从官之请，旌为廉逊处士。序也以仕宦褒显，累迁太中大夫，擢徽猷阁待制，知三城，又亲赐进士第。夫君子之泽，五世而斩。不质于人，必质于天，二子何必以吾文为孝之尽哉？』勿已，则杨天惠所作《双溪先生传》尽之矣。传曰：

先生名梦易，字潜夫，其先京兆人，□□□德，曾祖蕴舒。方蜀盗引众围州，危甚，蕴舒夜缒出，乞邻救城以完，州人德之。蕴舒生长钧、长锐，当淳化初顺贼扰掠过荣，长锐又有完城之仁。长钧生伯琪，赠殿中丞。伯琪与其母□□□，居四十年，雍穆无间语。有三子：长梦禾，仲梦得，先生季也，俱以孝友闻，能世其家法。御史陈谕美之，以『铧鄂』书其亭之颜，荣人号为『义门王氏』，州上其行，乞加旌表。

潜夫皇祐元年（一〇四九）及进士第，调绵州法掾。始到，转运使出巴西滞讼数百牒，命理之，皆办。异其才，率同列交荐，迁石照令。邑民喜嚣狱，□卫氏子挟母以欺兄，其兄乃前母之子，狱久不决。潜夫察爱憎均□□，使母子如初。有一家三人，夜渔于峡口，为盗并杀，溺其尸而舟在。潜夫悉□濒江民，听其辞色，疑二恶少，械系间所，使人□□伺察之。时纵鼠以出，示若无人，二囚私语曰：『姑忍之，行不死矣。』按下人突出就证，囚遂服罪，一县称神明。

前此，苦徭役不平。县占籍户三千，而下户无门番□。潜夫钩得冗民隐避者数百家，劳逸始均。州因命潜夫正卫籍，甲乙有差，率十岁为一周。遇岁饥疫，出私钱十万，设糜淖，储药石，为吏民先，所活甚众。邑人述《惠政录》刻于石。再调□石，复有能名。开封尹傅求荐右军巡判官，数雪冤抑，有异状，增秩一等，除通判果州。潜夫久摄守，大兴泮宫，邻郡皆有来学之士，盛闻四川。州滨涪江，屡啮城郛，潜夫亲□其灾，筑西面堤二里，增府属之楼观，利及于后。

熙宁役书新下，有司不谕德意，潜夫以税定□□，十取三以为式，比一路最轻平。就求普州，得之。值在势者不悦，以事免。造朝，舒国王丞相知其才，将用之，会出□□授兴元南□县，移擢兴州。蜀司运茶入秦，艰于募民，滞留干没，岁以万数。潜夫备奏公私之弊，宜放邮传法置递兵使，仍预言曰：『臣今所陈，贻当职怒，或以他事中伤，臣不敢惮。』上可其请，自是岁办边计，郡邑数千里，免抑雇妨农，因以养游手万家，至今赖之。时当职果怒潜夫专达，诬以私役保正，被谪还家。潜夫治归来亭于徙居双溪上，坐客常满，因□客曰：『陶渊明从人得酒乃一醉，度一月醉几何？吾乃日有酒以延客，岂不优渊明耶？』

初，荣之盐井，籍民熬输，岁久淡竭，□□□□以偿虚课，祸逮子孙，悉捶挞无完肌，独免有禄之家。明□□郡守李畋患之。公之伯父及殿中公率众闻于州。按法，官户免色役，而不免科配，请以官户均煎，遂纾一方之困。畋既还朝，力言于孙文懿公，孙以序美之，曰：『抗意恤民，古君子也。』□□痛疏其弊，章上，不报。厥后有禄者兴讼，将诡法中王氏，殿中公衔冤先逝，亲脱兄于□，兄亦□卒于狱，众切哀恸。

潜夫既成童，伯仲力教登科，虽蠲本户之输，泣曰：『吾父为众之公心，□不伸于泉下乎？』屡白州县，不听，则言于使者及省部，又不听，则移书宰执。最后陈公希亮判三司户部勾院，以其书闻，乃还籍没者三百一十五家。命下之日，乡间感涕，又岁蠲三十余万斤。自是盐赋遂轻，民得苏息，皆潜夫父子始终之德。

潜夫虽不极于荣，今流庆后昆，天定胜人，岂诬也哉！又喜诱掖后进，闻人一善，若出诸己。济贫赈困，尽其诚心，固宜有后也。杨天惠《传》大概如此。亦几以增损矣。

潜夫以庠特恩赠太中大夫，序累遇郊礼，今赠通议大夫。女三人：长适□□朱立，次适中大夫鲜于之武，季适承议郎吕元淳。孙十三人：凤宝、环宝、楚宝、贤宝、儒宝、道宝、早世；芹孙，迪功郎；公孙、桐孙、卿孙，承奉郎；槐孙、庆孙，通仕郎；兴孙，承务郎。曾孙四人：曾慧、曾光、曾□、曾封，尚幼。

无尽居士表其墓曰：

子读《李邕传》，见其以文章直气，为奸邪所恶，诬以重罪，使吏平治，事出吏口，迫令手书，未尝不掩卷流涕而叹曰：『安得宽平之人，使之治狱为吏哉！』以李邕之狱例之，则刻木画地，自昔为然，岂矢人不仁，出乎其术，抑蝮、蝎之性，异形而同毒哉！王潜夫，乐易急义人也，身死之后，交游散矣。后二十年，二子卓卓有立。能从冯长源、郑少微、杨天惠求文以显亲之名，又拳拳终不释手。予惟天之报施至微，而不可昧。曲于人者，天必直之；殃于人者，天必庆之。潜夫之后，方大而昌，尚何辨哉！尚何辨哉！

宣和三年（一一二一）六月二十日，男廉逊处士，视朝散大夫庠，男正议大夫充徽猷阁待制、知河阳军州事、充陕西河东河北路宣抚使司、随军转运使序立石。（据乾隆《志》、嘉庆《四川通志》、《全宋文》卷二千一百三十四等校补）

民国《志》云：墓在县东北四里凤皇山孙村。龟趾，今立人家隙地。商英出入邪正之间，所谓有把茅盖顶，即能呵佛骂祖者也。冯澥上书废元祐皇后，皆附势趋风，无忌惮之尤。而庠、序以荣名托之，何哉？杨天惠，潼川人，熙宁三年（一〇七〇）进士。郑少微，华阳人，元祐三年进士。

宋故文安郡开国侯王徽学墓志铭　朱承

左朝请大夫、直秘阁、提举江州太平观朱承撰。左中□大夫、□□□□□刑狱公事郭伦书。右通奉大夫、□集英殿□□□、提举江州太平观、遵义郡开国侯程唐篆额。

公讳序，字商彦，姓王氏。其先京兆人，六世祖知珏，唐广明时差知荣州和义县，因家焉。孙蕴舒，沉勇有知略。贼围郡城，夜缒乞师救，至郡以全。公之高大父也。曾大父、大父皆不仕。而考宣教公始擢进士科，竟不遇。妣向夫人为钦圣太后从祖姑，故用恩补公假承务郎，调果州司法参军。

崇宁初，与兄庠皆乡荐□□□□□□□□□。庠谓弟不仕，无以光门户，乃出，授云安令。未赴，改除监东惠民局。用举者改宣教郎。都水使吴玠治塘堤，辟公僚属。故事，塘泊以限戎马。后黄河北流，绝御河，泥沙淤塞，遂成平壤。公补治之，三年悉复，虏不敢犯。擢都水丞，五迁朝请□□□□□□，除开封府司户□□□，改仪曹□□，以办治称。遂累进中奉大夫，迁左司□□□□□□年，除直秘阁，知河阳。陛辞，请敕法吏慎刑。又以祖宗约束宜类为防河一书，赐濒河州县。上用其言。

河阳于京西尤瘠，秋冬之交，多移郡赋以饷郑、滑。公请留自赡，百姓赖之。盐法严密，乃募人耕卤地，薄其赋入，岁及万亩有奇，由是民不犯禁。御书褒美，赐进士出身，进职待制，遂再任。居六岁，朝廷兴师取燕，命公为随军转运使。未几，改河□□□□□□。还朝，召对称旨，赐金鱼，以徽猷阁直学士充京兆府路安抚使，兼知京兆府。上书言纪律刑赏，器械军政甚悉。诏公募补陕西兵额，居一岁，移帅鄜延路，壁垒一新，以工计者凡二十三万。故靖康初，鄜延虽当敌冲，而被兵最后。

宣和七年（一一二五），夏使贺生辰，闻与女真谋内寇，公请阴备之。明年，女真犯阙，夏果以兵助之，攻西鄙。公夙夜指授，分兵守险，市粟几二十万石，取户□□匹以济师。寻女真分掠河东郡县，邻鄜延，公严守大河，坚壁清野以待之，虏竟不敢犯，寇而物故者无虑数十万。又遣□□。太原守蒲坂，入援京师者亦三万，计所余仅数千，皆疲老不堪役者。公应变制宜，讫无废事。又焚伪栏汉军，驱遁夏人。

建炎三年（一一二九），诏除银青光禄大夫、徽猷阁直学士□□。公以主上蒙尘，非可偷安闾里，即日就道。次成都，属丞相张公用武臣，诏以马祐昌代。言者遂劾公辞难，褫职，宫观如故。公既归，乃阁藏前后所赐御书，纶名湛恩，焜耀蜀道。治第舍池馆，日与宾客以诗酒自娱。

后七年，丐致仕。及疾，呼子孙具纸笔，区处家事甚悉。遂卒，年六十有四。绍兴六年十月六日也。娶勾氏，累封永宁郡夫人。男三：长卿孙，右宣义郎、陕西路铸钱公私干办公事。次庆孙，右从事郎、阆州知录事。夫人与二子皆先公卒。季兴孙，荣州在城监税。女五：长适左朝散郎、成都府路钤辖司干办公事杨舟；次适右从事郎、广安军新明县张昱；次适将仕郎勾蒙。二季在室。孙五人：曾劭、曾京、曾延、曾胄、曾崇。卿孙绝世，遗命以庆孙、兴孙次子继之。公官至左银青光禄大夫，职徽猷阁直学士，爵文安郡开国侯，食邑千四百户。遇郊恩七，而以四命授侄芹孙、公孙、桐孙及侄孙觉，故其孙皆未命也。

公少与当世文人游，喜为歌诗，尤善长短句，虽老不衰。宣教公卒，时年十四，闻夫人苦语，已能感泣。与兄庠同学，尤相友爱。庠尝贷官钱以赡亲族，岁久负多。公在河阳，寄白金器数百斤以偿之。及归，兄弟相从。已而别筑东城，割腴田为寿。先公数月卒，公亲视含敛。病笃，犹以营办兄事语兴孙。而族亲贫不胜丧者，亦皆为助葬之。

绍圣间，豫章黄公鲁直谪僰道，以诗稿见，黄公谓去古人不远。晏叔原为鸿胪卿，擅乐府名，与公讲句法，故歌词清丽。诗赋杂著千余首，《雅歌》前后集两卷。以绍兴八年（一一三八）十月葬公之丧于荣德县荣川乡凤皇原。其子兴孙以状请铭。予与商彦姻娅，谨次其平生大概而为之铭曰：

少能力学，高荐礼闱。长摅远业，自结主知。人所难能，公则勇为。人所畏者，公不诡随。和睦兄弟，如吹埙篪。训励将士，如制熊罴。才兼文武，用无不宜。宠蒙御笔，建阁藏之。赐名湛恩，焜耀一时。垂裕后昆，具存典彝。有子遵守，传无穷基。

民国《志》按：右商彦墓，初不知所在，惟一巨冢上穿。牧羊者陷羊穿中，下取之，云耽耽也。民国五年（一九一六），熙与先后县令侯君、廖君督石工浚补之，隧中得是碑，并瓦俑，余胥朽化。同时兴孙、卿孙碑，亦次第得旁地。遂移商彦碑置文庙乡贤祠，谋树栏保存横溪阁，而墓前别书爵氏表焉，已琢石矣。十二年皆军事，致废不理。俟稍平当终成之云。戊辰（一九二八）五月，赵熙记。

（据民国《志》、《全宋文》卷四千一百九十六校补）

荣州杨处士墓志铭

文同

君讳某，字某，荣州荣德人。其上世宦族，见紫微石公杨休、龙图李公绚为其考虞部郎中见素、妣荣德县君袁氏之墓铭。君少敏惠，尝受经于唐安罗勉先生，通博善讲议，辩者不能敌。晚工于诗，既久且精，意词高新，无所得其迹。于父母昆弟，一尽其孝友。崇德病累亟，君再刲髀肉以馔进，悉愈。郎中好接宾客，两蜀闻人无不至门下。君善治产，致资以赡给其用，多寡称之。杨氏所以义声满天下，实由君振之也。

间尝语群弟曰：『家事不可以累大人，予其主之。尔曹第力学，予将资尔，异时求有以昌大门户者。』是后，屡有由郡举试礼部，而若冲者遂中其第，今已入尚书为郎矣。

君性方廉，重许诺。视人有不类，辄耻遇之，如一善可喜，则奖励称述，亹亹不已。宗族邻里婚丧之用所不能足者，君咸为办之。赖远别业，为一郡之冠。其林峦之秀，涧谷之异，园拥列立，若设图画。君于其间筑室百楹，裒辑古今书史万卷，引内外良子弟数十人，召耆儒之有名业者教之。其子约，果登皇祐五年（一〇五三）进士，授遂州小溪县主簿。先君卒，余皆纵纵，号称佳士者。

君以至和二年（一〇五五）九月十五日以疾不起，享年若干。娶王氏，生男子五人：纲、约、缃、纪、纮。女子六人，婿：普州进士汝某，资州资阳县尉袁某，进士勾某、袁某、张某，著作佐郎知绵州魏城县张某。孙男十人，某。曾孙，某。

君以嘉祐五年（一〇六〇）二月二十五日葬于荣德县荣川乡。南坦庄锜以书并状，拜道士李有庆来诣同山居，始求铭君之墓。同亦与锜识，故为之铭。铭曰：

古语有之，天道难论。吾今于君，以为知言。种善殖德，所获未蕃。中寿亟亡，人闻而冤。何以慰君？有文诸孙。（据《文同全集编年校注》卷二三等补）

民国《志》按：右从《丹渊集》录出。近又发现宋墓勒圹门云：『虢略杨绰仲文寿堂，宋元祐壬申（一〇九二）正月二十日造。虢略夫人王氏十八娘寿堂，同日造。』绰于纲、约、缃、纪、纮，似昆季行也。又勒诗云：『福人安定分，吉穴已新营。圹揖奇山秀，门迎绿水清。卜山朝北落，剪水向东倾。自得阴阳妙，行看富寿平。』又云：『生死纷纷信本空，仇君不见旧时容。一朝白骨归黄土，桂子兰孙泪眼浓。』

（据民国《志》、《文同全集编年校注》卷二十三校补）

赠大理评事张府君墓表

吕陶[①]

南荣有道之士清河张君，既以皇祐初元三月己亥疾卒于家，春秋四十有九。三年十一月庚午，葬于荣德县荣川乡归政里先陇之次。后二十五年，君之子复为丞秘书，天子大享霈赦，赠君大理寺丞，均庆赉贲，潜德也。太博君擢进士第与予同时，每惧先烈之不耀，思得推叙大略，著示后世。乃求予文表诸墓。

按君谱系，由来最远，盖晋司空华、唐曲江公九龄后。天宝中，有从明皇西幸者，占南荣为巨姓。曾祖讳俨，建隆时王师伐蜀，率土兵导所向，补先锋将，力战有功。祖讳让，亦以智能补

① 吕陶（一〇三一—一一〇七），字元钧，号净德，北宋眉州彭山（今属四川）人。仁宗皇祐元年（一〇四九）进士。累官中书舍人、给事中。著有《净德集》。

和义县令。考讳文焕，摄州司马。君讳惟德，字辅之。幼以孝谨闻，执亲丧不忘礼。读书先经术，务穷大旨，尤好《春秋》《孟子》，凡杂家驳说未尝顾。一试于乡，不荐，遂无仕进意。训子孙以雍睦清慎为先，平居择交游，恶苟合。间或赋诗见志，以诲人语纯格整。与朋友言，多援前史得失否臧，以相警励。乡人善者好焉。君，袁氏婿僚，凡婿七人，袁富族也，为之婿者或私其赀币以豪，君独不尔。袁父母尝厌他婿之求，欲以余积委君，则再拜避谢，卒不以一金自污。此其众人所难，而君子所贵者也。

子男七人：曰纶，曰衍，曰复，曰衡，曰纪，曰绎，曰侃。复即太博君，今知陵井监，履尚敦懿，居官有能名。衡犹未仕。余则亡。女四人：长适勾侨，次适袁绶，次未嫁而卒，季适袁璐。孙男六人：希逸、希道已夭，希圣、希孟、希简、希古，皆建侯宾王，亹亹向学，克承厥家。孙女五人：归孙诰、贾麟、袁晦、勾龟年、勾师皋。曾孙：男十人，女六人，并幼。

予尝阅史，载见昔人出处，大致若司空在晋、曲江公在唐，其德操义烈皆社稷臣，虽百千年犹使人仰畏不已。今考君谱系，原究本始，则二公之苗裔，固可书也，况嘉行有足纪乎？铭曰：

人之生，无穷达显晦，傥有一节异于众，可以宪子孙风流俗，则谓之不朽，非必高爵重位乃取贵后世也。女有归矣，父母爱之，而私以金币，虽受之未为大过，君独无取，岂临财不苟其得欤！彼求而惟日不足者，闻君行谊，可愧矣！呜呼！廉哉。

（《净德集》卷二十八）

王兴孙墓表　马骐①

略云：前忠州使君奉直王公之不幸，其孤曾崇持公婿赵伯总承议所书爵里素行来言曰：『以是请铭于运使王公志夫矣，愿为其表焉。』骐于奉直公有姻连，又尝联关决之政，于潼最久，敢陈其概示后世。

窃谓公平生过人者有三：一曰守家法。国朝党祸之作，于苏、黄尤酷，公之先正，家联戚里，宜杜党人之跡矣。乃与山谷为师友，以山谷诗刊石而宝传之。山谷《答商彦书》论东坡之不幸，并论作诗之法度，又称周彦『佳士』，婿于东坡之兄，学有渊源者。公悉善继之。二曰诚平生之言，无一字不可复。有数之者，对之以一默，虽孩提之童，婢仆之贱，皆用此律。是以间遭横逆，而竟至大卿，领二千石。三曰廉。凡周亲族，不问多少，惟视其急难之事俾相当。常集宾僚甚众，羊豕之类，皆自其乡来，取之市者，一听市司之公。所役多力田之客，不专用黔徒，虽其家之力可办此。夫售李而钻核者何人哉！

余详志夫所列。公讳兴孙，字陈仲，大观庚寅七月六日生，淳熙戊戌六月六日卒于忠州州治。越二年庚子十月十五日，葬于荣州凤皇山高城原。

民国《志》按：旧志『兴孙』作『典孙』，『陈仲』作『陈

① 马骐，生卒年不详，宋高宗绍兴间进士。绍兴三十一年（一一六一），以参知政事杨椿荐，召除军器监主簿。孝宗隆兴二年（一一六四），迁起居舍人兼侍讲，权中书舍人。未几，除知遂宁、眉山二县，权知潼川府，擢秘阁修撰。寻奉祠，复起知泸州，再知遂宁。除右文殿修撰，再知潼川府，卒于官。平生善属文，尝为吕陶《净德集》作序。《宋代蜀文辑存》录其文三篇。《双流县志》有传。

常』。葬作『十月十三日』。今从《墓志》改。

故忠州太守奉直王公墓志铭

王敦诗①

故忠州守奉直王公卒之二年，葬有日。孤曾崇以长宁使君赵伯总之状来求铭。按状，王氏长安人。唐末有知珏者，为荣州和义令，秩满，始家于荣。国朝乾德中，县废入威远。当五代之乱，所在寇攘蜂起，贼传城甚急，和义之孙蕴舒，素以义侠自任，夜缒城出乞师，救至以为功。君子以是知其后必大已，而其子早有爵秩。至其孙曾仕益通显，施及今未艾。

公讳兴孙，字陈仲，即蕴舒之四世孙也。曾祖伯琪，大夫。妣张氏，累赠普宁郡夫人。祖梦易，故任左朝奉郎太常博士，累赠特进。妣陈氏，累赠新平郡夫人；向氏，累赠安康郡夫人。父序，故任左银青光禄学士②、文安郡开国侯，赠金紫光禄大夫。妣勾氏，累赠河南郡夫人。生三子：公于次为季。幼以父任授承务郎，生而贵富，能谦谨自下。□官时，二兄前卒，公以文安退居，旁无兼侍，不忍去膝下，乞换荣州税官以便养，得请。未几，文安即世，执丧如礼。服未阕，会太保刘光世尝为文安所知，荐其智略可用，后果以元勋跻显位。乃访求文安后人，且闻公贤，遣人以书迎致，荐于朝，改差四川都大提举茶马司干办公事。时提举茶马贾思诚以严束吏，趣办取名，事多委公。公以宽厚佐之，不苛而事集。会茶司愿护送以行，贾以付公，公乃以逊同僚。任满，辟汉州绵竹县丞。官为茶设，有所谓『牙侩市利钱』，园户或因此至破产。公一切宽之，人皆欢悦。使者至，暴悍尤甚，在处起狱。有司畏其风旨，趋合传成，按者无得免。亦以市利钱事捃公，穷治久之无所得。他日，公趋行在所，使者适移镇，当孔道，慊前劾不遂，乃尽索行李，毛吹发数，以匿税闻。奏未达而公至，会使者卒，或携以要公，能寝其奏。公曰：『吾于□而为欺，宁得罪。』奏入，镌秩一等。期年，复故官，调普州监税。

时郡佐及城下县令俱阙，太守并委摄焉。郡民冯兄弟争讼盐井，积十数年不决。公阅视即为平之，皆感服而去。他日，因驵侩纳赢求售，实冀以谢，公斥弗纳。去为临邛县丞，县灌溉资水利，皆丞掌之，异时诉不均，讼者常□节使，远近俱获其利，迄去无一诉者。临邛旧有铁官泉监，废久，有旨复置，当创屋数百楹。郡檄公为营度，不逾月而就，官不知劳，民不被扰。郡廪岁入浩穰，巨室多倚势输恶滥，委公受之，一裁以法，输者不□，运使王公之望行部，廉问得其实，喜公不畏强御，论荐之。任满，再除茶马司幕属，市马宕昌。时马不至累月，公以计钩致之，即得良马五□常年。或谓公宜白司长增其额，他日可冀赏，公曰：『今岁适多，后若不继，必有受其咎者，怨将谁归？』会朝廷亦委宣司市马，高其值以来之。而茶司事力不逮，马不时得，使者委公诣宣抚新安吴王口陈利害。既见，辨析明了。且曰：『异时茶司以马□，孰若安坐而取给于茶司？且变强市之名，而使茶司得以逭责，拜王之德无穷矣。』王韪之。调嘉州犍为知县。县控边，夷人数侵扰。公之术禁民无得辄入夷界耕樵，以绝侵渔之弊。内练戍兵，期可用，外示恩信，待以不疑。于是

① 王敦诗，生平事迹不详。
② 按：『左银青光禄学士』，应为『银青光禄大夫、徽猷阁学士』。

得冯阿秦等陷夷者三十余人，皆置屋庐，给以官田，假牛畜，资其衣食，复为乐业之民。夷人亦向化，无复抄掠之患。县介于嘉、叙之间，地博而人繁，簿□诸台，奏请从之。未几，通判潼川军府事，部刺史以才列荐。未报，任满，就注通判眉州，继除知忠州。至即罢遣兵吏下县之扰，谨期会，暇崇学劝讲，士子彬彬向风。俄以疾终于州之正寝。实淳熙五年（一一七八）六月六日。享年六十有九。

自承务郎积十四迁至奉直大夫。娶成都刘氏、怀安李氏，礼部郎中彝之女，皆封宜人。六子：曾崇，儒林郎、泸州军节度判官；曾嵩，迪功郎；曾旦、曾肇、曾猷、曾点。曾肇尝与乡贡，与曾嵩皆前卒。□①郎知长宁军赵伯总，次适从义郎主管台州崇道观赵绣之，次适免解进士曹汝舟，次适吕荣仁、张忭。余尚幼。孙男五人，孙女十四人。公矢口见心，不为城府，所言他日皆可复。与人交，久而益亲。卒之日，识与不识皆嗟惜。仲兄早死，诸孤幼。有利之者，取去抚育，而书画器用，多为持归，教养过于己子，访其散失，举归之，且曰：『吾子虽众，不患其不立。』即以文安致仕恩荐之。尝诏曾崇曰：『吾家仕宦，自唐至今不绝。天若省文书，惟诚可以格天，吾持是心以莅官，一毫不欺，庶潜感于冥冥之中，终身行之，以答天贶。』

在犍为，见邑人虽乡学，而登第者绝少。乃以赡学余资□田为教养之备，乐育作成，自是掇科第者相属。县有遗骸，暴露田野，公捐金瘗于冢，行义盖出天性。前室刘，有嫂，□田一顷。他日，其兄券仲姊嫁张昱，生二子，相继皆亡，惟孙藐然。姊尝委置田于荣，人无知者。暨其孙长，即呼以授之。不愿得田，则倍归其值。仕宦得俸不积，曰：『此先世余俸。』先有浮屠祠，近祖茔，岁久圮坏，公乃建屋百楹居其徒，又割腴田以充伊蒲之供。置义田，济贫乏。内外亲党之孤无以立者，必尽力□种为本，故于世利淡然不以婴心。尝有贷其白金者，岁久不归，亦不问。识者益知其泽之远也。曾崇等将以淳熙七年十月十五日葬于荣德县凤皇山之原。前一年，属敦诗为撰次本末，纳诸幽堂。敦诗辞以疾。逾年又遗书再三勤恳，敦诗以宗盟之义，谨铭曰：

百围之木，起于拱把。培养既成，摩云蔽野。和义之后，有功不言。至其孙曾，实大厥门。太常之孙，文安之子。袭庆承休，亦克是似。吏二千石，位不充志。心则休休，俯仰无愧。遗训具在，子孙其承。迈种不已，如川之增。凤皇之原，既安既固。伐石镌辞，用纳诸墓。

民国五年（一九一六）出隧，仍置幽宫。

宋故宣义郎王卿孙墓志铭 王序

王姓，名卿孙，虞仲其字也，荣州荣德县人。曾祖伯琪，殿中丞。祖梦易，屡赠光禄大夫。父序，现任徽猷阁直学士、光禄大夫、提举西京嵩山崇福宫。母勾氏，荣德县开国伯硕人。

卿孙享年二十四。以崇宁二年（一一〇三）六月二十三日酉时，生于成都府新繁县外祖勾氏之第。靖康元年（一一二六）三月二十三日，卒于延安府治宇。靖康二年三月十二日，葬于荣州北郊孙村祖坟之侧。

卿孙初用父荫补将仕郎。中以河赏，迁修职郎、从事郎。边

① 按：据文意，原文有脱误。应为『女□人，长适□□』。

赏，改承奉郎，磨勘承事郎，终以该宣和七年（一一二五）十二月二十五日今上登极恩，迁宣义郎。

卿孙娶朱氏，无子女，俟弟庆孙、兴孙有子，当为继之。卿孙迁葬日迫，姑以此记其平生大概。继当父序为作墓表。伯，承仕郎、潼川府府学教授庠，纪置圹前。

靖康二年（一一二七）三月十二日，父徽猷阁直学士、光禄大夫、提举西京嵩山崇福宫序书，并立石。

荣州司户何君普墓志铭

魏了翁①

余生四年，从乡先生何君德厚授书数方名，未期岁，更他师，犹以父执事之。厥二十有二年，当庆元五年，上始御集英殿策进士，余与君偕试于左右廊，余既叨第，君亦以特奏名入等。侪辈往贺焉。君愀然曰：『昔我先君以累举恩当得官，所为弗肯就者，将有望于厥子也。而普也不令，讫负考志。呜呼！尚忍言之。』余曰：『官无小，苟以行吾志焉，斯已矣。矧自东汉以来，所谓『褰衣褰裳，当还故乡，圣主愍念，悉用补郎』者，是出于特异之恩。今尚仿此意。胡可少之邪？』君曰：『是科也，今例以气衰戒得，日暮倒行目之。余谨毋然，然恶能自别也？』

亡何，调遂宁府青石县主簿。徒步出关，衣敝橐单，行盛暑剧潦中，气貌耸耸，有精悍少年所弗及。居逾年，视事青石，则行其所尝言者。寒厅薄廪而用弗饬，处之夷如。遇有公职事，则闻命引道，不避雨旸，不间剧易，守甚才之。会修泮宫，属役于君，自物土授规，虑材僝庸，不以烦守。守由是益知君可倚，遇疑狱滞讼，即畀君可否之。

果之流溪有伐石以甃术者，仇家诬其发冢，且谓以兽骼乱冢中。县令谩不能孰何，既误置伐石之家于理，仇家犹以其未丽于重辟也，诉之州。州如之，且未厌也。诉之详刑使者，使者又如之。又未厌，诉于制阃，下其事转运司，则檄君诣乡即讯。君廉得其状，乃伐山得石，非冢间物也。仇家词穷，投缳而死。人曰：『是何神也！』州县吏为愧谢，台阃钦重焉。

去为荣州司户参军兼司法，污吏受输廪，粟恶而易腐，或至裁削供军以取充数。君力鉴其敝，出纳惟一，士服其公。守又才之，俾兼治他职。乃以勤瘁致疾，嘉定元年（一二〇八）秋八月丙戌，卒于治寺，得年六十有七，僚长与州之人士皆惜之。

君讳普，德厚字也，世为邛之蒲江人。曾王父昭明、王父师元，皆不仕。父宅仁，终免解进士。妣□氏。君少倜傥，不可拘以文法，而能自抑敛，笔耕以养父，每造人，无问戚疏，率敷衽陈谊，无毫发滞碍。酒后耳热，则轩渠谐笑，舍坐屡舞，投器吐茵，不知其为宾也。客至其家，亦无留门，束脩之馈，即缘手尽。晚岁俸赐亦以遗亲友之贫者。卒之日无余赀。既说輤于家，妻孥之约甚于他日。呜呼！是亦可觇其素矣。元妃，同邑王氏。继室，丹棱杨氏。二子男：述之、似之。述之后一年亦卒。孙男法印，孙女一人。外孙男、女二人。似之贫，不克葬，君之友前潼川漕樊仲恂士迪赙以金钱，余之表兄高南叔稼为买冢于县之盐泉乡恩洽里震山之原。十二年（一二一九）八月壬申，乃克襄

① 魏了翁（一一七八—一二三七），字华父，号鹤山，邛州蒲江（今属四川）人。南宋著名理学家、思想家。卒赠太师、秦国公，谥文靖。著有《鹤山集》《九经要义》《古今考》《经史杂钞》《师友雅言》等。

事。以余知君之久也，先事之岁，属余铭其圹，义不得辞。乃铭曰：

日昊而明夷，车奔而卒驰。人坎坎其来之，而君谢以不为。出焉而嘻嘻，入焉而怡怡。硕迈且颀，尚考志之诒。（《鹤山先生大全文集》卷七十一）

太常博士知绍熙府朝散郎王聘君墓志铭

上元年恭默遵养，权凶伺间窃弄威柄，丑正仇善，是与比周。予友人王万里时为博士，应诏言事，其略有三：

一曰厚风俗必本于明人伦。人伦之目，则君臣也，父子也，夫妇也，兄弟也，朋友之交也。所以弥纶天地，扶植人极，使不为禽兽夷狄之归者，以有是伦也。人伦明于上，小民亲于下，俗之不厚，未之有也。《书》曰：『惟民生厚，因物有迁，违上所命，从厥攸好。』今天下风俗可谓薄矣，化薄即厚，在陛下一转移之顷。陛下设廉耻以厉臣节，明听断以强主威，赫然如大明正中，万物毕照，而君臣之义立矣。陛下以四海之欢心为孝，而不以一己之用劳为孝，念遗大投艰之托，思继业述事之重，而父子之恩隆矣。陛下致严丧纪，不迩声色，俟三年终丧，求昏士族，礼备而后聘，而夫妇之道正矣。陛下之于兄弟，不幸而居人道之变，然友爱素深，神人所共知也。若垂念于死丧之威，致厚于恤终之典，而兄弟之爱笃矣，陛下日御经幄，亲近友臣，惟正人是亲，惟切己是务，毋徒诵说以备故常，而朋友之化行矣。凡此五者，陛下既躬其厚，谁忍复趋于薄？

二曰尊朝廷在于聚贤才。汉梅福谓，孝武时淮南王安缘间而起，所以计虑不成而谋议泄者，以众贤聚于本朝也。孝成之世，蜀郡山阳亡徒布衣乃窥国家之隙见间而起者，此皆轻量大臣，无所畏忌。国家之权轻，故匹夫欲与上争衡也。贤才聚散，足以为国轻重者如此。然所以聚之，则必有道。盖天地冲和之气，钟而为人，贤者尤其气之清也，利禄不能诱，威势不能压，惟虚心忘我，用其人而行其言，则贤者乐为吾用，天下士皆悦而愿立于朝，士至于且愿则自靖自献，惟恐其后，宁复有迟回偃仰、召而不至、知而不言者哉！

三曰崇学校在于养士气。士者，国之元气，而天下之精神也。故可杀、可贫而不可辱者谓之士。京师者，首善之地也。太学者，贤士之关也。士相与聚于闲宴，岂徒诵说词章、攫取声利而已哉？盖将讲明义理，涵养气质，以成其才，而待国家之用也。上之人宜婴以廉耻，不可恐以戮辱；宜闲以礼义，不可绳以刑辟。今朝廷并建长贰，所当专其职任，勿烦以它职。博士、正录，不徒以课试为事，日进诸生，相与讲论经术，陈说古今，以作其气。万一如有挑达不捡，则成规具在，长贰以次举而行之，其谁曰不然？今乃郡吏得以绳之，下走得以辱之，殆非所以章好示俗，风厉四方也。世之论治者，鲜不以城郭、甲兵、田野、货财为有国之先务，而孟轲独以礼坏学废为忧，非阔于事情也，而况揆诸今日之事：三边风寒，赤子露立，非无城郭不修之患；客强主弱，海盗纳侮，非无兵甲不多之忧；兵荒之余，屯垦未就，非无田野不辟之虑；币轻物重，十室九空，非无货财不聚之叹。而臣区区惟前三者是急，亦曰，人伦薄则世道废，贤才散则主势孤，士气索则邦国空。此轲之所谓『上无礼，下无学，贼民兴，丧无日』者。此臣之所为大惧也。

时有济邸之狱，有蜀边之扰，有山阳之变，有郡吏卒系捕弟子员之辱。故万里及之。所引蜀郡、山阳轻量大臣等语，切中时务，尤为权凶所嫉。

其秋，万里轮对，又上疏，略曰：

乃者中外之臣，矢谟献议，指陈得失，此皆激扬圣化，鼓舞纶言，愿忠于陛下之职分也。而在廷之臣已过忧其沽激，逆虑其朋党。夫留班伏合，封章扣匦，此在先朝常见之，今以降诏求言久而后应，尚曰沽激云乎？内外小大之臣动以千百数，而言事者无几，尚曰朋党云乎？今天下议论，大概有三：劝陛下以崇孝道，厚天伦，笃意儒学，以养圣明之资，亲近正人，以杜邪佞之口，此爱君忧国之论也；愤主威之挠夺，伤国体之抢攘，疾贪暴如疾仇雠，恶谀佞如恶恶臭，此愤世疾邪之论也；听其言汪洋汗漫而可乐，察其意避就回曲而不根，此模棱两可之论也。爱君忧国者，其言恳恻；愤世疾邪者，其言激切；模棱两可者，其言依违。臣愿陛下以其恳恻者施行之，激切者奖借之，依违者斥绝之，则朝廷是非即天下之是非也，何忧乎沽激？何虑乎朋党哉？

其二论蜀之利害，谓：

任阃寄者闻命勇往，慨然以功名自任，然政令峻急，人情惶骇。任总饷者承命算计，奋然以了办自居，始谓不以累公上，今乃有七百万缗之请，既上欺朝廷，又苛取州县。陛下端拱穆清，亦知数千里外，有叹息愁恨之声矣乎。

时以郑损制阃四川，李景翱总饷，故万里及之。上反复顾问，万里随事条析，语音琅琅，陛楯者愕眙曰：『此蜀人也。』了翁时充员柱下，窃窥天颜甚怡。而权凶滋忤，蜀之用事者咸不悦。会朱端常论予不食周粟，并及真希元与万里。于是一时同志者皆得罪，而蜀人无一立朝者，盖先是未有也。万里既忤权凶，又忤蜀阃，人谓持此安之。万里浩然归田，翠筱碧流之间，于焉逍遥，若将终身。于是又有以见万里所存之实矣。

万里名万，家邛之蒲江。曾祖、祖某。考某，赠宣教郎。妣赵氏，赠安人。予昔志宣教墓，世系已详。万里之生也淑，之学也笃，博通经术，尤善戴氏《礼》。嘉定三年类省试，以第一人充赋。历官资州教授，以母丧，后改叙州。四川宣抚司辟准备差遣，召赴都堂审察，除吏部架阁文字，迁太学录，又迁太学、国子、太常博士。出，五年，起通判成都府，未上，知广安军。又知绍熙府，积阶至朝散郎。平生自儆有《心铭》，申儆其子若从子有《淡斋规约》，皆善言也。为学官时，教循循不倦，凛不可干以私。在安沂公莫府，争辩不可夺。为郡牧，视民如伤，束吏如湿。绍熙府胥强于官，君黥而籍之，郡人股栗。躬俭节用，察狱必以情，皆善行也。云阎日明，旌淑简修，赴阙奏事之命下，而万里不及行矣。惜夫！

予尝观五三盛时，相天子者居位久，则贤之积也必厚。伊尹相商余五十年，招俊求哲列庶位以辅后嗣。其后微子、微仲、箕子、比干、胶鬲之俦，犹足以迓续灵承，其忠臣义士历武王、周公、成王、君陈、康王、毕公，播告深浃，而爱商之心不衰。后之相者居位久，则日迈月慆，销刓锲磨，贤之厄也滋甚。蔡、秦、韩、史之效，今可睹矣。万里不幸而不行于寿盗之时，事还理明，已不及见，非命也夫！

端平元年（一二三四）三月，终于治寺。明年四月，安厝于善何乡坎山之原。娶同邑赵氏，赠安人。继资中杨氏，与予之元配兄弟也，今封安人。子男子二：述，升于国子；遵，贡于乡。女子一人，尚幼。述、遵状其事来乞铭。万里，吾徒也，义不可辞。铭曰：

丰草之敷，嘉谷之瘏。既薙既诛，亦断而殊。呜呼天乎！呜呼天乎！（《鹤山先生大全文集》卷八十六）

以上俱魏了翁所作。

存目

童颜墓刻

在石凤山。万历中，杨镛铭。

两龚墓柱刻字

龚式、龚燕墓，在县南三十五里。乡人言明正德间，为学正龚树桓表，自题七言古诗其上，并记行略。今石剥落矣。

吴方泉墓铭

在贡井天池山麓。熊过撰文。

碑记

赵熙曰：『谈金石者，率珍汉已上物。盖好古者，借资考证，上裨经史，其次摩挲字画之间，亦其趣也。荣《金石》，义以光绪朝铁碑为重，次则孔庙诸碑。亦所谓观于乡而知王道之易易者。寺观其末已，然古民社之遗也，要删之，庶咨故实有考焉。』

宋

武安公庙碑　石缉①

余写《武安公传》毕，往庙中，观匠者刊石，掌庙田惟和言：武安公之来，始自资阳银山。昔为蜀广政十七年（九五四），有寇大掠荣昌，忽传寇至，民相顾以恐。惟此守州者乃选乡兵三百，遣郡贾全胜，将以御贼，惟和与之。会祖广居郡，以胆勇闻，率广偕往，道由银山。众畏惧不敢前，乃相与谋曰：『贼众我寡，势固不敌，非有阴助，是托死矣。』遂相与祷于祠下，公告其众。众喜，鼓行。贼闻军卒之来，震响陵谷，登望骇异，即时奔溃。众德公助，思所以报而无有称者，既而曰：『图相报之宜，莫若庙貌吾郡而岁时祭飨之。且使吾郡之民，得就瞻仰，而吾等子子孙孙相继而崇奉之，此庶几不负公惠而无歉吾心矣。然莫知神之与否也。及下银山，乃折庙上丹山枣一枝，云：『枣活，吾建庙祀。』植之未几，而枣根萌发。至今崖上蓊郁盘偃者，乃当时约植之枣也。全胜爰即植枣之地，为茅祠一间，命广主之。十九年（九五六），伪刺史贾武库视之。一日，厅阶之下，有兵卒数十，左右莫有见者，而贾独见之。且云：『南山有白马大王，遣来致贺。』语已，即不见。贾惊异，遂辟道躬谒，令广更壮祠宇。凡呼为白马大王，从所见兵卒之言也。郡人亦往往见有乘白马呵导入南山下，左右卫从，有若王公出入之盛。且疑其郡刺史之行，从而视之，则无有。郡人以是知贾言不诬。今亦从

① 石缉，生卒年不详，曾知荣州。

而呼之。岁之旱涝，民之疾苦，应祷如响。先茅祠一间，今楼殿、厅、厨、廊、庑，周回几十数间，悉皆巨材。绘塑神像，金碧灼炤，祠宇一出田氏四时经营之力。今惟和祝之尤谨。因余立本传砻石，求余文以纪立庙之岁月。惟和之言，与余所闻见者不异，予故录之以为记。公之事业，本传已具，此不复书矣。

温林石缉记，荣州推官王俶立石。

民国《志》按：石佚。蜀广政十九年，为周世宗显德三年（九五六）。《通鉴》载：『十二月壬申，以张永德为殿前都检点。蜀陵、荣州獠反，弓箭库使赵季文讨平之。』南山白马大王，或假以摄众志也。

荣梨山亭子记　鲁清①

天子幸亳社之明年，是郡春不雨。抵于仲夏，土膏歇，泉脉绝，时将往矣，而耒耜尚停，农忧且泣。太守皇甫公自咎曰：『天不雨，将害吾民，谁之罪欤？我则职之。』闻是山有神，祷诚，厥应如响，乃洗心禋奠，夙兴命驾，冒炎毒，履艰险，躬祷于是山。山有洞，盖神灵之所宅。杜预称『渊龙之室，洞一渊然』。公曰：『天若雨，吾当树亭其门，用答神庥。』越一日，果雨。又一日，告足。民跃于野，转戚为欢。次年，公被诏归阙，留俸缗五万，付郡牧之良者，俾经费以构之。是岁夏四月，亭成。

君子曰：民忧而咎己，公也；祷神而立应，诚也；破俸而利民，义也；报神而不爽，信也。有是四者，其贤守之尤者乎！噫！斯人行斯道，惜乎独行于一郡耳。傥俾施之天下，其为利也何如哉！

十二日立。（据《全宋文》卷二十八，《金石苑》，嘉庆《四川通志》卷十七、五十五等校补）

光绪《志》按：鲁清《洞门亭子碑》，今在荣梨山舞龙寺内，字多磨灭。乾隆中，知县黄大本觅原文刻石。

民国《志》按：此天禧二年（一〇一八）作。其云『幸亳社』，乃大中祥符七年（一〇一四）事。碑在荣梨山龙洞。乾隆中，知县黄大本别刊之。嘉庆十三年（一八〇八），知县许源得碑洞门旁，竖之，周以石墙，高丈二尺。

大佛殿地面记　袁诩

郡郊之东偏有山焉，高而不之险，夷而不之平。其旁有岩洞，其下多林麓，其状如绘，其势若屏。细坞深径，蛇回蚓曲，左右篠苇蒙杂蓊蔽，间有佛庙曰『开化寺』，其原乃自乎季唐之建。以年绵远，雨浸风颓，彩像颠泯，荆棘盈庭。释文简主寺事，尝与合堂同席而议曰：『往年朝廷诏天下郡县，凡名山奇迹，令掌藏先圣之手泽，年以所掌之劳而赐一僧牒。郡人皆曰：「里之绝胜，惟在于此。」今吾徒幸得所居，蒙被圣泽已久矣！虽旧址不废，乃屋舍不完，得不侈大其堂殿，以副所掌之御书乎？益又使游者有可观览，止者有所介洁。』其党皆森立而应之曰：『非吾师，孰能之？』简师喜就其事。荣川豪民富商以简师有名于其徒，争出力以助之，寺之役，几二岁而成。巍堂大庑，栋桷之众，垩丹之饰，像设严焕，复于观游之设有加焉。

其简师之旁见于乡人秘丞勾之述，此不复因缘之。今夫简师

---

① 鲁清，生卒年不详，宋荣州人，大中祥符末进士。

之释嗣曰元遂，一日告其师曰：『师仆仆然营葺，既已完矣，尚有可缺。其于堂之地，欲命匠石甃□□□，所以壮丽其堂殿、严洁其供□。□夫春则□玩赏，夏则生清凉，施施而行，漫漫而游者，绝涂泥于其地，可乎？』简师曰：『吾老矣，无能为也，宜汝成之。』元遂曰：『诺。』盖元遂者，其为人也宽平而不忮，质静而无求，不忮则似乎悫，无求则近乎愿。悫愿者，忠信之质，以忠信而诱众掠緡，扩囊发箧，以毕其事，就其党而较之，不亦善乎！

余尝多此释之为人，又爱其景趣，携朋会友，讲道于此。因而简师备道其状，索余之记。余诺之而不暇，私有以自叹焉。且浮屠之流，尚能创其始而成其终，至于士大夫以先王之道相隶，其当创始成终，则往往喜为倾摇龃龉，摭异以求胜，岂不惑欤？噫！自非简师之勤而创其始，元遂之劳成其终，而事其事，乌能而成之哉？故直书云耳。

元丰元年仲春陈郡袁诩志。

□□勾当修造僧清惠，住持押寺文善，专勾当布石僧元遂，小师继宗、继欢、继海。

施石□□字□□，妻口：谢氏，男文胜、文德。

□□□□元正书丹，离□篆额。

袁仁善刻字。（据《大佛殿地面记》拓片补录）

赵熙曰：碑在今罗汉洞，世人将磨以治城。余与虞白史、张玺方游，获而章之，额篆《大佛殿地面记》。时东山大像未凿，则大佛之名旧矣。非是碑，恶知寺在唐名开化也。

九域守令图　宋昌宗

按班固《地理志》，黄帝方制万里，画野分州，得百里之国万区。尧遭洪水，天下分为十二州。禹平水土，仍制九州，列五服。周爵五等，自公侯至附庸盖千八百国。周室既衰，诸侯转相吞灭。陵夷至于战国，天下分而为七。秦并四海，变易古制，始为郡县。更汉、晋分裂，至隋灭陈，天下方合为一，凡郡一百七十、县一千二百。唐高祖改郡为州，然海宇初定，权置州郡。太宗始并省之，分天下为十道。至开元盛世时，凡郡、府三百二十有八，县一千五百七十三。及五代丧乱，离为十国，郡县之数，莫可究诘。圣宋龙飞，天下复并为一，迄今百有余年。其间州县废复不常。世传《守令图》数本，然其废复郡邑，多未改正，兼州县著望，罕得其详。今当以《九域志》为定。谨按《志》云：『凡一州之内，首叙州封，次及旁郡，彼此互举，弗相混淆。总二十五路，京府四，次府十，州二百四十二，军三十七，监四，县一千一百二十五。』《志》之所载，自有东、南、西、北之分，加以善本校正，因命刊勒，以《皇朝九域守令图》为名。其如绍圣间收复诸郡，志所不载者，莫知所据，故不录云。

宣和三年岁次辛丑，十一月壬戌朔，八日己巳，朝请大夫、知荣州军州、管勾神霄玉清万寿宫兼管内劝农事、赐紫金鱼袋臣宋昌宗重立石。

知州宋昌宗立，名衔见御制文，图在大成殿，碑阴刻『莲宇』字。绍兴己未眉山史炜建，并书。

（据《四川历代碑刻》、郭声波《四川历史地理与宋代蜀人地图研究》等补）

地仙洞断碑　任宗易

宣和癸卯（一一二三），唐安任宗易从简摄守南荣。孟冬初五日，率乡大夫袁申申之、资中何悫端卿、天彭杨□□臣、遂宁陈开亨道、金川郭纯中英发，谒王庠周彦于双溪之上。时周彦之弟序商彦久去双溪，从二宣抚平燕云，凯旋入封，兹地名闻四川。

昔者通奉王公讳梦易，字潜夫，以伉直莅官，晚筑归来亭于溪上，同硕人向氏卜隐于此。向氏，大丞相魏王讳敏中之孙，少师讳传师之女，钦圣宪肃皇太后之从祖姑。能守义于远方士族，嫠居双溪，力教诸孤。时通奉即世，长子廱教源年已逾冠，惟庠年十六，序年十四。后学成，皆升贡。其后庠以侍母屡辞诏聘，太学考八行全备，居天下第一，亦不赴，旌为廉逊处士。序两献文入等，拔登法从……

民国《志》按：『登法从』以下缺『书学山谷而未成者』。何悫，内江人，大观三年（一一〇九），己丑科贾安宅榜进士。郭纯中，嘉庆《四川通志》称，《山谷集》为『大昕子』。大昕，则治平四年（一〇六七）丁未科许安世榜进士。而《四川通志》有郭允中、郭执中，为崇宁二年（一一〇三）癸未进士，均华阳人；郭黄中、郭美中、郭勉中、郭由中，均政和进士，成都人，为一时冠族。不知纯中同属否？癸卯者，宣和五年（一一二三）也。

啸台摩崖三则

其一

啸台，在县东真如崖半。东门，宋曰富义门，见陆游《啸台》诗注。旧志称：『啸隐』二大字，不记题者名氏。石质朽，与仁父书均漫灭。

壬戌九日，赵熙偕张肖威、曹仁先、张玺方、虞白史登啸台，纪诗云：『公和何日御风来，大野分明汲郡开。所叹干戈如晋世，几逢嵇阮是诗才。燕方落日归鸿路，宋武英风戏马台。都付苏门作长啸，白头照影紫萸杯。』并篆『啸台』字镵崖壁。

其二　李焘

真如崖穴峭深，佳处未易目也。半岭有石角立，或屋其上，凭临极空阔，而栋宇迫隘弗称，因使荣德令增广之。《图经》谓此孙登啸台。登隐河北，不闻至蜀，然古称『啸独登善』，凡啸者必稽焉，虽假托亦宜。况登不污魏晋，于道最高，嵇、阮欲为弟子且不可得，其神游八极之表，复何所不至？区区限于方域，则陋矣。

宋隆兴元年（一一六三）端阳，荣守太史公陇西李焘仁父书。（据《全蜀艺文志》卷四十、嘉庆《四川通志》卷五十五等补）

其三　冯俨①

啸台总一郡之胜，而轩槛狭隘，今有意升大之，卒未暇。会成期迫，恐遂负此，乃具粮用委荣德邑大夫赵汝乙，因故址改作，延袤视旧。增三之一。

夫孙登隐河朔远矣，而真如崖壁倚天，实胜区。风清月白，

① 冯俨，生卒年不详。曾与荣州刺史李焘同游荣县大佛，大佛旁啸台有冯俨《摩崖记》。

乌知无苏门生者振凤皇之音哉！不然，又岂无诸葛辈游其间抱膝者乎！

庆元六年（一二〇〇）庚申，冬至后三日，仁风冯俨书。

民国《志》按：石漫灭。旧志作『崇庆元年』。按：宋无崇庆，乃『庆元』之讹。庚申为庆元六年。赵汝乙，淳熙二年（一一七五）乙未科詹骙榜进士。

小井沟题名记　何平仲

邑令何平仲拉①关仁父、费亦周、程明仲偕来，男与之侍。乾道己丑春正月。

民国《志》按：地在宋属资官。何君，资官令也。己丑为乾道五年（一一六九）。

龙洞摩崖五则

其一　苏仲庄

眉山苏仲庄来游。淳熙五年（一一七八）六月七日。

其二　喻德明

淳熙甲辰（一一八四）重阳后三日，隆山喻德明拉②温元东、何仲符、员诚父、赵来介，来款龙洞，游登啸台。临眺远视，秋光山色，翠摩檐楹，乃相与举酒，推襟送抱。语曰：『昭旷在前，盲者无达观。广奏盈耳，聋者绝听音。』信哉！德明之侄子才、男益孙侍行。

其三

寺古苔侵径，山幽人灭踪。奇云来虎豹，怪木走蛟龙。石仄攀无力，岩开豁有容。喜□□亦闭，烟霭为重□。□□□□，□□□□□。□□□□□，□□□□□。策杖穿云去，岚□□□□。□淡□□序，□□□□□。

德操。

其四　李鉴

嘉熙二年（一二三八）春仲二月，□池郡丞来摄府事□□□府县□神灵之境上而后检政□□□，盖百十有三日也。越夏闰四之一，方携子海□□□□致敬于王大父温国文简公巽岩先生之祠下。拂拭碑尘，风□依然。且指数伯仲氏出守之年，亦已二十有一矣。恨鉴来不得时，其命□大表□□。弟嘉定法掾杨雨之叔用，侄资□、大夫滂适，俱以檄受事于府，遂与乡友程以南、子南、史子池、子仲、文□、乙□、文叔□□□、刘范希亮与焉。命滉书，刻于石，以示后来宗族之子官于此者。

旧志按：云『摄府事』，谓绍熙府也。《建炎以来朝野杂记》云：天子即位，尝所领州镇，自防御州而下，皆升军名。若节镇州，则建为府。光宗为荣州刺史，至今不锡军名，盖中书之误。

民国《志》按：宋自真庙以后，史馆无专官。荣无升府之事，非误于中书，乃缺于史馆耳。

其五

龙洞纪　李鼎汉

荣德，绍熙之剧县也。地瘠民贫而赋不加少，惟士风淳厚，

---

① 拉，民国《志》『水道』作『以』。
② 拉，疑为『竝』，形近致讹。

非他邑之所能侪。宝祐甲寅，凤池李鼎汉承崇台奏辟，承乏兹邑。于时荐经俶扰，户口狼藉，凡事务从宽恕，不为苛刻，故不得罪于巨室，民安业，次于逃旷者责焉。丙辰之冬，瓜期时至，暇日来游龙洞，徙倚纵目，以览一时之胜，有感于怀，仰而叹曰：『江山有缘，他时若得经游此郡，与僚友故人乘间载酒，徘徊终日，款语畴昔，岂不伟哉！』因援笔以纪岁月云。（据嘉庆《四川通志》卷十七、同治《嘉定府志》卷四十三补）

元

牛心山摩崖

草木成人寨倚山，烟霞为侣月临关。个中便是神仙宅，豹隐谁能见一斑。

右，本府罗山真君翔鸾人寨山之诗。先是□□□□□，辛卯窥汉沔，乙卯窜荆楚。迨丙申，横行西蜀。诸道兵闻先溃□□□于本府东之二十里人寨山□□亲□同豹隐数十家进士去祈□无在□□以是诗□□神之希夷隐□□曹□轩谨书。

民国《志》按：称『本府』者，宋光宗立，改荣州为绍熙府也，宝祐后废。及元顺宗，又立绍熙军民宣抚司，旋罢。至正十四年（一三五四），曹诗来官判抚，则摩崖者或即曹诗邪？所言兵事，似指明玉珍。惜年月之泐也。

明

增修文庙记略　郎玉①

成化己卯②冬，余宰荣，仰见文庙宏敞，圣像伟观，以荣为蜀僻壤，何为而得此？然两庑、仪门未成，方议兴工，未暇究其由也。越三月，生员方正等告余曰：『荣在宋为绍熙府，元改为州，学校移置不一。国朝初易为县，立学城东隅，制弗称。天顺元年，孝廉龚汇奏移县治西百步，即宋绍熙府故址也。上允所请，奈官斯土者，若尹公士恭、刘公清、谭公源、黄公充、刘先生超、曹先生钊，亦皆致意，然在任未久，材木聚而复废者几次矣。幸今教谕王先生永来兹，暮教朝出，区画不一年而庙成。规模高大，款制合宜，往来者佥称近所未有，皆我先生力也。恐日久泯其劳，愿祈一言以勒诸石。』

余闻而叹曰：『昔吾疑而未暇究者，今已释之。夫学校所以明人伦，圣人人伦之至也。孔子之道，亘万古而不可易，非以祀不祀为轻重。然必庙而祀之者，欲民知所宗也。且必于是居俊秀以育之，盖欲其成德达材，以为化民成俗之本也。先生以此为务，可谓知所本矣。诸生乐育其中，可不勉勉循循，日进于学，以求无负先生意乎。』

是为记。成化六年（一四七〇）庚寅。

文庙碑记略　龚汇

皇天上帝，既集大福大命畀帝王，作元后作民父母③，成皇极经世之主。复敛大经大法畀吾夫子，为天地立心，为民物立命，成皇极经世之道。吾夫子仰帝王为君，帝王俯吾夫子为师。

---

① 原注：时任荣县令。

② 按：成化纪年无『己卯』，据文末署『成化六年庚寅』，可知当为『己丑』。

③ 按：语出《尚书．泰誓上》，云：『亶聪明，作元后，元后作民父母。』孔传云：『人诚聪明，则为大君，而为众民父母。』

君任道统以立政，师任道学以立教。政立而天地之心正，教立而民物之命存，故帝王兴学明道，建庙报功。盖天理之至公至明，人心之至仁至义者。洪惟国家，至治馨香①，规模宏远。

太祖高皇帝任君师道统之极，尊夫子、严丁祭、置卧碑、设科贡，大福大命由此而集，大经大法由此而全，荣县庙学由作焉。荣即《周南》『从化之国』，五山钟秀，四水环清。洪武四年（一三七一）辛亥，归附为州，仍第一山旧府治，第五山建庙学。九年（一三七六），改为县。天顺丁丑（一四五七），裕陵复登大宝，国人议庙学弗称礼制，奉请仍县第二山旧学基。观其形势，当凤鸣、龙游之间，负阴朝阳，高明爽丽，盖天宝人文渊薮，待后人显扬于今日。

岁戊寅（一四五八），玉音明降，士林胥庆。己卯（一四五九）春，钦遵改建，大兴工作。时都御史石首汪浩以佥宪巡治，给资经始。庚辰（一四六〇）春，明伦堂、居仁由义斋成。岁甲申（一四六四），钦惟皇上大德受命，纪元成化。粤丁亥（一四六七），大成殿殿檐五间成。戊子（一四六八）春，圣师、四配像成。辛卯（一四七一）秋，东、西庑十四间成。壬辰（一四七二）夏，都司马云作十哲像成。甲午（一四七四）夏，按察司佥宪、江陵戴宾诣学谒庙。见其兴作一十八载未备，遂惓惓笃志，给工费，命训导陈源、典史周志荣、耆士赵昇同、医士袁景徽督厥工。躬临荣王城，命作古先贤文昌祠，且委叙南经历龚华治邑计资费。至冬，邑人效义，黝垩殿廷，堂庑甃饰，阶墀成。乙未（一四七五）春，棂星门九间，厨、库、戟门成。

既庆成，山川生色，城市改观，徽号金辉，衮章玉映。义路礼门，仁宅天爵，晶晶乎文昌之府。国人贺曰：『圣贤神宇得其安，师生讲习得其所，是皆仰荷夫子陟降在天之灵，乘国家文运气化之厚。伏遇皇上骏命中兴，得戴佥宪祇承制旨，惠我荣中之德。』

先是汇具启大方伯姚江杨文琳、宪长②云中郭纪为记，至是诸大夫谓：『大功落成，尔汇实历其事，直书无隐。』汇再拜曰：『道贯三才为儒，理全万物为学。帝用之养贤以奉天，王用之成才以济世。学建而君道知所先，庙建而师道知所本。顾兹庙学维新，必有大魁特奏，出应奎璧，大福大命之期，自此兴始。凡同游门墙者，必感发兴起，相与正心术。钦依卧碑，讲求大经大法，学际天人，庶几夙夜能为第一等好人，能成第一等好事。追及先辈，荣公佐武王，成周家八百年之治，竹王在汉征西南，成安边之策，斯可以报我朝崇儒重道之懿，而学校人才赖有光焉。』

於戏！天下无难为之事，特患不用心耳。使怀利器为民造福者，皆如戴佥宪心存忠厚，如华勤慎用心，则有何盘根错节之难？此皆民情公论可书者。汇敢僭言，为有司师儒者，当念前日作始者难固难，尤恐后日守成者难又难，要必思其难，图其难。惜此一木一石，皆斯民脂膏，慎其风雨，常加润色，庶于永远不坏。复作宸奎阁，安庋钦赐制书，永为皇极经世之宝。此实

① 按：语出《尚书·君陈》，云：『至治馨香，感于神明。黍稷非馨，明德惟馨。』

② 按：宪长，是对古代中央监察机关首长的概称，主要指秦汉以来御史台中的御史大夫、御史中丞，明清都察院的都御史。

诸大夫及汇致望有道君子于将来云。

成化十一年（一四七五）三月。

三荣幕樊公清斋碑记 伍性①

予少读《礼记》，至《祭法》曰：『先王之制，祭祀法也。法施于民，则祀之；以劳定国，则祀之；以能御大灾，则祀之；能捍大患，则祀之。』每掩卷太息，曰：『殷哉！典也。』有一于此，未或弗祀兼有之，斯惟艰哉。既长，举进士，佥晋宪，廉诸郡邑。凡以左途入仕或为邑幕者，率多方射利，便为身图。间有称能者，亦惟趋走颐指，争先取怜于上官焉耳，民隐遑恤耶！

岁庚申（一五〇〇），予致政家食，日与乡父老子弟相乐，以终天年。时或值邑吏催科，警及鸡犬，父老曰：『焉得如清斋樊公者幕吾邑，令惟行，禁惟止，曷有是扰耶？』其法施于民，有如此者，论城郭完固，则曰：『匪我樊父，倡议经画而为吾所，吾民其夷矣。案堵曷有今耶？』其以劳定国有如此者。谈及盗贼，不觉泫然泣下，曰：『昔我樊父在时，吾徒日夕安枕，盗能惴我耶？』其能捍大患有如此者。或值岁凶，饿殍菜色盈郊野，父老携幼相泣于道，曰：『樊父若在，夫何使我至于此极耶？』其能御大灾有如此者。予闻之怃然，曰：『都，有是哉！其功德之在吾荣者，更仆未易数也。吾荣弗祀焉，非人心也，焉可以为邑？』

噫嘻！公之功德在人心，固不以吾荣祀不祀为损益，而吾荣不祀公，则报功报德之典不能无损也。父老感泣思奋，相率请于学，告于文庙，立石于名宦，以教万世之为邑者。

公先，秦朝邑人。讳资，字文质，别号清斋云。

四柏堂记 杨桂丹②

物之荣悴，每肖乎人。若三槐之子孙、紫荆之兄弟，始终符契，无锱铢爽。是岂偶然也哉！盖必有造物者默司之矣。三荣世家吴君天禄廷用，少读书林下，以捷科自许。尝梦坐一舍，左右图书几案甚具，舍前置四柏，有若学馆然者。已而廷用屡试有司，弗利，遂以县命领教社学。荣社凡七，咸官与讲地立学，选童俊隶教之。廷用学在泮宫之左，万寿之阳，宋民故居也。旧植四柏于外圃，荒秽蒙翳，与榛莽咸置于无用。至是有司以故宅深僻，徙而出之圃，正列四柏于阶下，廷用居之，俨然梦中境焉。

遂翦丛棘而封培之，甃径石而甃砌之，重重如四车盖，张立庭前，挺挺如四虬龙，腾飞屋表，足为兹社壮观。噫！人之出处，不囿于数耶？柏日益盛而公之徒日益众。冠童济济，云集门墙。柏止于四而公之子亦符其数，伯仲怡怡，玉立庭下。公既循循开启，各因其材，而诸子诸生争自奋励，以期底于成。视他生放逸怠惰，讫无寸进者，万万不侔。是亦柏之迈群芳而森森独秀也。公亦俭白自持，一饭一蔬，一裘一葛，环堵萧然，居之自若，亹亹与诸生相对终日，虽祁寒盛暑，未尝少易。历成化、弘治二十余年，师道独尊，为后学山斗，视他学荒堕不守，去治他术者，大相远甚。是亦柏之傲岁寒而苍苍后凋也。

公养高不出，顾征敕何如？其诸子学问日新，文章日丽，

① 光绪《志》原注：广东右参议，邑进士。

② 光绪《志》原注：邑举人。

由兹社而升邑庠，由邑庠而捷高科，跻膴仕①，以柱石邦家，是亦柏之铜柯日长，雪干日高，由寻丈而十尺十围，可以栋大厦而柱明堂矣。其或绝意功名，放情邱壑，亦不失为贤人君子，而与是柏同老风霜，为三荣之乔木矣。

公之身、之子、之徒，始终与是柏偕荣而并盛。如此，亦奚异荆、槐之于二氏乎？予故以是名其堂而纪其异，因请号曰四柏，亦如古之五柳先生、七松处士云。

正德丁卯（一五〇七）三月丙午日。

熊侯去思碑 陈所达②

侯讳大辂，字用商，别号心斋，世居湖广之麻城，由乡荐拜荣邑令。自下车，省徭役，课树艺，教民礼让，率以身先之。如修理学校，整饬祠宇，忠耿祠之专祀，养济院之近移，东郭建桥梁，五门兴场市，演武亭东岳庙之建，祷雨坛武安公祠之祀，助生员张榜之无粮，邹相之葬母，儒士某某之婚嫁，与夫举人之故者赵可庆、陈所敬，生员之故者杨地维，不时存问其亲而馈遗焉。尝岁旱，祈祷辄应，故比年赖以无饥，而境内大治，屡膺旌奖之命。侯之善政不止此。奏绩，将赴铨曹，时诣当道恳留者数百人。弗遂所请，皆泣而送出境，且有护送抵家者。一日，父老辈以侯此去拟内升，恐无复来荣，思之不已，乃相率构生祠，塑肖像，而祀之县治西南之万景楼，志不忘此也。属余纪其事，余谓世之贪酷，以病齐民者，伺其秩满，冀其昕夕速去之为快，安有去后之思如此哉！必如《诗》所谓『岂弟君子，民之父母』③，而后有以系属人心，俾人感慕眷恋之切，若甘棠之弗剪④，岘山之留碑⑤是也。荣人于侯始而安其政，去而怀其德，久而祀其神，是侯于召公⑥、羊叔子⑦，真后先相望，不仅如汉唐史所称循良吏也。行将陟崇阶，位台鼎，以惠吾荣者惠天下，而深仁厚泽，又有为天下后世所思所慕者，岂徒一邑而已哉！

嘉靖二十二年（一五四三）岁次癸卯十一月吉旦。

民国《志》按：石在今万景楼，杨易篆额。

小井沟摩崖诗 胡可孝

头角峥嵘万丈山，岩岩气象井参间。青云白石通元径，翠壁丹霞倒影滩。智水有源砅巨海，天阶循序步高原。何人艮外无筋力，默会龟蒙小鲁篇。

皇明嘉靖二十九年（一五五〇）夏四月，六一真人胡可孝书。

民国《志》按：可孝，明县学生。诗二章，首章已泐。郁

① 按：膴仕，高官厚禄之意。语出《诗·小雅·节南山》，云：『琐琐姻亚，则无膴仕。』

② 原注：邑举人。

③ 按：语出《诗经·大雅·洞酌》，云：『洞酌彼行潦，挹彼注兹，可以餴饎。岂弟君子，民之父母。』

④ 按：周代召公曾在棠梨树下办公，后人为纪念他，舍不得砍伐此树，《诗经·甘棠》中曾称颂此事。

⑤ 按：晋羊祜都督荆州诸军事，驻襄阳，有政绩。后人以其常游岘山，故于岘山立碑纪念，称『岘山碑』。《晋书·羊祜传》云：『襄阳百姓于岘山祜平生游憩之所建碑立庙，岁时飨祭焉。』

⑥ 按：召公即姬奭，又称召伯、召康公、召公奭，西周宗室、大臣，与周武王、周公旦同辈。成王时，姬奭担任太保。姬奭执政通人和，贵族和平民都各得其所，因此深受爱戴。

⑦ 按：羊叔子即羊祜。羊祜，生卒年不详，字叔子，泰山南城人。魏晋时期大臣，著名战略家、政治家和文学家。

然山乡之气。

崇仁祠记

陈璗

革除初，兵部侍郎胡子昭死，其忠节天下知之而不敢言。后百二十年，朝野间稍稍有言者。正德丙子，巡按四川御史熊君，始以胡公奏。嘉靖丁酉，廉访薛大夫谋于御史金，始祀公嘉州之九峰书院十余年。

公，嘉之荣人也。荣人以邑无专祠为请，亦尝树祠。又十余年，邑尹王梦魁，乃具牍御史鄢君，即檄梦魁阅旧址，令门堂寝室如制，百日埒九峰。庚戌春，奉神安焉。祀旧匾『耿忠』，御史改曰『崇仁』。夏五月，璗以督学至嘉州，谒公于九峰山，谋谒新祠，未果。乃命梦魁具祭，遥拜而言曰：我朝太宗靖难之日，宫中闻变，阖门自焚。子昭具衰绖哭入朝。比有诏诘问，子昭历陈君臣大义，反复辨论，辞色过激。上怒，命下狱。居五月，复诏诘之。无能改于其初，数请死，遂磔于西市。夫人黄氏死焉。女金奴，没为官婢。姻属系戍边者五十八家。加荣之赋八百石。

先是，燕兵驻金川门，公度势不克支，遗书于其弟山东佥事志远，使奉母避难。约曰：『忠孝务各努力。』志远负母而逃，竟免祸。尝从方逊志讲学汉中，以纲常之重自任。故当是时，方氏之祸独惨，而胡略如之。君子谓二公得首阳之仁。初，子昭入汉中，蜀献王遗之诗曰：『不惮三巴路，欲成仁者心。』果成诗谶。璗以为公有母在，能先为之所而从容以死，尤人所难。孝者，仁之本也；忠者，仁之立也。学不负其师，可以观义。义者，仁之纪也。公兼之矣。

公初名志高，字仲常。其先江西庐陵人，徙居蜀之大足县。父复初，教授荣之东川，遂占籍焉。仲常，荣生也。弱冠以经明行修，授其邑训导。蜀献王知其贤，荐于朝。太祖亲试廷访，复称旨，特升翰林院检讨，更名子昭。寻升刑部右侍郎。革除初，转兵部左侍郎。年四十三，无嗣。女金奴，侍宫中五十余年。天顺间，乞骸骨归老东川。其详具《九峰山碑记》。熊御史名尚弼，金名灿，鄢名懋卿，薛大夫名甲。

重修崇仁祠记

陈文烛①

岁革除，己卯，文皇帝内靖师促草诏，天台方孝孺等死之，兵部侍郎胡子昭与焉。公，嘉定之荣县人，字仲常。师方先生而死同其时，盖异数云。自是天下讳言之二百余年，里人始祀公，匾曰『崇仁祠』。督学陈公璗有记。

余至嘉定，荣县令王建元新厥祠，同教官石磬、陈时敏率诸生请余碑焉。嗟呼！公痛哭入朝，咄咄大义，剖心无怨。其弟佥事志远，负母逃去。女金奴没为宫婢而乞归，皆成公之志，求仁而得仁者。谨为迎送神曲，书丽牲之石：

报主果烈兮，千秋一时。三江襟带兮，公其归斯。

悠悠荣土兮，注于孤城。公名并远兮，愧彼冯生。

万历二年（一五七四）甲戌冬日，赐进士第、中宪大夫、四川提刑按察司副使、奉敕提督学校、前大理寺评事、沔阳陈文烛撰。

---

① 陈文烛，生平事迹不详。

忠节祠记

刘应箕①

刑部左侍郎胡公以革除初死建文难，自永乐历弘治，俱以时禁未解，宦游者惮弗敢谈厥事。后御史熊公相巡按四川，立祠于荣县，祀之。时正德八年，去兹又七十年余矣。寻庙宇倾圮，蜀之学士大夫谈靖难革除事者，俱仿佛未究其详，至于胡公事，尤懵懵焉，鲜有悉其颠末者。余每慨世之司风教者，狃于故而弗敢彰善表节义，纵心有所向慕，亦欲彰明往哲，而终弗克自振，竟寥寥焉。胡公不几于湮没耶！

万历甲戌（一五七四），监司田公分宪川东，其除革剔蠹，明罚敕法，盖罔有遗力焉。而敷政覃化之余，又恒以风教为首务。适部使者孙公暨郡守朱公咸与公同心同德，锐意崇尚，每诸有司来谒见者，辄以其邑之行谊风俗、古今人才下询，爰諏博访，恐砥名励行者晦弗彰也。不数月，大足令康君果来言胡公事。胡公事载在县志者略不可详，然其出处之大节、仗义之危行，则固有以备其履历者。夫君臣之义、纲常之懿，乃生人无所解于其心者，恒人或竞荣而迷道，或怵势而屈身，或历难而易虑，则秉懿之赋在厥心者，亦将解之以縻于世，而罔知所以自振焉者，滔滔也。乃胡公当靖难渡江之际，首倡大义，抗节不屈，彼岂乐刀锯之惨，而恶爵禄之縻耶？记称其富经术，性方介，其再从方孝孺游汉中，蜀献王有『问学日广，道德日隆』之赠，则其所以抱蓄于胸次者固不凡，而禀赋于天真者自与恒人迥异。故当利害、临大节，乃能脱然不怵于势，不竞于荣，不改于虑，若中流之砥柱，屹然等华岳而不可移，若逝波之入海，千澜万折而不可回也。嗟乎，杰哉！百余年来，顾未见有表彰之者，果以时禁未解耶？

然文皇帝为高帝之子，建文实高庙之嫡孙，革除诸公忠建文，所以忠高帝也。文皇帝当诸公之死，曰：『彼食其禄，自当尽其心耳。』昭皇帝亦曰：『若方孝孺辈，俱忠臣也。』永乐中，先后诏复诸公家，而胡公与焉，纶綍何谆切耶！提挽纲常，培植国家亿万载祚运于不替者，胡公之节义，其关系世道岂鲜小哉？田公仍饬邑令康君，芟地鸠材，于县郡之南建祠立石，而又定其常需，命有司春秋祭飨。复遣裔胡兴先等课额，令之世守祠宇。夫庙貌森严，栋宇华饰，风节宣朗也；岁祀无斁，衍兹蒸尝，神明监系也；复其家，恤其后，俾之世守堂宇，忠魂依托也。诸敦谊崇化之典，其伟与！

胡公讳子昭，字仲常，初名志高，《志》载，谓太祖改今名。往来从学方孝孺，讲明理学。蜀献王重之以明经儒士，荐为荣县训导。建文初，升翰林检讨，进刑部左侍郎。靖难师渡江，建文四年（一四〇二）九月，死之，时年四十一。父名复初，母郭氏，皆年八十余，子五人给、缉、继等谪戍，女金奴没为官婢。胡子义初名志远，亦膺荐辟，分教威远，又升山东按察佥事，及遇兄难，弃官匿丹棱，晚有《怀乡》诗载在志帙者，声意悲壮，盖有得于兄之教而伯仲齐鸣者也。

蜀《嘉定志》具载二公为荣县人，然备查《胡氏家谱》及子孙作佛事录籍，并永乐赦复其家勘合，俱为重庆大足人，记帖明

① 刘应箕，生卒年不详，巴县（今重庆市区）人。嘉靖间进士。初知余姚，历阳和兵备、佥都御史、副都御史。著有《疑塞录》《击辕集》《击辕续集》等。

甚，而荣县则子昭初训导所经地也。或曰志远为蜀府典宝；或曰子昭为史官，升兵部侍郎、刑部尚书；或又曰子昭无子，止一女名金奴。各记载者以时讳，不敢彰灼其事，故彼此舛误，互为沿袭。然胡公孤忠劲节，所以扶植人纪、纲维世道者，将与天地终穷，固耿耿不磨也，其他又曷足深考耶！若夫楹椽瓦石之细、祠堂栋宇之度，则有司存，又何暇悉记哉！余惟服当时同难共事，一门父子兄弟之谊，高御史熊公之令图，而又叹今部使者采览，监司田公之表竖，郡守朱公之振拔，邑令康公之经度，足以风世哉！足以风世哉！（据万历《四川总志》补）

重修学宫记 杨镕

夫子衍先圣之道脉，开后学之薪传，自汉唐而下，靡不建庙崇祀，昭然与日月争光。迨我明兴，恢宏治理，尊重师儒，于是薄海内外，咸知圣道之广大。而庠序之设、俎豆之祀，遍寰区矣。

荣，昔周荣公封邑，沾濡成周作人之化已深，虽沿革不同，而余风尚在。学宫，故东关内，邑举人龚汇奉旨改建。今百五十余年，殿宇堂庑相继圮坏。邑中大木，军饷连岁递兴，不暇整饬，以故倾倒益甚。镕与黄纪贤目击而心动焉，谓责在我辈，乃商之斋长赵可师、尧可近等，倡率义举，莫不愿与同事。于是，署县断事尹希孔、知县程梯咸谓此举攸当，各助有差。乃鸠工程材，计日兴作。殿之坏者易以杉楠，瓦之倾者灌以油灰，迁明伦堂于正殿侧以接正脉，启圣祠列之于左，名宦、乡贤二祠列之于右。木料工役俱系新备，称焕然焉。厥后请捐学租若干，修建堂下左右书楼，补砌两庑，并石工等项，则知县马应泰分理其事，教谕罗青，署学吴惟中、黄莪日督而责成之者也。时堪舆家云：『泮池前宜有屏以聚其气。』主簿杨进忠身任其事，遂捐赀督工，不日告成。厥池久坏水涸，典史赵文臣捐俸督修，栏石坚致，可垂永久。尊经阁倾坏有年，知县朱万元捐金重建，厥成可期，而总理之责，则又学博冯其原也。

功竟，佥谓始事在镕，今落成，不可无记。镕何敢以不文辞。於戏！盛世需材，而育材在学，赖诸公之力而学宫一新，规模宏丽，其育材之地，可谓盛矣！诸君之养育于斯也，必人人奋发，人人慎修，使真材备出于吾庠。由是登诸廊庙，或为栋梁之器，或为砥柱之勋。忠义垂于不朽，声名重于乡邦，岂不有光于义举也哉！虽然，忠义无俟他求也，吾邑先达胡公仲常者，重纲常之义，执不变之操，清风亮节，与霄壤俱存，殆无愧于圣贤之学者也。诸君俱荣产也，宜以此自勖。因勒诸贞珉①，期与诸君共相勉焉。

斯举也，费金三百有余。诸令及学博与乡士夫十之五，诸生十之三，邑人佽助十之一。赞襄者与督修者及司出纳者例得并书，助赀者系之碑阴。

万历二十二年（一五九四）甲午。

奎星楼记

学校之设，古矣。奎星楼，古所未有也。有，自今乐侯始。侯以己亥（一五九九）岁莅县事，谒庙讫，目击黉宫之倾颓，殚财修葺。庚子（一六〇〇）冬，复改建明伦堂、启圣宫及两庑

① 按：贞珉，是对石刻碑铭之美称。

等处。

庙制一新，除革奸弊，百废具举，然而振作后学之心未已也。癸卯（一六〇三）冬，一日，谓学博赵君、吴君暨诸士子曰：『学之有宫，所以妥圣灵也。顾前后左右，罔非风气所关。今东西二巷，四顾空旷，则地气不聚，意欲东竖一楼，以壮东关之盛，何如？』佥曰：『善。』于是给资广地，会财庀工，规画综治，不徐不亟。凡工料所需，分毫皆俸金所余，并不烦官民佽助。是以楼阁高耸，周阿岩峻，髹采焕然，蔚为伟观。其卓绝若王公大人轩冕黼黻，整齐严肃，而不可狎也；其靓洁若烈士高人，秉节贞亮，尊严端正，而不可犯也。其翚飞则矫然龙骧，翩然凤翥，雄健俊快，而不可羁也；其变化则霞飞云敛，阳舒阴惨，倏忽更易，而不可测也。工成，因名曰奎星楼。

夫奎，西方之宿，十六星，与璧相联，谈天者类曰『奎璧』，主文章而图书秘府也。侯之名斯楼也，岂不以圣明在上，丕振人文，斯民生遂，四境晏然。诸士子躬际升平，宜殚精竭力以究圣贤之蕴奥，出为文词。掇大魁，跻华要，柱石岩廊，覆庇民物，庶几有光于斯楼矣。且侯以海内文星，光照荣庠，文章德行，为一邑之表率，诸士得以依归，而谆谆惠化之意，何可少负乎！《诗》曰：『高山仰止，景行行止。』高山之可仰，以喻盛德之可怀也；景行之可行，喻大道之可由也。乐侯尚道崇教，志在作人，虽瓜期①已近，而乐善不倦，其盛德之可怀如此。吾徒登斯楼也，西望山峰，嶙峋崒嵂，俯瞰池波，荡漾澄澈，而山水之间，千姿万态，莫不呈技献巧于几席之间，是皆贤侯之明赐。触目兴思，怀人感德，殆与斯楼俱永矣。若夫圣人之道，如日中然，若大路然，人人可得而由之，希贤希圣希天，皆吾儒分内事。诸君尚其勉之！

是役也，经始于癸卯冬，落成于甲辰（一六〇四）春二月。赵君嘉言、吴君康民命生员伍琼等属予为文，记其岁月。至楼以楹计者若干，广以尺计者若干，崇以丈计者若干，凡督工宣力者例得书名碑阴。侯名继国，江西新建人，于野，其别号也。

万历三十二年（一六〇四）甲辰夏五月。

以上俱杨镕所作。

尊经阁记　袁子让②

三荣学址，擅西蜀之奇所，钟毓英才，州南人文称独步也。旧镇以阁，久就湮圮矣。大中丞黄芳楠先生振兴后学，首议恢复，而直指李公力主其议。檄下本道总宪蔡公、少参李公，敕有司治其事，议费出公帑，无毫发动民间。不阅月而告成，题曰『尊经阁』，因其旧也。邑大夫李君乔岳，不谓予不文，率其弟子员丐予一言记。

予惟尊经有阁，将地灵是凭，文运是翊，阁之所培植，其功大。而阁惟尊经，将使经之垂如江河注地，明如日月行天，阁之所昭揭，其功尤大。夫孔子以六经宪万世也，承天宪则因性作牖，夫非天下之所谓独尊而无上者与？然而经至常也，亦至同也，常见常闻，则土龙刍狗弃之；其知共著，则布帛菽粟贱之。弃常则贾奇，贱同则榜异，将权谋捭阖，歧分为二，而虚无二

① 瓜期：指任官期满，与继任者交接的日期。
② 原注：郴州人，嘉定州牧。

氏，鼎立为三，至尊之谓何？

夫经，自秦烬之后，谈辨仅见于白虎，注疏，大集于考亭，而濂溪、洛水之贤，为之后先而羽翼之。诸贤后孔子而兴，岂不能标奇帜异，以各成一尊，而道之所域，今古一揆，则经所以常尊，而同尊，正不在奇与异也。

明兴，以明经科士。士专一经，家诵户习，经不可谓不尊。士以明经起家，朝而释褐，夕而垂绅，尊经者不可谓不荣。然而经待尊于人，人遂窃尊于经，是未知巍科膴仕，祇国家所以尊尊经者，经之所以尊，不在是也。经有体有用，体之酝深，用之发广，其真精，可以铸身；其蠢苴，可以治天下。古有真尊经者，身作韦弦，抱其经术，宇宙作锤炉，抒为经世言语，作文章垂为经翼。彼其视经，我之经也，不敢负经，我之经也，并不敢负我。学问有独注，则德性有常尊，身居可塞可通之途，心怀无通无塞之见。遇值其不塞，即吾身而见唐虞；遇厄于不通，守先王以待来者。虽执经守淡，何尝不尊焉。在孔门不论，如后世匡衡之《诗》、夏侯之《书》、朱云之《易》、董子之《春秋》，皆尊主庇民，于今为烈。夫非明经中之铮铮者欤？而使其贬己以徇人，曲学以阿世，以是而明经，不尊经与有辱焉。

三荣，古善地。自文翁化教之后，人杰彬彬，直冠西蜀。其灿然蔚然，著声前代者，不暇屈指。如国朝胡忠烈公，身支宇宙，质负纲常，即出其门内之钗裙，亦足愧朝中之簪绂。芳名隙耳，正气撑天。岂但借尊于六经，经且待之而尊焉！

迄于今，佑启三荣，作率多士。周桢商鼎，代不乏人。夫非公之以经学开来也耶。夫宇宙长昭，明不暗习，恃此六经之道，在一人，则耳目不得不聪明；在天下，则风俗不得不醇厚。古人号明经者，浅用之，则眇论可以解颐，微辨可以折角；深用之，则《尚书》测变故于阴噎，《春秋》征善败于禨祥；况乎大用之，则炼石可以补天，鳌足可以镇地。其无偶之体，无尚之功为何如？即腹笥书簏者，人犹得引为不善尊经者之戒，而况借为阶荣席宠之地也。

荣人士当经始之初，味建阁之义，会经以心，即心得经，入而穷其高明之体，出而究其广大之用，则地脉兴隆，即道脉昌明之日也。俾此阁之建，下陋天禄、石渠之制，而直接夫杏坛、鲁壁之传，则中丞开来之意，直指造士之心，其两无负乎，而郡守有司，均与有荣施矣。是为记。

万历三十四年（一六〇六）秋八月。

荣梨山灵应侯祷雨感应复祀碑

杨崇忠①

荣县，古荣州也。考之舆图，在宋为绍熙郡。以三荣称，荣梨山其一也。离城八里许，神嚣岩立，仙韵皎临，唯山之巅有巨人迹，真赝莫辨。山脊有池沆，漭默弗涸，山前有洞，横出竖入弗碍，洞门有没字碑五，《大明一统志》所谓龙户乎！韩退之云『衙时龙户集』，即此谓矣。荣苦旱，然石扰洞辄雨，宋人咸祀之。岁久未举。

余视荣初年，狒猝大延，仿如旦饥，黎民糠籺窄，庤乃钱镈②，都无所施，余悇憛而洞疑焉。荣父老以前事告余，余偕诸

① 原注：邑令。

② 庤，原作『痔』，据《诗经·周颂·臣工》『命我众人，庤乃钱镈』改。

属吏暨耆老人群咸以祷请，远步徛徛，岂埆径微，至则间豁鼓之，瓢栈叩之。未几，云雾吐合，障蔽天日，龙洞滈深赍其隈，天池洑流决其阿，云霞霮霴，不绝如注。

余神其事，感其德，请之上台，岁祀咸如。宋例，房蒸淡羹，俎列常豆，故知非以香火徼福、杯莼乞灵，俾后之视荣民者咸知旱之祷惟神，神之祀惟雨。勒诸片石，以志不谖。

崇祯七年（一六三四）十月。

重修文庙记 简敕①

荣在昔为青阳国南安郡，唐为大牢、旭川、和义郡，宋为荣州、绍熙府。王禹谓『封域千里，山川重阻』。原志谓『地旷人稀，民良俗朴』。郡乘谓『民勤稼穑，士尚诗书』。张仲谓『风淳事简，可以道化』，号为东州道院。李敩谓『五陵横亘，延袤三里』，题为小锦城。

盖吾荣背负五山，周沿四水，真有得夫形势之胜者。至于兴贤育才，化名成俗，则首崇学校。荣学，唐武德元年建于桂林山。宋乾德三年（九六五），移近兴贤门。绍兴十三年（一一四三），孟侯迁于莲宇山。开禧二年（一二〇六），袁桂立题名雁塔，教授刘道成记略云：『荣虽藩邸重镇，学凡三迁，始得胜地。』

国朝平定海宇，偃武修文。洪武六年（一三七三），始降荣州儒学印。时别驾马公辅、学正张朝祖，仍创建于桂林山。天顺元年（一四五七），徐州学正邑人龚汇奏复今处，旧志谓『金水资生之地，山川明秀，地势高平』，允矣。兴贤育才之奥区，地灵而人杰，当有云蒸霞蔚、从龙附风者挺生矣。独是日月征迈，风雨飘摇，文庙正殿后半忽尔倾颓，墙垣亦圮，非所以妥先圣之灵而尽官师士子之心也。

邑侯杨崇忠、学博刘朝用目击心恻，即日捐赀，命匠选材修理，砌葺周围，筑墙八十六丈，百堵皆兴。两斋则刘起鸣、曹天首相倡躬率，人人乐助，并殚力尽心，夙夜匪懈。由是废者以举，故者以新，危者以坚，崇厚砻密，焕然改观。山川之明秀者，若益其耸翠；地势之高平者，倍增其景色矣。人事之结构，不与天地之形势并美而共久也哉！

是役也，始事于甲戌年（一六三四）七月，成功于乙亥年（一六三五）三月。余快睹此举，不敢以庸暗辞，聊书颠末，托之贞珉，并记其岁月云。

崇祯八年（一六三五）六月。

民国《志》按：武德元年（六一八），尚未有旭川县，而云『建学桂林山』，不知简君何以言之。此误之显者。

清

重修白雀寺记 蔺松②

城南里许罗汉洞，唐宋迄今，绵亘数百年，不可谓非西天邃迹也。旧李唐有白雀寺，右附啸台大佛及崖穴阿罗诸像，其胜跨连冈涧，漱咽烟岚，为山灵征神构，更不在梵宇层巍，钟鼓扬仰。高人游览于斯，赋也，铭也，诚有如绘图，莫罄焉者。由今

① 原注：邑人，户部主事。
② 原注：邑令，后升永宁府知府。

思之，猗与盛哉，寝胡为乎非故也！

甲申（一六四四），兵火频仍，昔之所称白雀寺，转盼焦土成堆，荒榛杂立。从前大众比丘，亦似孤云野鹤，杳不知持瓶钵于何往矣。我大清底定，历戊戌间，远僧性空始止之，芟除藤蔓，结竖数椽，仅于洞中与二三残佛表里护持。未几，而又有僧传明者憩焉。由今思之，猗与盛哉，寝胡为乎非故也！

彼此互摅苦衷，毅然以兴起为任。无如迁播余生，饘粥多不自赡。即有好善乐施，亦付空谭罔济耳。

余自康熙六年（一六六七）岁丁未莅荣，偶一登临，仰睇湿红飞翠，彩凤碧鸡，信夫天然之巧，不能以人力夺也。啸台大佛崖穴阿罗，虽敝不成新，而棋然布列，既有僧赡此，宁非真为幻住乎？第荆茅粗翦，伟构犹虚，因而勉捐薄俸，就洞建盖重檐，高卑广狭，略开供养之基；木石灰钉，不堕经营之力。敢云鹿苑再兴，猥令鹫峰半峙，嗣此随喜见闻，俱得自在，礼拜赞叹，获所皈依。山雨欲来，足蔽朽枯竹槛；秋风吹动，弗苦飘荡蓬檐。尚有增修未尽、补葺不工，自视余力、余才，何敢独专其美？斯又望于后之君子，从而润饰之，为山门作广大观，证上乘果已尔。

始于己酉（一六六九），告成于庚戌（一六七〇），是为记。

修复学宫记

刘世璋①

明天顺初，孝廉龚文渊先生请移学宫于莲宇之麓，制崇四丈四尺，木巨而工称。至国朝康熙壬戌（一六八二）六月六日，靡焉就圮，盖阅年已二百一十有九矣。而先师遗像，幸不毁于榱崩栋折间，或亦在天之灵，实式凭之欤！

今者复观厥成制，不逮古远甚，而成之之难，则有楮墨难罄者。方经始也，山无近伐之木，郊无近贸之瓦，乡先生已凋谢，弟子员亦落落也。计无所出，呈请通详，及奉批，不过曰『仰同绅衿，设法修复』而已。呜呼！『设法』岂易言哉？璋爰集同志，各出资以为倡，更谋之荆邑侯刘尉，君仿守宪张公轶事，制捐助一册，上请助于列上台，次请助于邻郡邑。由是西赴成、嘉，则程生调鼎，刘生世珩，杨生于基；南下永、富，则刘生世荣。鸠匠入山，则丁生文永，曹生郁；率相踵事，则程生慄，宋生国瑞；奉委督工，则义民何文选，李国猷，邹怀荣，刘文瑞趋事之，大较如此，维时捐助劝修，实荆侯倡之，刘君继之，若陶、若梓、若攻石之用始具。无何，荆侯以解组去，刘君以读礼谢，功几中辍。会高阳韩侯以侯内补改授吾邑，下车谒庙，见厥功未集，捐廉外，复谕诸士酌可充学者如议，而后得观厥成。

璋三年来夙夜彷徨，据捂万状，恒惴惴焉有鲜终之虑。兹荷列上台并邻邦诸公，暨吾邑侯贤尉良士，庶不忍先师之庙没于蒿莱，而共襄盛举也，因得与同事诸人借手报竣，或亦文渊先生所不及料乎？谨勒石以告来者，倘后之君子念今日成之之难，不时省视，嗣而葺之，更起两庑，以完体制，是所幸甚！

康熙二十三年（一六八四）岁次甲子冬至日立石。

重修明伦堂记

王泽②

自古帝王之治天下也，必以教化为要，而教化必以人伦为

① 原注：邑举人。
② 原注：邑令。

先。此庠序学校之设，命名虽异，皆所以明人伦也。方今圣天子牖民孔切，特制圣谕十六条，首云『敦孝弟以重人伦』，益以征伦者乃人之所以为人，而不可一日不明者也。然而明之需乎人，犹需乎地，故内而国学有彝伦堂，外而各直省乡学，莫不有明伦堂。原令司教者坐此堂，以明五伦，俾人胥晓然于亲义序信别之理，由而行之，毋背而驰之，堂綦重矣哉。

予曩秉右芮铎，仰体圣天子重伦至意，日集士于堂，宣讲伦道，用应卓荐，御试第一名，令宰兹土。壬午夏，抵邑，越三日，谒文庙，见明伦堂荡然无存，止有故址在荒榛蔓草中。询之，知明末兵燹后废莫建。呜呼！此教学之地也，而今其久堕，可乎？既而批阅邑乘，其前代科第人文，不必论矣，而忠臣孝子、义夫节妇更不乏人，猗欤休哉！厥风良古，而今何异也！或得之于传闻，或遇之于牒诉，竟有所为大乖伦道而恬不知非者。噫！以秉礼守义之邦，一转而为伤风败俗之行，是果古今人不相及耶？或此堂坏而人伦不明，以至斯极也？乃亟议所以修之，而苦于工费维艰。适有应入官之金，予乃与诸生窃计曰：『建堂之基，其在是乎？』用据士情，两详臬宪刘公，获邀俯俞，拨给建造。有不足，予捐以倡，而僚友、绅士以逮商民，亦皆乐输锱铢。更得庠友刘其参、宋联芳等实心董事，而予亦不时省观，是以作者勤，为者疾。创始于甲申九月，告成于是年十一月。虽较诸旧制尚缺仪门及东西两斋，而正堂聿新，栋宇崔巍，岂惟敷教有地，即过斯堂者，莫不顾名思义，竦然动敦伦之念。行见风移俗易，还淳朴而追先正，予亦得借是以报绩于盛朝矣，岂不美哉！

工既竣，例勒贞珉，诸生属予为文。予忝司牧，有风教之责，固难以不敏谢，况刘臬宪重道作人之怀，直与昌黎造潮、文翁化蜀相仿佛，其功又何可没也？予因即其事而记之，使后世登是堂咸知堂之所以由建也。既落成，予乃举酒于堂上，聚士民而告之曰：『文人学士，平日诵诗读书，自当知纲常名教之乐，而蚩蚩者氓，亦必凛遵圣训，父诏其子，兄勉其弟，思践土食毛之德，殚忠报国之忱，讲孝慈而言友恭，型家室而重久要。共相鼓舞，率循于人伦之中，而无干名犯义之戾，则堂之建为不虚矣，是予所深望也夫！』

康熙四十四年（一七〇五）乙酉孟夏月。

重修学宫碑记　黄大本

荣学旧在县治之东。前明天顺八年（一四六四），邑孝廉龚汇奏请改建莲宇山之麓。国朝康熙二十一年（一六八二）六月，圮。邑孝廉刘世璋百端区画，越三年庙成，今又七十余年矣。辛未（一七五一）夏，余承乏荣篆。文庙渐就倾颓，于癸酉（一七五三）之二月，鸠工庀材，躬亲相度。计捐俸三百余金，七阅月而工竣。

顷者，余阅龚孝廉请修学校疏，有异焉，其疏曰：『师生欲为而难能，有司当为而不顾。』呜呼！何立言之戆也。夫身膺民社，凡地方之利弊，民生之休戚，人才之降替，学校之盛衰，有司分内事。若于分内所当为者而不顾，则其日孳孳而不敢告劳者，皆其所不当为而为也。龚孝廉殆有所激而云然欤？

余愧谫劣，未能突过前人，而分所当为者不敢不勉力以为之。费不侵官，役不扰民，凡以尽吾分云耳。落成，纪其事，并书龚孝廉语，既以自警，亦欲借以告来者。

乾隆十有八年（一七五三）癸酉月。

建凤鸣书院记 徐大枚①

余承乏建南监司，岁癸酉（一七五三）蜀闱，余为内监试。荣令黄，名大本，奉檄为同考官。大主考侍讲图公鞈布、副主考吏部员外郎冯公成修，于衡文堂恭诵谕旨，饬各府州县兴举义学。余即以义学之兴废询之诸同考官。黄子以其县创建凤鸣书院应，并述其绅士捐金买田以供斋厨，纤悉毕备。余窃慨夫州县之任甚重，地方兴举，惟贤有司是赖。今幸值右文盛世。百里之寄，遴选科目，以读书种子之蕴蓄，出而为经济之才，爱民必兼爱士，善养尤贵善教。黄子是举，洵足鼓吹休明，无愧乎父母斯民者也。时两主考亦雅为推许。黄子请记于予，因为之纪其巅末。

乾隆十有八年（一七五三）癸酉九月。

重建飞仙桥记 黄大本

荣治负山，三面临水，东西流合于城之南，各有桥，甚巨。岁甲戌六月，水骤发，桥皆圮。鸠工估计，费不赀。荣又窘，颇不忍劳吾民。黄上舍国梁，邑人也，来谒，言奉其大母命，愿以城东飞仙桥为己任。余以其幼孤，年又少，未之许，上舍曰：『是桥也，生之祖创之，父修之，两代于兹矣，直吾家事耳。』余阅飞仙桥旧碑，诚然，窃叹其家世高谊，许之。役始于是年十月，讫十二月而桥成。长十二寻有奇，广阔如旧制。工二百有奇，费一百二十金有奇，皆上舍一人之力也。余嘉上舍承先志为不可及，勒诸石，以为荣缙绅之克世其家者劝。

乾隆十有九年（一七五四）十二月。

观音阁募引

荣邑南郊擦耳崖旧刻观音大士像，有亭以蔽风雨，肃观瞻。沧桑变易，坡坎仅存。佛法一切皆空，原不借像教辉煌生欢喜相，亦不因雨淋日炙生烦恼心，清净寂灭，普度众生。众生能作如是观，何处非观音现身设法之所？复何有于寸椽尺木，哓哓焉向六尘不断中乞人施舍耶？今有愿民程子俊等，以福田利益为心，欲兴举崖前大士亭宇。地僻而势险，溪流涨溢，肇建石堤，崖势巍然，栋宇高耸。其费苦于不赀，必得众擎之力乃易举。本县膺兹民社之责，岂敢云百废具兴？但愿吾民革薄从忠，体佞佛之心，识尊君亲上之义。内则孝养父母，父母即观音也；外而睦姻任恤，讲让行仁，到处皆观音现身设法也。从此慈航法雨，普度一切众生。凡吾子民，尽作佛门善男信女，非风移俗易之明效大验也哉？用稍捐廉俸为之倡，始并载笔而为之弁其首。

以上俱黄大本所作。

改建奎阁记 邓锡纶②

吾等戊戌（一七七八）岁改建文昌宫于凤鸣山，时同事诸人士共议，以工竣，次当改建奎星阁。无何经营两载，拮据百端，仅成一殿，而于前厅后寝之应修完者，仍自缺如。当时同人中共称改建奎阁者，至是未有谈及矣。

庚子（一七八〇）春，任贡井丞王公摄荣篆。公，江左桐城

---

① 原注：建昌观察。

② 原注：邑举人，湖北知县。

人，深通地理。甫下车，周览五山形胜，谓圣庙极为得所，而奎星阁迫塞于棂星门之东角，甚非善地。即进吾等谕以改建之意。于时，适值覃恩，免征川省条粮火耗，顾已先征银三百一十二两三钱五分，公即出此项，商诸三荣绅士耆老，众皆允诺。

因命纶与朱玺、邹正鹏董其事。其时，纶方课徒凤鸣书院，仅得于馆课之暇时一往视，玺与正鹏终日督率一切工傭匠作，木石□，瓦丹漆。值盛暑，虽炙背黄馘，汗出浃土，不以为劳。邹子雅善营度，凡其体裁样式，皆其所口讲指画。自四月迄七月而工竣。阁高四丈有奇，周遭六丈六尺八寸。一时称实枚焉。

论者谓奎主文昌，故五星珠联，挺生贤哲，魁次斗首四星，故巍科高第，于斯默应。执是说也，凡以为科名设也。是不谓不然，抑亦有进于此者。圣人之所以教人者，不外修德行道；帝君之所以教人者，曰孝曰友。有为教之者，必有为综核而检点之者。大概奎星之神，即以此综核检点于其能修德行道、不愧孝友者，注之桂籍。故俗传登科擢第，必待奎神点首。此言诚是，特未进探其本也。然则吾等之所以建阁也，不当尽以风水论也，毋亦惟是讲求于圣人与帝君之所以教，奎星之所以注笔者，以期于不谬焉。爰奉以为明质，尊以为严师，而思有以凭依其神而妥佑其灵。斯于功之已成者，不时保护之，培植之；于文昌宫之未完者，更踊跃缮完之，则服其教者，必有以昭其祀而崇其宇，理固然也，非好事也。因援笔志之，以为后之君子劝。

邓锡纶记。

民国《志》按：旧志，『奎』作『魁』，在文昌祠南。乾隆十二年（一七四七），知县徐德龙改建棂星门左。文昌祠在旧礼门南。

重建迎恩桥碑记 张兆星[①]

邑治西距城数武，旧有桥曰迎恩，自省会而下，舆马担负，咸取途焉，盖要津也。乃一葺于前令徐明府，再葺于前令黄明府，而邑中好义者，复尝敛金以缮之，皆不久而坍塌。

今上四十有九年，余奉檄来守兹土，将兴废举坠，首议建此桥。尝试临其上而谛观焉，见其形如半规，制虽阔而弗良也，乃告邑人曰：『尔知斯桥之所以数圮者乎？是其身弗密，而齿弗疏也。身弗密，故水之来也，洄而剽；齿弗疏，故湍之激也，怒而张。无惑乎不能久也。其必改为之。』乃更援以程式，规者使平，阔者使约，宜密密，宜疏疏。择老成有干局者数辈董其事，于是権财召匠，揆日授工。经始于是年十月戊午，越明年三月己卯落成。为洞者高九尺五寸，纵一百三十五尺，横九尺。计工七千有奇，费凡八百余金。是役也，凡官斯土者，各捐俸有差，而邑人复乐输助其执役。董事人等劳勚有日，悉令书于左，以示劝云。

乾隆五十年（一七八五）三月。

重修学宫碑记 李长笏[②]

国朝文治之隆，远迈前代。方今圣天子崇儒重道，凡僻壤穷乡隶版图者，无不崇祀先师，修明庠序。矧三荣为蜀南巨邑，官司之所振兴，士民之所矜式，其不敢因陋就简，贻讥缺略也明

① 原注：娄县人，邑令。
② 原注：富顺人，举人。

矣。粤稽圣庙之建，明初在县治东。天顺间邑人龚汇奏请改建今地。康熙壬戌（一六八二），剪焉覆蹶，孝廉刘世璋集同志区画百端，始复旧制。乾隆癸酉（一七五三），邑宰黄大本捐俸鸠工，补残缺，理漫漶，黝垩丹漆，既丽且崇。戊子岁（一七六八），笏随叔茎肄业书院，肃瞻先师遗像，见殿宇爽垲，回廊纡折，泮林古柏，连甍接栋，每风晨月夕，与金碧之色相辉映于山青水绿间，使人肃然而生敬，距今二十有三载矣。重游于兹，望宫墙，则柏栽千株，郁然深秀矣；入戟门，则华阙洞开，玉题金铺，峥嵘延属矣；登广庭，则雕栾镂楶，连阁对横，云气图而珍灵集矣。阳台阴基，砥平焱临，足习步顿以升降矣。所谓清庙肃以微微，弥万祀而无衰者，体制不尤崇闳欤！

已而绅耆等征记于笏，询之，则同年学博冯廷赓，丁未（一七八七），秉铎斯邑，仰见栋宇微欹，朱漆剥落，蹶然谋所以新之。于是商诸邑宰张兆星，诹及绅士张应鹏、黄元中等，各欢欣踊跃，共襄盛举。后邑宰马履中、龚巽继之。用观厥成焉。是役也，经始于己酉（一七八九）夏五月，告竣于辛亥（一七九一）秋七月，共縻金钱二千余贯。其间之不避寒暑，不辞劳瘁者，则耆民邹正鹏及世璋之玄孙纯修，经纪大纲，厥功尤多。而官文广、程九皋，亦区画不遗琐屑。三载以来，时和年丰，民气安恬，殆亦有默相者矣。

笏观前代明圣，当干戈甫定，草莱初辟，靡不右文劝学，推崇师表，以为天下后世法，又况躬际隆平，沐浴膏泽，其竭诚敬而祀春秋者，当更何如乎？苟必俟邃宇穼颓始图兴复，则力劳而费愈巨。今官司之倡率如彼，士民之趋赴如此，此可见人情乐善之心大抵同然。而茂美易成之材，必有与教化相深者。抑闻己酉岁庙貌方新，是科蜚声蕊榜者三人。呜呼，天人相感之理不其然欤！笏故从绅民之请，毕书巅末以告夫凡为圣人之徒者。

乾隆五十六年（一七九一）孟秋月。

凤鸣书院重增膏火碑记

龚巽①

有地有资，有师有友，有程有考，而后可以言业。是故事农者必于田，事工者必于肆，事贾者必于市，迁其地，弗能为良也。凡艺皆然，学为甚。荣之凤鸣书院，旧为公署，自己丑年（一七六九）李公鏋始改建为士子肄业所，后黄公大本、张公成器、张公兆星任内各有增益。然总其成数，不过八十余金，不足供束脩膏火费，执经者亦寥寥无几，是仅有其地而资之不继。以致师友程考之法，咸略焉。

庚戌（一七九〇）秋，余莅止后，偶一过从，慨叹者久之，饬吏检旧籍，稽其田舍之息，较民业仅获十之五六。爰命老成民邹正鹏、刘纯修，协以书役，痛为厘剔。又修葺书院及县署前东西官地民租新置房若干间，增为院费。加以士民程九皋等乐输，每岁新旧所入，计得数百金。

夫移风易俗，肇端士习，党庠术序，古之教也。劝学兴贤，汲引后进，父师事也。兴利而举废，典守者专责也。嘉陵山川盘郁，素称人文渊薮，冶官更建藩。宋代衣冠文物，炳炳烺烺。于山，有六鳌五保、龙标虎榜之奇；于水，有蘘叶白杨、桂村梅香之秀。故汉晋以还，费氏之门第、王氏之家学、延之才识、子

① 原注：邑令。

昭之忠贞，史不绝书。

逮我本朝右文崇德，前辉后映，如玉受琢，如金在镕。又百五十年承乏斯邑者，自宜网罗俊乂，牖启来兹。仰副圣天子作人雅化，又况利不外求，功非旁借，以屡年膏腴美产，饱吏民之溪壑者，一旦还之朝廷，为一邑人文之实用，揆之始事，诸君子当有同心也。继自今教育善其师，督责备其官，观摩乐其群，衣食赡其费。劳在一日，泽及百年，使异日蚕丛之产得与邹鲁宿儒齐驱并驾，风尘吏与有荣施矣。于是商立良法，杜绝流弊，缕析条分，勒诸碑石。

乾隆五十八年（一七九三）仲秋月。

重修藏经阁序

佛书果可治世乎？儒者不必读。果不可治世乎？贤者未尽辟。余尝取而观之矣，其言虽难佶屈，而大旨期于惩忿窒欲①；其书虽浩繁，而大要归于利物济人。呜乎！使人人尽怀利济之心，而世已大治；使人人尽修惩窒之学，而世亦不必更治矣。

城西万寿寺，为守土者朝拜之所，殿后藏经阁创于国初，年久就圮。余视之缺如，命董事邹正鹏、刘纯修等倡募修补，陷者培倾者竖，剥落者丹漆。以甲寅（一七九四）年七月初六庀材，阅乙卯（一七九五）年三月蒇事。夫余读儒者书也，治荣以来，遇士子讲德行、论文艺于书院，买置铺田，赡其脩脯，增修舍宇，时其安居，余职也。藏经，余职乎？虽然，民之愚者不惧桁杨而惧冥罚，为民牧者，间尝以神道设教，亦可弥缝王法所不及。是知佛不必灭，即藏经阁亦不可听其朽也。或曰：『是寺经凡若干卷，必阁始可藏乎？』余曰：『经何拘阁藏也，阁亦何拘有经也？但使民之望阁者皆肃然起敬畏，检束身心，是亦儒家所不废者。若佛书教人于无文字处，领其旨要，必欲向有字句处分别佛语、菩萨语，亦大非圆通者矣。』既语或人言，仍书以贻首事，使刻石记岁月云。

新修来安、东汇两寨碑记

荣城滨两河，河夹于山南二峰，突烟霄而上，曰屏风，曰白塔。罗汉洞距郭半里许，岐嶒峭拔，四围石壁立，可通步武者仅十之一二，上约容十余万人，盖最峻而逼也。

岁在丙辰（一七九六），达州叛贼徐添德、王三槐等，勾结两楚、陕、豫盗，跳梁四出，流窜焚掠，五年于兹。屡奉大宪檄，村各设团，团各立寨，无事则出安耕凿，有事则入谋保拒。一方有警，诸路响应，仿佛古人寓兵于农，守望相助之遗制。奈地判险夷，人殊愚智，其绪未竟。庚申（一八〇〇）三月，贼夜由定远偷渡潼河，扰我盐亭、遂宁、安岳、乐至诸邑，附近民人荡析离居，童稚辎重委弃不顾者，络绎于道。我荣邑相去数百里，世家巨族，亦间有不走邑中而徙他郡者。询诸父老，佥云：『城虽新葺，孤立无援，终恐难恃。』余典守斯土，蒿目不忍视，又弗能禁也，戚戚于心，不遑假寐者数日。《赵奢传》曰：『先据北山上者胜，后至者败。』两峰者，荣之北山也。爰偕僚友绅耆解事龚庭肃、张廷桂等登其巅，俯仰四望，蚁垤冈陵，弹丸城郭，自官舍民廛、仓廪囹圄、街衢巷陌、田亩林墓，以及爨烟之疏密、地势之凹凸、妇子之作息、鸡犬之鸣吠，如视磨上蚁、掌

① 按：语出《周易·损》，云：『君子以惩忿窒欲。』

中螺，莫或遁隐。使为贼据，利害相去，不可以道里计。用是陟降荒废，壁断者续以雉，冈连者凿为池。又喜石质坚细，不烦攻错他山，可以代井渫之需，可以限戎马之足，可以为老稚妇女资财牛马宿牧之场，更于最高处建亭远望。设有不虞，入而拒守，炮砲远攻，矛矢近卫，鼎足之势既成，犄角之形斯固，与城中珠联璧合，呼吸相通，不啻手足之捍腹心头目也。贼即深入，殆鸟投罗中，鱼游釜底，何所逃命？继自今我民其亦可心安疑释，不赋行野矣。又况献俘执馘，而后四方宁谧，于此望灾祥，占云物，察禾黍之丰俭，考民力之勤怠，又司牧者之责也。

余今归矣，后来者倘于春秋佳日，借为汤沐邑，一觞一咏，盘辟于两峰之间，都人士女追随其后，提壶挈榼，歌咏太平。是今日与吾民同其忧者，异日又得与吾民同其乐，虽远隔数千里外，东望云山，为余浮一大白，不亦快哉！

嘉庆五年（一八〇〇）五月，是为新修东汇、来安两寨碑记。

以上俱龚巽所作。

建离明宫碑记 许源

余于嘉庆壬戌岁承乏兹邑。下车伊始，虔谒咸秩诸神，独火神无专祠，附武庙之东北隅，幽暗特甚，殊不足明祀事而仰神庥。惟神功昭调剂，象协文明而郁攸思防，回禄之祷，与元冥并著，不应亵。

视若此心，恒惴惴焉，而未得所以妥之也。旧俗，署中取用灯油，有官价，名色较民价稍减。邑之业油榨者，积有公项千余金，每年收息以供斯役盈绌之费。余以阖署日用所需，裁汰陋规，悉准市价，而何可独以此扰吾民也？用是商之绅耆行户为罢官油之役，以存项买南城地一区，建正殿五楹，翼以抱厅。殿中祀火神像，西祀川主，东祀张、葛二仙，油行素所崇奉者也。两厢建楼房二，殿前修乐楼一，庙外环缭以墙。计年余而竣事，砖埴木工若干，费其有不足，则士民乐助以成之。一时庙貌维新，正祀无缺。

董其事者，张耀明、孟美成、卢子曜、顾星景、徐锦富等，咸始终厥事，朝夕不闻告劳。余既欣神之得所安，而并喜邑士民之能襄是举也。爰识其端末如此。

嘉庆十二年（一八〇七）十一月。

改葺文庙碑记

莲宇据荣五山中，为金水资生地，而文庙在焉。自有明邑孝廉龚汇奏请改建以来，当事者不时补葺，制云备矣。

余壬戌（一八〇二）下车，敬谒之。循殿而前，为戟门、棂星门。又前为泮池，池外为屏，相去甚远。屏外为圣门坊，坊外凸出为复墙，绵延数十丈。东西建礼门、义路二门，荆棘丛杂，蔽锢不通。且两翼又为民房所扼，故于泮池内地另辟门出入。余既相其形势之隔越，前后广狭之不均，未尝不叹其制虽备而未善也。

夫崇兴学校，有司所有事，前人为之未善，而后人复因之旷职多矣。善乎，龚孝廉之言曰：『师生欲为而难能，有司当为而不顾。』其言良不为过耳。余欲有以更之。岁丙寅（一八〇六），捐资为倡，邑人士争来襄事，计得金三千有奇。恭绘圣像，暨四配、十哲诸像。新大成殿、戟门及棂星门。浚泮池，移圣门坊于泮池前旁，建德配天地二坊。购西偏李姓基址，移礼门、义路二门于圣门坊前，左右障以云龙石屏，作宫墙势。隔越者联属之，从杂者剔除之，广狭不均者整齐之。堂然皇然，如翼如跂，于是百余年未尽善之制，一旦焕然改观矣。

是役也，余敢自云尽职而亦窃有幸焉者三：荣为古名郡，硕儒英彦代有其人，如宋之王氏父子昆季文章行谊炳蔚一门；前明以节义著者，则有胡仲常侍郎、简季麟太守诸人，类皆循循名教，敦崇圣学。继自今邑人士入庙思敬，砺廉隅修，实行上追乡先达之遗风，毋斤斤于涉猎科名以萦青纡为荣幸也，其庶不负斯役之意也欤！役竣，因其余资，建试院。董事贡生张廷桂、邱思诠，生员龚廷肃，彭一元，吴兆元，监生吴汉祺、朱于瑄、张正瑗。例得备书。

嘉庆十三年（一八〇八）二月。

民国《志》按：屏书『万仞宫墙』，字大六七尺，极飞劲，王培荀《听雨楼记》：『王汝骧书。』

重建此君轩记

一日不可无，试问主人安在？此中何所有，惟余明月长来。浣薇赓鲁直之诗，曳屐溯元公之迹，摹旧题于古碣。鸿印虽存，仰芳躅于高人。凤鸣已杳，荒苔满径。瓦片飘零，斜阳半墙。篁阴消瘦，每关心问讯，益览古以低徊。

余也家本潇湘，才惭丁卯。一行作吏，未能栽潘县之花；三弄临风，敢谓识柯亭之竹。惟是琅琅漱玉，窃比虚心；矗矗干霄，堪师直节。况乃名贤寄迹，胜景堪追。岂可令烟草荒凉，风泉凄冷。窜鼪鼯而长啸，秘鸾凤以无声也乎。爰集同人，共襄斯举。轩成十笏，预排玉笋之班；门封千竿，恍入篔筜之谷。为此君重开生面，平安之信依然；向古人频爇心香，风雅之林斯在。

嘉庆十三年（一八〇八）四月。

新建考棚碑记

人生未历之境，处之安与不安者，恒不一而足。苟无所感触于当前，要未能一一曲筹之而先事经营也。余束发应童子试，邑故为楚南巨区，诸营建较他邑特备。汇试处制虽减于学政试院，而宏敞有过之无不及也。应试者约二三千数，鱼鱼雅雅，群然无燥湿之虞。余亦滥竽其间，觉处之宽适如窗下，以为汇试处盖尽如是也。稍长，举于乡，率恣游燕赵秦豫间，则已有不尽如是者。

岁乙卯（一七九五），捧檄来川，历代庖汉州、仁寿、三台、内江等邑，偶值科岁试，或扃之于官衙，或集之于萧寺，类皆露处其中，炎蒸风雨，各听其时之适值而已。忆曩日所谓宽适如窗下而身受之者，斯境胡可一朝居？心怦怦焉而未能即有以处之也。

壬戌（一八〇二），授兹邑，试士则于城北万寿寺，其露处与向所庖诸邑等，心益怦怦焉。虽未能即有以处之，而不得不急谋有以处之也。会补修文庙及文昌宫，工竣，计存余资若干，因仰圣人之余，资以为覆庇圣人之徒之用，俾士子身处之而欣然尽一日长焉。是则余试士来区区之心也。夫棚在文昌宫侧，左右凡九间，官厅三间，龙门坊一座，坐号一千二百有奇。董其事例书名者，贡生张廷桂、邱思诠，生员龚廷肃、彭一元、吴兆元，监生吴汉祺、朱于瑄、张正瑗也。

嘉庆十三年（一八〇八）八月。

民国《志》按：此文与龚巽《两寨记》，当时甚有名。今考棚无可纪，取备故事存之。

修演武厅记

国家以文武取士，其进身之阶，则自县始。顾人才之甄拔与夫士气之振兴，尤不能不重资乎其地焉。

余莅荣，初试士于邑之万寿寺，编竹为棚，上雨旁风，诸童苦之。丁卯（一八〇七）秋，为创建考棚于文昌宫侧，而演武之地未遑兼营也。考棚工竣，会武生赖仪宾等以邑民刘姓侵占校场事上，传质不诬，勘令退复如初。即于其中构演武厅一座，竖照壁，修马道，南至柳沟桥，北至迎恩门，东到刘姓地，界以石，西至河。沿河一带坍塌处，作石堤，高一丈，长四十余丈，以固之。其规模壮阔，殆与考棚争胜矣。

自是校阅骑射诸生，追逐往来，莫不呈能献技以殚厥长焉。夫国家重文事，兼资武备，《驺虞》《狸首》，休哉盛世之风也，诸生勉乎哉！地灵人杰之言，将于是乎在。董事张廷桂、邱思诠、龚廷肃、彭一元、吴兆元、朱于瑄、张正瑗、吴汉祺，并书于后。

嘉庆十三年（一八〇八）十月。

修舞龙寺记

祀典曰：山川邱陵，能出云为雨，有功及物曰神。诸侯在其地，则祭之。

邑东荣梨山舞龙寺，宋故封灵应侯庙也。寺左右有池，为龙池。右池下有洞，教谕杨仲醇题曰嘘阴。太守皇甫公于洞门建以亭，亭畔有进士鲁清碑记。既而亭圮，碑亦废，邑令黄大本复为建亭，重刊鲁清文，立石间。尝考其碑记，知神之灵应历不爽云。

嘉庆壬戌（一八〇二），余宰斯土。乙丑（一八〇五），奉檄北行。比归，邑大旱，祷于神，旋得雨。戊辰（一八〇八），旱愈甚，因思前之肸蠁①如答，复往祷焉，而又恐其或应或不应也，用是斋心涤虑，默祝加虔，并仿董仲舒推阴阳启闭之法，命工掘洞口淤塞，以通山泽之气。不崇朝，大雨如注，禾稼尽起。其能出云降雨之功，为何如乎？

夫神之显应若此，不为之新祠宇、崇庙貌，何以仰答神庥？爰商之邑士张廷桂等，醵金襄事。正殿、后殿加以补葺，拜庭一，抱厅二，池与洞环以石栏，山门围墙增高扩大，悉倍诸前。呜呼！庶几可报神功矣。虽然，惟神聪明正直，福佑生民，岂在区区黝垩丹漆为哉！第余膺民牧，不能感召甘和霖雨，苍生徒数数请命于神，实滋愿矣。是役也，既以借答神功，而又志余自责之意云尔。

嘉庆十三年（一八〇八）十月。

补修先农坛记

王文长云：『食为民天，农为政本。』苟无农，何有食？苟无食，何有民？是以粒我蒸民，神之德克配彼天焉。

余守荣，奉彝章，修祀事，诣坛，坛荒落弗称。仰视庙，壁

---

① 按：此处为弥漫之意，语出左思《吴都赋》：『光色炫晃，芬馥肸蠁。』

破阶颓，而两旁败屋，俱不堪为托足地。呜呼！此神受飨所也，而顾令若是，其若报本何？为督修各祠宇首人鼎新之。坛遵《会典》遗制，庙三楹，中藏神主，左右为旁屋，覆以瓦，砌以砖，涂泽以粉，周缭以墙，前竖以照壁。稍称余报本意。落成后，余为记勒石。

嘉庆十四年（一八〇九）二月。

重修古镇南塔记

考《翻译名义集》，塔，西国浮图也，梵音窣堵坡，似与儒家无涉。然多假以培文风，于义何取？盖自唐韦肇及第，偶题名慈恩雁塔，凡进士登第者，遂为故事，后人习俗相沿，更有文笔峰之目，亦往往辄应。

荣邑镇南塔建自明时，据城南龙头山之巅，滨河，其左为千佛，凤栖，右为真如，大佛诸山。山皆蜿蜒起伏，独兹山平旷夷衍。其气散而弗凝，是在有以镇之，斯塔之所由始也。岁久就颓，邑人士谓余曰：『前明建塔以来，邑科名无少替，今忽中落，其塔弗殖故乎。侯盍新之，为我邑人文光？』

余固不惑于形家言，然不忍古迹之就湮也。爰鸠工补葺，顿还旧观，高十丈有奇，级凡十三，嶙峋天半，出没云烟。每当檐铎齐鸣，风轮四转，矗矗然发凌空驾远之想。他日都人士拔地干霄，云蒸霞蔚，如韦肇题名故事，蝉联不绝书，则虽狃于习俗之说，谓斯塔为文笔之一助，是亦余之所厚望也夫。

嘉庆十四年（一八〇九）八月。

重建望景楼记

凤栖山距城西里许，崒嵂嵚奇，孤秀特出，为附郭诸山之冠。绝顶处旧有危楼，登之，一邑之景萃焉。前人颜曰『望景』，创始年久，无可考矣。

余莅任后，披志乘而识其名。询之，则废址仅存，片瓦尺椽无有也，为心焉慨之。岁戊辰（一八〇八），民和年丰，邑中废坠者咸以次举，因重建斯楼。凡三层，层各二丈许，广阔倍之。公余之暇，偕邑人士登而望焉。俯视城郭如画，堞雉随冈峦为起伏，五山峙其中，双溪环其外，蚕市桑田，纵横绣错。东对啸台大佛，又东为荣梨，仿佛有神龙气；其西则荣隐，怪石方耸若印然；南接龙头，镇南古塔在焉；北睇金城天外，三峰壁立；东北极荣德，石室洞开，与荣梨相激射，烟云缥缈，竹树玲珑，瞬息幻千万状。信乎，登览绝胜而望景之名不虚也。

夫荣，古夜郎地，迁客骚人往来不一而足。余之登斯楼也，一时之景如此，四时之景可知。后之过而登、登而望者，览物之情，悲喜各异。余岂独异夫人情？若夫不为物喜，不以己悲，如古人之先忧后乐，是又余之所重望于人，而不敢自许者也。

是役始于戊辰（一八〇八）冬月，成于己巳（一八〇九）仲冬月。适吕仙奉诏列入祀典，而邑旧无祠，余以吕仙云游天下三岛十洲，靡所不至，其或览斯山之胜而凌虚啸傲也。亦宜因奉其像于楼之首层，颜山门曰『纯阳阁』，而楼名仍其旧。计费金千七百有奇。董事则张廷桂、王凤鸣、郝干城、唐绍荣、曹舜濬、黄玉烛也。

嘉庆十四年（一八〇九）十一月。

重建湖广馆记

余，楚人也，官于蜀，三湘七泽之间，梦寐依之，枌云梓雨，盖无一日去诸怀也。荣介叙、嘉之交，我楚之贸迁往来者较众，旧有会馆一区，在城东南隅。创自雍正间前尹江夏刘公宗贤。乾隆中，武陵曾公承谟来宰是邑，迁今地，工未竣也。

余于嘉庆七年（一八〇二）承乏兹土。公余，率乡人往谒之，则空殿数楹，香烟冷落，阶前荆蔓丛生，其不至为鸟鼠之窟也几希矣。八年（一八〇三）春，谋有以修之，爰捐俸为倡，乡人各欣然。不移时，得数千金。乃遴乡之老成者董其事，经营规画，历数寒暑而馆成。中为殿，前为抱厅，廓如也；左右为屋，为廊，为钟鼓楼；又前为乐楼，为门，为坊，鳞如也。中祀禹王暨关圣镇江王，森如也。殿后置空基，留为花圃地。虽添设有待而全，馆规模具矣。

是役也，计费金六千者有奇。落成日，进乡之父老子弟而告之曰：『「维桑与梓，必恭敬止」，余来蜀有日矣，回忆潇湘云梦间，岁时伏腊，未尝不感慨系之。今日者，得与诸父老联乡谊，话乡情。虽非吾楚土乎，曷不可作吾楚观也？余也宦辙靡常，安能长居于此？他日，诸父老率其子弟，敦孝友，力农桑，暇则聚首一堂，雍雍然，联故旧之欢，曰：「斯馆也，是某某之所成，以聚吾乡人者。」岂非余之厚幸哉！』

嘉庆十五年（一八一〇）八月。

以上俱许源所作。

陈公生祠记　张容

昔召公布政，憩息甘棠，后人思其德，并其树而爱之，泽何深也。他如狄梁公，前后为宁、魏二州刺史，民爱仰之，咸立生祠以祀。贾敦颐兄弟相继守洛州，百姓勒棠棣碑志慕，可知至德感人，众心仰戴，千载而下，俱有同心。

吾邑侯陈公，甲戌（一六九四）牧荣。甫下车，见荒残山邑，实心经理，不数月而规模宏远。预知其德施我荣者，必周以至。继迹①其宣条约，劝农桑，立文学，课士艺，不惮劳也；捐建泮宫，修理庙宇、桥路，不吝橐也；柔商贾，严贼盗，恤运夫，至廉且能也；禁私派，缓催科，核减灶税，请蠲盐引以及步祷甘霖，矜慎听讼，谕民报恳，至公而至仁也。恩施八载，浃洽人心，所谓民之父母、士之师，公其兼之矣！

今征军将就，人咸感德怀恩，情不自禁。始谋借寇，知其不可骤得，转拟攀辕，恐未必我留，缠绵笃挚之思群焉。戚而不忍舍，爰建生祠，敬祀长生禄位，俾垂久远，得常就瞻仰而奉祀之。

筮吉于冬月二十九日肇工，维时邑民欢然鼓舞，不啻子来趋事。未阅月而功告成。于以见荣人德公之深，戴公之至。借祠以示不忘，亦与召公甘棠、梁公贾公祠祀，碑铭共传不朽也云尔！

公名士猷，号梅亭，广东潮州揭阳戊午（一六七八）科举人，任荣县知县。

桂林书院碑记　宫鉴桂②

桂林书院，以其地名之也。予初兴文学，买得城内桂林山房屋田土，修成书院，喜其地名有合于文学之事，因即以『桂林』为名。

① 按：据文意，此处疑有脱字。
② 原注：海陵人，邑令。

荣邑既有凤鸣书院，又何用桂林为者？读书者众，一书院固难尽收，且彼专为成人选造之所，而此则虽小子亦可来学，盖经馆之属，义学之类，书院之副也。山不甚高而地势崇隆，书院建其麓，自门而入，以渐而升；屋虽不多，而内外讲堂、两廊学舍宽敞宏大，足为数十人肄业之区。且其地处幽静，无舆马之喧，无嚣尘之扰。虽曰城市，无异山林，诚读书之善地也。予尝登其堂而望之，田庐绣错，烟树苍茫。城以内，天庆、凤鸣诸山连绵叠起；城以外，东有龙头，西有凤栖。峰峦环抱，竞秀争奇。予固不知其风水何如，而景象万千，豁人心目。多士于诵读之余，徘徊瞻眺，其会心不远者，吾知其于圣道且将有悟焉矣，岂惟文思渐进而已哉？

斯院创建于甲戌（一八一四）夏五月，鸠工庀材，董事者不负委任。迨予北上归，则规模已具，乃为筹其经费，延师训课，考取生童，酌予膏火并给奖赏。上科即中式生员吴容，后日之人才蔚起，尚可量哉？今春，乃复补修，而予又因公交卸，差旋始能卒事，乃并勒诸石焉。

嘉庆二十二年（一八一七）。

修城记 王培荀

道光辛丑（一八四一）冬，余承乏来荣，到任之始，周视城垣，规模宏阔，惟北门颓敝。问故，云前任马公修补时，方向不宜，因循未整。西门较完，亦有损坏，不修，将与北门等。退而考诸邑乘，虽屡有修葺，而从未有记。夫平时若不急之务，而因仍不举，后日必有为之悔者。况城为仓库、监狱所托，数万生灵所系，此绸缪未雨所迫，不遑待也。往者逆匪之变，所至蹂躏，庙堂为之旰食，闾里纷然，惟高城深池，得以保聚无恐。荣之所以无患，未必非前任诸公修葺之力，有以折其萌也。幸而皇威耆定，父老享太平之日久矣。河堤千里，蚁穴必防；太行万仞，跛羊可登。古人慎其微亦惧其渐。余欲终马公前功，非徒为观美之具也。

壬寅（一八四二），延绅耆聚谋，佥谓俟秋后募金。钱所费，尚不甚奢。适海疆有事，劝谕捐输几及万金，势不可重烦吾民，决意捐廉自修。请于上宪，允如所议，及时修补。未几，霖雨连绵，桂林山畔崩塌二十四丈八尺，又崩塌十丈九尺。功未及举，膨裂者更十丈余矣。计费，视前更巨。值秋闱调帘，暂辍其役，旋任后，勉力从事。念城之坏，由堤不固，乃修东门外护城堤五十四丈，西门外护城石坎丈余。撤北门楼新之，西门亦加补葺以次，而垣墉屹屹矣。

考前任马募绅士农商银几五千两，自二月至六月而功竣。财饶，事易集也。余兹捐修，为功少而历时久，殊愧才短，惟思各上宪念切民依，恒以城之完固与否殷殷是图，自惭无以报称。既得蒇事，如完夙负，与吾民永享无事之福，沐皇仁于无已，岂不休哉！

凝翠楼记

城中少山，山上祠宇参差，竹树茂密，纬以平畴绿野，此境为难。署中少园，园中多水、多竹、多亭馆花木，此境为难。两境兼之又难，而吾以一楼专之。

荣署西偏，地势凹下，为园三四亩。自听雨楼之南，石磴逶迤，红栏曲折，过停云馆下，至会心不远斋，由斋过石桥而北，为镜香亭。四面皆水，夏日荷花大放，销暑最宜。园以竹为藩篱，杂植芙蓉、紫薇、木瓜、绛桃，掩映亭畔，以时代谢，而芭蕉、杨柳、皂荚，垂青拥绿，以补其缺。此前人培植之力，而予坐享其逸也。第一园之景，一目可了。北有知稼亭，地基颇高，可望园外，而亭小地僻，不耐久坐，亦一憾也。今秋内宅西偏一室忽圮，乃就悬崖为楼，敞其前后，与知稼亭相对，小桥联之而围以墙。公余静坐楼中，俯视园内，池光如镜，花木蔚如。外见平野旷杳，城内外山耸峙蜿蜒，翠扑几席，遂名之曰『凝翠』。

夫好游览而登陟为劳，爱池亭而修筑非易。兹丈余斗室，极旷如奥如之胜，是前人所未及而予之所独得也。乃作记刻石。

道光乙巳（一八四五）季秋时，般阳王培荀记。

民国《志》按：有碑嵌镜香亭，雪峤大令自书，有孙过庭法。后马佩玖官荣，亦学吴郡书。然逊雪峤深雅矣。

以上俱王培荀所作。

改修文庙碑记　廖朝翼

邑城凡五山，莲宇介清富、凤鸣两山间。峦头端秀，背冈面水，诚冲和蕴藉神明之奥区也。前明天顺八年，邑孝廉龚文渊汇请改建学宫于山麓。百余年间，邑中领解者五六人，捷两榜者亦济济多士。休哉！诚一时之盛哉。

国朝康熙二十一年（一六八二）六月忽圮，时邑孝廉刘公世璋率众营缮，三载而庙成。又十余载，两庑始备。自时厥后，邑侯黄公大本、龚公巽、许公源先后培修，盖亦有以崇祀典而肃观瞻矣。迄今道光十七年（一八三七），诸多损坏。邑绅士劝捐为增新计，而形家谓癸山丁向，不如改作子午为尤吉。仰瞻圣像，亦若子午为较正焉。夫形家谈数，固吾儒所不深求。然尊圣像以辨方位，则亦君子大居正理之可信者也。遂于是年冬改建崇圣祠、棂星门、奎星阁。越十九年，接移大成殿、大成门、东西两庑，渐及宫墙、泮池、甬道。木石土工并作，金漆丹碧兼施，至十二月而工竣，共费五千余金。

由是宫廷肃穆，廊庑秩翼，崇阶峻陛，既法度之谨严，刻桷丹楹，复文章之炳焕，宫墙数仞，聚秀藏英，泮水一池，扬波耀日。局势则宏敞也，体制则正大也。堂哉皇哉，气象为一新矣。今而后游圣人之门者，思圣人之德，体圣人之教，效圣人之学，将山水益为发祥，人文于焉日盛，处为醇儒，出为名宦，岂特科甲蝉联已哉！

道光二十年（一八四〇）二月。

重修福星桥记

世之富者，往往修建寺观，揆其意，特媚神以邀福，非尽出于好义也。夫利，莫大于济人；善，莫乐于忘己。威远颜厚庵家素饶，在本邑义举甚夥，而尤切于济人。在富顺盐厂拯困扶危，一系桑梓，一系经商之地，犹属人情所难已。

荣邑汪家滩，非其足迹所经，闻人言往来者多病涉，辄于上游建福星桥，又于马河桥设义渡，近荣城望塔岩又建二美桥。由望塔岩分东南，修石路数十里，荡荡平平，行旅称便。

自庚子（一八四〇）暨乙巳（一八四五），福星桥修葺凡三次，费在万金以上，毫无畛域之见。非乐善不倦者，能如是乎？余向在京师，见有蔡姓矜孤恤寡，养老怜贫及义学等事，措置极有条理，窃以为斯人不可多得。今厚庵所为，岂出其下耶！第彼事已上达天听，而厚庵则不欲借此以邀名。荣之人终不欲没其善谋，寿之贞珉，余故乐为之记。厚庵名昌英，卫守备衔。

道光二十五年（一八四五）。

以上俱廖朝翼所作。

培修明伦堂记　刘德煜①

事有相连而及、相因而举者，理势之当然，亦人心所共快。如荣邑培修圣庙及于学署是已。

方余承乏于斯也，明伦堂规模宏大，而瓦桷损坏，卧碑模糊，东西斋复有岌岌欲倾状。喟然曰：『明伦堂为学校重地，卧碑功令所关，东西斋亦肄业所，任其颓废不振，可乎？』召斋长谋之，乃知前任李太西先生已有此议，以读礼去不果。

盖培修圣庙，余资可集。此事既卜之吉，若瓦若木若石，以次庀材。于明伦堂之坏者易之，阙者补之，状其观也。于卧碑刮磨之、新镌之，使诸生易读也。周围墙覆以瓦垩以灰，欲其坚而久也。且于堂后改创大厦，司铎者幸得所寝处也。然于东西斋及大门甬道，犹未及举。余乃捐俸为之。不足，继以劝募，而事乃集。

是役也，始于道光十九年（一八三九），至今年五月次第落成。非得圣庙余资不至此，非绅士踊跃好义亦不至此。相连而及，相因而举，倘所谓理势之当然，人心之共快者非耶。然犹有望于诸生者，敦实行，崇正学，经明行修，有体有用，于以仰副我朝作育人材之至意，岂不懿哉？是为序。

道光二十年（一八四〇）六月。

修雨棚记　彭鸣盛②

且事有缓则置之，急则需之。需之至急而不得，未尝不叹先事绸缪之为功甚巨，好行其德之难其人也。

吾荣自汇泉许侯修建考棚，应童子试者已得坐次之安。自雪峤王公莅任，嘉惠士林，益宏教泽。当县试时，振衣升冈者莫不跃跃欲试。顾雨雪无常，多士方将鱼贯入而鹄立庭下者，或不免濡首沾衣之虑，此亦贤有司所太息而无可如何者也。邑绅岐山刘君名廷选，恻然动念，自捐钱四百余缗，于龙门外甃砖石，饬胶油，鸠工庀材，建立雨棚八楹，楹各深二丈八尺，广各丈三尺。按牌序立，可容千余人。纵值雪严雨甚，皆可恃而无恐。咫尺龙门，从容徐入，意气既舒，藻思自畅。则刘君帡幪多士之惠，不与邑侯作人之泽阴为赞助欤？

工既成，刘君抑然自下，不欲纪其事与名，同人以为不施不伐，诚刘君盛德也。而吾人乐善之心，遂听其湮没不彰乎？爰刊诸石，以志不朽云。

道光二十四年（一八四四）秋七月上浣立。

重修讲教洞记　曾省三

荣邑北关外二里许，双溪夹流，上有石阁，即讲教洞，为宋王庠、王序读书处。石壁残碑半段，笔意类坡公。乾隆中叶，乡人塑川主、牛王、大士像杂其中。岁时祭奠，浸不知所以讲教名洞之义，而文人墨客亦罕有过而凭吊焉者。徒使名贤古迹，芜没

① 原注：南充人，邑教谕。
② 原注：邑岁贡。

于荒烟蔓草、去马来牛中，甚可叹也。

岁丙寅（一八六六），京江国子达邑侯适宰是邦，百废具举。暇日，偕司铎鲁卿苏君，徘徊斯洞，恻然久之。邑绅詹君长坡，谓宜迁各像别所，补莳竹树，以成雅观。吾师东崖先生亦主此议。县尉谈君蕙生捐钱百缗，张玉轩司马、龚哲臣孝廉董其事。既成，属省记之。

按邑志，张商英为《王潜夫表》，云：『潜夫以非罪免官，卒于里。夫人向氏停柩在堂，执二子手，泣曰：「汝曹不能有所成，以白父冤、复父官，誓不葬此柩也。」于是贞静专秘，择名师教授二子。庠就试八行全备，为天下第一。谓弟序曰：「吾弗隐，谁奉吾母；汝弗仕，谁光前志？」诏旌庠为廉逊处士。序以异材，官徽猷阁学士，赠潜夫奉直大夫。二子泣请于母，曰：「今复父官有加矣，可葬乎？」夫人诺之。未几，亦卒。遂祔葬。』

夫向氏，真能教子，庠、序真能克家，洞之传也宜也。人谁无子，亦谁不望子之显荣。顾以慈爱之心，隐忍骄纵，如树木然，听其自倾自折，自荣自枯，而扶持培养之力，罕有闻焉。子弟虽美质，何由作其气而督其往也！使向氏当日鉴潜夫之得罪，谓书不必读，又或谓家贫不能具脩脯，虽读，但期识字而已，何必择师？再不然，朝暮护养，不绝王氏后，亦必无议其非者。顾乃专一迫切，如越王勾践之卧薪尝胆，如楚人之破釜沉舟，期于事之必济。使千载下，叹想母仪于颜、仉、陶、欧外，别深向往，故观于向氏，而天下之为人母者，可以劝矣。

庠能为孝子，序能为忠臣。所以讲教，诚不外此。顾庠、序就学时，一年十六，一年十四耳。讲焉而不知，教焉而不从，此为之母，为之师者，所无可如何也。而乃循途践迹，日迈月征，成就卓卓如是。观于庠、序，而天下之为人子者可以劝矣。今者升平如旧，胜迹更新，游斯洞者，听溪声之清绝，览山色之苍然，慨念前徽，咸思学步，其可忘贤士大夫表彰文献之功欤？

骡岭寺记

荣邑东南一带，虽冈峦起伏，而平衍散缓，无挺然特出之概。兹山自荣梨蜿蜒而来，摩云耸汉，俯看一切，如指掌上纹。四面石壁峭削，攀跻殊难。然自遥而望，又觉藏蕴深秀，不可名状。

居此山麓者，如侯公昆仲暨杨君调元；而课徒山寺，则谢君聘、蓝君瑾章，皆名孝廉。自甲寅岁（一八五四）与诸友风雨磨砺，尝留连不忍去。噫！以山之灵杰，岂有所借于人？而是山以诸君寄榻之故，弥觉增重，抑所谓人力更胜欤？

顾自诸人以前，其有托于兹山者，率泯灭无稽，则夫沧桑递变，诸人之称不称，未可知也，而是山犹岿然独存，则人固弗能与山争胜矣。呜呼！山安可不传！

咸丰六年（一八五六）丙辰秋九月。

重捐白鹭洲书院膏火记

吉安之有白鹭洲，犹南康之有白鹿洞也。其名胜同，建书院同，请于朝立山长同，宋理宗赐御额御书同，故江西书院以二者名于天下。

庚申（一八六〇）冬，余初莅南康。清复洞租，选生徒肄业其中，公余亲为讲学，适以风鹤频警，驰驱锋镝，未竟所志。壬戍（一八六二）秋，移守吉郡。始至，求所谓白鹭洲者，则荆棘荒芜，与白鹿洞略同，礼教荡轶，儒术阔疏，上慢下弛，非旦夕故，乃与邦人士谋兴复之。佥以干戈之后，物力维艰，请缓图其栋宇，先备其资脯。廷评王君鹤书力为筹画，学使赞善何公按临吉，遂董成之。于是庐陵刘明德、堂职员王学植各捐钱二千缗，职员李之敏捐钱一千五百缗，生员王大鳌捐钱二千缗，泰和监生萧星垣捐钱二千缗，职员孙子恭捐钱一千五百缗，安福职员刘嗣恢捐钱二千缗，龙泉生员黄树德、张葆元、黄云章各捐钱一千二百缗，又庐陵黄莘农中丞归还泰和职员孙明银一千两，泰和生员孙焕衡捐钱二千缗，又前府移交制钱七百余缗，南关店业二所，每年租钱六十余缗，庐陵刘小亭观察捐吉水田租两次，共二千二百余石，职员王其灏捐峡江田租三百余石，发交庐陵廪生王植三、吉水职员徐一舫、泰和廷评王鹤书等经理，置业收租。山长之束脩，生童之膏火，胥徒之卷资既廪，咸取给焉。于是洋洋乎，浩浩乎，弦歌之声复作于锋燧之后矣。

古者乡有序，党有庠，家有塾，不待督课而人自为学。何则？家给人足，无所待于外也。自井田之法废，而富者连阡陌，贫者无立锥土，或断齑画粥，不能自存，则哀多益寡之义有出于不容已者。吉州宋有贡士庄以资寒畯，知军江公万里复创白鹭洲书院，置田租。嗣是屡加缮完。国朝徐亨时、王铭琮、卢崧、吕士淑、郑祖琛诸太守后先提倡，饩膳弥隆。自咸丰六七年来，递经兵燹，莅斯土者有志兴复，每苦于无所凭借，兹何幸一倡而众举，竟克恢前业也。吉，故二程夫子宦游之地，又王文成过化之区，其乡先生理学勋业尤不可胜计，士之立身行道，必蕲至于古人乃为不负所学。生是邦者，缅曩贤之徽烈，景先辈之仪型，日就月将，枕经葄史，而要归于躬行实践，由罗、邹以溯程、王，由汉唐诸儒以溯周、孔，其本在正心修身，其功至于治国、平天下，皆儒者所有事也。

『伐柯伐柯，其则不远。』人之过是邦者，犹兴顽廉懦立之思，矧居同里闬者乎？诸生勉乎哉！若夫攻举业，营禄仕，而不修行检，世俗所夸，犹非余所厚望者已。

同治三年（一八六四）甲子二月，前吉安守蜀南曾省三记。

（据《白鹭洲书院志》补）

兴复书院经费告示

同治二年（一八六三）十月

为晓谕遵行事。

照得吉郡书院膏火经费，因近年军务，荡废无存。士子稽古学道，多苦贫乏，不能专心一志，经术荒疏，礼教放失，良多忧恻。本府自去秋下车后，细查旧管卷内，仅存江苏候补道刘锡绶所捐入书院田租一千二百余石，童生王其灏捐入书院田租三百余石，除完钱粮暨一切费用外，约剩钱三百余串。又南关聚泰布店一所，计每年租钱六十余串；又发店生息钱七百串，按月一分生息，计每年收息钱七十串，约计租谷、店租、息钱不过四百余串，考课甚不敷用。本年又据江苏候补道刘锡绶捐租谷一千五百石，除将五百石发归庐陵石阳书院外，通计吉郡书院每年租谷二千五百石有奇。又据生员刘芳桂、王汝明、王大鳌、李应奎、刘世开、孙志钟、萧拱辰、黄树德、张葆元、黄云章等十人，共捐入书院钱一万六千六百串。又据泰和生员孙汲捐入书院钱二千串。除将捐存之项发交庐绅王植三、吉绅徐一舫、丰绅刘肇光、泰绅王鹤书等具领发店生息，一面买店置业并禀明学、抚、藩三宪立案垂久外，所有每年考课章程，应即一体知照，合行晓谕。为此，示仰吉郡书院肄业生童遵照毋违。特示。

计开条款：

一、每年定取生员正课二十四名，每名膏火二十四串。

一、每年定取生员副课二十四名，每名膏火十六串。

一、每年定取童生正课十六名，每名膏火二十四串。

一、每年定取童生副课十六名，每名膏火一十六串。

一、每年广取生童附课四十名，每名膏火八串。不在书院肄业者不给。

一、每年定于十一月内，甄别次年书院肄业生童。

一、每月官课一次，师课二次。如生童有连考三次前五名者，副升为正，附升为副；有连考三次后五名者，正降为副，副降为附。有录旧雷同者扣课，旷课两次未经告假者扣课，有放荡不遵礼法教条者除名。

一、每年聘请山长薪脯脩金共钱四百串，镇关二十元，舆费、节礼共二十元。又厨房器具及随丁费共钱十八串。谨按旧章，府县二宪另具节礼，或银或钱，由署酌送。

一、每年择立斋长四名，管理租钱，每名给钱十串。

一、每年礼房辛工饭食及起馆鼓吹、香烛等费，给钱二十串，卷资二十串。

一、院斗一名，给钱一十六串。

一、师课花红每年一百四十串。官课由官给发。

一、每年甄别书院生童原卷存署，以便随时较对字迹，以防假替。如有假替者，扣课。

原案：条款与曩时各府宪定章大略相同，惟附课向无定额，亦并无膏火。从前课期以三月起，十月止。每月初三日府宪官课，十三日庐陵县官课，二十三日山长师课，其升降合三课计扣。同治四年（一八六五），定太尊莅任，因诸生童二月未能到齐，及至十月以后纷纷告假回籍，于是复仍旧例，自三月初启馆开课，至十月止，实共课八个月，而以膏火赢余，酌广生童课额共二十名。又历查鹭院地近府城，向由庐陵首县匡理诸事，比因军务不暇兼及，至同治八年，庐邑侯彭复循十三日官课之旧，而考校益周。至于裁汰斋长，因同治三年冬黄大尊提书院钱文作丰乐官典资本，斋长告退，故改用监院也。

（据《白鹭洲书院志》补）

以上俱曾省三所作。

修寨始末记　曹俊亮

承平日久，祸乱将兴。惟远见者知之明，亦防之预。

咸丰壬子（一八五二），俊留京师阅邸报，不数月，发逆连陷数省，吾蜀毗连楚、豫，恐不免池鱼之殃，因函致家。甘泉学博，倡修附近大才寺寨，甫鸠工命匠，而邑中天乙、牛峰诸寨因之，次第以举，即邻封数百里，亦莫不闻风兴起，争先踊跃，为保障计。无何，庸庸者造作浮言，守土者又虑民皆迁寨，城谁与守？上下各怀疑忌，盖几几乎欲避祸，而祸反更速焉。加以董事者经理或未得人，甲寅（一八五四），吾邑果首撄构讼之凶，以致全省哄传，皆为之停工观望。

先因春三月，俊消癸丑（一八五三）措赀假，仍将刑部供职，赴都由省，至是羁延九阅月未去。虽一误资俸，再误改选，弗暇计。时西沤李司成奉命督办川省团练，亦相与议曰：『是役也，关系生灵，休戚匪轻。如事不济，荣无论矣，蜀亦危乎殆哉。』幸制府裕、黄两公，卓识在胸，钧衡独断，先后竟饬令发还军械，仍前修筑完案。盖人心之惶惑无定，民力之拮据弗遑者，已阅二年于兹矣。由是再作补牢之计，倾者培之，缺者完之，屋宇蓬庐以庇身也，粮储井灶以赡生也。

己未（一八五九）冬，滇匪由叙倡乱，而吾荣合邑之寨适成。庚申正①，贼犯贡厂，远近贫富居民，先已移避入寨，贼无所掠，即窜井研。计自己未迄癸亥，肃清中间，贼虽络绎往来，而统核吾荣，究未常有所损于大局。懿乎铄哉！非寨之功，何遽及此？向使举事弗先，先事弗果，将临时仓皇无措，草木皆兵，吾恐沧海桑田，当不可以意计，欲求如此日之闾井依然，室家无恙也，得乎？

今者大讼平矣，大难定矣，吾侪已出水火而登衽席矣。然则三荣亿万家父子、兄弟、夫妇，所由熙熙然相聚一堂，而得享家人之乐事者，又乌可忘其所自耶！语云：『兵可百年不用，不可一日不备。』若夫通斯意而为未雨绸缪，是所望于后起之君子。

麟岩寨记

邑北关外廿里许麟岩寨，古梯子岩也。近附凤仪山、秋月坪、铜锣顶、佛耳岩。四山环抱，两溪夹流，足征形胜。咸丰己未，滇逆窜蜀，乡人就山为寨，约费万金，山顶建公所，颜曰『全体堂』，崇隆高敞。堂外竖字库，与镇南塔遥遥鼎峙。寨设四门：左紫东，右水西，最后为余庆。三面悬岩，壁立千仞，惟前砌石壁横数十丈，外浚深濠，如天造地设。中为宝善门。

寨时须慎守之。山畔凿不二、涵空、梯云、西北四洞。洞各四间，可容百余人居。梯云洞摩崖书『清空一气』，极古老。半岩建观音庙，外凿莲池，如半月形。左为文昌阁，隐约林木楼阁，架空入其间，幽然无尘俗气。右有龙泉，清而腴，周流不息。石壁书『龙泉』二字，势如龙蛇，不可捉摸。环山内外，苍松翠竹，凤舞龙吟，往来游憩者，直觉俗虑全消，徘徊不忍去云。

以上俱曹俊亮所作。

新建奎星阁记②

刘炳勋

城内凤鸣山麓迤逦而右者，毗连圣庙东南隅。乾隆中，邑绅邓锡纶等采青乌家言，就其地建奎阁一所。以为文星拱照，必发巍科。逮道光、咸丰、同治初，乡试榜较盛于前，而登甲科者四人。风水之说，其信然欤？后有形家谓文星远照，尤利科名。城外大佛山，雄峙象天马，采巽方，挨辰，坐角星二度，重建一阁跨其上，以壮大观。时邑侯马公力主此议，无何以瓜代去。谢公复任，又因工巨，弗果建。阅丙子（一八七六），邑绅白于摄篆徐公，拨款千六百余缗，鸠工庀财，砌石为基，垣以砖甃，构杰阁三重，祀魁神一。董其役者，茂才李龙骧、邱维藻、黄书、

① 按：原文如此，疑『正』下脱一『月』字。

② 按：奎星阁本已有之，民国《志》云：『越三十余年，楼破，有议拆毁者，公议不容，复修复如式。』

蓝永光，国学王士选。六阅月而工竣。嘱炳记之。

夫事经前人已成而后人再创一时，虽若可缓，而不得不汲汲焉为之者，盖期文风培植，有以迈轨前人，非泛然踵事而增华也。今斯阁矗立霄汉，直萃万山灵秀，以拱卫三荣，其壮丽如人文之瑰琦，其轩翥如人文之俊爽，其峥嵘耸峭如人文之杰出而超群，可谓文星四映，驾旧阁而上之矣。

顾士人幸生文教昌明之世，诗书礼乐弦诵于家，而后酒醴笙簧贡登于国。邑中诸先达其所以捷南宫成进士者，皆自刻励中来。然则科名之盛，固有在矣，岂徒视风水为升降而沾沾奎阁云乎哉！

光绪三年（一八七七）初夏上浣谷旦。

忍气碑 国璋

人生于世，惟气易动。以气争胜，遂致构讼。讼必终凶，古训所惩。因气不忍，倾家亡身。非父兄仇，皆可理解。勿以小事，动贻后悔。嗟尔愚人，不知忍气。听人拨弄，酿成乖戾。凡事能忍，气自平和。各勤职业，其乐如何。

同治五年丙寅春日立。

碑在西门外二里许汪家坳，原名望江坳。

存目

南安县碑

在今县西七十七里来牟铺。

光绪《志》按：齐之南安郡治南安县，不久即废。非得此碑，何由知其建置地耶？南安县为南安郡首县。县在此，郡即在此。《南齐书·州郡志》：南安郡，见永元三年志。

大周圣德敕石文碑

王象之《舆地碑记目》：『在州衙子城门外，长安三年立，韦保撰。真书。』（据《舆地碑记目》等补）

光绪《志》按：『长安，系武后年号。旧志谓此碑为五代时物。误。』今佚。

唐刺史薛高邱磨崖碑

《舆地碑记目》：『在荣德山。唐开元二十年（七三二），刺史薛高邱磨崖碑，多载仙灵事。今字画已磨灭。』今佚。（据乾隆《志》《舆地碑记目》等补）

真义侯碑

《舆地碑记目》：『在本庙。唐元和二年（八〇七）迁。旧志云即古独孤、白马蜀将二人庙也。』《北史·独孤楷传》云：『楷代蜀王（杨）秀为总管镇益州，勒兵为备，秀不敢偷袭。为政宽和，受蜀民称誉。』《宋史·理宗本纪》：『（宝祐二年，一二五四）癸未，雷，四川苦竹隘捷至。甲午，隆庆部兵周荣被获归北，密约段元鉴入隘解围，事觉就擒，不屈而死。马徽、白端战殁。诏四川宣抚司为之立庙。』或云即此三人。（据《舆地碑记目》等补）

民国《志》按：元和在先，盖别有祀者。碑庙佚。

静难侯庙碑

《舆地碑记目》：『在本庙内。』佚。（乾隆《志》）

荣梨山古寺碑

《舆地碑记目》：『在本山上。』今佚。（乾隆《志》）

荥隐山修道观院碑

《舆地碑记目》：『在本山上。』今佚。（乾隆《志》）

开元寺碑

在县南二佛寺，晚清黄书年孝廉茂犹见之。今佚。（民国《志》）

唐乾符元年祷雨碑

《舆地碑记目》：『在荥梨山上。』今佚。（民国《志》）

后庭宴词碑

杨用修《全蜀艺文志》卷二十五注云：『建隆中，旭川筑城，掘得石刻，盖唐人语也。』其词云：『千里故乡，十年华屋，乱魂飞过屏山簇。眼重眉褪不胜春，菱花知我销香玉。　双双燕子归来，应解笑人幽独。断歌零舞，遗恨清江曲。万树绿低迷，一庭红扑簌。』（据《全蜀艺文志》补）

民国《志》按：题曰《后庭怨》，建隆，为宋太祖纪元初号。三年改乾德，又三年，王全斌入蜀，孟昶降。此石出土，犹孟蜀时，故曰旭川，后百年始改荥德。词格近温、韦。惟庄人蜀，在唐乾宁、光化间，至建隆仅逾六十年，不应石已入土。广政中，欧阳炯撰《花间集》，韦相无此词，则犹出韦前也。清朱竹垞《词综》、万红友《词律》、张皋文《词选》，皆著录，题曰《后庭宴》。『屏山簇』，『簇』作『簇』。彭骏孙《词统源流》谓，为宣和间掘地得石刻，偶失考耳。绛词中『清江曲』及『庭树红绿』，确是荥州风土。『千里故乡』则流寓者，『十年华屋』则或久官于荥也。唐人小令，以李太白为初祖。宋大晟乐府，又以范荥国为初祖。词为蜀学，兹词又发见于荥州。惜王商彦从晏小山学词，其集不传。后世不知荥州为词家昆仑墟也。

渔矶刻石

旧志，县南十五里荥隐公钓台下，唐人篆『心月矶』三字立石上。后移县谯楼下，遂佚。

民国《志》按：篆为唐篆，知荥隐公唐人矣。

又：明知县王梦魁书『一丝九鼎』四字，衡矶上，大逾尺。今存。

民国《志》按：此黄鲁直《题李伯时画严子陵钓滩》诗也。诗云：『平生久要刘文叔，不肯为渠作三公。能令汉家重九鼎，桐江波上一丝风。』明杨石题其后云：『流水南来绕钓矶，黄芦秋霁草萋萋。当年钓隐人何在，一片残霞锁石溪。』

仙人山刻石

在县北七十五里，山石如黄公望画。唐已来题勒丛杂，大抵流俗登览之词，或颂仙佛也。

生涯无极刻石

陈希夷书，今存。在县西二十五里铁厂铺。希夷名抟，以石晋天福中至蜀。见《文与可集》。（民国《志》）

州院碑

《舆地碑记目》：『伪蜀司仓参军勾延庆撰。』

民国《志》按：延庆人宋为荥德令，称伪蜀者，宋人之辞云尔。

菩提碑①

《舆地碑记目》：『在县东，宋开宝三年立。』今漫灭。（民国《志》）

武安公传碑

知州温林石缉书，在庙内，佚。

苏诗石

旧志：嘉庆间，土人掘清富山，得诗石曰：『十年归梦寄西风，此去真为田舍翁。剩觅②蜀冈新井水，要携乡味过江东。』款署东坡居士。

民国《志》按：元丰八年（一〇八五）苏文忠《归宜兴，留题竹西寺》三诗，此首章也。竹西寺在扬州蜀冈，有井，传通岷江，故曰『乡味』。江东，常州也。时文忠年五十矣。不知何人即墨本刻石。出土后，嵌置学官。今佚。

此君轩诗石

诗刻黄山谷《题此君轩》『王师学琴三十年』一首。自注：『元符二年（一〇九九）冬，来访予于僰道，约来春三月予必东归，归当复来别我。既而其年果来相见，但乞《此君轩》诗而已。咄嗟而成，文不加点。』

乾隆《志》按：元归，刻碑置轩中，后没于草莽。明按察司佥事长洲薛英取出，移于分司左隙，覆之以亭。碑摹盛重于当时，今不存矣。

地仙洞

陆放翁《别荣州》诗：『仙穴寻梅雨垫巾。』自注：『双溪王氏有石穴，黄太史榜曰「地仙洞」。』又，《宋人笔记》：王周彦请名洞，山谷题曰『地仙』，义取向夫人永寿。周彦大喜，谋因岩为楼，张榜高明之所。至南宋，黄书佚。

民国《志》按：今俗称『讲教洞』，邹学山误为北郊何地，沿里人语也。

蒙泉

井在耸云山。由地仙洞上，不半里，水清冽，虽旱不涸。字大六七寸，意周彦书也。

灵枣崖碑

嘉庆元年，庞靖侯祠掘一碑，刻『灵枣』二大字，侧题『崇宁四年九月梦溪沈博毅书』。

民国《志》按：梦溪在润州，沈括因梦得胜地而隐焉，故所著曰《梦溪笔谈》。博毅者，括子也，是崇宁中官荣矣。惟《笔谈》论隶变讹舛，谓两汉篆文未废，而汉武帝以隐语召东方朔云『先生来来』。解云『来来，棗③也』。实则『棗』从朿，不从来。此或后人所传，非当时语云云。而博毅此书，『棗』字正作『来来』，抑何不读父书耶？书沉劲而非工。一石两刻，其背为杨仲修书。今竖庙门。

晁公武磨崖碑

在荣州。绍兴二十一年（一一五一），公武以侍郎改刺荣州。重修荣门山环城石桥四，工二万有奇。磨崖大书铭序，见《周益

---

① 按：光绪《志》引《碑目考》有『菩提碑，在县东』等数语。查王象之《舆地碑目记》无此记载。光绪《志》所引非是。

② 按：剩觅，民国《志》作『乞取』。

③ 棗：乃枣之繁体，此处因训诂之需，不做简化。

公集》。已漫灭。（光绪《志》）

废绍熙府碑

碑三，俱在本县：一、儒学封祀五臣碑，绍熙府儒学教授、从政郎宜宾支南荣立；二、在荣德山，判绍熙府曹公保守立；三、在洞云寺，绍熙府荣德县寺僧立。

宋光宗小铜玺

北城佛耳池，唐、宋刺史署，光宗在荣扩之者也。民国十一年，张子玉太守治第，斸地得小铜章，文曰『皇天锡策之家』。审宋《本纪》，定为光宗御佩玺，良是。

阿回打虎刻字

宋嘉泰四年七月二十九日，荣德县北箐口民女阿回牧牛于龟子山。至晚，母王讶归。路半，虎衔母去。阿回手持牧牛梢，疾走逐虎。及之，号哭打虎背四五下，虎遂舍其母，坐于地，阿回直前扶母，母尚能言。既而其父与其邻偕来，虎方退，而母死矣。阿回时年十余岁也。石一片，嵌武侯祠，曰『孝娥鞭虎救母之图』。图佚。

雁塔题名

宋开禧二年（一二〇六），荣州刺史袁桂立学宫，教授刘道成记，载宋代荣州登进士科者一百五十八①。碑本在文庙正殿前，字俱磨灭。国朝道光十九年（一八三九），邑绅因补修圣庙余资，于戟门外左右各竖雁塔一，左塔刻宋明及国朝进士姓名，右塔刻国朝武进士姓名。

土主湾庙门碑

通惠威烈显应侯殿。嘉定元年（一二〇八）冬月，朝散郎、新知简州军事、临邛杨仲修书。即同刻灵枣者。仲修不以书名，而沉劲直到山谷。嘉庆元年（一七九六）掘出，竖庙门。

啸天龙摩崖

明王文题『三荣形胜』四字。今为树根蟠互矣。（民国《志》）

雷鸣泉

县西四十五里，明提学王文书道旁石。赵熙《纪行》云：『一勺苔花泐字青，春山泉脉应雷鸣。道旁左担劳歌者，谁解穿云落石声。』

铁碑

在城隍庙。光绪二年（一八七六）建。

青阳洞

在县南一里。光绪中，赵熙与郭近思司马、张子和主政，于崖中题勒三字，大寻丈。于古征《史记》《大戴礼》，荣第一旧闻也。事关钩沉，来哲有笃古者，其章显之。

序跋

书王周彦东坡帖　黄庭坚

东坡云：『大字难于结密而无间，小字难于宽绰而有余。』此确论也。余尝申之曰：结密而无间，《瘗鹤铭》近之；宽绰而有余，《兰亭》近之。若以篆文说之，大字如李斯《绎山碑》，小字如先秦古器科斗文字。东坡先生道义文章，名满天下，所谓

① 按：民国《志》又作『荣登进士者一百五十五人』。

青天白日，奴隶亦知其清明者也。心悦而诚服者，岂但中分鲁国哉！士之不游苏氏之门，与尝升其堂而畔之者，非愚则傲也。当先生之弃海濒，其平生交游多讳之矣，而周彦万里致医药，以文字乞品目，此岂流俗人炙手求热、救溺取名者耶？盖见其内而忘其外，得其精而忘其粗者也。周彦敦厚好学，行其所闻，求其所愿，得意于寂寞之乡，邀乐于无臭味之处，他日吾将友之而不可得者。建中靖国元年正月乙酉书。（《山谷题跋》卷九）

送知荣州董正封序① 王庠

剑栈磨云，子规催北客之归者，蜀山之古道也。攻成石龟，望汴都之郁葱，欲吐胸中之奇，跃马而去者，董使君之出蜀也。使君之行，扶老携幼，拥旌旗之先，欲去不能，欲别不忍，亹亹而相随者，感恩之民也。相与言曰：『惟天子惠顾西南，劳我侯万里来，不鄙而曹，勤日以治。我有疾苦，惟史君之医我；有饥寒，惟史君之衣食我；有子弟，惟史君之教。史君固无心于德我也，我将何以报德乎？欲持刘宠之钱以将勤意，则史君之清，虽一钱必不受；欲载洪规之土以实后乘，则史君之廉，虽块土亦必不受。吾闻古人赠人以言，愿约以此。』于是有越众而出者，欲祝之曰：『山寒雪清，远行多苦，忠孝之人行矣郑重。』有继踵而进者，又欲祝之曰：『功名乘时，异日持斧观风，眷眷此邦之人，愿无相忘舍是。』

有庞眉老人闻而笑之，以谓：『前言者祝侯以自爱，后言者以爱物可也，然意何其隘耶？夫人有易夺之志，锐始而怠终者，守之不笃故也；有难全之才，务大而遗细者，养之不至故也。侯之治荣，始终不变，君子以为善政。而今而后，推己之志，临进退之大节，全名自高，白玉无玷，然则可以怠终乎？何不祝侯自爱者以此也！』

众于是曰：『富哉斯言！』染笔以告执巾者，惟北溪野人为宜。野人者，史君倒屣而迎之者也。某拜命曰：『唯唯，其何敢辞？』敬序以告，史君当复笑曰：『爱我哉，王某也！』

年月日叙。（《国朝二百家名贤文粹》卷一百六十八）

《锦里耆旧传》八卷《续传》十卷 陈振孙②

前应灵县令平阳勾延庆昌裔撰。开宝三年（九七〇），秘书丞刘蔚知荣州得此《传》。其词芜秽，请延庆修之，改曰《成都理乱记》。天成之后，别加编次，起咸通九载（八六八），迄乾德四年（九六六），百余年蜀事大略具矣。《续传》蜀人张绪所撰，起乾德乙丑（九六五），迄祥符己酉（一〇〇九）。自平蜀之后，朝廷命令、官僚姓名及政事因革，以至李顺、王均、刘旰作乱之迹，皆略载之。知新繁县、太常博士张约为之序。（《直斋书录解题》卷六）

《锦里耆旧传》提要 四库馆臣

一名《成都理乱记》，宋勾延庆撰。庆字昌裔，自称前荣州应灵县令，并见于书中，惟不著其里贯。其书乃纪王氏、孟氏据

① 董正封，生卒年不详，字彦国，雍邱（今河南杞县）人。隆庆《仪真县志》卷四载其元符元年（一〇九八）官承议郎、知徽州。弘治《徽州府志》卷四载政和间知真州。乾道《临安志》卷三载，政和四年（一一一四）八月甲子以中大夫集贤殿修撰董正封为徽猷阁待制、知杭州。光绪《安徽通志》卷一百四十五又载为铜陵令。《夷坚支志》癸卷二有『董待制』，载董正封知荣州事。疑为一人。

② 陈振孙（一一八三—？），曾名瑗，字伯玉，号直斋，浙江安吉县梅溪镇人，曾任江西南城令、国子司业等职。南宋著名目录学家，著有《直斋书录解题》。

蜀时事。《宋史·艺文志》作八卷，陈振孙《书录解题》谓：开宝三年（九七〇），秘书丞刘蔚知荣州，得此《传》，请延庆修之。起咸通九载（八六八），迄乾德乙丑（九六五）。案：今本止四卷，起僖宗中和五年（八八五），无懿宗咸通间事。振孙又称，自平蜀后迄祥符己酉（一〇〇九），朝廷命令、政事因革，以至李顺等作乱之迹，皆略载之。张约为之序。延庆在开宝时，去祥符尚远，似不能续记至是，而平蜀后事及张约《序》，此本亦无之。疑振孙所见即《宋志》八卷之本，出于后人所增益。此本四卷，或犹延庆之旧也。书虽以《耆旧传》为名，而不以人系事，其体实近编年。所录两蜀兴废之迹，亦颇简略。惟于诏敕、章表、书檄之文，载之独详。中间如前蜀咸康元年，唐兵至成都，王宗弼劫迁王衍于西宫，《通鉴》在十一月甲辰，而此书作乙巳。又宋太祖赐后蜀主孟昶诏一首，其文多与《宋史》不同。如此之类，亦皆可以备参考也。陈振孙称为平阳勾延庆。案：书中于后蜀主多所称美，疑出蜀人之词。孟昶时有校书郎华阳勾中正者，后入宋为屯田郎中。延庆疑即其族，则『平阳』或『华阳』之误欤？（《四库全书总目》卷六十六）

《衢本昭德先生郡斋读书志》序　晁公武

杜邺从张京兆之子学问，王粲为蔡中郎所奇，皆尽得其家书，故邺以多闻称而粲以博物显。下逮国朝，宋宣献公亦得毕文简、杨文庄家书，故所藏之富，与秘阁等，而常山公以赡博闻于时。夫世之书多矣，顾非一人之力所能聚；设令笃好而能聚之，亦老将至而耄且及，岂暇读哉！然则，二三子所以能博闻者，盖自少时已得先达所藏故也。公武家自文元公来，以翰墨为业者七世，故家多书，至于是正之功，世无与让焉。然自中原无事时，已有火厄，乃兵戈之后，尺素不存也。公武仕宦连蹇，久益穷空，虽心志未衰，而无书可读，每恨之。南阳公天资好书，自知兴元府至领四川转运使，常以俸之半传录。时巴蜀独不被兵，人间多有异本，闻之未尝不力求，必得而后已。历二十年，所有甚富。既罢，载以舟，即庐山之下居焉。宿与公武厚，一日，贻书曰：『某老且死，有平生所藏书，甚秘惜之。顾子孙稚弱，不自树立。若其心爱名，则为贵者所夺，若其心好利，则为富者所售，恐不能保也。今举以付子，他日其间有好学者，归焉。不然，则子自取之。』公武惕然从其命。书凡五十箧，合吾家旧藏，除其复重，得二万四千五百卷有奇。今三荣僻左少事，日夕躬以朱黄，雠校舛误。终篇，辄撮其大指论之。岂敢效二三子之博闻，所期者不坠家声而已。书则固自若也。倘遇其子孙之贤者，当如约。

绍兴二十一年（一一五一）元日，昭德晁公武序。（孙猛《郡斋读书志校证》）

《袁本昭德先生郡斋读书志》序

魏王粲为蔡中郎所奇，尽得其家书籍文章，故能博物多识，问无不对。国朝宋宣献公亦得毕文简、杨文庄家书，故藏书之富，与秘阁等，而常山公以赡博闻于时。夫世之书多矣，顾非一人之力所能聚；设令笃好而能聚之，亦老将至而耄且及，岂暇读哉！然则王、宋所以能博闻者，盖自少时已得先达所藏故也。余家自文元公来，以翰墨显者七世，故家多书，至于是正之功，世无与让。然自中原无事时，已有火厄，乃兵戈之后，尺素不存也。余仕宦连蹇，久益穷空，虽心志未衰，而无书可读，每恨之。南阳井公天资好书，自知兴元府，领四川转运使，常以俸之半传录。时巴蜀独不被兵，人间多有异本，闻之未尝不力求，必得而后已。历十余年，所有甚富。既罢，载以舟，即庐山之下居焉。与余厚。一日，贻余书曰：『杜老且死，有平生所藏书，甚秘惜之。顾子孙稚弱，不自树立。若其心爱名，则为贵者所有，若其心好利，则为富者所有，恐不能保也。今举以付子，他日其间有好学者而后归焉。不然，则子自取之。』余惕然从其命。岂敢效王、宋之博，所期者家声是继而已。其书则固自若也，傥遇井氏之贤，当如约。（孙猛《郡斋读书志校证》）

以上俱晁公武所作。

《郡斋读书志》后叙　游钧

昭德晁公侍郎，侨居蜀嘉定之峨眉，平生著书有《易》《诗》《书》《春秋解》，考其异同甚详，又作《读书志》，皆锓版。大父及严君喜藏书，在嘉定时，尝摹而藏之，及南来不能悉与俱，今并他所藏毁矣。《读书志》偶在箧中，钧谨刻置信安郡斋，不惟使晁氏平生之功得以表见，而观者按其目而访求焉，庶亦可使古书之不泯云。

淳祐己酉（一二四九）夏五，郡守南充游钧识。

《续资治通鉴长编》提要　四库馆臣

《续资治通鉴长编》五百二十卷，宋李焘撰。焘有《说文解字五音韵谱》，已著录。焘博极群书，尤究心掌故。以当时学士大夫各信所传，不考诸实录正史，家自为说。因踵司马光《通鉴》之例，备采一祖八宗事迹，荟萃讨论，作为此书。以光修《通鉴》时先成《长编》，焘谦，不敢言《续通鉴》，故但谓之《续资治通鉴长编》。《文献通考》载其《进书状》四篇。一在隆兴元年（一一六三）知荣州时，先以建隆迄开宝年事一十七卷上进；一在乾道四年（一一六八）为礼部郎时，以整齐建隆元年（九六〇）至治平四年闰三月五朝事迹共一百八卷上进；一在淳熙元年（一一七四）知泸州时，以治平后至靖康凡二百八十卷上进；一在淳熙元年知遂宁府时，重别写呈，并《举要》《目录》计一千六十三卷、六百八十七册上进。故周密《癸辛杂识》称，韩彦古盗写其书，至盈二厨。然《文献通考》所载，仅《长编》一百六十八卷、《举要》六十八卷，与《进状》多寡迥殊。考陈振孙《书录解题》，称其卷数虽如此，而册数至逾三百，盖逐卷又分子卷，或至十余云云。则所称一千六十三卷者，乃统子卷而计之，故其数较多矣。又据焘《进状》，其书实止于钦宗。而王明清《玉照新志》称绍兴元年（一一三一）胡彦修疏，在《长编》一百五十九卷注后，则似乎兼及高宗。或以事相连属，著其归宿，附于注末，如《左传》后经终事之例欤。《癸辛杂识》又称『焘为《长编》，以木厨十枚，每厨抽替匣二十枚，每替以甲子志之。凡本年之事有所闻，必归此匣。分日月先后次第之，井然有条』云云，则其用力之专且久，可概见矣。其书卷帙最多，当时艰于传写，书坊所刻本及蜀中旧本已有详略之不同。又神、哲、徽、钦四朝之书，乾道中只降秘书省依《通鉴》纸样缮写一部，未经锓版，流播日稀。自元以来，世鲜传本。本朝康熙初，昆山徐乾学始获其本于泰兴季氏，凡一百七十五卷。尝具疏进之于朝。副帙流传，无不珍为秘乘。然所载仅至英宗治平而止，神宗以后仍属阙如。检《永乐大典》『宋』字韵中，备录斯编，以与徐氏本相较，其前五朝虽大概相合，而分注考异，往往加详。至熙宁迄元符三十余年事迹，徐氏所阙而朱彝尊以为失传者，今皆灿然具存，首尾完善，实从来海内所未有。惟徽、钦二纪原本不载，又佚去熙宁、绍圣间七年之事，颇为可惜。然自哲宗以上，年经月纬，遂已详备无遗。以数百年来名儒硕学所欲见而不得者，一旦顿还旧物，视现行诸本增多几四五倍。斯亦艺林之巨观矣。昔明成化中诏商辂等续修《通鉴纲目》，时《永乐大典》庋藏内府，外庭无自而窥，竟不知焘之旧文全载卷内，乃百方别购，迄不能得，论者以为遗憾。今恭逢我皇上稽古右文，编摩四库，乃得复见于世。岂非显晦有时，待圣世而发其光哉？焘原目无存，其所分千余卷之次第，已不可考。谨参互校正，量其文之繁简，别加厘析，定著为五百二十卷。

焘作此书，经四十载乃成。自实录、正史、官府文书以逮家录、野纪，无不递相稽审，质验异同。虽采摭浩博，或不免虚实并存，疑信互见，未必一一皆衷于至当。不但太宗斧声烛影之事，于《湘山野录》考据未明，遂为千古之疑窦。即如景祐二年三月赐镇东军节推毛洵家帛米一事，核以余靖所撰《墓铭》，殊不相符，为曾敏行《独醒杂志》所纠者，亦往往有之。然焘《进状》自称『宁失之繁，毋失之略』，盖广搜博录，以待后之作者。其淹贯详赡，固读史者考证之林也。（《四库全书总目》卷四十七）

镜香亭匾额后跋 宋鸣琦①

闻莱署西偏有池，广可数亩，盈池皆种荷，红白错出，夏时花颇烂漫。临池有小屿，竹树丛杂，极饶葱蒨之致。上有亭，倾圮久矣。汇泉明府葺而新之，并旁屋小桥，皆就理焉。邮属题额，因拈太白『荷花镜里香』句意，以颜之。汇泉，吏中之君子也。公余后，坐啸其乐有加。他日，使余因暇过莱梨，得一徜徉其间，花在镜中，身居香国，当亦太乙仙人别开一妙莲世界也。

二、著述

宋李虚己知莱州时，撰《雅正集》三十卷。此外诸儒著述失传者多。好学深思之士，每以不获见遗文为憾，今采其目录之，俾嗜古有所考云。志书籍。（道光《志》卷三十六）②

① 原注：嘉定知府。
② 见表下页。

（一）经

时代	作者	书名	存佚	备注
宋	勾龙传	《春秋三传分国纪事本末》	佚	绍兴八年（一一三八），黄公度榜荣州进士。
	李焘	《说文解字五音韵谱》十卷	存	
	牟子才	《四尚易编》《春秋轮辐》	佚	
清	李均林	《五州同文表》	未见	县优贡。

（二）史

时代	作者	书名	存佚	备注
宋	刘　兼	《旧五代史》（与修）	存	宋太宗时期，曾宰旭川。
	勾延庆	《锦里耆旧传》八卷（又名《成都理乱记》）	存	所录两蜀兴废之迹，起咸通九载，迄乾德乙丑（九六五）平蜀之后。
	杨九泽	《瑞芝图记》	佚	荣州人，登元丰进士。
	晁公武	《郡斋读书志》二十卷	存	以时方守荣州，故名《郡斋读书志》。该书是我国现存最早的，具有解题的私家藏书目录。
	李　焘	《续资治通鉴长编》一百六十八卷	存	隆兴元年知荣州，在任上汇次宋太祖建隆元年（九六〇）迄开宝九年（九七六）共十七年事，为书十七卷以进。
	陆　游	《南唐书》十八卷	存	淳熙元年（一一七四），曾摄知荣州两月有余。
	牟子才	《四朝史稿》《奏议》十卷	佚	出自《宋史艺文志补》。

时代	作者	书名	存佚	备注
明	伍成章	《永乐大典》（与修）	存	县明经，于《六经》子史，多所贯穿，尤长于《诗》《书》。
	胡子昭	《太祖实录》（与修）	存	曾任荣县教谕，死靖难之役。
	勾　演	《荣州图经》	佚	兴隆初任荣州教授。
清	张　容	《荣县志》若干卷、《九华山志》八卷	存	康熙二十三年（一六八四）县举人。
	朱大任	康熙《荣县志》四卷	存	康熙二十四年（一六八五）知荣县。
	黄大本	乾隆《荣县志》四卷	存	乾隆十六年（一七五一）知荣县。
	龚　巽	《渡泸还辕》	佚	乾隆五十五年（一七九〇）知荣县。
	许　源	嘉庆《荣县志》十卷	存	嘉庆七年（一八〇二）知荣县。
	王培荀	《听雨楼随笔》十六卷、《乡园忆旧录》六卷、道光《荣县志》三十八卷	存	道光二十一年（一八四一）知荣县。

（三）子

时代	作者	书名	存佚	备注
宋	李　畋	《张乖崖语录》四卷、《道德经疏》二十卷	佚	明道间还朝，力言荣州盐害，得捐岁额三十万斤，还杂役三百一十五家。荣人德之，名其止曰『来苏』，今乡名『来苏』，本此。

时代	作者	书名	存佚	备注
清	李南晖	《读易观象》	未见	乾隆三十三年（一七六八）知荣县。
	王安宇	《觉世真经诗》《节烈合编》《度世金针》《书法正宗》	未见	文生，以团防保六品衔。
	杨元仁	《广见论》《长乐歌》《戒食牛犬文》	未见	
	邹志魁	《妇女一说晓》《要紧事情》	未见	
	张敦叙	《醒世俚语》	未见	
	刘纯杰	《易理钩元》（撰），《来注证谬》（校勘）	佚	县庠生。
	李均林	《五州同文表》	未见	县优贡。

（四）集

时代	作者	书名	存佚	备注
宋	李虚己	《雅正集》十卷	佚	诏任荣州，未赴任。太宗尝手书累二十余纸，赞曰：『公勤洁己、奉法除奸、惠爱临民者，乃可书为劳绩，月给奉以实钱。』
	李有庆	《琴轩集》一卷	佚	《直斋书录解题》云：『题南荣浪翁李有庆撰。』『卷末赠答《十二绝》阙其六。』
	王庠	《王庠文集》五十卷	佚	
		《王庠文粹》	存	见《郡斋读书志》卷五下。收入《新刊国朝二百家名贤文粹》。
	王序	《雅歌》两卷	佚	荣州人，赐进士出身，官至徽猷阁直学士。
	陆游	《剑南诗稿》	存	淳熙元年（一一七四），曾摄知荣州两月有余。
	牟子才	《存斋集》	佚	

时代	作者	书名	存佚	备注
清	张　容	《青阳宦迹草》二卷	未见	康熙二十三年（一六八四）县举人。
	龚　巽	《治官诗集》	佚	乾隆五十五年（一七九〇）知荣县。
	邹学明	《步月山房稿》	未见	县岁贡生。
	廖朝翼	《宝砚斋文》	未见	嘉庆间县拔贡。
	王德淳	《小王屋山房稿》	存	道光十二年（一八三二）县举人。
	郝映青	《初学沦灵文集》	未见	县恩贡生。
	刘纯杰	校勘《古今体诗》	佚	县庠生。
	曹显宗	《吾山阁诗》	存	县举人。

三、杂识

王子年记《拾遗》，段柯古著《杂俎》，残文剩语，等诸碎玉遗珠。况志乘门类繁多，有各门不及登不便载，而又与本志相发明者，乌能割而舍诸？爰从故纸堆逸弃之余，缀集成篇，亦聊为博物之一助云。志《杂识》。

熊耳峡

《寰宇记》云：熊耳水，一名熊耳峡。古老言武侯凿山开道，即熊耳峡东古道也。又云，平羌县本汉平羌戍，在荣州应灵县界深谷戍是也。北周保定元年（五六一）置县。隋大业中，獠叛，移就大江。唐宝历中，又移于开峡驿。道书谓之平羌化山。《图经》云天下二十四化之一也。（据《蜀中广记》卷十一补）

荣州雁户

唐荣州刺史刘兼诗注：『夷人内有雁户，盖徙移不定之故也。』今峨眉县夷人是矣。

陈希亮不以生死二其心

宋陈希亮，青神人，幼孤好学。其兄使治息钱，希亮召逋家焚其券。天圣中，举进士。历知数州，曾知荣，为荣名宦。累官太常寺少卿，以才干刚直闻。子四：忱，度支郎中；恪，滑州推官；恂，大理寺丞；慥，隐逸，号方山子。孙去非，官至参知政事。一门贵显，皆希亮公余庆焉。

公少时从乡人宋辅学。辅死，母子贫困，公以女妻其子，而赡恤其母终身，可谓不以生死二其心者矣。其为人令人景仰又如此。

赵思忠为荣州团练使

熙宁七年（一〇七四），宋攻西夏，瞎毡之长子（藏文名木征）归降宋朝，神宗赐其赵姓，名思忠，为荣州团练使。

近幸以进，蜀人鄙之

建炎三年（一一二九）十二月，诏：徽猷阁直学士王序知凤翔府、宝文阁待制程唐为陕西路都转运使，不许辞免，如违重行窜责。序，荣德人，钦圣宪肃皇后姊子也。二人在宣和间皆事近幸以进，蜀人鄙之。（据《建炎以来系年要录》卷三十补）

董待制伐木

显谟阁待制董正封彦国知荣州①，使宅一楼极高，可以远眺，而为大桐树所蔽，举目殊有妨，命伐去。吏辈罗拜乞留，曰：『此木为吾州镇，盖逾二百年，有神物居之，颇著灵效，寻常事以香火，不敢怠。若除之，定起大祸。兼亦未必可致力。』董赋性刚烈，叱众退，自率工匠运斤斧，自朝至暮，木已倒仆斐削。忽暴风驾云起根中，屋瓦飘扬，雷电晦冥，骤雨倾泻。董与家人共聚一室，其上如奔马腾踏，兽蹄鸟爪穿透椽箔，如欲攫人之势。老幼咸怖，泣叫相闻。董怡然不为动。未三刻许，风雷皆息，内外晏如，略无所挠。郡人始叹诵其明决。董寿过八十乃终。（据《夷坚志·癸》卷二补）

① 荣：原作『茱』，据本书王庠《送知荣州董正封序》改。

杨氏水牛类麒麟

嘉祐中，交趾贡麒麟二，予尝于殿庭中与观，状如水牛，身披肉甲，鼻端一角，食生刍果瓜。每饲之，必先以杖击其角，然后食之。是时，中外言非麟者众。田元均况为枢密使，言非麟，又历引诸书所载形状，皆无此兽，恐为远人所欺。卒以为异兽诏答之。予尝见陈公弼言，荣州杨氏家水牛生子类此，盖牛入水而蛟龙感之以生也。（据《东斋记事》补）

尤　袤

尤袤（一一二七—一一九四），字延之，无锡人，累官礼部尚书。旧志因城南有礼部尚书尤袤墓，即以为绍兴中进士荣州之尤袤，其实两人也。兹复录其《瑞鹧鸪》词二首，一咏落梅，一咏海棠。《落梅》词云：『清溪西畔小桥东，落叶纷纷水映空。五夜客愁花片里，一年春事角声中。　歌残玉树人何在，舞破山香曲未终。却忆孤山归醉路，马蹄香雪衬东风。』《海棠》词云：『两株芳蕊傍池阴，一笑嫣然抵万金。烈火照林光灼灼，彤霞射水影沉沉。　晓妆无力胭脂重，夜醉方酣酒晕深。定自格高难著句，不应工部总无心。』明杨升庵慎云，二首咏二花，句句见题，而风味脱洒，何羡唐人乎？

荣州未赐军府

旧制，天子即位，尝所领州镇，自防御州而下皆升军名；若节镇州则建为府。如英宗自齐州防御使登极，升齐州为兴德军；神宗自忠武军节度使建储，升许州为颍昌府之类。孝宗受禅，以始封洪、鼎、宣、建州旧有军额，则建为隆兴、常德、宁国、建宁府。而剑州止升为普安军。（绍兴中始再升为隆庆府）盖用此制。光宗自荣州刺史进封恭王。今上自英国公出就傅，后封嘉王。四州皆为支郡，然三州躐升为重庆、英德、嘉定府，而荣州至今不锡军名，盖中书之误。（据《建炎以来朝野杂记》甲集卷九补）

晁公武官荣州

晁公武，靖康中避乱入蜀，爱嘉州山水之胜，曾以侍郎改刺史。公之余，于官廨著《郡斋读书志》，功德多可述。后虽累官他所，卒葬于州之符文乡小石桥，李焘为作墓碣：入荣名宦。

李焘以名节学术著

李焘为荣名宦，其事实备载之矣。昔父子读书龙鹄山，曾有诗云：『已做平时鸟乱飞，杜鹃更向阿谁归。似嫌住处犹城郭，不解携家上翠微。』其子壁亦有诗云：『萧条白日闭岩扃，留作游人万古情。犹有山中旧时鹿，举头如听读书声。』李公读书深山，不乐城市，宜乎以名节学术著也，而子复能继其志，亦不愧为公后。

荣州府君虞刚简

《道园遗稿》云：从兄德观父与集同出荣州府君，宋亡，隐居不仕而殁。集来吴门，得兄遗迹，有句云『我因国破家何在，君为唇亡齿亦寒』，不知为谁作。其称荣州府君，盖宗泽也。①

荣州大尉曹诗

元末，荣州大尉曹必才有荣德山保守御敌功。明洪武初年，

① 据本书《职官政绩》记载，『荣州府君』即虞刚简，元代著名诗人虞集曾祖父。

犹判抚州事。后判官马公辅至，始致仕居东城外。其弟必胜，授建昌万户侯，胜子思孔，亦为建昌统军，父子俱没于军。及明季，必才后裔明达以武勇著劳，依杨展，亦率族邻保守于荣德山。时旱极水涸，仰天祷雨，立获滂沱，族邻得活。竖碑山巅，以纪其事。今碑碣无存矣。子孙世家于荣。

明月矶

东川滩头明月矶，圆如规，大逾轮，桂魄东升则生光彩，朗耀一川。明初胡仲常昆仲或云即此矶灵秀所钟也。当日，胡剖为二，移置大门左右。至今，两石如半月，尚存于门，但不能生光彩耳。

胡仲常乃荣人

胡子昭，字仲常，邑人。《明史》及旧志无异词。明代祠记如林，皆同。罗廷唯谓『大足人，今棠山尚有遗宅』。仲常以蜀王荐为荣县训导，弟子仪亦应聘，分威远教谕。其先江西庐陵人，徙居蜀之大足。父复初，教授荣之东川，遂占籍焉。仲常，荣生也，嘉定荣县兴贤乡人。

武安公祠宋碑

武安公祠内有宋碑。国朝嘉庆元年，土中掘出，两面俱刻，然不同时，一刻『灵枣』二大字。崇宁四年九月，梦溪沈博毅书；一刻『通惠威烈显应侯殿』八大字，嘉定元年冬月，朝散郎新知简州事临邛杨仲修书。字法皆遒劲。

荣中谈学术首推张青阳

国朝定鼎，伪周吴三桂窃据云、滇，并有巴、蜀之半。搜求各处士子，驱之入试，以张恕为解元。恕归匿林下，易名容。伪周平，授徒于青崖寺。康熙中，或劝之出。入邑庠，中甲子四川乡试第九名，任青阳令。宜宾进士赵晧、犍为进士余光祖，皆出其门，余登贤书者不一而足。迄今荣中谈学术，必首推张青阳云。

潘家桥

城南四十里，旧有潘家桥，通宜宾孔道。乾隆十一年（一七四六），里人募金修建，因惑于风水，讦控年余，随兴随圮。乾隆二十一年，知县黄大本相度地势，择河底有石脚处下礅，即令从前控争里民梅瑶、曾子兰等督修，颜曰『无讼桥』，以志一时息讼之意，即今张敦叙重修桥也。

邓向荣、文大才未知荣

乾隆间知县黄大本旧志《职官篇》，无邓向荣、文大才。而该志《艺文》载荣州知州邓向荣《题崇仁祠》诗，又载荣州知州文大才《题来远公馆》诗。光绪《志》按：荣自洪武九年改州为县。胡仲常死建文难，崇仁祠建于嘉靖中，此际并无荣州，安得有知州名？况其诗系咏嘉定九峰崇仁祠。嘉庆中知县许源旧志改作『嘉州知州』，似较确。文大才，府志作『天才』，与邓向荣并称嘉州知州，则文大才或路过来远公馆，而非荣州知州，亦似无可疑。故职官题名仍旧未增入。

石燕子观音像

城东荣梨山麓，俗名石燕子。积流成涧，水声潺湲，上有岩如厂，可蔽覆数十人。乾隆三十四年（一七六九）有丐者来息其间，人亦未之奇也，或与之食，不食。越数日，岩下忽立神像一座，泥石浑成，高二尺有奇，而丐莫知所之。就视之，乃观音大士像。土人遂奉以香烛，彩饰金身，置买庙地。今成寺院矣，地亦幽僻有致。

文庙古柏

文庙阶墀内外，古柏十余株，霜皮黛色，大可十围，数百年物也，鹳鹭多巢其上。乾隆己酉（一七八九），以修文庙故，斫伐殆尽，惟启圣宫右墙角五株尚存。

伍子胥祠

伍子胥不载在祀典。旧志载，城南五十里闻喜桥右，有祠祀将军伍员。土人传其灵应非常，香火极盛。

竹王祠

旧在城东浣纱溪岸。旧志载，竹王名多同。母浣纱于遁水，剖竹而生，遂以竹为姓。及长，有材武，自立为夜郎侯。王褒言于武帝，诱之入朝，命伐西南夷，以功封夜郎国王。殁，土人因其生有异，祀以祠。闻于朝，又封其三子为侯，配享之。

道光《志》附考云：竹王者何？古夜郎侯也。祠者何？夜郎人祀侯而报侯之所也。史载汉武帝元光五年番阳令唐蒙上书，请通夜郎，浮船牂牁，以制南越。上拜蒙为中郎将，将千人由筰关入见夜郎侯多同，厚赐之，约为置吏，多同听约。蒙还，报上，以为犍为郡。注云：夜郎在四川之遵义府，犍为在四川之叙州府。盖遵义至国初犹未改隶黔省也。荣距叙仅二百余里，叙距遵亦二百余里，地相毗连。旧志谓汉武帝元鼎二年，置犍为郡，分县十二隶之，以荣为南安县，则荣为夜郎之境无疑矣。宋陆放翁《入荣州境》诗曰『传者或云古夜郎』，其《醉中怀眉山旧游》诗曰『我虽流落夜郎天』，则以为夜郎之境又明矣。但元光五年、元鼎二年，志与史小异，故滋后人疑耳。夫多同生而为英，变夷归夏，宜其死而为灵，享祀无穷，此竹王之有祠于荣所由来也。即嘉州之竹公祠，又何独不然。至若遁水溪边浣纱剖竹，事属荒渺，存而不论可也。

东坡诗碑

嘉庆间，清富山土人掘土，得石碑一款，识东坡居士，其诗云：『十年归梦寄西风，此去真为田舍翁。乞取蜀冈新井水，要携乡味过江东。』

鸳鸯石

小南门通惠桥下，南岸沙碛中有双石，水涨则分，水涸则合，土人呼为鸳鸯石。

虾蟆石

龙滩场东岳庙后，有小山一座，酷肖虾蟆。夏时流水回环，宛作戏水之状。

龙 潭

潭形似游龙，右枕河。其水萦抱，中有一潭，深丈余，清兮可掬，味甘如醴，故号龙潭。旱年恒不竭，全活者数百家，因以名场。

宛平山

龙潭场后有宛平山。四围皆水，中起一突，如锣覆地，下有虾蟆口，仰面潜窥，上有蛇形，俯首暗视，皆拱护此山。

象鼻嘴

龙潭场近河一山，形类象鼻，伏地作吸水状。旱年象鼻现，即大雨。

渔子沱

在赵家桥上游。左半山皆空，渊深莫测，渔人不敢深入。每值岁旱，有大鱼浮起，长约丈余，群小鱼拥之。沱近董家场。

螺蛳凼

小井沟崇山逼夹，水色蔚蓝，连右半山皆空，深莫测底。在李家场西二里许。

大事记

民国《志》卷十五《事纪》，以纲目体备举荣邑开辟以来大事要事，详略得当，颇便观览。兹以该卷为蓝本，探其史源，正其纰缪。大事纲目内容与史源颇存差异，故于条目下备举史料出处。史出多源者，仅列最早问世者。民国《志》大事纲目之下原有注文，系编纂者细述或考证之内容，亦予保留。民国《志》原文疏漏错谬之处，则于正文中径改，并加脚注予以说明。

周

周赧王元年（前三一四）

秦惠王以张若为蜀守，荣为南安，地属蜀郡。

《华阳国志·蜀志》：周赧王元年，秦惠王封子通国为蜀侯，以陈壮为相。置巴郡。以张若为蜀国守。

汉

汉武帝建元六年（前一三五）

置犍为郡，割南安属之。荣地属犍为郡。

《汉书·地理志》：犍为郡，武帝建元六年开。

《华阳国志·蜀志》：建元六年，分巴、蜀，置犍为郡。

犍为置郡，《通鉴》据《西南夷传》，与『发卒治道』连文。故列元光五年①（前一三〇）。《遵义府志》从之。且以《汉志》《华阳志》为误，谓蒙（唐蒙）以建元六年使南越，又归至长安，乃上书说上②。乃以蒙为郎中将。蒙又谕约夜郎。还报，乃置犍为，必非一二年事。愈知犍为之置，必在元光四、五年之冬春间。不知蒙以番阳令使越归长安，返夜郎，道程数月可毕。《西南夷传》云：『蒙以郎中将见夜郎侯多同，厚赐，谕以威德，约为置吏，使其子为令。』此置郡明文也。蒙还报，乃以为犍为郡。谓夜郎，旁小邑也。《通鉴》混而为一，无以处郡移南广矣③。盖置吏即置郡也。观元朔中，稍令犍为自保就可知郡西止僰道一县，故以南安属之。荣与僰道壤接。

---

① 民国《志》注引《汉书·武帝纪》：元光五年，发巴、蜀，治南夷道。

② 上，即汉武帝刘彻。

③ 民国《志》注引《华阳志》：元光五年，郡移治南广。

昭帝始元元年（前八六）

益州夷反，发犇命往击之。荣民时应其役。

《汉书·昭帝纪》：『益州廉头、姑缯、牂柯谈指、同并二十四邑皆反。遣水衡都尉吕破胡募吏民及发犍为、蜀郡犇命击益州，大破之。』

民国《志》按：汉制，民年二十三以上为正卒，至六十五乃得免。郡国皆有材官、骑士。今夷反者众，正调不足，故募吏民以补之。材官、骑士不足应急，故发犇命以御之，荣民时应其役。

平帝元始四年（四）

改犍为郡曰西顺。

《汉书·平帝纪》，元始四年，『分界郡国所属，罢置改易。天下多事，吏不能纪。』

《汉书·地理志》：『犍为郡，武帝建元六年开。莽曰西顺。』

新莽始建国四年（一二）

益州夷反，发吏民往击之。调发诸路兵、谷，荣应其役。

后汉光武建武十二年（三六）

费贻为合浦守。

《华阳国志·先贤士妇女总赞》：『费贻，字奉君，南安人也。公孙述时，漆身为厉，佯狂避世。述破，为合浦守。』

灵帝中平元年（一八四）

黄巾军下犍为，州从事贾龙率吏民破走之。

《三国志·蜀书·刘二牧传》：『是时益州逆贼马相、赵祗等于绵竹县自号黄巾，合聚疲役之民，一二日中得数千人。先杀绵竹令李升，吏民翕集，合万余人，便前破雒县，攻益州杀俭，又到蜀郡、犍为，旬月之间，破坏三郡。相自称天子，众以万数。州从事贾龙领家兵数百人在犍为东界，摄敛吏民，得千余人，攻相等，数日破走，州界清静。』

献帝建安十八年（二一三）

刘璋分犍为置江阳郡。

《华阳国志·蜀志》：『江阳郡，本犍为枝江都尉，建安十八年置郡。汉安程徵、石谦白州牧刘璋，求立郡。璋听之，以都尉广汉成存为太守。』

民国《志》按：江阳既立郡，今荣之东南境即属江阳。故唐《地理志》以公井为江阳属也。蜀汉又以犍为属国为朱提郡，而昧者遂以蜀汉有朱提，无犍为，是诚鲁莽。独不见李严、陈震方为犍为太守耶？

献帝建安十九年（二一四）

诸葛亮别将由铁山路趋成都。

民国《志》引《周书·陆腾传》：后周陆腾为隆州总管，领刺史。保定二年（五六二），资州盘石民反，杀郡守，据险自守，州军不能制。腾率军讨击，尽破斩之。而蛮獠兵及所在蜂起。山路险阻，难得掩袭。腾遂量山川形势，随便开道。蛮獠畏威，承风请服。所开之路，多得古铭，并是诸葛亮、桓温旧道。

民国《志》按：《华阳国志》，赵云自江州分定江阳、犍为，飞攻巴西，亮定德阳。盖三道出兵，亮出中道，其别将由铁山路会云兵攻成都。史识其大，故失载。

三国

蜀汉章武元年（二二一）

费诗迁部永昌从事。

《三国志·蜀书·费诗传》：『后群臣议欲推汉中王称尊号，诗上疏曰：「殿下以曹操父子逼主篡位，故乃羁旅万里，纠合士众，将以讨贼。今大敌未克，而先自立，恐人心疑惑。昔高祖与楚约，先破秦者王。及屠咸阳，获子婴，犹怀推让，况今殿下未出门庭，便欲自立邪！愚臣诚不为殿下取也。」由是忤指，左迁部永昌从事。』

建兴二年（二二四）

五梁为功曹。

《三国志·蜀书·杜微传》：『建兴二年，丞相亮领益州牧，选迎皆妙简旧德：以秦宓为别驾，五梁为功曹，微为主簿。』又：『五梁者，字德山，犍为南安人也，以儒学节操称。』

晋

晋惠帝永兴元年（三〇四）

西幸长安，费立兼尚书，留洛居守。

《华阳国志·后贤志》：『费立，字建熙，犍为南安人也。……除巴西太守，不就，转梁、益、宁三州都，兼尚书。值大驾西幸长安，常与大臣居守在洛。』

康帝建元元年（三四三）冬

獠乱。

《华阳国志·李特雄期寿势志》，晋康帝建元元年冬，『（李）势骄淫，不恤国事。中外离心。蜀土无獠，至是始从山出，自巴至犍为、梓潼，布满山谷，大为民患。加以饥馑，境内萧条。』

《晋书·载记·李势》：『初，蜀土无獠，至此（李势时），始从山而出，北至犍为、梓潼，布在山谷，十余万落，不可禁制，大为百姓之患。』

《魏书·獠传》：『建国中，李势在蜀，诸獠始出巴西、渠川、广汉、阳安、资中，攻破郡县，为益州大患。势内外受敌，所以亡也。自桓温破蜀之后，力不能制，又蜀人东流，山险之地多空，獠遂挟山傍谷。』

民国《志》按：云攻破郡县，则南安在焉。阳安，今简州。西魏置，晋为牛鞞，与资州、南安皆隶犍为。故《晋书》以犍为统之。

穆帝永和三年（三四七）

春，桓温别将由铁山路趋成都。

《晋书·载记·李势》：『大司马桓温率水军伐（李）势。温次青衣，势大发军距守，又遣李福与昝坚等数千人从山阳趣合水距温。谓温从步道而上，诸将皆欲设伏于江南以待王师，昝坚不从，率诸军从江北鸳鸯碕渡向犍为。而温从山阳出江南，昝坚到犍为，方知与温异道，乃回从沙头津北渡。及坚至，温已造成都之十里陌，昝坚众自溃。』

民国《志》按：《晋书·李势传》桓温率水军伐势，次青衣，从山阳出江南。今井研、仁寿地。《周书》铁山路有桓温旧铭。盖陆军由江州上，别取道铁山，与温合江南，趋成都。势将昝坚，从江北到犍为，与温异道。

安帝义熙十年（四一四）

别南安，立冶官县，荣为冶官。

《宋书·州郡志》：『冶官令，晋安帝义熙十年立。』

民国《志》按：《汉书·地理志》，『南安有铁官』，冶官名本此。汉制：郡国不出铁者，置小铁官，主铸故铁；出铁者，置铁官，主冶新铁。《汉书》曰『铁官』，《隋志》曰『冶官』。荣倚铁山之利，诸葛武侯尝铸兵器，故以名县。

齐

齐东昏侯永元三年（五〇一）

置南安郡，侨治今来牟铺。

《通典·州郡六》：『荣州（今理旭川县），汉属犍为郡，后汉、晋、（刘）宋皆因之。齐置南安郡。』《文献通考·舆地考》同。

雍正《四川通志·古迹》：南安废县，在县西五十里。齐永元三年置南安郡。今有赖牟镇（来牟镇），旧传即古南安县址也。

梁

梁元帝承圣二年（五五三）八月

西魏尉迟迥克成都，为大都督、益潼等十八州军事。益州刺史地入魏。

《周书·尉迟迥传》：西魏废帝二年（五五三），尉迟迥底定全蜀，诏迥为大都督、益潼等十八州诸军事、益州刺史。

陈

陈武帝永定元年（五五七）

夷夏交乱，周陆腾讨平之。

《周书·陆腾传》：『世宗初，陵、眉、戎、江、资、邛、新、遂八州夷、夏及合州民张瑜兄弟并反，众数万人，攻破郡县。（陆）腾率兵讨之。转潼州刺史。』

民国《志》按：《陆腾传》举州略县，冶官界陵、戎、资三州，自不免于难也。

文帝天嘉三年（五六二）

铁山獠反。

《周书·陆腾传》：『(周武宗）保定元年（五六一），迁隆州总管，领刺史。二年（五六二），资州盘石民反，杀郡守，据险自守，州军不能制。腾率军讨击，尽破斩之。而蛮、獠兵及所在蜂起，山路险阻，难得掩袭。腾遂量山川形势，随便开道。蛮獠畏威，承风请服。是年，铁山獠抄断内江路，使驿不通。腾乃进军讨之。欲至铁山，乃伪还师。贼不以为虞，遂不守备。腾出其不意击之，应时奔溃。一日下其三城，斩其魁帅，俘获三千人，招纳降附者三万户。』

民国《志》按：獠自汉中达于邛、笮。川洞之间，所在皆有。铁山自资中以达治官，横亘数百里。自桓温破蜀后，蜀人东流，獠遂傍山谷而居。在深山者，不为编赋，人名之曰『铁山獠』。

宣帝太建十二年（五八〇）

周益州总管王谦起兵。

《周书·王谦传》，隋文帝秉政，『谦令司录贺若昂奉表诣阙。昂还，具陈京师事势。谦以世受国恩，将图匡复，遂举兵，署官司。所管益、潼、新、始、龙、邛、青、泸、戎、宁、汶、陵、遂、合、楚、资、眉、普十八州及嘉、渝、临、渠、蓬、隆、通、兴、武、庸十州之人，多从之』。

民国《志》按：所举多西魏、后周之称。《通鉴》括云：『起巴、蜀之兵以攻始州。』①

隋

文帝开皇元年（五八一）

置威远，属资阳郡。

《隋书·地理志》：『资阳郡，统县九。』其中有威远。注云：开皇初置。

《旧唐书·地理志》：『威远，汉安县地，属犍为郡。隋于旧威远戍置县。』

开皇十年（五九〇）

于汉南安地置大牢镇。

《元和郡县志》卷三十四：『应灵县，本汉南安县地，隋开皇十年于此置大牢镇，十三年改镇为县。县界有大牢溪，因取为名。』

开皇十三年（五九三）

改大牢镇为大牢县，属资州。

《隋书·地理志》：『资阳郡，统县九。』有大牢。注云：开皇十三年置。

民国《志》按：大牢，初为镇。《唐书·地理志》：『隋置大牢镇，寻改为县。』

① 民国《志》原注：此巴、蜀谓汉巴郡、蜀郡。时治官属资属嘉，无考。

仁寿元年（六〇一）

十一月，獠攻大牢镇，资州刺史卫文昇谕降之。

《隋书·卫玄传》：卫玄，字文昇，河南洛阳人也。仁寿初，山獠作乱，出为资州刺史以镇抚之。玄既到官，时獠攻围大牢镇，玄单骑造其营，谓群獠曰：『我是刺史，衔天子诏，安养汝等，勿惊惧也。』诸贼莫敢动。于是说以利害，渠帅感悦，解兵而去。前后归附者十余万口。

民国《志》按：大牢已改县，曰镇者，称其初也。

隋炀帝大业中

袁天纲①为资官令。

《旧唐书·方伎传》：『袁天纲，益州成都人也。尤工相术。隋大业中，为资官令。』

民国《志》按：宋、齐《州郡志》皆作治官。梁、陈相承，图籍不误。惟后周以北人异族主蜀，不识所由，遂形近致误。隋世因之。《元和郡县志》云『隋后之误』，非其朔也。

唐

唐高祖武德元年（六一八）

析资州置荣州，治公井。又升公井镇为公井县。

《旧唐书·地理志》：『武德元年，割资州之大牢、威远二县，于公井镇置荣州，取界内荣德山为名。又改公井为县。』

《新唐书·地理志》：『荣州和义郡，中。武德元年析资州置。治公井。』

民国《志》按：《旧唐书·成都府》下云『荣州，武德二年置』，纪成事也。

于荣州置都督府。②

民国《志》按：《新唐书·地理志》，荣无都督府。而樊侣为州都督，见文集。盖武德初，边要之地置总管以统军，七年（六二四），改曰都督。《新唐书·百官志》：『三辅及近畿州都督皆置府，凡六百三十三。』

武德六年（六二三）

高满政封荣国公。

《资治通鉴·唐纪》：武德六年，以（高）满政为朔州总管，封荣国公。

太宗贞观元年（六二七）

分天下为十道，荣属剑南道。

《旧唐书·地理志》：『自隋季丧乱，群盗初附，权置州郡，倍于开皇、大业之间。贞观元年，悉令并省。始于山河形便，分为十道。』

---

① 按：俗称袁天罡。

② 按：荣州置都督府事，民国《志》卷十五『事纪』系于贞观十年（六三六），非是。据《新唐书·地理志》：『唐兴，高祖改郡为州，太守为刺史，又置都督府以治之，十州设一大都督。』荣州都督府即置于此时。参见本书『沿革建置』部分『唐高祖武德元年』条。

置旭川、婆日、至如三县。① 割泸州之隆越来属。

《旧唐书·地理志》：『贞观元年，置旭川、婆日、至如三县。』

民国《志》按：《新唐书》『旭川』条云『贞观元年，析大牢置』，『威远』条云『贞观元年，析置婆日、至如二县』，记事始也。

贞观六年（六三二）

割嘉州之资官属荣州，自公井移治大牢。

《元和郡县志·荣州》：『资官县，本汉南安县地，晋义熙十年（四一四）置治官县，属犍为郡。隋后误以「治」为「咨」也。武德元年属嘉州。贞观六年改属荣州。』

《旧唐书·地理志》，荣州，『（贞观）六年，自公井移州治大牢，仍割嘉州资官来属』②。同书『荣州·大牢』条下云：『贞观六年，自公井移州治于大牢县也。』

贞观八年（六三四）

割泸州和义来属，废婆日、至如、隆越三县。婆日、至如、隆越省入威远。

《旧唐书·地理志》：『（贞观）八年，又割泸州之和义来属。废婆日、至如、隆越三县。』

《新唐书·地理志》『威远』：『（贞观）八年省婆日、至如、隆越入焉。』

民国《志》按：《元和郡县志》，和义本汉资中地。婆日、至如、隆越，悉与相邻。是州界东至荣昌，有今富顺、隆昌、资中地。故《名胜记》云：『荣昌名县，以介于荣州也。』

贞观二十二年（六四八）

松外蛮叛，右武侯将军梁建方征讨之。

《新唐书·南蛮传》：『贞观中，巂州都督刘伯英上疏：「松外诸蛮，率暂附亟叛，请击之，西洱河、天竺道可通也。」居数岁，太宗以右武侯将军梁建方发蜀十二州③兵进讨，酋帅双舍拒战，败走，杀获十余万。群蛮震骇，走保山谷。建方谕降者七十余部，户十万九千。署首领蒙和为县令，余众感悦。』

民国《志》按引《资治通鉴》注十三州：益、眉、荣、梓、利、绵、遂、巴、卢、渠、达、集、渝。

高宗永徽二年（六五一）

州自大牢徙旭川。

《旧唐书·地理志》『荣州』：『永徽二年，移州治旭川。』

永徽六年（六五五）

柳奭贬州刺史。

《资治通鉴·唐纪》：『（永徽六年）秋，七月，戊寅，贬吏

① 按：置旭川、婆日、至如三县的时间，民国《志》所据《旧唐书·地理志》旧本作『贞观二年』。中华书局一九七五年点校本《旧唐书》卷四十一，校改作『贞观元年』，并附校勘记。为是。

② 按，《新唐书·地理志》：『荣州和义郡，中。武德元年析资州置。治公井。六年徙治大牢。』《新唐书》编者节录《旧唐书》内容，误把贞观年间荣州徙治事系于武德年间，故有此误。民国《志》：『武德六年（六二三），州自公井移大牢，新、旧《唐书》皆同，而《旧唐书·总叙》云「贞观三年」（六二九），「公井」下云「贞观六年」（六三二），亦校者之疏也。』非是。

③ 按：十二州，《资治通鉴·唐纪》作『十三州』，民国《志》亦引作『十三州』。

部尚书柳奭为遂州刺史。奭行至扶风，岐州长史于承素希旨奏奭漏泄禁中语，复贬荣州刺史。』

显庆二年（六五七）

刺史柳奭贬象州。

《资治通鉴·唐纪》：『（显庆二年，八月）又贬荣州刺史柳奭为象州刺史。』

显庆四年（六五九）

八月，于志宁贬州刺史。

《资治通鉴·唐纪》：『（显庆四年，八月乙卯），于志宁贬荣州刺史。』

《旧唐书·于志宁传》：『（显庆四年）及许敬宗推鞫长孙无忌诏狱，因诬构志宁党附无忌，坐是免职，寻降授荣州刺史。』

乾封元年（六六六）

武士彟妻杨氏号荣国夫人。

《资治通鉴·唐纪》：（乾封元年）初，武士彟娶相里氏，生男元庆，元爽；又娶杨氏，生三女，长适越王府法曹贺兰越石，次皇后，次适郭孝慎。后既立，杨氏号荣国夫人。

则天长安三年（七〇三）

立圣德碑。

《舆地纪胜·荣州》『大周圣德勒石文碑』：『在州衙子城门外，长安三年立。韦绲撰。』

中宗景龙二年（七〇八）

省云州及罗水、云川、胡连三县入大牢。

《新唐书·地理志》『应灵』：『中下，本大牢。景龙二年，省云州及罗水、云川、胡连三县入焉。』

玄宗开元二十年（七三二）

刺史薛高邱于荣德山竖碑。

乾隆《志》卷一：唐刺史薛高邱磨岩碑，在荣德山。唐开元二十年刺史薛高邱磨岩，碑多载仙灵事，今字画已磨灭。

天宝元年（七四二）

改州为郡，置太守，曰和义郡。大牢更名应灵。

《旧唐书·职官志》：『（天宝元年二月）改州为郡，刺史为太守。』

《旧唐书·地理志》『荣州』：『天宝元年，改为和义郡。』

《新唐书·地理志》『应灵』：『中下。本大牢。天宝元年更名。』

肃宗至德二年（七五七）

分郡，隶东川。

《旧唐书·地理志》『剑南东川节度使』：『治梓州，管梓、绵、剑、普、荣、遂、合、渝、泸等州。』

民国《志》按引《资治通鉴》注：东川领梓、遂、绵、剑、龙、阆、普、陵、泸、荣、资、简十二州，与《旧唐书·地理志》不合。《新唐书》梓、遂、绵、剑、合、龙、普、渝、陵、荣、昌、泸次列，凡十二州。《旧唐书》剑南东川节度使治梓州，管梓、绵、剑、普、荣、遂、合、渝、泸等州。曰『等州』，即昌、龙、陵三州也。

乾元元年（七五八）

改郡为州，置刺史，复曰荣州。

《旧唐书·职官志》：『乾元元年，改郡为州，州置刺史。』

《旧唐书·地理志》：『乾元元年，复为荣州。』

德宗贞元十九年（八〇三）

刺史张建城南灵济桥。

乾隆《志》卷二『安聚桥』：离城一里，旧有跃龙桥，久圮，即旧志所载灵济桥。唐贞元癸未（八〇三），刺史张修建处也。

宪宗元和二年（八〇七）

建真义侯碑。

乾隆《志》卷一：真义侯碑，在本庙，唐元和二年建。旧志云即古独孤、白马蜀将二人庙也。

文宗开成四年（八三九）

酋豪相结为乱，东川节度使卢弘宣①檄降之。

《新唐书·卢弘宣传》：『开成中，山南、江西大水，诏弘宣与吏部郎中崔璠分道赈恤，使有指。还，迁京兆尹、刑部侍郎，拜剑南东川节度使。时岁饥，盗赘结，酋豪自王，伪署官吏，发敖廥，招亡命，联蓬、泸、嘉、荣诸州，訹蛮落摇乱，根株磐炽。弘宣下檄胁谕，贼党稍降，其黠强者署军中，孱无能还之农。魁长逃入峡中，吏捕诛之。』

民国《志》按：传不言年数，《旧唐书·本纪》令卢弘宣往陈、许、郑、滑、曹、濮等道宣慰，在开成三年（八三八）八月。使还，必于其冬，故以翌年定之。时杨汝士充剑南东川节度使。四年，杨汝士为吏部侍郎，郑复继之。弘宣拜东川节度使，未赴职也。

懿宗咸通十年（八六九）

十二月，南诏掠境。

《新唐书·南诏下》：明年，酋龙使杨酋庆等来谢释囚。初，李师望建言：『成都经总蛮事，旷日不能决，请析邛、蜀、嘉、眉、黎、雅、巂七州为定边军，建节度制机事，近且速。』天子谓然，即诏师望为节度使，治邛州。邛距成都才五舍，巂州最南，去邛乃千里，缓急首尾不相副，而师望利专制，讳不言。哀积无厌，私贿以百万计。又欲激蛮怒，幸有功，乃杀酋庆等。酋龙怨杀其使，十年，乃入寇。以军缀青溪关，密引众伐木开道，径雪岖，盛夏，卒冻死者二千人。出沐源，窥嘉州，破属蛮，遂次沐源。滂遣兖海兵五百往战，一军覆。酋龙乃身自将，督众五万侵巂州，攻青溪关。屯将杜再荣绝大度河走，诸屯皆退保北涯。蛮攻黎州，诡服汉衣，济江袭犍为，破之。裴回陵、荣间，焚庐舍，掠粮畜。薄嘉州，刺史杨忞与南诏夹江而军，士攒射，蛮不得进，阴自上游济，背击王师，杀忠武将颜庆师，忞走，嘉州陷。

《资治通鉴·唐纪》：『十一月，蛮进寇巂州，定边都头安再荣守清溪关。蛮攻之，再荣退屯大渡河北，与之隔水相射九日八夜。蛮密分军开道，逾雪坡，奄至沐源川，滂遣兖海将黄卓帅五百人拒之，举军覆没。十二月，丁酉，蛮衣兖海之衣，诈为败卒，至江岸呼船，已济，众乃觉之，遂陷犍为，纵兵焚掠陵、荣

① 按：卢弘宣，民国《志》避乾隆帝讳作『卢洪宣』，今据《新唐书》本传改。

二州之境。后数日，蛮军大集于陵云寺，与嘉州对岸，刺史杨忞与定边监军张允琼勒兵拒之。蛮潜遣奇兵自东津济，夹击官军，杀忠武都将颜庆师，余众皆溃，忞、允琼脱身走。壬子，陷嘉州。』

民国《志》按：焚掠今西北地。

僖宗广明元年（八八〇）

京兆王知珏为和义令。

《宋故文安郡开国侯王徽学墓志铭》：『公讳序，字商彦，姓王氏。其先京兆人，六世祖知珏，唐广明时差知荣州和义县，因家焉。』

民国《志》按：《碑志》『广明』下漫灭，而新、旧《唐书·本纪》广明只元年。旧志职官『王如珪籍历悉同』。盖此之误。

昭宗乾宁四年（八九七）

十月，州入王建。

《新五代史·前蜀世家》：冬十月，建攻破梓州。建以王宗涤为东川留后，唐即以宗涤为节度使，于是并有两川之地。

民国《志》按：《资治通鉴》建入梓州，城中兵尚七万人，建命王宗绾分兵徇昌、普等州。普州既徇，资、荣从之，故曰『等州』。

五代

后周世宗显德三年（九五六）

十二月，陵、荣獠反，弓箭库使赵季文讨平之。

《资治通鉴·后周纪》：『（显德三年十二月）蜀陵、荣州獠反，弓箭库使赵季文讨平之。』

民国《志》按：显德三年，为蜀广政十九年。《武安公庙记》：广政十七年（九五四），有寇大掠荣、昌。忽传寇至，民相顾以恐。刺史吕昌朝选乡兵三百，将以御之。至资阳银山，祷汉庞侯祠。贼退，折枣枝归，植城南。按：『荣昌』者，荣州、昌州也。唐宋无荣昌，明始名县。『大掠荣、昌』者，谓寇在资中，掠二州境地也。『忽传寇至』，谓郡城也。越一年而患始及陵、荣，或獠因之，先后殆为一役。

宋

宋太祖乾德三年（九六五）

蜀兵乱，州从之。

《宋史·王全斌传》：俄诏发蜀兵赴阙，人给钱十千，未行者，加两月廪食。全斌等不即奉命，由是蜀军愤怨，人人思乱。两路随军使臣常数十百人，全斌、彦进及王仁赡等各保庇之，不令部送蜀兵，但分遣诸州牙校。蜀军至绵州果叛，劫属邑，众至十余万，自号『兴国军』。有蜀文州刺史全师雄者，尝为将，有威惠，士卒畏服。适以其族赴阙下，绵州遇乱，师雄恐为所胁，乃匿其家于江曲民舍。后数日为乱兵所获，推为主帅。遂攻彭州，逐刺史王继涛，杀都监李德荣，据其城。自是，邛、蜀、眉、雅、东川、果、遂、渝、合、资、简、昌、普、嘉、戎、荣、陵十七州，并随师雄为乱。邮传不通者月余，全斌等甚惧。未几，刘廷让、曹彬破师雄之众于新繁，俘万余人。师雄退保郫县，全斌、仁赡又攻破之，师雄走保灌口寨。贼势既衄，余党散保州县。有陵州指挥使元裕者，师雄署为刺史，众万余，仁赡生擒之，磔于成都市。师雄病死于金堂，推谢行本为主，罗七君为佐国令公，与贼将宋德威、唐陶鳖据铜山，旋为康延泽所破。仁赡又败吕翰于雅州，翰走黎州，为下所杀，弃尸水中。后丁德裕等分兵招辑，贼众始息。

民国《志》按：事平，蜀军立为禁军奉节军。其材貌魁伟便习骑射者凡百二十人，立为川班内殿直①。师雄所署将领，立为川员僚直。

乾德五年（九六七）

废和义县。贼傅城，救至，走之。

《宋史·地理志》：『乾德五年，废和义县。』

《宋故文安郡开国侯王徽学墓志铭》：『蕴舒沉勇有知略，贼围郡城，夜缒乞师救，至郡以全。』

民国《志》引《王兴孙墓志》：乾德中，县废，入威远。当五代丧乱之余，所在寇盗蜂起。贼傅城甚急，和义之孙蕴舒，素以义侠自任，夜缒城出，乞师于邻，救至，以为功。

民国《志》按：《王明传》，乾德初，召公卿近臣各举清白有吏干者一人。给事中马士元以明塞诏，召为左拾遗。蜀平，选知荣州。蜀以三年平，贼围城时，殆王明知州事也。

开宝三年（九七〇）

秘书丞刘蔚知荣州。立菩提碑。

《直斋书录解题》卷七：『开宝三年，秘书丞刘蔚知荣州。』

民国《志》卷十四：菩提碑，《碑目考》在县东，宋开宝三年立，今漫灭。

太宗太平兴国八年（九八三）②

州民李祚妻产三男。

《宋史·五行志》：『（太平兴国八年）荣州民李祚妻产三男。』

淳化三年（九九二）

富顺监蛮掠州，都巡检使卢斌赴援。土匪寻起，斌擒斩之。

《宋史·卢斌传》：斌为梓、遂十二州都巡检使。富顺监蛮掠荣州，斌晨夜倍道以赴，得州兵千人，署随军粮料以张其势。蛮乃遁，追至地头镇东南八十里，树栅，招其酋甫羌一阿奴纲，谕以朝旨，歃血刻石为盟而遣之。俄而荣戎资州、富顺监贼十五队钞乡邑，斌擒三百人，部送阙下，余悉临敌斩戮。』

民国《志》按：乾德三年（九六五），诏蜀诸郡各置克宁军

① 川班内殿直：民国《志》误作『川班直殿直』，兹据《宋史全文》卷二改。
② 八年：民国《志》作『七年』，系赵熙误引，据《宋史·五行志》改。

五百人。斌得州千人，盖新募者。旧志，营房在县署左偏，阅武场在北城外。即宋遗址。

淳化四年（九九三）

贼王尽复起荣、资，卢斌击灭之，尽缚以献。十二月，荣州献异竹图。

淳化五年（九九四）

李顺陷成都，州应召赴援。十二月，秘书丞张枢坐知荣州降贼，弃市。

《宋史·太宗本纪》：（五年春正月）己巳，李顺陷成都。甲戌，命昭宣使王继恩为两川招安使，讨李顺。（十二月）乙未（九九五），秘书丞张枢坐知荣州降贼，弃市。

《宋史·卢斌传》：冬，李顺为乱，斌即率兵六百抵成都，斗战连月，杀数万人。明年，成都不守，斌还梓州，集十州兵赴援。

民国《志》按：《地理志》，梓州辖果、资、普、昌、叙、泸、合、荣、渠九州，合梓州为十。《宋史·太宗本纪》：五月，李顺党张余陷嘉、戎、泸诸州。六月，攻陵州。张枢必以其间降贼。至十二月，始论如律。

至道元年（九九五）

前司理判官郑蛟坐携妻之任，就戮。

《宋史·选举志》：『至道初，申诏：「剑南州县官，不得以族行。敢有妄称妻为女奴，携以之官，除名。」初，荣州司理判官郑蛟，冒禁携妻之任。会蜀贼李顺构乱，其党田子宣攻陷城邑，而蛟捕得之，擢为推官。至是，知梓州张雍奏其事，上命戮蛟，而有是诏。』

民国《志》按引《宋史》：『诸州司理判官，太平兴国四年（九七九）置。』

真宗咸平二年（九九九）

七月，资官吏董昭美献禾，一茎九穗者各一。

《宋史·五行志》：『（咸平二年）七月，资官县吏董昭美，（献）禾一茎九穗者，各一。』

咸平三年（一〇〇〇）

九月①，王均掠州。

据《宋史·雷有终传》，益州军变，推都虞候王均作乱。知蜀州、供奉官、閤门祗候杨怀忠闻变，即调乡丁会十一路巡检兵，刻期进讨。与贼将鲁麻胡阵于江渎庙前。怀忠部下多李顺旧党，颇贪剽劫，故败绩。怀忠移汶、嘉、眉七州，调军士丁男来会。九月，王均与其党二万余南出万里桥门，突围而遁。渡合水，由广都掠陵、荣，趋富顺监，所过断桥塞路，焚仓库而去。十月，均至富顺。怀忠距富顺六十里，于杨家市少憩。登高原觇贼，且语其左右曰：『纵贼渡江，后悔无及。』乃临江列阵击之，余党散走，有拏舟将渡江而遁者，怀忠合强弩射之，溺死甚众。怀忠张旗鸣鼙入城，均方在监署中，其众多醉，均穷蹙缢死。虎翼军校鲁斌斩其首诣怀忠，获僭伪法物、旌旗、甲马甚众，擒其党六千余人，歼焉。

民国《志》按：旧志，丁处荣，富顺人。王均叛，备牛酒

① 按：『九月』，民国《志》作『十月』，据《宋史·雷有终传》改。

与宴，即席擒之。诏擢荣州长史。①《富顺志》作『李处荣』。王均叛，围富顺监，守、佐俱逃。处荣具牛酒，宴均于谯楼，擒斩之。擢为荣州刺史。

咸平五年（一〇〇二）

五月，知州褚德臻坐盗取官银，弃市。

《宋史·真宗本纪》：『（咸平五年，五月）壬寅，知荣州褚德臻坐盗取官银，弃市。』

景德三年（一〇〇六）

九月，荣州禾一茎十八穗。

大中祥符元年（一〇〇八）

十二月，广陵郡王元俨进封荣王。

大中祥符二年（一〇〇九）

九月，荣州廨庭中生芝二本。

十一月，奉条诏。

民国《志》按引《真宗本纪》：『作《文武七条》戒官吏。』

大中祥符五年（一〇一二）

十一月，甘露降开元寺。

民国《志》按引《资治通鉴》注：『开元寺，今诸州间亦有之，盖开元中所置也。』荣今为千佛寺。

大中祥符七年（一〇一四）

三月，应灵县弥陀佛舍生紫芝三本，其一双干，上如盖。

大中祥符八年（一〇一五）

四月，旭川民任庆和田禾一茎九穗。五月，乃雨。

民国《志》卷十四引鲁清《洞门亭子碑》：天子幸亳社之明年，是郡春不雨。抵仲夏，土膏歇，泉脉绝，时将往矣，而耒耜尚停，农忧且泣。太守皇甫公自咎曰：『谴欤？我之致也。』惟是山泽通气，神应如响。乃斋戒夙兴，冒炎毒，履艰险，躬祷于是山。山有洞，神栖也。杜预称渊龙洞之室，洞一渊然。公曰：『雨若足，吾当树亭洞门，用章神庥。』越一日果雨，又一日告足。民大欢。

民国《志》按：此天禧二年作，其云『幸亳社』，乃大中祥符七年事。

天禧二年（一〇一八）

十二月，甘露降开元寺。

仁宗天圣四年（一〇二六）

九月，州生芝，禾一茎九穗。

天圣九年（一〇三一）

十月，公井县冬青木连理。

明道元年（一〇三二）

七月，州生芝。

景祐三年（一〇三六）

五月，州一禾九穗。

庆历七年（一〇四七）

九月，州嘉禾合穗。

皇祐元年（一〇四九）

① 按：丁处荣生平事迹，乾隆《志》卷三、嘉庆《志》卷五、光绪《志》卷二十七亦有载。

朝奉郎王梦易第进士。

雍正《四川通志·选举》：郭春卿、张叔平、王梦易，俱皇祐进士。

《宋史·王庠传》：王庠，字周彦，荣州人。累世同居，号『义门王氏』。祖伯琪，以义声著于乡。州有盐井籍民煎输，多至破产，惟有禄之家得免。伯琪请于州，均之官户，而仕者诬诉之，赍恨以殁。父梦易，登皇祐第，力成父志，言于州县不听，言于刺史，言于三司，三司以闻，还籍没者三百五十五家，蠲岁额三十万斤。

泸夷乱，州军往讨之。

《宋史·西南诸夷传》：皇祐元年（一〇四九）二月，夷众万余人复围淯井监，水陆不通者甚久。初，监户负晏州夷人钱而欧伤斗落妹，其众愤怒，欲报之。知泸州张昭信劝谕，既已听服，而淯井监复执婆然村夷人细令等，杀长宁州落占等十人，故激成其乱。诏知益州田况发旁郡士卒，命梓夔路兵马钤辖宋定往援之。于是两路合官军洎白艻子弟几二万人与战，兵死者甚众，饥死又千余人，数月然后平。

民国《志》按：荣军事隶梓州。白艻子弟者，大中祥符间，孙正辞尝料简乡之知山川险要可为向导者充之。大中祥符六年（一〇一三），晏夷寇边，梓路转运寇瑊奏曰：『若不讨除，则戎、泸、资、荣、富顺监诸夷竞起，为边患矣。』故宋制诸州隶梓州。乾道六年（一一七〇），升泸南为泸川府路安抚使，以兼控也。

皇祐五年（一〇五三）

闰七月，州生芝。

嘉祐二年（一〇五七）

蠲盐岁额三十余万斤。

《宋史·陈希亮传》：嘉祐二年，入为开封府判官，改判三司户部勾院。朝廷以三司事冗，簿书留滞，乃命希亮又兼开拆司。荣州鬻盐凡十八井，岁久澹竭，有司责课如初，民破产籍没者三百余家。希亮为言，还其所籍，岁蠲三十余万斤。

民国《志》按：希亮以三司兼开拆司，从梦易请也。

嘉祐间

知州罗拯作城堤。

《宋史·罗拯传》：罗拯，字道济，祥符人。第进士，历官知荣州。州介两江间，每江涨，辄犯城郭，拯作东、西二堤除其患。

民国《志》按：《高丽传》，拯为福建转运使，在熙宁二年（一〇六九），中更秀州转运判官、转运使、发运副使四职。其官荣，殆在嘉祐之世。云『介两江间』，则今南门一带地也。

英宗治平四年（一〇六七）

改旭川曰荣德。

《舆地纪胜》卷一六〇引《国朝会要》云：治平四年，以本县上一字与神宗御名同，改旭川县曰荣德。①

① 按，今本《宋会要辑稿·方域七》云：『荣德县旧名旭川县，上一字同哲宗庙讳，治平四年改。』谓避哲宗讳改县名。非是。

《宋史·地理志》：荣德，中下，旧名旭川，治平四年改。

神宗熙宁四年（一〇七一）

省公井县为镇，入荣德。

《宋史·地理志》：荣德，熙宁四年，省公井县为镇，入焉。

民国《志》按：《宋史·职官志》，人烟繁盛处置镇，设监官，掌火禁，或兼酒税之事。自后周已置镇，则人烟繁盛旧矣。

熙宁七年（一〇七四）

六月，木征为荣州团练使。

《宋史·神宗本纪》：（熙宁七年，六月）以木征为荣州团练使，赐姓名『赵思忠』。

熙宁八年（一〇七五）

封荣梨山神为灵应侯。

嘉庆《荣县志·艺文·荣州荣梨山神封爵》引敕曰：朕敕百神之祀，非特以为报，亦所以致吾诚也。守臣称尔之灵，能为民除灾而降祉，是用赐之侯爵，昭尔有功。神其鉴哉！永庇于兹土。宜特封灵应侯。牒至，准。熙宁八年十月。

熙宁十年（一〇七七）

荣梨山五龙池庙赐榜。

嘉庆《荣县志·艺文·五龙池赐额》引敕曰：荣州荣梨山五龙池祠堂，州状称在荣州荣德县界，山高五里，上有池，旱不涸，雨不溢，祈雨有应，《图经》亦载。牒奉敕宣，特赐会应庙为额。牒至，准。熙宁十年□月□日。

元丰五年（一〇八二）

敕梓州路减囚罪一等。民缘军事役者，蠲其赋。

《宋史·神宗本纪》：（元丰五年二月）癸酉，以出师，敕梓州路，减囚罪一等，民缘军事役者，蠲其赋。

哲宗元祐元年（一〇八六）

八月，朝奉郎王梦易卒。

《宋赠通议大夫王公墓表》：太常博士王潜夫，元丰末非罪失官。元祐丙寅（一〇八六）八月十五日，以宣德郎终于南荣私第。

元祐四年（一〇八九）

荣德县禾一茎九穗。

元祐六年（一〇九一）

贤节公王庠举贤良方正直言极谏科，未就。

《宋史·哲宗本纪》：（元祐六年九月）癸巳，御集英殿，策贤良方正能直言极谏科。

元符元年（一〇九八）①

旱，荣梨山竖《祷雨碑》。

《碑目考》：唐元符元年祷雨碑，在荣梨山上。旧志从之。②

徽宗崇宁元年（一一〇二）

贤节公庠应能书为首选。

《宋史·王庠传》：崇宁壬午岁，应能书，为首选。

---

① 按：《舆地广记》作『唐元符元年祷雨碑』，唐无元符年号。非是。嘉庆《志》以为『乾符』之误。民国《志》则据元符年号，定为宋碑。

② 按：王象之既特明唐世，则『元符』必元和、乾符之误也。『元』字习见，『符』字不易误。其年殆为『乾符』。今佚。

崇宁三年（一一〇四）

知州岑象修石城。

乾隆《志》卷二：荣旧土城，沿水为隍。宋崇宁三年，郡守曲台、岑象始修石城。

大观四年（一一一〇）

行舍法，州以贤节公庠应诏，不就。

《宋史·王庠传》：大观庚寅（一一一〇），行舍法于天下，州复以庠应诏。庠曰：『昔以母年五十二求侍养，不复愿仕，今母年六十，乃奉诏，岂本心乎？』时严元祐党禁，庠自陈：『苏轼、苏辙、范纯仁为知己，吕陶、王吉尝荐举，黄庭坚、张舜民、王巩、任伯雨为交游，不可入举求仕，愿屏居田里。』

宣和元年（一一一九）

九月，真宗诏条刻石。

真宗《御制碑》：宣和元年九月二十八日，朝请大夫、知荣州、管勾神霄玉清万寿观，兼管内劝农事，赐紫金鱼袋，臣宋昌宗刻石。

宣和三年（一一二一）

十一月，刻《九域图》碑。

宣和三年岁次辛丑十一月壬戌朔八日己巳，重立石。

高宗绍兴二年（一一三二）

五月，大旱。《宋史·五行志》。

绍兴三年（一一三三）

夏，大旱。

绍兴五年（一一三五）

王兴孙为税官。

《故忠州太守奉直王公墓志铭》：公（王兴孙）以文安（王序）退居，旁无兼侍，不忍去膝下，乞换荣州税官以便养，得请。未几，文安即世，执丧如礼。

民国《志》按：《文安墓志》，葬以八年，兴孙题荣州在城监税，而卒以六年。其得请便养，则在文安未卒之先。云『未几文安即世』，则相距甚暂。故定为五年。《通考》，荣税务一，熙宁十年前，岁额在五万贯以下。蜀用铁钱，十及铜钱之一。

绍兴十三年（一一四三）

移修孔子庙。

唐武德元年，建于桂林山。宋乾德三年，移近兴贤门。绍兴十三年，郡守孟侯迁于莲宇山。

绍兴二十一年（一一五一）

晁公武以侍郎改刺荣州，建环城石桥，著《郡斋读书志》。

《直斋书录解题》：《晁氏读书志》二十卷，昭德晁公武子止撰。其序言：『得南阳公书五十箧，合其家旧藏得二万四千五百卷。其守荣州，日夕雠校，每终篇辄论其大指。』时绍兴二十一年也。其所发明，有足观者。南阳公未知何人，或云井度宪孟也。

《四库全书总目提要》：始，南阳井宪孟为四川转运使，家多藏书，悉举以赠公武。乃躬自雠校，疏其大略为此书。以时方守荣州，故名《郡斋读书志》。

孝宗隆兴元年（一一六三）

教授勾演编《图经》。

乾隆《荣县志·古迹》：《图经》，隆兴元年李焘为守，教官勾演编。

知州李焘筑堤。

《宋史·李焘传》：知荣州。荣因溪为隍，夏秋率苦水潦，焘筑防捍之。

民国《志》按：《传》无年数，啸台摩崖，记隆兴元年（一一六三），故从之。

乾道二年（一一六六）

封孙挺为荣国公。

《宋史·孝宗本纪》：（乾道二年六月）庚辰，封孙挺为福州观察使、荣国公。

光宗绍熙元年（一一九〇）

大旱。

州升绍熙府。①

民国《志》按：绍熙事据甚多，史失载。理宗为邵州防御使，即位改元宝庆，其年即升邵州为宝庆府，事例实同。

绍熙二年（一一九一）

十二月，旱。

《宋史·光宗本纪》：（绍熙二年十二月）壬寅，资、简、普、荣四州及富顺监旱。

绍熙三年（一一九二）

亡麦。威远弃儿且六百人。冬，潼川路不雨，荣州尤甚。

《宋史·五行志·土》：（绍熙）三年，资、荣州亡麦，普、叙、简、隆州、富顺监皆大饥。亡麦，殍死者众，民流成都府至千余人，威远县弃儿且六百人。

《宋史·五行志·火》：绍熙三年冬，潼川路不雨，气燠如仲夏，日月皆赤，荣州尤甚。

绍熙间

修城，辟五门。

民国《志》引旧志：列岁丙辰。民国《志》按：丙辰在庆元二年（一一九六），非绍熙时，故略之。

宁宗嘉泰四年（一二〇四）

七月，箐口牟女阿回击虎于龟子山。

范纯《追赋牟女打虎救母诗序》：宋嘉泰四年七月二十九日，荣德县北菁口民女阿回牧牛于龟子山。至晚，母王来接与归，半路遇一虎，衔母去。阿回手持牧牛竹梢疾走逐虎，及之，号哭打虎背四五下，虎遂舍其母坐于地。阿回直前扶母，母尚能言。既而其父与其邻来，虎方退，而母死矣。阿回时年十余岁也。事上于郡，郡守朝奉某公嘉其孝，既旌赏之，权县莫伯祥复镂本以申劝戒。

牟孝女，名阿回。年十余岁，牧牛至晚，母王氏迎之归。及中途，虎衔母去，回疾趋号泣，以一竹稍击虎，虎乃舍其母。母

① 按：荣州升作绍熙府，在理宗绍定六年（一二三三）。如《宋史全文》卷三十二云：『绍定六年二月丁亥，诏荣州升为绍熙府。』民国《志》据宋理宗旧例，臆断荣州升府在光宗即位之初。非是。

尚能言，父与邻人偕来，虎乃去。母寻死，全户而返。里人上其事于郡县，令莫伯祥镂石以为劝。碑，乾隆十九年四月，知县黄大本移立于明伦堂之前左，覆以碑亭。

开禧元年（一二〇五）

五月，以卫国公曮为皇子，进封荣王。颁条教于州。

《宋史·宁宗本纪》：（开禧元年五月）乙亥，诏以卫国公曮为皇子，进封荣王。

《荣王曮教》：上即位十有一年，改元开禧。五月册皇子封荣王。仍颁教于荣，所以警官吏训士民者，不一而足。昔光宗皇帝，尝以和义为潜邸，今又为圣天子疏封之地。桂滥分左符，祇奉条教，期无负于训敕。复用敕诸琬琰，以诏无穷。元年孟夏吉日，朝散郎、知荣州军、兼管内劝农事、赐绯鱼袋臣袁桂拜手谨书。

开禧二年（一二〇六）

知州袁桂立雁塔。

《雁塔题名》：开禧二年，知州袁桂立学宫，教授刘道成记。

理宗绍定六年（一二三三）

二月丁亥日，朝廷下诏，升荣州为绍熙府。①

《宋史全文》卷三十二：『绍定六年二月丁亥，诏荣州升为绍熙府。』

端平三年（一二三六）

公井盐监废，州择地侨置。

《宋史·地理志》：熙宁四年（一〇七一），省公井县为镇，入焉。有盐监一，端平三年废。

《宋史·地理志》：（荣州）端平三年，择地侨置。宝祐后废。

民国《志》按：《本纪》，端平三年十月，元阔端兵离成都。十一月，成都复，州择地侨置。

宝祐二年（一二五四）②

李鼎汉知州。

《龙洞碑》：荣德，绍熙之剧县也。地瘠民贫而赋不加少。惟士风淳厚，非他邑之所能侪。宝祐甲寅（一二五四），风池李鼎汉承崇台奏辟，承乏兹邑。于时荐经俶扰，户口狼籍。凡事务从宽恕，不为苛刻，故不得罪于巨室。民安乐业次，于逃旷者责焉。丙辰（一二五六）之冬，瓜期时至，暇日来游龙洞，徙倚纵目，以览一时之胜，有感于怀，仰叹曰：『江山有缘，他时若得经游此郡，与僚友故人乘间载酒，款语畴昔，岂不懿哉！』因援笔以纪岁月云。

民国《志》按引《碑》云：『甲寅，承崇台奏辟，承乏兹邑。于时荐经俶扰，户口狼籍。』则侨寄后仍还旧治也，淳祐二年（一二四二），元兵攻叙州。十二年（一二五二），汪德臣掠成都，薄嘉定。是二役，荣皆被兵云。

宝祐五年（一二五七）

建大刀寨。③

① 按：此条系编者所补。
② 按：民国《志》原作『二年』，在『宝祐五年』条下。非是。
③ 大刀寨：民国《志》误作『平安寨』。民国《志》卷四『憯宋亡也』下云：『又为平安寨，咸丰辛酉（一八六一）建，逊大刀寨奇。』民国《志》原文误读。

西为烟波山、大刀寨。寨，宋宝祐五年建。时元兵破全蜀，绍熙府垂废，人民自相保居，壁刻『西湖海眼』字，憯宋亡也。

景定二年（一二六一）

十五军州安抚使刘整籍州十五郡、户三十万入附。州废。

《元史·刘整传》：中统二年（一二六一）夏，整籍泸州十五郡、户三十万入附。世祖嘉其来，授夔府行省，兼安抚使，赐金虎符，仍赐金银符以给其将校之有功者。

民国《志》按：潼川府路，潼川、遂宁、果、资、普、昌、叙、泸、合、荣、渠诸州，长宁、怀安、广安军，富顺监凡十五。《元史》中统二年（一二六一），为宋景定二年，距宝祐二年。故《宋史·地理志》云：『宝祐后废。』

元

元顺帝至元四年（一三三八）

十一月，立绍熙府军民宣抚司。

魏源《元史新编·顺帝本纪》：十一月丁卯，立绍熙府军民宣抚都总司。《新元史·顺帝本纪》同。

《元史·百官志》：绍熙军民宣抚司。至元四年，因监察御史言：『四川在宋时，有绍熙一府，统六州、二十县、一百五十二镇。近年雍、梁、淮甸人民，见彼中田畴广阔，开垦成业者，凡二十余万户。』省部议定，遂奏准置绍熙等处军民宣抚司。所隶资、普、昌、隆下州四处，盘石、内江、安岳、昌元、贵平下县五处，巡检司一十三处，各设官如制。又置都总使司，命御史大夫脱脱兼都总使，治书侍御史吉当普为副都总使。

至元六年（一三四〇）

十一月，军民宣抚司废。

《元史·百官志》：至元六年十一月，中书又因台臣言裁减冗官事，遂罢绍熙军民宣抚司。

至正十七年（一三五七）

明玉珍之乱，城陷。

元世祖中统元年，以荣州属嘉定路。顺帝至正年间，明玉珍据蜀，改县。

《曹氏谱》：元末，河南曹必才判荣州，至明洪武八年（一三七五）卒。在官凡十八年。明玉珍陷城，必才退保希夷山。后人摩崖记之。

民国《志》按：《明史》，玉珍以至正十七年陷重庆，已而完者都、郎革歹、赵资谋复之，屯嘉定大佛寺。玉珍遣万胜御之。荣，盖其所经也。

至正二十二年（一三六二）

明玉珍建万户府于署。

唐建县治于天庆山。宋仍之。元末兵燹，伪夏为万户侯府署。

《明史·明玉珍传》：次年，（刘）桢屏人说曰：『西蜀形胜地，大王抚而有之，休养伤残，用贤治兵，可以立不世业。不于此时称大号以系人心，一旦将士思乡土，瓦解星散，大王孰与建国乎？』玉珍善之，乃谋于众，以二十二年春僭即皇帝位于重庆，国号夏，建元天统。立妻彭氏为皇后，子昇为太子。效周制，设六卿，以刘桢为宗伯。分蜀地为八道，更置府州县官名。蜀兵视诸国为弱，胜兵不满万人。

民国《志》按：元初典兵之官，视兵数多寡，为爵秩崇卑。长万夫者为万户，千夫者为千户，百夫者为百户。荣旧为州，故以万户名。

明

明太祖洪武二年（一三六九）

蜀人楚籍者，动称是年由麻城县孝感乡入川。人人言然。

民国《志》按：是当夏明昇开熙五年（一三七一），太祖遣使求大木，昇遂并献方物。其冬，谕昇归命。盖明氏势已不振，而元帝走和林，太祖方诏天下立学，肇修《元史》，昭然太平之盛。明氏虽出随州，谁肯以同乡之谊，舍乐土而投危邦，襁负上峡者？又来者第属麻城，何也？且元顺帝时，荣立绍熙府宣抚司，襄、汉民殖盐业，流户日增，与谚传『湖广填四川』情事正相乖反。然至今各家祖牒佥同，谅非无故，是亦《春秋》隐、桓之世也。殆后人经张献忠之乱，故实无咨，遂以传疑为据耶。书备存参。

洪武四年（一三七一）

明昇降，蜀平。时荣州曹诗在官，军事不及荣，幸免于难。

洪武六年（一三七三）

四月八日，降荣州儒学印，建孔子庙于桂林山。

洪武六年四月初八日，降荣州儒学印，时判官马公辅、学正张朝祖仍创于桂林山。

十二月，置州。

洪武七年（一三七四）

州判马公辅修治署。

唐建县治于天庆山。洪武七年，荣州判官马公辅修复，东西三十四丈，南北六十五丈。

洪武九年（一三七六）

四月，降为县，属嘉定州。

洪武十年（一三七七）

五月，省威远，入荣县。

洪武十二年（一三七九）

增修县署。

唐建县治于天庆山。明洪武七年，荣州判官马公辅修复，（洪武）十二年，知县马福增修。

洪武十三年（一三八〇）

十一月，割县置威远。

惠帝建文四年（一四〇二）

六月，胡节愍公子昭死难，夫人黄氏殉。姻属坐谴戍籍没者五十八家。荣加赋八百石。①

《崇仁祠记》：我朝太宗靖难之日，宫中闻变，阖门自焚。子昭具衰绖哭入朝。比有诏诘问，子昭历陈君臣大义，反复辩论，词色过激。上怒，命下狱。居五月，复诏诘之，无能改于其初，数请死，遂磔于西市。夫人黄氏死焉。女金奴，没为宫婢。姻属系戍边者五十八家。加荣之赋八百石。

成祖永乐六年（一四〇八）

复节愍门籍。

彭汝实《胡忠节传》：时县中以党锢戍遣钞没者四十八家。亲党朋友，凡四族矣。公无子，一女金奴，没为官婢。永乐六年，复其家。

英宗天顺元年（一四五七）

举人龚汇请移修孔子庙。节愍公女归里。

天顺元年，邑孝廉龚汇奏复今处。

《胡忠节传》：天顺初，金奴年八十余，尝念父祖无后，顿首陈情于内宫，乞骸骨归，寻以礼部勘合，钦赐放远，安老于东川祖居之地。及卒，族人人胡大宽安葬焉。

《崇仁祠记》：节愍殉日，女金奴没为官婢。历事宫闱，年八十余，请骸骨归。以礼部勘合，赐还老东川。及卒，族人大宽葬之。

民国《志》按：《明史·方孝孺传》，胡子昭，字仲常，荣县人。史据当时朝籍，实由子昭自署，无可疑异也。《崇仁祠记》：其先江西庐陵人，徙居蜀之大足县。父复初，教授荣之东川，遂占籍焉。而刘应箕《忠孝祠记》，据乡曲之说，争为大足人，谓荣为训导所经地，旧志盲列之。

天顺三年（一四五九）

莲宇山作孔子庙。

简敕《重修文庙记》：荣学，唐武德元年建于桂林山。宋乾德三年，移近兴贤门，绍兴十三年，孟侯迁于莲宇山，开禧二年，袁桂立题名雁塔，教授刘道成《记》略云：『荣虽藩邸重镇，学凡三迁，始得胜地。』国朝平定海宇，偃武修文。洪武六年，始降荣州儒学印。时别驾马公辅、学正张朝祖，仍创建于桂林山。天顺元年，徐州学正邑人龚汇奏复今处。

在城北莲宇山。唐建城东桂林山，宋乾德三年（九六五）移近南门。绍兴十三年（一一四三），知州孟侯迁今所。观开禧二年（一二〇六）知荣州军袁桂所立雁塔，题进士名至一百五十五人之多，则教授刘道成《记》云『凡三迁，始得胜地』，非虚语也。元末兵毁，明初仍建桂林山。天顺元年（一四五七），邑举人龚汇请复今处，以三年兴工，四年成『明伦堂』『居仁由义斋』。

宪宗成化五年（一四六九）

成孔子像。

（成化）五年，作孔子、四贤像。

成化十二年（一四七六）

八月，置大坪隘口。

① 按：『姻属坐谴戍籍没者五十八家。荣加赋八百石』，原在『成祖永乐六年』条下。据《崇仁祠记》载，籍没胡子昭姻属及加赋八百石事，均在建文四年。据移。

《明史・地理志》：（荣县）东有荣川水，有瓮溪关、飞水关，俱洪武间置。又有大坪隘口，成化十二年八月置。

成化二十二年（一四八六）

知县鲍珪减修旧城。

明成化二十二年，知县鲍珪以旧城辽旷，颓圮靡治，改方七里。后兴贤门圮于水，复减筑。周九百九十八丈，高一丈八尺，厚一丈五尺。

成化中

岁饥，盗起，典史樊资解散之。①

《陕西通志・人物》：樊资，字文质，朝邑人，成化中任荣县典史。岁饥，出俸赈之，人赖以生。群盗啸起，资督缮城池，屹然保障。仍单骑往谕之，群盗感其恩信，立即解散。

孝宗弘治十三年（一五〇〇）

樊资竖碑。

伍性《樊公清斋碑记》：岁庚申，予致政家食，日与乡父老子弟相乐。或值邑吏催科，惊及鸡犬。父老曰：如清斋樊公者，幕吾邑，恶有是扰？论城郭完固，则曰『匪我樊父，倡议经画而为吾所，吾民其夷矣』；闻贼之扰人，又泣然曰：『昔我樊父在时，吾徒日夕安枕，盗能惴我耶？』岁凶，饿殍盈郊野。父老携幼稚相泣于道曰：『樊父若在，夫何使我至于此极也。』予闻之怃然，曰：『有是哉，功德之在吾荣者至矣。有一于此，未或弗祀。兼有之而弗祀焉，非人心也。』于是父老相率请于学，告于文庙，石于名宦祠，以教万世之为邑者。公先秦朝邑人，讳资，字文质，别号清斋云。

武宗正德二年（一五〇七）

修四柏堂。

杨桂丹《四柏堂记》，后署『正德丁卯三月丙午日』。

世宗嘉靖二十一年（一五四二）

改兴贤、清富二门。

绍熙丙辰，郭修通五门：东富义，南兴贤，西南绍熙，西和义，北清富。先嘉靖二十一年，知县熊大辂以南山虎视蹲踞，面见非宜，移右百步，改曰会流；北门亦移左百步。

嘉靖二十九年（一五五〇）

胡节愍公修祠。

《崇仁祠记》：荣人以邑无专祠为请，亦尝树祠。又十余年，邑尹王梦魁，乃具牍御史鄢君，即檄梦魁阅旧址，令门堂寝室如制。百日埒九峰。庚戌（一五五〇）春，奉神安焉。祀旧匾『耿忠』，御史改曰『崇仁』。

嘉靖三十三年（一五五四）

知县刘轩②修城周马道。

乾隆《志》卷二：嘉靖三十三年，知县刘轩增修城内周通马道。

穆宗隆庆三年（一五六九）

知县张九思扩修城隍庙，缮县署，立省耕亭于竹王祠畔。

---

① 按：民国《志》本条原系于宪宗成化十二年下，今移于此。

② 按：刘轩，民国《志》误作『熊大辂』。乾隆《志》卷二载刘轩修城内周通马道事，又记嘉靖二十一年知县熊大辂营建城池事。故据乾隆《志》改。

神宗万历二年（一五七四）

重修崇仁祠。荣德乡道观寺刊《法华经》成。

陈文烛《重修崇仁祠记》，后署『万历二年甲戌冬日』。

万历间

大水，云『东、北二溪蛟斗』。城南水与城平，南郊庐舍多圮，溺死者众。

万历年间，有二蛟自山谷中出，一由东溪，一由北溪，至城南合，戌时水涨与城垛平，南郊外一带民房俱圮于水，溺死者无算。

万历二十二年（一五九四）

重修孔子庙。

杨镕《重修学宫记》，后署『万历二十二年甲午』。

万历二十八年（一六〇〇）

改建明伦堂、启圣宫、两庑。

（乐继国）万历二十七年己亥岁，莅县事。庚子（一六〇〇）冬，改建明伦堂、启圣宫及两庑等处。

万历三十二年（一六〇四）

知县乐继国建奎星楼。

杨镕《奎星楼记》，后署『万历三十二年甲辰夏五月』。

万历三十四年（一六〇六）

修尊经阁。

袁子让《尊经阁记》，后署『万历三十四年秋八月』。

熹宗天启元年（一六二一）

奢酋陷城，走。复自威远至，童世彦击却之。

《明史·朱燮元传》：永宁，古蔺州地。奢氏，倮罗种也，洪武时归附，世为宣抚使。传至崇周，无子，崇明以疏属袭，外恭内阴鸷，子寅尤骁桀好乱。时诏给事中明时举、御史李达征川兵援辽，崇明父子请行，先遣土目樊龙、樊虎以兵诣重庆。巡抚徐可求汰其老弱，饷复不继，龙等遂反。杀可求及参政孙好古、总兵官黄守魁等，时举、达负伤遁。时九月十有七日也。贼遂据重庆，播州遗孽及诸亡命奸人蜂起应之。贼党符国祯袭陷遵义，列城多不守。崇明僭伪号，设丞相五府等官，统所部及徼外杂蛮数万，分道趋成都。

辛酉年（一六二一）奢寅之变，一支由荣邑沿途杀戮，莫敢当其锋。僧官古泰率僧兵至城外屏风山，以海螺为号，贼遂出城围屏风山。有千总梁伟之，由南路亦吹海螺。贼不测，以为应援兵至，且见山谷险阻，遂奔威远去。其城内外烧毁民舍数十间，余得存全者，古泰、梁伟之力也。

一由荣邑，所过杀戮，其锋莫当，遂入城。僧古泰率其徒，吹角于屏风山，贼出围之。适千总梁伟之南至，角声相应。贼以为援至，而山谷崎岖，不易去，遂奔威远。久之，复自威远至。金沧道童世彦家居，先书与富顺教谕卢安世，合力讨贼，至是率乡勇御战于郊东观音坡，斩其魁，擒者甚众，城赖以全。按《朱燮元传》，奢崇明遣贼至富顺，逼取县印，署令弃城走。安世收印，率壮士击斩贼。无何，贼数万猝至，安世单骑斗，手馘数人。诣上官，请兵复其城。是盖富顺游贼由威远入荣者。

蔺酋据富顺，世彦捐金募兵，约富顺合剿。贼自威远来，即督所部战城东屏风山，歼其魁，虏获无算，城以全，富顺亦复，时年八十。奏闻，朝议以原官起用，赉金建坊，表式县衢。

庄烈崇祯七年（一六三四）

旱，荣梨山祷雨竖碑。

杨崇忠[①]《荣梨山灵应侯祷雨感应复祀碑》：余视荣初年，狒猝大延，仿如旦饥，黎民糠粃，窄庤乃钱镈，都无所施。

崇祯八年（一六三五）

重修孔子庙。

简敕《重修文庙记》，后署『崇祯八年六月』。

崇祯十年（一六三七）

九月，黄时太家地鸣，声闻半里。

崇祯十三年（一六四〇）

张献忠之乱，城陷，典史马如圯[②]死之，知县孙光烈仅以身免，和义、柱史、西南诸街荡毁几尽。

庚辰年（一六四〇），流寇冲荣城。典史马如圯死难，知县孙光烈仅以身免。烧和义街、柱史街、中街、大南街、小南街、西街、万寿寺。其后绅士、街民半居村落，至甲申（一六四四）之乱，不堪追述矣。

民国《志》按：《明史·忠义传》，马如圯失载。《猛如虎传》云：『十三年十二月，张献忠陷泸州，越成都。』盖经道于荣也。

崇祯十六年（一六四三）

平凉知府简仁瑞殉城。

《明史·忠义传》：简仁瑞，字季麟，荣县人。由举人历安西，官同知，迁平凉知府。十六年冬，贼入关，诸王及监司以下官谋遁走。仁瑞谒韩王曰：『长安有重兵，讹言不足信。殿下轻弃三百年宗社，欲何之？纵贼压境，延、宁、甘、凉诸军足相援，必不能支，同死社稷，亦不辱二祖列宗。』王不从。是夕，其护卫卒噪，挟王及诸郡王、宗室斩关出奔，胁仁瑞行。仁瑞曰：『吾平凉守也。吾去，谁与守？』众遂去。仁瑞乃撤四关居民入城，以土石塞门为死守计。未几，贼檄至，乃召所活死囚数辈，谓之曰：『吾昔尝生汝，汝亦有以报我乎？』皆对曰：『唯命。』即托以幼子，令卫出。明日，贼抵城下，士民数人草降书，乞佥名署印。仁瑞怒叱责之，正衣冠，自经堂上。

崇祯十七年（一六四四）

张献忠分道趋成都，知县秦民汤死于难。贼复至，屠城。节愍坊『忠』字被毁，以犯讳也。

乾隆《富顺县志》卷五引《蜀难纪实》：献忠驻渝，杀戮逾月。鼓行而西，水陆并进。陆路由永、荣、资、简，水路由中、外二水。八月，至成都，不三日而城陷矣。

『莲花寺』：先是，僧有演少林艺者，载僧兵册。有边警，调遣之。甲申（一六四四）岁，贼屠荣城，焚堞署。知县秦民汤依寺为营，贼委伪官到寺索印，秦率僧兵斩之。贼党星赴成都，发兵万余骑。僧兵不支，尽遭屠戮，山尽赭。

曹璜《遭难记》：崇祯十年（一六三七），李自成由秦入蜀，既去，蜀王至澍募精勇数万，曰通巴十营。璜与兄珍、茂为县武

---

① 按：杨崇忠，生卒年不详，云南人，崇祯七年任荣县令。

② 圯，原作『圮』，据乾隆《志》改。

学生，西应募，受弓矢矛槊击刺之术。逾月，试府前，兄弟各授千总职。配隶十营，发遣通、巴，屯列防卫。后与贼遇，获贼首飞天虎，槛致成都。论功，兄珍加守备，璜加都司衔。十三年（一六四〇），张献忠复由达州至，陷剑州。陕西副将贺人龙兵噪西归，守将邵仲光不能御，巡抚邵捷春退守涪江，而罗汝才又与献忠合，其势莫敌，于是十营溃散，各鸟兽聚矣。献忠蹂躏蜀中，几无遗地，乃东走。十七年（一六四四）春，复以数万人溯江而上。六月，破重庆，瑞王檪死，人民屠戮。逾月，乃三道攻成都，不二日而城陷。时通巴故营，各星散四方，以图再举。璜与兄珍随副将杨国明屯嘉定，而国明有自为之心，伪称平寇将军左都督。献忠入成都，号西京，僭大西，改元大顺，伪设六部。其所署州县，民率不肯从命，兵去，则杀而易之。于是献忠怒，乃遣四将军分屠各府县，曰『草杀』。伪官孙可望者，献忠养子也，既即位，以为将军，赐姓张氏。乃受命东出，先牌示云『除城尽剿』，顷转回京。士民见之，以为城中免患，而不知其为一网之计也。璜与兄在嘉闻之，请国明为助。不从，乃率所部三百余人奔荣，遂别招募。而饥疲之民，不堪其选，仅得精壮者六百余。时范张荣自号『泣天无主都督』，拥众一方。以为彼激于义，约与合讨，于是以家计委兄，而自率千余人迎敌。贼至，交锋三日，范无·夫之助。以孤军遏其前锋小霸王于羊喘之间。我师虽寡，皆念身家，无不以一当十。贼初溃，追蹑十余里，然后归。翌日，贼众大至，蜂蝶弥山，自晨至午，不得出。顾从者，已失大半，左支右拂。日晡，移至山阴，旁有悬崖，乃与家丁跃马而下。马毙，人无恙，竟以走免。贼入城，男妇老幼无免者。东门藕塘，尸骸京积。后献忠乱定，而姚黄之贼又至。

民国《志》按：曹氏《记》，屠城乃据成都后事，与《献忠传》同。旧志云『贼败请骑』，则分道出荣时也。秦民汤殉节，曹氏碑表在十六年癸未。

清

清世祖顺治三年（一六四六）

杨展据嘉定，县属之。

《明史·樊一蘅传》：献忠据蜀，福王立南京，起宜宾樊一蘅总督川陕军务，参将杨展、游击马应试从之。明年春，展攻叙州。一蘅寻命展、应试取嘉定、邛、眉。明年春，展尽取上川南地，屯嘉定。

乾隆《富顺县志》卷五《蜀难纪实》：时蜀疆无寇，向之仗方恢复者，皆出而据土自雄。于是杨展据嘉定，省东州县，上、下川南皆其属，惟永、泸不与焉。

民国《志》：按展据嘉定，县人奉檄委资调遣者，曹明德、虞铭芳。明德保县东荣德山，铭芳保荣、犍之交，里人所称大老将也。《曹氏墓碑》云：『顺治初，荣米斗值银三十两，荞斗值银十两。』

顺治五年（一六四八）

姚黄贼至。

乾隆《富顺县志》卷五《蜀难纪实》：姚黄者，本流贼别部，亦起于延、庆诸郡。有扫地王、夺食王、满天星、飞行十里、小红娘诸名，最为猥琐。其众亦不如自成、献忠之强，而专己横行，不相附丽。其行径与献忠小异而大同者，以杀人为寻常，所独者，以索财为痼癖。自献贼方炽之日，已入蜀疆，特以势力相悬，不敢向迩。惟萍荡于巴、阆、重、夔诸郡，边秦之兵杀劫为资。及众兵已驻保宁，复不向北，渐流而东。至是，民尽食穷，搜括无所，乃由梁、垫、涪、彭、南、綦诸郡邑自东而南。己丑之春，遂至叙、泸之邑。

詹鸿章《乡土志》：姚黄来，县人范继尧、继商、继禹兄弟，与战于妙觉寺。杀伤甚众，贼将趋城，继尧却兵防守。贼追至烟波山下遇缘桥，与战，死之。

民国《志》按：姚黄，《明史》作『摇』。贼酋摇天荡、黄龙之称。荣与叙、泸连壤。贼至必于其时，故据以定之。

顺治六年（一六四九）

李乾德杀杨展，据嘉定。

《明史·张鹏翼传》：乾德者，亦鹏翼同邑（西充）人。崇祯四年进士。十六年历右佥都御史抚治郧阳，未赴，改湖南。时武昌已陷，乾德守岳州。献忠攻急，乾德弃城走长沙，岳州遂陷，转徙衡、永。贼至，辄先避，长沙、衡、永皆随陷。献忠入四川，乃还长沙。以失地，谪赴督师王应熊军前自效。永明王立，擢兵部侍郎，巡抚川南。乾德入蜀，其乡邑已陷，父亦被难，乃说诸将袁韬攻佛图关，复重庆。韬及武大定久驻重庆，食尽。乾德说嘉定守将杨展与大定结为兄弟，资之食。已而恶展，构韬杀之，据嘉定，蜀人咸不直乾德。

《明史·樊一蘅传》：『乾德利展富，说韬、大定杀展，分其资。』

顺治八年（一六五一）

正月，贼党刘文秀还云南，白文选守嘉定。三月，清兵南征，文选走，嘉定平。

《明史·樊一蘅传》：明年（一六五一）正月，文秀还云南，留文选守嘉定，刘镇国守雅州。三月，大清兵南征，文选、镇国挟曹勋走，文光、天颜、化龙相继死。一蘅时已谢事，避山中。至九月，亦遘疾死。文武将吏尽亡。

赵熙曰：『赵氏祖名应法，当献忠之难，童年跳免山谷。及长，父母名氏俱不知。乃插占北山，凡四十里。有莫氏子，寄应法膝下，遂以一山予之，今莫家辅是也。』城南朱氏云：『屋后一藤，亘山越谷，伐供陶埴，得砖成厦。』证之群说，杀戮靡有孑遗矣。

顺治十三年（一六五六）

减官用。

乾隆《志》卷一：时钱粮入不敷出。制知县薪银三十六两，鲜红纸笔银二十两，油、烛银十两，伞、扇银二两，减作银十七两五钱一分，岁给俸银四十五两。典史、教谕、训导仍旧，各银三十一两五钱二分。知县衙役百三十人，减作三十七人。人岁给银七两二钱，减作银六两。禁子四人同，由县捐给。典史衙役六人仍旧，岁共给银三十六两。教谕、训导衙役十三人，减募门斗、膳夫四人，岁共银二十四两。

圣祖康熙二年（一六六三）

丈田亩。

康熙六年（一六六七）

省威远入荣县。

康熙七年（一六六八）

以钱粮不敷，减衙役银，人岁给银一两一钱五分，共银四十二两五钱五分。

康熙七年，因钱粮不敷，每名岁摊支二个月零九日，工食银一两一钱五分。内门子二名、皂隶十六名、马快八名、灯夫四名、轿伞大七名，岁支工食银四十二两五钱五分。

康熙十三年（一六七四）

割县，设威远。

康熙十九年（一六八〇）

吴三桂据成都，荣境安堵，自流井民来集。

乾隆《富顺县志·艺文》：自流井一带地方，兵马往来，日于此焉托处。其灶民皆遁至威远、荣县数十里之外。床几悉为火薪，稻谷罄于马料。灶民停煎者盖五月余矣。种种毒害，惨目伤心，莫可名状。

康熙二十年（一六八一）

威远并荣县。

康熙二十一年（一六八二）

六月六日，孔子庙圮。

康熙二十三年（一六八四）

庙复。

康熙二十四年（一六八五）

六月，丈城垣，减廪饩。旧廪生二十名，岁饩银各九两六钱，闰加八钱。至是减给三分之一，各银三两二钱，遂为永制。闰加银二钱有奇。

康熙二十五年（一六八六）

免明年租赋负勿收。知县易其极修署大堂，撰县志。

康熙三十二年（一六九三）

免明年租赋负勿收。

康熙三十七年（一六九八）

大水。

康熙四十二年（一七〇三）

免明年租赋。

康熙四十四年（一七〇五）

知县王泽重修明伦堂。

康熙四十五年（一七〇六）

拓修武庙。

康熙四十九年（一七一〇）

建凤鸣书院，免明年租赋，宿负悉除。

康熙五十七年（一七一八）

增衙役银。每名增银四两八钱五分，岁给工食银六两。

康熙五十八年（一七一九）

设铺驿二十四，铺司兵一人，岁银六两。

世宗雍正二年（一七二四）

颁社稷坛图式。

雍正五年（一七二七）

铺驿减半，衙役裁镫夫四人。定武庙祭银十六两，颁籍田坛位图式。

雍正六年（一七二八）

分东里益昌乡，设威远。铺驿裁。知县陈颙捐置籍田。

初，学额六名，后增二名，共八名。至是，详请增额四名，共十二名。廪、增生各二十名，与威远分之。训导移威远。

雍正七年（一七二九）

免明年租赋，丈垦田。修先农坛房舍。定盐引。

雍正中

设把总额兵五名，峨边辖之。

雍正八年（一七三〇）

贡井设丞。

旧盐司二：城东曰白沙，南四十里曰桐麻。以盐井崩塞，奏裁。设丞贡井，司配截巡缴之责，稽察场区，佐理县事。岁俸银四十两，衙役十人，人岁支银六两。

雍正九年（一七三一）

增衙役。定祭银。制养廉。

增禁卒十人、更夫八人，共银百八两；斗级二、仓夫二，共银十八两。初，文庙、山川、社稷各坛祠银四十八两。康熙十一年（一六七二），减给银十六两。于条银动支，赴藩库请给。至是，文庙增银十二两，社稷、山川各坛增银二两，共八两。地丁耗羡，向资知县费用，有事则按亩加派，滋弊实多。雍正五年（一七二七），山西巡抚奏请耗羡归公，制养廉以给官用。荣知县银六百两，丞银百二十两，典史八十两，教谕四十两。

雍正十一年（一七三三）

啸天龙、竹园铺各增塘兵四名。

雍正十二年（一七三四）

嘉定升府。

雍正十三年（一七三五）

裁衙役。

旧民壮二十人，减四人，工食同前，增器械银二两。

高宗乾隆元年（一七三六）

复铺驿。知县刘宗贤建退思堂。

铺八：底塘，东；高山、界牌，西；白石、筠山、青冈、踏紫山、竹园，司兵十六人，岁共银九十六两，闰百四两。

乾隆二年（一七三七）

裁衙役。

裁留衙役三十人、民壮六人。工食外增器械银十六两。丞裁民壮六人，设盐役十四人，岁银各六两。盐羡给之。

乾隆十年（一七四五）

免明年租赋。

乾隆十二年（一七四七）

知县徐德龙修罗星阁。

乾隆十四年（一七四九）

租赋缓征。

乾隆十六年（一七五一）

知县黄大本莅任。

乾隆十八年（一七五三）

益社仓，重修学宫，行乡饮酒礼。举人吴孔章为宾，廪生龚飞熊为介，耆寿刘洪瑞为众宾。

时文学士少，入市则衣冠，以自表异。遭令、长于道，必交礼焉。土广无耕，民饶于食，凡公建百废百举。城中茅屋历落，鸡犬之声远闻。官无事，巡田垄间，与农人插秧为乐。城北宋坝有农家女，官教之纺绵。童稚或拜官为义父。盖大乱后将百年，民生未殖，犹萧然如太古也。

乾隆十九年（一七五四）

清保甲，制粮册。

乾隆二十年（一七五五）

知县捐修城楼。

乾隆二十三年（一七五八）

六月二十一夜，大水。

乾隆二十四年（一七五九）

修城，浚北溪。

溪曲转抱城，泥沙易淤。自康熙至乾隆，水患者再，人曰蛟孽。知县黄大本广金碧崖前，有诗纪事，晏然三百年，大本力也。

乾隆三十五年（一七七〇）

免明年租赋。

乾隆四十年（一七七五）

缓租赋十分之七。

乾隆四十一年（一七七六）

缓征，内免十分之五。

乾隆四十二年（一七七七）

免明年租赋。

是时，银一两值钱八百枚。城北赵、李、侯买宋坝地，银四百两，得全坝三分之一。

乾隆四十三年（一七七八）

移文昌祠于凤鸣山。

乾隆四十五年（一七八〇）

凤鸣山半建奎星阁。

乾隆五十五年（一七九〇）

免明年租赋。

乾隆六十年（一七九五）

免明年租赋十分之二。

仁宗嘉庆五年（一八〇〇）

教匪王三槐扰达州，输给军米，修来安、东汇二寨。

嘉庆七年（一八〇二）

以津贴免租赋十分之三。

嘉庆八年（一八〇三）

增凤鸣山祠宇。

嘉庆九年（一八〇四）

建火神庙。

时周系英督蜀学，受理民事，罪则正法。周，本仁宗师傅，奉命然也。禁淫祠，惟火神列祀典，故民得立。

嘉庆十一年（一八〇六）
知县许源建镜香亭。
嘉庆十三年（一八〇八）
改葺孔子庙。
嘉庆十四年（一八〇九）
补修先农坛。
嘉庆十五年（一八一〇）
修城。
嘉庆十六年（一八一一）
县署补修退思堂。
嘉庆十九年（一八一四）
设桂林、旭川书院。
嘉庆二十三年（一八一八）
设普济堂、养济院。
宣宗道光元年（一八二一）
清富山建武侯祠，学使聂铣敏制句题壁。
道光六年（一八二六）
铺驿裁，存底塘、高山二铺。
道光十年（一八三〇）
知县马映辰修听雨楼、停云阁、知稼亭。
道光二十年（一八四〇）
改孔子庙向，修明伦堂。
道光二十一年（一八四一）
典史郑之模捐修住署。
道光二十四年（一八四四）
知县王培荀修西北城楼。
道光二十九年（一八四九）
知县洪瞻陛莅任，定社仓章程。
文宗咸丰元年（一八五一）
定茶引。
咸丰四年（一八五四）
四月，知县赵友泰籍寨堡兴大狱，八月去。
洪、杨之乱，寨堡具修。牛峰计口出谷，储独富，戎器亦备。赵觊其利，以储饷械为不轨，奄至麟岩寨。寨人讽信皇经，设神幄黄帜。赵以为信谳之据矣，遂封牛峰寨仓，没其械。执事王安宇见拘，举人李希白、副贡丁光陛牌责，旋诉省批查。而府委李岳龄与赵同乡，又袒赵。骎乎巨祸之将至。适朝使载崇入蜀，县人拟迎吁之。事闻，遂撤赵。而进士曹俊亮由省入京，白山长李西沤，又道晤继督黄宗汉。黄以五年三月杪莅任，四月朔，即遣成都府集讯，钞物悉还。赵卒以他事革职。
咸丰九年（一八五九）
十二月，云南李永和、蓝大顺由叙府掠五宝镇，走犍为。岁日至董家场，市毁。
咸丰十年（一八六〇）
正月，贼据贡井，与官军战于豹子山。副将张万禄死之。五月，贼至西南文昌宫。十月，复趋富顺。
民国《志》引詹崇《避寇实录》：贼以正月一日拔营董家场，所过掳掠。初四，至贡井，据天池寺及谢氏松林，为犄角形。总兵虎嵩林营三十里外，不敢进。团练千余人请战，虎曰：『请先之，我以兵随。』翌日，如言。至柑子坳骂贼。贼分三道出，团练却。虎先奔，于是贼得势。久之，参将明耀光至，营浸水坳，贼乃戢。县人余镇江率丁数百，焚其望楼，激贼出，又先奔，于是贼复肆。二月，走富顺，返贡井。耀光设伏中溪。贼半渡，伏发，杀溺三百余人。贼怒，十六日，分道进攻。出桥头铺，营高坳。军吏高某以千余人守险，不与交，贼去，一出李子桥。副将张万禄至，仅三日，晨起，见尘埃蔽天，知贼至，遽率队出，战于沙子坡，杀贼众。贼转由唐家坝窜走，万禄又要击之豹子山，而战久军孤。日晡，贼伪明耀光旗帜，大呼来救。万禄信之，至下山，乃贼也，而地利失矣。万禄奋槊跃马而进，马陷淖田中，以短兵接，沉沉无声。万禄身被二十余创，乃挥其所部曰『去』，然皆殊死战，三百人无降免者，田水赤焉。参将施嘉泽、都司关某及里人王香馥皆死之。战方剧，嵩林微服遁。贼去，又逡巡还。贼自公井出，分扰西南。李家场有石穴，熏毙五十余人。五月，贼酋何复窜文昌宫，知县罗廷权命团勇御之土地场。不利，退守屏风山，贼追至麻柳坳。有虞叟者，年八十，卖饧为业。贼询城中事，虞指来安寨旌旗戈矛，示之曰：『人众矣，械精地又险。』贼遂去。围井研，不下，又还县。一由县西至东川沟。左福光傍崖施火，鸣巨炮。贼营夜惊，黎明走，至鸦鹊冲。黄体琛保乱石山，以妇女为兵，竹为矛，裙为旗，焚草烟于山后，贼疑不敢过。一由县西南至古文场，刘士诚、周大山率团七十余，驰伏烟墩寺旁。贼至，起杀之，擒六人，余奔宜宾。一由过水坳逼郝家坝，城中不惊，贼去。

咸丰十一年（一八六一）

三月，官军遇战于碓丘崖。四月，破土寨。

民国《志》引詹崇《避寇实录》：贼酋卯先锋者，至长山桥。参将胡中和住城中，率队出巡，突遇于碓丘崖，战不利，伤左股而退。贼寻走双石桥，以万人攻大才寨，不克。至白庙寺，升高，呼寨人言和，众聚而观。贼从僻处梯入，开其门，寨遂破。虏百人，死三百余人。六月，贼以夜至程家场，守要隘，逐户而虏，绳其手，二十、三十人鱼贯焉。名曰『安夜篆』。

又，咸丰之末，岁旱。民于南门桥斥卖箱匣，故廉其值。购归，则藏小儿其中。或蚕无算，其荒可想。

穆宗同治二年（一八六三）

九月，贼平。

初据犍为铁山，令纳米者给门帖，毋犯，西南人民肩背从事。寻移龙山场，被擒。

同治五年（一八六六）

以岁输津贴，增学额六名。设三费局。

同治九年（一八七〇）

请增拔贡，与威远各一。

同治十年（一八七一）

修张公万禄祠。

同治十二年（一八七三）

知县沈鑫去官，负公钱私逸。局士李龙骧等侦止之。沈自毁轿窗，卧地。旋负之城隍庙，观者环集。新任吴师贤护遣之，债免。

德宗光绪二年（一八七六）
禀赋役之则，铸铁碑。
光绪三年（一八七七）
四月，大佛崖火，明刻《法华经》板毁。修东山奎阁。
光绪六年（一八八〇）
募积谷。
光绪七年（一八八一）
讼民刎死县堂。
光绪九年（一八八三）
大佛寺请《北藏》全经，高阳相国李鸿藻赐题藏经楼榜。
光绪十年（一八八四）
知县葛起鹏于东郊设栖流所。
公井土匪劫青㭎林、五家坡，丁勇御之艾叶滩。旦，散，居民惊徙。知县唐选皋莅任。
光绪十一年（一八八五）
饥。自十年六月至十一年五月不雨，稻田不耕，斗米值钱千余，而市有弃儿。知钱、币今昔之殊也。人曰甲申、乙酉之难。是春，赵熙家椿树花。
光绪十三年（一八八七）
虎出鹿角岩，击毙之。
光绪十五年（一八八九）
请增廪额四名，暂由县局给饩。
光绪十八年（一八九二）
兴学田，士子入学免院费。唐选皋调兴文，其去也，士民送之，六十里不绝。贫民呼泣，选皋亦泣。太平佳话如此。
光绪十九年（一八九三）
孟积伸在官，赵熙以庶常归里，与举人曹佺投牒，请改良收粮章程。因指斥吏役苛索之弊，积伸大怒，牌斥熙、佺，逮捕附名之人，几酿大狱。幸积伸数月去。后胀死于重庆。
光绪二十一年（一八九五）
地震，自正月至二月，动七十余次。
光绪二十四年（一八九八）
六月，拥思茫水溢。冬十月，设团练。
光绪二十五年（一八九九）
秋，贡井地动数十次。
光绪二十六年（一九〇〇）
设邮局。马蹄沟地鸣。
光绪二十八年（一九〇二）
改兴学校。余家场饥民聚食①，把总骆富桢往弹压，瓦砾击伤其首。知县杨锡澍怒，将请剿办，钟星庆劝止之。四乡立办粥厂，饥民散。然锡澍办赈实力也。
光绪三十年（一九〇四）
西人修教堂逼文庙，群士争之，乃改定清富山。
光绪三十一年（一九〇五）
拳匪起，团丁攻之。赵熙家椿树花。
自庚子京师余烬播入，先扰成都内郡，次及犍为，潜聚铁山

① 按：「食」，疑为「會」之误，形近致讹。

间，以击学堂、教堂为名。二月，由老农场至新桥返。官军击散之，余党四窜。董家场有吴氏者，织席为业，妖教徒也，往来铁山。至是潜于家，信惑数百人。知县苗立勋命团丁往攻之。枪中见血，犹麾旗而咒无恙。于是枭吴氏三人，余保释之，事靖。

光绪三十二年（一九〇六）

设劝学所、高小校。赵熙家椿树花。

光绪三十四年（一九〇八）

赵尔巽督川，一意刮民财，取悦西后。于是设酒税、糖税、油捐，加肉厘，征牛羊皮。设经征局，向无者新设，有者重加，加自四五倍至十倍不止。由是百物昂贵，四川之穷自尔巽始。

宣统二年（一九一〇）

拾豹大坪山，云斗毙也。尔巽奏改盐务。向列有官盐、有票盐。官盐者，官运之盐也。票盐者，民贩之盐也。尔巽请一律改票归官，绝小商力贩之食。又以盐务不振，由井多使然，于是奏请查限井灶，必废一井乃开一井，其势凶狠。时赵熙官御史，奏止之。尔巽愤不得逞，然四川遭其毒已甚。

宣统三年（一九一一）

保路同志军起，王子骧、龙鸣剑、刘念谟率之。

四川吏治疲玩，自二十八年（一九〇二）岑春煊督川刷新之，民有生气。三十年（一九〇四），锡良督蜀，亦恳恳有为。奏定商办铁道，以五十金为一股，田粮折计曰租股，官商士民公私曰购股。自三十一年（一九〇五）至宣统三年（一九一一）年，积千七百余万。宜昌施工，盛宣怀主邮传部，政府以铁道归国有。四川京官争之，其目曰：不问路政，只问路款。向部交涉，无效。成都倡保路同志会，咨议局主会事，州县闻风从之。县人朱元慎长农事试验场，密布独立商榷书，赵督尔丰疑出咨议局。乃勒兵戒严，逮议长蒲殿俊、罗子清凡八人。拘于署，民集请释，尔丰命枪之。都察院全台劾尔丰，不报，命岑春煊到川查办。春煊不直尔丰所为，方抵鄂，朝命截止春煊之行。四川城门昼闭，乃书木牌浮江，各州县承流得之，于是保路同志会起矣。

七月，督檄统领率部来县婉谕，民忿不可遏，人人成军。王子骧、龙鸣剑、刘念谟乃藉之以西，驻秦皇寺。与官军相遇，败还。八月，鄂军起矣。八月①四日，倡独立，知县湖南李燊春、经征局陕西李淇章畀印，群推广安蒲寿昌权县事。时各路同志军，如周鸿勋、秦省三之流，似蜂出穴，或程家场，或城中，或贡井，居民惶惶。而端方又至资中。闻其死，人心始靖。

① 民国《志》为「九」，据《王烈士传》「八月辛丑，逐清吏，别署同志，一新政令，首义实先天下」改。

后记

『治天下者以史为鉴，治郡国者以志为鉴。』编志以存史、资政、教化，一直是中华民族的优秀文化传统。盛世修志，实为功在当代、利在千秋的不朽盛事。

荣县乃千年古县，历史悠久，人文富盛。历史上纂修荣志者代有人在，而以唐人王禹所编《荣州志》最古。总计历代各种荣州、荣县志，达十余种之多，其中不乏『良志』者。但由于历时久远，记载疏略，误漏舛错，所在皆有，已经影响了人们的阅读与利用。为了充分挖掘整理荣县历史文化资源，服务新时代荣县文旅融合发展，增强荣县人的文化自信，二〇一七年十二月县委、县政府决定启动《荣县旧志通编》编纂工程。

此项工作由中共荣县县委副书记、荣县人民政府县长郑小清同志任编纂委员会主任，四川省历史学会会长谭继和研究员任编纂委员会名誉主任，成都师范学院研究员刘平中博士任主编，在充分搜集有关荣县历史人文资料基础上进行编纂。根据不同的需要，该书分为『文言卷』和『白话卷』。『文言卷』采用『旧志新编』的方法编纂，『白话卷』则在『文言卷』基础上进行新编与译写，旨在顺应现代人的阅读习惯以及满足读懂荣县丰富的历史与人文精神的需要。

谭继和研究员对本书体例构架以及编纂方式提供了宝贵意见；刘平中研究员负责本书编纂体例设置与统稿工作，负责整理校点并译写『学校教育』『名人乡贤』；曹鹏程副研究员负责整理校点并译写『疆域山川』『沿革建置』；郑伟博士负责整理校点并译写『食货赋役』『分封职官』，整理校点了『艺文著述』之一部分；张尚英副教授负责整理校点并译写『宗教礼俗』；彭东焕助理研究员负责整理校点『艺文著述』的一部分；任利荣博士对『名人乡贤』中的一部分做了译写；刘用副研究馆员校点了『大事记』。此外，特聘四川大学博导李文泽教授为全书审稿人。《荣县旧志通编》工作小组李国权主任以及余仕清、周宇、曾德、钟学惠、罗秀能、曹洪、李锦梅、陈静、黄静、钟琴等对全书进行了审校。四川省社科院硕士研究生王莉、刘紫月、苟宁对『艺文著述』做了部分校对工作。

《荣县旧志通编》继承古代志书编修的传统，具有『贯通』『联通』『融通』三通编纂理念与特色。所谓『贯通』，是指从时间上贯通古今，上溯先秦，下迄近代，纵横数千余年，传承赓续一览无余；所谓『联通』，是指从空间上『联通』万物，但凡疆域山川、沿革建置、食货赋役、分封职官、学校教育、名人乡贤、宗教礼俗、艺文著述，靡不备载，辨章学术，考镜源流；所谓『融通』，是指包容兼并、融通古今以致用。

『不忘本来，吸收外来，面向未来。』发挥方志优势，拓宽服务领域，彰显时代特色，构筑中国精神。在编纂方法上，本书以『新编』『集成』为最大特色，搜罗众本，广集史料，科学分类，审慎选材，采用传统文献学、古籍整理学、编译学方法，对所载内容进行科学整理、客观描述，力求达到『信、达、雅』的效果，成为各类读者喜闻乐见的方志类读物。

『睹乔木而思故家，考文献而爱旧邦。』《荣县旧志通编》的出版，有助于彰显荣县厚重的历史底蕴，有助于保存乡邦文化，必将为荣县经济、社会与文化事业的大发展大繁荣提供精神动力与智力支持。

该书在编纂译写过程中，得到了四川大学、四川省社会科学院、成都师范学院、中共荣县县委、荣县人民政府的有关领导和专家的支持。刘世昌博士对『食货赋役』之动植物进行了科学分类，虽然最终因体例问题未能采用，但依然需要向他表达诚挚的谢意。四川大学出版社编辑舒星、刘慧敏女士为该书的编校与出版付出了很大努力。正是各方众志成城，通力合作，才使本书得以面世。在此一并感谢各位的辛劳与付出！

该书是对传统地方史志文献加以整理利用的一次创新性实践，由于我们水平有限，本书难免有谬误遗漏之处，恳请社会各界批评指正。

刘平中

二〇二〇年九月